中国石油和化学工业联合会
化工新材料专委会

中国石油和化学工业联合会化工新材料专委会（ACMC）成立于2014年9月。现有成员单位227家，副主任单位49家，会员单位161家，顾问单位17家，下设特种工程塑料工作部、芳烃工作部、高吸水性树脂工作部、BDO及其衍生物工作部。并聘请7位院士和100余位行业专家，成立化工新材料专家委员会。

● **宗旨：** 加强与化工新材料及相关行业的企业、事业单位和同业组织的联系，为成员、行业、政府服务，贯彻国家产业政策，参与行业管理，开展行业自律，维护行业合法权益，发挥桥梁纽带作用，引导行业健康发展。

● **业务范围：** 推进和完善相关法规和标准的建立；研究化工新材料行业整体发展战略、规划和政策，为政府制订产业政策、发展规划提供支撑和建议，协调和推动化工新材料产业政策和重大专项的落实；加强行业统计监测，及时发布行业最新态势；开展国内外经济技术交流与合作；反映行业和企业诉求，维护化工新材料及相关企业合法权益。

化工新材料专委会秘书处

地址： 北京亚运村安慧里4区16楼
邮编： 100723
电话： 010-84885300
传真： 010-84885306
邮箱： acmcoffice@cpcif.org.cn

中国石油化工（钦州）产业园

一、园区概况

区位优势突出 中国石油化工（钦州）产业园位于中国（广西）自由贸易试验区钦州港片区，地处华南经济圈、西南经济圈与东盟经济圈的结合部，与东盟国家借海相拥、凭海合作，区位独特，是中国西南沿海最便捷的出海口、"一带一路"西部陆海新通道海铁联运核心枢纽、平陆运河"江海联运"交汇点、北部湾经济区海陆交通枢纽。

综合实力强劲 园区是全区首个经广西壮族自治区人民政府批复的专业化工园区，是国家重点支持发展的18个沿海化工园区之一，列入全国"十四五"重点打造的五大世界级石化产业集群之一的泛大湾区石化产业集群。2012年入选国家首批循环化改造示范试点园区，连续12年列入中国化工园区30强，获评为西部地区首个国家级绿色化工园区、全国第五批智慧化工园区(建设期)。

产业基础良好 园区规划面积约76平方公里，由金谷片区、鹿耳片区和三墩片区组成，在建成投产中石油一期千万吨级炼油并启动二期百万吨级乙烯项目的基础上，成功引进上海华谊、浙江恒逸、浙江桐昆、湖南中伟、美国雅保等知名企业。园区已落户项目总投资超2500亿元，全部建成后烯烃规模达到500万吨/年、化纤原料规模达到800万吨/年，正加快构建高端树脂材料加工、橡胶、化纤纺织、特种功能材料及精细化工、新能源材料等五大产业集群。

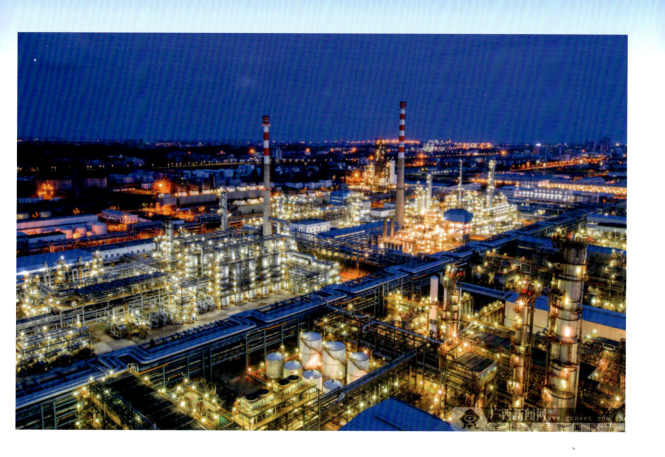

基础配套完善 园区路网、供电、供水、蒸汽、工业管廊、污水和危废处置、深海排放管道、化工码头仓储等各类配套设施完善。引进了法国威立雅、荷兰孚宝、林德气体等国际顶尖公用工程供应商，建成运营危废处置、码头仓储、工业气体等专业配套。拥有液化烃泊位、液体危化品码头、天然气直供管道、公共管廊、420万立方原油储备库、100万立方商业储备库、接卸能力2800万吨的煤炭储运基地等配套。国投电厂一二期合计326万千瓦机组完成供热改造，加快建设三期4台66万千瓦机组项目，整体供热能力超4000吨/小时。北部湾危险化学品应急救援基地、石化园区封闭管理一期工程建成运营，安全生产和应急管理信息系统上线运行，智慧化工园区建设持续推进。

二、优惠政策

钦州拥有中马钦州产业园区、中国（广西）自由贸易试验区钦州港片区、钦州综合保税区、钦州港经济技术开发区、沿边临港产业园区等国家级平台，被国家赋予建设中国—东盟合作示范区，可享受西部大开发、北部湾开放开发、自贸试验区、西部陆海新通道、沿边临港产业园区等多重优惠政策，为企业来钦投资发展提供广阔的空间。

三、联系方式

地址：广西壮族自治区钦州市钦北区永福西大街6号（钦州市交通组织管理中心8楼）。

联系人及电话：王先生，15507775969、0777-3687933。

瓶级聚酯切片
BOTTLE GRADE PET RESIN

逸普新材料
EPLASTMER NEW MATERIAL

逸普新材料有限公司
Eplasmter New Materials Co., Ltd
新疆·克拉玛依 0990-6617666
sales@e-plastmer.com;
www.e-plastmer.com

宁夏宝丰能源集团股份有限公司

宁夏宝丰能源集团股份有限公司是高端煤基新材料全产业链领军企业，A股主板上市公司（股票代码600989），始终坚守实业报国，主动服务和融入国家及自治区地方重大战略部署，秉持"资源节约、环境友好"的绿色发展理念，积极投身国家最需要的产业，为保障国家能源安全作出了有益贡献。

宝丰能源致力打造"科技创新、技术领先、行业领军、世界一流"的科技型绿色智造企业，大力发展新质生产力，应用全球领先的工艺、技术和装备，在宁夏宁东和内蒙古鄂尔多斯国家能源基地，以煤替代石油、以新能源替代化石能源生产高端化工产品实现进口替代，助力国家"碳中和"目标实现。公司产能包括年产910万吨煤炭、700万吨焦炭、1460万吨洗煤、2000万吨甲醇、846万吨烯烃、423万吨聚丙烯、423万吨聚乙烯、135万吨精细化工、25万吨EVA、10万吨醋酸乙烯、20万吨苯乙烯、10万吨针状焦等。产业链上下游紧密衔接、相互联动，可生产100多种化工产品，实现资源节约集约、清洁高效利用，树立了行业绿色低碳发展标杆。

公司锚定"双碳"战略，采用"风光融合"发"绿电"制取绿氢，用绿氢生产绿色甲醇、绿氨、绿色烯烃，建成规划年产6亿立方的太阳能电解水制氢厂，是一家用绿氢替代化石能源规模化生产绿色甲醇、绿氨的绿色化工企业。未来将形成年产1000万吨绿色甲醇、500万吨绿氨产能。同时，引入人工智能、大数据、5G、云计算、物联网，全力打造现代化智慧智能数字工厂，引领行业创新进取、绿色升级。

烯烃厂

甲醇厂

煤制EVA厂

绿氢厂

沧州旭阳化工有限公司

新材料、高端化工、新技术 ----- 创新引领未来
New material, high end chemical industry and new technology ------- Innovate The Future

公司简介

沧州旭阳化工有限公司成立于2011年,是旭阳集团全资子公司,是高分子材料生产为主的化工企业、国家高新技术企业.

主营业务包括: 己内酰胺、环己酮、硫酸铵、尼龙弹性体等。

产品应用

旭阳尼龙弹性体主要产品

聚酰胺弹性体是一种兼具塑料的可加工性和橡胶的高弹性,尼龙基材的刚性硬段与柔性软段共聚得到的高分子树脂。具有力学强度高,柔顺度好,弹性回复强,软硬度范围大,高温热稳定性好,耐油污、耐有机溶剂,不含增塑剂,易于热加工成型等优点。

● 相对粘度及熔指稳定,可用于复丝、BCF的单纺及复合纺。具有高回复性,高卷曲性,柔顺舒适,易染色,可赋予服装面料良好的弹性回复性。

● 具有高强度、柔顺性、高伸长率、高透、耐磨、轻薄、柔弹、舒适等特点,可应用于鞋面、沙发、窗帘布艺等方面。

● 具有优良的拉伸强度和伸长率,具有良好的挤出稳定性和低温韧性,兼具一定的透湿性,可应用于尼龙薄膜或透湿膜。

RISUN 沧州旭阳化工有限公司

地址: 河北省沧州市渤海新区南疏港路北侧 电话: 86-10-63767948-2020
网站: www.risun.com

huatai
阳谷华泰

为世界橡胶工业服务

- HG高端系列蜡有效解决轮胎"发白"
- 8万吨连续法不溶性硫磺
- 全系列含硫硅烷偶联剂定制开发服务
- 轮胎自修复专用硫化剂
- 完全替代进口的热硫化胶粘剂

标准橡胶化学品

防焦剂 CTP
促进剂 MBT、NS、CBS、DZ、DPG
抗硫化返原剂 PK900、TBSI、HTS、HVA-2
硫载体 TB710、DTDC
多功能助剂 HT918
硫化剂 QDO、BPO

加工助剂

炭黑分散剂、白炭黑分散剂
塑解剂DBD、A86、A89
均匀剂

硅烷偶联剂

Si-69，Si-69M
Si-75，Si-75M

不溶性硫磺

HD OT 10 PRO
HD OT20 HS OT20

胎面树脂

HTR583

热硫化胶粘剂

HT205、HT6108、HT220

粘合系列助剂

间苯二酚甲醛树脂
粘合剂RA-65

预分散橡胶化学品

母胶粒　　母胶片

粘合剂

HSI 002，静音轮胎用硅基粘合剂

橡胶防护蜡—耐日光龟裂和抗臭氧蜡

微晶石蜡

山东阳谷华泰化工股份有限公司　电话：0635-6026065　传真：0635-5106969
Shandong Yanggu Huatai Chemical Co., Ltd.　地址：山东省阳谷县清河西路399号

长春高琦聚酰亚胺材料有限公司
Changchun Hipolyking CO.,LTD

公司简介
Company profile

长春高琦聚酰亚胺材料有限公司是中国聚酰亚胺纤维制造及销售企业，是国内具备从聚酰亚胺原料合成到最终制品的全路线规模化生产能力的企业，以先进高分子材料技术特色和核心优势，主要从事聚酰亚胺原料，树脂，胶黏剂，工程塑料及制品，耐热纤维、高强纤维及织物，纳米制品等的研发、生产和销售。

技术优势
Technical advantages

公司目前已经开发出一套独具我国特色的聚酰亚胺合成路线并实现产业化，取得了包括美国及欧洲专利在内的多项专利，获得了包括国家发明奖在内的多项奖励，现已成为我国聚酰亚胺研究、开发、生产的重要基地。公司拥有技术专家及中国科学院长春应用化学研究所深厚的技术背景，致力于为用户供应于苛刻环境下的高分子材料，其技术水平在国内具有优势。公司生产研制的聚酰亚胺密封材料、隔热材料、摩擦材料、绝缘材料在航空航天、汽车及高速铁路、精密机械、动力电池、大型风机、微电子等方面得到广泛应用。

吉林省长春市高新区超群街666B号
E-mail:sc_hipolyking@163.com
Tel:0431-85695668 89652517
http://www.hipolyking.com

致力于成为全球领先的光学材料制造企业

益丰新材 EFIRM

- 国家企业技术中心
- 国家制造业单项冠军
- 国家级绿色工厂
- 国家"专精特新"小巨人企业

光学新材料
聚硫醇504　聚硫醇405　聚硫醇301　聚硫醇309

有机硫化学品
硫脲　巯基丙酸　巯基乙醇　硫化氢　单氰胺

实现从"硫化氢→有机硫化学品→光学新材料"的全产业链绿色创新发展之路

公司简介

公司成立于2011年，是一家从事有机硫化学品和光学新材料的高科技企业。公司先后获得国家高新技术企业、国家专精特新"小巨人"企业、国家制造业单项冠军企业、国家绿色工厂、国家企业技术中心等国家级荣誉称号。

自成立以来，公司深入贯彻循环经济、绿色发展的高质量发展理念，坚持走自主创新发展之路，建立益丰研究所、睿丰技术中心两大研发平台，承担重大科技创新工程等省级项目10余项，授权专利150余项，发明专利140余项；科技鉴定成果36项，达到国际先进及以上水平17项。公司主导制定的两项硫脲国际标准，实现中国在化学产品规范领域国际标准制定零的突破。公司自主研发的聚硫醇系列产品，解决"卡脖子"技术难题，填补了国内光学镜片原材料市场的空白，打破中国镜片原材料长期依赖进口的被动局面。

TEL: 0543-2511789

WWW.YIFENGGUFEN.CN

山东省滨州市博兴县致泰广场D座

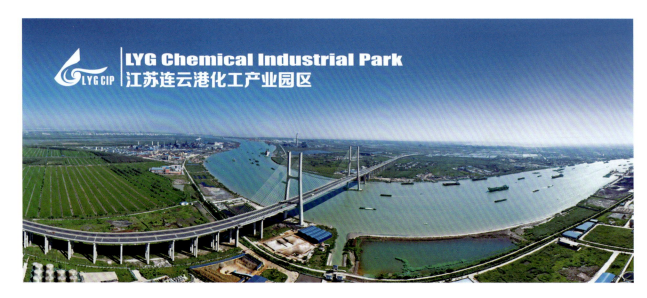

江苏连云港化工产业园区
Jiangsu Lianyungang Chemical Industry Zone

园区规划面积8.45平方公里，2023年5月通过全省首批23家省级化工园区认定，先后获批省特色化学品产业基地、省出口创新基地和连云港市出口化工产品质量安全示范区。

园区依托连云港石化产业基地拓展区新定位，抓住长江经济带石化产业布局调整的有利机遇，重点发展高端功能性材料和高端精细化学品产业链，打造化工产业由沿江向沿海转移的转型升级示范区。

高端功能性材料产业链
High end functional materials industry chain

主要发展工程塑料、高端聚烯烃、特种橡胶及弹性体、高端合成纤维、特种异氰酸酯、生物基可降解材料等高端功能性材料。

公共配套
Public supporting facilities

高端精细化学品产业链
High end Fine chemicals industry chain

主要发展助剂、绿色溶剂、原料药制剂和高端染料等。

Inner Mongolia·China
中国·内蒙古

乌海

WUHAI

黄河与沙漠相恋的地方
The Place Where The Yellow River And The Desert Fall In Love

乌海，地处宁蒙陕甘经济区结合部、沿黄经济带中心区域，是内蒙古自治区向西、向北开放重要桥头堡和"一带一路"重要节点城市，1976年建市，辖海勃湾、乌达、海南3个县级行政区，总面积1754平方公里，常住人口约56万人，服务乌海及周边区域人口100多万，城镇化率96.4%、位居全国第四、全自治区第一。先后被评为"国家级首批循环经济示范城市""国家智慧城市试点市""国家卫生城市""国家园林城市""全国科技进步先进市"，入选中国新型智慧城市与发展综合影响力50强，是一座基础雄厚的产业之城、兼容并蓄的开放之城、风景独特的魅力之城、翰墨飘香的文化之城、宜居宜业的幸福之城。

2023年，乌海市地区生产总值完成713亿元，财政一般公共预算收入达86亿元、增长8.1%。城乡常住居民人均可支配收入分别达到52353元、26813元，增长3.8%和6.3%。拥有2家全国500强9家内蒙古100强企业。固定资产投资总额、社会消费品零售总额增速等指标均居内蒙古自治区前列。

乌金之海 基础雄厚。乌海因煤而建、因煤而兴，境内资源富集，素以"乌金之海"著称。煤炭资源储量25亿吨，优质焦煤占内蒙古自治区已探明储量的75%，是我国重要的焦煤产地。其他矿产资源富集，已探明金属、非金属矿藏26种，储量大、分布相对集中，品位好、易开采，工业利用价值高。其中石灰石远景储量200亿吨以上，高品质石英砂、石英岩总储量达50亿吨，煤系高岭土储量11亿吨以上。乌海已形成年产5000万吨原煤、1763万吨焦炭、135万吨煤焦油加工、175万吨甲醇、612万吨电石、120万吨PVC、160万吨1,4-丁二醇（BDO）、30.4万吨聚四氢呋喃、20万吨生物可降解材料、45万吨碳负极材料等各类产业产品原料产能、制造产能的产业链发展体系。

山水沙城 和谐共生。乌海是黄河进入内蒙古流经的第一个城市，穿市而过105公里，国家重点水利工程——黄河海勃湾水利枢纽工程建成蓄水后形成了118平方公里的乌海湖，呈现出集山、水、沙、城于一体的雄奇自然景观。乌海建成区绿化覆盖率达43%；人均公园绿地面积19.5平方米，拥有乌海湖国家水利风景区、龙游湾国家湿地公园、金沙湾国家沙漠公园等5个4A级重点景区，"沙漠看海 中国乌海"旅游品牌知名度日益提升。

创业新城 宜居宜业。乌海是沟通华北、西北的重要枢纽，京藏、荣乌、青银高速公路和109、110国道贯通全境，乌蒙欧国际班列通车，包银高铁预计2025年底通车，乌海机场直通北京、上海、广州、深圳等20条一线和新一线城市航线，与距离乌海140公里的宁夏银川河东机场形成航线互补，全国大中重点城市均可实现当日到达。乌海市不断深化营商环境重点领域和关键环节改革，出台了《乌海市优化法治化营商环境二十五条措施》，政务服务事项承诺时限比法定时限压减87.4%。大力推行"人工+智能"企业全生命周期"一件事一次办"集成改革，全市企业登记网办率达98.7%。先后获评自治区首个全国社会信用体系建设示范市、"2023中国领军智慧城市"，"乌海·无忧办"2023全国"政务服务品牌影响力"奖、全国市域社会治理现代化试点"合格城市"等荣誉，连续四年荣登中国地方政府效率"百高市"榜单前列。

书法之城 乌金墨韵。乌海书法氛围浓厚，拥有国家级书协会员45人，自治区级书协会员165人，市级书协会员2000余人，书法爱好者达10万余人，荣获中国书法最高奖"兰亭奖"在内的全国性各类奖项，建有国内单体面积最大的乌海当代中国书法艺术馆。乌海先后被中国书法家协会和中国硬笔书法协会命名为"中国书法城"和"中国硬笔书法名城"，是"自治区十大宣传思想文化品牌"，先后举办了十三届书法艺术节和第四届国际书法专业博览会，"书法五进"工作模式荣获国家公共文化服务体系示范项目。

国家级 安庆 高新区
AN QING GAO XIN QU

——长三角千亿级化工新材料、生物医药园区

园区简介

国家级安庆高新技术产业开发区是安庆市政府直属两大开发区之一，是长江经济带五大炼化基地，中国化工园区30强，安徽省规模最大，产业配套最齐全的化工园区，也是安徽省唯一的石化产业基地。

园区总规划面积110平方公里，聚焦化工新材料和生物医药两大主导产业，已落户国内外知名的化工新材料及生物医药企业70余家，其中外资企业9家，上市公司20余家，上市公司及外资企业占比达30%以上。目前园区正朝着100家企业，1500亿产值的发展目标不断奋进。

园区山口片区规划面积21平方公里，万余亩化工用地，期待您的光临。

园区企业

入驻企业78家

- 20.5% 医药企业16家 化工新材料企业60家 化工配套企业2家
- 12% 外资企业9家
- 28% 上市企业21家

安徽省唯一具备所有公共配套的化学工业园区

供水　供电　供热中心　燃气　工业气体

公共管廊架　城西污水处理厂　凤凰作业区　特勤消防站　三废处理

化工新材料

- 石油化工产业链群
- 电子化学品及新能源产业群
- 工业涂料产业群
- 特种化学品产业群

园区荣誉

- 长江经济带五大炼化基地
- 中国化工园区30强
- 国家级化工新材料高新技术产业化基地
- 国家级循环化改造重点支持园区
- 安徽省三大新型化工基地之首
- 安徽省化工新材料战略性新兴产业集聚发展基地

生物医药

- 合成生物学
- 药用辅料及配套试剂
- 医药研发中心
- 化学药物及制剂

区位优势

高铁
国家"八纵八横"高铁节点城市，宁安、京港、武杭、阜景4条高铁交汇

民航
已开通北京、上海、广州、深圳等17条航线

长江航运
全国十大内河港口之一，国家一类开放口岸

公路
已形成"四横五纵"的高速公路网

招商热线：13805567324/18905569002

中国化工新材料产业发展报告

(2024)

中国石油和化学工业联合会化工新材料专委会　组织编写

化学工业出版社

·北京·

内 容 简 介

《中国化工新材料产业发展报告（2024）》分为综述篇、产品篇和应用篇。综述篇对国内外化工新材料产业发展现状进行了概述；产品篇对五十个重点化工产品，从市场供需、工艺技术、应用、发展建议等方面进行详细介绍；应用篇对化工新材料在航空航天、汽车、新能源、体育装备、医疗器械、5G/6G通信领域的应用进展和需求进行分析和论述。

《中国化工新材料产业发展报告（2024）》包含了化工新材料行业大量统计数据和调查研究成果，是有关企事业单位和政府部门进行投资决策、政策制定的重要参考资料。

图书在版编目（CIP）数据

中国化工新材料产业发展报告. 2024 / 中国石油和化学工业联合会化工新材料专委会组织编写. -- 北京：化学工业出版社，2024.12. -- ISBN 978-7-122-46843-7

Ⅰ.F426.7

中国国家版本馆CIP数据核字第2024QT8537号

责任编辑：赵卫娟　仇志刚　　　　　　　　装帧设计：刘丽华
责任校对：宋　玮

出版发行：化学工业出版社（北京市东城区青年湖南街13号　邮政编码100011）
印　　装：三河市航远印刷有限公司
787mm×1092mm　1/16　印张38¾　字数939千字　2025年2月北京第1版第1次印刷

购书咨询：010-64518888　　　　　　　　　售后服务：010-64518899
网　　址：http://www.cip.com.cn
凡购买本书，如有缺损质量问题，本社销售中心负责调换。

定　　价：598.00元　　　　　　　　　　　　　　　　　　版权所有　违者必究

《中国化工新材料产业发展报告（2024）》编委会

顾问委员： 陈祥宝　高从堦　蹇锡高　段　雪　彭孝军　张立群
　　　　　　朱美芳　徐　坚　吴长江　余木火
主　　任： 李云鹏
副 主 任： 赵俊贵　孙伟善　戚志强　王孝峰
委　　员： 白　玮　白洪强　卜新平　林建一　程丽鸿　李　岩
　　　　　　杨卫东　高建军　郑宝山　郑根江　林　刚　庄相宁
　　　　　　宋西全　周贵阳　翟春军

《中国化工新材料产业发展报告（2024）》编写组

主　　编： 赵俊贵
副 主 编： 卜新平　王孝峰　沈晓炜
编写人员： 白晨曦　卜新平　蔡恩明　蔡海滨　程丽鸿　褚金芳
　　　　　　程振朔　代全权　董　静　董艺萌　董志军　段　冲
　　　　　　高　伟　高　原　高建军　付　饶　何　勇　范昌海
　　　　　　郝瑞强　贺剑云　贺辉龙　胡广军　胡俊龙　姜立忠
　　　　　　李光辉　李广敏　李　玲　李　昕　李喜飞　李家鸣
　　　　　　李秀洁　李永锋　连　明　梁万根　梁雅婷　梁瑜玲
　　　　　　林　刚　林建一　林发现　刘大欢　刘　洪　刘洪伟
　　　　　　刘金沅　刘民英　刘　青　刘　强　刘若峰　刘伟强
　　　　　　刘　勇　刘新波　刘　睿　刘　浩　刘梦平　陆世鹏
　　　　　　吕李杰　马　健　聂　俊　彭　涛　彭照亮　潘晓明
　　　　　　戚沛理　秦　华　钱桂海　桑建新　尚舒文　宋建坤
　　　　　　宋文波　沈晓炜　田利锋　王百慧　王　锋　王方方
　　　　　　王汉利　王俊环　王丽红　王读彬　王文博　魏　飞
　　　　　　武德珍　谢　勇　徐　卫　薛　波　闫　泽　杨传玮
　　　　　　杨广明　杨华仁　杨瑞影　杨　莹　杨长青　徐　建
　　　　　　姚秀伟　尹华清　弋朝山　于朴凡　俞孟飞　俞冬雷
　　　　　　张宝忠　张彩凤　张　厚　张建辉　张　丽　张龙贵
　　　　　　张英强　张　月　张学良　赵瑞英　郑根江　朱鸿博
　　　　　　朱振兴　周文祥　邹宗钧

序 言

化工新材料，作为现代工业的基石与先导，深度融入经济社会发展的各个角落，从日常的衣食住行到高端的航空航天、电子信息、能源环保等战略性领域，均发挥着不可替代的关键支撑作用。其发展水平不仅是衡量一个国家化学工业实力的重要标志，更是决定国家创新能力与整体竞争力的核心要素之一。

在全球经济格局深度调整、科技革命和产业变革蓬勃兴起的当下，化工新材料作为战略性新兴产业的重要组成部分，是引领石化行业未来发展的新支柱、新赛道，正以其独特的魅力与无限的潜力，成为加快形成新质生产力、助力国家创新能力提升、推动经济高质量发展的重要力量。值此关键时期，《中国化工新材料产业发展报告（2024）》的出版，无疑为我们洞察行业发展态势、把握未来机遇提供了一份极具价值的参考指南。

回首过往，我国化工新材料产业历经风雨洗礼，从最初的蹒跚学步到如今的稳步前行，在技术创新、产业规模、市场拓展等诸多方面均取得了令人瞩目的成就。尤其是党的十八大以来，在习近平新时代中国特色社会主义思想指引下，我国化工新材料进入了一个快速发展时期。"十四五"期间，化工新材料产能增长至4900万吨/年，年均增速达到5.6%，先后攻克了可交联聚乙烯绝缘料、动力锂离子电池用聚偏氟乙烯树脂、半导体级氢氧化钾等40多项产品技术瓶颈，不仅实现了部分关键材料的国产化替代，打破了国外长期以来的技术封锁与市场垄断，更是在一些领域实现了从跟跑、并跑到领跑的历史性跨越。

然而，我们也应清醒地认识到，在全球竞争日益激烈的今天，我国化工新材料产业仍面临着诸多挑战。如高端产品供给不足、自主创新能力有待进一步提升、产业结构不尽合理等问题，依然制约着产业的高质量发展。虽然，面临诸多挑战，我们也要看到我国经济基础稳、优势多、韧性强、潜能大，长期向好的支撑条件和基本趋势没有变，这为我国化工新材料产业发展奠定了坚实的经济基础和市场环境。"十五五"期间我国化工新材料产业仍将处于快速发展时期，发展空间巨大。

市场需求方面，随着我国制造业向高端化、智能化、绿色化转型升级，新能源汽车、航空航天、电子信息、生物医药等战略性新兴产业对化工新材料的需求呈现出爆发式增长。以新能源汽车为例，高性能电池隔膜、轻量化材料等化工新材料的应用，不仅提升了汽车的续航里程和安全性能，还推动了整个产业的快速发展。这种广泛且持续增长的市场需求，为中国化工新材料产业开辟了广阔的发展空间。

技术创新方面，我国在化工新材料领域不断取得突破。众多科研机构与企业紧密合作，在高性能聚合物、先进复合材料、特种功能材料等方面掌握了一批核心技术。这些技术突破不仅提升了我国化工新材料的产品质量和性能，也使得我们在国际市场上的竞争力不断增强。

产业政策方面，国家高度重视化工新材料产业的发展，出台了一系列支持与鼓励政策。

从基础学科教育、科研项目支持到产业园区建设，全方位助力化工新材料产业的技术创新与产业发展。

同时，产业融合也为化工新材料产业带来了新的发展机遇。化工新材料与人工智能、大数据、量子计算、物联网等新兴技术的深度融合，催生了智能材料、可穿戴材料等一系列新产品、新业态。这种跨领域的融合创新，将进一步拓展化工新材料产业的应用边界，创造出更多的市场需求。

《中国化工新材料产业发展报告（2024）》以详实的数据、深入的分析和独到的见解，全面地梳理了过去两年中国化工新材料产业的发展脉络，剖析了行业发展过程中面临的机遇与挑战，并对未来发展趋势进行了前瞻性的预测。报告选取了50个代表性化工新材料产品，不仅涵盖了传统化工新材料领域的发展动态，还聚焦于新兴领域的前沿技术与创新成果，为读者呈现了一幅化工新材料产业发展画卷。相信本书的出版，将为政府部门制定产业政策、企业规划发展战略、科研人员开展技术创新提供有益的参考与借鉴。

党的二十大报告中明确指出，"要推动战略性新兴产业融合集群发展，构建新一代信息技术、人工智能、生物技术、新能源、新材料、高端装备、绿色环保等一批新的增长引擎。"这为新征程上化工新材料产业发展提出了明确要求和重要指引。中国石油和化学工业联合会将认真贯彻党的二十大和二十届二中、三中全会精神，以服务我国石化行业高质量发展为己任，努力构建服务行业发展的新平台、新体系，不断推出更高品质的服务内容和服务产品，与全行业团结一道，携手共进，以创新为引领，以市场为导向，以人才为支撑，不断开创我国化工新材料产业发展的新局面，为实现我国成为石化强国奠定坚实的基础。

最后，我谨代表中国石油和化学工业联合会向为我国化工新材料产业发展做出贡献的所有企业、科研院所、干部职工表示崇高的敬意！向参与编写《中国化工新材料产业发展报告（2024）》的各位行业专家和出版社发行单位表示衷心感谢！衷心祝愿我国化工新材料产业高质量发展，不断取得新的成绩，创造新的辉煌！

中国石油和化学工业联合会党委书记

李云鹏

前言

化工新材料是指近期发展的和正在发展之中、具有传统化工材料不具备的优异性能或某种特殊功能的新型化工材料。与传统化工材料相比，化工新材料具有重量轻、性能优异、功能性强、技术含量高、附加值高等特点，在汽车、轨道交通、电子信息、航空航天、新能源、节能环保、国防军工等领域应用十分广泛。化工新材料是新材料的重要组成部分，在国家政策指导和大力推动下，产品体系建设、技术装备创新、消费市场培育等方面均取得显著成绩，成为行业进步最快的领域，但与国外产业在高端应用领域存在较大差距，是化学工业中最具活力和发展潜力的新领域，是石化行业新质生产力的典型代表。

但是，由于缺乏专业的管理机构，社会各界对化工新材料的整体发展情况缺乏全面了解，市场上也很难找到相关全面准确的资料。特别是近年来，随着下游市场的拉动及企业的不懈努力，我国化工新材料产业发展迅速，技术进步大，产能扩张速度快，成为了行业发展速度最快的领域之一，但有的企业盲目重复投资；有的企业仍在引进不先进的技术和工艺；有的产品品质本身好，但是国内因下游市场发展不足难以得到发展；有的产品品质和性能还无法满足需要等。信息的不对称容易导致政策和企业决策的失误。

中国石油和化学工业联合会化工新材料专委会作为化工新材料领域唯一的行业组织，把打造行业权威的信息资料作为我们工作的重要目标，自2016年以来，连续八年组织编写了《中国化工新材料产业发展报告》，每两年出版一次。2024年，专委会针对行业热点产品和重点应用领域，邀请各领域龙头企业、研究院所和高校、行业组织的资深专家分别就化工新材料不同领域的技术进展、产业发展情况及趋势进行撰稿。经过专家们认真细致的工作，终于形成了本报告，希望能为关心、关注我国化工新材料产业发展的各界人士提供参考和借鉴。

对于化工新材料，国内外并没有公认的定义，且是一个动态的范围，本报告重点统计的是先进高分子材料，也包括电子化学品和新能源材料等高端专用化学品。先进高分子材料主要包括高性能树脂（高端聚烯烃、工程塑料和特种工程塑料、聚氨酯材料、有机硅材料、有机氟材料）、高性能合成橡胶、高性能纤维和功能性膜材料等，还包含部分前沿材料。

由于时间仓促和水平有限，本书难免有不尽人意之处。我们热切希望大家多提宝贵意见，欢迎关注化工新材料行业发展的学者、专家、企业家参与讨论和给予支持，以利于我们下一次改进工作。

最后代表本书编委会，对热心支持中国化工新材料产业发展、扶持化工新材料专业委员会成长、热情为本报告撰稿的所有专家和作者，对编辑和出版社付出辛勤劳动的工作人员，致以真诚的感谢！

中国石油和化学工业联合会化工新材料专委会
2024年11月

目 录

第一章 综述篇 /001

国内外化工新材料产业发展现状及趋势 ·· 002
第一节 世界化工新材料产业发展现状 ·· 003
    一、全球化工新材料产业发展 ·· 004
    二、未来趋势 ·· 005
第二节 我国化工新材料产业发展现状 ·· 006
    一、我国化工新材料产业总体情况 ·· 006
    二、发展成就 ·· 008
    三、供需平衡 ·· 010
    四、分领域发展情况 ·· 010
    五、存在的问题 ··· 027
    六、发展方向及趋势 ·· 029

第二章 产品篇 /031

第一节 茂金属聚乙烯 ·· 032
    一、概述 ·· 032
    二、市场供需 ·· 033
    三、工艺技术 ·· 036
    四、应用进展 ·· 036
    五、发展建议 ·· 037
第二节 乙烯-乙酸乙烯共聚树脂 ··· 038
    一、概述 ·· 038
    二、市场供需 ·· 039
    三、工艺技术 ·· 042
    四、应用进展 ·· 042
    五、发展建议 ·· 043
第三节 超高分子量聚乙烯 ·· 043
    一、概述 ·· 043
    二、市场供需 ·· 044
    三、工艺技术 ·· 046

  四、应用进展 ··· 047
  五、发展建议 ··· 049
 第四节 聚烯烃弹性体 ·· 050
  一、概述 ·· 050
  二、市场供需 ··· 051
  三、工艺技术 ··· 054
  四、应用进展 ··· 055
  五、发展建议 ··· 056
 第五节 聚异丁烯 ·· 056
  一、概述 ·· 056
  二、市场供需 ··· 056
  三、工艺技术 ··· 058
  四、应用进展 ··· 061
 第六节 聚 1-丁烯 ·· 062
  一、概述 ·· 062
  二、市场供需 ··· 063
  三、生产工艺 ··· 064
  四、应用进展 ··· 065
  五、发展建议 ··· 065
 第七节 特种聚酯 ·· 066
  一、概述 ·· 066
  二、市场供需 ··· 066
  三、工艺技术 ··· 069
  四、应用进展 ··· 070
  五、发展建议 ··· 073
 第八节 聚甲醛 ··· 073
  一、概述 ·· 073
  二、市场供需 ··· 074
  三、工艺技术 ··· 078
  四、应用进展 ··· 082
  五、发展建议 ··· 085
 第九节 聚碳酸酯 ·· 087
  一、概述 ·· 087
  二、市场供需 ··· 089
  三、工艺技术 ··· 093
  四、应用进展 ··· 097
  五、发展建议 ··· 098
 第十节 聚甲基丙烯酸甲酯 ··· 099

  一、概述 ··· 099
  二、市场供需 ··· 100
  三、工艺技术 ··· 103
  四、应用进展 ··· 104
  五、发展建议 ··· 105
第十一节 聚酰胺66 ·· 105
  一、概述 ··· 105
  二、市场供需 ··· 107
  三、工艺技术 ··· 111
  四、应用进展 ··· 114
  五、发展建议 ··· 115
第十二节 聚酰胺6 ··· 115
  一、概述 ··· 115
  二、市场供需 ··· 116
  三、行业壁垒及困局 ·· 124
  四、发展建议 ··· 126
第十三节 特种聚酰胺 ··· 127
  一、概述 ··· 127
  二、市场供需 ··· 129
  三、工艺技术 ··· 130
  四、应用进展 ··· 132
  五、发展建议 ··· 134
第十四节 聚苯硫醚 ·· 135
  一、概述 ··· 135
  二、市场供需 ··· 138
  三、工艺技术 ··· 140
  四、应用进展 ··· 142
  五、发展建议 ··· 149
第十五节 聚酰亚胺 ·· 150
  一、概述 ··· 150
  二、市场供需 ··· 151
  三、工艺技术 ··· 155
  四、应用进展 ··· 157
  五、发展建议 ··· 158
第十六节 聚砜 ·· 159
  一、概述 ··· 159
  二、市场供需 ··· 160
  三、工艺技术 ··· 164

四、应用进展 165
　　五、发展建议 166
第十七节　聚芳硫醚砜 166
　　一、概述 166
　　二、市场供需 167
　　三、工艺技术 169
　　四、应用进展 171
　　五、发展建议 173
第十八节　聚芳醚腈 173
　　一、概述 173
　　二、市场供需 175
　　三、工艺技术 176
　　四、应用进展 177
　　五、发展建议 180
第十九节　聚醚酮酮 180
　　一、概述 180
　　二、市场供需 181
　　三、工艺技术 183
　　四、应用进展 185
　　五、发展建议 186
第二十节　聚硫醇 187
　　一、概述 187
　　二、市场供需 188
　　三、工艺技术 191
　　四、应用进展 192
　　五、发展建议 192
第二十一节　溶聚丁苯橡胶 193
　　一、概述 193
　　二、市场供需 200
　　三、工艺技术 204
　　四、应用进展 208
　　五、发展建议 209
第二十二节　稀土顺丁橡胶 210
　　一、概述 210
　　二、市场供需 212
　　三、工艺技术 216
　　四、应用进展 220
　　五、发展建议 221

第二十三节　丁基橡胶 ··· 222
一、概述 ·· 222
二、市场供需 ·· 224
三、工艺技术 ·· 227
四、应用进展 ·· 229
五、发展建议 ·· 230

第二十四节　异戊橡胶 ··· 231
一、概述 ·· 231
二、市场供需 ·· 234
三、工艺技术 ·· 237
四、应用进展 ·· 241
五、发展建议 ·· 242

第二十五节　高温硫化硅橡胶 ·· 244
一、概述 ·· 244
二、市场供需 ·· 244
三、工艺技术 ·· 247
四、应用进展 ·· 247
五、发展建议 ·· 248

第二十六节　液体硅橡胶 ··· 248
一、概述 ·· 248
二、市场供需 ·· 249
三、工艺技术 ·· 251
四、应用进展 ·· 252
五、发展建议 ·· 252

第二十七节　碳纤维 ··· 253
一、概述 ·· 253
二、市场供需 ·· 256
三、工艺技术 ·· 258
四、应用进展 ·· 261
五、发展建议 ·· 264

第二十八节　芳纶纤维 ··· 264
一、概述 ·· 264
二、市场供需 ·· 266
三、工艺技术 ·· 274
四、应用进展 ·· 277
五、发展建议 ·· 278

第二十九节　聚酰亚胺纤维 ··· 280
一、概述 ·· 280

二、市场供需 ……………………………………………………………… 281
三、工艺技术 ……………………………………………………………… 283
四、应用进展 ……………………………………………………………… 284
五、发展建议 ……………………………………………………………… 286

第三十节 聚苯硫醚纤维 …………………………………………………… 286
一、概述 …………………………………………………………………… 286
二、市场供需 ……………………………………………………………… 289
三、工艺技术 ……………………………………………………………… 292
四、应用进展 ……………………………………………………………… 296
五、发展建议 ……………………………………………………………… 298

第三十一节 聚四氟乙烯 …………………………………………………… 299
一、概述 …………………………………………………………………… 299
二、市场供需 ……………………………………………………………… 300
三、工艺技术 ……………………………………………………………… 302
四、应用进展 ……………………………………………………………… 304
五、发展建议 ……………………………………………………………… 308

第三十二节 可熔性聚四氟乙烯 …………………………………………… 310
一、概述 …………………………………………………………………… 310
二、市场供需 ……………………………………………………………… 312
三、工艺技术 ……………………………………………………………… 316
四、应用进展 ……………………………………………………………… 318
五、发展建议 ……………………………………………………………… 319

第三十三节 聚偏氟乙烯 …………………………………………………… 319
一、概述 …………………………………………………………………… 319
二、市场供需 ……………………………………………………………… 321
三、工艺技术 ……………………………………………………………… 323
四、应用进展 ……………………………………………………………… 325
五、发展建议 ……………………………………………………………… 326

第三十四节 聚全氟乙丙烯 ………………………………………………… 326
一、概述 …………………………………………………………………… 326
二、市场供需 ……………………………………………………………… 328
三、工艺技术 ……………………………………………………………… 330
四、应用进展 ……………………………………………………………… 332
五、发展建议 ……………………………………………………………… 333

第三十五节 硅油 …………………………………………………………… 334
一、概述 …………………………………………………………………… 334
二、市场供需 ……………………………………………………………… 335
三、工艺技术 ……………………………………………………………… 339

四、应用进展 ··· 340
　　五、发展建议 ··· 342

第三十六节　硅树脂 ··· 343
　　一、概述 ··· 343
　　二、市场供需 ··· 344
　　三、工艺技术 ··· 348
　　四、应用进展 ··· 350
　　五、发展建议 ··· 351

第三十七节　有机硅单体 ··· 351
　　一、概述 ··· 351
　　二、市场供需 ··· 352
　　三、工艺技术 ··· 355
　　四、应用进展 ··· 356
　　五、发展建议 ··· 358

第三十八节　功能性硅烷 ··· 359
　　一、概述 ··· 359
　　二、市场供需 ··· 359
　　三、工艺技术 ··· 360
　　四、应用进展 ··· 361
　　五、发展建议 ··· 365

第三十九节　新一代制冷剂 ··· 366
　　一、概述 ··· 366
　　二、市场供需 ··· 369
　　三、工艺技术 ··· 372
　　四、应用进展 ··· 373
　　五、发展建议 ··· 376

第四十节　水处理膜 ··· 376
　　一、概述 ··· 376
　　二、市场供需 ··· 377
　　三、应用进展 ··· 381
　　四、发展建议 ··· 382

第四十一节　锂电池隔膜 ··· 383
　　一、概述 ··· 383
　　二、市场供需 ··· 385
　　三、工艺技术 ··· 389
　　四、应用进展 ··· 390
　　五、发展建议 ··· 391

第四十二节　电子特气 ··· 392

一、概述 392
　　二、市场供需 393
　　三、工艺技术 396
　　四、应用进展 400
　　五、发展建议 400
第四十三节　湿电子化学品 402
　　一、湿电子化学品分类 402
　　二、湿电子化学品标准 404
　　三、国内市场供需 406
　　四、工艺技术 409
　　五、发展建议 412
第四十四节　光刻胶 413
　　一、概述 413
　　二、主要生产企业 414
　　三、市场供需 415
　　四、工艺技术 418
　　五、应用进展 418
　　六、发展建议 419
第四十五节　环氧树脂 420
　　一、概述 420
　　二、市场供需 420
　　三、发展建议 425
第四十六节　聚己内酯 426
　　一、概述 426
　　二、市场供需 427
　　三、工艺技术 430
　　四、应用进展 430
　　五、发展建议 434
第四十七节　气凝胶 435
　　一、概述 435
　　二、市场供需 436
　　三、工艺技术 439
　　四、应用进展 441
　　五、发展建议 444
第四十八节　金属-有机骨架材料 445
　　一、MOF材料规模化制备现状 445
　　二、MOF材料绿色规模化制备 446
　　三、MOF材料成型工艺 452

四、MOF 材料应用 ……………………………………………………………… 454
五、发展建议 …………………………………………………………………… 456

第四十九节　碳纳米管 …………………………………………………………… 457
一、概述 ………………………………………………………………………… 457
二、市场供需 …………………………………………………………………… 459
三、工艺技术 …………………………………………………………………… 459
四、应用进展 …………………………………………………………………… 463
五、发展建议 …………………………………………………………………… 465

第五十节　硅碳负极 ………………………………………………………………… 466
一、概述 ………………………………………………………………………… 466
二、市场供需 …………………………………………………………………… 470
三、工艺技术 …………………………………………………………………… 477
四、应用进展 …………………………………………………………………… 479
五、发展建议 …………………………………………………………………… 480

第三章　应用篇 / 482

第一节　化工新材料在航空航天领域的应用 ……………………………………… 483
一、概述 ………………………………………………………………………… 483
二、特种密封胶 ………………………………………………………………… 483
三、特种胶黏剂 ………………………………………………………………… 488
四、特种橡胶材料 ……………………………………………………………… 493
五、透明高聚物材料 …………………………………………………………… 497
六、树脂基复合材料 …………………………………………………………… 501

第二节　化工新材料在医疗器械领域的应用 ……………………………………… 507
一、医用高分子材料应用市场及前景 ………………………………………… 507
二、医用高分子材料分类及现状 ……………………………………………… 509
三、主要医用高分子材料发展现状分析 ……………………………………… 512
四、发展建议 …………………………………………………………………… 522

第三节　化工新材料在体育装备领域的应用 ……………………………………… 523
一、化工新材料在体育装备领域的应用情况 ………………………………… 525
二、化工新材料在体育装备领域的市场预测 ………………………………… 534
三、化工新材料在体育装备领域的发展瓶颈 ………………………………… 537
四、化工新材料在体育装备领域的发展机遇 ………………………………… 538
五、化工新材料在体育装备领域的发展建议 ………………………………… 539

第四节　化工新材料在新能源领域的应用 ………………………………………… 540
一、概述 ………………………………………………………………………… 540
二、关键材料 …………………………………………………………………… 541

三、主要问题 …… 559
四、发展建议 …… 560

第五节　化工新材料在汽车领域的应用 …… 561
一、概述 …… 561
二、关键材料 …… 561
三、主要问题 …… 568
四、发展建议 …… 569

第六节　化工新材料在 5G/6G 通信领域的应用 …… 569
一、概述 …… 569
二、关键材料 …… 570
三、主要问题 …… 580
四、发展建议 …… 581

附录 / 582

附录 1　专委会副主任单位 …… 583
附录 2　20 家国际化工企业 …… 595
附录 3　2023 年度创新产品 …… 599

第一章

综述篇

国内外化工新材料产业发展现状及趋势

中国石油和化学工业联合会化工新材料专委会

卜新平　戚沛理　高原　吕李杰　刘金沅　刘伟强　李喜飞

化工新材料是新材料产业的重要组成部分，具有传统化工材料不具备的优异性或某种特殊功能。与传统材料相比，具有性能优异、功能性强、技术含量高等特点。从产品类别而言，包括三类：一是传统化工材料的高端品种；二是新领域的高端化工产品；三是通过二次加工生产的化工新材料。化工新材料范围随着经济发展、科技进步、产业升级不断发生变化，主要包括以下九大领域。

① 高端聚烯烃　聚乙烯-辛烯共聚物、乙烯-乙酸乙烯树脂、乙烯-乙烯醇树脂、超高分子量聚乙烯树脂、环状聚烯烃、透明减薄茂金属聚烯烃（茂金属聚乙烯、茂金属聚丙烯）、单一材质聚乙烯包装膜专用树脂、锂离子电池及电工膜用低灰分聚丙烯专用树脂、高流动低气味聚丙烯树脂、高透明环烯烃树脂、透明包装用复合热收缩膜芯专用树脂、低温管道用聚1-丁烯树脂、聚异丁烯（PIB）等。

② 工程塑料和特种工程塑料　聚碳酸酯、聚甲醛、聚甲基丙烯酸甲酯、聚酰胺、聚苯醚、聚对苯二甲酸丁二醇酯、聚萘二甲酸乙二醇酯等特种聚酯；聚酰亚胺、聚酰胺酰亚胺、聚醚酰亚胺、聚砜、聚醚砜、聚苯硫醚、聚芳醚酮、聚芳酰胺、聚芳酯、液晶聚合物等其他特种工程塑料

③ 聚氨酯材料　TDI（甲苯二异氰酸酯）、MDI（二苯基甲烷二异氰酸酯）、HDI（六亚甲基二异氰酸酯）、IPDI（异氟尔酮二异氰酸酯）、HMDI（二环己基甲烷-4,4′-二异氰酸酯）等异氰酸酯为原料的硬泡、软泡、喷涂泡沫、复合材料、弹性体、整体发泡材料。

④ 氟硅树脂　聚四氟乙烯、聚偏氟乙烯、聚全氟乙丙烯、可熔性聚四氟乙烯、聚乙烯-四氟乙烯、聚三氟氯乙烯、四氟乙烯-六氟丙烯-偏氟乙烯共聚物、聚乙烯-三氟氯乙烯等氟树脂；硅树脂。

⑤ 特种橡胶和热塑性弹性体　卤化丁基橡胶、乙丙橡胶、硅橡胶、氟橡胶、氟硅橡胶、氟碳橡胶和全氟醚橡胶、丁腈橡胶、氢化丁腈橡胶、聚氨酯橡胶和异戊橡胶等；聚烯烃弹性体材料（乙烯基弹性体、丙烯基弹性体等）、聚异丁烯（PIB）、聚酰胺热塑性弹性体（TPAE）、聚烯烃热塑性弹性体（TPO）、动态硫化聚烯烃热塑性弹性体（TPV）、热塑性聚酯弹性体（TPEE）、热塑性聚氨酯弹性体（TPU）、苯乙烯-异戊二烯-苯乙烯热塑性嵌段共聚物（SIS）、氢化苯乙烯-丁二烯嵌段共聚物（SEBS）、氢化苯乙烯-异戊二烯嵌段共聚物（SEPS）、双烯类热塑性弹性体（TPB、TPI）、氯乙烯类热塑性弹性体（TPVC、TCPE）、液体橡胶。

⑥ 高性能纤维及复合材料　碳纤维、芳纶纤维、超高分子量聚乙烯纤维、聚对苯二甲酸丙二醇酯纤维、聚酰亚胺纤维、聚苯硫醚纤维、聚对亚苯基苯并二噁唑纤维等。

⑦ 功能性膜材料　水处理膜、特种功能膜、离子交换膜、气体分离膜、新能源用膜（光伏、锂电和燃料电池用）、光学膜、医用膜等。

⑧ 电子化学品（材料）　半导体集成电路用化学品、封装测试化学品、印制电路板（PCB）用化学品、液晶显示器用化学品、有机电致发光显示器（OLED）用化学品、电子纸（ED）用化学品等。

⑨ 新能源材料　三元正极材料、磷酸铁锂、锰酸锂、六氟磷酸锂、双氟磺酰亚胺锂、负极材料、电解液添加剂、电池黏结剂、涂覆材料。

⑩ 其他：生物基及可降解材料、无机功能材料（纳米材料、晶须材料、石墨烯、气凝胶等）、有机金属骨架材料（MOF）等。

第一节　世界化工新材料产业发展现状

受下游各工业领域弱需求及高库存影响，2023年对全球化工行业来说是很艰难的一年。2023年全球化学品产量增长约0.3%，其中亚太地区增速最快，达3.7%，此外独联体国家和非洲以及中东地区也有少量的增长，但是这些增长基本被欧洲、拉丁美洲以及北美的负增长所抵消。2023年，全球化学品贸易也出现了较明显的负增长，其中美国化学品出口额下降7.5%，进口额下降10.5%；我国化学品出口额下降11.2%，进口额下降7.9%；欧洲化学品出口额下降6.7%，进口额下降19.3%。

2023年，全球化学品竞争格局并未发生大的变化，我国仍为全球第一大化学品生产国及第一大化学品市场，紧随其后的是欧盟、美国以及日韩。其中我国化工企业的领先优势继续扩大；欧盟化工企业受原材料及能源成本高、设备陈旧以及人力和环保成本高等因素的影响，在除消费用化学品和特殊化学品领域以外的细分市场竞争力明显降低；受益于上游丰富的油气资源，美国化工企业在全球化学品市场仍具备强劲的竞争力；随着我国石化产品自给率的显著提高，严重依赖地区性出口的日韩石化企业正在面临成本和转型压力。近年来，东南亚及印度经济增长强劲，对化学品需求增长较快，与此同时，东南亚及印度总体化工产业发展滞后，这就使得上述地区和国家正在成为我国化工企业产品和投资走出去的主要目的地。

化工新材料是支撑国家战略性新兴产业的重要基础，是传统石化和化工产业转型升级的重要方向，其中高性能化工材料是全球化工新材料竞争的关键领域。全球来看，美国、欧洲和日本是高性能化工材料的主要产销地，发展重心正逐渐向亚洲转移，但发达国家主导的格局短期难以改变；国际石油与化工企业加快布局高性能化工材料，优势明显，垄断加剧；材料研发模式和手段发生了深刻变革，正在大幅缩短材料设计、研发、制造加工和应用周期；主要跨国公司正在实施新一轮扩张计划，化工新材料全球化经销趋势日趋明显；化工新材料的产业规模在继续扩大，新品种层出不穷。从国内看，高性能化工材料产业加速集聚，并逐步形成特色产业集群；产业竞争力持续增强，领军企业迅速成长，企业在积极布局。从重点领域看，我国在氟硅树脂和橡胶等领域有很高的发展水平，但产品品种有待丰富并拓展下游应用领域；在高性能聚烯烃、特种工程塑料、高性能橡胶、高性能纤维、高性能膜材料等领域具备一定发展水平，但存在较多技术空白或"卡脖子"环节。

从全球竞争格局来看，美国、西欧和日本等在化工新材料及其支撑体系上长期布局，因此在科技、人才、研发以及市场等方面占据绝对优势，位于第一梯队。中国、俄罗斯、韩国等化工新材料产业整体处于快速发展期，并在部分领域形成自身优势，位于第二梯队。第三梯队是巴西、印度等新兴市场经济体，处于追赶阶段。全球化工新材料的领军企业也主要集中在美国、西欧和日本等发达国家和地区，代表企业有美国的埃克森美孚、杜邦、陶氏化学等；西欧的巴斯夫、拜耳、赢创、帝斯曼、科思创等；日本的东丽、可乐丽、三菱化学、三井化学、大金氟化工、住友化学等。这些企业在化工新材料领域具有数十年甚至上百年的经验积累，通过加强技术研发、构建销售网络、强化品牌塑造、培养专业人才等经营策略，形成了较强的竞争优势，其技术研发和业务动向受到行业普遍关注。

一、全球化工新材料产业发展

1. 美国

在页岩革命推动下实现了油气资源的自给自足，利用成本优势巩固其国际竞争力。从高性能化工材料产业发展水平看，在高性能膜材料、高性能纤维、工程塑料和特种工程塑料、高性能聚烯烃、高性能橡胶等领域全面处于领先水平，仅有极个别空白产品，例如EVOH树脂；在氟硅树脂和橡胶等领域整体发展水平较高。个别分支领域一般或较弱，如锂电池、部分异氰酸酯领域等。

得益于具有竞争力的能源基本面、美国从立法层面对制造业的支持，以及强大的国内制造业基础和先进的生产技术，美国化工新材料展现出良好的增长潜力和市场稳定性，特别是消费品用化学品领域，同比增长3.2%。

2. 西欧

欧洲化工产业的优势领域是特种化学品和消费化学品，德国、法国、意大利和荷兰是西欧主要化学品生产国。从化工材料产业发展水平看，西欧在高性能膜材料、高性能纤维、工程塑料和特种工程塑料、高性能聚烯烃、高性能橡胶、氟硅树脂和橡胶等领域具有较高水平，但个别产品较弱或空白，如芳纶、EVOH树脂、异戊橡胶等；也有一些领域发展水平不高，如电子化学品和储能材料。

2023年欧盟化学工业资本开支高于平均水平的化工产品主要是肥料（37%）、工业气体（22%）、石油化工（21%）、塑料产品（21%）、人造纤维（20%）等，而基础化工产品资本开支明显低于平均水平。欧洲石化产业的优势领域是特种化学品和消费化学品。2023年，欧盟特种化学品和消费化学品出口额下降6.7%，进口额下降19.3%。

在细分市场领域，欧洲化学工业的特点为特种化学品和制药的市场份额占比较高。据CEFIC统计预测，预计未来这两种产品的市场规模将持续快速增长，其中特种化学品市场规模到2032年将超过3000亿欧元。制造业、建筑业以及消费品领域的材料和部件的创新和多样化发展趋势是主要的驱动因素。

2023年起，欧盟化学品由净出口转为净进口，贸易顺差创新低。2023年，欧盟化学品出口额下降了5.4%。2002年到2023年，欧盟化学品出口额从1520亿欧元增长至5230亿欧元，年均复合增长率为6.1%。2023年，特种化学品出口额占化学品总出口额的30%。

3. 日本

日本石化产业的优势领域是化工新材料和高端专用化学品，凭借强大的研发实力，部分日本化工企业成功从基础化工原料生产商转型为高端化学品及整体解决方案供应商，在特种工程塑料、碳纤维、电子化学品、显示材料等领域建立了技术优势，并迅速抢占了汽车、电子、精密机械等重要消费市场。主要产品集中在光学膜、电子化学品、高纯度化学品、功能性树脂和化妆品原料等。

从产业发展水平看，日本在电子化学品领域处于世界领先水平；在高性能膜材料、高性能纤维、工程塑料与特种工程塑料、高端聚烯烃树脂、高性能橡胶、氟硅树脂和橡胶等领域具有较高水平，个别产品处于空白或较弱，如 PTT，PCT 等特种聚酯。

4. 其它国家和地区

除了上述的美国、西欧、日本等国家和地区整体发展水平较高外，还有一些国家和地区在个别领域或产品上具备领先水平，详见表1.1。

表 1.1　2023 年世界其它国家和地区化工新材料情况

国家和地区	基本情况
俄罗斯	1. 高性能橡胶：丁基橡胶、异戊橡胶处于领先水平 2. 氟硅树脂和橡胶：在 PTFE、FKM 具备一定的水平，氟树脂占世界4% 3. 高性能纤维：芳纶具有一定水平 4. 高端聚烯烃：PIB 具备一定水平
中国台湾	1. 高端聚烯烃：EVA 树脂、EVOH 树脂具备一定水平 2. 高性能纤维：碳纤维具有一定水平 3. 特种工程塑料：PMMA 具有一定水平 4. 电子化学品：具备一定发展水平，尤其是封装材料、PCB 材料和液晶显示器用材料紧随日本、韩国，在电子纸领域独树一帜
韩国	1. 特种工程塑料：特种聚酯单体 CHDM 及 PETG 处于先进水平，PMMA、POM 具有一定水平 2. 高端聚烯烃：EVA 树脂具备一定水平 3. 高性能纤维：碳纤维、芳纶具有一定水平 4. 聚氨酯：TDI 具备一定实力 5. 氟硅树脂和橡胶：聚硅氧烷具备一定的水平，有机硅材料专利申请量仅占全球3% 6. 电子化学品：发展水平较高，尤其是 FDP 行业（OLED）和手机用材料 7. 储能材料：多晶硅和锂电池具备较高水平 8. 其它：石墨烯具有一定水平
沙特阿拉伯	1. 工程塑料：SABIC 收购 GE 塑料后，PC 在产能和技术方面具有领先水平；在塑料合金领域也具有较高水平 2. 高端聚烯烃：POE 具有一定水平
南非	高端聚烯烃：南非煤制油产业提供了大量 α-烯烃，使之在聚乙烯-辛烯（POE）领域具备一定的水平
以色列	在 3D 打印领域居于领先水平，不过其龙头企业被美国公司收购
印度	1. 氟硅树脂和橡胶：PTFE 具备一定的规模，氟树脂占世界2% 2. 高端聚烯烃：PIB 有一定水平
巴西	高端聚烯烃：EVA 树脂、UHMWPE 树脂具备一定水平

二、未来趋势

未来世界化工新材料的产业格局或将更加均衡，中国的影响力会进一步扩大。企业在材料的升级创新方面越来越快，也更加重视用户体验，更加聚焦主营业务，兼并重组更频繁，化工新材料产业也更具投资价值。跨国化工企业继续加大业务整合和优化，逐步退出低附加值、高污染的传统化工领域，向着更专业化方向发展，进一步加强在某一领域的优势地位。

预计到 2025 年，全球化工新材料产业市场总额仍将能够达到 4800 亿美元，年均复合增长率超过 4.5%。产品迭代的速度也将越来越快，领先企业的产品迭代速度几乎达到每年一次甚至数次，新产品也带来了更高的效益。

随着世界经济格局变化，化工新材料产业的市场及技术配置方式也将随之发生变化，预计地区差异化将加剧。总体上，西强东弱的区域格局短期内还是难以改变。欧美日是高性能化工材料最大的研发、生产和需求市场，而亚太地区（日本除外）是发展最快的地区，全球高性能化工材料重心正逐渐向亚洲转移。我国整体处于第二梯队，预计未来我国影响力将会进一步扩大。

（1）西强东弱的格局仍在延续

目前，西方发达国家仍在国际新材料产业中占据领先地位，世界新材料龙头企业主要集中在美国、西欧和日本，如日本、美国、德国 6 家企业占全球碳纤维产能 70% 以上；日本 3 家企业占全球液晶背光源发光材料产量的 90% 以上；工程塑料以美国、德国的生产企业为主；特种橡胶由日本、美国占据更大的市场份额。美国、日本、德国这三个国家占据了全球化工新材料领域的绝大部分的高端牌号和利润。

（2）创新在产业发展中的地位越来越重要

创新在全球化工新材料发展中的地位越来越重要。高新技术的快速发展对关键基础材料提出新的挑战和需求，对新材料的性能要求也越来越高，同时，新材料的创新也推动了其他产业的技术进步。例如，东丽公司的高强高模碳纤维材料已经从 M30 开发到 M70，模量已经达到 690GPa，直接推动了无人机、卫星等产业的发展，同时，这些高技术产业也不断对高性能材料提出更高的要求。微电子芯片集成度及信息处理速度大幅提高，成本不断降低，硅材料发挥了重要作用，也推动了光刻胶、聚酰亚胺、液晶聚合物等材料的发展，进而推动了 5G、互联网、数据中心、智能电网、电动汽车等输送与终端产品的开发和生产。

（3）产品迭代的速度越来越快

全球消费升级使得无论是工业产品还是耐用消费品乃至快消品，产品迭代的速度越来越快。从芯片的制程到手机甚至跑鞋，领先企业的产品迭代速度几乎达到每年一次甚至数次。新产品也带来了更高的效益，以最常见的跑鞋为例，普通跑鞋使用 EVA 中底，产品零售价格很难突破 300 元/双，而以索康尼为代表的四大跑鞋品牌以每年推出一系列新品的策略，采用最新研发的 TPU 材质 Everun 系列材料，新款产品零售价格超过 1200 元/双，老产品被赋予了新概念，也获得了更高的附加值。

第二节 我国化工新材料产业发展现状

一、我国化工新材料产业总体情况

在当前全球科技创新发展的大潮中，新材料与信息、能源一起，成为现代科技的三大支柱，其中新材料是其他两个产业发展的基础和支撑。新材料的诞生，往往会催生出一种甚至多种新兴产业和技术领域。建设重大工程、增强国防保障能力、提升经济发展质量、构建国际竞争新优势都离不开新材料的支撑。作为新材料的重要组成和生产其他新材料的重要原料，化工新材料近年来备受国内外投资者的关注与青睐。

部分化工新材料品种及其原料开始呈现结构性过剩问题。TDI、MDI、环氧丙烷、己内酰胺、己二酸、聚醚多元醇、甲基有机硅单体、硅橡胶、氢氟酸、氟聚合物、含氟制冷剂等表现出不同程度的产能过剩，产能利用率快速下降、产品价格大幅下滑。受技术水平的制约，化工新材料整体来说是我国化学工业体系自给率最低、最急需发展的领域，国内产品质量和性能与国外相比存在较大差异，如聚甲醛、溴化丁基橡胶、碳纤维、芳纶、特种聚酰胺、聚苯硫醚、芳纶、高纯电子气体和试剂、太阳能电池板膜用树脂等高端产品仍需进口。

"十四五"期间，化工新材料产能、产量持续扩大，自给率持续提升，2023年，我国化工新材料产能约4900万吨/年，产量超过3600万吨，产值超过1.37万亿元。

从产业发展水平看，我国在氟硅树脂和橡胶、聚氨酯材料、储能材料领域有很高的发展水平，但产品品种有待进一步丰富并拓展下游应用领域；在高性能分离膜材料、高性能纤维、工程塑料与特种工程塑料、高性能橡胶、新型特种涂料、新型特种胶黏剂、电子化学品领域具备一定发展水平，但存在较多技术空白，如PA66原料己二腈、乙丙橡胶、超大规模半导体集成电路用化学品等；在高端聚烯烃树脂领域发展水平很低，处于大范围技术空白，详见表1.2。

表1.2 2023年我国化工新材料分行业情况

产业	基本情况
高性能分离膜材料	该领域的市场份额虽仅低于美国和日本，但总体竞争力不及美国、西欧和日本，尤其在特种分离领域、医用领域及光学领域，但水处理膜竞争力持续提升
高性能纤维	高性能纤维处于全面上升阶段。其中，聚酰亚胺、间位芳纶技术均居世界前列；PTT纤维也已建成自主技术的工业化装置；对位芳纶、碳纤维、UHMWPE纤维虽有一定的规模，但质量和技术水平还有待进一步提高
工程塑料与特种工程塑料	该领域的整体水平不高，但部分特种工程塑料具备较高水平；PC已建成自主技术的非光气法工业装置，国产光气法装置均实现产业化；PA6T和部分长链尼龙（如尼龙1212）具备自主技术；PA12尚在产业化过程中。POM虽然有自主技术，但产品质量偏低；特种聚酯领域如PCT的单体CHDM、PTT的原料1,3-丙二醇及聚合技术已突破，聚苯醚、聚苯硫醚、聚醚醚酮、聚醚醚腈、LCP、聚乙烯醇缩丁醛树脂等特种工程塑料已具备较高水平，产业化规模持续扩大
高端聚烯烃树脂	高碳α-烯烃供应不足，EVA树脂、UHMWPE树脂、茂金属聚乙烯、茂金属聚丙烯等少数品种产量低；超高压超洁净电缆专用料、乙烯-丙烯酸丁酯、乙烯-甲基丙烯酸共聚物等处于空白
高性能橡胶和塑性弹性体	多数产品具备自主技术，如丁基橡胶、异戊橡胶等，但产品牌号和装置稳定性仍需进一步加强，乙丙橡胶处于技术空白
氟硅树脂和橡胶	氟树脂和氟橡胶的市场份额均居世界首位，但品种数少于美国、西欧和日本；有机硅单体发展水平高，市场份额居世界第一，具备较强的整体竞争力；有机硅材料以中端和低端产品为主，下游高端应用待进一步增强
聚氨酯材料	该领域的水平较高，仅次于西欧，尤其是MDI和TDI，多数异氰酸酯产品均有涉及，IPDI、HDI实现了产业化
电子化学品	该领域竞争力不强，但发展迅速，总体对外依存度约75%；PCB电路用领域自给率较高，新一代显示及大规模集成电路配套电子化学品自给率较低，不足30%
锂电池材料	锂电池用正负极、电解液、隔膜、电解质等产业规模大，具有竞争优势
其他	3D打印领域和日本处于同一水平，位于美国和西欧之后；石墨烯领域发展迅速，和日本相当，仅次于美国，目前正在推进产业化进程，并打造全产业链

二、发展成就

（1）技术创新能力不断增强，保障能力逐步提升

企业不断增加资本和人才投入，促使化工新材料行业的发展日新月异，在产品体系建设、技术装备创新、消费市场培育等方面均取得显著成绩。行业先后攻克了茂金属聚丙烯、110kV高压绝缘电缆专用料、光伏级EVA、光伏用有机硅胶、光学级PMMA、溶液聚合法聚苯醚、聚砜、医用SEBS、防弹玻璃用TPU、高强高模聚酰亚胺、大丝束碳纤维、高伸长间位芳纶、高韧型对位芳纶、钙钛量子点光学膜、高镍三元正极材料、磷酸铁锂、双氟磺酰亚胺锂、电池用PVDF、高纯三氯化硼、电子级硫酸、电子级磷酸等产品的技术瓶颈并建成示范装置，填补了国内空白，打破了外资垄断。重点突破技术见表1.3。

表1.3 重点突破技术表

领域	重点突破技术
高端聚烯烃	超高分子量聚乙烯树脂，聚丁烯-1，光伏用EVA树脂，茂金属聚丙烯，环状聚烯烃；高密度聚乙烯管道专用料（PE100），双向拉伸聚乙烯专用料，锂电池隔膜用聚乙烯专用料，镀铝基膜用聚乙烯专用料；高熔体强度抗冲聚丙烯，抗菌聚丙烯，高流动性透明聚丙烯，低挥发聚丙烯，高熔体流动速率聚丙烯
工程塑料	聚碳酸酯（界面缩聚法和熔融酯交换缩聚法）；聚甲基丙烯酸甲酯；聚苯醚（均相溶液缩聚法）
聚酰胺关键原料	己二腈（己二酸法）、己内酰胺、戊二胺
特种工程塑料	聚苯硫醚、聚芳硫醚砜、聚酰亚胺、聚醚醚酮、聚醚酮、聚醚砜、联苯聚醚醚砜（PPSU）树脂
特种橡胶及弹性体	氢化苯乙烯-异戊二烯共聚物；氢化丁腈橡胶
氟硅材料	四氟丙烯（HFO-1234yf），乙烯-四氟乙烯共聚树脂（ETFE）
高性能纤维	高性能碳纤维，聚酰亚胺纤维（高强高模），超高分子量聚乙烯纤维，超细（<1.0T）聚苯硫醚纤维
电子化学品	电子级磷酸，电子级氢氟酸，电子级双氧水
新能源材料	双（氟磺酰）亚胺锂和双（三氟甲基磺酰）亚胺锂

（2）产业竞争力持续增强，领头羊业迅速成长

随着国产化技术的不断完善和突破，一些长期短缺的高性能化工材料成为企业和地方争相追逐的热点项目，新建装置能力快速增长，一批领军型企业加快成长。中国石化、中国石油、中国中化、东岳集团、安徽皖维、吉林化纤、泰和新材等在茂金属聚乙烯、氟硅材料、膜材料、碳纤维、芳纶等细分领域不断取得新的进展，正在接近和达到国际先进水平，已成为推动我国高性能化工材料发展的主力军。

中国中化是生产高性能化工材料种类最多、供应量最大的中央企业，在高性能化工材料产业整体收入居国内第一，在工程塑料、氟硅材料、芳纶领域具备优势，生产的高性能化工材料产品主要包括PBT、PVDF、PVF、对位芳纶等。中国石化和中国石油在高性能聚烯烃、高性能纤维领域引领行业发展，在茂金属催化剂国产化生产上取得阶段性突破，已工业化生产mPE、mPP等新材料产品。中国石化生产的其他高性能化工材料主要包括mPE、mPP、EVOH、PET、PBT、丁基橡胶、溶聚丁苯橡胶等。中国石油生产的其他高性能

工材料主要包括特种聚酯、丁腈橡胶、溶聚丁苯橡胶等。其他央企也分别在高性能化工材料产业进行布局。华润集团、中车集团、中材集团分别在特种聚酯、高性能纤维、膜材料等领域加速布局。中国建材集团在碳纤维产业有优势；中国化学在聚酰胺66与聚酰胺6产业有优势。

（3）投资动能增强，部分产业竞争优势逐步显现

化工新材料作为国际化工产业转型升级的主流趋势受到企业高度关注。通过自主（合作）研发、引进消化吸收再创新等多种方式，积极向化工新材料转型，投资开发化工新材料项目增多，覆盖的领域也逐年拓展，多个产品从无到有，从低端到高端，使我国化工新材料自给能力不断增强。我国聚氨酯工业主要原材料产能均超过全球产能的1/3，成为全球最大的聚氨酯原材料和制品的生产基地。其中，异氰酸酯制造技术居世界先进水平，主要助剂研发、生产水平提升迅速，产品具有一定的国际市场竞争力。

我国硅氧烷产能超过全球总量的一半，产量和消费量约占全球总量的60%，已成为全球最大的有机硅生产国和消费国，国内有机硅单体技术整体提升，已建成从基础原材料、有机硅单体、中间体到各类终端产品生产，产业配套齐全的有机硅工业体系。

产业加速聚集，形成特色产业集群集聚，区域特征明显。具体地，在京津冀地区，电子信息材料、生物医用材料、纳米材料、超导材料等新材料具有较强竞争优势和特色，产业集聚态势明显；在长三角地区，形成了浙江杭州湾精细化工特色产业集聚区，以及江苏沿江新材料产业带；在粤港澳大湾区，形成了新型显示材料、改性塑料、新型电池、高性能涂料产业集群；东北地区形成了服务于重大装备和工程的特色新材料产业基地。

根据我国区域协调发展战略和主体功能区战略，各地基于产业基础、科研条件、资源禀赋、市场需求等比较优势，发展区域特色化工新材料产业，推动相关企业集聚化发展，涌现出一批各具特色的高性能化工材料产业集群。

（4）外资企业持续加大我国化工新材料市场布局

我国是世界最大的化工产品生产国和消费国，在全球化工产业供应链中占据重要地位。外资化工企业作为我国化工产业的重要组成部分，在引领化工产业技术创新、促进化工产品贸易发展、推动化工产业高质量发展等方面发挥着重要作用。在我国产业转型升级和"双碳"目标的推动下，外资化工企业正在加速转型升级，推动化工制造业高质量发展。为鼓励外商投资化工产业，我国持续修订《鼓励外商投资产业目录》，其中涉及化工产业，促进外资企业投向高附加值、高技术含量的化工产品生产领域和化工原材料开发领域。

着力引导企业加强技术创新，优化产品结构，向高端化工新材料等产业链高附加值环节延伸和拓展，支持企业加大研发投入，加快开发高端化工新材料产品，促进化工产业高端化、多元化、低碳化发展。巴斯夫、埃克森美孚、壳牌、科思创、赢创、三菱化学和LG化学等外资持续加大在我国的投资项目，分别聚焦领域如下：BASF（专用化学品、工程塑料）、赢创（PEEK，专用化学品）、诺利昂（专用化学品）；科思创（聚碳酸酯）、英国威格斯（PEEK）、索尔维（电子级双氧水）；埃克森美孚（高端聚烯烃）、英伟达（尼龙）、陶氏（专用化学品）、空气化工（电子特气）；SK（新能源材料）、LG（工程塑料、新能源材料）、晓星（氨纶）、载元（电子化学品）、宝理（聚甲醛）。据不完全统计，近几年外资在化工新材料等领域的投资达1000亿元。

三、供需平衡

2023年我国化工新材料实现了显著的增长,总产量接近3700万吨,自给率突破了80%的关口。这一成绩不仅证明了我国在化工新材料领域的生产实力,也凸显了在聚氨酯和锂电池材料等关键细分市场上的国际竞争力。

国产化工新材料,尤其是聚氨酯、氟硅材料和锂电池材料,因其高自给率而成为国内市场的稳定供应源,并凭借其性能和成本效益在国际市场上取得了一定的份额。这些产品的成功,为我国化工新材料产业的全球扩张和提升国际地位提供了坚实的基础。

然而,在高端聚烯烃和电子化学品等关键领域,国内生产能力尚未完全跟上市场需求的步伐,导致部分产品仍需通过进口来满足。这一现象揭示了产业发展中存在的不足,同时也指明了未来升级和增长的方向。为了弥补这些领域的供需缺口,产业界需要加大技术创新和产能扩张的力度,以提高自给率,满足国内日益增长的需求,并在国际市场上争取更大的份额。

四、分领域发展情况

2023年,我国主要化工新材料高端聚烯烃树脂自给率不到57%;高性能纤维、工程塑料与特种工程塑料自给率为70%左右;聚氨酯和氟硅材料供略大于需。

(一) 高端聚烯烃塑料

我国聚乙烯处于扩能高峰期。2023年产能达到3100.8万吨/年,产量达2735万吨,同比增加12.6%;进口量1344万吨,消费量3995.4万吨,自给率68.5%。国内供应增速高于需求增速,供应缺口在连续3年增长后开始下降。2023年,我国PE缺口约1837万吨。2023年我国聚丙烯产能维持较高增长率,全年累计产能3954万吨/年,产量3225万吨,进口量269.7万吨,出口量114.9万吨,表观消费量3379.8万吨。

2023年我国高端聚烯烃塑料产量约850万吨,自给率仅为56.7%,其中己烯、辛烯等高碳 α-烯烃依赖进口是制约高碳 α-烯烃共聚聚乙烯发展的重要原因之一,在高端聚烯烃树脂领域,POE树脂、超高压电缆超净绝缘专用料、乙烯-丙烯酸丁酯共聚物、乙烯-甲基丙烯酸共聚物完全依赖进口;mPE和mPP自给率严重不足,仅为10%左右;EVA树脂自给率也不到70%。

1. 聚烯烃弹性体 (POE)

聚烯烃弹性体(POE)是一种由乙烯与丁烯-1(C_4)或辛烯-1(C_8)共聚而成的热塑性弹性体,以其优异的韧性、加工性、耐候性与耐化学性能等特点,在光伏胶膜、塑料增韧改性、鞋材及电线电缆等领域得到广泛应用。全球POE市场目前由6家生产企业主导,包括陶氏、埃克森美孚、三井化学、LG、SSNC以及北欧化工。2023年,国内POE消费量约为80万吨,几乎完全依赖进口,其中光伏胶膜需求占比一半以上,是消费增长的主要来源。国内光伏POE市场主要由5家跨国企业占据,2023年各公司的光伏料供应量均有所提升,市场格局基本维持不变。汽车市场的产销两旺也带动了POE在塑料改性领域的消费量增长，但对整体市场的影响不如光伏胶膜领域。

2. 乙烯-乙酸乙烯共聚树脂（EVA）

国内EVA树脂产能达到245万吨/年。EVA树脂生产企业主要有中国石化燕山石化、福建古雷石化、扬子石化和江苏斯尔邦、陕西延长中煤榆林能源、浙石化等12家企业。2023年，国内EVA产量215.36万吨左右，与2022年相比增加28.7%。据统计，2023年国内初级形态的EVA树脂进口量139.2万吨，出口量20.9吨，净进口量高达118.3万吨，表观消费量达到333.91万吨。

3. 乙烯-乙烯醇共聚物（EVOH）

EVOH以其卓越的气体阻隔性能在食品包装、汽车油箱和多层复合瓶等领域发挥重要作用。全球EVOH的生产主要集中在可乐丽、三菱化学和台湾长春石化三家企业，总产能为18.2万吨/年。我国目前尚未实现EVOH的规模化生产，中石化重庆川维是唯一致力于EVOH生产技术研发的企业，2019年建成了500吨/年的中试装置并少量生产销售EVOH产品，目前正在推进1.2万吨/年的工业示范装置建设。由于下游食品包装市场的高门槛，国产EVOH难以迅速获得市场份额。我国EVOH生产的技术瓶颈主要在于工业化生产技术，全球EVOH生产技术未对外转让或授权，现有企业均使用自主技术。EVOH生产过程中的聚合和皂化步骤均存在技术挑战，聚合反应的均匀稳定性和皂化过程中副反应的控制是关键技术难点。

4. 超高分子量聚乙烯（UHMWPE）

当前，我国UHMWPE市场正处于成长期，市场需求快速增长，但产量无法满足需求，市场供不应求。行业正通过提升集中度和淘汰落后技术，朝着更健康的方向发展。未来，随着技术创新和产能扩张，我国UHMWPE产业有望提高自给率，减少对进口的依赖。2023年，我国超高分子量聚乙烯（UHMWPE）总产能约22.15万吨/年，但实际产量和需求量之间存在较大差距，自给率仅为7%。国内生产主要集中在中低端产品，如板材料和管材料，而纤维料和锂电池隔膜料的生产能力及产品质量有待提升，部分产品依赖进口，主要进口来源为美国和日本。

5. 茂金属聚乙烯（mPE）

2023年，我国mPE消费量约为259万吨，同比增长1.1%，远低于LLDPE（线型低密度聚乙烯）消费量的同比增幅9.5%。尽管国内消费有所改善，但经济下行压力和消费降级趋势导致高性能mPE需求增长几乎停滞。市场需求疲软导致mPE全年平均价格同比大幅下跌，盈利空间显著收窄。跨国企业降价策略进一步削弱了国产mPE的竞争力，销售价格承压，生产企业普遍亏损。

6. 茂金属聚丙烯（mPP）

mPP因其卓越的物理性能，在无纺布、注塑及膜材料等领域的应用日益广泛。2023年，mPP市场需求快速增长，市场规模达到12.42亿元，产量为1.8万吨，而需求量为10.7万吨，显示出明显的供应不足。尽管国内企业如独山子石化、石油化工研究院、哈尔滨石化、兰州石化、燕山石化和扬子石化等已在mPP的工业化生产上取得进展，但整体仍处于起步阶段，且大部分产品尚未实现商业化量产，导致中国mPP市场严重依赖进口。随着技术突破和产能扩张，预计国内mPP市场将逐步实现国产替代，减少对进口的依赖。

（二）工程塑料与特种工程塑料

在工程塑料与特种工程塑料领域，特种工程塑料自给率较低，存在发展空间。2023年我国工程塑料产量537万吨，表观消费量675万吨，自给率约80%，其中消费量最大的聚碳酸酯国内自给率为78.8%，而且主要由外资企业生产。我国工程塑料领域主要问题是产能过度集中于低端产品，而高端产品的产能受制于技术等因素而导致对进口的依赖严重。

1. 聚碳酸酯（PC）

截至2023年，我国聚碳酸酯（PC）产能达到343万吨/年，市场长期供不应求，成为投资的重点领域。随着技术突破，近两年来首次需求增速高于供应增速。聚碳酸酯生产工艺具有较高的技术壁垒，全球生产主要集中在美国、西欧和日本，其中，美国通用电气（GE）、德国拜耳（Bayer）、美国陶氏化学（Dow）、日本帝人（TEIJIN）和三菱瓦斯/三菱化学公司（Mitsubishi）是世界五大聚碳酸酯生产企业，其产能合计占世界总产能的90%左右。

2. 聚甲基丙烯酸甲酯（PMMA）

聚甲基丙烯酸甲酯（PMMA），也被称为有机玻璃，以其出色的光学透明度、力学性能和加工性能而受到青睐。生产商主要分布在亚洲、北美和西欧，生产技术包括本体聚合、溶液聚合和悬浮聚合，其中本体聚合技术因其高纯净度和低能耗而被认为是行业领先技术。原料MMA单体的供应对PMMA产品的质量至关重要，因此许多企业采用MMA-PMMA产业链一体化的方式来控制质量。PMMA的应用领域广泛，包括显示导光板、LED照明、光导纤维、汽车、消费电子、电器等，并在光纤材料、医疗、汽车、PC/PMMA复合材料以及VR/AR/MR等高新技术产业中展现出新的应用潜力。随着可持续发展和环保政策的推进，PMMA的绿色环保发展也成为新的研发方向。

3. 聚甲醛（POM）

截至2023年底，我国聚甲醛（POM）行业经历了快速增长，年产能接近67万吨，自给率为59.8%，显示出一定的对外依赖性。但国内生产技术的进步，包括共聚和均聚两条工艺路线，正在逐步提高自给率。均聚甲醛因其优越的力学性能在高端市场占有一席之地，但目前只有杜邦和日本旭化成能够生产，且国内只有旭化成聚甲醛（张家港）有限公司年产2万吨的装置在运行。随着技术的引进和自主开发，我国聚甲醛产业有望进一步发展，减少对进口的依赖，并在高端产品领域取得突破。

4. 聚酰胺（PA6、PA66）

2023年，我国聚酰胺6（PA6）和聚酰胺66（PA66）产业呈现不同的发展态势。PA6显示出较为平衡的供需关系，相比之下，PA66存在一定的供应缺口，部分依赖进口。己二腈作为PA66的关键原料，其供应主要依赖进口，且由于技术壁垒高，国内供应受到国际大厂的控制。尽管如此，华峰集团和中国化学已在己二腈产业化方面取得进展，但市场仍处于高度垄断状态。未来，随着己二腈国产化和PA66成本的降低，预计PA66将以其优异性能在市场中占据更大份额。

5. 特种聚酰胺

特种聚酰胺（特种尼龙）包括长链尼龙（如 PA12、PA11）和高温尼龙（如 PA46、PA4T），在汽车、电子电气、消费品等领域广泛应用。全球特种尼龙市场由赢创、阿科玛、巴斯夫等公司主导，我国虽起步晚但金发科技、杰事杰等企业在高温尼龙开发和产业化方面取得了一定的进展。尼龙 12 是长碳链尼龙代表，全球市场上德国赢创占 50% 以上份额，万华化学建设的尼龙 12 装置有望改变进口依赖局面。2023 年我国尼龙 12 市场规模达 10.7 亿元，汽车领域是最大需求市场，随着技术进步和成本降低，我国尼龙 12 产业有望打破外资垄断，市场均价下降可能推动国内需求增长。

6. 热塑性聚酯（PBT、PET）

热塑性聚酯在工程塑料中占据重要地位，其中 PET 和 PBT 已广泛应用并大规模工业化生产。2023 年，国内 PET 聚合物产能延续快速增长，新增产能中桐昆股份、三房巷、恒力石化及新凤鸣等前十大企业合计占近 80% 份额。我国 PBT 主要生产企业总产能达 188 万吨/年，主要企业有南通星辰、仪征化纤、长春化学、江阴和时利、新疆蓝山屯河。我国 PBT 最大消费领域是纺丝领域，其次是车用工程塑料及机械领域，电子电气领域是第三大消费领域，前三大消费领域合计占 PBT 总消费量的 80%。

7. 特种聚酯（PETG）

我国特种聚酯市场正在经历技术突破和产能扩张。2023 年，国内 PETG 总产能达到 33 万吨/年，主要由辽阳石化和华润化学材料等企业贡献。尽管国内企业在技术上取得了进展，但在性能、质量和可靠性方面与国际品牌如 Eastman 和 SK 化学相比仍有差距，这导致国内 CHDM 型 PETG 市场大部分份额被进口产品占据。在 2023 年国内 PETG 消费结构中，低端 NPG 型 PETG 约占 59%，中高端 CHDM 型约占 23%，而高端 PCTG 约占 18%。随着技术的不断进步和成本的降低，预计我国特种聚酯产业将逐步减少对进口的依赖，并在国内外市场中占据更大的份额。

8. 聚苯硫醚树脂（PPS）

2023 年全球聚苯硫醚（PPS）产能达 20.24 万吨/年，我国是产能增长主要来源。日本东丽是全球最大 PPS 生产商，我国浙江新和成新装置投产后跃居全球第二。2023 年我国 PPS 行业平均开工率上升，得益于新能源汽车行业发展拉动需求增长，但与国际品牌相比国内产品在性能等方面有差距，预计随着技术进步和成本降低，我国 PPS 产业将减少对进口的依赖并占据更大市场份额。

9. 聚醚醚酮（PEEK）

2023 年，全球聚醚醚酮（PEEK）产能保持在 1.62 万吨/年，行业集中度高，前三大生产企业占据了全球 80% 的产能，其中英国威格斯以超过 50% 的市场份额领先。我国 PEEK 行业平均开工率提升至 46%，主要得益于新产能的释放和下游需求的增长，尤其是在新能源汽车、机器人和 3D 打印等领域。尽管我国 PEEK 市场需求量逐年增加，成为全球主要的 PEEK 消费市场之一，但 2023 年仍有 30%～40% 的需求依赖进口，这主要是因为国内头部企业的产能尚不足以满足全部需求，且其他生产企业的工艺技术有待提升。随着技术进步和产能扩张，预计我国 PEEK 产业将逐步减少对进口的依赖，增强国内外市场竞争力。

10. 液晶高分子材料（LCP）

2023年，全球液晶聚合物（LCP）产能保持在10.07万吨/年，无新增产能。全球LCP产能主要集中在美国、日本和中国，其中美国和日本企业合计产能超过全球总产能的55%，中国约占1/3。海外主要生产企业包括美国的塞拉尼斯，日本的宝理、住友、新日石、东丽等企业。尽管我国进入LCP行业较晚，但产能快速增长，目前已成为全球LCP产能最大的国家。尽管2023年经济增速放缓，电子电气行业持续低迷，对LCP需求产生消极影响，但我国企业在LCP领域的技术进步和产能扩张，预计将继续推动产业成长和市场竞争力的提升。

11. 聚酰亚胺（PI）

2023年，我国聚酰亚胺（PI）产能达2.2万吨/年，行业平均开工率为27%。国内PI生产企业超20家，深圳瑞华泰、江苏奥神新材料和自贡中天胜新材料为代表性企业。2023年深圳瑞华泰新增1600吨/年PI项目投产。远期山东君昊、湖南贝泓新材料和长春高琦等企业也计划扩建，我国PI产能扩建呈稳健态势。PI应用形态多样，PI膜需求快速增长是市场增长主要动力，广泛应用于电子通信、航天航空等领域。在我国电子级PI薄膜需求占比最高，随着5G通信等技术发展及柔性显示技术进步，电子级PI市场有望进一步发展，预计电子级PI薄膜需求将继续保持高占比。

（三）高性能橡胶

高性能橡胶指除乳聚丁苯橡胶和通用型顺丁橡胶外的其它合成橡胶，如溶聚丁苯橡胶和稀土顺丁橡胶等，也包括各类热塑性弹性体。

据统计，2023年我国特种橡胶及弹性体总产量900万吨，进口438万吨，消费量870万吨，特种橡胶装置（不含氟橡胶和硅橡胶）总产能达585.6万吨/年，消费量为469.51万吨，其中净进口量96.1万吨，国内产品市场占有率约67.3%。

1. 丁基橡胶

2023年，我国丁基橡胶自给率为72.7%。尽管丁基橡胶产能增长迅速，但要达到世界先进水平，仍需加大产品应用配方的研发、提升产品附加值，并进行技术创新。目前，我国IIR产能过剩，随着浙江信汇、京博石化的产品转型（IIR转为HIIR），IIR装置的产能已满足市场需求。然而，随着HIIR新装置的不断建成，HIIR市场也将面临供过于求的局面，因此新建或扩建装置应谨慎进行，避免盲目扩能。

2. 异戊橡胶

2010年，采用国内技术建设的异戊橡胶工业装置先后在茂名鲁华化工有限公司和青岛伊科思公司投产，从此我国合成胶七大基本胶种全部实现工业化。后来又在各地大型乙烯装置的化工园区内，建成多套碳五分离生产异戊二烯并联产异戊橡胶生产装置。2021年我国已经建成异戊橡胶总产能34万吨/年。但由于近几年国际天然橡胶供应过剩，价格极低，使异戊橡胶市场价格与生产成本倒挂，已建装置长期处于停产状态，全国异戊橡胶的生产总量仍很低。2023年产量仅为3.7万吨，消费量为8.25万吨，青岛第派新材料公司建成世界上第一套反式异戊橡胶工业生产装置，反式异戊橡胶属于热塑性橡胶，市场开发的应用前景广阔。

3. 氯丁橡胶

我国氯丁橡胶是依靠国内自主开发的技术发展起来的。目前国内生产装置产能共8.3万吨/年。山西大同在合资过程中开发大聚合釜技术，3万吨/年装置可生产的产品牌号达数十个，极大提升了国内氯丁橡胶供应能力。净进口－1.1万吨，国内氯丁橡胶年消费量3.6万吨，自给率130.56％。国内氯丁橡胶市场消费量增长缓慢，传统市场被其它高分子聚合物替代。氯丁橡胶可应用在一些特定场合，国内企业需要进一步稳定产品质量，提高市场开拓和用户精细服务，替代进口。

4. 丁腈橡胶

2023年国内丁腈橡胶生产装置产能25万吨/年，进口量22.91万吨，消费量38.51万吨，国产胶市场占有率65％。主要生产企业有中国石油兰化公司、中国石油吉化公司、台湾南帝化学公司、宁波顺泽、朗盛台橡（南通）化学工业有限公司、南京金浦英萨合成橡胶有限公司。

5. 乙丙橡胶

2023年国内乙丙橡胶装置产能39.5万吨/年，产量27.1万吨，消费量41.8万吨，自给率为64.83％。主要生产企业有中国石油吉化公司、上海中石化三井化工有限公司、朗盛（常州）有限公司、宁波爱思开合成橡胶有限公司。

6. 溶聚丁苯橡胶

目前，国内规模化生产SSBR的装置共有6套，其中高桥石化、独山子石化和辽宁北方戴纳索是引进国外专利技术，巴陵石化、燕山石化和镇江奇美采用自有技术建设和生产；独山子石化装置具有连续法和间歇法工艺的生产能力。2023年，我国SSBR总产量在23.6万吨左右，低端产品市场饱和，而高端产品国内产量较低，市场需求依赖进口。

7. 热塑性丁苯橡胶

我国已成为全球热塑性丁苯橡胶的主要生产和消费市场，国产胶市场占有率达到99.1％，是合成橡胶中自给率最高的产品。随着国内热塑性丁苯橡胶生产能力的快速发展，进口量显著下降，而出口量增加，成为国内合成橡胶出口的重要品种之一。此外，我国在SBS和SIS的生产上也取得了显著成绩，尽管面临一定的净进口量，但国内生产技术的提升和市场的拓展，使得这些高性能合成橡胶的国内装置生产能力均高于相应国内消费量。特别是热塑性丁苯橡胶、丁腈橡胶和氯丁橡胶的国内产品市场占有率超过60％，显示出较强的市场竞争力。然而，丁基橡胶、乙丙橡胶和异戊橡胶等品种由于装置建成时间较短，国内产品市场占有率还较低，需要进一步稳定产品质量和开发市场，以满足国内需求。

（四）聚氨酯

我国是全球聚氨酯原料产能的主要增长区域，龙头企业如万华化学的优势在持续扩大。值得一提的是，随着全球聚氨酯产业向我国转移，欧洲企业如科思创面临外部经济环境的挑战而做出的聚醚业务调整，反映出地缘政治和经济环境对产业链发展的影响，这些变动使得我国聚氨酯市场的全球地位更加重要。我国聚氨酯产业的持续扩张和技术发展将有助于维持其全球领先地位。此外，在激烈的市场竞争及日趋严格的环保标准下，技术升级和绿色制造将成为聚氨酯产业发展的关键。聚氨酯企业需要重视产品质量的提升以及对新兴市场需求的开拓，确保行业的健康、持续发展。

聚氨酯材料生产以异氰酸酯和多元醇为起始原料，产品种类包括聚氨酯发泡材料、聚氨酯涂料、聚氨酯胶黏剂等聚氨酯制品。2023年，我国聚氨酯产业链总产能延续增长态势。其中，异氰酸酯总产能达630万吨/年，同比增长8.2%，约占全球总产能的45%；聚醚多元醇总产能达843.7万吨/年，占全球的53.1%。我国异氰酸酯行业在规模上已经居全球首位，但部分特种产品（例如脂肪族异氰酸酯等）与日本、美国、德国等发达国家相比，仍存在一定差距。2023年，受全球终端行业需求回暖影响，异氰酸酯总产量达437.2万吨，同比增长6.8%；聚醚多元醇产量达500万吨，同比增长14.9%。聚氨酯制品如发泡材料等大多不便运输，一般在市场所在地进行生产，因此除个别特种聚氨酯制品外，基本国内自给。我国聚氨酯行业的发展长期受到异氰酸酯和多元醇等关键原料的制约，"十二五"期间原料供应情况大为改善，目前大宗品种的原料MDI、TDI、脂肪族异氰酸酯和聚醚多元醇均已实现或基本实现国内自给。

1. 异氰酸酯

改革开放以来，经过多年的引进、消化吸收、自主创新开发，特别是近10年来快速创新发展，我国异氰酸酯形成了以MDI、TDI为主体品种的坚实产业基础，已成为全球异氰酸酯主要生产和消费国。

2. MDI

2023年，我国MDI供求均有较大幅度增长，另外，随着我国产能增加，进口量大幅度减少，而出口量大幅度增加。万华化学集团股份公司完成了烟台工业园MDI装置扩能技改，2023年我国MDI产能达到467万吨/年，产量318万吨，装置开工率68.1%，进口量40.3万吨，出口量116.5万吨，表观消费量241.8万吨。生产全部分布在华东地区，尤其是以上海为中心的长三角地区。主要生产企业有3家，分别为万华化学有限公司、拜耳（上海）聚氨酯股份有限公司、上海联恒异氰酸酯有限公司。

3. TDI

2023年，我国TDI（甲苯二异氰酸酯）行业保持了供求平衡的状态，这主要得益于出口量的增加。TDI生产技术复杂，装置要求高，生产相对集中。尽管TDI下游应用领域几乎没有新的拓展，且一些下游应用还被其他异氰酸酯产品替代，导致应用趋窄，TDI消费缓慢增长，但在出口量增加的支撑下，2023年我国TDI供求处于平衡状态。我国TDI生产企业有6家，分别为拜耳（上海）聚氨酯、上海巴斯夫聚氨酯、沧州大化、甘肃银光化学、烟台巨力异氰酸酯和福建东南电化。预计随着万华化学的30万吨/年TDI装置建成投产，TDI市场产能过剩的局面将持续。

4. HDI

HDI主要用于汽车面漆固化剂。2023年我国HDI总产能18万吨/年，产量12.6万吨，开工率70.2%。随着生产技术实现突破，HDI产能将迎来快速扩张。目前，国内HDI拟在建项目新增产能合计45.3万吨/年。与此同时，己二胺新投产项目将持续放量，为HDI行业快速发展提供保障。主要生产商有拜耳材料科技（中国）有限公司和万华化学有限公司、日本旭化成（南通，装置产能扩大1万吨/年）。

5. 聚醚多元醇

2023年，我国聚醚多元醇行业面临产能过剩的挑战，行业总开工率约为59.3%。尽管技术壁垒不高，但国内生产企业众多，主要供应商为句容宁武化工、上海高桥石化、中海壳牌等。下游行业对聚醚产品的需求呈现专业化、多样化和个性化等特点，尤其是在汽车、家具、鞋材等应用领域。聚醚企业若要在市场中保持竞争优势，必须持续优化生产工艺和专有配方，以市场需求为导向调整产品牌号，改善产品性能，提升产品在细分市场的占有率。随着新能源汽车的增长，电池胶、填缝剂、灌封材料等应用推动了聚醚多元醇的需求，预计表观消费量将保持增长态势。

6. 聚氨酯制品

聚氨酯制品按照其形态和应用，可分为聚氨酯泡沫、弹性体、鞋底原液、氨纶、合成革浆料、涂料和胶黏剂/密封剂等。随着我国经济增速放缓，消费低迷，直接影响了聚氨酯材料的消费增速，据统计，2023年我国聚氨酯制品的消费量约为1285万吨（含溶剂），增速约5%，低于我国GDP的增速。

① 泡沫塑料　聚氨酯泡沫分软质、硬质、半硬质三大类。2023年我国聚氨酯软、硬质泡沫总消费量486万吨。聚氨酯软泡生产企业主要有新乡鑫源化工实业有限公司、乔福泡棉股份有限公司、圣诺盟控股集团、联大实业有限公司和南通馨源海绵公司，产能均在2~3万吨/年。

② 聚氨酯弹性体　2023年我国聚氨酯弹性体产量135.3万吨，TPU成为增速最快的聚氨酯产品，消费量回升至61万吨。浇注型、混炼型产品规模较小而分散，厂家100~200家，主要有山西化工研究院、南京金三力橡塑公司等。热塑型万吨级厂家约8家，主要企业有烟台万华聚氨酯公司、路博润特种化工制造（上海）有限公司等。聚氨酯铺装材料主要用于运动场地等，约有300个生产、施工厂家，如山东一诺威聚氨酯等。

③ 革鞋树脂　我国不仅是世界第一聚氨酯革用树脂生产和消费国，而且也是聚氨酯合成革制品（鞋类、服装、箱包等）最重要的出口国。2023年我国聚氨酯革用树脂产能429万吨/年，主要集中在浙江、江苏和福建，约占全国总产能的70%。我国聚氨酯革用树脂产能在5万吨/年以上的生产企业有60余家，其中，华峰集团、旭川化学、华大树脂、上海汇得、嘉兴禾欣等5家企业所占市场份额较大，总计约50%。由于合成革产业前几年新增产能的集中释放，导致合成革企业同质化竞争异常激烈，绝大多数合成革企业均处于保本或亏损状态；再加上合成革生产工艺的环境污染问题已纳入政府重点管控范围，合成革企业的整体环境不容乐观。

④ 聚氨酯纤维（氨纶）　我国已成为全球聚氨酯纤维（氨纶）最大的生产、消费和出口国，产能约占全球产能的70%。我国氨纶生产企业30余家，产能1万吨/年以上的企业有17家，主要生产企业有浙江华峰氨纶股份有限公司、诸暨华海氨纶有限公司、泰和新材料股份有限公司、江苏双良氨纶有限公司和浙江薛永兴氨纶有限公司等。2023年我国消费量约6.84万吨，已完全实现自给。

⑤ 聚氨酯涂料　2023年使用异氰酸酯固化剂固化的各类涂料产量约300万吨。聚氨酯涂料企业主要集中在长江三角洲和珠江三角洲地区，聚氨酯涂料品种已达60多种。聚氨酯涂料主要生产企业有广东华润涂料有限公司、中华制漆（深圳）有限公司、东莞秉顺制漆有限公司、东莞大宝、维新制漆（深圳）、广东美涂士化工、广东鸿昌化工、深圳大中化工、广东嘉宝莉化工有限公司等。

（五）有机氟硅材料

我国作为氟化工产品生产大国，对于产业链前端产品的生产已经趋于成熟，如萤石、氢氟酸，以及大部分制冷剂产品；但对于产业链后端的高附加值产品的生产技术，与外资企业相比仍存在差距，行业仍处在成长阶段，如高端含氟聚合物、第四代制冷剂、含氟精细化学品等。未来随着我国制造业的不断升级，氟化工产业链将进一步向高附加值产品延伸，高端产品的渗透率将不断提升。从全产业链来看，2023年氟化工产业链中从制冷剂到下游氟聚合物和氟精细化学品均进入去库存阶段，对于上游原材料的采购意愿降低。除产业链前端产品因政策管控出现价格上涨以外，后端产品价格均出现了不同程度的下跌。2023年国内外氟化工企业业绩均有不同程度的缩减。

我国与海外的有机硅行业发展有明显的区别。海外的有机硅企业普遍"重视下游、补上游"，上游产能多以聚硅氧烷（DMC）核算，不进行单体产能的折算。在能源成本日益高涨的情况下，海外的有机硅企业逐步放弃有机硅上游的产能，购入我国企业生产的有机硅中间体进行下游深加工。海外龙头企业的战略重心是下游深加工，在此方面，技术积累更为丰厚，产品附加值更高。国内企业主要披露的产能以单体为主，目前仍主要承担上游和下游基础产品生产的任务。但国内企业面向下游深加工的发展战略一致，上游的领先企业中，大部分企业聚硅氧烷外售比例不超过10%，主要产品为107胶、混炼胶等基础产品。预计后续有机硅市场将有所恢复。中国中化产能有望超越陶氏化学成为全球第二大生产企业，有机硅单体企业将向下游延伸，减少市场中流通的聚硅氧烷数量。在政策刺激下，房地产等领域需求将恢复，电子信息和新能源领域的需求将持续增长，整体需求增速预计保持在9%左右。尽管产能过剩，但市场中供需关系有望缓解。

1. 有机氟材料

含氟聚合物方面，2023年我国总产能进一步扩张，其中PVDF产能超越PTFE，成为第一大含氟聚合物品种，我国含氟聚合物产能结构性过剩的风险进一步显现，高端化仍是突破重点。2023年PTFE、PVDF下游需求均出现增速放缓情况，下游大部分行业对于原材料的消耗以去库存为主，对于上游原料含氟聚合物的采购意愿较弱。

含氟精细化学品方面，2023年六氟磷酸锂产能仍在扩张，在下游锂电池行业需求放缓的情况下，其产品价格出现下跌行情。随着新投产产能的逐步释放，我国含氟聚合物产能结构性过剩的风险进一步显现。

2023年PTFE、PVDF下游需求均出现增速放缓情况，仅FEP消费同比出现了较高增速。对于近年来供需增长最快的氟聚合物锂电级PVDF来说，其下游行业需求增长速度远低于其产能扩张速度，导致市场供需错配的局面出现，价格出现大幅下跌。预计后续下游新能源、光伏等新兴产业仍将保持较高的增长态势，持续拉动含氟聚合物需求增长，含氟聚合物下游整体消费增速将高于2023年。

国内含氟聚合物产业与国际先进水平相比，主要差距体现在：产品低端，缺少高性能品种；产品单一，缺乏满足各种不同用途加工需求的专用化、系列化产品；产品稳定性不够，给下游加工带来不便，因此结构性短缺现象比较突出。

（1）聚四氟乙烯（PTFE）

2023年，我国PTFE行业面临产能结构性过剩挑战，产能利用率约为63%，集中在中低端产品。不过,其在新能源、5G等新兴领域的应用推动了需求增长,预计下游消费需求维持5%左右增速。在全球经济复苏背景下,PTFE下游主要消费领域需求将逐步回暖,但中低端产品供大于求矛盾难缓解。同时,我国高端PTFE产品仍需进口,不过随着国内技术进步,进口依存度逐渐减小。

（2）聚偏氟乙烯（PVDF）

2023年,我国PVDF（聚偏氟乙烯）产能显著增长,达到22.5万吨/年,同比增长150%,但开工率仅为39%,显示出产能过剩的初步迹象。未来五年,我国PVDF计划产能约为40万吨/年,若全部投产,到2028年产能将达到60万吨/年。市场份额预计将向技术积累深厚、产品品质可靠的氟化工龙头企业集中,而产能规模小、一体化程度低、开工率低的企业可能会逐步退出市场。尽管PVDF在锂电正极材料应用上已基本实现自给自足,但仍有少量用于隔膜涂覆的产品依赖进口,预计未来五年自给率将不断提升。

（3）聚全氟乙丙烯（FEP）

2023我国FEP的产能和产量分别达到4.03万吨/年和1.71万吨,产能同比增长约45%,产量同比增长约8.3%。我国FEP仍主要集中在家电照明电线、化工设备内衬及防腐等中低端领域,产品较为同质化,而国防军工、电子信息、新能源等产业高频高速电线电缆等高端FEP需求仍高度依赖进口。目前部分企业仍有FEP产能在建,预计到2028年我国FEP产能或将突破10万吨/年,产能结构性过剩问题将进一步显现。

（4）氟橡胶（FKM）

2023年,我国氟橡胶行业产能保持稳定,为3.42万吨/年,与前一年持平。尽管产能过剩问题依旧明显,开工率约为48.2%,但产量实现了3.1%的同比增长。氟橡胶的新产能预计将集中在高端特种产品上,而通用品种的产能扩张将减缓。在需求方面,氟橡胶的主要下游应用领域,如燃油车,需求持续下滑,新能源汽车领域的需求短期内难以显著提升。尽管如此,氟橡胶在石油化工和航空航天领域的应用预计将支撑其需求增长,预计2023—2028年消费年均复合增长率为2.7%。随着国内技术的进步,预计未来五年自给率将不断提升。

（5）其他氟化工产品

① 氟碳化学品（制冷剂） 2023年制冷剂企业增加检修频率,R22、R32、R125及R134a等主流型号开工率处于低位,第三代制冷剂R32平均开工率约为35%,其他主流制冷剂开工率也在50%～60%的较低水平。未来,随着居民消费需求回暖,预计制冷剂下游空调和汽车市场将重归稳健增长,拉动制冷剂需求提升,有助于改善氟碳化学品行业供需状况。

② 含氟精细化学品（六氟磷酸锂） 2023年,我国六氟磷酸锂产能为36.5万吨/年,同比增长95.1%。产能扩张最大的企业为天赐新材,新增产能达10万吨/年。2023年下游锂电池及电解液市场增速明显放缓,但仍保持高速增长态势,我国电解液出货量同比增长27.7%,低于2022年同比增长数据。随着锂电行业高速增长势头持续,对六氟磷酸锂需求拉动依然强劲,预计我国六氟磷酸锂消费同比增速将高于2023年。

2. 有机硅材料

2023年,全球有机硅产能折合DMC为379.3万吨/年,产量约280万吨,同比增长8.6%和1.4%,增量主要来自中国,海外企业如瓦克和埃肯产量和开工率比2022年均有下降。

2023年,我国有机硅单体总产能550万吨/年,折合DMC产能275万吨/年,占全球产能的72%。国内有机硅单体产量折合DMC将达到216.4万吨,占全球产量的77%,有机硅单体行业开工率维持在79%。

2023年，面对市场的持续低迷，有机硅行业的产能扩张计划普遍面临延期或取消。根据之前的预测，国内有机硅单体在2023年的新增产能预计超过100万吨。然而，实际投产的产能仅有合盛鄯善40万吨/年的有机硅单体生产线，其余产能的投产时间均延后。

2023年，全球有机硅需求折合DMC约280万吨，同比增长1.4%。预计未来五年将保持2.9%左右的增长，从长期来看，推动有机硅市场增长的主要因素，一是在医疗保健行业增加渗透使用，二是来自电力传输和配电行业的需求增长，三是在新能源汽车行业中的应用增加，四是建筑及基建项目的复苏。亚太地区，尤其是中国和印度将是有机硅消费增长的主要动力来源。2023年，我国有机硅产品总需求折合DMC为186.2万吨，较2022年增加8.6%。我国有机硅主要下游消费为室温胶、高温胶、硅油，消费量分别约占消费总量的36.9%、30.4%、7.3%，液体硅橡胶占3.5%，其他产品小于2%。

2023年，我国有机硅的终端消费主要集中在建筑、电子电气、新能源、医疗和纺织等行业。尽管建筑行业消费比重较2022年下降了2%，但仍以32%的占比继续保持有机硅的最大应用领域。房地产行业2023年负增长，这直接减少了有机硅在建筑材料方面的需求。在其他领域，能源电力、电子信息和纺织行业的有机硅消费量分别占20%、10%和10%。特别是能源电力和电子信息领域，增长速度较快。有机硅产品在光伏、新能源汽车、超高压和特高压电网、智能穿戴材料以及3D打印及5G等新兴应用领域呈现快速增长。

（六）高性能纤维

国内高性能纤维合计产能20.94万吨/年，产量约11万吨，自给率为73.3%。近年来，随着国家对新材料产业的持续扶持以及市场需求的日益增长，高性能纤维行业取得了显著的发展。首先，从产能和产量上看，我国高性能纤维的产能不断提升，产量稳步增长。特别是在碳纤维领域，我国已经初步形成了从原材料生产到制品加工的完整产业链，成为全球碳纤维生产的重要国家之一。其次，从应用领域看，高性能纤维的应用范围不断扩大。在航空航天、国防军工、交通运输、工业工程、土工建筑等领域，高性能纤维的应用日益广泛，为相关行业的发展提供了有力支撑。同时，随着科技的不断进步，高性能纤维在生物医药、电子产业等新兴领域的应用也逐渐增多。最后，从技术创新上看，我国高性能纤维制备技术不断取得突破。在碳纤维制备、芳纶纤维制备和复合材料高效制备与应用等领域，我国已经掌握了一批关键技术，并成功实现了产业化应用。这些技术突破不仅提高了我国高性能纤维的制备水平，也提升了我国在国际市场上的竞争力。

1. 碳纤维

2020年以来，我国碳纤维行业进入了高速发展期，成功打破了海外的封锁和垄断，国内市场呈现出产销两旺的态势，引发了投资热潮。2021年，我国已成为全球最大的碳纤维生产国。2022年，国产碳纤维的用量首次超过了进口量，成为国内市场的主流供应。2023年，我国碳纤维产能继续大幅增长，全年新增产能达到25300吨/年，总产能增至140830吨/年，同比增长25.6%。多家企业的在建产能陆续投产，包括吉林化纤、中复神鹰、国泰大成、中简科技、长盛科技等。截至2023年底，我国拥有近20家碳纤维生产企业，大部分具备原丝配套能力。新创碳谷、宝旌炭材料和隆炬新材料三家企业尚未配套原丝，但新创碳谷和宝旌正在建设原丝基地。目前，国内有4家企业的碳纤维产能超过万吨，其中吉林化纤产能达

37100吨/年，占国内总产能的29.9%；中复神鹰产能为28500吨/年，占比22.9%；新创碳谷和宝旌炭材料的产能分别为12000吨/年和10000吨/年，占比分别为9.7%和8.1%。

2. 芳纶

2023年，我国对位芳纶产能24900吨/年，同比增长31.9%。泰和新材和中国中化作为行业龙头，产能合计占比超过65.1%。泰和新材在烟台化工园区新建的7条对位芳纶生产线，新增产能3500吨/年，使其总产能增至9500吨/年，成为国内最大的对位芳纶生产企业。中国中化的对位芳纶产能为6700吨/年，位居第二。间位芳纶方面，我国总产能保持在25000吨/年，泰和新材以16000吨/年的产能领先，其他三家企业超美斯、德安德新材料和龙邦科技也拥有千吨级生产装置。德安德新材料虽已建成间位芳纶装置，但尚未投入生产，因此不计入有效产能。泰和新材的产品性能已基本满足下游应用需求，其控股子公司民士达专门生产芳纶纸产品，应用于多个高端制造领域，超美斯和龙邦科技合计产量约2200吨。行业整体开工率为44%，有效产能的实际开工负荷为50.5%。随着技术进步和新产品开发，国内芳纶逐渐向高端领域渗透，预计未来整体需求增速将保持10%左右。

3. UHMWPE 纤维

随着生产工艺和技术研发水平提升，超高分子量聚乙烯（UHMWPE）纤维产品性能持续增强。欧美国家将超高强型UHMWPE纤维广泛用于国防军工领域，地缘政治和军事冲突推动其消费需求增长，2023年全球超高强型UHMWPE纤维总产量达26787吨，2021—2023年复合增速超20%。我国是全球第二大军费支出国家和军事装备及用品主要制造国之一，2023年超高强型UHMWPE纤维产量达13300吨。全球超高强型UHMWPE纤维产业市场领先企业包括美国埃万特、霍尼韦尔及国内的同益中、九州星际等，市场集中度较高，2023年全球和我国超高强型超高分子量聚乙烯纤维产量排名前三企业的市场占有率分别为75.16%和78.04%。

（七）高性能膜材料

高性能膜材料主要包括水处理膜、特种分离膜、离子交换膜、锂电池和太阳能电池用特种膜、光学膜等。高性能膜材料产业的技术壁垒高，在我国大多处于导入期或成长期前期，如偏光片用PVA光学膜、TAC光学膜、离型膜/保护膜、聚乙烯醇缩丁醛（PVB）胶膜、聚酰亚胺（PI）膜、质子交换膜（PEM），以及医用氧合机用聚甲基戊烯（PMP）膜、血液透析膜等。

2023年，全球市场规模达到2500亿美元，我国作为全球最大的膜材料生产和消费国之一，其膜工业产值超过2200亿元，年增长率维持在5%左右。

我国高性能膜材料的自给率有所提升，特别是在中低端产品领域，但高端膜材料仍然依赖进口。国内企业正通过技术创新和产能扩张来提高自给率，以减少对外部市场的依赖。政府对环保和水资源管理的重视为高性能膜材料市场提供了政策支持，而国内外环保标准的提升将进一步推动市场需求。

高性能膜品种多样、功能各异，可应用于电子、电器、电气绝缘、标牌/铭牌、线路板、仪器仪表、医药、汽车、印刷包装、建筑建材、新能源等行业，我国在高性能膜行业布局主要企业有津膜科技、沧州明珠、道明光学、碧水源、东材科技等。我国高性能纤维行业企业布局情况见表1.4。

表 1.4 我国高性能纤维行业企业布局情况

企业名称	企业产能布局
津膜科技	市政、电力、钢铁、石化、纺织、生活污水、食品饮料、海水淡化、化工行业
沧州明珠	年产 10500 万平方米湿法锂离子电池隔膜项目全部投产
道明光学	拥有多项自主知识产权,产品质量达到国际领先水平
碧水源	占我国膜法水处理市场份额的 70% 以上,每天处理总规模超 2000 万吨,每年可为国家新增高品质再生水超过 70 亿吨。碧水源 CWT 广受青睐,已承建上万座农村小型污水处理站
东材科技	远销 50 多个国家和地区
裕兴股份	先后投资了四条双向拉伸聚酯薄膜生产线,其中最新建设的三号和四号生产线从国外一流设备制造商整线成套引进。公司产品厚度范围 $50\sim400\mu m$、品种齐全、技术含量高,广泛应用于液晶显示、电子、电气绝缘、太阳能电池等领域,年产销规模近 50000 吨
大东南	公司拥有 6 条年产共 16.5 万吨的新型多功能 BOPET 聚酯薄膜生产线,其中 2 条为光学级聚酯薄膜
南洋科技	年产 20000 吨光学级聚酯薄膜、年产 5000 吨电容器用聚酯薄膜
南方汇通	已在全国开设了近 900 间专卖店
康得新	拥有年产 2.4 亿平方米光电材料产业平台
双星新材	拥有四大生产基地,是我国双向拉伸薄膜产业基地、国家火炬宿迁薄膜特色产业基地、我国轻工业塑料行业十强企业
蓝星东刚	建成规模大、技术先进、品种齐全的反渗透膜生产基地,拥有整套全球领先的全自动制膜卷膜技术
海德能	以每年 30% 的销售速度增长
海南立升	世界超滤膜生产基地,能自主开发高性能超滤膜并达到产业化生产
沁森高科	年产 300 万平方米膜片及卷式膜元件自动生产线
二维碳素科	年产 3 万平方米石墨烯导电膜生产线将投产
三鑫医疗	新型血液透析膜进入了试制阶段
久吾高科	生产规模大、品种规格多、研发能力强的无机陶瓷膜元件及成套设备的专业化生产企业
康得新复合材料	预涂膜生产商,在北京和张家港有两个生产基地,拥有 6 条预涂膜生产线,产品销往 30 多个国家和地区
星源材质	三大基地分别为:广东省深圳基地、安徽省合肥基地、江苏省常州基地,总规划产能达 13 亿平方米/年;并在美国硅谷、日本大阪设立了海外研发机构
天维膜技术	产品广泛应用于海水/苦咸水淡化、物料脱盐、有机酸生产及电子铜箔、钢铁、湿法冶金、煤化工、石油炼化、化工分离等领域的废酸、废碱、高盐废水处理及资源化利用,为企业提供绿色、清洁生产一体化解决方案

1. 水处理膜

截至 2023 年底,我国有约 2000 家水处理膜企业,工业总产值约 2132 亿元,年增长率 5.6%,其中水处理膜产值占比超 50%。各类膜材料中,微滤膜国内消费量约 7000 万平方米/年,国产膜占 70% 且未来年增长率预计 15% 以上;超滤和 MBR 市场消费量大,国产超滤膜占 85% 以上,到 2025 年市场规模预计达 350 亿元;反渗透膜和纳滤膜市场需求增速分别约 8% 和 15%;陶瓷膜年销售额 25 亿元以上,预计未来将快速发展;电渗析膜和双极膜市场销售额约 23 亿元,至 2025 年总销售额将超 100 亿元。其在海水淡化、工业废水处理、市政污水再生回用、市政自来水提标改造和家用净水器等领域应用日益广泛。

2. 血液透析膜

透析膜是血液透析过程中的核心元件,对血液透析治疗效果有着关键性的作用。常用透析膜主要为纤维素基膜和合成高分子膜，大多数厂家所使用膜材料为聚砜。国内血液透析膜生产企业数量极少，血液透析膜需求主要依靠进口。近年来陆续有山东威高集团、江西三鑫医疗等医疗器械生产厂商，以及上海翊科聚合物科技有限公司、江苏关怀医疗科技有限公司等医疗耗材及膜材料供应商具备血液透析膜量产能力。我国高相容性血液透析膜材料"卡脖子"环节主要在生产设备和工艺技术方面。国内血液透析膜生产设备大都引进自德国FILATECH公司，仅极少数企业使用自主研发的生产设备及产线。例如，江苏关怀医疗科技有限公司2020年与四川大学合作，自主研发的生产设备及产线。

3. 聚酯（PET）基膜

偏光片离型膜起到保护压敏胶层作用，要求有良好光学配向角性能及稳定剥离性，偏光片保护膜用于保护偏光片在出货及运输中不出现脏污、划痕等问题。当前我国市场偏光片离型膜/保护膜及其聚酯基膜主要依赖进口，由三菱化学等企业供应，国内企业集中在中低端。我国偏光片离型膜/保护膜在原料、设备、生产工艺上存在"卡脖子"问题，原料方面国产聚酯基膜在薄厚控制和热收缩上落后于国外；设备方面国产设备精度和自动化程度低；生产工艺方面国内企业尚无技术积累。

4. 聚乙烯醇基光学膜（PVA）

聚乙烯醇（PVA）基光学膜是偏光片核心组件，决定偏光片关键光学特性。全球PVA光学膜市场中，日本可乐丽和三菱化学占据主导地位，我国生产企业主要是安徽皖维高新材料股份有限公司和中国石化集团重庆川维化工有限公司。偏光片用PVA光学膜生产技术密集，日本企业起步早、技术积累深厚保持领先，可乐丽突出。全球高性能膜材料发展趋势为高性能、低成本和绿色化，对产业和环境作用重要。我国特种膜技术发展需加强基础理论和原创技术研究，实现学术水平和产业竞争力提升。

（八）锂电池材料

锂电池产业链包括锂电池、正极材料、负极材料、电解液、隔膜、其他材料及锂电设备等细分环节。行业由上游矿产与原料，中游锂电池材料和电池制造、下游终端应用领域以及锂电池回收利用组成。上游的基础原料主要包括钴、锂、镍、锰、石墨等矿产以及石油、煤炭等石化原料；中游的锂电池材料主要包括正极材料、负极材料、电解液和隔膜四大类，是生产锂电池电芯及电池包的主要原料，也是锂电池产业的核心环节；下游应用主要集中于电动汽车、储能、消费类电子产品等领域。产业链终端还包括电池回收利用，在电池寿命届满或报废后，对其中的三元材料、磷酸铁锂和石墨等材料进行加工再生，实现循环利用。

2023我国锂电池全年出货量为885GWh，同比增长34%以上。其中，动力电池出货量630GWh，同比增长31%，储能电池出货量206GWh，同比增长59%，数码电池出货量49GWh，同比仅增长1%。全球动力电池需求维持高景气，2023年以来海外电动化进程提速，动力电池装车增速大于我国。预计未来储能发展将带动锂电池需求高速增长。2023年中国锂电上市公司营收总额约1.64万亿元（数据剔除企业中的大额非锂电业务，下同），同比下降5.1%。锂电池的业绩表现最好，实现营收超9373亿元，占全产业链比例超57%。从营收增速来看，锂电池、三元前驱体、隔膜、结构件、导电剂、黏结剂、锂电设备等环节实现增长，其中结构件和锂电设备营收增速超10%；锂盐、三元正极、磷酸铁锂正极、负极材料、电解液、铜铝箔、铝塑膜等环节营收下降，主要因为产品降价幅度较大。

1. 正极材料

2023年我国锂电池正极材料出货量达到244万吨，同比增长28.4%。鉴于动力电池和储能电池对磷酸铁锂正极材料的需求将进一步加大，预计LFP电池渗透率将长期在65%以上。2023年，锂电池正极材料出货量大部分时间产能利用率低于50%，行业产能出现结构性过剩。需求复苏不足，碳酸锂、正极材料价格暴跌，预计2024年，下游去库存及降本预期强烈，上游供应相对充足，各环节按需采购为主，预计碳酸锂市场或仍将维持弱势运行。

2. 锂电池电解液

2023年，我国电解液出货量达到115万吨，同比增长29.1%，但增速呈下降趋势。产能加速释放导致供需阶段性失衡，电解液价格下跌超七成，企业盈利承压。磷酸铁锂正极出货量为160万吨，同比增长4.1%，市场竞争激烈，排名前五企业集中度达6%。三元材料出货量为6万吨，同比增长3.1%，下游需求疲软，但头部企业开工率稍好于行业平均，2023年产能排名前五集中度达64%。

3. 负极材料

全球锂电负极产能集中于中国，负极材料供应商主要有贝特瑞、杉杉股份、璞泰来、凯金能源、中科电气、翔丰华、尚太科技等。2023年我国负极材料出货量同比增长50.57%，受产能过剩影响价格下滑、企业利润缩减、行业集中度下降。人造石墨出货量增长，市场占比提升；天然石墨出货量下降；硅基负极出货量增长快，预计到2025年出货量增速有望超100%。

4. 隔膜

2023年，我国锂电池隔膜出货量达到160亿平方米，同比增长29.0%。湿法隔膜以76%的市场份额领先，同比增长30.1%；干法隔膜则占24%的市场份额，同比增长25.8%。我国隔膜企业在全球市场中占比超过80%，随着技术的不断成熟，预计全球锂电池隔膜产业将进一步向我国集中。同时，随着国内市场竞争的加剧，海外市场成为我国锂电企业的新投资热点。这一趋势受到多方面因素的推动：首先，随着海外市场规模的扩大，国产电池通过海运出口至海外市场的成本效益降低，本地配套产业链的需求日益增长。其次，中国动力电池企业如宁德时代、比亚迪、国轩高科等在海外建厂，以配套海外车企，带动上游材料厂商也纷纷选择在海外投资。此外，海外市场对锂电行业的本土化政策，如美国IRA法案、欧洲碳排放政策等，也加速了中国企业在海外的产能建设。

（九）电子化学品

电子化学品又称电子化工材料，是专为半导体、新型显示面板、光伏太阳能电池、印制电路板（PCB）等电子信息产品制造配套的专用（精细）化工材料。电子化学品属于化学化工、材料科学、电子工程等多学科结合的综合学科领域。电子化学品的终端应用包括消费电子、汽车电子、信息通信、航空航天、军工等领域。2023年我国电子化学品继续呈现稳中偏强的发展态势，整体看得益于光伏、半导体和面板行业的需求支撑。

高端电子化学品逐步取得突破，国产化率进一步提高。我国电子化学品总体竞争力不强，光刻胶、湿化学品、电子气体三大类电子化学品均存在结构性短缺，高端产品国产供应不足，低端产品供应过剩。2023 年我国电子化学品市场规模总计约 531 亿元，同比增长 7.5%。在国产供应方面，2023 年国产化率有所提高，其中，湿电子化学品和电子气体的国产化率分别达 45% 和 60%，光刻胶国产化率只有 25%，特别是半导体光刻胶国产化率仅 8%。在龙头企业的经营业绩方面，2023 年上半年，电子化学品上市公司营业收入同比下降，毛利率同比增长，反映出市场竞争加剧和成本控制能力增强。

在政策支持和市场需求双重推动下，预计我国电子化学品产业将继续保持增长势头，特别是在国产替代、技术创新方面将实现更大突破。一方面，光伏产业的强劲发展势头以及半导体和面板领域需求回暖，将拉动我国电子化学品需求增长 7%。另一方面，外部环境和政策对产业链的影响很大。美国联合盟国对我国半导体产业的制裁加码，我国政府持续的政策支持，将促进我国电子化学品行业加快国产替代步伐，助力半导体产业链的自主可控。

1. 电子特气

电子气体主要分为电子大宗气体和电子特种气体两大类。电子特种气体产品种类繁多，仅在半导体工业中应用的就达 110 多种，常用的约有 30 种，可以分为刻蚀气（如氯气、氯化氢、六氟丁二烯）、清洗气（如三氟化氮）、化学气相沉积用气体（如氨气、硅烷、二氯二氢硅、六氟化钨）、掺杂气体（如砷烷、磷烷）、激光气（如氪气、氖气）等。

2023 年我国电子气体行业在半导体集成电路和新型显示面板领域国产化率持续提升，国内主要电子特气厂商在细分产品上有突破但规模小、全球市场占有率低，主要集中在部分集成电路工艺环节。电子特气未来发展趋势为品类扩充、高端突破、专业分工明确、尾气回收扩大、气体企业整合提速。国内规模化生产实力、技术水平等有待提升，部分产品基本已经完成了国产化替代，打破垄断但高端市场替代率低。

2. 湿化学品

湿化学品是微电子、光电子湿法工艺制程（主要包括湿法蚀刻、清洗、显影、剥离等）中使用的各种液体化工材料，主要分为通用湿化学品和功能湿化学品。通用湿化学品主要包括双氧水、酸碱类（氢氟酸、盐酸、硫酸、乙酸、氨水）、有机溶剂类等。功能湿化学品包括蚀刻液、清洗液，以及稀释液、显影液、剥离液等光刻胶配套试剂。

我国湿化学品生产企业在生产装备及技术实力方面不断增强，部分企业在细分产品上实现突破，部分产品可达 G5 等级且高端产能逐步建成供货，但基础研究和生产工艺落后，高端产品产业化面临挑战。半导体集成电路行业湿化学品国产化率约 45%，12 英寸生产线及新型显示面板国产化率约为 45%，部分产品仍依赖进口，虽国内企业如华星光电、天马微电子有可观采购量，但龙头企业如京东方部分产品仍依赖国外厂商。

国内平板显示和半导体用电子化学品概况见表 1.5 和表 1.6。

表 1.5　国内平板显示用电子化学品

材料类别	国外企业	国内企业	国产化率
液晶材料	默克	诚志永华、江苏和成、八亿液晶、烟台万润、浙江永太、西安瑞联、南京晶美晟等	约 25%
偏光片及光学膜	三星 SDI、日本电工、LG 化学、东丽、3M、三菱和韩国 SKC 等	三利谱光电、盛波光电、昆山奇美、康得新、宁波激智、乐凯、长阳科技等	约 30%

续表

材料类别	国外企业	国内企业	国产化率
光刻胶	东京应化、JSR、陶氏化学等	北旭、合肥欣奕华、江苏博砚、北京鼎材、浙江永太等	35%
湿电子化学品	3K、TOK、森田、巴斯夫、三菱化学等	江化微、格林达化学、苏州晶瑞、江阴润玛、新宙邦等	38%
电子特种气体	AP、Praxair、法国液化空气、林德气体等	广东华特、中船718所、北京绿菱、黎明化工院、南大光电、金宏气体、科立德、太和气体等	60%
OLED有机发光材料	UDC、出光兴产、LG化学、德山金属、三星SDI、陶氏化学、斗山、默克、道化学	阿格蕾雅、吉林奥来德、濮阳惠成、万润、西安瑞联、鼎材科技等	10%

表1.6 国内半导体用电子化学品

材料	国外企业	国内企业	产品品种	国产化率
光刻胶	日本JSR、东京应化、住友化学、信越化学、道化学、韩国东进、德国安智	北京科华、苏州瑞红、南大光电等企业	I线,KrF	约5%
CMP抛光液	陶氏化学、东丽、3M、卡博特等	安集微电子、上海新安纳	Cu研磨液,Barrier研磨液,Oxide研磨液	约30%
CMP抛光垫	陶氏化学、嘉柏微电子	鼎龙股份、江丰电子	研磨垫	<20%
工艺化学品	巴斯夫,美国亚什兰化学,Arch化学,日本关东化学、三菱化学、京都化工、住友化学,韩国东友精细化工	巨化凯圣氟化学、江化微、晶瑞股份、上海华谊、安集微电子、上海新阳、湖北兴福、巨化博瑞、江阴润玛电子、达诺尔	氢氟酸(凯圣),双氧水(晶瑞),磷酸(兴福),刻蚀清洗液(安集微电子、上海新阳)等	约25%
电镀液	杜邦、巴斯夫	上海新阳	铜互连高纯电镀液(硫酸铜和甲基磺酸铜)及配套电镀添加剂	>50%
电子特种气体	美国空气化工、美国普莱克斯、林德气体、法国液化空气和日本大阳日酸株式会社	中船718所、广东华特、北京绿菱、黎明化工院、南大光电、金宏气体等	WF_6/NF_3(718所),Ke/Ne(华特),$He/Ar/Xe/Ne$(华特),$He/CO_2/Xe/C_4F_8$(华特),$N_2O/CH_2F_2/CO/CH_3F$(绿菱),Cl_2(太和),$BF_3/PH_3/AsH_3/HCD/DCS$(南大光电)等	约40%

3. 光刻胶

光刻胶又称光致抗蚀剂,是指通过紫外光、电子束、准分子激光束、X射线等曝光源的照射或辐射,经光刻工艺将设计所需要的微细图形从掩模版上转移到待加工基片上的图形转移介质,主要用于半导体、新型显示、印制电路板(PCB)以及其他涉及图形转移的制程。光刻胶产业链上游参与者为成膜树脂、感光材料、溶剂、添加剂等原材料供应商。整体而言，我国光刻胶原材料市场主要被日本、韩国和美国厂商所占据。因此，我国光刻胶生产对进口原材料的依赖性较大，在上游原材料环节的议价能力弱。

我国光刻胶行业在半导体集成电路、显示面板和 PCB 光刻胶生产结构上与全球有差异，我国 PCB 光刻胶占比高，半导体光刻胶占比低。我国 PCB 光刻胶湿膜和光成像阻焊油墨国产化率约 55%，干膜光刻胶高度依赖进口。光刻胶生产所需原材料依赖进口，国内企业努力突破，国内光引发剂生产企业占据部分市场，国内针对抗反射涂层产品开发有突破，光刻胶配套试剂新建拟建项目多，光刻胶树脂、单体、光引发剂等方面均有新建项目。

（十）前沿材料

1. 气凝胶

气凝胶有四种分类方式，常见的有硅气凝胶、碳气凝胶和二氧化硅气凝胶，目前仅有二氧化硅气凝胶技术相对成熟并大规模应用。2023 年全球气凝胶行业市场规模约 44.55 亿元，98% 以上为二氧化硅气凝胶。我国是最大生产国，2023 年市场规模约 25.27 亿元，处于国际领跑地位，国内企业集中在江苏、河北、广东等省份。国内气凝胶应用主要在石化、电动汽车动力电池和建筑等领域，石化领域气凝胶毡用于保温，需求量大，电动汽车动力电池领域需求增长快，建筑领域因价格昂贵推广不及预期。

2. 碳纳米管

碳纳米管是具有独特性能的材料，广泛应用于多个领域，目前在新能源和复合材料领域取得规模化进展。全球碳纳米管生产企业主要集中在中国、俄罗斯和韩国，核心厂商占全球超 70% 份额，亚太地区是最大市场。我国碳纳米管产量和需求量稳步增长，行业规模达数十亿元，在锂电池应用份额超 73%，还应用于导电浆料和冷阴极 X 射线管等。在锂电池领域，碳纳米管作为新型导电剂用量少且能提升循环寿命，其长径比和碳纯度决定产品性能。锂电池常用导电剂包括传统和新型两类，碳纳米管导电浆料可改善正极材料导电性，未来需求增长快，冷阴极 X 射线管方面我国取得进展，打破垄断并有望向多领域扩展。

3. 有机骨架材料（MOF）

MOF 作为新型多孔材料在气体吸附分离、催化和生物医学等领域受广泛关注，在气体吸附分离尤其是低碳烃分离和 CO_2 捕集、催化的光催化和电催化以及生物医用材料的解毒、药物传递等方面展现潜力。其绿色规模化制备是实际应用关键，从克级到吨级面临挑战，需考虑经济可行性等问题并遵循绿色化学原则。目前只有少数国际公司能实现商业化生产，MOF 材料工业化应用面临挑战但已从实验室走向规模化制备并应用于环境和能源等领域，未来研究应聚焦开发简单、低成本、绿色无污染的规模化制备路线并提升性能以满足工业应用需求。

五、存在的问题

（1）结构性矛盾突出，高端供应不足

虽然化工新材料行业整体自给率达到 80%，但部分高端产品仍依赖进口，如工程塑料、功能性膜材料、电子化学品自给率不足 80%，高端聚烯烃、高性能纤维不足 60%，液晶材料只有9%，光刻胶、CMP抛光垫更是不足5%，因此不能完全满足下游高端制造业的需求。

聚烯烃同质化竞争严重，而高附加值、差异化、高客户忠诚度的高端聚烯烃发展滞后，如高压绝缘电缆料仍依赖进口。特种工程塑料成果转化能力较弱，专用料比例低，中低档产品偏多。在电子化学品领域，半导体光刻胶、高纯磷烷、CMP抛光垫材料等电子信息领域所需的关键材料完全依赖进口。部分化工新材料产品虽已国产化但产品质量与进口产品差距仍较大，只能满足中低端需求，如高性能氟树脂和氟橡胶严重依赖进口，星型支化溴化丁基橡胶、光学级聚碳酸酯、航空用聚甲基丙烯酸甲酯、均聚聚甲醛、高性能碳纤维等仍有待突破。

(2) 关键原辅料及特种装备存在瓶颈，产业链一体化程度有待提高

部分化工新材料的关键配套单体国内尚未工业化生产，严重制约化工新材料的发展。在高性能树脂领域，高碳α-烯烃（八碳及以上）完全依赖进口，严重制约共聚聚乙烯的发展；化工新材料生产配套核心催化剂、助剂、特种装备存在短板，高端聚烯烃生产所需催化剂大量需要进口；高性能纤维材料生产所需的多种助剂主要依赖进口，如碳纤维生产的上浆剂和纺丝油剂、油膏等均需进口；高性能膜材料生产配套的拉膜设备基本为全套进口，精确计量泵、特种介质泵、高压反应釜、高纯封装、存储装备等通用装备存在短板；高性能橡胶生产的核心装备也仍需进口，如氢化丁腈橡胶所需的定制特殊参数的真空大容量脱挥凝聚器装备急需开发。

(3) 研发投入不足，核心技术受制于人

我国石油和化学工业大部分企业投入多用于扩大生产规模，科研经费占其销售收入的比重较低，传统共性技术存在短板，跟不上化工新材料生产需求，催化剂及聚合技术落后制约了高端聚烯烃和工程塑料产业发展；萃取和精馏技术研发不够，制约了生物化工和高纯电子特气和湿化学品的发展。

(4) 基础研究和人才投入偏弱，产业基础能力有待提升

多数企业忽视了技术创新和技术储备，许多企业由于缺乏长期技术积累，已经不具备成为创新主体的条件。化工新材料属于高技术含量、高资金投入、高商业附加值的高科技产品，许多化工新材料是国外知名公司的核心业务和利润的主要来源。我国化工新材料产业主要以跟踪国外先进技术为主，虽然也能形成部分原创性的成果，但比较零散，缺乏长期的、系统的、连续的创新成果，缺乏具有超高利润率的原创性产品。尽管近年来我国国际专利申请量大幅提升，但专利的质量却有待提高。

(5) 产学研用体系不完善，创新机制及应用开发力度有待加强

企业、科研单位合作沟通不紧密，存在低水平重复研究和"孤岛化"现象，导致合作效率不高、成果转化率低。在主要的化工新材料领域，尚未形成单体开发-聚合物制备-产品改性、成型、成膜、拉丝-制品制件-下游终端用户等完整的产业体系。尤其新材料生产企业与下游应用企业的合作共赢模式尚未形成，需求与供给端尚未形成良性的反馈互动提升机制。

(6) 配套关键技术装备短板制约产业水平的提升

我国高端聚烯烃、合成橡胶、工程塑料、聚氨酯材料、氟硅新材料、分离膜材料的生产设备总体上实现了国产化，但高性能纤维合成和纺丝、工程塑料高端产品的加工设备、核磁共振仪、高效液相色谱仪、红外光谱仪、示差扫描量热分析仪、流变仪等分析检测设备都需要大量进口，此外，大型挤压造粒机组大部分依靠进口。

六、发展方向及趋势

"十五五"期间，化工新材料产业主营业务收入、固定资产投资保持较快增长，力争到 2030 年产业实现高端化和差异化，发展方式明显转变，经济运行质量显著提升。围绕十大系列化工新材料种类，重点突出六大任务、组织实施五项重点工程、力争"十五五"末做到基础、大宗有保障、自给率得到明显提升，部分优势产品实现出口；高端差异有突破，形成产学研用一体协同发展新格局，满足战略性产业和人民美好生活对化工新材料的需求。

未来化工新材料行业的发展重点如下。

（1）攻克一批面向重大需求的"卡脖子"技术

结合我国新能源汽车、轨道交通、航空航天、国防军工等重大战略需求，聚焦产业发展瓶颈，集中力量补"短板"，攻克一批关键核心技术，推动产业供给侧结构性改革。开发高碳 α-烯烃、聚烯烃弹性体（POE）、茂金属聚烯烃（mPE、mPP）、耐刺薄膜专用树脂、乙烯-乙烯醇共聚物等高端聚烯烃材料生产技术；开发己二腈、聚苯醚、热塑性聚酯（PBT）等通用及特种工程塑料关键中间体和产品；研制纤维用大丝束腈纶长丝等新型（特种）合成纤维；开发子午胎用高极性与高气密性溴化丁基橡胶等新型（特种）合成橡胶；开发 5G 通信基站用核心覆铜板用树脂材料等高端电子化学品，开发高端声学用膜材料。针对重点领域对关键化工新材料的迫切需求，梳理制约产业发展的空白产品，选择国内已有中试装置，能够在短期实现产业化的项目，进行重点攻关，填补国内空白，保障相关产业供应安全。

（2）优化一批产业化项目

围绕优化原料结构、提高产品质量、降低消耗排放、促进本质安全，利用清洁生产、综合利用、智能控制等先进技术装备对现有生产装置进行改造提升，与国外先进工艺技术水平对标，进行准确定位，确定差距，对症下药，推动化工新材料产业降本增效，提高综合竞争力，提高国内装置的开工率，实现进口替代。提升化工新材料自身的发展水平，降低能源和物料消耗以及污染物排放，提高产品的国际竞争力，重点提高国内已有品种的质量水平，实现产品差异化、高端化。

加强市场应用，提升产品性能和质量，提高产品档次，增加品种和牌号，实现优化提升，拓展高端应用领域，加快推广应用。针对国内部分化工新材料质量不高、性能不稳定、应用领域低端等问题，着力加强技术水平的优化和提升。选择一批进口量大、市场应用面广、有一定技术基础的重点化工新材料产品，集聚资源、集中力量，深化产学研用合作，通过技术改造和升级，提高产品质量，增加品种和牌号，实现高端化、差异化、系列化发展，同时降低生产成本，解决相关产业配套化工材料国内供应性能不及和成本较高问题。

（3）突破一批关键配套原料

围绕制约部分化工新材料生产的关键单体与原材料制备技术落后的问题，集中企业与科研院所力量，加强技术攻关，突破上游关键配套原料的供应瓶颈，从产业链初始端提升基础原料的生产供应水平，满足化工新材料生产的原料需求。关键要提高基础原料的质量指标，为后续面向用户端的化工新材料产品的发展提供优质原料，保障材料性能的提升，提高产品的国际竞争力。

（4）抢占一批高科技制高点

密切关注国际科技前沿，加强超前部署，构建先发优势，在更多关键技术上努力实现自主研发、自主创新，努力形成一批具有自主知识产权的、国际领先的原创核心技术。加大研发投入和科技成果转化力度，加强理论研究和基础研究，突破一批新型催化、微反应等过程强化技术，开发一批新材料技术，抢占一批科技制高点。大力发展聚砜、聚苯砜、聚醚醚酮、液晶聚合物等高性能工程塑料，电子特气、电子级湿化学品、半导体光刻胶、电子纸等高端电子化学品，苛刻环境下耐溶剂高分子分离膜；加强石墨烯材料和3D打印材料的研发和应用研究，为我国石化行业高质量发展打下坚实基础。

（5）建设一批高水平创新平台

利用国际、国内创新资源，积极培育和组建一批国家级和行业级创新中心。按照行业科技创新规划，将领先科研院所和创新型企业组织起来，建设一批高水平的产学研用创新平台；积极开展同国外跨国公司和科研机构的交流合作，为突破行业发展关键技术和行业转型升级提供新鲜土壤，为产学研优势集聚提供更大空间。进一步加快科研技术产业化速度和成果转化，形成对行业转型升级发展的有力支撑。

（6）培育一批领军企业和特色产业聚集区

按照全国主体功能区规划、区域产业布局规划、城市发展规划以及园区产业定位要求，优化化工新材料产业园区布局，依托园区已有的化工基础原料产业和现有的化工新材料产业特色，重点打造20个左右以分领域为特色的化工新材料产业园区，引导产业资本集中投资，避免化工新材料园区遍地开花，产业松散，缺乏综合竞争力。

第二章

产品篇

第一节　茂金属聚乙烯

中国石化北京化工研究院　张龙贵

卫星化学股份有限公司　徐卫　刘睿

一、概述

茂金属聚乙烯（mPE）通常指在茂金属催化体系作用下，由乙烯均聚或乙烯与 α-烯烃（如 1-丁烯、1-己烯、1-辛烯）等共聚得到的聚合物，是最早实现工业化生产的茂金属聚烯烃，也是目前产量最大、应用进展最快的茂金属聚合物产品。由于茂金属催化剂的单活性中心特性，mPE 具有较窄的分子量分布和更均匀的共聚单体分布，并且可以具备 Z-N 催化剂难以实现的长支链结构，因此多种性能更加优异。制备的薄膜具有透明性好、雾度低、起始热封温度低、耐穿刺性强以及减重明显等优势，可用于棚膜、热收缩膜、重包装膜等；管材制品耐应力开裂性能优异、刚韧平衡性好，可用于地暖管等；气味小，特别适合用于瓶盖和食品包装膜等。此外，在电线电缆、防水卷材、大型滚塑等应用领域，mPE 综合性能都显著优于传统聚乙烯（PE）。

国外主要 mPE 生产企业包括 ExxonMobil、Dow 化学、Borealis、Chevron Phillips、LyondellBasell、TotalEnergies、Inoes、三井化学、宇部、住友化学、旭化成、LG 化学、Daelim、SK 等，国内主要包括齐鲁石化、大庆石化、独山子石化、兰州石化、扬子石化、茂名石化、广东石化、沈阳石蜡化工、宁夏宝丰能源、浙石化等企业。世界 mPE 主要生产商、生产工艺及产品牌号见表 2.1。

表 2.1　世界 mPE 主要生产商、生产工艺及产品牌号

公司	生产工艺	商品名
ExxonMobil	Unipol	Exceed、Enable、Exceed XP、Exceed S
Dow 化学	Dowlex	Elite、Elite AT
Borealis	Borstar	Anteo^{TM}
LG 化学	Unipol	Lucene^{TM}
	LG 化学	
三井化学	Evolue	Evolue
	CX	Evolue-H
Ineos	Innovene G	Eltex
LyondellBasell	Unipol	Luflexen、Icorene
TotalEnergies	MarTECH ADL	Lumicene$^{®}$
Braskem	Unipol	Flexus
Chevron Phillips	MarTECH、MarTECH ADL	Marlex
NOVA 化学	Sclairtech（AST）	SURPASS$^{®}$
Daelim	Spherilene	Poly$^{®}$ XP、EP、XL

续表

公司	生产工艺	商品名
SK Global Chemical	Sclairtech	SMART^{TM}
SABIC SK Nexlene	Nexlene	SMART^{TM} SUPEER^{TM}
Sadara Chemical	Dowlex	Elite
Japan Polyethylene Corporation	Unipol	PE-KN^{TM}
住友化学	Sumitomo	Excellen^{TM}GMH、SUMIKATHENE^{TM} EP
宇部	Innovene G	UMERIT
Hanwha Solutions Corporation	Unipol	HANWHA
GAIL	Unipol	
PTT Global Chemical	Unipol	InnoPlus
Petronas	Innovene G	
PT Chandra Asri Petrochemical	Unipol	Asrene$^{®}$
齐鲁石化	Unipol	Q
	中石化 GPE 气相法	F
扬子石化	Unipol	
茂名石化	Unipol	
中科炼化	MarTECH ADL	
中沙（天津）	Innovene S	
福建炼化	Unipol	
大庆石化	Unipol	
兰州石化	Innovene G	
独山子石化	Unipol	
广东石化	Unipol	
沈阳石蜡化工	Unipol	
宁夏宝丰能源	MarTECH ADL	
浙石化	Unipol	
中化泉州石化	MarTECH ADL	

二、市场供需

（一）世界供需及预测

1. 生产现状

2023 年，世界 mPE 总产能约 2800 万吨/年。其中前 4 位 mPE 生产企业产能合计约 1400 万吨/年，约占世界总产能的 50%。ExxonMobil 公司产能居世界之首，占世界产能 21%；Dow 化学公司产能位居第二，占世界产能 16%；随着中国石油和中国石化多家企业对装置进行改造和新装置投产，中国石油和中国石化 mPE 产能分别提升至第三位和第四位，分别约占世界产能 8% 和 7%。2023 年世界主要 mPE 生产企业及产能见表 2.2。

2. 需求分析及预测

2023 年，世界 mPE 需求量约 2500 万吨。美洲、欧洲和亚洲为 mPE 主要消费市场，分别占世界消费量的 25%、32% 和 21%。亚洲 mPE 消费呈快速增长态势，特别是中国、日本、韩国和新加坡成为重要的消费市场，需求潜力巨大。

表 2.2　2023 年世界主要 mPE 生产企业及产能

企业名称	国家及地区	产能/(万吨/年)	总产能/(万吨/年)	全球占比
ExxonMobil	美国	323.6	581.6	21%
	法国	42.5		
	新加坡	215.5		
Dow 化学（含合资）	美国	120	451	16%
	加拿大	25		
	阿根廷	29		
	德国	21		
	荷兰	34		
	西班牙	35		
	泰国	90		
	沙特阿拉伯	97		
中国石油	中国	228.8	228.8	8%
中国石化	中国	203.0	203.0	7%
Borealis（含合资）	奥地利	35	156.3	6%
	芬兰	12.8		
	荷兰	12		
	瑞典	22.5		
	阿联酋	74		
LG 化学	韩国	88.6	88.6	3%
Braskem（含合资公司）	巴西	85	85	3%
NOVA 化学	加拿大	83	83	3%
三井化学（含合资）	日本	50.5	80.5	3%
	新加坡	30		
Reliance	印度	66	66	2%
Chevron Phillips	美国	60.2	60.2	2%
LyondellBasell	美国	51.2	51.2	2%
Inoes	法国	22	44	2%
	德国	22		
GAIL	印度	40	40	1%
PTT	泰国	40	40	1%
其他		550.7	550.7	19%

（二）国内供需及预测

1. 生产现状

2023 年中国 mPE 表观消费量 259 万吨，产量 36 万吨，进口量 223 万吨，自给率仅 13.8%。随着国内聚烯烃产业结构化矛盾愈发显著，中国开展 mPE 相关研究和试生产的企业逐渐增多，主要包括齐鲁石化、大庆石化、独山子石化、扬子石化、茂名石化、兰州石化、大庆石化、广东石化等中国石油、中国石化下属炼化企业及沈阳化工、宁夏宝丰能源、浙石化等其他企业。2023 年 9 月，中国石油广东石化 Unipol 工艺 40 万吨/年全密度聚乙烯装置 1 线成功生产 mPE 产品。随着试产成功，国内 mPE 产能大幅增加。截至 2023 年底，中国已开展 mPE 试生产或量产的装置设计产能约 556.8 万吨/年。因国内 mPE 起步较晚，同时受制于生产技术壁垒，生产成本较高，尽管中国石化和中国石油产能占有一席之地，但开工率较低，产量有限。国内主要 mPE 生产企业及产能见表 2.3。

表 2.3 国内 mPE 生产企业及产能

企业名称	装置所在地	产能/(万吨/年)	工艺
齐鲁石化	淄博	12	Unipol
		14	中石化 GPE 气相法
		25	Unipol
扬子石化	南京	20	MarTECH ADL
中科炼化	湛江	35	Innovene S
中沙（天津）	天津	30	Unipol
福建联合石化	泉州	45	Unipol
茂名石化	茂名	22	Unipol
大庆石化	大庆	7.8	Unipol
		30	Innovene G
独山子石化	独山子	15	Unipol
		30	Unipol
		30	Innovene G
兰州石化	兰州	6	Unipol
		30	Unipol
广东石化	揭阳	40	Unipol
		40	MarTECH ADL
宁夏宝丰能源	宁东	30	Unipol
沈阳石蜡化工	沈阳	10	Unipol
浙石化	舟山	45	MarTECH ADL
中化泉州石化	泉州	40	Unipol
合计		556.8	

未来中国已规划在建多套含 mPE 装置，预计新增总产能将超过 600 万吨/年，全面投产后可能面临激烈竞争。埃克森美孚（惠州）预计 2025 年投产。中国在建、拟建含 mPE 装置及产能见表 2.4。

表 2.4 中国在建、拟建含 mPE 装置及产能

公司及装置	装置所在地	产能/(万吨/年)
中国石化天津石化二期（南港）项目	天津	30
埃克森美孚（惠州）化工有限公司	惠州	73
		50
中国石化洛阳分公司	洛阳	30
福建中沙石化有限公司中沙古雷乙烯项目	漳州	60
中海壳牌惠州三期	惠州	60
中国石化扬子石化公司	南京	30
东明盛海化工新材料有限公司	菏泽	40
卫星化学 α-烯烃综合利用高端新材料产业园项目	连云港	100
茂名石化乙烯提质改造项目	茂名	50
中化泉州 100 万吨/年乙烯项目	泉州	未知
宁波华泰盛富聚合材料有限公司	宁波	40
荣盛新材料（台州）有限公司年产 1000 万吨高端化工新材料项目	台州	45

2. 需求分析及预测

mPE 主要用于薄膜、管材、瓶盖、滚塑、电线电缆等，广泛应用于食品、工业、农业、建筑和包装等领域。其中，薄膜主要包括食品包装膜、棚膜、缠绕膜、热收缩膜、重包装膜等；管材主要为家庭冷热水输送管，包括地板采暖、暖气连接、热交换器、太阳能板及热循

环系统等。

2023年，中国mPE消费结构中，薄膜占比最高，约占88.9%，其中食品薄膜、棚膜、缠绕膜、热收缩膜、重包装膜分别占30.5%、16.8%、16.5%、10.6%和8.7%；管材占8.0%，滚塑油箱、注塑瓶、滚塑儿童滑梯等其他领域占3.1%。

由于mPE具有优异的性能，市场前景广阔。中国作为世界第一大包装材料生产国，热收缩膜、缠绕膜、复合包装膜等新产品的快速发展，将拉动mPE膜料产品需求保持快速增长。未来，包装行业越来越严苛的制品减薄化、单一包装膜等趋势将促进mPE包装材料需求增加。PERT管材、滚塑油箱等非包装领域mPE应用也将保持强劲增长。

三、工艺技术

mPE生产工艺包括溶液法、淤浆法和气相法。2023年全球mPE产能中，气相法占61%、溶液法占22%、淤浆法占17%。除溶液法外，通常是在原有PE工艺上通过单体精制、催化剂进料以及其他装置改进后形成的工艺技术，可以同时使用Z-N催化剂和茂金属催化剂。

溶液法工艺是乙烯和共聚单体（1-己烯、1-辛烯等）在温度高于聚合物熔点条件下聚合，所生成的聚合物溶解在烃类溶剂中的工艺。世界上溶液法mPE生产工艺主要包括Dow公司的Dowlex工艺、NOVA公司的Sclairtech工艺等。

淤浆法工艺是在负载茂金属催化剂作用下，乙烯与共聚单体（1-丁烯、1-己烯等）聚合，产物悬浮于溶剂中的非均相沉淀聚合工艺。世界上淤浆法mPE生产工艺主要包括Innovene的Innovene S工艺、三井化学的CX工艺、Chevron Phillips的MarTECH ADL工艺等。

气相法工艺是在茂金属催化剂作用下，乙烯和共聚单体（1-丁烯和1-己烯）在流化床反应器内进行配位聚合的工艺。世界上气相法mPE生产工艺主要包括Univation的Unipol工艺、三井化学的Evolue工艺、Ineos的Innovene G工艺和中国石化GPE气相法工艺等。

四、应用进展

随着茂金属催化剂及PE工艺技术的进步，mPE应用领域不断拓展，已由薄膜逐步拓展到管材、滚塑、瓶盖、电线电缆、涂覆、防水卷材等领域。

mPE主要分为茂金属线型低密度聚乙烯（mLLDPE）、茂金属中密度聚乙烯（mMDPE）和茂金属高密度聚乙烯（mHDPE）。其中，mLLDPE主要用于生产各种薄膜制品，如热收缩膜、自立袋、高品质农膜、拉伸缠绕膜、复合包装膜等；mMDPE和mHDPE主要用于中空、注塑、滚塑和管材等。

（1）薄膜

薄膜是mPE最主要的应用领域。mPE生产的薄膜具有一系列优点，如韧性优，拉伸强度、抗冲击性以及耐穿刺性良好；光学性能好，制品透光率高；气味低；再利用和回收率高；初始热封温度低、热黏结强度高，适用于高速包装线。主要薄膜产品包括透气膜、热收缩膜、重包装膜、缠绕膜等。

① 透气膜　mPE透气膜以碳酸钙、二氧化硅、黏土、二氧化钛等无机填料填充，通过

压延或流延、吹塑制成薄膜,然后经单向或双向拉伸成透气膜,广泛用于婴儿纸尿布、妇女卫生巾、果蔬保鲜、防护服、建筑用透湿防水材料等。

② 热收缩膜　与传统热收缩膜相比,mPE 热收缩膜厚度可降低 50% 以上,可降低原料消耗量,而且薄膜具有良好的热收缩性能和力学性能,透明性好。

③ 重包装膜　国内外各大公司积极开发生产 mPE 重包装膜,通过使用新型重包装膜,可以在保持薄膜性能不变的同时降低薄膜厚度,既可以降低成本,又可以减少塑料包装废弃物的总量。

（2）管材

管材用 mPE 树脂是国内外 mPE 生产企业新产品研发重点。近几年,国外几家大型聚烯烃生产企业和国内齐鲁石化、大庆石化、兰州石化等相继开发或工业化生产管材用 mPE 树脂。与无规共聚聚丙烯管材相比,mPE 制成的 PE-RT 管材具有优异的长期耐高温蠕变性能和优良的耐低温性能,柔性高,耐磨,对输送介质无污染,制造安装费用低,使用寿命长。

（3）滚塑

与普通 PE 相比,mPE 力学性能优异,滚塑成型制品具有优良的抗冲击性能、耐低温脆裂性以及韧性。由于 mPE 机械强度高,因此,可以减薄滚塑制品的壁厚,从而使制品的重量减轻。目前该类产品主要依赖进口。

（4）瓶盖

国内瓶盖年产量 10 亿～50 亿只,而瓶盖所用原料基本由外资或合资企业垄断。瓶盖专用树脂应具有良好的冲击强度、刚韧平衡性、高光泽度、低气味、低收缩率以及良好的爽滑性和加工性能;而 mPE 因其特殊的分子结构和相对普通 PE 优异的力学性能,非常适合用于生产瓶盖。

（5）电线电缆

mPE 在电线电缆领域中的优势在于分子量分布窄和短支链分布,因此具有优异的物理性能（如高弹性、高强度、高断裂伸长率）、良好的低温性能、优异的耐热老化和抗紫外光性能;窄分子量分布使得在注射和挤出加工过程中不易变形。

（6）涂覆

目前涂覆级 PE 加工性能最好的产品仍然是低密度聚乙烯（LDPE）,但 LDPE 存在气味问题,Z-N 催化剂生产的 PE 加工性能还不能满足实际需求。mPE 具有分子量分布窄、气味低、稳定性好、附着力好、抗冲击、不易老化等优势,在一些应用中已获得一定认可。

（7）防水卷材

高分子防水卷材不但有良好的力学性能,而且具有耐化学腐蚀、耐霉变、使用寿命长、施工方便等诸多优点,被广泛应用于建筑墙体、机场、高速公路等工程建设中,是工程防水产品中的高端产品。mPE 防水卷材具有重量轻、耐穿刺、耐候、柔韧、易焊接等优点,已经得到实际应用,成为 mPE 新的应用领域。

五、发展建议

根据预测,未来我国 PE 整体产能将进入过剩阶段,国内同类产品竞争将更加激烈,尽管有较大量的 PE 产品进口，但进口的主要是由于国外同类产品成本更低。国内 PE 装置生产的 mPE 产品已面临激烈的同质化竞争，并随着大批新装置的建成进一步凸显。

生产 mPE 的核心是催化剂。我国已经实现部分茂金属催化剂的国产化，但是在茂金属化合物、硅胶载体、MAO 等方面还存在差距，必须加快产业化攻关。另外，我国在 PE 工艺技术方面已经取得一定突破，可以结合自主创新的催化剂，加快成套技术攻关，从产业链整体保障我国 mPE 的国际竞争力。

关键单体是茂金属聚烯烃产业竞争力的关键因素之一。我国高端 mPE 生产所需原料如 1-己烯、1-辛烯以及一些特殊单体的产业化还存在差距，制约了高附加值 PE 产品的研发和生产，影响了我国 PE 产品的市场竞争力。应加大关键单体技术开发和产业化力度，为高端 mPE 产品提供保证。

目前我国 PE 装置 90% 以上采用进口工艺技术，国外许可商许多工艺技术并不许可茂金属牌号，需要加快这些装置的改造，以满足茂金属催化剂进料、单体精制、防结块等需求，结合高端催化剂开发，形成自主可控的聚合技术，为开发高端化产品提供平台。

最后，采用茂金属催化剂和工艺技术，加强材料微观结构技术创新，开发特殊分子结构和应用性能的产品，如具有长支链的 mLLDPE、单釜双峰 mPE 产品，围绕低气味、低析出物、高熔体流动速率、易回收、耐辐照等性能，推动在医疗卫生、新能源、现代农业、绿色建筑、节能环保相关的薄膜、管材、发泡制品中的应用，实现通用产品高性能化、特种产品功能化，完成 mPE 材料由规模化发展向高质量发展的转变，由顶替进口到出口世界的转变。

第二节 乙烯-乙酸乙烯共聚树脂

盛虹石化产业集团 李秀洁 张彩凤

一、概述

乙烯-乙酸乙烯共聚树脂（EVA 树脂）是乙烯和乙酸乙烯（VA）的共聚物，由无极性乙烯单体和强极性的乙酸乙烯单体在一定的温度和高压下聚合而成，是继高密度聚乙烯（HDPE）、低密度聚乙烯（LDPE）、线型低密度聚乙烯（LLDPE）之后的第四大乙烯系列聚合物。

EVA 树脂具有优良的柔韧性、耐冲击性、弹性、光学透明性、低温挠曲性、黏着性、耐环境应力开裂性、耐候性、耐腐蚀性、热密封性以及电性能等。EVA 树脂中 VA 含量不同，其物理性质、化学性质及加工性能也不同。随着 VA 含量的增加，EVA 的弹性、柔软性、黏合性、相容性、透明性和溶解性也相应改善。

EVA 可以通过注塑、挤塑、吹塑、热成型、发泡、涂覆、热封、焊接方式等进行加工，生产热熔胶、注塑制品、薄膜、发泡体、管材、电线电缆、板材等。

国内 EVA 主要生产厂家及牌号见表 2.5。

表 2.5　国内 EVA 主要生产厂家及牌号

生产企业	主要牌号
江苏斯尔邦	V5120J、V6020M、V2825、V6220R、UE1803、UE2806 系列、UE2825、UE28150、UE28400、UE3315、UE4050
扬子-巴斯夫	V5110J、V5210J、V4110J、V6110M、V6110MG、V4110F、5110S
燕山石化	18J3 和 18F3、YD-02、14F1、9F1
宁波台塑	7470M、7470K、7760S、7870S、7A60H、7A50H
联泓新材料	UL00218、UL00628、UL00428、UL00328、UL02528、UL15028、FL02528
东方石化	Y2022（14-2）、Y2045（18-3）、Y2013（18-1.5）、Y2006（14-0.7）、Y3045（26-6）
古雷石化	USI-629、USI-2806

二、市场供需

（一）世界供需及预测

全球 EVA 生产装置主要集中在亚洲、北美、西欧和中东地区。2021 年，全球 EVA 产能达到 734.3 万吨/年，2022 年为 800 万吨/年，是聚烯烃中增长较快的品种。

2023 年全球 EVA 总产能约 862.1 万吨/年，其中亚洲地区占总产能的 65.62%，主要得益于中国 EVA 产能的迅速扩张。未来五年，中国依旧是 EVA 产能主要扩张地。

（二）国内供需及预测

1. 生产现状

我国 EVA 发展主要经历了四个发展阶段。

填补空白（1995—2004 年）：1995 年，北有机（现东方石化）从意大利埃尼化学公司引进釜式法技术，建成我国第一套 4 万吨/年的 EVA 生产线，这也是我国第一条大规模 EVA 树脂生产线。

起步阶段（2005—2015 年）：2005 年，扬子-巴斯夫 20 万吨 LDPE/EVA 生产线投产，2010 年燕山石化-杜邦合资的华美釜式 EVA 生产线投产，同年燕山石化 20 万吨埃克森管式 LDPE 生产线改造 EVA 投产，开始了国产 EVA 的起步。

成长阶段（2016—2018 年）：宁波台塑、联泓新材料、江苏斯尔邦的 EVA 生产线相继投产，EVA 产能有较大提升。尤其是江苏斯尔邦产能达到 30 万吨/年，在质和量上进一步发展壮大。

快速发展阶段（2020—2025 年）：2021—2023 年，延长榆能化、扬子石化、中化泉州、浙石化、中科炼化、古雷石化、天利高新的 EVA 生产线相继投产，使 EVA 进入快速发展阶段。

截至 2023 年底，我国 EVA 产能达到 245 万吨/年，产量约 215.36 万吨，进口量 139.21 万吨，出口量 20.67 万吨，全年表观消费量达到 333.91 万吨。2023 年 EVA 供应增速略大于需求增速，市场承压明显，主要牌号均价 14073 元/吨，远远低于 2022 年的 21388 元/吨。从 2019 年到 2023 年，全国 EVA 表观消费量复合增长率达到 20.84%。

宁夏宝丰能源 25 万吨/年产能在 2024 年 2 月投产，目前国内产能已达 270 万吨/年。我国主要 EVA 生产企业情况见表 2.6。

表 2.6　我国主要 EVA 生产企业情况

生产企业	产能/(万吨/年)	工艺	投产时间	装置所在地
东方石化	4	埃尼釜式法	1995 年	北京
扬子-巴斯夫	20	巴塞尔高压管式法	2005 年	南京
华美聚合物	6	杜邦釜式法	2011 年	北京
江苏斯尔邦	30	巴塞尔高压釜式法+高压管式法	2017 年	连云港
燕山石化	20	埃克森高压管式法	2011 年	北京
宁波台塑	10	埃尼釜式法	2016 年	宁波
联泓新材料（山东昊达）	15	埃克森釜式法+埃克森管式法	2015 年，2022 年	滕州
延长榆能化	30	巴塞尔管式法	2021 年	榆林
扬子石化	10	巴塞尔釜式法	2021 年	南京
中化泉州	10	埃克森釜式法	2021 年	泉州
浙石化	30	巴塞尔管式法	2021 年	舟山
中科炼化	10	巴塞尔釜式法	2022 年	湛江
天利高新	20	巴塞尔管式法	2022 年	克拉玛依
古雷石化	30	埃克森釜式法	2023 年	漳州
宁夏宝丰能源	25	巴塞尔管式法	2024 年 2 月	银川

在产能分布方面，华东地区仍然是产能集中区，但是占比在缩小。产能与需求地匹配度进一步提升，产能分布更加均衡。2023 年华东地区产能占比为 40.82%，相较 2022 年下降 5.7%。华南地区产能占比为 20.41%，较 2022 年提升 11.11%，其主要原因是古雷石化一套 30 万吨/年的产能于 2023 年 3 月投放。其它地区年内无新增产能投放，受总产能扩张的影响，占比均有缩减。华北地区下降 2.56%～18.37%；西北地区下降 2.85%～20.41%。

从需求结构来看，主要集中在华东、华南和华北，其中华东是第一大消费区域。2023 年华东地区需求占比约 71.87%，华南地区约 22.84%，华北地区约 3.51%，供需结构仍存在错配，但是相较于 2021 年及之前更加均衡。

国家双碳政策极大地刺激了光伏市场，未来几年 EVA 新增产能和规划超过 600 万吨/年，见表 2.7。但产能快速扩张，也会加剧行业竞争。

表 2.7　2024—2028 年 EVA 新增产能预测

企业名称	规划产能/(万吨/年)	工艺	计划投产时间
江苏虹景	20	巴塞尔管式法	2024 年底
	20*2	巴塞尔管式法	2026 年
	10	ECI 釜式法	2026 年
联泓新材料	20	巴塞尔管式法	2025 年
中化泉州	4	釜式扩能	2025 年
	10	ECI 釜式法	2027 年
浙石化	10	巴塞尔釜式法	2025 年
	30	巴塞尔釜式法	2025 年
江苏丰海高材	20	巴塞尔管式法	2025 年
裕龙岛	20	ECI 釜式法	2025 年
	5	巴塞尔管式法	2025 年
百宏化学	20	管式法	2026 年
	15	釜式法	2026 年
湖南石化	30	管式法	2026 年
宁夏煤业	10	埃克森釜式法	2026 年

续表

企业名称	规划产能/(万吨/年)	工艺	计划投产时间
中科炼化二期	10	巴塞尔釜式法	2026年
	10	巴塞尔釜式法	2027年
独山子塔里木二期	30	巴塞尔管式法	2026年
吉林石化	40	管式法	2027年
广西华谊	20	管式法	2027年
	20	管式法	2027年
广西石化	30	管式法	2027年
	10	管式法	2027年
扬子-巴斯夫	30	巴塞尔管式法	2028年
	30	巴塞尔管式法	2028年
洛阳石化	25	管式法	2028年
	10	釜式法	2028年
镇海炼化	40	管式法	2028年
巨正源新材	15	巴塞尔管式法	—
古雷石化二期	40	管式法	2028年
中天合创	11	埃克森釜式法	—
合计	635		

2. 需求分析及预测

2019—2023年国内EVA供需平衡见表2.8。

表2.8　2019—2023年国内EVA供需平衡表

项目	2019年	2020年	2021年	2022年	2023年
产能/(万吨/年)	97.2	97.2	177.2	215	245
产量/万吨	73.04	75.55	112.16	173.8	215.36
进口量/万吨	109.62	117.68	111.67	120.22	139.21
出口量/万吨	6.01	5.36	7.13	11.66	20.67
表观消费量/万吨	176.65	187.87	205.29	294.07	333.91
进口依存度/%	58.65	59.79	54.39	40.88	41.46

近五年来，中国EVA产品结构呈现多元化趋势，其中光伏、电缆、发泡依旧为主要产品，高VA产品产出占比逐年增加，其中光伏增幅最为明显。2023年光伏级EVA仍是第一大产出领域，占比达54.69%，同比提升4.76%；其次是发泡软料/电缆料，占比21.66%，占比下降0.36%；发泡硬料EVA为第三大产出领域，占比10.96%，同比下降1.86%。除此之外，热熔胶级EVA占1.9%，同比下降3.69%。

进口方面，仍然是一般贸易占据主导。进口贸易伙伴众多，但韩国依旧占据EVA进口来源首位，其次是中国台湾和泰国，这三个地区的EVA占进口总量的71.2%。从具体贸易伙伴进口量来看，2023年韩国进口量为61.59万吨，占比44.24%，同比下降2.41%，主要原因是远洋货量明显增加，进而挤压了周边国家和地区市场份额。

从价格方面来说，2023年EVA价格延续2022年下半年的走势，整体维持低位，全年均价14073元/吨，远远低于2022年的21388元/吨。EVA主要原料为乙烯和乙酸乙烯，但因为利润水平较高，受成本端制约不大，产品与上游产品联动性不强，供需是影响市场行情的主要因素。2023年消化前期扩能压力，而需求端不及预期，虽有光伏支撑，但传统行业需求偏弱，市场供需矛盾凸显，价格承压明显。

三、工艺技术

EVA生产工艺过程主要有压缩、聚合、分离、挤压造粒。压力约为110～350MPa，温度为130～350℃，聚合时间非常短，一般为15s到2min，主要通过循环过来的冷单体或热水实现撤热（釜式一般用冷乙烯，管式用热水撤热），系统基本上在绝热条件下操作。主流生产工艺分为管式法和釜式法工艺，差别主要在聚合方式上，对应的聚合反应器为管式和釜式，其它工艺过程基本一致。

EVA生产技术较成熟，多种技术在转让，如杜邦、ExxonMobil、巴塞尔等。由于巴塞尔公司转让力度加大，促成了我国EVA产业发展壮大。目前我国EVA的生产工艺中管式法占74.1%，釜式法占25.9%。

高压管式法工艺，可生产VA含量30%以内的EVA产品，该技术主要朝着大型化方向发展，目前最大的高压管式法技术单线生产能力可以达到40万吨/年；釜式法工艺主要生产高VA含量的EVA产品，VA含量最高可达40%，装置单线生产能力最高14万吨/年。两种工艺路线主要对比如下。

	釜式法	管式法
单线规模	10万～14万吨/年	20万～40万吨/年
反应器	长径比（2～20）∶1，反应器中有搅拌轴，挡板、搅拌马达一般也安装于反应器内，维修不便	1.反应管内径为25～64mm，长0.5～1.5km，长径比最大12000∶1 2.反应器结构简单，制造维修方便，能够承受较高压力
反应条件	反应压力110～200MPa 反应温度150～300℃	反应压力210～300MPa 反应温度160～330℃
反应流体状态	近似完全混合	近似柱塞流动
单程转化率	15%～21%	20%～35%（最高可达40%）
聚合热散热方式	进料冷却	夹套冷却和进料冷却
投资及操作费用	高	低（20万吨管式与10万吨釜式投资相当）
生产成本	高	低（以VA 18%为例，低于釜式约1000元/吨）
产品特点	1.反应温度、压力均匀，易形成许多长支链的聚合物，冲击强度较高 2.反应停留时间较短，过渡料少 3.适于生产高VA含量产品，如热熔胶、涂覆等	1.反应温度、压力沿反应管长度逐渐降低，产品分子量分布窄，支链较少，光学性能好，适于加工薄膜 2.反应停留时间相对较长 3.共聚物的VA含量一般不大于20%，适合农膜和收缩膜等
产品指标范围	VA≤40% 熔体流动速率（MFR）≤800g/10min	VA≤30% 熔体流动速率（MFR）≤30g/10min

四、应用进展

EVA作为塑料中较为高端的品种，应用在诸多行业。目前虽然有POE、EPDM、PE、PVC等部分行业与EVA存在互相替代，然并未形成规模性和趋势性替代。目前应用最多的是与POE共混用于光伏行业。

由于碳中和从概念走向现实，在光伏发电成本持续下降和全球绿色复苏等有利因素下，加快发展可再生能源已成为全球能源转型的主流方向，预计"十四五"期间，全球光伏年均新增装机容量将超过220GW。我国年均光伏新增装机规模将达83～99GW，光伏行业将继续作为EVA下游消费增长的领头羊。

电线电缆行业作为配套行业也将迎来更大发展，除此之外，伴随着5G、轨道交通、特高压等新基建领域的投入加大，EVA电缆料也将保持良好增长势头。而发泡、热溶胶、涂覆等领域将保持相对稳定。预计2024年EVA需求或达354.08万吨。

五、发展建议

目前EVA行业进入快速扩张阶段，但高端EVA产品缺乏，如VA含量40%以上的油墨级EVA，熔体流动速率低于2g/10min的发泡EVA、800g/10min以上的热熔胶级EVA等严重依赖进口。

目前中国EVA生产企业达15家。EVA供给端行业集中度较高，属于寡头行业。EVA行业无明显进入壁垒，但却是重资产的行业，且建设周期长（建设周期42～50个月）。主要产品光伏级EVA行业技术门槛较高，若无技术基础，从生产EVA到生产光伏料还需要6～9个月。目前国内光伏级EVA行业龙头江苏斯尔邦，20万吨/年管式装置全年开足马力生产光伏级V2825，仍供不应求；正在上马的3套20万吨EVA装置，目标也锁定在光伏级EVA产品，以保证我国光伏企业的发展需求，延长榆能化、浙石化等也纷纷试产光伏级牌号。未来，伴随着EVA行业的竞争愈发激烈，应防范产品同质化竞争引发的产品产出过剩及利润削弱的风险。生产企业应在稳定生产、降低能耗物耗的同时，提高产品品质；在各品级间寻求产量和利润的平衡；开发高端新产品，扩宽新领域；增加出口创汇。

第三节 超高分子量聚乙烯

中石化（天津）石油化工有限公司 张宝忠

一、概述

超高分子量聚乙烯（UHMWPE）是一种线型结构的热塑性工程塑料，黏均分子量在150万以上、重均分子量在300万以上。行业内通常将黏均分子量在50万～150万之间的聚乙烯称为UHMWPE。UHMWPE模量和强度高，具有优异的耐冲击、耐摩擦、抗水、自润滑、耐低温、耐化学腐蚀等性能，尤其是耐冲击和耐摩擦性能优于其他工程塑料。UHMWPE分子量最高可达1000万以上，分子链长，分子链易高度缠结，熔融状态下黏度高，流动性差。UHMWPE可采用拉膜、挤出、注塑、模压等加工方式，生产薄膜、纤维、型材、管材等制品，用于功能膜、军用装备、医卫材料、绿色建材等领域。UHMWPE与其他工程塑料的性能对比见表2.9。

表 2.9　UHMWPE 与其他工程塑料的性能对比

性能指标	UHMWPE	聚四氟乙烯	聚酰胺 66	聚碳酸酯
密度/(g/cm^3)	0.93～0.945	2.16	1.14	1.2
拉伸强度/MPa	40～50	20	75	64
断裂伸长率/%	300～350	300	200	110
冲击强度/(kJ/m^2)	—	16	11	80
布氏硬度（D）	40	—	100	118
动摩擦系数	0.2	0.2	0.4	—
吸水率/%	0.01	0.02	1.5	0.15

二、市场供需

（一）世界供需及预测

1. 生产现状

2023 年，全球 UHMWPE 产能约 49 万吨/年，其中亚洲产能为 27 万吨/年，占比为 55.1%；北美产能为 11 万吨/年，占比为 22.4%；欧洲产能为 7 万吨/年，占比为 14.3%；其他地区产能为 4 万吨/年，占比为 8.2%。2023 年全球产能较 2022 年的 46 万吨/年增长 6.5% 左右，新增产能主要来自于亚洲。

塞拉尼斯是全球最大、产品体系最完整的 UHMWPE 生产商，在中国南京、美国得克萨斯州、德国奥伯豪森建有三个工厂，为全球最大的锂电池隔膜级 UHMWPE 树脂生产商；布拉斯科在美国和巴西建有两个工厂，以板材、型材级 UHMWPE 树脂为主；帝斯曼公司主要以纤维级 UHMWPE 树脂为主；日本帝人、旭化成、三井化学等公司以滤材、纤维、锂电池隔膜等 UHMWPE 树脂为主。国外主要 UHMWPE 生产企业产能分布见表 2.10。

表 2.10　国外主要 UHMWPE 生产企业产能分布概况（截至 2023 年）

生产企业	国家	产能/(万吨/年)
塞拉尼斯	德国	5.5
	中国	3.5
	美国	3.0
布拉斯科	巴西	4.0
	美国	3.0
帝斯曼	韩国	1.5
帝人	荷兰	1.2
	日本	0.1
旭化成	日本	1.0
其他	—	3.4
合计	—	26.2

2. 需求分析及预测

近年来，全球 UHMWPE 树脂需求年均增长率超过 10%。2023 年，全球 UHMWPE 消费量约 48.6 万吨，在动力电池及储能用锂电池隔膜、高性能纤维等领域用量增加明显。

锂电池隔膜应用方面，随着新能源汽车等终端应用快速发展，带动锂电池隔膜需求量的大幅提升。目前，锂电池隔膜已超越纤维，成为 UHMWPE 最大的下游应用领域。2023 年消费量约24.9万吨，预计未来三年增速约为18%。

纤维方面，UHMWPE纤维是继碳纤维、芳纶纤维后出现的一种高性能纤维，具有高强度、耐腐蚀、高抗拉等优异性能，在军事、航天航海、复合材料等领域，用于制造头盔、防弹衣、高性能绳索、防切割手套等。2023年消费量约10.2万吨，预计未来三年增速约为10%。

板材、管材制品消费量增速较慢，2023年消费量约13.5万吨，预计未来三年增速约为3%~5%。

当前，全球UHMWPE产业链正处在快速发展阶段，新能源汽车及国际地缘紧张局势将推动UHMWPE树脂在锂电池隔膜和防弹衣用纤维领域消费量的增长。

全球UHMWPE消费情况见图2.1。

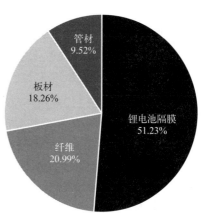

图2.1 全球UHMWPE消费情况

（二）国内供需及预测

1. 生产现状

据中国化信咨询数据，截至2023年3月，我国UHMWPE产能合计22.15万吨/年，生产企业数量逾10家。国产中低端板材料、管材料供应充足，纤维料供应能力与产品品质有较大提升。锂电池隔膜料生产企业较少，部分产品品质与进口产品还存在差距，进口依存度相对较高。国内UHMWPE主要生产企业情况见表2.11。

表2.11 2023年国内UHMWPE主要生产企业情况

企业名称	产能/(万吨/年)	企业名称	产能/(万吨/年)
河南沃森	4.0	燕山石化	1.5
塞拉尼斯（南京）化工	3.5	上海联乐化工科技	1.05
中玺新材料	2.5	九江中科鑫星新材料	1.0
扬子石化	2.0	辽阳石化	1.0
丰达新材料	2.0	其他	1.6
江苏斯尔邦	2.0		

目前国产UHMWPE树脂以中低端、通用型为主，管材、板材的应用比例高，锂电池隔膜、高性能纤维、医用材料等高端化、差异化树脂产量较低，总体处于盈利能力的中低端。针对高性能锂电池隔膜专用树脂、高强度纤维专用树脂、医用人工关节专用树脂等高端应用，相关企业正在开展催化剂、聚合技术、加工技术等方面的攻关，并取得了明显进展。2021年，扬子石化和燕山石化依托自有技术，已成功开发锂电池隔膜专用UHMWPE树脂，2023年产量约3万吨。总体来看，国产UHMWPE树脂在系列化、质量稳定性、成本等方面与进口产品仍存在差距。

2. 需求分析及预测

2023年，我国UHMWPE表观消费量约43.2万吨。将近半数的UHMWPE树脂用作生产锂电池隔膜，这与我国新能源汽车行业快速发展的态势相符。

锂电池隔膜方面，随着我国新能源汽车产销量的快速扩张，2023年我国已成为世界最大的新能源汽车产销国，新能源汽车产量达 958.7 万台，从而带动了 UHMWPE 锂电池隔膜需求量激增。自 2021 年起，锂电池隔膜已成为国内 UHMWPE 消费量最大的领域。同时，我国也是全球最大的锂电池隔膜生产国，湿法隔膜出货量在全球占比超 80%，约 90%以上的湿法隔膜以 UHMWPE 为原料。根据 2023 年湿法薄膜销量测算，UHMWPE 用量约为 21.6 万吨，未来三年我国 UHMWPE 隔膜料需求量增速预计在 30%左右。

UHMWPE 纤维方面，由于黏均分子量在 800 万以上的国产 UHMWPE 树脂生产技术仍存在差距，高性能纤维专用料产量较低，主要被进口料或外资公司在国内的工厂所占据，一直处于供不应求的状态。在我国 UHMWPE 纤维高端领域中，军事装备应用占比约 25%，海洋产业应用占比约 24%，安防应用占比约 22%，其他应用占比约 29%。2023 年，UHMWPE 纤维料需求量约 5.8 万吨，预计未来三年我国 UHMWPE 需求增速约为 12%。

板材、异型材方面，UHMWPE 板材、型材加工工艺相对简单，市场相对成熟，国内以中小加工企业为主，主要应用在纺织、煤炭、化工和机械制造等工业领域，消费量整体呈平稳增长态势。2023 年需求量约为 12.3 万吨，预计未来三年我国板材、异型材 UHMWPE 专用料需求增速约为 5%。

管材方面，UHMWPE 管材主要应用在石油化工、煤炭、采矿、电力等重工业行业，由于 UHMWPE 分子量高、分子链高度缠结、熔体黏度高，导致 UHMWPE 管材的加工难度大，下游企业生产速度大大低于普通塑料管材制品的生产速度。2023 年消费量 3 万余吨，预计未来三年增速较低。医用材料、滤材等其他领域，UHMWPE 应用规模较小，2023 年 UHMWPE 消费量约 0.5 万吨，预计未来三年我国医用 UHMWPE 材料需求将保持较高增速。

国内 UHMWPE 消费情况见图 2.2。

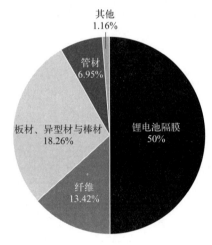

图 2.2　国内 UHMWPE 消费情况

三、工艺技术

1. 催化剂

UHMWPE 以乙烯为单体，依托液相淤浆聚合技术，可采用 Ziegler-Natta（Z-N）催化剂、茂金属催化剂和非茂过渡金属催化剂生产。目前 UHMWPE 工业化生产主要以 Z-N 催化剂为主，茂金属催化剂和非茂过渡金属催化剂仍处于研发阶段，尚未实现大规模工业化。

（1）Z-N 催化剂

Z-N 催化剂具有制备简单、成本低、对杂质敏感性低等优点，现以第三代 Z-N 催化剂为主。上海化工研究院、中石化北京化工研究院、中国科学院上海有机所以及中玺新材料（安徽）有限公司等 Z-N 催化剂技术较为成熟。

（2）茂金属催化剂

虽然 Z-N 催化剂已得到广泛应用，但在活性、树脂粒形控制及粒度分布等方面还存在不足。在高密度聚乙烯（HDPE）茂金属催化剂的基础上，行业内正在加大 UHMWPE 茂金属催化剂的研发力度。UHMWPE 茂金属催化剂骨架含有至少一个环戊二烯基（Cp）或其衍生物的配体，金属中心以ⅣB族过渡金属（如 Ti、Zr、Hf）元素为主。

(3) 非茂过渡金属催化剂

与 UHMWPE 茂金属催化剂不同，非茂过渡金属催化剂不含环戊二烯基，配体是含有氧、氮、硫和磷等配位原子的有机基团，中心金属包括所有的过渡金属元素。

2. 生产工艺

目前 UHMWPE 工业装置普遍采用液相淤浆聚合技术，主要分为搅拌釜式工艺和环管法工艺。

搅拌釜式聚合技术主要以利安德巴塞尔公司 Hostalen 工艺和三井公司 CX 工艺为代表。主要工艺流程包括两个或以上反应器，在第一反应器中加入乙烯、氢气和催化剂，生产较高熔体流动速率的树脂。得到的聚合物浆液进入后续反应器继续反应，控制树脂的结构与性能。Hostalen 工艺操作压力和操作温度低、操作弹性高、生产灵活且稳定性较好，对原料乙烯的纯度要求低。目前全球超过 70% 的 UHMWPE 产能采用 Hostalen 釜式工艺。

环管法聚合技术主要以荷兰菲利普公司（Phillips）单环管工艺和英国英力士公司（Ineos）的 Innovene S 双环管工艺为代表。环管中的物料依靠轴流泵的推动在环管中高速流动，利用夹套水来撤除反应热。Phillips 单环管工艺投资少，聚合过程中不需要加入氢气，对催化剂的要求较高。Innovene S 工艺物料停留时间短，产品质量稳定，牌号切换快，也较成熟。

中石化天津分公司南港乙烯项目采用中石化自有釜式淤浆技术，在建 10 万吨/年 UHMWPE 装置。该技术生产的拉膜类产品具有较好的流动性、成膜加工性和电绝缘性，主要用于锂电池隔膜。纺丝类产品具有较好的加工性和力学性能，主要用于高强度纤维。模压成型类产品具有较好的拉伸强度、抗冲击强度、耐磨性，主要用于模压成型的板材，或者用模压成型的板材加工零部件等。挤出成型类产品具有较好的加工性能，主要用于挤出管材和挤出复合管材。

四、应用进展

随着催化剂技术、聚合技术及下游加工技术的不断提升，UHMWPE 应用领域和用量逐步扩展和提高。

(1) 锂电池隔膜

UHMWPE 分子量高，分子链高度缠结，UHMWPE 锂电池隔膜高温下呈熔胶状，熔而不塌，保证电池在过充或温度突升时不易出现短路和爆炸等安全问题，在高效、大容量动力电池应用方面优势明显，逐渐成为新能源汽车电池的主要隔膜。UHMWPE 锂电池隔膜主要以黏均分子量在 50 万～150 万之间的 UHMWPE 树脂为原料，采用湿法和干法拉膜工艺生产。

随着动力锂电池对高能量密度、高功率、大容量等的要求越来越高，对隔膜的微孔结构一致性、稳定性、耐热性和对电解液的浸润性、保持率等提出了更高的要求。采用 UHMWPE 与其他聚合物共混、复合、涂覆、表面接枝和交联等方式对基膜进行复合改性，可改善隔膜的力学性能、耐热性能和电学性能等。在孔隙率控制方面，UHMWPE 的固含量影响微孔的结构和孔隙率，进而影响离子的渗透性；淬火温度影响 UHMWPE/石蜡油体系相分离机理和孔结构，较高淬火温度对应的是液-液相分离，形成花边状多孔结构，而较低淬火温度对应的是结晶诱导相分离，形成树叶状多孔结构。结晶度控制方面，对于UHMWPE/环烷烃油体系，引入二氧化硅有助于提高UHMWPE基体含油率，从而使基体结晶度增加。通过研究UHMWPE树脂结晶态和非结晶态的溶胀、溶解机理，优化预溶胀过程，减少溶液内的凝胶粒子，制备的隔膜缺陷少，结晶度提高；耐热性能方面，目前工业上主要采用无机涂覆（氧化铝陶瓷为主）提升基膜的耐热性能。对于陶瓷涂覆，陶瓷的热阻大，可以防止隔膜高温时热失控，也有人采用聚偏氟乙烯或芳纶等涂覆基膜，并实现量产。

（2）UHMWPE纤维

UHMWPE纤维是目前工业化高性能纤维材料中比强度和比模量最高的纤维，断裂伸长率、抗冲击性能均高于碳纤维和芳纶，是理想的防弹、防刺、防切割材料。UHMWPE纤维主要采用黏均分子量在100万以上的UHMWPE树脂，以干法和湿法纺丝工艺路线生产。

UHMWPE纤维在海洋产业、军事装备、安全防护、体育器械等领域的应用发展快速。UHMWPE纤维加工成的渔网可减少水阻、降低能耗，适合远洋捕捞；UHMWPE纤维加工的高强度绳索，可用于船用泊绳、拖绳、灯塔固定锚绳等海洋工程。东华大学成功研发自有高性能纺丝技术及系列高性能纤维，开发的超高强度UHMWPE纤维已应用于"神舟"飞船的回收系统，开发的军工系列UHMWPE纤维产品已应用于防弹衣、头盔等国防军工领域。依托其高浓度原液纺丝技术，东华大学已建成单线年产250吨生产线，使我国成为继美国、荷兰之后拥有自主知识产权生产高强度UHMWPE纤维的国家。宁波大成新材料股份有限公司已建成1500吨/年高强UHMWPE纤维生产线，用于生产防弹衣、防弹头盔、防弹装甲板材、防切割手套、高强度绳索、高性能复合材料用基布等。中国纺织科学研究院有限公司等开发出UHMWPE轻量化击剑服面料，形成基于UHMWPE纤维的轻质、防护面料的全套技术。

除此之外，近几年来，UHMWPE纤维在家用纺织品应用领域得到拓展，用于制作家纺用品、服装面料等，具有亲肤、耐用等特点。

（3）管材、板材、型材

UHMWPE具有优异的自润滑性、耐磨性能，强度和模量高，综合力学性能优，在高端建材、精密零部件等领域得到大量应用。UHMWPE管材、板材、型材主要采用黏均分子量250万以上的UHMWPE树脂，以挤出、模压等方式加工成型。

通过采用特殊的挤出机和特殊设计的模具，将UHMWPE连续挤出成型生产UHMWPE耐磨管，管材耐磨性能优于聚四氟乙烯、聚酰胺、碳钢等材料，可应用于多种行业的固体颗粒、粉末的耐磨输送。UHMWPE板材可用作铁路的轨下垫板、高强复合材料垫板、核电站的防辐射板等。通过固相接枝、有机无机杂化等方法可制备具有良好自润滑性、导热性、耐磨性、抗蠕变性和高承载能力的UHMWPE复合材料，能克服重载高速摩擦过程中产生的大量摩擦热积聚无法传导和发生塑性变形而带来安全隐患的问题，用于制备满足公路、铁路桥梁支座等用途的高耐磨、高承载、可承受长累积位移的UHMWPE型材。此外，还可将板材加工成齿轮、轴套、轴瓦、滚轮等，提高其使用性能和安全性能。

（4）医用材料

UHMWPE具有良好的耐磨性、自润滑性，优良的耐化学药品稳定性和生物相容性，作为医用材料已成功应用于人工髋关节的髋臼、人工膝关节的衬垫以及组织支架、输血泵等方面。UHMWPE 医用材料可采用黏均分子量在 150 万以上的 UHMWPE 树脂，以注塑、模压、挤出、纺丝等多种工艺加工成型。

全球现有 60% 的髋关节和接近 100% 的膝关节手术使用 UHMWPE 制品，已成为人工关节耐磨衬面的首选材料。由于 UHMWPE 人工关节在长期使用过程中，需承受较大载荷及与不锈钢、钛合金、陶瓷等硬质材料相对往复运动，易因磨损而引起失效。为避免患者二次手术的风险，有研究者利用辐照交联的方法减弱分子链的运动，从而提高 UHMWPE 植入体的耐磨性能；通过热处理和加入抗氧剂等手段，解决关节植入体氧化脆裂的问题。此外，为适应青年骨科患者对植入体更高力学性能的需求，利用流动性较好的低分子量聚乙烯改善 UHMWPE 的加工性，通过振动注塑成型、施加剪切流动场，诱导自增强结构的形成。UHMWPE 医用纤维具有较高的安全性、力学性能、耐化学性、抗疲劳性、耐磨性等，已被用于设计小型医疗器械或植入物、骨缝线、心血管手术导丝等。

五、发展建议

近年来，UHMWPE 树脂下游需求强劲，国内多家企业正在扩充产能，抢占市场份额。据统计，2024 年我国 UHMWPE 计划新增产能情况见表 2.12。

表 2.12　2024 年我国 UHMWPE 计划新增产能情况

企业名称	产能/(万吨/年)	地点	预计投产时间	工艺
裕龙岛石化	10	山东烟台	2024 年	中国石化工艺技术
中石化天津	10	天津	2024 年	中国石化工艺技术
中国化学	5	陕西榆林	2024 年	自主知识产权工艺技术
蒲城清洁能源	4	陕西蒲城	2024 年	低压淤浆搅拌釜式工艺
山东联泓化学	2	山东滕州	2024 年	新型连续法工艺技术

与国外公司相比，我国 UHMWPE 产品结构还处于中低端集中、高端及差异化产品不足的阶段，生产技术还需进一步突破。面对未来 UHMWPE 产业发展及竞争态势，建议如下。

（1）提高、完善自有成套 UHMWPE 生产技术水平

近年来，国内自主 UHMWPE 生产技术已实现突破，成功开发连续法环管淤浆工艺，填补了国内空白。与国外技术比，自有聚合工艺、催化剂等方面尚存在不足，在长周期运行与产品质量控制方面还需进一步完善和优化。

（2）加大新型高性能催化剂开发力度

目前国内 UHMWPE 合成用 Z-N 催化剂已实现工业化，但产品微观结构与性能调控、聚合活性、粒度分布与粒形控制等方面还存在不足，需加大 Z-N 催化剂、茂金属催化剂及非茂过渡金属催化剂等的研发力度。

（3）加大高端新牌号开发力度

目前我国 UHMWPE 树脂在板材、管材等中低端市场已得到广泛应用，但有相当高比例的高端树脂需要进口，需加大对高端 UHMWPE 膜料、高强度 UHMWPE 纤维料、UHMWPE 医卫料等的研发力度，同时拓展应用领域。

第四节　聚烯烃弹性体

中国石化北京化工研究院　宋文波
山东京博石油化工有限公司　刘金沅
宁夏宝丰能源集团股份有限公司　徐建　梁瑜玲
卫星化学股份有限公司　刘浩　刘梦平

一、概述

聚烯烃弹性体（POE）是一种由乙烯、丙烯或其他α-烯烃等为主要单体聚合而成的主链饱和的弹性材料，具有密度低、分子量分布窄、易于熔融加工等特点，通常采用单活性中心催化剂通过溶液聚合工艺制备。其中，以乙烯基弹性体为主，是乙烯与1-辛烯或1-丁烯或1-己烯的共聚产品，乙烯含量在58%～75%，密度为0.860～0.890g/cm³。

POE具有独特的结构特征和优异的性能：

① 柔软支链卷曲结构和结晶的乙烯链作为物理交联点，使其具有优异的韧性和良好的加工性。

② 与聚烯烃等高分子材料具有良好的相容性。

③ 无不饱和双键，具有优异的耐候性和耐化学性能。

④ 较强的剪切敏感性和高的熔体强度，易于熔融加工。因此，POE既可用作橡胶，又可用作热塑性材料。

POE已广泛应用于光伏电池、汽车零部件、电线电缆、家居用品、玩具、运动用品、鞋底、热熔胶、密封件等领域。特别是在光伏电池、汽车部件等领域有着大量的应用。

在光伏胶膜领域，相较于EVA（乙烯-乙酸乙烯共聚物）胶膜，POE胶膜兼备抗PID（电势诱导衰减）性能和水汽阻隔性，是双玻组件的主流封装材料，且在N型电池组件封装中表现优异。POE胶膜的水汽透过率仅为EVA胶膜的约1/10，极大地降低了组件被水汽渗入及腐蚀的可能性。普通POE胶膜在加速老化后，其黄色指数变化较小，且一直稳定在较低数值；而EVA胶膜随着加速老化时间的延长，其黄色指数逐渐攀升。EVA在P型电池组件背面的功率衰减较高，因此PERC双面电池背面胶膜多采用POE胶膜。N型电池，如TOPcon电池采用银浆，其对水汽敏感度进一步提升，因此业内主要采用EPE（EVA-POE-EVA）胶膜，以提升产品抗PID能力。

出于减重、加工、VOC控制等需求，POE在汽车保险杠、散热器格栅、车身外板（翼子板、后侧板、车门面板）、车轮护罩、挡泥板、车门槛板、后部活动车顶、车侧镶条、保护胶条、挡风胶条以及仪表板、仪表板蒙皮、内饰板蒙皮、安全气囊外皮层材料等部件均有应用，大量用于与车用聚丙烯树脂等的共混增韧改性。

二、市场供需

(一) 世界供需及预测

1. 生产现状

目前，国外生产聚烯烃弹性体的生产商主要有美国 Dow 公司、ExxonMobil 公司，荷兰 Borealis 公司、日本 Mitsui 公司，韩国 LG 公司及 SK/SABIC 合资公司等。

目前国外 POE 总产能约 308.5 万吨/年，其中，美国 Dow 公司产能最大，达到 119.5 万吨/年，占世界产能的 38.7%，可生产 Engage、Affinity、Infuse、Versify 等不同系列的弹性体产品。ExxonMobil 公司产能 70 万吨/年，主要生产 Exact 和 Vistamax 两种类型的 POE 产品。日本 Mitsui 公司为 42 万吨/年，产品牌号为 Tafmer 和 Notio。韩国 LG 公司产能为 39 万吨/年，主要产品为 Lucene 系列。2015 年韩国 SK 公司和沙特 SABIC 公司共同出资在韩国蔚山新建 23 万吨/年生产装置，主要产品为 Solumer 系列，近期又新建一条 10 万吨/年生产装置。

国外主要 POE 生产企业见表 2.13。

表 2.13 国外主要 POE 生产企业

生产企业	总产能/(万吨/年)	产能/(万吨/年)	产地
Dow	119.5	45.5	Freeport, TX, 美国
		23.5	Laquemine, LA, 美国
		6.5	Tarragona, 西班牙
		22	马塔府, 泰国（与 SCG 合资）
		22	沙特阿拉伯（与 Sadara 合资）
Mitsui	42	10	千叶，日本
		20	新加坡
		12	新加坡（新增）
ExxonMobil	70	30	新加坡
		40	美国（新增）
LG	39	29	大山，韩国
		10	韩国（新增）
SK/SABIC	33	23	蔚山，韩国
		10	韩国（新增）
LOTTE	2	2	韩国
Borealis	3	3	荷兰
总计	308.5		

2. 需求分析及预测

聚烯烃弹性体产品由于性能突出，被广泛应用于车用材料增韧改性、建筑、电子电气、日用品以及医疗器材等领域，近年来，在光伏胶膜领域应用迅速增长，其他国计民生方面的应用也逐步增长，已成为广泛替代传统橡胶和部分塑料的极具发展前景的新型材料。

国际上 POE 在汽车领域中的应用最多，市场份额占到 51%；在光伏胶膜中的应用位居第二，市场份额为 18%；在建筑领域中所占份额为 15%，电子电气领域所占份额为 11%，其他领域中所占份额为 5%。

中长期看，全球"碳中和"政策驱动下的光伏行业有望保持高速增长。全球光伏行业转化效率不断提升，组件及其他成本下降空间依然充足，光伏全面平价时代正在来临。2025年光伏装机容量将达到400GWh以上，全球光伏领域的POE需求有望在2025年超过75万吨。

（二）国内供需及预测

1. 生产现状

我国尚无工业规模POE制备技术。随着POE国内需求量不断增加，国内生产能力不足和对进口的依赖造成了供需矛盾。这种矛盾对相关产业供应链的稳定性带来了巨大的挑战。为解决POE高端聚烯烃材料这一严重制约下游产业发展的难题，国内科研院所及企业纷纷加大研发力度。目前，万华化学和京博石化的POE工业装置已经开车成功，成熟的POE产品预计将于2024年底或者2025年投入市场。中国石化、中国石油和浙石化等企业的千吨级POE中试装置均已建成投用，但仍未建成工业化装置。

POE的生产原料相对易得，上游大量的低碳烯烃资源需要找到有经济价值的下游出口。国内企业积极关注并已开始投资，目前在建和规划在建的装置见表2.14。合计总产能达418万吨/年。

表2.14 国内在建及规划的POE生产装置产能

生产商	产能/(万吨/年)	生产商	产能/(万吨/年)
中国石化	55	联泓惠生	30
烟台万华	80	荣盛新材料	30
京博石化	3	东方盛虹	30
卫星石化	60	浙石化	40
中国石油	10	湛江中捷	10
鼎际得	20	诚志股份	20
亚通化学	20	中能高端新材	10

过去几年受光伏行业需求增长的驱动，国外主流厂商一方面把现有常规牌号产品切换到光伏用POE的生产（如Dow化学），另一方面积极对现有装置进行改造来进一步扩大产能以满足市场需求（如SK/SABIC），极个别生产商也开始布局新的生产装置来增加市场的竞争力（如Exxonmobil），届时中国光伏行业POE的需求将得到一定程度的缓解。

2. 需求分析及预测

2017—2023年我国POE消费量年均增速高于10%，处于高速发展期。国内POE消费结构如图2.3所示。早年国内光伏的消费结构与国际相同，2021年之后，光伏胶膜成为国内POE最大的应用领域，占总用量的54%。其次为汽车领域（聚丙烯增韧）、电线电缆、鞋材（发泡）等方面。

我国是全球最主要的光伏胶膜生产地。光伏胶膜是光伏组件的重要辅料。光伏组件

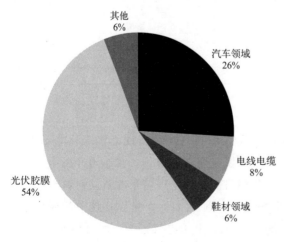

图2.3 中国POE消费构成

常年工作在露天环境下，一旦电池组件的胶膜、背板开始黄变、龟裂，电池易失效报废。且光伏电池的封装过程具有不可逆性，因此电池组件的运营寿命通常要求在25年以上，对光伏胶膜的耐侵蚀性也有同样的长期要求。

近年来，中国市场对POE的需求呈现出快速增长的态势，主要受到光伏、汽车、建筑、电子电气和消费品等多个下游行业的推动。特别是光伏行业对聚烯烃弹性体（POE）的需求短缺，对行业的整体发展产生了深远的影响。中国作为全球最大的光伏组件生产国，光伏组件产能增加迅速，导致对POE封装膜的需求急剧上升。2023年，中国新增光伏装机容量达到新高，预计未来几年还将持续增长。由于POE供应短缺，价格不断上涨，导致光伏组件制造成本增加；POE材料供应不足导致光伏组件生产周期延长，影响了制造商的交付能力和市场响应速度；为应对POE短缺，企业开始探索其他封装材料如EVA（乙烯-乙酸乙烯共聚物），但这些材料在性能和寿命上不及POE，影响光伏组件的长期效能。

2020—2030年国内POE消费情况与预测见图2.4。

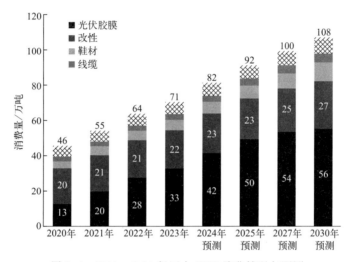

图2.4　2020—2030年国内POE消费情况与预测

目前，市场上封装材料主要有透明EVA胶膜、白色EVA胶膜、聚烯烃（POE）胶膜、共挤型EPE（EVA-POE-EVA）胶膜与其他封装胶膜。

① EVA胶膜：目前使用相对广泛。

② 白色EVA胶膜：在透明EVA胶膜的基础上添加白色填料预处理，主要用于组件的背面封装。

③ POE胶膜：兼备抗PID性能和水汽阻隔性，是双玻组件的主流封装材料，且在N型电池组件封装中表现优异。

④ 共挤型EPE胶膜：通过共挤工艺将POE树脂和EVA树脂挤出制造，在一定程度上兼顾了POE材料以及EVA材料的性能。然而，EPE胶膜中助剂迁移，层间物质的富集，使得界面粘接强度越来越弱，会引发脱层风险。

据中国光伏业协会不完全统计，2023年单玻组件封装材料中透明EVA胶膜依然为市场主力，占比约为52.9%，POE胶膜和共挤型EPE胶膜合计市场占比提升至40.6%，未来随着N型电池组件及双玻组件市场占比的提升，其市场占比将进一步增大。

光伏电池POE用量为4000~4400t/GW。为应对供应紧张，多厂商聚焦克重下降，但下降至一定程度后趋势减缓。EVA 胶膜目前克重有 $420g/m^2$、$440g/m^2$、$460g/m^2$，POE 胶膜目前主要为 $420g/m^2$。预计未来胶膜克重会进一步下降，但克重过低情况下，可能存在一定生产不稳定以及 PID 较大的问题。

光伏领域对 POE 需求预期保持高速增长。随着双玻和 N 型电池市场占比不断提升，POE 的需求有望保持高速增长。根据测算，2024—2026 年全球光伏级 POE 的需求分别达到 38.83 万～42.81 万吨、42.84 万～47.12 万吨、46.26 万～53.36 万吨。此外，汽车轻量化趋势下，单车改性塑料用量的提升也将助长 POE 需求。

POE 在汽车轻量化中的表现极为出色，在多个方面都极大超过客户要求标准。中国汽车工程学会联合行业 500 余位专家发布的《节能与新能源汽车技术路线图》将"汽车轻量化技术"列为七大技术路线之一，提出 2020 年、2025 年、2030 年整车较 2015 年分别减重 10%、20%、35% 的目标，汽车轻量化已成为汽车行业发展重要趋势之一，POE 凭借其优异性能，也将在轻量化材料中占据一席之地。

电线电缆也是 POE 的重要消费领域。随着我国通信事业迅速发展，对电线电缆质量和数量提出更高要求。POE 可用于制作控制电缆、船用电缆及千伏级以上矿用电缆的包覆材料，取代现有的氯丁橡胶、聚氯乙烯等包覆材料，其特点是电缆直接用挤出机挤出，简化了生产工艺，有利于提高生产效率，降低能源消耗及生产成本。2023 年我国电力电缆行业市场规模约为 13017.6 亿元（不含海外），同比增长 7%，从 2020 年至 2023 年电线电缆业绩一直稳定增长。2023 年电力电缆和电气装备用电缆整体业绩为 8639 亿元，同比 2022 年增速为 9.3%。根据国家对电线电缆主要应用领域——电力（新能源、智慧电网）、轨道交通、航空航天、海洋工程等规划，未来我国电线电缆行业前景向好，行业产品升级趋势明显。预计到 2026 年行业需求规模有望达到 1.80 万亿元，POE 在电线电缆的市场需求有望得到进一步提升。

POE 的柔韧性和回弹性较 EVA 高，用作发泡材料会有更好的效果，发泡后的产品重量更轻、压缩回弹更好、触感良好、泡孔均匀细腻、撕裂强度高。无论是模压发泡还是造粒后的注射发泡，POE 已被大量使用在沙滩鞋、拖鞋、运动鞋的中底、座垫、保温材料、缓冲片材、箱包衬里等发泡产品上。

POE 可用于填充母粒。POE 具有极低的结晶度，作为填充材料有着良好的包容性和极佳的流动性，在色母粒或填充母粒中作为载体或代替聚乙烯蜡，可改善色母或填充母粒的品质。

POE 生产的热熔胶性能优异。POE 可以代替 EVA 生产高档热熔胶，且产品可以做到无异味、低密度、流动涂覆性高、浸润性好等，也可以与 EVA 并用。

POE 用于包装膜，其卓越的低温热封性能、热黏着强度和回弹性能，既加宽了热封层的热封窗口温度，又提高了膜本身的回弹性能和抗撕裂性能。

目前国内 POE 市场容量及规模迅速增长，未来需求增速有望保持在 10% 以上。

三、工艺技术

POE 生产始于 20 世纪 90 年代初，生产工艺主要有 Dow 开发的 Insite 高温溶液聚合工艺和 ExxonMobil 开发的 Exxpol 高压聚合工艺，其他公司的工艺多与这两种工艺相近。

1991 年，Dow 化学公司将限制几何构型催化剂（简称 CGC）与其用于生产 LLDPE 的

Dowlex 溶液聚合工艺相结合,形成了 Insite 高温溶液聚合工艺,用于生产聚烯烃弹性体。CGC 属于单茂金属催化剂,是用氨基取代非桥联茂金属催化剂结构中的一个环戊二烯(或茚基、芴基)或其衍生物,用烷基或硅烷基等作桥联,是一种单环戊二烯与第Ⅳ副族过渡金属以配位键形成的配合物,如图 2.5 所示。从结构上看,这种半夹心结构催化剂只有一个环戊二烯基屏蔽着金属原子的一边,另一边大的空间为各种较大单体的插入提供了可能。

由于茂金属催化剂活性很高,聚合产物中催化剂残余物的量足够低,因此可省去催化剂移除步骤。离开反应器的聚合物溶液在脱挥单元中包含多步压力降,充分脱除 VOC 组分,同时将添加剂掺入聚合物中。

1989 年,ExxonMobil 公司公布了自行开发的茂金属催化剂专利技术,即 Exxpol 催化剂,并且同年被应用于日本 Mitsui 石化在美国路易斯安那州 BatonRouge 的聚合装置中,所用催化剂结构如图 2.6 所示。

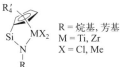

图 2.5　限定几何构型茂金属催化剂结构示意图　　　图 2.6　Exxpol 催化剂结构

茂金属化合物 Cp_2MCl_2 是一个 16 电子体系的基础化合物,茂环上取代基对茂金属化合物的稳定性有一定的影响。一般情况下,给电子取代基团有利于茂金属化合物的稳定,减少催化活性中心金属上的正电性,提高催化活性。Exxpol 工艺采用的催化剂具有高活性特点,以己烷作溶剂,以氢气作分子量调节剂,可生产乙烯基弹性体、丙烯基弹性体、乙丙橡胶等产品。

LG 化学、住友化学、三井化学等也开发了类似的产品,采用与 Dowlex 相似的工艺。日本三井化学于 2005 年建成并投产了 POE 装置,商品名为 Tafmer。韩国 LG 公司将独特的茂金属催化剂与溶液法聚合工艺相结合,生产乙烯基聚烯烃弹性体,以 LUCENE 作为品牌名,应用于汽车部件、鞋材、线缆、片材和薄膜等领域。

四、应用进展

POE 密度在 $860\sim890kg/m^3$ 之间,在非发泡材料中密度最低。在汽车上使用能降低汽车重量,减少能耗和废气排放,符合汽车轻量化要求。同时,全球汽车工业已经对整车可回收性提出要求,我国关于汽车工业政策也明确规定积极开展轻型材料、可回收材料、环保材料等车用新材料的研究,POE 具有良好的可回收性,生产工艺更加绿色环保,POE 的生产和使用符合现行政策。同时,POE 价格与传统增韧剂相比并未提高,替代传统增韧剂成为必然。

建筑行业也是 POE 的重要应用领域。POE 密封材料在全球范围内正逐渐被作为门、窗、天窗等密封材料的首选材料。随着高档建筑物的铝合金门窗,办公家具的嵌条,火车、船舶和飞机门窗所用密封条,以及集装箱密封条等向高档、环保的方向发展,代替传统建筑密封材料必将成为发展趋势。

在工业应用类电子产品领域,共混后的 POE 可用作电缆的包覆材料,取代原有的氯丁橡胶、天然橡胶/丁苯橡胶、氯磺化聚乙烯和聚氯乙烯等包覆材料。POE 在光伏电池替代

EVA 用以生产胶膜，POE 胶膜能保持低漏电电流，极大解决电势诱导衰减问题，并在提高能量输出和稳定性的情况下，提高组件在高温下的效率，延长组件寿命。

五、发展建议

聚烯烃弹性体新产品的出现与催化剂技术的发展密不可分，催化剂类型最初为茂金属催化剂。如今，催化剂已经发展为后茂过渡金属催化剂，Mitsui 公司和 Dow 公司分别发展出 N^O 类和 O^O 类催化剂，该类催化剂活性更高，耐水、耐氧性更好，有望替代茂金属催化剂。

国内应加强单中心催化剂催化烯烃聚合的基础研究和 POE 应用的基础研究。需基于催化剂技术，开发烯烃溶液聚合工艺、工程及装备技术，开发 POE 材料。优先完成乙烯无规共聚工艺及产品制备技术开发，加快溶液聚合弹性体新品种和新牌号的开发与推广。进一步完成丙烯基弹性体工艺及产品、嵌段共聚物工艺及产品开发。加强产品加工应用技术的开发和市场开拓。

POE 通常采用溶液聚合的工艺生产，大量的溶剂循环、回收造成较大的能耗。同时催化剂、共聚单体（1-辛烯等高碳 α-烯烃）的成本相对较高，导致 POE 产品的成本较高。未来围绕提高过程经济性的技术开发和应用，是决定产业进一步发展的关键。

第五节 聚异丁烯

宁夏宝丰能源集团股份有限公司　杨莹　陆世鹏

一、概述

聚异丁烯（PIB）为异丁烯的均聚物总称，是一种无色、无味、无毒的黏稠或半固态物质。聚异丁烯按分子量可分为低、中、高三种。分子量在 350～3500 之间的为低分子量聚异丁烯，分子量在一万到十万之间的为中分子量聚异丁烯，分子量在十万至一千万之间的为高分子量聚异丁烯。

聚异丁烯具有良好的耐热、耐氧化、耐臭氧、耐化学品、耐紫外线、耐酸及耐碱性能，其体积电阻率高，膨胀系数小，不含电介质等有害物质，电绝缘性优良，广泛应用于电绝缘材料、润滑油添加剂、黏合剂、中空玻璃密封胶、口香糖添加剂以及其他高分子聚合物的共混改性等领域。

二、市场供需

（一）世界供需及预测

1. 生产现状

2023 年世界聚异丁烯总产能约 169.9 万吨/年，具体产能情况见表 2.15。

表 2.15　世界聚异丁烯产能情况

生产企业和国家	产能/（万吨/年）	生产企业和国家	产能/（万吨/年）
德国巴斯夫	29.5	日本石油化学	0.8
美国田纳西石油	14.3	中国	18.9
美国雪佛龙菲利普斯	6.5	俄罗斯	5
美国路博润	16.1	阿根廷	4
英国英力士	20	比利时	3.8
英国润英联	17	印度	3
韩国大林	18.5	墨西哥	1
马来西亚	7	合计	169.9
日本昭和壳牌	4.5		

2. 需求分析及预测

世界聚异丁烯主要消费区域为欧洲、北美及亚洲地区，其中北美为最大的聚异丁烯消费地区，其消费量占总消费量的50%。目前国外聚异丁烯主要用于高档润滑油、无灰分散剂、乳化炸药的乳化剂等方面，其中润滑油添加剂消费量约40万吨/年，主要用户是世界四大润滑油生产商，美国路博润、英国润英联、雪佛龙菲利普斯和乙基化学公司，这四大公司占据了全球添加剂市场份额的90%以上。美国生产的聚异丁烯中有2/3用于润滑油添加剂，1/3用于非润滑油领域；日本则有2/3以上的聚异丁烯用于非润滑油领域。

（二）国内供需及预测

1. 生产现状

2023年，国内聚异丁烯总产能为18.93万吨/年，总产量为12万吨/年，装置开工率为67%。国内聚异丁烯生产厂家见表2.16。

表 2.16　国内聚异丁烯生产厂家

生产厂家	产能/（万吨/年）	生产厂家	产能/（万吨/年）
扬子石化-巴斯夫有限公司	5	潍坊天德化工有限公司	1
兰州路博润兰炼添加剂有限公司	1.2	新疆新丰有限公司	0.5
吉林石化精细化学品公司	2	山东宏瑞新材料公司	1.2
山东玉皇化工	2		1
锦州精联润滑油添加剂有限公司	4	南通开泰新材料	0.03
杭州顺达新材料股份有限公司	0.6	合计	18.93
	0.4		

2. 需求分析及预测

国内聚异丁烯主要应用于无灰分散剂和乳化炸药的乳化剂，其中无灰分散剂占总消费量的75%，乳化剂占总消费量的20%。聚异丁烯需求量预计将以每年10%的速率增长。一方面随着国内环保要求不断加强和油品质量持续升级，排放限制越来越严格，聚异丁烯下游产品聚异丁烯胺作为良好的油品改性剂将在各油品厂家增加添加量；另一方面中空玻璃专用密封材料和口香糖胶基支撑着需求的稳定增长。

三、工艺技术

1. 聚异丁烯合成工艺

高活性聚异丁烯的合成是一个典型的阳离子聚合反应。在催化剂作用下，异丁烯阳离子聚合的反应过程包括链引发、链增长和链转移终止三个阶段。

（1）链引发反应

引发反应是阳离子聚合的基本反应，大多数情况下，链引发反应需要阳离子源和 Lewis 酸共同完成引发过程。引发反应过程一般由离子的产生和阳离子化两部组成。

第一步，离子的产生。离子的产生要求引发剂具有足够的极性，在共引发剂作用下将中性分子转化为电荷种，从而产生阳离子。

$$RX + M_tY_n \rightleftharpoons RX \cdot M_tY_n \rightleftharpoons R^+M_tY_nX^- \rightleftharpoons R^+//M_tY_nX^- \rightleftharpoons R^+ + M_tY_nX^-$$

　　极性共价键　　　络合物　　　紧密离子对　　溶剂隔开离子对　　自由离子

第二步，阳离子化。离子或者离子对中的阳离子部分与第一个单体分子作用，并使之阳离子化，形成引发中心，从而完成引发过程。

$$R^+M_tY_nX^- + M \longrightarrow RX^+M_tY_nX^-$$

（2）链增长反应

在碳阳离子聚合过程中，链增长是非常重要的一步反应，决定着聚合反应特征和聚合物的微观结构。链增长反应是碳阳离子与双键的亲电加成反应，并产生阳离子的过程。以三氟化硼引发异丁烯聚合为例，链增长过程如下：

$$R-CH_2-\overset{CH_3}{\underset{CH_3}{C^\oplus}}(ROBF_3)^\ominus + CH_2=\overset{CH_3}{\underset{CH_3}{C}} \longrightarrow R-CH_2-\overset{CH_3}{\underset{CH_3}{C}}-CH_2-\overset{CH_3}{\underset{CH_3}{C^\oplus}}(ROBF_3)^\ominus$$

（3）链转移终止反应

对于碳阳离子聚合反应，SP^2 杂化的阳离子中心碳上只有部分正电荷，其 β-H 上正电荷占 7%～12%，因此，带有部分正电荷的 β-H 容易受到亲核性物质的进攻而导致链转移的发生，在阳离子聚合过程中，链转移难以避免，但低温能减小链转移反应。以三氟化硼体系引发异丁烯聚合为例，其反应式如下：

$$R-CH_2-\overset{CH_3}{\underset{CH_3}{C^\oplus}}(ROBF_3)^\ominus + CH_2=\overset{CH_3}{\underset{CH_3}{C}} \longrightarrow R-CH_2-\overset{CH_2}{\underset{CH_3}{C}} + CH_3-\overset{CH_3}{\underset{CH_3}{C^\oplus}}(ROBF_3)^\ominus$$

另外，聚合体系中也存在少量自发终止的反应过程。通过链转移终止反应得到了我们所研究的各种端基结构的聚异丁烯产品。

（4）多段聚合反应工艺

BASF 公司开发的聚合工艺是采用三氟化硼（BF_3）复合催化剂，在 −40～0℃温度、105～2100Pa 压力下，于液相中进行聚合反应，合成端基双键大于 80%，平均分子量在 500～20000 的聚异丁烯。该技术的显著特点是至少有两个反应阶段，第一阶段的不完全转化率大于 95%，剩余未反应的异丁烯继续在一个或多个后续反应阶段内进行聚合反应。该工艺的另一个显著特点是可以使用混合 C_4 作为原料,如异丁烯脱氢过程中形成的精制 C_4 产品或 C_4 馏分。

(5) 直接法聚合工艺

2010 年中国山东潍坊滨海石油化工有限公司研发了一种聚异丁烯的生产方法,将含异丁烯的原料和有机溶剂分别加入反应釜中,然后分别通入催化剂、气相 BF_3 和液相络合剂,在 $-30\sim15℃$,$0.05\sim0.5MPa$ 下进行聚合反应,聚合时间为 $0.5\sim6h$,反应过程中异丁烯单体在反应釜中的浓度为 5%~10%,反应完成后,将得到的混合物料进行处理制得聚异丁烯。该方法克服了催化剂需提前络合的技术问题,将 BF_3 和络合剂直接加入反应釜中,省去了催化剂制备的繁琐工艺、节约了能耗,降低了成本。该方法异丁烯转化率达到 85%以上,制得的聚异丁烯端基烯烃含量 80%以上。

2. 聚异丁烯催化剂

聚异丁烯生产的关键技术是聚合的催化体系。硼系复合催化体系是合成聚异丁烯最经典的催化体系,一般以三氟化硼 (BF_3) 为主催化剂,根据其配合物不同,组成的硼系复合催化剂体系也不同。

(1) 硼系复合催化体系

① 德国 BASF 公司 世界上最大的低分子量聚异丁烯生产商——德国 BASF 公司以纯异丁烯或 C_4 馏分为原料,在液相条件下,以 BF_3 作主催化剂,3~20 个碳原子的仲醇与 2~20 个碳原子的二烷基醚作助催化剂,在 $-60\sim0℃$ 温度下聚合,可制得链末端亚乙烯基含量超过 80%的聚异丁烯。所用 C_4 原料组成一般为异丁烷 4.0%、正丁烷 9.2%、1-丁烯 29%、反式-2-丁烯 7.7%、顺式-2-丁烯 45%、异丁烯 45.4%、丁二烯 50×10^{-6}。

② 美国 ExxonMobil 公司 ExxonMobil 公司于 20 世纪 80 年代末就利用至少含 10%异丁烯的 C_4 原料,以 BF_3 为主催化剂,醇或羧酸或酸酐或其混合物作催化促进剂的催化体系,采用液相阳离子聚合反应,合成了端基双键大于 40%的聚异丁烯。该反应的聚合反应时间是 15~30min,异丁烯转化率 75%~99%。

③ 英国 BP 公司 英国石油(BP)化学品有限公司于 20 世纪 80 年代采用 BF_3-乙醇 $[n(BF_3):n(乙醇)=(0.5:1)\sim(1:1)]$ 复合催化剂,在 $-100\sim50℃$ 下,进行聚合反应,聚合接触时间至少 8min,得到的聚合物端基不饱和键含量达到 75%以上。若采用异丁烷 30%、正丁烷 11.0%、1-丁烯 27.9%、异丁烯 38.0%、顺式-2-丁烯 11.6%、反式-2-丁烯 85%组成的 C_4 原料,BF_3/乙醇摩尔比为 1:1,以 1.1kg/h 的速度连续加入原料,在 86663Pa 的反应压力和 $-5℃$ 的反应温度下,经 16min 的反应停留时间后,将过量乙腈的庚烷溶液连续加入产品罐中终止该聚合反应,异丁烯单体转化率为 87%。

BP 公司于 1996 年采用类似的硼系复合催化剂,又开发了一种不含卤素的 PIB 的生产方法,所用原料需含有异丁烯和至少 5%1-丁烯的混合物,聚合前将原料进行预处理以降低 1-丁烯含量,生成的 PIB 的端基亚乙烯基含量很高。合适的 C_4 原料组成为异丁烷 0~5%、正丁烷 4%~12%、异丁烯 35%~55%、1-丁烯 15%~35%、顺式/反式-2-丁烯 10%~25%、1,3-丁二烯 0~0.5%。具体是以 BF_3 为主催化剂,醇或醚为助催化剂,NaOH 等碱性物作聚合终止剂,聚合温度 $-10\sim-15℃$,反应时间 14~27min。

④ 韩国大林 韩国大林(Daelim)工业公司研发出由混合 C_4 生产末端 C=C 大于 80%

的高反应性聚丁烯（HRPB）。该方法使用含仲烷基醚、叔醇和 BF_3 的复合催化体系，在 $-30\sim0℃$ 的聚合反应温度下，异丁烯的转化率最大可达 $80\%\sim95\%$。该方法可用的原料组成是异丁烷 2.09%、正丁烷 6.79%、1-丁烯 29.71%、顺式-2-丁烯 4.41%、反式-2-丁烯 9.50%、异丁烯 47.51%。在该方法中，每 100 份异丁烯化合物中主催化剂 BF_3 的最佳用量是 $0.05\sim1.0$ 质量份，助催化剂（二烷基醚与叔醇）与主催化剂的摩尔比为 $(1.0\sim2.0):1$，2-烷基醚与叔醇的摩尔比为 $(0.5\sim1.2):1$。

⑤ 北京化工大学　2001 年北京化工大学吴一弦教授研究开发出一种用于制备反应活性 PIB 的引发体系，由 BF_3 和配体组成，配体为含有羰基或酯基结构的有机化合物，配体与 BF_3 的摩尔比为 $0.5\sim3.0$。适用的聚合原料为异丁烯、异丁烯的烃类混合物或含有异丁烯的混合轻 C_4 馏分。其引发体系不但能提高聚合产物中末端双键含量，增加 PIB 的反应活性，而且能简化聚合反应工序，降低生产成本。

⑥ 中国石油天然气公司　中国石油天然气股份有限公司 2002 年开发出适用于混合 C_4 聚合的 BF_3-醇-叔醚催化体系，即利用异丁烯或含有异丁烯的 C_4 为原料，在液相状态和 BF_3 催化体系存在下合成了聚异丁烯。具体是采用异丁烯含量大于 10%、丁二烯含量小于 1500×10^{-6} 的重碳四为原料，在 BF_3、醚或醇及第三组分溶剂组成的络合催化剂存在下进行聚合反应，聚合温度 $-30\sim30℃$，聚合压力为常压或低压，异丁烯转化率达到 80% 以上，得到的 PIB 产品的 α-烯烃含量在 70% 以上，且选择性高，分子量范围可调。

(2) 新型钛系催化体系

2007 年北京化工大学林涛等采用 $TiCl_4$ 共引发体系，实现了异丁烯正离子聚合，合成了聚异丁烯产品。该研究采用 $H_2O/TiCl_4$/甲醇或乙醚体系引发异丁烯在 CH_2Cl_2 与己烷混合溶剂中进行正离子聚合。该引发体系引发混合 C_4 馏分原料中异丁烯进行高选择性正离子聚合，得到端基-双键含量为 38.9% 的 PIB。

(3) 新型铝系复合催化体系

① 新型铝-酚/哌啶类复合催化体系　北京化工大学吴一弦研究了一种用于合成聚异丁烯的新型引发体系，该引发体系含有组分 A 和组分 B，其中组分 A 为 $AlR_{(3-n)}Cl_n$ 的化合物，组分 B 为酚类、哌啶类、6～16 个碳的烷基醚中的一种或一种以上的混合物，组分 B 与组分 A 的摩尔比为 $0.05\sim2.0$。该引发体系对含异丁烯 C_4 馏分中的异丁烯聚合具有高选择性，可大幅度提高末端 α-双键含量。采用该引发体系引发以液相纯异丁烯、异丁烯惰性溶剂混合液或含异丁烯的 C_4 馏分原料的聚合体系的阳离子聚合，制得的 PIB 末端 α-双键含量最优，达 96%。

② 铝-氮/磷系复合催化体系　北京化工大学吴一弦等研发了一种以含异丁烯的混合 C_4 馏分或异丁烯的烃类混合物为原料制备聚异丁烯的方法，采用 $AlCl_3$ 与含氮、磷或含氧的有机化合物配合剂组成的复合催化剂体系，引发含异丁烯的混合 C_4 馏分或异丁烯的烃类混合物原料进行聚合，制备了端基 α-双键含量>50% 的聚异丁烯产品。

巴斯夫公司 2000 年公开一个以蒸汽裂解或催化裂化的 C_4 馏分为原料合成聚异丁烯的技术，由异丁烯或包括异丁烯的烃混合物的阳离子液相聚合反应制备端部双键含量高于 50% 的聚异丁烯，该方法在 $-30\sim40℃$ 温度下，钼/硅/铁系非均相载体催化体系下，进行聚合反应。2005 年 BASF 公司又研发一种生产不饱和聚异丁烯的方法，采用以 $HBF_4O(CH_3)_2$ 形式存在的复合催化剂，进行异丁烯液相聚合，得到的聚合物 α-双键含量达到 75%。

四、应用进展

1. 低分子量聚异丁烯（LPIB）

低分子量聚异丁烯是一种化学性能稳定的非挥发性液体，在高温挥发或热分解后不会形成残留物，耐氧化，不透水蒸气及其他气体，具有憎水性。低分子量聚异丁烯按末端双键含量可分为高活性聚异丁烯和低活性聚异丁烯两种。

（1）低活性聚异丁烯

低活性聚异丁烯的主要用途是生产黏合剂、密封剂和电绝缘材料等。

（2）高活性聚异丁烯

高活性聚异丁烯应用几乎渗透到低分子量聚异丁烯（LPIB）所有领域，但由于高活性聚异丁烯生产成本比传统低分子量聚异丁烯产品高，高活性聚异丁烯主要用于生产润滑油无灰分散剂以及汽油清净剂、聚异丁烯胺等。采用高活性聚异丁烯生产的无灰分散剂可选用热加合法直接生产，无需氯化过程，该工艺不仅污染少、无腐蚀且产品品位高，可直接用于生产中高档润滑油添加剂。此外，高活性聚异丁烯在乳化炸药、表面活性剂、清洁剂及防锈剂等领域应用前景十分广阔。

2. 中分子量聚异丁烯（MPIB）

中分子量聚异丁烯常温下是一种微黄透明半固体状物质，无毒无味。具有良好的化学稳定性及耐热、耐臭氧、耐酸碱、耐紫外线、耐候性。其体积电阻率高、膨胀系数小、电绝缘性优良、加热分解无残留物，与聚乙烯，石蜡等有着良好的相容性。能溶于汽油、苯等有机溶剂，不溶于水、醇类溶剂，有良好的剪切稳定性。按照纯度分为工业级和食品级。

（1）工业级应用

① 密封胶　聚异丁烯因优良的耐老化和耐候性，非常适于生产各种密封剂和中空玻璃密封胶，可增加产品的柔韧性和渗透性。

② 橡胶改性　聚异丁烯具有优秀耐老化性和增塑性，可用于橡胶改性。目前广泛应用于高压绝缘自粘胶带、橡胶密封胶条等领域。

③ 石蜡　聚异丁烯和石蜡或微晶蜡混合后，将增加其抗拉性能并提高产品脆度，尤其适用于冷冻食品的包装，可使其具有更高的柔软性和抗酸性。

④ 油墨　在油墨中加入聚异丁烯可起增厚剂及分散剂作用。

⑤ 润滑脂　在润滑脂中加入聚异丁烯可提高其产品的黏性和抗极压性能。

（2）食品级应用

① 口香糖胶基　聚异丁烯与石蜡、树脂混合，可提高口香糖的品质；使口香糖变得更柔软、更稳定，保持良好的疏水性，并具有优良的膜性能。

② 食品粘接剂　聚异丁烯与各种胶黏剂（包括压敏胶）混合后，主要起粘接和改性作用。聚异丁烯具有疏水性，与亲水性物质（CMC、果胶、凝胶）混合，保持低毒吸收和高温稳定性，调整硬度和抗菌性。

③ 食品包装物　聚异丁烯与石蜡和聚合物混合，可用作包装膜的释放剂，如用于乳酪的包装膜。聚异丁烯能提高产品的低温稳定性，改进抗水性。

④ 医药贴膏　食品级聚异丁烯被大量应用在医药贴膏领域，由于聚异丁烯长链大分子

的独特网格结构，对西药、中药有很好的包容性。无过敏、可反复撕贴、不粘毛等特性已经使之发展为医药贴膏的主流材料。

3. 高分子量聚异丁烯（HPID）

高分子量聚异丁烯具有耐热、耐光、耐臭氧老化性，化学稳定性佳，在室温下对稀酸、浓酸、碱类、盐类作用稳定。在较高温度下仍具有优良的防水性和气密性。其介电性能也相当优异。高分子量聚异丁烯广泛用于各工业部门。

① 防腐材料　可用于制造酸、碱及其他腐蚀性产品用容器的防腐衬里涂层、软管、输送带。

② 绝缘材料　在电缆工业中，聚异丁烯与聚乙烯、聚苯乙烯可作为绝缘复合材料使用。

③ 绝热、隔音材料　建筑工业中可作为绝热和隔音材料使用。

④ 胶黏剂　可作为胶黏剂基料，用于多种材料，如木材、金属、玻璃、布料、纸张、薄膜和皮革等的黏合。

第六节　聚1-丁烯

中国石化北京化工研究院　张龙贵

一、概述

聚1-丁烯最早于1954年由Natta首次合成出来，70年来，聚1-丁烯产业链的发展远不及聚乙烯/聚丙烯迅速。聚1-丁烯实现商业化生产始于20世纪60年代初，Petro-Tex公司和Chemische Werke Hüls公司先后开发了淤浆法聚合工艺，并各自建成一套千吨级聚1-丁烯生产装置。这两套生产装置由于工艺本身存在不足，其投产时间均不超过10年。1968年，Mobil Oil公司开发了均相本体法1-丁烯聚合技术，并采用该工艺建成一套生产装置，该工艺中，聚合过程的产物完全溶解于液态1-丁烯中形成均相溶液，从而解决了淤浆法聚合工艺所存在的聚合物挂壁、黏结等问题。1972年，Witco Chemical公司接管了该装置。1977年底，Shell公司获得了Witco Chemical公司的聚1-丁烯业务，该工艺也是目前Lyondell-Basell公司聚1-丁烯工艺技术的基础。2009年，韩国Ylem科技公司成功开发了聚1-丁烯技术并建成一套8000吨/年的生产装置，成为世界上第三家能够生产聚1-丁烯的公司。目前，均相本体法聚合工艺是国际上聚1-丁烯技术的主流工艺。

聚1-丁烯产品主要有均聚物和无规共聚物两类。其中，高等规聚1-丁烯（等规指数高于96%）的抗蠕变性、耐环境应力开裂性和抗冲击性十分优异，屈服值是低密度聚乙烯的2倍，拉伸强度和冲击强度分别是低密度聚乙烯的6~10倍和3~4倍，非常适合用作管材，如供水管、热水管、工业用管和建筑物用管等；而聚1-丁烯无规共聚物则具有优异的易撕揭、韧性和低熔点等性能特点，适用于包装材料、易撕易揭膜以及改性等领域；此外，超高熔体流动速率的茂金属聚1-丁烯，表现出宽的熔体黏度范围，可用于热熔胶、密封剂等领域。

二、市场供需

(一) 世界供需分析及预测

1. 生产现状

目前，国外仅有 LyondellBasell、Mitsui Chemicals 和 Ylem 等三家公司掌握聚 1-丁烯生产技术并推出了商业化产品，且均采用均相本体法聚合工艺。据报道，2023 年这三家公司的聚 1-丁烯产能分别为 6.7 万吨/年、3.0 万吨/年和 0.8 万吨/年，见表 2.17，且均不对外转让其生产技术。

表 2.17 世界主要聚 1-丁烯生产企业

企业名称	产能/(万吨/年)	装置所在地	工艺来源
LyondellBasell	6.7	荷兰	Mobil Oil
Mitsui Chemicals	3.0	日本	Mitsui Chemicals
韩国 Ylem	0.8	韩国	Ylem Technology

2. 需求分析及预测

聚 1-丁烯在国外主要应用于管道系统，特别是热水和供暖系统，占比约为 85%。其优良的耐热性、耐压性和长期蠕变性使其成为这些领域的理想材料。此外，聚 1-丁烯还用于包装材料、热熔胶黏剂、薄膜改性、热水箱及管道配件等领域。

欧美地区是全球聚 1-丁烯的主要消费地区，这些地区的基础设施建设完善，对高品质管材的需求较高，约占 72% 市场份额。其他地区如日本、韩国等也对聚 1-丁烯有一定需求，约占 15% 的市场份额。近年来，新兴市场如中东、非洲、印度、东欧和南美等地区的需求增长明显，正在成为聚 1-丁烯消费增长的重要驱动力。近几年，国内受房地产行业需求萎缩影响，对聚 1-丁烯的需求明显下降。

据预测，全球聚 1-丁烯市场规模在未来几年将保持稳定增长。2023 年，聚 1-丁烯市场规模为 3.6 亿美元，预计 2024 年到 2032 年的年复合增长率为 2.3%。预计 2026 年，包装用聚 1-丁烯市场将占 25% 以上的收入份额，由于人口的增长和快速城市化，亚太地区对包装的强劲需求将显著地推动产品增长。

(二) 国内供需及预测

1. 生产现状

长期以来，国内在高等规聚 1-丁烯的合成技术上的研究比较少，主要集中在青岛科技大学、中山大学、河北工业大学、中国石化和中国石油等少数高校和科研院所。

2013 年，青岛科技大学联合山东东方宏业化工有限公司，建立了国内第一套聚 1-丁烯生产装置，产能为 5 万吨/年，其产品以均聚管材牌号为主。该技术中，聚合过程在较低温度下进行，由于催化剂活性比较低（低于 6.0kgPB-1/g 催化剂），所得聚合物的等规指数偏低且灰分较高，其产品性能和质量与进口产品存在差距。

2017 年，滕州瑞达化工有限公司采用引进技术（均相本体法聚合工艺）建成一套 6 万吨/年聚 1-丁烯装置，至目前尚未实现稳定生产。

2018 年，山东京博石油化工有限公司联合青岛科技大学、黄河三角洲京博化工研究院有限公司在聚 1-丁烯合金技术商业化生产方面取得重大突破，研发出地暖管材优质专用料聚丁烯合金（PB-A）树脂新材料。

2021 年，中国石化镇海炼化分公司采用北京化工研究院开发的均相本体法聚 1-丁烯技术建成一套 0.3 万吨/年工业示范装置，并于次年实现连续稳定生产，该装置可生产均聚和无规共聚两类产品，应用领域主要包括管材、易撕膜/易揭膜、BOPP/CPP 以及改性等。

国内下游管材企业中，聚 1-丁烯原料大部分从巴塞尔进口，价格约 2.2 万/吨（2023 年），还有少量采用国内生产的聚 1-丁烯（京博 PB-A 价格约 1.7 万/吨）。膜材企业中，通常会用 PBE 或无规聚 1-丁烯等改性膜材，以达到改善膜材冲击性能和/或热封温度等的效果，一般添加量约 5%～25%。国内主要聚 1-丁烯生产企业见表 2.18。

表 2.18 国内主要聚 1-丁烯生产企业

企业名称	产能/（万吨/年）	装置所在地	工艺来源
山东东方宏业化工有限公司	5.0	山东潍坊	青岛科技大学
山东京博石油化工有限公司	1.0	山东滨州	青岛科技大学
中国石化镇海炼化分公司	0.3	浙江宁波	中国石化北京化工研究院

2. 需求分析及预测

目前，国内高性能聚 1-丁烯产品全部依赖进口，且进口量受供应商控制，压制了我国的真实需求。据统计，2022 年我国高性能聚 1-丁烯的进口量约为 0.95 万吨。高性能聚 1-丁烯主要面向高端市场，未来随着人民生活水平不断提高和对高品质物质需求不断增长，聚 1-丁烯的市场需求量将不断增加。

三、生产工艺

1954 年，纳塔首次合成等规聚 1-丁烯，并于 1964 年开始工业化生产，但由于 1-丁烯原料少且价格高以及 1-丁烯聚合过程复杂等问题，聚 1-丁烯产业的发展远不如其他聚烯烃（如聚丙烯和聚乙烯等），其应用领域也相对较窄，这反过来又制约了聚 1-丁烯技术的发展。目前，公开报道的 1-丁烯聚合技术主要为非均相本体法、均相本体法和气相法，其中气相法尚未实现工业化生产。不同聚 1-丁烯生产工艺的特点及不足如下：

	非均相本体法	均相本体法	气相法
工艺特点	①工艺流程短，后处理过程简单； ②装置投资少，生产成本较低； ③单程转化率较高	①催化剂活性高，产品中灰分含量低，性能优异； ②连续操作，产品质量稳定； ③可生产均聚和无规共聚两类牌号，应用广泛	工艺流程短，后处理过程简单
不足	①催化剂活性较低、产品灰分含量较高； ②间歇操作，不同批次间产品质量稳定性不足； ③产品单一，只能生产均聚牌号	①工艺流程较长，后处理过程较复杂； ②装置投资较高； ③单程转化率较低（15%～30%）	①催化剂活性低、产品灰分含量高； ②产品性能一般

四、应用进展

目前，聚 1-丁烯主要应用场景为管道系统，聚 1-丁烯管耐蠕变性和耐老化性优异，可在 95℃下长期使用，管材用聚 1-丁烯牌号主要为高等规聚 1-丁烯。无规聚 1-丁烯常用作薄膜、片材等改性剂，以改善制品冲击性能、热封性能及光学性能。此外，超高熔体流动速率的茂金属聚 1-丁烯，表现出宽的熔体黏度范围，可用于热熔胶、密封剂等领域。

（1）管材领域

下游管材市场中 PPR 和 PERT 管需求量较大，聚 1-丁烯管材主要面向高端市场，价格偏高。国内市场份额占比较高的管材企业中，聚 1-丁烯管材原料均为进口。如武汉金牛管材公司主要原料供应商为 LyondellBasell；伟星管业是国内管材领域聚 1-丁烯管产量最大的公司，其原料供应商也是 LyondellBasell；联塑管业公司主要进口三井的聚 1-丁烯。部分企业采用国产化聚 1-丁烯，如新乡爱康公司聚 1-丁烯管材原料商主要为山东京博石化，少量进口 LyondellBasell 的聚 1-丁烯。

（2）电热水器储水箱

由于聚 1-丁烯优异的性能，不仅可以用于冷热水管材，还可用于热水箱或内胆。2023 年，青岛海尔集团推出高端热水器品牌"卡萨帝"，该品牌电热水器采用"水晶内胆"，其内胆内层采用 LyondellBasell 的聚 1-丁烯树脂，年用量约 500 吨（2023 年）。此前，美国瑞美生产的 Marathon® 系列内胆是聚 1-丁烯内胆的典型代表。

（3）薄膜领域

无规聚 1-丁烯常可用作薄膜、片材等改性剂，用以增韧或降低热封温度。如黄山永新等聚丙烯流延膜厂家长期使用 LyondellBasell 的聚 1-丁烯树脂（8310M），以 10%～25% 的添加量应用于流延热封膜中，以降低其热封温度。安徽维龙等 BOPP 膜厂家长期使用 LyondellBasell 的聚 1-丁烯树脂（8220M），按照 5%～15% 的添加量应用于 BOPP 热封膜中。

五、发展建议

目前，国内聚 1-丁烯生产装置以非均相本体法聚合工艺为主，尽管具有成本优势，但产品性能和质量与进口产品存在明显差距。为此，建议在以下几方面加大研发力度。

（1）加强均相本体法聚 1-丁烯成套技术开发及商业化，结合先进的过程强化技术，降低装置能耗、物耗水平。

（2）加强聚合物熔体深度脱挥技术及相关装备研究，降低设备投资成本，提高脱挥效率。

（3）加强高性能聚 1-丁烯催化剂（包括茂金属催化剂）及高性能聚 1-丁烯新产品的开发，开展聚 1-丁烯应用探索研究，拓展其应用领域。

第七节　特种聚酯

盛虹石化集团上海新材料有限公司　胡广军

一、概述

聚对苯二甲酸乙二醇酯-1,4-环己烷二甲醇酯属于高端透明共聚酯，是由对苯二甲酸（PTA）、乙二醇（EG）以及1,4-环己烷二甲醇（CHDM）缩聚而成。根据CHDM含量的不同，可分为PETG和PCTG两大类。CHDM摩尔分数低于50%为PETG，CHDM摩尔分数高于50%为PCTG。CHDM赋予PETG共聚酯高透、坚韧、耐候及耐化学性能等特点，并拓宽了PETG的加工范围，使其可采用传统的注塑、挤出、吹塑及吸塑等成型工艺制作成瓶、板片材、膜及异型材等。同时，PETG还属于可循环回收利用的环保型材料，符合食品接触管理要求，对人体和自然环境无毒无害，广泛应用于食品及饮料包装、化妆品瓶、医用包装、家用电器、高端膜材及建筑片材等领域。

目前市场上商品化的共聚酯主要包含CHDM型PETG、易回收PET-g（第三单体质量分数≤10%）、PCTG、高耐热PETG以及医疗级PETG。国内部分企业使用新戊二醇（NPG）替代CHDM与EG、PTA聚合生产NPG型PETG，该产品成本较CHDM型PETG成本更低，但力学性能偏差，适用于薄膜和薄壁制品。国内PETG共聚酯消费市场层次分明，低端市场对产品的性能要求不高，以价格为导向，呈现NPG型PETG逐渐替代CHDM型PETG的趋势，增量明显。中端市场仍以Eastman和SK的进口PETG为主，国产PETG在达到应用要求的颜色、透明度等关键性能后，可以实现部分替代，目前华润化学材料的CR-5083在替代进口PETG上较为成功。高端市场以Eastman和SK的PET-g、高耐化PCTG共聚酯、耐高温共聚酯（Tritan、Ecozen）、医疗级PETG产品为主，技术门槛高，国产尚无替代产品。

共聚酯主要牌号见图2.7。

二、市场供需

（一）世界供需及预测

美国Eastman公司是最早生产PETG的公司，其率先突破了CHDM的生产技术，成功开发了PETG的生产工艺，并推出了Drystar、Eastar、Spectar、Embrace以及Provista等系列产品。韩国SK化学公司是全球第二家工业化生产PETG的公司，其在20世纪90年代开发出CHDM的工业化技术，于2001年1月开始正式生产PETG。SK突破Eastman的技术封锁后，推出了Skygreen系列PETG及PCTG等产品，主要生产S2008、K2012、PN200及KN200等牌号的产品。Eastman和SK采用上游原料和下游共聚酯产品一体化配

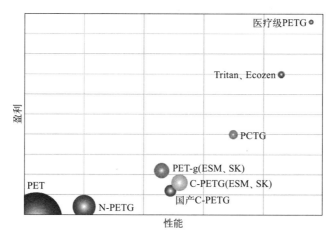

图 2.7　共聚酯主要牌号

套生产模式，分别拥有年产 25 万吨和年产 15 万吨 PETG 的能力（表 2.19）。在全球市场中，Eastman 和 SK 是 PETG 的主要生产商，其生产的 PETG 约占全球市场份额的 87%。

表 2.19　全球 PETG 共聚酯主要生产企业

企业	国家	产能/(万吨/年)	备注
Eastman	美国	25	1982 年投产
SK	韩国	15	2001 年投产
合计		40	

近年来，全球 PETG 需求增长稳定，自 2014 年的 37.5 万吨增长到 2023 年的 82.9 万吨（图 2.8）。在 PETG 的全球消费市场中，中国是最大消费市场，约占全球 41% 的份额，其次是北美和欧洲，分别占 23% 和 15% 的市场份额。随着全球对可持续发展和环境保护的要求越来越高，PETG 共聚酯的市场需求将持续增加，预计 2030 年全球 PETG 市场需求量约 108.9 万吨。2024 年至 2030 年期间，年复合增长率约为 5.6%。

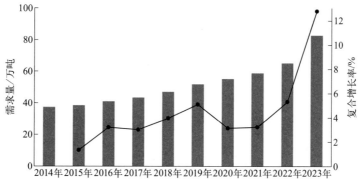

图 2.8　2014—2023 年全球 PETG 市场需求量

（二）国内供需及预测

PETG 是我国工程塑料的短板。在 2020 年以前，我国 PETG 共聚酯基本以进口为主，Eastman 和 SK 长期垄断 PETG 的关键原料 CHDM，并掌握着 PETG 共聚酯产业化技术及系列牌号产品，占据国内90%的消费市场。随着大连物化所和江苏凯凌化工等公司先后突破CHDM的生产技术，国内企业已逐步打破Eastman和SK的行业垄断。目前国内PETG共聚酯投产产能约33万吨/年，主要生产企业为华润材料、辽阳石化和盛虹石化（表2.20）。随着PETG共聚酯的国产化进程加快，越来越多的国内厂家开始布局并投产PETG项目，未来一段时间国内PETG产能将高速扩张。据不完全统计，预计未来国内PETG共聚酯的产能约90万吨/年。

表2.20 国内PETG共聚酯主要生产企业及拟建企业

企业	已投产产能/（万吨/年）	拟建产能/（万吨/年）	备注
辽阳石化	10	—	2017年投产
华润材料	5	5	2022年投产
万凯新材	4	—	2022年投产
盛虹石化	13	—	2024年投产
道恩股份	1	10	2023年拟建
荣盛石化	—	20	2023年拟建
山东万楷	—	6	2024年拟建
仪征化纤	—	20	2024年拟建

注：国内PETG已投产产能33万吨/年，拟建产能61万吨/年，预计未来产能达90万吨/年。

PETG高透、坚韧、耐化、不易刮擦，其不含对人体有害的双酚A，在热加工时不会像PMMA产生难闻气味，同时焚化时不会释放有毒气体，填埋后也不会污染地下水源，是PC、PMMA、T-ABS及PVC等透明材料的理想替代品，广泛应用于板材、片材、高性能收缩膜及异型材等市场。作为新型聚酯材料，凭借优良的特性，PETG市场规模快速增长，国内市场需求量从2014年的9.4万吨增加至2023年的34.0万吨（图2.9）。

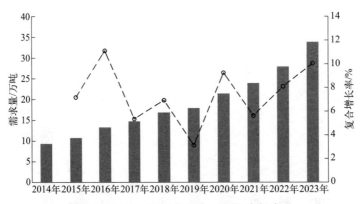

图2.9 2014—2023年国内PETG市场容量

在2023年国内PETG的消费结构中，低端NPG型PETG约占国内消费市场的59%，中高端CHDM型PETG约占国内消费市场的23%，高端PCTG约占国内消费市场的18%（图2.10）。尽管辽阳石化和华润材料突破了Eastman和SK化学的技术封锁，但其在性能、质量、可靠性等方面不及国外品牌，下游客户更倾向于Eastman和SK化学等国际品牌，导致价格较高的进口CHDM型PETG占据国内大部分市场份额。

未来，受可持续性发展趋势、食品包装和医疗器械需求、卫生和安全要求、优越的物理性能、易加工性以及新兴市场和创新应用的驱动，PETG在多个领域将继续蓬勃发展，预计2030年PETG国内市场需求量约58万吨，2024年至2030年年复合增长率约为7.9%。

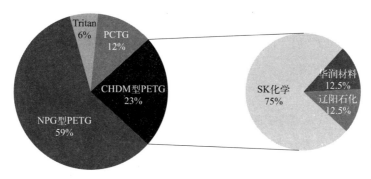

图 2.10　PETG 国内消费市场占比情况

三、工艺技术

PETG 工业化生产技术主要有 DMT 法（酯交换法）和 PTA 法（直接酯化法）。DMT 法以对苯二甲酸二甲酯、EG 及 CHDM 为原料，经酯交换、预聚、终聚制备 PETG 共聚酯。PTA 法以精对苯二甲酸（PTA）、EG 及 CHDM 为原料，经酯化、预聚、终聚制备 PETG 共聚酯。DMT 法由于原料消耗量大、装置成本高、副产物甲醛对环境毒害大，属于淘汰工艺。使用 PTA 法生产 PETG 共聚酯，整个生产过程无需回收甲醇，可简化装备和流程，且近年来 PTA 易得性提升，PTA 法已成为主流的研究方向。

合适的催化体系可以使制备速度加快，得到高分子量的物质，同时减少不必要的副反应（如颜色的形成）。目前 PETG 共聚酯的催化体系主要包括锑系或锑/锗复配体系、钛系、钛/锑复配体系。锑系或锑/锗复配体系一般沿用 PET 的催化体系，产品光学性能优异，但存在反应效率低、价格高以及锑对废水污染等问题；钛系催化剂较锑系更为环保，但钛系催化剂活性偏高，容易导致产品颜色偏黄等问题，需对钛系催化剂进行改性优化；钛/锑复配体系是目前大部分企业使用的主流体系，通过复配可实现反应速率的优化以及产品光学性能的提升，但钛系和锑系催化剂的选择、螯合结构设计以及助催化剂、稳定剂的选择都将影响聚合反应及产品性能。

美国 Eastman 率先突破了 CHDM 的生产技术，并成功开发出 DMT 法生产 PETG 共聚酯，后通过加强研发投入，成功开发出 PTA 法生产 PETG 共聚酯。韩国 SK 在 20 世纪 90 年代开发出 CHDM 的工业化技术，于 2001 年开始通过 PTA 法正式生产 PETG 共聚酯。

国内对 PETG 共聚酯材料的研发较晚。进入 21 世纪后，国内共聚酯市场开始启动，大连化物所、江苏凯凌化工、康恒化工等公司先后突破了 CHDM 生产技术，为 PETG 共聚酯的国产化奠定了基础。辽阳石化于 2012 年开发出 PTA 法连续聚合工艺生产 PETG 共聚酯，首次打破了 PETG 的国外技术垄断，使中国石油成为全球第三家拥有自主知识产权并实现 PETG 共聚酯工业生产的企业。华润材料经过长期技术攻关，于 2020 年自主突破了 PETG 共聚酯的生产技术。2024 年，盛虹年产 13 万吨 PETG 共聚酯一次开车成功，总产能跃居国内第一。道恩、荣盛、仪征化纤等也在布局 PETG 赛道。

目前，国内在 PETG 切片及其塑料产品的开发上仍然处于起步阶段，加工经验和产品设计上还呈弱势，产品成本较高，产品附加值不高。除了产品的加工技术还不够成熟，催化剂、助剂和添加剂选择方面实力较弱外，目前开发的新产品还未能得到市场的广泛认可。相信随着技术研发的不断深入和生产技术的不断成熟，PETG 共聚酯的性价比将进一步提高。

四、应用进展

PETG 易于加工，可采用传统的注塑、挤出、吹塑及吸塑等成型工艺制作成板材、片材、高性能收缩膜、包装瓶及异型材等。在 PETG 下游应用领域中，食品包装占比 50%，为最大的市场，其次为化妆品包装（占比 28%）和医疗包装（占比 14%）。

（1）PETG 在食品及饮料包装领域的应用

PETG 改善了传统 PET 瓶韧性差的问题，且耐刮擦、抗冲击、高透、高气体阻隔、不易染色、安全、无毒，符合美国 FDA 关于食品接触标准，可制造成大容量厚壁透明容器，广泛应用于水杯、餐盘、食品保鲜盒、冰箱冰盒及加仑水桶。自 2011 年 PC 因含有对人体有害的双酚 A 已先后被欧盟及我国卫生部门禁止用于食品接触及部分医疗领域，极大地推动了 PETG 共聚酯在食品及饮料包装领域的发展。Eastman 及 SK 分别推出耐热共聚酯 Tritan 和 Ecozen 牌号，其玻璃化转变温度提高至 100℃以上，且抗冲击强度大大提升，广泛用于婴幼级奶瓶、杂食餐盘、汤匙叉、红酒杯及运动水杯等，见图 2.11。

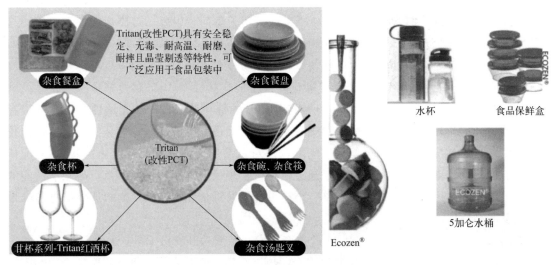

图 2.11　Tritan 和 Ecozen 共聚酯的应用

（2）PETG 在化妆品包装领域的应用

化妆品容器诸如包含紫外线屏蔽成分的防晒产品、包含大量酒精成分的香水产品，或多种化学品的容器，需要具有高透明度和耐化学性。PETG 具有优异的透明度和光泽度、耐化学、高抗冲，且易于加工，可以采用注射成型、注拉吹成型和挤吹成型等方式制作香水瓶和瓶盖、化妆品瓶和瓶盖、口红管、化妆盒、除臭剂包装、爽身粉瓶和眼线笔套等。

（3）PETG 在医用包装领域的应用

PETG 具有优异的耐化学性、卓越的抗冲击强度和韧性、不易开裂，灭菌后（包括环氧乙烷、辐射、低温等离子）仍能保持清晰度、颜色和强度，并符合 ISO 10993 医疗器械的生物评价测试和/或 USP Ⅵ 类生物相容性要求，主要应用于硬质医疗包装、高透医用耗材、医疗设备以及透明牙齿矫正器等高附加值领域。医疗级PETG代表产品有SK的S2008，Eastman的Eastar^{TM} MN系列、Tritan^{TM} MP及MXF系列。PETG在医用包装领域的应用见图2.12。

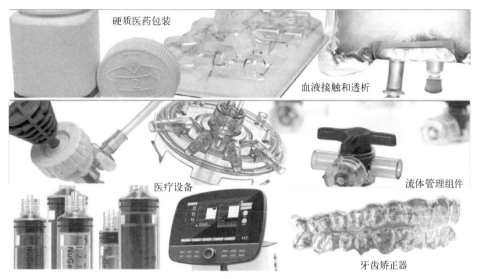

图2.12　PETG在医用包装领域的应用

（4）PETG在家用电器领域的应用

PETG具有优良的耐化学性能、良好的耐冲击性和高透光性，可以制作成厨房小家电、洗衣机门组件、吸尘器及洗地机保护盖、透明空调面板、电脑外壳、显示屏保护罩、透明支架及底座、LED管状灯、前盖及外框等。

（5）PETG在板、片材领域的应用

透明或半透明玻璃通常用作窗户材料、隔离物、装饰板等。玻璃密度高且易碎，PVC、PMMA、PC等透明材料已用作玻璃的替代品。PVC对人体和环境有害、PMMA及PET不耐冲击、PC加工时间较长。PETG板材作为环保型材料，具有优越的光学性能、韧性和抗冲击性能，且成型性能优异，使用常规成型方法制备1~25.4mm厚的PETG板材，其抗冲击强度是改性聚丙烯酸酯类的3~10倍，冷弯曲不泛白，无裂纹，易于印刷和修饰，广泛用于自动售货机面板、室内外标牌、户外顶棚、家具、建筑及机械挡板等。Eastman推出的Spectar牌号主要用于板材领域。

PETG作为卡基材料主要用作银行卡和证件卡。PVC材料因在回收利用中存在严重的环境污染风险，在欧美日等发达国家基本已使用PETG替代PVC收缩膜、证件卡片用PVC片材等。Visa公司是世界上最大的信用卡公司之一，该公司已认定PETG作为信用卡材料。

（6）PETG在膜领域的应用

高性能收缩膜主要用作覆盖物，以及瓶、罐和其他容器的外包裹。相较于普通包装，收缩膜具有收缩性能优异、清澈透亮、高透光、低雾度等特点，在收缩包装、收缩标签中广泛应用。PVC收缩膜对环境污染严重，且在PET容器再循环过程中需要增加标签与容器的分离过程。OPS（定向聚苯乙烯）收缩膜耐化学性能差，不易印刷。常规PET收缩膜耐热性较差，当容器中盛装热饮（60~70℃）时，收缩标签可进一步收缩变形。PETG收缩膜具有大于70%的热收缩率，可制成复杂外形容器的包装，具有高吸塑力、高透明度、高光泽、低雾度、易于印刷、不易脱落、存储时自然收缩率低的优点，应用于高HDT级收缩膜、吸塑包装、电子产品收缩标签、电容器收缩套管等领域。随着绿色发展的要求，未来有望大幅度取代PVC、OPS，预期市场规模巨大。目前市场上已有的PETG高性能收缩膜产品为Eastman的Embrace系列和SK的SF系列。

（7）PETG在异型材领域的应用

PETG共聚酯具有良好的韧性和透明性，其制品坚硬、透明、光泽好，受压不泛白，易于成型及后加工处理，符合环保要求，广泛应用于建筑装饰材料和医疗设施，并可用于电子产品的周转器、玩具、运动器械、家庭用品、汽车零部件、电子产品绝缘材料等。

（8）已开发的用于不同领域的PETG产品

Eastman和SK生产的PETG牌号较多，见图2.13。Eastman和SK化学以市场需求和特定使用性能要求为导向，从特殊单体布局，通过结构设计、催化剂开发与聚合工艺优化，开发了耐高温、抗冲击的共聚酯，并进一步向下游特殊工艺延伸，利用物理或化学改性开发具有高透、高黏、高收缩、易流动的共聚酯，通过挤出、注塑、吹塑及吸塑等成型工艺制作成板材、片材、高性能收缩膜、包装瓶及异型材等产品。

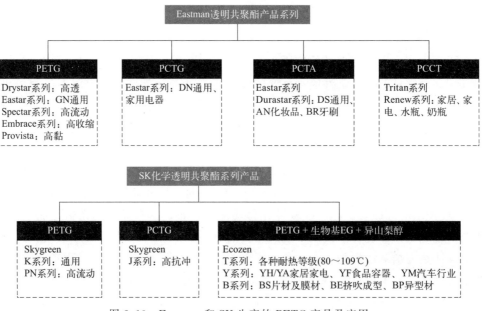

图2.13　Eastman和SK生产的PETG产品及应用

随着全球性的环保、健康政策要求提升，PETG共聚酯产品开发将聚焦于可回收、再生及生物基领域。2022年11月30日，欧盟包装和包装废弃物法规（PPWR）提案正式发布。该提案强制性规定自2030年1月1日起，所有包装必须根据设计回收标准是可回收的，可回收成分低于70%的包装将被视作是不可回收的，不得投放市场。从2035年起，将进一步调整，以确保可回收包装也得到充分有效的收集、分类和回收（"大规模回收"）。Eastman和SK化学已围绕可回收、循环再生及生物基领域对PETG共聚酯进行了周密的专利布局。Eastman使用甲醇醇解技术把聚酯废料分解成PET单体化学品，用于生产Renew品牌的塑料。SK化学则推出了可以参与PET回收循环流程的Claro系列。SK化学推出的低CHDM

含量的 PET-g 在降低成本的同时保持了 PETG 共聚酯的性能，且进一步提高了 PETG 共聚酯产品的回收等级，受到了高端市场的追捧，具有极高的盈利空间。

五、发展建议

PETG 是一种重要的特种聚酯，市场需求旺盛。国内 PETG 产品牌号丰富度与品质离国际巨头还有不少差距。国内相关企业应加强与科研院所的产学研用合作，争取早日突破相关技术壁垒并提高产品质量和稳定性，从而为我国 PETG 产业的健康快速发展铺平道路。其次，随着 PETG 国产化进程加快，越来越多的厂家开始布局并投产 PETG 项目，导致未来一段时间国内 PETG 产能高速扩张。未来 PETG 市场将面临产能严重过剩、低价竞争的局面。为了避免同质化竞争，相关企业应加强对国外产品的技术跟踪，同时加大产品研发投入，尽快发展能满足国内市场需求的 PETG 产业集群，保证 PETG 行业健康发展。此外，应尽早建立 PETG 相关技术标准，促进市场的稳定和行业健康发展。

第八节　聚甲醛

富艺国际工程有限公司　秦华

一、概述

聚甲醛又名聚氧亚甲基，英文名称为 polyoxymethylene（简称 POM），是一种性能优异的热塑性工程塑料。聚甲醛为线型结构聚合物，结构规整，几乎没有支链，内聚能大、结晶度高。

聚甲醛的自身结构特点使其具有优异的力学性能，较高的弹性模量、刚度和硬度，其拉伸强度、弯曲强度、耐蠕变性和耐疲劳性优异；在较宽的温度和湿度范围内均有良好的自润滑性；具有优良的电绝缘性、耐磨性、耐腐蚀性等；是金属材料和合金产品如铁、铜、铝等的理想替代品，被称为力学性能最接近金属材料的一种工程塑料，也被称为"塑料中的金属""赛钢""超钢""夺钢"。因此，其被广泛应用于电子电气、汽车、日用品、精密仪器、农业设备等领域。

聚甲醛按结构可分为两大类：均聚合物及共聚合物。均聚合物为甲醛或甲醛环状三聚物（即三聚甲醛）的聚合体，被称为均聚甲醛；共聚合物为三聚甲醛与少量戊环的共聚体，被称为共聚甲醛。

无论是均聚甲醛还是共聚甲醛，分子链都是由 C—O 键构成，C—O 键的键长比 C—C 键的键长短，聚甲醛沿分子链方向的原子密集度大，因而使其拥有十分优异的力学性能，在较大的温度范围内，弹性模量、硬度、刚度都比较高。均聚甲醛结晶度高，分子量分布窄，刚性好，但热稳定性差，不耐酸碱；共聚甲醛结晶度低，成型温度范围广，有良好的强度、尺寸稳定性，而且耐化学性和耐溶剂性佳，流动性好，加工性优于均聚甲醛。

两类聚甲醛产品性能对比如表 2.21 所示。

表 2.21 聚甲醛产品性能对比

参数	均聚甲醛	共聚甲醛
相对密度/(g/cm³)	1.43	1.41
结晶度/%	75～85	70～75
熔点/℃	175	165
力学性能	较高	较低
吸水率（24h）/%	0.25	0.22
熔点/℃	175	165
体积电阻率/Ω·cm	10^{15}	10^{14}
连续工作温度/℃	90	100
介电强度/(kV/mm)	20	20
耐电弧性/s	220	240
热稳定性	较差	较好
耐化学性	较差	较好
成型加工温度/℃	较窄，约为10	较宽，约为50
主要生产商	美国杜邦	宝理，塞拉尼斯

目前，全球聚甲醛生产商有20多家，美国杜邦全部生产均聚甲醛，日本旭化成部分生产均聚甲醛，其他生产商基本都生产共聚甲醛。

均聚甲醛工艺以美国杜邦为代表，该工艺路线由于甲醛提纯工艺复杂和后处理封端技术上的困难，使得均聚产品耐碱性、耐热性差，生产成本较高。由于技术和经济上的问题，近几年在国外发展缓慢，除杜邦外，均聚代表企业还有日本旭化成。

共聚甲醛加工成型条件比均聚甲醛较为容易，加工过程热分解释放出来的甲醛气体少。共聚甲醛以塞拉尼斯工艺为典型代表，该工艺制得的共聚甲醛有较好的热稳定性、热老化性、耐碱性、耐油性、化学稳定性且易于加工，且其填充玻璃纤维后力学性能有所增强，经过改性后的共聚甲醛各项指标均超过均聚甲醛。代表厂商有美国塞拉尼斯、日本宝理、德国巴斯夫、日本三菱、日本旭化成等。

因此，近二十年来，国内外投产或即将投产的聚甲醛装置几乎都是共聚甲醛工艺，均聚甲醛工艺发展势头已经明显减弱。目前，共聚甲醛产量已占总量的90%以上。

按照用途，聚甲醛产品可分为三大类：基础树脂、增强填充类树脂和经特殊改性的专用树脂。经过添加玻纤、玻璃微珠、无机矿物、碳纤维、晶须和金属纤维（用于屏蔽材料）等不同材料生产的性能各异的增强填充类品种和经过低磨耗、高润滑（改善流动性）、增韧（包括超韧）、可电镀等改性处理的专用树脂品种开发繁多。这些经过增强和改性处理的品种某些性能更加优异，满足了更广泛的用途需求。

二、市场供需

（一）世界供需及预测

1. 生产现状

聚甲醛是一种高新技术产品，自20世纪50年代末由杜邦公司发明和工业生产以来，就因其优异的性能获得迅速发展，需求量不断增加。目前，在通用工程塑料中其产量仅次于聚酰胺（尼龙）和聚碳酸酯，居第三位。

发展初期，世界聚甲醛生产与消费主要集中在美国、西欧、日本等工业发达国家和地区。近二三十年来，中国（含中国台湾）、韩国、马来西亚、泰国等亚洲地区也逐渐发展起来，并迅速成为聚甲醛市场的生产和消费主体。

截至2023年，世界聚甲醛产能约190万吨/年。宝理、塞拉尼斯和杜邦是世界前三大聚甲醛生产企业，其产能总和接近世界总产能的40%。目前，美国、德国、日本、韩国、泰国、马来西亚和中国均建有万吨级聚甲醛生产装置。世界主要聚甲醛生产商见表2.22。

表2.22 世界主要聚甲醛生产商

生产商名称	产能/(万吨/年)	装置所在地	工艺路线
日本宝理	29	日本、马来西亚、中国	共聚
塞拉尼斯	22	美国、德国	共聚
杜邦	20	美国、荷兰	均聚
韩国可隆	15	韩国	共聚
韩国工程塑料	11	韩国	共聚
日本三菱	7.5	泰国、日本	共聚
巴斯夫	5.5	德国	共聚
台塑	5	中国台湾	共聚
日本旭化成	4.5	日本	均聚/共聚

2. 需求分析及预测

目前，世界聚甲醛工业发展呈现以下两大特点：一是生产更趋集中和垄断，其中宝理、塞拉尼斯和杜邦三家公司产能占全球聚甲醛总产能的40%，这几大公司控制着世界聚甲醛的生产与市场，主宰着世界聚甲醛的命运；二是亚洲发展迅速，消费增加较快。1995年以前世界聚甲醛生产装置90%左右在美国、西欧、日本等工业发达国家和地区。近年来随着中国、东盟经济的持续稳定发展，对工程塑料的需求越来越强劲，世界著名聚甲醛生产商都看好亚洲市场，纷纷来亚洲投资建厂。1995年至2010年亚洲尤其是马来西亚、新加坡、韩国和中国台湾新建多套装置，加上日本本土的增加量，亚洲新增产能占全球新增产能的65%以上。目前，聚甲醛在亚洲的产量占世界产量65%以上，其余的平均分配在西欧和美国。

亚洲目前有十余个聚甲醛生产商，除了旭化成外都是共聚甲醛生产商。日本宝理后来居上，超过杜邦、塞拉尼斯，现已成为全球第一大聚甲醛生产商，在全球拥有日本富士、中国台湾高雄、马来西亚关丹、中国南通等4个聚甲醛树脂生产基地，年供应能力达29万吨。2022年1月底，宝理发布公告称将在中国江苏南通新建聚甲醛树脂制造工厂，新的总产能计划达到15万吨/年，分2期实施，先期实施预计2024年11月投产9万吨，将弥补原南通工厂停产造成的影响，同时最终将实现15万吨/年的供应能力。

根据美国BRG咨询公司的研究报告，预计聚甲醛树脂（聚甲醛）产量今后会有高速增长并有可能超过需求。全球聚甲醛消费结构以汽车、电子电气、日用消费品为主，其中汽车消费领域约占31%、建筑消费领域约占28%、电子电气约占12%、家电消费品约占9%、医疗领域约占5%、其他消费约占15%。

据BRG咨询公司预测，今后几年内，聚甲醛的增长将继续保持在4%，而市场及用途均将和现在类似。但是，中国是个例外，预计中国的增长将会翻一番。过去二十年，中国的市场平均增长率持续保持在6%以上，中国市场的表观消费量也在不断增长，正逐步发展成为一个新的全球聚甲醛生产和消费主体。

（二）国内供需及预测

1. 生产现状

我国聚甲醛产品研发始于20世纪60年代，基本与国外研发同期开始，但受工艺技术水平低、产品质量低、原材料及动力损耗高及生产成本偏高等多种因素制约，国产聚甲醛的研发进展相当缓慢。20世纪末，国内装置（上海溶剂厂和吉化石井沟联化厂）生产规模仍停留在千吨级，后因规模太小及工艺技术落后、产品质量不稳定等原因相继停产。

为发展聚甲醛产业技术，国家投入大量人力、物力进行开发，由于聚甲醛生产技术的高度贸易壁垒，在20世纪90年代初期，技术引进一直未能成功。1997年，云天化从波兰ZAT引进技术，于2000年在云南水富建成1万吨/年聚甲醛生产装置；在此基础上，云天化于2003年在云南水富扩产2万吨/年，2006年在重庆长寿扩产6万吨/年生产装置。

自2004年以后，国内聚甲醛行业快速发展，中国本土聚甲醛生产能力迅速提升。中国化工上海蓝星、天津渤海化工天津碱厂、河南能源开封龙宇化工、神华宁夏煤业等聚甲醛装置相继投产，单套产能4万吨/年或6万吨/年，总产能18万吨/年。上述装置均引进香港富艺聚甲醛工艺技术，聚合单线能力达到3万吨/年。

接着，中海油天野化工6万吨/年聚甲醛装置投产。唐山中浩、兖矿鲁南化工通过引进韩国P&ID聚甲醛工艺技术，均于2014年投产了4万吨/年聚甲醛装置。2020年，兖矿二期4万吨/年聚甲醛装置投产，工艺路线不变。

2023年，采用韩国工艺的新疆国业4万吨/年聚甲醛装置、采用香港富艺技术的鹤壁龙宇化工6万吨/年聚甲醛装置陆续投产。2024年初，采用香港富艺第三代新工艺技术的恒力石化8万吨/年装置建成投产，聚合单线能力达到4万吨/年，为全世界最大单线聚合产能，是国内外聚甲醛行业的历史性突破。

在此过程中，外资品牌也陆续在中国建厂。宝理、三菱瓦斯、塞拉尼斯及韩国工程塑料合资组建了南通宝泰菱工程塑料，于2004年投产6万吨/年聚甲醛装置；杜邦和旭化成合资组建了张家港杜邦-旭化成，并于2005年投产2万吨/年聚甲醛装置。

截至目前，国内聚甲醛产能已达到67万吨/年，且均为共聚甲醛，如表2.23所示。

表2.23 国内主要聚甲醛生产商

生产商	产能/(万吨/年)	装置所在地	工艺来源
云南云天化	9	云南/重庆	波兰ZAT技术
中石油（内蒙古）新材料（原中海油天野化工）	6	内蒙古	类似波兰ZAT工艺
天津渤化永利化工	4	天津	香港富艺技术
开封龙宇化工 鹤壁龙宇化工	10	河南	香港富艺技术
神华宁煤	6	宁夏	香港富艺技术
唐山中浩化工	4	唐山	韩国P&ID技术
兖矿鲁南化工	8	山东	韩国P&ID技术
新疆国业	4	新疆	韩国工艺
恒力石化（大连）新材料	8	大连	香港富艺第三代技术
杜邦-旭化成聚甲醛（张家港）	2	张家港	杜邦、旭化成
宝泰菱工程塑料（南通）	6	南通	宝理、三菱、塞拉尼斯

在国内聚甲醛行业发展的过程中，也遇到了一些困难。特别是在 2012 年至 2015 年，国内外聚甲醛行业价格恶性竞争，导致部分国内聚甲醛企业持续亏损。在此期间，受外购原料、公用工程等成本影响，中国化工上海蓝星、天津渤海化工天津碱厂相继停产；中海油天野化工也因多种因素停产。直到 2017 年 10 月，中国商务部正式对原产于韩国、马来西亚、泰国的聚甲醛征收 6.2%～34.9% 不等的反倾销税，国内聚甲醛行业也逐渐开始走向有序竞争。2024 年 5 月，商务部开始了新一轮的聚甲醛反倾销调查。

中国聚甲醛行业经过十余年的稳健发展，2023 年聚甲醛产量达到约 45 万吨（含外资企业）。国内 10 家聚甲醛企业在产品质量及客户依赖度上逐步形成了以云天化、开封龙宇及鹤壁龙宇、神华宁煤领跑的态势，云天化产量为国内最大，2020—2023 年每年产量为 7 万～9.37 万吨；神华宁煤 2020—2023 年每年产量为 6.4 万～6.5 万吨，预计 2024 年开封龙宇及鹤壁龙宇总产量有望成为国内最大。

2. 国内供需

2004 年以前，国内聚甲醛表观消费量维持在 5 万～14 万吨。2010—2023 年，国内聚甲醛表观消费量逐年增加，2023 年达到 76.19 万吨。

目前，国产聚甲醛产品仍以日常用品、工业品为主；汽车配件、精密电子电气零件等聚甲醛高端需求原料持续依靠进口，并保持占表观消费量的 50% 上下。

近年来，我国聚甲醛进口量呈现震荡增长趋势。据海关数据统计显示，2023 年中国聚甲醛产品进口量 33.03 万吨，近几年大致持平。

3. 需求分析及预测

（1）聚甲醛产品消费结构

不同国家聚甲醛应用及消费结构见表 2.24。从表中可以发现，我国聚甲醛的主要消费领域是电子电气行业，占到了 43%。而国外聚甲醛的主要消费领域包括汽车工业、工业机械等，汽车工业比例最高，达到 46%。

表 2.24　不同国家聚甲醛应用及消费结构　　　　　　　　单位：%

用途	中国	美国	欧洲	日韩
汽车工业	16	17.4	41.0	46.0
电子电气	43	7.0	14.8	13.7
工业机械	8	24.5	14.1	11.7
消费品	21	17.4	11.4	9.2
管件和喷灌		20.9	5.4	8.7
其他	12	12.8	13.3	10.7

从消费结构数据可以看出，我国聚甲醛的消费主要集中在一些门槛比较低、技术要求比较基础的市场，在高附加值的汽车配件行业以及精密电子产品等高精尖行业的应用还不足。而每年聚甲醛进口量持续不降也正因为此。

（2）中国聚甲醛项目拟建计划及供应预测

2015—2020 年，中国聚甲醛工业平稳发展，新上生产装置较少，仅有兖矿鲁南化工于 2020 年扩建一套 4 万吨/年聚甲醛装置。2023 年以来，新疆国业 4 万吨/年聚甲醛装置、鹤壁龙宇化工 6 万吨/年聚甲醛装置陆续投产。2024 年初，恒力石化 8 万吨/年聚甲醛装置建成投产，国内聚甲醛建设迎来新一轮的发展。

2024—2028 年中国聚甲醛拟建项目见表 2.25。

表 2.25　2024—2028 年中国聚甲醛拟建项目

项目建设单位	拟建产能/(万吨/年)	建设地点	预计投产时间	工艺路线或来源
宝泰菱工程塑料	9	南通	2024 年底	自有工艺
新疆心连心	6	新疆	2024 年底	香港富艺
国能宁煤二期	6	宁夏	2027 年	香港富艺
兖矿三期	6	山东	2026 年	—

国内近年来规划聚甲醛项目较多，但真正付诸实施的项目较少，在市场逐步成熟、竞争日益激烈的情况下，越早开工建设对产品抢占市场越有利。如全部投产，预计至 2027 年中国聚甲醛新增产能 27 万吨/年，国内总产能将增长至 94 万吨/年，预计产量可达到 75 万吨。

(3) 聚甲醛需求

全球对聚甲醛的需求在不断增长，其生产成本也在变化，目前国外规模装置的产品成本一般在 1500～2000 美元/吨，但不同品种牌号、不同性能指标、不同用途的聚甲醛产品，其价格差异较大。国际主流生产商拥有几十个牌号可以选择，基础牌号一般在 2500 美元/吨上下，专供或特殊牌号甚至达到 5000 美元/吨以上。

国内聚甲醛生产商也已意识到产品牌号单一的问题，除了在优化工艺技术、提高装置连续稳定性、降低原材料及公用工程消耗等生产成本，提高产品质量稳定性等方面不断投入外，开始着眼于产品市场开发、提升高附加值聚甲醛产品应用上，国内聚甲醛行业也将从发展期日益趋于成熟。

另一方面，长远来看，未来出口需求有望缓慢增长。一是国家出口退税率的提高，为未来聚甲醛产品的出口提供政策性支持；二是原料甲醇国产化速度加快，生产成本将呈下降趋势，令聚甲醛产品的国际竞争力更强。

尽管未来几年聚甲醛产能可能将有大幅释放，但通过不断优化聚甲醛产品消费结构，扩大消费需求，降低进口依存度，增加出口，国内市场将逐步实现自给自足的供需平衡状态，产品价格也将趋于合理。

未来十到二十年，中国聚甲醛市场将逐步走向成熟，市场竞争也将在有序中更加激烈，市场中也将会大浪淘沙，各生产商必须拥有自己的核心竞争力，在产品品质、生产成本、市场应用等各方面拥有独到之处，才能与国内外竞争对手抗衡，并最终立于不败之地。

三、工艺技术

1. 聚甲醛工艺技术发展

聚甲醛的生产是以甲醇或甲醛为初始原料，主要有均聚甲醛和共聚甲醛两种生产工艺。

均聚甲醛工艺最早是美国杜邦公司在 1959 年开发成功的。其生产工艺为以 50% 的甲醛水溶液为原料，先与异辛醇反应生成半缩醛，经脱水、热裂解得到纯度较高的甲醛，将其通入含有三氟化硼乙醚络合物的惰性溶液中进行悬浮聚合，经过液固分离、干燥得到粉状的粗聚合物。再进行酯化封端处理，稳定后的聚合物与助剂掺混挤出造粒得到成品。

此工艺路线由于甲醛精制过程复杂和后处理封端技术上存在困难，使得均聚甲醛产品耐碱性、耐热性差，生产成本较高。目前仅杜邦和日本旭化成生产均聚甲醛，旭化成实施以甲缩醛合成浓甲醛、固体酸催化合成三聚甲醛、聚合采用多级短双螺杆反应机组、后处理摆脱了湿式水解法、实现了连续操作等改进技术，于 1972 年建成工业化装置。当前，均聚工艺的生产能力约占聚甲醛总生产能力的 16% 左右。

共聚甲醛工艺最早是由美国塞拉尼斯公司于 1960 年开发成功的，1962 年正式实现工业化生产。其生产工艺为将 65% 的浓甲醛在硫酸催化剂的作用下合成三聚甲醛（TOX），经提浓和溶剂苯萃取并精制得到的聚合级三聚甲醛与第二单体（环氧乙烷或二氧五环 DOX，用量约为 TOX 的 1%～5%）在催化剂的作用下进行共聚反应，生成的粗聚合物经研磨及钝化处理，再与助剂掺混，挤出造粒成共聚甲醛粒料。

其他生产共聚甲醛的公司各自具有独特的技术特点。巴斯夫在 TOX 纯化工序上采用二氯乙烷做萃取剂，三氧七环做共聚单体；三菱瓦斯同样以二氯乙烷做萃取剂；旭化成开发甲缩醛直接合成高浓度甲醛工艺路线；另外宇部兴产采用气相法，将精制的甲醛气与三氧八环发生共聚合反应制备聚甲醛。其中旭化成既有均聚甲醛又有共聚甲醛的生产，而其它公司都是生产共聚甲醛，只是在三聚甲醛合成、单体精制、聚合、稳定化等具体工艺上有所不同。

由于共聚甲醛原材料及公用工程的消耗低，加工成型条件没有均聚甲醛那样苛刻，污染物排放少，聚合物分子量和特性容易控制，产品牌号可调，因此应用较广，是现今及未来聚甲醛的主力发展方向。

近年来，各种生产工艺不断简化、优化，新技术、新设备不断被采用，产品质量逐步提高，成本有所下降。聚甲醛生产技术发展情况可简单归纳为以下几点：

① 在共聚甲醛产生后，均聚甲醛技术进展不大，生产能力也基本没有扩大。

② 以三聚甲醛为聚合单体的共聚技术，占世界聚甲醛生产能力的 80%。三聚甲醛制造以硫酸催化为主。

③ 以高浓度甲醛生产单体是共聚路线发展的重大进步，因高浓度甲醛有利于提高反应的转化率和反应物中三聚甲醛的浓度，减少副反应，减少甲醛浓缩和稀醛回收，大大降低了能耗和成本。

④ 干法共聚甲醛聚合的工艺，流程短、投资少、能耗低，能够同原有的均聚和主流共聚路线竞争。但该工艺在聚合工艺上分子量分布不够集中、无法去除小分子，导致产品中甲醛含量较高，工艺上有一定缺陷，长远来看应用前景并不乐观。

⑤ 大型装备配套取得了明显进步，三聚甲醛单体单线规模最大达到 9 万吨/年，聚合单线能力达到 4 万吨/年。

2. 国内聚甲醛工艺现状

我国聚甲醛产品研发基本与国外研发同期开始，于 1959 年由中科院长春应用化学所和沈阳化工研究院等单位合作先后进行了均聚甲醛和共聚甲醛研制开发工作。1970 年吉林石井沟联合化工厂和上海溶剂厂共聚甲醛装置投产。均采用三聚甲醛路线，生产工艺大致相同，但经 30 多年发展，技术水平没有重大突破，并且没有建成规模化生产装置，始终停留在千吨级，未实现商业化大规模生产，且后因规模太小及工艺技术落后、产品质量不稳定等原因相继停产。

截至目前，原波兰 ZAT 技术已停止出售，仅有香港富艺、韩国 P&ID 两家公司在向中国企业转让其工艺技术。

(1) 波兰 ZAT 技术

波兰 ZAT 共聚甲醛工艺主要由六个单元构成：甲醛提浓、TOX 单元、DOX 单元、丁缩醛单元、聚合后处理单元、包装仓库。该技术采用 60% 高浓度甲醛合成 TOX，催化剂为硫酸，TOX 精制采用熔融冷冻结晶分离技术。此工艺存在的主要问题如下。

① 三聚甲醛纯度受限，导致产品热稳定性欠佳，注塑成型过程中甲醛味道大。

② 三聚甲醛反应和结晶均采用搪瓷釜，且反应为间歇反应，造成了设备维修工作量大和易泄漏的问题。

③ 单体聚合能力小，仅有 1 万吨/年左右。需加入荧光增白剂，无法用于食品及医药级领域。

(2) 香港富艺技术

香港富艺工艺由四个工序组成：甲醛工序、三聚甲醛工序、二氧五环工序、聚合及后处理工序。该工艺与世界主流的共聚甲醛工艺一致，技术特点是：产品质量高；无增白剂、达到食品级标准；产品牌号丰富，可生产高端料；单体和聚合反应控制稳定；装置连续性和可操控性好。

该工艺的主要问题如下：

① 原料回收系统负荷较高，导致蒸汽耗用高。

② 三聚甲醛合成工序为硫酸催化剂，对设备材质要求高，存在腐蚀问题。

(3) 韩国 P&ID 技术

韩国 P&ID 聚甲醛工艺由下列五个工序组成：甲醛工序、三聚甲醛工序、聚合及后处理工序、成品及包装仓库。

该工艺的主要问题如下。

① 三聚甲醛反应采用搪瓷釜，搪瓷釜造成了设备维修工作量大和易泄漏的问题，已逐渐换掉。

② 聚合采用干法工艺，无法去除小分子，导致产品中甲醛含量较高，影响下游用户体验感。

③ 聚合单线生产能力较低（2 万吨/年），反应分四段、高转化率，操作难度大，产品质量不稳定。

(4) 国内原料甲醛的生产工艺对比

甲醇氧化制甲醛有两种生产工艺：银法和铁钼法，银法是以金属银为催化剂，主要用于 37% 甲醛溶液的生产。铁钼法以铁、钼等的氧化物为催化剂，转化率和选择性较高，催化剂对有害杂质不敏感，使用寿命长，操作控制比较容易，产品甲醛浓度高，甲醇含量低，废水排放少，比较适用于对甲醛产品浓度要求高的下游产品的生产，缺点是其投资约为银法的 2 倍，副产甲酸含量稍高，对设备的腐蚀性较强。两种方法工艺对比见表 2.26。

表 2.26 甲醛工艺对比

项目	银法	铁钼法
反应原理	甲醇过量	空气过量
反应温度/℃	650	350
收率/%	87	90
甲醇消耗/(t/t)	0.45	0.43

续表

项目	银法	铁钼法
动力	消耗较低	消耗较高
催化剂	可再生	不能再生
甲酸含量	较低	较高
转化率	较低	较高
能源利用与环境污染	副产蒸汽	副产蒸汽
废水	无生产性废水	无生产性废水
投资	较低	相同规格是银法的2倍

（5）国内聚甲醛生产工艺对比

波兰ZAT、香港富艺和韩国P&ID聚甲醛主工艺流程相似，基本都由二氧五环（DOX）和三聚甲醛（TOX）合成精制、共聚甲醛制备、挤出、造粒及包装等工序组成。工艺流程简图见图2.14。

图2.14 聚甲醛工艺流程简图

三种工艺的不同之处大致如下。

① 韩国P&ID工艺无二氧五环单体制备单元，需外购二氧五环，富艺和ZAT工艺都有二氧五环制备单元。

② TOX制备单元。波兰ZAT、香港富艺、韩国P&ID合成催化剂都是硫酸；萃取工序不同，因TOX和水共沸，不能通过精馏得到TOX纯品，需配合结晶分离和萃取制得纯品，波兰ZAT选用熔融冷冻分离，香港富艺精制选用液液萃取法，韩国P&ID选用气液萃取法。

③ 聚合单元。波兰ZAT、韩国P&ID聚合转化率较高，造粒前采用干式研磨，香港富艺聚合转化率较低，造粒前采用湿式研磨。

④ 钝化阶段。波兰ZAT工艺的钝化溶液，使用三乙醇胺和乙酸镁水溶液配制，而香港富艺工艺的钝化溶液，使用三乙基胺和水配制。

⑤ 粉料干燥工艺。波兰ZAT工艺采用板式干燥器进行热氮气循环干燥，造粒前的聚甲醛粉料得以干燥；香港富艺工艺采用湿式研磨，先进行离心分离，再利用回转式干燥机，充分干燥物料，干燥器使用氮气密封，避免物料高温氧化。

3. 新工艺方向

（1）新工艺技术

香港富艺于2018年推出了第三代聚甲醛工艺技术，优化了主单体三聚甲醛合成及提纯技术；优化聚合反应，提高聚合反应的稳定、均一性，使产品中不稳定端基物质含量大幅降低（≤1%）；再采用湿法封端技术去除少量的低分子聚合物，生产高品质的共聚甲醛产品。聚甲醛产品覆盖全牌号，并增加新牌号如高端基础料牌号MC90-44H、符合汽车工业新标准的低挥发级聚甲醛LV系列及高分子量级MC15-01，填补国内品牌的空白。并进一步提升装置操作稳定性、长期生产连续性、产品批次稳定性、产品质量及可加工性。

（2）成核剂

因聚甲醛为线型无支链的高分子结构，其结晶度受分子量、共聚单体含量、晶核种类及杂质等因素的影响，一般商业化聚甲醛树脂结晶度为60%～80%。聚甲醛树脂的物理性能、力学性能、耐化学性及耐磨耗等的优劣，乃至加工成型周期的长短及成型品尺寸的稳定性，都与聚甲醛树脂的结晶控制状况息息相关。

一般未添加成核剂的聚甲醛树脂，结晶速度较慢，结晶晶球较大且大小不均匀，有较低的结晶度及较多的结晶缺陷，导致机械强度、冲击强度及耐药品性较差，甚至加工成型周期延长和尺寸不稳定等问题。因此，高端聚甲醛树脂常加入成核剂来控制结晶状况。目前国内聚甲醛生产企业几乎都未添加有效成核剂，研发成核剂是国内聚甲醛产品进入高端产业的关键课题。

从国内生产装置运行来看国内聚甲醛生产技术从工艺技术、原材料及公用工程消耗、产品质量稳定性等方面都还有提升的空间。随着国内聚甲醛产业的不断发展，业内对工艺、技术、产品、质量等方面的认识也在不断成熟。

未来新建或扩建项目中，希望借助技术方持续的技术升级和更新，新工艺、新配方等，助力中国聚甲醛整体跨出对标国际一流品牌的一大步。

四、应用进展

由于聚甲醛除具有较强的刚性和硬度、自润滑性、耐磨性、耐溶剂腐蚀、尺寸稳定性、耐疲劳性等优点，自20世纪50年代一经问世便备受青睐，现已广泛用于飞机、火车、汽车及机床、仪器仪表等的零部件及生产阀门、喷雾头、拉链、玻璃增强纤维等行业。特别聚甲醛质轻，加工成型简便，生产成本低廉，材料性能与金属相近，近年来在汽车和电子行业的应用呈现快速增长的趋势。

1. 聚甲醛的应用领域

（1）汽车行业

聚甲醛具有优良的耐磨性、耐冲击强度以及耐有机溶剂等特点，适用于汽车制造业中，尤其是在高级轿车中应用最为广泛。如汽车排气再循环阀及水泵叶轮、汽化器、排气装置、排气调节阀、灯光反射器、轴承、传感部件等。此外还可以制作汽车外装件，如汽车车轮罩、反光镜外壳、尾灯罩等。改性的聚甲醛可以替代尼龙，被应用于汽车发动机及周边零部件，与尼龙相比，成本降低30%。

（2）机械制造行业

聚甲醛可以被用来制造机床电动机保护开关、润滑剂万向导管、磨床叶轮、外圆磨床液压套筒等。用聚四氟乙烯乳液改性的高润滑聚甲醛制造的机床导板具有优良的刚性和耐疲劳性能，能够克服过去纯聚四氟乙烯容易磨损和易蠕变的缺陷，同时具有自润滑的良好性能。此外还可用于轴承、泵、阀门、活塞、精密齿轮，以及复印机、照相机、计算机零部件、管道、喷雾器、喷油嘴等机械设备零部件中。

（3）电子电气行业

由于聚甲醛的电耗较小，介电强度和绝缘电阻较高，具有耐电弧性等性能，广泛应用于电子电气领域。聚甲醛在办公设备中主要用于电话、无线电、录音机、录像机、电视机、计算机和传真机的零部件、计时器零件等。在家用电器行业用来制造电源插头、电源开关、按钮、继电器、洗衣机滑轮、空调曲柄轴、微波炉门摇杆、电饭锅开关安装板、电冰箱、电扳手外壳等。

(4) 其他行业

替代锌、黄铜、铝和钢制作许多部件，如冲浪板、帆船及各种雪橇零件、手表微型齿轮、体育用设备的框架辅件和背包用各种环扣、紧固件、打火机、拉链、扣环。医疗器械中的心脏起搏器，人造心脏瓣膜、顶椎、假肢等。

2. 改性聚甲醛应用

(1) 聚甲醛改性

聚甲醛力学性能优异，拉伸强度、弯曲强度、耐蠕变性和耐疲劳性优良；耐反复冲击、去载回复性优；具有吸振性、消音性、绝缘性好且不受湿度影响；耐化学药品性优；具有较高的热变形温度。但是，聚甲醛也存在一些缺点，如阻燃性差、冲击强度低、缺口敏感性大、热稳定性差、耐候性不理想等。这些缺点一定程度上限制了聚甲醛在各个领域中应用范围的扩大，基于此延伸发展了聚甲醛的改性产品，以改善聚甲醛的这些劣势。典型的聚甲醛改性产品如下。

① 增强/填充型聚甲醛产品性能及应用

增强聚甲醛主要有玻璃纤维、玻璃球及碳纤维增强多种。采用玻璃纤维增强聚甲醛，其强度和刚度得到大幅度提高，韧性基本不变或略有提高。国外各聚甲醛生产商都成功开发出各自的增强填充类产品，但国内厂家相应产品少。

② 耐磨/润滑型聚甲醛产品性能及应用

聚甲醛具有较高的磨蚀阻力和低的摩擦系数，并且具有较好的自润滑性能，但普通聚甲醛在相对速度较高、负荷较大的场合下作为摩擦件使用时，由于得不到充分润滑，摩擦产生的热不易及时传出去，会使零件变形、加速磨损，因此只能用于制造低速、低负荷条件下工作的摩擦件。但用聚四氟乙烯、石墨、二硫化钼、液体润滑油、低分子聚乙烯等改性后，其耐磨性进一步提高，从而使聚甲醛更好地应用于齿轮、链轮、凸轮、轴承、轴套、输送带等对摩擦磨损性能要求较高的产品。

③ 抗静电/导电型聚甲醛产品性能及应用

聚甲醛树脂在石油化工厂内使用，或者作为记录媒体设备中的部件，在有粉尘的环境中使用时，为防止静电引发火灾或者爆炸危害，危及人员及设备安全，要求聚甲醛制品具有抗静电性，消除制品表面静电聚积。通过在聚甲醛中加入金属纤维、炭黑、脂肪酸单甘油酯、变性硅油及改性聚乙二醇等可以降低聚甲醛表面电阻率。

(2) 改性聚甲醛的应用及生产情况

聚甲醛改性通常都是在基础树脂中添加具有某种特性的无机或有机化合物以改善其部分物理或化学特性，生产方法简单，包括将基础树脂粉碎、改性剂混合、挤塑造粒、包装等，其核心技术是改性剂配方。由于聚甲醛的应用领域不断开发，从而改性聚甲醛也派生出了诸多的新牌号，且单个牌号的市场需求数量并不是太大，其价格远高于基础树脂的售价。

国外杜邦（82种牌号）、塞拉尼斯（134种牌号）、日本宝理（63种牌号）生产的聚甲醛品种，90%以上是玻纤增强、冲击改性、静电消散、低磨耗等特殊品级。

从目前改性聚甲醛的生产情况看，大多数的国内聚甲醛生产商仅生产基础树脂，只有少数生产商根据客户的需求开发改性聚甲醛产品,而大多数聚甲醛的改性是由使用厂家根据自身加工件的需求对基础树脂进行改性后,用于加工件的挤塑。

聚甲醛的高性能化研究应适应不同用户个性化需求。要适应高速、高压、高温的工作环境,进一步扩大聚甲醛的应用范围,均有待于高性能聚甲醛的应用开发。促进产品的高性能化、精细化、差别化和系列化,通过聚甲醛改性研究,扭转国内改性产品发展缓慢的现状,有利于增强企业的国际竞争力。

3. 国内聚甲醛的应用情况

根据历年国内聚甲醛产品市场调研情况,结合应用可将聚甲醛产品细分为基础料及再生料、普通基础料、稳定基础料、高端基础料、专供料等五大梯级,如图2.15所示。呈金字塔形分布,图形面积表示市场消费量。自下而上,产品品质要求越来越高,而市场消费量越来越低。

图2.15 聚甲醛产品梯级示意图

十几年来,国内聚甲醛行业处于起步发展期,生产和市场均处于探索阶段,装置操作、技术水平、人员能力、生产控制、产品质量、市场研发等方面较国外知名品牌都存在一定差距。

截至目前,国内企业聚甲醛产品90%以上为普通基础料,大多应用于电子电气、日用品等普通应用领域;缺乏高端基础料及更高附加值的专供料及改性产品,因此国内产品在汽车、工业机械、输水灌溉等专业领域的应用消费比例较低。而国外聚甲醛企业经历几十年的发展,产品众多,专供料及高端改性产品的占有率已达到30%以上。相比之下,国内企业在产品应用和研发上仍有很大差距。

如前所述,我国聚甲醛消费结构与国外有较大区别,主要分布在电子电气和日用消费品领域,在高附加值的汽车配件行业以及精密电子产品等高精尖的行业应用还不足。其中电子电气需求量占总需求量的43%,日用消费品占21%,汽车工业占16%,工业机械占8%,其他领域占12%。

除了消费结构与国外存在差距外,在聚甲醛的后加工技术和设备上与国外也存在较大差距。例如加工聚甲醛,国外一般要用模温控制器,而国内一般很少有企业用;国内模具的加工技术与国外也有巨大的差距。如何避免这些差距带来的不利影响,成为聚甲醛应用的关键所在。

在聚甲醛的加工应用中,一般会出现以下问题:产生模垢、制品变黄、加工气味大、收缩率大、制品发脆、表面光泽差、翘曲变形、空洞或气泡、流痕、银纹等。这些问题的产生,一是同聚甲醛本身的特性相关,另外聚甲醛对光也敏感,在光的作用下也容易分解引起制品变黄;二是加工技术或设备落后造成的,例如注射机的精度差,温度控制不准确,导致聚甲醛分解,引起制品变黄等。

要解决聚甲醛加工中存在的上述问题,一是不断开发研究,提高基础树脂的品质及稳定性,二是提高加工应用技术,提升加工设备的质量或精度。随着聚甲醛生产技术的提高和加工设备的发展,聚甲醛在加工中存在的问题也会逐渐减少,应用领域会逐渐扩大。

4. 国内聚甲醛未来应用领域

（1）精密电子电气

国内外电子信息产业的迅猛发展给上游电子元器件产业带来了广阔的市场应用前景。精密电子电气领域要求聚甲醛产品低模垢、热稳定性及成型尺寸稳定性能优良，目前国内每年市场进口量30多万吨，一多半以日本宝理M90-44为主。电子工业的迅猛发展在为聚甲醛行业带来巨大机遇的同时，也提出了更高的要求和挑战，中低端市场需求趋于饱和，根据用户需求生产针对性专用料的高性能产品，是未来国内聚甲醛行业主攻的重要方向之一。

（2）汽车

汽车领域是聚甲醛的主要消费领域，目前国内汽车厂商主要以进口聚甲醛为主。面对日趋严格的车内VOC管控现状，低挥发聚甲醛产品将向国内汽车市场推广，逐步代替进口料。

（3）水泥混凝土和砂浆用合成纤维

《水泥混凝土和砂浆用合成纤维》标准（GB 21120—2018）于2019年11月颁布实施，标准中增加了聚甲醛纤维，为聚甲醛应用于混凝土领域提供了法规依据。目前国产聚甲醛纤维在建筑行业已有小规模应用，虽然工程应用初期可能投资较大，但是从提高使用性能、延长使用寿命、减少维护费用等综合效益和长期效益考虑，是十分有利的。

（4）风电

随着近年来材料应用技术的不断积累和发展，长纤维增强聚合物基复合材料以其优异的力学性能、工艺性能和耐环境侵蚀性能，成为当今大型风力发电机叶片材料的首选。聚甲醛作为热塑性工程塑料的代表之一，在风电叶片中应用前景广阔。但是，由于目前热塑性复合材料叶片的应用规模有限，制造成本一直居高不下。提升材料性能和使用寿命的同时控制甚至压缩生产成本，是聚甲醛行业目前面临的主要课题，并将是未来提质和专用料的主攻方向之一。

（5）渔业

由聚甲醛制成的纤维具有高强度、尺寸稳定性好、耐化学腐蚀、耐磨等优点，特别是尺寸稳定性好，即抗蠕变性能优异这一特点，是传统的聚烯烃类纤维无法比拟的，很好地契合了渔用材料的多方面需求，能够替代传统聚乙烯渔网用于综合要求更高的苛刻环境中去，甚至有望成为未来渔业领域的第三大纤维材料。

五、发展建议

1. 国内聚甲醛行业存在的问题

（1）工艺技术水平整体不高

因聚甲醛原料易自聚、易结晶等特点，单体酸性催化剂、聚合反应控制难，导致聚甲醛生产确实存在一定难度。由于国外聚甲醛技术对我国的长期封锁，及国内行业发展尚不成熟，工艺技术水平整体与国外仍有差距，并带来装置连续性差、产品稳定性差等问题。国内生产商与国外、外资生产商竞争力不足，工艺技术水平限制了整体行业发展。

（2）专业技术人才不足

随着聚甲醛行业的不断发展，业内慢慢积累了一定的聚甲醛技术人才。但因各工艺路线差异、对技术保密性不敏感、人员流动等，导致技术人员对工艺的消化吸收和掌握能力不足，无法自如应对装置各种工况。行业的成熟需要专业技术人才深耕，才可以保证企业和行业的可持续发展。

(3) 设备配套能力较弱

如今，国内静设备制造能力取得了很大进步，但大型转动设备加工制造水平有待提高。包括聚甲醛在内的很多聚合物的聚合过程都依赖大型转动设备，目前均以进口为主。配套设备的好坏会严重影响产品品质及装置长周期连续运行，国产化恐尚有时日。

(4) 产业不集中

近年来，国内建设多套聚甲醛装置，但产业不集中、地域布局零散，大部分企业没有聚甲醛甚至聚合物的生产经验。虽然成立了聚甲醛行业协会，但国内企业或经销商不时呈现零和博弈，影响行业整体健康有序发展。

(5) 产品结构单一

改性等高附加值聚甲醛产品是国内聚甲醛行业的蓝海。由于国内聚甲醛行业起步晚，生产企业在技术、人才、市场等方面都有待提高，产品结构单一，对改性等高附加值产品的研发和销售方面投入较弱。外资高端聚甲醛生产企业已经有了几十年的产品研发经验，在产品改性及市场应用上优势明显。

2. 行业发展建议

目前，我国虽已成为全球最大的聚甲醛生产国和消费国，但是国内聚甲醛行业核心竞争力不足。随着我国"转方式、调结构"，汽车、电子电气、日用消费品等产业的不断升级和发展，对高端聚甲醛的需求将不断增加。

在此，向国内聚甲醛行业提出几点发展建议：

(1) 提升工艺技术水平

引入国内外先进的工艺技术，充分借鉴国际品牌的技术经验，持续进行技术升级和更新，提升自身工艺技术水平及管理能力，从而达到提高操作稳定性、装置连续性、产品稳定性等目标。

(2) 提升产品品质

① 新建装置产品须定位生产高端基础料，着眼于汽车产业、高端电子产品等领域，不再受限于普通基础料市场，杜绝同质化竞争，与其他现有企业产品拥有品质上的根本差异。

② 已建装置企业应持续消化、吸收国外先进技术，提升研发能力，保护知识产权，综合各种力量不断提升聚甲醛产品质量稳定性、产品品质，力争达到中高端产品层级。

(3) 优化产业布局

国内聚甲醛装置布局零散，大部分企业没有聚甲醛甚至聚合物的生产经验，不利于行业的稳健发展。因聚甲醛生产成本主要集中在甲醇、蒸汽及电力等三大项，我国又是煤炭丰富且甲醇过剩的国家，因此聚甲醛装置建议布局在能源丰富、原材料价格低廉的地区，保证运行后的生产成本优势。

(4) 扩大进出口贸易

① 以高品质为根基，在占有进口料市场的同时，扩大产品出口并不断开拓国际市场。

② 现有进口料中基础料占据80%以上（超过25万吨），这些进口基础料与国产同类聚甲醛差异较小，在物化特性、原材料、生产工艺、产品用途、销售渠道、客户群体等方面基本一致，具有高度的相似及可替代性，国产品牌产品质量提升后，将逐渐替代进口料。

(5) 提升产品市场开发能力

专供及改性料市场仍将是国内企业聚甲醛市场开发和研究的方向，它不但会给企业带来高额的产品附加值，更在一定程度上代表着聚甲醛生产企业的技术水平和品牌认知度。

但必须要认识到，开发市场要有较强的研发人力物力和市场投入，并需要生产、研发、市场人员专业的技术力量支持。同时，国内生产企业应以基础树脂为主，建议与下游改性客户进行技术合作，共同开拓终端市场。国内聚甲醛企业任重而道远，但这正是国内聚甲醛产业需要经历的从量变到质变的过程。

第九节　聚碳酸酯

山东京博石油化工有限公司　刘金沅
泰和新材集团股份有限公司　吕李杰
新疆蓝山屯河科技股份有限公司　高原

一、概述

聚碳酸酯，英文 polycarbonate（s），简称 PC，是一种综合性能非常优异的耐用型热塑性工程塑料。从科学定义讲，聚碳酸酯是指分子链中含有碳酸酯基的热塑性高分子聚合物。按照分子结构中所带酯基的不同，又可分为脂肪族聚碳酸酯、脂肪-芳香族聚碳酸酯和芳香族聚碳酸酯等几种类型。目前，芳香族聚碳酸酯获得了大规模的工业化生产和应用，以双酚A型聚碳酸酯应用最为广泛。脂肪族和脂肪-芳香族聚碳酸酯由于力学性能相对较低，尚缺乏实际应用价值。

聚碳酸酯具有良好的力学性能、光学性能、热性能和阻燃性能等。其材料特性可用两组标签概括说明：质轻、高强、阻燃、靓彩；循环回收、尺寸稳定、设计自由、高效经济。

力学性能方面，聚碳酸酯是典型的强韧材料，具有良好的综合力学性能，能在宽泛的温度范围内保持较高的机械强度。其最为突出的特点是具有优异的抗冲击性和尺寸稳定性，抗冲击强度是同等厚度的聚甲基丙烯酸甲酯（PMMA，俗称"有机玻璃"）的 30 倍，是普通玻璃的 250~300 倍、钢化玻璃的 2~20 倍。聚碳酸酯的密度为 $1.2g/cm^3$，不到玻璃的一半，在运输、安装等环节都可为循环经济做出一定的贡献。因透明、质量轻、超强韧，PC 材料可制造防弹玻璃，用于车辆和安保领域，因此享有"防弹胶"的美誉。

热性能方面，聚碳酸酯同时具有良好的耐热性和耐寒性，玻璃化转变温度为 140~150℃，热变形温度为 120~140℃（0.45MPa），熔融温度一般在 220~240℃，加工成型温度在 250~320℃，可在 -40~120℃ 的温度范围内使用（特殊共聚聚碳酸酯产品的使用温度可达到 -60℃ 或 180℃ 以上，这已达到特种工程塑料的要求）。同时，聚碳酸酯还具有较低的热导率和比热容，为良好的绝热材料。

光学性能方面，聚碳酸酯通常呈无定形态，即非晶结构，故无色透明，是五大通用工程塑料中唯一具有良好透明性的品种。聚碳酸酯的透光率可达 89% 以上（特定光学用途的聚碳酸酯可达 90% 以上），仅次于聚甲基丙烯酸甲酯（PMMA），与聚苯乙烯（PS）基本相当。同时，聚碳酸酯还拥有优异的着色性能，可制成各种色彩鲜艳的制品。虽然聚碳酸酯耐刮擦性能差，表面易磨损而影响其透光率，但借助抗磨涂层，可以极大地提升聚碳酸酯表面的耐刮擦性能。聚碳酸酯对红外光、可见光和紫外光等光线也都表现出良好的性能稳定性。

阻燃性能方面，这通常是塑料材料的短板，为实现特定的阻燃效果，一般塑料材料都需要添加比较多的阻燃剂，特别是溴系阻燃剂，而这又与环保的无卤要求背道而驰。然而这一点，恰恰是聚碳酸酯的优势之一，它天生具有非常好的阻燃性能，未经改性即可通过 UL94 V-2 测试，氧指数可达到 25% 以上，明显优于 PMMA、PS、PP、聚乙烯（PE）等材料。经少量添加阻燃剂，特别是可以采用非溴系环保阻燃剂，聚碳酸酯材料即可达到 UL94 V-0 的阻燃等级，满足绝大多数电子电气产品的防火阻燃要求。对于极为苛刻的要求，如 5VB 的阻燃等级，改性后的聚碳酸酯也是可以满足的。

聚碳酸酯还具有非常好的尺寸稳定性，其成型收缩率一般在 0.5%～0.7%。这使最终产品的加工成品率更高，大大提升了经济性能。

此外，作为热塑性材料，聚碳酸酯具有可回收、易回收的属性，加上工程性能优异，可反复多次使用，其回收料往往也具有较高的价值。聚碳酸酯树脂正是真正符合循环经济要求的一种材料，应得到更大的应用推广。

当然，聚碳酸酯也有其不足之处，主要表现为流动性较差、易出现应力集中、产生应力开裂、耐溶剂性较差、表面不耐刮擦等。根据实际应用要求，通常可以通过改性的方法进行提高和改善，满足最终的客户需要。从加工角度看，PC 材料可适应于多种加工方式：挤出成型、吹塑成型、压铸成型、注射成型等。由于适用的加工方式灵活多样，聚碳酸酯的应用领域愈加广阔，并在 3D 打印和增材制造领域也有所建树。

中国对聚碳酸酯的技术攻关起步于 20 世纪 50 年代末，在 60 年代中期建成了百吨级的装置，后又先后上马了几个千吨级生产线，其实并不比国际化工企业晚多少。但由于 20 世纪 70 年代国家工业基础薄弱，在科研经费、原料来源、设备材质和制造上均受到限制，在竞争中这些小装置纷纷停产。

截至 20 世纪 90 年代，中国的聚碳酸酯产业化技术开发已远远落后于发达国家，但中国聚碳酸酯的消费市场却发展迅猛，特别是加入 WTO 以后，中国的聚碳酸酯消费迎来了爆发式增长。

第一阶段，2000—2007 年。中国自 2001 年加入 WTO 以后，随着聚碳酸酯在光盘、电子电气（特别是消费电子，如笔记本电脑、功能手机等）、汽车等领域的大量应用，国内聚碳酸酯年需求量大幅提升，从 2000 年的约 20 万吨迅速提高至 2007 年的 80 万吨以上，一举成为全球最大的聚碳酸酯消费国，年均增速超过 20%，远高于全球平均不到 10% 的需求增速。同时，国内相继引进了多家跨国公司在国内投资设厂，极大地填补了国内生产的巨大空白。但是很遗憾，没有一家内资企业进入聚碳酸酯生产领域，至 2007 年，国内聚碳酸酯自给率仍不足 20%。

第二阶段，2008—2014 年。这段时期由于受全球金融危机影响、新型存储媒介（USB 存储）和智能手机等行业的兴起，聚碳酸酯的需求增速开始显著放缓，全球年均增速只有 1% 左右，但国内的聚碳酸酯需求仍维持接近 10% 的中高速增长。2014 年国内聚碳酸酯消费量已达到 150 万吨/年，占全球总消费量的 40% 以上。这一阶段中，国内企业依然没有完全掌握成熟的工业化技术,但至少中外合资企业开始崭露头角。2011年起,国家发改委和工信部在《产业结构调整目录》的鼓励目录中,积极倡导"6万吨/年以上的聚碳酸酯生产项目",极大地推动了国内企业研发和生产。万华化学自2005年起开始界面缩聚法合成工艺小试研究,在这一时期,完成了重要的技术积淀和进展。而浙铁大风则在谋划10万吨/年的非光气法生产装置。

第三阶段,2015年至今。此阶段随着欧美经济复苏,全球聚碳酸酯需求量年均增速回升至3%左右,但国内聚碳酸酯需求增速则显著下降至约5%,略高于全球平均增速,2023年国内聚碳酸酯消费量320万吨。2014年,浙铁大风采用自主开发技术的生产线正式投产,拉开中国聚碳酸酯扩能潮。此后,烟台万华、利华益维远、海南华盛、平煤神马等大项目陆续签订,产能逐年呈现爆发式增长,聚碳酸酯进口依存度逐步降低。自2015年起,国内企业纷纷涉足该领域。以浙铁大风、鲁西化工、万华化学为代表的企业,陆续于国内投放产能,中国聚碳酸酯生产端获得长足发展。

二、市场供需

(一)世界供需及预测

1. 生产现状

2023年,世界聚碳酸酯产能达到774.3万吨/年,同比增长8.2%;2023年产量为483.1万吨,同比增长2.7%;装置平均开工率为62.4%,较2022年下降3.7个百分点。

世界聚碳酸酯生产主要集中在东北亚、西欧和北美等地区。2023年,东北亚地区聚碳酸酯产能达到487万吨/年,占世界总产能的62.9%,位居首位;西欧地区产能为118.0万吨/年,占世界总产能的15.2%;北美地区产能为83.8万吨/年,占世界总产能的10.8%,详见表2.27。

表2.27 2023年世界各地区聚碳酸酯供需状况

地区	产能/(万吨/年)	占比/%	产量/万吨	占比/%	消费量/万吨	占比/%
非洲	—	—	—	—	1.4	0.3
中欧	—	—	—	—	13.2	2.7
独联体	10.0	1.3	4.5	0.9	4.2	0.9
印巴	—	—	—	—	19.8	4.1
中东	28.5	3.7	23.2	4.8	12.1	2.5
北美	83.8	10.8	60.3	12.5	66.1	13.7
东北亚	487.0	62.9	284.6	58.9	275.6	57.1
南美	—	—	—	—	11.1	2.3
东南亚	47.0	6.1	34.8	7.2	28.8	6.0
西欧	118.0	15.2	75.6	15.6	50.7	10.5
合计	774.3	100.0	483.1	100.0	483.1	100.0

2023年,世界聚碳酸酯主要生产企业30多家,前十位企业产能合计621.6万吨/年,占总产能的80.3%。其中,科思创是世界最大的生产企业,其164万吨/年的产能占世界总产能的21.2%。沙特石油公司和浙石化以163.9万吨/年和52.0万吨/年的产能分别位于第二位和第三位,详见表2.28。

表 2.28　2023 年世界前十位聚碳酸酯生产企业情况

生产企业	产能/(万吨/年)	占比/%
科思创（Covestro AG）	164	21.2
沙特石油公司	163.9	21.2
浙石化	52.0	6.7
万华化学	50.0	6.5
乐天化学（Lotte Chemical）	46.0	5.9
中国石化（SINOPEC）	33.8	4.4
鲁西化工	30.0	3.9
三菱气体化学（Mitsubishi Gas Chemical）	28.3	3.7
帝人（Teijin Limited）	27.6	3.6
海南华盛新材料科技	26.0	3.4
其它	152.7	19.7
合计	774.3	100.0

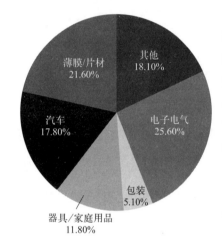

图 2.16　2023 年世界聚碳酸酯消费结构图

世界聚碳酸酯主要用于电子电气、薄膜/片材、汽车、器具/家庭用品等领域。2023 年世界聚碳酸酯消费结构中，电子电气领域所占比例最大，占聚碳酸酯总消费量的 25.6%；其次是薄膜片材领域，占比 21.6%；用于汽车领域的占比为 17.8%。此外，聚碳酸酯还被用于器具/家庭用品、光学媒介、包装、医疗器械等领域，具体消费结构见图 2.16。

2. 贸易现状

2023 年聚碳酸酯（HSID6：390740）的国际贸易总额 116.7 亿美元，同比下降 9.1%，总贸易量为 383 万吨，同比下降 3.2%。从价格看，世界聚碳酸酯出口均价为 3047.89 美元/吨，同比下降 6.1%。

进口方面：2023 年，世界聚碳酸酯进口主要来自中国大陆、墨西哥和意大利等国家和地区。其中，中国大陆是头号进口地，全年进口总量达到 138.6 万吨，约占世界进口总量的 33.0%；其次为墨西哥，进口总量为 22.3 万吨，约占世界进口总量的 5.3%；印度居第三位，进口总量为 21.8 万吨，约占世界进口总量的 5.2%。以上三个国家和地区合计进口量约占世界总进口量的 43.5%，详见表 2.29。

表 2.29　2023 年世界聚碳酸酯前十大进口国家和地区

国家和地区	进口量/万吨	占比/%	进口额/万美元	占比/%	进口均价/(美元/吨)
中国大陆	138.6	33	401868	29.7	2899.2
墨西哥	22.3	5.3	89722.4	6.6	4022
印度	21.8	5.2	66810.1	4.9	3065.6
德国	16.5	3.9	60698.1	4.5	3673.5
马来西亚	15.6	3.7	37979.9	2.8	2428.1
越南	14.3	3.4	48068.68	3.6	3351
意大利	13.5	3.2	44561.4	3.3	3309.4
美国	12.9	3.1	54803.5	4.1	4245.5

续表

国家和地区	进口量/万吨	占比/%	进口额/万美元	占比/%	进口均价/(美元/吨)
中国台湾	11.1	2.6	37013.2	2.1	2830.4
新加坡	10.1	2.4	28712.1	2.1	2830.4
其他	142.9	34	480982.3	35.6	3365.8
合计	419.8	100	1351219	100	3219.1

出口方面：2023 年，世界聚碳酸酯主要出口到韩国、中国台湾和泰国等地。其中，韩国全年出口聚碳酸酯 63.7 万吨，约占世界出口总量的 16.6%；其次为泰国，出口总量为 41.9 万吨，约占世界出口总量的 10.9%；中国台湾居第三位，出口量为 37.3 万吨，约占世界出口总量的 9.7%。以上三个地区合计出口量约占世界出口总量的 37.2%，详见表 2.30。

表 2.30　2023 年世界聚碳酸酯前十大出口国家和地区

国家和地区	出口量/万吨	占比/%	出口额/万美元	占比/%	出口均价/(美元/吨)
韩国	63.7	16.6	179281	15.4	2814.6
泰国	41.9	10.9	106097	9.1	2530.4
中国台湾	37.3	9.7	104615	.9	2802.4
美国	35.1	9.2	122304	10.5	3483.5
沙特阿拉伯	32.5	8.5	77965.7	6.7	2398.8
中国大陆	29.1	7.6	93497	8	3213
荷兰	24.6	6.4	85158.2	7.3	3463.9
西班牙	20.9	5.5	68243.8	5.8	3258.4
比利时	17.8	4.7	60681.3	5.2	3402.5
日本	14.6	3.8	64288	5.5	4414.5
其他	65.4	15.6	205077	17.6	3137.3
合计	383	100	1167208	100	3047.9

3. 供需预测

受消费性电子产品、汽车玻璃装配等领域新应用需求拉动影响，预计到 2025 年世界聚碳酸酯产能将达到 818 万吨/年，产量和消费量为 524 万吨，2021—2025 年世界聚碳酸酯装置建设仍保持一定步伐，预计年均增速为 6.6%；同期，世界聚碳酸酯需求增速预计为 2.0%，详见表 2.31。

表 2.31　2021—2025 年世界聚碳酸酯供需现状及预测表

项目	2021 年	2022 年	2023 年	2025 年预测	增长率（2021—2025 年）/%
产能/(万吨/年)	634	711	774	818	6.6
需求量/万吨	483	470	483	524	2
开工率/%	76	66	62	64	—

未来世界聚碳酸酯消费仍将稳步增长，亚洲地区是主要消费增长点。目前欧美发达国家的聚碳酸酯市场已基本饱和，需求增速放缓，亚洲地区将是聚碳酸酯需求量最大的地区。世界每年新增的产能基本上被亚洲地区所吸收，亚洲市场的竞争将十分激烈。

（二）国内供需及预测

1. 供需平衡

2019—2023 年中国 PC 市场供需稳步增长，供应增长来自于国内产能的扩张，需求的增长来自于下游消费行业的不断发展及出口的增加,但供需增速失衡较为明显。据隆众资讯统计,2019—2023年中国PC产能年均复合增长率在19.89%,产量年均复合增长率在26.12%,表观消费量年均复合增长率在8.19%,供需增长不匹配导致国内PC产能利用率持续偏低。2019—2023年中国PC供需平衡见表2.32。

表2.32 2019—2023年中国PC供需平衡表　　　　　　　　　　　　单位:万吨

时间	产能	产量	产能利用率/%	进口量	出口量	表观消费量
2019年	166	100	60.24%	159.90	25.65	234.25
2020年	185	110	59.46%	162.98	25.13	247.85
2021年	247	130	52.63%	150.12	33.99	246.13
2022年	320	178	55.63%	138.63	29.09	287.54
2023年	343	253	73.76%	104.18	36.25	320.93

2. 供应现状

2023年国内PC产能保持增长,新增产能合计23万吨/年,同比增幅7.19%,涉及生产企业2家。其中,万华化学在原有PC装置基础上继续扩能,而湖北甘宁则为原有长停装置重启(停车时间:2020年3月—2023年1月)。2023年国内PC新增产能投产统计见表2.33。

表2.33 2023年国内PC新增产能投产统计表

生产企业	地址	企业形式	产能/(万吨/年)	工艺类型	装置投产时间	上游配套
万华化学集团股份有限公司	山东烟台	国企	16	光气法	2023年2月	48万吨/年双酚A
湖北甘宁石化新材料股份有限公司	湖北宜昌	民企	7	非光气法	2023年1月	12万吨/年DMC
合计			23			

2023年,国内PC生产企业合计产能为343万吨/年,产能排名前4位的企业合计产能187万吨/年,占全国总产能的54.52%。从生产工艺的分布来看,非光气法企业有8家,产能占比45.77%,半光气法、光气法产能占比分别为17.78%、36.44%。从区域分布来看,华东是国内PC产能分布最多的地区,产能占比68.51%,区域内经济发展水平较高,近消费端的生产分布特点体现明显,此外,华北、华南、华中及西南也均有部分产能,国内产能遍地开花,区域间货源交叉流通较为明显。2023年中国PC行业主要生产企业产能统计见表2.34。

表2.34 2023年中国PC行业主要生产企业产能统计表

企业名称	省市	简称	产能/(万吨/年)
帝人聚碳酸酯有限公司	浙江嘉兴	嘉兴帝人	15
科思创聚合物(中国)有限公司	上海	科思创	55
三菱瓦斯化学工程塑料(上海)有限公司	上海	上海三菱	10
北京中石化燕山石化聚碳酸酯有限公司	北京	燕化聚碳	6
宁波浙铁大风化工有限公司	浙江宁波	浙铁大风	10
聊城鲁西聚碳酸酯有限公司	山东聊城	鲁西化工	30
万华化学集团股份有限公司	山东烟台	万华化学	50
利华益维远化学股份有限公司	山东东营	利华益维远	13
四川天华化工集团股份有限公司(原"四川中蓝国塑")	四川泸州	天华化工	10
濮阳市盛通聚源新材料有限公司	河南濮阳	盛通聚源	13
沧州大化新材料有限责任公司	河北沧州	沧州大化	10

续表

企业名称	省市	简称	产能/(万吨/年)
浙江石油化工有限公司	浙江舟山	浙石化	52
中沙（天津）石化有限公司	天津	中沙天津	26
海南华盛新材料科技有限公司	海南东方	海南华盛	26
平煤神马聚碳材料有限责任公司	河南平顶山	平煤神马	10
湖北甘宁石化新材料股份有限公司	湖北宜昌	甘宁石化	7
合计	—	—	343

2019—2023年，中国PC产能年均复合增长率在19.89%，各年度表现起伏变化较大，但整体呈现较高增长速度。2019—2022年，国内先后有多套新装置投产，加之多套原有装置扩能，国内PC产能快速增长；在经历长达5年的集中扩能后，2023年国内PC产能增速显著放缓，年内新增产能仅有23万吨/年，同比增幅7.19%，创近年最低水平。

三、工艺技术

目前主流的双酚A型聚碳酸酯的工业化生产工艺有两种：界面缩聚法和熔融酯交换缩聚法（简称熔融缩聚法、或称"酯交换法"）。

聚碳酸酯的合成最早于20世纪50年代末分别由通用电气塑料公司（现为沙比克公司、SABIC）和拜耳公司（现为科思创公司、Covestro）实现工业化。60年代，由于当时的熔融缩聚法在生产过程中的一些关键技术无法解决，规模小、质量差，而界面缩聚法的产品分子量可调，较易制得高分子量聚碳酸酯，装置规模容易放大，技术相对成熟，因此世界各大公司纷纷采用界面缩聚法生产聚碳酸酯。20世纪70～90年代，世界各地兴建的聚碳酸酯装置几乎都采用界面缩聚法。进入90年代后期，熔融缩聚法在一些关键技术上取得了突破，产品质量大幅改善，之后很多公司开始转向采用该技术路线生产聚碳酸酯。

界面缩聚工艺采用光气与双酚A（BPA）在碱性氢氧化物水溶液和惰性有机溶剂存在下通过界面缩聚反应合成聚碳酸酯。目前在中国，帝人、上海三菱、鲁西化工和万华化学等均采用此工艺路线生产聚碳酸酯。

熔融缩聚工艺采用碳酸二苯酯（DPC）与双酚A在催化剂作用下通过熔融缩聚反应合成聚碳酸酯，副产苯酚。目前在中国，科思创、燕化聚碳、浙铁大风等均采用此工艺路线生产聚碳酸酯。

1. 界面缩聚法（光气法）

界面缩聚法通常也称为界面缩聚光气化法或直接简称为光气法。该工艺路线主要采用双酚A钠盐水溶液，在惰性溶剂和催化剂存在下，于常温（25～42℃）、常压下进行光气化界面缩聚反应制备高分子量的聚碳酸酯。反应可采用一步法或两步法以间歇或连续的方式完成，每家生产企业的工艺技术各有不同。

由于光气剧毒且运输危险，通常就地制造。反应物系为由水相和有机相组成的非均相混合物，水相一般由氢氧化钠、双酚A钠盐、单酚（如苯酚、对叔丁基苯酚等）钠盐以及反应副产物氯化钠等组成；反应过程中生成的带氯甲酸酯端基的低聚物和高分子聚碳酸酯长链溶在与水不互溶的惰性有机溶剂中形成有机相。催化剂叔胺或季铵盐则聚集于两相界面，促进界面缩聚快速进行。界面缩聚反应过程如下：

$$R_1\text{—}O\text{—}\underset{\underset{CH_3}{|}}{\overset{\overset{CH_3}{|}}{C}}\text{—}\bigcirc\text{—}O^- + Cl\text{—}\overset{\overset{O}{\|}}{C}\text{—}R_2 \xrightarrow{OH^-} R_1\text{—}O\text{—}\bigcirc\text{—}\underset{\underset{CH_3}{|}}{\overset{\overset{CH_3}{|}}{C}}\text{—}\bigcirc\text{—}O\text{—}\overset{\overset{O}{\|}}{C}\text{—}R_2$$

R_1 为无或 H^+ 或聚合物链段，R_2 为 Cl^- 或聚合物链段

由于在水相中光气会很快碱解生成无机氯盐和碳酸盐，因此通常先将光气溶在惰性有机溶剂中，再与水相混合成非均相混合物，利用光气和碱金属酚氧化物（如酚钠盐）的反应速率远高于光气碱解反应的特点进行合成，但在反应过程中仍不可避免会发生少量光气被碱解的副反应，如下所示。

$$Cl\text{—}\overset{\overset{O}{\|}}{C}\text{—}Cl + 4NaOH \longrightarrow Na_2CO_3 + 2NaCl + 2H_2O$$

在惰性有机溶剂的选择上，优选溶剂应既能溶解光气，又能溶解生成的聚碳酸酯，从而减少光气及反应生成的氯甲酸酯中间体的碱解。适用的惰性有机溶剂有芳烃、氯代烷烃或氯代芳烃等，通常选用二氯甲烷。

纯净的原料经界面缩聚可制得分子量最高可达 20 万的聚碳酸酯。加入封端剂（即链终止剂，如苯酚、对叔丁基苯酚等）可对分子量进行调控，制取所需不同规格的聚碳酸酯产品以满足各种成型加工方法的要求。聚碳酸酯封端后还可降低端羟基含量，获得更好的热稳定性。

工业上，为确保反应彻底完成，通常使用过量光气。光气用量一般为理论量的 1.1~1.2 倍。聚合反应中，过量的光气会碱解生成无机氯盐和碳酸盐。

界面缩聚法的优点之一是反应可在低温、常压、水相-有机相混合物系中进行。所用原料不必干燥，对许多杂质不敏感，易获得高分子量聚碳酸酯，特别是在合成其他高熔点特种聚碳酸酯时，不受高熔点困扰。界面缩聚法的缺点之一是为了从较稀的聚合物有机相中除去无机盐、未反应单体、催化剂等残留杂质，然后再从中分离出聚合物，需采用复杂的后处理工艺。此外，还需进行溶剂的循环套用和废水处理。

2. 熔融酯交换缩聚法（非光气法）

熔融酯交换缩聚法通常简称为熔融缩聚法或酯交换法，采用碳酸二苯酯和双酚 A 在催化剂存在下，于高温、高真空条件下，经反应制得聚碳酸酯。

反应过程分两步进行：第一步为酯交换反应，将碳酸二苯酯（DPC）和双酚 A 按一定摩尔比加入酯交换反应器，同时加入催化剂，于 175℃ 左右进行第一阶段的酯交换反应。大量蒸出副产物苯酚后，再升温至 200~230℃，于 10~40mmHg（1mmHg=133Pa）下继续反应，蒸出苯酚。当苯酚蒸出量达理论量的 80%~90% 时，酯交换反应完成。酯交换反应生成的主要是聚碳酸酯低聚物，分子量在数千至一万多，端基可为苯环或酚羟基，反应方程式如下所示：

$$\bigcirc\text{—}O\text{—}\overset{\overset{O}{\|}}{C}\text{—}O\text{—}\bigcirc + HO\text{—}\bigcirc\text{—}\underset{\underset{CH_3}{|}}{\overset{\overset{CH_3}{|}}{C}}\text{—}\bigcirc\text{—}OH \longrightarrow$$

$$\bigcirc\text{—}O\text{—}\overset{\overset{O}{\|}}{C}\text{—}O\text{—}\bigcirc\text{—}\underset{\underset{CH_3}{|}}{\overset{\overset{CH_3}{|}}{C}}\text{—}\bigcirc\text{—}OH + \bigcirc\text{—}OH$$

第二步为缩聚反应，将酯交换反应得到的低聚物转入缩聚反应器，在更高的温度和真空度（约260～300℃、<1mmHg）下进行缩聚反应，蒸出苯酚和碳酸二苯酯。随着缩聚反应的进行，物料熔融黏度升高，分子量增大，当达到所需分子量时结束反应，反应方程式如下：

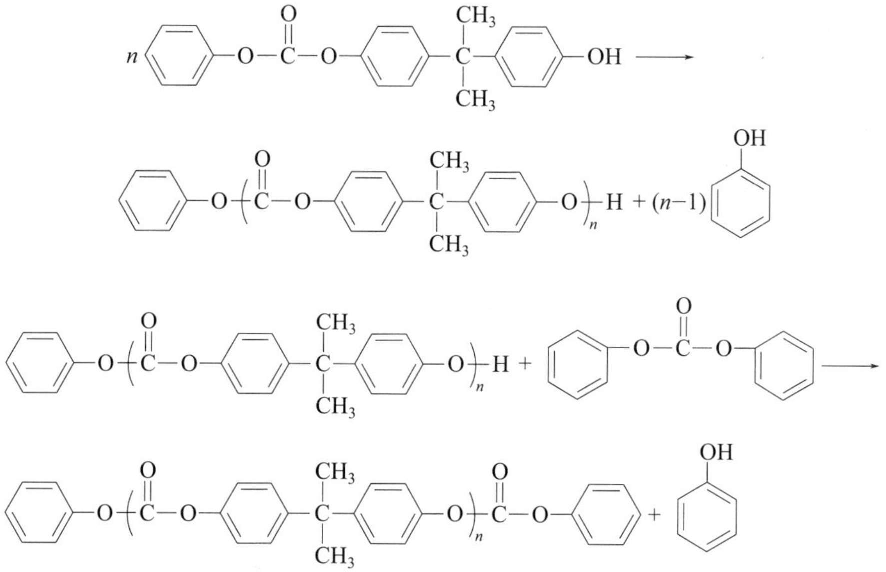

熔融酯交换缩聚过程中，原料的纯度、碳酸二苯酯与双酚A的摩尔比、反应系统的温度和真空度、设备的结构和材质、催化剂的种类和用量、添加的稳定剂种类和用量等均对聚碳酸酯的质量有显著影响。

从反应式可见，当碳酸二苯酯和双酚A的摩尔比为1:1时，可制得高分子量聚碳酸酯。但在实际的工业化生产中通常采用的摩尔比为(1.05～1.1):1，碳酸二苯酯稍微过量。主要原因是，一方面在反应过程中，尤其在反应后期，在高温和高真空下有少量碳酸二苯酯随苯酚一起逸出反应物系，会损失少量碳酸二苯酯；另一方面通过调节碳酸二苯酯的加入量也可以在一定程度上控制最终产品的分子量和端基。而如果双酚A过量，大量的酚羟基和残余的双酚A会降低聚碳酸酯的热稳定性，影响力学性能和色泽。

酯交换反应阶段，若反应温度超过180℃，双酚A在高温下易分解，生成有色杂质，因此反应温度不应过高。此阶段，真空度也不宜过高，过高的真空度会增加碳酸二苯酯的逸出量，破坏摩尔比。

缩聚反应阶段，高温、高真空下，随着聚合物平均分子量的增加，聚合物熔融黏度快速升高（如从200Pa·s增至60000Pa·s），熔体的流动性越来越差，脱除挥发性缩聚副产物苯酚越来越困难，因此缩聚反应器的选型和设计是熔融缩聚工艺的关键点之一。

高温和高熔融黏度下还会发生不期望的副反应。例如缩聚反应过程中在聚合物骨架上形成醚键，带自由基的羰基转移到苯环上，这些侧基经酯交换形成支化和交联结构，采用适当的碱性催化剂和操作条件可在一定程度上抑制这些副反应。

工业上，熔融酯交换缩聚反应可在多个串联反应器中进行。前几个反应器主要进行酯交换反应制取低聚物，反应放出的苯酚在真空下从反应器蒸出，冷凝并循环至碳酸二苯酯合成工序。后几个反应器主要进行缩聚反应制取高聚物，然后反应物料进入薄膜蒸发器或双螺杆挤出机等设备中，在高真空下进一步脱除反应物料中的残余苯酚，生成熔融聚碳酸酯，最后经造粒机造粒。

广义的熔融缩聚法工艺中除了碳酸二苯酯和双酚 A 反应生产聚碳酸酯外，通常还包括碳酸二苯酯的合成。采用熔融缩聚工艺的生产企业通常都会配套建设碳酸二苯酯合成装置，"DPC-PC"共建装置可实现原料苯酚的循环利用。

采用酯交换工艺合成碳酸二苯酯的厂家很多还会继续向上配套建设碳酸二甲酯（DMC）合成装置，而采用酯交换工艺合成碳酸二甲酯还可进一步实现甲醇的循环利用，从而形成"DMC-DPC-PC"一体化产业链。

碳酸二苯酯的合成又可分为光气法和酯交换法两种工艺。酯交换法合成碳酸二苯酯的反应通常分两步进行：第一步，苯酚与 DMC 反应转化为甲基苯基碳酸酯（MPC）；第二步，MPC 再与苯酚反应得到 DPC，或 MPC 歧化反应得到 DPC 和等摩尔的 DMC。

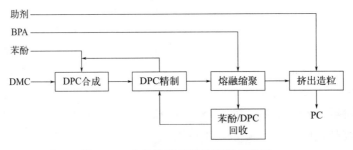

广义熔融缩聚工艺流程示意图如图 2.17 所示。

图 2.17　广义熔融缩聚法流程示意图

3. 其他生产工艺

近年来，针对直链脂肪族聚碳酸酯，使用环状低聚物开环聚合的工艺路线生产线型聚碳酸酯，以及使用非芳香族单体代替双酚 A 来合成聚碳酸酯技术，都得到了快速发展。譬如，使用异山梨酸醇代替双酚 A 的缩聚工艺，在日本得到了实际的拓展和应用。

通常来说，聚碳酸酯属于无定形态，所以，研发者们一直在探寻更好的方法制备高结晶性的聚碳酸酯。主要目的是通过提高结晶度来提升聚碳酸酯制品的力学性能、热变形温度和耐溶剂、耐化学腐蚀性。固相缩聚工艺，就是其中的一个研究方向。由此得到的聚碳酸酯不仅分子量高，结晶度也有所提高，而且可以制备耐热聚碳酸酯和可溶性聚碳酸酯。

再有，共聚聚碳酸酯材料，在力学性能上先天就有所突破，是未来开发和应用的重要领域，如硅-PC、高耐温 PC 等。

上述这些工艺技术，一是涉及过多专利，大都处于相对保密的状态下，二是制备的聚碳酸酯材料性能稳定性不一或由于其特殊的化学结构导致应用受到限制，三是大规模工业化尚不够成熟或生产经济性还存在极大的挑战。因此，此处仅略作提及，并不深入探讨。但是，这方面的国内外进展却是非常值得关注的。

四、应用进展

聚碳酸酯广泛应用于汽车零部件制造、消费电子、电子工程、家用电器、发光二极管（LED）照明、建筑板材、耐用消费品、光学透镜、光盘基料，以及专用防护和医疗器械等诸多领域。从用量上来看，在我国聚碳酸酯是五大通用工程塑料中用量最大、增长最快的品种。目前，国内聚碳酸酯消费量几乎占到全部工程塑料总用量的半壁江山，在我国的经济发展中占有比较重要的地位。

（1）电子电气

电子电气领域包括计算机和显示器的附件和装饰盖、底座以及机械和功能器件，还用作大尺寸 LCD 显示器和电视机中的扩散板。在上述应用领域 PC 与丙烯腈-苯乙烯共聚物（PSM）相竞争，但 PSM 通常不用在 42 英寸或更大的屏幕上，因为其不具有所需的尺寸稳定性、高冲击强度、高热变形温度、绝缘性、耐火性以及尺寸稳定性，导致 PC 及其合金在电子电气市场的用量强劲增长。

（2）家电和家居产品

PC 树脂以其耐热性、良好的绝缘性、抗冲击性、强度和透明度，广泛用于小型家电和家居产品（如厨房电器和地板护理设备）。PC 通常用于需要耐热性的地方。主要用于家庭地板护理设备中的电机（如吸尘器和地毯清洗机）、小型家用电器外壳和部件（如熨斗、咖啡机、烤箱、开罐器、食品加工机外壳、洗碗机和搅拌机外壳以及罐子）以及电动工具（如便携式手钻、锯床、磨床和打磨机）手柄和外壳。

（3）建筑板材

PC 板材具有良好的透光性、抗冲击性、耐紫外线辐射和尺寸稳定性，以及良好的成型加工性能，比传统的无机玻璃具有明显的性能优势，隔热性能比玻璃高 25%，抗冲击强度是玻璃的 250 倍，而重量仅为玻璃的 1/2。近年来 PC 板材在各种形状的大面积采光屋顶、楼梯护栏及高层建筑采光设施等领域被广泛应用。

目前，国内有多条 PC 中空阳光板流水线、PC 实心耐力板流水线、PC 采光波浪板流水线和 PC 薄膜薄板生产线，主要生产企业为沙比克广东中山（Lexan、普特和 LexanThermoclear 板材）、拜耳北京光塑板材、广东固莱尔、上海汇丽、常熟巨力等。

（4）光学薄膜材料

聚碳酸酯薄膜适用于需要极高机械强度和耐用性的场合，聚碳酸酯薄膜制造的身份文件上，持证人的信息和照片都能用激光打标方式打印，并且对比度比常规激光反应薄膜更高。同时激光打标效果能穿透整个页面，强化防伪保护。日本住友化工公司开发了一款既能提高热吸收性能又能保持较高水平可见光传输性能的聚碳酸酯（PC），其目标应用领域是汽车玻璃。

（5）汽车工业

聚碳酸酯具有良好的抗冲击、抗热畸变性能，而且耐候性好、硬度高，因此适用于生产轿车和轻型卡车的各种零部件，其主要集中在照明系统、仪表板、加热板、除霜器及保险杠等。改性聚碳酸酯由于具有高力学性能和良好的外观，在汽车上主要用于外装件和内装件，用途最为广泛的是PC/ABS合金和PC/PBT合金。

PC/PBT合金用作包边和轮胎盖子；PC/ABS主要用在汽车门外嵌板，它能经得起喷漆烘烤系统的温度要求；PC/PBT合金广泛用于生产性能优越的保险杠；用于仪表盘的PC/ABS合金将是这些应用中增长最快的；还有用作车灯罩、车窗等的PC品种，其潜在的市场空间将是巨大的。PC用于汽车风挡玻璃及其他玻璃部件，可以使其重量减轻40%～60%。

（6）包装产品

在包装方面，PC可制成饮水桶、饮料瓶、水瓶、婴儿奶瓶等。PC在包装领域消费量最大的市场是20L左右的大水瓶。由于重量轻、抗冲击和透明性好，用热水和腐蚀性溶液洗涤处理时不变形且保持透明，PC瓶在很多场合已取代玻璃瓶；不过，近年来关于PC可能释放有毒双酚A的争论较多，加拿大、美国等一些国家明令禁止PC作为奶瓶等原材料，因此，未来PC在包装领域的需求将有所将减缓，但主要体现在热饮用包装方面。

（7）航空航天领域

近年来，随着航空航天技术的迅速发展，对飞机和航天器中各部件的要求不断提高，使得聚碳酸酯在该领域的应用也日趋增加。据统计，仅一架波音型飞机上所用聚碳酸酯部件就达2500个，单机耗用聚碳酸酯约2吨。而在宇宙飞船上则采用了数百个不同构型并由玻璃纤维增强的聚碳酸酯部件，神七航天员头盔由聚碳酸酯制成。

高性能风挡玻璃是未来战机的关键材料之一。由于聚碳酸酯透明材料具有优异的抗冲击性、可成型性和良好的耐热性能而在飞机透明件上得以运用，目前聚碳酸酯已成为西方先进战机体系中十分关键的非金属材料，是高性能飞机不可或缺的座舱透明材料。

（8）其他领域

PC在其他领域的应用主要有医疗设备、纺织行业、光学透镜等。医疗设备包括医用设备部件、医用托盘、手推车、采血容器。PC在纺织行业中主要用于纺织纱管，由于PC使用温度高达140℃，因此可大大提高重复使用率。在光学透镜领域，采用光学级PC制作的光学透镜不仅可用于照相机、显微镜、望远镜及光学测试仪器等，还可用于电影投影机透镜、复印机透镜、红外自动调焦投影仪透镜、激光束打印机透镜，以及各种棱镜、多面反射镜等诸多办公设备。

五、发展建议

总的来说，结合生产、进出口及消费，可以发现，当前中国聚碳酸酯行业有以下几个特点并形成几点建议。

（1）中国已是全球最大的聚碳酸酯生产国和消费国。

（2）行业投资"风起云涌"，短期内（2022—2023年），国内产能突破300万吨/年水平，而国内实际需求量仅在230万吨上下，消费结构变化不大，消费量增长趋于稳定但非常有限（仅5%仍属全球最高），创新的消费领域不多也不大，产能过剩将更加明显，国内需求难以消化新增产能。

（3）国内生产自给率已大幅提高，2023年突破77.6%，预计将在两年内达成80%以上的自给目标。

（4）新增项目中重复建设现象严重，低质化的原料生产占主导地位，加剧市场的恶性竞争，高值化、差异化以及绿色环保产品的发展不足。

（5）为缓解成本压力，国内生产企业谋求原料一体化运行，配套建设双酚A等上游装置，同时，却无力改变整个行业过剩产能带来的企业开工率的走低，行业盈利能力弱化的问题。

（6）聚碳酸酯下游应用广阔多样，却小而杂，企业盈利能力的弱化制约了应用创新的投入与开发，良性循环亟待解决。

（7）国内企业对可持续发展、循环经济的认知尚不到位，"活下去"的短期目标，与国家倡导的鼓励创新、绿色可持续的中长期要求存在较大差距。

（8）供应方面，2024—2028年，中国PC拟在建项目共有18个，涉及产能347.5万吨/年，预计随着中国PC产能结构性调整，仅有部分拟建项目将会投产。

（9）消费方面，2024年中国PC消费仍将保持快速增长，预计消费量将达到340万吨，同比增长9%左右，消费增长主要来自汽车和电子电气领域，预计这两个领域对PC的消费占比在65%以上。

（10）未来国内聚碳酸酯市场竞争激烈，建议着重开发目标及细分市场产业链客户，特别是致力于改性应用产业的客户开拓，布局高附加值产业链，进一步细化产品差异化的研究与发展。以满足客户需求为导向，着重技术服务、售后服务，提升自身竞争力同时，规避市场风险。

第十节　聚甲基丙烯酸甲酯

万华化学集团股份有限公司　何勇

一、概述

聚甲基丙烯酸甲酯（简称PMMA），是从甲基丙烯酸甲酯单体聚合而成的高透明度热塑性树脂，它以卓越的光学透明度、良好的力学性能及广泛的加工可行性著称，透光率高达92%，接近玻璃，同时具有耐候性，适用温度范围广。PMMA在加工上表现出高度灵活性，可通过注塑、挤出等多种工艺成型，满足不同应用场景的需求。产品类型可分为浇铸板材、树脂颗粒和树脂粉三种。

PMMA材料应用广泛，从建筑行业的采光顶到广告标识的高端展示，从家居用品的现代设计到汽车零部件的轻量化解决方案，乃至电子产品的屏幕保护和医疗设备的制造。在汽车照明、显示屏、家居装饰以及牙科和医疗器械中，凭借其出色的透明度、设计灵活性和一定的耐化学品性，展现出极高的价值和多样性，是现代工业与生活中不可或缺的高性能材料之一。

二、市场供需

(一) 全球供需及预测

1. 生产现状

如表 2.35 所示，2023 年全球 PMMA 产能约 316 万吨，产量 200 万吨，行业开工率约为 63%。

表 2.35 2023 年全球主要甲基丙烯酸甲酯产能及其分布   单位：万吨/年

地区	工厂	装置地址	树脂	板材
欧洲	三菱化学	英国	0.5	3.5
		荷兰	3	
	罗姆化学	德国	9.5	6.4
		奥地利		1.5
	盛禧奥	法国		4
		丹麦		1
		意大利	5.5	
	西欧其他	西班牙/意大利/德国	4	11
	中东欧	俄罗斯/保加利亚/斯洛文尼亚		3
日本	旭化成	川崎/千叶/静冈	5.5	2.9
	三菱化学	广岛/富山	4.7	4.6
	可乐丽	新潟	4.4	3.7
	住友	新居浜	0	4.1
韩国	三菱化学	大山	11	
	盛禧奥	镇海	0	0
	LG	丽水	9	4
	Delaglas 板材	平泽		1
中国台湾	奇美	台南	15	3
	罗姆化学	台中	8.5	
	其他板材	高雄等		3
新加坡	住友	Pulau Sakra	15	
沙特阿拉伯	住友+阿美	拉比格	5	
	三菱+沙比克	朱拜勒	4	
泰国	三菱化学	Rayong	2	
	本土板材	泰国		5
美国	盛禧奥	PA/KY	13.6	4.5
	罗姆化学	AR/ME/CT	9.5	4.5
	Plaskolite	OH/CA/TX/MS	10	8
	其他板材			6
美洲其他	本土板材	加拿大/墨西哥/巴西		5
其他地区		亚洲其他/非洲/大洋洲/中东		6
	树脂粉		1.5	
中国大陆	树脂及板材		49	30

PMMA 生产商主要集中在亚洲、北美和西欧。全球最大的 5 家 PMMA 生产商是奇美、三菱丽阳（包括璐彩特）、罗姆化学、盛禧奥和住友化学，合计产能约占全球总产能的 50%。从分布来看，日本和中国的产能集中在少数大型企业，如三菱化学、奇美、万华化学和双象股份等，显示出高度集中的产业格局；而欧洲和北美则表现出产能分布在多国或多公

司的特点,显示出较为分散的产业结构。

受东北亚地区下游行业的驱动,近两年 PMMA 的扩建项目主要集中在亚洲。如 2022 年万华化学 MMA 二期(含 8 万吨 PMMA 产能)投产,产能提高至 16 万吨/年。2023 年 10 月,罗姆化学宣布其位于上海化工区的 PMMA 扩产项目建成投产,是在现有两条生产线基础上新建的一条生产线,上海化工区 PMMA 总产能由 4 万吨/年提高至 6 万吨/年。双象股份通过其全资子公司重庆双象光学材料有限公司实施了"年产 30 万吨 PMMA、MS 和 4 万吨特种聚酯项目"。该项目分期进行,其中一期一阶段已经完成,2024 年新增年产 16 万吨 PMMA 产能。

伴随产能增长,行业也面临着向可持续性和环保方向转型的压力和机遇,特别是在新材料研发、生产过程的绿色化方面,这将是未来产能布局和技术革新的一大趋势。同时,随着中东欧、亚洲其他区域的产能扩张,全球 PMMA 供应正经历产品结构调整和区域平衡的变化。

2. 需求分析及预测

全球 PMMA 消费领域主要包括广告牌、建筑、光学、汽车、家电等领域。由于 PMMA 的主要终端市场是广告、建筑和汽车等行业,PMMA 的消费在很大程度上受宏观经济条件的影响。预计未来五年全球消费量将缓慢增长,到 2028 年消费量达到 210 万吨左右。全球 PMMA 下游消费结构见图 2.18。

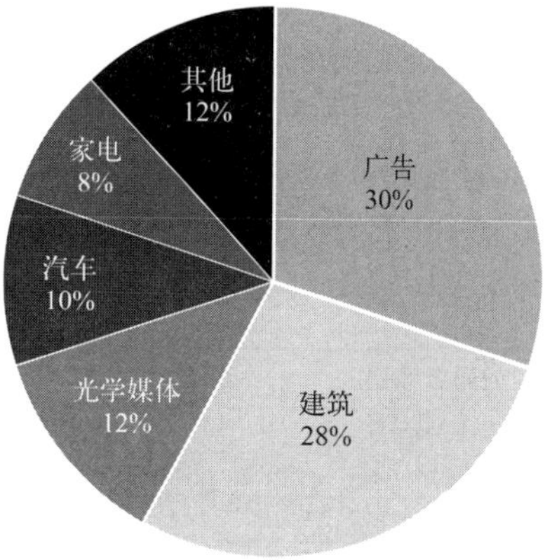

(二)国内供需及预测

图 2.18 全球 PMMA 下游消费结构

1. 生产现状

截至 2023 年,中国 PMMA 产能约为 80 万吨/年,其中 PMMA 树脂颗粒产能 49 万吨/年,PMMA 板材产能 30 万吨/年,其他形式的 PMMA 产能约 1 万吨/年。2023 年中国主要聚甲基丙烯酸甲酯产能及其分布见表 2.36。

表 2.36 2023 年中国主要聚甲基丙烯酸甲酯产能及其分布

公司名称	装置地址	产能/(万吨/年)
万华化学	烟台	16
双象股份	张家港	8
三菱丽阳	南通	6
镇江奇美	镇江	9
罗姆化学	上海	6
熠亮	江西	4
合计		49

如图 2.19 所示,过去五年中国 PMMA(树脂颗粒)产能从 35 万吨/年增至 49 万吨/年,年复合增长率约 7%。此间,市场格局显著变迁,本土企业如万华化学与双象股份崭露头角,其中万华化学独占产能的 33%,引领产业升级。与此同时,外资势力如镇江奇美、三菱丽阳等面临稼动率下滑与市场份额缩水,呈现"国产替代"趋势加速的现象,尤其在高端光学级 PMMA 或汽车领域。

未来五年,中国 PMMA 树脂产能扩张态势不减。根据规划,到 2028 年,总产能预计

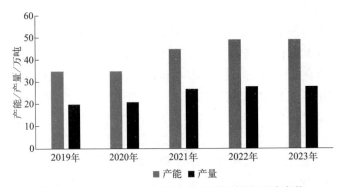

图 2.19 2019—2023 年国内聚甲基丙烯酸甲酯产能

将跃升至 132 万吨，年均复合增长率约达 19.4%（基于 2024—2028 年数据），其中不乏行业新进入者，如浙石化和珠海新涛都规划大于 12 万吨/年的产能，见表 2.37。伴随国内产能的大幅增长，进口依存度将进一步缩减，尤其是在高端产品领域，跨国生产商或将采取"退出与转型"的策略以应对市场变化。

表 2.37 2024—2028 年中国主要 PMMA 扩建情况　　　　　　单位：万吨/年

公司名称	2024 年	2025 年	2026 年	2027 年	2028 年
万华化学	16	16	16	16	16
双象股份	24	32	32	32	32
三菱丽阳	6	6	6	7	7
罗姆化学	6	6	6	6	6
镇江奇美	9	9	9	9	9
熠亮	4	4	4	4	4
浙石化	0	18	18	18	18
中原大化	0	0	15	15	15
山东启恒	0	5	5	5	14
珠海新涛	0	0	12	12	12
合计	65	96	123	123	132

2. 需求分析及预测

2023 年，中国 PMMA（树脂颗粒）消费量约为 31 万吨，同比增长 3%。该市场的细分需求中，显示导光板、汽车交通、消费电子以及 LED 照明四大领域分别占据了 20%、30%、13% 与 20% 的份额，见图 2.20。

在显示导光板行业的发展轨迹上，可见一条清晰的国际化转移路径：起源于美国，经日本发展壮大，随后韩国实现超越，中国台湾地区的快速崛起，直至现今中国大陆全面发力并占据主导地位，2023 年上半年中国大陆市场份额已高达七成，确立了在该领域的主导权。这一过程中，面板原材料供应链也经历了显著变化，从最初依赖德国和日本，转向以韩国和中国台湾供应商为主，直至万华等企业介入，成功打破了 PMMA 供应紧张的局面，并推动了国产化的进程。未来，随着产业链整合加深，显示导光板行业对 PMMA 的需求将更加集

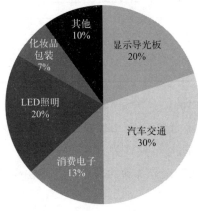

图 2.20 中国 PMMA 下游消费结构

中在国内市场，尽管新材料如 MS 因低膨胀率、低吸水率和良好的加工性等特性，在大尺寸面板应用上的兴起可能对 PMMA 的部分需求构成挑战。

与此同时，新能源汽车行业持续扩张，其标志性的贯穿式尾灯设计普遍采用 PMMA 材质，在汽车交通领域迎来新的增长点。而在消费电子与 LED 照明行业，尽管需求增长相对平稳，PMMA 仍然是不可或缺的材料选择，维持着稳定的市场需求。总体而言，PMMA 行业正面临着既有市场稳固与新兴领域拓展的双重机遇；但与此同时也面临着市场竞争加剧和产品结构供需失衡的严峻挑战。

2021 年，受全球防疫措施推动的板材需求以及汽车行业复苏的双重影响，PMMA 在下游领域的应用显著增长，尤其是在卫生、建筑、电子电气和汽车行业。其中，卫生及建筑行业因防疫隔离设施建设和安全改造项目而需求大增，电子电气和汽车行业的创新应用也推高了对 PMMA 材料的需求。进入 2022 年，随着全球疫情的持续影响，广告和展会行业的活动大幅减少，导致对 PMMA 材料的需求在这些领域收缩，特别是卫生及建筑行业的需求有所下降。同时，由于 OLED 技术的快速发展，电视显示屏对 PMMA 粒子的需求减少，面板大型化转而更多选用 MS 材料应用在车用显示屏中。不过，汽车车灯市场因技术革新和设计趋势，对 PMMA 的需求依然保持增长。

至 2023 年，尽管 OLED 技术的渗透继续影响电视显示屏市场，减少了这部分对 PMMA 粒子的需求，但在汽车领域，PMMA 的需求呈现增量，使得汽车行业的占比提升至约 30%。下游需求随着全球经济缓慢恢复，国内基础设施建设和国民经济增长小幅提振，带动了卫生及建筑、汽车以及新型应用领域对 PMMA 的轻微需求增加。

总体来看，PMMA 行业经历了从 2021 年至 2023 年的波动调整期，其间受到技术进步、行业转型以及全球经济状况的影响，不同下游领域对 PMMA 的需求呈现出动态变化。尽管某些传统应用领域面临挑战，如电子显示屏市场，但汽车照明等新应用领域的需求增长为 PMMA 行业提供了新的增长点。此外，国内对于高质量、高性能 PMMA 产品的需求持续上升，特别是在高端光学级产品，充分展示出万华等企业在提升产能和产品质量方面的努力，以及对进口高端产品的平替与引领潜力。

预计 2028 年国内 PMMA 树脂需求量将达到 34 万吨，未来五年需求年均增长率约 1%，产能增速远大于消费增速，市场竞争进一步加剧。

三、工艺技术

PMMA 的生产技术主要有本体聚合、溶液聚合和悬浮聚合三类。其中，悬浮聚合为单体在分散剂的协助下在水中反应，它的产品形式为一定粒径的珠状颗粒。悬浮聚合的优点是生产设备简单，产品结构组成容易调控，存在的主要问题是废水量很大，并且产品的光学纯净度较差。溶液聚合通过添加甲苯等溶剂来降低聚合反应过程的凝胶效应，生产过程的传质和传热得到改善，但带来的问题是生产效率的下降以及脱除溶剂需要消耗更多的能耗。本体聚合完全不使用溶剂，也不需要添加分散剂等其它助剂，产品纯净度最好，生产能耗最低，是当前 PMMA 最先进的生产工艺，最适合用来生产光学级 PMMA 产品。相比其它两种生产工艺，本体聚合技术难度相对较高，主要体现在如何控制聚合反应过程的凝胶效应，避免因凝胶效应而导致的反应失控，聚合物组成的偏离等问题，这些都是工业化生产时需要重点解决的问题。

在 PMMA 生产过程中，原料 MMA 单体的供应非常关键。可以说，原料 MMA 的品质决定了最终 PMMA 产品的质量。为了生产高品质的 PMMA 产品，当前很多企业都采用 MMA-PMMA 产业链一体化的方式，自己配套 MMA 供应。这样的好处有两点，一是可以控制配套 MMA 的质量以及批次稳定性；二是 MMA 单体可以通过管道供应，最大限度地减少运输过程的污染，提高最终产品的光学纯净度。

四、应用进展

目前，PMMA 已经应用于显示导光板、LED 照明、光导纤维、汽车、消费电子、电器等领域。近年来在多个领域中持续展现出更加广泛的应用潜力和进展，以下是一些最新的应用进展和发展趋势。

（1）光纤材料

PMMA 制成的光纤在短距离数据传输中有着优异性能，被认为是光纤到户（FTTH）"最后一公里"的最佳解决方案。除光通信领域外，塑料光纤还被应用于景观照明。全球范围内，生产塑料光纤的企业主要有日本三菱、旭化成、东丽等公司。目前，万华已成功工业化生产出光纤用 PMMA 粒子。

（2）医疗领域

在医疗领域，PMMA 因其生物相容性和易于消毒的特性，被用于制作一次性医疗用品、透镜、牙科修复材料（如假牙和牙齿矫正器）以及作为组织工程支架材料。

在生物技术和实验室自动化领域，PMMA 因其良好的密封性和可加工性，常被用作微流控芯片的材料，用于细胞培养、DNA 测序、药物筛选等研究。

（3）汽车领域

ASA 合金系列、透明增韧系列、耐溶剂系列、激光焊接系列以及色彩系列的 PMMA 产品，为汽车行业多样化发展提供更多创新型的综合材料解决方案。

（4）PC/PMMA 复合材料

随着 5G 网络的加速布局，对材料的要求越来越高，为满足 5G 通信对信号传输的要求以及更轻薄、更便携的发展方向，PC/PMMA 复合板已成为研究热点。PC/PMMA 复合板是将 PC 和 PMMA 通过共挤方法制得，由于 PMMA 具有较好的硬度和耐磨性，一般作为外层，而 PC 具有良好的韧性，所以作为内层。复合板兼具 PC 和 PMMA 的优点，既能满足刚性与装饰的要求，又可以满足无线充电无屏蔽的需要。

（5）VR/AR/MR

虚拟现实（VR）、增强现实（AR）、混合现实（MR）以及智能家居等高新技术产业发展对高透明度、高强度、耐候性优异的 PMMA 材料需求将持续旺盛。

此外，随着可持续发展的大力推进及环保政策的落地，对 PMMA 在原料来源、生产工艺和废弃物处理等方面提出了绿色环保的要求，生物基、可再生资源替代传统石油基原材料，将成为重点研发方向，实现废旧 PMMA 产品的回收利用，将是 PMMA 发展的新方向和新机遇。

五、发展建议

目前，中国 PMMA 行业进入了新一轮扩张期，上游 MMA 单体生产规模的迅速扩大以及对进口产品的替代为下游行业的发展提供了巨大机遇，但同时部分一体化程度低、规模小、技术水平有限的 PMMA 产能将面临被淘汰的风险。

对于未来中国 PMMA 行业的发展，有以下两点建议：

(1) 加大研发投入，持续开发新产品

当前中国 PMMA 的通用市场竞争非常激烈，但是在部分高端市场（例如塑料光纤、偏光片光学膜、医疗等）还主要依赖进口。这部分产品的附加值高，但技术门槛也相对更高。因此，国内有实力的 PMMA 企业可以持续在这些市场发力，开发更多高性能的产品，满足下游客户更多差异化的需求。

(2) 开拓 PMMA 的新应用

PMMA 是光学性能及耐老化性能最好的塑料材料，被誉为"塑料皇后"。当前 PMMA 的应用领域相对较窄，主要用于汽车尾灯、导光板、户外广告牌等领域。随着新能源汽车的发展，PMMA 未来是否会有更多的机会，PMMA 在通信光纤、仪表显示、高光免喷涂等方面是否可以替代其他塑料产品。这些需要生产企业和下游客户共同推进。

第十一节 聚酰胺 66

华峰集团 林建一 邹宗钧

一、概述

聚酰胺 66（尼龙 66）最早由杜邦在 1938 年实现工业化，其具有良好耐磨性、自润滑性、机械强度高等特点，因此在汽车、纺织机械、仪器壳体、耐高温产品、电子电气、建筑材料、消费品和包装材料等领域都有广泛应用。

在尼龙 66 全球市场上，主要生产厂家有英威达、奥升德、巴斯夫、杜邦、神马、旭化成、兰蒂奇、华峰等，其中英威达、奥升德、巴斯夫占据了全球尼龙 66 聚合物 80% 以上的市场份额，英威达尼龙 66 产能约占全球的 40%。

近年来，随着己二腈原料国产化趋势的加强，国内尼龙 66 行业迎来了建设高峰，主要生产厂家为神马、华峰、扬农、中国化学等。据预测，未来几年中国尼龙 66 产能将大幅增长，主要来自于天辰齐翔新材料、英威达尼龙化工、浙江新力新材料、山东聚合顺新材料和烟台华润锦纶等项目的投产。预计到 2027 年，我国尼龙 66 总产能或将突破 200 万吨/年。

(1) 杜邦

杜邦是世界上最大的化工企业之一。1937 年美国杜邦公司卡罗瑟斯公布了第一个尼龙 66 专利，制得尼龙 66 的样品。1938 年，美国杜邦公司最先将尼龙 66 工业化。经过多年的发展，杜邦推出的尼龙 66 树脂种类众多，包括通用级、高黏度、抗冲改性、增强型、阻燃改性、食品医疗级等大类。

（2）英威达

英威达作为全球尼龙 66 产业的领军企业，市场份额较高。从汽车行业的零部件到安全气囊丝、医疗设备、食品包装和服装，英威达在尼龙 66 价值链中的产品助力许多生活必需品走向市场。

（3）巴斯夫

巴斯夫 Ultramid® 产品系列是基于 PA6 和 PA66 及 PA66/6 等多种共聚酰胺研发的模塑改性产品，其产品线还包括 PA610 和半芳香族聚酰胺（如 PA6T/6 等）。改性产品有非增强型、玻纤增强型或矿物增强型，也有长玻纤增强型的特殊应用。Ultramid® 的特点是机械强度高、刚度高和耐热性强。此外，Ultramid® 在低温环境下表现出良好的韧性，且具有优秀的滑动摩擦性能。这种工程塑料特别适用于以下行业：车辆制造、电气技术和电子工业、家用电器技术、工业开关设备、光伏发电、建筑和安装技术、家具、卫生以及机械和仪器制造。

（4）奥升德

1949 年，孟山都和美国 Viscose 合资成立公司生产合成纤维。1997 年，孟山都剥离尼龙业务，组建了首诺（Solutia）。2009 年 6 月，SK Capital Partners 收购了首诺的综合尼龙业务并成立了现在的奥升德功能材料公司。2020 年奥升德在中国收购了两家塑料公司，分别是常熟和氏璧新材料有限公司、特和工程塑料有限公司，在中国扩展尼龙 66 的生产和研发。

截至 2024 年 4 月，奥升德推出的聚酰胺切片产品有 5 类不同品牌类别，分别为 Vydyne®、Starflam®、HiDura™、ReDefyne™ 和 Acteev™。

（5）旭化成

旭化成集团是创立于 1922 年的综合化学公司，具有独立的己二腈生产能力。近年来，旭化成将尼龙 66 的发展重心从通用轮胎帘线转移到安全气囊和特种轮胎应用上。

（6）兰蒂奇

兰蒂奇集团是世界知名的工程塑料生产商之一，其尼龙产品涵盖了 PA6、PA66、PA610、PA612 等多种。在国内市场，兰蒂奇工程塑料（苏州）有限公司，作为兰蒂奇集团在中国的分公司，依托母公司在尼龙上下游一体化的优势，具备年产 9 万吨尼龙 66（PA66）的聚合及生产能力。兰蒂奇的尼龙产品广泛应用于多个领域，包括汽车、电子、纺织、运动器材等。

（7）神马

20 世纪 70 年代，神马从日本旭化成引进成套设备与技术，建成了中国第一家生产尼龙 66 工业丝及帘子布的现代化企业，拥有世界先进的尼龙 66 生产工艺和一流的技术装备。

随着公司的发展，其产品线逐渐拓展。2006 年，进军气囊丝行业；2012 年，尼龙产业园区帘子布、工业丝生产线投产；2015 年，尼龙产业园区己二酸投产。公司位于河南省平顶山市高新技术开发区内，在江苏等地也建有生产线。

（8）华峰集团

华峰集团的间歇聚合工艺于 2011 年 5 月正式投产，年产能 4 万吨。随着公司产品竞争力和市场份额的提升，华峰现阶段总产能 20 万吨/年以上，在国内尼龙 66 生产企业中位列第二。2019 年华峰打通产业链一体化，目前己二酸法己二腈产能可达 20 万吨/年。

(9) 江苏华洋尼龙

江苏华洋尼龙有限公司是一家以高分子新材料、工程塑料、尼龙塑料件、涤纶纱线生产、销售和服务为主的创新型企业。华洋尼龙在当地拥有多家大型生产基地，具备5万吨/年尼龙66聚合生产能力，同时华洋尼龙利用自身独特的生产工艺和技术，研发和生产尼龙66切片、尼龙增强增韧切片、尼龙扎带、涤纶缝包线、涤纶缝纫线等五大系列自主知识产权产品，广泛应用于家电、汽车、高铁、服装、工业包装等行业。

(10) 宁夏瑞泰科技股份有限公司

宁夏瑞泰尼龙66项目于2022年5月开车成功，年产能为4万吨尼龙66及2.5万吨中间体，2023年11月23日，项目扩建，将原有4万吨/年尼龙66及2.5万吨中间体装置产能提升到8万吨/年尼龙66及5万吨中间体。目前宁夏瑞泰主营两款产品，分别是YN2700和YN2400，黏度分别为中黏和低黏，主要为下游客户改性提供基料。

(11) 天辰齐翔

中国化学天辰齐翔新材料有限公司为中国化学天辰工程有限公司旗下混合所有制企业，成立于2019年7月12日。天辰齐翔新材料有限公司投资建设15万吨/年HCN/AN联产装置、20万吨/年ADN装置、20万吨/年加氢装置和5万吨/年PA66成盐及切片装置等。目前该项目一期已投产。

二、市场供需

(一) 世界供需及预测

1. 生产现状

2023年全球尼龙66总产能368万吨/年，产量220万吨，近3年美洲、欧洲以及亚洲其他地区需求增长都出现了停滞，只有中国仍保持小幅增长趋势。全球主要生产企业见表2.38。

表2.38 世界主要尼龙66生产企业

企业名称	产能/(万吨/年)	装置所在地	工艺来源
英威达	58	美国、加拿大、荷兰	丁二烯法
奥升德	70	美国	丙烯腈法
塞拉尼斯	35	美国、德国、新加坡	外部采购
巴斯夫	33	德国、巴西、韩国	丁二烯法
道默	21	法国、西班牙	外部采购
旭化成	14	日本	丙烯腈法
兰蒂奇	9	意大利	外部采购
东丽	6	日本	外部采购
屹立	3	以色列	外部采购
国乔	3	中国台湾	外部采购
科赛	2	欧洲	外部采购

2. 需求分析及预测

尼龙66工程塑料总需求量116万吨，按应用领域区分为改性与注塑，改性主要用途在汽车和电子行业。注塑主要以扎带和电子电气为主。改性市场全球应用分布和注塑市场全球应用分布见图2.21。

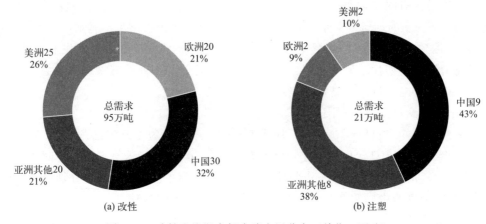

图2.21 改性和注塑市场全球应用分布（单位：万吨）

全球尼龙66工业丝主要应用于轮胎骨架材料、输送带、传送带、胶管、安全气囊、绳索等。中国工业丝市场神马自产自消15万吨左右，工业丝客户一般用量都很大，如韩国晓星、日本东洋纺、台湾远东等，年需求都是1万吨以上，对产品和价格的稳定性要求很高。随着尼龙66切片价格下行，有望进一步替代尼龙6和涤纶。尼龙66工业丝市场全球应用分布见图2.22。

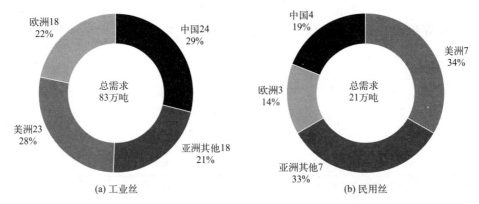

图2.22 尼龙66工业丝市场全球应用分布（单位：万吨）

尼龙66民用丝应用方面，目前在使用的尼龙66纺丝厂家集中在中国台湾，客户对品质和价格要求都很高，后续随着尼龙66产能快速扩张，尼龙66和尼龙6价差缩小，有望替代部分尼龙6。

根据Wood Mackenzie机构预测，未来5年未来全球尼龙66保持3%的增长，主要增长来自亚洲市场，预计2030年全球需求达到270万吨，见图2.23。

（二）国内供需及预测

1. 生产现状

截至2023年底，中国尼龙66总产能为115万吨/年，产量70万吨，出口量7万吨，进口量8万吨，主要生产企业见表2.39。

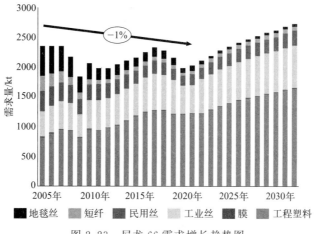

图 2.23 尼龙 66 需求增长趋势图

表 2.39 国内尼龙 66 主要生产企业

企业名称	产能/(万吨/年)	装置所在地	工艺来源
河南神马	36	河南平地山 江苏海安	外采己二腈 自产己二酸
上海英威达	24	上海市	丁二烯法
华峰	23	温州、重庆	己二酸法
宁夏瑞泰	6	宁夏中卫	己内酰胺法
鞍山国程	5.6	辽宁鞍山	外部采购
山东天辰	5	山东潍坊	丁二烯法
江苏华洋	5	江苏海安	外部采购
浙江新力	2.5	浙江瑞安	外部采购
丹东优纤	2	辽宁丹东	外部采购
杭州帝凯	2	浙江杭州	外部采购
沧州安耐吉	2	河北沧州	外部采购
杭州聚合顺	1	浙江杭州	外部采购
山东祥龙	0.5	山东潍坊	外部采购

2. 需求分析及预测

2023 年国内尼龙 66 下游各领域需求情况如图 2.24 所示，其中工程塑料需求 38 万吨，占比 57%；工业丝 24 万吨，占比 36%；民用丝 4 万吨，占比 6%。

3. 国内未来供需变化

由于己二腈原料的限制，过去尼龙 66 产能扩张相对温和，随着己二腈大规模生产，原料技术突破下，未来 5 年国内尼龙 66 迎来新一波产能扩张潮，根据市场收集，已规划和建设中产能近 400 万吨。己二腈/胺和尼龙 66 投产情况分别见表 2.40 和表 2.41。

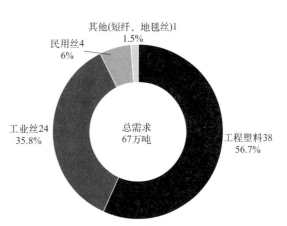

图 2.24 国内尼龙 66 下游各领域需求情况（单位：万吨）

表 2.40　己二腈/胺投产情况　　　　　　　　　　　　单位：万吨/年

企业名称	己二腈	己二胺	工艺	备注
奥升德（江苏）	—	20	丙烯腈法	2024 年
福建永荣控股集团有限公司	—	30	己内酰胺法	一期 5 万吨，2024 年
河南神马股份有限公司	15	15	丁二烯法	一期 5 万吨，2024 年
山东新和成控股有限公司	10	10	丁二烯法	0.1 万吨实验线研发
华神新材料（宁波）有限公司	—	18		2024 年二季度
宁夏瑞泰科技股份有限公司	—	2.5	己内酰胺法	2024—2025 年
重庆华峰聚酰胺有限公司	10	10	己二酸法	2024—2025 年
安庆市曙光化工股份有限公司	10	10	丁二烯法	规划
河北富海润泽化工有限公司	30	30	丁二烯法	规划
山西润恒化工有限公司	10	10	丙烯腈法	规划
河南峡光高分子材料有限公司	5	5	己二酸法	规划
福建福化古雷石油化工有限公司	40	40	—	规划
中国石油辽阳石化分公司	5	5	—	规划
鞍山中能精细化工科技有限公司	2	2	—	规划
湖北三宁化工股份有限公司	10	10	己二酸法	规划
天辰齐翔新材料有限公司	20	20	丁二烯法	规划
四川玖源高新材料有限公司	10	10	—	规划
菏泽旭阳新材料有限公司	30	30	—	规划
茂名南海新材料有限公司	5	5	—	规划
合计	212	282.5		

表 2.41　PA66 投产情况　　　　　　　　　　　　　单位：万吨/年

企业简称	PA66	投产时间
英威达 PA（中国）化工有限公司	21	2024 年二季度
烟台华润锦纶有限公司	16	一期 4 万吨，2024 年，二期规划
山东聚合顺新材料有限公司	29.5	一期 8 万吨，2024 年，二期规划
上海洁达 PA 材料有限公司	12	2025 年
华鲁恒升化工集团有限公司	8	规划
山东隆华高分子材料有限公司	16	一期 4 万吨，2024 年，二期规划
山东新和成控股有限公司	20	规划
郓城旭阳新材料有限公司	30	规划
浙江荣盛控股集团有限公司	32	规划
安徽昊源化工集团有限公司	40	一期 4 万吨，2024 年，二期规划
浙江新力新材料股份有限公司	6.4	2025 年
福建福化古雷石油化工有限公司	40	规划
上海神马工程塑料有限公司	6	一期 2 万吨，2024 年
中维化纤股份有限公司	8	规划
湖北三宁化工股份有限公司	20	规划
河南神马实业有限公司	15	规划
优纤科技丹东有限公司	4	2025 年
中国石油辽阳石化分公司	10	规划
唐山中浩化工有限公司	4	2025 年
重庆华峰锦纶纤维有限公司	15	规划
宁夏宝廷新材料科技有限公司	10	规划
宁夏瑞泰科技股份有限公司	4	2025 年
合计	366.9	

根据 Wood Mackenzie 机构预测，未来 5 年国内尼龙 66 需求量将保持 5% 的增长，预计 2030 年国内需求达到 110 万吨。国内尼龙 66 需求增长趋势见图 2.25。

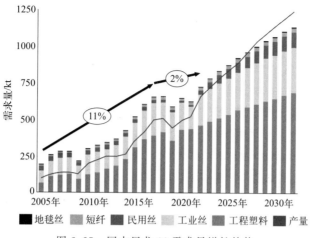

图 2.25　国内尼龙 66 需求量增长趋势

三、工艺技术

尼龙 66 切片工业化的聚合反应有连续聚合和间歇式聚合两种工艺，这两种工艺的原理基本相同，均为己二胺和己二酸缩聚得到尼龙 66 聚合物，其主要不同在于工艺流程及产品应用范围。

（1）间歇式聚合工艺

间歇式聚合工艺较为简单，具体可以参考图 2.26。

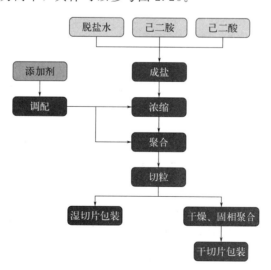

图 2.26　间歇式聚合工艺流程图

第一阶段为尼龙 66 成盐阶段：将己二酸粉输送至成盐反应釜。根据己二酸的量，将对应量的己二胺、对应量纯水送入成盐反应釜搅拌，进行中和反应，生成的尼龙 66 盐液通过检测、补充酸、胺等手段，确保盐液的质量分数在 60%、pH 值在 7～8。

第二阶段为尼龙 66 盐液浓缩阶段：由于己二酸和己二胺中和反应制备出尼龙 66 盐液浓度偏低，需要进一步浓缩。将制备好的尼龙 66 盐液加入浓缩釜中。通过加热使尼龙 66 盐液中的水分蒸发,这个过程通常在加压下进行,以提高蒸发效率。加热温度和时间需要根据具体的工艺和设备进行调整。在浓缩过程中,需要不断监测尼龙66盐液的浓度。当浓度达到预定值时,停止加热和浓缩,按不同的设备和工艺可分别用盐液浓缩终止温度或者实时浓度控制浓缩时间。浓缩过程需要严格控制温度、压力等工艺参数。当浓缩结束,即可将定量浓缩的盐液送入聚合釜进行聚合反应。

第三阶段为尼龙66的聚合阶段,包含4个小阶段:

① 升温升压　此过程必须关闭聚合釜所有排放阀,只开加热阀,升压结束时聚合釜内温度200℃左右、压力1.7~1.9MPa。

② 升温保压　此过程为尼龙66初聚过程,此阶段维持压力不变。这个过程中,尼龙66盐液里的水和部分反应生成的水被移出,生成分子量较低的预聚物。

③ 卸压　此阶段尼龙66预聚物将进入充分聚合过程,卸压过程中温度可继续升高或恒温。压力可卸至常压甚至负压(依据不同产品而定),卸压时间控制在1h以内。卸压为先快后慢,主要通过蒸汽排放阀进行控制,实行在线压力检测,阀门在线控制。此阶段大量的缩聚反应水被迅速移出,尼龙66的聚合度进一步提高。

④ 后聚　聚合釜内温度保持在280℃以下、压力根据工艺而定。后聚结束时间由产品黏度而定。此阶段压力的高低决定聚合物的黏度高低,压力越低,聚合物排出的反应水越多,黏度越高。因此在此阶段可以通过微调节压力,对聚合物的黏度进行调节。后聚结束停止搅拌,准备切粒。

第四阶段为尼龙66的切粒阶段:切粒准备就绪至切片切出的间隔时间不能超过1h,否则会产生副反应,比如降解,切粒采用水下切粒方式。当聚合釜充压至预设定压力后,打开切粒机准备切粒,确保聚合釜底部的铸带头顺利出料,料条进入冷却水后迅速凝固,送至切粒机由切刀进行切粒。切粒时间一般为25~30min。

第五阶段为尼龙66切片的干燥及输送阶段:尼龙66切片经过分离器将大部分水和物料分离后,进入离心机干燥,通过离心作用将干燥器上部的切片风干后送到振动筛,此阶段可以通过调节水温来调节切片含水量。离心干燥后的切片经振动筛剔出不合格粒子,振动筛分为三层,上层走大的物料,下层走小的物料,中间走的是合格物料。筛过的切片送到临时料仓,然后被脉冲式输送器送到大料仓。

间歇式聚合工艺的优点在于生产灵活,适合小批量品种和差异化产品。与连续聚合工艺相比,其缺点也很明显:产品的稳定性不足,不同聚合釜做出来的产品性能略有差异,反应釜长期运行后容易出现黑粒;生产成本较连续聚合稍高。工业上一般采用连续缩聚法,间歇缩聚仅用于生产特殊产品或试验品和生产装置能力低的小装置中。因此,尼龙66主流的聚合工艺仍为连续聚合工艺。

(2) 连续聚合工艺

尼龙66连续聚合工艺的主要设备有尼龙66成盐装置、盐液储罐、浓缩槽、反应器、闪蒸器、前聚合器、后聚合器、切粒机、冷却干燥及筛选装置,具体工艺流程可以参考图2.27。

具体工艺步骤如下:

第一阶段为尼龙66成盐阶段:将脱盐水、己二胺及己二酸一起加入成盐罐,升温搅拌,制成尼龙66盐液。一般盐液浓度控制在60%左右,成盐以后盐液经循环泵打出返回成盐槽或精盐储罐。精盐储罐根据需要调整盐液的pH值。

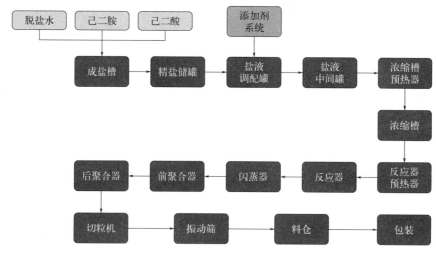

图 2.27 连续式聚合工艺流程图

第二阶段为尼龙 66 盐液调配阶段：从精盐储罐计量并向盐液调配罐内加入一定量制备好的尼龙 66 盐液，然后按照工艺单配方向调配罐内投入添加剂溶液，搅拌均匀后的尼龙 66 盐液靠自重分批流入盐液中间槽。

第三阶段为尼龙 66 盐液浓缩阶段：盐液中间罐内的尼龙 66 盐液，经过过滤器、预热器等供给浓缩槽，连续聚合过程由此开始。尼龙 66 盐液通过浓缩槽加热，直至沸腾，盐液的浓度提高至设定温度对应浓度。

第四阶段为尼龙 66 盐液聚合反应阶段：反应器供给泵将浓缩后的盐液送出，经盐液预热器后进入反应器，在 1.7~1.8MPa 压力下进行初步缩聚。反应器的设计对产品质量的影响十分关键。随着盐液不断沿着反应器（R0、R1、R2、R3）从前到后流动，缩聚反应的进行使得尼龙 66 的黏度缓慢上升。这个阶段反应器中盐液在高温高压下发生脱水和预缩聚，从反应器出来得到温度约 240~250℃、分子量约 5000、含水率约 10% 的低聚合度的预聚物，由输送泵连续送至闪蒸器。

第五阶段为尼龙 66 预聚物经过闪蒸器卸压阶段：经过闪蒸器的物料温度快速提升，同时物料的压力逐步降至常压，混合物中的水迅速汽化，聚合物和绝大部分的水顺利分离，并进一步发生缩聚反应。此时的物料主要是低分子量的尼龙 66，少量的己二酸和己二胺单体，以及一部分水。根据不同产品的需要，可在闪蒸器供给泵和闪蒸器之间的物料管中加入聚合阶段的添加剂。如连续装置生产消光类切片可以在物料进闪蒸器前用注入泵将二氧化钛悬浮液分散到预聚物中。

第六阶段为尼龙 66 低聚物前聚、后聚阶段：出闪蒸器的预聚物靠自重连续进入前聚合器（常压反应器）中，在常压下进行气液分离，聚合物的聚合度进一步提高，此时因为物料黏度较高，在反应器底部需要使用出料螺杆将物料输送至下一步骤。前聚合器出来的物料用后聚合器供给泵送到后聚合器（真空反应器），聚合物中残存的水分和进一步缩聚生成的水分，在真空条件下被迅速排出反应体系，分子量迅速增长，从而使聚合物的黏度也迅速增长。在后聚合器内，物料的黏度可以通过调整真空度进行调节。

第七阶段为物料的切粒、干燥、冷却阶段：这部分的工艺和间歇式聚合工艺基本一样。

尼龙 66 自工业化以来，聚合反应设备也不断得到新的发展。目前推出了立式反应器

(塔式反应器)，取代了原来的管式反应器。

与传统反应器相比，立式反应器有以下几个优点：

① 更高的传热效率　立式反应器采用列管换热器对尼龙66盐液进行加热，拥有更大的表面积/体积比，有利于热媒和液体的热量交换，提高反应速率和转化率。

② 更小的占地面积　立式反应器为垂直结构，占地面积相对较小，有利于节省空间。

③ 更小的能耗　立式反应器内的尼龙66盐液，从塔顶依靠重力进入反应器内部，通过热交换器加热产生密度差进行自循环，无需额外动力进行辅助，减少了能耗。

④ 更少的己二胺损失　立式反应器内部，加热后蒸发的水汽和己二胺，自下而上进入塔内，与温度较低的尼龙66盐液相遇冷凝下来。这一部分己二胺被带回反应器中继续进行反应，减少了己二胺的损失。

⑤ 更简单的设计　该设计简化了反应器的设计，易于规模放大，增加反应器尺寸，改进反应器平衡，降低对反应器中的材料扰动的敏感性，增加产品稳定性，降低设备投资。

四、应用进展

(1) 民用丝领域

过去由于尼龙66和尼龙6价差较高，最大价差3万元/吨。导致近些年尼龙66在民用丝领域难有起量。相较尼龙6，尼龙66具有更优的耐温性、更好的吸水性、更强的抗变形能力等优势，是户外用品等功能性织物的最佳选择。

未来尼龙66需求增长主要在民用丝领域，目前下游尼龙66民用丝产能已突破20万吨/年。供应方面，随着国内尼龙66切片产能以百万吨级扩张，未来尼龙66和尼龙6市场价差有望长期稳定在5000元/吨，从而替代部分尼龙6在民用丝领域的应用（国内尼龙6在民用丝领域需求为220万吨）。

(2) 工程塑料领域

工程塑料在改性领域的应用，保持持续增长。注塑领域近年呈下降趋势，由于国内地产不景气，电子电气和扎带应用需求显著下降，同时，下游寻求价格更低的尼龙6，逐步替代尼龙66。

① 尼龙66新能源车现状　现阶段工程塑料级尼龙66在新能源汽车中的应用呈现持平或少量下降态势。主要是由于车体结构改变，发动机等发热部件减少。电池、电控、电机周边塑料用量占新能源车总用量的绝大部分，目前三电周边对阻燃要求较高，但对力学性能、耐热性能要求不高，导致尼龙66用量呈现下降趋势。

② 尼龙66新能源车预测　考虑到以塑代钢的大趋势和国内新能源车渗透率提升，预测未来新能源车的尼龙66用量为轻微增长，见表2.42。

表2.42　车用尼龙消耗

年份	车型	销量/万辆	尼龙66单车用量/kg	尼龙66总用量/万吨
2023年	燃油车	2062	11	30
	新能源车	956	8	
2030年预测	燃油车	2000	13	43
	新能源车	1500	11	

五、发展建议

(1) 宏观政策方面

政府应继续出台扶持政策,特别是在研发创新、环保标准、市场准入等方面,为尼龙66聚合行业创造更加宽松和公平的发展环境。此外,加强行业新产能准入管理,引导减少单纯新增/扩大产能的项目。现阶段尼龙66行业已出现明显的产能过剩,进而引发同质化低价竞争;而民用丝、新能源等新应用领域带动的需求增长有限,无法消化后续近400万吨级产能,存在大量投资浪费的风险。

(2) 技术方面

鼓励企业加大技术研发投入,提高尼龙66聚合技术的自主创新能力和核心竞争力。鼓励企业引进国外先进技术,加快技术消化、吸收和再创新。出台加强产学研合作的政策,促进科技成果的转化和应用。

(3) 原料方面

继续加大对国产己二腈等关键原料的支持力度,降低原料成本,提高行业盈利水平。探索多元化原料来源,降低对单一原料的依赖。

(4) 设备方面

鼓励引进先进生产设备,提高对旧设备更新换代的政策支持,以提高生产效率和产品质量。推广智能制造技术,提高生产自动化水平和智能化水平。

(5) 下游应用方面

拓展尼龙66在新型领域的应用,如新能源汽车、民用丝等。加强行业内部合作,共同应对市场挑战,推动行业健康发展。鼓励行业协会等组织发挥桥梁纽带作用,加强上下游行业的合作,共同研发新产品,满足市场需求。关注消费者需求变化,及时调整产品结构和生产策略。积极参与国际交流与合作,提升我国尼龙66聚合行业的国际地位和影响力。

综上所述,尼龙66聚合行业的发展需要政府、企业、科研机构和行业协会等多方面的共同努力。只有加强政策引导、技术创新、原料保障、设备升级、下游应用拓展和行业合作等方面的工作,才能推动尼龙66聚合行业实现高质量发展。

第十二节 聚酰胺6

福建永荣控股集团 蔡海滨

一、概述

聚酰胺6,即尼龙6,为半透明或不透明乳白色结晶型聚合物。尼龙6切片具有韧性好、耐磨、耐油、抗震等特点,有较高的机械强度和耐热性,抗冲击强度较好,熔点较高,成型加工性能好,吸水性好,饱和吸水率在11%左右,易溶于硫酸酚类或甲酸中,低温脆化温度为-30～-20℃。尼龙6切片的应用非常广泛，按用途可分为纤维级、工程塑料级、薄膜级和尼龙复合材料。

① 己内酰胺　己内酰胺是重要的有机化工原料之一，主要用途是通过聚合生成聚酰胺切片（通常叫尼龙6切片，或锦纶6切片），可进一步加工成锦纶纤维、工程塑料、塑料薄膜等。

② 尼龙6切片　从全球来看，55%以上的尼龙6切片用于生产各种民用和工业用纤维，约45%的切片用于汽车、电子电气、铁路和包装材料等领域。包括中国在内的亚太地区尼龙6切片以生产纤维产品为主，工程塑料和膜用产品所占比例很小。

③ 尼龙6纤维　也被称作锦纶6。锦纶6长丝是锦纶纤维中的最主要品种，分为民用丝和工业丝。在锦纶6纤维的产量中，民用丝产量占到全部产量的6成以上。民用丝主要用来制造内衣、衬衣、丝袜等纺织服装产品，工业丝主要用来生产帘子布，由于锦纶6帘子布主要用于生产斜交胎，近年来随着我国轮胎子午化率的提升，斜交胎的市场份额不断萎缩，锦纶6在该领域的消费难以提升，因此，消费将集中在民用丝领域。

④ 工程塑料　尼龙6切片由于整体性能不具备突出优势，下游可替代产品较多，因此，一直以来，尼龙6切片在工程塑料领域的应用总量和占比均很少。未来，该领域市场消费预期很难出现大的突破。

⑤ 尼龙6薄膜　尼龙6切片在专用设备上经过熔融挤出流延，再进行双向拉伸制成薄膜，即双向拉伸尼龙薄膜。尼龙6薄膜凭借其良好的综合性能被广泛应用于食品包装、日化包装、医药泡罩、电子包装、建筑、化工等领域。

⑥ 尼龙复合材料　包括抗冲击尼龙、增强耐高温尼龙等，用于制作有特殊需求的用具，如增强耐高温尼龙可用于制造冲击钻、剪草机等。

二、市场供需

（一）世界供需及预测

全球尼龙6产能主要集中在中国、西欧和北美地区。中国是全球最主要的尼龙6生产地，占尼龙6总产能的57%；其它产能比较分散，西欧产能居第二，占比11%；巴斯夫是海外最大的尼龙6生产企业。中国、西欧与北美地区是全球最主要的尼龙6消费市场，未来5～10年，全球尼龙6需求增长主要来自中国市场。全球（不含中国）尼龙6表观消费量见图2.28。

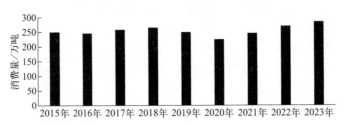

图2.28　全球（不含中国）尼龙6表观消费量

2023年，全球己内酰胺产能已达到1050万吨，近几年供应增长动力主要来自中国；2023年中国总产能653万吨/年，具体见图2.29。

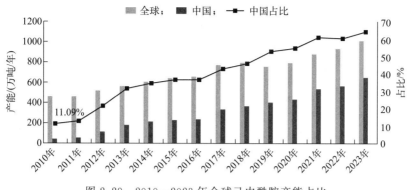

图 2.29　2010—2023 年全球己内酰胺产能占比

(二) 国内供需及预测

我国尼龙行业的发展始于 20 世纪 50 年代，经过近几十年的发展，逐步形成了完整的产业链规模；特别是近十年，我国尼龙行业一直保持稳定快速的增长，除了规模的扩张明显之外，应用领域的不断拓展也是产业最显著的变化之一。"十四五"期间（2021—2025 年），中国将成为世界尼龙生产强国，100%实现锦纶产业链各环节的自给自足；特别是尼龙 6 纺丝，每年出口量达到 20 万吨左右，随着海外经济体的复苏及需求不断增长，预计我国尼龙 6 纺丝出口量将出现进一步的快速增长。

(1) 己内酰胺

① 己内酰胺供需分析　CPL 作为尼龙原料，其价格受原油及纯苯价格的波动影响较大，而尼龙 6 行业一直按照中石化 CPL 的周结价、月结价作为定价依据，异常的行情波动经常导致尼龙 6 行业经营状况跌宕起伏。近几年来，随着民营及混合所有制 CPL 企业相继投产，中石化产能垄断地位也彻底打破。截至 2023 年底，国内 CPL 产能已达到 653 万吨/年。2021—2025 年 CPL 供需情况见表 2.43。

表 2.43　2021—2025 年 CPL 供需情况表

年份 类别	2021 年	2022 年	2023 年	2024 年	2025 年
产能/(万吨/年)	533	571	653	689	865
产量/万吨	406	443	505	570	710
进口量/万吨	10.6	8.6	15.4	15	13
出口量/万吨	0.4	4.7	9.4	15	20
表观需求量/万吨	417	447	511	570	655
消费增长率/%	6.9	7.4	14.3	11.5	14.9

② 己内酰胺供应结构分析　2023 年，国内己内酰胺产能区域分布较为集中。其中华东地区产能最大，为 428 万吨/年，占比 66.54%；其次为华中地区，产能 112 万吨/年，占比 17.15%；第三是华北地区，产能 103 万吨/年，占比 15.77%；西北地区产能 10 万吨/年，占比 1.53%；其它地区暂无己内酰胺装置。

③ 分生产工艺供应结构分析　2023 年，国内己内酰胺的生产工艺主要为环己酮氨肟化法，目前国内多数企业采用此工艺，产能 533 万吨/年，占比 81.62%。另外福建申远及南京东

方为 HPO 法，产能共计 120 万吨/年，占比 18.38%。

④ 分企业性质供应结构分析　2023 年，按生产企业性质分布来看，第一位的是民营企业，产能为 247 万吨/年，占比 37.83%，目前已内酰胺产能较大的沧州旭阳、恒申合纤、永荣锦江等为民营企业；第二位是国有企业，产能 246 万吨/年，占比 37.67%；第三位是混合所有制企业，产能 120 万吨/年，占比 18.38%，其中包括巴陵恒逸、南京东方、天辰耀隆；最后一位是外资企业，产能 40 万吨/年，占比 6.13%，为金光集团收购海力的己内酰胺产能。

(2) 尼龙 6 切片

① 尼龙 6 切片供需分析　尼龙 6 切片作为中间体，受益于生产装置趋向规模化、自动化和节能化，生产效率不断提高，单位投资、能耗和加工成本不断降低，原料自给率大幅提高以及应用领域不断延伸，导致近几年尼龙 6 切片扩能迅速。截至 2023 年底，国内尼龙聚合产能已达到 649 万吨/年。2021—2025 年尼龙 6 切片供需情况见表 2.44。

表 2.44　2021—2025 年尼龙 6 切片供需情况表

年份 类别	2021 年	2022 年	2023 年	2024 年	2025 年
产能/(万吨/年)	571	603	649	727	862
产量/万吨	412	433	503	567	675
进口量/万吨	25.3	19.9	22.3	23	22
出口量/万吨	25.6	39.1	47.9	53	60
表观需求量/万吨	411	414	477	537	637
消费增长率/%	3.7	0.6	15.3	10.5	18.6

② 尼龙 6 切片供应结构分析　2023 年，中国尼龙 6 切片聚合产能多分布在华东地区，且多集中在江苏、福建、浙江、山东等地区。详细分析来看，华东地区总产能 551 万吨/年，占比 84.9%；华中地区总产能 49.50 万吨/年，占比 7.63%；华北地区总产能 28.50 万吨/年，占比 4.39%；华南地区总产能 20 万吨/年，占比 3.08%。

③ 尼龙 6 切片消费结构分析　2023 年，中国尼龙 6 切片下游消费中占比最大的依旧是锦纶长丝，占比 59.89%；其次是工程塑料，占比 15.38%；排在第三位的是锦纶工业丝，占比 8.35%；BOPA 薄膜排第四，占比 5.93%。2023 年中国尼龙 6 切片下游消费占比见图 2.30。

④ 尼龙 6 行业消费结构变动分析　2019—2023 年，尼龙 6 整体需求呈现增长趋势。其中锦纶长丝、工程塑料、BOPA 薄膜以及超纤等行业对切片的需求量均呈现明显上涨趋势。近几年因预制菜行业的兴起以及新能源汽车的普及，BOPA 薄膜需求增加，对于尼龙 6 切片的需求量也随着增长。2019—2023 年中国尼龙 6 切片下游行业需求结构趋势变化见图 2.31。

(3) 尼龙 6 纺丝

① 尼龙 6 民用丝供需分析　近年来，借助于尼龙 6 聚合技术的不断发展及纺丝装备制造

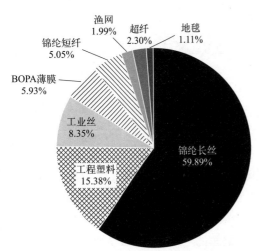

图 2.30　2023 年中国尼龙 6 切片下游消费占比

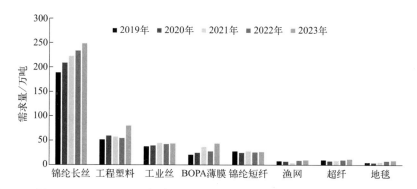

图 2.31　2019—2023 年中国尼龙 6 切片下游行业需求结构趋势变化

技术的提升,我国尼龙 6 总体差别化率、产业集中度也在不断提升。从未来发展看,我国尼龙 6 产业伴随着国民经济的发展进入"新常态"的攻坚期。资源、渠道、品牌、标准、产品性能成为当前我国尼龙 6 企业的核心竞争力。截至 2023 年底,国内尼龙 6 纺丝产能已达到 346 万吨/年。2021—2025 年尼龙 6 民用丝供需情况见表 2.45。

表 2.45　2021—2025 年尼龙 6 民用丝供需情况表

年份 类别	2021 年	2022 年	2023 年	2024 年	2025 年
产能/(万吨/年)	323	325	346	386	495
产量/万吨	214	207	270	330	415
进口量/万吨	2.4	1.4	0.8	0.7	0.5
出口量/万吨	16.9	19.6	21.4	23	35
表观需求量/万吨	198	203	245	273	330
消费增长率/%	6.75	2.53	20.69	11.43	20.88

② 尼龙 6 民用丝供需结构分析　近几年来,我国尼龙 6 民用丝将加快产品结构调整和技术创新,通过增量创新、存量优化、应用拓展,依靠科技创新开发适应市场需求的新产品,更多的高附加值的差异化多品种复合纤维、多功能复合纤维将会在更多的民生及军工应用领域大放异彩,但增速最快的主要集中在 FDY、DTY 等产品,特别 2023 年,以防晒为首的新需求爆发,紧接着休闲服装、内衣、鲨鱼裤、芭比裤等多个领域对 FDY、DTY 的应用增长迅速,需求大幅增长。中间环节如空包、机包的需求也有明显增加;同时 DTY 的出口量也比较可观,2023 年我国 DTY 出口 11.3 万吨,同比增长 23%。2021—2025 年中国尼龙 6 民用丝各品类供需结构分析见图 2.32。

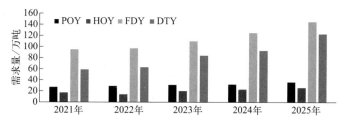

图 2.32　2021—2025 年中国尼龙 6 民用丝各品类供需结构分析

③ 尼龙 6 民用丝应用领域分析　2023 年,我国尼龙 6 民用丝下游应用最大的为经编、纬编、花边、喷水领域,占比为 53.5%;其次为喷气、空变、空包、机包,占比 27.4%;

其它领域合计占比 19.1%。随着近两年防晒市场的需求爆发，高端经编、纬编的需求占比将一步提升。

（三）国内尼龙 6 产能分布

（1）CPL 企业产能分布

截至 2023 年底，我国己内酰胺行业总产能 653 万吨，其中产能超过 30 万吨的企业共有 11 家，合计产能 491 万吨/年，占全国总产能的 75.19%；从生产工艺来看，主要生产工艺为环己酮氨肟化法，该工艺产能共计 533 万吨/年，占比 81.62%。福建申远和南京东方生产工艺为磷酸羟胺法（HPO），产能共 120 万吨/年。2023 年中国己内酰胺主要生产企业产能分布见表 2.46。

表 2.46 2023 年中国己内酰胺主要生产企业产能分布

公司名称	区域	简称	产能/(万吨/年)	工艺路线
福建申远新材料有限公司	福建	福建申远	80	HPO
中国石化湖南石油化工有限公司	湖南	湖南石化	60	氨肟化
福建永荣科技有限公司	福建	永荣科技	58	氨肟化
浙江巴陵恒逸己内酰胺有限责任公司	浙江	巴陵恒逸	45	氨肟化
沧州旭阳化工有限公司	河北	沧州旭阳	45	氨肟化
南京福邦特东方化工有限公司	江苏	南京东方	40	HPO
中国平煤神马集团尼龙科技有限公司	河南	平煤神马	38	氨肟化
福建天辰耀隆新材料有限公司	福建	天辰耀隆	35	氨肟化
鲁西化工集团股份有限公司	山东	鲁西化工	30	氨肟化
山东华鲁恒升化工股份有限公司	山东	华鲁恒升	30	氨肟化
合计			491	

（2）尼龙 6 切片企业产能分布

截至 2023 年底，我国尼龙 6 切片产能超过 10 万吨的企业共有 25 家，合计产能 534 万吨/年；从生产工艺来看，主要生产工艺为己内酰胺开环聚合法。2023 年中国尼龙 6 切片主要生产企业产能分布见表 2.47。

表 2.47 2023 年中国尼龙 6 切片主要生产企业产能分布

公司名称	区域	简称	产能/(万吨/年)	工艺路线
浙江恒逸锦纶有限公司	浙江	浙江恒逸	50	己内酰胺开环聚合
鲁西化工集团股份有限公司	山东	鲁西化工	40.5	
福建中锦新材有限公司	福建	中锦新材料	38	
福建永荣锦江股份有限公司	福建	永荣锦江	35	
江苏海阳锦纶新材料有限公司	江苏	海阳科技	35	
江苏弘盛新材料股份有限公司	江苏	弘盛新材	35	
杭州聚合顺新材料股份有限公司	浙江	杭州聚合顺	30	
中国石化湖南石油化工有限公司	湖南	湖南石化	21.5	
福建申远新材料有限公司	福建	福建申远	21	
广东新会美达锦纶股份有限公司	广东	新会美达	20	
山东华鲁恒升化工股份有限公司	山东	华鲁恒升	20	
长乐力恒锦纶科技有限公司	福建	力恒锦纶	18	
山东聚合顺鲁化新材料有限公司	山东	聚合顺鲁化	18	
浙江方圆新材料股份有限公司	浙江	浙江方圆	17.5	
湖南岳化化工股份有限公司	湖南	岳阳岳化	16	

续表

公司名称	区域	简称	产能/(万吨/年)	工艺路线
长乐恒申合纤科技有限公司	福建	恒申合纤	15	
无锡市长安高分子材料有限公司	江苏	长安高分子	15	
中仑塑业（福建）有限公司	福建	中仑塑业	14.5	
江苏永通新材料科技有限公司	江苏	江苏永通	14	
江苏骏马集团有限责任公司	江苏	江苏骏马	10	
江苏威名石化有限公司	江苏	威名石化	10	
山西潞宝兴海新材料有限公司	山西	山西潞宝	10	
阳煤集团太原化工新材料有限公司	山西	阳煤太原	10	
山东时风（集团）有限责任公司	山东	山东时风	10	
巴斯夫（中国）有限公司	上海	巴斯夫中国	10	
合计			534	

（3）尼龙 6 民用丝企业产能分布

截至 2023 年底，我国尼龙 6 民用丝总产能 346 万吨，其中年产能超 4 万吨的企业有 28 家，合计产能 283 万吨/年，占全国总产能的 81.79%；主要生产企业见表 2.48。

表 2.48　2023 年中国尼龙 6 民用丝主要生产企业产能分布

公司名称	产能/(万吨/年)	区域
永荣锦江＋景丰科技＋新创锦纶	48	福建福州
恒申合纤＋力恒锦纶＋力源锦纶＋恒聚新材	45	福建福州
义乌华鼎锦纶股份有限公司	20	浙江义乌
浙江嘉华特种尼龙有限公司	18	浙江嘉兴
福建凯邦锦纶科技有限公司	15	福建福州
福建鑫森合纤科技有限公司	12	福建三明
广东恒申美达新材料股份公司	11	广东新会
福建万鸿纺织有限公司	8	福建福州
浙江新纶化纤有限公司	7.5	浙江杭州
浙江锦盛新材料股份有限公司	7	浙江杭州
浙江亚特新材料有限公司	7	浙江浦江
浙江方欣新材料有限公司	6.6	浙江杭州
义乌市五洲新材料科技有限公司	6.5	浙江义乌
浙江世纪晨星纤维科技有限公司	6	浙江湖州
福建锦程高科实业有限公司	5.5	福建连江
常德美华尼龙有限公司	5.5	湖南常德
江苏文凤化纤集团有限公司	5	江苏海安
海安市嘉禾化纤有限公司	5	江苏海安
浙江方圆新材料股份有限公司	5	浙江桐乡
福建唐源合纤科技有限公司	5	福建福州
福建丰帝锦纶有限公司	5	福建三明
福建省鸿福化纤实业有限公司	5	福建泉州
吴江亚太纺织有限公司	4.5	江苏吴江
苏州市鼎智新材料科技有限公司	4	江苏苏州
浙江富力化纤有限公司	4	浙江诸暨
厦门东纶股份有限公司	4	福建厦门
福建恒捷实业有限公司	4	福建连江
浙江德施普新材料科技有限公司	4	浙江义乌
合计	283	

（四）尼龙 6 产业链扩能情况

（1）2024 年及以后 CPL 装置扩能计划

2024 年及以后 CPL 装置扩能计划见表 2.49。

表 2.49　2024 年及以后 CPL 装置扩能计划

公司名称	扩能/(万吨/年)	区域	投产时间
兖矿鲁南化工有限公司	10	枣庄	2024 年 2 月份已投产
中国石化湖南石油化工有限公司	30	岳阳	2024 年 3 月中旬已投产
鲁西化工集团股份有限公司	30	聊城	2024 年 5—6 月份
山西潞宝集团焦化有限公司	5	长治	2024 年 6 月份
湖北三宁化工股份有限公司	40	枝江	2024 年 8 月上旬
山东华鲁恒升化工股份有限公司	10	德州	2024 年 6—8 月份
福建永荣科技有限公司	10	莆田	2024 年第四季度
鲁西化工集团股份有限公司	30	聊城	2025 年
江苏威名新材料有限公司	20	南通	2025 年
广西恒逸新材料有限公司	60	钦州	2025 年
河南神马尼龙化工有限责任公司	60	平顶山	2026 年
广西恒逸新材料有限公司	60	钦州	2026 年
河南心连心化学工业集团股份有限公司	30	新乡	2026 年以后
合计	395		

（2）2024 年及以后尼龙 6 切片扩能计划

2024 年及以后尼龙 6 切片扩能计划见表 2.50。

表 2.50　2024 年及以后尼龙 6 切片扩能计划

公司名称	扩能/(万吨/年)	区域	投产时间
中国石化湖南石油化工有限公司	9	湖南岳阳	2024 年 3 月已投产
平顶山其正新材料有限公司	10	河南平顶山	
福建省恒聚新材料科技有限公司	21	福建连江	2024 年 4 月初已投产
嘉华特种尼龙（江苏）有限公司	3.5	江苏淮安	2024 年 9 月已投产
鲁西化工集团股份有限公司	30	山东聊城	2024 年 6—9 月已投产
湖北三宁化工股份有限公司	35	湖北枝江	2024 年 9 月已投产 21 万吨，剩余 14 万吨年底陆续投产
山东聚合顺鲁化新材料有限公司	21	山东滕州	2024 年底
常德聚合顺新材料有限公司	3	湖南常德	2024 年底
河南神马尼龙化工有限责任公司	21	河南平顶山	2024 年底
江苏弘盛新材料股份有限公司	18	江苏南通	2024 年底
湖南岳化化工股份有限公司	28	湖南岳阳	2024 年底
广西恒逸新材料有限公司	60	广西钦州	2025 年底
广东恒申美达新材料股份有限公司	20	广东新会	2025 年底
天岳（天门）新材料科技有限公司	30	湖北天门	2026 年
合计	309.5		

（3）2024 年及以后尼龙 6 纺丝扩能计划

2024 年及以后尼龙 6 纺丝扩能计划见表 2.51。

（五）"十五五"期间我国尼龙 6 产业链供需预测

2026—2030 年我国尼龙 6 产业链供需预测见表 2.52。

表 2.51 2024 年及以后尼龙 6 纺丝扩能计划

公司名称	扩能/(万吨/年)	区域	投产时间
福建景丰科技有限公司	3	福建长乐	2024 年初已投产（加弹）
福建省恒聚新材料科技有限公司	3.3	福建连江	2024 年第一季度已投产
嘉华特种尼龙（江苏）有限公司	9.4	江苏淮安	2024 年一季度已投产
江苏华泽功能纤维有限公司	10	江苏宿迁	2024 年二季度已投产
福建鑫森合纤科技有限公司	6.3	福建三明	2024 年已投产
向兴（中国）集团有限公司	1.1	福建晋江	2024 年 6 月份已投产
汕头市华维纺织科技有限公司	1	广东汕头	2024 年 6 月份已投产
广东坚达聚纤科技实业有限公司	2	广东汕头	2024 年 7 月份已投产
湖北三宁化工股份有限公司	6.9	湖北宜昌	2024 年 8 月份已投产
江苏弘盛新材料股份有限公司	5	江苏南通	2024 年 8 月已投产
广东圣达安实业有限公司	4	广东汕头	2024 年 10 月份
湖北中润锦纶科技有限公司	4	湖北十堰	2024 年四季度
湖北中锦尼龙科技有限公司	6	湖北十堰	2024 年四季度
浙江亚特新材料有限公司	1.5	浙江金华	2024 年四季度
江苏文凤化纤集团有限公司	1.4	江苏南通	2024 年四季度
常熟市同盛化纤有限公司	4	江苏南通	2024 年四季度
义乌华鼎锦纶股份有限公司	0.9	浙江义乌	2024 年四季度
汕头市英华织造实业有限公司	2	广东汕头	2024 年四季度
河南神马尼龙化工有限责任公司	5	河南平顶山	2024 年
烟台华润锦纶有限公司	0.4	山东烟台	2024 年
江苏扬越锦纶科技有限公司	2.5	江苏泗阳	2024 年
阿克苏友盛新材料科技有限公司	5	新疆阿克苏	2024 年
广东金狮新材料科技有限公司	6	广东汕头	2024 年 8 月份—2025 年 6 月份
山东南山智尚科技股份有限公司	6	山东烟台	2024—2025 年
福建锦逸高性能材料有限公司	7.5	福建长乐	2025 年
义乌市五洲新材料科技有限公司	8	浙江义乌	2025 年
杭州城佳化纤有限公司	3	浙江杭州	2025 年
永昌（天门）新材料有限公司	10	湖北天门	2025 年
湖北三宁化工股份有限公司	10	湖北宜昌	2025 年
广东天浩锦纶科技有限公司	3	广东汕头	2025 年上半年
天门市盛和锦纶科技有限公司	10	湖北天门	2025 年底
广东恒申美达新材料股份有限公司	2	广东新会	2025 年底
湖北省天义化工有限公司	13	湖北天门	2025 年底
福建锦程高科实业有限公司	10	湖南岳阳	2025—2026 年
合计	173		

表 2.52 2026—2030 年我国尼龙 6 产业链供需预测

项目	年份				
	2026 年	2027 年	2028 年	2029 年	2030 年
己内酰胺产能/(万吨/年)	826	910	950	980	1000
尼龙 6 切片产能/(万吨/年)	911	965	1000	1030	1050
纺丝表观需求量/万吨	364	376	398	420	450
工程塑料表观需求量/万吨	126	135	148	157	165
窗子布表观需求量/万吨	83	91	95	100	108
薄膜表观需求量/万吨	43	45	48	52	54
其它表观需求量/万吨	29	35	42	48	53
表观需求量汇总/万吨	645	682	731	777	830
聚合产能-表观需求量汇总/万吨	266	283	269	253	220

通过以上数据可以看出，尼龙6产业链上下游产能及需求并不匹配；"十五五"期间，己内酰胺、尼龙6切片产能已明显大于下游整体需求，整体呈现一个"▼"的需求结构；从短期来看，对于尼龙6切片来说，处于一个非常不利的竞争局面；从长期预测，随着尼龙6纺丝产能持续增长后，尼龙6切片会逐步改善。

（六）"十五五"期间我国尼龙6产业链竞争格局

（1）己内酰胺

己内酰胺集中度将进一步提高。到2030年，产能将达到1000万吨/年，特别是煤化工企业，尼龙6头部企业将有可能提高己内酰胺产能，以规模优势参与竞争。但是，尼龙6切片产能也在快速提升，加上一些己内酰胺企业开始将切片与CPL进行配套。所以，到2030年，己内酰胺的竞争会非常激烈，但是仍在可控范围内。可以长期维持70%～80%的开工率，企业经营效益处于薄利状态。但实现工艺进步和技术创新，能降低成本的企业，将处于强势地位，有兼并和收购小企业的基础。因此，工艺技术进步、降低成本、加大研发投入，进入新型高精尖化工应用品领域，是提高企业核心竞争力的重要途径。

新能源持续发展，煤用量减少，随着技术工艺进步，煤化工将有条件继续扩大CPL产能，这将是今后更加激烈竞争的不确定因素。因此，今后没有先进工艺技术优势、没有成本优势的扩张，必须谨慎。

（2）尼龙6切片

随着工艺技术的进步和成熟，进入门槛降低，作为尼龙纺丝的中间体，显得重要而又尴尬。CPL有产能相当的聚合工厂支撑，而切片1000万吨级的产能，只有依靠纺丝企业生存。因此，从2026年开始，尼龙6切片将逐渐进入更加激烈的竞争状态，企业经营效益将继续下降。匹配自己的纺丝企业是一条出路，或者提高研发水平，开发新的功能性或改性产品是另一条生存之道，同时加大出口力度是最后一条自救之道。

（3）尼龙6纺丝

我国约5000万吨化学纤维产量，已面临严重的产能过剩，而高端尼龙6纺丝产量仅300万吨左右，大有发展空间。随着生活水平和服饰流行趋势的变化，锦纶面料、锦氨面料被广泛应用于各类人群服饰，这两年呈爆发式增长。因此，未来高端尼龙6纺丝需求还有很大的增长空间。预计到2030年需求量将增长到450万吨，2035年增长到600万吨，仍然有很大的增长机会。

三、行业壁垒及困局

我国尼龙6产业在经过近60年三个发展阶段的历练后，产业逐步趋于成熟，对于后来的投资者需要全方位了解尼龙6产业当前的运行情况、存在的困难、风险以及未来成长性等。

1. 行业壁垒

（1）资金壁垒

尼龙6行业属于资金密集型行业，尤其是高端产品对生产设备、基础设施建设要求较高，前期筹备资金需求较大。此外，随着近几年尼龙6行业的迅速发展，产业集中度不断提高，生产规模不断扩大，生产设备趋向自动化、规模化。因此，新进入的企业需要大量的资金投入作为保障,并形成一定的经济规模,才能与行业中企业在技术、成本等方面形成对应的竞争优势,从而构成了尼龙 6 行业的资金壁垒。

(2) 工艺壁垒

尼龙 6 行业对生产工艺要求比较高,除通过采购设备、设施获取相关生产基础技术外,生产的稳定性、创新性对企业工艺积累依赖较大。尤其是高品质尼龙 6 的研发和生产,需要生产各个环节全面配合,配方、过程控制等关键环节会在很大程度上直接影响产品的质量和优品率。除此之外,企业在订购设备的同时往往还需要依据各自产品的工艺技术要求对订购设备进行定制化改造。对于行业新进入者来说,因缺乏丰富的行业运营经验、技术积累,对生产工艺控制、生产系统设计等方面把控不足,可能导致产品质量和稳定性差异,从而在竞争中处于劣势。综上所述,尼龙 6 行业有着较高的工艺壁垒。

(3) 规模壁垒

近几年,尼龙 6 行业内头部生产企业趋向规模化、自动化和节能化,生产已开始向低消耗、高质量方向发展,生产效率不断提高,单位投资、能耗和加工成本不断降低,已经形成了一定的规模优势。与此同时,随着尼龙 6 产业逐步向规模化、一体化方向发展,部分公司不断向上下游产业延伸,拓宽产业链,综合实力和抗风险能力很强,新进入的企业很难与之竞争,因此尼龙 6 行业存在一定的规模壁垒。

2. 行业困局

随着尼龙 6 行业的不断深入发展,其深层次的问题将逐步显现。虽然存在如上所述的行业壁垒,但与新兴高科技行业相比其准入门槛并不算非常高,因此尼龙 6 作为传统行业其天花板与局限性将在一定程度上限制其行业竞争力。站在当前的角度看待尼龙 6 行业,需要面对如下几个客观的现实与风险。

(1) 产能过剩

产能过剩问题是几乎当下中国所有传统行业所面临的共同问题,也是我国一直倡导全球化的原因所在。当下我国尼龙 6 行业已实质性步入产能过剩阶段,2024 年已确定的 CPL 未来投产计划产能将在当前产能基础上翻一番,而当下尼龙 6 切片的下游市场已有饱和与需求疲乏的迹象,因此在上下游双面夹击下,供需矛盾不断加剧。在无强大市场干预情况下,预计在中短期内尼龙 6 切片的产能过剩问题将继续加重并冲击整条产业链。

(2) 恶性竞争与利润下滑

自 2020 年以来的行情持续下滑(主要是加工费的暴跌)已对整个尼龙 6 产业链造成较为沉重的打击,而产能的继续提升进一步逼迫切片厂家降价竞争,因此一场为保护市场份额而不顾利润的行业间低价恶性竞争战役开始形成并持续至今。目前一些边缘的中小厂家已经宣告破产或处在破产的边缘,如果局面继续维持,包括头部厂家在内的全产业链都将蒙受巨大的损失,而造成这种局面的原因目前来看主要有如下两点:

① 缺乏适当而必要的垄断 由于尼龙 6 行业准入门槛并不高,因此过度的自由竞争不断蔓延,在市场行情相对较好的情况下,市场主体仍然有盈利空间并选择性失明而漠视事实存在的过度竞争;行情一旦陷入低谷意味着市场资源减少,而习惯性的竞争思维则驱使恶性竞争不断加剧,最终大部分厂家则很难继续生存。

② 缺乏良好的行业协作机制 恶性竞争可以通过主要的市场主体间相互协调与沟通得以适当缓解,尼龙 6 头部企业可以进行强强联合并运用较大的市场份额和市场影响力来主导

市场走向，短期可以形成局部垄断局面，使得企业可以在特殊时期继续生存，长期则可以提高市场准入门槛，限制后来者涌入本行业的热情从而达到遏制过度竞争的目的。

目前来看，市场主体间似乎还没有形成这种共识，恶性竞争的情况依然存在，因此这个困局在短期与长期来看都较难突破。

四、发展建议

（1）稳定国内己内酰胺价格，实现效益的可持续性稳定

最近几年受国际石油价格波动的影响，国内己内酰胺的价格波动较大，低点至 8700 元/吨，高点可增至 18000 元/吨，对于聚酰胺 6 行业的健康发展极为不利，一方面国家相关部门应加强宏观市场调控；另一方面生产企业组织产业联盟，稳定市场价格，避免己内酰胺价格出现过山车现象。整个行业中低端产品面临生产过剩，但随着自给率逐年提升，高端己内酰胺的紧俏得到了较大缓解，上游原材料的稳定供应对行业的发展产生了积极的影响。今后企业应大幅提升创新能力，发展先进生产工艺，走精细化管理，优化产业供应链，控制中低端产品的产能，增加高品质产品的产量。

（2）尼龙 6 生产装置应向精细化和国产化转变

随着国民经济的快速发展和人们生活水平的提高，市场对尼龙 6 的需求量将大幅度增加，今后其生产装置应向大型化、规模化、低能耗、高品质方向转变，从而降低生产成本，提高企业经济效益。今后国内应重点自主开发尼龙 6 生产装置技术国产化，投资建设国产化聚合生产装置，对于改善装置资本结构，增加装置效益，提高企业话语权和尼龙 6 行业健康发展具有非常重要的意义。

（3）注重尼龙 6 材料新技术和新工艺的开发

目前国内主要还是采用开环聚合，这种聚合工艺不适合生产高黏度的尼龙 6 切片，所以国内生产高黏度尼龙 6 制品的企业很少，今后纤维用和工程机械用高黏度尼龙 6 的需求量将会迅速扩大，采用固相或液相增黏技术、双螺杆挤出反应技术和阴离子聚合工艺制备尼龙 6 高黏切片应得到重视。生产尼龙 6 时反应单体不能 100%转化，所以未反应单体的回收再利用技术应进一步优化。通过共混、共聚方式对尼龙 6 进行改性制备复合材料，赋予尼龙 6 高强、高刚性、阻燃、高韧性、高流动性、高染色等独特的性能，拓展其应用领域。

（4）重视尼龙 6 产品结构调整

纤维用尼龙 6 切片用量大，但整体利润率低，很可能会陷入打价格战的局面。不断提高产品质量，满足个性化需求，开发功能性、差异化、高性能化特种品种是未来发展的重点方向。民用丝和工业丝的附加值低，企业应不断开拓非纤维用尼龙 6 的应用，促进产业升级。

（5）注重尼龙 6 上下游产业链发展

国内尼龙 6 企业不应只追求眼前利益，而缺乏长期战略规划，应当重视尼龙 6 产业链的构建，国内具备尼龙 6 产业链一体化的企业只有 2 家，其他基本都是产业链比较短，往往在遭遇经济危机或产能过剩时，抵御风险的能力脆弱。因此，相关企业应提高综合竞争力，注重尼龙 6 产业链的建设。

（6）大力拓展产品出口渠道

亚太地区在全球尼龙 6 消费市场的份额最大，预计 2026—2030 年，亚太地区尼龙 6 市

场规模年复合增长率（CAGR）将达 6.9%，为我国尼龙 6 产业外销提供了广阔的市场空间。与此同时，随着我国尼龙 6 行业的发展，新投产企业在产品质量、稳定性等方面具有较为明显的后发优势，国内部分高端产品与进口高端产品差距已显著缩小，部分产品已经实现了进口替代。随着国内企业设备先进性优势增强、生产工艺不断完善，预计未来尼龙 6 外销销量将进一步增长。

第十三节　特种聚酰胺

郑州大学　刘民英

一、概述

尼龙的学名为聚酰胺，特种尼龙是指除去通用尼龙（PA6 和 PA66）以外的聚酰胺材料，通常包括长碳链聚酰胺、耐高温聚酰胺、透明聚酰胺、其他功能性聚酰胺（如阻燃聚酰胺）和生物基聚酰胺（PA56）等。其中，长碳链聚酰胺和耐高温聚酰胺是最重要的特种聚酰胺品种。长碳链聚酰胺的全球产能大概在 27 万吨/年，具有吸水性小、耐低温性能优良、易加工成型等特点，主要应用于汽车仪表板、油门踏板、刹车软管、电子电气的消声部件、电缆护套以及粉末涂料与黏合剂等；耐高温聚酰胺指可在 150℃ 条件下长期服役的聚酰胺材料，年产能大概为 33.5 万吨/年，目前已经工业化的可模塑成型的耐高温聚酰胺主要包含 PA46、PA4T、PA5T、PA6T、PA9T、PA10T、PA11T、PA12T 和 PA13T 及相关共聚物等，耐高温聚酰胺通常具有优异的力学性能、耐油性、耐化学腐蚀性和尺寸稳定性等，目前已广泛应用于电子电气、汽车及机械制造、通信和 LED 等领域。

（1）长碳链聚酰胺

① PA11　主要生产厂家为法国阿科玛，具有耐化学腐蚀、耐各种汽车燃料油、抗裂强度高、低温性能好等特点，被广泛用作汽车燃料管、压力管、螺旋管等，在汽车供油系统和制动系统中广泛取代金属管。

② PA12　主要生产厂家为万华、瑞士 EMS 和德国赢创等，具有耐磨、耐电、柔韧性好等优点，广泛用于汽车仪表板、油门踏板、操纵杆套、导管等部件，特别适合制作汽车的刹车软管、油管等。

③ PA1012　是我国自主（郑州大学）研发的一类特种聚酰胺工程塑料，在我国工业化生产中有着极其重要的作用。PA1012 与其它的聚酰胺工程塑料一样具有高强度、很好的弹性，高韧性及耐磨性等优异性能，而且具有较低的吸水性和很好的尺寸稳定性。

④ PA1212　郑州大学自主开发，由石油轻蜡发酵得到的月桂二酸与十二碳二元胺聚合而成。吸水率低，尺寸稳定性好，耐油、耐碱且无毒，低温下具有极好的韧性，可用于挤出、注塑、吹塑或制成粉末喷涂，可代替 PA11、PA12。PA1212 在汽车工业中应用也十分广泛，可以用于制造各种汽车用的刹车管、输油管、各种软管、离合器、雨刮器、油箱、汽化器喷嘴和联动拐把、汽油过滤网、仪表盘、保险杠等。PA1212 电性能较好，且耐磨性及

尺寸稳定性远优于其它聚酰胺材料，特别适合于制作小型电气零部件，如电子电气的外壳、链接杆、电线分路盘、电动机凸轮、电感器支架等；而且用其制作的零部件在运转时噪声小，能消音，在录音机、照相机、音响、钟表等家电产品制造中也得到应用。

(2) 耐高温聚酰胺

① PA4T　由丁二胺和对苯二甲酸通过缩合聚合而成。作为世界领先的耐热性聚酰胺生产厂家，荷兰 DSM 公司研发出了世界仅有的丁二胺工业化合成技术，并首先以丁二胺合成出了 PA4T 制品。然而，PA4T 在 430℃左右才会熔融，具有热分解温度低于熔融温度这一缺点，需对其进行共聚来降低自身熔融温度以促进其工业化应用。2002 年，DSM 公司研发出了 PA4T/6T 共聚物，经共聚改性，产物的熔点降低，约为 330℃，且其本身的结晶度没有显著降低。

② PA5T　由戊二胺与对苯二甲酸聚合而成，由于戊二胺与己二胺之间仅仅相差一个碳原子，两者结构相似，性能与 PA6T 比较接近。但 PA5T 并没有如 PA6T 般发展起来，直到 2000 年后才逐渐有涉及 PA5T 合成的相关专利，这是因为 PA5T 中原料戊二胺的合成困难重重，通常需要经过赖氨酸脱羧反应才能得到，而赖氨酸的脱羧反应需要经过生物化学的方法才能进行，凯赛于 2014 年实现生物基戊二胺的产业化技术突破并完成中试。目前，东丽公司拥有了 PA5T 的大部分相关专利，其公司目前开发的相关产品主要为 PA56、PA5T/6T 等；凯赛基于生物基戊二胺的优势技术，也在开发 PA56 及 PA5T/X 等特种聚酰胺材料。在共聚单体含量相同的情况下 PA5T 与 PA6T 相比玻璃化转变温度相近而熔点更低，耐酸性与热稳定性比 PA6T 高。虽然拥有以上优点，但是其自身含有较高的酰胺基团，使得其吸水率较高。随着戊二胺产业的逐渐完善，以戊二胺为反应单体的聚酰胺将会继续逐步发展。

③ PA6T　一种传统的半芳香聚酰胺，主要生产厂家为青岛三力本诺新材料（简称青岛三力）、杜邦和三井化学等，主要合成方法有界面缩聚和固相聚合。界面缩聚的原料为对苯二甲酰氯和己二胺，固相聚合的原料为对苯二甲酸和己二胺。相较于脂肪族聚酰胺 PA66，PA6T 在大分子主链上引入了大量苯环，使其玻璃化转变温度提高，耐热温度大大提高。PA6T 在 370℃左右才会熔融，而其本身在 350℃即开始热分解，因此，难以通过热塑成型的方法得到具有稳定尺寸的制品。与其他脂肪族二酸或者二胺共聚可降低 PA6T 的熔融温度，提高其成型加工性，如与己二酸共聚可将材料熔融温度调整在 300～330℃之间，同时可保留 PA6T 原有的良好综合性能，包括耐热性和力学性能等。但是与纯 PA6T 相比，其本身优异的物理性能（强度、耐药品性和尺寸稳定性等）有所下降。

④ PA9T　由对苯二甲酸与壬二胺通过缩合聚合得到的一种半芳香聚酰胺，由日本可乐丽公司开发。与 PA6T 相比，PA9T 的分子链中亚甲基柔性基团数量大，自身的熔点为 308℃，玻璃化转变温度为 125℃。PA9T 具有许多优异的性能：耐热性好，热变形温度较高；材料本身不易吸水，制品可以长时间保持相对固定的尺寸；韧性和耐药性好；不需要经过改性就可进行热塑成型。正是因为其性能优异，所以 PA9T 在汽车行业、建筑工程、管道运输和通信工程建设等领域用途广泛。但是由于制备 PA9T 所需的壬二胺是由丁二烯经加成、羰基化、还原氨化等过程所得，制备过程复杂、研发困难，使得 PA9T 的制备成本无法降低，因此，在一定程度上限制了 PA9T 的广泛应用。

⑤ PA10T　主要由金发科技股份有限公司、瑞士艾曼斯等公司生产，是由对苯二甲酸与癸二胺聚合而成，熔点在 316℃左右，综合性能与 PA9T 相当，是一种耐高温且综合性能

优良的半芳香族聚酰胺。通过与玻纤共混改性后，耐热性进一步提高，十分适合电子行业的表面贴装技术工艺。PA10T不但耐高温性能良好，且吸水性很低，耐药品腐蚀性和成型加工性均较好。蓖麻是制备PA10T所需原料的主要来源，是一种环境友好型绿色材料。PA10T由于出色的热性能、物理性能以及绿色友好的单体来源，使其获得了较高的关注，国内外也已有较多企业对PA10T进行产业布局和规模化生产。

⑥ PA12T 起初，长碳链二元胺是由长碳链二元酸依靠化学合成的方法制得的，但是长碳链二元酸的化学合成路线存在工艺复杂、污染严重、成本较高等不足。1969年中国科学院微生物研究所开始提出采用微生物发酵法生产长链二元酸的课题，并组建了"烷烃代谢研究组"开始科研攻关，最终以原油厂生产的副料液体石蜡为原料来生产二元酸，突破了二元酸生产过程中的关键问题，实现了高纯度长碳链二元酸规模化生产的重大突破，这为PA12T的工业化生产提供了可靠的前提。郑州大学工程塑料研究室基于生物发酵原材料开发了聚对苯二甲酰十二碳二胺（PA12T），并拥有自主知识产权。PA12T的玻璃化转变温度为125℃，熔点为298~310℃，分解温度为465℃。与其他半芳香族聚酰胺如PA6T、PA9T和PA10T相比，PA12T分子链上有更长的亚甲基结构和更少的酰胺基团数目，因此其具有更低的吸水率、更好的加工性能、尺寸稳定性和耐冲击性能。目前，已逐步研发了基于PA12T的导热、高强高韧、高流动等高性能、功能性复合材料，为PA12T的下游应用拓宽了市场。

二、市场供需

国外主要特种聚酰胺生产企业及产能见表2.53。国内主要特种聚酰胺生产企业及产能见表2.54。

表2.53 国外主要特种聚酰胺生产企业及产能

生产厂商	树脂种类	产地	产能/(万吨/年)
日本三井化学	PA6T	日本	0.5
日本可乐丽	PA9T、PA9C	日本	1.3
美国杜邦	PA6T	美国、新加坡、德国	5
比利时索尔维	PA6T、PA10T	美国	1.8
德国巴斯夫	PA6T、PA9T	德国	—
荷兰帝斯曼	PA46、PA4T	荷兰	—
瑞士艾曼斯	PA6T、PA10T	瑞士	1
日本三菱瓦斯化学	PAMXD6	日本、美国	3.5

表2.54 国内主要特种聚酰胺生产企业及产能

树脂类型	供应商	产能/(千吨/年)	备注	序号	树脂类型	供应商	产能/(千吨/年)	备注
PA10T、6T	金发科技	1.0	已建	8	长碳链PA	山东东辰	0.5	已建
PA10T、6T	江门优巨	0.2	已建	9	透明PA	山东祥龙	0.5	已建
PA10T	东莞华盈	0.2	已建	10	透明PA	平顶山倍安德	0.2	已建
PA6T	青岛三力	1.0	已建	11	透明PA	平顶山华伦	0.3	已建
PA6T	成都升宏	0.3	已建	12	PAMXD6	河北安耐吉	0.3	已建
PA6T	浙江新和成	0.1	已建	13	PAMXD6	鞍山七彩化学	1.0	在建
PA6T	浙江新和成	0.1	已建	14	PA56	凯赛生物	2.0	已建

国外耐高温聚酰胺树脂主要生产企业有杜邦、帝斯曼（DSM）、艾曼斯、索尔维、巴斯夫、三井化学、可乐丽等。其中，帝斯曼作为全球唯一掌握丁二胺工业化方案的公司，独家生产 PA4T 等相关产品；凭借壬二胺的特有技术，很长一段时间可乐丽是 PA9T 的唯一生产商，随着可乐丽 PA9T 专利的过期，巴斯夫也逐步推出 PA9T 相关产品，而其他国外企业均以生产 PA6T 产品为主。

随着国内长碳链二元酸生物发酵技术以及长碳链聚酰胺聚合技术的发展，国内生产的长碳链聚酰胺在国际与国内市场已占据主流。全球范围内生产长碳链聚酰胺的厂商主要有瑞士 EMS、德国赢创、法国阿科玛、日本宇部兴产。同时，欧洲也是长碳链聚酰胺的主要消费区域，年需求量超过 3 万吨。目前，我国长碳链聚酰胺、耐高温聚酰胺、透明聚酰胺和生物基聚酰胺等特种聚酰胺的品种逐渐齐全，近两年多家拟继续投产特种尼龙项目，预计未来五年我国特种聚酰胺产能达 15 万吨。

三、工艺技术

1. 长碳链聚酰胺制备工艺技术

PA11 是以氨基十一酸为原料，在酸催化作用下发生熔融脱水聚合；PA12 是以十二内酰胺或氨基十二酸为原料，在酸催化下分别发生熔融脱水和开环聚合，但十二内酰胺的开环反应比己内酰胺开环反应慢得多。双号码长碳链聚酰胺如 PA1111、PA1012、PA1212 等均是以对应的二元酸或者二元胺为原料，通常通过成盐与熔融聚合的方法制备，由于单体或盐的熔点不同，不同长碳链聚酰胺的聚合工艺略有差异。

2. 耐高温聚酰胺制备工艺技术

（1）低温溶液缩聚法

采用低温溶液缩聚法制备聚酰胺的路线大致为：以 N-甲基吡咯烷酮和吡啶的混合液为溶剂，加入摩尔比为 1∶1 的脂肪族二胺和芳香族二酸，同时加入适量稳定剂，最后添加适当比例的 $LiCl$ 和 $CaCl_2$，于 100℃下反应 2h，反应完成后，待产物冷却至室温，倒入甲醇，过滤，得到大部分产物，然后再洗涤 2~3 次，最后将其在真空烘箱中干燥，得到半芳香聚酰胺的预聚物。所得半芳香聚酰胺分子量相对较小（特性黏数大约是 0.14dL/g）。

相对于高温高压溶液缩聚法，该法的优势是合成温度大大降低，且制备过程在常压下即可进行。但由于反应中的有机溶剂价格高，造成生产成本提高；而且，副产物氯化氢气体会溶解在所用溶剂中，造成反应设备的腐蚀和损坏，使得生产无法连续进行。所以，低温溶液缩聚法的这些缺点大大限制了其在工业化生产中的应用。

（2）界面聚合法

1950 年左右，DuPont 公司提出了界面聚合法，并用该方法成功制备出了芳香族聚酰胺。其工艺过程大致为：选择与水不相溶的有机溶剂作为溶剂相，将含有芳环的酰氯类化合物溶解或分散在该溶剂中，同时，把二胺分散于已加入适量缚酸剂的水溶液中，不断搅拌，制得具有较高分子量的芳香族聚酰胺。该合成反应于有机溶剂和水的界面上进行。研究表明，向体系中添加部分乳化剂可促进反应的进行。该方法合成聚酰胺的工艺过程较为复杂，需先将酸变成酰氯，然后把两种原料分开溶于两种不相容的溶剂中，才能进行合成反应，所用原料成本较高。同时，使用该法合成的产物分子量分布较宽，使其难以应用于工业化生产。

(3) 熔融缩聚法

熔融缩聚法是一种常用的合成半芳香聚酰胺的方法，即在单体的熔融状态下直接缩聚，进而得到一定分子量的聚酰胺。熔融缩聚法工艺过程简单，能够显著降低生产成本。但是，采用这种方法合成半芳香聚酰胺时，产物的出料问题难以得到解决。这是因为：聚合后期，产物的分子量较大，整个体系中的熔体黏度很大，粘釜现象无法避免；此外，聚合产物的熔点太高，高温下出料时与空气接触，极易被氧化。

(4) 高温高压溶液缩聚-固相后聚合法

工业化生产合成半芳香聚酰胺时，大多采用这种方法。该法的工艺过程如下：在 N_2 氛围下，将摩尔比为 1∶1 的脂肪族二胺和与芳香族二酸、适当比例的催化剂（常用的是磷基化合物，质量分数为 0.1%），以及适当比例的水溶液加入反应聚合釜中。于相对低的反应温度（如 100℃）下反应得到聚酰胺盐，接着缓缓升温，保持反应釜内温度在 2h 左右提高至 220℃，此时聚合釜内的压力可达到 2MPa 左右，保温保压 3h；接着持续升高体系温度至 230℃，后继续保温保压 3h，这时，釜内的聚酰胺盐慢慢开始聚合，形成聚酰胺的预聚物。随后，采用较为缓慢的速度使体系压力降至 1MPa，除去沸点低的小分子，得到具有较高特性黏数（0.20dL/g）的聚酰胺产物。将该预聚物置于真空烘箱中烘干，研磨成粒径大小合适的颗粒。然后采用合适的温度（大致介于聚合物的熔点和玻璃化转变温度之间），使预聚物颗粒在高温高真空度下发生固相缩聚，或于合适的挤出机中熔融缩聚，从而获得具有较高分子量的半芳香聚酰胺。因此，在半芳香族聚酰胺的合成中，最常用的是高温高压溶液缩聚法，一般是先在高压聚合釜中预聚合，生成半芳香聚酰胺预聚物；然后通过固相聚合进一步提高产物的分子量，得到最终的聚合物，该法通常也被称为两步法。

采用这种方法合成半芳香聚酰胺的厂家很多，主要有美国的 Amoco、日本的 Mitsui Chemicals、法国的 RhonePoulencChimie 和意大利的 Eniricerche 等。这些厂家制备半芳香聚酰胺的方法大致相同，但具体的工艺参数和关键设备却不尽相同。高温高压溶液缩聚法以水为溶剂，能够显著降低生产的成本，该法由此得到广泛应用。

(5) 聚酯缩聚法

聚酯缩聚法是另一种合成半芳香聚酰胺的方法。例如：日本 M&S 研发中心的 Seiko Nakano 利用废弃的聚对苯二甲酸乙二醇酯（PET）与脂肪族二胺反应，成功制备出了 PA6T 系列半芳香族聚酰胺。北京化工大学的樊润等以己二胺和 PET 为原料，以环丁砜为溶剂，成功合成出了半芳香聚酰胺 PA6T，并且研究了温度对反应过程的影响。由于该方法是以大分子聚酯为原料，产物的分子量不易控制，且到反应后期产物的分子量增长十分缓慢，分子量分布较宽，这使得聚酯缩聚法在工业上的推广应用受到了很大的限制。但是，该方法采用聚酯废弃物为原料，即把废弃的聚酯转化为具有较高附加值的半芳香聚酰胺产品，开辟了一条回收利用废弃聚酯的新途径。所以，作为一种合成半芳香聚酰胺的新方法，聚酯缩聚法受到了广泛的关注。近年，郑州大学开发了绿色溶剂辅助聚酯缩聚技术，避免了环丁砜等有毒溶剂的使用，并在逐步开展中试试验，有力推动了聚酯缩聚法的工业化应用。

(6) 反应挤出法

反应挤出法是以聚酰胺预聚物与高活性扩链剂为原料，通过转矩流变仪或挤出机进行熔融聚合，实现扩链效果，该方法相较于固相后聚合具有简单高效的特点，同时由于加工设备的强力搅拌效果，所得产物的均匀性和稳定性较高。郑州大学目前已经开展了半芳香聚酰胺的反应挤出技术的探索，成功制备出性能优异的半芳香聚酰胺及其共聚物和导热复合材料，整体聚合时间可以缩短到8h以内，具有显著的工业化优势。

（7）直接固相聚合法

直接固相聚合是一种高效节能且绿色环保的固态聚合方法，可解决现有耐高温聚酰胺合成方法中面临的无法正常出料、产率受损严重、高温副反应、产品黄变、生产周期长等技术难题。直接固相聚合以单体晶体为反应物，在单体晶体熔点以下进行固态聚合反应。该方法具有反应温度低、反应高效的特点，在耐高温聚酰胺的合成应用中展现出广阔的应用前景。郑州大学工程塑料研究室开发了耐高温聚酰胺直接固相聚合装备，已建成PA10T、PA11T、PA12T等千吨级生产线，实现了直接固相聚合技术在耐高温聚酰胺聚合生产中的应用。

四、应用进展

1. 长碳链聚酰胺的应用

长碳链聚酰胺具有良好的柔韧性和透明性、低的密度和吸水率、不易被细菌破坏、易清洁等特点，主要用于高级牙刷和生活毛刷、电缆包线及接头材料、输油管及气动管、轴承保持架及打印机中传动齿轮，军事中主要是枪托、握把、扳机护圈、降落伞盖、子弹夹和钢盔衬套等，此外，热熔胶也是长碳链聚酰胺的主要应用领域。

2. 耐高温聚酰胺的应用

（1）电子电气领域

随着电子元件向微型化、集成化、高效化发展，对于材料的耐热等性能有了进一步的要求。新的表面贴装技术（SMT）的运用，对于材料的耐热要求由以前的183℃提高到215℃，同时要求材料的耐热温度达到270～280℃，传统材料无法满足要求。由于耐高温聚酰胺材料杰出的内在特性，既具有超过265℃的热变形温度，又有较佳的韧性和极佳的流动性，因而能够满足SMT工艺对元器件的耐高温要求。耐高温聚酰胺可应用于以下领域和市场：3C产品中的接插件、USB插口、电源连接器、断路器、电动机部件等。

目前电子电气是半芳香族聚酰胺应用最多、最广泛的领域。这主要是利用半芳香族聚酰胺优异的耐热性能和薄壁成型性，要求玻璃纤维增强产品在1.8MPa载荷下热变形温度达到280℃以上，即可生产过"回流焊"的精密零件，适用于无铅焊锡表面贴装技术（SMT）的电子连接器和无卤阻燃的低压电器精密零件等。近些年来，电子电气行业集成度进一步提高，部件越来越小，零件越来越精密。另一方面，大尺寸超薄制件的生产同样要求材料具有更高的流动性。在不添加润滑性助剂的情况下，提高半芳香族聚酰胺的流动性基本只能依靠降低分子量这一个办法，但降低分子量导致力学性能下降。

三井、杜邦、索尔维和青岛三力均有专门的超高流动性PA6T、PA66牌号，通常熔点约为305℃，熔体流动速率大于100g/10min（325℃，2.16kg）。在某些高端电子领域需要一些持续耐热部件，需要产品的连续使用温度达到150℃以上。提高连续使用温度，可以通过提高树脂玻璃化转变温度或以半芳香聚酰胺为基体通过纤维填充改性的办法来实现。提高玻璃化转变温度可以从两方面着手：一是增加侧基，二是提高芳环含量。而均聚型的产品种类有限，玻璃化转变温度普遍不到130℃，因此开发高玻璃化转变温度的共聚半芳香族聚酰胺是常用方法。如杜邦公司的 Zytel HTN 501，因为2-甲基戊二胺侧链甲基的引入，使其玻璃化转变温度提高到 135～140 ℃，能够满足连续使用温度 150℃ 以上。帝斯曼公司的 ForTii Ace 则是芳环含量高于 50% 的 PA4T 产品，熔点为 320～345℃，其玻璃化转变温度高达 135～160℃，为目前所有市售半芳香族聚酰胺中最高的一款。

（2）汽车领域

随着人们消费水平的提高，汽车产业正朝着轻量化、节能化、环保化和舒适化的趋势发展。汽车减重可以节省能源，增加续航里程，减少制动器和轮胎磨损，延长使用寿命，最重要的是可以有效降低汽车尾气排放量。在汽车工业领域，传统的工程塑料和部分金属正在被耐热材料所逐步替代。如在发动机区域，相对于 PA66 材质的链条张紧器，用耐高温聚酰胺做的链条张紧器磨损率更低，性价比更高；耐高温聚酰胺材质的零部件在高温腐蚀介质中使用寿命更久；在汽车控制系统，因自身优异的耐热性能，在一系列的排气控制元件中（如各种外壳、传感器、连接器和开关等），耐高温聚酰胺有较多的应用；耐高温聚酰胺还可应用在可回收式的油过滤器外壳，以承受来自发动机的高温、路面的冲击颠簸和恶劣气候的侵蚀；在汽车发电机系统，耐高温聚酰胺可以应用于发电机、起动机和微电机等。

对于汽车领域大多数应用场景来说，其长期使用温度均不会超过 100℃，大部分半芳香族聚酰胺产品不会出现因长期使用而变形的问题。随着半芳香族聚酰胺应用的拓展，汽车零部件对耐高温的要求也越来越高。如汽车发动机周边材料和汽车电子部件，虽然没有直接和发动机接触，温度不是特别高，但由于发动机工作时间长，要求材料的长期使用温度高于 100℃，部分部件要求高于 150℃。通常，适用此类场景使用的半芳香族聚酰胺对 T_g 要求下限约为 100℃，而目前市场上的大部分半芳香族聚酰胺的玻璃化转变温度在 80～120℃ 之间，只有少数牌号可以达到 120℃ 以上。满足以上要求的半芳香族聚酰胺主要有：索尔维 Amodel A1000 和 A4000、杜邦 Zytel HTN 501、帝斯曼 ForTii 和 ForTii Ace、广州金发的 PA10T 以及山东协鑫的 PA10T 和 PA12T 等。

（3）LED 领域

LED 是一个新兴的、处于快速发展阶段的行业。过去十年，我国 LED 照明产业年均复合增长率超过 30%。LED 产品在封装制造的过程中会发生局部高热，对于塑料的耐温性提出了一定的挑战。目前较低功率 LED 反射支架已经全面使用耐高温聚酰胺材料。PA10T 和 PA9T 目前已经成为行业内用量量大的支柱材料。

随着节能、环保概念的深入，发光二极管（LED）技术因能耗低、亮度高和安全性高得到快速发展。半芳香族聚酰胺在 LED 行业主要应用于 LED 支架上。用于 LED 显示屏的黑料和用于中低功率 LED 照明的白料。黑料为 50% 以上矿物填充型，要求树脂具有良好的稳定性和高流动性，对树脂颜色则基本无要求。白料为钛白粉矿物增强型，要求树脂具有良好的稳定性和高的耐热性，要求树脂颜色白，且高温无明显黄变。因为模具设计原因，LED 支架注塑单模灯珠数成百上千，注塑时会产生大量浇口料，需进行粉碎后再利用。因此要求反复注塑使用后，材料性能无明显下降。重复使用次数由材料稳定性决定，体现到半芳香族聚酰胺上，则主要取决于树脂分子链端基——氨基的影响。而目前所有的聚合工艺都不能完全将端氨基封端，只能尽量降低端氨基含量。根据改性厂家、下游注塑及封装厂家反馈计算，适用于 LED 支架的半芳香族聚酰胺最大允许端氨基含量约为 40mol/t。满足以上要求的半芳香族聚酰胺树脂品种主要有：三井 Arlen C、索尔维 Amodel A6000、杜邦 Zytel HTN 502、青岛三力 1245、可乐丽 Genestar、金发科技和山东协鑫的 PA10T 等。随着半芳香族聚酰胺流动性的提升，用于 LED 显示屏的 LED 支架越来越小，加之 LED 显示屏分辨率提升、价格下降，促使越来越多的显示及广告牌开始采用大型 LED 显示屏，这也为半芳香聚酰胺的应用和推广提供了重要契机。

（4）其他领域

耐高温聚酰胺材料具有耐热性高、吸水率低、尺寸稳定性好等优势，能够保证材料即使在潮湿环境下长期使用也具有高强度和高刚性，是一种取代金属的理想材料。目前，用高玻纤含量增强的耐高温聚酰胺材料取代金属做结构框架的发展趋势已经在平板电脑、手机、遥控器等产品上逐渐凸显，如 Dupont Zytel HTN53、EMS Grivary GV 和 Solvay IXEF 高玻纤含量增强系列材料已经在这个行业得到了应用。PA10T 材料具有低吸水率和优异的抗水解性能，比其它耐高温聚酰胺材料更加适合取代金属用于水表和水泵部件，如 EMS 公司 Grivory CV 系列材料在这个行业已得到大批量应用。

五、发展建议

经过多年发展，特种聚酰胺已发展成为特种工程塑料领域的主要品种之一，并已在电子和汽车等多个领域得到广泛应用。国内特种族聚酰胺产业经过数十年的发展，实现了从无到有的实质性突破，尤其是在双号码长碳链聚酰胺领域，已实现国外产品的完全替代，成绩显著。但目前特种聚酰胺领域依然存在品种少，市场开拓情况不足等问题。

（1）基础研究及产业升级

国内科技工作者应该深入研究特种聚酰胺的聚合机理，开发出绿色高效的聚合工艺（例如连续法工业聚合技术、微波聚合等），力争实现特种聚酰胺的低成本、大规模生产，提高产品质量和成本的竞争力。同时，国内相关生产企业应该团结协作、整合资源、加大研发投入，用技术与生产实力与国外厂家竞争，并为中国从制造大国转变为制造强国贡献自己的力量。

（2）新型特种聚酰胺品种的开发与应用

分子链中刚性基团的引入是提高聚酰胺耐高温性能和综合性能的关键，目前所用到的刚性结构主要以对苯结构为主。此外，萘环相较于单一苯环具有更高的刚性，同样可以作为耐高温聚酰胺的结构单元，以进一步提高耐热性，但熔融温度通常会降低。脂环结构是一类具有饱和环的刚性结构，其相较于苯环结构具有更加优异的稳定性，研究表明，用脂环结构（如环己烷二酸或环己烷二胺等）代替半芳香聚酰胺中的苯环结构通常可以进一步提高聚酰胺的玻璃化转变温度和熔点，即耐热性也可以得到显著提高。目前萘环聚酰胺与脂环聚酰胺均已开展初步研究，但尚不完善，继续深入研究含有不同刚性环结构单元（萘环、脂环、含氮杂环等）聚酰胺的构效关系及工艺过程对加速其产业化进程以及拓宽耐高温聚酰胺的种类和应用具有重要的价值和意义。

（3）新型聚合装置与连续聚合技术的开发

传统特种聚酰胺的聚合主要依靠间歇制备技术，为了提高制备效率、产品品质和降低成本，开发适用于特种聚酰胺的新型聚合装置和连续聚合技术成为行业发展的重点。

第十四节 聚苯硫醚

浙江新和成特种材料有限公司　连明

一、概述

(一) 产品简介

聚苯硫醚，又名聚亚苯基硫醚 (polyphenylene sulfide, PPS)，是聚芳硫醚 (polyarylene sulfide, PAS) 中最重要，也是最常见的一个树脂品种，而聚芳硫醚是指聚合物分子主链结构为硫与芳基结构交替连接的一类高分子聚合物，其分子通式为：

$$\left[\!\!\begin{array}{c}\\ \\ \end{array}\!\!-\!\!S\right]_n$$

聚苯硫醚是一种具有优良性能的特种工程塑料，在特种工程塑料领域，聚苯硫醚规模比较大，被公认为继聚醚醚酮 (PEEK)、聚砜 (PSF)、聚酰亚胺 (PI)、聚芳酯 (PAR) 和液晶聚合物 (LCP) 之后的第六大特种工程塑料，也是八大宇航材料之一。在高性能塑料金字塔中 (图 2.33)，聚苯硫醚位于高性能聚合物范畴，性能比较突出，价格也比较昂贵。

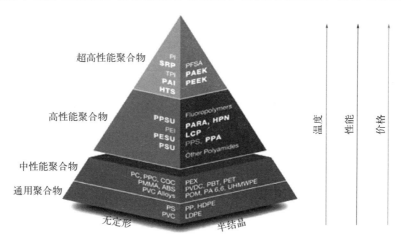

图 2.33　高性能塑料金字塔

(二) 发展历史

聚苯硫醚是美国菲利普斯公司于 1971 年首先实现工业化生产的。1987 年前，菲利普斯公司的 Ryton 聚苯硫醚树脂占据了全球几乎所有的市场。由于工艺水平的限制，当时的聚苯硫醚树脂分子量还比较低，其重均分子量通常只有 20000 左右，存在耐冲击性能差、性脆的致命缺点，而且往往需要经过热氧交联处理，提高树脂分子量、降低树脂流动性后才能挤出造粒，然后制成复合材料。

菲利普斯公司的专利于1985年到期后，日本的企业也开始研发和生产，日企（东丽、吴羽、DIC等）的总产量已远大于美国本土企业的产量。尤其以日本吴羽化学工业公司及其推出的Fortron聚苯硫醚——第二代线型高分子量聚苯硫醚树脂的发展最引人注目，其复合材料由日本宝理塑料公司生产、销售。该树脂生产工艺先进，产品质量好、性能优，全面改善了聚苯硫醚耐冲击性能差、性脆的致命缺点。此外，Fortron聚苯硫醚可以直接制成纤维和薄膜，加上树脂的本色较浅，可制成各种色泽鲜艳的制品，因而受到广泛的欢迎，并成为了聚苯硫醚树脂的一大发展方向，其生产能力也迅速扩展，与Ryton聚苯硫醚共同成为聚苯硫醚树脂的两大主要品牌。其他一些生产厂家也主要集中在美国、日本、欧洲。目前国内外聚苯硫醚在聚合上真正突破性的技术只有韩国SK的无卤工艺，采用的是苯、硫在碘催化剂的作用下生产聚苯硫醚树脂，产品不含氯和盐杂质，但是会有碘残留，产品颜色泛红，且性能还不够稳定。国内外PPS树脂生产和研究的热点主要集中在通过调整聚合助剂和改善后处理工艺来提升产品性能，降低产品杂质含量，开发低氯、高韧等差异化、高附加值规格。

中国聚苯硫醚的研究和生产始于20世纪70年代初期，先后有二十多家企业建立了聚苯硫醚树脂合成中试或生产装置，经过多年发展，浙江新和成等企业已初步形成近1.5万吨/年的产能。近几年，中国聚苯硫醚发展迅速，新和成、四川玖源、重庆聚狮等一批企业迅速崛起，产品品质也在不断进步，新和成等企业产品性能已达到国外先进水平。目前国内还有一大批企业在新建中，包括中科兴业、山西霍家、新疆中泰、安徽铜陵等。

（三）产品性能

聚苯硫醚因其硫原子与苯环交互整齐排列的化学结构，赋予分子高度稳定的化学键特性，具有耐高温、耐辐射、高阻燃、高尺寸稳定性、良好的耐溶剂和耐化学腐蚀性及电性能优异等特性，见图2.34。聚苯硫醚物性见表2.55。

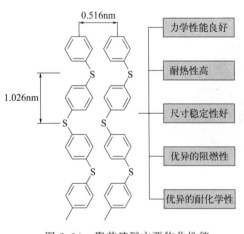

图 2.34 聚苯硫醚主要物化性能

表 2.55 聚苯硫醚物性

项目	数值
密度/(g/cm^3)	1.35～1.36
熔体流动速率/(g/10min)	75～200
吸水率/%	0.020～0.031
拉伸模量/psi	325000～4060000
拉伸强度/psi	7250～23000
断裂伸长率/%	0.40～4.1
弯曲模量/psi	348000～3540000
缺口冲击强度/(kJ/m^2)	1.09～7.98
无缺口冲击强度/(kJ/m^2)	1.09～50.4
洛氏硬度	92～126
熔点/℃	278～280
相对漏电起痕指数（CTI）/V	100～151
摩擦系数	0.090～0.40

注：145psi＝1MPa。

（1）一般性能

聚苯硫醚是一种结晶度高、硬而脆的聚合物，纯聚苯硫醚的密度约为1.34g/cm^3，但改性后会增大。聚苯硫醚吸水率极小，一般只有0.03%左右。PPS的阻燃性好，其氧指数高达44%以上；与其他塑料相比，属于高阻燃材料（聚乙烯醇的氧指数为47%、聚砜为

30%、尼龙66为29%、改性聚苯醚为28%、聚碳酸酯为25%)。聚苯硫醚的耐辐射性好，耐辐射强度可达1×10^8 Gy，其它工程塑料都无法比拟，在电子电气、机械、仪器、航空航天、军事等特殊领域，聚苯硫醚是耐辐射应用的理想材料之一。

(2) 力学性能

纯聚苯硫醚的力学性能不高，尤其冲击强度更低，玻璃纤维增强后冲击强度会大幅度提高，由27J/m^{2}增大到76J/m^2；拉伸强度由70MPa增大到180MPa。聚苯硫醚刚性很高，在工程材料中较少见。纯聚苯硫醚的弯曲模量可达到3.8GPa，无机填充改性后可达到12.6GPa。而以刚性著称的聚苯醚仅为2.55GPa，聚碳酸酯仅为2.1GPa。聚苯硫醚在负荷下的耐蠕变性好、硬度高、耐磨性高，其1000转时的磨损量仅为0.04g，填充二硫化钼后还会进一步得到改善；聚苯硫醚还具有一定的自润性。加入弹性体等添加剂，可以提升聚苯硫醚产品的韧性，产品的无缺口冲击强度可由原来的30kJ/m^{2}提升到60kJ/m^2。增韧后的聚苯硫醚产品可用于石油天然气管道、热水器用自攻螺钉、耐冲击要求较高的汽车引擎材料等高端应用。

(3) 热学性能

聚苯硫醚具有优异的热性能，短期可耐260℃，并可在200～240℃下长期使用；其耐热性与聚酰亚胺相当，仅次于聚四氟乙烯，这在热固性塑料中也不多见。更为可贵的是聚苯硫醚在高低温变化频繁的溶剂（如汽车油气）中，性能及稳定性表现优异。

(4) 电学性能

聚苯硫醚的电学性能十分突出，与其它工程材料相比，其介电常数与介电耗损角正切值都比较低，并且在较大的频率及温度范围内变化不大；聚苯硫醚的耐电弧性好，可与热固性塑料相媲美。聚苯硫醚常用于电器绝缘材料，这在热固性材料中也不多见，其用量可占30%左右。聚苯硫醚材料的相对漏电起痕指数(CTI)比较稳定，通过树脂原料优化和改性配方调整，还可以进一步提升CTI性能，有利于提高聚苯硫醚用于电子材料时的安全性。

(5) 化学特性

聚苯硫醚最大的特点之一是耐化学腐蚀性好，其化学稳定性仅次于聚四氟乙烯；聚苯硫醚对大多酸、酯、铜、酚及脂肪烃、芳香烃、氯代烃等稳定；不耐氯代联苯及氧化性酸、氧化剂、浓硫酸、浓硝酸、王水、过氧化氢及次氯酸钠等。聚苯硫醚耐化学性能见表2.56。

表2.56 聚苯硫醚耐化学性能

物质	PPS（GF40%）弯曲及拉伸强度保持率/%	PPS（GF/MF65%）弯曲及拉伸强度保持率/%
H_2SO_4，10%	94	93
HCl，10%	94	92
HNO_3，10%	96	93
NaOH，10%	95	94
NaCl，10%	96	94
$CaCl_2$，10%	95	93
乙醇	100	100
甲醇	99	99
丙酮	99	100
甲苯	99	97
机油	97	97
制动液	97	96

续表

物质	PPS（GF40%）弯曲及拉伸强度保持率/%	PPS（GF/MF65%）弯曲及拉伸强度保持率/%
自动变速箱油	100	100
玻璃液	94	97
抗冷液	97	97
汽油	97	95
煤油	98	96

（6）相容性

聚苯硫醚和聚四氟乙烯、尼龙、聚醚醚酮等材料的相容性好，利用多元树脂及填充剂共混/复混而成的聚苯硫醚合金材料，能够达到平衡材料性能的目的。其主要原理是利用不同树脂、无机物、填充剂的特点与聚苯硫醚取长补短，克服聚苯硫醚树脂本身的不足，同时降低产品成本。比如为解决聚苯硫醚易碎的缺点，将尼龙（PA）与聚苯硫醚共混生产聚苯硫醚/尼龙合金；为解决聚苯硫醚耐磨性不足的问题，生产聚苯硫醚/聚四氟乙烯（PTFE）共混合金；为进一步提高聚苯硫醚的耐温性，制得聚苯硫醚/聚醚醚酮（PEEK）/无机填料合金等。

二、市场供需

（一）世界供需及预测

1. 生产现状

目前，全球仅美国、日本和中国掌握聚苯硫醚树脂的工业化生产技术，拥有生产能力和相应产品。俄罗斯、印度正在积极进行聚苯硫醚树脂工业化生产的研发。目前主要国家的聚苯硫醚树脂生产情况如表 2.57 所示。

表 2.57 世界主要聚苯硫醚生产企业

国家	生产厂家	产品类型	产能/(吨/年)
比利时	索尔维	交联型、线型	20000
日本	东丽	交联型、线型	33600（5000 吨在建）
	吴羽	线型	15000
	大日本油墨（DIC）	交联型、线型	23000
	东曹	交联型、线型	3000
美国	塞拉尼斯	线型	17000
韩国	INITZ	交联型、线型	12000
中国	浙江新和成	交联型、线型	22000
	重庆聚狮	线型	10000
	新疆中泰	线型	10000
	内蒙古磐讯	线型	5000
	铜陵瑞嘉	线型	10000
	山东滨化	交联型、线型	10000
	霍家工业	线型	10000
	山东明化	线型	1000 吨在建

2. 需求分析及预测

聚苯硫醚由于优异的力学、化学性能，使其能广泛应用于日常生活、生产制造的各个领域，如汽车、电子、环保、机械等。据统计估算，汽车和电子电气是全球聚苯硫醚市场应用最大的两个领域，占比近80%（图2.35）。在汽车和电子电气领域，通常会涉及发动机周边、新能源汽车电池及热管理系统、5G宏基站长时间运行发热导致材料形变等高温应用场景，对聚苯硫醚材料高温下的刚性、耐蠕变、尺寸稳定性和热老化等性能提出更高的要求。在航空领域，关键高性能材料的国产化供应是突破大飞机项目的重要保障，而聚苯硫醚复合材料具有优异的耐高温、机械强度、尺寸稳定性和耐腐蚀等性能，是一种理想的飞机应用材料，主要应用于飞机机翼、发动机支架、大梁等区域。因此，随着汽车轻量化、新能源汽车、5G、大飞机、高端装备等新兴行业的快速发展，聚苯硫醚在高温场景应用的市场需求将快速增长。

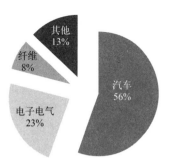

图2.35 聚苯硫醚全球市场应用分布

2023年全球聚苯硫醚树脂市场需求约12.8万吨，主要应用于汽车、电子电气、环保、机械装备等领域，随着上述行业快速发展，全球聚苯硫醚树脂市场需求年增速约3%~5%，预计到2025年，全球聚苯硫醚树脂市场需求达到13.8万吨。

（二）国内供需及预测

1. 生产现状

我国从20世纪70年代初就开始意识到聚苯硫醚的重要性，各大专院校及企业开始致力于聚苯硫醚产品的研发。早些时候我国已初步形成较可观的产能，但国内聚苯硫醚企业生产的产品无论从产品性能上还是成本上与国际企业有一定差距；更重要的是国内企业一直未能解决溶剂、催化剂回收问题而带来的环境影响，以及无法解决稳定连续化生产所带来的质量问题，使得国内企业根本无法与国际企业抗衡。所以长期以来，聚苯硫醚树脂一直被国外垄断或封锁，特别是纤维级的聚苯硫醚树脂，国内一直未能规模化稳定生产。

近几年，国内聚苯硫醚发展迅速，在聚合级树脂和纤维级树脂方面都有较大进步，部分产品的质量已经接近国外水平。目前国内聚苯硫醚产能如表2.58所示。

表2.58 国内主要聚苯硫醚生产企业

企业	规划产能/(万吨/年)	目前进展
浙江新和成特种材料有限公司	2.2	已投产
重庆聚狮新材料科技有限公司	1.0	已投产
铜陵瑞嘉特种材料有限公司	1.0	已投产
新疆中泰化学股份有限公司	1.0	已投产
内蒙古磐讯科技有限责任公司	0.5	已投产
山西霍家工业有限公司	1.0	已投产
山东滨化滨阳燃化股份有限公司	1.0	已投产
四川得阳特种新材料有限公司	1.0	已停产
四川自贡鸿鹤特种工程塑料有限责任公司	0.2	已停产
内蒙古鄂尔多斯市伊腾高科有限公司	0.3	已停产
广安玖源化工新材料有限公司	0.3	已停产

2. 需求分析及预测

2023年中国聚苯硫醚树脂市场需求约4.05万吨，占全球市场33%，预计2025年中国市场需求将达到4.50万吨。随着中国电子电气、汽车行业的高速发展，进入21世纪以来全球聚苯硫醚生产与需求已趋于紧张。中国市场正在形成聚苯硫醚生产的国内外双重竞争态势，这将有利于聚苯硫醚在国内的进一步推广以及在市场和应用领域的扩展，并为国际市场的开拓打下良好基础。结合国内外聚苯硫醚及新材料的发展动向，在发展新型聚苯硫醚类材料品种、开发聚苯硫醚新合成方法的基础上还应当着力抓好新型改性料及专用料的研制开发，积极开发新型聚苯硫醚复合材料改性品种，尽快建立更大的规模化生产装置等。这是发展高性能结构材料所必须的战略举措，对打破国外技术限制和封锁，满足国民经济以及军工各领域对高性能结构材料的需求意义极为重大。

三、工艺技术

目前，聚苯硫醚的合成方法主要有硫化钠法、硫黄溶液法、熔融缩聚法、氧化聚合法、对卤代苯硫酚缩聚法、硫化氢法等，如图2.36所示。

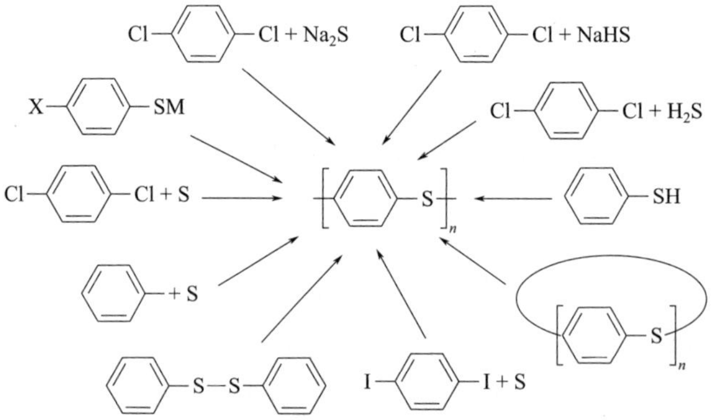

图2.36 聚苯硫醚合成路线

聚苯硫醚的合成路线有多种，但已经工业化的路线只有硫化钠法和熔融缩聚法。硫化钠法一般以精制工业硫化钠（含水）和对二氯苯为原料在极性有机溶剂 N-甲基吡咯烷酮中进行加压缩聚而成。近几年，韩国SK公司采用熔融缩聚法合成聚苯硫醚的工艺已经发展到车间调试阶段，市场上已出现少量样品，但至今未能稳定生产。

（1）硫化钠法

硫化钠法是世界上最早实现工业化生产的方法，也是目前最主要的工业化生产方法。1967年美国Phillips Petroleum公司的Edmond和Hill在专利中发表了使用对二氯苯和硫化钠在极性有机溶剂中直接缩聚，合成线型聚苯硫醚树脂的溶液聚合法，该反应是由等摩尔的对二氯苯和硫化钠或硫氢化钠在极性有机溶剂中，通氮气保护，在170～350℃、压力6.87MPa下进行溶液缩聚，其反应方程式如下：

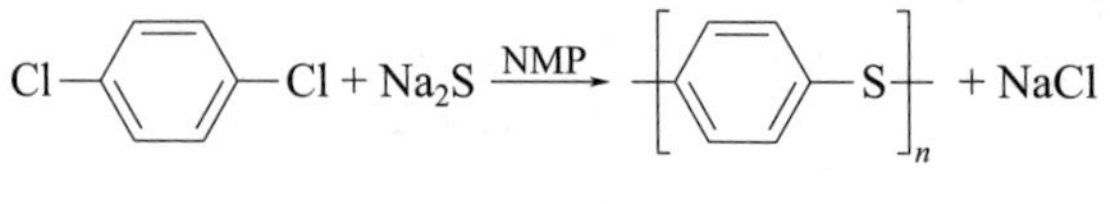

该方法由于原料价格低廉易得、工艺路线短、产品质量稳定、得率较高（一般在 90% 以上）而引起了人们的普遍重视，广泛开展了类似的合成研究工作。随着多年来对硫化钠法合成工艺的不断改进，其工业化技术与生产水平也得到极大的提高，现在可以合成高分子量线型和支化交联两种结构的树脂。硫化钠法目前仍然是最主要的聚苯硫醚树脂工业化生产方法，国内外成功的聚苯硫醚树脂生产厂家都普遍采用 N-甲基吡咯烷酮为溶剂进行加压缩聚。

（2）熔融缩聚法

将反应原料硫黄、对二碘苯以及引发剂加入带有温度计、机械搅拌、氮气吹扫、黏度仪和抽真空装置的反应釜中，在一定温度和氮气保护下充分熔融混合；然后升高温度，在低压条件和氮气保护下进行聚合反应，在聚合反应中途（聚合进行 70%～99%）加入阻聚剂；聚合完成后对反应产物进行干燥纯化处理，见图 2.37。

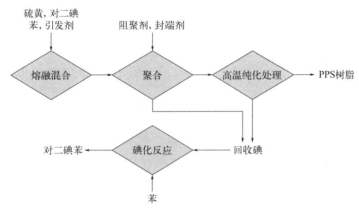

图 2.37　硫黄熔融法合成聚苯硫醚的工艺流程图

该方法与 Macallum 路线具有相似之处，反应过程中产生的副产物碘蒸汽能够在聚合反应期间被持续收集，用于与芳基化合物合成反应原料对二碘苯，聚合所得产品为线型结构，聚合度高，纯度高，不含 Cl、Br 等被限制物质以及 Na、Fe 等金属离子，非常适合用于电子产品，且不需要昂贵的有机溶剂，产品发烟量少。原料不含水，产品基本不需要干燥过程。但产物中含有多硫结构，原料精制难，硫黄和碘在高温下对设备的腐蚀严重，反应原料对二碘苯价格昂贵。如果利用苯和碘为原料合成对二碘苯，解决缩聚原料来源，原料成本可以大幅降低。目前，由于对二碘苯复杂的生产工艺及市场需求疲软等原因，国内对二碘苯供应商年产能不足百吨，远不能满足硫黄熔融法生产聚苯硫醚的供应需求。

（3）SK 新工艺

SK 开发的新型工艺（见图 2.38），生产过程中不需要 NaHS、对二氯苯等原料，也不需要 N-甲基吡咯烷酮（NMP）作为溶剂，生产成本低、环保风险小，产品中不含氯、NaCl 等杂质，低聚物、挥发性物质含量低，适用于对卤素含量要求较高的电子电气应用。但是目前

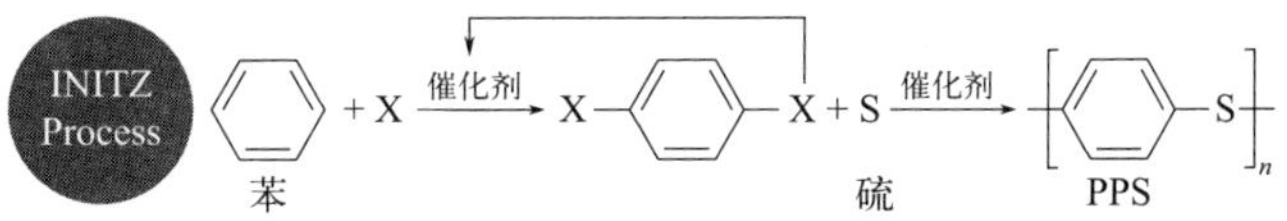

图 2.38　SK 合成聚苯硫醚的工艺流程图

该工艺产品残留碘去除效果还有待提升，产品颜色泛红（碘的影响），且产品性能有待提升。

随着多年来对硫化钠法合成工艺的不断改进，其工业化技术与生产水平也得到极大的提高，现在可以合成高分子量线型和支化交联型两种结构的树脂。硫化钠法目前仍然是最主要的聚苯硫醚树脂工业化生产方法，国外成功的聚苯硫醚树脂生产厂都以精制工业硫化钠和对二氯苯为原料在极性溶剂 N-甲基吡咯烷酮中进行加压缩聚，区别在于各自的催化体系和工艺控制条件与手段，这是聚苯硫醚研究中最通用的合成方法，同时也是最成熟的工业化路线。

为提高产品性能，国内主要生产厂家在脱水过程、合成过程和后洗涤过程中加入了大量的添加剂。虽然产品性能有了一定幅度的提升，缩短了与国外产品的差距，但大幅提高了溶剂、助剂和添加剂的回收难度，使得生产成本大幅提升。同时，由于生产过程中添加了大量的添加剂，导致反应体系复杂化，容易产生副反应，导致反应控制难度大大增加。

浙江新和成特种材料有限公司在脱水阶段利用脂肪酸与碱反应形成脂肪酸盐作为新型助剂体系，采用硫化钠法合成线型聚苯硫醚树脂，已获得自主知识产权，并获得了多国专利局的授权。该工艺合成的线型高分子量聚苯硫醚分子量分布窄，熔点高，熔程短，力学性能良好，同时优化后处理工艺，消除了助剂在水相中的分配比例，全部助剂进入溶剂相，简化了水相废液的处理工艺，以及助剂和溶剂的回收工艺，降低了产品的生产成本。新和成公司于 2013 年完成聚苯硫醚一期年产 5000 吨项目建设并顺利投产，二期年产 10000 吨装置也已于 2017 年上半年建成并投产。新和成公司聚苯硫醚产品经过多年发展，已成功进入国内外市场，产品销售供不应求，目前在市场上已具备了良好的口碑及一定的品牌影响力。2016 年新和成公司作为主要起草单位参与制定了纤维级聚苯硫醚树脂的《浙江制造团体标准》，2017 年 11 月参与制定聚苯硫醚国家标准。新和成目前能够生产线型、交联两种不同类型的聚苯硫醚产品，且是国内为数不多能够稳定生产纤维级、注塑级、挤出级、涂料级聚苯硫醚的厂商。

四、应用进展

聚苯硫醚因本身具有的优良性能，可以用传统的挤出、注塑等成型方法加工制品，也可以通过双轴拉伸、吹塑等方法制成薄膜，通过挤出、拉伸制成纤维。由于聚苯硫醚与无机填料、增强纤维的亲和性以及与其他高分子材料的相容性好，因此也可制成不同的增强填充品种及高分子合金，用途十分广泛，主要用于电子电气、精密仪器、机械、汽车、家用电器、薄膜、纤维、电力、航空、环保和化学等行业。此外，聚苯硫醚树脂还被作为高性能树脂基体，制成连续纤维增强的复合材料，应用于军工、航空航天等特殊领域；聚苯硫醚可制成薄膜应用于电工绝缘，制成纤维应用于高温烟道气过滤以及化工、制药行业的耐腐蚀布；制成涂料应用于金属防腐、耐磨等领域。聚苯硫醚主要应用领域如表 2.59 所示。

（1）汽车领域

从下游需求来看，目前聚苯硫醚需求最大的还是在汽车领域，而汽车电动化的趋势，对聚苯硫醚的需求来看既是挑战又是机遇。汽车电动化后，传统汽车油气、冷却管路等将会取消或数量大幅下降，而这些都是聚苯硫醚在传统汽车上的应用热点。汽车电动化后，需要整体轻量化，很多部件将实现以塑代钢或其他材料，而这些也有可能是聚苯硫醚应用的新方向。

表 2.59 聚苯硫醚应用领域

应用领域	主要用途
电子电气	聚苯硫醚在高温、高盐雾气候条件下,仍有很高的绝缘性能。已广泛用于制造线圈骨架、连接器、接线器、插座、马达壳、电磁调节盘、电视高频头轴、继电器外壳、微调电容器、保险丝、支架、收录机、收音机、磁疗器零部件、半导体及 IC 元件封装等
精密仪器	聚苯硫醚注塑成型收缩率极低,且具有高光洁度、高绝缘性、高耐磨性,广泛用于制造电脑、计时器、转速器、复印机、照相机、温度传感器以及各种测量仪表的壳体和零部件
机械	在机器制造业特别是化机行业,由于 PPS 具有耐高温、耐腐蚀等突出特点,已大量用于制造泵壳、泵轮、阀、齿轮、滑轮、风扇、流量计部件、法兰盘、万向头、计数器、水准仪、内衬管子、管件、孔板、洗涤塔、烟尘处理装置零部件
汽车	点火器、加热器、汽化器、离合器、变速器、齿轮箱、轴承支架、保险杠、风扇、灯罩、反光镜、排气调节阀以及排气处理装置零部件
家用电器	热风筒、卷发器、干发器、烫发器、微波炉、咖啡煲、干衣机、电熨斗、电饭煲等的零部件
薄膜领域	聚苯硫醚薄膜作绝缘材料广泛用于包裹导体、光学纤维等
纤维领域	聚苯硫醚纤维主要用于纺织和混织工业滤布,高强度纸和高绝缘纸、耐高冲击织品,如防弹背心、X 射线屏蔽等
电力行业	聚苯硫醚用于制造电力设备高压输电绝缘子、变压器材料等,可减轻铁塔负荷 20% 以上,同时具有维护、更换方便等优点
航空行业	聚苯硫醚已用于大型客机的涡轮发动机涂层,波音飞机行李架、座椅骨架、机舱护墙等,不仅阻燃,也大大减轻飞机自身的起飞量
环保产业	腐蚀性废水、废气处理机械设备零部件、阀门、管道、管件;滤布、滤袋

另一方面,汽车电动化后增加的充电桩等部件所用材料,也会是聚苯硫醚应用新增长点。但是汽车方面的应用由于对产品品质的要求非常高,国外汽车企业对供应商的供货历史尤为看重,而中国的聚苯硫醚企业普遍供货时间较短,在这方面劣势显著。汽车制件的标准制定权大都控制在国外厂商手中,汽车零部件用材料验证周期、替换周期都非常长,提高了国内聚苯硫醚产品进入汽车领域的难度和成本。此外随着汽车方面的应用越来越高端,进入汽车行业的门槛将进一步提高,国内聚苯硫醚下游厂家进入将增加困难。

聚苯硫醚树脂及其复合材料是高温汽车流体或机械应力下的汽车部件的理想选择。典型的应用包括引擎盖下部件、制动系统以及需要高耐热、高尺寸稳定和耐腐蚀的电气/电子设备,可替代耐盐和所有汽车液体腐蚀的金属。同时,可以加工成型紧公差的复杂部件和插入成型,方便多种零部件的集成,满足燃油经济性要求、系统集成目标和成本目标。

在汽车领域,聚苯硫醚的汽车配件包括燃料系统(燃料通道、燃料喷嘴、喷嘴线圈、燃料泵、燃料泵推进器、燃料泵帽、燃料线路连接器、过滤箱),电子电路系统(交流发电机组件、传感器、交换器、点火组件、雨刷器等),涂线漆,进气歧管,气泵,涡轮增压器,热气出入口,冷却装置(水泵、流量表、推进器、恒温器壳体、油泵、扼流体、热防护层),感应装置,动力装置(锟环、活塞、发动机密封垫、密封壳体、传动叉、定子),刹车系统(ABS 组件、电刹车、活塞、阀体、真空泵、刹车传感器),照明装置(插座和头灯)和变速箱组件,具体见图 2.39。

图 2.39　聚苯硫醚在汽车市场上部分应用

(2) 电子电气领域

聚苯硫醚在电子电气市场被大量用作电气组件，这些电气组件包括推进器，断路器继电器，连接符线轴，封装线圈，电机电刷，风扇，热交换器，恒温器壳体和大小电气件。电子设备包括连接符，插座，继电器，交换机，断路器，封装器，包装器（晶体管、电容器、多芯片模块、绝缘器、电源转换器），线轴，线圈（微波、控制组件、复印机头），CD/DVD光学摄像管组件，高清电视机和投影仪，以及喷墨盒，具体见图 2.40。

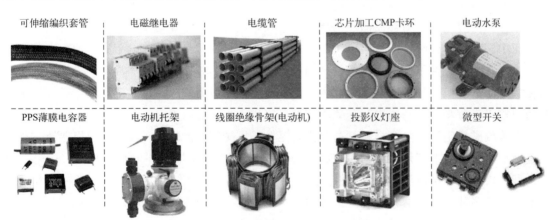

图 2.40　聚苯硫醚在电子电气上的部分应用

近年来，在电子组件制造中的一个重要趋势便是无导线焊接应用，这需要塑料组件能够承受 240~260℃ 的高温。聚苯硫醚不仅能达到这个高温要求，而且其良好的阻燃性和绝缘性更能够降低该电子组件成本且提升质量。

纳米注塑成型技术（NMT 技术）是一个跨越多种学科的工艺，涉及金属材料、塑料材料、模具设计、金属表面处理与加工、注塑成型等领域，这几环缺一不可。近年来手机的外壳从塑料向金属+少量塑胶过渡，金属+塑胶的结合有几种工艺，如嵌件注塑、LDS，而凭借金属外壳手机的普及，纳米注塑近年来已经成为行业的新宠。使用纳米注塑成型技术可选用的金属有铝、镁、铜、不锈钢、钛、铁、镀锌板、黄铜等，其中铝合金的适应性较强；而树脂包括聚苯硫醚、PBT、PA6、PA66、PPA，其中聚苯硫醚具有特别强的黏合强度（3000N/cm^2）。聚苯硫醚在NMT产品中的部分应用见图2.41。

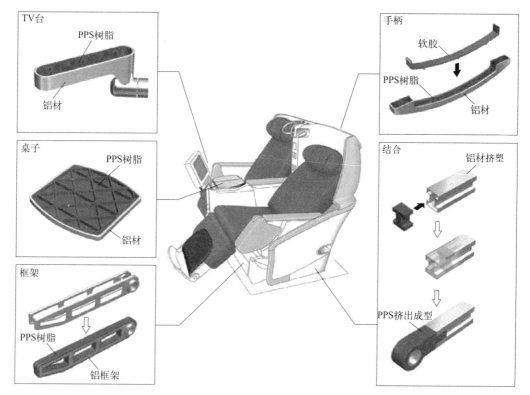

图 2.41 聚苯硫醚在 NMT 产品中部分应用

(3) 电子通信（5G）

近两年，5G行业快速发展，全球主要国家持续加大5G基建。中国5G发展取得积极进展，网络建设速度和规模超出预期。我国4G基站（宏基站）总量在400万站左右。5G基站（宏基站）的覆盖密度将比4G更密。原因在于，5G通信频段提升，基站覆盖范围持续缩小（蜂窝小区的半径缩小），要达到同样的覆盖范围，基站的密度会有所增加。

5G峰值理论传输速度可达每秒数10Gb，比4G网络的传输速度快数百倍。5G时代的高频信号想要尽可能减少传播损耗，低介电材料的开发应用显得非常重要。介电常数是一个主要由材料本身性质决定的参数，它的影响因素很多，比如材料的极性、分子结构、结晶性等。介电常数越大，对电磁信号的影响就越大，就会极大地削弱电磁信号。几种低介电材料介电常数如表2.60所示。

表 2.60 低介电材料介电常数

材料	相对介电常数（1MHz）	材料	相对介电常数（1MHz）
PA6	3.7	PPS	2.9～3.2
PA66	3.8	LCP	2～2.5

相对以上几种低介电常数材料，聚苯硫醚材料在5G应用有一定的优势：相比金属，重量轻，适用NMT注塑工艺，可加工性好，精度高；相比尼龙，吸水性低，尼龙无法通过室外霉菌实验；相比LCP，价格低、可行性高、介电损耗略高、金属结合力强、耐温阻燃等。

在5G时代，聚苯硫醚被广泛应用于5G基站、5G天线振子。5G天线需要用到大量振子，传统的金属振子加工繁琐、效率低、重量大、造价高，采用PPS制造振子一体化成型，集成度更高、装配更简易、精度更高、稳定性更好，有利于5G天线的小型化、轻量化。聚苯硫醚在5G天线振子上应用见图2.42。

（4）环保领域

PPS在环保中的应用主要集中在PPS纤维，可以用于袋式除尘器、化学过滤器、液体过滤布等。袋式除尘器可用于高温烟气除尘，如燃煤锅炉、垃圾焚烧炉、炼钢厂烟气等；化学过滤器则可用于离子交换膜等，吸附环境中的重金属；液体过滤布则用于高温化学物质的过滤，像高温磷酸、高温浓碱的过滤。

图2.42 聚苯硫醚在5G天线振子上应用

将PPS纤维用于袋式除尘器，基本能满足现阶段高温烟气排尘浓度标准（10mg/m³）的要求，因此不存在法规上的问题。除尘机理如图2.43所示，含尘气体通过除尘袋时，粒径大于除尘袋孔径的颗粒被阻隔，从而实现气体除尘。

图2.43 聚苯硫醚除尘吸附机理

相比于其他材料所制备的除尘袋，PPS材质的除尘袋具有较高的工作温度，可以实现高温除尘；同时具备良好的耐化学腐蚀性能，可以用于含腐蚀物质的气体除尘，如强酸、强碱气体的除尘；最后，PPS的耐磨损性能也相对较好，能忍受除尘时颗粒对PPS的磨损。PPS除尘袋的最佳工作条件如表2.61所示。

表2.61 聚苯硫醚除尘袋最佳工作条件

	最佳工作条件
氧含量/%	≤14
氢氧化物/(mg/Nm³)	≤600
工作温度/℃	≤180
硫含量/(mg/Nm³)	≤2700
最大短时间工作温度/℃	200（≤400 h/年）

单纯的PPS纤维不能用于吸附重金属离子，对PPS纤维进行一定的化学处理，在其苯

环上嫁接特定化学官能团，就能实现重金属离子的吸附功能。这种 PPS 纤维状离子交换膜可用于废水中重金属离子的吸附，略高于市售普通离子交换膜的吸附性能，基本能满足应用要求。

将 PPS 纤维经过纺丝可制备 PPS 布料，再经过一定的后续加工可制备用于过滤器中的滤布。由于 PPS 纤维具有优异的耐化学腐蚀性，对盐酸、硫酸、浓硫酸、硝酸、氢氧化钠、四氯化碳等具有一定耐受性，经过长时间接触后，还能保持良好的力学性能，因此，可以用于常见的废水过滤、原油过滤和磷酸过滤。聚苯硫醚在除尘设备和过滤中的应用分别见图 2.44 和图 2.45。

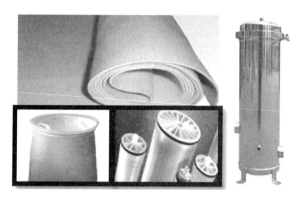

图 2.44　聚苯硫醚除尘过滤设备

废水过滤

原油过滤

磷酸过滤

图 2.45　聚苯硫醚过滤应用

除此之外，PPS 纤维还可以替代原有环境危害物质，达到环境友好的目的。早前，电解行业中所用的隔膜布普遍以石棉材料为主，石棉的生产和使用过程中均会对环境产生极大危害，引发土壤、水资源的污染并伤及人类健康。利用 PPS 替代石棉制备环保节能型隔膜布，其各项性能指标均能达到原有石棉的水平，其碱失重量、气密性能、线拉力均优于现有隔膜石棉布标准。

另外，PPS 还可以用于一些材料的表面涂覆，如可以在过滤材料表面涂覆，像玻璃纤维滤料等，提高原有滤料的环境腐蚀耐受性；此外，还可以通过 PPS 涂覆替代传统电镀，实现工艺替代，进而提高工艺的环境友好性，如在陶瓷表面涂覆 PPS 树脂。

（5）航天领域

国防军工领域所需材料需要性能稳定且尺寸精准，PPS 优异的性能使其在船舶、航空航天以及军事方面占有一席之地。PPS 可用于制作歼击机和导弹垂直尾翼、导弹燃烧室、航空航天飞行器接插件、线圈骨架密封垫等诸多部件,特别是可用于制作隐形战斗机和轰炸机主要部件,也可制作枪支、头盔、军用帐篷、器皿、宇航员用品、军舰和潜艇的耐腐蚀耐磨零部件。聚苯硫醚在飞机上的部分应用见图 2.46。

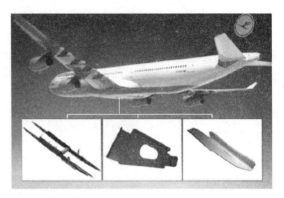

图 2.46 聚苯硫醚在飞机上的部分应用

(6) 新能源汽车

近几年,新能源汽车进入高速发展时期,PPS 作为重要功能性材料,在新能源汽车上有着多种应用。

在新能源汽车中,特别是电动汽车,高温是一个普遍存在的问题。PPS 材料具有出色的耐温性和耐化学性,能够在高温环境下保持稳定的物理机械性能,不易发生变形或老化,从而保障了汽车的可靠和长期稳定性。

新能源汽车的电气系统中,要求材料具有良好的电气性能,包括绝缘性能、耐电弧性能等。PPS 材料具有优异的电绝缘性能和耐电弧性能,能够满足电动汽车电气系统对材料的要求,保障了汽车的安全可靠性。例如电池组中的电芯、电池支架、通电端子、铜排、电控部件等。

PPS 材料具有优异的力学性能,包括高强度、硬度和刚性,能够满足新能源汽车对各种部件的力学性能要求,被广泛用于水泵部件和油泵部件中。例如水泵壳、线圈壳、节温器壳体、骨架嵌件、塑料轴承等,能够承受高压力和高速度的工作条件,保障汽车液体循环系统的正常运行。

PPS 还具有极低的析出率,极佳的长期水解性能以及优异的耐腐蚀性,应用于电堆分配板/歧管、电堆双极板、绝缘板、增湿器、水汽分离器、氢气再循环组件、氢气压力调节阀等燃料电池系统相关组件以及氢能隔膜等。

随着对汽车整车质量和能源效率要求的提高,轻量化设计成为汽车制造的一个重要趋势。PPS 材料具有较低的密度和优异的强度,能够实现汽车部件的轻量化设计,减轻整车重量,提高能源利用效率,延长电池续航里程,符合新能源汽车节能减排的发展方向。

(7) 其他应用

除以上较大的应用领域之外,近年来,PPS 材料还开发出了一些新用途,如 PPS 合金筷。PPS 合金耐磨性强,用于制作筷子使用寿命长。PPS 耐高温、耐辐射、耐溶剂,制作筷子后可满足复杂使用环境(如火锅)、高温或臭氧消毒环境下的要求。

随着我国烟气排放标准的升级，PPS 滤袋的使用量和废弃量大幅增加。国内大部分废弃 PPS 滤袋都采用焚烧或堆积填埋，对土地和环境产生严重危害。高效回收利用废弃 PPS 纤维及滤袋具有重要的经济价值和社会意义。通过对废弃滤袋进行机械粉碎回收，回收后主要应用于化工厂防腐垫、工业用的装配袋、废气处理袋。除尘布袋回收后也可以用来制作无纺布，广泛用于农业、医疗卫生、航空航天、工业、鞋袜等领域。

东丽树脂欧洲有限公司已经开发了一个回收工艺，回收注塑过程中产生的玻璃纤维增强聚苯硫醚（GFRP/PPS）树脂废料，采用这种回收工艺生产的 PPS 可以比原始 PPS 减少约 45% 的碳足迹。

五、发展建议

PPS 是一种应用前景非常广泛的高性能工程塑料，未来几年会有稳定长远的发展。目前国内的 PPS 聚合已经发展了相当长一段时间，取得了长足的进步和发展，但是还需要进一步努力开发更高性能的树脂产品。另外需要抓好新型改性料及专用料的研制开发，积极开发新型 PPS 复合材料改性品种，具体发展建议有如下四个方面。

（1）产业链一体化发展方向

产业链一体化发展方向是化工及新材料行业比较常见的发展趋势，产业链一体化可以有效降低综合生产成本，保障原材料供应，提升企业的竞争力。同时还可以减少废弃物的排放，降低环保压力。国外巨头企业如巴斯夫，国内巨头如万华化学均为一体化发展的代表企业，企业产品成本低，竞争力强，更适合企业可持续发展。

（2）开发新规格产品

国内通用规格的 PPS 产品已经能够完全满足市场需求，但是对于一些特殊的应用规格，国内尚需努力突破。相比东丽等企业动辄数十种产品规格，国内企业的产品规格比较单一。

（3）加强下游应用开发

材料的最终目的还是在于下游应用，满足终端客户需求并解决其问题。国外企业在应用开发上具有长时间的经验积累，并且拥有一整套完备的技术方案，因此能够牢牢抓住终端客户的需求。国内企业在应用开发能力上依然需要加强。

（4）寻找更低碳循环的解决方案

随着气候变化、资源即将枯竭、塑料废弃物不断增多，可持续发展的重要性日益凸显，同时"双碳"目标的深入推进，催生了对高性能塑料材料绿色减碳的需求。各行业头部品牌对减少温室气体排放的承诺、对循环经济的承诺，促使关联的 PPS 材料寻找更低碳环保、可降解可循环的解决方案。PPS 可持续特性之一是其可回收性。可将 PPS 材料依据不同的回收来源和品质等级，进行分类筛选、技术创新突破、性能再优化重新制造新 PPS 材料，有助于减少废弃物的产生，降低了对原材料的需求，有利于环境保护。PPS 的生产过程可以使用可再生资源如生物质来替代石油等化石燃料，使得生产 PPS 的碳足迹降低，有助于减少温室气体排放。例如，菜籽油、造纸过程产生的废弃副产品妥尔油、从非食品作物蓖麻籽中提取的蓖麻油等。

第十五节　聚酰亚胺

中国化工经济技术发展中心　赵瑞英
长春高琦聚酰亚胺材料有限公司　付饶

一、概述

聚酰亚胺，英文名称 Polyimide，简称 PI，是指主链上含有酰亚胺环（—CO—N—CO—）的一类聚合物，由二胺和二酐的化合物经聚合反应制备而成。PI 是一种综合性能优异的耐高温高分子材料，在特种工程塑料领域被列为重点发展材料之一，被誉为 21 世纪最有希望的工程塑料之一，该材料具有极宽的温度适用范围，在 $-269℃$ 的液态氦中仍不脆裂，热分解温度一般超过 $500℃$，部分体系可达 $600℃$ 以上，是迄今聚合物中热稳定性最高的品种之一。此外，PI 还具有力学性能优异、耐有机溶剂、耐辐照、耐老化、阻燃自熄等优点，目前已在航空航天、半导体、电子工业、纳米材料、柔性显示、激光等领域得到广泛应用。

一般通用塑料和工程塑料的产品加工模式通常是生产企业外购基础树脂，再加工成各种塑料制品，而 PI 材料生产企业大多是集合了材料合成与制品成型，直接向市场提供制品。因此可以将 PI 行业按照应用形态划分为薄膜、纤维、泡沫、浆料、树脂、复合材料等多种产品形式。其中，PI 单体、PI 树脂是制造前述产品的基体材料。

PI 薄膜是最早商业化应用的 PI 产品，目前已成为用量最大、最成熟的细分领域，按照性能标准及使用场景，PI 薄膜可进一步细分为电子级、特种级、导热级、电工级，其中，电子级 PI 薄膜价格高昂，技术壁垒高，是挠性覆铜板（FCCL）、封装基板（COF）等的核心原料，是 PI 市场最大且增长最快的应用领域。PI 薄膜广泛应用于消费电子、轨道交通、风力发电、电工绝缘、航空航天等多个领域。PI 薄膜具有优异的耐温性能、优异的尺寸稳定性、良好的厚度均匀性和高机械强度等，被誉为"黄金薄膜"。PI 薄膜与碳纤维、芳纶纤维，被认为是制约我国发展高技术产业的三大瓶颈性关键高分子材料。

PI 纤维是目前使用温度最高的有机合成纤维之一，主要用于军品市场，是航空航天和军用飞机等领域的核心配件材料。此外，PI 纤维在除尘过滤、防火阻燃等民用领域也有一定的应用。20 世纪 60 年代，PI 纤维起源于美国，此后多个国家和地区陆续突破了 PI 纤维生产技术，德国赢创工业在此领域保持着领先地位。

PI 泡沫材料属于先进功能材料，是最为优异的结构泡沫芯材，具备优异的隔热、减震降噪和绝缘性能，主要应用于飞机、船舶、火车、汽车等交通领域。国外的 PI/PMI 泡沫最早由 NASA 进行研究并生产，随后 Sordal、杜邦、赢创、InspectFoam 等厂商也研制出了相应的产品，其中赢创的 Rohacell® 系列 PMI 泡沫及 Solimide® 系列 PI 泡沫是目前市场上使用最多的两个品种。

PI 浆料指液态 PI，包括 PI 绝缘涂料、PI 胶黏剂、PI 溶液、PAA 溶液等。PI 耐高温绝缘涂料是浆料的最早应用场景之一，可用于电机、电器、变压器绕组的浸渍；PI 胶黏剂可满足航空航天领域极端环境下黏结、绝缘的需求；PAA浆料、PI溶液也可被进一步加工成薄膜、纤维等制品。近年来PI浆料在柔性显示、太阳能电池、风力发电、新能源汽车等领域得到了广泛的应用。

PI树脂的性能特点包括耐温性能好、介电性能和电性能好、化学性质稳定，可以用于生产多种形式的产品，包括薄膜、片材和模制品等，主要应用于汽车、电子和医疗等领域。

目前，我国PI薄膜、PI泡沫、PI浆料、PI树脂等产品处于技术和高端产品封锁状态。虽然部分产品对我国开放销售，但随时面临受限风险。比如电子级PI薄膜、光敏胶、液晶取向剂、柔性显示用PI基板浆料和透明PI薄膜（CPI）盖板等，是"一芯、一屏"的关键原材料之一，一旦受限，相应的国产材料尚难以达到替代水平，将在很大程度上限制我国电子、电力、航空、航天等技术的发展。落后的原因主要在PI材料的制备技术、装备水平以及产学研合作深度等方面。

二、市场供需

（一）世界供需及预测

1. 生产现状

近年来，PI作为耐热工程塑料得到了迅速发展，若将PI材料的各种产品形式均考虑在内，2020年世界PI材料产能约为9万吨/年，到2023年底其产能约增加至11万吨/年，2020—2023年年均复合增长率为6.9%，新增产能主要集中在亚洲，尤其是韩国和中国，其中韩国PIAM公司（原SKC）近年来PI薄膜扩张速度最快，产能由2020年的2500吨/年增长至2023年的6000吨/年。得益于产能快速扩张，PIAM已跻身PI薄膜行业领先企业，2023年其市场占有率超过30%。2023年世界PI产量约为9万吨，产能利用率超过80%。

截至2023年底，世界约有200家各类聚酰亚胺生产企业，其产能主要集中在日本、美国、韩国、德国等少数企业。如PI薄膜的生产主要集中在美国杜邦、日本钟渊化学及宇部兴产、韩国PIAM等少数几家公司；PI纤维的生产主要集中在德国赢创工业；PI树脂的生产则主要集中在沙特基础工业、美国杜邦、三井化学等。此外，沙特基础工业公司还在薄膜生产领域占有一席之地，杜邦除PI薄膜规模领先外，其PI树脂和PI塑料生产方面也处于世界领先地位，日本宇部兴产除生产PI薄膜外，其PI浆料在世界也处于领先地位。

2023年世界PI材料主要生产企业情况见表2.62。

表2.62　2023年世界PI材料主要生产企业情况

生产企业	产能/(吨/年)	装置所在地	产品类型
杜邦	21000	美国、日本、新加坡	薄膜、树脂、塑料
沙特基础工业公司	20000	美国、西班牙	薄膜、树脂
宇部兴产公司	5000	日本	薄膜、浆料
钟渊化学	3500	日本、美国、马来西亚	薄膜
三菱瓦斯	1000	日本	树脂、浆料
三井化学	2000	日本	树脂
PIAM（原SKC）	6000	韩国	薄膜
赢创工业	4000	德国、奥地利	纤维、树脂
合计	62500		

2. 需求分析及预测

近几年世界范围内拟在建项目主要集中在中国、韩国等，预计到2030年世界PI材料产能将达到17万吨/年，产量达到14万吨，产能利用率约为82%，2023—2030年其产能、产量年均复合增长率分别为6.4%、6.5%。

消费方面，基于不同产品形式，PI材料已经在电子、微电子、航空航天、汽车、高铁、医疗多个领域实现应用。其中电子、微电子领域是PI材料最主要的应用方向，市场份额约占60%以上，具体产品有PI薄膜、浆料、光刻胶等。航空航天和汽车、高铁也是PI材料近年来的主要应用领域，市场份额约占25%，主要产品有高导热薄膜、高尺寸稳定性薄膜、耐电晕薄膜、耐高温树脂等。随着柔性显示、航空航天等高端领域的技术发展，以上方向的PI材料应用占比将进一步增加，如透明薄膜CPI、低介电薄膜MPI等产品。

根据不同地区科技发展水平和消费能力，世界PI材料主要消费地区为北美、亚太、欧洲地区。据百谏方略研究统计，2023年世界PI材料市场总额将达到651亿元，其中，北美地区是PI最大的消费市场，占34%的市场份额；其次是亚太和欧洲市场，分别占世界市场份额的33%和28%。随着汽车、电子、航空航天、医疗、船舶等行业不断扩张，将带动PI材料市场快速增长。预计到2030年其市场总额将达到1044亿元，2023—2030年年均复合增长率为6.98%，预计PI薄膜年均复合增长率约为2.6%，低于PI材料总体增长率。

（二）国内供需及预测

1. 生产现状

我国对PI的研究始于20世纪60年代，最早开始研究PI的单位主要有上海合成树脂研究所、中国科学院长春应用化学研究所、第一机械工业部电器科学研究院（现桂林电器科学研究院公司）等，形成了浸渍法和流延法制备均苯型PI的工艺路线和双轴定向PI薄膜的专用设备。目前，我国已研发了几大类PI品种，如均苯型、偏酐型、联苯二酐型、双酚A二酐型、单醚酐型、酮酐型等，并得到初步应用，但主要以低端产品为主，中高端产品性能欠佳，致使国产PI产品应用领域受限。

截至2023年底，我国PI生产企业50家左右，但大多规模较小，主要是薄膜生产企业，占比超过60%，其他为纤维、浆料、树脂等生产企业。

在PI薄膜领域，自20世纪70年代，我国开始尝试自主研发PI薄膜的生产工艺。1993年，深圳兴邦电工器材完成国内第一条PI薄膜的工业化产线。目前国内已有中科玖源、深圳瑞华泰、桂林电科院、山东万达微电子、时代新材等20多家PI薄膜生产企业，其工艺主要采用"热亚胺法＋双向拉伸技术"和"化学亚胺法＋双向拉伸技术"，产品主要以电工级PI薄膜为主。目前我国在电工级PI薄膜领域已实现规模化生产，但是受原材料、设备等其他环节发展水平的制约，我国高端PI膜的制造水平仍落后于发达国家。在电子级PI膜领域，产品质量与国外厂商相差较大，仍需进口，进口依存度80%以上。高性能PI薄膜作为影响我国高新技术产业快速发展的"卡脖子"材料，市场需求不断增加，国产化需求较迫切。

PI纤维领域，我国PI纤维布局早，目前已实现大规模连续生产，产品综合性能达到国际先进水平。2006年，中科院长春应用化学研究所自主研发的PI纤维性能实现了对美国杜邦公司Kevlar-49的超越。2010年，中科院长春应用化学研究所与长春高琦聚酰亚胺材料公司合作开展 PI 纤维的产业化工作，其产品可以满足军用需求。此外，江苏奥神、江苏先诺等公司均在 PI 纤维领域取得了重要突破，先后建成 PI 纤维生产装置。

PI 泡沫领域，我国在技术研发和生产方面均与发达国家存在着明显差距，产品仍处于技术研发阶段，尚未形成大规模产业化应用。目前我国参与 PI 泡沫研发的机构主要包括中科院长春应用化学研究所、中科院宁波材料所、哈尔滨工程大学、自贡中天胜公司、天晟新材、康达新材、青岛海洋等。其中，康达新材与青岛海洋两家聚酰亚胺泡沫产品通过了军方鉴定，取得了实质性进展，自贡中天胜公司建成 200 吨/年的生产装置。

PI 浆料领域，高稳定性、长储存期的浆料产品仍然亟待开发，目前中科玖源建成 2500 万吨/年 PI 浆料生产装置，主要用于绝缘、阻燃、隔热等低端市场，电子、柔性显示等高新技术领域的浆料仍处于研发初期，还没有技术成熟的产品。

PI 树脂领域，我国目前 PI 树脂市场容量小，产品成本和价格较高，产品品质也与美国、日本企业有一定差距，尤其是在耐高温 PI 工程塑料市场方面，国内企业基本无法立足。目前国内只有自贡中天胜公司建成 2000 吨/年 PI 树脂装置，产能利用率较低。

我国主要 PI 材料生产企业情况见表 2.63。

表 2.63 我国主要 PI 材料生产企业情况

企业名称	产品类型及产能/(吨/年)					装置所在地	工艺来源
	薄膜	纤维	浆料	树脂	泡沫		
深圳瑞华泰薄膜科技公司	3100					深圳、嘉兴	中科院化学所
中科玖源新材料公司	2000		2500			兰溪	自主研发
山东凯布尔化工公司	1000					东营	—
株洲时代新材料科技公司	600					株洲	自主研发
无锡高拓新材料股份公司	500					宜兴	自主研发
山东万达微电子材料公司	500					东营	中国科学院宁波材料技术与工程研究所
江阴天华科技公司	500					江阴	—
华威聚酰亚胺公司	500					营口	自主研发
桂林电器科学研究院公司	1280					桂林	自主研发
安徽国风新材料股份公司	1050					合肥	自主研发
中天电子材料公司	300					南通	自主研发
太湖华强科技公司	300					安庆	上海合成树脂研究所
江苏亚宝绝缘材料股份公司	300					扬州	自主研发
江苏维尔电气公司	300					扬州	自主研发
深圳丹邦科技股份公司	300					深圳	自主研发
宝应县精工绝缘材料公司	300					扬州	自主研发
湖北鼎龙控股股份有限公司	300					仙桃	自主研发
溧阳华晶电子材料公司	230					常州	自主研发
南通凯英薄膜技术公司	220					南通	自主研发
合肥统唯新材料科技公司	200					合肥	自主研发
宁波今山电子材料公司	200					宁波	自主研发
江苏奥神新材料股份有限公司		2000				连云港	东华大学，干法纺丝生产技术
江苏先诺新材料科技有限公司		210				常州	北京化工大学，一体化连续纺丝技术

续表

企业名称	产品类型及产能/(吨/年)					装置所在地	工艺来源
	薄膜	纤维	浆料	树脂	泡沫		
长春高琦聚酰亚胺材料公司		540				长春	长春应化所，湿法纺丝技术
自贡中天胜新材料公司				2000	200	自贡	四川理工学院
其他		570					
合计	14550	2750	2500	2000	200		

2020年，我国PI材料产能10600吨/年，产量5000吨/年，进口量8000吨。2023年，我国PI材料产能增至22000吨/年，其中PI薄膜产能为14550万吨/年；PI材料产量约6000吨，进口量约9000吨。2020—2023年我国PI材料产能、产量年均复合增长率分别为29.5%、6.3%，进口量年均复合增长率为4%。可以看出，尽管近年来我国PI材料产能在快速扩张，但多为中低端产品，开工率不高，高性能电子级PI薄膜预计在未来很长一段时间内仍然需要进口。

新增产能方面，近几年我国PI材料拟在建项目较多，主要集中在PI纤维领域。我国PI材料主要拟在建项目情况见表2.64。

表2.64 我国PI材料主要拟在建项目情况

企业名称	产品类型及产能/(吨/年)				装置所在地	工艺来源
	薄膜	纤维	浆料	树脂		
时代华鑫新材料技术公司	1400				株洲	自主研发
安徽国风新材料股份公司	815				合肥	自主研发
山东绿洲电子材料公司	1200				东营	自主研发
青岛达亿星智能高端新材料公司	1500				青岛	中国科学院长春应用化学研究所
苏州聚萃材料科技有限公司	1000				常熟	美国阿克伦大学
北京八亿时空液晶科技股份公司			2000		上虞	自主研发
江西海派新材料有限公司		20000			大理	—
江苏海智新材料科技有限公司		20000			连云港	—
海亿科技产业集团有限公司		20000			齐齐哈尔	自主研发
湖北鼎龙控股股份有限公司	1000				仙桃	自主研发
江苏先诺新材料科技有限公司		700			常州	北京化工大学、常州先进材料研究院，一体化连续纺丝技术
宁波博雅聚力新材料科技有限公司			6000		宁波	自主研发
江苏奥神新材料股份有限公司		5000			连云港	东华大学，干法纺丝生产技术
自贡中天胜新材料有限公司				10000	自贡	四川理工学院
合计	6915	65700	8000	10000		

考虑到项目缓建或停建的情况，预计到2030年，我国新增PI材料产能38000吨/年，其中，PI薄膜4000吨/年、PI纤维30000吨/年、PI浆料2000吨/年、PI树脂2000吨/年。到2030年我国PI材料产能将达到61000吨/年，其中，PI薄膜18550吨/年、PI纤维32750吨/年、PI浆料4500吨/年、PI树脂5000吨/年、PI泡沫200吨/年。预计2030年PI材料的产量为27000吨。2023—2030年我国PI材料产能、产量年均复合增长率分别为15.0%、24.0%。其中，PI纤维增长最快，其产能、产量年均复合增长率分别为42.8%、69.7%；

其次是PI薄膜，其产能、产量年均复合增长率分别为3.5%、7.6%。

2. 需求分析及预测

2023年我国聚酰亚胺消费结构为：PI薄膜约占91%、PI纤维约占7%、其他领域约占2%。目前我国电子级PI膜与电工级PI膜整体消费量基本相当，电工级PI膜主要用于电工绝缘领域，随着行业技术水平的提高，具备高绝缘强度、耐电晕特性的产品不断出现，从传统电工绝缘延伸到高速轨道交通、风力发电、新能源汽车等领域。电子级PI作为FCCL、封装基板（COF）等的核心原材料，主要依靠进口，终端行业涉及电子、5G通信、汽车、医疗、航天、军工等各个领域。

PI纤维是航空航天和军用飞机等重要领域的核心材料，目前我国PI纤维主要消费领域是军用市场。在商用领域，PI纤维在环保滤材、防火材料等应用处于发展初期，预计未来将成为国内市场的主要增长点。

随着我国PI材料研究的进步和下游需求的驱动，预计到2030年，我国PI材料的消费量将达到37000万吨，2023—2030年我国PI材料消费量年均复合增长率为13.8%，其中，PI纤维消费量年均复合增长率为49.3%，PI薄膜消费量年均复合增长率为4.8%。

三、工艺技术

大部分PI产品在成型过程中伴随着化学反应，这就导致PI产品的合成制备方法、生产工艺技术与其产品形态密切相关。每种产品都要从单体聚合开始，充分掌握其聚合机理，控制反应过程，研究结构变化规律，调控工艺等。因此，PI产品的生产是一个集化学、材料、机械、控制等多学科的系统工程。任何一方面出现短板都会影响PI产品的性能和质量。

（1）PI树脂技术路线

PI树脂的合成方法主要有一步法、二步法、三步法和气相沉积聚合法。

一步法是二酐和二胺在高温熔融状态下直接聚合，经反应直接生成高分子量聚酰亚胺。该反应不经过中间产物聚酰胺酸，聚合温度高，产率较低，产物性质不稳定。

二步法中第一步由二酐和二胺在非质子极性溶剂中低温缩聚，得到聚酰亚胺的前驱体聚酰胺酸（PAA）；第二步用热方法和化学方法进行脱水环化得到聚酰亚胺。该工艺的特点是产能较高，解决聚酰胺酸溶液的稳定性是二步法的重点。该方法是目前合成聚酰亚胺最普遍采用的方法。

三步法是在脱水剂的作用下将聚酰胺酸脱水环化成聚异酰亚胺，产生的聚异酰亚胺经酸或碱的催化作用发生异构反应，生成聚酰亚胺。该方法的特点是加工难度较低，但存在一定的副反应，产品纯度和产率较不理想。

气相沉积聚合法是将合成聚合物的单体在高温下气化，在基片上充分接触反应，形成聚合物，包括：将气体反应物输送至基片表面；将反应物吸附在表面上；在基片表面进行反应；清除未反应的气体单体及副产品。该工艺的特点是制成的薄膜纯度高，无溶剂，膜厚可控，致密均匀，可在表面成型，特别适用于制备超薄并且介电性能较高的聚酰亚胺薄膜。

聚酰亚胺产业链如图2.47所示。

（2）PI薄膜技术路线

PI薄膜的技术路线主要分为化学法和热法两种。二者的主要区别在于亚胺环化反应机

图 2.47 聚酰亚胺产业链示意图

理,前者依靠化学亚胺化试剂的催化作用完成闭环反应,可在相对较低的反应温度下进行;后者则依靠高温(300~400℃)提供能量克服反应能垒,实现闭环。目前,美国杜邦、日本钟渊等国外厂家多采用化学亚胺化法;而国内厂家多采用热亚胺化法,仅有桂林电科院、时代新材和中天电子选用化学亚胺化法。化学法设备昂贵、工艺复杂、技术门槛较高,且国外对我国长期实行技术封锁。除亚胺化方式不同外,薄膜生产设备的控温精度、洁净度、钢带精度等方面与国外设备也存在不同程度的差距,需要加强在相关装备方面的研发投入。

(3) PI 纤维技术路线

在 PI 纤维方面,根据纺丝浆液的不同,主要分为两种方法:一步法和两步法。其中一步法是采用二酐与二胺单体在酚类等溶剂中反应得到可溶性 PI 溶液,然后直接采用该溶液制备 PI 纤维,这种方法纺丝过程中,没有化学变化干扰,且 PI 强度较高,可以进行高倍牵伸,容易实现高强高模,但由于高温溶剂难脱除,可溶性 PI 受到结构限制,很难实现工业化制备。兰精公司采用较柔的酮酐和 TDI、MDI 为原料,牺牲了高的刚性和耐热性,实现了一步法工业化,产品强度只有 0.5GPa。两步法是采用二酐与二胺单体在 N,N-二甲基乙酰胺(DMAc)等非质子溶剂中进行缩聚得到聚酰胺酸(PAA),然后将 PAA 溶液纺制成 PAA 初生纤维,经过热亚胺化或化学亚胺化后得到 PI 纤维。但两步法制备的纤维性能一直不高,多数研究者认为,采用两步法从 PAA 纤维酰亚胺化得到 PI 纤维的过程中,分子间脱水会造成纤维内部产生孔洞等结构缺陷,从而影响纤维的性能。进入 21 世纪以来,国内对两步法开展了大量研究工作,并形成了工业规模的生产,其中江苏奥神和长春高琦主要生产耐热型 PI 纤维,实现了对进口产品的部分替代;江苏先诺与北京化工大学共同攻关,率先突破了两步法的连续制备技术,从预聚体溶液出发,直接获得 PI 纤维,并结合化学结构调整,打破了两步法难以实现高强高模的魔咒。

(4) PI 泡沫技术路线

PI 泡沫塑料具有多条合成途径。目前制备方法主要有一步法和两步法。

① 一步法 主要是通过缩聚反应进行一次性发泡,利用反应自身产生的小分子作为发泡剂,例如以芳香二酐或芳香酸酯、异氰酸酯为主要原料,在催化剂、发泡剂、表面活性剂的存在下发生缩聚反应,并利用产生的低分子物为发泡剂,采取一步法工艺制得聚酰亚胺泡沫塑料。

一步法优点是制备工艺简单、周期短,仪器设备易操作,工业化容易,制备的泡沫孔径均匀、性能稳定。其缺点是发泡工艺操作要求较高,操作有难度,酰亚胺化转化率低。

② 两步法 两步法制备聚酰亚胺泡沫塑料分为两个过程,第一步:由芳香二酐或芳香酸酯单体与二胺单体反应制得聚酯铵盐(PEAS)前驱体粉末;第二步:使用第一步合成的 PEAS 前驱体粉末发泡制得聚酰亚胺泡沫塑料。两步法可制得耐高低温、阻燃、高密度的聚酰亚胺泡沫塑料,已广泛用于热塑性聚酰亚胺泡沫塑料的生产中。

两步法优点是可得到高密度泡沫塑料，制备的泡沫塑料综合性能较好。其缺点是制备工艺复杂，工业化较难，制备的泡沫孔径不均匀、缺陷较多，不能得到宽密度范围的聚酰亚胺泡沫塑料，尤其是不能得到超低密度且力学性能优良的制品。

四、应用进展

PI 材料以其突出的综合性能在微电子、航空航天等领域都有着重要的应用。如柔性覆铜板用高尺寸稳定性 PI 薄膜、高导热石墨膜用 PI 薄膜、大功率电机和变压器耐电晕 PI 薄膜、高温滤料用 PI 纤维、航空发动机用热固性 PI 树脂，以及 PI 液晶取向剂、光刻胶和泡沫等。我国正处于从制造大国向制造强国转型升级的关键时期，PI 材料市场空间广阔。

PI 材料最具代表性的应用方向为柔性显示技术，是近 10 年来电子信息领域最为活跃的研究方向，同时也是电子信息产业发展的重要方面。具有轻质、可弯曲、可折叠特性的柔性电子产品，包括柔性薄膜晶体管液晶显示器、柔性有机发光显示器、柔性太阳能电池等已经逐渐发展成为最具前景的高科技产业。作为支撑体的柔性基板技术和保护体的柔性盖板技术是柔性显示领域的关键门槛技术。柔性基板技术决定了刚性显示向柔性 OLED 显示的转变，柔性保护盖板技术决定了固定形态显示向折叠 OLED 显示的转变。在这方面的应用成为 PI 材料在电子领域最重要的发展方向。

由于要实现非晶硅到多晶硅的转变，工艺温度要达到 300～500℃。同时基板在高温时尺寸变化过大会导致器件显示精度的降低以及弯曲时造成层间剥离，因此基板材料通常需要具备较高的耐热性（T_g>450℃）、高温尺寸稳定性（CTE<7×10^{-6}/℃），同时还要具有柔韧性以及阻水、阻氧等特性。由于技术和品控门槛高，只有少量进口 PI 浆料产品可以满足应用要求，其中以日本宇部兴产公司的 U-VarnishS 为代表性产品。随着以京东方为代表的国产柔性 AMOLED 业务崛起，国产 PI 基板浆料的研发也在紧锣密鼓地进行，主要从刚性骨架结构、氢键相互作用、交联结构或有机无机杂化等方面进行设计，部分产品已进入中试生产和器件评价阶段。在柔性保护盖板方面，目前主流的材质有透明聚酰亚胺（CPI）、超薄玻璃（UTG）和聚对苯二甲酸乙二醇酯（PET）薄膜三种。UTG 的透光率和抗蠕变性最好，但抗冲击性不足；CPI 的抗冲击性能最好，但透光率还有待提升；PET 在成本方面有明显的优势，但抗蠕变性能不好。所以提高透光率和抗蠕变性能、降低成本是 CPI 未来的研究重点。

PI 纤维方面，随着我国高强高模 PI 纤维的产业化发展，纤维性能持续提升并形成了高强型和高模型的系列化产品，最高等级纤维拉伸强度可达 4.5GPa，模量超过 180GPa，已用于特种织物、结构/透波复合材料、防弹装备、柔性囊体、特种绳缆等下游产品制造，并在雷达罩、飞机蒙皮、航空发动机包容机匣、防弹头盔、消防服、星载光纤等方面进入应用评价环节，市场需求呈逐渐增加的趋势。PI 纳米纤维膜的基础研究和工程化也在稳步推进，在气体分离、锂离子电池隔膜、气凝胶等方面表现出很好的应用潜力。另外，在 PI 树脂方面，通过 PMR 法成型的 PI 树脂玻璃化转变温度达到 450℃以上，热分解温度超过 600℃，在航空航天飞行器的结构部件、发动机零部件中具有重要应用；通过 RTM 成型的 PI 树脂由于成型工艺得到改善也在更多的部件中获得应用。以 Ultem、Aurum 等为代表的热塑性 PI 树脂虽然耐温等级不如热固性 PI 树脂，但由于可以通过注塑、热模压等多种方法加工成型，除在齿轮、轴承、套管等方面应用外，近年来在光波导元器件、医疗等领域也获得了较高的关注，如光纤连接器、腔体滤波器、无缝管等。

PI泡沫方面，近年来PI泡沫在航空航天、船舶、舰艇等领域有着广泛的应用。目前，波音、洛克希德马丁、通用、空客和道尼尔等航空巨头在其所制造的飞行器上广泛使用聚酰亚胺泡沫，此外，民用小型飞机也广泛采用聚酰亚胺泡沫作为夹层材料使用。航天领域，PI泡沫被用作低温贮箱、透波材料、机身隔热体系和飞行器的座椅。用PI泡沫-铝-PI泡沫制备的隔热体系能在-217℃和超声速飞行环境（204℃）中保持良好的隔热性能；船舶舰艇领域，美国海军已将PI泡沫用作所有水面战舰和潜艇的隔热隔声材料。PI泡沫也存在一定的局限性，如由于缺乏足够的柔软度和舒适感，限制了其在航空、航天、船舶舰艇座椅材料方面的应用，所以提高泡沫材料的柔软度将是PI泡沫未来的研究重点。

PI浆料方面，随着5G通信、物联网和人工智能技术的推动，PI浆料行业迎来了新一轮的产业升级。高频率、高速度传输要求材料具有更低的信号损耗和更好的耐热性，促使企业不断优化配方，开发低介电常数、低介电损耗的高性能PI浆料，这也是未来PI浆料研究的重点方向。

五、发展建议

聚酰亚胺（PI）属于《产业结构调整指导目录（2024年本）》鼓励类项目，国家政策导向对PI及PI薄膜的开发和生产予以足够的重视和支持，为国产高性能PI产业的发展创造了有利条件。

当前，我国PI材料仍集中于中低端市场，虽然已有少数企业实现了电子级PI薄膜的量产，但是生产效率低，不良率较高，性能和稳定性方面远不及国外进口产品。

PI材料技术难度高，想要达到国际先进技术水平，需要长期的积淀和系统的研究，而且要实现结构设计、聚合方法、装备和工艺等各环节研究工作的连通，这对我国PI材料的发展至关重要。建议从以下几个方面加强政策引导支持工作。

（1）加强关键核心技术攻关，主要是工程化和产业化核心技术问题，立足解决国家长远发展和PI产业"卡脖子"问题，鼓励有能力的企事业单位开展源头创新；探索关键共性技术攻关和成果转化，持续扩大生产规模、提高技术水平、升级产品质量，实现完整PI产业链的形成和自主知识产权生产工艺的突破，争取早日打破国外技术垄断，推动行业进步和产业升级。

（2）PI材料技术涉及设备、工艺、终端验证等多个环节，通过国家级的产业政策打通涵盖上下游产业链的创新研发平台或产业联盟，实施"政产学研用"协同创新，运用产业政策、税收政策等工具鼓励平台单位加强源头创新。

（3）加强项目支持，鼓励相关科研机构、高校和企业以联合团队的形式共同申报，通过项目研发加强产学研合作，集中优势力量解决市场痛点问题。

（4）加强人才培养，由于PI材料技术难度高，人才缺乏，尤其是跨专业复合型人才的缺乏是制约行业发展的一大短板，建议高校和企业合作，采取定向培养的方式为行业培养专业技术人才，为行业的持续发展提供动力支持。

第十六节 聚砜

中国化工经济技术发展中心 刘青

一、概述

聚砜（polysulfone）是20世纪60年代出现的一种热塑性工程塑料，其分子结构如图2.48所示。聚砜是分子链中含有砜基（—SO$_2$—）的芳香族非晶聚合物，略带琥珀色，透明或半透明，无气味。

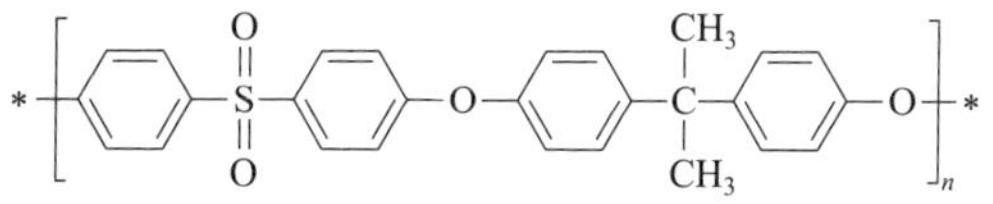

图2.48 聚砜（PSU）的结构

二苯砜基是聚砜分子结构中最突出的特点和优点。二苯砜基赋予了聚砜优异的耐热性和抗氧化性能，可在−100～150℃温度范围内长期使用，短期使用温度达190℃。

在聚砜的高分子主链中还含有醚键和异亚丙基链节。醚键和异亚丙基链节的存在，增加了聚砜分子链的柔性并赋予其较好的韧性，改进了聚砜的熔融稳定性，因此处于低温状态时，聚砜也容易被加工，增加了聚砜的热稳定性。

聚砜具有高透明性和高水解稳定性。聚砜拉伸强度和弯曲模量可超过多数热塑性工程塑料，并具有超高的耐热性和优良的综合性能，被誉为"超级工程塑料"。因此，聚砜在医疗器械、机械工业、交通运输、电子电气、航空航天等领域得到广泛的应用。聚砜系列产品的产业链如图2.49所示。

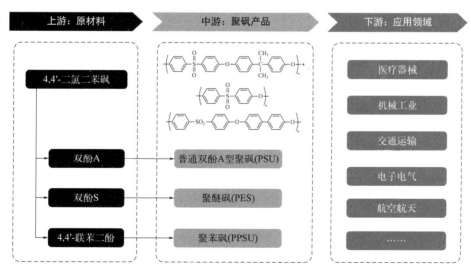

图2.49 聚砜系列产品的产业链

常见的聚砜品种包括双酚 A 型聚砜（PSU）、聚醚砜（PES、PESU）和聚亚苯基砜/聚苯砜（PPSU）。

双酚 A 型聚砜是由 4,4′-二氯二苯砜与双酚 A 经过法纳姆（Farnham）亲核反应聚合而成，是略带琥珀色的高透明产品。

聚醚砜是由 4,4′-二氯二苯砜与双酚 S 通过亲核取代反应制得。聚醚砜是浅黄色高透明产品，在聚砜系列产品中具有最佳的耐热性及刚性，是一种综合了高热变形温度、高冲击强度和最优良成型工艺的工程塑料。

聚苯砜是由 4,4′-二氯二苯砜与 4,4′-联苯二酚通过亲核反应制成。聚苯砜是聚砜系列产品中抗冲击性、韧性最佳的产品。

各类聚砜产品的牌号及性能指标如表 2.65 所示。

表 2.65　聚砜产品的主要牌号及性能指标

产品种类	产品牌号	生产企业	相对密度	拉伸强度/MPa	弯曲强度/MPa	线膨胀系数/($\times 10^{-6}$/℃)	介电强度/(kV/mm)
PSU	Udel®P-1700	Solvay	1.24	70.3	106	56	17
	Ultra-son®S-2010	BASF	1.23	75.0	—	53	40
	PARYLS®F3150	优巨新材	1.24	68	108	—	—
PESU	Ultra-son®E-1010	BASF	1.37	85	—	52	37
	Sumika-excel®4800G	住友化学	1.37	84	129	55	16
PPSU	Rade®R-5000	Solvay	1.29	69.6	91	56	15
	Ultra-son®P-3010	BASF	1.29	74.0	—	55	44

国务院发布的《工业战略性新兴产业分类目录（2023）》中，聚砜（含改性料）、聚苯砜（含改性料）、聚醚砜（含改性料）均被列为战略性新兴产业，聚砜是"十四五"国家重点研发计划中重点发展的特种工程塑料之一。

二、市场供需

（一）世界供需及预测

1. 生产现状

20 世纪 60 年代美国联合碳化物公司（UCC）最早开发出聚砜，并于 1965 年实现工业化，产能 4500 吨/年，以 Udel®PSU 在市场上销售。1986 年 Amoco Polymers 公司获得了 UCC 公司的聚砜经营权，2001 年经营权又转到 Solvay Advanced Polymers 公司手中，使其成为世界领先的聚砜生产公司。1987 年 BASF 公司也加入生产和销售聚砜的行列，成为西欧唯一生产和销售聚砜的企业，商品名为 Ultrason®S。1992 年英国帝国化学工业集团（ICI）退出聚砜的生产和销售，日本住友公司购买 ICI 公司的技术开始生产聚砜。

2020 年世界聚砜产能约 7.48 万吨/年，产量约 5.13 万吨，开工率为 68.6%；2023 年产能约 9.4 万吨/年，产量约 6.6 万吨，开工率为 70.2%。2020—2023 年世界聚砜产能和产量年均复合增长率分别为 7.9% 和 8.8%。

2023 年世界聚砜主要生产商有比利时 Solvay 公司、德国 BASF 公司、日本住友公司、广东优巨先进新材料股份有限公司、重庆沃特智成新材料科技有限公司和山东浩然特塑股份有限公司等。2023年世界聚砜主要生产企业如表2.66所示。

表 2.66　世界主要聚砜生产企业

企业名称	产能/(万吨/年)	装置所在地	产品种类
Solvay Specialty Polymers（比利时索尔维）	3.2	美国玛丽埃塔、印度潘诺里	PPSU、PESU、PSU
BASF（德国巴斯夫）	2.4	韩国丽水、德国路德维希	PSU、PESU、PPSU
Sumitomo（日本住友）	0.62	日本爱媛和千叶	PESU
广东优巨先进新材料股份有限公司	0.6	广东江门	PSU、PESU、PPSU
重庆沃特智成新材料科技有限公司	0.6	重庆	PSU、PESU、PPSU
山东浩然特塑股份有限公司	0.58	山东威海	PSU、PESU、PPSU

从世界市场来看，目前聚砜产能主要集中在国外的几家大型企业，如比利时Solvay公司、德国BASF公司、日本住友公司等，这三家企业聚砜产能合计占世界总产能的66.2%左右。近年来随着国内聚砜生产技术的突破，中国生产企业逐渐增多，产能占比持续提高，比如优巨新材公司、沃特股份的子公司重庆沃特智成公司等。

Solvay公司聚砜产品的主要市场为美国、欧洲和中国，在全球市场上知名度和竞争力都很强，生产的聚砜产品牌号主要有Udel®PSU、Radel®PPSU和Veradel®PESU。Solvay公司的聚砜产品在生物医疗的高端领域有着广泛的应用，如BioStable公司使用Radel® PPSU作为HAART300主动脉内瓣环成形术器械包关键组件材料。

BASF公司的聚砜产品从20世纪80年代开始就在欧洲处于垄断地位，主要销往欧洲、美国、东南亚、日本和中国。随着亚太地区对聚砜需求的不断增长，为了提高公司在亚太地区的市场占有率和竞争力，BASF公司在韩国丽水建成了聚砜工厂，产能为0.6万吨/年。

2. 需求分析及预测

聚砜作为一种性能优良的特种工程塑料，随着生产技术的不断进步，产品性能得到提升，应用领域也在不断拓展。世界聚砜消费量从2020年的5.13万吨增长至2023年的6.6万吨，2020—2023年年均复合增长率为8.8%。

世界聚砜消费地区主要集中在美国、欧洲、中国和日本等。在美国，双酚A型聚砜在聚砜的需求中占比最大。2020年，美国聚砜需求量增长放缓，但在航空、汽车和医疗领域的消费量有所增加，节能降碳的政策不断推动着聚砜在交通运输领域的需求。欧洲聚砜的消费主要来自法国、德国、意大利和英国。亚太地区的聚砜消费主要来自中国、日本和韩国。世界聚砜消费地区分布如图2.50所示。

世界聚砜主要应用领域包括医疗器械、交通领域、日用品/食品、电子电气、工业及其他领域。其中，医疗器械是聚砜的主要市场，消费比例从2010年的20%增长到2023年的33%；交通领域的消费主要是汽车和飞机，是第二大市场，占比23%；日用品/食品领域消费占比16%；电子电气领域的聚砜消费占比为15%；工业及其他领域占比为13%。

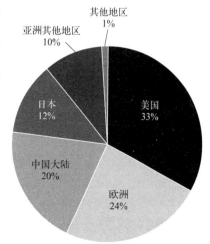

图 2.50　世界聚砜消费地区分布情况

从供应来看，未来几年，聚砜新建拟建项目主要集中在中国，产能超过 6 万吨/年，预计 2023—2026 年世界聚砜产能年均增长率约 10%～14%。

从消费来看，未来世界聚砜消费量将持续增长，主要基于几点原因：聚砜在飞机、汽车和医疗领域的渗透率将持续增加；轻量化和二氧化碳排放标准的要求；食品和消费品对耐高温材料的需求增加；聚砜膜在各领域中的应用正在拓宽；人口老龄化和人们对健康生活方式日益强烈的渴望导致聚砜在医疗领域的需求增长高于平均水平。预计未来几年世界聚砜消费年均增长率约 7%～10%。

（二）国内供需及预测

1. 生产现状

1966 年天津合成材料研究所率先开始聚砜的开发工作，紧接着上海合成树脂研究所和天山塑料厂共同合作，研究聚砜的应用，在 1969 年建成了 100 吨/年的生产装置，并成功运转投入生产。1973 年，大连第一塑料厂（现大连聚砜塑料有限公司）利用上海合成树脂研究所的技术经验，建成了工业化规模的生产装置，产能 200 吨/年，该企业经营至 2007 年。至 21 世纪初，国内聚砜产能不足 1000 吨/年，企业生产装置规模小，技术进步慢，经营模式不够灵活，产品开发滞后，在与国外产品竞争中不具有优势。直到 2014 年随着优巨新材公司的千吨级聚砜装置的投产，中国聚砜材料的生产才算真正突破。优巨新材公司是继比利时 Solvay 公司和德国 BASF 后世界第三家，国内首家聚砜生产企业。

2015 年后国内聚砜产品发展迅速，越来越多的企业加入聚砜生产行列。2020 年我国聚砜产能 1.26 万吨/年，产量仅 0.38 万吨，开工率 30.2%。2023 年我国聚砜产能约 2.84 万吨/年，产量约 0.9 万吨，开工率 31.7%。2020—2023 年我国聚砜产能、产量年均复合增长率分别为 31.1% 和 33.3%。

国内聚砜企业开工率较低主要是工艺技术和产品质量问题，不能实现正常稳定运行。对于聚醚砜和聚苯砜来说，还面临原料供应的问题。目前，我国双酚 S 产品生产企业较少，主要有江苏傲伦达科技实业股份有限公司和江阴长盛化工有限公司等，这些企业研发生产的双酚 S 系列产品填补了国内工业化生产的空白，降低了国内市场对进口产品的依赖，在产品质量和成本方面具有较强的竞争力。但大部分民营企业生产规模较小，且产品纯度低。我国联苯二酚产能较少，并且在质量方面与国外存在较大差距，现阶段主要依赖进口。

2023 年我国主要聚砜生产企业见表 2.67。

表 2.67　国内主要聚砜生产企业

企业名称	产能/(吨/年)	装置所在地	产品种类
广东优巨先进新材料股份有限公司	6000	广东江门	PSU、PESU、PPSU
重庆沃特智成新材料科技有限公司	6000	重庆	PSU、PESU、PPSU
山东浩然特塑股份有限公司	5800	山东威海	PSU、PESU、PPSU
山东津兰特种聚合物有限公司	3000	山东临沂	PSU
华东理工大学华昌聚合物有限公司	2000	上海	PSU、PESU、PPSU
上海帕斯砜新材料有限公司	1000	山东威海	PSU、PESU
长春吉大特塑工程研究有限公司	1000	吉林长春	PPSU、PESU
安徽摩纳珀里科技有限公司	1000	安徽淮南	PSU

续表

企业名称	产能/(吨/年)	装置所在地	产品种类
江西金海新能源科技有限公司	1000	江西宜春	PESU
金发科技股份有限公司	800	广东广州	PPSU
大连聚砜塑料有限公司	200	辽宁大连	PSU
天津砚津科技有限公司	100	天津	PSU、PESU、PPSU
其他企业	500		
合计	28400		

2024年1月富海集团东营华联石油化工厂有限公司7000吨/年聚砜项目建成投产。未来几年，国内聚砜新建拟建产能超过6万吨/年，是现有产能的两倍，聚砜国产化的速度正在加快。国内聚砜拟在建项目主要有：南京清研高分子新材料有限公司1万吨/年、山西湖大特塑新材料科技有限公司1万吨/年、金发科技股份有限公司6000吨/年、广东优巨先进新材料股份有限公司6000吨/年、珠海万通特种工程塑料6000吨/年、山东浩然特塑股份有限公司5000吨/年、重庆沃特智成新材料科技有限公司4000吨/年、万华化学1500吨/年等。预计到2026年我国聚砜产能将达到6万吨/年，2023—2026年年均复合增长率约28%。

2. 需求分析及预测

2020年国内聚砜表观消费量约1.0万吨，2023年达到1.5万吨，2020—2023年年均复合增长率14.5%。2023年国内市场仍有6000吨供应缺口，占总消费量的40.0%。其原因是国内聚砜受限于技术水平，主要聚焦在中低端应用领域，高端市场仍被国外企业占据，主要依赖进口。

聚砜主要用于医疗器械、交通领域、日用品/食品、电子电气、工业及其他领域。2023年国内聚砜消费结构如图2.51所示。

聚砜耐水解、无毒、无致敏性，并可经受各种杀菌消毒处理，可在Ⅱ级和Ⅲ级医疗器械中使用。因此，聚砜可用于呼吸机、牙科器械、手术工具、内窥镜器械、麻醉设备、消毒箱、导管、雾化器、医用托盘、阀门、分流器、静脉注射接入端口、防护面具、心脏瓣膜盒、软性隐形眼镜成型盒、微滤设备、生物制药加工部件以及实验动物笼等。2023年我国聚砜在医疗器械领域的消费量约4650吨，占比最大。

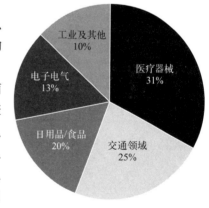

图2.51 2023年国内聚砜消费结构

交通领域是聚砜增速最快的应用领域，可用于汽车灯具部件、雾灯反射镜、保险丝密封、汽车油滤系统滤膜、油泵、变速器等，还可用于飞机的内部配件、小推车、座椅、照明器挡板、电传动装置等。2023年我国聚砜在交通领域的消费量约3750吨，占比25%。

在日用品/食品领域，聚砜的透明、耐热和无毒性得到有效发挥，可用于餐具、婴幼儿奶瓶、榨汁机螺杆、锅盖、咖啡机、微波炉、爆米花喷嘴、食品加工部件等食品接触用具及厨房用具。2023年我国聚砜在日用品/食品领域的消费量约3000吨，占比20%。

电子电气领域，由于聚砜具有良好的可耐焊性、电绝缘性、耐老化、阻燃等特点，可用于线圈管、电源开关、插头插座连接器、印刷线路板、断路器部件、绝缘套管、TV系统零件、电容器薄膜、接触器和中继器零件、信号灯和配电盘显示面板、传感器、芯片载体、芯片托盘等。2023年我国聚砜在电子电气领域的消费量约1950吨，占比13%。

基于人们对医疗日益增长的需求以及人口老龄化问题，预计未来医疗领域的应用仍将是聚砜最大的下游消费市场；随着国内生活质量的提高和电子商务购物的普及，未来日用品/食品用聚砜的需求将不断增加；近年来，汽车轻量化趋势越来越受到人们的关注，这可能导致聚砜的消费率上升；集成电路产业在国内持续扩张，聚砜在电子电气的应用也相应增加。预计未来几年国内聚砜需求将保持8%～10%的增长速度，小于聚砜产能的增长速度。如果经过不断的创新和研发，产品生产技术和性能得到提高，可降低进口依存度，否则，国内聚砜企业开工率仍会维持较低水平。

三、工艺技术

聚砜通常由双酚A和4,4'-二氯二苯砜聚合而成，生产工艺有Farnham亲核取代聚合和酚氧基负离子的亲电取代。两种方法各有其优缺点，亲核取代需要碱性较强的环境和较高的温度，在聚合时也需要活性较强的双卤素单体；亲电反应由于活性位点多，容易产生支化。目前工业生产基本采用亲核取代的方法来合成聚砜，通常采用氢氧化钠或碳酸钾作为成盐剂。工艺方法主要有两种，分别是一步法和二步法，目前工业生产主要采用二步法。

（1）二步法

双酚A先与强碱（如氢氧化钠）原位反应生成双酚A二钠盐，随后与4,4'-二氯二苯砜进行亲核取代反应脱盐聚合生成聚砜产品。反应方程式如图2.52所示。

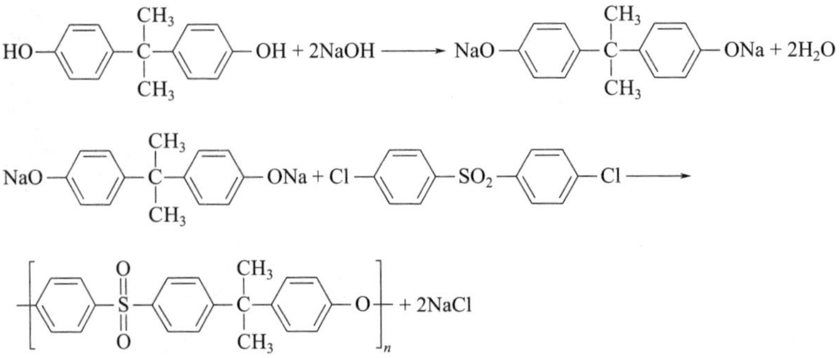

图2.52 二步法合成PSU

以Solvay公司的生产工艺为例，先将双酚A溶于二甲基亚砜和氯苯中，再加入氢氧化钠溶液，将温度升至140℃，将双酚A转化为二钠盐。通过蒸馏除去水，并加入4,4'-二氯二苯砜（溶在氯苯中），在160℃进行约1h的聚合反应。

将氯甲烷蒸汽通入反应器使聚合反应终止。先用氯苯将反应后的混合物稀释，过滤除去氯化钠，再用水萃取除去二甲基亚砜。然后，向剩余溶液中加入正己烷以使聚砜发生沉淀，并通过筛选分离出聚砜，最后经过洗涤、干燥和造粒工序得到聚砜产品。

（2）一步法

一步法是用碳酸氢钾或碳酸钾代替氢氧化钠合成聚砜，此法可以缩短合成步骤，避免脱水工序，缩短反应时间，在提高产量方面很有潜力。图2.53为一步法合成聚砜的反应方程式。

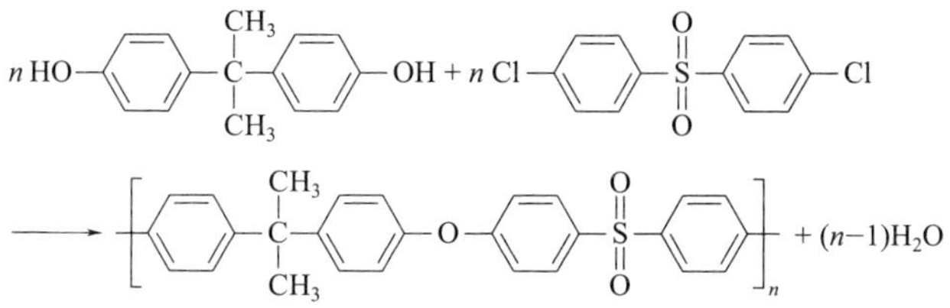

$$n\text{HO}\underset{\text{CH}_3}{\overset{\text{CH}_3}{-}}\text{C}\underset{\text{CH}_3}{-}\text{OH} + n\text{Cl}\underset{\text{O}}{\overset{\text{O}}{-}}\text{S}\underset{\text{O}}{-}\text{Cl}$$

$$\longrightarrow \left[\underset{\text{CH}_3}{\overset{\text{CH}_3}{-}}\text{C}\underset{\text{CH}_3}{-}\text{O}\underset{\text{O}}{\overset{\text{O}}{-}}\text{S}\underset{\text{O}}{-}\right]_n + (n-1)\text{H}_2\text{O}$$

图 2.53　一步法合成聚砜

一步法主要分为聚合工段和后处理工段：聚合工段中，所需要的原料有 4,4′-二氯二苯砜、双酚 A、碳酸钾或碳酸氢钾等，将这些原料在常用溶剂（如二甲基亚砜、N,N-二甲基甲酰胺、N,N-二甲基乙酰胺、N-甲基吡咯烷酮、环丁砜等）中聚合，同时选取甲苯、二甲苯或氯苯作为脱水剂。聚合压力在 2.0~3.0MPa 范围，恒温 6h 停止反应。

后处理工段利用与前段聚合工艺不同的溶剂作为沉淀剂，将聚合后的黏稠液注入其中，此时聚砜会从聚合物溶液中分离出来，再经纯化、干燥、造粒和包装。聚砜从聚合物溶液中分离和纯化尤为重要，它影响聚砜的各种性能。国内生产厂常用水作为沉淀剂，国外聚砜生产厂常用乙醇或甲醇作为沉淀剂。国内以水为沉淀剂需经 4 次以上的高温、大量的水洗，造成产品纯度不高及高能耗、废水处理等环境问题，同时水的干燥时间长，增加了生产成本。

通过对聚砜材料的改性，可以拓展聚砜材料的应用领域，比如共混改性 PSU/ABS、PSU/PET、PSU/PBT、PSU/PC、PSU/PPS、PSU/PEK、PSU/PA、PSU/PI、PSU/PMMA、PSU/环氧树脂、PSU/有机硅树脂、PSU/氟树脂、PSU/双酚 A 二氰酸树脂等。从应用角度来讲，聚砜与 ABS、聚对苯二甲酸乙二醇酯、聚四氟乙烯、聚碳酸酯组成的合金较为成熟，但既要改善性能又要降低成本的常用方法是采用矿物填充、玻璃纤维或碳纤维增强。

四、应用进展

（1）聚砜膜

在聚砜上结合不同的官能团或掺杂特定粒子，可将其制备成各种综合性能优异的分离膜，应用于多个领域，如燃料电池、血液透析、血浆分离、蛋白质吸收、海水淡化、食品加工、饮料提纯等。

聚砜膜以其成本低、原料来源丰富、结构可设计性强的特点成为质子交换膜燃料电池的理想膜材料。聚砜通过磺化、共混等改性后制得的薄膜能满足质子交换膜的要求，即能在一定温度下长期使用，具有较高的离子活性、高质子电导率、较强的水合能力等。

聚砜离子交换膜具有优异的耐热性和离子交换容量，可用于海水浓缩制食盐、海水淡化、工业废水处理等，但容易出现高吸水率和高溶胀度的问题，需要通过一定的改性方法来解决。

由于聚砜膜无毒，还可制成许多用于食品加工、饮料提纯、饮用水加工的分离膜，在有机类液体的提纯与回收方面也有很好的应用前景。

（2）聚砜纤维

聚砜纤维的机械强度高，耐腐蚀性强，耐高温，可用于腐蚀性或细菌性污水的处理、高温尾气的净化等，是环境净化和资源回收的黄金材料。

由丝光沸石粉与聚醚砜、NMP 制成的复合纤维热稳定性良好，对镉、铜、镍等重金属离子尤其是铅离子具有很强的吸附性；将聚乙烯亚胺、灭活的大肠杆菌、聚砜制成聚砜-生物质复合纤维，可去除水中的有害藻类铜绿微囊藻。

五、发展建议

聚砜作为特种工程塑料，广泛应用于医疗器械、交通以及电子电气等国家重点鼓励发展的行业，尤其是汽车的轻量化诉求以及航空飞机的更新换代。同时，聚砜膜的应用也成为推动聚砜需求的崭新驱动力，聚砜膜在污水处理、血液透析以及燃料电池方面的需求旺盛。

目前，国内已经掌握一定生产技术，多家企业新建聚砜项目，国产化的速度正在加快。但我国聚砜市场仍处于成长初期，核心技术与专用装备水平相对落后，创新能力薄弱，市场主要被国外企业垄断，国内企业仅能生产低端产品。未来受国家政策的积极扶持、国产原料供应的增加、下游需求的推动等因素的影响，聚砜市场规模将快速增长。

未来聚砜行业发展的几点建议：

（1）提升已实现工业化品种的技术水平、规模化水平，提升产品的性能和质量，尽快赶上国外先进水平。

（2）注重关键原料的技术开发和产业化，尤其是双酚S和联苯二酚，解决原料供应问题，从而降低聚砜的生产成本。

（3）注重改性技术和应用技术的开发，比如通过共混改善工艺，使聚砜膜的性能更加完善，应用范围更加广阔，在苛刻的应用环境中有更好的性能表现。

第十七节 聚芳硫醚砜

四川中科兴业高新材料有限公司 刘洪

一、概述

聚芳硫醚砜（PASS）是聚芳硫醚类树脂的一种，是聚芳硫醚类树脂中除聚苯硫醚外，研究最为广泛、技术成熟度高、应用领域最为明确的特种高分子材料，其结构如下。

$$\left[\underset{\underset{O}{\|}}{\overset{\overset{O}{\|}}{\underset{}{-}}}\!\!\!\left\langle\!\!\!\bigcirc\!\!\!\right\rangle\!\!-\!\!\overset{O}{\underset{\underset{O}{\|}}{\overset{\|}{S}}}\!\!-\!\!\left\langle\!\!\!\bigcirc\!\!\!\right\rangle\!\!-\!\!S\right]_n$$

聚芳硫醚砜分子链由苯环和硫环通过砜键（—SO_2—）交替排列组成，具有芳基砜结构，是聚苯硫醚（PPS）的改性品种。聚芳硫醚砜（PASS）首先具备了PPS的多种特殊性能，如自阻燃性、高刚性、耐高温性能、电性能、耐化学腐蚀性以及耐辐射性等。同时，聚芳硫醚砜（PASS）具有比聚苯硫醚（PPS）更优异的韧性，特别是抗冲击、抗弯曲以及在高温环境下的力学性能保持性较佳。其玻璃化转变温度（T_g）范围为215~226℃，远高于PPS的85℃。由于PASS分子结构中引入了强极性的砜基，在通常状况下不易形成规整的结晶结构而处于无定形的非晶态,因此 PASS 的溶解性得到一定改善,可在 N-甲基吡咯烷酮等特殊溶剂中溶解,利于采用湿法纺丝制备特种功能纤维;利于采用铸膜的方式制备功能性薄膜。因此,聚芳硫醚砜(PASS)在特种功能纤维、特种功能薄膜等方面的应用潜力巨大。

聚芳硫醚砜(PASS)与目前特种工程塑料 PPS、PES、PEEK 等相比具有独特的性能(见表 2.68)。

表 2.68 PASS 与其他特种工程塑料的基本性能对比

性能	PASS	PPS	PES	PEEK
玻璃化转变温度/℃	215	85	230	143
熔点/℃	—	285	—	343
极限氧指数/%	46	44	33	35
拉伸强度/MPa	93.9	82.8	84	100
断裂伸长率/%	22.3	3~5	40	40
弯曲强度/MPa	145	96	130	110
弯曲模量/GPa	3.03	3.8	2.8	—
吸水率/%	1.28	0.4~0.5	1.24	0.5

在力学性能方面,PASS 具有良好的拉伸强度,其拉伸强度达到 93.9MPa,仅次于 PEEK;弯曲强度达到 145MPa,高于 PEEK。通过玻璃短纤维增强的 PASS 复合材料拉伸强度达到 200MPa 以上;通过连续玻璃纤维与 PASS 浸渍的复合材料拉伸强度可达 1600MPa 以上,是目前特种工程塑料中综合力学性能较高的材料。

在热性能方面,PASS 玻璃化转变温度可达到 215℃,明显高于 PPS 和 PEEK,因而 PASS 具有比 PPS 更优良的耐热性。PASS 采用玻璃纤维复合增强后在高温下有远优于 PPS 的力学性能保持率。

在阻燃方面,PASS 的分子结构中存在硫和氧原子,增强了材料的阻燃性能,极限氧指数达到 46%,在高温下很难燃烧,具备自阻燃功能,在工程材料中应用无需进行阻燃处理。

在耐化学腐蚀方面,由于 PASS 在一定温度退火处理后会形成局部有序结构,这种次级有序结构决定了 PASS 的耐腐蚀性能远远优于大多数的非晶树脂。PASS 不溶于大多数的酸、碱、卤代烯烃,仅在特殊条件下溶于二甲基乙酰胺、六甲基磷酰三胺、N-甲基吡咯烷酮等特殊溶剂。相比于目前的非晶聚砜(PSF)、聚碳酸酯(PC)具有较强的抗溶剂性、抗酸碱腐蚀性。

二、市场供需

(一)世界供需及预测

1. 生产现状

聚芳硫醚砜作为一种尖端高分子聚合物材料,在全球范围内具有重要的市场地位。由于聚芳硫醚砜技术壁垒较高,各企业技术相对保密。聚芳硫醚砜(PASS)最初由美国菲利普斯(Phillips)公司于 1988 年开发并建立产线,目前菲利普斯产线已被索尔维收购。据不完全统计,全球聚苯硫醚(PPS)主要企业产能超过 20 万吨/年,其结构改进产品聚芳硫醚

（PASS）在 2023 年总产能超过 5 万吨，产量约为 4 万吨。近 3 年增长率维持在 5% 以上，主要生产企业有索尔维、日本油墨（DLC）、中科兴业等企业。世界主要生产企业见表 2.69。

表 2.69 世界主要聚芳硫醚砜生产企业

企业名称	产能/(吨/年)	装置所在地	工艺来源
索尔维集团	5000	美国俄亥俄州玛丽埃塔	菲利普斯
日本油墨化学公司	10000	日本鹿岛	日本油墨
四川中科兴业高新材料有限公司	1000	四川眉山	四川中科兴业高新材料有限公司
内蒙古晋通高新材料有限责任公司	3000	内蒙古阿拉善	四川大学
新疆聚芳高科高新材料有限公司	1000	新疆库尔勒	四川中科兴业高新材料有限公司

2. 需求分析及预测

聚芳硫醚砜作为一种特种工程塑料，广泛应用于航空航天、军工、医疗器械、食品接触、汽车、电子电气、水处理、家居用品等行业。聚芳硫醚砜（PASS）因其优异的耐热性、耐腐蚀性及力学性能，在极端恶劣环境下仍能保持良好的性能，非常适合军工领域的应用：PASS 的高温稳定性和机械强度使其成为制造航空航天部件的理想材料，能够承受极端的高温和压力条件，保障飞行安全；由于 PASS 的耐腐蚀性和耐高温性，它被用于制造核潜艇的关键部件，确保潜艇在深海和高辐射环境下能够正常运作。随着应用领域的拓展，市场需求将持续增长，截至 2023 年，全球年需求已超过 5 万吨。

从全球市场竞争格局来看，索尔维、日本油墨占有绝对的主导地位，占全球总产能的 30% 以上。受市场需求影响，目前各 PPS 生产企业正在规划上马 PASS 产品，预计未来 3~5 年，PPS 有 50% 的产能会转化为生产 PASS，PASS 整体产能会超过 10 万吨/年，市场容量超过 100 亿元。

（二）国内供需及预测

1. 生产现状

20 世纪 80 年代，四川大学的研发团队开始对 PASS 的合成、规模化生产、后端应用进行系统的研究，形成了独特的技术体系。以四川大学为主导的聚芳硫醚砜（PASS）合成技术采用常压 $Na_2S \cdot xH_2O$ 法、硫氢化钠（NaHS）法，他们在极性有机溶剂中合成了高分子量 PASS 树脂，其对数比浓黏度高达 0.65dL/g，质量和性能与国外产品相当，并在此基础上采用不同的方法制得了 PASS 薄膜，具备了进行产业化的条件。

2016 年，四川中科兴业高新材料有限公司建设的国内首条聚芳硫醚砜生产线在眉山金象化工产业园区落成投产，并实现三个第一：国内第一条聚芳硫醚砜产业化生产线、第一次投料就实现聚芳硫醚砜量产、第一条非锂催化剂的聚芳硫醚砜和聚苯硫醚共线生产线，同时也打破了聚芳硫醚砜长期以来被国外垄断的局面，实现年产 1000 吨的规模，填补了我国在聚芳硫醚砜（PASS）生产的空白。

2017 年，四川大学与内蒙古晋通高新材料有限责任公司合作建设聚芳硫醚砜项目，建设规模为 3000 吨/年的聚芳硫醚砜以及 PASS 渗透膜生产线。

2018 年，新疆聚芳高科高新材料有限公司在新疆投用疆内首条 2000 吨/年聚苯硫醚（PPS）及 1000 吨/年聚芳硫醚砜（PASS）生产线。

截至2023年，国内聚芳硫醚砜（PASS）产能约为0.5万吨，只能满足国内特种薄膜等的生产需求，大部分高端产品仍需要进口。

表2.70列出了国内主要生产企业聚芳硫醚砜的产能和生产技术情况。

表2.70 国内主要聚芳硫醚砜生产企业

企业名称	产能/(吨/年)	装置所在地	工艺来源
四川中科兴业高新材料有限公司	1000	四川眉山	四川中科兴业高新材料有限公司
内蒙古晋通高新材料有限责任公司	3000	内蒙古阿拉善	四川大学
新疆聚芳高科高新材料有限公司	1000	新疆库尔勒	四川中科兴业高新材料有限公司

2. 需求分析及预测

由于技术应用的高端性以及国外对我国的技术封锁与垄断，导致我国聚芳硫醚砜的发展相对缓慢。目前国内市场处于供不应求的局面，尤其是在航空、军工等领域应用的高端聚芳硫醚砜产品缺口更大。聚芳硫醚砜（PASS）目前国内需求量约在1万吨，但国内产量约为0.5万吨，高端需求基本需要进口。而且国外对我国的技术封锁与限制，价格较高，市场价格一般在10万~15万/吨。

随着聚芳硫醚砜下游应用领域的不断扩展和技术的突破，未来行业产量将呈现出持续增长的趋势。预计2024—2027年国内聚芳硫醚砜的产值增速将维持在5%~6%左右。2027年国内产能将达到1万吨/年，产值将达到10亿~15亿元左右。

从长远分析，聚芳硫醚砜预计未来的年需求量约为4万吨，整个产业规模为40亿~60亿元。

三、工艺技术

目前，PASS的合成技术路线主要有以下几种：无水硫化钠（Na_2S）法、硫黄溶液法、含水硫化钠法（$Na_2S \cdot xH_2O$）、硫氢化钠（NaHS）法、聚苯硫醚氧化法等。其主要的生产工艺技术见表2.71。

表2.71 PASS的合成技术优缺点对比

生产工艺技术	优点	缺点	批量化应用情况
无水Na_2S法（常压法）	无需高压，设备要求低	反应配比控制困难，反应体系不完善，不利于链增长，所制备的PASS分子量较低	无应用
无水Na_2S法（高压法）	分子量有一定提升	无水硫化钠纯度较低，助催化剂欠缺，导致PASS的分子量偏低	应用较少
含水Na_2S法（常压法）	设备和工艺要求不高，生产稳定性好，周期短，成本较低	所生产的PASS分子量不高	国内自主研发，应用较多
含水Na_2S法（高压法）	反应单体纯度高，硫化钠所含结晶水有利于PASS分子量的提高	设备和工艺要求较高，成本较高，安全性不强	国外应用较多

续表

生产工艺技术	优点	缺点	批量化应用情况
硫黄法	硫黄纯度高，配料准确，反应周期短，投资成本低，生产稳定性好	反应体系中引入了反应助剂、还原剂等，因此副产物增多，PASS 分子量偏低	有应用
NaHS（高压法）	原料纯度高，硫离子活性强，产品质量好	工艺流程较长，设备易被腐蚀	有应用
NaHS（常压法）	原料纯度高，硫离子活性强，产品质量好	工艺流程较长，设备易被腐蚀	有应用
聚苯硫醚氧化法	产品收率较高，且无副产物的产生	反应不能完全定量进行，PASS 产品性能有待进一步提高	应用较少

(1) 无水硫化钠法

① 常压法　在常压下，以 4,4′-二氯二苯砜（DCDPS）及无水硫化钠（Na_2S）为单体，以混合溶剂 DMF∶HMPA（体积比 1∶1）作为反应溶剂，以苯甲酸钠作为催化剂，在 200℃下聚合获得 PASS 树脂。但该方法得到的 PASS 分子量比较低，主要原因是无水硫化钠（Na_2S）的纯度不易控制，导致反应物料难以平衡，催化剂作用效果差，反应温度较低，不利于链增长。

② 高压法　以 4,4′-二氯二苯砜（DCDPS）及无水硫化钠（Na_2S）为单体，以 NMP 为反应溶剂，羧酸盐为催化剂，在 200℃高压反应釜中进行聚合，获得 PASS 树脂。该方法得到的 PASS 分子量有提升，但难以满足使用需求。主要原因是无水硫化钠（Na_2S）的纯度不高，而且催化体系单一。

(2) $Na_2S \cdot xH_2O$ 法

① 高压 $Na_2S \cdot xH_2O$ 法　在高压反应釜内（1MPa）加入 DCDPS 和 $Na_2S \cdot xH_2O$ 反应单体，以 NMP 为溶剂，羧酸盐为催化剂，进行逐步聚合反应，在 200℃条件下反应 3~5h，可得到高分子量的 PASS 树脂。该方法的优点是以 $Na_2S \cdot xH_2O$ 作为反应单体，可以保证反应单体的纯度，利于 Na_2S 的准确计量引入；$Na_2S \cdot xH_2O$ 含有的结晶水对反应有一定的催化作用；Na_2S 能与溶剂 NMP 形成络合物，从而提高 S^{2-} 的活性，促进分子链的增长，最终能够得到分子量较高的 PASS 树脂。

② 常压 $Na_2S \cdot xH_2O$ 法　在常压条件下，催化剂辅助以及 180~200℃的高温，可以获得较高分子量的 PASS。其克服了高压反应釜对设备、工艺的苛刻条件，具有良好的产业化前景。

(3) 硫黄法

以混合溶剂 HMPA∶DMF（1∶1）或者 NMP 作为反应溶剂，硫黄和 DCDPS 作为反应单体，加压进行逐步聚合。反应中，硫单质在碱性条件下转化为硫离子，硫离子再与 DCDPS 发生亲核取代反应。该方法以过氧乙酸钠（NaOAc）为催化剂，比无水硫化钠法的效果好，与硫化钠相比，硫黄具有更高的纯度，含量稳定，更容易控制反应中所加入的单体的配比。其缺点是，由于反应中加入的还原硫黄为硫离子的还原剂，增加了反应的副产物，使反应产物的后续处理变得更加复杂。另外得到的 PASS 分子量不够高。

(4) NaHS 法

① NaHS 高压法　以 NMP 为溶剂、DCDPS 和 NaHS 为反应单体、NaOAc 为催化剂，

在200℃的高温和1MPa高压条件下反应，得到PASS树脂。由于NaHS比$Na_2S \cdot xH_2O$更容易脱水，且原料纯度较高，硫离子更加活泼，因此该方法反应效率较高。但是反应流程长，对反应设备防腐要求高。据报道，合成的PASS的分子量最高可达39000，特性黏数达到0.61dL/g，但是采用高温高压的方法对设备提出了较高的要求，同时合成过程中能耗高也是亟待解决的问题，因此从成本和安全的角度来讲并不是最优化的方案，还有待改进。

② NaHS常压法　四川大学张刚、杨杰等开发出了全新的NaHS常压催化聚合法，先将NaHS与助剂、溶剂加入反应釜中，并进行升温共沸脱水，待脱水完成后加入DCDPS单体分别进行预聚、升温聚合，最后得到高分子量PASS树脂，其特性黏数高达0.67dL/g，玻璃化转变温度222℃，纯树脂拉伸强度高达100MPa；相对于NaHS高压法，设备简易、流程短、产品颜色浅、质量稳定。后续通过中试放大，所得产品质量好，工艺稳定，且操作安全可靠，非常适合大规模工业化生产。目前，四川大学与内蒙古晋通高新材料有限责任公司正采用该工艺技术进行PASS树脂千吨级产业化工作。

(5) 聚苯硫醚氧化法

以聚苯硫醚（PPS）作为原料，以乙酸酐及质量分数为70%的硝酸作为氧化剂，在0~5℃氧化反应24h，得到含聚芳硫醚砜嵌段聚合物的树脂。也可以采用其他氧化剂，如二氧化氮（NO_2）/四氧化二氮（N_2O_4）、臭氧（O_3）、浓H_2SO_4及双氧水（H_2O_2）等。此方法的主要优点是产率高，反应中无NaCl副产物生成。但由于使用氧化剂对PPS主链中的硫醚键氧化成砜基（—SO_2—）或者亚砜基（—SO—）的过程中，氧化程度不能精确控制，直接影响到最终反应产物的分子结构，同时在氧化过程中，还可能导致树脂分子链的断裂，进而影响产品的性能，不能获得性能优良的PASS树脂。

四、应用进展

聚芳硫醚砜（PASS）具有无定形和结晶双重属性，主要应用于对耐热、强度、刚度、阻燃、耐腐蚀、轻量化等有需求的军工、航空航天、化工、氢能产业、汽车工业、电子电气、机械、环保、冶金、医药等领域。特别是，聚芳硫醚砜（PASS）具有优异的耐化学腐蚀性，是目前已知的耐腐蚀性能最优的材料，可耐王水、浓硫酸等溶剂的腐蚀，同时具有高的力学性能和较高的耐热变形温度以及优异的成膜性、可纺纤维性，使得聚芳硫醚砜的应用领域广泛，应用潜力巨大。

(1) 平板分离膜

PASS平板分离膜是采用NMP作为溶剂，PASS作为溶质，配制质量分数为18%~26%的铸膜液刮涂成型的纳滤膜。主要用于废水处理、原油回收、血清蛋白过滤、离子交换等。PASS分离膜是一种疏水性的聚合物分离膜，提升PASS分离膜的抗污染性就显得非常急迫。目前通过添加聚丙烯酸（PAA）改性的二氧化钛纳米粒子，成功地制备出抗污染性能优良的PASS分离膜。近几年PASS分离膜已完成试验技术开发、中试验证，正处于工业化生产应用的关键期。

(2) 中空纤维分离膜

PASS中空纤维分离膜是以NMP为溶剂，通过干湿法纺丝制备得到的。PASS中空纤维结构使得PASS中空纤维膜保持较高的截留率，PASS对常用的酸碱、有机溶剂等具有较强的抗性，其水通量和牛血清蛋白截留率分别可达 700L/(m²·h) 和 95% 以上，是制作耐溶剂分离膜的理想材料。在纺丝液中添加疏水性气相纳米二氧化硅（SiO_2），通过静电纺丝可制备具有自清洁性能的二氧化硅/聚芳硫醚砜（SiO_2/PASS）复合纳米纤维膜。其高效过滤和超疏水特性可以使其在空气过滤领域有广泛的应用。PASS 中空纤维膜被广泛应用于恶劣环境的油水分离、烟气过滤以及精密度要求高的医药、环保等领域。

目前，我国渗透膜产业的产值超过 1000 亿元，占全球膜市场的 25%，已形成了完善的高性能膜材料产业链。PASS 中空纤维分离膜具有巨大的市场空间。

(3) 医疗领域

聚芳硫醚砜具有优异的生物相容性，聚芳硫醚砜抗菌纤维膜主要用于皮肤伤口敷料。由于 PASS 纳米纤维的直径为微米或者纳米级，接近于天然细胞外基质中的纤维，且用 PASS 纳米纤维搭接制备的纳米纤维膜有一定的孔隙率和孔径，有利于细胞的植入和培养、组织的生长以及营养物质和代谢产物的流通，因此 PASS 纳米纤维有望在生物组织的修复和重建上发挥作用。此外，PASS 纳米纤维具有高的比表面积、高载药量和药物缓释可控等优点，使其在药物传输中也具有良好的应用前景。

(4) 耐高温滤料

PASS 纳米纤维，除了拥有尺寸小、比表面积大、柔韧性好等普通聚合物纳米纤维的特性外，还具有独特的耐溶剂性、耐热性、尺寸稳定性等，可拓宽聚合物纳米纤维的应用领域，特别是在恶劣环境（高温、强腐蚀性等）中的应用。天津津纶新材料科技有限公司实现了耐高温和抗氧化的聚芳硫醚砜纤维材料的千吨规模工业化生产，解决了聚芳硫醚砜纤维不耐氧化和高温熔缩的难题，实现了该类纤维在高温滤料行业内的推广和应用。与山东南山智尚、山东愉悦家纺、天津消防器材研究等联合开发了阻燃和耐高温聚芳硫醚砜纤维防护面料，相关产品进入了市场评价和产品推广阶段。

(5) 氢燃料电池的质子交换膜

目前，商业化的氢燃料电池开发最为成熟的是杜邦公司的 Nafion 系列产品，这类材料主要以全氟磺酸树脂为基体制成薄膜，质子传导率优异且化学稳定性良好，满足广泛的使用要求，但其也存在相应的不足。主要是膜结构受材质限定，只能在 80℃ 以下使用，限制了电池整体效率，而且燃料电池寿命较短。

在聚芳硫醚砜材料中引入磺酸基团，制备磺化聚芳硫醚砜膜，不但质子传导性优良，而且具有良好的耐高温性和高强度，磺化聚芳硫醚砜作为氢燃料电池的质子交换膜大幅提升了燃料电池的寿命。

(6) 电磁屏蔽

PASS 与石墨烯（GNPs）复合制备的电磁屏蔽材料，具有"吸收-反射-再吸收"的屏蔽机理，提高了对电磁波的吸收能力。PASS 与短切碳纤维（CFs）复合，可制备在恶劣环境下工作的电磁屏蔽材料，在军工领域应用潜力巨大。

(7) 航空领域

通过聚芳硫醚砜与连续玻璃纤维的浸渍，可制得拉伸强度大于 1600MPa 的高强度复合材料；通过聚芳硫醚砜与连续玻碳纤维的浸渍，可制得拉伸强度大于 820GPa 的高强度复合材料。用于制作军工、航空航天等领域的大尺寸、复杂结构件。

五、发展建议

国内目前在聚芳硫醚砜的产业化以及后端复合材料、膜制品、特种功能纤维的应用已形成了完善的技术体系。特别是由四川大学、四川中科兴业高新材料有限公司等机构主导的聚芳硫醚砜合成工业化生产技术、PASS 特种功能薄膜生产技术，为聚芳硫醚砜的规模化应用奠定了基础。解决了 PASS 工业化生产的"卡脖子"技术难题，打破了国外的技术封锁，技术储备已满足扩大生产规模的需求。鉴于聚芳硫醚砜在军工等特殊领域的应用，供需缺口大，急需大规模产业化生产。

根据市场预测，我国聚芳硫醚砜需求量目前已达到 1 万吨/年的水平，而且需求量在不断上涨。目前可满足高端需求的高质量聚芳硫醚砜供应有限，大多依靠进口。因此，聚芳硫醚砜需要进一步提升产品质量，同时急需建设大规模合成装置，以降低单位产品的成本。

聚芳硫醚砜可制成性能极好的各类耐腐功能膜，适合制备高附加值的功能性薄膜制品。功能性薄膜是现代高科技产业发展的基础，PASS 树脂及薄膜制品有望打破国内高端功能薄膜被国外垄断的局面，对推进我国相关高新技术产业发展有着深远的意义。

聚芳硫醚砜功能纤维属于前沿纤维新材料领域，随着国家经济发展及各项国家战略规划实施，航空航天、国防军工、新能源汽车等领域对特种高性能纤维材料的应用需求保持高速增长，特种纤维行业规模处在加速发展阶段。据统计，2023 年我国高性能纤维市场规模突破 450 亿元。由于特种纤维复合材料产品制造技术壁垒高，需要生产企业具备高素质的研发团队，拥有较强的技术研发实力，还要求企业具有较完备的生产装备，以借助先进的生产装备实现特种纤维产品的高效规模化生产。特种纤维的发展直接关系我国先进纤维新材料的产业链发展。因此发展聚芳硫醚砜特种功能纤维材料具有重要的战略意义。

第十八节　聚芳醚腈

山东垦利石化集团　姚秀伟

扬州普立特科技发展有限公司　王读彬

一、概述

聚芳醚腈（PEN）是一类分子链上含有氰基侧基的聚芳醚类高分子，因特殊的分子结构而表现出高耐热、抗蠕变、高强度、高刚性、强韧性、优异电性能等突出特性，无论对航空航天、机械舰船等军事领域，还是电子电气、汽车、石化等军民兼顾领域的高新技术的发展，都是不可或缺的材料。与聚芳醚类特种工程塑料如聚醚砜、聚醚醚酮中的砜基、酮基不同，聚芳醚腈的氰基悬挂在分子主链一侧，因此对聚合物成型流动性的影响小得多，具有令人满意的成型加工性。除此之外，氰基侧基还使聚芳醚腈分子链间的偶极-偶极相互作用加强，材料的耐热性、力学性能得到了进一步提高。

聚芳醚腈作为性能优异的特种高分子，被列入国家新材料战略转型项目、国家 863 重大项目等，在国家政策推动下，我国将逐渐实现聚芳醚腈产业化生产。

聚芳醚腈凝聚态结构可分为无定形聚芳醚腈和结晶型聚芳醚腈。在非交联聚合物材料中，结晶型与无定形材料性质相差较大，具体如下：

① 熔化黏度：无定形聚合物加热后软化，黏度较高，结晶型聚合物熔化后黏度较低，流动性佳。

② 光学性质：无定形材料一般是透明的，结晶型聚合物一般是半透明或不透明，具有明显的双折射现象。

③ 耐化学性：结晶型聚合物较无定形耐化学性强。

④ 耐热性：与耐化学性类似，结晶度高，耐热性相对较高。

⑤ 收缩率：非结晶型聚合物收缩率一般较低，结晶型高分子材料收缩率较高且各向异性。

(1) 无定形聚芳醚腈

无定形聚芳醚腈由于芳香二元酚结构扭曲、非共平面等特点，其合成的聚合物主链难以形成伸直舒展的线型构型，破坏其紧密堆砌，难以形成结晶，并且增大了聚合物主链间的空隙，有利于有机溶剂小分子的渗入，从而使得聚合物具有较高的溶解性，同时由于分子主链的刚性结构得以保留，因此该类聚芳醚腈具有耐热性高的特点。可溶液浇注或注塑成型，具有良好的可加工性，在耐高温涂料、绝缘漆、浸渍、气体和液体分离膜、复合材料等领域具有非常广阔的应用前景。聚芳醚腈中代表性的无定形聚合物有双酚 A 型聚芳醚腈（BPA-PEN）、双酚 AF 型聚芳醚腈（BPAF-PEN）和酚酞型聚芳醚腈（PP-PEN）。

(2) 结晶型聚芳醚腈

结晶型聚芳醚腈包含以下几种：

间苯二酚型聚芳醚腈树脂（RS-PEN）是第一款商业化的聚芳醚腈树脂，其商品牌号是 PENID300。间苯二酚型聚芳醚腈的玻璃化转变温度（T_g）在 150℃左右，熔点（T_m）在 325℃以上，同时其冷结晶温度（T_p）为 242℃，表明其具有较高的耐热性和结晶性等。间苯二酚型聚芳醚腈热稳定性比较优异，在氮气中的分解温度大于 490℃，5% 热失重的温度为 505℃。

对苯二酚型聚芳醚腈（HQ-PEN）是一种耐热性更高、力学性能更优异的半结晶型聚芳醚腈。分子结构规整，结晶度较高，具有明显的熔点（355℃）、结晶温度（235℃）以及较高的玻璃化转变温度（175℃）。对苯二酚型聚芳醚腈热稳定性也比较优异，在氮气中的分解温度大于 500℃，5% 热失重的温度为 515℃，最大分解温度在 530℃左右。

联苯二酚型聚芳醚腈（BP-PEN）是一种耐热等级更高，刚性更强的新型聚芳醚腈特种高分子材料。该聚合物具有较高的玻璃化转变温度（T_g=214℃），熔点高于 346℃，说明该聚合物相对于 PEEK 具有更高的使用温度。联苯二酚型聚芳醚腈的冷结晶温度并不明显，说明其结晶能力较间苯二酚型聚芳醚腈、对苯二酚型聚芳醚腈弱一些。

此外，还有一些聚芳醚腈共聚物，可通过共聚物组成的微调，调整聚芳醚腈的结构与性能，在此就不一一罗列。表 2.72 是常见聚芳醚腈的基本性能指标。

国内市场可规模化生产聚芳醚腈材料的企业并不多，目前仅有四川能投川化新材料科技有限公司可年产 1000 吨。山东维尤纳特生物科技有限公司年产 2000 吨聚芳醚腈生产线以及湖北纽苏莱新材料有限公司年产 2000 吨聚芳醚腈生产线正在规划建设中。

表 2.72　常见聚芳醚腈的基本性能指标

牌号	T_g/℃	$T_{d5\%}$/℃	拉伸强度/MPa	拉伸模量/MPa	介电常数（1kHz）
BPA-PEN	178	521	94	2350	3.5
BPAF-PEN	173	520	92	2375	3.13
PP-PEN	257	503	112	3620	~3.55
RS-PEN	148	502	136	4110	~3.28
HQ-PEN	185	534	145	3870	3.34~3.83
BP-PEN	209	558	150	3430	3.8

目前聚芳醚腈主要的应用厂家有成都博睿兴材科技有限公司、成都以邦医药科技有限公司、中国工程物理研究院、四川奥临科技有限公司、苏州巨峰金属线缆有限公司、广东汕头超声电子股份有限公司、电子科技大学等。

二、市场供需

（一）世界供需及预测

日本出光兴产株式会社于 1986 年开发了第一代聚芳醚腈，即以间苯二酚为原料的聚芳醚腈产品，商品牌号为 PENID300。然而在 20 世纪 90 年代末，他们停止了对聚芳醚腈的研究，随后聚芳醚腈工业化产品也销声匿迹。这主要是由于聚芳醚腈合成的主要原料 2,6-二氯苯甲腈在当时的生产工艺落后而导致环境污染严重以及均聚物在合成中高结晶析出问题导致难以稳定获得高分子量的聚合物产品。

目前中国是世界上唯一可规模化生产聚芳醚腈的国家，已形成了一系列自主知识产权。

（二）国内供需及预测

1. 生产现状

2005 年之后，国内化工原材料产业快速发展，聚芳醚腈的重要合成单体 2,6-二氯苯甲腈等化工原料的生产工艺已达到世界先进水平，环保水平和产量都在全球领先，成本也大大降低，已经将特种高分子的成本降到工程塑料级别，这为聚芳醚腈的产业化提供了契机。从 2005 年开始，电子科技大学刘孝波教授团队着重于研究聚芳醚腈以及功能化聚芳醚腈的合成与应用，获得了一系列新型聚芳醚腈树脂、复合材料、纤维、薄膜等，并在推动和实现聚芳醚腈产业化方面做出了突出的贡献。这些成果的取得奠定了我国耐高温高分子自主知识产权的基础，丰富了高性能特种工程塑料与功能材料，为我国高技术行业需求的高性能高分子材料提供了技术和产品保障。

刘孝波教授团队聚芳醚腈研究的标志性阶段包括：2008 年成功实现 50 吨规模的聚芳醚腈共聚物生产；2009 年实现聚芳醚腈棒材等复合材料规模化；2010 年实现聚芳醚腈片材、薄膜规模化；2011 年成功实现 100 吨高结晶聚芳醚腈树脂产业化；2012 年获得国家 863 重大项目支持，实现 500 吨规模的聚芳醚腈树脂、纤维及其复合材料的制备；2019 年联合四川能投集团建立了全球首套年产千吨级聚芳醚腈生产线，实现稳定生产，并以此为基础向下游单位广泛辐射，形成具有中国特色的特种工程塑料产业链。

表 2.73 列出了国内聚芳醚腈生产企业，未来聚芳醚腈生产规模将超 5000 吨/年。

表 2.73　国内聚芳醚腈生产企业

企业名称	产能/(吨/年)	装置所在地	工艺来源
四川能投川化新材料有限公司	1000	四川眉山	电子科技大学
山东维尤纳特生物科技有限公司	2000（拟建设）	山东菏泽	电子科技大学
湖北纽苏莱新材料有限公司	2000（拟建设）	湖北荆门	电子科技大学

2. 需求分析及预测

据统计，我国聚芳醚腈潜在年需求量约为 5800 吨，其中机械加工、电子电气、航空航天领域占比分别为 59%、15%、11%。

在机械加工领域，聚芳醚腈由于具有良好的成型加工性和耐高温性，可用作高温黏合剂。此外，为降低磨损程度，聚芳醚腈常用于制作阀门部件、密封件、叶轮等机械材料。

在电子电气领域，聚芳醚腈具有优良的电气性能，是理想的电绝缘体。在高温、高压和高湿等恶劣的工作环境下，仍能保持良好的电绝缘性。聚芳醚腈树脂在很大的温度范围内不变形，用其制作的零部件可经受热焊处理的高温环境。根据这一特性，在半导体工业中，聚芳醚腈树脂常用来制造晶圆承载器、电子绝缘膜片以及各种连接器件，此外还可用于晶片承载片绝缘膜、连接器、印制电路板、高温接插件等。

在航空航天领域，聚芳醚腈可以一定程度上替代铝和其它金属材料制造飞机零部件。聚芳醚腈阻燃性能卓越，用其制造的飞机零部件，可以很大程度上降低火灾危害。

在汽车领域，由于聚芳醚腈良好的耐腐蚀性，可以作为不锈钢和钛的替代品用于制造发动机内罩、汽车轴承、垫片、密封件、离合器齿环等零部件，另外也可用在汽车的传动、刹车和空调系统中。

聚芳醚腈综合性能优异，市场开发利用空间广阔。预计在今后较长时期内，国内聚芳醚腈树脂的需求量将以每年 20% 左右的速度快速增长，产品市场前景广阔。

三、工艺技术

聚芳醚腈的合成通常采用 2,6-二氯苯甲腈与芳香二元酚在碱的催化下，通过亲核取代反应获得。以碳酸钾为催化剂为例，其合成反应机理如图 2.54 所示。

反应主要分为两个阶段，第一阶段为脱水阶段，也称成盐反应阶段，具有弱碱性的 K_2CO_3 在溶剂中电离形成 K^+；然后 K^+ 与芳香二元酚反应形成双酚二钾盐，同时产生 H^+，反应刚开始时产生的 H^+ 较少，H^+ 与 K_2CO_3 反应生成 $KHCO_3$；然后 $KHCO_3$ 继续电离出 K^+，并置换出 H^+。H^+ 与 HCO_3^- 反应生成副产物二氧化碳和水，由于甲苯与 NMP 形成共沸体系（共沸温度为 140~160℃），水蒸气和甲苯蒸气被带入分水器中冷凝并分层，由于水的密度大于甲苯，因此水沉在分水器底层，而甲苯由于在分水器上层继续回流至反应釜中，维持共沸体系温度恒定。第二阶段为亲核取代聚合反应阶段，脱水阶段完成后，开始逐渐蒸出甲苯，反应体系温度逐渐升高，此时第一阶段形成的双酚二钾盐与 2,6-二氯苯甲腈单体发生亲核取代反应，生成低聚物及副产物 KCl。当温度升高至 190℃ 以上时，低聚物与低聚物之间继续发生亲核取代聚合反应逐渐形成高分子量的聚芳醚腈聚合物。最终的产物包括聚芳醚

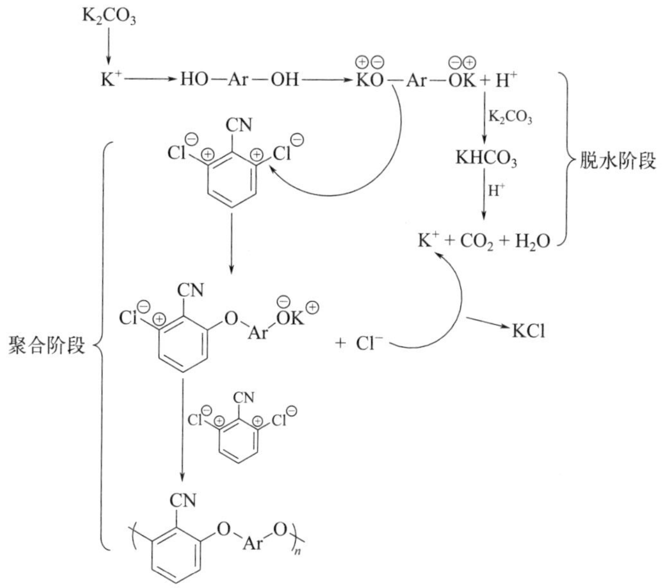

图 2.54　聚芳醚腈亲核取代反应机理示意图

腈树脂以及钾盐、二氧化碳、水等副产物。

聚芳醚腈是国内能够自主生产且完全具有自主知识产权的国产特种高分子新材料，其核心生产工艺由电子科技大学刘孝波教授团队掌握。2019年电子科技大学刘孝波教授团队与四川能投集团建立了全球首套年产千吨级聚芳醚腈生产线，实现了从投料到产品的全封闭连续化绿色生产，同时配套的溶剂回收系统可实现聚合反应溶剂的高效回收与重复利用。此外，可以通过原料、配比控制生成聚合物的形态，生产不同牌号的聚芳醚腈产品。

该工艺生产技术具有以下特点：

（1）工艺流程先进、简洁，体现在工艺采用 NMP 和甲苯为溶剂，在溶剂中直接加入二元酚、2,6-二氯苯甲腈及催化剂，在一定温度条件下聚合生成高分子聚芳醚腈。经研磨、溶剂抽提得到粗产品，再经萃取、水洗、过滤、干燥得到最终产品。

（2）溶剂、萃取液、洗涤水采用连续精馏回收循环使用，大大降低了溶剂、萃取剂和洗涤水的消耗。

（3）装置自动化程度高，较大幅度地降低劳动强度，有效保证了装置安全、平稳运行，同时改善了生产环境。

四、应用进展

聚芳醚腈的主要应用领域包括电磁漆包线、磁性复合材料（电机用磁性材料）、离子交换树脂、高频印制电路基板、介质薄膜。此外，聚芳醚腈还可用于大飞机复合材料及高性能有机纤维材料等潜在应用领域。

（1）电磁漆包线

漆包线是一种重要的"电工绝缘材料"，是在铜、铝、锰铜合金等金属丝上按照特定的生产工艺涂上高分子绝缘漆制备而成，这种特定的绝缘漆就是漆包线漆。

漆包线主要用作绕组线圈，其功效就是在元器件工作的过程中，实现"电"←→"磁"能量转换。普通漆包线（线）主要用于电机、电器、仪表、变压器等的绕组线，如聚酯漆包线、改性聚酯漆包线等。耐热漆包线主要用于180℃及以上温度环境工作的电机、电器、仪表、变压器等的绕组线，目前广泛应用的有聚酯亚胺漆包线、聚酰亚胺漆包线、聚酯亚胺/聚酰胺酰亚胺复合漆包线等。特殊用途的漆包线是指具有某种特性要求、用于特定场合的漆包线，如聚氨酯漆包线（直焊性），自黏性漆包线。

目前，我国漆包线的生产厂家已超千家，年生产能力已超25万～30万吨。但总的来说我国漆包线的状况是产量高、品位低、设备落后，高质量家电用高品位漆包线仍需进口。因此，应加倍努力改变现状，漆包线的产品结构调整不可避免，与之配合的原材料（铜、漆）漆包工艺、工艺装备和检测手段等也急待改进。

提高漆包线漆的耐热等级是国内外漆包线漆行业的发展方向。目前用于耐高温漆包线漆的材料主要有聚酰胺酰亚胺与聚酰亚胺，但是存在耐湿热性能差、成本高等不足。而聚芳醚腈作为漆包线漆可满足180℃的使用温度，同时具有良好的耐高低温、湿热特性，在耐高温漆包线漆领域应用潜力较大。根据同类产品在漆包线漆领域的市场情况分析，聚芳醚腈预计可达到2000吨的市场规模。

（2）磁性复合材料（电机用磁性材料）

永磁电机具有高性能、轻型化和高效率等优势，可以替代工业电力拖动的大部分拖动设备，大大降低了一次能源消耗，减少了有害气体排放，对于改善环境，建设资源节约型、环境友好型社会，实现国民经济可持续发展有着十分重要的意义。目前应用于电机的磁性材料主要是永磁材料。而其中稀土永磁电机最显著的性能特点是轻型化、高性能化、高效节能。

目前，粘接性磁性复合材料即钕铁硼稀土材料需求量5万吨，预计2030年达100万吨。其中包括用于新能源汽车的主要功能性材料。新能源汽车可分为混合动力车（HEV）和纯电动车（BEV）。据保守估计，对HEV以每辆3公斤、EV以每辆10公斤为基数进行计算，预计到2030年，钕铁硼永磁材料用于新能源汽车可达11万吨。

随着风力发电行业的快速增长，钕铁硼在风力发电机组中的用量也将快速增长。目前全球累计风电装机达到291000兆瓦，到2030年预计风电装机总量将达到100万兆瓦。目前1兆瓦的机组使用钕铁硼大致在1吨左右。以此预计，钕铁硼永磁材料用于风电装机有100万吨。

在节能环保的大环境下，节能电梯在市场中所占的比例不断增大。到2030年，预计节能电梯将达到150万台，而每台节能电梯大约使用6公斤的钕铁硼永磁材料。按此估算，到2030年我国电梯行业需要高性能钕铁硼永磁材料达9000吨。

由于钕铁硼的磁性优于铁氧体，其节能环保效果更佳，更适合被使用于变频空调的压缩机，而且每台变频空调大概使用0.2公斤钕铁硼永磁材料。2023年用于变频空调中的钕铁硼永磁材料达到10794吨。钕铁硼永磁材料在变频空调的市场前景将十分乐观。

在粘接性聚芳醚腈/钕铁硼磁性复合材料中，聚芳醚腈的用量为30%（质量分数）。按2%市场份额估算，预计到2030年，聚芳醚腈在电机用复合材料的用量将达到6000吨。

（3）离子交换树脂

目前离子交换树脂的全球年消费量约为50万吨，且正在以3%～4%的速度增长。我国是离子交换树脂的最大生产国。以年产量16万吨计，聚芳醚腈在离子交换树脂领域可占市场份额为0.2%，聚芳醚腈用于离子交换树脂的用量将达到320吨。

（4）高频印制电路基板

目前，用于高频印制电路基板的材料主要有氟系树脂、聚苯醚（PPO或PPE）树脂和改性环氧树脂这三大类材料。这三大类高频基板材料，以环氧树脂成本最低，氟系树脂最高；从介电常数、介电损耗、吸水率和频率特性考虑，氟系树脂最佳，环氧树脂较差。当产品应用的频率高过10GHz时，只有氟系树脂印制板才能适用。

考虑到高频电路基板制程复杂，对使用的特种树脂的性能要求高，初步预计聚芳醚腈未来在该领域的用量可达到35吨。

（5）电介质薄膜

电介质薄膜在电气工业上有着极大的应用潜力。目前就薄膜电介质的分类来看大概分为三类：无机、有机、有机/无机薄膜电介质。当前由于环境问题，新能源汽车受到了极大的社会关注度，高储能的有机电容器薄膜就有了用武之地。有机薄膜电介质有极大的市场需求与广阔的市场前景。PP、PTFE、PI、PEN、PVDF等由于其介电性可以用作薄膜电容器及介质薄膜，有着光明的市场前景。

我国聚合物薄膜电容器市场主要集中在华东地区，其次是华南地区、东北地区。2023年，华东地区聚合物薄膜电容器市场规模占比达46%；华南地区占比为17%；东北地区占比为14%。行业内几家知名上市公司均集中在我国华东地区，例如安徽铜峰电子、厦门法拉电子、南通江海电容器、浙江南洋科技等。日本的NISSI、荷兰的飞利浦，以及中国台湾的凯励、昱电、华容等，也都是世界知名的聚丙烯薄膜电容器生产商。在产量方面，日本的松下电工和德国的EPCOS、美国的Kemet是全球最主要的薄膜电容生产商。近年来，市场对于耐高温薄膜电容器用聚合物介质薄膜的需求持续增加，2023年市场需求约为2500吨，2024年市场需求突破3000吨。尽管聚丙烯薄膜仍然是该领域的主流材料，但是具有更高耐温级别、高储能密度与高击穿强度的特种高分子薄膜材料具有广阔的市场前景。因此，聚芳醚腈作为薄膜材料，用于高储能密度电容器的市场容量估计为15吨。

（6）其他潜在应用领域

复合材料最初主要应用在要求高推比重和隐身性能的军用飞机上。2010年后，复合材料的在军用飞机上的运用越来越流行。随着特种工程塑料及复合材料的长足发展，大飞机工程对复合材料的市场需求激增，据航空战略咨询公司预计，新型高含量复合材料飞机的引进和维修需求的增长，将使航空复合材料市场销售值达140亿美元，年增长率约为7%。而2016—2026年，航空复合材料市场将再翻一翻，达到300亿美元。这个预测是基于未来新型单通道飞机将在其承力结构中大量采用复合材料得出的，因此大飞机工程用特种高分子材料市场前景良好。

随着我国烟尘排放标准渐渐与国际环保标准接轨，未来我国火力发电、水泥、钢铁等行业也必将会朝发达国家靠拢。废气排放大户，如火力发电厂、水泥厂、垃圾焚烧厂在废气污染治理方面，已从传统的"静电除尘"改为"静袋式除尘"或"袋式除尘"的方法，以满足废气排放标准的要求指标。目前，我国高温除尘滤袋多采用耐高温纤维作为滤料，主要包括聚酰亚胺纤维、聚四氟乙烯纤维、玻璃纤维、芳纶和聚苯硫醚纤维等。

综上所述，在大飞机工程及节能环保装备已成为国家新一轮重点发展领域的大背景下，作为特种高分子材料的聚芳醚腈必将在这些领域中获得潜在应用。

以上几项合计，目前每年我国聚芳醚腈潜在需求量为 5800 吨，如图 2.55 所示。

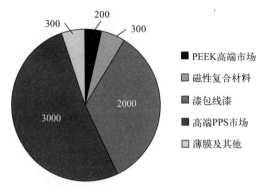

图 2.55　聚芳醚腈总体市场（单位：吨/年）

五、发展建议

总的来说，聚芳醚腈具有优异的性能，具有广阔的市场应用前景，但是相比其它国外同类产品，国内聚芳醚腈在技术、规模、产业链上均不具备优势，导致国内聚芳醚腈生产企业在高端专业化聚芳醚腈领域缺乏竞争力。同时，聚芳醚腈开发难度极大，工艺流程复杂，实现高分子量特种高分子的规模化合成具有挑战性；另外，聚芳醚腈改性与加工技术对设备要求高，产品性能一致性尚有待提高，单一产品用量小，市场推广难度大，产品商业化风险较大。

因此，可通过加大国家扶持力度，加快聚芳醚腈产业化进程，提高聚芳醚腈产能，利用国内企业的低成本、贴近客户、反应灵活、定制化服务等优势使聚芳醚腈在市场竞争中逐步扩大市场份额。同时，可通过加强产学研合作模式创新，加强科研院所、化工设计单位及生产企业的紧密合作，提升企业研发能力，扩大应用领域，推动新材料聚芳醚腈的可持续发展。

第十九节　聚醚酮酮

山东凯盛新材料股份有限公司　李光辉

一、概述

聚芳醚酮［英文名称 poly（aryl ether ketone）］简称 PAEK，是一类主链由亚苯基环通过醚键和酮键连接而成的一类聚合物。并且根据分子主链上重复单元中醚基、酮基数量和顺序的不同可以分为聚醚醚酮（PEEK）、聚醚酮酮（PEKK）、聚醚酮（PEK）、聚醚酮醚酮酮（PEKEKK）等不同的聚合物品种。PAEK 分子结构中含有刚性的苯环，具有优异的耐高温性能、优异的力学性能、抗辐射性能和耐化学品性能等，在航空航天、汽车制造、石油化工、电子电气、核能等领域得到了广泛的关注和应用。PAEK 中含有柔性的醚键，使其可以采用热塑性工程塑料的加工方法，比如注塑、挤出、模压等进行成型加工。聚芳醚酮系列聚合物，分子链中醚键与酮基的比例（E/K）越低，其熔点和玻璃化转变温度越高。但是熔点越高，加工窗口越窄，同时对加工设备的要求也越高。目前在市场上占主导地位的仍然是 PEEK，其产量占聚芳醚酮总产量的 80% 以上。其次是 PEKK 和 PEK，PEKK 的产量占聚芳醚酮总产量的 10% 以内，其他聚芳醚酮材料占比较少。

图 2.56 是 PEKK 与 PEEK 的分子结构，从化学结构来看，PEEK 是一种均聚物，其玻璃化转变温度、熔融温度均为定值，而 PEKK 是一种共聚物，其单体结构中含有间苯二酰基团（I 段）和对苯二酰基团（T 段），可以通过调节 T/I 比来调节熔融温度，使其熔融温度在 280~380° 之间可调。PEKK 与 PEEK 性能比较见表 2.74。

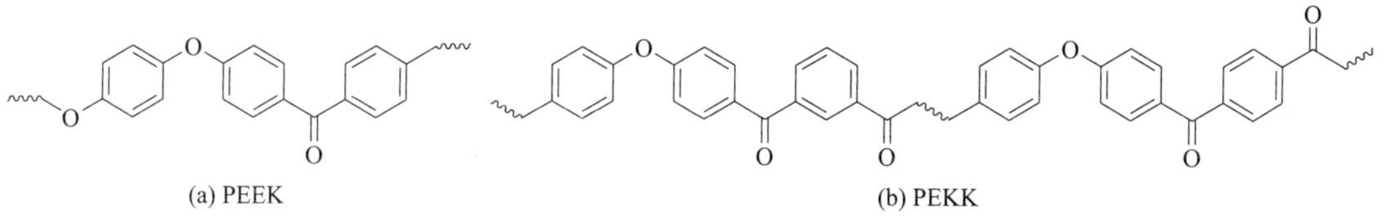

图 2.56　PEEK 与 PEKK 的分子结构

表 2.74　PEKK 与 PEEK 性能比较

名称	合成路线	结构	结晶度/%	T_g/℃	T_m/℃	拉伸模量/GPa	断裂伸长率/%
PEEK	亲核法	均聚物	25~35	143	334	3.2~4.1	20~45
PEKK	亲电法	共聚物	0~40	150~165	280~390	3.5~5.4	10~100

二、市场供需

同其他 PAEK 材料相比，尤其是与 PEEK 材料相比，PEKK 产品发展比较缓慢，主要原因是其结晶速度较慢，结晶度较低，这就导致采用常规的注塑成型加工时需要更长的冷却时间，使得加工周期变长，不利于工业化应用；另外一方面是目前商业化的 PEKK 均采用亲电法制备而成，相对于大多数 PAEK 材料尤其是 PEEK 材料来说，聚合时的副反应较多，影响了其热稳定性。两方面的原因导致 PEKK 材料发展比较缓慢。但是近几年随着聚合工艺技术的提升，大大降低了 PEKK 聚合过程中的副反应，使 PEKK 的热稳定性与 PEEK 相当，甚至更好；另外一方面，随着增材制造、热塑性复合材料等技术的兴起，结晶速度更慢的材料用于增材制造领域时更能够提高其层间的黏结强度，用于复合材料领域时更有利于铺放和固化，同时熔融温度可以调控，可以制备低熔融温度的 PEKK 材料，以降低加工温度。更宽的加工窗口以及更高的层间黏结强度，使 PEKK 更加适用于增材制造、连续纤维增强热塑性复合材料等领域。PAEK 厂商都瞄准了增材制造、热塑性复合材料这块市场，比如最大的 PEEK 生产商英国的 Victrex 公司就工业化了一款 LMPAEK 材料用于制备连续纤维增强预浸带和增材制造用线材产品。

1. 生产现状

国外的 PEKK 生产比较集中，表 2.75 是国内外企业的 PEKK 生产情况，表 2.76 是不同厂家生产的 PEKK 性能，从表 2.75 中可以看出，国外聚醚酮酮的生产线主要在法国、美国以及印度。2011 年法国 Arkema 公司通过购买 OPM（牛津高性能材料公司）的 PEKK 合成技术，拥有了 PEKK 聚合生产线，并于 2018 年底扩产至 600 吨/年，2017 年在美国投资建设 PEKK 生产线，目前该生产线已经正常生产，美国生产线产能大概为 1200 吨/年。Solvay 公司于 2015 年收购了美国 Cytec 公司，拥有了 500 吨/年的 PEKK 生产线，该生产线目前在印度的 Rallis 公司。印度的 Gharda 在 Ankleshwar 拥有自己的聚醚酮酮生产装置，产能为 100 吨/年。其他的如牛津高性能聚合物公司（OPM）是唯一一家以 PEKK 为材质进行 3D 打印的公司，其产品主要有医学植入物以及高强度且轻质的航天部件，2017 年赫氏公司已签署协议收购 OPM 公司的航空及国防（A&D）业务。

表 2.75 国内外 PEKK 生产线情况

生产商	生产技术来源及工艺路线	装置所在地	产能/（吨/年）	品牌
Arkema	杜邦，高温亲电取代路线	法国、美国	1800	Kepstan
Solvay	杜邦，高温亲电取代路线	印度 Ankleshwar 美国	500	Cypek
Gharda	自主研发，高温亲电取代路线	印度 Ankleshwar	100	GAPEKK
凯盛新材	自主研发，亲电取代路线	中国淄博	1000	Kstone

表 2.76 不同厂家生产的聚醚酮酮的性能

性能	项目	测试标准	纯树脂					
			KEPSTAN 6002/6003	KEPSTAN 7002/7003	KEPSTAN 8001/8002	GAPEKK 3200G	KStone FP 7801	KStone FP 6801
物理性能	密度/(g/cm³)	ISO 1183/ASTM D792①	1.27	1.29	1.29	1.30	1.31	1.29
力学性能	拉伸强度（23℃）/MPa	ISO 527-2/ASTM D638①	88	110	125	110	110	90
	拉伸模量（23℃）/GPa	ISO 527-2/ASTM D638①	2.9	3.8	3.8	4.0	3.9	3.1
	弯曲强度（23℃）/MPa	ISO 178/ASTM D790①	108	<168	<163	180	188	134
	弯曲模量（23℃）/GPa	ISO 178/ASTM D790①	3.0	3.9	3.9	4.3	3.4	2.5
	冲击强度	ISO 179/ASTM D256①	5.5kJ/m²	4.5kJ/m²	4.5kJ/m²	50 J/m	—	—
热性能	玻璃化转变温度/℃	DSC	160	162	165	176	160	155
	熔点/℃	DSC	300 to 305	334	357	396	353	325
电性能	介电常数	IEC 60250/ASTM D150①	2.5②	2.6②	2.6②	—	3.1③	3.1③
	介电损耗角正切（1MHz）	IEC 60250/ASTM D150	0.007	0.007	0.007	—	0.005	0.005
	表面电阻/Ω	ASTM D257	1.0×10^{16}	1.0×10^{16}	1.0×10^{16}	1.0×10^{6}	1.0×10^{14}	1.0×10^{14}
	体积电阻率/Ω·cm	ASTM D257	1.0×10^{16}	1.0×10^{16}	1.0×10^{16}	—	1.0×10^{15}	1.0×10^{15}
阻燃性	阻燃性（0.8mm）	UL94	V-0	V-0	V-0	V-0	V-0	V-0

① KEPSTAN 采用 ISO 测试标准测试。
② 1MHz 下测试。
③ 2GHz 下测试。

我国的 PEKK 行业发展较晚，加上 PEKK 的生产具有较高的技术壁垒，导致目前国内真正实现工业化生产的企业较少。山东凯盛新材料股份有限公司是国内工业化生产 PEKK 最早的企业，在 2021 年开始着手建设千吨级生产线，并于 2023 年投产。2020 年前后国内许多公司均在布局 PEKK 的工业化生产线，深圳市沃特新材料股份有限公司的全资子公司重庆沃特智成新材料科技有限公司在 2021 年的环评报告中显示，其立项了 100 吨/年的 PEKK 生产线，但一直未见建成投产。江苏维尤纳特精细化工有限公司 2022 年立项建设 1000 吨/年的 PEKK 生产线，但是也未见报道其建成工业化生产装置。福建聚宇鑫新材料科技有限公司建成了小规模的 PEKK 生产装置，形成了高、中、低及溶剂型树脂的系列产品，其技术来源于江西师范大学，江西师范大学是国内较早对 PEKK 展开研究的高校之一，其采用的技术路线是路易斯酸/路易斯碱共催化体系。

2. 需求分析及预测

据 Global Info Research 报道，2023 年全球 PEKK 市场规模为 5400 万美元，随着热塑性复合材料以及增材制造领域的迅速发展，PEKK 的市场规模会逐渐扩大，预计到 2030 年市场规模将达到 8250 万美元，复合增长率为 6.2%。

聚醚酮酮市场主要由欧洲主导，欧洲是 PEKK 的最大市场，2023 年市场份额约占 50%，其次是北美，市场份额约占 30%。中国、日本、韩国以及亚洲其他国家市场份额总共占 20%。

图 2.57 是 2023 年全球 PEKK 市场应用情况，从图中可以看出 PEKK 的市场比较分散，航空航天、汽车领域的占比分别为 18% 和 28%，电子电气领域占比为 17%，医疗卫生领域占比为 14%，一般工业领域占比为 23%。

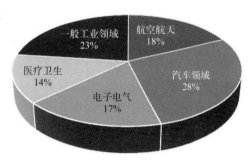

图 2.57 2023 年全球 PEKK 消费情况

三、工艺技术

目前 PEKK 的制备技术以亲电法为主，也有亲核法制备 PEKK 的相关专利及报道。亲电法主要是以三氯化铝为催化剂，二苯醚和间/对苯二甲酰氯为反应原料，采用该方法时，由于二苯醚上有六个活性基团，其中 4 个邻位，2 个对位。如果都是对位反应的话，那么就会顺利地生成线型的直链高分子（图 2.58a），如果邻位发生反应的话，那么就有两种可能，一种可能是邻位发生反应后，二苯醚上的另外一个对位继续发生反应，这时候分子链没有终止，分子链继续生长，只不过影响了分子链的规整性（图 2.58b1）；另外一种可能是发生反应后另外一个邻位与羰基反应成环生成不稳定的端基化合物——占吨醇基团，这个化合物不会再继续参与反应，分子链就此终止（图 2.58b2）。并且这个官能团在受热时容易发生如图 2.58 所示的反应，形成自由基，所形成的自由基进攻其他分子链，发生支化交联等副反应。为了避免产生大量的占吨醇结构，目前工业上主要采用两种方法来解决上述副反应的发生，一种是杜邦法的两步工艺，其生产流程如图 2.59 所示。先将对苯二甲酰氯同二苯醚反应生成 1,4-双（4-苯氧基苯甲酰基）苯（EKKE），随后以 EKKE 和间/对苯二甲酰氯为原料，以三氯化铝为催化剂，在邻二氯苯溶液中通过沉淀聚合制备出 PEKK 产品。目前 Arkema、

Gharda 以及给 Solvay 代工的印度 Rallis 均采用的该生产工艺。采用该种方法制备的 PEKK 产品为小颗粒状，相对于二苯醚基团来说，该法生产的 PEKK 产品中含有较少的占吨醇结构。另外一种方法就是采用路易斯酸/路易斯碱共催化的方法抑制占吨醇结构，该方法最早由 Raychem 公司发明，但是其未能实现工业化生产。山东凯盛新材料股份有限公司在 Raychem 的基础上，发明了梯度差量聚合工艺技术，建成了千吨级生产线。英国 Ketonex 公司开发了一种低温合成（"LTS"）PEKK 的方法，该技术依然采用 EKKE 和间/对苯二甲酰氯为单体，于二氯甲烷溶液体系中，在三氯化铝的催化作用下，通过在聚合体系中引入苯甲酸或苯磺酸等分散剂，低温聚合。该方法合成的 PEKK 产品具有优异的稳定性和可控的产品形态，产品呈球形粉末状态，可以直接用于 SLS 增材制造工艺。2022 年 OPM 公司认为 LTS 技术具备产业化 PEKK 的基础，因此收购了 Ketonex 公司的 LTS 制备 PEKK 的工艺技术，但是一直未见其采用该技术建成工业化生产线。

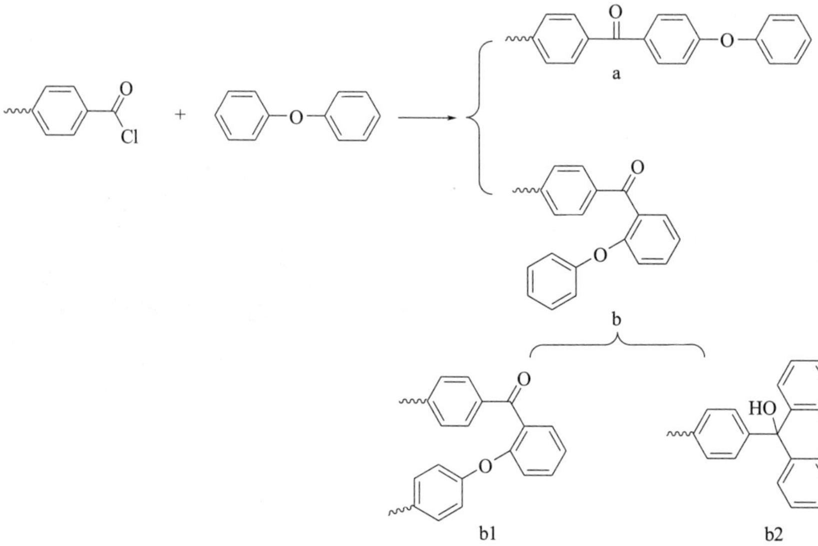

图 2.58 PEKK 聚合过程中的副反应

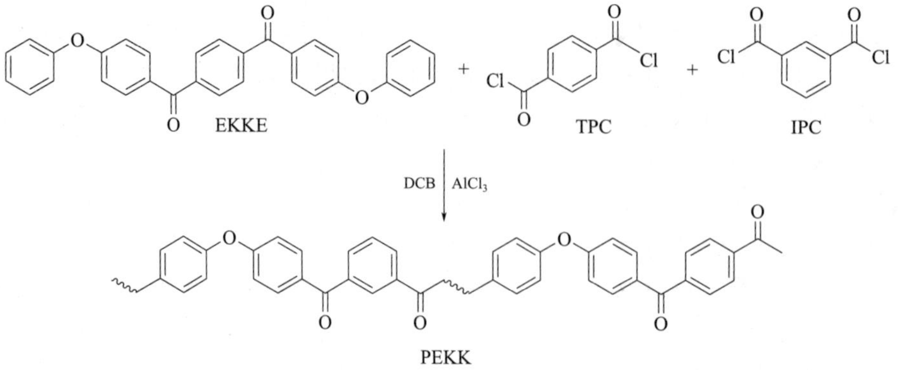

图 2.59 EKKE 为单体制备 PEKK

除了上述亲电取代工艺以外，据报道 Solvay 公司以双（卤代苯甲酰基）苯单体与双（羟基苯甲酰基）苯为单体，采用亲核取代工艺制备 PEKK 产品，制备出来的 PEKK 具有较好的热稳定性，但是其单体较难制备，价格较高，不利于工业化批量生产。

四、应用进展

(1) 航空航天

PEKK 结晶速度慢,结晶温度可调,具有较宽的加工窗口和较好的层间黏结性,加上 PEKK 具有优异的力学性能、抗辐射性能、耐高低温转换(300℃)性、超低吸湿性、超低氢气渗透性等性能,使得 PEKK 树脂成为航天先进热塑性材料研究的热点。欧洲、美国、日本材料巨头通过并购等手段争相抢占航空航天先进热塑性复合材料的制高点。2015 年 7 月索尔维收购氰特公司,成为仅次于赫氏的全球第二大航空航天复合材料制造商,2018 年 4 月日本东丽收购荷兰滕卡特先进复合材料公司,2019 年 7 月美国赫氏与法国阿科玛合作优化航空航天复合材料预浸带的设计和制造。2024 年 3 月阿科玛与赫氏携手,共同推出了首个采用热塑性复合材料打造的航空结构件。此款高性能热塑性复合材料结构件,采用了 HexPly® 热塑性带材的设计和生产工艺,其材质融合了阿科玛的 Kepstan®PEKK 树脂与赫氏的 HexTow®AS7 和 IM7 碳纤维,从而实现了材料性能的优化与提升。目前波音 787、空客 A350 碳纤维复合材料用量超过 50%,不同于最初复合材料只能用于受力很小的前缘、整流罩等部件,现在的复合材料已经应用于飞机的主承力结构件。但是目前大多数能够应用于主承力结构件的复合材料还是以热固性树脂基复合材料为主,很多专家认为热塑性树脂基复合材料大量应用于主承力结构替代热固性树脂基复合材料可能性不大。2024 年 3 月 IFAM 宣布,其与合作伙伴联合完成的热塑性复合材料机身演示验证件(MFFD)完成了上、下机身的左右焊缝对接,并将 8m×4m 的全尺寸部件发送至位于德国汉堡的应用航空研究中心于机舱顶部模块间集成并进行测试。据报道 MFFD 的上、下机身壳体均具有高度预集成度,采用几乎无铆钉的架构设计,与现有传统机身相比重量减轻 10%。

除在航空领域上的应用之外,PEKK 在航天领域中也有较广泛的应用。2017 年 OPM 公司与波音公司进行合作,并选择其为波音 CST-100StarLiner 飞船制造 3D 打印零部件。目前已经将 PEKK 材料成功应用于美国波音公司制造的商业航天器 CST-100 Starliner 上的空气再生系统的零部件上。OPM 公司也推出了未修饰 PEKK 材料 OXFAB-N 和含碳纤维 PEKK 材料 OXFAB-ESD,并且采用 3D 打印技术,使其应用于工业加工制造和航空航天器材。经过添加碳纤维、玻璃纤维、无机纳米粒子等增强的 PEKK 复合材料,弯曲强度和模量都大幅提高,可用作飞机门把手、操纵杆,直升机起落架、尾翼等,还可以与压电陶瓷材料复合用于飞机传感器。

(2) 医疗卫生

与 PEEK 相比,PEKK 具有更多的酮基,有更多的表面化学改性选择,例如,PEKK 可作为脊柱植入物,如笼、棒和螺钉,维持脊柱的刚性稳定,使脊柱骨骼融合。与传统的金属植入物相比,PEKK 植入物在脊柱融合中可以避免应力遮挡和假体下沉等严重问题的发生。另外,PEKK 还可通过增材制造技术制备出适配的植入物用于人工关节置换和骨缺损的治疗。随着生物工程学、材料学、机械制造技术等相关学科的飞速发展,PEKK 及其复合材料的生物活性和力学性能也在不断改进,并有望应用于创伤和组织工程支架等领域。牛津高性能材料公司(OPM)的 PEKK 颅骨假体生产线于 2013 年 2 月获得 510(K)许可,是美国 FDA 批准销售的第一个 3D 打印聚合物植入物。OPM 公司的 PEKK 材料还获得两个

FDA 许可，颌面植入物的 OEM 和脊柱植入物生产线。OPM 还为第三方提供合同制造服务，开展广泛的 3D 打印生物医学植入物应用。

除此以外，PEKK 还应用于口腔医学中，瑞士 Cendres＋Métau 公司生产的 Pekkton®ivory 是采用 PEKK 制备的一种牙科修复材料。其具有优异的生物相容性、抗疲劳和弯曲能力、尺寸稳定性、耐磨性、X 射线透明、同骨骼具有相似的模量和压缩强度、与人类牙本质和皮质骨相当，使其可以用于制备可拆卸的修复体、牙桥等材料，用于种植牙中。

（3）涂层产品

PEKK 材料具有较好的耐化学腐蚀性、耐磨性以及高硬度等性能，可以采用静电喷涂、火焰喷涂等方法将 PEKK 涂料涂覆在基材表面，大幅度提高和改善基材的耐腐蚀、耐磨损和绝缘性等。对于暴露在高温、化学腐蚀及磨损等极端条件下的严苛应用，PEKK 涂料都能很好地适应。欧盟委员会（EC）提议在 2027 年全面禁止所有全氟烷基和多氟烷基物质（PFAS），现有的不粘涂层大多数为氟树脂，多数含有 PFAS，若欧盟委员会最终审议通过该限制提案，将会冲击欧洲市场的不粘涂层领域，PEKK 涂层就会有较大的市场前景。

（4）一般工业领域

由于 PEKK 具有耐高温性、绝缘性好、低密度和优异的力学性能等特点，在某些应用领域可以替代金属，主要用于生产汽车部分零部件、工业密封件、半导体生产过程中的耗材等产品。在石油化工领域中，在严苛环境下对设施进行维护成本极其高昂，因而使用耐受高温及耐受强化学品腐蚀的材料非常重要，由于 PEKK 具有极其优异的耐化学性和耐高温性，适于作为海洋高压节流管线及压井管线的内衬，同时也是石油和天然气应用中密封件和支撑环的理想材料。另外 PEKK 具有优异的防火和防烟雾特性以及绝佳的绝缘性能，介电常数低、抗辐射性能好，作为电线电缆包覆材料、晶片承载器、微波电线和抗辐射包裹材料时有独特的优势。它能在一些恶劣条件，比如高温、酸碱条件下保持性能稳定，这是很多其他工程塑料制品无法做到的。

2022 年马斯克率先推出人形机器人"擎天柱"，其多个结构件采用了聚芳醚酮材料用于减重，2023 年工业和信息化部出台《人形机器人创新发展指导意见》（以下简称《意见》）。《意见》强调要研究高强度轻量化新材料等关键技术，打造具有高安全、高可靠、高环境适应性的人形机器人本体结构。PEKK 本身满足高强度轻量化新材料的要求，在人形机器人的肢体方面具有较高的应用潜力。

五、发展建议

（1）重视研发人员知识产权素养的培养与提升，提高行业竞争力

目前国内 PEKK 技术有了较大的突破性进展，但是国内大部分研发人员对知识产权的认识还停留在拥有授权专利就对技术进行了保护，就不会从技术层面上侵犯别人的专利。随着国内外对知识产权的重视程度越来越高，未来的商业竞争不仅仅是技术层面上的，还有知识产权方面的竞争。尤其是近几年知识产权方面的竞争越来越激烈，很多拟上市企业在上市期间都会遭遇国内外同类企业的知识产权诉讼，阻止其通过上市将企业做大做强。研发人员的知识产权素养的培养与提升主要包含两个方面：一是有创新性的技术突破时，将研究的技术、方法、产品、工艺等成果及时申请专利并最大限度地保护好自己的技术，而不是为了专

利的授权，缩小专利的保护范围，导致不能实现应有技术的专利保护；另一个是通过提高研发人员的知识产权素养，针对开发出来的新技术协调好技术秘密与专利申请之间的平衡，有效防止技术泄密。

（2）加强企业自主创新能力建设，打造一批科研人才队伍，进行人才储备

我国从事聚芳醚酮行业的研发人员较少，而且绝大多数集中在高校和科研院所中，缺乏工业化的经验。因此企业应该提高自主创新能力，开展以企业为主体，高校及科研院所为辅的产、学、研相结合的创新合作体，开发 PEKK 聚合及成型加工新技术，加强人才队伍建设，造就 PEKK 行业领军人才。

（3）进一步延伸产业链，开发 PEKK 材料的终端产品

由于 PEKK 材料是一小众产品，并且其性能和成型加工方式同常见的聚醚醚酮材料相比有所不同，因此国内客户在对 PEKK 产品采用 PEEK 的加工参数进行成型加工时往往遇到较多的困难。因此我们应该进一步延伸产业链，开发 PEKK 材料的终端产品，客户不经过进一步的加工就能直接使用。

（4）加大国家政策的扶持

PEKK 材料属于航空航天领域发展的战略急需材料，国外对国内的技术处于封锁阶段。另外，聚醚酮酮具有研发周期长、研发成本高等特点，在国外技术封锁严重的今天，需要企业自身努力，但也离不开各级政府的大力支持，需要政府在财政、税收等方面给予企业大力扶持。

第二十节　聚硫醇

益丰新材料股份有限公司　梁万根

一、概述

聚硫醇通常指分子上含有 2 个及以上巯基官能团的硫醇化合物，又称多硫醇、多元硫醇，各类聚硫醇由于分子构成或分子结构不同，其性质、特点和应用领域有显著差异。因硫元素具有高折射率、低色散特性，聚硫醇被广泛用于制备具有高折射率、高阿贝数特性的光学树脂镜片，该类树脂镜片透光率、成像清晰度、抗冲击性等光学、力学性能优异，成为树脂镜片主流材质。聚硫醇还广泛用于新能源、电子点击胶、器件粘接、量子点膜、电子器件封装等领域。根据应用场景，聚硫醇可划分为光学树脂材料用聚硫醇、固化材料用聚硫醇两大类，前者主要用于光学树脂镜片领域，后者主要作为固化剂或单体，应用于环氧固化、UV 固化领域。在这两大领域，按巯基数量聚硫醇又可以分为如下类别。

① 二巯基聚硫醇　见表 2.77。
② 三巯基聚硫醇　见表 2.78。
③ 四巯基聚硫醇　见表 2.79。

表 2.77 含有 2 个—SH 基的聚硫醇

名称	应用
硫代二甘硫醇	用作有机化学中间体、高折射率光学树脂、橡胶弹性体、密封材料、液晶背光用弹性体的合成，近年还用于航空涂料和军用涂料等 高折射率眼镜镜片材料单体，超高折射率特性使镜片更薄、更轻，佩戴更舒适 特殊防腐涂料
乙二醇双（3-巯基丙酸酯）(EGDMP)	用于有机合成中间体，也是 UV 涂料、油墨、胶黏剂等的聚合改性剂

表 2.78 含有 3 个—SH 基的聚硫醇

名称	应用
聚醚型三元硫醇	作为环氧树脂固化剂/促进剂，用于快干型涂料、黏合剂等；特别适合在快速修补胶及冬季作业场合的低温固化领域使用
三［2-(3-巯基丙酰基氧基）乙基］异氰脲酸酯（TEMPIC）	作为不饱和树脂和环氧烷烃的光/热硬化剂，硬化助剂被广泛应用于各种油墨、涂料、涂层材料、黏结剂、薄膜、FRP 等
2,3-二硫代（2-巯基)-1-丙烷硫醇（PETP）	环氧树脂硬化剂原料、光学材料、UV 硬化用单体、UV 保护涂层、提升金属表面的附着力等
三羟甲基丙烷三（3-巯基丙酸）酯（TMPMP）	应用于单组分低温硬化环氧胶，比如 LED 透镜胶、TV 胶、晶片底部填充胶，亦可用于 UV 体系实现氧阻聚并促进硬化

表 2.79 含有 4 个—SH 基的聚硫醇

名称	应用
巯基丙酸季戊四醇酯（PETMP）	作为硬化剂广泛应用于各种环氧树脂胶黏剂和涂料。也可用于 UV 树脂改性，能提高树脂的透明度、折射率，改善树脂的耐冲击性、染色性、加工性和硬化速度，也可用于制备光学透明材料
巯基乙酸季戊四醇酯（PETMA）	用作环氧树脂固化剂和聚氨酯镜片材料的原料

二、市场供需

（一）世界供需及预测

1. 生产现状

将不同—SH 基的聚硫醇均考虑在内，2023 全球聚硫醇产能约 29300 吨/年，产量约为 21900 吨，产能利用率约 75%。预计到 2029 年，全球聚硫醇总产能将达到 37300 吨/年，年复合增长率为 4.95%。

国外从事聚硫醇生产的国家主要以日本和美国为主，约占全球市场份额的 60%，主要企业有美国的亨斯迈公司，日本的三井化学、东丽集团（TORAY）等，世界主要聚硫醇生产企业见表 2.80。

表 2.80 世界主要聚硫醇生产企业

企业名称	产能/（吨/年）	装置所在地
亨斯迈	5000	美国
东丽	1500	日本
三井化学	6500	日本

续表

企业名称	产能/(吨/年)	装置所在地
昭和电工株式会社	600	日本
益丰新材料股份有限公司	3000	中国
BRUNO BOCK	1500	德国
美源商事株式会社	1000	韩国
其他	2000	

2. 需求分析及预测

光学材料领域是聚硫醇最主要的应用方向，约占聚硫醇材料总市场份额的50%，由于树脂镜片已实现对玻璃镜片的广泛替代，其单体材料主要用于制备折射率为1.60、1.67、1.70、1.74的高端树脂镜片。近年来固化剂领域对聚硫醇的需求也增长很快，市场占有率达到35%，主要用于涂料、建筑、电子器件、胶黏剂和密封剂、油墨、光伏切割、化妆品指甲油等方面，具体见表2.81。随着柔性显示、航空航天等高端领域的发展，聚硫醇在电子、光伏、薄膜等领域的应用占比将进一步增加。2023年全球不同应用领域聚硫醇市场份额见图2.60。

表2.81 聚硫醇应用领域和功能特点

应用领域	功能与特点
涂料	多硫醇固化剂可对普通环氧树脂体系进行改性，生产环氧树脂防水涂料。聚硫醇可用于调节涂料体系的黏度，改善施工性能，同时也可参与固化反应，增加涂料体系的交联密度
建筑	聚硫醇固化剂可在低温下使用，固化速度极快。可以满足冬季室外的低温要求，有效提高工程施工的效率，也可以增加树脂的韧性和透明度。作为固化剂，聚硫醇可与环氧树脂在低温或室温下快速固化，在建筑领域可作为快干石材胶、道路修补胶、建筑结构胶使用
电子器件	用于环氧树脂体系灌封领域。作为固化剂，聚硫醇也可用于制备灌封电子元件、电源、电子产品上的防护性胶水，不仅能够防止水分、尘埃及有害气体等对电子器件或电路板的侵蚀，而且能减缓或抵消外力、振动带来的损伤，从而提高电子器件稳定性
胶黏剂和密封剂	作为固化剂，所生产的环氧树脂胶黏剂具有附着力高、耐候性强、高透明性、抗水性好等特点，可应用于5min快速固化修补胶、硅棒切割胶等领域
光学材料	用于制备防止着色、黄色指数低、色泽好的光学材料，制造具有良好颜色的光学透镜

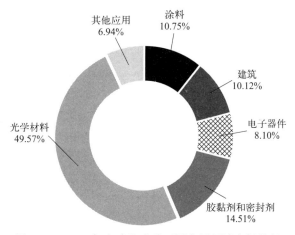

图2.60 2023年全球聚硫醇不同应用领域市场份额

（二）国内供需及预测

1. 生产现状

我国开展聚硫醇材料研究的时间比较晚。二十一世纪初，厦门大学等单位才开始相关研究工作，重点是聚硫醇制备工艺和固化体系研究。近十年来，我国聚硫醇市场呈现高速增长趋势，年均复合增长率为8%～10%，高于世界平均水平。国内从事聚硫醇材料生产的企业主要是益丰新材料股份有限公司。

2022年，我国聚硫醇材料总产能约为11000吨/年，产量约为8700吨，进口量约为5500吨。2023年，总产能达到12000吨/年，产量约为9300吨，进口量约为6000吨。两年来，进口量的增速基本等同于国内产量的增速，随着国内企业技术水平的攀升，国内产品质量和等级也将逐渐看齐国际先进企业。

益丰新材料2024年筹建高折射率光学材料项目，预计3～5年将新增5000吨聚硫醇材料产能。这部分产能释放后，预计国内聚硫醇材料总产能将达到17000吨/年。

2. 需求分析及预测

国内对聚硫醇材料的需求集中于固化剂和光学材料领域。2022年，国内聚硫醇材料需求量约14200吨，2023年需求量约15600吨，呈现高速增长态势。其中高折射率光学树脂镜片、胶黏剂和密封剂、电子器件、光伏切割等行业的发展是聚硫醇需求量增长的主要动力来源。预计到2028年，国内聚硫醇需求量将达到20000吨，进口量保持在6000吨。

（三）聚硫醇下游产品发展概况及趋势

1. 光学树脂

光学树脂是光学材料的一大品类，又称光学塑料，指用于制造光学仪器或机械系统的透镜、棱镜、反射镜等，为了达到某些光学特性和功能而合成的树脂材料，其具有优良的光学特性、机械特性、热性能和化学特性，是光学镜头、光学膜、光学胶、光学镜片等产品生产中主要使用的材料之一。光学树脂可分为热塑性树脂和热固性树脂两类，为了结合各类树脂的光学特性，同一光学产品生产过程中一般会使用多类树脂。树脂镜片的光学性能较好，具有质量轻、不易破碎的特性，安全性远高于玻璃镜片，因此成为镜片的主流材质。

据中国光学光电子行业协会统计，2023年中国光学材料及元器件行业市场规模约为1700亿元人民币。未来，光学树脂行业下游的应用领域将不再限于摄影、投影、安防、镜片等光学领域，其将与智能终端、智能家居、智能交通、智慧城市、人工智能、物联网、元宇宙不断深入融合发展，由此将迎来更广阔的发展空间。

2. 环氧固化剂

环氧胶黏剂作为胶黏剂的重要分支，是一种由环氧树脂和固化剂组成的胶黏剂。环氧树脂在固化前是一种线型低聚物，必须加入固化剂进行交联反应，因此固化剂对环氧树脂的固化成型起着至关重要的作用。环氧树脂固化剂主要分为显在型和潜伏型两大类，潜伏型为单组分固化剂，在适当条件下可长期保存。显在型固化剂可分为催化型和加成聚合型，催化型指在少量路易斯酸碱催化下环氧树脂自聚制备，在常温及低温条件下固化效率也偏低，加成聚合型分为多元胺型、酸酐型、酚醛型和聚硫醇型。

聚硫醇固化剂在常温及低温条件下具有更优异的固化性能，基于此类特性开发的胶黏剂具有粘接强度高、稳定性好、疏水性好等诸多优点，是近年来逐步被应用的一种新型快速环氧固化剂，可满足光伏硅棒切割、电子灌封、珠宝首饰等特殊领域的粘接需求。2023 年，全球环氧树脂固化剂市场规模约为 30.5 亿美元，预计 2029 年全球环氧树脂固化剂市场规模将达到 47.7 亿美元。受益于光伏行业、电子元器件行业的发展，聚硫醇固化剂市场也将稳步增长。此外，随着聚硫醇固化剂应用领域的不断拓展，其在涂料、汽车、轨道及道路修复等高端领域的应用也越发广泛，产品市场前景十分广阔。

三、工艺技术

聚硫醇可采用醇、卤代烃、双键化合物等为原料与巯基化试剂反应制备，常用的巯基化试剂包括硫化氢、硫氢化钠、硫脲、硫代乙酸等。日本聚硫醇生产技术起步较早，其产品指标处于该领域的顶端，中国对聚硫醇的研究起步较晚。近年来，随着应用领域的不断推广，国内企业对聚硫醇产品生产技术的突破取得了一些积极成果，实现了产业化，逐渐替代进口，益丰新材料是国内首家实现该产品规模化稳定生产的企业，产品品质与国外竞品一致。

(1) 异硫脲盐工艺

异硫脲盐工艺是日本三井化学、韩国 SKC 等公司制备聚硫醇的主要工艺，例如在光学树脂镜片领域广泛应用的 2,3-二硫代(2-巯基)-1-丙烷硫醇最早由日本三井化学开发，采用硫脲为巯基化试剂，在盐酸等强酸作用下将多元醇的羟基高效转化为异硫脲盐，然后经碱解得到聚硫醇化合物。采用该工艺亦可实现以卤代烃为底物进行巯基转化，且反应活性更高。采用该工艺可对聚硫醇的结构进行精准控制，副反应较少，产品纯度高。但异硫脲盐制备工序酸腐蚀性强，对设备材质要求高。

(2) 卤代烃亲核取代工艺

以卤代烃为原料，采用硫氢化钠等巯基化试剂通过亲核取代反应进行巯基化是制备聚硫醇的有效方法。日本东丽 QE340M、美国亨斯迈(Huntsman) Capture-3800 采用此工艺生产。具体工艺为以聚醚多元醇为起始原料，与环氧氯丙烷反应制备氯醇中间体，然后与硫氢化钠反应制备聚硫醇。采用该工艺，硫醚副反应难以被有效抑制，反应选择性较低，且硫醚副产物不易纯化分离，多作为有效组分一起使用。但该工艺生产过程简单、收率高、生产成本低，所得聚硫醇产品在固化剂领域应用广泛。

(3) 酯化工艺

该工艺以多元醇和巯基羧酸酯为原料，经酯化反应制备聚硫醇。日本三井化学聚硫醇 PETMP 即采用该生产工艺，以季戊四醇、3-巯基丙酸为原料，经酯化反应制备。采用此工艺还可生产三羟甲基丙酸三(3-巯基丙酸)酯、季戊四醇四巯基乙酸酯等众多聚硫醇产品。该工艺反应条件温和，生产过程简单，但巯基与羧基的酯化副反应不易控制，难以得到高含量的产品。采用该工艺制备的聚硫醇产品在光学树脂镜片、胶黏剂、量子点膜等领域应用广泛。

四、应用进展

（1）高折射率光学树脂镜片

聚硫醇可与异氰酸酯反应制备聚氨酯类光学树脂镜片，相比市场上常用的 CR-39、亚克力、PC 等树脂镜片，聚氨酯类镜片折射率、阿贝数等综合性能更加优异，且透光率、染色性、抗冲击强度等应用性能优异，满足市场对镜片"更轻、更薄、更美观、更安全"的消费需求。聚氨酯类树脂镜片目前主要产品为折射率 1.60、1.67、1.71 的镜片，其中折射率 1.60、1.67 树脂镜片为市场主流产品，折射率 1.71 树脂镜片为市场高端产品。

（2）晶体硅切割

聚硫醇在叔胺等碱性催化剂作用下可与环氧树脂在低温下快速固化成型，粘接强度高，相关固化材料被广泛应用于晶体硅的固定，满足晶体硅切割行业对加工精度、加工效率越来越高的要求。同时，聚硫醇与环氧树脂固化成型的材料在温水浸泡下易从晶片表面剥离，满足了连续化生产的需求。目前，该技术已成为行业主流工艺，随着光伏产业快速发展，此领域对聚硫醇的需求呈快速增长。

（3）量子点膜

量子点膜（QLED）具有亮度高、色域广、寿命长等特点，备受显示行业的青睐。为实现量子点膜材料中量子点的均匀分散，及在固化成型过程中避免量子点的聚集，聚硫醇既可通过络合作用稳定量子点，又可实现快速光固化，在量子点膜材料制备中被广泛应用。

（4）甲油胶

甲油胶也被称为 UV 甲油胶，是指甲油的升级品，与传统指甲油相比，甲油胶能有效解决干燥速度和保持周期的难题，其产品具有良好的光泽度、透明度、韧性，且不存在刺激性味道，具备突出的抗耐性，不容易变色等优点。甲油胶完成涂抹，并在灯光下照射 1min 左右后，即可达到完全干透。甲油胶良好的性能是通过添加聚硫醇实现的，故聚硫醇在甲油胶领域的应用越发普遍。由于应用于人体，甲油胶对聚硫醇品质提出了更高要求，国内仅益丰新材料产品可达到要求。

五、发展建议

国内聚硫醇产业起步较晚，处于模仿学习阶段，且研究力量薄弱，导致聚硫醇技术水平滞后于市场需求，产品严重依赖国外进口。预计随着益丰新材料聚硫醇 504、聚硫醇 305 等产品国产化，聚硫醇依赖进口的局面将得到缓解。但应用技术研究严重滞后的问题需要引起重视，国内聚硫醇企业应加强与科研院所产学研用等全方位合作，强化基础理论研究，提高自主创新能力，开发更优性能的产品。加强与下游企业合作，聚焦客户实际需求进行技术突破，争取尽早在 VR 眼镜镜头、裂隙灯前置镜、牙齿正畸材料、手机镜头等更多领域实现应用突破。

第二十一节 溶聚丁苯橡胶

中国石油独山子石化分公司　刘宏伟　董志军　杨广明
中国石油石化研究院兰州中心　董静　王锋

一、概述

（一）溶聚丁苯橡胶主要性能、特点

溶聚丁苯橡胶（SSBR）是丁二烯和苯乙烯在烃类溶剂中采用有机锂引发，经阴离子溶液聚合制得的一种共聚物。溶聚丁苯橡胶最大优势在于聚合中易于调节分子结构及分子量，从而生产特定用途的产品。

溶聚丁苯橡胶具有滚动阻力小，抗湿滑性和耐磨性优异等优点，兼具耐寒、生热低、色泽好、灰分少以及硫化速度快等优点。近年来，全球范围内 SSBR 越来越多地用于轮胎，尤其在绿色轮胎、防滑轮胎、超轻量轮胎等高性能轮胎中具有广泛的应用。此外，由于其良好的辊筒操作性、压延性、高填充性，还广泛用于制鞋业、胶带行业，成品鞋具备触感良好、花纹清晰、不易走形以及硬度适中等特点。另外在塑改、胶黏剂等行业也有广泛应用。

溶聚丁苯橡胶的优越之处是可以通过分子设计实现滚动阻力、抗湿滑和耐磨性能的平衡，因此结构对性能有很大影响，结构主要包括苯乙烯单体含量、苯乙烯微嵌段链节在分子链中的序列分布、乙烯基含量（1,2-结构单元含量）等，尤其是苯乙烯微嵌段链节的多少对 SSBR 的性能有较大的影响。主链结构是 SSBR 性能的决定因素，想得到综合性能优越的 SSBR，就必须精确设计其主链的微观结构和序列结构。

SSBR 可按苯乙烯含量或乙烯基含量不同进行分类。

按苯乙烯含量：苯乙烯质量分数大于 40%，刚性大，弹性低，永久变形和滚动阻力大，通常不用于轮胎，多用于鞋底、海绵制品和地板料。苯乙烯质量分数为 20%～40%，是轮胎胎面的主要胶种，适当控制 SSBR 中的乙烯基结构，可得到性能优异的胎面胶。苯乙烯质量分数小于 20%，主要用于冬季轮胎。

按乙烯基含量：乙烯基质量分数 10%～30% 为低乙烯基，30%～50% 为中乙烯基，50%～80% 为高乙烯基。

与自由基聚合的乳聚丁苯橡胶相比，溶聚丁苯橡胶具有生产装置适应能力强、牌号多样化、单体转化率高、排污量小、聚合助剂品种少等优点，是目前重点研究开发和生产的合成橡胶品种之一，二者主要特性对比见表 2.82。

表 2.82　溶聚丁苯橡胶和乳聚丁苯橡胶的差异

项目	溶聚丁苯橡胶	乳聚丁苯橡胶
结合苯乙烯含量	可调	固定
乙烯基含量	可调	固定

续表

项目	溶聚丁苯橡胶	乳聚丁苯橡胶
橡胶含量	99%以上	94%～95%，其余为低分子有机酸、皂
分子量分布	较窄、偶联	较宽
丁二烯链节	可调	不可调
链节结构	无规或部分嵌段，可调节	全为无规、不可调
产品通用性	除通用牌号外，可为用户生产专用牌号	牌号统一，同一牌号可替代
填充量	橡胶含量高，可加入更多填料	填充量过高会导致橡胶硬度增加，弹性下降，耐磨性变差
加工性	混炼能耗低，挤出口型膨胀小，尺寸稳定性好，表面光滑，花纹清晰	压出速度慢，变形大，尺寸变形大
胎面胶性能	滚动阻力小有利于节能，抗湿滑性和耐磨性好、生热低，有利于延长轮胎寿命	抗湿滑性好，但滚动阻力大
应用领域	适用于绿色轮胎和高性能轮胎。特别适用于要求花纹清晰、色彩鲜艳的制品	应用领域较广

（二）国内外SSBR主要生产企业和产品

1. 国内SSBR主要生产企业

2023年，我国SSBR生产企业共计7家，包括中国石油独山子石化分公司（简称"独山子石化"）、中国石化上海高桥石油化工有限公司（简称"高桥石化"）、中国石化北京燕山分公司（简称"燕山石化"）、中国石化湖南石油化工有限公司（简称"湖南石化"）、镇江奇美化工有限公司（简称"镇江奇美"）、浙江石油化工有限公司（简称"浙石化"）、辽宁北方戴纳索合成橡胶有限公司（简称"北方戴纳索"）。

2. 国内SSBR主要产品信息

按照国家标准GB/T 37388—2019《溶液聚合型苯乙烯-丁二烯橡胶（SSBR）》和各生产企业SSBR产品企业标准，国内SSBR主要产品见表2.83。

表2.83 国内SSBR生产企业、产品信息一览表

厂家	牌号	苯乙烯含量/%	乙烯基含量/%	生胶门尼黏度[ML(1+4)100℃]	充油数/份	特点及应用
独山子石化	SSBR 2557S	25	57	54	37.5	线型结构，中苯高乙烯基；用于四季胎
	SSBR 2564S	25	64	50	37.5	
	RC 2557TH	25	62	62	37.5	
	SSBR 1540S	15	43	65	37.5	星型结构，低苯中乙烯基；用于冬季胎
	SSBR 1040	10	40	70	0	
	SSBR 3840TH1	38	40	73	37.5	线型结构，高苯中乙烯基，高门尼黏度；用于高性能及赛车胎
	SSBR 3840TH2	38	40	82	37.5	
	RC 3840S	38	40	60	37.5	线型结构，高苯中乙烯基；用于高性能及赛车胎
	SSBR 3550S	35	50	60	37.5	
	SSBR 4630	46	30	46	0	部分嵌段，高苯中乙烯基，高透明；用于高端运动鞋材

续表

厂家	牌号	苯乙烯含量/%	乙烯基含量/%	生胶门尼黏度[ML(1+4)100℃]	充油数/份	特点及应用
独山子石化	SB 1205	25	12	47	0	线型、硬度较高，用于塑改和制鞋
	SSBR 72612F	23.5	61	60	0	星型，官能化改性，中苯高乙烯基；用于高性能轿车及载重轮胎
	SSBR 2858DF	28	58	70	0	星型，双端官能化，中苯高乙烯基；用于高性能轮胎
	SSBR 2055DF1	20	55	60	0	
	SSBR 2055DF2	21	53	77	0	
高桥石化	T2000R	25	—	45	0	高拉伸强度、耐磨、高弹性、硫化速度快；用于轮胎、胶鞋等
	T2003	25	—	33	0	收缩性低、硫化速度快
湖南石化	SSBR YH-2563S	25	60	60	37.5	低滚阻、低噪声、高耐磨特性；用于高性能轮胎
	SSBR YH-2563T	25	60	60	37.5	低滚阻、低噪声、高耐磨特性；用于高性能轮胎
燕山石化	SSBR 2636	25	63	57	37.5	绿色轮胎、防滑轮胎以及超轻量轮胎的胎面制造、鞋底制造等
镇江奇美	PR-1205	25	12	47	0	线型、硬度较高；用于塑改和制鞋
浙石化	SSBR 2564T	25	64	50	37.5	中苯高乙烯基；用于四季胎
	SSBR 3840T	38	40	80	37.5	高苯中乙烯基，高门尼黏度；用于高性能及赛车胎
北方戴纳索	1205	25	10	47	0	收缩性低、流动性好、色泽鲜艳；用于塑改和制鞋
	303	46	30	48	0	部分嵌段，高苯中乙烯基，高透明；用于高端运动鞋材

3. 国外 SSBR 主要生产企业

目前国外主要溶聚丁苯橡胶生产企业有 40 余家，包括日本的 JSR、旭化成、住友、瑞翁、普利司通；韩国的锦湖石化、LG 化学、Lotte Versalis；波兰的 Synthos；德国的盛禧奥（2021 年合成橡胶业务被 Synthos 收购）、阿朗新科（ARLANXEO）；美国 Goodyear、Firestone；法国米其林（Michelin）；意大利 Versalis；西班牙 Dynasol；俄罗斯西布尔（Sibur）；南非 Karbochem 等。

4. 国外 SSBR 主要产品信息

国外 SSBR 主要产品信息见表 2.84。

表 2.84 国外 SSBR 生产企业、产品信息一览表

厂家	牌号	苯乙烯含量/%	乙烯基含量/%	生胶门尼黏度[ML(1+4)100℃]	充油数/份	特点及应用
旭化成	Tufdene 1834	18	13	45	37.5	低苯低乙烯基，低 T_g；用于冬季胎

续表

厂家	牌号	苯乙烯含量/%	乙烯基含量/%	生胶门尼黏度 [ML(1+4)100℃]	充油数/份	特点及应用
旭化成	Tufdene 2830	25	13	40	37.5	中苯低乙烯基、低 T_g；用于冬季胎
	Tufdene 2831	25	55	42	37.5	中苯高乙烯基；用于四季胎
	Tufdene 3830	31	34	65	37.5	低滚动阻力、良好的抗湿滑性、耐低温
	Tufdene 3835	35.5	40	53	37.5	良好的抗湿滑性
	Tufdene 4850	40	46	43	50	
	E580	35	41	72	37.5	优异的抓地性能、低滚动阻力、耐磨、耐寒；适合填充于二氧化硅中，用于轮胎
	E581	35.5	40	83	37.5	官能化改性溶聚丁苯橡胶
	E680	34	58	83	37.5	官能化改性溶聚丁苯橡胶
	ASAPRENE 303	46	30	45	0	耐磨、高硬度、色泽鲜艳；用于高端鞋材
	ASAPRENE 1205	25	12	47	0	收缩性低、流动性好、色泽鲜艳；用于塑改和制鞋
JSR	SL 552	23.5	33.5	55	0	轮胎、防震橡胶、工业用品、鞋材
	SL 553	10	40	70	0	偶联、低 T_g；用于冬季胎
	SL 574D	15	49	64	0	—
	SL 563K	20	55	73	0	轮胎、防震橡胶、工业用品、鞋材
	HP 757D	40	34	55	37.5	—
	HPR 850	28	58	69	0	双端官能化，高抗湿滑、低滚阻轮胎胎面/鞋底
	HPR 350	20	55	60	0	双端官能化，中苯高乙烯基；用于高性能轮胎
住友	SE-0202	25	42	48	0	具有氨基、酰胺、硅氧烷等多种官能团，具有优异的抗湿滑性和低滚动阻力
	SE-0372	33	27.5	53	20	低滚动阻力
	SE-2146	25	42	45	0	传统牌号，低滚动阻力
	SE-3191	25	44.3	80	0	优异的低滚动阻力
	SE-6202	25	41.6	47	18	优异的低滚动阻力
	SE-6233	40	39	62	37.5	优异的抗湿滑性和湿抓着性能
	SE-6372	31	35.2	54	37.5	传统牌号，高抗湿滑性和湿抓着性能
	SE-6529	43	33.1	53	44	优异的抗湿滑性和湿抓着性能
	SE-6701	30	24.5	73	18	兼具耐磨性和低滚动阻力综合性能

续表

厂家	牌号	苯乙烯含量/%	乙烯基含量/%	生胶门尼黏度[ML(1+4)100℃]	充油数/份	特点及应用
日本瑞翁	NS 116R	21	63	45	0	抗湿滑性、高弹性；用于轮胎、防振
	NS 210	25	35	56	0	—
	NS 612	15	30	62	0	低苯乙烯型四季轮胎；用于轮胎、防振
	NS 616	21	62	62	0	良好的抗湿滑性和弹性之间的平衡；用于轮胎、防振
	NS 710D	27	59	56	0	—
	NS 460	25	63	49	37.5	抗湿滑性、降低燃油效率；用于高性能轮胎胎面胶
	NS 522	39	40	62	37.5	
	NS 540	42	30	75	25	—
	NS 560	42	30	56	25	—
	NS 580D	41	34	59	20	—
	SE 6233	40	65	62	37.5	—
	SE 6529	43	58	53	44	—
	SE 6555	33	72	38	60	—
俄罗斯西布尔	2560 TDAE	25	64	50	37.5	轮胎，输送带，鞋底和鞋跟
	2560	25	64	60	0	轮胎，输送带
德国盛禧奥	SLR 4601	21	62	50	0	间歇生产；用于轮胎制造
	SLR 4602	21	62	65	0	间歇生产；用于轮胎制造
	SLR 3402	15	30	65	0	间歇生产；用于轮胎制造
	SLR 4502	20	54	57	0	间歇生产；用于轮胎制造
	SLR 4630	25	62	55	37.5	间歇生产；用于轮胎制造
	SLR 4633	21	62	81	30	间歇生产；用于轮胎制造
	SLR 6430	40	24	67	37.5	间歇生产；用于轮胎制造
波兰 Synthos	Syntion®2150X4	21	63	65	0	—
	Syntion®1810	18.5	12	70	0	—
	Syntion®1815	18.5	18	48	0	—
	Syntion®2552	25	67	52	37.5	线型结构，中苯高乙烯基；用于四季胎
	Syntion®2645	26	61	50/60	37.5	
	Syntion®3041	30	60	55	37.5	
	Syntion®3323	33	34	60	37.5	
	Syntion®3324	33	36	60	37.5	
西班牙戴纳索	1205	25	10	47	0	热熔黏合剂、压敏黏合剂、聚合物改性和复合、鞋、密封胶、密封件、沥青改性
	1217	25	—	47	0	热熔黏合剂、压敏黏合剂、黏合剂标签、聚合物改性和复合、鞋、密封胶
	1433	45	—	61	0	用于制鞋、硫化化合物
	303	46	30	48	0	用于制鞋、硫化化合物

续表

厂家	牌号	苯乙烯含量/%	乙烯基含量/%	生胶门尼黏度[ML(1+4)100℃]	充油数/份	特点及应用
西班牙戴纳索	7101	25	—	55	37.5	用于轮胎制造
	7201	40	—	67	37.5	用于轮胎制造
	7301	21	—	55	0	用于轮胎制造
	7302	21	—	65	0	用于轮胎制造
阿朗新科	VSL 4526-2	26	44.5	50	37.5	用于轮胎制造
	VSL 4526-2HM	26	44.5	62	37.5	用于轮胎制造
	VSL 2538-2	38	40	50	37.5	线型结构，高苯中乙烯基，高门尼黏度；用于高性能及赛车胎
	VSL 2438-2HM	38	39	80	37.5	用于轮胎制造
	VSL 3038-2HM	38	48	80	37.5	用于轮胎制造
	VSL 5228-2	28	72	50	37.5	用于轮胎制造
	VSL 5025-2HM	25	67	62	37.5	线型结构，中苯高乙烯基；用于四季胎
意大利 Versalis	1205	25	10	53	0	用于制鞋和塑料改性
	B183	11	7	65	0	用于 ABS 和 HIPS 改性
	RC2525	26	24	54	0	用于低滚动阻力胎面，制鞋
	R72613	26	64	60	0	用于低滚动阻力胎面和冬季胎面
	R72612	25	67	48	36.8	用于低滚动阻力胎面和冬季胎面
	R72614	25	64	55	37.5	用于低滚动阻力胎面和冬季胎面
	RC3737T	37	40	75	37.5	用于高性能及赛车胎
	RC2564T	25	64	50	37.5	低滚动阻力、湿路面高附着力；胎面用硅基复合物、机械产品
韩国 Lotte Versalis	1205	25	10	53	0	压延和挤出制品、线缆、地板、鞋底、中等光泽的高抗冲聚苯乙烯（HIPS）
	183	11	7	65	0	ABS
	72614	25	64	55	37.5	含白炭黑且用于低滚动阻力和冬季用途的胎面胶
	2525	26	24	54	0	含炭黑且用于低滚动阻力的胎面胶、模压制品、鞋材
	2564T	25	64	50	37.5	含白炭黑且用于低滚动阻力和冬季用途的胎面胶
	2564T-HM	25	64	65	37.5	低滚动阻力且提升湿抓着力的白炭黑配方
	3737T	37	37	75	37.5	提升湿抓着力；用于高性能/超高性能轮胎胎面的白炭黑配方
锦湖石化	SOL 5220M	27	26	54	0	间歇产品；用于轮胎制造
	SOL 5250H	20	56	74	0	间歇产品；用于轮胎制造
	SOL 5270M	21	63	50	0	间歇产品；用于轮胎制造
	SOL 5270H	21	63	64	0	间歇产品；用于轮胎制造

续表

厂家	牌号	苯乙烯含量/%	乙烯基含量/%	生胶门尼黏度 [ML(1+4)100℃]	充油数/份	特点及应用
锦湖石化	SOL 5271K	21	63	80	0	间歇产品；用于轮胎制造
	SOL 5251H	21	55	77	0	间歇产品；用于轮胎制造
	SOL 5360H	28	58	70	0	间歇产品；用于轮胎制造
	SOL 5130H	15	30	65	0	间歇产品；用于轮胎制造
	SOL 5150	10	40	65	0	间歇产品；用于轮胎制造
	SOL 6270M	25	63	47	37.5	连续产品；用于轮胎制造
	SOL C6270L	25	63	63	37.5	连续产品；用于轮胎制造
	SOL 6270SL	25	63	47	37.5	间歇产品；用于轮胎制造
	SOL 6360SL	33	48	47	37.5	间歇产品；用于轮胎制造
	SOL C6450SL	35	40	53	37.5	连续产品；用于轮胎制造
	SOL 6440H	35.5	40	80	37.5	连续产品；用于轮胎制造
	SOL 6361H	34	58	70	37.5	连续产品；用于轮胎制造
LG化学	SSBR 2550	25	67	50	37.5	具有优异的低滚阻、抗湿滑性能、操控性能；适合生产节油轮胎和UHP轮胎
	SSBR 2550H	25	67	60	37.5	具有优异的低滚阻、抗湿滑性能、操控性能；适合生产节油轮胎和UHP轮胎
	SSBR 3626	36	41	53	37.5	优异的低滚阻、抗湿滑性能、操控性能；适合生产节油轮胎和UHP轮胎
	SSBR 3323	33	34	60	37.5	
	SSBR 3824	38	39	82	37.5	
	F3626Y	36	41	70	25	
	F3626E	36	41	75	37.5	
	F3626A	36	41	80	37.5	
	F2150	21	63	70	5	
	F2743	27	59	70	5	
	F3438	34	58	66	25	
	F3438A	34	58	75	37.5	
	F1810	18	12	90	5	低苯低乙烯基，低T_g；用于冬季胎
	F1038	10	42	90	5	低苯中乙烯基，低T_g；用于冬季胎
	DMF 1847	18	57	90	5	双端官能化产品，适合生产节油轮胎和UHP轮胎
	DMF 2546	25	61	79	5	双端官能化产品，适合生产节油轮胎和UHP轮胎
	DMF 2150	21	63	72	5	双端官能化产品，适合生产节油轮胎和UHP轮胎
	DMF 3925	39	41	—	5	双端官能化产品，适合生产节油轮胎和UHP轮胎
	DMF 1038	10	42	—	5	双端官能化产品，低苯中乙烯基，低T_g；用于冬季胎

续表

厂家	牌号	苯乙烯含量/%	乙烯基含量/%	生胶门尼黏度[ML(1+4)100℃]	充油数/份	特点及应用
美国固特异	SLF 18B10	18	10	70	0	低苯低乙烯基，低 T_g；用于冬季胎

注：1. "—"表示不确定。
2. 以上信息和数据来于市场调研和各公司官方网站。

二、市场供需

（一）世界供需及预测

1. 生产现状

2023年世界溶聚丁苯橡胶总产能近270万吨/年，同比增长约5%，新增产能主要集中在中国和韩国。从全球范围来看，2023年亚洲、欧洲和北美洲是SSBR产能的主要地区，占全球总产能的92%。亚洲地区SSBR产能占比高达51%左右，其中日本、中国、韩国的产能位居前三，约占亚洲总产能的68%。

2020—2023年全球SSBR产能增长主要集中在中国和韩国，且中国的产能增长在全球范围内位居首位。世界主要生产企业信息见表2.85。

表2.85 世界主要溶聚丁苯橡胶生产企业

企业名称	产能/(万吨/年)	装置所在地	工艺来源
Atofina弹性体公司	2.5	比利时	Phillips
拜耳弹性体公司	3.2	法国	Bayer
米其林公司	13	法国	Phillips
聚合物欧洲分公司	2.5	意大利	Phillips
戴纳索弹性体公司	5	西班牙	Phillips
埃尼公司	3	英国	Polimeri
Dow化学公司	6	德国	JSR
费尔斯通聚合物公司	12.5	美国	Firestone
美国合成橡胶公司	10	美国	
拜耳公司	9.5	美国	
固特异公司	8	美国	Goodyear
Petroflex工业公司	2	巴西	Shell
戴纳索弹性体公司	7	墨西哥	Phillips
旭化成公司	6.7	日本	Firestone
日本弹性体公司	2.8	日本	Phillips
日本JSR公司	6	日本	JSR/Shell
日本JSR泰国公司	5	泰国	JSR
日本旭化成新加坡公司	10	新加坡	Firestone
日本瑞翁公司	5.5	日本	Zeon
日本瑞翁新加坡公司	7	新加坡	Zeon
日本住友化学	0.8	日本	Sumitomo自有技术

续表

企业名称	产能/(万吨/年)	装置所在地	工艺来源
日本住友新加坡公司	4	新加坡	Sumitomo 自有技术
锦湖公司	8.4	韩国	Kumho
LG 公司	9	韩国	LG
壳牌公司	3	荷兰	Shell
西布尔集团	5	俄罗斯	自有技术
奇美工业公司	8	中国江苏	—
台湾合成橡胶	3	中国台湾	美国固特利奇
南非 Karbochem 公司	1.8		—
中国石化燕山分公司	3	中国北京	自有技术
中国石化高桥分公司	6.7	中国上海	日本 Asahi
中国石油独山子石化分公司	16	中国新疆	PE/自有技术
浙石化	6	中国浙江	ICB

2024—2028 年，亚洲和欧洲均有 SSBR 新增产能，中国作为全球 SSBR 产能增速最快的地区，预计 SSBR 产能将增加 50 万吨/年以上。除中国外，西班牙戴纳索计划新建一条 SSBR 生产线，预计在 2024 年投产。

2. 需求分析及预测

从产业链结构来看，SSBR 的上游为苯乙烯和丁二烯，生产 1 吨 SSBR 约需 0.25 吨苯乙烯和 0.75 吨丁二烯。从原料上看，苯乙烯的下游应用主要有 PS、EPS、ABS、ESBR、SBS、SEBS、丁苯胶乳等；丁二烯的下游应用有 BR、ESBR、SBS、SEBS、ABS、NBR、丁苯及丁腈胶乳、己二腈等，在苯乙烯和丁二烯的下游消费中 SSBR 占比非常小。SSBR 的下游消费主要在轮胎、塑改、制鞋等领域。

（1）全球溶聚丁苯橡胶主要消费领域和占比

轮胎工业：溶聚丁苯橡胶主要被应用在轮胎工业中，需求占比约 81%。这一领域是溶聚丁苯橡胶的主要消费市场。

塑料改性：溶聚丁苯橡胶也被用于塑料改性领域，需求占比约为 15%。

制鞋领域：制鞋也是溶聚丁苯橡胶的一个消费领域，但需求占比较小，只有 4% 左右。

（2）主要消费地区

全球溶聚丁苯橡胶生产企业集中在美国、日本和西欧，以上三大地区和国家占据全球溶聚丁苯橡胶总产能的 76% 左右，这些地区也是溶聚丁苯橡胶的主要消费地区。

在中国，由于轮胎生产企业主要分布在华东地区，因此溶聚丁苯橡胶的消费需求也主要集中在华东，该地区在国内消费占比高达 85% 以上。

（3）未来预测

随着全球经济的发展和轮胎制造业的持续增长，特别是新能源汽车的快速发展，溶聚丁苯橡胶的需求预计将继续增长。尤其是在新兴市场如亚太地区，包括中国、印度和东南亚等。

（二）国内供需及预测

1. 生产现状

中国溶聚丁苯橡胶行业起步于 21 世纪初期，作为高性能合成橡胶的重要分支，中国石化、中国石油率先布局，2006年中国石化高桥石化引进日本旭化成技术的溶聚丁苯橡胶装置投产成功，标志着中国溶聚丁苯橡胶产业化的开始。2009年中国石油独山子石化公司溶聚丁苯橡胶装置建成投产，推动了中国溶聚丁苯橡胶产业化的快速发展，尤其是在轮胎应用领域，逐步实现了国产化产品替代，SSBR充油胶国产自给率逐年提升，已超过6成。国内外资企业、中外合资企业、民营企业在2015年后陆续布局。从生命周期来看，目前中国溶聚丁苯橡胶正处于发展期，供应持续增加，但产品仍供不应求，进口依存度仍有约36%，且国产市场通用牌号产品竞争逐渐激烈。高性能改性产品方面，中国石油独山子石化公司2021年通过自主开发实现国内首个氨基官能化溶聚丁苯橡胶规模化生产及推广应用，2023年通过技术引进，成功开发了系列双端官能化溶聚丁苯橡胶产品，实现了双端官能化溶聚丁苯橡胶工业化生产的突破。

各公司基本情况如下：

① 独山子石化　独山子石化是国内溶聚丁苯橡胶（SSBR）产能最大、产品最全的生产企业。2023年以前是国内唯一连续规模化生产轮胎用SSBR的企业，助力国内轮胎企业实现SSBR原料国产化。2023年SSBR产量11.3万吨，占国内轮胎用SSBR产量的68%。

2009年，独山子石化18万吨/年丁苯橡胶装置建成投产，其中SSBR最大产能10万吨/年，包含一条6万吨/年SSBR连续生产线，可生产SSBR/LCBR；一条4万吨/年间歇SSBR生产线，可生产SSBR/LCBR/SBS；另有两条SBS生产线，产能合计8万吨/年。2021年，独山子石化采用中国石油自主技术新建一条6万吨/年SSBR连续生产线，SSBR产能提升至16万吨/年。2023年，独山子石化引进德国ICB官能化溶聚丁苯技术新建2.5万吨/年SSBR间歇生产线（与新建6万吨/年SSBR生产线共用部分单元，不增加产能），顺利生产出系列双端官能化SSBR产品，成为国内唯一能够连续稳定生产双端官能化SSBR产品的企业。

② 高桥石化　2006年，高桥石化引进日本旭化成技术建成10万吨/年的多功能橡胶装置。该装置共有3条生产线，采用单釜连续聚合工艺。其中1#线可切换生产LCBR/SSBR充油产品，2#线生产非充油LCBR，3#线切换生产LCBR/SSBR非充油产品。2006年投产当年SSBR产量为1.10万吨，2007年产量高达5.55万吨，由于该装置生产的LCBR市场较好，目前SSBR的开工率较低，以生产LCBR为主，2023年SSBR产量为0.87万吨。主要生产牌号为T2003和T2000R，可用于制鞋及轮胎领域。

③ 燕山石化　1996年，燕山石化采用自主单釜间歇聚合工艺技术建成国内首套万吨级SSBR生产装置。1998年扩建至3万吨/年。由于当时SBS效益较好，该装置SSBR的生产量逐渐减少，近年来根据用户需求少量排产，主要用于轮胎领域，总体产量较低。

④ 湖南石化　2014年，湖南石化3万吨/年SSBR/SBS柔性装置建成投产，2020年6月，通过新增后处理生产线，装置实际产能达到4.4万吨/年。近年SSBR产量逐年提高，产品主要用于防水卷材、制鞋、轮胎领域。

⑤ 浙石化　2023年1月浙石化采用德国ICB官能化溶聚丁苯技术的6.0万吨/年SSBR装置建成投产，主要生产SSBR 2564T产品，基本用于轮胎领域，2023年SSBR产量为5.3万吨。

⑥ 北方戴纳索　2015年，北方戴纳索10万吨/年橡胶柔性装置（SBS/SSBR/LCBR）建成投产，两条生产线产能均为5万吨/年。其中一条线用于生产SBS，另一条线可切换生产LCBR/SSBR，该装置的SSBR主要用于塑料改性和制鞋领域，SSBR的开工率相对较低。

⑦ 镇江奇美　2015年，镇江奇美一期4万吨/年SSBR/LCBR柔性装置建成投产。2020

年 7 月，二期 4 万吨/年 SSBR 装置建成投产。据了解，该公司一二期项目生产的 SSBR 主要用于塑料改性和制鞋领域。

2023 年，我国 SSBR 总产能已达 49 万吨/年，占全球总产能约 18%。生产企业主要是国有企业和合资企业。2023 年我国 SSBR 产量 23.6 万吨，产能利用率约 48%。2023 年国内主要 SSBR 生产企业信息见表 2.86。

表 2.86 国内主要溶聚丁苯橡胶生产企业

企业名称	SSBR 产能/(万吨/年)	装置所在地	工艺来源
独山子石化	16	新疆独山子	PE/自有技术
燕山石化	3	北京房山	自有技术
高桥石化	6.7	上海漕泾	日本旭化成
镇江奇美	8	江苏镇江	中国台湾奇美
湖南石化	4.4	湖南岳阳	自有技术
辽宁北方戴纳索	5	辽宁盘锦	西班牙戴纳索
浙石化	6	浙江舟山	德国 ICB

2019—2023 年我国溶聚丁苯橡胶供不足需，但国产溶聚丁苯橡胶产量实现了高速增长，替代了部分进口货源，在供应中的占比明显提升。2023 年产量同比增长约 34%、进口量同比下滑约 19%，见表 2.87。

表 2.87 溶聚丁苯橡胶供需平衡表　　　　　　　　　　　　单位：万吨

项目	2019 年	2020 年	2021 年	2022 年	2023 年
产能	31.6	37	43	43	49
产量	10.01	11.92	14.27	17.6	23.6
进口量	16.16	12.88	13.37	16	13
总供应量	26.17	24.8	27.64	33.6	36.6
出口量	0.48	0.39	0.53	1.33	1.8
下游消费量	24.9	22.7	25.01	32	36
总需求量	25.38	23.09	25.54	33.33	37.80
供需差	0.79	1.71	2.1	0.57	-1.2

未来 5 年，我国溶聚丁苯橡胶因为炼化一体化装置配套的 SSBR 装置陆续投产，供应量将会快速增长，尤其是轮胎用 SSBR。山东裕龙石化 6 万吨/年、中国石油广西石化 12 万吨/年、中哲集团 20 万吨/年、天津南港燕山石化 10 万吨/年 SSBR 装置陆续建成投产，全部为单一生产轮胎制造用 SSBR 装置，国内 SSBR 产能将快速放大。预计 2028 年，我国 SSBR 产能将达到 100 万吨/年以上，未来国内轮胎用 SSBR 市场同质化竞争将不断加剧。

2. 需求分析及预测

(1) 国内溶聚丁苯橡胶主要消费领域和占比

溶聚丁苯橡胶下游最大的应用领域仍然是轮胎行业，随着轮胎出口市场的复苏以及中国新能源汽车的发展，我国溶聚丁苯橡胶需求量也实现了较高的增长。除 2020 年外，2019—2023 年我国 SSBR 总需求量保持较高增长速度，2023 年我国 SSBR 总需求量约 36.6 万吨，同比增长约 10%。国内溶聚丁苯橡胶主要消费领域如下。

轮胎工业：2023 年我国 SSBR 最主要下游轮胎消费量占比提升，由原来的 70%～80%

提高至86%，国内轮胎行业的SSBR年消耗量接近31万吨。

塑料改性：主要用于高抗冲击聚苯乙烯（HIPS）和丙烯腈-丁二烯-苯乙烯共聚物（ABS）改性，受HIPS及本体ABS竞争激烈影响，塑改方面的SSBR的消费占比下滑至约7%。

制鞋领域：受制鞋行业出口制约影响，制鞋行业的SSBR消费量占比下滑至3%附近。

其他领域：改性沥青、胶黏剂、雨衣、气垫床等领域的SSBR消费占比基本保持在4%左右。

（2）未来预测

2024—2028年，我国SSBR总供应量将实现快速增长，预测2028年国内SSBR产能达到100万吨/年以上，较2023年增长100%以上。

2024—2028年，我国溶聚丁苯橡胶下游行业需求增长，其中增加相对突出的是轮胎和塑改行业；主要是受益于我国汽车尤其是新能源汽车的高速发展和消费升级迭代，我国家电行业整体需求缓慢恢复下对增韧改性树脂需求的缓慢增长。

据卓创资讯预测数据显示，2024—2028年国内半钢轮胎企业稳定在84家左右，企业数量暂时不发生变化。国内半钢轮胎产量将会显著增加，预计2028年国内半钢轮胎产量增长到7.3亿条，较2023年增长超过20%。结合中国汽车行业和新能源汽车行业长期发展规划，根据未来半钢轮胎产业规划等综合判断，预计2024—2028年溶聚丁苯橡胶在轮胎行业的消费占比持续保持在80%以上，但同时，在国产通用充油SSBR产品供应产能大增的情况下，高性能改性SSBR产品仅独山子石化公司实现了工业化生产及规模化应用，其他企业尚在评价推广阶段，因此进口高性能改性SSBR仍是国内市场的重要来源。

塑改行业受产能快速扩张的带动，2024—2028年用于塑改的SSBR消费量预期增长，但由于产能增长过快，有些企业投产后开工率低或延期投产的概率增加，预计2028年用于塑改的SSBR消费占比较2023年略为提升，消费量较2023年增长约40%。

随着国内鞋类代工企业继续向东南亚及拉美国家和地区转移，加之全球消费的疲软，国内鞋加工厂2023年出口订单下行压力较大。据中国橡胶工业协会胶鞋协会统计数据显示，制鞋行业工业总产值和销量均同比下滑。据预测，2024年中国制鞋行业或仍将延续2023年的消费量，暂时不会出现扭转的趋势，预计2024—2028年制鞋行业对SSBR的消费或暂维持弱势。

三、工艺技术

（一）世界SSBR主要生产工艺技术

1. SSBR发展历程

SSBR代表性技术最早是美国Philips公司于20世纪50年代末开发的间歇聚合工艺。SSBR的工业化生产通常使用烷基锂作为引发剂，使用烷烃或环烷烃为溶剂，四氢呋喃（THF）为无规剂，醇类为终止剂。当时制得的SSBR产品回弹性、生热、耐磨性以及滞后损失性能均优于乳聚丁苯橡胶（ESBR），但其加工性能及抗湿滑性能不佳，这一时期的SSBR产品通常被称为第1代SSBR。第1代产品典型的组成和结构特征为：丁二烯单元的顺式-1,4结构质量分数为35%～50%，反式-1,4结构质量分数为5%～55%，乙烯基（1,2-结构）的质量分数为 10%。第 1 代 SSBR 虽然在成本上与 ESBR 有一定的竞争性，但作为轮胎用胶在性能上没有明显优势。

20 世纪 70 年代末，随着聚合技术的不断进步，SSBR 生产技术得到较快发展。通过对橡胶黏弹性能与动态力学性能的深入研究，发现了滚动阻力与抗湿滑性之间对立而统一的关系。利用活性阴离子聚合的特点，采用高分子设计手段，从链结构、序列结构、网络结构、超分子结构以及相际间结构与各种性能的关系出发，找出了优化的综合性能平衡点，制备出一系列高抗湿滑性、低滚动阻力和耐磨性较佳的新型 SSBR，从而诞生了第 2 代 SSBR。具有代表性的产品如荷兰 Shell 的 Cariflexs-1215、德国 Bayer 的 Buna VSL、日本合成橡胶公司的 JSR-SL、日本 Zeon 的 NS 等。第 2 代 SSBR 产品与 ESBR 相比，滚动阻力减小 30%，抗湿滑性能和耐磨性分别提高 3% 和 10%，可节能 3.6%～6.2%。目前，国内外主要 SSBR 生产厂家都在重点开发与生产第 2 代 SSBR。

20 世 80 年代末至 90 年代初，科学家们将高分子设计理论与轮胎动态性能的优化结合起来，提出了理想胎面胶模型即集成橡胶等一系列新概念。随之，Hüls 和 Goodyear 公司分别研究开发了苯乙烯-丁二烯-异戊二烯三元共聚橡胶（SIBR），迄今，它是性能颇为全面的 SSBR 新品种。

2. SSBR 聚合方法

按照聚合方式，SSBR 聚合工艺主要有间歇聚合工艺和连续聚合工艺两种，其中间歇聚合工艺以 Phillips 公司技术为代表，连续聚合工艺以 Firestone 公司技术为代表。荷兰 Shell、日本 JSR、日本 Zeon、中国石油独山子石化等都拥有自己的工业生产技术，但都是在以上两家公司技术基础上进行改进发展起来的。按溶剂回收方式可分为直接干燥法和湿法（汽提）干燥法两种，整个工艺流程基本上都是这四种工艺的组合。

间歇聚合工艺于 20 世纪 50 年代末由美国 Phillips 公司首先开发成功，并实现工业化生产，其主要特点：品种牌号切换容易；可生产特殊结构参数和性能的产品，以满足特殊性能的要求；操作切换频繁、操作周期长、开工率低、影响产品质量的均匀性；反应物系在聚合过程中的黏度变化大；微观结构的 1,2-结构含量调节范围一般较窄。

连续聚合工艺由美国 Firestone 公司于 20 世纪 60 年代末期实现工业化生产，其主要特点：适于单一类产品的大规模生产；由于是定常态操作，产品质量比较稳定均一，聚合度分布一般较窄，过程的描述比较方便；非生产时间比例小，费用低；在开停车和牌号切换期间，过程处于非定常态，操作复杂，产品质量控制困难；易产生凝胶，这是阴离子连续聚合的弱点；由于反应装置内的物料不尽处于理想流动和理想混合状态，放大过程较难。

间歇聚合和连续聚合两种技术各具特点，其差别主要是牌号和产能，溶剂回收法的不同也决定了能耗的差异。

3. 第 3 代 SSBR 生产技术

第 3 代 SSBR 是异戊二烯为第三单体的三元共聚集成橡胶（SIBR），在 20 世纪 80 年代由 Nordsiek 提出集成橡胶概念。美国 Goodyear 和德国 Hüls 公司分别开发出工业化产品，正进行推广应用。SIBR 是以苯乙烯、异戊二烯和丁二烯为原料，SIBR 分子结构中包括了天然橡胶（异戊橡胶）、顺丁橡胶和丁苯橡胶所具有的结构单元。它可将不同橡胶的优点集中起来，较好地兼顾轮胎的抓地性、滚动阻力和耐磨性，是轮胎胎面胶新的发展方向之一。集成橡胶的问世从根本上解决了微观相分离的问题，集成橡胶与其它橡胶有着良好的并用性，在应用中可明显消除海岛效应。SIBR 阴离子聚合技术采用分子设计，能控制聚合物化学组成和微观结构，聚合物中各组分质量分数通常为：苯乙烯 0～40%，异戊二烯 15%～45%，丁二烯 40%～70%。通过调节聚合方法和工艺，可得到无规型、嵌段型和官能化 SIBR 产品。其聚合方法包括间歇聚合（如一步加料法、多步加料法和条件渐变法）以及连续聚合法。连续聚合法可制得线型、星型的无规和嵌段聚合物，其聚合产物的分子量分布较宽，加工性能好，产物的经济性和安全性均较优异。SIBR 主要用来制备轮胎胎面胶，这种胶无需共混，直接硫化后便可制得综合性能优异的轮胎胎面胶；其次，与其它通用橡胶共混性能良好，与各种配合剂混合效果也较好，因此亦可共混制备性能优良、价格适中的高性能轮胎。另外，SIBR 还可用作包装材料、润滑油添加剂和黏合剂、沥青组分，制备热塑性弹性体、光交联聚合物等。

4. 官能化 SSBR 生产技术

通过白炭黑增强 SSBR 来制备胎面胶以解决"魔三角"问题的方法已成为业界共识。实现极性白炭黑在非极性橡胶基体中的均匀分散，主要策略就是向橡胶大分子中引入极性官能团，以增加橡胶基体的极性，进而增加其与填料的相容性，同时使橡胶分子的自由末端乃至整个链段钝化，使橡胶基体与填料粒子间的相互作用增强，改善填料粒子的分散程度，使其更好地参与弹性网络的周期性运动。依据官能团引入位置的不同，SSBR 官能化可分为链端和链中官能化；依据 SSBR 引入官能团的性质、数量及位置不同也可以分为二代、三代、四代官能化，如日本住友多端基-官能团产品 SE-0202 具有氨基、酰胺、硅氧烷等多种官能团，具有优异的抗湿滑性和滚动阻力。

采用官能化引发剂引发溶液聚合，便可在聚合物 α-端基引入极性官能团，该类官能化引发剂通常有胺锂、锡锂、胺锡锂等，日本 Asahi 公司的氨基官能化 SSBR 具有更高的冰雪路面和湿路面抓着性能。官能化引发剂不利的一方面是在聚合溶剂中的溶解性问题，另一方面是胺官能团带入较多杂质容易导致引发活性较弱。此外，利用阴离子活性聚合无终止的特点，采用官能化亲电试剂对聚合物末端进行封端处理，也可以引入极性基团，该类官能化封端剂通常含有氨基、羟基及含硅基团。链端官能化工艺较为简单，是目前研究最多的改性方法，也是目前工业应用最成熟的方法。

端基改性只在聚合物链端引入极性基团且引入数量较少，因此链中改性和后改性等方法成为目前研究热点。链中官能化常用方法主要为：在聚合阶段引入可参与共聚的改性单体和聚合后通过接枝反应等向主链引入改性基团。前者具有工艺简单、对现有装置适配性强的优点。但是要求参与共聚的改性单体对碳负离子活性中心具有良好的稳定性，副反应少，同时极性单体制备工艺较为复杂，因此可供选择的单体种类往往有限。后者增加的改性过程虽对设备与操作有更多要求，但是改性剂的选择范围变宽，引入方法更为多样化，例如基于巯基-烯的点击化学或针对碳碳双键的环氧化反应等。与链端官能化不同，链中官能化可以向聚合物链段引入极性基团，因此产物具有引入位点多的特点。

（二）国内主流技术进展

1. 中国石油溶聚丁苯橡胶生产技术

目前国内 SSBR 规模化生产能稳定供应市场的主要是中国石油独山子石化公司。其装置

SSBR 最大产能为 16 万吨/年，装置的年设计运行时间为 8000h，操作弹性 60%～110%。中国石油溶聚丁苯橡胶装置生产的产品主要有 SSBR 2557S 和 SSBR 2564S。SSBR 2557S 和 SSBR 2564S 同属于高乙烯基含量的溶聚丁苯橡胶，其中 SSBR 2557S 为无规线型结构、SSBR 2564S 为无规支化型结构。SSBR 2557S 和 SSBR 2564S 主要应用于半钢子午线轮胎中，作为胎面部位重要用胶，为轮胎提供高抗湿滑性、低滚动阻力和高耐磨耗性能。

近年来，国内溶聚丁苯橡胶的发展不仅存在产品本身的生产技术难题，还存在轮胎制备时的配合技术和加工应用技术难题，相对于通用乳聚丁苯橡胶，两者的轮胎制备技术差别较大，不能简单替代使用。中国石油溶聚丁苯橡胶在产品生产技术和轮胎加工应用技术方面，均取得了技术开发进展。

① 丁二烯微观结构及苯乙烯在分子链的无规化控制技术　通过结构调节体系及聚合工艺开发，实现了 SSBR 生产过程中对不同苯乙烯（10%～40%）含量、不同 1,2-结构含量（20%～80%）的匹配控制，在高苯乙烯含量时分子链无规化难度较高。在此基础上开发了雪地胎用 SSBR 1040、填充 TDAE 油高门尼和赛车胎用 SSBR 3840TH1、SSBR 3840TH2 等系列产品并实现工业化生产，实现了中国石油通用 SSBR 的系列化。

② 官能化改性技术　中国石油开发了 SSBR 链端官能化和链中官能化技术。链端官能化分别为氨基、硫基、硅氧基等极性基团；链中官能化为环氧化。其中链端官能化产品 SSBR 72612F 完成了工业化试验并实现规模化生产，打破了国外技术及产品封锁，其所制备轮胎的滚动阻力系数和抗湿滑指数分别达到欧盟等级的 A/B 级。2023 年，独山子石化引进德国 ICB 官能化溶聚丁苯技术新建的 2.5 万吨/年 SSBR 间歇生产线建成投产，顺利生产出 3 个双端官能化 SSBR 产品，成为国内唯一能够连续稳定生产双端官能化 SSBR 产品的企业。

③ 白炭黑表面改性补强 SSBR 技术　溶聚丁苯橡胶需采用白炭黑补强才能充分发挥其低滚动阻力、低生热性能的优点。中国石油采用硅烷偶联剂、多巴胺类改性剂等，在弱碱性溶液中与白炭黑进行"自氧化聚合"，在白炭黑表面生成高亲和力的改性剂薄膜，有效降低了白炭黑表面羟基间的作用力，实现了改性剂在白炭黑表面的高效偶联。改性白炭黑补强的溶聚丁苯橡胶制备的高性能绿色轮胎与传统乳聚丁苯橡胶制备的轮胎相比，燃油经济性、环保性、安全性均大幅提高，汽车平均行驶 1 万公里可节省油耗约 23L，CO_2 排放量降低约 40kg，安全性能大幅提高，刹车距离缩短 10% 以上。

④ SSBR 低温连续混炼工艺技术　低温连续混炼工艺是采用一台密炼机并联多台低温开炼机的组合工艺，实现了冷态碎胶、连续混炼、全自动开炼一次完成，炼胶质量及效率大幅提高。传统多段法橡胶混炼工艺存在高温混炼出料前后温差大、白炭黑迅速聚集的难题，连续混炼技术可缩短白炭黑混炼胶高温区停留时间，消除了传统分段混炼中白炭黑高温返聚现象，提高胶料剪切黏度，提高白炭黑的分散性，使胶料性能稳定提升。

2. 中国石化溶聚丁苯橡胶生产技术

中国石化有高桥石化、湖南石化（原巴陵石化）和燕山石化三套 SSBR 生产装置，但装置均为柔性装置，兼产苯乙烯类热塑性弹性体（SBS）和低顺式橡胶（LCBR）。目前推向市场的 SSBR 牌号包括 SSBR 2563、SSBR 2636、SSBR T2003 等，仍以鞋材、塑改和胶黏剂等行业为主。

湖南石化在 2012 年完成高性能溶聚丁苯橡胶中试技术开发的基础上，形成了万吨级 SSBR 成套生产技术，年产 3 万吨溶聚丁苯橡胶装置也于 2014 年 6 月投产，2018 年 7 月实现两个新牌号的规模化生产。另外，中国石化北京化工研究院自主开发了10万吨/年连续溶聚丁苯橡胶（SSBR）工业装置成套技术工艺包，并于2022年通过中国石化集团科技部审查，该技术自动化程度高，适合大规模生产，工艺包具有7个牌号产品，覆盖全钢轮胎、半钢轮胎等高性能轮胎用SSBR产品，拥有12项国家发明专利授权、5项专有技术，为实现高端SSBR产品规模化、集约化生产奠定了基础。

（三）比较优势与不足

与国外SSBR相比，国内最大优势是上下游产业链齐全，从原料到产品应用都有广阔市场。国内SSBR装置均为炼化一体化装置，保证了上游稳定的苯乙烯和丁二烯原料供应。从数量上来看，2023年中国橡胶轮胎产量达到9.87754亿条，在全球轮胎销量中，中国轮胎占比高达56.46%。出口方面，2023年中国共出口充气橡胶轮胎6.1640亿条，同比上涨11.8%。这保证了国内SSBR每年25万～30万吨的需求，同时未来几年仍有增长空间。

不足之处在于国内技术来自国外，投入时间较短，总体技术相较国外还比较落后，中高端牌号高度依赖进口，国内轮胎用SSBR市场同质化竞争将不断加剧。通用牌号多，高苯乙烯、低乙烯基、官能化等中高端牌号供给不足，结构性过剩与短缺并存。创新能力不强，新技术开发差距明显，新产品开发主要跟踪进口产品，自主创新牌号少。相比国外大的轮胎生产公司均为合成橡胶生产公司，国内橡胶生产企业和轮胎生产企业脱节，上下游结合不紧密，应对市场不如国外灵活，同时国内SSBR市场仍以通用产品竞争为主，对下一代技术及产品更新换代的急迫性不高，技术进展缓慢。

四、应用进展

（1）轮胎行业

因溶聚丁苯橡胶具有滚动阻力小、抗湿滑性强和耐磨性能优异等优点，在绿色轮胎、高性能全钢子午线轮胎、新能源汽车轮胎等领域得到快速应用。

全钢子午线轮胎由于耐磨性能要求高，传统胎面胶配方的补强填料一般采用小粒径炭黑，N1和N2系列炭黑的应用最多。由于国际社会对于轮胎行业节能环保的要求日益严苛，也推动了白炭黑在轮胎配方中的应用。在白炭黑胎面胶配方中使用SSBR可以获得高抗湿滑性能和耐磨性能，同时由于全钢子午线轮胎胎面胶的主体材料采用天然橡胶，仅少量使用SSBR，就使得SSBR的结构与配方性能之间的关系与半钢轮胎配方体系有所不同。三角轮胎股份有限公司进行了不同溶聚丁苯橡胶在全钢子午线轮胎胎面胶中的应用研究。研究了4种分子量和玻璃化转变温度相近的溶聚丁苯橡胶（牌号2466、F 2743、F 2150A和HPR 850）在全钢子午线轮胎胎面胶中的应用。结果表明：4种胶料的门尼黏度、硫化特性和填料分散性基本相当；F 2743硫化胶的定伸应力和拉伸强度略低，F 2150A硫化胶的常温回弹值最大，添加均匀剂的HPR 850硫化胶的回弹值减小，耐磨性能下降；2466与天然橡胶的相容性最好，2466硫化胶的生热最低，F 2743和HPR 850硫化胶的抗湿滑性能更优，但生热明显增加。

我国在新能源汽车领域已居世界领先行列，呈快速增长的趋势。新能源汽车与传统汽车在动力来源、运行工况等方面存在较大差异，对橡胶材料性能提出了新的要求，主要包括：滚动阻力，超低滚动阻力是新能源汽车轮胎的首要要求，为了增大车辆的续航里程，降低电池的电力消耗，与电动汽车配套的轮胎需要具有更低的滚动阻力；轮胎负荷，新能源汽车的整车重量在一般情况下要比同规格的燃油汽车大，因此电动汽车对轮胎负荷能力提出了更高的要求；轮胎轻量化设计是必然需求，轮胎需要采用高性能、轻质材料；抓着性能和耐磨性能。新能源汽车电动机初始转矩大，车辆提速快，需要轮胎具有更好的抓着性能，由于负荷增大，还需要提高轮胎的耐磨性能，以保障车辆的行驶安全。因此新能源汽车对于轮胎的抓着性能和耐磨性能要求较高。特拓（青岛）轮胎技术有限公司研究了高改性溶聚丁苯橡胶对电动汽车轮胎胎面胶性能的影响。以在产电动汽车轮胎胎面胶配方为基本配方，分别采用不同牌号的溶聚丁苯橡胶做等量替换，研究 SSBR 微观结构对胎面胶硫化特性、物理性能和动态力学性能的影响。结果表明，在胶料各项性能相当的前提下，采用乙烯基含量较高的双末端官能化 SSBR 的胶料具有更低的滞后损失，进而使轮胎的滚动阻力更低。

（2）制鞋行业

因 SSBR 具有优异的透明性、着色性，近年来各厂商陆续开发了应用于高端鞋材的嵌段型 SSBR 产品，例如旭化成的 S303、中国石油独山子石化公司的 SSBR 4630 等。

湖北汇富纳米材料股份有限公司对高透明鞋底橡胶进行了相关研究。以顺丁橡胶和溶聚丁苯橡胶为基材，气相法二氧化硅为补强剂，添加偶联剂、硫化剂制得透明鞋底橡胶。结果表明，补强剂选择 20 份气相法二氧化硅 HL-200 时，橡胶的透光率为 80.7％、拉伸强度为 11.0MPa、拉断伸长率为 433％、邵尔 A 硬度为 68、相对磨耗体积为 98mm^3。

独山子石化公司对其 SSBR 4630 产品及日本旭化成公司产品 S303 进行加工性能评价，筛选出适合嵌段型高苯中乙烯基溶聚丁苯橡胶 SSBR 4630 的制鞋应用配方。结果表明，适宜的制鞋应用配方下，SSBR 4630 表现出较优异的力学性能。

五、发展建议

1. 行业发展建议

（1）慎重考虑新建或扩建 SSBR 装置。随着新建 SSBR 装置的陆续投产，我国 SSBR 产能快速增长，考虑市场接受过程，产能在短期内已经过剩。未来新建或者扩建 SSBR 装置应该综合考虑市场需求、技术来源及先进性、产品用途等多种因素，以免出现产能闲置和资源浪费。

（2）降低 SSBR 生产成本，提高市场竞争力。SSBR 可以与乳聚丁苯橡胶（ESBR）、聚丁二烯橡胶（BR）和天然橡胶（NR）部分替代，因此 SSBR 的生产成本对销售影响较大。各生产企业应该不断优化生产工艺条件，减少能耗、物耗、剂耗等，逐步降低 SSBR 生产成本。

（3）提升参与国际市场竞争的能力，进一步提高出口量。针对国内轮胎产业转移现状，开拓东南亚市场，缓解国内市场竞争压力。

（4）做好新产品开发和技术服务。加强与科研单位、下游用户的合作，开发出具有针对性和适用性的新产品，为客户提供优质的技术服务。

（5）推进绿色清洁生产体系建设，加快落后产能改造，带动相关产业实现绿色化，确保 SSBR 行业健康绿色发展。

2. 技术发展建议

（1）加强理论基础研究，深入研究轮胎"魔三角"性能与橡胶材料结构的对应关系，在 SSBR 无规化结构控制基础上研究无规微嵌段、多嵌段无规化等分子结构与魔三角关系，开发高耐磨、低玻璃化转变温度的产品。

（2）开发新型高效、能规模化生产并适用不同加工配方的官能团，如酰胺类、芳基羟基、硅氧烷类，并实现分子端基具有不同作用的多个官能团。

（3）开发链中改性技术，引入含非极性侧基弱键的苯乙烯类单体、含极性杂原子的苯乙烯类单体、含非极性长支链的丁二烯类单体，分别通过与填料的化学键接、极性取向作用、浸润与黏附来改善填料分散，调控橡胶网络，实现SSBR橡胶的高性能化。

（4）进一步拓展应用领域，开发专用化、差别化、高附加值的高端定制化产品，如嵌段无规型SSBR、含渐变1,2-结构SSBR、部分氢化SSBR、多效改性SSBR、三元集成橡胶（SIBR）产品等，满足不同领域的需求。

（5）加强加工配方开发，针对官能团可能对加工助剂、硫化时间造成的影响，加强SSBR加工配方开发。开发湿法混炼等绿色加工技术，实现橡胶生产、应用一体化。

（6）加强生物基单体、生物基橡胶和可降解橡胶研发，为双碳战略做好技术储备。

第二十二节　稀土顺丁橡胶

中国科学院长春应用化学研究所　白晨曦　代全权　贺剑云

一、概述

稀土顺丁橡胶，又称钕系顺丁橡胶（NdBR），是以稀土化合物（主要为钕元素）作为主催化剂，丁二烯为单体，在己烷溶剂中制备而成的聚丁二烯橡胶。其具有高含量的顺式-1,4结构，链结构规整度高、线型良好，平均分子量较高，分子量分布可调，并具有优异的自黏性能。与传统的锂、钛、钴和镍系顺丁橡胶相比，其在耐磨性、抗疲劳性、生热性、滚动阻力和抗湿滑性等方面均展现出更为出色的性能。因此，它已成为制造绿色轮胎的重要原材料。

从全球范围来看，稀土顺丁橡胶的产能主要集中在亚洲和欧洲市场。目前，阿朗新科是全球领先的稀土顺丁橡胶供应商，年产能高达14万吨。其主流产品Buna®CB系列以卓越的胶料强度、良好的生胶黏性，特别是耐疲劳性、耐磨性和低生热性而受到市场的广泛认可。其中，Buna®CB22和Buna®CB23属于高线型稀土顺丁橡胶，Buna®CB24是线型稀土顺丁橡胶，Buna®CB25为长链支化稀土顺丁橡胶，而Buna®CB29则是充油稀土顺丁橡胶。在中国市场，Buna®CB24和Buna®CB22为主打产品，详细信息参见表2.88。

表2.88　阿朗新科公司Buna®CB系列NdBR主要参数

项目	CB22	CB23	CB24	CB25	CB29
门尼黏度［ML(1+4)100℃］	62±5	52±5	44±5	44±5	37±5
顺式-1,4含量/%	>96%	>96%	>96%	>96%	>96%
$M_w/\times 10^4$	45.5	—	46.0	47.0	—
$M_n/\times 10^4$	16	—	13.5	13.0	—
M_w/M_n	2.8	—	3.4	3.6	—

续表

项目	CB22	CB23	CB24	CB25	CB29
密度/(g/cm^3)	0.91	0.91	0.91	0.71	0.93
灰分/%	≤0.5	≤0.5	≤0.5	≤0.5	≤0.5
挥发分/%	≤0.5	≤0.5	≤0.5	≤0.5	≤0.5
有机酸含量/%	≤1.0	≤1.0	≤1.0	≤1.0	≤1.0
支化度	<5	—	<8	15	—

俄罗斯的尼日涅卡缅斯克石化公司（NKNH 公司）利用其钛系装置生产稀土顺丁橡胶，产品牌号有 SKD1、SKD2 和 SKD3。该系列产品的门尼黏度可调，最高门尼黏度可达 70，具有高拉伸强度（最高可达 20MPa）和高扯断伸长率（480%）。产品的主要指标见表 2.89。

表 2.89　NKNH 稀土顺丁橡胶产品主要参数

项目	门尼黏度 [ML(1+4)100℃]	顺式-1,4 含量/%	拉伸强度/MPa	300%定伸应力/MPa	扯断伸长率/%	灰分/%
SKD1	40~49	96	19.5	9	450	≤0.5
SKD2	50~59	96	20.0	9	480	≤0.5
SKD3	60~70	96	20.0	9	480	≤0.5

意大利欧洲聚合物（Polimeri Europa）公司（前身为意大利埃尼公司）经过对钛系装置的改造升级，已成功实现稀土顺丁橡胶的工业化生产。其主打产品包括 Neocis®BR40（标准型）、Neocis®BR60（高门尼黏度型）以及 Neocis®BROE（充油型）三个牌号。值得一提的是，Neocis 系列稀土顺丁橡胶以高顺式 1,4-结构含量、低-1,2 结构含量以及高分子量而著称，其分子链展现出高度的线型特征，弹性较高，滞后损失和生热小，低温性能、耐磨性能以及耐屈挠性较好。具体数据可参考表 2.90。

表 2.90　意大利欧洲聚合物公司稀土顺丁橡胶产品主要参数

项目	Neocis®BR40	Neocis®BR60	Neocis®BROE
门尼黏度[ML(1+4)100℃]	43±5	63±3	35±5
顺式-1,4 含量/%	97.5	97.5	97.5
$M_w/\times 10^4$	44.4	51.3	—
$M_n/\times 10^4$	18.3	14.1	—
M_w/M_n	2.4	3.6	—
拉伸强度/MPa	16.0	16.0	—
300%定伸应力/MPa	9.5	9.5	—
扯断伸长率/%	440	440	440
密度/(g/cm^3)	0.89	0.89	0.92
充油量/份	0	0	37.5

中国台湾奇美公司引进了中科院长春应化所的先进技术，在多功能聚合装置上成功生产出以中门尼黏度为特征的稀土顺丁橡胶系列产品。这些产品的主要牌号包括 PR-040、PR-040G、PR-050 和 PR-060。这一系列顺丁橡胶不仅具有高顺式结构，还展现出优异的耐磨性、高回弹性和强度，详细性能参数可参考表 2.91。

表 2.91　中国台湾奇美公司稀土顺丁橡胶产品主要参数

项目	门尼黏度[ML(1+4)100℃]	顺式-1,4含量/%	密度/(g/cm³)	挥发分/%	灰分/%
PR-040	44±5	>97	0.91	≤0.5	≤0.5
PR-040G	44±5	>97	0.91	≤0.2	≤0.5
PR-050	54±5	>97	0.91	≤0.5	≤0.5
PR-060	63±5	>97	0.91	≤0.5	≤0.5

浙江传化是目前国内产能最大的稀土顺丁橡胶生产厂家。自2017年成功产出第一块钕系顺丁橡胶以来，该公司持续在技术上进行突破。到2020年，传化团队研发出镍系/稀土系顺丁橡胶的柔性生产线，降低了催化剂成本，并将单体转化率提升至95%以上。传化生产的稀土顺丁橡胶具有高拉伸强度、优异的断裂伸长率、适中的硬度以及出色的耐磨和耐撕裂性能。主打产品包括NdBR9104和NdBR9106，具体性能指标可参考表2.92。

表 2.92　浙江传化稀土顺丁橡胶产品主要参数

项目	门尼黏度[ML(1+4)100℃]	顺式-1,4含量/%	拉伸强度/MPa	300%定伸应力/MPa	扯断伸长率/%	挥发分/%	灰分/%
NdBR9104	43±5	>97	17.3	11.1	410	≤0.5	≤0.5
NdBR9106	61±5	>97	17.0	10.0	360	≤0.5	≤0.5

2012年，中国石化在燕山石化成功建成了年设计产能为3万吨的稀土顺丁橡胶工业化生产线，并顺利产出NdBR40、NdBR50和NdBR60三个牌号的稀土顺丁橡胶（具体参数见表2.93）。其中，NdBR40产品成功出口韩泰轮胎海外工厂。该产品具有超高顺式结构，易发生应变诱导结晶，可制造出具有出色物理性能的轮胎，其优异的滚动阻力可提高燃油效率并减少二氧化碳排放，出色的耐磨性、耐曲折性以及抗疲劳性可提高轮胎安全性和耐久性。

表 2.93　燕山石化稀土顺丁橡胶产品主要参数

项目	拉伸强度/MPa	扯断伸长率/%	100%定伸应力/MPa	300%定伸应力/MPa	永久变形/%	tanδ(0℃)	tanδ(60℃)
燕化 NdBR 40	17.08	449	2.06	10.57	5	0.12	0.09
燕化 NdBR 50	18.84	456	1.94	10.18	6	0.12	0.10
燕化 NdBR 60	17.07	438	1.98	9.58	5	0.11	0.092

二、市场供需

（一）世界供需及预测

1. 生产现状

世界主要稀土顺丁橡胶生产企业见表2.94。全球稀土顺丁橡胶产能主要集中于亚洲、欧洲等市场。相关生产企业有新加坡阿朗新科、日本JSR公司、意大利欧洲聚合物公司等。其中，新加坡阿朗新科具有14万吨/年稀土顺丁橡胶装置，为全球最大的稀土顺丁橡胶供应商。

表 2.94　世界主要稀土顺丁橡胶生产企业

企业名称	产能/(万吨/年)	装置所在地	工艺来源
阿朗新科	14	新加坡	自有技术
意大利欧洲聚合物公司	8	意大利	长春应化所
俄罗斯 NKNH 公司	3	俄罗斯	自有技术
俄罗斯 SIBUR 公司	3	俄罗斯	自有技术
韩国锦湖公司	5	韩国	自有技术
日本 JSR 公司	8	日本	自有技术
南非 Sentrachem 公司	2	南非	意大利欧洲聚合物公司技术
巴西 Petroflex 公司	2	巴西	

2. 需求分析及预测

(1) 主要消费领域及构成情况

稀土顺丁橡胶的主要消费领域包括轮胎制造、聚合物改性（如高抗冲聚苯乙烯和 ABS 树脂）、胶带和胶管生产以及鞋类制造等。其中，轮胎制造是稀土顺丁橡胶最大的消费领域。

轮胎制造：轮胎消费占比近 70%，特别是在高性能轮胎和绿色轮胎的制造中，稀土顺丁橡胶的需求持续增长。随着新能源汽车的快速发展，对高性能轮胎的需求也在不断增加，这进一步拉动了稀土顺丁橡胶的市场需求。

胶带和胶管：胶带和胶管行业是稀土顺丁橡胶的第二大消费领域，占比达 12%，尤其是在工业领域和汽车行业中，对高质量胶带和胶管的需求持续增长。

鞋类制造：鞋类制造行业对稀土顺丁橡胶的需求相对稳定，占比达 9%，主要用于制造鞋底和鞋面等部件。

聚合物改性：聚合物改性也是稀土顺丁橡胶的重要消费领域，占比可达 7%，主要用于高抗冲聚苯乙烯和 ABS 树脂，提高聚合物的冲击强度和韧性。

其它领域：汽车的发动机垫片和刹车片、机械领域的输送带、石油化工设备的密封件和管道等是稀土顺丁橡胶的其它应用领域，总占比为 2%。

(2) 主要消费地区

中国是全球最大的稀土顺丁橡胶消费国，这主要得益于中国汽车工业、轮胎制造业和其他相关行业的快速发展。此外，北美、西欧和亚太地区也是稀土顺丁橡胶的重要消费地区。其中，东北亚地区消费占比在 45% 左右，东南亚地区消费占比达 12%，印巴地区消费占比为 10%，北美、西欧地区消费占比各为 12% 左右，南美地区消费占比约 2%，中东欧地区消费占比为 6%，非洲地区消费占比约 1%。

(3) 未来几年世界供需情况预测

供应情况：随着全球顺丁橡胶产能的逐年增加，特别是中国产能的不断扩张，未来几年全球稀土顺丁橡胶的供应量将持续增加。然而，新增产能的投放时间和速度可能会对市场供应产生一定影响。

需求情况：未来几年，随着全球经济的复苏和汽车工业的持续发展，特别是新能源汽车市场的快速增长，预计将带动稀土顺丁橡胶需求的稳步增加。同时，绿色轮胎和高性能轮胎的市场需求也将继续增长，进一步推动稀土顺丁橡胶的消费。

综上所述，稀土顺丁橡胶的主要消费领域包括轮胎制造、聚合物改性、胶带和胶管生产以及鞋类制造等，其中轮胎制造是最大的消费领域。中国是全球最大的消费国，未来几年随着全球经济的复苏和汽车工业的持续发展，稀土顺丁橡胶的供需情况预计将保持稳步增长的趋势。

（二）国内供需及预测

1. 生产现状

中国是全球首个着手研发稀土催化剂的国家。20世纪60年代，中国科学院长春应化所的高分子科学家欧阳均和沈之荃在国际上首次提出了利用稀土化合物作为双烯烃定向聚合催化剂的创新理念，这一创举极大地推动了齐格勒-纳塔催化聚合技术的发展。进入70年代，锦州石化公司与中科院长春应用化学研究所携手，对稀土充油顺丁橡胶进行了深入研发，并在千吨级中试装置上成功进行了试验，这一时期，我国在稀土顺丁橡胶的催化剂和工艺技术方面达到了国际领先水平。然而，随后的研发工作陷入停滞，而国外相关技术却取得了显著进步。1987年，德国Bayer公司率先通过改造钛系顺丁橡胶装置，实现了稀土顺丁橡胶的工业化生产，随后1989年，意大利Enichem公司也通过类似途径成功实现了这一目标。

随着高速公路建设的快速发展，轮胎的子午化率要求不断提高，这客观上促进了对更高品质橡胶，尤其是能满足子午线轮胎性能要求的橡胶种类的需求增长。然而，传统的镍系顺丁橡胶已无法满足这一高标准。同时，考虑到进口国外稀土顺丁橡胶成本高昂，且受到国外稀土顺丁橡胶工业化生产的影响，我国于1996年决定重新启动稀土顺丁橡胶的研发工作。应锦州石化的请求，长春应化所在同年恢复了稀土催化体系的研究，并与中国台湾奇美公司签订了关于开发稀土顺丁橡胶的技术咨询合同。随后，奇美公司于1997年开始利用其多功能聚合装置生产稀土顺丁橡胶，产品编号为KibipolPR-040。1998年，锦州石化也在其1.5万吨镍系顺丁橡胶装置上启动了稀土顺丁橡胶的试生产，并于2001年实现了该装置的满负荷生产。同年，俄罗斯公布了商品名为СКД-6的稀土顺丁橡胶相关技术数据，随后NKNH公司也开始生产牌号为SKD1、SKD2和SKD3的稀土顺丁橡胶。此外，南非的Karbochem、巴西的Petroflex、美国的Firestone、日本的JSR以及韩国的锦湖等国际知名合成橡胶公司也相继投入稀土顺丁橡胶的生产技术研发，并逐步实现了工业化生产。

自2010年起，我国稀土顺丁橡胶的大规模生产建设逐步展开。中国石化燕山分公司合成橡胶厂年产能3万吨的稀土顺丁生产装置自2012年起，成功生产了NdBR40、NdBR50和NdBR60三种牌号的稀土顺丁橡胶产品。同年，华宇橡胶有限责任公司的6万吨/年稀土顺丁橡胶装置也进行投产。2013年，淄博齐翔腾达化工股份有限公司宣布其年产5万吨的稀土顺丁橡胶生产装置已建设完成并成功进行了联动试车。与此同时，稀土顺丁橡胶的基础研究工作也取得了显著进展。其中代表性工作是中科院长春应化所高性能合成橡胶实验室的白晨曦团队研发出高活性、低成本的稀土催化剂制备技术，实现了窄分布、高顺式1,4-稀土顺丁橡胶的可控制备，提高了稀土利用率，并减少了VOCs排放。随后，该团队又开发出末端官能化技术和长链支化改性技术，解决了传统NdBR加工行为与力学性能无法同时提升的科学难题，这些技术已成功应用于多家企业。2017年，浙江传化合成材料公司开始生产稀土顺丁橡胶，并对3万吨/年产能生产装置进行了改造，使同一套装置能够生产NiBR和NdBR两种产品。2018年，中国石油四川石化公司引进了俄罗斯的稀土顺丁橡胶生产技术，完成了整套5万吨/年成套工艺包设计，并于2021年12月进行了试生产。同年，中国石油独山子石化公司利用长春应化所的技术，实现了稀土顺丁橡胶的大规模工业化生产，年产能可达3万吨。2022年,浙江石油化工有限公司(简称浙石化)建成了一套年产10万吨的镍系顺丁橡胶装置,该装置同时也具备生产稀土顺丁橡胶的能力。

截至2023年底,尽管我国稀土顺丁橡胶的理论年产能高达37万吨,但实际年产量仅维持在8万吨左右。其中,华宇橡胶已将稀土顺丁橡胶装置改造为6万吨/年的SBS装置,台湾奇美公司持续稳定生产,浙江传化产量领先,独山子石化和燕山石化则采取灵活生产方式。然而,锦州石化和四川石化目前主要专注于镍系顺丁橡胶的生产。这一现象的主要原因在于稀土顺丁橡胶的价格相较于镍系顺丁橡胶偏高,而镍系顺丁橡胶已经能够满足轮胎的基本性能需求,因此轮胎制造企业在采用稀土顺丁橡胶方面缺乏足够的动力。

2023年国内丁二烯产能为641.6万吨,较2022年增加57万吨,其下游产能也有一定的新增,但增量不及丁二烯的扩张,在2023年6月之前,一直都是丁二烯供给过剩的格局,且轮胎、汽车出口量不高,因此稀土顺丁橡胶生产利润一直处于亏损状态,价格在11000~12000元/吨。下半年以来,稀土顺丁橡胶库存一路走低,而下游半钢胎维持高开工,随着轮胎需求与生产利润有明显改善,对稀土顺丁橡胶的需求形成有力的支撑,价格上涨至14000元/吨。

浙江传化计划于2024年投产其新建的年产12万吨稀土顺丁橡胶装置。该项目顺利投产后,传化合成材料的顺丁橡胶年产能将达到27万吨,从而成为国内规模最大的顺丁橡胶生产商。此外,裕龙石化也计划在2024年投产一套年产15万吨的稀土/镍系顺丁橡胶装置。预计截至2024年底,中国的稀土顺丁橡胶装置总产能将达到61万吨/年。国内主要稀土顺丁橡胶生产企业见表2.95。

表2.95 国内主要稀土顺丁橡胶生产企业

企业名称	产能/(万吨/年)	装置所在地
锦州石化	3	锦州市
四川石化	5	彭州市
燕山石化	3	北京燕山
独山子石化	3	新疆独山子
浙江传化	3	浙江嘉兴
齐翔腾达	5	山东淄博
浙石化	10	浙江舟山
台湾奇美	5	中国台湾

2. 需求分析及预测

稀土顺丁橡胶在我国的应用范围广泛,它不仅在轮胎及其相关制品的制造中占据核心地位,还广泛应用于塑料改性、鞋靴产品等多个领域。特别是轮胎制造业,作为稀土顺丁橡胶的最大消费领域,其消费量约占国内总消费量的70%。除此之外,稀土顺丁橡胶还作为PS、ABS等材料的改性剂,随着这些材料生产能力的提升,其消费量也在逐步增加,目前已接近总消费量的11%。近年来,高档鞋靴市场,尤其是对鞋底耐磨性有较高要求的运动鞋和皮鞋,其需求量也在持续增长。同时,稀土顺丁橡胶在运输带、三角带、胶管等工业产品中也保持着一定的市场份额。

随着新兴经济体的快速工业化和城市化进程,高性能橡胶的需求预计将实现大幅增长。稀土顺丁橡胶市场有望把握亚太地区的增长机遇,特别是中国和印度等汽车和制造业蓬勃发展的国家。这一发展趋势将为市场参与者提供建立战略合作和投资生产设施的机会，以满足这些地区对稀土顺丁橡胶日益增长的需求。

工业4.0技术的引入，包括自动化、数据分析和数字化，预计将深刻改变稀土顺丁橡胶的生产方式。智能制造将带来生产效率、质量控制和预测性维护的全面提升，推动行业运营达到更高水平。通过利用先进的机器人技术和智能系统，将实现资源利用的优化和浪费的减少，进而实现稀土顺丁橡胶生产的可持续性和成本效益。

随着电动汽车的逐渐普及，与之配套的高性能轮胎成为行业发展的新需求。国内外轮胎标签法规的推出和实施将进一步促使轮胎企业加速绿色高性能轮胎的生产和布局。因此，从需求和政策两方面来看，稀土顺丁橡胶的需求量有望在未来五年内实现翻倍，达到20万～25万吨。同时，需求预期的提升将重塑稀土顺丁橡胶的供应格局。预计2025—2028年，中国将有更多的稀土顺丁橡胶装置投产。到2028年，中国的稀土顺丁橡胶产量有望突破20万吨，使中国成为全球主要的稀土顺丁橡胶生产国，并在新的发展浪潮中占据顺丁橡胶领域的重要地位。

三、工艺技术

近几十年来，全球合成橡胶行业的基础研究与工业化进程展现了显著的进步，并且都紧密地与新型催化剂的研发以及聚合工艺的革新相联系。这些技术革新不仅优化了橡胶的生产过程，提高了效率，而且还在很大程度上改善了橡胶产品的质量和性能。因此，新型催化剂和先进的聚合工艺是推动世界合成橡胶行业持续发展的重要动力。

1. 稀土顺丁橡胶催化体系

稀土顺丁橡胶的催化体系一般分为二元和三元两种类型。二元体系由主催化剂氯化稀土化合物和烷基化试剂组合而成。而三元催化体系则通常包含主催化剂稀土盐、烷基化试剂以及卤化物三种成分。其主催化剂中并不包含卤素，卤素是由卤化物提供的，以形成活性中心。此外，为了优化催化剂的相态、提高催化活性、增强定向性以及确保均一性，催化体系中还会添加其他物质。1970年，长春应化所成功研发出新型高活性三元稀土钕系催化体系，这一突破性的成果为后续全球范围内的钕系催化剂研究奠定了基础。目前，关于稀土催化二烯烃聚合的研究主要聚焦于几种+3价钕盐，包括烷氧基钕、羧酸钕、膦酸钕、磺酸钕、烯丙基钕、茂基钕以及非茂基钕等。

（1）烷氧基钕

常见的烷氧基钕有 $Nd(O^tBu)_3$、$Nd(O^iPr)_3$、芳基氧化钕、甲氧基取代杯芳烃钕以及烷氧基钕的络合物，如 $Nd(OMe)_3 \cdot (AlMe_3)_4$ 和 $Nd_3(O^tBu)_9 \cdot THF$。该类催化剂最早于1974年由长春应化所开发，之后意大利欧洲聚合物公司（前身为意大利埃尼集团研究中心）与中国合作，进行了放大试生产。烷氧基钕催化体系所得二烯烃聚合物顺式-1,4结构含量相对较高（90%～96%），但其制备过程较为复杂，催化剂用量高，活性相对较低，工业生产的成本较高，因此之后意大利停止了该类催化剂的研发。

（2）羧酸钕

羧酸稀土催化剂是由中科院长春应化所在1972年首次进行报道，之后意大利埃尼集团和德国拜耳公司同时转向该类稀土催化剂的研究。1980 年，拜耳公司率先开发出了一项新癸酸钕（NdV）的专利技术，其催化活性高，并在脂肪烃溶剂中具有高溶解性，为工业化应用带来了便利。之后拜耳公司于 1988 年抢占市场率先推出牌号为 Buna CB22、Buna CB23、Buna CB24 的新型稀土钕系顺丁橡胶，其顺式-1,4 含量高、长链支化低、分子量分布可调，用该钕系顺丁橡胶制造的轮胎具有高耐磨、低生热、耐疲劳等特点。拜耳公司目前已改为 Lanxess（朗盛）公司，之后与沙特阿美联合成立阿朗新科（Arlanxeo）公司。阿朗新科公司现已成为全球最大的钕系顺丁橡胶生产厂家和供应商。意大利埃尼公司于 1989 年向市场推出 Neocis 牌号新型钕系顺丁橡胶，包括 2 个基础胶 Neocis$^@$ BR40、Neocis$^@$ BR60 和 1 个充油胶 Neocis$^@$ BROE，并宣称 Neocis BR 的综合性能优于传统顺丁橡胶，是制造轮胎胎侧的理想胶料。

（3）膦酸钕

中科院长春应化所在 20 世纪 70 年代首次开发出三种膦酸钕催化体系，分别是 $Nd(P_{204})_3$、$Nd(P_{507})_3$、$Nd(P_{229})_3$，均具有较好的催化活性。2002 年，米其林公司申请了膦酸钕体系催化二烯烃聚合的专利，可得到高顺式-1,4 结构含量（>97%）产品。其中，二（2-乙基己基）膦酸钕（NdP）催化体系相比新戊酸钕（NdA）和新癸酸钕（NdV）体系拥有更高的催化活性和顺式-1,4 选择性，其催化剂成本相对较低，为工业化应用创造了有利条件。然而，膦酸钕体系由于在常用溶剂（烃、甲苯等）中不能完全溶解，目前尚未实现大规模的工业化应用。非均相的催化剂一方面会导致钕原子利用率较低，另一方面可能会造成输送困难和无法准确计量，给工业生产带来困难。

（4）磺酸钕

中科院长春应化所高性能合成橡胶重点实验室的白晨曦研究团队近年来依据 Ziegler-Natta 催化剂和茂/非茂金属催化剂活性中心的形成原理，开发出对硝基氯苯邻磺酸钕、三氟甲磺酸钕、苯磺酸钕等一系列具有阳离子金属中心性质的有机磺酸稀土催化体系，直接使用普通烷基铝作为助催化剂即可获得与茂金属催化剂相似的阳离子金属活性中心，打破了茂/非茂金属催化剂和 Ziegler-Natta 催化剂的界限，从而既赋予催化剂高活性、高立体选择性，又可避免使用实用性较差的甲基铝氧烷（MAO）或有机硼烷为助催化剂。在理论上丰富了可控配位聚合催化剂的内涵，在实践上给这类全新的催化剂赋予广阔的工业应用前景。对合成的一系列磺酸化合物配以不同的给电子配体，不同烷基铝为助催化剂，成功制备出微观结构可控的聚丁二烯橡胶，顺-1,4 含量大于 99%。此外，该团队还对传统双烯烃链穿梭聚合技术进行了改进：传统链穿梭聚合必须同时存在至少两种均相催化剂和一种链穿梭剂才能实现，团队开发了新型双烯烃配位可逆链穿梭聚合技术，仅使用一种磺酸钕主催化剂，两种助催化剂就能够实现链穿梭聚合，制备了顺式-1,4 和反式-1,4 多嵌段聚丁二烯橡胶，不仅提高了生胶强度，同时还能有效降低橡胶冷流现象，突破稀土顺丁橡胶官能化技术难题，拓宽其应用范围。

（5）其他钕系催化剂

其它研究较多的催化体系分别为烯丙基钕、茂基钕和非茂基钕。与其他稀土催化体系相比，烯丙基钕催化产生的顺丁橡胶中顺式-1,4 的比例普遍低于 94%，这影响了聚合物的性能表现。茂金属催化剂，这一由英国科学家 Geoffrey Wilkinson 等人在 1954 年首创的催化剂，由金属与环戊二烯或其衍生物结合而成。在二烯烃聚合反应中，它以高效的催化活性、可控的聚合物结构以及较低的催化剂残留量而备受推崇。在非茂基钕催化剂的研究领域，长春应化所的崔冬梅团队发现了一种 NCN-亚胺钳形配合物。当与有机硼盐 $[Ph_3C][B(C_6F_5)_4]$ 和烷基化试剂 TIBA 结合使用时，这种配合物可高效催化丁二烯聚合生成分子量分布为 2.0、顺式-1,4 含量高达 99.5% 的 BR。尽管如此，无论是茂基钕还是非茂基钕催化剂，它们在聚合物合成中虽然表现出色，但高昂的成本、复杂的结构、繁琐的制备过程以及易分解的特性都限制了它们在工业化生产中的广泛应用。

目前国内外稀土顺丁橡胶大规模工业化采用的催化剂仍然是均相羧酸稀土。2002 年起，锦州石化与长春应化所共同承担了"863"项目——"稀土顺丁橡胶产业化关键技术的研究"，并于 2005 通过科技部的验收。其产出的羧酸稀土顺丁橡胶工业化产品，在物理性能上已经超越了意大利的同类产品水平。此外，锦州石化编制了 25 kt/a 稀土顺丁橡胶生产装置基础设计工艺包，分别制定了稀土催化剂和稀土顺丁橡胶（BR9100）的质量标准，为稀土顺丁橡胶生产技术的进一步推广以及国内外市场的拓展奠定了坚实的基础。

2. 聚合工艺

（1）溶液聚合工艺

目前，全球稀土顺丁橡胶的生产大多采用溶液聚合法，且以连续溶液聚合技术为主导。其生产流程主要包括以下几个关键步骤：首先是催化剂、终止剂以及防老剂的准备和精确计量；其次是丁二烯的聚合过程；随后是胶液的凝聚环节；之后是橡胶的后处理，包括脱水和干燥；最后是单体溶剂的回收与精制。在催化剂经过配制和陈化处理后，会与单体丁二烯及溶剂共同进入聚合装置，从而合成顺丁橡胶。在胶液进入凝聚工序之前，会加入终止剂和防老剂。当胶液通过水蒸气凝聚后，橡胶会形成颗粒状，并与水一起被送至脱水和干燥工序。完成干燥后的生胶会被包装并存储至成品仓库。同时，在凝聚过程中由水蒸气蒸出的溶剂和丁二烯，在经过回收和精制后，可以循环再利用。

国外普遍采用的是多釜凝聚技术，常用的水胶比为 4，且当使用甲苯作为溶剂时，凝聚温度控制在 90～94℃。而在国内通常采用的是两釜凝聚系统，水胶比一般大于 5，且凝聚的温度区间为 97～102℃。节能方面，由于较低的水胶比和凝聚温度可以减少蒸汽的使用，因此在不影响分散性和避免结团的前提下，国外的凝聚流程相较于国内，其能耗更低。

近年来，国外许多制造商在凝聚釜的内部构件上进行了创新。例如，日本的宇部兴产公司开发了一种高效喷嘴，其特色在于能够从宽度仅为 0.3～4mm 的环隙中喷出线速度高达 200～300m/s 的过热蒸汽。这种蒸汽与从 2～5mm 直径的圆孔中喷出的胶液相遇，从而实现精细的切割。因此，凝聚后的胶粒直径仅为 4～6mm，远小于使用常规喷嘴时产生的 20～50mm 的胶粒。另一方面，Bayer 公司推出了一种伸缩式喷嘴，它能够通过压力传感器、控制器以及移动装置，自动或手动调节喷出的中空胶液环流厚度，范围在 0.1～5.0mm 之间。当这种胶液与中心管喷出的接近音速的 150℃蒸汽相遇时，会凝聚成尺寸小且均匀的胶粒。

溶液聚合后处理技术的发展方向是研究并开发单级或多级螺杆挤压直接浓缩、脱挥和干燥造粒技术。这种先进技术的能耗仅为传统湿式干燥法的 50%～60%。正因如此，国外多家公司如美国凡士通、日本住友以及日本三井等在此领域均取得了显著的进步。

为了进一步提升能源效率，业界正在全球范围内探索其他聚合工艺。

（2）本体聚合工艺

本体聚合工艺的优势在于，它摒弃了溶液聚合中复杂且昂贵的溶剂精制和回收步骤，从而简化了生产流程，削减了成本，同时也更有利于环境保护和能源节约。正因如此，该工艺已引起众多科研工作者的浓厚兴趣。

意大利埃尼公司创新性地采用了一种分批添加烷基铝的本体聚合方法，该方法显著减少了产物门尼黏度的波动。这种技术不仅适用于溶液聚合，也同样适用于本体聚合。其反应催化剂由 Nd_2O_3、环烷酸、氢化二异丁基铝和叔丁基氯混合而成，与溶液法所使用的催化剂相同。为了更稳定地控制反应器中钕系 BR 的门尼黏度，还可以采用加入固体粉末的本体聚合方法。这些粉末包括有机物如 PE、PS 或炭黑，以及无机物如 ZnO、TiO_2、硅酸盐或滑石粉等。它们的加入改善了催化剂与单体之间的接触，从而提高了催化剂的效率，使得分子量控制更为精准。

值得一提的是，我国的锦州石化公司在钕系聚丁二烯橡胶的本体聚合领域也取得了显著的成果，其中试已通过技术鉴定。其产物的分子链结构高度规整，顺式-1,4 含量超过了 97%，且平均分子量高，生胶的强度也明显高于镍系 BR。

然而，尽管本体聚合相较于溶液法具有能耗低等诸多优点，但由于挤出机式反应器的工业放大、制造难题以及移热和温度控制等工程技术问题，使得其在实际应用中仍面临挑战。钕系顺丁橡胶的本体聚合技术距离大规模工业化应用尚有距离。

（3）气相聚合工艺

相较于溶液聚合工艺，气相聚合工艺的优势在于可以省去聚合物的凝聚和溶剂回收系统，这不仅降低了投资成本和操作费用，还有助于减少环境污染。据估算，气相聚合工艺的投资成本较溶液聚合工艺低 22%，而年生产成本则降低了 9%。

1994 年，Bayer 公司与柏林工业大学携手，率先开展了丁二烯气相聚合的研究，并已顺利推进至中试阶段。随后，美国的联合碳化公司、日本的 Ube 公司等也纷纷涉足这一领域。与此同时，我国的中石化燕山石化公司与浙江大学也在该领域展开了一系列合作研究。目前，国内外的研究焦点主要集中在催化体系和聚合反应器上。

然而，直接将传统的均相 NdBR 催化体系应用于气相聚合时，其聚合活性和产品收率均表现不佳。因此，开发高活性的固体催化剂成为了丁二烯气相聚合技术的核心。为此，Bayer、JSR、UCC 等公司都在深入研究负载型稀土催化剂体系，包括稀土羧酸盐/烷基铝（铝氧烷）/Lewis 酸三组分负载型催化体系、氢调节分子量和加入橡胶补强剂的三组分催化剂，以及改性 π-烯丙基钕催化体系。

在气相聚合中，主要使用的反应器有流化床、桨叶搅拌和转动式三类。尽管相关专利中展示的反应器多为实验室规模，但综合分析表明，仅有流化床反应器和搅拌式反应器具备工业开发的潜力。

不过，开发丁二烯气相聚合技术仍然面临诸多挑战，目前国内外均处于探索阶段。从科研现状来看，首要解决的问题包括提高催化剂的活性和稳定性，以及在聚合工艺中实现稳态运转和有效调控聚合物质量。因此，将气相聚合技术应用于工业生产仍需时日。

在 NdBR 生产技术领域，相较于国外，国内企业仍存在一定的差距。这些差距主要体现在催化剂使用效率较低、调控聚合物分子量的方法缺乏多样性（目前主要依赖烷基铝）、烷基铝的过度使用、NdBR 溶液的高黏度问题，以及新产品研发的不足。为了缩小这些差距，我们应加大对新型催化剂和聚合工艺的研发力度，致力于实现聚合工艺的稳定运行，并探索更有效的聚合物分子量控制方法。

四、应用进展

（1）汽车领域

稀土顺丁橡胶在汽车工业中的应用已经取得了显著进展，在轮胎制造中的应用是最为广泛的，此外，它还被应用于发动机垫片、刹车片等关键零部件，以提升汽车的整体性能。由于其高弹性、耐寒性和耐磨损性，成为制造高性能轮胎的理想材料。与传统的镍系顺丁橡胶相比，稀土顺丁橡胶具有更好的拉伸性能和耐磨性，能显著提高轮胎的高速性能、耐磨性、抗湿滑性，并降低滚动阻力。随着"绿色轮胎"概念的兴起，稀土顺丁橡胶在轮胎制造中的应用将更为广泛。

绿色轮胎以其高安全性、低能耗和高环保特点备受瞩目。相较于普通子午线轮胎，绿色轮胎的滚动阻力可降低22%～24%，从而使轿车节省3%～5%的燃料，货车节省6%～8%的燃料。这不仅显著降低了一氧化碳的排放量，还在保持轮胎其他性能如耐磨性、低噪声、干湿路面抓地力等优秀表现的同时，提供了卓越的操控稳定性和更短的制动距离。这无疑对减少交通事故、提升经济和社会效益具有深远影响。自2012年欧盟实施新的轮胎标签法案以来，所有在欧洲销售的轮胎都必须明确标示燃料效率、湿地附着力和外部滚动噪声等级，并按照从最佳"A级"到最差"G级"的标准进行分类。随后的十多年里，美国、日本、韩国等也相继采用了类似的标签制度。在这一背景下，稀土顺丁橡胶在欧美市场逐渐成为主流产品。为了开拓海外市场，我国推动国内轮胎制造企业采用性能卓越的稀土顺丁橡胶作为原料，以满足"绿色轮胎"的生产标准，这将进一步刺激稀土顺丁橡胶的需求增长。

除绿色轮胎以外，已有多家橡胶企业将稀土顺丁橡胶应用于缺气保用轮胎的生产。这种轮胎在失压情况下仍能依靠胎侧刚性或支撑结构继续行驶一段时间，大大提高了行车的安全性。稀土顺丁橡胶在其中起到了增强胶料加工性和安全性、提高抗撕裂能力和回弹性的关键作用。

近些年，我国新能源汽车需求快速增长，远销海内外，但与此同时，对轮胎制品的要求也更为严格，需要高质量、轻量化、高耐磨的轮胎制品，这将进一步提升稀土顺丁橡胶的市场需求。

（2）机械领域

在机械工程领域，稀土顺丁橡胶因其高强度和高耐磨性而被用于制造机械轴承、传动皮带和密封件等。这些部件在机械运行中承受着巨大的压力和摩擦，稀土顺丁橡胶的优异性能可以显著提高这些部件的使用寿命和可靠性。采用稀土顺丁橡胶制造的机械密封件，在长时间高负荷运行下仍能保持良好的密封性能，有效降低了机械故障率。随着机械工业的快速发展和技术进步，对材料性能的要求也在不断提高。稀土顺丁橡胶因其出色的物理性能，有望在更多高端机械产品中得到应用。

（3）石油化工领域

在石油化工领域，稀土顺丁橡胶因其出色的耐腐蚀性和耐高温性而被用于制造石油化工设备的密封件、管道、阀门等关键部件。这些部件需要长期在恶劣的环境下工作，稀土顺丁橡胶能够提供长久的保护和性能稳定。随着石油化工行业的不断发展，对稀土顺丁橡胶的需求也将持续增长。

五、发展建议

（1）稀土顺丁橡胶的生产成本偏高，国内轮胎企业为了降低成本，大部分仍采用价格相对较低的镍系顺丁橡胶，使得稀土顺丁橡胶未实现大规模应用。建议高校、科研院所及企业研发机构进一步深入研究催化剂的制备方法、活性中心的结构以及催化剂性质对聚合物分子结构的影响规律，优化生产工艺路线，降低催化剂用量，丰富调节聚合物分子量的手段，减少烷基铝用量，降低生产成本。同时，建议政府加大对稀土顺丁橡胶产业的政策支持和引导力度，包括提供税收优惠、资金扶持等政策措施，出台更多支持稀土顺丁橡胶装置建设及产品研发的政策法规，如《产业结构调整指导目录（2019年）》。该目录指出，稀土顺丁橡胶的开发与生产属于国家鼓励类石油化工产业，符合国家产业政策要求。随着"绿色轮胎"、新能源汽车的发展提速、欧盟绿色轮胎标签法规的实施，以及5G等新技术带动相关行业的发展，我国"十四五"期间稀土顺丁橡胶的使用量也迎来增长。当前，稀土顺丁橡胶在欧美市场为主流产品，随着绿色、高性能轮胎的发展，国内稀土顺丁橡胶也将迎来发展良机。

（2）目前，我国对稀土催化剂制备技术、稀土橡胶合成技术、末端官能化/长链支化等技术的研究基本上与世界先进水平同步，但稀土顺丁橡胶新品种的牌号仍然较少，新技术在国内并没有应用到工业化生产中，所宣传报道的大部分技术仍处在基础研究和中试开发阶段，在工程化方面与国外差距较大，如何将研究成果有效转化为生产力是短板。建议政府和企业未来更聚焦稀土顺丁橡胶行业的技术创新和产品质量提升，出台政策鼓励企业加大研发投入，推动并加强产业链上下游企业和研究机构之间的合作与协同，形成优势互补、互利共赢的产业生态。鼓励企业和高校、科研院所之间开展技术创新合作，以应用为导向，继续开发新牌号，尤其是开发链端官能化、链中官能化、长链支化、氢化、环氧化等改性稀土顺丁橡胶产品，走出差别化、实现高性能化，向高附加值产品方向发展，提升产品的市场竞争力，共同推动稀土顺丁橡胶产业的升级和发展。相信经过3~5年的市场培育期，稀土顺丁橡胶新技术在国内的成果转化及工程化进展会得到很好的发展。

（3）国内大部分生产装置采用的是柔性切换的生产方式，与镍系顺丁橡胶共用一套装置，根据市场行情生产不同的产品，这就使得产品的稳定性不足，品质无法保证。针对这一问题，可以从以下几个方面着手解决：

① 优化生产工艺和管理：加强对原料的质量控制，确保原料的纯度和稳定性，从源头上保证产品质量。在聚合反应过程中，严格控制反应温度、压力、催化剂用量等关键参数，以减少产品质量波动。强化后处理环节的控制，如干燥温度和时间的精准管理，以确保产品质量的稳定性。

② 技术升级和设备改造：研发更先进的生产技术和设备，减少生产切换过程中对产品质量的影响。引入自动化和智能化控制系统，提高生产过程的精准度和可控性。

③ 建立严格的质量控制体系：在生产的各个环节设立严格的质量控制点，进行定期和不定期的产品抽检。实施全面的质量管理和监控，确保产品符合国家及行业标准。

④ 政策扶持和市场引导：国家相关部门可以提供政策扶持，鼓励企业定点生产稀土顺丁橡胶，减少生产切换的频率。通过市场机制引导企业更注重产品质量，而非仅仅追求短期利益。

（4）产品的应用领域相对单一，基本集中在轮胎制造行业。建议加强钕系顺丁橡胶的应用开发，与下游轮胎公司组成战略联盟。例如中科院长春应化所和一些企业进行了大量的测试和里程试验，但试验数据不完全且缺乏规律性，对钕系顺丁橡胶的应用缺乏深入的了解。出于保密的需要，有些轮胎企业不提供试验数据或仅提供评价数据，不足以指导研发单位进行改进及橡胶生产企业进行调整和优化，只有与轮胎公司组成战略联盟，才能形成双赢的局面。同时，进一步扩大稀土顺丁橡胶的应用领域，未来应关注其在人工智能、机器人、航空航天等新兴领域中的应用，也应继续深入挖掘其在汽车、轮胎、工程机械等传统领域的应用潜力。

第二十三节 丁基橡胶

浙江信汇新材料股份有限公司　褚金芳　周文祥

一、概述

丁基橡胶（IIR）是世界上第四大合成橡胶胶种。丁基橡胶是由异丁烯和少量异戊二烯（一般不大于3%）在氯甲烷溶剂及路易斯酸催化体系存在下，于-100℃极低温度下聚合制得的共聚物。丁基橡胶通常分为普通丁基橡胶（简称IIR）和卤化丁基橡胶（简称HIIR）。

普通丁基橡胶具有优良的气密性和良好的耐热、耐老化、耐酸碱、耐臭氧、耐溶剂、电绝缘、减震及低吸水等性能。普通丁基橡胶的主要优势性能是气密性，因而当前其主要应用领域是汽车轮胎和药用瓶塞；但普通丁基橡胶也有缺点，由于异戊二烯量少，使硫化速度降低，妨碍了丁基橡胶与轮胎常用高不饱和胶的共硫化，并且普通丁基橡胶与其他橡胶黏合性差。

卤化丁基橡胶（HIIR）包括氯化丁基橡胶（CIIR）和溴化丁基橡胶（BIIR），是丁基橡胶在脂肪烃溶剂中与氯或溴进行反应的产物。卤化丁基橡胶一方面具有丁基橡胶分子主链所固有的一切特性，如耐热、耐臭氧、耐化学介质腐蚀、滞后性高、屈挠疲劳强度高和透气性低等。另一方面，在卤化丁基橡胶分子结构中，由于有取代卤原子存在，使烯丙基位的双键被活化，通过该烯丙基卤可以进行多种交联反应；卤原子存在也提高了卤化丁基橡胶的极性，改善了其与其他通用橡胶和补强剂的相容性。因此卤化丁基橡胶具有一系列比丁基橡胶更好的特性：反应活性高，硫化速度快；交联结构热稳定性好，制品耐热性比丁基橡胶更优良；可单独用氧化锌硫化，硫化方式多样化；具有共硫化性，易与其他橡胶共混；卤化丁基橡胶与其他通用橡胶有良好的硫化黏合性能，丁基橡胶则较差。

普通丁基橡胶（IIR）主要用于内胎和硫化胶囊的生产，其牌号比过去有所减少。各公司IIR的牌号列于表2.96。市场上的主要牌号是ExxonMobil Butyl 268、阿朗新科 Butyl 301、浙江信汇 IIR 532 和 NKNK BK 1675N。

过去，BIIR的市场占比较大，多数全钢子午胎的气密层100%使用BIIR。近几年，因溴素作为一种不可再生的紧缺资源，供应受季节、环保政策、下游开工率影响较大，供应保障性较差，生产成本更低的CIIR供应量增加迅速，取代了部分BIIR的市场，CIIR产品替代BIIR产品已经成为行业的趋势。表2.97列出了各公司HIIR的牌号。

表 2.96　各公司普通丁基主要牌号列表

企业名称	牌号	不饱和度	门尼黏度 [ML(1+8)125℃]
ExxonMobil	Butyl 065	0.8	32±3
	Butyl 068	0.8	51±5
	Butyl 268	1.6	51±5
	Butyl 365	2.0	32±3
阿朗新科	Butyl 301	1.85	51±5
	Butyl 402	2.25	33±4
	Butyl 101-3	1.75	51±5
NKNK	BK 1570S	1.5±0.5	40~60
	BK 1675M	1.4~1.8	40~50
	BK 1675N	1.6±0.2	46~56
浙江信汇	IIR 532	1.5~1.9	46~56
	IIR 552	1.5~1.9	46~56
	CB-01	1.55~1.65	49~53
京博中聚	IIR 1953	1.5~1.9	46~56

表 2.97　各公司 HIIR 主要牌号列表

企业名称	品种	牌号	氯含量（质量分数）/%	溴含量（摩尔分数）/%	门尼黏度 [ML(1+8)125℃]
ExxonMobil	BIIR	Bromobutyl 2211		1.08±0.15	32±5
		Bromobutyl 2244		1.08±0.15	46±5
		Bromobutyl 2222		1.03±0.1	32±5
		Bromobutyl 2235		1.03±0.1	39±5
		Bromobutyl 2255		1.03±0.1	46±
	CIIR	Chlorobutyl 1066	1.26±0.08		38±5
		Chlorobutyl 1068	1.26±0.08		50±5
阿朗新科	BIIR	Bromobutyl 2030		1.8*	32±4
		Bromobutyl 2040		1.8*	39±4
		Bromobutyl X2		1.8*	46±4
	CIIR	Chlorobutyl 1204	1.25		38±4
NKNK	BIIR	Bromobutyl BBK232		1.8~2.2*	28~35
		Bromobutyl BBK239		1.8~2.2*	36~42
		Bromobutyl BBK246		1.8~2.2*	43~50
浙江信汇	BIIR	BIIR-2302		1.7~2.1	32±4
		BIIR-2502		1.7~2.1	46±4
		BIIR-2132		1.9~2.3	32±4
		BIIR-2502M		1.8~2.2	45±3
	CIIR	CIIR-1301	1.25±0.10		38±4
		CIIR-1301M	1.25±0.10		38±4
京博中聚	BIIR	BIIR-2828		1.8~2.2	32±4
		BIIR-2249		1.8~2.2	46±4
		BIIR-2332		1.9~2.3	32±4
	CIIR	CIIR-1338	1.25±0.10		38±4

注：标 * 的单位是质量分数。

二、市场供需

(一) 世界供需及预测

1. 生产现状

近年来,全球丁基橡胶(包括 IIR 和 HIIR)的产能稳步增长,新增产能主要来自中国、印度。截至 2023 年,全球丁基橡胶的总产能达到 183.3 万吨/年,东北亚是世界上最大的生产地,产能为 51.3 万吨/年,占总产能的 28%,其次是北美,产能为 47 万吨/年,占比 25.6%。排名第三的是俄罗斯,产能为 26.5 万吨/年,占比 14.5%。此外,2015 年排名第三的西欧,在 2015 年底埃克森美孚(ExxonMobil)法国工厂、2023 年阿朗新科比利时工厂陆续关闭后,产能下降至 11.5 万吨/年。

埃克森美孚化学公司是世界最大的丁基橡胶生产企业,产能为 78.3 万吨/年,其分别在美国、英国、日本、新加坡和沙特阿拉伯建有生产装置;其次是浙江信汇和阿朗新科,产能均为 25 万吨/年,其中浙江信汇分别在中国嘉兴、盘锦设有生产基地,阿朗新科分别在加拿大和新加坡建有生产装置。排名第四的为西布尔公司,产能为 20 万吨/年,2023 年世界丁基橡胶主要生产企业生产情况见表 2.98。

表 2.98 世界主要丁基橡胶生产企业产能   单位:万吨/年

企业名称	国家	地区	HIIR	IIR	合计	技术来源
ExxonMobil	美国	Baton Rouge	17.5		17.5	ExxonMobil
		Baytown	10.2	4.3	14.5	
	英国	Fawley	11.5		11.5	
	日本	Kawasaki	8.0		9.8	
		Kashima	—	9.8		
	新加坡	Jurong	14.0		14.0	
	沙特阿拉伯	Byblos	11.0		11.0	
阿朗新科	新加坡	Jurong Island	10.0	—	10.0	Bayer
	加拿大	Sarnia	13.5	1.5	15.0	
西布尔	俄罗斯	Nizhnekamsk	12.0	8.0	20.0	Yarsintez 研究所
鞑靼石油		陶里亚蒂		8.0	8.0	自有技术
印度信诚		Jamnagar, Gujarat	6	6	12.0	Sibur
燕山石化		北京	3	1.5	4.5	意大利 PI
浙江信汇		嘉兴	12	0	12	自主研发
		盘锦	4.5	8.5	13	自主研发
山东京博		滨州	12		12	Conser

2. 需求分析及预测

2021 年全球丁基橡胶表观消费量 147 万吨,全球开工率为 68%,2015—2021 年,全球消费量年均复合增长率为 2.9%,由于中国、印度、沙特阿拉伯、新加坡等地区新建装置投产,全球丁基装置开工率从 2011 年的 80% 降至 2021 年的 68%。

2022—2023 年,由于疫情结束,丁基橡胶消费量增长速度恢复,年均复合增长率为

3.7%，预计到2026年，丁基橡胶消费量会维持低速增长，年均复合增长率预估为0.8%。

东北亚是全球最大的丁基橡胶消费地区，占全球消费量的44.9%，其次为北美地区和独联体，消费占比分别为15.3和1.7%。预计到2026年，全球丁基橡胶消费量将达到170万吨，主要的消费市场仍然为东北亚、北美等区域。

轮胎、内胎和轮胎产品仍然是丁基弹性体的主要用途，据估计约占总消费量的80%～85%。其余部分用于生产黏合剂和密封剂、医药产品、汽车机械产品等。这种情况在未来不太可能改变，因为轮胎行业，尤其是发展中地区的轮胎行业，仍然是全球丁基弹性体消费增长的主要驱动力。

（二）国内供需及预测

1. 生产现状

我国丁基橡胶的研发始于20世纪60年代，并建立了中试生产装置，后因各种原因而停止。1999年，北京燕山石化公司合成橡胶厂引进意大利PI公司技术，建成了我国第一套丁基橡胶装置，燕山石化3万吨/年丁基橡胶生产装置；2010年浙江信汇通过引进俄罗斯技术建成丁基橡胶生产装置。浙江信汇卤化丁基装置2012年10月份投产，2020年全资子公司盘锦信汇投产，其总产能达到25万吨/年，同时经过几年的不断改进，产品质量已经基本达到ExxonMobil、阿朗新科的水平，被国内外用户广泛接受，国内市场占有率已经超过25%，成为全球第三大卤化丁基橡胶供应商。山东京博石化引进意大利Conser公司的技术，2015年建成一期5万吨/年IIR/HIIR生产装置，2022年建成二期7万吨/年IIR/HIIR装置。

2023年国内丁基橡胶实际有效总产能约41.5万吨/年，2023年实际产量为29.3万吨/年。未来除荣盛石化规划5万吨/年IIR、15万吨/年HIIR产能外，无新增产能规划，预计我国的丁基橡胶产能短期内将基本保持稳定。表2.99为国内主要生产企业及其产能分布。

表2.99 国内主要丁基橡胶橡胶生产企业　　　　　　　　单位：万吨/年

企业名称	装置所在地	工艺来源	IIR	HIIR	合计	备注
浙江信汇	浙江嘉兴	自主开发消化吸收		12	12	以HIIR生产为主
	辽宁盘锦			13	13	以HIIR生产为主
山东京博	山东滨州	意大利Conser公司		12	12	装置可切换
燕山石化	北京房山	意大利PI公司	3	1.5	4.5	9万吨/年普通丁基装置长期停车

注：宁波台塑装置长期闲置，产能不计入统计。

2. 需求分析及预测

作为国民经济的支柱产业，近年来我国汽车工业，尤其是新能源汽车发展迅速，由于电动汽车重量大、电机扭矩大、高剪切等要求，汽车配套胎逐步向高胎压、低磨损 & 低滚阻、高模量方向发展。卡车胎方面，轮胎企业在着重发力于超耐磨、长里程高性能物流轮胎。

近两年汽车产量持续增长，2022年乘用车产量达到2356万辆，2023年产量2550万辆，其中新能源汽车产销分别完成958.7万辆和949.5万辆，同比分别增长35.8%和37.9%，市场占有率达到31.6%。汽车销售增长迅速，2023年带动国内配套和替换市场增长，我国继续保持世界第一大轮胎生产国和消费国。2023年中国轮胎总产能预计为10亿条,占全球轮胎总产能的44.4%。与轮胎工业高速发展形成鲜明对比的是生产轮胎的高性能合成橡胶原料发展相对滞后,高性能HIIR仍然有一定的发展空间。

医用瓶塞是我国丁基橡胶的第二大需求市场。随着国家对医药行业及药品包装行业的监管日趋规范与严格,未来存在进一步提高药品包装企业准入门槛和监管标准的可能,从而推动行业进行大规模整合、升级,对于医用卤化丁基橡胶的需求日益增加。

另外,随着我国"碳达峰、碳中和"战略的实施,新能源、节能降碳、环保节能等行业发展的需求,也将使丁基橡胶在高端防水卷材、新型建筑密封材料、胶带、胶管、黏合剂等方面的需求量增加。

据统计,近十年期间我国丁基橡胶生产、消耗、进口数据见表2.100。

表2.100 我国丁基橡胶生产、消耗、进口情况

项目	产量/万吨		进口量/万吨		出口量/万吨		表观消费量/万吨	
	IIR	HIIR	IIR	HIIR	IIR	HIIR	IIR	HIIR
2013年	9.12	1.51	5.5	19.65	1.5	0.08	13.12	21.08
2014年	7.83	2.31	6.45	20.44	1.01	0.13	13.27	22.62
2015年	4.73	3.81	6.86	18.03	1.44	0.28	10.15	21.56
2016年	5.52	6.25	6.23	21.16	0.83	0.59	10.92	26.82
2017年	5.47	8.84	6.41	21.14	1.1	0.65	10.78	29.33
2018年	5.22	11.5	6.38	18.71	0.51	0.44	11.09	29.77
2019年	3.89	12.77	8.41	16.31	0.55	1.2	11.75	27.88
2020年	3.7	16.82	11.65	16.75	0.77	1.15	14.58	32.42
2021年	6.85	22.76	8.41	13.37	1.47	2.3	13.79	33.83
2022年	6.31	22.55	10.74	18.49	3.2	4.72	13.85	36.32
2023年	3.43	25.85	10.97	13.61	4.78	8.81	9.62	30.65

2021—2023年,我国丁基橡胶的表观消费量分别为47.62万吨、50.17万吨、40.27万吨,产品自给率分别为54%、42%、39%左右,产品自给率下降主要与国内厂商出口量迅速增加有关。

产量方面,2018—2021年,我国丁基橡胶产量以15%的年均复合增长率保持快速增长,2022—2023年,产量趋于稳定,2023年总产量达到29.3万吨。未来短期内,在没有新装置建成投产的情况下,预计我国丁基橡胶的产量将基本保持稳定。

进口方面,2018—2023年我国丁基橡胶下游需求逐年递增,进口量一直保持较高水平,由于邻国低价产品涌入,2022年总进口量超过29万吨,为历史最高值。2023年进口量回落至24.5万吨,其中卤化丁基进口量降至13.61万吨。

出口方面,我国丁基橡胶出口规模在过去5年快速增长,2022年、2023年出口总量分别达到7.94、13.59万吨,达到历史新高。出口量增长的因素有两方面:一方面,国内丁基市场竞争加剧,新增产能释放,再加上周边邻国大量低价货源的流入,出口成为缓解经营压力的主要途径之一;另一方面,汇率的变化,促进国产丁基橡胶的出口。

其中轮胎方面的消费量约占总消费量的88%,医药瓶塞的消费量约占总消费量的7%,其他方面的消费量约占总消费量的5%。预计短期内消费结构不会有较大的变化。

丁基橡胶在轮胎产业中主要应用于无内胎子午胎的气密层和成型工序使用的硫化胶囊模

具的制造。因此子午胎产量及子午化率的增长是驱动丁基橡胶市场规模增长的主要动力。子午胎与斜交胎相比具有使用寿命长，滚动阻力小，承载能力好等明显优势，因此逐渐取代斜交胎成为主流产品。目前轮胎的子午化率（子午线轮胎在轮胎总产量中的占比）已达到94%以上，还有一定的提高空间。

在医用胶塞领域，主要使用溴化异丁烯-对甲基苯乙烯橡胶（BIMS）、氯化丁基橡胶（CIIR）和溴化丁基橡胶（BIIR），目前BIIR以综合性能的优势，在该领域占比较大，年消耗量约3万吨/年，并随着下游制药业的发展而稳定增长。

随着我国轮胎产业、医药胶塞以及其他行业的发展丁基橡胶的消费量整体仍将呈现增长的态势。预计到2025年，我国丁基橡胶总消费量约为43.5万吨，其中HIIR消费量将达32万~35万吨。

三、工艺技术

1. IIR/CIIR生产工艺技术

目前世界上IIR的生产方式主要有淤浆法和溶液法两种。全世界现有IIR生产装置中大部分装置都使用淤浆法工艺，只有俄罗斯的一套工业装置使用溶液法工艺。

（1）淤浆法工艺

淤浆法工艺是以氯甲烷为稀释剂，以铝系催化剂为引发体系，在低温（-100℃左右）将异丁烯与少量异戊二烯通过阳离子共聚合制得的。反应生成的IIR在低温下不溶于氯甲烷溶剂，呈淤浆状。该淤浆状反应液的黏度很低，有利于反应热的导出。

淤浆法工艺主要包括混合进料和催化剂溶液的配制、聚合反应、脱气、单体和稀释剂的回收及橡胶后处理等工序。淤浆法工艺具有以下优点：聚合反应的单体浓度较高，可达到30%以上；反应器的生产能力大，可高达3t/h以上；产品质量优良、稳定；综合能耗较低等。淤浆法工艺的主要缺点是：反应器运转周期较短，一般在60h左右，含水的氯甲烷溶剂在较高的温度下易分解，产生盐酸腐蚀设备，氯甲烷溶剂容易污染环境。

（2）溶液法工艺

溶液法是以烷基氯化铝催化剂与水的络合物为引发剂，在异戊烷和氯乙烷混合溶剂中于-90~-70℃条件下异丁烯和少量异戊二烯共聚而成。溶液聚合的胶液黏度随单体浓度和单体转化率的升高而显著上升，不利于反应热的导出，因此异丁烯的转化率在30%左右，胶液中的聚合物含量约10%。溶液聚合IIR的加工工艺性能较差，长期以来不用于制造内胎。虽然近期有所改进，也用于内胎的制造，但综合性能仍差于淤浆法生产的同类产品。溶液法工艺的优点是反应器运转周期较长，可达到500h，混合溶剂毒性小于氯甲烷，对环境污染较轻，对设备的腐蚀性小。

（3）HIIR的生产方法

HIIR的生产一般采用连续工艺，其工艺过程包括基础胶液的制备，液氯、液溴的贮运及准备，卤化反应及卤化胶液的中和，卤化胶液脱气和溶剂回收，卤酸气的处理，卤化丁基橡胶后处理，干燥等过程。

IIR的卤化反应是一个离子取代反应，发生在烯丙基链节处，反应速率较快，在常温条件下即可进行，氯化反应快于溴化反应。IIR的卤化反应是在己烷溶剂中进行的，因此要将

IIR 配制成一定浓度的己烷溶液。IIR 己烷溶液的浓度不超过 20%。现工业装置 IIR 己烷溶液的配制方法有 3 种：①聚合以后脱气塔的 IIR 胶粒水直接送入己烷溶剂中溶解、脱水；②在脱气塔中用己烷替代水溶解 IIR，分离氯甲烷聚合溶剂；③用 IIR 干胶切碎，溶于己烷溶剂中。第 3 种方法用于 IIR 生产装置与卤化生产装置不在同一地点的情况。第 2 种方法技术上比较先进，常用于只生产 HIIR 的装置。

2. 国内主流技术进展

近年来，国内丁基橡胶的生产技术进展主要体现在聚合反应体系、卤化生产技术、星型支化技术、共混改性技术、液体丁基橡胶生产技术等方面。

(1) 聚合反应体系

近年来，国内聚合反应体系的研究，重点在可控活性催化体系和绿色溶剂研发。丁基橡胶阳离子聚合反应可以采用光照引发、电化学引发等新引发体系，通过分子模拟进行分子结构设计，制备立构规整聚合物、梯度聚合物以及变换聚合物。新型溶剂体系主要有水相、离子液体、超临界 CO_2 等绿色溶剂。但上述研究目前还停留在小试阶段，离工业化还有距离。

(2) 卤化生产技术

在卤化生产技术方面，精准进行卤化丁基橡胶结构设计、生产低碳化是卤化生产技术的发展趋势。围绕开发 HIIR 后处理技术，解决好中和反应与产品洗涤问题，提升废水的处理技术，尤其是含溴废水的资源化利用，实现生产过程的低碳化、绿色化；新型卤化反应器、反应体系等新技术的研究与开发，也是最近的研发热点。

(3) 星型支化技术

国内主流丁基橡胶生产商陆续开展了星型支化丁基橡胶新产品，在分子量分布、高分子区域占比等关键参数上，部分产品已达到国际先进水平。

其中，中国石油兰州化工研究中心联合浙江信汇新材料股份有限公司、北京石油化工学院合作开发了"核臂同时法"星型支化 IIR 制备技术，该技术使用的支化剂原料来源广泛，具有生产成本低、工艺可操作性强等优势。采用该技术生产的星型支化 IIR 具有更优异的加工流动性和更小的滚动阻力，产品更容易充模成型，力学性能均优于国外同类产品，成功地在国内主流轮胎生产商进行了规模化应用。

(4) 液体丁基橡胶

与传统的固态丁基橡胶相比，液体丁基橡胶除了具有丁基橡胶所有的优异性能，还具有液体聚合物优异的加工便利性。可作为密封材料、涂料和胶黏剂的基础聚合物。赋予密封材料、涂料和胶黏剂更好的防潮湿、耐天候、耐腐蚀、高阻尼等性能，提高产品的黏合性。液体丁基橡胶经硫化后，还可以提高材料的强度。

(5) 共混改性技术

提高橡胶的加工性、赋予共混胶特殊的性能，一直是行业内研究的重点，目前主要的研究方向包括石墨烯、蛭石粉、蓖麻油、环氧大豆油等新型填料在丁基及卤化丁基混炼体系的应用。

除此之外，随着汽车行业大发展，轮胎轻量化、高气密性成为该行业的发展趋势，开发用于无内胎轮胎气体阻隔层的热塑性弹性体材料成为该领域的研究热点。因丁基橡胶具备的优异气密性，以 IIR/HIIR 为主要原料制备 TPU 也开始逐渐在轮胎、汽车等领域进行应用。

3. 国内外技术对比

国内厂商，由于基础研发、应用研究起步较晚，针对新能源汽车、光伏密封胶等新兴领域的特殊需求，缺乏高端产品和系统性的解决方案。

四、应用进展

（1）汽车轮胎

丁基橡胶在轮胎中的应用包括内胎、内衬层、气密层、硫化胶囊、胎面、胎侧等。在部分有内胎轮胎中，为了保护外胎中的骨架钢丝以及其他部件不受湿空气腐蚀，目前很多外胎内会安装一层内衬层，该内衬层以 HIIR 作为原料。从该部件的功能要求看，HIIR 仍然是不可替代的材料，最多就是为了满足部分加工工艺的要求，在 HIIR 中掺混部分天然橡胶（一般 20%～30%）。

在欧洲，无内胎轮胎由于安全、高效而被应用于从轿车轮胎到工程机械轮胎几乎所有子午线轮胎。气密层是使无内胎轮胎保持高充气压力所需的部件。丁基橡胶是透气性最低的橡胶，是制造内胎的理想材料。但 IIR 与轮胎常用的通用高不饱和橡胶无法共硫化，相容性不好，黏合性也不好。HIIR 可以解决这个问题，HIIR 既保持了丁基橡胶的不透气性，又可以与通用高不饱和橡胶共硫化，而且黏合性也有显著改善。

除了直接用于构成内胎和轮胎气密层、胎面、胎侧外，轮胎硫化时用到的模具硫化胶囊也是以 IIR 为主要原料制成的，其要求是具有良好的气密性、耐热老化性、耐疲劳老化性、耐挠曲性等。目前硫化胶囊基本都使用内胎级 IIR 作为原材料。

（2）医药用瓶塞

国外在 20 世纪 60 年代已经采用 IIR 和 HIIR 制造医药用瓶塞。HIIR 与 IIR 相比，胶料硫化速度更快，可采用低硫或无硫硫化体系，交联后结构稳定，成品表现为耐热稳定，最高处理温度比丁基橡胶高 10℃。同时，IIR 经过卤化改性后，引入了极性较大的卤原子，使分子间吸引力增大，分子链之间的空隙减小，对进一步提高橡胶瓶塞的气密性和防止药物向瓶塞内扩散渗透有很大益处。

（3）口香糖胶基

基于丁基橡胶的良好气密性，做成的口香糖味道保持时间长于天然橡胶做成的，因此世界上大型口香糖公司的配方中都使用丁基橡胶。依据食品级 IIR 用户开发的经验，食品客户要更换主要配方中的原料，需要很长的时间，因此，丁基橡胶在胶基中的应用，会长期存在。另外，还有一些用丁苯橡胶的客户也逐渐转为使用丁基橡胶。

（4）黏合剂

丁基橡胶黏合剂属于非极性黏合剂，多用于非极性材料间的黏合，例如纤维织物、非极性橡胶、塑料等，主要包括触敏型、压敏型、溶剂型、乳液型和热熔型等，与其他非极性橡胶黏合剂相比，丁基橡胶具有耐老化、耐腐蚀、黏性高等优点，随着丁基橡胶价格的不断降低，有逐渐替代其他非极性橡胶黏合剂的趋势。

（5）防腐材料

设备和管道用防腐材料要求胶料具备优异的耐强酸、强碱、无机盐等化学品性能，而且要求低渗透性和较好的耐热性、耐候性以及与被保护设备管道的黏结性。卤化丁基橡胶这方面性能优异,对于60%以上的盐酸、硫酸、硝酸,在70℃以上耐久性表现优异,为其他橡胶、树脂材料所不及。

防护服和手套等也要求低透气、防腐蚀、耐臭氧、耐紫外线等,在这方面HIIR具有最适宜的性能。

目前,该领域使用的材料多为其他橡胶或树脂,在性能和寿命上较差,随着HIIR价格的不断降低,其在这个领域的应用会逐渐扩大。

(6) 电线电缆

丁基橡胶优良的耐臭氧、耐热、抗潮湿性和良好的电性能,非常适合于制造高低压电缆、电缆外套和其他电绝缘材料。IIR的不饱和度对硫化胶性能影响很大,高压电缆适宜用低不饱和度(0.6%~0.7%,摩尔分数)牌号,以满足耐臭氧性能要求;低压电线及电气适宜用高不饱和度(>2.0%,摩尔分数)牌号。但是目前该领域丁基橡胶的应用比较少,主要原因是与PE相比,丁基橡胶的价格比较高。

(7) 减震制品

减震制品要求材料具有优良的阻尼性,同时具有良好的耐热老化、耐天候老化性。在这方面,丁基橡胶是所有橡胶材料中最好的选择。由于原来丁基橡胶的价格很高,该领域一般用其他胶种替代,有些产品的标准甚至都没有用丁基橡胶作为标准材料,例如桥梁、铁路的减震材料,随着丁基橡胶价格的降低,在这个领域,丁基橡胶的应用将会更加广泛。

(8) 其他

随着丁基橡胶产能提升,消费升级以及终端用户对产品性能的逐步提升,下游用户根据其各种优异的性能也在不断拓宽其应用。近年来,在鞋用、储水宝、空调胶管、工业制品、建筑材料等细分行业的用途逐渐显现。

五、发展建议

(1) 建立丁基橡胶创新生态链

国内丁基橡胶上下游产业链缺少联动,创新生态链还不健全,建议由丁基橡胶龙头企业牵头,联合国内上下游企业,组成高效创新的生态链,建立创新平台,助力丁基橡胶赋能汽车、医药、健康出行等行业高质量发展。

(2) 支撑双碳战略目标

近年来,产业政策趋严和消费者需求升级对轮胎行业的绿色环保性能提出了更高的要求,绿色轮胎已成为汽车轮胎发展的主流趋势之一,降低滚动阻力、环保材料研发、提高保气性等将是轮胎生产企业今后的主攻技术方向。

国内轮胎企业迫切需要提升轮胎性能以满足新能源车发展需求,因此需要通过产业链协同攻关,开发高性能配方体系;通过免硫化合金等特殊材料的开发,解决加工过程中的废料回收、高能耗、高排放等难题,是实现国内轮胎产业升级,助力"双碳"目标的必然需求。

(3) 技术发展建议

未来IIR合成工艺的主要发展方向为绿色溶剂体系、可控阳离子聚合催化体系、新型反应器等,要加强"产、学、研、用"合作,将科研成果转化为新质生产力。此外,要提升现有的IIR淤浆法、溶剂置换工艺的技术水平,降低物耗、能耗,以节约能源,降低生产成本，减少碳排放，实现绿色可持续发展。

卤化生产工艺方面，要重点研究丁基橡胶卤化过程各项参数对丁基橡胶性能的影响规律，开发高溴资源利用率溴化工艺，提升卤素利用率，提升卤素均匀分布程度。

新产品开发要重点加强以星型支化丁基、异丁烯-对甲基苯乙烯共聚物为代表的高性能丁基橡胶系列产品的规模化应用，探索性研究或生产液体丁基橡胶、交联丁基橡胶、长链支化丁基橡胶、磺化丁基橡胶、全饱和丁基橡胶、马来酸酐改性丁基橡胶、高阻尼丁基橡胶等产品。同时，生产企业要加强与下游企业、研究院所、高校的合作，实现新产品在应用端的快速应用迭代。

第二十四节　异戊橡胶

中国科学院长春应用化学研究所　白晨曦

一、概述

异戊橡胶也叫聚异戊二烯橡胶（polyisoprene rubber，缩写IR），是由异戊二烯单体在催化剂的作用下经溶液聚合而得到的弹性体均聚物。根据微观结构的不同，异戊橡胶主要分为四种形式，分别是顺式-1,4结构、反式-1,4结构、3,4-结构和1,2-结构，如图2.61所示。不同结构的聚异戊二烯橡胶具有不同的性能。高反式-1,4-聚异戊二烯橡胶（TPI）又称合成杜仲橡胶或巴拉塔胶，与自然界中的杜仲橡胶性能类似，兼具橡胶、塑料双重特性，常温下高反式-1,4-聚异戊二烯橡胶呈结晶状，具有高硬度和高拉伸强度的优点，可用作海底电缆的外包皮、辊筒外形、压辊外层、帘布层胶带等方面。3,4-聚异戊二烯橡胶（3,4-PIP）分子主链中双键含量低，且含有大量的侧链，这样的特点使得用其制备的轮胎胎面具有优异的抗湿滑性能，且高温滞后损失较低，不过，其纯胶物理性能低且耐磨性较差的特点也限制了它在轮胎工业中的大量使用，仅用于制作抗湿滑胎面胶、雪地鞋底等。目前，反式-1,4-聚异戊二烯橡胶与3,4-聚异戊二烯橡胶不论是利用天然植物栽培还是利用工业催化合成，生产成本都比较高，难以与天然橡胶竞争，因而只能作为合成橡胶的后备品种。

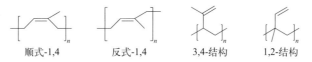

图2.61　聚异戊二烯橡胶的四种聚合方式

文中通常所说的异戊橡胶是指顺式-1,4结构聚异戊二烯橡胶，其具有与天然橡胶相似的化学组成、立体结构和力学性能，具有良好的生胶强度、黏性、老化性能和回弹性能，但异戊橡胶和天然橡胶的微观结构也稍微有所不同，如天然橡胶的顺式结构质量分数超过98%，而聚异戊二烯橡胶的顺式结构质量分数介于92%～98%之间，低于天然橡胶，结晶性也低于天然橡胶；在分子量方面，聚异戊二烯橡胶的分子量低于天然橡胶，且带有一些支链和凝胶,但同天然橡胶相比,聚异戊二烯橡胶的分子量更均一,更加容易塑炼,体积膨胀和收缩率更低,加工流动性更高,它主要是替代天然橡胶用于生产客车轮胎、半钢轿车子午线轮胎与轻型载重子午线轮胎等,除航空和重型轮胎外,均可代替天然橡胶,但异戊橡胶的生胶强度、黏着性、加工性能以及硫化胶的抗撕裂强度、耐疲劳性等均稍低于天然橡胶。此外还可以用于生产帘布胶、输送带、机械制品、胶管胶带、海绵、胶黏剂、电线电缆、运动器械、医用胶塞、胶鞋、海绵和体育用品等,可以单独使用,也可以与天然橡胶或其他合成橡胶并用来改善性能,降低成本,拓展应用领域。天然橡胶不但是重要的民用物资,也是一个国家不可缺少的战略物资。目前,受地理位置的限制,我国天然橡胶的产量有限,每年消耗的天然橡胶中近80%依赖进口。

稀土异戊橡胶在分子结构和综合性能方面最接近天然橡胶,被称为"合成天然橡胶",是天然橡胶最理想替代胶种,可使我国摆脱天然橡胶过度依赖进口,解决国家战略物资受制于人的隐患。但是尽管我国稀土异戊橡胶产业化已经起步,但产品质量、能耗、物耗与国外尚存在较大的差距,而且工业化应用单线规模过小、生产成本过高,产品综合性能低于天然橡胶(20%替代天然橡胶),难以改变需要大量进口的局面。因此,开发先进的、具有自主知识产权的稀土异戊橡胶全套生产技术(低成本、低能耗、高质量、全替代),加快实现人工合成天然橡胶的"中国设计"和"中国创造",解决我国天然橡胶资源短缺成为不可回避的战略任务。世界异戊橡胶生产装置一览表见表2.101,异戊橡胶品种牌号及其特性参数见表2.102。

表2.101 世界异戊橡胶生产装置一览表

国家或地区	公司名称	地址	商品名称	产能/(kt/a)	技术及其来源(单体;聚合催化剂)	投产年份
美国	Goodyear Tire & Rubber Co.	Beaumont, Texas	Natsyn	900	早期丙烯二聚,后期乙腈 C_5 抽提;Zeigler 催化剂	1963
日本	可乐丽(Kurary)株式会社	鹿岛	Kuraprene 异戊橡胶-10 Kuraprene 异戊橡胶-301	20 0.5	烯醛法;Zeigler 催化剂;Goodrich 公司技术;反式聚异戊二烯	1973
日本	日本合成ゴム(JSR)株式会社	鹿岛	JSR 异戊橡胶	41	乙腈抽提,Zeigler 催化剂;Goodyear 公司技术	1972
日本	瑞翁(Zeon)株式会社	水岛	Nipol 异戊橡胶	40	DMF 抽提;Zeigler 催化剂;Goodyear 公司技术	1971
俄罗斯	Synthez Kauehuk Sibur Holding Nizhnekamskneflekhim		СКИ-3 СКИ-5	8.2 9 28	烯醛法、脱氢法,Ziegler 催化剂	1964—1970
中国	青岛伊科思新材料股份有限公司 青岛伊科思抚顺分公司	青岛莱西 抚顺	IR60~IR90 IR60F~IR90F	30 40	稀土催化剂 ACN 抽提,稀土催化剂	2010—2013
中国	广东鲁众华新材料有限公司(茂名鲁华)	茂名	LHIR60~90Y	15	抽提法,稀土催化剂	2010

续表

国家或地区	公司名称	地址	商品名称	产能/(kt/a)	技术及其来源（单体；聚合催化剂）	投产年份
中国	青岛第派新材料有限公司	青岛莱西	TPI-I～TPI-VI	30	反式异戊橡胶	2013
	山东神驰化工有限公司	山东东营	IR70～IR80	30	长春应化所技术，稀土催化剂	2012
	中国石化燕山石油化工公司	北京燕山		30	抽提法，稀土催化剂	2013
	新疆天利高新石化股份有限公司	新疆独山子	IR70-IR80	30	俄罗斯技术，稀土异戊橡胶	2016

表 2.102 异戊橡胶品种牌号及其特性参数

牌号名称		顺式-1,4含量/%	防老剂类型	门尼黏度 [ML(1+4)100℃]	充油		生产厂家[12]	备注[11]
					种类	用量/份		
Natsyn	2200	98	非污染	82			GT	一般用途，适用作白绉片
	2200	98	非污染	82			JSR	软胎及橡胶制品
	2200	98	非污染	83			NECO	
	2200L	98	非污染	70			NECO	
	2201	98	非污染	82			GT	医用级
	2205[①]	98	非污染	80			GT	胶丝级
	2210	98	非污染	60			GT	
	200	98	非污染				GT	一般用途
	205	98	非污染				GT	无凝胶，胶丝级
Cariflex	305	92	非污染		环烷烃	4	KRA	
	307	92	非污染				KRA	锂系异戊橡胶，易加工
	309	91.5	非污染	45	环烷烃	4	KRA	2210
	310	91.5	非污染	45			KRA	食品用和浅色橡胶制品
	500	92	非污染		环烷烃	25	KRA	
3,4-异戊橡胶[②]		3,4-结构含量60%	非污染				KC	
Kuraprene TP-301		反式-1,4结构含量99%	非污染	30			KR	反式1,4-聚异戊二烯
SKI3D[③]		>96	污染	65			RUV	СКИ-3Д 2210
SKI3P[④]		>96	非污染				RUJ	СКИ-3П
SKI3S[④]		96	非污染				RUT	СКИ-3С
SKI3Group Ⅰ[⑤]		>96	污染	75～85			NKNH	
SKI3 Group Ⅱ[⑥]		>96	污染	65～74			NKNH	
SKI3 (a)[⑤]		>96	污染	80			RUB	
SKI3 (b)[⑥]		>96	污染	69			RUB	

续表

牌号名称	顺式-1,4 含量/%	防老剂类型	门尼黏度 [ML(1+4)100℃]	充油 种类	充油 用量/份	生产厂家[12]	备注[11]
SKI3（c）[7]	>96	污染	59			RUV	СКИ-3-01
SKI3-01（a）[8]	>96	污染				RUV	
SKI3-01（b）[9]	>96	污染	70			RUV	
SKI -5[10]	99	非污染	70			RUB	СКИ-5 2212
IR60～IR90 IR60F～IR90F	95～97	非污染	60～90 60～90			QDYKS	稀土异戊橡胶 稀土异戊橡胶浅色胶
LHIR60～90		非污染	60～90			MMLH	稀土异戊橡胶
TPⅡ～TPIVI	>98	非污染				QDDP	反式异戊橡胶

① 可控凝胶级。
② 微观结构：3,4-结构60%，1,4-结构30%，1,2-结构10%。
③ 卡列尔可塑度（Karrer Plasticity）0.37～0.43。
④ 次级卡列尔可塑度 0.30～0.40；0.41～0.48。
⑤ 卡列尔可塑度 0.30～0.35。
⑥ 卡列尔可塑度 0.36～0.41。
⑦ 卡列尔可塑度 0.42～0.48。
⑧ 次级卡列尔可塑度 0.36～0.42；0.32～0.72。
⑨ 次级卡列尔可塑度 0.32～0.72；0.43～0.52。
⑩ 稀土异戊橡胶。
⑪ 备注中的数字为 IISRP 牌号。
⑫ GT（Goodyear Tire and Rubber Co.）；JSR（Japan Synthetic Rubber Co.，Ltd.）；NECO（Nippon Zeon Co.，Ltd.）；KR（Kuraray Co.，Ltd.）；KC（Karbochem，Div. of Sentrachen.，Ltd.）；KRA（Kraton Polymers）；RUB（Русский Каучк Co.）；RUV（русскийволжский）；RUJ（русскийскиремыер）；RU т（русскийтольятти）；N к N н（никнекамский）；QDY к S（青岛伊科思新材料股份有限公司）；MMLH（广东鲁众华新材料有限公司）；QDDP（青岛第派新材料有限公司）。

二、市场供需

（一）世界供需及预测

1. 生产现状

世界IR生产装置主要集中在俄罗斯和中国，俄罗斯是目前世界最大的IR生产国，2023年IR产能为45.2万吨/年，占世界IR总产能的66.4%；中国IR产能为11.5万吨/年，占世界IR总产能的16.9%。2023年生产装置仅有茂名鲁华、山东神驰、抚顺伊科思以及新疆天利四套装置，年产能合计11.5万吨/年，但是实际开车只有抚顺伊科思以及新疆天利二套装置。很明显，中国异戊二烯橡胶部分装置长期闲置。俄罗斯NKNK公司是目前世界最大的IR生产企业，主要生产钛系IR，产品牌号为SKI-3I和SKI-3II，2023年IR产能为28.0万吨/年，占世界IR总年产能的41.1%。

国外主要的生产厂家有美国固特异轮胎橡胶公司（产能9.0万吨/年）、俄罗斯Synthez Kauchuk公司（产能8.2万吨/年）、俄罗斯NKNK公司（产能28.0万吨/年）、俄罗斯Sibur公司（产能9.0万吨/年）、日本合成橡胶公司（产能4.1万吨/年）、日本瑞翁公司（产能4.0万吨/年）。2023年末公布的国外异戊橡胶产能见表2.103。

表 2.103　2023 年末公布的国外异戊橡胶产能

企业名称	产能/(万吨/年)	催化体系	主要牌号
美国固特异轮胎橡胶公司	9	钛系	2200，2205，2210
Kraton 聚合物公司	2.5	锂系	305，307，309，310
日本合成橡胶公司	4.1	钛系	2200，2200J
日本可乐丽公司	2.5		
日本瑞翁公司	4.0	钛系	2200，2200L，2205
俄罗斯 Synthez Kauhuk 公司	8.2	钛系，钕系	SKI-3，SKI-5，SKI-3P，SKI-3S
俄罗斯陶丽亚蒂卡丘克有限公司	9.0		
俄罗斯下卡姆斯克石化公司	28.0	钛系	SKI-3G1，SKI-3，SKI-G2
南非 Karbochem PTY. Ltd 公司	0.4	钛系	

异戊橡胶的生产主要受下游用户使用、异戊二烯的价格和天然橡胶的价格三个因素共同决定。由于天然橡胶持续低迷和国际地区局部冲突，导致俄罗斯和我国异戊橡胶装置开工率不高，尤其我国，2023 年仅抚顺伊科思和新疆天利两套装置部分运行，累计生产异戊橡胶 4.6 万吨。

2. 需求分析及预测

2023 年，世界异戊橡胶的总消费量约为 53.0 万吨，约 65% 用于生产轮胎及轮胎制品，预计今后几年，世界异戊橡胶的需求量将以年均约 3.0% 的速度增长，其中，美国、日本和西欧异戊橡胶的消费量仍将处于停滞状态，而亚洲地区（除日本外）的消费量将以年均约 3.5% 的速度增长，东欧的消费量没有明显好转的迹象。

美国异戊橡胶产品主要用于生产轮胎及轮胎制品以及机械产品等，其中轮胎及轮胎制品的消费量约占总消费量的 58.8%，机械产品约占 21.8%，橡皮和橡胶圈约占 5.9%，安全带和软管约占 3.9%，运动制品约占 3.9%，黏合剂、密封剂以及填隙化合物约占 2.0%，制鞋等其他方面约占 3.7%。

在西欧，最大的异戊橡胶消费国是德国，其次是意大利和法国。西欧异戊二烯橡胶主要用于生产轮胎及轮胎制品以及机械产品等，其中轮胎和轮胎制品对异戊橡胶的消费量约占总消费量的 60.0%，机械产品约占 20.0%，制鞋约占 1.5%，黏合剂和密封剂约占 9.2%，其他方面约占 9.3%。预计 2025 年，西欧地区异戊二烯橡胶的消费量将以年均约 1.6% 的速度增长。

中东欧是目前世界上最主要的异戊二烯橡胶生产地区，其生产能力全部集中在俄罗斯。中东欧地区由于天然橡胶缺乏和轮胎工业的不断发展，对异戊二烯橡胶的需求量较大的俄罗斯的消费量占该地区总消费量的 80.38%，约占世界总消费量的 40.2%。俄罗斯异戊橡胶产品主要应用于轮胎和轮胎制品，约占总消费量的 85%，另外有约 12% 用于机械制品。

日本异戊橡胶产品主要用于汽车轮胎及轮胎制品方面，消费量约占总消费量的 84.4%，其他方面的消费量约占 15.6%。预计今后几年，日本异戊橡胶的消费量将以年均约 0.4% 的速度增长。

2011—2014 年，异戊橡胶的价格伴随着天然橡胶的价格，从每吨胶 40000 多元降到了 10500 元，新建的橡胶装置纷纷停车。2013 年开始，全球天然橡胶开始出现供过于求现象，预计未来天然橡胶价格仍将在低位震荡，对应的异戊橡胶价格也将持续低位徘徊。另一方面，原材料异戊二烯的价格仍较高，预计今后全世界异戊橡胶生产前景并不乐观。

某些国家和地区的异戊橡胶消费结构见表 2.104。

表 2.104　某些国家和地区异戊橡胶消费结构　　　　　　　　　　　　单位：万吨

应用领域	俄罗斯	美国	西欧	日本
轮胎	80.0	58.0	60.0	80.9
机械制品	—	22.0	19.5	2.1
其他	20.0	20.0	20.5	17.0

（二）国内供需及预测

1. 生产现状

中国科学院长春应用化学研究所早在 20 世纪 60 年代，就对用稀土催化体系合成高含量顺式-1,4 结构的异戊橡胶进行了研究，掌握了高含量顺式-1,4 结构异戊橡胶（具有足够的分子量及分子量分布）的合成工艺，能源和原材料消耗达到了最佳水平。并于实验室条件下在中试装置上（用钕催化剂）合成出顺式-1,4 含量不低于 98%、分子量分布窄（小于 3）的异戊橡胶，并与用 Ti 催化体系合成的异戊橡胶进行了对比。2010 年，茂名鲁华（广东鲁众华新材料有限公司）15kt/a 和青岛伊科思新材料公司 30kt/a 的两套异戊橡胶生产装置相继投产，结束了我国长期无生产异戊橡胶的历史。随后，山东神驰化工公司、濮阳林氏化学新材料公司、淄博鲁华鸿锦化工公司、中国石化燕山分公司 4 套生产装置相继兴建。然后陆陆续续又有几家企业设计和兴建异戊橡胶生产线，如抚顺伊科思新材料公司 4.0 万吨/年，宁波金海晨光化工有限公司 3.0 万吨/年，新疆天利高新石化股份有限公司 3.0 万吨/年，目前我国已成为世界稀土异戊橡胶第一大生产国。但是国内异戊橡胶已投产装置开工状况不佳，同时 2012 年以来天然橡胶售价大幅度下跌，致使国内的异戊橡胶生产基本处于停滞状态。实际需求未达到预期，导致这些项目纷纷搁置或者放弃建设。目前我国不少现有异戊橡胶生产装置处于多年停产状态，在产装置的开工率较低，产品同质化现象比较严重，市场竞争力不足，高端产品仍需要依靠进口。预计未来一段时期这种状况仍将继续。目前生产运行的装置仅有抚顺伊科思和新疆天利两套装置，2023 年生产装置有效生产能力合计为 3.57 万吨/年，有效生产能力全部为稀土聚异戊二烯，其中抚顺伊科思 1.31 万吨，新疆天利 2.26 万吨。目前国内使用的异戊橡胶大多是从俄罗斯与日本进口，如钛系胶 IR2200 与 SKI 系列。

我国异戊橡胶现有生产装置的技术情况见表 2.105。

表 2.105　我国异戊橡胶现有生产装置的技术情况

企业名称	产能/（万吨/年）	催化体系	主要牌号	技术来源及技术特点
广东鲁众华新材料有限公司	1.5	稀土	LHIR60，70，80，90	自主研发/停工
淄博鲁华工有限公司	5	稀土	LHIR60，70，80，90	自主研发/装置改造
青岛伊科思新材料有限公司	3	稀土	IR70，80	自主研发/装置改造
山东神驰化工有限公司	3	稀土		长春应化所/停工
中国石化燕山分公司	3	稀土	IR70，80	北化院燕山分院/装置搁置
抚顺伊科思公司	4	稀土		生产
新疆天利高新石化股份有限公司	3	XITU	IR70，80	俄罗斯技术/生产

2. 需求分析及预测

2015—2023 年，我国聚异戊二烯橡胶的表观消费量总体呈现先逐年增长，然后逐年下降发展态势，2023年转降为升。其中2015年的表观消费量为5.49万吨，2017年达到近几年的最大值9.95万吨，同比增长约25.16%。2023年的表观消费量为8.25万吨，同比增长约11.04%。相应产品自给率2015年为54.64%，2020年为47.72%，2023年为56.00%。

由此可见，进口胶仍占国内市场的较大份额。进口牌号主要有俄罗斯的SKI-3、SKI-3S、SKI-5和SKI-5PM。其中SKI-3和SKI-3S使用钛系催化剂体系进行生产，区别在于SKI-3牌号产品为黑色，实际应用上以轮胎和橡胶制品为主；SKI-3S牌号为浅色，应用在特殊要求的医疗行业和制鞋业中。SKI-5和SKI-5PM采用稀土催化剂，SKI-5牌号产品为浅色，SKI-5PM为无色，主要应用于医疗行业。日本产品主要是用于医药制品行业的IR2200。我国异戊橡胶主要应用于轮胎、医用、鞋材以及输送带等其他橡胶制品中。轮胎行业是我国异戊橡胶主要消费领域，但近年来消费占比呈减弱趋势。

2023年我国异戊橡胶的消费结构见表2.106。未来异戊橡胶的下游消费领域仍将以轮胎为主，但由于异戊橡胶与天然橡胶相比，具有质量均一、纯度高、无色透明、臭味小、非胶组分和杂质小等优点，加上异戊橡胶里面不含天然蛋白等生物组分，适用于医药包装以及瓶塞等方面，预计医药领域的应用将是未来我国异戊橡胶需求增长的主要推动力。在胶鞋生产中，由于异戊橡胶比天然橡胶透明性好，加工性能也相似，也经常代替天然橡胶用于制鞋业，其中鞋材主要消费区域在华南地区。其他领域则多集中在输送带等制品行业中，部分输送带行业会在生产产品中少量添加聚异戊二烯橡胶来提高产品性能。预计到2028年，我国对异戊橡胶的需求量约为9.5万～10.0万吨。

表2.106 2023年我国异戊橡胶消费结构

消费领域	轮胎和其他黑色橡胶制品（主要是轮胎）	医用	鞋材和其他	合计
消费量/kt	31	8	11	50
所占比例/%	62	16	22	100

三、工艺技术

生产异戊橡胶的主要原料是异戊二烯，通常是从石化工业乙烯裂解的副产品C_4和C_5馏分中萃取而得。生产方法一般采用的是溶液聚合工艺，所用的溶剂为直链烷烃或芳烃。根据聚合反应引发剂的不同，工业上用于异戊二烯顺式定向聚合的催化体系主要可分为三大类，即锂系催化剂、钛系催化剂和稀土系催化剂。这三种催化体系中，锂系引发体系所得到的异戊橡胶的顺式-1,4结构含量通常为91%～92%，钛系和稀土系异戊橡胶的顺式-1,4结构含量可达到96%以上，当前国外很多企业在生产过程中都以钛系为主，俄罗斯以稀土系为主，少部分企业以锂系为主。不同催化体系的异戊橡胶结构含量见表2.107，世界上异戊二烯橡胶生产工艺及性能见表2.108，不同催化体系异戊橡胶的微观结构及分子结构参数见表2.109。

表2.107 不同催化体系的异戊橡胶结构含量

指标	钛系	锂系	稀土系	NR
顺式-1,4含量/%	96.0～98.0	91.0～92.0	96.0～99.0	98.0
3,4-结构含量/%	2.0～4.0	8.0～9.0	1.0～6.0	2.0
$M_w/\times 10^4$	19～40	62	26～100	100～1000
凝胶含量/%	4～30	<1	<3	15～30

表 2.108 世界上异戊二烯橡胶生产工艺及性能

项目	美国 Goodyear 公司	美国 Ameripol 公司	意大利 ANIC 公司	日本クラレ公司	日本ゼオン公司	日本合成橡胶公司	俄罗斯	荷兰 Shell 公司
催化体系	$TiCl_4$-$(i$-$C_4H_9)_3$Al-第三组分	$TiCl_4$-$(i$-$C_4H_9)_3$Al-第三组分	$TiCl_4$-聚亚氨基铝烷	$TiCl_4$-$(i$-$C_4H_9)_3$Al-第三组分	$TiCl_4$-$(i$-$C_4H_9)_3$Al-第三组分	$TiCl_4$-$(i$-$C_4H_9)_3$Al-第三组分	$TiCl_4$-$(i$-$C_4H_9)_3$Al-第三组分（或第四组分）	$TiCl_4$-$(i$-$C_4H_9)_3$Al
聚合溶剂	己烷	丁烷	己烷	丁烷（十苯）	丁烷	己烷	异戊烷	戊烷
聚合釜	数台串联	数台串联，溶剂蒸发导出反应热	4台串联首釜为80m³，其他为50m³的不锈钢釜，有螺带式带刮壁的搅拌器，用丙烯冷却	3台 45m³ 玻璃钢釜串联，溶剂蒸发导出反应热	3台 40m³ 衬玻璃碳钢釜串联，溶剂蒸发导出反应热	4台 20m³ 不锈钢釜串联，用丙烷冷却	2～6台 20m³ 釜串联，带刮壁装置，盐水搅拌冷却	10台聚合釜同联操作，溶剂蒸发导出反应热
单体浓度/%	15～25	16	20	21	20	—	12～15	21
聚合温度/℃	0～50	1～2	5～40	32～33	25～35	30～40	20～40	50～70
聚合时间/h	3～5	3～4	3～6	2.5	3	—	2～3	2～3
单体转化率/%	70～80	~80	90～95	60～70	75	—	90～95	>95
干胶含量/%	15	15～17	~18	13～15	15	19	11～14	-19
凝胶含量/%	5～20	~10	0～4	9.5	3.7	—	20～30(0～5)	0～1
特性黏数/(dL/g)	~4	~4	5～6	4.4	4.6	4.7	3.5～4.4	~6
门尼黏度 [ML(1+4)100℃]	70～90	80～90	>80	>80	~80	>80	55～85	55～65
终止剂	甲醇(或不使用)				特殊方法	胺类	甲醇或不使用	甲醇
催化剂残渣脱除工艺		水洗(3次)	水洗(3次)	水洗			水洗	水洗
凝聚釜·脱溶剂工艺		数台；汽提法	2台；汽提法	4台；汽提法	4台；汽提法	3台；汽提法	2台；汽提法	汽提法
干燥工艺	挤压脱水膨胀干燥	挤压脱水挤压干燥	挤压脱水挤压干燥(一级)挤压干燥(二级)热风干燥	挤压脱水膨胀干燥	挤压脱水膨胀干燥带式干燥	挤压脱水膨胀干燥	挤压脱水膨胀干燥热风干燥	挤压干燥

表 2.109　不同催化体系异戊橡胶的微观结构及分子结构参数

胶种		天然橡胶	异戊橡胶		
			锂系	钛系	稀土系
催化剂体系			RLi	Ti-Al	Nd-Al
微观结构	顺式-1,4 含量/%	98	91~92	96~98	94~99.5
	顺式-3,4 含量/%	—	8~9	2~4	0.5~6
	加成方式				
	头-尾链节/%	98	89	95	
	头-头链节/%		1	1	
	尾-尾链节/%		2	1	
分子结构参数	凝胶含量/%	15~30	0~1	4~30	0~3
	特性黏数/(dL/g)	6~9	-6.5	-3.5	6~8
	$M_w/\times 10^4$	100~1000	122	70~130	130~250
	$M_n/\times 10^4$		62	19~40	26~110
	M_w/M_n	>3	2	2.4~4	2.2~5.6
	门尼黏度[ML(1+4)100℃]	90~100	55~65	80	60~100
	支化指数	0.55	1.0	0.9~1.0	—
其他	挥发分/%	1.0	0.1	0.1	0.12~0.13
	灰分/%	0.5~1.5	0.1	0.2~0.6	0~0.2
	相对密度	0.92	0.91	0.91	-59
	玻璃化转变温度 T_g/℃	-72	-70~-68	-72~-70	
	结晶融化温度 T_m/℃	4~11	-7~2	-7~2	
	结晶半衰期/h	1~3	>30	11~30	

1. 锂系催化

锂系催化剂是合成异戊橡胶中最早实现工业化的催化体系。从产品的微观结构看，锂系异戊橡胶产品的顺式-1,4 含量一般不超过 92%，其分子量高，分子量分布窄，这些特点决定了锂系异戊橡胶的综合性能相对钛系与稀土系异戊橡胶较差，因而通常不用于生产汽车轮胎。另外使用锂催化剂材料的过程中，对氧化物杂质、硫化物杂质、氮化物杂质有一定的敏感性，在原材料方面也提出了非常苛刻的要求。但是锂系异戊橡胶的优点是聚合物的分子量、分子量分布等微观结构可以随意调整，催化剂用量少，制品颜色浅，几乎无杂质，流动性好，抗氧剂水平低，可以代替天然橡胶用于生产工业橡胶制品，如胶鞋和食品用橡胶制品等。此外，锂系液体异戊橡胶用作橡胶加工增塑剂时还可以改善硫化胶的物理机械性能与化学稳定性，不会从胶料中抽出或迁移而污染环境。

2. 钛系催化

国外的钛系异戊橡胶生产过程中主要使用 Ziegler-Natta 催化剂，通过溶液聚合技术进行异戊橡胶的生产，通常会将四氯化钛、烷基铝钛系催化剂作为主要的部分，工艺流程为：预先配制催化剂、精细化制作原材料、聚合处理、终止之后添加防老剂和脱除残留的引发剂，之后进行胶体和液体的分离处理，回收其中的溶剂和单体，做好精制生产工作，对橡胶进行脱水干燥处理，最终成型、包装。钛系催化剂合成的异戊橡胶具有顺式-1,4 含量高（96%~98%）、分子量较低、分子量分布宽、易于加工、产品易结晶、凝胶含量相对较高等特点。钛系催化剂的成品胶物性指标与天然橡胶相近,明显优于锂系异戊橡胶,因此目前工业上主要采用钛系催化剂生产顺式-1,4聚异戊二烯橡胶。而与稀土系异戊橡胶相比,钛系催化剂在成本上具有一定的优势,但是钛系工艺由于催化剂中的变价金属钛离子,使得聚合物带色,加速聚合物的氧化降解,影响橡胶的耐老化性能,因此反应终止后必须立即从聚合后胶液中洗去,工业上一般采用水洗法脱除。工艺路线造成大量废水、废渣、废气,需要处理,而且其凝胶含量较多,灰分也比较大。

3. 稀土催化

采用稀土催化体系制备异戊橡胶的技术是由我国最早研发的。我国从1960年就开始研究稀土催化聚合异戊橡胶的工艺路线,但当时我国C_5资源缺乏,异戊二烯单体供给不及时,使异戊橡胶工业化生产研究停滞了几十年。直到90年代,国内乙烯行业快速发展,C_5资源才逐渐丰富起来。我国虽然是稀土资源大国,但稀土提纯率低,导致稀土催化剂价格高出锂系与钛系数倍,工业总成本较高。目前国内实现异戊橡胶工业化的技术均采用稀土催化体系,而且技术大多源于中国科学院长春应用化学研究所和俄罗斯。20世纪70年代长春应用化学研究所和吉林化学工业公司研究院最早开始了合成异戊橡胶的研究,合作开发了钛系异戊橡胶的合成技术,之后又成功开发了稀土异戊橡胶并建立了中试装置,合成出了几十吨异戊橡胶。后又开展中试试验,开展轮胎加工实验活动、里程实验分析活动,能够确保催化剂生产性能、产品的质量指标、整体的生产流程等和当时国外的水平不相上下。1987年完成1.3万吨/年异戊橡胶装置基础设计。1992年,上海高桥石化也提出了建设1万吨/年异戊橡胶装置的预可行性报告。2010年国内率先实现了稀土异戊橡胶万吨级的产业化,其中代表性工作是中国科学院王佛松院士的博士后白晨曦研究员设计完成了具有独立知识产权的3万吨/年人工合成天然橡胶-稀土异戊橡胶全套生产工艺包,在山东成功实现了技术转移和转化。该装置在目前国际上同类装置中具有单线产能最大、能耗(蒸汽,电耗)和物耗低(催化剂、单体和溶剂损耗)、产品性能最接近天然橡胶、成本比天然橡胶低10%等特点,更主要的是实现了对天然橡胶的完全替代(100%)。同时,该成果通过由中科院组织的成果鉴定,其整体达到了国际领先水平。他还率领团队完成10万吨/年异戊二烯单体的关键产业化技术,为合成天然橡胶提供了丰富廉价原料,目标是彻底扭转我国天然橡胶短缺及供给不足的战略难题。

稀土催化剂是在高度立体规整结构橡胶合成制造过程中的高效催化剂材料,具有催化双稀定向聚合的作用,其中含有稀土盐成分与金属烷基化合物成分,一般情况下会采用烷基铝化合物。使用稀土催化剂所生产的异戊橡胶产品,与钛系催化剂所生产的产品相比,催化剂在应用过程中的活性很高,应用的数量很少,容易进行均匀分布,产品顺式-1,4-结构的含量高,容易调整和调节分子量分布状态,其中聚合物的凝胶数量较少,灰分的含量在0.3%之内。同时产品的平均分子量很高,分布的状态处于狭窄的状态,硫化加工的时间很短,引发剂残留物不会对产品性能产生危害,不需要使用水洗脱灰的技术,因此废弃物的生成数量很低,具有节能环保的优势。另外,稀土催化剂实际的配制环节和应用环节非常简易,聚合引发的速度相对较快,诱导的周期时间很短,能够实现连续性聚合。

现有的稀土异戊橡胶聚合催化剂工业技术主要有氯化稀土催化剂技术、非均相羧酸稀土催化剂技术和均相羧酸稀土催化剂技术3种,虽各有千秋,但均相羧酸稀土催化剂技术因加入量容易控制、活性中心稳定、产品顺式-1,4结构含量较高而更胜一筹。

（1）氯化稀土催化剂技术

俄罗斯采用的氯化稀土催化剂由氯化钕的异丙醇配合物和烷基铝（AlR_3）组成。氯化钕中的 Nd-Cl 键属于离子键，不易被助催化剂烷基铝烷基化，与异丙醇形成配合物后，Nd-Cl 键的共价性增强，容易被烷基化而形成催化活性中心，因此催化异戊二烯聚合的活性与氯化钕相比显著提高，但是，由于 $NdCl_3 \cdot Ni\text{-}PrOH$ 在烃类溶剂中的溶解性差，其与 AlR_3 的烷基化反应其实为非均相反应，形成的催化剂也是非均相的。因此，氯化稀土催化剂的活性仍然较差，生产的异戊橡胶凝胶含量高、分子量分布较宽。为了改进氯化稀土催化剂技术，2012年，俄罗斯将异戊橡胶产品的分子量分布从 3.1～4.6 降低为 2.1～2.6，配制溶剂为甲苯，甲苯的带入对分离回收及后续催化剂活性会造成影响。

（2）羧酸稀土催化剂技术

国内生产稀土异戊橡胶，除个别生产厂家引进了俄罗斯的氯化稀土催化剂技术外，大都采用的羧酸稀土催化剂技术。作为异戊二烯聚合催化剂主催化剂的羧酸稀土，一般采用环烷酸钕、异辛酸钕和新癸酸钕等在己烷中易溶解的组分。这些羧酸钕在己烷中易于溶解的原因是由于其羧酸配体分子的空间位阻较大，因此配合物在溶剂中呈单分子形态存在。羧酸钕的己烷溶液与倍半乙基氯化铝、三异丁基铝按一定比例和顺序混合反应，即得到工业用的钕聚合催化剂。羧酸稀土催化剂又分为非均相和均相两种，综合来看，均相羧酸稀土催化剂技术的优势更明显一些。

展望未来，在均相羧酸稀土催化剂技术基础上，提高催化活性（稀土利用率）及产品的顺式-1,4 结构选择性将是稀土异戊橡胶聚合催化剂工业技术发展的方向。

四、应用进展

异戊橡胶的发展取决于单体异戊二烯的成本，最终归结于天然橡胶的价格。异戊橡胶主要用于轮胎领域，是制造斜交胎、载重子午胎等的重要原料，同时也广泛用于生产输送带、胶带、胶鞋、运动器械、医用材料等。异戊橡胶也可以与天然橡胶和顺丁橡胶等配合使用，以提高橡胶制品的使用性能。例如，异戊橡胶可以以任意比例与天然橡胶并用于轮胎，可保持轮胎的抗老化裂口和耐磨性能不降低；充油异戊橡胶与天然橡胶并用作胎面胶时，在轮胎行驶的过程中生热低，且降低了生产成本；与顺丁橡胶并用可改善异戊橡胶的磨耗性能，且耐磨耗性能随顺丁橡胶含量的增大而提高，拉伸强度和撕裂强度则随之下降；异戊橡胶与充油顺丁橡胶并用（二者比例 50∶50）时，还能改善老化裂口，生热较低。

异戊橡胶通常用于生产轮胎、输送带、衬垫、V 带、胶板、医药制品、密封件、胶鞋及体育运动用制品等。近些年消费量占异戊橡胶总消费量的 65%；其次是机械用橡胶制品，消费量占 11%；第三是医药行业，消费量占 8.0%；输送带等领域的消费量占 8.0%。世界异戊橡胶需求量以年均 2.7% 的增长率增长，异戊橡胶的发展前景主要取决于轮胎行业需求量以及天然橡胶的市场价格和供应情况。目前世界范围异戊橡胶发展速度将继续放缓，产能不会大幅增加。俄罗斯和中国仍将是世界异戊橡胶主要生产和消费国家，其发展状况直接影响世界异戊橡胶的发展格局。下游消费领域仍将以轮胎为主，医药领域的应用将是异戊橡胶需求增长的主要推动力。

由于国内 IR 已投产装置开工状况不佳，我国实际需求未达到预期，导致纷纷搁置或者放弃建设,目前具备一定生产能力的只有抚顺伊科思 4 万吨/年,山东神驰 3 万吨/年,新疆天利 3 万吨/年生产装置。按照目前状况,预计近年我国不会有新建 IR 装置投产,IR 生产能力仍将维持现有水平。在产装置的开工率较低,产品同质化现象比较严重,市场竞争力不足,高端产品仍需要依靠进口(例如医用级和高端牌号)。预计未来一段时期这种状况仍将继续。

五、发展建议

我国是橡胶加工和出口大国,已成为世界上重要的橡胶消费国,天然橡胶与合成橡胶的消费量均位居世界第一。但是我国橡胶资源不足,制约着橡胶工业的发展。受土地资源的限制,我国天然橡胶树种植面积很难有明显的增长,所以降低橡胶工业对进口天然橡胶的过分依赖,大力发展天然橡胶代用胶——异戊橡胶,是缓解市场供需矛盾的重要措施。自 2010 年我国异戊橡胶实现工业化生产以来,国内先后有多家企业建成工业生产装置,且生产装置几乎都采用稀土催化体系。但受到天然橡胶价格以及聚异戊二烯橡胶生产技术等因素的影响,目前我国聚异戊二烯橡胶市场疲软,尤其在力学性能和轮胎加工性能都与天然橡胶,特别是进口烟片胶有一段距离。所以在航空轮胎和高性能工程机械轮胎中,异戊橡胶仍不能完全替代天然橡胶。这是因为:虽然异戊橡胶具有与天然橡胶相似的化学组成、立体结构和物理机械性能,但是异戊橡胶与天然橡胶相比,在微观结构、分子量分布、凝胶含量等方面仍然有所差别。

(1)组成与结构

天然橡胶主要由橡胶烃(顺式-1,4 聚异戊二烯)组成,同时还含有其他非橡胶成分,如蛋白质、丙酮抽出物、灰分、水分、金属离子等。顺式-1,4 聚异戊二烯橡胶是天然橡胶最主要的成分之一,每一个链节都存在一个能够进行加成反应的双键,除了顺式-1,4 构型之外,天然橡胶还存在反式-1,4 构型、一些异构体以及改性的衍生物。而作为一种由异戊二烯人工合成的异戊橡胶,不含有天然橡胶中那么多的蛋白质和丙酮抽出物等非橡胶烃成分。从微观结构上看,天然橡胶的顺式-1,4 含量高达 98% 以上,这一比例与橡胶的结晶难易程度呈正相关(结晶的难易程度与顺式-1,4 含量成正比),同时少量极性基团的存在,例如一些蛋白和磷脂,使得天然橡胶更容易结晶。异戊橡胶结晶性能较天然橡胶低,所以其屈服强度、拉伸强度均低于天然橡胶。天然橡胶分子量一般大于异戊橡胶,并在高分子量区域具有特有的第二峰,即有所谓的高分子量部分存在。这一突出特征被认为是天然橡胶具有优良的加工性和硫化特性的原因之一。

(2)加工工艺

异戊橡胶和天然橡胶同样表现出优异的加工性能。除了高分子量的异戊橡胶需要通过适当的塑炼来保证橡胶与填料的浸润性外,一般的异戊橡胶质软、分子量较低,在加工时可以不进行塑炼。异戊橡胶的生胶与天然橡胶的生胶相比流动性更好,具有一定的冷流倾向,特别是含有较低顺式结构的异戊橡胶具有出色的流动性。相比天然橡胶,使用异戊橡胶不需要进行预塑炼,因此可以节省时间和减少能源消耗。但异戊橡胶不含蛋白质与酯类物质以及铜、铁等金属离子,格林强度相对较低,硫化速率相对天然橡胶较低,这虽然使得异戊橡胶的门尼黏度和硫化速度都相对比较稳定,抗返原性较好,不过硫化平坦期要比天然橡胶长。所以在配方体系中促进剂使用量要比天然橡胶多 10%~20%,硫黄使用量比天然橡胶少 10%~15%。

但异戊橡胶与天然橡胶在混炼时都存在不同程度的降解，异戊橡胶降解百分比大，天然橡胶降解绝对值高。在开炼机上进行加料混炼时，异戊橡胶混炼胶的流动性、包辊性与吃料速度都比天然橡胶好，而且加工时异戊橡胶的挺性没天然橡胶强，容易变形，在割胶过程中受到的阻力更小。所以在开炼过程中要严格控制塑炼的时间和两辊的剪切力、温度，否则容易出现过炼粘辊现象。在黏合性上异戊橡胶跟天然橡胶不相上下，压延、压出时的收缩率和膨胀率较低，有较好的挤出和压延性，所以在注压或传递模压成型过程中滞后损失小。

（3）使用性能

异戊橡胶作为结构上最接近天然橡胶的合成橡胶，虽然使用性能上也与天然橡胶相似，但有时候差之毫厘的结构会产生大同小异的性能效果。比如说在相同的填料配方和加工工艺及正硫化时间下，得到的异戊橡胶硫化胶的拉伸强度、屈服强度、定伸应力、抗撕裂强度、耐疲劳性、弹性模量等均会比天然橡胶硫化胶稍低一些。异戊橡胶的结晶性能低于天然橡胶，这种差异是导致异戊橡胶硫化胶在上述性能方面表现较弱的一个重要因素。并且天然橡胶具有很好的自补强性，可以单独用于高强力、高耐磨橡胶制品生产中。所以在航空轮胎和高性能工程机械轮胎中，异戊橡胶仍不能完全替代天然橡胶。虽然这些原因限制了异戊橡胶在部分领域的应用，但异戊橡胶硫化胶的动态疲劳生热性和抗湿滑性比天然橡胶略好一点，耐老化性、耐水性、耐热性、耐寒性、耐氧化性、化学稳定性等明显优于天然橡胶。所以异戊橡胶被广泛应用于密封垫、制鞋、橡胶管、胶板、汽车车厢、减震器等制品中。而且异戊橡胶分子量分布均一性高、分子结构可被人为设计，而且含有非橡胶烃杂质成分极少，所以非常适合高品质的医学卫生领域和食品级橡胶产品制造。

因此，今后研究的重点将是不断完善现有生产技术，尤其是开发催化效率高、使用周期长、生产成本低的新型催化剂，进一步提高顺式-1,4结构的含量，使异戊橡胶产品在结构上具有高的链规整性（高顺式含量和序列分布）、可控的分子量分布（窄分子量分布）和极性化的高分子链（可末端改性）等特性，降低橡胶黏度，改善橡胶的综合性能。

此外，还应该加快新型装置设备的应用，改进生产工艺。目前国内很多装置都是借鉴镍系顺丁橡胶装置，从根本上忽略了稀土异戊橡胶的特性，没有针对这个胶种进行生产工艺开发。在今后工作中，应重视加大三个方面工作。

（1）异戊二烯是合成橡胶最为关键的反应原料，其用量占异戊二烯总产量的95%以上，人工合成天然橡胶的发展受制于单体异戊二烯的来源和价格。目前，异戊二烯单体主要来源有两个，一是从石脑油裂解制乙烯的副产物碳五馏分中分离获得；二是采用化学方法合成。目前我国均从石油裂解制乙烯副产物碳五馏分分离获得，但存在碳五资源产地分散、分离流程长、产品杂质高和成本过高等诸多问题，尤其目前页岩气、乙烷气为原料制备乙烯技术路线成为国际主流，已经逐步替代传统的石脑油裂解制备乙烯路线，造成其副产物碳五资源严重短缺，制约了合成天然橡胶大规模产业化。烯（异丁烯）醛（甲醛）气相一步化学法制备异戊二烯单体具有流程短、副产物少、产品易精制等特点，为下游产品规模化生产提供原料保障，不仅可以实现碳四资源高值化利用，而且可以彻底扭转我国天然橡胶短缺问题，未来我国将成为世界上最主要、最大的异戊二烯单体生产来源地。

（2）提高现有稀土异戊橡胶性能。目前合成异戊橡胶技术缺乏完善性，顺式-1,4结构含量较低，胶液与门尼黏度还需要有所改善。在未来还需着重进行聚合技术的研究开发，确保生产出能源消耗量低、性能高、顺式结构含量高的异戊橡胶产品，快速替代普通天然橡胶。

(3) 目前，国产天然橡胶质量和关键性能低于进口天然橡胶，无法满足高性能轮胎生产的原材料要求。生产的异戊橡胶与天然橡胶综合性能差距较大，其生胶强度、硫化胶定伸应力和撕裂强度等都不及天然橡胶，且在加工时易变形、制品耐磨性和耐疲劳性差，从而导致其应用受限。天然橡胶的一个突出的特点是具有应变诱导结晶特性，这也是天然橡胶具有高强度、高耐磨特性的重要原因。如蛋白质、磷脂等，可以通过氢键、离子键等相互作用形成物理交联点，又可以促进结晶成核，增加应变下的链取向从而加速结晶生长，还可以增大天然橡胶的分子量，防止橡胶分子降解，促成天然橡胶中复杂三维网络结构的形成，从而使天然橡胶具备了合成橡胶所无法实现的弹性大、强度高、蠕变小等特点，导致天然橡胶成为综合性能最好的橡胶品种。进一步的挑战是将这些端基生物分子引入聚异戊二烯中，对聚异戊二烯合成橡胶末端进行生物分子仿生修饰，将高顺式合成橡胶与模拟天然橡胶末端的各种生物分子通过化学键结合，构建复杂的三维网络结构，改进异戊橡胶的应变诱导结晶特性，并采用橡胶基因组工程及跨尺度模拟计算等手段对生物分子仿生修饰与合成橡胶产品性能的关系进行系统研究，实现特种应用合成橡胶的定向设计，使其具有高强度、高耐磨特性，有望用于航空轮胎领域，解决高端天然橡胶受限的瓶颈问题。

第二十五节　高温硫化硅橡胶

北京国化新材料技术研究院　王丽红

一、概述

高温硫化硅橡胶，别名混炼硅橡胶、固体硅橡胶，是硅橡胶中发展最为成熟的产品之一。高温硅橡胶（HTV）是由高聚合度（5000～10000 个硅氧烷结构单元）的聚硅氧烷配合补强填料和其它各种添加剂，经加压，再高温（110～170℃）硫化成型得到的弹性体，分子量在 50 万～80 万之间。因其分子主链由 Si-O-Si 键组成，具有良好的热氧化稳定性、抗臭氧、耐候性及电性能，已在航空航天、国防军工、电子电气、机械制造、建筑建材、石油化工、医疗卫生、日常生活等国民经济各个领域得到广泛应用。

二、市场供需

(1) 国内生产现状

2023 年，中国 HTV 新建项目投产较多，产能、产量持续增长。据 ACMI/SAGSI 统计，2023 年中国 HTV 产能、产量分别达到 180.67 万吨/年、101.44 万吨，同比分别增长 27.8%、8.3%。各大企业仍在持续投产扩能，根据新建拟建项目投产可能性分析，预计 2024 年中国 HTV 产能约 201.27 万吨/年，同比增长 11.4%，产量约 111.99 万吨，同比增长 10.4%。到 2028 年，产能、产量将增长至 299.66 万吨/年、162.6 万吨，2024—2028 年年均增速分别为 10.7%、9.9%。2012—2028 年中国 HTV 生产状况及预测见图 2.62。

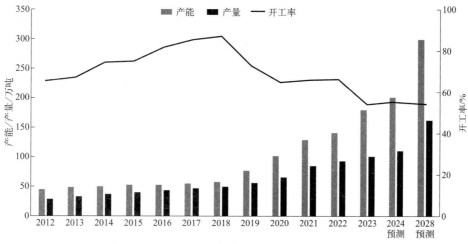

图 2.62 2012—2028 年中国 HTV 生产状况及预测

（数据来源于 ACMI/SAGSI）

（2）主要生产企业

由于 HTV 上游原料基地多位于华东、华南地区，同时下游电子制造业发达，国内 HTV 生产集中在长江三角洲和珠江三角洲地区。主要生产厂家有东爵、合盛、新安、迈高（深圳）、正安等，排名前十企业的合计产量占总产量的 38.3%。未来，随着国内 DMC 产能的迅速扩张，将导致原料成本降低，HTV 价格也进一步压缩，在此情况下，具备成本优势的上下游一体化企业及与上游企业合作关系较好的部分外购原料企业仍有不错的发展前景，规模较小的短链企业生存压力将日渐增大。2023 年中国主要 HTV 生产企业及产能见表 2.110。

表 2.110 2023 年中国主要 HTV 生产企业及产能

企业名称	产能/(万吨/年)
合盛硅业股份有限公司	39.7
东爵有机硅（南京）有限公司	16.2
浙江新安化工集团股份有限公司	7.5
迈高精细高新材料（深圳）有限公司	6.0
东莞市正安有机硅科技有限公司	3.0
东莞市天桉硅胶科技有限公司	2.5
湖南贝森新材料有限公司	3.0
江苏明珠硅橡胶材料有限公司	3.0
广州市瑞合新材料科技有限公司	1.5
宜昌兴之新塑胶电子科技有限公司	2.0
东莞新东方科技有限公司	6.0
东莞市科多有机硅材料有限公司	4.1
中天东方氟硅材料有限公司	5.9
陶氏（张家港）有机硅有限公司	1.5
东莞市华岱有机硅有限公司	1.8
埃肯（星火）有机硅有限公司	2.9
浙江恒业成有机硅有限公司	2.2
山东东岳有机硅材料有限公司	4.0
其它	68.9
总计	180.7

注：数据来源于 ACMI/SAGSI。

(3) 拟在建项目

截至 2023 年底，HTV 公布的拟在建项目合计产能为 142.64 万吨/年，随着行业市场变化，企业未来战略调整等因素影响，部分企业可能延期投产或取消项目。中国 HTV 拟在建项目情况见表 2.111。

表 2.111 中国 HTV 拟在建项目情况

企业名称	产能	装置所在地
广东陆祥新材料科技有限公司	6 万吨/年 HTV	广东惠州
福建固泰有机硅材料有限公司	3 万吨/年 HTV	福建宁化
安徽迈腾新材料有限公司	5 万吨/年 HTV、3.3 万吨/年生胶	安徽天长
福建纳福硅业有限公司	2 万吨/年生胶、6 万吨/年 HTV	福建三明
内蒙古鑫环硅能科技有限公司	0.2 万吨/年生胶	内蒙古呼和浩特
兰州东金硅业有限公司	2 万吨/年生胶、4.6 万吨/年 HTV	甘肃省兰州
湖北鑫金鹏新材料有限公司	0.2 万吨/年生胶	湖北枣阳
广州市瑞合新材料科技有限公司	5 万吨/年 HTV	广东肇庆
定远县融宏新材料有限公司	1.9 万吨/年 HTV	安徽定远
福建天翊有机硅新材料有限公司	1.2 万吨/年 HTV	福建三明
湖南贝森新材料有限公司	1 万吨/年生胶、0.5 万吨/年 HTV	湖南株洲
内蒙古兴发科技有限公司	16 万吨/年生胶	内蒙古乌海
佛山市天宝利硅工程科技有限公司	1 万吨/年 HTV	广东佛山
融信化学（山东）有限公司	0.8 万吨/年生胶、1.5 万吨/年 HTV	山东济宁
江西星越化工科技有限公司	0.7 万吨/年 HTV	江西九江
内蒙古恒业成有机硅有限公司	8 万吨/年生胶、10 万吨/年 HTV	内蒙古乌海
江门佳迪新材料有限公司	1 万吨/年 HTV	广东江门
湖北正安新材料有限公司	3 万吨/年 HTV、0.48 万吨/年生胶	湖北宜昌
湖北兴瑞硅材料有限公司	8 万吨/年生胶	湖北宜昌
广西协美化学品有限公司	0.3 万吨/年生胶	广西贵港
广东省仟甫新材料有限公司	0.5 万吨/年 HTV	广东仟甫
山东特龙谱新材料有限公司	0.12 万吨/年 HTV	山东临朐

注：数据来源于 ACMI/SAGSI。

(4) 进出口分析

2023 年，对国外高端有机硅产品进口有所恢复，同时受国外需求下滑等因素影响，部分外企将销售重心转向国内市场，使得高温硅橡胶全年进口量同比增加，出口量有所下降。HTV 出口量 14.50 万吨，同比下降 4.6%，进口量约 2.00 万吨，同比增加 5.26%。

(5) 需求分析

HTV 作为一类特种合成橡胶，已在航空航天、国防军工、电子电器、机械制造、建筑建材、石油化工、医疗卫生、日常生活等国民经济各个领域得到广泛应用，并成为必不可少的先进材料。高温硅橡胶的应用制品主要包括模压制品（如各种胶板、垫圈、垫片、薄膜、胶辊、电子电器的按键、用于特种场合的各种模具橡胶制品等），挤（压）出制品（如各种胶管、胶绳、型材、电线电缆包皮、胶条等），胶布制品（如密封垫、膜片、白黏布、隔离布等）。

目前，HTV 下游消费量最大的领域为电子电器，占中国 HTV 总消费量的 37.4%。2023 年我国新能源汽车持续爆发式增长，用于充电桩线缆、电池连接线、电池用发泡硅胶等汽车领域的 HTV 增长速度最快，约为 20.3%，占 HTV 消费总量的 3.1%。电线电缆、绝缘子和其他领域分别占比 17.2%、11.2% 和 31.1%。据 ACMI/SAGSI 统计，2023 年中国 HTV 消费量约为 88.94 万吨，同比增长 10.6%。随着下游各领域的发展，未来 HTV 需求将保持增长态势，预计 2024 年约 98.86 万吨，同比增长 11.2%，2028 年需求量将达到 147.45 万吨，2024—2028 年平均增速约 10.6%。

三、工艺技术

HTV 的生产工艺主要是 110 生胶、硫化剂、填料及色母粒等助剂在混炼机中混炼的过程。混炼硅橡胶一般在通用的橡胶混炼机上制备，大规模生产则在捏合机或密闭式混炼设备（密炼机）中进行。目前国内外主要生产工艺包括间歇法生产工艺和连续化生产工艺。

间歇法生产工艺是通过人工将 110 硅橡胶生胶、白炭黑、助剂投入捏合机混合均匀，把料取出冷却后，再将其投入捏合机内升温捏合、出料、压滤、包装，总耗时大约 8h。此工艺的优点是产品质量稳定，缺点是工艺时间长、成本高。

连续化生产工艺主要是采用自动供料系统，将所有物料供入捏合机内，通过配方调整，直接升温捏合 1h 即可出料包装，总耗时 4.5h。与间歇法生产工艺相比，同一批料工艺时间缩短了 3.5h，从而大大提高了生产效率，节约了生产成本，但产品稳定性较难控制。

中国 HTV 的生产工艺已经相对成熟，但与国外生产工艺相比，仍存在较大的差距，主要体现在密闭系统、原料纯度等方面，具体见表 2.112。

表 2.112　国内外 HTV 生产工艺对比

国外	国内
产品针对性强，专用料开发，牌号较多	产品针对性弱，牌号一般偏少
生胶质量好，杂质少，催化剂为第二代氢氧化钾，单套生产能力已达到 1 万吨/年	生胶质量较好，原料杂质多，催化剂为第二代氢氧化钾，单套装置生产能力在 1000～5000 吨/年
使用助剂品种多，处理效果好，成本较高	采用专利技术进行处理的氢氧化铝阻燃剂
混炼工艺先进，多为全系统密炼	冷炼和热炼为密炼，薄通为开炼，混炼工艺严格

注：数据来源于 ACMI/SAGSI。

四、应用进展

（1）电子电器

电子电器领域对 HTV 的需求主要是各种电器遥控器的按键胶、手机护套、硅橡胶垫片、笔记本键盘贴、密封垫圈、胶塞、胶套、电饭锅、电水壶、电冰箱、空气炸锅衬垫等耐高低温部件。除了以上常见的应用外，还广泛应用于各种插件、电极定子线圈绝缘胶带、耐高温电位器密封及电机高压线圈的推力环。2023 年中国在电子电器领域消耗 HTV 约 33.30 万吨，同比增长 5.9%，预计 2024 年该领域的需求量将达到 35.36 万吨，同比增长 6.2%。

（2）电线电缆

HTV 耐高温、耐臭氧、耐候、电气性能优异，其作为绝缘体燃烧分解时生成不导电的 SiO_2 残渣仍起绝缘作用；它还有良好的导热性，作为电线电缆使用能快速排除由电流负载所产生的热量；它的耐电弧性能十分优异，在电晕放电情况下，可连续使用 1000h，而一般有机橡胶绝缘电缆只能使用 30min，因此高温硫化硅橡胶是电线电缆工业中应用的理想材料。高温硫化硅橡胶主要应用于电力电缆、船舶电缆、加热电缆、点火电缆、原子能装置电缆、航空电线等，新能源汽车中硅橡胶高压线可以连接高压电池、电控单元及电动机。2023 年电线电缆领域消费 HTV 约 15.34 万吨，同比增长 7.5%。预计 2024 年电线电缆领域消费 HTV 约 16.5 万吨，同比增长 7.6%。

（3）绝缘子

与传统的瓷、玻璃绝缘子相比，硅橡胶复合绝缘子具有重量轻、强度高、制造维护方便等优点，在高压输变电设备中的应用比例逐年增加，目前已占据绝缘子市场主流。2023 年绝缘子消耗的 HTV 在 9.93 万吨左右，同比增长 17.7%。预计 2024 年绝缘子消耗的 HTV 为 11.70 万吨，同比增长 17.8%。

（4）汽车工业

HTV 是汽车制造中不可缺少的重要材料之一，不仅可优化汽车生产制造过程，也可提高汽车的性能和安全性，目前已广泛应用于汽车的各种零部件，如汽车涡轮增压冷却管、安全气囊涂层、动力传动密封件、垫圈、软管、挡风玻璃内衬、汽车发动机密封、点火线及线圈护套、汽车元器件的密封和保护等。2023 年汽车领域消耗 HTV 约 2.74 万吨，同比增长 20.3%。预计该领域 2024 年 HTV 的需求量将达到 3.35 万吨，同比增长 22.3%。

五、发展建议

近年来，耐温、耐候、耐化学腐蚀等应用性能较弱的低端 HTV，由于技术含量低，投资少，扩产快，导致新建项目体量趋于庞大，而性能优异的高端硫化硅橡胶产能规模相对较小，未来中国 HTV 行业低端产品产能过剩压力将增大。龙头企业一体化程度深，原料供应得到保障，且成本低，将会持续挤压中小企业市场份额。因此，企业应注重积极开发中高档产品，提供个性化定制，增加产品的附加值，延伸产业链上下游布局；同时注重创新技术的研发和应用，提高生产效率和产品质量，增强企业竞争力，有利于企业长久发展。随着高温硅橡胶行业结构不断调整和产业链不断整合，高温硅橡胶产品种类和下游应用开发不断丰富，未来我国高温硅橡胶将逐渐向高端化方向发展。

第二十六节　液体硅橡胶

北京国化新材料技术研究院　王丽红

一、概述

液体硅橡胶（LSR）是在催化剂作用下，有机硅基胶上的乙烯基或丙烯基和交联剂分子上的硅氢基发生加成反应形成的高分子弹性体。LSR 在交联硫化过程中不会产生副产物、收缩率极小、能深层固化、对接触的材料无腐蚀，是电子电气行业首选的灌注材料。LSR

硫化后的物理机械性能和电性能都可以达到或超过混炼硅橡胶的水平，由于可以注射成型及模压成型，还具有加工方便、生产效率高、成本低、节能等优点，所以部分传统的混炼硅橡胶制品已被液体硅橡胶所替代，广泛应用于医疗卫生、母婴用品、电子电气及高端装备制造等领域。

二、市场供需

（1）国内生产现状

21世纪初，中国开始LSR的工业化生产，经过十多年的发展，已成为世界主要的LSR生产国。虽然我国LSR生产起步较晚，却是硅橡胶行业中发展最快的产品之一，其技术含量和附加值较高。2022年受疫情影响，部分新建项目未能落地，延期投产，2023年随着新建项目投产，中国LSR产能迅速增长，据ACMI/SAGSI统计，2023年中国LSR产能达到25.03万吨/年，同比增长46.1%。但新建产能释放需要一定时间，2023年LSR产量约13.48万吨，同比增长19.9%，平均开工率下降至53.9%。根据新建、拟建项目投产可能性分析，预计2024年中国LSR产能将扩张至30.66万吨/年，2028年达到57.11万吨/年。2024—2028年年均增速约17.9%。2012—2023年中国LSR生产情况见图2.63。

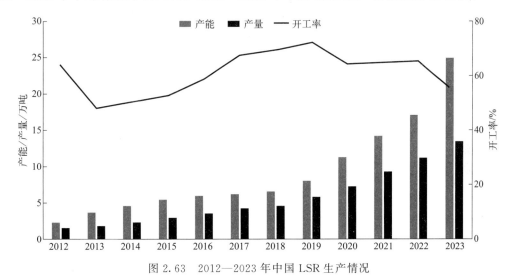

图 2.63　2012—2023 年中国 LSR 生产情况

（数据来源于 ACMI/SAGSI）

（2）主要生产企业

中国液体胶生产企业相对较少，规模普遍不大，较大的企业包括广州瑞合、正安有机硅、迈高（深圳）、新安化工、森日等，但一些实力比较雄厚的大型企业也开始进入液体硅橡胶领域，如浙江新安化工、埃肯（星火）等。2023年中国LSR排名前十的企业产量占50.1%。2023年中国主要LSR生产企业及产能见表2.113。

表 2.113　国内主要 LSR 生产企业及产能

企业名称	产能/（万吨/年）
东莞市正安有机硅科技有限公司	1.50
迈高精细高新材料（深圳）有限公司	2.00

续表

企业名称	产能/(万吨/年)
广州市瑞合新材料科技有限公司	1.00
浙江新安化工集团股份有限公司	1.60
深圳市森日有机硅材料股份有限公司	1.00
信越有机硅（南通）有限公司	0.80
深圳市易佳三硅胶有限公司	0.70
埃肯（星火）有机硅有限公司	1.80
广州从化兆舜新材料有限公司	1.50
东莞市科多有机硅材料有限公司	0.80
东莞市华岱有机硅有限公司	0.50
广东盛唐新材料技术有限公司	0.60
陶氏有机硅（张家港）有限公司	0.71
浙江天德新材料科技有限公司	0.35
东莞新东方科技有限公司	1.00
其它	9.17
总计	25.03

注：数据来源于 ACMI/SAGSI。

（3）拟在建项目

近年来液体硅橡胶行业快速发展，吸引了众多企业投资新建产能，以满足日益增长的市场需求。截至 2023 年底，LSR 新建、拟建产能约 32.1 万吨/年，2023 年中国 LSR 主要拟在建项目见表 2.114。

表 2.114　2023 年中国 LSR 主要拟在建项目

企业名称	产能/(万吨/年)	装置所在地
福建固泰有机硅材料有限公司	3	福建宁化
福建纳福硅业有限公司	1	福建三明
浙江森日有机硅材料有限公司	1.6	浙江衢州
兰州东金硅业有限公司	2.8	甘肃省兰州新
江西星越化工科技有限公司	0.34	江西九江
广东陆祥新材料科技有限公司	1	广东惠州
佛山市天宝利硅工程科技有限公司	1.05	广东佛山
融信化学（山东）有限公司	2	山东济宁
湖北正安新材料有限公司	1.5	湖北宜昌
山东特龙谱新材料有限公司	0.1	山东临朐
广东省仟甫新材料有限公司	0.52	广东仟甫
云南能投化工有限责任公司	0.28	云南曲靖
山东东岳有机硅材料股份有限公司	0.4	山东淄博
湖南贝森新材料有限公司	0.3	湖南株洲
山东东岳有机硅材料有限公司	2	山东淄博
湖北兴瑞硅材料有限公司	3	湖北宜昌
杭州赛肯新材料技术有限公司	1	浙江建德
内蒙古鑫环硅能科技有限公司	0.28	内蒙古呼和浩特
江西蓝星星火有机硅有限公司	1.02	江西永修
陶氏有机硅（张家港）有限公司	0.6	江苏张家港

注：数据来源于 ACMI/SAGSI。

（4）需求分析及预测

LSR 具有流动性好，硫化快，可以浇注成型、注射成型的特点，主要应用于医疗保健、日用品、电子、汽车等领域。从消费结构看，医疗保健是液体硅橡胶最主要的消费领域，日益增长的需求和精密注塑成型技术使液体硅橡胶广泛地应用在医疗设备中，2023年医疗领域液体硅橡胶消费占比48.5%。日用品为液体硅橡胶第二大消费领域，占比达20.5%，其次在电子、汽车行业分别占比17.0%和4.5%，除此之外的其他领域约占9.5%。

未来，随着经济复苏，生活水平提高，我国液体硅橡胶下游医疗器械、母婴市场等医疗保健市场及日用品市场规模将持续扩大，对液体硅橡胶的需求将稳步增长。同时，随能源汽车和电子行业的快速发展以及有机硅发泡胶、有机硅合成革等新兴领域不断扩大，将进一步助力液体硅橡胶市场快速发展。预计2024年中国LSR需求量约14.77万吨，同比增长26.6%。2028年需求量将达到25.91万吨，2024—2028年年均增速约17.3%。

三、工艺技术

LSR 通常是由基础胶、填料、交联剂、催化剂等组成。主要采用甲基乙烯基硅油为基础聚合物，白炭黑作补强填料，再加入处理剂、助剂后通过热处理获得基础胶，再配合适量的铂催化剂、抑制剂及含氢硅油，获得的A、B双组分即为加成型液体硅橡胶。主要工艺流程包括捏合、研磨、搅拌、压滤，见图2.64。

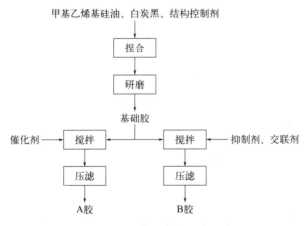

图 2.64 液体硅橡胶生产工艺

捏合：按生产配方将部分甲基乙烯基硅油、白炭黑、结构控制剂分次投入捏合机中，在常温下捏合一段时间，再加入剩余部分的甲基乙烯基硅油，待常温捏合一段时间后，对捏合机进行升温，在真空条件下高温捏合一定时间后，得到基础胶。

研磨：将混合完毕的基础胶，通过三辊研磨机进行研磨，使胶料与白炭黑充分分散。

搅拌：将基础胶分为A、B两组分，A组分添加铂催化剂，B组分添加低含氢硅油、结构抑制剂，分别通过搅拌机在常温下搅拌1h，使得胶料密实。

压滤：搅拌一段时间后，A、B物料分别采用压料机进行压料挤出，得到A胶和B胶。

近年来，我国液体硅橡胶工艺水平有了很大的提升，但与国际先进水平仍有一定差距，国内液体硅橡胶生产过程中的温度、时间、压力等工艺参数控制精度不及国际先进水平，生产设备的精度和自动化水平也有限，导致硅橡胶大规模生产时在密度、硬度、拉伸强度等性能方面存在一定的波动和不稳定性。

四、应用进展

（1）医疗保健

LSR 不会释放有毒物质且触感柔软舒适，可以进行高压灭菌消毒，医疗行业对液体硅橡胶的需求不断增长。当前，液体硅橡胶已在医疗电缆、医疗纺织品涂料、呼吸面罩、医疗管材中得到应用，在医疗器件领域将逐步取代 PVC 和天然乳胶，如牙科印模、人工器官、美容假体、医用导管、医用器具护套等。2023 年医疗保健领域共消耗 LSR 约 5.65 万吨，同比增长 25.0%，预计 2024 年 LSR 在医疗保健领域的消耗量约 7.10 万吨，同比增长 25.6%。

（2）日用品

LSR 因无毒、便于操作而应用于厨具（如电饭锅垫圈、硅橡胶果盘、洗菜盘、汤勺等）、工艺品、护目镜、面罩、各种瓶罐、食品级模具、体育用品、电动洁面仪、婴童玩具等领域。液体硅橡胶在织物涂层中应用也较为广泛，如防滑手套、防滑袜、针织品、棉织品、莱卡弹性布料等。2023 年中国日用品消耗 LSR 约 2.39 万吨，同比增加 30.7%。预计 2024 年日用品领域将消费 LSR 约 3.14 万吨，同比增长 31.4%。

（3）电子行业

液体硅橡胶拥有出色的防水性能以及优异的弹性、抗老化性、生物相容性，可实现复杂形状产品的制造，硫化过程中没有副产物放出，有优良的介电性能且形变极小，广泛用作电子元器件的防潮、托运、绝缘的涂覆及灌封材料，对电子元件及组合件起防尘、防潮、防震及绝缘保护作用。2023 年电子领域消耗 LSR 约 1.99 万吨，同比增长 22.4%。预计 2024 年电子领域消费 LSR 约 2.45 万吨，同比增长 23.1%。

（4）汽车

加成型 LSR 具有深层硫化特性，加热下短时间内能完全硫化，且具有耐热性好、电气绝缘性好、耐老化性好、机械强度高、无毒无味、可延伸性强等特点，广泛用于汽车工业，如汽车小型零部件、汽车密封条、汽车点火电线、火花塞、排气管吊钩、接头密封套等产品。2023 年汽车领域消耗 LSR 约 0.53 万吨，同比增加 25.1%。预计 2024 年汽车领域消耗 LSR 约 0.67 万吨，同比增长 26.4%。

五、发展建议

自 2017 年以来，中国液体硅橡胶产能利用率均保持在 65% 以上，2023 年受新建产能集中投产的影响，利用率有所下降，未来随着新投产能稳定释放，中国开工率将有所回升。叠加社会对环保、健康、安全等要求的日益增高，液体硅橡胶产量及需求量在未来几年有望继续保持稳健增长态势。近年来，中国在液体硅橡胶生产技术方面已经取得了显著进步，但与进口产品仍有一定差距。进口液体硅橡胶的一致性和质量控制表现更加优异。主要是因为国内液体硅橡胶生产过程中的温度、时间、压力等工艺参数控制精度与国际先进水平有差距，生产设备的精度和自动化水平也有限。需要生产企业投入大量资金和技术力量去改进和完善工艺参数和设备精度，以提高液体硅橡胶产品的稳定性。在一些特殊性能要求的产品上，如超耐高温、特殊电气性能等，进口产品可能具有更明显的优势，所以需要国内生产企业加大新产品的研发力度，丰富产品种类，以满足不同领域的应用需求，进一步助力液体硅橡胶市场繁荣发展。

第二十七节　碳纤维

广州赛奥碳纤维技术股份有限公司　林刚
泰和新材集团股份有限公司　吕李杰
新疆蓝山屯河科技股份有限公司　高原

一、概述

碳纤维是一种主要由碳元素组成的高性能新型纤维材料，含碳量在90%以上，其中含碳量高于99%的称为石墨纤维。其拉伸强度约为钢材的10倍，重量约为钢材的1/5，具有出色的力学性能和化学稳定性，并具有低密度、耐腐蚀、耐高温、耐摩擦、抗疲劳、导电及导热性高、膨胀系数低、X光穿透性高、非磁体但有电磁屏蔽等特点，又兼具纺织纤维的柔软可加工性。

因具有独特的结构和性能，碳纤维被大量应用于飞机结构、火箭壳体、卫星制造等航空航天领域，风电叶片、储氢气瓶、光伏、电线电缆、体育器材、医疗器械、建筑补强等国民经济诸多领域。随着碳纤维制备技术的发展和成本的下降，碳纤维将逐步受到工业及民用产品的青睐。

碳纤维标准模量是指拉伸模量为230~270GPa；中等模量是指拉伸模量为270~350GPa；高模量是指拉伸模量超过350GPa。

碳纤维按丝束分类如下。

小丝束（或常规丝束）：1~40K

大丝束：≥48K

巨丝束：≥100K

目前国际上水平较高的碳纤维生产企业主要集中在日本、美国等。其中日本东丽公司（Toray）生产的碳纤维，无论品质、产量还是品种均居处于世界领先地位。日本东丽的碳纤维牌号及性能如表2.115所示。

表2.115　日本东丽（Toray）的碳纤维牌号及性能

牌号	丝束	拉伸强度/MPa	拉伸模量/GPa	断裂伸长率/%	线密度/(g/km)	密度/(g/cm³)
T300	1K	3530	230	1.5	66	1.76
	3K	3530	230	1.5	198	1.76
	6K	3530	230	1.5	396	1.76

续表

牌号	丝束	拉伸强度/MPa	拉伸模量/GPa	断裂伸长率/%	线密度/(g/km)	密度/(g/cm³)
T400H	3K	4410	250	1.8	198	1.8
T400H	6K	4410	250	1.8	396	1.8
T700S	12K	4900	230	2.1	800	1.8
T700S	24K	4900	230	2.1	1650	1.8
T800S	24K	5880	294	2	1030	1.8
T800H	6K	5490	294	1.9	223	1.81
T800H	12K	5490	294	1.9	445	1.81
T1000G	12K	6370	294	2.2	485	1.8
T1100G	12K	7000	324	2	505	1.79
T1100G	24K	7000	324	2	1010	1.79
M35J	6K	4510	343	1.3	225	1.75
M35J	12K	4700	343	1.4	450	1.75
M40J	6K	4400	377	1.2	225	1.77
M40J	12K	4400	377	1.2	450	1.77
M46J	6K	4200	436	1	223	1.84
M46J	12K	4020	436	0.9	445	1.84
M50J	6K	4120	475	0.9	216	1.88
M55J	6K	4020	540	0.8	218	1.91
M60J	3K	3820	588	0.7	103	1.93
M60J	6K	3820	588	0.7	206	1.93

除了东丽公司外，日本东邦和三菱的聚丙烯腈碳纤维也发展到相当高的水平，产品性能和东丽公司相当。日本东邦的碳纤维产品牌号为Tenax，以1～24K小丝束为主。表2.116为日本东邦的碳纤维牌号及性能，表2.117为日本三菱的碳纤维牌号及性能。

表2.116 日本东邦的碳纤维牌号及性能

规格	丝束	拉伸强度/MPa	拉伸模量/GPa	断裂伸长率/%	密度/(g/cm³)
HTA40	1K	4100	240	1.7	1.77
HTA40	3K	4100	240	1.7	1.77
HTA40	6K	4100	240	1.7	1.77
HTS40	3K	4400	240	1.8	1.77
HTS40	6K	4400	240	1.8	1.77
HTS40	12K	4400	240	1.8	1.77
HTS40	24K	4400	240	1.8	1.77
HTS45	12K	4500	240	1.9	1.77
STS40	24K	4300	240	1.8	1.78
STS40	48K	4300	250	1.7	1.77
UTS50	12K	5100	245	2.1	1.78
UTS50	24K	5100	245	2.1	1.78
IMS40	3K	4500	290	1.6	1.73
IMS40	6K	4500	290	1.6	1.73
IMS40	12K	4500	290	1.6	1.73

续表

规格	丝束	拉伸强度/MPa	拉伸模量/GPa	断裂伸长率/%	密度/(g/cm³)
IMS60	6K	5800	290	2.0	1.79
	12K	5800	290	2.0	1.79
	24K	5800	290	2.0	1.79
HMA35	12K	3300	355	0.9	1.78
UMS40	12K	4700	390	1.2	1.79
	24K	4700	390	1.2	1.79
UMS45	12K	4600	425	1.1	1.83
UMS55	12K	4000	550	0.7	1.91

表 2.117 日本三菱的碳纤维牌号及性能

规格	丝束	拉伸强度/MPa	拉伸模量/GPa	断裂伸长率/%	密度/(g/cm³)
TR 30S 3L	3K	4120	235	1.8	1.79
TR 50S 6L	6K	4900	235	2.1	1.82
TR 50S 12L	12K	4900	235	2.1	1.82
TR 50S 15L	15K	4900	235	2.1	1.82
TR 50D 12L	12K	5000	235	2.1	1.82
TRH50 18M	18K	5300	250	2.1	1.82
TRH50 60M	60K	4830	250	1.9	1.81
TRW40 50L	50K	4120	240	1.7	1.81
MR 60H 24P	24K	5680	280	2.0	1.81
MS 40 12M	12K	4410	340	1.3	1.77
HR 40 12M	12K	4410	375	1.1	1.82
HS 40 12P	12K	4610	425	1.1	1.85

另外,美国也是世界上碳纤维技术水平较高的国家,赫式(Hexcel)就是其中的典型代表,其碳纤维牌号及性能见表 2.118。

表 2.118 美国赫式(Hexcel)的碳纤维牌号及性能

规格	丝束	拉伸强度/MPa	拉伸模量/GPa	断裂伸长率/%	密度/(g/cm³)
AS4	3K	4619	231	1.8	1.79
	6K	4447	231	1.7	1.79
	12K	4413	231	1.7	1.79
AS4C	3K	4654	231	1.8	1.78
	6K	4550	231	1.8	1.78
	12K	4654	231	1.8	1.78
AS4D	12K	4723	241	1.8	1.79
AS7	12K	4930	243	1.7	1.79
IM2A	12K	5309	276	1.7	1.78
IM2C	12K	5723	296	1.8	1.78
IM6	12K	5860	279	1.9	1.76
IM7	6K	5516	276	1.8	1.78
	12K	5688	276	1.8	1.78
IM8	12K	6170	304	1.9	1.79

续表

规格	丝束	拉伸强度/MPa	拉伸模量/GPa	断裂伸长率/%	密度/(g/cm³)
IM10	12K	6826	313	2.0	1.79
HM63	6K	4482	429	1.1	1.81
	12K	4826	434	1.0	1.83

我国碳纤维的研究工作开始于20世纪60年代，经过六十余年的发展涌现出了江苏恒神、吉林化纤、威海拓展等优秀的碳纤维生产企业，基本实现了国防军工领域用碳纤维的自主保障并不断向风电叶片、储氢气瓶、建筑补强、体育休闲等民用领域拓展。

二、市场供需

(一) 世界供需及预测

1. 生产现状

对比2022年的全球运行产能258550吨/年，2023年为290230吨/年，增长12.3%，分地区产能及占比见图2.65。所有的新增产能由中国、韩国晓星及土耳其DowAksa贡献。

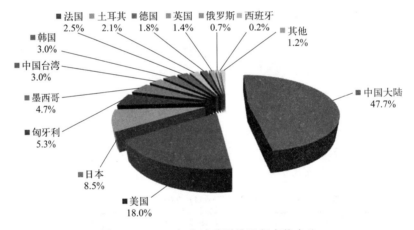

图2.65　2023年全球碳纤维运行产能占比
(来自广州赛奥《2023年度全球碳纤维复合材料市场报告》)

2023年，全世界主要增加的产能是：中复神鹰14000吨、吉林化纤7000吨、韩国晓星5500吨、土耳其DowAksa 2400吨、中简科技1500吨、长盛科技800吨。全球十强厂家中，包含了吉林化纤、中复神鹰、新创碳谷、宝旌四家中国企业。2023年已经宣布并在进行中的扩产有：东丽欧洲计划投资1.2亿欧元，法国工厂年产量将从5000吨增至6000吨；东丽美国投资1500万美元升级生产线，实现T1100G产能翻番（2024年初已经完成），扩建其位于加利福尼亚州Morgan Hill的工厂；东丽韩国扩建3300吨产能的第三条生产线，把年生产能力提高到8000吨/年；到2025年，东丽集团至少增加7500吨/年小丝束产能。此外还有吉林化纤15000吨高性能碳纤维、宝旌30000吨（2025年前完成）、中复神鹰30000吨（2026年完成）、上海石化6000吨（2024年完成）、韩国晓星在中国的9600吨及越南的21600吨扩产计划等。

世界主要碳纤维生产企业见表 2.119。

表 2.119 世界主要碳纤维生产企业

企业名称	产能/(万吨/年)	装置所在地	工艺来源
东丽	5.75	日本、美国	自主研发
吉林化纤	1.6	吉林	自主研发
赫式	1.6	美国	自主研发
东邦	1.45	日本	自主研发
三菱	1.43	日本	自主研发
西格里	1.3	德国	自主研发
中复神鹰	1.15	江苏、青海	自主研发
宝旌	1.05	浙江	自主研发
合计	15.33		

2. 需求分析及预测

2023 对于全球碳纤维市场是极其特殊的一年，通过对多方数据的统计及综合评估，2023 年全球碳纤维的需求量为 115000 吨，对比 2022 年的 135000 吨，下降了 14.8%。具体见图 2.66。

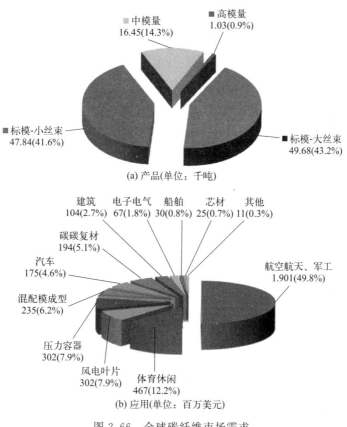

图 2.66 全球碳纤维市场需求

(来自广州赛奥《2023 年度全球碳纤维复合材料市场报告》)

2023 年的应用市场格局有较大的变化，对比前几年，风电市场对碳纤维的需求疲软，疫情之后，航空航天、军工市场迅速回暖，再次回到龙头地位。体育休闲市场近几年呈现了过山车一样的变化。

历史上，该市场呈平稳增长的规律，疫情开始后出现了疯涨，比如，2022年对比2021年的增幅达到29.7%，除了疫情刺激大众的消费，更多原因是疫情导致海运市场紊乱，西方分销商大量库存，2023年全球逐步恢复到正常状态，大量的库存使得销售狂降，对比2022年，2023年体育休闲领域消费降低了21.7%。压力容器市场在2023年是有所增长的，但是在2022年，由于碳纤维紧俏，各大厂家都做了一定的库存，2023年，碳纤维供应充足，所以消耗了一定的库存，新的需求体现出小许的降低。其他的市场，大都保持与2022年类似或稍微降低，主要原因是2022年碳纤维供应紧张之下的库存用到了2023年。碳碳复材（包括保温毡）主要受中国光伏行业影响，2023年有小幅度增长。

（二）国内供需

我国对碳纤维的研究起始于20世纪60年代，分别在中科院长春应化所、中科院化学所、中科院煤化所、化工部吉林化工研究院、吉林碳素厂、上海合成纤维研究所等单位开展了初步的研究工作。因国防领域的迫切需求，国家于1975年11月启动了"7511"工程专门研究攻关碳纤维，时任国防科工委主任张爱萍上将亲自主持关于碳纤维研发的动员大会。自"7511"会议召开至1985年，我国碳纤维突破了百吨级，此后基本停滞不前，但这为国产碳纤维的发展打下了坚实的基础。

直到2000年左右，以师昌绪院士为代表的老一辈科学家再次向党和国家领导人呼吁了碳纤维的重要性，随即得到党和国家领导人的极大重视，特批重大专项支持碳纤维研发。由中科院山西煤化所、中科院化学所、北京化工大学、山东大学承担并先后吸引了威海拓展、上海金山石化、东华大学、复旦大学等企业和高校参与，从此我国碳纤维迎来新的发展机遇。

2023年，我国的碳纤维市场也很不乐观，需求量为69075吨，对比2022年的74429吨降低了7.2%；2023年的运行产能为140830吨，对比2022的112050吨，增长了25.7%。进口量为16075吨（占总需求的23.3%，比2022减少了45.4%），国产纤维供应量为53000吨（占总需求的76.7%，比2022年增长了17.8%，对比2022年高达53.8%的增速，2023年严重放缓）。中国市场2015—2023年的增长率分别为13.4%、16.5%、20%、32%、22%、29%、27.7%、19.3%、－7.2%，市场的拐点已经出现。国产碳纤维2015—2023年供应量增长率分别为25%、44%、105.5%、21.6%、33.3%、54.2%、58.1%、53.8%、17.8%。随着上述市场增长的放缓甚至降低，相应的国产碳纤维供应量的增长会相应放缓。市场需求降低，而运行产能高速增长，必然形成价格血拼、库存高企的严重内卷状态。

2023年中国碳纤维不同应用领域的需求见图2.67，运行产能分布见图2.68。

三、工艺技术

1. 原材料的选择

根据原材料的不同碳纤维可以分为沥青基碳纤维、黏胶基碳纤维、酚醛基碳纤维、聚丙烯腈（PAN）基碳纤维。

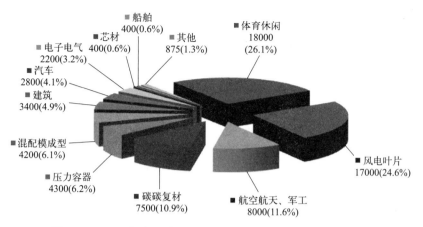

图 2.67 2023 年中国碳纤维不同应用领域的需求（单位：吨）
（来自广州赛奥《2023 年度全球碳纤维复合材料市场报告》）

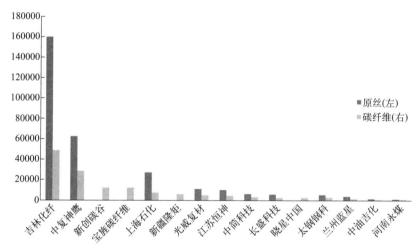

图 2.68 2023 年中国碳纤维运行产能分布（单位：吨）
（来自广州赛奥《2023 年度全球碳纤维复合材料市场报告》）

（1）沥青基碳纤维

沥青基碳纤维是以石油沥青或煤沥青为原料，经过精制、纺丝、预氧化、碳化制造而成。沥青基碳纤维因原材料为沥青，所以原料成本很低，碳含量、碳收率高，但由于其生产工艺复杂，反而使其成本大大增加。沥青基碳纤维相对于其他种类碳纤维而言具有更加优良的热传导性、导电性能，并且在受热状态下膨胀系数呈负值，在温度变化较大的恶劣环境中表现出优异的稳定性，所以在航空航天、军工领域发挥着不可替代的作用。

（2）黏胶基碳纤维

黏胶基碳纤维的原材料是人造丝，经过脱水、热解、碳化而来。黏胶基碳纤维有高调控性和发达的孔隙结构，又是由天然纤维素木材或棉绒转化而来，与生物的相容性好，是极佳的环保、医用卫生材料。并且由于其热导率小，石墨层间距大，石墨微晶取向度低，也是极佳的隔热、耐烧蚀材料。但由于黏胶基碳纤维生产工艺苛刻、流程长、生产成本较高，所以产量非常有限，目前产量已不足世界碳纤维产量的 1%，这在很大程度上限制了黏胶基碳纤维的应用发展。

(3) 酚醛基碳纤维

酚醛基碳纤维，是由酚醛原丝制成的非晶质碳纤维，阻燃性、绝缘性极好；可在松弛条件下碳化，加工工艺简单，碳化时间短且温度低，碳化率高，且手感柔软，但强度和模量较低，主要用于复写纸原料，耐腐蚀电线，以及用来制造耐热、防化防毒、无尘等特种服装。

(4) 聚丙烯腈（PAN）基碳纤维

聚丙烯腈（PAN）基碳纤维是丙烯腈通过聚合、纺丝、预氧化、碳化等工序制造而成的，具有高强度、高刚度、重量轻、耐高温、耐腐蚀、优异的电性能等特点，而且它柔曲性好，便于编织加工、缠绕成型。因为原料来源方便、工艺技术相对简单且生产出的碳纤维综合性能优良逐渐成为世界碳纤维的主流，全球市场占有率超过了90%。

2. 纺丝液制备工艺

(1) 一步法

此工艺中使用的聚合溶剂和纺丝溶剂相同，目前普遍使用二甲基亚砜（DMSO）作为溶剂，优点是工序少、流程短、转化率高、单体回收量少，生产出的原丝质量较高。

(2) 二步法

此工艺使用的聚合溶剂和纺丝溶剂不同。此工艺中的聚合釜具有较大的生产能力，适合生产大丝束碳纤维，目前国内腈纶厂较多使用此种工艺。但是此工艺转化率不如一步法高，聚合液浓度低，未聚合单体的回收量较大。

3. 纺丝工艺

(1) 湿法纺丝工艺

湿法纺丝工艺是将纺丝液经过过滤、脱泡以后，进入计量泵，通过喷丝头挤出，直接进入凝固浴。随着牵伸速度的提升，在喷丝头处容易产生断丝现象，因此湿法纺丝工艺生产速度相对较低，生产成本较高。通过湿法纺丝工艺生产的碳纤维原丝具有高强度、高取向度、高密度的特点，且表面有沟槽，在复合材料制作环节利于与树脂结合形成高性能的复合材料，目前大多应用于航空航天、军工等领域。

(2) 干喷湿纺工艺

干喷湿纺工艺流程与湿法工艺类似，只是纺丝液经过喷丝头喷出后先经过空气层再进入凝固浴。相对于湿法纺丝工艺而言，干喷湿纺法可以实现高速纺丝，例如威海拓展纤维有限公司已经可以实现500m/min的原丝纺丝速度。干喷湿纺工艺制备的原丝表面光滑，原丝截面近圆形，而且强度高于湿法工艺制备的原丝。干喷湿纺工艺是近几年较为流行的纺丝工艺，产品性能高、成本低，已经广泛应用于风电、缠绕壳体等领域。

4. 预氧化工艺

聚丙烯腈（PAN）原丝经退丝机退丝整经和调湿后，进入三台热风循环干式氧化炉，在180～300℃的热空气介质中进行逐级氧化处理。虽然聚丙烯腈分子的氰基为强极性基团，分子间存在着很强的偶极-偶极力，具有较高的熔点，但是碳化处理的最低温度要远高于其熔点，因此，在碳化处理之前必须对其进行预氧化处理。预氧化的主要目的是促进PAN的线型大分子链转化为耐热的网状梯形分子结构，同时抑制热裂解反应，减少热解小分子逸出，以使其在高温碳化时熔融不断，保持纤维形态，处于较好的热力学稳定状态，制得合格的预氧化纤维。

5. 碳化工艺

预氧化纤维进入低温碳化炉、高温碳化炉，在高纯氮气的保护下，分别在300～900℃和900～1700℃的温度下，进行低温碳化和高温碳化处理。预氧化纤维经过低温碳化和高温碳化后形成具有乱层石墨结构的碳纤维，在这一结构变化过程中，较小的梯形结构单元进一步进行交联、缩聚，且伴随有热解等复杂的物理、化学反应。在向乱层石墨结构转化的同时，释放出许多小分子副产物，逐步去除O、N、H等非碳元素，碳元素逐步富集，最终生成含碳量大于91%的碳纤维初级产品。

6. 表面处理工艺

碳纤维的初级产品经过电解、水洗、烘干、上浆、干燥等表面处理工序的进一步处理，成品卷绕成卷。由于在高温惰性气体中碳化处理，随着非碳元素的逸出和碳元素的富集，碳纤维表面活性降低，造成在后续工序应用中与树脂的浸润性差，导致复合材料的层间剪切强度低下，达不到设计和使用要求。因此，就需要对碳纤维进行表面处理，设计中采用脉冲直流电源进行阳极电解氧化处理，不仅氧化刻蚀除去碳纤维表面沉积物，而且进行表面氧化引入含氧基团，碳纤维表面含氧量显著增加，表面亲液性明显改善。在此工艺过程中，上浆剂的选择至关重要，关系着后续碳纤维复合材料性能的高低。

四、应用进展

（1）航空航天领域

碳纤维增强复合材料具有高模量、高强度特性，有助于飞行器减重，使其结构效率增加；碳纤维增强复合材料具有良好的抗疲劳性、抗振动性和耐腐蚀性，可以提高结构的可靠性。早期，碳纤维主要应用于飞机的非承力部件上，如飞机雷达罩、舱门、整流罩等。后来，随着复合材料制备工艺越来越成熟，结构设计水平越来越高，碳纤维增强复合材料开始应用于飞机的主要承力部件。根据Cirium数据显示，2023年空客与波音分别交付了721架与504架，对比2022年，空客增加了66架，波音增加了54架。

（2）风电叶片领域

根据国家能源局公开数据显示：2023年全国新增风电吊装容量7590万千瓦，创历史新高。国际风电巨头也纷纷公布了年报，维斯塔斯2023年实现营收153.82亿欧元，毛利润12.83亿欧元，终于实现扭亏为盈。2023年，维斯塔斯交付了12.7GW风电机组，其中陆上风机11.7GW、海上风机1GW；新增订单18.4GW，陆上风机15.3GW、海上风机3.1GW。通用电气可再生能源2023年亏损14亿美元，与2022年亏损22亿美元相比有所收窄，同时营收高达150.5亿美元，同比增长16%；西门子歌美飒最新披露的初步测算显示，2024财年第一季度营收20.43亿欧元，同比增长4.8%。不过，整体上看该公司仍处于严重亏损，税前现金流为-11.72亿欧元；Nordex集团公布的数据显示，2023年订单收入达到65亿欧元，较2022年的57亿欧元上涨明显，整体上已经达到收支平衡。

从碳纤维的用量上，2023年的20000吨对比2022年的34700吨有42%的降幅，主要原因是上述国外厂家在降本扭亏的压力之下，减少了碳纤维的应用。而国内对碳纤维的应用远远低于预期，使用量大约为6000吨，国内风电厂家同样也面临成本的巨大压力，以及玻璃纤维价格的大幅度下降，导致碳纤维在风电的性价比竞争优势减弱。

（3）体育休闲领域

2023年体育市场出现大幅度的下滑，主要原因有二：从需求端，疫情导致国际海运及出口系统紊乱，使海外市场的库存增加，需要在2023年消化；从供给端，前几年碳纤维价格一路上涨且供应紧俏，不少制造商不得不加大库存，这些也需要2023年消化。

（4）碳碳复材领域

碳碳复材的三大市场发展如下。

刹车盘市场：国际的主要企业是法国的Messier-Bugatti公司，美国的Honeywell公司、B. F. Goodrich公司、Goodyear公司，英国的Dunlop公司。中国的飞机刹车盘主要有北摩高科、中航飞机股份有限公司西安制动分公司、博云新材、西安超码、金博等厂商。该市场发展平稳。

航天部件：主要企业是国内航天的相关院所，碳碳复合材料以其优异的性能成为大型固体火箭喉衬，发动机的喷管、扩散段、端头帽等的首选材料。该市场发展平稳。

热场部件：单晶硅炉主要企业上虞晶盛机电、北京京运通科技、江苏华盛天龙光电设备、北京七星华创电子、德国PVA TePla AG、美国Kayex公司、日本Ferrotec公司；单晶硅炉内，主要有碳毡功能材料和坩埚、保温桶、护盘等碳碳复材，国际企业有德国的SGL公司、日本的东海碳素公司等；国内从事碳碳复合热场材料研发的单位包括金博、天宜上佳、超码、美兰德、隆基等。预制体是碳碳复材重要的制造环节，国内的主要企业是中材科技南京玻璃纤维研究院、江苏天鸟高新技术有限公司、天津工业大学复合材料研究所、宜兴市飞舟高新科技材料有限公司。为了便于统计，将碳毡也纳入该市场，同时将其他碳毡功能应用也统计到碳碳复材市场中，目前最大量的碳毡是服务于单晶硅炉的。在储能领域，碳纤维也有巨大的应用潜力，正在持续展开。

根据国家能源局数据，截至2023年底，全国太阳能发电累计装机容量达6.1亿千瓦。2023年，光伏新增装机容量达到216.88GW，同比增长148%，创下历史新高。同年，光伏产业链价格跌跌不休，价格竞争也传递到热场材料，业界已经把碳碳复材做到人类历史的最低成本（大约200元/公斤），其中碳纤维及增密成本各占一半。

（5）压力容器领域

碳纤维气瓶主要分类：呼吸气瓶、CNG气瓶、氢气瓶及长管拖车瓶。长管拖车瓶适用于CNG及氢气。由于加气基础设施的不足，目前CNG瓶、氢气瓶主要应用于固定路线的重卡、物流车及公交巴士。对于乘用车用氢气瓶，目前趋势还不明朗。

全球气瓶的主力依然在欧美，主要厂家为Luxfer、Faurecia（Forvia）、Hanwha Cimmaron、Hexagon Composites、Hexagon-Purus、Iljin Hysolus、NPROXX、Plastic Omnium、Toyota、Toyoda Gosei等；国内主要厂家为中材气瓶、北京天海、北京科泰克、中集安瑞科、江苏国富、中集南通、浙江凯博、浙江蓝能、上海未势能源、安徽绿动、山东奥扬、沈阳斯林达、辽宁美托、沈阳中复科金、辽宁奥斯福等。

2023年，外资在华投入气瓶情况如下：佛吉亚（上海）氢能投资有限公司（简称"佛吉亚氢能"）位于安亭镇的项目建成投用，进一步拓展储氢瓶和储氢系统业务；彼欧与蓝能氢能科技按50/50比例组建的新合资企业彼欧蓝能（PO-Rein）正式投入运营，产能高达60000只高压储氢容器的大型工厂计划于2026年投入运营；无锡威孚高科技集团股份有限公司与 Voith GmbH & Co. KGaA 签署了《合作备忘录》，推进 IV 型高压（70MPa）储氢瓶技术和业务合作项目，总投资约 1.2 亿欧元。

(6) 混配模成型应用市场

混配模成型严格讲，不是一个应用市场，而是对工艺的描述，但由于这些工艺横跨的应用多，所以，把它归类成一个应用，便于说明。混配（compound）是指非连续碳纤维增强塑料，主要包括短切增强和 LFT。玻纤 D-LFT 在汽车领域的广泛应用证明了这种复合材料形态的优势。模成型主要是成型片状模塑料、团状模塑料。由于回收碳纤维的加入，让这些非连续形态的，以及非连续形态加连续形态的混合结构，展现出一定的发展空间。

从事短切碳纤维增强塑料生产的，通常是改性塑料企业，比如 SABIC、RTP、POLYONE、COMPTEX、POLYNT、深圳沃特、广东金发科技等。从事碳纤维片状模塑料生产的企业主要有美国 QUANTUM、MAGANA、Ashland、Continental Structural Plastics，德国 MENZOLIT。2023 年，南通复源新材料公司采用回收碳纤维制备成"小米粒"短切纤维，并成功应用到汽车增强塑料零件。以汽车为代表的工业应用，对材料的性价比要求非常严苛。对于碳纤维在汽车上的大规模应用，就目前的技术水平，必须在非连续纤维增强材料上下狠功夫，尤其是短切增强塑料。

(7) 汽车应用市场

2023 年汽车市场需求为 9500 吨，与 2022 年持平。主要考虑两个方面因素：首先是宝马与西格里公司合作的复合材料汽车 i3 及 i8，这几年陆续停产，导致碳纤维用量降低；另一方面，除了传统超豪华汽车及改装市场，新能源汽车也纷纷推出豪华款，这些又带动了碳纤维用量的增加。但总体上，小批量的超豪华车（无论燃油还是新能源），采用碳纤维复材是必然的选择，因为总体成本比钣金工艺低。而对于量产车型，汽车行业对碳纤维的应用前景不甚明朗。轻量化——对于无论燃油车，还是新能源车，均是重要的，这毋庸置疑，但是，量产汽车的成本控制严苛，没有相当的轻量化效益（每减重一公斤的成本），车厂会选择传统的材料。如果要采用碳纤维复合材料，首先要考虑的是短切碳纤维增强塑料。30% 纤维含量的低成本碳纤维的成本为 21~24 元/公斤，70% 尼龙的成本为 14~17 元，材料成本为 35~41 元/公斤；加工方面，传统做法是混配造粒+注塑（成本高），当然也可以在线混配直接注塑（成本可参考注塑成本），这样，零件的成本有望控制在 40~46 元/公斤。铝合金零件的成本大致为 23~25 元/公斤，如果实现 6 系列铝合金同等性能，复材可实现减重 32.6%，因为减重，所以，零件成本相应减少 32.6%，非常接近铝合金的成本。

汽车簧下减重的热点是轮毂，国际主要生产商是澳大利亚的 Carbon Revolution，意大利的 Bucci，美国的 Vision Wheel 与 ESE Carbon。中国方面，豪华款新能源汽车正在或计划采用碳纤维轮毂，如广汽埃安昊铂 SSR、蔚来全新 ES6、高合 HiPhi A、比亚迪仰望 U8 等。中国已经有数家研发碳纤维轮毂的企业，但均未形成大批量能力。

(8) 电子电气应用市场

功能性应用领域：短切碳纤维增强塑料具有防静电、电磁屏蔽等功能，在复印机、打印机、数码相机、数据传输电缆接头等产品中早已经有成熟应用，对比炭黑、金属等类似材料，碳纤维增强塑料的成本较低，保证市场的稳定扩展。

力学增强方面：主要的产品形态有长碳纤维增强塑料（LFT）和连续碳纤维增强材料。连续碳纤维增强材料用于轻薄笔记本的壳体，有热固性壳体，也有热塑性壳体。

智能折叠手机领域：深圳市裕同新材科技有限公司针对大折叠高模量轻量化碳纤维材料的应用，在铰链门板一体PEEK注塑、多折叠柔性屏下支撑、玻纤电池盖及中框的导电和散热方面已配合国内外多家终端厂商进行了规模化验证和应用，具有一定的行业技术规模领先性；在高牌号超薄低克重碳纤维展纱、预浸料自动化成型及大功率自动化激光精密加工行业达到领先，优化并拓展了复材的加工工艺。

五、发展建议

我国碳纤维产业整体技术水平相对于前些年已经有了长足的进步，解决了行业的有无问题，大步跨入"从有到优"的阶段，在这过程中行业还存在着一些问题，主要体现在以下几个方面。

（1）产品质量不稳定。国产碳纤维的批次稳定性较日本东丽等国际先进水平还存在着不小的差距。

（2）调整产业需求结构，向高端应用领域、高技术附加值领域发展。随着我国航空航天、轨道交通、新能源汽车等领域的快速进步，这些领域将成为碳纤维需求的主要拉动力量。为此我们要大力发展碳纤维低成本技术，降低碳纤维成本，增强竞争力。要提升碳纤维复合材料的应用技术水平，提升自主设计能力，加强企业间的垂直合作，通过产、学、研、用有机结合，提高碳纤维生产企业提供一整套解决方案的能力，即产品研发—复材配比—模具设计—终端应用。

（3）重视国产碳纤维装备的研发，通过重大攻关项目等形式组建攻关团队，将碳纤维生产企业以及各大碳纤维关键装备制造企业联合起来，群策群力，不断迭代升级，突破"卡脖子"的碳纤维关键装备制造技术，实现碳纤维生产线的真正国产化。

第二十八节　芳纶纤维

中蓝晨光化工研究设计院有限公司　彭涛
赣州龙邦新材料科技有限公司　李永锋

一、概述

芳纶纤维全称为芳香族聚酰胺纤维，是由酰胺键互相连接芳香环（Ar-CONH-Ar）构成的线型高分子聚合物制成的一类纤维，其分子链上至少有85%的酰胺键直接与2个芳环连接。芳纶主要分为间位芳纶和对位芳纶。间位芳纶即聚间苯二甲酰间苯二胺纤维，国内也称芳纶1313。对位芳纶可细分为全对位芳纶和其他芳纶，全对位芳纶即聚对苯二甲酰对苯二胺纤维，国内也称芳纶1414或芳纶Ⅱ；其他芳纶主要包括杂环芳纶（二元或三元）和多元共聚芳纶（三元以上），国内以三元杂环芳纶为主，也称芳纶Ⅲ。几种芳纶的化学结构式如图2.69所示。

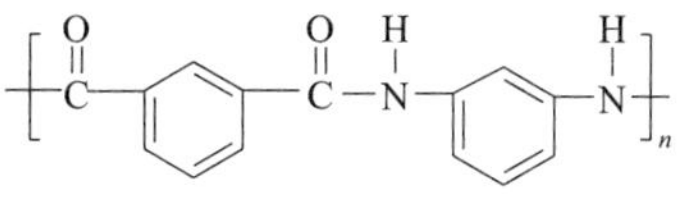

芳纶1313(Nomex, Conex)

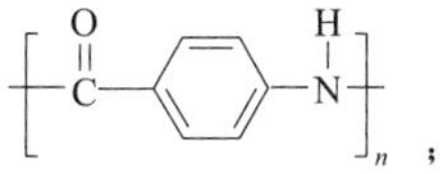

芳纶14

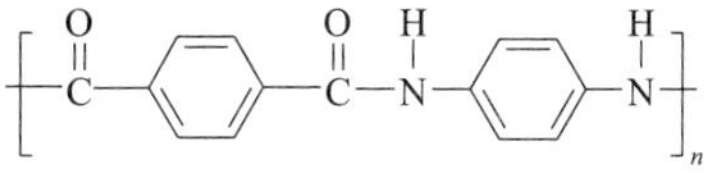

芳纶1414(Kevlar, Twaron)

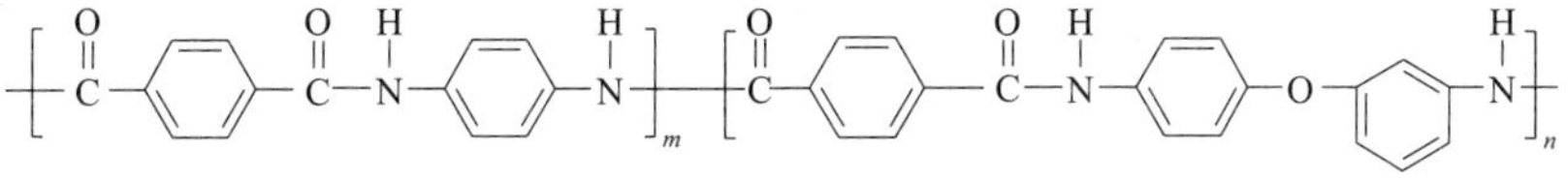

Technora

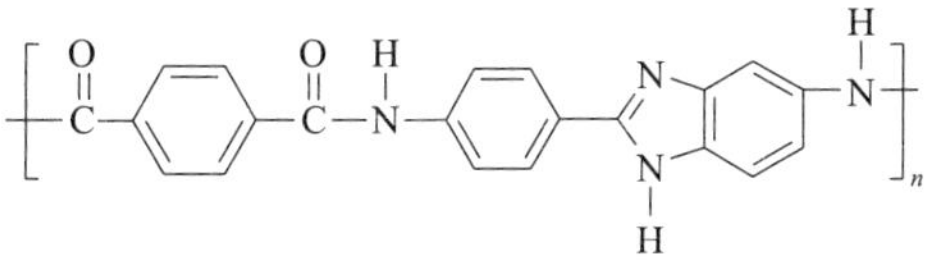

SVM

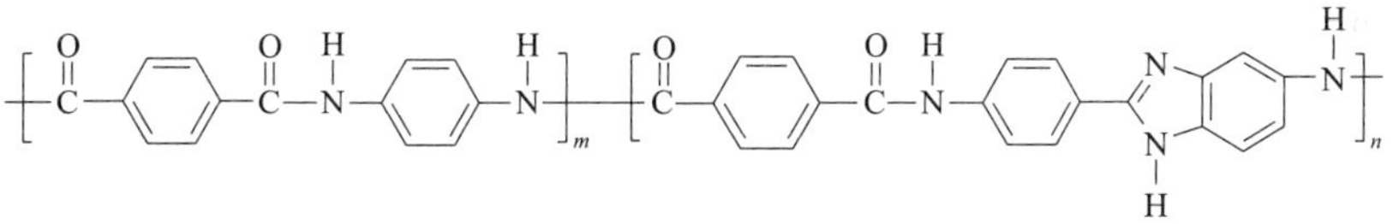

Armos

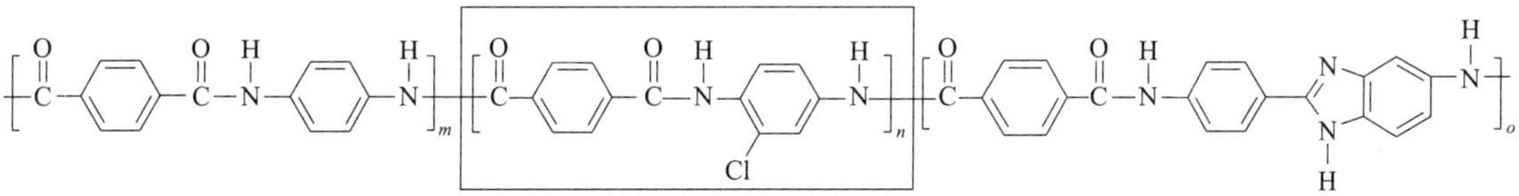

Rusar

图 2.69 几种芳纶的化学结构式

芳纶最早由美国杜邦公司研制成功，并于 20 世纪 60 年代末实现了商业化生产。目前，主要有间位芳纶、对位芳纶和共聚改性芳纶在全球范围内实现了商业化生产。全球具有影响力的间位芳纶品牌有美国的 Nomex、中国的泰美达（Tameta）和日本的 Conex；对位芳纶的代表品牌有美国的 Kevlar 和日本的 Twaron，近几年韩国的 Heracron 和中国的泰普龙（Taparan）在国内市场也具备了一定的影响力；共聚改性芳纶的主要品牌是俄罗斯的 Armos、SVM 和 Rusar 等，我国中蓝晨光等公司也有类似产品生产。

芳纶纤维的制备工艺流程主要包含聚合和纺丝两大步骤。其中聚合方法有低温聚合、界面缩聚、乳液聚合及气相聚合等。国内普遍采用低温溶液聚合法进行芳纶纤维的聚合，国内芳纶 1313 主要采用湿法纺丝，而芳纶 1414 在国内外产业化装置上基本采用干湿法纺丝技术，芳纶Ⅲ则采用湿法纺丝工艺。

芳纶 1313 的突出性能为耐热性、阻燃性和绝缘性，耐化学品腐蚀，介电常数低。芳纶 1313 的不足之处在于对日光稳定性较差，难染色。

芳纶 1414 的突出性能是高强度和高模量，具有优异的耐热性和热稳定性，对橡胶黏附性良好；此外它还具有低密度、优良减震性、耐磨、耐冲击、抗疲劳、低膨胀、低导热、不燃、不熔等突出的热性能以及优良的介电性能。

芳纶Ⅲ的突出性能是高强度、高模量、抗热氧老化性能好，并且相比其他芳纶具有更高的热分解温度和更高的极限氧指数。

表2.120和表2.121分别展示了芳纶的基本性能和热性能。芳纶具有耐高温、阻燃、绝缘、高强度、高模量以及耐化学腐蚀等优异综合性能，因此芳纶及其复合材料广泛应用于国防军工、航空航天、通信、轨道交通、汽车以及环境保护等领域，是重要的军民两用材料，是支撑和保障国防科技工业建设和战略性新兴产业发展的关键基础材料。防弹衣、防弹头盔、防弹装甲、耐高温防护服、消防服等防护装备一直是芳纶纤维应用的重要领域。此外芳纶纤维作为树脂增强材料广泛应用于航空航天、轨道交通、汽车、船舶等领域；作为橡胶增强材料则主要应用于轮胎、胶管、胶带等产品的制造。

表2.120 芳纶的基本性能

	间位		对位		杂环	
	Nomex	TeijinConex	Kevlar, Twaron, Terlon	Technora	SVM	Armos
密度/(g/cm³)	1.37~1.38	1.37~1.38	1.44~1.45	1.39	1.43~1.46	1.43~1.46
弹性模量/GPa	10~15	7.0~10	60~170	70~85	130~160	140~160
断裂强度/GPa	0.38~0.75	0.55~0.67	2.7~3.5	3.1~3.5	4.0~4.5	4.5~5.5
断裂伸长率/%	22~40	35~50	2.5~4.5	4.4~4.6	3.0~3.5	3.4~4.0
回潮率/%	6.5	4.0~8.5	2.0~3.0	3.0	3.5~4.5	3.0~3.5

表2.121 芳纶的热性能

芳纶	Nomex, TeijinConex	Kevlar, Twaron, Terlon	Technora	Armos, SVM
玻璃化转变温度/℃	270~280	345~360	318	270~280
热分解温度/℃	400~430	430~550	500	550~600
氧指数/%	28~31	27~30	25	37~43

二、市场供需

(一) 世界供需及预测

1. 生产现状

(1) 对位芳纶

对位芳纶（芳纶Ⅱ）于1973年由美国杜邦公司实现商业化生产，商品名为Kevlar。随后，前苏联也实现了芳纶Ⅱ的生产。而荷兰阿克苏公司和日本帝人公司先后于20世纪80年代实现了对位芳纶的商业化生产，商品名分别为Twaron和Technora。21世纪初，韩国加快了芳纶Ⅱ的产业化进程，可隆和晓星公司分别于2005年和2009年实现了商品名为Heracron和Alkex的芳纶Ⅱ商业化生产。表2.122列出了国外芳纶Ⅱ主要生产企业。目前，国外芳纶Ⅱ产业主要技术发展特点是生产规模化，产品系列化和差异化，以及生产技术的一体化。

芳纶属于典型的寡头垄断市场，2022年杜邦、帝人等头部企业占据了69.88%的市场份额。表2.123展示了全球对位芳纶产能及预测，预计到2027年全球产能将达到17.15万吨/年，图2.70为全球对位芳纶厂家产能及预测；当前有多家新进入者正在新建产能，未来随着中国、韩国企业对位芳纶生产规模进一步扩大，将有望打破现阶段杜邦、帝人垄断的竞争格局。

表 2.122　国外芳纶Ⅱ主要生产企业

国别	公司	厂址	商品名称	产能/(万吨/年)
美国	杜邦	Richmond	Kevlar	2.9
英国	杜邦	Maydown	Kevlar	
日本	杜邦-东丽	东海	Kevlar	
日本	帝人	岩国	Technora	3.9
日本	帝人	荷兰①	Twaron	
韩国	可隆②	龟尾	Heracron	0.81
韩国	晓星			0.45
其他				
合计				

① 荷兰 Akzo Nobel 的芳纶Ⅱ产品 Twaron 于 1986 年问世，1987 年实现产业化，规模为 5000 吨/年。2000 年日本帝人收购荷兰 Twaron 之后共进行了 4 次大规模扩产。
② 可隆（Kolon）计划将龟尾工厂的芳纶Ⅱ产能扩大到 10000 吨/年。

表 2.123　全球对位芳纶产能及预测

年份	2017 年	2022 年	2027 年
产能/(万吨/年)	7.15	9.73	17.15

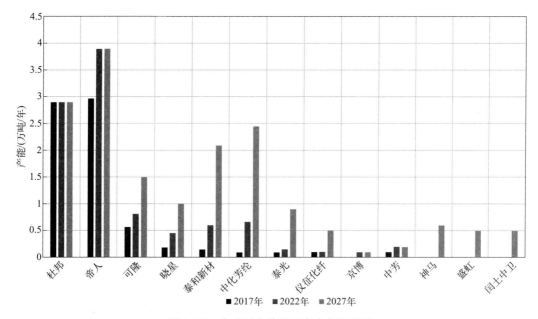

图 2.70　全球对位芳纶厂家产能及预测

（2）杂环芳纶

杂环芳纶（芳纶Ⅲ）是指分子结构中含有杂环的一类芳香族聚酰胺纤维，最早由苏联于 20 世纪 60 年代开发成功，并在 70 年代至 80 年代初取得突破性进展。苏联制备的杂环芳纶性能远超同时期美国的对位芳纶，因而被迅速应用于苏联的航空、导弹和宇航装备等领域，至今仍广泛应用于俄罗斯的多种武器型号。最早开发的杂环芳纶是二元杂环芳纶 SVM，由全苏合成纤维研究院于 20 世纪 60 年代开发成功，强度为 15～17cN/dtex。1970 年建成 0.5 吨/年的中试线，1973 年在列宁格勒分院进行半工业化生产，产能 10 吨/年，1975 年进一步提升至 30 吨/年，1978 年在卡门斯克建立工厂形成数百吨级商业化产能。Armos 纤维是合成纤维研究院在 SVM 纤维的基础上于 1978 年研究开发的一种新型三元共聚对位杂环芳纶，其力学性能优于 SVM 纤维，拉伸强度和模量分别为 4.5~5.5GPa 和 140~160GPa。20 世纪 80 年代初在特威尔和卡门斯克分别形成 40 吨/年和 30 吨/年的 Armos 纤维产能。至 90 年代，随着装备及工艺技术的不断提高，SVM 和 Armos 性能也不断提升，需求增加导致产能不断扩张，新的 SVM 和 Armos 工厂在卡门斯克陆续开工建设，但后期受苏联解体影响，部分扩产计划未实现。

与欧美和日本不同，俄罗斯在芳纶领域的研究一直以杂环芳纶为重点，主要由全苏合成纤维科学研究院和全俄聚合物纤维科学研究院承担研发工作，生产则集中在特威尔和卡门斯克两家公司，总产能估计在 2000 吨/年左右。特威尔公司主要生产 SVM 和 Armos，而卡门斯克公司主要生产 SVM、Armos 和 Rusar。

(3) 间位芳纶

间位芳纶最早由美国杜邦公司研制成功，并于 20 世纪 60 年代末实现了商业化生产，商品名为 Nomex。随后，日本帝人公司也开发了结构基本相同的间位芳纶，并成功实现了产业化，商品名为 Conex。表 2.124 列出了国外间位芳纶的主要生产企业，长期以来，间位芳纶被美国杜邦公司和日本帝人公司垄断，两家公司不仅在工艺技术上进行严格保密，在产品供应上也实行特别限制。图 2.71 是全球间位芳纶厂家产能及预测，目前，国外间位芳纶产

表 2.124 国外间位芳纶主要生产企业

企业名称	国家	产能/(吨/年)
杜邦	美国	25000
帝人	日本	4500
汇维仕	韩国	1500
熊津	韩国	1500
合计		32500

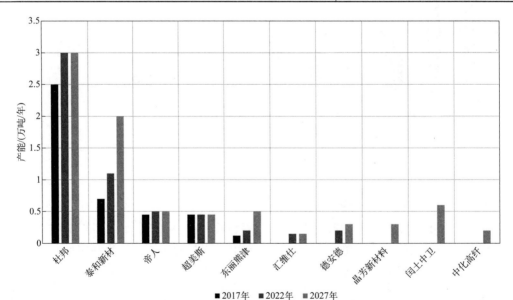

图 2.71 全球间位芳纶厂家产能及预测

业发展更为成熟,产品系列化和差别化程度高,应用技术研究深入,高端市场份额占比高,总产能 3.25 万吨/年左右,其中杜邦是全球生产规模最大的间位芳纶生产企业,也是最早开始大规模工业化生产的公司,产能占全球总产能的 53.1%;泰和新材目前是国内市场占比第一的企业,市场占有率达到近 50%。表 2.125 给出了全球间位芳纶产能预测,预计到 2027 年产能达到 8.8 万吨。

表 2.125 全球间位芳纶产能及预测

年份	2017 年	2022 年	2027 年
产能/(万吨/年)	4.225	5.65	8.8

2. 需求分析及预测

(1) 对位芳纶

全球对位芳纶供需预测如图 2.72 所示,对位芳纶存量市场供需平衡,增量市场有较大开拓空间。随着全球轻量化材料发展及安全防护等级不断提升,对位芳纶市场空间较大,前景向好。表 2.126 是全球不同地域对位芳纶需求,表 2.127 是全球不同应用领域对位芳纶需求。因 6G、AI 智能机器人、新能源汽车及人体防护等科技高速发展,对位芳纶在防弹防护、复合材料及电子通信等领域应用占比较大,到 2024 年,全球预计需求达 10.17 万吨/年。

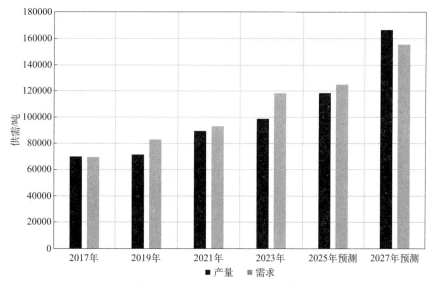

图 2.72 全球对位芳纶供需预测

表 2.126 全球不同地域对位芳纶需求　　　　　　　　　　　　单位:吨

区域	2017 年	2022 年	2024 年	复合增长率/%
欧洲	16000	22000	23900	+8.7
北美	30000	41000	44200	+7.8
亚洲(不含中国)	9200	12000	12600	+5.6
中国	9900	13000	14500	+11.7
其他	4400	6100	6500	+6.9
合计	69500	94100	101700	+8.7

表 2.127　全球不同应用领域对位芳纶需求　　　　　　　　　　单位：吨

领域	2022 年	2024 年	行业动态
电子通信	20600	22000	2022年需求量已达5000余吨，中国光纤光缆未来3年年复合增长率将保持在8%
防弹防护	30300	32900	随着人体防护和机械防护对安全等级要求的提升，芳纶机织布会大量应用于生产阻燃、防切割、防穿刺、耐腐蚀工装
橡胶骨架	16600	18100	以芳纶帘子线为主的轮胎骨架材料已在全球头部企业推广；同时以低碳节能、资源化回收为优势的芳纶输送带已陆续进入矿山开采等领域
复合材料	22600	24200	以芳纶锂电PACK及超滤膜管为代表的新兴复合材料，分别立足新能源及水处理等前沿领域
其他领域	4000	4500	随着碳中和、碳达峰战略的实施，深海钻井平台用绳缆、储能电站、深水养殖网箱及风电能源等领域将以全生命周期利用为出发点，实现突破性应用
总计	94100	101700	—

（2）间位芳纶

图 2.73 是全球间位芳纶供需预测，全球间位芳纶整体呈现供过于求状态，其中杜邦、帝人等产品质量较高，在国际市场占据主导地位。2027年全球间位芳纶供需预计分别达8.5万吨、7万吨。从终端消费领域来看，全球间位芳纶需求主要集中在安全防护、芳纶纸等高端消费领域，需求合计占比约66%。

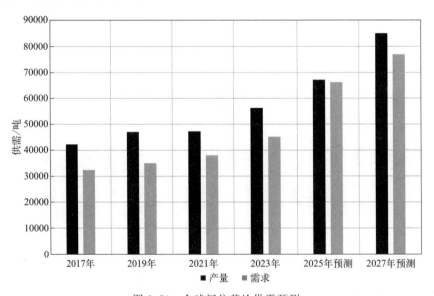

图 2.73　全球间位芳纶供需预测

(二) 国内供需及预测

1. 生产现状

（1）对位芳纶

由于芳纶的高昂投资成本和复杂的技术门槛，长期以来被美国和日本等极少数国家垄断,工艺技术严格保密,产品作为重要战略物资受到严格管控,形成了技术和贸易的双重壁垒,同时在价格与供应上对我国实行特别限制。从 20 世纪 70 年代开始,我国启动芳纶的自主研制工作,先后有清华大学、东华大学、晨光化工研究院、上海合成纤维研究所、巴陵石化研究院等多家单位进行过芳纶Ⅰ、芳纶Ⅱ、芳纶Ⅲ的开发,但一直处于小试和中试阶段,关键技术瓶颈长期未能有效突破。直到进入 21 世纪以来,随着技术壁垒的逐一攻克,我国芳纶Ⅱ的产业化进程显著加速。

"六五"、"七五"期间,晨光化工研究院(现名中蓝晨光化工研究设计院)就开始着手芳纶Ⅱ课题攻关,并于 2011 年成功建成了国内首条千吨级生产线并实现投产,解决了我国芳纶Ⅱ"有无"的问题。河北硅谷化工公司(前身为永年县有机硅化工厂)的 1000 吨/年"芳纶 1414 纤维及芳纶纸系列制品产业化"项目于 2011 年建成投产,其商品名为特威纶(Teweilun Fibre)纤维,可生产 6 种牌号的纤维、4 种型号的短纤维和 3 种型号的浆粕产品。2008 年 12 月,烟台氨纶公司(现名泰和新材集团股份有限公司)100 吨芳纶Ⅱ生产线顺利投产,精制、聚合、纺丝三道主要工序均实现了连续稳定运行,试制的芳纶Ⅱ产品各项技术指标均达到了预定要求。2020 年 6 月,其宁夏 3000 吨/年装置顺利开车后,产能已达到 4500 吨/年的规模。中石化仪征化纤自 2003 年开始进行芳纶Ⅱ的研发工作并建成 300 吨/年的生产装置,2007 年产出合格产品,2009 年决定建设 3000 吨/年芳纶Ⅱ装置,千吨级工艺包于 2011 年通过中石化评审,2019 年 11 月,仪征化纤千吨级芳纶Ⅱ工业化示范装置顺利开车。中芳特纤股份有限公司依托自主创新工艺技术,历经九年的小试、中试、千吨大线开发与拓新,已经具备了较强的产品应用研发与生产工程化能力。中化集团于 2019 年开始布局对位芳纶行业,在整合原苏州兆达公司芳纶业务的基础上,成立了中化高性能纤维材料有限公司,宣布投资并推进万吨级对位芳纶生产线的建设,其中Ⅰ期 5000 吨/年的生产线已于 2020 年建成并投入运营。国内芳纶主要生产企业见表 2.128,新建及扩产情况见表 2.129。

表 2.128 国内芳纶Ⅱ主要生产企业

公司名称	省份	产能/(吨/年)
泰和新材	山东	4500
成都新材料	四川	1200
仪征化纤	江苏	1000
中芳特纤	山东	3000
京博聚芳	山东	1000
中化高纤	江苏	5000
合计		15700

表 2.129 国内芳纶新建、扩建情况

公司名称	产能扩建计划	建设地点	投产时间
泰和新材	芳纶Ⅱ产能提升至 12000 吨/年	宁夏宁东 3000 吨/年,已建成	—
中化高纤	5000 吨/年	仪征,在Ⅰ期基础上扩产	—

目前,国产芳纶Ⅱ已实现了基本型号以及部分高端产品的规模化供应,总年产能约 1.57 万吨。但与国外相比,我国芳纶Ⅱ产业化总体水平仍然较低,生产厂家多但产能偏小,

集成化程度低，呈现明显的"散而小"特点，目前仍处于向规模化转型升级的关键阶段。

(2) 杂环芳纶

杂环芳纶（芳纶Ⅲ）在国内开始研发最早可追溯到20世纪90年代，中蓝晨光于2007年率先在国内开发出性能优越的芳纶Ⅲ纤维，其600tex复丝拉伸强度≥4200MPa，拉伸弹性模量≥125GPa，后于2013年又开发出改进型芳纶Ⅲ纤维（100tex股纱拉伸强度≥5000MPa，拉伸弹性模量≥145GPa），综合性能可以媲美俄罗斯的Armos Ⅲ纤维，是国内综合性能最好的批产有机纤维，两种芳纶Ⅲ纤维已在关键装备上实现批量应用。此外中蓝晨光还自主研发了大丝束芳纶Ⅲ纤维（规格200tex，断裂强度≥28cN/dtex）和系列小纤度芳纶Ⅲ纤维（涵盖23tex和44tex规格，断裂强度≥28cN/dtex）。芳纶Ⅲ的开发成功，解决了国内"有无"问题，填补了国内技术空白，实现了JY装备关键材料的国产化自主保障，相关产品已在GTHJFDJ、直升机、FD防护等多个领域实现批量定型应用。

国内杂环芳纶领域的相关研究，除中蓝晨光外，广东彩艳、四川辉腾以及中国航天六院等企业和科研机构也在积极进行探索。2008年，由广东彩艳股份有限公司承担的国家"九五"重点科技攻关杂环芳纶专题项目及其核心原料M-3单体研制专题项目通过了科技部的验收。2010年，四川辉腾科技有限公司自主研发推出商品名为"芙丝特"的芳纶Ⅲ，通过了国家权威机构检测认证，并在此基础上进一步开发芳纶Ⅲ复合板型材和成型构件产品。2012年，中国航天六院产能50吨/年的F-12芳纶Ⅲ5000L聚合设备试生产成功，合成聚合液的黏度满足了工艺指标要求，并顺利应用于纺丝工艺。该设备于2013年7月26日通过产能50吨/年F-12纤维产业化技术的成果鉴定。国内主要芳纶Ⅲ生产企业见表2.130，扩建情况见表2.131，相较于芳纶Ⅱ和间位芳纶，芳纶Ⅲ还处于产业化初期，国内总产能不足300吨/年（实际产能不足150吨/年），因此，亟需提升芳纶Ⅲ的产业化规模。

表2.130 国内芳纶Ⅲ主要生产企业

公司名称	省份	产能/(吨/年)
中蓝晨光	四川	50
中国航天六院	内蒙古	50
四川辉腾	四川	200
合计		300

表2.131 国内芳纶Ⅲ扩建情况

公司名称	产能扩建计划	建设地点	预计投产时间	技术来源
平顶山华盾新材料有限公司	芳纶Ⅲ产能提升至500吨/年	河南平顶山	2025年	中蓝晨光

(3) 间位芳纶

我国间位芳纶的研制开发可追溯于20世纪70年代，但由于种种原因，早期相关研究成果未能有效转化为工程化生产能力；直到2000年，我国第一条年产200吨间位芳纶工业生产线由广东彩艳建成；随后，2004年底，泰和新材凭借其在纤维领域的技术积累与创新在国内率先实现了间位芳纶千吨级规模化生产。目前，国产间位芳纶总产能达到13500吨/年，主要生产企业见表2.132，扩建情况见表2.133，基本形成了多个产品系列与差异化应用格局的产业体系。

表 2.132　国内间位芳纶主要生产企业

企业名称	省份	产能/(吨/年)
泰和新材	山东	11000
超美斯	江苏	5000
龙邦	深圳	1500
四川辉腾	四川	300
时代橡塑	湖南	200
合计		13500

表 2.133　国内间位芳纶扩建情况

公司名称	产能扩建计划	建设地点	投产时间
泰和新材	间位芳纶新建 8000 吨/年	山东烟台	2021 年
时代新材	3200 吨/年间位芳纶及制品	株洲	已部分投产

2. 需求分析及预测

（1）对位芳纶

图 2.74 是国内对位芳纶供需预测，随着国产芳纶实现进口替代，芳纶应用技术稳步提升，对位芳纶需求增长，下游需求百花齐放，新能源催生更大市场。到 2027 年，中国需求将达 3 万吨/年。

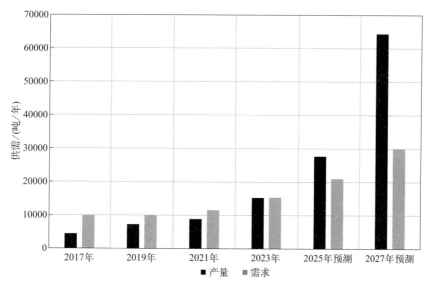

图 2.74　国内对位芳纶供需预测

（2）间位芳纶

图 2.75 是国内间位芳纶供需预测，国内间位芳纶生产企业仅有泰和、超美斯、德安德、龙邦四家，因生产技术门槛及应用领域进入壁垒较高，新增产能规模释放具有一定难度，预计 2027 年国内供需分别为 4.3 万吨、3.2 万吨；供需相差约 1 万吨，未来需出口或海外加工芳纶制品，满足国外客户的需求。国内间位芳纶主要集中于低端工业过滤材料市场，占比超 60%，该市场竞争激烈，产品利润率较低。

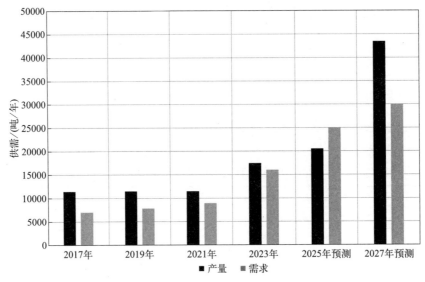

图 2.75 国内间位芳纶供需预测

三、工艺技术

（1）对位芳纶

当前对位芳纶的生产工艺基本上依托于对苯二胺（PPDA）和对苯二甲酰氯（TPC）的连续聚合及干湿法纺丝技术。具体而言，先将 PPDA 溶于 NMP/$CaCl_2$ 体系中，随后加入 TPC 进行预聚和聚合，聚合步骤在螺杆中进行，然后聚合物析出，经中和、过滤、洗涤等精制工序获得提纯聚合物，再将聚合物溶于浓硫酸得到纺丝原液，经干湿法纺丝得到纤维。值得注意的是，在 TPC 进料和浓硫酸配浆方面各公司的技术有所不同，杜邦公司采用 TPC 熔融进料和液体浓硫酸配浆技术，而帝人公司选择 TPC 溶液进料和独特的固体冰硫酸配浆技术，采用冰硫酸的目的是降低配浆时聚合物的降解。目前国内对位芳纶生产的主流技术沿袭了类似杜邦的 TPC 熔融进料和液体浓硫酸配浆技术，但在纺丝速度、工艺稳定性控制及产品质量方面还和杜邦、帝人存在较大差距。图 2.76 为对位芳纶纺丝示意图。

由于国内对位芳纶产业起步较晚，产能规模相对较小，尚未实现全流程一体化生产技术，在产品力学性能及其稳定性、离散性上与国际先进水平相比尚存在一定差距，同时部分特殊应用领域的高性能对位芳纶产品国产化进程仍有待实现。表 2.134 对国内外对位芳纶工程化技术水平进行了对比。

在芳纶纤维的基础理论研究方面，我国尚需进一步提高，现有的研究体系尚不够全面且缺乏系统性，整体研发能力仍有较大的提升空间。当前国内芳纶纤维生产面临的主要问题是纤维易断头，表面易起毛，吸湿性差，而且生产规模有限、品种和规格单一，也导致工程应用设计时的可选择余地相对狭窄。另外，虽然我们的生产线在逐步提升产能，但在关键技术领域仍存在诸多不完善之处，稳定生产的全过程控制能力尚需加强。

（2）杂环芳纶

杂环芳纶国内外主流技术均采用间歇低温溶液共缩聚和湿法纺丝工艺（俄罗斯的部分产

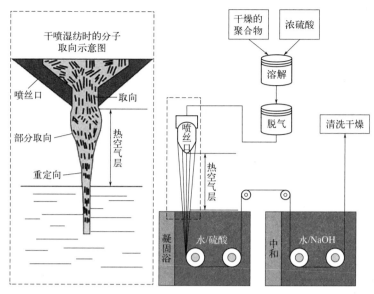

图 2.76 对位芳纶纺丝示意图

表 2.134 对位芳纶工程化技术水平对比

评价指标	国产对位芳纶	杜邦	帝人
主原料供应	外购	一体化	一体化
聚合技术	低温溶液缩聚 连续聚合	低温溶液缩聚 连续聚合	低温溶液缩聚 间歇聚合
纺丝技术	干喷湿纺	干喷湿纺	干喷湿纺
力学性能	强度 23.5cN/dtex 伸长率 3%～4% 模量 100GPa	强度 24.5cN/dtex 伸长率 3%～4% 模量 120GPa	强度 24.5cN/dtex 伸长率 3%～4% 模量 120GPa
品种结构	长丝、短纤、浆粕、色丝、纸	长丝、短纤、浆粕、黑色纤维、纸	长丝、短纤、浆粕、沉析、黑色纤维

品采用干湿法纺丝技术),然而各厂商在热处理工艺方面有所不同,表 2.135 是国内芳纶Ⅲ工艺技术与国外技术比较。中蓝晨光采用在线连续热处理工艺,而俄罗斯和国内其他厂家都采用间歇热处理工艺。在线连续热处理的优势在于能够减少倒筒次数、减少纤维损伤,同时提高生产效率,但因总体产能较小,与俄罗斯的技术相比,其优势尚难以明确评估。国外在杂环芳纶研究方面,美国杜邦采用对位芳纶的工艺技术,即采用 $NMP/CaCl_2$ 溶剂体系进行非均相聚合,聚合物经提纯干燥后,用浓硫酸配浆进行干湿法纺丝,纺速可达到 100m/min 以上,相较于俄罗斯采用的低固含量的 DMAc/LiCl 均相体系直接纺丝技术(纺速 10～30m/min),生产效率大幅度提高,缺点是对设备的要求较高,2023 年 4 月杜邦已正式发布产品 Kevlar EXO。此外俄罗斯也报道了最新的研究成果,其杂环芳纶拉伸强度可达 7.0GPa。

表 2.135 国内芳纶Ⅲ工艺技术与国外技术比较

厂家	工艺技术
俄罗斯卡门斯克	间歇聚合＋间歇热处理
中蓝晨光	间歇聚合＋连续热处理
国内其他厂家	间歇聚合＋间歇热处理

经过多年的技术攻坚，国产芳纶Ⅲ拉伸强度已达到 5.0GPa，弹性模量达 130～160GPa，达到俄罗斯 Armos Ⅲ 的水平，目前已实现批量稳定用于 JG 领域。近年来，中蓝晨光通过深入研究多元分子结构设计及聚合技术，在现有纺丝工艺基础上成功开发出 Rusar 级芳纶Ⅲ产品，其股纱断裂强度从 5.0GPa 提高到 6.0GPa，达到俄罗斯 Rusar S 级别，具备开发新一代 GTHJFDJ 用 6.0GPa 以上高性能芳纶Ⅲ的装备条件。同时，针对复合材料使用要求，中蓝晨光还开发出模量达到 180GPa 的超高模量芳纶Ⅲ纤维，但目前尚未形成批量化生产。

在高效化生产方面，国内技术仍属于第一代的湿法纺丝技术，纺速较慢，大约在 15～20m/min，与俄罗斯干喷湿纺技术相比存在明显代差。2013 年以后，中蓝晨光开始致力于研发制造第二代芳纶Ⅲ的生产技术，通过优化聚合物结构，采用干湿法凝胶纺丝工艺技术，成功将芳纶Ⅲ纺丝速度提高 3～5 倍。2015 年初，获得了公斤级纤维样品，其力学性能优异，但目前尚未实现工业化生产。

在差异化发展方面，国内针对不同应用领域的具体需求，已经开发了涵盖 23tex、75tex、100tex、150tex、600tex 等一系列不同规格的芳纶Ⅲ长丝。经过多年的生产运行，产品展现出了优异的稳定性和可靠性。当前，国内正针对某些特殊应用领域的需求，进一步开发 6tex、13tex 等差异化品种，以满足市场的多元化需求。此外，国内还开展了大丝束化纺丝技术的研究工作，通过优化纺丝组件设计，实现了单纺位 200～300tex 丝束的纺制，使股丝束密度提高了 3 倍，性能水平与 75～100tex 丝束一致。另外，针对高性能纸基材料的需求，四川辉腾、中蓝晨光等正致力于芳纶Ⅲ沉析纤维等差异化产品的开发工作。

预计未来 5～10 年，国内杂环芳纶的研发方向主要集中在以下几个方面：

① 进一步提高杂环芳纶的复合性能。如俄罗斯不断升级的 Rusar NT 纤维，凭借其优异的复合性能和高达 7GPa 的浸胶丝强度，代表了杂环芳纶研发的最高水平。

② 开发细分品种的杂环芳纶。如俄罗斯推出的一种断裂伸长率达 5%～10% 的高伸长型杂环芳纶，在保持其优异的力学性能基础上大幅提高了拉伸断裂强度，该纤维尤其适用于 FD 及橡胶增强领域。

③ 降低成本。尽管杂环芳纶综合性能优异，但是较高昂的价格限制了其在民用领域的应用，目前主要应用于 JY 及民用高端领域。近年来，日本帝人和美国杜邦两个对位芳纶生产厂家也开始进行杂环芳纶的相关研发，其中杜邦公司采用类似于对位芳纶的液晶纺丝工艺生产杂环芳纶，即先在 $NMP/CaCl_2$ 体系进行非均相聚合得到杂环芳纶树脂，然后溶解于浓硫酸中得到高浓度的液晶溶液并纺丝，生产效率大幅提高。目前尚未见产品上市，但可以预见该方法的成功有望大幅提高杂环芳纶的生产效率，降低成本，推动杂环芳纶产业规模化发展，实现质的飞跃。

(3) 间位芳纶

间位芳纶主要工序包括聚合和纺丝。国内外主流聚合技术主要为低温聚合和界面聚合，低温聚合法被国内外广泛采用，将间苯二胺和间苯二甲酰氯在溶剂体系（通常采用 DMAc 体系）中聚合后形成均相体系，经过滤、脱泡处理后直接输送至纺丝步骤，低温聚合法的优点是聚合物无需进行额外提纯，形成的均相体系可以直接纺丝，简化了工艺流程。而界面聚合法是将间苯二甲酰氯溶于四氢呋喃（THF）中形成有机相，同时将间苯二胺溶于碳酸钠水溶液中构成水相，在搅拌作用下将有机相加入水相中，在两相界面处快速发生聚合反应，生成的聚合物析出后再经过滤、洗涤、干燥等一系列步骤获得提纯聚合物。界面聚合法的优点是反应速度快，能生成高分子量聚合物、配制高质量的纺丝原液，但工艺复杂，设备要求高且投资大。间位芳纶纺丝工艺主要包括干法纺丝和湿法纺丝两种。其中干法纺丝特点为速度快，获得的纤维结构更加致密，空洞较小而且孔径均匀，产品质量高。干法纺丝由杜邦公司开发，国内如上海特氨纶和时代新材等企业也在探索间位芳纶干法纺丝技术，但还未真正突破干法纺丝规模化技术。图2.77为间位芳纶纺丝流程图。

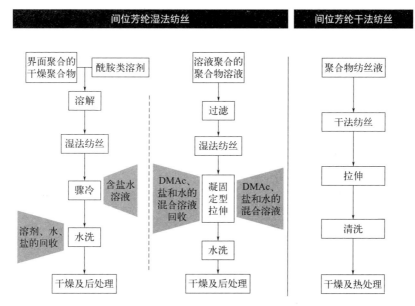

图2.77 间位芳纶纺丝流程图

表2.136是间位芳纶工程化技术水平对比，我国间位芳纶的技术水平已经逐渐接近国外领先水平，产能规模突破万吨，产品品种也较为丰富齐全，具备了一定的国际竞争优势。但是，国产间位芳纶在生产成本控制、产品的差别化和高性能化以及应用技术研究上与国外先进水平相比尚存在一定的差距与不足。

表2.136 间位芳纶工程化技术水平对比

评价指标	国产对位芳纶	杜邦	帝人
聚合技术	低温溶液缩聚 间歇聚合	低温溶液缩聚 连续聚合	界面聚合 间歇聚合
纺丝技术	湿法	干纺	湿法
力学性能	强度 3.7～4.5cN/dtex 伸长率 25%～40% 模量 50～60 cN/dtex	强度 3.3～3.8cN/dtex 伸长率 30%～45% 模量 50～60 cN/dtex	强度 3.7～4.5cN/dtex 伸长率 25%～40% 模量 50～60 cN/dtex
品种结构	短纤、长丝、纸	短纤、长丝、纸	短纤

四、应用进展

（1）对位芳纶

全球对位芳纶主要应用在防弹防护、复合材料及电子通信等领域中，电子通信22%、橡胶骨架18%、防弹防护32%、复合材料24%。国内对位芳纶主要应用在电子通信和复合材料领域，其中，电子通信39%，复合材料27%、防弹防护15%、橡胶骨架15%。

（2）间位芳纶

从终端消费领域来看，全球间位芳纶需求主要集中在安全防护、芳纶纸等高端消费领域，其中芳纶纸35%、安全防护31%、过滤材料19%、电子防护10%。国内间位芳纶应用主要集中在过滤材料和安全防护领域，其中过滤材料需求约占63%，安全防护需求约占26%，合计占比接近90%。

五、发展建议

1. 存在的主要问题

在国家政策大力扶持下，我国芳纶产业迎来了前所未有的发展机遇，目前已具备相当规模的涵盖间位芳纶、对位芳纶和杂环芳纶的产业体系，是全球范围内唯一同时具备三种芳纶生产能力的国家。尽管如此，我国在技术革新、产品优化、装备制造、产业链构建以及市场应用等方面都还和国际最前沿水平存在不小差距，总体而言，我国芳纶产业尚处于产业化发展的初级阶段，产量规模及市场占有率较低，产品规格系列少，产品质量稳定性相对较差，应用推广进程缓慢，应用领域有待进一步拓展。主要存在如下问题：

① 应用推广需要大量人力物力投入。

② 纤维的定制化产品多，成本高。

③ 纤维的稳定性和合格率有待提高。

④ 市场问题和规模放大。

⑤ 市场回报周期长。

2. 与国外对比差距

总体上，我国芳纶行业发展水平与国外相比主要存在以下五个方面的差距：

① 纤维力学性能离散性比国外同类产品大，质量均一性、稳定性欠佳，严重制约了国产纤维在工程化应用及规模化生产中的推广。

② 在几种国产芳纶中，对位芳纶和国外的差距最大。在断裂强度和模量两项核心技术指标及其稳定性上国产芳纶相比国外高等级产品仍存在明显不足，限制了国产对位芳纶在高端领域的应用。

a. 国内产品差距较大。产品性能及稳定性与国外产品存在较大差距；600D以下规格产品市场认可度不高；高模量等高端产品还未实现国产化；

b. 纺丝速度和技术水平亦存在不小差距。国内最高纺丝速度仅为500m/min，而国外已达800m/min，且工艺稳定性有待提高。

c. 产业规模差距较大。国内产业总规模共9500吨/年左右，远低于国外的数万吨水平，国内产业分散，远未达到经济规模。

d. 应用水平较低。目前国产芳纶因产品稳定性及可靠性等影响，主要用于低端领域。

③ 产品品种、规格和型号少，难以完全满足不同应用领域的多样化市场需求。国内间位芳纶总产能已达13500吨/年，其中泰和新材产能达7000吨/年，国内总规模和单厂规模都居世界第二。但国内生产技术仍采用湿法纺丝工艺，与世界最先进的干法纺丝工艺还存在

差距;另外在产品方面,国内产品性能水平,规格系列化程度和稳定性不如国外产品,400D以下纤度产品还未获得市场认可。

④ 对位芳纶的生产规模小,生产成本较高,导致缺乏市场竞争力。杂环芳纶在性能及产业规模方面也与国外存在差距。俄罗斯杂环芳纶总产能2000吨/年,国内产能仅为150吨/年;俄罗斯纤维性能研发水平可达7GPa,产品水平达到6.5GPa,而国内研发水平最高在5.5GPa,产品水平在4.5~5.0GPa。在纤维性能研发和产品水平上,国内也落后于俄罗斯。

⑤ 关键装备国外依赖性强。尤其是对位芳纶的生产对设备材质、精度等要求高,关键装备如连续聚合反应器、纺丝计量泵等关键设备严重依赖进口,国内虽有报道,如对位芳纶聚合螺杆已实现国产化,但实际应用质量与国外设备相去甚远,对我国未来芳纶的发展形成潜在隐患。

3. 存在差距原因分析

造成我国芳纶行业上述差距的主要原因有以下几点:

① 主原料生产技术落后。目前,我国普遍采用氯化亚砜($SOCl_2$)作酰化试剂生产对/间苯二甲酰氯,反应过程中伴随有低分子副产物SO_2的排放。而对苯二胺采用硫化碱作还原剂,有副产品$Na_2S_2O_3$生成,在工艺上存在环境污染和资源浪费的问题。由于芳纶原料生产技术滞后,导致原料纯度不足,直接影响了产品性能与质量的稳定性。另外,原料单线产能规模较小,进一步影响了纤维的力学性能与质量稳定性。相比之下,美国的间/对苯二甲酰氯和间/对苯二胺生产过程分别采用光气($COCl_2$)酰化工艺和催化加氢还原工艺,原料纯度高,质量稳定。

② 芳纶的高性能化、稳定化和均一化的制备技术落后。我国对位芳纶纤维的高性能化、稳定化和均一化关键制备技术上存在明显短板,导致纤维力学性能离散性较大,质量稳定性欠佳。同时,纤维的强度、模量和伸长等性能指标相较国外Kevlar129、Kevlar149、Kevlar KM2、Kevlar KM2 Plus等高等级产品存在一定差距。对位芳纶纤维产品结构不合理,部分高等级产品尚未实现量产。

③ 对位芳纶大规模生产技术落后,一体化生产技术尚未实现。我国虽然在对位芳纶工程化技术领域取得突破,但仍缺乏一体化生产技术,单线产能有限,导致整体生产规模偏小,生产效率低下,单位生产成本偏高。目前,我国芳纶原料和纤维的生产布局较为分散,酰氯和二胺两种单体需从原料生产企业长途运输到纤维生产企业,不仅增加了装卸与物流成本,也不利于原料质量的稳定控制。相比之下美国杜邦和日本帝人(荷兰)均采用从基础化工原料到芳纶纤维一体化生产技术,省去了原料运输的环节,且原料生产过程中产生的SO_2等低分子副产物循环利用,构建了绿色环保的工艺体系。

④ 国产芳纶应用技术和配套装备技术落后,需求拉动力不足。对高性能纤维而言,其应用技术同样构成关键技术体系,是驱动纤维生产技术发展的核心动力,其重要程度不亚于纤维制造技术本身。由于我国芳纶的应用技术相对落后,且缺乏高端应用企业的有效牵引,芳纶原料生产技术、纤维制造技术及配套高端装备制造技术均落后于发达国家;而纤维技术的落后又反过来制约了芳纶下游市场的开发与应用。目前,尽管我国芳纶产业链已初步形成,上下游企业已达数百家,但产业链尚不完整。相比之下,美国则已构建起从基础原料、纤维、复合材料到国防军工、航天航空等高端应用领域完整的产业链条。

4. 措施建议

结合芳纶行业的差距与不足，提出如下发展建议。

（1）梳理产业链实际情况，制定宏观政策引导

全面梳理芳纶基础原材料供应、核心工艺技术掌握程度及关键装备配置现状，确保对产业链实际情况的准确把握，实现信息的系统、全面与实时更新。加强顶层规划设计与宏观政策引导，构建芳纶研发、生产与应用融通、完整闭环的产业格局，优化资源配置，营造要素集约、联动协同的创新生态环境。

（2）集中优势资源，组织重大攻关专项，把产业做大做强

芳纶是重要的战略物资和军民两用材料，在国民经济和国防军工中有广泛应用，应以大型国有企业为抓手，充分调动、集中并整合国内资源、人才与技术优势，集中力量攻克关键技术难题与产业瓶颈，同时提升产业集中度，实现产业的规模化发展。

（3）加强共性和基础技术研发，夯实产业提升基础

通过金融财税等多途径政策措施，激励企业积极验证应用国产化原材料与制造装备，强调研用紧密结合，以支撑国产原材料、制造装备提质提量。加强先进基础工艺、关键共性技术供给，推动工业基础软件、材料设计软件及检测检验装备的国产化进程，提升产业基础配套能力，夯实产业基础。企业应成为技术创新、研发投入、成果应用及产业创新受益的主体，加速研究成果向产业化的转化。

（4）以应用需求为导向，建立应用示范工程

紧密围绕轨道交通、新能源汽车、5G 等先进产业的庞大国内市场需求，加速实施相关产业的应用示范工程。突破针对特定应用场景的创新设计与制造技术，推动国产化替代应用和产品升级换代。同时，加强支撑体系建设，完善原材料、产品及应用等技术标准体系，以应用为牵引构建与国际接轨的材料标准体系。

（5）充分利用芳纶工作部建设，促进上下游产业的整体发展

发挥芳纶工作部行业发展的引导作用，鼓励企业根据市场需求进行差异化发展，适应多领域应用需求，并开展有序竞争。定期发布经济景气指数，引导行业健康发展。践行芳纶行业行业自律公约，建立芳纶纤维上下游产业协同发展生态，有效避免企业之间无序竞争，优化行业布局，促进芳纶产业的整体提升与持续发展。

第二十九节　聚酰亚胺纤维

江苏先诺新材料科技有限公司　武德珍

一、概述

聚酰亚胺（polyimide，PI）纤维是一类主链上含有酰亚胺环和芳环的高性能芳杂环有机纤维，继承了聚酰亚胺材料优异的力学性能、耐高低温、低介电、耐辐照、低吸湿、绝缘、阻燃自熄等综合性能。商品化的聚酰亚胺纤维根据其力学性能可分为耐热和高强高模两

大系列。早期市场上的纤维产品主要为耐热型，其拉伸强度≥0.4GPa，极限氧指数≥32%，干热收缩率≤1.5%，5%热失重温度≥500℃，长期使用温度260℃以上，主要利用其耐热和阻燃特性，用于高温过滤和阻燃防护服等对力学性能要求不高的领域。随着聚酰亚胺纤维制备技术的发展，高强高模的聚酰亚胺纤维被开发出来，拉伸强度可达到2.0GPa以上，初始模量≥100GPa，且其耐热性和极限氧指数均高于普通耐热型聚酰亚胺纤维，应用领域逐步拓展到航空航天、电子电力、交通运输、安全防护等。耐热型和高强高模型聚酰亚胺性能指标分别见表2.137和表2.138。

表2.137 耐热型聚酰亚胺性能指标

牌号	拉伸强度/(cN/dtex)	断裂伸长率/%	5%热失重温度/℃	极限氧指数/%	生产厂家
P84®	3.8	30%		38	德国赢创公司
Kermel®Tech	2.7～3.7	30～50	>450	32	法国Kermel公司
轶纶®	≥4.0	≥20	570	38	长春高琦聚酰亚胺材料有限公司
甲纶®	4～7	10～30	567	≥38	江苏奥神新材料股份有限公司

表2.138 高强高模聚酰亚胺纤维性能指标

牌号	拉伸强度/GPa	初始模量/GPa	断裂伸长率/%	5%热失重温度/℃	极限氧指数/%	生产厂家
Shinofil®S25M	2.4～2.9	130～180	≥2.0	≥550	≥40	江苏先诺新材料科技有限公司
Shinofil®S30	2.9～3.4	100～130	≥3.0	≥550	≥40	
Shinofil®S30M	2.9～3.4	130～180	≥2.0	≥550	≥40	
Shinofil®S35	3.4～3.9	100～130	≥3.0	≥550	≥40	
Shinofil®S35M	3.4～3.9	130～180	≥2.0	≥550	≥40	
Shinofil®S40	3.9～4.4	100～130	≥2.5	≥550	≥40	

二、市场供需

（一）世界供需及预测

1. 生产现状

在耐热型聚酰亚胺纤维方面，1971年，法国Rhone-Poulenc公司推出了一款耐高温聚酰亚胺纤维，实际是芳纶纤维改进产品，商品名为Kermel®，其特点是不熔、不燃、受热不收缩、不形成微粒，同时具有较强的力学性能和耐化学腐蚀性能，耐热和阻燃性能优于芳纶纤维。1984年以前只供应法国军队和警察部队，随后逐渐向全球防护服市场供应，主要用于军服、沙漠战斗服及防护手套等，如英国、法国军服，阿尔及利亚特种部队服装。Kermel®纤维与阻燃黏胶纤维混纺，用于军服、消防服及其它石化等特种工种的工作服；与羊毛混纺，用于军用内衣，瑞士和荷兰的消防服；与芳纶纤维Kevlar混纺（质量比64:36），用于英国、法国套头消防夹克和意大利的消防服。1992年，Rhone-Poulenc公司与Amoco Fabrics & Fibers公司共同出资成立Kermel公司，1997年Kermel®纤维产量从300吨提高至750吨，主要有Kermel®纤维和Kermel®Tech纤维两大类产品。Kermel®Tech纤维的拉伸强度为0.36～0.50GPa，初始模量为28～43GPa，断裂伸长率为30%～50%，热分解温度大于450℃，玻璃化转变温度为340℃，适用于高温过滤材料。

20世纪80年代末，奥地利兰精（Lenzing）公司实现了一种耐热型聚酰亚胺纤维的工业化，商品名为P84®，当时生产能力为300～400吨/年。P84®纤维的长期使用温度为260℃，纤度为2.2dtex时纤维强度为0.53GPa，断裂伸长率为30%，收缩率（240℃，10min）小于3%，密度为1.41g/cm^3，极限氧指数为38%，玻璃化转变温度为315℃，主要用于高温过滤和阻燃防护服等领域。该公司于1996年由英国Ispec公司接手，1998年转入英国的Laporte旗下，2001年又被Degussa收购，现公司名称为德国赢创（Evonik）。2018年，赢创推出了P84®系列产品的全新规格"Premium"。这是针对中国市场专门开发的一款除尘效率更高的超细纤维，P84®Premium的纤维细度为1.3dtex，比表面积高达435m^2/kg，比常规2.2dtex的产品提高了近12%。卓越的除尘效率可带来更低的压降，节约引风机电耗，延长滤料使用寿命。

到目前为止，国外商品化的聚酰亚胺纤维只有两种耐热型产品，即P84®纤维和Kermel®纤维。这两种聚酰亚胺纤维的力学性能均较低，只能用作耐热、阻燃、耐辐射等相关产品。

在高强高模聚酰亚胺纤维方面，国外多家科研机构都进行了不同程度的研究。俄罗斯的利尔索特公司采用聚酰胺酸溶液湿纺生产聚酰亚胺纤维长丝，其高强高模聚酰亚胺纤维的拉伸强度为2.14～2.29GPa，模量为100～120GPa，断裂伸长率为2.5%～3.5%，主要用于军用飞机电缆屏蔽护套，起减重作用。由于应用领域的特殊性，没有相关产业化信息、产品信息和技术报道。日本IST公司于2020年推出了IMIDETEX®纤维，其拉伸强度达到3.0GPa，初始模量为115GPa，断裂伸长率为2.5%，吸水率低于0.9%，但无相关产业化情况报道。

世界主要聚酰亚胺纤维生产企业见表2.139。

表2.139 世界主要聚酰亚胺纤维生产企业

企业名称	产能/(吨/年)	装置所在地	工艺来源
德国赢创公司	2000	奥地利	奥地利兰精公司
法国Kermel公司	1400	法国	法国Rhone-Poulenc公司

2. 需求分析及预测

在耐热型聚酰亚胺纤维方面，由于国外产品已经诞生30年，其在水泥、钢铁、垃圾焚烧等高温窑炉过滤行业和阻燃防护服等行业得到广泛应用。随着全球对粉尘和PM2.5的严格控制，袋式除尘作为最为有效的除尘方式，使高温窑炉除尘袋用量越来越大。同时，阻燃防护服、保暖服装等领域对耐高温纤维的需求也不断增加。根据QYResearch的统计及预测，2023年全球高温滤料市场规模达到了22.6亿美元，预计2030年将达到27.96亿美元，年复合增长率为3.18%。2023年全球阻燃服装市场销售额达到了21.54亿美元，预计2030年将达到28.05亿美元，年复合增长率为3.9%，为耐热型聚酰亚胺纤维提供了广阔的市场空间。

（二）国内供需及预测

1. 生产现状

我国聚酰亚胺纤维的研究始于20世纪60年代，最早采用均苯二酐和二苯醚二胺聚合得到的聚酰胺酸作为纺丝液通过干法纺丝得到聚酰亚胺纤维。2010年以来，随着合成工艺的改进和纺丝技术的发展，我国聚酰亚胺纤维的工业化取得了显著的成果。中国科学院长春应用化学研究所和长春高琦聚酰亚胺材料有限公司合作，采用湿法纺丝技术，开发出了一种名为"轶纶"的耐热型聚酰亚胺纤维，并建立了年产千吨级的生产线。东华大学和江苏奥神新材料股份有限公司合作，建成年产 1000 吨耐热型聚酰亚胺纤维的规模化干法纺丝生产线，开发出名为"甲纶"的耐热型聚酰亚胺纤维，现扩产到 2000 吨规模。国内耐热型聚酰亚胺纤维产品耐热性均比国外产品高 50℃左右，同时还有成本优势，在很大程度上实现了对国外产品 P84® 的替代。

北京化工大学与江苏先诺新材料科技有限公司合作，开发出具有自主知识产权的高性能聚酰亚胺纤维一体化连续制备技术，制备出具有高强高模特性的聚酰亚胺纤维，建成国内外首条年产十吨和百吨规模高强高模聚酰亚胺纤维一体化连续制备生产线，总产能达到 210 吨/年，并形成了系列纤维产品，商品名为 Shinofil®，产品拉伸强度为 3.0~4.5GPa，模量为 100~180GPa，无论技术工艺还是产品性能均达到国际领先水平，填补了国内外市场空白。国内主要聚酰亚胺纤维生产企业见表 2.140。

表 2.140　国内主要聚酰亚胺纤维生产企业

企业名称	产能/(吨/年)	装置所在地	工艺来源
江苏先诺新材料科技有限公司	910	中国江苏省	北京化工大学
长春高琦聚酰亚胺材料有限公司	1000	中国吉林省	中国科学院长春应用化学研究所
江苏奥神新材料股份有限公司	2000	中国江苏省	东华大学

2023 年我国聚酰亚胺纤维总产能为 3210 吨/年。其中高强高模型聚酰亚胺纤维年产能 210 吨，耐热型聚酰亚胺纤维年产能接近 3000 吨。新增产能方面，公开报道显示，2023 年江苏先诺"年产 700 吨高性能聚酰亚胺纤维新建项目"开工建设。产能全部释放后，我国高强高模型聚酰亚胺纤维年产能将达到近千吨。

2. 需求分析及预测

国内对耐热型聚酰亚胺纤维的需求和应用领域与全球市场保持一致，同样集中于高温过滤、阻燃防护等领域。根据 QYResearch 的统计及预测，2023 年中国高温滤料市场规模为 7.71 亿美元，约占全球的 34.14%，预计 2030 年将达到 9.84 亿美元，全球占比将达到 35.18%。我国冶金行业每年需隔热、透气、柔软的阻燃工作服约 10 万套，水电、核工业、地矿、石化、油田等领域每年需 30 万套防护服，消防救援防护服的需求量在 20 万套以上，为耐高温聚酰亚胺纤维的应用提供了广阔的市场空间。

高强高模聚酰亚胺纤维作为一种新材料由于其商品化的时间较短，仍处于市场培育和应用推广阶段，近年来，多个应用领域被逐步开发，已经相继实现了在航天热控、星载光纤、高温输送等领域的首批次应用，随着在柔性承载结构、复合材料、高端防护等领域应用验证的推进，需求量将逐步扩大，预计到 2025 年市场需求将超过千吨。

三、工艺技术

根据纺丝原液是聚酰亚胺还是聚酰胺酸，聚酰亚胺纤维的生产工艺可以分为一步法和两步法。采用聚酰亚胺纺丝原液为一步法，两步法是二酐与二胺单体在 N,N-二甲基乙酰胺（DMAc）等非质子溶剂中进行缩聚得到聚酰胺酸（PAA），然后将 PAA 溶液纺制成 PAA

初生纤维，经过热亚胺化或化学亚胺化后得到聚酰亚胺纤维。根据纺丝原液的状态，聚酰亚胺纤维的制备可分为溶液纺丝和熔融纺丝工艺。溶液纺丝根据初生纤维的纺制方式，又可分为干法纺丝、湿法纺丝和干湿法纺丝。湿法纺丝是指纺丝原液从喷丝孔喷出直接进入凝固浴形成初生纤维。干法纺丝是指纺丝原液从喷丝板喷出进入有热空气的纺丝甬道，热空气使溶剂快速挥发，形成初生纤维。干湿法纺丝是指高浓度纺丝原液首先经过一段空气或其他气体的空间拉伸，再进入凝固浴，形成初生纤维。

国外商品化的耐热型聚酰亚胺纤维生产工艺主要采用一步法。P84®纤维是由较柔的酮酐（BTDA）和二苯基甲烷二异氰酸酯（MDI）和甲苯二异氰酸酯（TDI）共聚生成的聚酰亚胺直接作为纺丝原液，通过干法纺丝制备纤维。Kermel®纤维的主链结构中含有一个单元的亚胺结构和一个单元的酰胺结构，分子链的低有序性使得聚合物可以溶解在有机溶剂中形成纺丝原液，直接纺制成纤维。

国内商品化聚酰亚胺纤维的主流生产工艺为两步法，长春高琦和江苏奥神以聚酰胺酸为纺丝液，分别采用湿法和干法纺丝成型工艺，制备出耐热型聚酰亚胺纤维，虽然在化学结构与工艺技术上与国外耐热型产品有一定的差别，但在产品性能上已达到国外产品水平，很大程度上实现了对国外产品P84®纤维的替代。江苏先诺采用具有自主知识产权的一体化连续纺丝工艺制备出高强高模聚酰亚胺纤维，整体技术处于国际领先水平，产品填补了国内外市场空白。

两步法的优点在于采用聚酰胺酸作为纺丝原液，聚合物结构可设计性强，溶剂主要为DMF、DMAc、NMP等非质子极性溶剂，毒性小，易于在凝固浴、清洗浴和酰亚胺化过程中脱除，并可重复使用、成本低、对环境无污染，适合工业生产。缺点在于纺丝过程中增加了酰亚胺化步骤，小分子脱除会形成内部微孔结构，因此早期采用该方法制备出的聚酰亚胺纤维力学性能一般不高。近年来，通过分子结构设计、纺丝工艺改进，使纤维力学性能大幅度提升，实现了高强高模聚酰亚胺纤维的制备。

与两步法相比，一步法省去了酰亚胺化过程，工艺相对简单，避免了亚胺化过程造成的纤维内部缺陷，保留了纤维原有的取向结构和其他超分子结构，因此更容易获得性能优异的纤维。但由于聚酰亚胺材料难溶的特点，可溶性聚酰亚胺种类非常有限，单体来源有限，并且多采用酚类（如对氯酚、间甲酚、间氯酚）等毒性很强的溶剂，在凝固、清洗和后续的热处理中很难去除，纤维中溶剂残留量大、对人体毒害性大、对环境污染严重，因此不适合批量化生产。

四、应用进展

耐热型聚酰亚胺纤维具有突出的耐高温、耐腐蚀、阻燃特性，其短纤维经过混合开松、梳理、铺网和针刺加工形成过滤毡，可用作冶金、钢铁、发电、化工、水泥等行业高温过滤材料，既满足对高温粉尘、高温腐蚀性气体的过滤，又可延长使用寿命，保障过滤效率，其长期使用温度为260℃，瞬时使用温度可达360℃。采用不规则结构的聚酰亚胺纤维（如P84®纤维为三叶形截面），可以进一步增大纤维表面积，提高捕集尘粒能力和过滤效率。高温滤材已经成为耐热型聚酰亚胺纤维重要的应用领域。

聚酰亚胺纤维具有不溶不熔、离火自熄、无烟无毒、无熔滴和低导热等特点，热防护性能优异，可用于制作阻燃隔热防护服。聚酰亚胺纤维隔热防护服不仅皮肤适应性好，穿着舒适，而且具有较高尺寸稳定性、安全性和耐磨损性，永久阻燃。聚酰亚胺纤维无纺布是制作赛车防护服、飞行服、装甲部队防护服、消防服、防电弧服等防火阻燃服装最为理想的材料。由于聚酰亚胺纤维良好的可纺性，与毛、麻、棉、化纤混纺后制成高档防护面料，具有优异的耐环境影响性能、质轻、耐辐射、耐化学试剂、比强度大、隔热等特点。聚酰亚胺纤维同样具备保暖效果，制成的絮片毛毡，可媲美于羊绒絮片，用于防寒服、防寒手套、冬季运动服装等保暖领域。近年来随着有色聚酰亚胺纤维的开发，在阻燃隔热防护服领域的应用已越来越广泛。

聚酰亚胺纤维具有长久热稳定性，尤其是江苏先诺的超耐热系列产品，长期使用温度300~350℃，瞬时耐高温可达到600℃以上。其耐低温性能也优异，在-269℃液氦中不脆断，同时具有低热导率，因此是很好的隔热（冷）材料，将其制作成环形针刺毛毡、管、环、袋、带和成品部件等产品，可作为高（低）、温输送材料。其应用领域包括超高温工作区域（如铝型材挤压机出口、玻璃钢化炉出口等）、高温型材运输，带式压烫黏合衬布的机械配套，各种食品烘焙、冷冻食品解冻（米饭、年糕、糖果等）传送运输，各种电子元件焊接输送机械配套，橡塑胶片、电器零件热处理、耐热及非黏着的特殊条件运输，汽车零件的防锈黏结剂涂覆运输，带有酸、碱及其腐蚀物品的运输，以及化工涂料、原料、其他颗粒塑料制品的烘干传送等。

聚酰亚胺纤维不仅具有优异的耐温性能，还具有很好的绝缘性能和低吸湿性能，可以制备特种纤维纸，在高温绝缘、蜂窝夹层结构中有很好的应用前景。目前在该领域仍处于技术开发和小批量验证阶段，尚未形成规模化应用。

高强高模聚酰亚胺纤维作为一种新型高性能有机纤维，早期没有典型应用案例和应用研究数据、经验等可供参考和支撑。近年来，随着市场的培育和挖掘，应用研究和应用验证的推进，高强高模聚酰亚胺纤维的应用场景更加明确，纤维的性能也得到了用户的认可，在航空、航天、防弹、电子、高端制造等领域正在逐步发挥作用。

在航空结构材料领域，高强高模聚酰亚胺纤维由于质轻、高强高模、耐冲击、耐磨损等优势，可用于制作大型飞机的二次结构材料，如机舱门、窗、机翼、整流罩体表面等，也可以制作机内天花板、舱壁等。采用高强高模聚酰亚胺纤维与碳纤维混编制备的复合材料用于航空发动机包容机匣，可显著改善风扇机匣的轻量化和包容能力。在航天领域，利用高强高模聚酰亚胺纤维优异的抗蠕变、耐辐照和热稳定性，其编织绳索可用于空间系绳、桁架式网状可展开天线等，其编织物可用于制备飞行器的囊体、太阳翼、天线、太阳能电池阵等柔性或半刚性轻量化结构中，满足宽温域、长辐射环境的服役需求。对于一些承受极端高低温的应用环境，如太空、火箭发动机等，高强高模聚酰亚胺纤维还可作为耐温光缆的增强层使用，对缆芯形成结构支撑，确保光缆受力时均匀可靠。高强高模聚酰亚胺纤维具有很强的应变效应，即随着应变速率的提高，其断裂强度明显提高。同时其高强、高韧和适中的模量可以满足高防弹效能的要求，且兼具耐高低温和耐环境老化的优势，因此在防弹头盔、防弹衣、防弹装甲等领域具有良好的应用前景。高强高模聚酰亚胺纤维具有低介电的特点，与石英玻璃纤维相比，具有更优异的力学性能和更低的密度，可制备结构透波复合材料，用于舰船、飞机的雷达天线罩，在实现有效减重的同时还可以显著提高雷达罩的综合性能。采用高强高模聚酰亚胺纤维与环氧树脂制备的复合材料，与玻纤复合材料相比可减重20%以上，且具有优异的宽频透波性能，平均透波率可达95%以上。利用高强高模聚酰亚胺纤维增强复合材料冲击韧性高的特点，制成的复合材料气瓶能够减少复合材料裂纹扩展所带来的性能损失，弥补碳纤维增强复合材料韧性不足的缺陷，有望在储氧气瓶、航空航天压力容器、燃料电池储氢气瓶等装备中获得重要应用。

五、发展建议

近年来，我国聚酰亚胺纤维生产工艺技术、生产规模和产品性能得到了长足的进步，具有自主知识产权的聚酰亚胺纤维生产工艺技术逐渐提高，规模逐渐放大，产品品种逐渐增多，性能也在不断改善，聚酰亚胺纤维的发展十分迅速。耐热型聚酰亚胺纤维在高温过滤、高温阻燃防护方面已经得到了广泛的应用，高强高模聚酰亚胺纤维产品已用于航空航天、电子电力、安全防护等领域，性能优势逐渐显现。高性能纤维属于技术密集型产业，不论是制备技术、应用技术和市场推广都需要长期的积累和沉淀。与其它高性能纤维相比，聚酰亚胺纤维的研究、产业化和市场化时间还较短，技术水平和产品性能还有上升的空间，应用技术研究尚不完善，市场推广还很不够。为推动聚酰亚胺纤维行业的发展，提出以下建议。

(1) 加强自主创新，加大研发投入，以市场为牵引，着力推动产品性能迭代、稳定性提升、应用技术开发、下游制品及配套助剂开发，带动聚酰亚胺纤维产品体系建设，以满足不同应用场景需求。建立涵盖材料设计、研发、应用的上下游协同创新机制，健全产业链。

(2) 扩大生产规模、开发新工艺、提高生产效率、提升单线产能、降低成本，推进聚酰亚胺纤维的产业化发展，提高市场竞争力，扩大应用领域，使其发挥更大的作用。

(3) 加强支撑体系建设，加强行业管理，引导聚酰亚胺纤维行业良性发展。进一步完善标准体系建设，尤其是高强高模聚酰亚胺纤维下游制品的产品和测试方法标准研制，解决新材料应用的难题。同时，利用我国高强高模聚酰亚胺纤维的国际领先优势，参与国际标准化活动，加强企业国际贸易话语权，为聚酰亚胺纤维产业链走出去提供支撑。

第三十节　聚苯硫醚纤维

绍兴裕辰新材料有限公司　俞孟飞

一、概述

1. 产品简介

聚苯硫醚纤维，又名聚亚苯基硫醚纤维，是高性能纤维中最重要，也是国产化成功替代进口产品的一种高附加值特种功能性纤维（进口纤维由2006年前100%的市场占有率下降至2023年的<10%）。聚苯硫醚是主链中由苯环和硫原子对位交替排列形成的线型大分子高聚物，其结构中至少有85%的硫键(-S-)直接结合在两个芳香族环中，其分子通式为：

$$\left[\!\!\begin{array}{c}\\\end{array}\!\!\!\bigcirc\!\!\!-\!\!S\right]_n$$

聚苯硫醚纤维是一种新型的具有优良性能的特种功能性纤维，是继碳纤维、芳纶纤维、超高强高模聚乙烯（PE）纤维、聚酰亚胺（PI）纤维、玄武岩纤维之后的第六大高性能纤维，是由位于高性能塑料金字塔顶端的聚苯硫醚聚合物经熔融纺丝制得，在高性能纤维中，聚苯硫醚纤维性能比较突出，价格也比较昂贵。

2. 产品性能

聚苯硫醚因其硫原子与苯环交互整齐排列的化学结构，赋予分子高度稳定的化学特性，具有耐高温、耐辐射、高阻燃、高尺寸稳定性、良好的耐溶剂和耐化学腐蚀性及电性能优异等特性，从而赋予了聚苯硫醚纤维耐高温、耐酸碱、耐腐蚀、不水解、天然阻燃、耐辐射、抗γ射线及电性能优良等众多优异的物理化学性能，见表2.141。

表2.141　聚苯硫醚纤维物性表

项目	数值	项目	数值
密度/(g/cm^3)	1.35～1.36	断裂强度/(cN/dtex)	3.5～5.5
熔点/℃	280～285	断裂伸长率/%	25～45
极限氧指数/%	34～36	回潮率/%	<0.03
强度保持率（200℃、2h）/%	>93		

（1）一般性能

聚苯硫醚是一种结晶度高、硬而脆的高分子聚合物，纯聚苯硫醚的相对密度为1.34g/cm^{3}左右，吸水率极小，一般只有0.03%左右，由其熔融纺丝而制得的聚苯硫醚纤维是一种新型高附加值的特种功能性纤维，未经拉伸的纤维具有较大的无定形区（结晶度约为5%），在125℃时发生结晶放热，玻璃化转变温度为93℃；熔点282～285℃。拉伸纤维在拉伸过程中产生了部分结晶（增加至30%），如在130～230℃温度下对拉伸纤维进行热处理，可使结晶度增加到60%～80%。因此，拉伸后的纤维没有明显的玻璃化转变或结晶放热现象，其熔点为284℃。随着拉伸热定形后结晶度的提高，纤维的密度也相应增大，由拉伸前的1.33g/cm^{3}到拉伸后的1.34g/cm^3，经热处理后则可达1.38g/cm^3。

（2）力学性能

PPS纤维具有优良的力学性能（见表2.142），与Nomex纤维较为接近，可纺性能好，对于γ射线和中子放射的隔绝性比聚酰胺和聚酯好。

表2.142　PPS纤维和Nomex纤维的力学性能比较

纤维	断裂强度/(cN/dtex)	断裂伸长率/%	初始模量/GPa
PPS	4.0～5.5	25～45	6.94
Nomex	4.84	21	6.71

（3）热学性能

PPS纤维具有出色的耐高温性，玻璃化转变温度为106℃，熔点为282～285℃，热降解初始温度为542℃，最大分解速率所对应的温度为586℃。相比其他的高性能纤维，PPS纤维的分解温度高于 Nomex 纤维（分解温度为 400℃），接近 Kevlar 纤维（分解温度为 550℃）。由聚苯硫醚纤维加工成的制品很难燃烧，把它置于火焰中时虽会发生燃烧，但一旦移去火焰，燃烧会立即停止，燃烧时呈黄橙色火焰，并生成微量的黑烟灰，燃烧物不脱落，形成残留焦炭，表现出较低的延燃性和烟密度。其极限氧指数可达 34%～35%，在正常的大气条件下不会燃烧，它的自动着火温度为 590℃。氮气气氛下，在 500℃ 以下时基本无失重，但超过 500℃ 时失重开始加剧，失重至起始重量的 40% 时，重量基本保持不变，直至达到 1000℃ 的高温。在空气中，当温度达到 700℃ 时将发生完全降解。聚苯硫醚纤维的耐热性还表现在：在 200℃ 时的强度保持率为 60%，250℃ 时约为 40%。在 250℃ 以下时，其断裂伸长基本保持不变。若将其复丝置于 200℃ 的高温炉中，54 天后断裂强度基本保持不变，断裂伸长降至初始断裂伸长的 50%；在 260℃ 下经 48h 后，仍能保持纤维初始强度的 60%，断裂伸长降至初始断裂伸长的 50%。PPS 的极限氧指数为 36%，而上述 Nomex 纤维和 Kevlar 纤维这两种芳纶纤维的 LOI 为 28%～32%。因而 PPS 纤维具有良好的热稳定性，在高温下具有优良的强度、刚性及耐疲劳性，在 204℃ 高温经 2000h 后，保留 90% 的强度，在 260℃ 高温经 1000h 后，保留 60% 的强度，在 170℃ 燃煤电厂工况条件下可连续使用 30000h。

（4）电学性能

聚苯硫醚纤维的电性能十分突出，与其它纤维材料相比，其介电常数与介电耗损角正切值都比较低，并且在较大的频率及温度范围内变化不大；聚苯硫醚的耐电弧性好，可与热固性塑料相媲美。聚苯硫醚纤维可用于电器绝缘材料，这在热固性纤维材料中也不多见。聚苯硫醚材料的相对漏电起痕指数（CTI）比较稳定，通过树脂原料优化和改性配方调整，还可以进一步提升 CTI 性能，有利于提高聚苯硫醚用于电子材料时的安全性。其介电常数 3.9～5.1，介电强度 13～17kV/mm，体积电阻率 $1\times10^{16}\Omega\cdot cm$。表面电阻率为 $1\times10^{15}A$，介电强度>18kV/mm，在高温、高湿、变频等条件下仍能保持良好的绝缘性。

（5）化学特性

聚苯硫醚树脂最大的特点之一是耐化学腐蚀性好，其化学稳定性仅次于聚四氟乙烯；聚苯硫醚树脂对大多酸、酯、酚及脂肪烃、芳香烃、氯代烃等稳定；不耐氯联苯及氧化性酸、氧化剂、浓硫酸、浓硝酸、王水、过氧化氢及次氯酸钠等。聚苯硫醚在高温溶剂、高低温变化频繁溶剂中的性能表现非常优异。正因聚苯硫醚树脂原料耐化学腐蚀性好，从而赋予聚苯硫醚纤维突出的耐化学稳定性（见表 2.143），其耐化学腐蚀性与号称"塑料之王"的聚四氟乙烯相近，在极其恶劣的条件下，仍能保持原有的性能，能抵抗酸、碱、烃、酮、醇等化学试剂的侵蚀，在 200℃ 下，不溶于任何化学试剂，只有强氧化剂（如浓硫酸、浓硝酸和铬酸）才能使其降解。在高温下，放置在不同的无机试剂中一周后能保持原有的拉伸强度。只有强氧化剂（如浓硝酸、浓硫酸和铬酸）才能使纤维发生剧烈的降解。它还具有很好的耐有机试剂的性能，除了 93℃ 的甲苯对它的强度略有影响外，在四氯化碳、氯仿等有机溶剂中，即使在沸点下旋转一周后其强度仍不会发生变化，温度为 93℃ 的甲酸、醋酸对它的强度也没有影响。

表 2.143 PPS 纤维耐化学腐蚀性

化学试剂	温度/℃	保持时间	强度保持率/%
浓盐酸	93	一周	100

续表

化学试剂	温度/℃	保持时间	强度保持率/%
浓硫酸	93	一周	80
浓硝酸	93	一周	70
30%NaOH	93	一周	100
四氯化碳	沸腾	一周	100
氯仿	沸腾	一周	100
甲苯	沸腾	一周	85~90

PPS纤维在不同化学试剂中的强度保持率极好，由其制得的无纺布过滤材料在93℃的50%硫酸中具有良好的耐蚀性，强度保持率无显著影响；在93℃、10%氢氧化钠溶液中放置2周，其强度也没有显著变化。

(6) 阻燃性能

PPS纤维具有优异的阻燃性能，极限氧指数为34%~36%，天然阻燃，不需添加任何阻燃剂，即可达到UL94 V-0标准，经中国民用航空局测试中心进行飞机舱内材料阻燃性检测分析，符合CCAR 25.853 (d) 及ABD0031 (7-4) 的要求。

(7) 纺织加工性

纤维具有优良的纺织加工性能。沸水收缩率的大小与所用的工艺条件有关，可低 (0~5%)，也可高 (15%~25%)。吸湿率较低，主要是纤维表面的吸湿性差，熔点达285℃，高于目前工业化生产的其他熔纺纤维。

二、市场供需

(一) 世界供需及预测

1. 生产现状

目前，全球仅中国、日本和韩国掌握聚苯硫醚纤维的工业化生产制造技术。俄罗斯、印度正在积极进行聚苯硫醚纤维工业化生产的研发。目前世界聚苯硫醚纤维生产情况如表2.144所示。

表2.144 世界主要聚苯硫醚生产企业

国家	生产厂家	产品类型	产能/(吨/年)
日本	东丽	常规、细旦	3000
	东洋纺	常规、异形	与新和成合作，本土已不生产
韩国	汇维仕	常规	2000
中国	浙江新和成	常规、细旦、异形	5000
	重庆普力晟	常规	3000
	四川安费尔	常规	3000

2. 需求分析及预测

正是由于聚苯硫醚纤维兼具耐高温、耐酸碱、耐腐蚀、不水解、天然阻燃、耐辐射、抗

γ射线及电性能优良等众多优异的物理化学性能，可广泛应用于环保、化工、电子电气、纺织、建筑、军工和航空航天等领域。目前主要用于燃煤电厂、水泥厂、垃圾焚烧炉等高温耐腐蚀滤材，降低大气细小颗粒污染物的排放。此外，PPS纤维的众多优异性能使其在电子、制氢、化工过滤、造纸和特种防护等领域有较好的潜在应用前景。目前，耐高温、耐腐蚀的燃煤电厂烟道除尘是全球聚苯硫醚纤维市场应用最大的领域，全球市场占比95%以上。此外，PPS纤维的耐高温、耐化学腐蚀、阻燃、绝缘、耐辐射等优异性能使其在电子工业特种纤维纸、高温高湿工况的线缆包覆、电解水制氢隔膜、耐火与防辐射特种工况服等高端领域具有潜在应用前景。在电子工业领域，高性能纤维纸基功能材料在电子绝缘保护领域具有较好的应用前景，PPS纤维作为高性能纤维，耐高温性和绝缘等性能优异，与芳纶纤维纸相比，PPS纤维纸的耐水解、耐化学性能更优异、成本更低。在高温高湿工况的线缆包覆领域，单独采用胶管包覆的线缆在高温高湿下易老化膨胀，导致线缆存在失效可能，因此，胶管外部需要增加一种耐高温、耐湿热的护套材料，而PPS纤维具有优异的耐高温和耐湿热老化性能，PPS纤维在汽车发动机周边和飞机等高温高湿工况的线缆护套具有较好的应用前景。在电解水制氢领域，作为关键材料的隔膜可以阻止阳极侧气体和阴极侧气体的混合，以保证气体纯度，同时允许电解质离子的自由移动导通电解池内部电路，实现持续的电化学反应，对制氢设备的使用性能、安全性等起着重要作用。目前，商业化的隔膜以石棉布为主，然而，石棉隔膜自身的溶胀性及化学不稳定性导致纯石棉隔膜在高电流负荷下溶胀严重，使隔膜机械强度下降，在使用过程中易被破坏，且石棉材料对人类健康和环境不友好，急需其它高性能材料替代；PPS纤维纸具有耐热性能优异、机械强度高、电绝缘性能优良的特点，且PPS纤维纸通过纤维之间的相互缠结构成纤维网状结构，能够为电解池隔膜提供高孔隙率。在耐火防辐射特种工况服装领域，由于PPS纤维具有优异的耐高温、阻燃、耐辐射等性能，长期热稳定性优异，200~240℃下连续使用时极限氧指数可达35%左右，自动着火温度更是高达590℃，阻燃性能突出，但PPS纤维织物存在不易染色的缺点，若解决PPS纤维的染色问题，未来在耐火、防辐射特种工况服领域具有一定的应用前景。综上所述，由于PPS纤维具有优异的耐高温、耐化学腐蚀、阻燃、绝缘和耐辐射等性能，以其为基材，根据特定的应用工况、与下游应用单位合作研究PPS纤维纺丝工艺与应用性能的关系对拓展PPS纤维的前瞻性应用、解决我国电子、制氢和特种防护等高端领域的基础材料供应问题具有重要意义。因此，随着在电子工业特种纤维纸、高温高湿工况的线缆包覆、电解水制氢隔膜、耐火与防辐射特种工况服等高端新兴行业的快速发展，聚苯硫醚纤维在高温、高湿、高频场景应用的市场需求将快速增长。

根据新思界产业研究中心发布的《2022—2027年中国聚苯硫醚纤维（PPS纤维）行业市场深度调研及发展前景预测报告》显示，2023年，全球聚苯硫醚纤维市场规模约为16.2亿元；2025~2030年，全球聚苯硫醚纤维市场将以6.6%左右的年均复合增速增长，到2030年市场规模将达到23.8亿元。全球聚苯硫醚纤维行业发展态势良好。

（二）国内供需及预测

1. 生产现状

我国从20世纪末就开始意识到聚苯硫醚纤维的重要性，各大专院校及企业从2000年起就开始致力于聚苯硫醚纤维产品的研发。早些时候我国已初步形成较可观的产能，但国内聚苯硫醚纤维企业生产的产品无论从产品性能上还是成本上与国际企业有一定差距；更重要的是国内企业一直未能解决国产化聚苯硫醚纤维无法单独使用只能掺混在进口纤维中混纺使用的困顿局面，以及无法解决稳定连续化生产所带来的质量问题，使得国内企业根本无法与国际企业抗衡。所以长期以来，聚苯硫醚纤维一直被国外垄断或封锁，特别是造纸用、纱线级、制氢隔膜用以及细旦系列聚苯硫醚纤维，国内一直未能规模化稳定生产。

近几年，国内聚苯硫醚纤维发展迅速，在纱线级、制氢隔膜用以及细旦化方面都有较大进步，部分产品的质量已经接近国外水平。目前国内聚苯硫醚纤维产能如表2.145所示。

表2.145 国内主要聚苯硫醚纤维生产企业

企业	规划产能/(吨/年)	目前进展
浙江新和成特种材料有限公司	5000	已投产
重庆普力晟新材料有限公司	3000	已投产
四川安费尔高分子科技有限公司	3000	已投产
江苏阜升环保集团股份有限公司	2000	已投产
新任环保科技有限公司	2500	已投产
苏州金泉新材料股份有限公司	1000	已停产
山东明化新材料科技有限公司	3000	建设中
国材（苏州）新材料科技有限公司	3000	建设中
安徽元琛环保科技股份有限公司	3000	建设中
江苏瑞泰科技有限公司	2500	已停产
四川得阳特种新材料有限公司	2500	已停产
浙江东华纤维制造有限公司	1000	已停产
苏州赛纶纤维材料制造有限公司	1000	已停产
江苏大地化纤有限公司	1000	已停产
江苏东邦新材料有限公司	1000	已停产

2. 需求分析及预测

2023年中国聚苯硫醚纤维市场需求约1.56万吨，占全球市场33%，预计2027年中国市场需求达到5.12万吨。随着化工过滤、电解水制氢隔膜、电解液隔膜纸、新能源汽车等行业的高速发展，进入21世纪以来全球聚苯硫醚纤维生产与需求已趋于紧张。中国市场正在形成聚苯硫醚纤维生产的国内外双重竞争态势，这将有利于聚苯硫醚纤维在国内的进一步推广以及在市场和应用领域的扩展，并为国际市场的开拓打下良好基础。结合国内外聚苯硫醚纤维及新材料的发展动向，在发展新型聚苯硫醚纤维类材料品种，开发聚苯硫醚纤维新产品新应用的基础上还应当着力抓好细旦化、异形化、差别化纤维及纱线用、造纸用、制氢隔膜用、高温防护、护套等专用纤维产品的研制开发，积极开发新型聚苯硫醚复合纤维材料改性品种，尽快建立更大的规模化生产装置等。这是发展中国高性能结构材料所必须的战略举措，对打破国外技术限制和封锁，满足国民经济以及军工各领域对高性能结构材料的需求意义极为重大。

三、工艺技术

目前，聚苯硫醚纤维的纺丝方法主要有熔融纺丝法、熔喷纺丝法、静电纺丝法、复合纺丝法、纤维的改性技术及细旦化技术等。但已经工业化的路线只有熔融纺丝法。

（1）熔融纺丝法

这是世界上最早实现工业化生产的方法，也是目前最主要的工业化生产方法。20世纪60年代，美国菲利普斯石油公司首次成功研制出纤维级PPS树脂，并实现了PPS短纤维的量产，注册商品名为"Ryton"。该方法是采用纤维级PPS树脂在300℃以上经过熔融纺丝、热拉伸和定型而获得，工艺流程见图2.78。

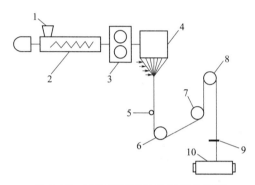

图2.78 PPS纤维熔融纺丝工艺流程

1—料斗；2—螺杆挤出机；3—计量泵；4—纺丝组件；5—上油装置；6,7,8—导丝盘；9—导丝装置；10—卷绕装置

具有良好可纺性的PPS树脂必须要具备以下条件：

① PPS树脂为线型高分子量聚合物，而由低分子量经交联提高黏度的PPS树脂形成了支链结构，破坏了高分子的线型状态，不能用于纺丝；

② 纺丝熔体流动速率为200~250g/10min，可纺性较好，若熔体流动速率太低或太高，都不利于纺丝；

③ 纤维级的PPS树脂要求杂质含量低，杂质含量太高的PPS树脂在高温纺丝过程中易形成交联，给纺丝带来困难，甚至会中断纺丝，还会严重影响纤维的性能，质量较好的纤维级PPS树脂灼烧残渣质量分数及挥发物质量分数在0.1%~0.3%。

在PPS熔融纺丝过程中，在纺丝喷丝板下方采用环吹风冷却技术，可使熔体冷却、丝条拉伸细化，延长PPS熔体丝条冷却固化时间，提高纺丝性能和纤维力学性能。

在拉伸后处理工艺技术中，在高于PPS玻璃化转变温度条件下实施高温水/油浴、多级拉伸，以及多级、多温区加热松弛/紧张热定型技术，可使PPS大分子链取向趋于完善，提高PPS纤维的取向、结晶度。

熔融纺丝法是目前PPS纤维工业化生产的主流技术。在生产过程中，需要注意的事项主要有PPS熔体的流动性能，喷丝板孔的尺寸（孔径、长径比），纺丝（温度、速度）对初生纤维的影响，后拉伸、热定型中温度及速度的控制。

熔融纺丝制备的PPS纤维主要为FDY及短纤维产品，其中市场上主要以短纤维产品为主。以PPS短纤维制备的无纺布过滤毡产品主要用于燃煤电厂的袋式除尘器；而PPS长丝产品这些年也一直处于开发阶段，其主要用于PPS过滤毡的基布、化工过滤、造纸履带、缝纫线等，但市场尚未得到普及。

另外，采用熔融纺丝法制备的PPS纤维经短切后得到的产品可用于制备PPS纸，其在电池隔膜领域具有一定的应用前景。

(2) 熔喷纺丝法

PPS超细纤维的制备方法主要有熔喷纺丝法、静电纺丝法、复合纺丝法等。

熔喷纺丝法是通过高温高速气流的喷射将聚合物熔体拉伸成纤维，该工艺的主要原理是聚合物放入挤出机并在挤出机内熔融，熔体通过计量泵到达熔喷模头，计量泵测量输出到喷嘴的熔体流量，喷丝嘴是一排间距不到1mm、直径在0.2～0.4mm的毛细管，在毛细管的两侧是进气孔，由此孔通入250～300℃的压缩空气，熔体在高压热气流的喷射和拉伸作用下被高速细化成超细纤维，最终形成细小的纤维网状结构。熔喷纺丝法的主要工艺原理见图2.79。

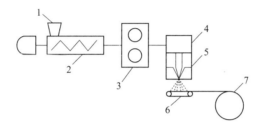

图2.79　PPS纤维熔喷纺丝主要工艺原理

1—料斗；2—螺杆挤出机；3—计量泵；4—纺丝组件；5—热空气；6—收集装置；7—接收装置

与其他纺丝方法相比，熔喷纺丝法由于具有成本低、纤维直径细、工艺流程短、可以直接纺制成无纺织物等优点，受到了国内外极大的关注。

(3) 静电纺丝法

静电纺丝法是无溶剂条件下制备超细纤维的新兴技术。聚合物静电纺丝的原理见图2.80。

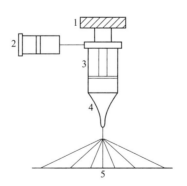

图2.80　PPS纤维静电纺丝工艺原理

1—计量泵；2—高压电源；3—注射器；4—毛细管；5—接收装置（平板或圆筒）

聚合物在高温下熔融，然后在高压电产生的巨大静电力作用下，聚合物熔体被极度拉伸，在拉伸过程中聚合物熔体同时固化成纳米纤维。

相较于熔喷纺丝法，静电纺丝法有以下优点：

① 易制备超细纤维，可实现非织造布高效过滤，而且直径分布更加均一；

② 纤维尺寸可控，纤维直径可以更细，纤维连续性好，其制备的材料具有更高的过滤精度。

但静电纺丝也有一定的局限性，就是生产效率问题，要使静电纺丝完全替代熔喷纺丝，关键技术就是提高静电纺丝的生产效率，至少要提高一个数量级。

相比熔喷纺丝法，静电纺丝法制备的 PPS 纤维直径可以更细，其制备的材料具有更高的过滤精度，用于更高端的电子器件、精密过滤器材等领域。目前，静电纺丝法制备 PPS 纤维尚处于实验室研究阶段，对相关原料、工艺、应用技术的开发不足，距离实际应用尚有不小差距。

（4）复合纺丝法

复合纺丝法是由两组分或多组分高聚物熔体分别通过同一喷丝组件，在组件内的特定部位以一定方式汇合，从同一喷丝孔挤出成型得到复合纤维的方法，见图 2.81。

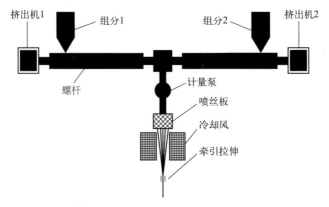

图 2.81　PPS 纤维双组分纺丝工艺原理

复合纤维按照纤维截面形状分类可以分为共纺型（一块喷丝板上有两种独立的品种丝）、并列型、皮芯型、裂片型、海岛型等。其中，以两组分纺丝为主，又称双组分复合纤维，两组分可以是聚酯、聚酰胺、聚丙烯及各自的共聚物。由于两组分复合形式不同，可赋予复合纤维不同的性能，并兼有两种原料的优点，提升制品性能及应用范围。

针对 PPS 复合纺丝技术的研究主要集中在两个方面：一是提高纤维性能，降低生产成本；二是扩展产品线，增加新品种。

提高纤维性能主要通过皮芯复合纺丝，在芯层引入强度较高的聚酯、聚酰胺等原料，利用聚酯、聚酰胺等可以在拉伸后获得较高强度的特点，通过纺丝拉伸达到提高 PPS 纤维强度的目标；降低生产成本是通过引入价格较低的第二组分，有效降低纤维成本，提升产品市场竞争力。

通过皮芯复合纺丝法、海岛复合纺丝法等制备的 PPS 纤维在强度、细度等方面有了一定提升，可有效改善 PPS 纤维在应用中遇到的使用寿命短、过滤精度低等问题，提升产品应用领域。

然而，PPS 纤维制备中由于纺丝温度较高，复合纺丝时对于第二组分原料选择和设备有较高要求，生产技术难度较大，同时存在细旦纤维制备中需使用大量挥发性溶剂才能去除"海"组分，后续产品加工工序增加，甚至造成环境污染的不足。因此，目前相关产品的产业化应用尚未见报道。

（5）PPS 纤维的改性技术

PPS 纤维在耐紫外性能及抗氧化性能方面不足，耐温方面在同类高性能纤维中处于弱势，因此，通过原料改性或复合纺丝等方法，改进不足，提高性能，增加功能性，可以较好地提升 PPS 纤维产品的竞争力，扩展 PPS 纤维的应用领域。目前，对于 PPS 纤维的改性研究主要在两个方面即共混改性、结构改性。

① 共混改性

共混改性即将两种或两种以上的高聚物材料、无机材料及助剂等在一定的实验条件下进行共混，形成共混物，并进行纺丝得到共混纤维。共混纤维的性能是几种复合材料的集合，如通过向 PPS 纤维中加入抗紫外光老化剂或加入多壁碳纳米管（MWCNTs）、抗氧化剂等材料的方法来提高 PPS 纤维的光稳定性、抗氧化性。

向 PPS 纤维中加入少量炭黑后，PPS 纤维取向度降低、结晶度提高；炭黑质量分数为 1.5% 的改性 PPS 纤维耐热性较好；经紫外光照射 192h 后，与纯 PPS 纤维相比，其断裂强度保留率提高 30.3%，断裂伸长保留率提高 41.4%，纤维抗紫外光老化性能得到改善。

与纯 PPS 纤维相比，加入质量分数 1% 的 MWCNTs，PPS/MWCNTs 共混纤维的光稳定性显著提高，其断裂强度保持率从纯 PPS 纤维的 57.8% 提高到 77.3%。

由于 PPS 大分子的硫醚键能量相对较弱，并且在高温环境下，硫醚键易受到强氧化剂气体的攻击，产生氧化、大分子交联和键断裂甚至降解，PPS 纤维会变黄、变脆，从而降低其宏观性能。

针对以上缺点，将 PPS 与二氧化钛（TiO_2）、二氧化硅（SiO_2）共混，利用熔融纺丝制备 $PPS/TiO_2/SiO_2$ 共混纤维，并对其抗氧化性等性能进行表征，发现共混纤维抗氧化性能得到了提高，并且可纺性、热稳定性和力学性能得到改善，拉伸强度保留率保持在 80% 以上。

② 结构改性

结构改性即在分子结构上通过引入其他基团，改变原有材料的性能。常见的 PPS 结构改性方法是在 PPS 主链上引入其他基团，或者在其侧基上引入其他基团，从而达到改性的目的。

主链改性的主要产品如聚苯硫醚酰胺（PPSA），侧基改性的主要产品如聚苯腈硫醚（PPCS）。

PPSA 是在 PPS 的主链上引入酰胺基团（—CONH—），通过引入该极性基团，增加了材料的溶解性。PPSA 的玻璃化转变温度和熔点分别为 103℃ 和 305℃，热分解温度在 420℃ 以上，相较于纯 PPS 都有很大的提高。

PPCS 则是在苯环的间位引入氰基（—CN），由于新引入的基团未在 PPS 主链上，因此 PPS 的众多优异性能得以保留，同时 PPCS 的玻璃化转变温度从纯 PPS 的 85℃ 提高到 167℃，熔点从 285℃ 提高到 400℃，热分解温度保持在 500℃ 以上，纤维的热稳定性有了很大的提升。

（6）细旦化技术

为了进一步加强环境治理，我国多次修订大气污染物排放标准，排放限值不断降低。如燃煤电厂烟尘排放量日渐严格，对于烟尘排放的限值由 1991 年的 $150mg/m^3$ 降到 2003 年的 $50mg/m^3$，再降至 2011 年的 $30mg/m^3$，重点地区 $20mg/m^3$，到目前排放限值达到 $10mg/m^3$，部分地区更是要求达到 $5mg/m^3$，最终甚至要达到零排放的目标。这就要求滤料的过滤精度更高、效果更好、除尘性能更佳。这就需要耐高温滤料纤维的进一步细旦化。而用于高温滤料的芳纶、PTFE、P84、玄武岩纤维等特种耐高温纤维制品均难以实现细旦化，市场上现有的PPS纤维（2.22dtex、1.56detx、1.33dtex）产品的纤度在高温滤料中已经比较细。但是，对于更加微细的粉尘，由于粉尘粒径小（<PM2.5），现有市场上的PPS纤维滤袋的过滤精度还不够，对粒径<PM2.5的微尘颗粒的捕捉能力还不够，远达不到零排放的目标要求，若将其排放到大气中，则会飘浮在空气中形成气溶胶粒子，这类粒子一旦进入呼吸道，则会进入肺部，并积存下来，严重伤害人类身体健康。

想要进一步提升高温滤料的过滤精度，就需要细旦PPS纤维的进一步细旦化。开发超细旦PPS纤维，其目的之一，就是进一步提高燃煤电厂和燃煤锅炉袋式除尘效率，增加过滤精度，减少排放到空气中的粉尘粒子，并能将更加细微的粉尘去除。只有高性能超细旦PPS纤维足够纤细（≤1.11±10% dtex），由其织造的高温滤袋才能形成更小的微孔，同样厚度的高温滤袋单位面积内的微孔更多，具有更大的比表面积、更好的拦截作用，由其制得的高温环保滤袋的捕尘能力和过滤精度更高，是PM2.5的克星，是解决高温滤袋过滤精度不达标、环保尾气排放超标、实现零排放的关键核心材料。

制备细旦、超细旦PPS纤维的方法有熔喷法，海岛纤维法，熔融静电纺法等，目前主要采用熔融纺丝法制备，但该方法生产难度较高，对于原材料和生产时间控制要求极高。

四、应用进展

聚苯硫醚纤维主要应用领域见表2.146。

表 2.146　聚苯硫醚纤维应用领域

应用领域	主要用途
环保领域	聚苯硫醚纤维在高温、高湿、高频、酸露的工况条件下，仍有很好的强度保持率及物理机械性能。已广泛用于火力发电、垃圾焚烧、水泥、钢铁等行业高温袋式除尘
化工领域	聚苯硫醚纤维耐高温、耐酸碱、耐腐蚀、不水解，可用于医药、造纸、化肥、日用化妆品、农药等行业的耐腐蚀过滤材料
服装	聚苯硫醚纤维具有耐高温、耐腐蚀、天然阻燃、绝缘等突出特点，可用于消防服、特种工矿服、军服、宇航服等
汽车	聚苯硫醚纤维具有耐高温、天然阻燃、电性能优良等优势，可用于汽车用阻燃内饰、电机线圈缠绕、电缆包覆绝缘以及耐高温零部件等
电子电气	聚苯硫醚纤维具有耐高温、天然阻燃、电性能优良等优势，可作为电子工业的特种用纸、电线电缆的包覆材料等
纺织	聚苯硫醚纤维具有耐高温、耐酸碱腐蚀性和低的含湿率，可用于工业滤布、除雾材料、帆布、缝纫线、各种防护布等
建筑	聚苯硫醚纤维具有耐高温、抗辐射、天然阻燃等优势，可用于墙体、地板的抗辐射、阻燃添加材料，管道设施的耐腐蚀材料
军工	聚苯硫醚纤维具有耐高温、抗辐射、天然阻燃、电性能优良等优势，可用于军用帐篷，装甲车的防护，飞机和导弹尾翼材料，核潜艇耐核辐射材料，舰船和潜艇的耐腐蚀材料，以及电磁屏蔽、吸波、隐身、抗静电等用途材料
航空航天	聚苯硫醚纤维具有耐高温、抗辐射、天然阻燃、电性能优良等优势，可用于飞机的机翼、阻燃内饰材料、航天器的防腐蚀、辐射和绝缘等用途材料，不仅阻燃，也大大减轻飞机自身的重量

(1) 环保领域

在耐高温环保除尘领域，相比于聚酰亚胺、聚四氟乙烯、芳纶等高温滤料纤维来说，PPS 纤维是一种卓越的过滤材料，以其出色的耐高温、耐酸碱、耐水解、天然阻燃等性能脱颖而出，长期使用温度达到 160℃ 以上，甚至能在瞬间承受 190℃ 的高温，价格相比于其它高性能纤维具有竞争优势，成为高温环保除尘滤袋的首选材料，市场占有率超过 60%。

PPS 纤维在环保领域主要集中在高温空气袋式除尘器方面的应用，袋式除尘器可用于高温烟气除尘，如燃煤电厂、垃圾焚烧炉、炼钢厂、水泥厂烟气治理等。

将 PPS 纤维用于袋式除尘器，基本能满足现阶段对高温烟气排尘浓度标准（$10mg/m^3$）的要求，因此不存在法规上的问题。

相比于其他材料所制备的除尘袋，PPS 纤维除尘袋具有较高的工作温度，可以实现高温除尘；同时具备良好的耐化学腐蚀性能，可以用于含腐蚀物质的气体除尘，如强酸、强碱气体的除尘；最后，PPS 的耐磨损性能也相对较好，能忍受除尘时颗粒对 PPS 的磨损。

(2) 电解水制氢隔膜

氢气作为一种重要的化工原料，当前主要用于能源载体和工业气体，根据氢气制备过程中的碳排放量可分为灰氢、蓝氢、绿氢，其中绿氢碳排放量为 0，目前主要通过电解水制备。已商业化的电解水制氢技术包括碱性电解水和质子交换膜电解水，碱性电解水技术因成本低、技术成熟，目前是市场主流，大型可再生能源制氢项目均采用该技术。其电解水槽中用来隔离 H_2 和 O_2 的关键部件隔膜，行业广泛使用的主要为以 PPS 织物为基底的复合隔膜。

随着国家"双碳"目标和"十四五"规划的提出，氢能产业发展是国家和各省市都在考虑的重要事项，据预计国内 2025 年绿氢量达 10 万～20 万吨/年，2030 年达 500 万吨/年，2035 年至少 1000 万吨/年。2022 年国内电解槽出货量达 800MW，产氢能力 10 万吨/年，使用 PPS 纤维约 80 吨/年。

电解水复合隔膜由 PPS 织物基底和表面涂覆浆料构成，织物由 PPS 纱线或 PPS 单丝编织成；表面涂覆浆料中含有二氧化锆和聚合物，二氧化锆等无机氧化物纳米颗粒用于改善隔膜亲水性，聚合物用于形成运输离子的微孔，一般为聚砜、聚醚等。

主流 $1000Nm^3/h$ 碱式电解水制氢装置电耗约 $5.0～5.5kWh/m^3$，需 500kg PPS 纤维。耦合风电和光伏制氢，一天工作 4.5～6h。可以预计"十五五"国家规划中氢能级 PPS 纤维需求量即将迎来井喷式发展。

但是，目前国内市场上采用粗旦 PPS 纤维纺纱、经纬编织成白坯布、后处理改性成电解水制氢隔膜，纤维纤度不够纤细，由此制得的 PPS 纤维隔膜的气密性差，氢气纯度不够，易发生爆炸，且提纯的成本高昂；隔膜太厚，电阻率偏高；存在较多的弊端。

(3) 液体过滤

利用 PPS 纤维的耐热、耐酸碱腐蚀性和低的含湿率，可以用 PPS 纤维制成针刺非织造布，用于高温化学品的过滤。PPS 纤维在液体过滤领域主要集中在化学过滤器、液体过滤布等方面的应用。化学过滤器则可用于离子交换膜等，吸附环境中的重金属；液体过滤布则用于高温化学物质的过滤，像高温磷酸、高温浓碱的过滤。

单纯的 PPS 纤维不能用于吸附重金属离子，对 PPS 纤维进行一定的化学处理，在其苯环上嫁接特定化学官能团，就能实现重金属离子的吸附功能。将 PPS 纤维经过纺丝可制备 PPS 布料，再经过一定的后续加工可制备用于过滤器中的滤布。由于 PPS 纤维具有优异的耐化学腐蚀性，对盐酸、硫酸、浓硫酸、硝酸、氢氧化钠、四氯化碳等具有一定耐受性，经过长时间接触后，还能保持良好的力学性能，因此，可以用于常见的废水过滤、原油过滤、高温磷酸过滤、氯碱工业的过滤材料。

(4) 其他方面的应用

因PPS纤维兼具耐高温、耐化学腐蚀、阻燃、绝缘、耐辐射等优异性能使其在电子工业特种纤维纸、高温高湿工况的线缆包覆、电子工业特种用纸、耐火与防辐射特种工况服等高端领域具有潜在应用前景。

① 在电子工业领域　高性能纤维纸基功能材料在电子绝缘保护领域具有较好的应用前景，PPS纤维作为高性能纤维，耐高温性和绝缘等性能优异，与芳纶纤维纸相比，PPS纤维纸的耐水解、耐化学性能更优异、成本更低，可用作除雾材料、造纸毛毡、缝纫线、各种防护布和摩擦片（刹车用）等。

② 在高温高湿工况的线缆包覆领域　单独采用胶管包覆的线缆在高温高湿下易老化膨胀，导致线缆存在失效可能，因此，胶管外部需要增加一种耐高温、耐湿热的护套材料，而PPS纤维具有优异的耐高温和耐湿热老化性能，PPS纤维在汽车发动机周边和飞机等高温高湿工况的线缆护套中具有较好的应用前景。

③ 航空航天领域　由于PPS纤维是可在高温环境中使用和耐磨损的少数几种纤维材料之一，其较高的熔点和在苛刻环境中的稳定性为PPS纤维提供了其他方面的潜在应用。可用作宇航和核动力站所需的各种织物、涂层织物、防辐射织物、防辐射军用帐篷、导弹外壳、隐形材料等的原料。

五、发展建议

聚苯硫醚纤维是一种应用前景非常广泛的高性能纤维材料，未来几年会有稳定长远的发展。目前，国内的PPS纤维已经发展了相当长一段时间，取得了长足的进步和发展，正向着制造技术先进化、低成本化、结构功能一体化和应用扩大化的方向发展。但是还需要进一步努力开发更高性能的PPS纤维产品。另外需要抓好细旦化、异形化以及抗氧化纤维的研制开发，并积极开发新型PPS纤维复合材料改性品种。具体发展建议有如下：

(1) 产业链一体化发展方向，加强PPS纤维的关键科学技术问题研究

产业链一体化方向发展是高分子新材料及高性能纤维行业比较常见的发展趋势，产业链一体化可以有效降低综合生产成本，保障原材料供应，提升企业的竞争力。同时还可以减少废弃物的排放，降低环保压力。国外巨头企业如巴斯夫，国内巨头如万华化学均为一体化发展的代表企业，企业产品成本低，竞争力强，能够更适合企业可持续发展。

(2) 加强PPS纤维性能、品质提升以及品种系列化、差异化、功能化研发

国内通用规格的PPS纤维产品已经能够完全满足市场需求，但是对于一些特殊的应用规格，国内尚需努力突破。相比东丽新进推出的造纸用、制氢隔膜用、纤维过滤纸用、粗细旦掺混、细旦化等PPS纤维新品种，以及东洋纺开发的异形PPS纤维等一系列差异化PPS纤维新产品，国内企业的产品规格比较单一。

(3) 针对市场需求，加大下游应用技术开发

PPS纤维材料的最终目的还是在于下游应用，满足终端客户需求并解决其问题。通过

"下游"带动"上游",形成具有自主知识产权的 PPS 纤维系列化产品,加强与配套产业的沟通合作,从制成品的设计端开始就积极融入下游客户的研发工作中,高效地将 PPS 纤维的优异性能最大化地体现在应用场景中,真正实现其性能与下游应用的精准匹配。建立监测体系,把握行业动态。健全 PPS 纤维产业统计,聚焦行业数据研究,加强行业管理和引导,规划发展,制定和完善行业准入条件,发布产品指导目录,避免盲目发展与低水平重复建设,鼓励推动各生产厂家之间协同联动、深入沟通,引导 PPS 纤维产业良性发展。

(4) 从原料到纤维的对应标准和评价体系

瞄准国际先进水平,立足自主技术,健全 PPS 纤维新材料标准体系、技术规范、检测方法和认证机制。加快制定产品全产业链标准,鼓励产学研用联合开发重要技术标准,积极参与国际标准制定,加快国外先进标准向国内标准的转化。

第三十一节 聚四氟乙烯

山东华夏神舟新材料有限公司　王汉利

一、概述

聚四氟乙烯(PTFE),又称特氟龙、塑料王,最早由氟树脂之父罗伊·普朗克特于 1936 年发现。经过几十年的发展,是目前氟树脂中产量、市场规模最大的树脂。PTFE 无色、无毒,分子结构为完全直链型,没有支链,氟原子紧密排列在分子链外围起保护作用,因此其具有优异的耐高低温、耐老化、耐酸碱、表面张力低、低摩擦、低介电损耗等特点,广泛应用于化工、机械、电子电气、通信、航空航天等众多国民经济领域。

全球氟化工的高端产业链主要集中在美国、日本、西欧等一些发达国家,形成了发达国家掌握高端技术,输出高附加值产品,而发展中国家以原材料或成本较低的优势占有较大低端产品市场的格局。经过多年的发展与兼并重组,全球聚四氟乙烯形成了相对集中的行业格局。国内生产企业主要有山东东岳高分子材料有限公司、中昊晨光化工研究院有限公司、浙江巨化集团等,国外生产企业主要有美国科慕、美国 3M、日本大金、日本旭硝子、比利时索尔维等,具体见表 2.147。

表 2.147 聚四氟乙烯主要生产企业

	企业名称
国内	山东东岳高分子材料有限公司
	中昊晨光化工研究院有限公司
	浙江巨化集团
	福建三农新材料有限责任公司
	三爱富新材料科技有限公司
	江苏梅兰化工集团有限公司

续表

	企业名称
国内	江西理文化工有限公司
	江西中氟化学材料科技股份有限公司
	山东华氟化工有限公司
	浙江永和制冷股份有限公司
	聊城氟尔新材料科技有限公司
国外	美国科慕（Chemours）
	日本大金（Daikin）
	比利时索尔维（Solvay）
	日本旭硝子（Asahi Glass）
	美国 3M
	俄罗斯 HALOPOLYMER
	印度 GFL

二、市场供需

（一）世界供需及预测

1. 生产现状

全球 PTFE 产能从 2020 年开始呈现小幅增长趋势。近几年，随着萤石资源的不断消耗和中国产能的不断扩张，国外氟化工巨头对中低端树脂产能的扩张欲望降低，产能增加寥寥，他们多聚焦于新能源、新基建、人工智能、自动驾驶、医疗健康、高端装备等产业的高端应用研发与生产。目前，国际上主要的氟化工公司如杜邦公司、大金公司、阿科玛公司、霍尼韦尔公司、英力士公司、索尔维公司等在中国均有独资或合资公司。据公布的数据显示，截至 2023 年底，全球聚四氟乙烯树脂产能 312600 吨/年，其中国内总产能 191600 吨/年，约占全球总产能的 61.29%，其中山东东岳、中昊晨光、浙江巨化产能位列前三，占国内总产能的 50% 以上，在市场上占有绝对话语权。国外总产能 121000 吨/年，约占全球总产能的 38.71%，其中美国科慕、日本大金产能占比较大。全球聚四氟乙烯产能见表 2.148。

表 2.148 全球聚四氟乙烯产能

	公司名称	地址	产能/(吨/年)
国外	美国科慕（Chemours）	美国	36000
	日本大金（Daikin）	日本	29000
	比利时索尔维（Solvay）	比利时	10000
	日本旭硝子 Asahi Glass	日本	7000
	美国 3M	美国	10000
	俄罗斯 HALOPOLYMER	俄罗斯	14000
	印度 GFL	印度	15000

续表

	公司名称	地址	产能/(吨/年)
国内	山东东岳高分子材料有限公司	山东淄博	55000
	中昊晨光化工研究院有限公司	四川自贡	30000
	浙江巨化集团	浙江衢州	28000
	福建三农新材料有限责任公司	福建三明	12500
	三爱富新材料科技有限公司	上海	10000
	江苏梅兰化工集团有限公司	江苏泰州	14000
	江西理文化工有限公司	江西九江	16700
	江西中氟化学材料科技股份有限公司	江西会昌	5000
	山东华氟化工有限公司	山东济南	3800
	浙江永和制冷股份有限公司	浙江衢州	5600
	聊城氟尔新材料科技有限公司	山东聊城	11000
	合计		312600

2. 需求分析及预测

据统计，国外PTFE的消费领域主要是工业加工、汽车、航天、电子电气等，具体情况见表2.149。

表2.149 全球PTFE的消费领域及占比

行业	工业加工	电子电气	汽车、航天	医疗健康	建筑	其他
占比/%	26	23	23	11	10	7

全球聚四氟乙烯消费主要集中在中国、美国、日本、西欧等国家，中国已成为全球最大的聚四氟乙烯消费国，日本充分利用自身技术特长，重视高附加值产品开发，目前无论品种种类和技术水平都属先进之列。未来，聚四氟乙烯材料作为重要氟化工产品，市场需求仍将保持旺盛。尤其是新兴产业如新基建、新能源、高端装备、芯片制造、半导体、人工智能、城市轨道交通等，对高性能聚四氟乙烯的需求量将保持稳定增长。

（二）国内供需及预测

1. 生产现状

相比于国外，国内氟化工起步晚，在20世纪80年代后规模得到了快速扩大。目前国内聚四氟乙烯产品种类涵盖了悬浮PTFE、分散PTFE和PTFE乳液三大类，十多个品种，基本满足了国内大多数下游应用企业的要求。从分布格局看，浙江、江苏、上海、山东等沿海地区形成了氟树脂研发和生产企业聚集地。据公布的数据显示，截至2023年底，国内聚四氟乙烯树脂产能191600吨/年，占全球产能的61.29%。近五年国内聚四氟乙烯产能呈现递增趋势，增势十分明显，见表2.150。

表2.150 2019—2023年国内聚四氟乙烯树脂产能

年份	2019年	2020年	2021年	2022年	2023年
产能/(吨/年)	137700	149600	168300	185200	191600

据公布的数据显示，产能从2001年的1.01万吨/年增长至2023年的19.16万吨/年，产能增长近20倍。随着5G、半导体、新能源等新兴产业的快速发展，全球PTFE企业逐步向国内转移，国内氟化工企业也抓住机遇布局高端产品。近两年，由于市场运行压力加大，下游需求不足，国内聚四氟乙烯产能增速有所放缓。截至2024年，国内聚四氟乙烯拟建产能25800吨（见表2.151），大部分是高性能聚四氟乙烯产品。

表2.151 2024年PTFE拟建产能计划

公司名称	地址	扩增产能/(吨/年)
邵武永和金塘新材料有限公司	福建	5000
中昊晨光化工研究院有限公司	四川	18000
福建海德福新材料有限公司	福建	2800
合计		25800

2. 需求分析及预测

国内PTFE的消费领域主要是石油化工、机械、电子电气、轻工、纺织等，具体情况见表2.152。

表2.152 国内PTFE的消费领域及占比

行业	石油化工	机械	电子电气	轻工	纺织	建筑	航空航天	其他
占比/%	33	24	12	10	9	6	4	2

国内聚四氟乙烯传统消费领域是石油化工，其次是机械、电子电气等领域。随着国内战略性新兴产业的持续发展，预计未来聚四氟乙烯产品在高频通信、环保节能、高端装备、医疗健康、新能源、新基建等的应用将不断增加，其需求将保持8%左右的增长速度，其中高端领域的需求量增速将超过8%。

三、工艺技术

工业上，聚四氟乙烯的聚合方法主要是悬浮聚合和分散聚合，其中悬浮聚合法比较成熟，是工业上合成PTFE的主流方法。通过悬浮聚合生成四氟乙烯聚合体，经水处理、捣碎、干燥、粉碎及后续处理得到不同规格型号的悬浮树脂；通过分散聚合生成聚四氟乙烯聚合液；通过凝聚、干燥、过筛得到分散树脂；通过分散聚合，在无离子水及各种助剂的作用下反应生成白色乳液，乳液通过浓缩釜进行水分蒸发浓缩成为浓缩液，即分散乳液。

(1) 聚四氟乙烯生产技术

① 悬浮聚合 四氟乙烯悬浮聚合反应在釜式反应器中进行，聚合体系由单体、引发剂、水、其他添加剂等组成。引发剂多用无机过氧化物，如过硫酸铵、过硫酸盐/亚硫酸氢钠、过硫酸盐/硫酸亚铁氧化-还原引发体系。聚合投料前先要经过严格试压，再用惰性气体对聚合釜进行置换、抽真空等多次重复操作直至体系氧含量在$20\mu g/g$以下。聚合釜操作程序依次为加水、加配方助剂、保压、启动搅拌、除氧，最后投入四氟乙烯单体。随着聚合反应的进行，需要不断向釜内补充四氟乙烯单体以维持聚合压力的稳定，聚合温度则依据具体的工艺要求采用等温或变温控制。伴随着聚合反应的进行放出大量反应热，需借助聚合釜夹套的

冷媒去除。聚合结束后，将釜内残余单体通过回收系统回收至气柜中，返送四氟乙烯生产装置处理。开启放料阀，将物料放入捣碎槽中，排去聚合母液。向捣碎槽中加入适量去离子水，启动捣碎装置内的搅拌器进行捣碎和洗涤。经多次捣碎和洗涤后，PTFE 与水分离，并由螺旋加料器定量送至热风喷嘴，与高温压缩空气充分混合后进入锥形干燥器。干燥后的 PTFE 物料经旋风分离，可得到中粒度 PTFE 树脂成品。成品的水含量控制在 0.04% 以内，物料疏松，不结团。若要制备细粒度 PTFE 悬浮树脂，则经过捣碎的中粒度料需进一步经过粉碎系统处理。待粉碎的 PTFE 物料由输送系统进入粉碎机，在高速气流作用下 PTFE 树脂被粉碎成平均粒径为 $20\sim60\mu m$ 的细粉，再经旋风分离器得到细粒度 PTFE 树脂成品。微量的超细粒度 PTFE 树脂，随空气进入袋式除尘器中进行收集。

② 分散聚合　四氟乙烯分散聚合体系通常由单体、水、分散剂、稳定剂及其他添加剂组成。四氟乙烯分散聚合体系中常用的分散剂为全氟辛酸盐，如全氟庚酸铵、全氟辛酸铵等，其中以含 8 个碳原子的全氟辛酸铵最为常用。引发剂可以是过硫酸盐、有机过氧化物和氧化-还原体系。石蜡作为稳定剂，其作用是防止聚合过程中乳液发生凝聚。四氟乙烯分散聚合工艺流程中，聚合前先向聚合釜中加入去离子水及聚合助剂，经多次重复抽空、充惰性气体置换直至釜内氧含量低于 20×10^{-6}。升温，通入四氟乙烯单体直至聚合设定压力，恒温并持续向聚合釜中通入四氟乙烯单体以维持釜内恒定。当釜中通入定量的四氟乙烯单体后，停止进料，回收未反应的单体。聚合得到的 PTFE 分散液为白色乳状液，它的稳定性差，受到摩擦、振动等作用易破乳形成凝聚物。将 PTFE 分散液加入收料槽中，并将聚合过程加入的石蜡稳定剂分离，回收的石蜡经处理后可重复使用。向除去石蜡的 PTFE 分散液中加入定量去离子水，将其固含量稀释至 10% 左右，并控制温度在 20~25℃，分批进行凝聚。将凝聚 PTFE 粒子与母液分离，加入去离子水洗涤，再将树脂放入烘盘并送入热风循环烘箱中干燥至树脂中水分含量低于 0.04%，最后称重包装得到成品。

③ PTFE 浓缩液的生产主要有电泳法和加热浓缩法　电泳法中，先向除去石蜡的分散液中加入定量聚氧乙烯醚类稳定剂，并调节 pH 值至中性，再放入电泳槽中，利用 PTFE 初级粒子带电的特性，在电场的作用下发生定向移动，受电泳槽内构件的阻隔，PTFE 初级粒子慢慢沉降浓缩，底层为浓缩液，上层为清液。当底部浓度达到要求后放料至成品槽中，继续加入部分稳定剂搅拌均匀后包装。加热浓缩法是利用非离子表面活性剂聚氧乙烯醚类乳化剂水溶性好，加热到浊点以上温度时具有分层作用的特点，将 PTFE 初级粒子带到下层而达到浓缩的目的。将 PTFE 分散液和非离子表面活性剂以及碳酸铵按一定比例加入不锈钢浓缩釜中，加热至 60~65℃ 直至分层。下层为浓度 60% 以上的 PTFE 分散液，从浓缩釜底部放出，进行再处理；上层为非离子表面活性剂的水溶液；中层为两者的混合液，把这种混合液集中后在 80~90℃ 进行分层回收。为了配制 PTFE 分散液含量在 60% 左右、表面活性剂含量在 6% 左右的成品，在经过浓缩的 PTFE 分散液中尚需加入适量的非离子型表面活性剂，其做法为先将待补加的非离子型表面活性剂溶于水中，然后慢慢滴入浓缩的 PTFE 分散液中，同时进行不断搅拌，最后加入氨水调节 pH 值。

④ 改性聚四氟乙烯　除共聚类聚四氟乙烯外，改性聚四氟乙烯在市场化的商品中占据半壁江山。聚四氟乙烯存在的缺陷，如耐磨性差、线膨胀系数大、易冷流、成型和二次加工困难等，使其应用受到限制。对聚四氟乙烯进行改性，可以提高它的综合性能，并扩大在各个领域的应用。目前，聚四氟乙烯的改性主要采用复合的方法，包括表面改性、填充改性、

共混改性等。

表面改性：聚四氟乙烯具有化学惰性和低表面能，难以与其他材料粘接，因此必须对聚四氟乙烯进行一定的表面改性，以提高其表面活性。聚四氟乙烯常用的表面改性技术有钠-萘溶液置换法、等离子处理技术、等分子激光处理、力化学粘接、激光辐射法、高温熔融法等，其中钠-萘溶液置换法是目前已知的各种改性方法中效果较好、应用较广泛的改性方法。

填充改性：通过在聚四氟乙烯中添加无机类、金属类及高聚物类等不同填料来改善PTFE的耐压性、耐磨性、抗冷流性、尺寸稳定性等。目前PTFE复合材料所用填料品种很多，大致可以分为无机材料、金属材料、有机材料等。

共混改性：利用聚四氟乙烯的优异性能与其他工程塑料进行共混改性，可以综合共混各组分的长处，实现优势互补，拓宽材料的应用领域，主要有POM改性PTFE、PPS改性PTFE、PA改性PTFE等。共混的基本原理是相似相容、溶解度参数相近、表面张力相近原则，适于聚四氟乙烯的共混料需要满足在380～400℃烧结温度下稳定、填料粒子与聚四氟乙烯粉末粒度相当、不潮解和不与聚四氟乙烯反应、与PTFE的界面相容性好等条件。

除了以上常规方法外，四氟乙烯单体还可以在非水相介质中进行聚合。四氟乙烯单体可以在高级氟化烃类溶剂中进行溶液聚合，但沉淀得到的PTFE树脂很难进行加工。以超临界二氧化碳为介质进行四氟乙烯单体均聚或共聚是一种全新的聚合方法。由于以二氧化碳为反应介质具有资源丰富、环境友好的特点，得到的PTFE树脂又具有高的纯度，可以满足高性能PTFE制品（如电绝缘性能要求高的制品等）生产的需要。除了采用引发剂引发四氟乙烯单体外，采用光、射线和等离子等辐照也可引发四氟乙烯的聚合反应，尽管有相关研究，但无工业生产应用的报道。

（2）聚四氟乙烯加工技术

聚四氟乙烯难以用普通热塑性塑料的成型方法来加工，因此诞生了各种特殊加工方法，如烧结成型、推压成型、模压成型、压延成型、液压成型、柱塞挤出成型、螺杆挤出成型、注射成型、浸渍成型、复合喷涂成型、二次加工成型、冷拉伸-热收缩成型、超临界二氧化碳辅助挤出成型等，用不同方法将聚四氟乙烯加工为板材、管材、棒材、薄膜、纤维等不同型材的制品。

可熔融加工是扩大PTFE应用领域的一种重要方法，可以根据不同用途和工况选择不同的配方进行加工。2018年，新型PTFE复合材料的加工成型技术被报道，提出热处理和热熔融两种加工方案。热熔融法是在热处理法的基础上，将PFA板材替换成PFA熔体，成功制备了新型PTFE复合材料，为我国新型化工内衬防腐材料的开发提供了技术支持。该加工方法通过将PFA原料进行加热熔融，并经过单螺杆挤出机进行混炼，最后形成熔体状态。新型PTFE复合材料很好地综合了PTFE、PFA和玻纤布的优点，具有突出的耐化学腐蚀性和优异的粘接强度等，是当前化工防腐领域中最具应用潜力的材料之一。

四、应用进展

当前聚四氟乙烯最普遍、最传统的应用主要集中在石油化工、机械、电子电气等领域。PTFE材料由于具有出众的耐腐蚀性能，被广泛应用于化工等防腐领域，主要用于高温、强腐蚀的设备、阀门和管件，排气管、蒸汽管，轧钢机高压油管，液压系统和冷压系统的高中低压管道，塔、釜、槽、热交换器、阀门的衬里等；PTFE低摩擦系数及不粘性、耐温范围广的特性使其主要用于密封圈、垫片、活塞环、密封条、生料带等；PTFE由于良好的绝缘性、高化学稳定性而被广泛应用于电子电气领域，用作电线电缆包覆层等。

随着科学技术的不断发展，且随着人们对智能化、便捷化生活的向往，当今社会涌现出诸多新兴行业。PTFE作为一种性能优异的材料，聚合配方更环保、聚合工艺更先进、聚合物性能更优异，受到医疗、自动驾驶、新能源、新基建、高端芯片制造等行业内研究人员的普遍关注，并得到应用。

（1）医疗领域

随着科学技术的不断发展和医学技术的显著进步，生物医用材料在外科临床上的应用越来越广泛，对氟聚合物制品的依赖性也进一步增加。当人体的组织或者器官出现先天性缺损或病变，已经不能使用现代医疗手段进行治疗时，可以通过植入一种修补或者代替缺损病变组织和器官的材料，以代替原有组织和器官的功能，这就是植入体材料。聚合物植入体材料因具有易加工成型、综合性能优越等优点，在生物医用材料中所占比例越来越大，目前达到70%以上。PTFE的分子结构稳定，具有良好的生物相容性，且未见有致癌和致病突变报道，是一类可在体内长期植入的材料。PTFE临床应用已有多年，目前在介入导管、人造血管、心脏封堵器、心脏瓣膜等方面有较多的应用，另外在整形外科中也常作为隆鼻假体材料。

（2）自动驾驶领域

自动驾驶汽车又称无人驾驶汽车、电脑驾驶汽车或轮式移动机器人，是一种通过电脑系统实现无人驾驶的智能汽车。众所周知，高频通信技术高速率、广覆盖、低时延特性为自动驾驶产业提供了网络构架基础；而激光雷达、毫米波雷达、超声波等车载传感器完成汽车与外界环境信息交互，是实现自动驾驶的前提条件。行业公认的高频高功率覆铜板是高频通信及车载传感技术的核心关键技术之一，而构成该核心关键技术的核心体现为聚四氟乙烯树脂。覆铜板是由石油木浆纸或玻纤布等作增强材料，浸以树脂，单面或双面覆以铜箔，经热压而成的一种板状材料，是线路板的核心基材，起互联导通、绝缘和支撑的作用。作为电子行业中的"钢筋水泥"，激光雷达、毫米波雷达等的大规模使用使得覆铜板市场正迎来新一轮爆发。覆铜板用特种树脂成为石化行业急需发展的关键技术之一。PTFE作为目前有机材料中介电常数和介电损耗最低的材料，在激光雷达、毫米波雷达中已被证明可用性。PTFE在自动驾驶领域的应用见图2.82。

（3）新能源领域

21世纪，国际产业大流通与大融通带动了巨大的能源需求与储能需求，对高能量、高倍率、长寿命、无污染的高性能储能装置的需求快速增长。锂离子电池作为高效率的能源转换装置，受到科学界的日益重视。近年来，全球新能源汽车市场进入了快速发展期，锂离子电池作为新能源汽车主要的动力电池也得到了快速发展。电极作为电池的重要组成部分，深刻影响着储能装置的性能。锂电池电极技术分为干法电极和湿法电极，干法电极技术为一种全新的技术，目前仅特斯拉一家拥有此项技术并严格保密。该技术使用PTFE分散树脂，将少量PTFE黏合剂与正极粉末混合，然后将混合的正极＋黏合剂粉末通过挤压机形成薄的电极材料带。湿法电极技术可使用PTFE浓缩液作为黏结剂，从而获得电池电极。与传统湿法涂覆技术相比，干法电极技术具有环境友好、成本下降10%～20%、能量密度提升、电池寿命长等优点。

(a) 自动驾驶汽车

(b) 激光雷达+毫米波雷达

(c) 覆铜板

图 2.82　PTFE 在自动驾驶领域的应用

2020 年 9 月特斯拉旗下 Maxwell 公司成功开发干法电极制造技术,主要包括三个步骤：干粉末混合、从粉末到薄涂层成型、薄涂层与集流体压合形成电极,见图 2.83。

(a) 粉末混合物

(b) 成卷的薄涂层

(c) 薄涂层与集流体压合的电极

图 2.83　特斯拉的干法电极技术

(4) 半导体领域

2018 年中国进口芯片 3121 亿美元,占全球市场总额的 2/3,算上出口的 846 亿美元,逆差高达 2275 亿美元,国内芯片自给率严重不足。近几年受中美贸易摩擦和对中国芯片断供的影响,国内半导体行业预计将出现爆发性增长。为了减少对芯片进口的依赖,半导体市场正在加快国产化替代的步伐,同时伴随着人工智能、虚拟现实和物联网等新兴技术的出现,半导体的市场需求不断扩大,市场规模逐渐提升,预计 2025 年中国芯片市场将达到 4800 亿美元。

半导体制程中大量用到酸、碱等腐蚀性介质作清洗剂,同时对设备的清洁度及离子溶出有着苛刻的要求。因此要求所用材料具备以下性能。

① 更好的耐化学品性能：长时间稳定运行。

② 便利的加工特性：易于制作。

③ 低析出物：保证化学品纯净度。

④ 耐渗透性：保护流体和精密器件。

在众多工程塑料中，PTFE 具有优异的力学性能、耐渗透性、耐腐蚀性等，是半导体清洗设备的衬里和特殊制件不可替代的材料。

PTFE 制成的部件如下：

① 管道　对于去离子水和化学品，使用高纯度 PTFE 制成的管道可以有效防止污染物侵袭，见图 2.84。

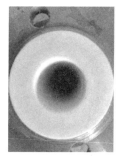

图 2.84　PTFE 管道

② 储罐和容器　PTFE 模塑件在存储或配发超纯腐蚀性化学流体的容器中充当衬里，见图 2.85。

图 2.85　储罐和容器（PTFE 衬里）

③ 流体处理部件　BCD 系统管道可采用 PTFE 管接头进行连接。典型系统使用泵、压力调节器和阀门，而自动化系统需使用可以远程运转的阀门。这些部件带有使用 PTFE 制成的全湿表面，可以提供所需的高水平污染防护，见图 2.86。

图 2.86　流体处理部件（PTFE 衬里）

④ 容器和水槽　使用PTFE制成的或作为衬里的工具部件，可有效防止工艺流体和晶片的污染。PTFE模塑容器和水槽见图2.87。

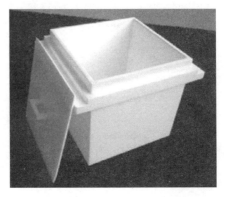

图2.87　容器和水槽（PTFE模塑）

⑤ 晶圆载篮　PTFE模塑得到的部件可充当湿法处理过程中支撑晶片的承载器，见图2.88。部件具有卓越的耐化学性和高纯度，可以防止晶片污染，从而提高产量。

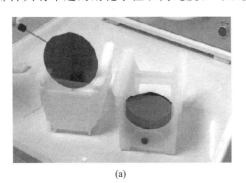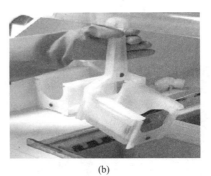

(a)　　　　　　　　　　　　(b)

图2.88　（a）晶圆放入载篮；（b）晶圆转移托架

（5）高频通信领域

到2030年数据流量将达到2015年的1300倍。传输损耗和信号完整性问题是高频下的主要挑战，对材料也提出了更高的要求。5G和之前使用的移动网络的最大的区别是高速率、低迟延，要求传输速度快、波长短、工作频率高、材料对信号的干扰小、介电常数和介电损耗小，这是传统材料无法满足要求。5G高频通信场景下，通信材料不再只是电路的互联、导通、绝缘和支撑，同时还需要扮演传输的角色，而5G高速的基础是高频，为保证高频信号的稳定传输，需要介电常数及介电损耗更低的树脂材料。PTFE分子结构高度对称而呈现极低的介电常数和介电损耗，介电常数（1MHz）低至2.1，且在10^{10}Hz内与频率和温度无关，介电损耗角正切在10^{-4}水平上，具备其他材料所无法比拟的介电特性。PTFE树脂可加工成低损耗线缆，PTFE浓缩液可用于加工高频覆铜板、柔性覆铜板等，在5G高频、高速工况下满足通信设备的要求。

五、发展建议

国内PTFE产能已占据全球产能的60%以上，但以中低端产品为主，单体、基础产品、通用牌号产能过剩，但高端产品供应不足。尤其是缺乏高性能、专用化、系列化、精细化产品，导致改性 PTFE 等产品主要由日本大金、美国科慕等外企供应。

我国 PTFE 行业在基础研究和应用研究方面较为薄弱。国际大型氟化工企业的科研投入占销售收入比例是我国的数倍之多，促使其元素氟化、定向催化氟化等技术发展较快。国际化工巨头杜邦公司 2017 年研发费用已达 26 亿美元，占据年度收入的 10%；美国科慕公司成功地将超临界技术应用在氟聚合物合成上，生产出更高纯度的氟聚合物。

国内 PTFE 企业多以二氟一氯甲烷（R22）为原料，R22 因为高 GWP 值（全球变暖潜能值）在国际公约下冻结产能并实施配额生产，原料供给受到制约。在新一代低 GWP 值替代品开发中，HFO-1234yf、HFO-1234ze 等极具商业化潜力的产品，相关专利几乎被国外企业垄断。国内企业对副产物的综合利用也不够，随着国家安全生产、清洁生产要求的不断提高，PTFE 行业面临的环保压力持续加大。

目前，PTFE 树脂生产先进技术和高端产品主要集中于发达国家，美国科慕、日本大金等氟化工巨头在氟树脂品种和质量方面领先且在中国建设了生产基地。国内企业生产高性能聚四氟乙烯材料时，需要高价进口国外聚四氟乙烯树脂。建议政府加大支持国内聚四氟乙烯企业研发高性能产品，以满足军工、航天、医疗等高端应用领域的需求，从而实现产业的转型升级。

（1）向高端化、高附加值、新用途方向发展

下游汽车、电子、轻工、新能源、环保、航空航天等产业对高附加值、高性能的 PTFE 需求十分迫切，但目前我国 PTFE 产品性能与国际先进水平存在相当大的差距，严重依赖进口。因此，PTFE 行业要增强产品竞争力，大幅提高尖端氟化工产品的自给率，重点突破尖端产品，使产品向高端化、高质化、精细化、高附加值、新用途方向发展，积极开发纳米聚四氟乙烯、膨体聚四氟乙烯、超高分子量聚四氟乙烯等新型产品。

（2）向更加节能环保的生产方式转变

为保护臭氧层、减少温室气体释放，根据《蒙特利尔议定书》，中国已经启动了削减淘汰 HCFCs 工作，为更加绿色环保的氟化工替代产品打开了市场空间。目前第三代四氟乙烷 R134a、R410，第四代 HFO-1234yf 的应用推广正在逐步提速。在环保压力持续加大的背景下，PTFE 行业发展必将朝着节约能源、减少排放、副产物综合利用、推广低碳技术等方面发展，进而推动环保水平提升。

（3）向高集中度、延伸产业链方向发展

随着环保压力的持续加大，中小 PTFE 企业由于缺乏氢氟酸配套和下游盐酸处理能力而成本大幅提高且开工率下降。随着安全、环保、节能等准入门槛的提高，产能并购和重组已成为氟化工行业的趋势，届时行业集中度将不断提升，企业一体化程度也会提高，形成规模优势并大大降低生产成本，提高企业效益。

（4）向终端产品定制化发展

随着消费者个性化需求越来越强，PTFE 企业抢占下游终端市场的趋势愈发明显。企业之间的竞争开始转向基于时间的竞争和基于客户需求的竞争，由原来考虑提供标准化产品转向为客户提供定制化产品，从而提高客户的满意度。企业为客户提供个性化的产品或服务，合理的价格，全方位的服务，最大限度地实现客户的利益已成为行业发展方向。

第三十二节 可熔性聚四氟乙烯

山东华夏神舟新材料有限公司　胡俊龙

一、概述

可熔性聚四氟乙烯（PFA）是由少量全氟丙基乙烯基醚（PPVE）与聚四氟乙烯（PTFE）组成的共聚物，PPVE 质量分数在 2.6%～4.1%，其性能与聚四氟乙烯（PTFE）相近，又可以采用热塑性树脂加工方法加工，所以称为可熔性聚四氟乙烯，其分子结构如图 2.89 所示。

 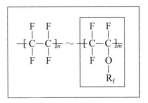

图 2.89　PFA 分子结构示意图

PFA 最初由杜邦公司在 1972 年发明，其综合性能与 PTFE 相似，具有耐高温、耐化学腐蚀、不易燃、电气绝缘性好等优点。与 PTFE 相比，PFA 熔融黏度低，可熔融加工性能良好，抗蠕变性能好，高温下的机械强度是普通 PTFE 的 2 倍左右，介电强度是 PTFE 的 4～5 倍；与常规塑料相比，在耐高温、耐化学腐蚀、密封性能、耐溶剂、耐水汽、抗热压回复方面性能优异；在洁净等级方面，PFA 明显优于 PTFE、PVDF、PP 等。因此，PFA 成为新能源、半导体等前沿领域不可或缺的关键基础材料，具有广阔的发展前景，在光伏、集成电路、锂电池等领域应用广泛，具体性能指标见表 2.153。

表 2.153　光伏/集成电路用 PFA 与其他材料性能指标对比

性能指标	PFA	PTFE	PVDF	PP
熔点/℃	300～10	327	160～175	164～170
最高连续使用温度/℃	260	260	129	110～150
介电常数	2.1	2.1	6.0-8.0	2.3
氧指数/%	≥95	≥95	46	29.6
拉伸强度/MPa	24～32	14～30	32～50	20～30
断裂伸长率/%	≥300	200～450	50～300	200～300
摩擦系数（相对钢）	0.2	0.02	0.4	0.15
成型收缩率/%	3～6	3～6	2.0～3.0	2～3
加工性能①	3	4	2	1
适用工况	高温、强酸、强碱、有机溶剂	高温、强酸、强碱、有机溶剂	纯水、强酸、有机溶剂	纯水

① 加工性能中数字 1～4 分别代表性能优至劣。

PFA树脂初级产品与半成品主要包括粒状产品（可用于挤压、模压）、粉状产品（可用于注塑、模压），以及膜材、管材、棒材、板材等。PFA树脂可生产耐腐蚀件、耐磨件、绝缘件、密封件、内衬等。根据应用领域不同，PFA树脂通常分为普通PFA和高端PFA。其中，普通PFA产品性能指标见表2.154。

表2.154 普通PFA产品性能指标

项目	模压级PFA	挤出级PFA	注塑挤出级PFA	快速挤出级PFA
熔体流动速率（372℃，5kg）/(g/10min)	0.8~2.5	2.6~6.0	6.1~12.0	12.1~30
熔点/℃	300~310			
连续使用温度/℃	260			
拉伸强度（23℃）/MPa	≥24			
断裂伸长率（23℃）/%	≥300			
热分解温度/℃	≥425			
应用	管道、泵、阀门、储槽衬里、膜、接头、轴承等	管材、电线绝缘层、薄膜等	线缆绝缘线、多芯电缆保护套等	线缆绝缘线、多芯电缆保护套等

普通PFA树脂纯度较低，会缓慢释放氟离子和金属离子，污染高纯化学试剂和超纯水，侵蚀硅片基材，影响硅片元件质量，因此，开发高端PFA树脂已是大势所趋。目前高端PFA树脂80%的市场份额被20%的国外优势品牌如美国科慕、日本大金等所占据。高端PFA相较于普通PFA加工原理和性能基本一致，主要差异在于有效控制金属阳离子和阴离子含量及溶出速率，对于加工环境、模具和工艺流程的洁净化管理更为严格。新能源等前沿应用领域进一步对PFA制品在使用寿命、透明性、平滑性、耐应力龟裂性、渗透性等多方面提出更高要求。高端PFA产品性能指标见表2.155。

表2.155 高端PFA产品性能指标

测试项目	检测标准及方法	挤出级PFA	模压级PFA
熔体流动速率/(g/10min)	372℃/5kg	15±5	2±0.5
拉伸强度/MPa	ISO 37	≥24	≥24
断裂伸长率/%	ISO 37	≥300	≥300
弯曲模量/MPa	ISO 178	≥500	≥500
痕量金属元素含量/(μg/g)	SEMI F40 取样方式	≤50	≤50
痕量金属元素析出	SEMI F40 取样方式	在满足SEMI F57标准基础上，进一步降低痕量金属元素析出	在满足SEMI F57标准的基础上，进一步降低痕量金属元素析出
阴离子含量	SEMI F40 取样方式	在满足SEMI F57标准基础上，进一步降低痕量金属元素析出	在满足SEMI F57标准基础上，进一步降低痕量金属元素析出
TOC/(μg/m²)	SEMI F40 取样方式	≤6000	≤6000
粗糙度/μm	ISO 4287	≤0.25	≤0.35

高端PFA的研发主要集中在美国、日本和欧洲等国家，科慕、3M、大金、索尔维等公司都有涉及。而国内能够进行PFA产品研发及稳定化工业生产的公司有东岳华夏神舟、邵武永和、浙江巨化等，但高端PFA产品国内仍需依赖进口，目前仅东岳华夏神舟开发出半

导体用 PFA 产品，但尚未规模化量产。因此，我国氟化工企业亟需加快高端 PFA 产品的国产化进程。

近年来，全球 PFA 产量较为稳定（图 2.90）。受化工、石油与天然气等行业快速发展的拉动，全球 PFA 产量稳步上升，目前全球 PFA 以每年 10%～20% 的速度增长。若产能充足，需求量还会以成倍的速度增长。从消费结构上来看，约 34% 的 PFA 用于化学工业领域，约 23% 用于电器工业领域，其它为石油与天然气、半导体等领域，见图 2.91。近年来，高端 PFA 在众多前沿领域中频现，作为清洗花篮、容器、管路、泵阀用在光伏和集成电路领域的硅片制造中，作为盖板和垫片用在锂电池领域，也作为储罐或容器衬里用在电子级试剂（如超纯氢氟酸）储存与运输上。

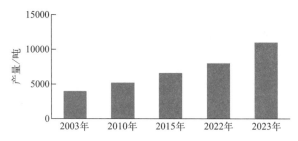

图 2.90　2003—2023 年全球 PFA 行业产量变化情况

PFA 海外供应商主要是科慕、大金、索尔维、3M、旭硝子等，2023 年其市场份额合计 78%，形成寡头竞争格局（图 2.92）。国内厂商主要有东岳集团、永和股份和巨化股份等，产能正在迅速扩张，但中高端产品的研发以及量产能力有限，产品多应用在中低端领域。

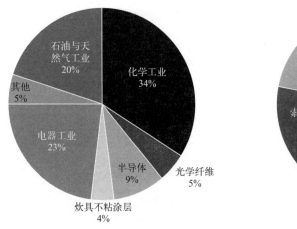

图 2.91　全球 PFA 行业下游需求结构情况

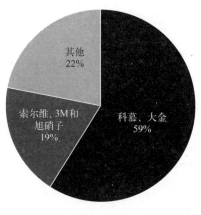

图 2.92　2023 年全球 PFA 行业市场竞争格局情况

二、市场供需

1. 生产现状

2020 年以来，需求前景刺激了一大批企业新建、改建、扩建 PFA 产能。截至 2023 年，PFA 现有产能约为 1.5 万吨/年，国外产能占 78% 以上。现有产能中高端 PFA 产能约占 15%。此外，在建产能共有 47800 吨，国外 1800 吨，国内 46000 吨，代表性企业包括东岳集团

6000吨/年在建产能、浙江巨化15000吨/年在建产能、邵武永和股份3000吨/年在建产能等。

目前，PFA总用量与总产能基本持平，但是高端PFA产能占比不足，尤其国内高、低端PFA均需依赖进口。在建产能全部投产后，能缓解低端PFA供应缺口，但因在建产能中高端PFA占比不到10%，加之索尔维、3M可能于2024年以后逐步停产，会造成更大的高端PFA缺口，高端应用短期内仍依赖进口。2023年PFA主要生产厂商及其产能见表2.156。

表2.156 2023年PFA主要生产厂商及其产能

生产企业	现有产能/(吨/年)	生产基地	在建产能/(吨/年)	工艺体系
科慕	5500	美国 日本		乳液、悬浮
大金	3500	日本 江苏常熟	1800	乳液、悬浮
索尔维	1000	美国		乳液、悬浮
3M	500	美国		乳液、悬浮
旭硝子	1500	日本		乳液、悬浮
东岳集团	200	山东淄博	6000	乳液、悬浮
浙江巨化	150	浙江衢州 甘肃酒泉	15000	乳液
邵武永和	3000	浙江邵武	3000	乳液
齐氟		山东淄博	3000	乳液、悬浮
氟源		内蒙古阿拉善盟	18000	乳液
昊华		四川自贡	500	乳液
天赐		江苏南通	500	乳液
合计	15350		47800	

2. 需求分析及预测

根据QYR（恒州博智）的统计及预测，2022年全球可熔性聚四氟乙烯（PFA）树脂市场销售额达到了3.6亿美元，预计2029年将达到4.6亿美元。按PFA平均价格4万美元/吨计算，目前全球PFA树脂用量约1.2万吨/年。

普通PFA产品在化工、油气、电器等领域的用量大约在1万吨/年。最典型的应用为PFA管材，2023年PFA管材市场规模为1.84亿美元，销售量为5000吨左右，约占当年全球总用量的45%，预计2030年PFA管材销量为6700吨左右。以PFA油管应用为例，2019年市场销售额为1.5亿美元，2026年将达到1.87亿美元，复合增长率为4.89%。

（1）光伏

高端PFA在其制造过程中的应用如下。

① 清洗、蚀刻 在湿法工艺中，需要清洗、蚀刻工艺中的光刻胶和残留物。

在此过程中，需要用到PFA花篮、PFA浸泡桶，PFA烧杯等，以确保蚀刻溶液和清洗溶液的高纯度；在化学机械抛光（CMP）工艺中，所使用的液体是包含细颗粒的浆料，浆料中的颗粒容易保留在晶片表面上，这些痕迹会造成产品缺陷，需要高洁净度的PFA容器防止浆料中的杂质残留在晶圆上。

② 化学介质输送 电池片的表面处理和涂层制备，需要使用腐蚀剂、蚀刻剂、涂覆剂等一系列化学液体，要求材料能够承受强酸、强碱、高温和高压的极端化学环境，PFA成

为这一材料的理想选择。PFA管在电池片退火过程中输送高温气氛,以提高电池片的性能和稳定性。在光伏储能中用于导热油输送管及连接管路。

③ 导线保护 PFA套管可保护导线免受机械损伤、化学腐蚀和高温影响,从而延长电池组件的使用寿命。

据中国光伏协会(CPIA)和国家统计局数据,2023年全球光伏新增装机447GW,同比增长94%,截至2023年底,累计装机容量约1.6TW。2023年中国光伏新增装机容量253GW,同比增长189%。预计2025年,全球光伏新增装机容量达627GW。全球和中国新增光伏装机容量分别见图2.93和图2.94。

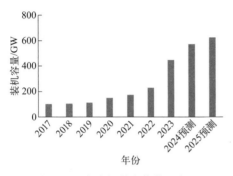

图2.93 全球新增光伏装机容量

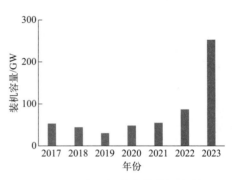

图2.94 中国新增光伏装机容量

按照目前的晶硅光伏发电组件,一片组件约250W,单个组件含60片,故1kW需要240片硅片,硅片制造过程使用PFA材质的清洗花篮,4寸25片装载花篮约重600g,2023年全球光伏新增装机容量为447GW,需要新增硅片1.1×10^{11}片,根据清洗花篮的长期可重复利用性,按16h完成一组硅片的全部清洗工序,花篮半年更换一次,每个花篮每年可以处理0.55万片硅片,2023年需要2000万个花篮。目前,花篮材质有PFA、PVDF、PP等,其中,硅片蚀刻、清洗过程中必需使用PFA花篮的工序占10%,高端PFA年用量约1200吨,加上高端PFA介质输送、导线套管、容器等的用量,2023太阳能光伏用PFA总量为1500吨。预计2025年,需求量将达到2100吨/年。

(2) 锂电池

新能源汽车、5G基站的全方面推进衍生出对高能量密度电池的需求,对动力电池的封装材料提出更严苛的耐高温、高绝缘性、高密封性要求。PFA树脂因其优异的耐高温性、耐化学腐蚀性、低介电损耗、抗蠕变性、耐辐射性、阻燃性等性能,特别适用于锂电池盖板材料和密封材料,见图2.95。

① 盖板材料 PFA树脂在成型时具有良好的流动性,可制作形状复杂的锂电池盖板,相比于现有金属材质盖板质量比能量密度高,同时可满足锂电池对盖板材料的耐高温、高绝缘、高阻燃、高强度要求,日本大金公司已推出PFA 201和210牌号作为半透明、透明抗静电锂电池盖板材料。

② 密封材料 PFA树脂在电解液中不易溶胀,耐化学性优异,有较低的水蒸气透过率、长期可靠性,是锂电池电解液密封材料的理想替代材料,同时大金实验室披露,PFA因优良的回复性而适用于锂离子电池垫片。

根据《中国锂离子电池行业发展白皮书(2024年)》数据,2023年全球锂电池总体出货

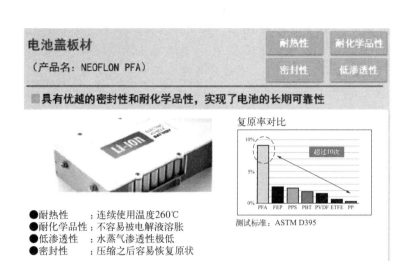

图 2.95　PFA 用于锂电池的优势

量 1202.6GWh，同比增长 25.6%。其中，2023 年中国锂电池出货量达 887.4GWh，同比增长超过 34%，全球占比达 74%。从出货结构来看，全球动力电池出货量为 865.2GWh，占总出货量的 72%，同比增长 26.5%；储能电池出货量 224.2GWh，占总出货量的 18.6%，同比增长 40.7%；小型电池出货量 113.2GWh，占总出货量的 9.4%，同比下滑 0.9%。

2023 年动力电池和储能电池的总出货量为 1089.4GWh，按现有铝合金材质在盖板材料的用量 100~133 吨/GWh 计，考虑到 PFA、铝合金材质比重进行折算，再按照 0.5% 的替代率，约需要 450 吨 PFA。2025 年全球锂离子电池产量可达 2211.8GWh，预测 2025 年，锂电池盖板用 PFA 量约 800 吨。

（3）集成电路

集成电路的生产过程对于杂质的要求十分苛刻，需要经过研磨、倒角、抛光、清洗等步骤，高精度和高纯度是关键。随着电子元器件越来越小，结构越来越复杂，必须采用确保工艺纯度的材料。PFA 对腐蚀性化学品和严苛环境都具有优异的抵抗力，光洁度比 PTFE 同等产品高 98.4%，不容易受到污染，并且具有良好的可加工性，对于亚 10nm 制程中接触液体的部件，PFA 将成为必不可少的配套材料，制品应用见图 2.96。

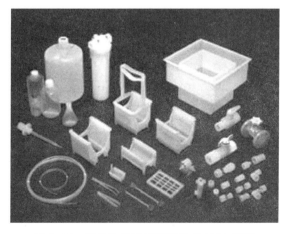

图 2.96　半导体侵蚀过程涉及的 PFA 制品

据中国半导体行业协会数据，2023年集成电路销售额达到12276.9亿元，同比增长2.3%。根据SEMI和IC Insights数据，2020年至2024年间中国是晶圆厂新增数量最多的国家，2022年全球硅晶圆总产能为2546万片/月（等效8英寸，不含光电子材料），SEMI公布2023年全球硅晶圆产能达2960万片/月，预计2024年将增长6.4%，见图2.97。晶圆厂的扩产将刺激上游PFA材料的市场需求。按照8英寸25片装PFA花篮重1.4kg计算，根据PFA花篮的长期可重复利用性，按16h完成一组硅片的全部清洗工序，PFA花篮半年更换一次，每个PFA花篮每年可以处理0.55万片硅片，2023年则需要6.5万个花篮，PFA用量95吨。考虑到集成电路制造过程中PFA材质的管件、泵阀、容器及容器内衬，按4倍系数扩大，PFA在集成电路领域的年用量为480吨。预计到2025年PFA在集成电路领域的年用量为800吨。

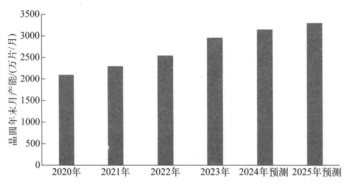

图2.97 2020—2025年全球晶圆年末月产能

（4）其他领域

在流体输送领域，超纯电子化学品需运输到使用单位（如太阳能电池厂、液晶面板厂、芯片厂等），一般需要专用ISO TANK（国际标准液体罐式集装箱），材质为不锈钢内衬超纯PFA。此外，酸、碱等电子化学品的储罐也需要超纯的PFA来作衬里，输送管线需要使用PFA双套管。

在一些医药器械中也有PFA的身影，医药疾控检测应用的PFA消解管、消解杯，主要适用于对血样、尿样、乳制品等样品进行化学分析之前的消解处理。PFA量筒因低溶出与析出，主要应用于生物医药、医药研发、痕量分析等。PFA折叠滤芯，应用于高端制药、化工及微电子等行业，用于强腐蚀性液体、强氧化性液体的除菌、过滤。

按照相关下游行业的市场规模与发展趋势，预计到2025年底，其他领域对高端PFA树脂的需求量为100吨/年。

综上，预计2025年，PFA材料的需求量将达到2万吨，高端PFA 3800吨，其中太阳能光伏2100吨、锂电池800吨、集成电路800吨、其他领域100吨。考虑到运输、库存、良品率因素，实际需要生产1.2倍需求量的产品才能满足正常运转，因此2025年实际需要生产PFA树脂2.4万吨。

三、工艺技术

PFA生产工艺按照分散介质不同分为：水相介质聚合工艺、液态和超临界态CO_2介质聚合工艺、有机介质聚合工艺。目前PFA生产技术掌握在国外极少数大公司中，国内企业关于PFA产品的发明专利寥寥无几。

(1) 水相介质聚合工艺

超纯水的制备成本低、化学性质稳定、对环境无污染，是一种普遍采用的聚合分散介质。合成工艺是采用水介质，聚合过程中连续补加共聚单体以维持聚合体系压力的稳定，直至聚合体系中固含量达到预定要求；可加入链转移剂，以控制分子量和分子量分布。聚合反应结束后，回收未反应单体，分离出聚合产物，洗涤、干燥，得粉料产品。粉料产品可再经熔融挤出造粒。

水相介质聚合中，最常使用的引发剂是过硫酸铵等过硫酸盐类，使PFA很容易产生不稳定端基。在PFA成型过程中，—COOH不稳定端基会受热分解为HF和—COF端基，—COF端基继续分解出HF和CO_2。分解出的小分子会使制品产生气泡、孔隙，使制品外观差，耐开裂性能降低，影响制品纯度和质量。此外，氟化氢的析出，腐蚀加工设备，并把金属的腐蚀物带入制品中，使制品纯度下降，色泽加深。在树脂热塑熔融加工过程中，由于不稳定端基持续热分解，小分子不断析出，使聚合物分子量逐步下降。同时又由于热解产生的不稳定乙烯基端基的存在，它可继续与其他聚合物链结合增加聚合物的分子量。从而使树脂的熔体黏度处于不稳定状态，影响加工工艺稳定性。

除引发剂外，链转移剂是产生不稳定端基的另一个主要因素，在水介质聚合中，通常采用的链转移剂是甲醇等醇类，其链转移效率高，且使用方便，但会产生—$COOCH_3$、—CH_2OH等不稳定端基，致使产品的纯度降低。

(2) 液态和超临界态CO_2介质聚合工艺

以液态和超临界态CO_2为介质的聚合工艺，有如下优点：来源广泛，价廉，无毒；与聚合物分离完全，后处理方便，聚合物纯度较高；限制了PFA的分子重排，大大减少了不稳定端基的数目，即使以甲醇为链转移剂，也只有80个$/10^6 C$不稳定端基；液态和超临界态CO_2黏度低，传质效率高，可以用于TFE的贮存。

在当前治理排放挥发性有机物质和限制使用CFC_S的情况下，应用液态和超临界态CO_2作为反应介质进行PFA等含氟聚合物的合成研究是目前含氟聚合物领域的一个热门。但目前以理论研究居多，工业化生产尚未见报道。

(3) 有机介质聚合工艺

为了从根本上改变水介质聚合工艺给PFA带来较多不稳定端基的问题，开发了有机介质聚合工艺，使TFE、PPVE在1,1,2-三氯-1,2,2-三氟乙烷（CFC-113）溶剂中以甲醇为链转移剂，双全氟丙酰过氧化物为引发剂进行聚合。有机介质聚合工艺由于选用有机溶剂，PFA制造成本上升；另一方面，尽管避免了因PFA分子链末端水解产生不稳定端基的缺点，但PFA会发生分子内重排，仍会产生—COF不稳定端基。

在有机介质聚合工艺中，主要考虑有机介质、引发剂、链转移剂的选择这三大问题。对有机介质的选择，应遵循以下四个方面：低反应活性、低链转移效应，不会影响聚合反应、对聚合物污染少；低的ODP值、GHP值，不会破坏大气臭氧层；有合适的沸点，且易挥发、分离、回收方便；对单体有足够的溶解度。

早期，通常采用的有机介质是CFC-113，后来因其对大气臭氧层的破坏作用，积极寻找其他合适的替代品。如全氟环丁烷、全氟甲基环丁烷、全氟环己烷等全氟烃；全氟三丁基胺等全氟胺类；全氟-N-甲基吗啉（PFNMM）、全氟-N-异丙基吗啉（PFNPM）等全氟含氧环烃类。

在有机介质的聚合中用甲醇作链转移剂是不理想的，甲醇会溶解聚合体系中瞬时存在的水和 HF，造成对聚合设备的腐蚀，并且，会形成—CH、—OH 不稳定端基。因此，在有机介质聚合工艺中，也可选用甲烷、乙烷、丙烷、氢气等非醇类试剂作为链转移剂。

不同 PFA 聚合工艺总结见表 2.157。

表 2.157 不同 PFA 聚合工艺简介

生产工艺	特性及优势	缺陷
水介质聚合工艺	纯水介质制备成本低、化学性质稳定、对环境无污染	引发剂用过硫酸盐类，PFA 很容易产生不稳定端基产品
液态和超临界态 CO_2 聚合工艺	聚合物纯度较高；限制了 PFA 的分子重排，大大减少了不稳定端基的数目。聚合选用有机过氧化物引发剂，以甲醇为链转移剂，也只有 80 个/10^6℃ 不稳定端基	聚合工艺初始投入成本高，不能生产浓缩分散液；理论研究居多
有机介质聚合工艺	不稳定端基少，产品性能提高，耐热、耐溶剂、耐化学药品性更好，具有更高的强度和纯度；可满足医药行业和半导体工业对氟聚合物的高纯度要求	FC-113 是一种消耗臭氧层物质，其使用受到限制；PFA 制造成本上升；PFA 会发生分子内重排，产生—COF 不稳定端基

四、应用进展

（1）太阳能光伏

我国光伏产业发展强劲，作为全球最大的光伏发电应用市场，未来我国将继续聚焦光伏发电技术的创新发展。光伏电池效率的进一步提升以及光伏发电系统智能化、多元化发展将对其配套材料 PFA 的纯度提出更高要求，促进 PFA 产品的进一步发展。

（2）锂离子电池

在锂电池领域，PFA 较其他盖板材料具有高度密封性和抗电解液腐蚀性，实现了电池的长期可靠性。PFA 较其他密封材料具有良好的封装性能和耐候性，确保电池片的长期稳定工作。针对锂电池的高容量、安全性、长寿命等趋势，大金等公司也在投入研发下一代锂离子电池或全固态电池的氟材料。

（3）集成电路

随着大规模集成电路的高度集成化、高密度化、精细化，对半导体生产过程中使用的材料提出了提高纯度和功能性的更高要求。对 PFA 也提出了延长使用寿命、降低其对气体、液体的渗透性、提高光滑度等多种不同要求。

（4）其他

在一些医药器械中也有 PFA 的身影，医药疾控检测应用的 PFA 消解管、消解杯，PFA 量筒，PFA 折叠滤芯。

强腐蚀性电子气体的主要生产装置及后续使用装置，必须用超纯 PFA 衬里设备及管道，如 HF 精馏塔、PFA 再沸器、PFA 冷凝器、PFA 吸收塔、PFA 过滤器等。对 PFA 制品的表面光洁度提出了更高的要求，要求用 PFA 制造的容器、管道、阀门、泵的内表面能抑制粒子等杂质在壁上附着、滞留，不会污染所贮存、输送的高纯化学品且容易清洗。

从上述应用来看，高端PFA具有更低的金属离子、氟离子析出度，更好的力学性能，不会对接触的物质产生污染，更适用于新能源、新材料等战略新兴领域。未来需要深度开发PFA聚合稳定性技术、端基稳定性研究、低氟离子萃取技术、低金属离子残留量控制技术、球晶尺寸控制技术及配套加工应用技术，得到更多品级的PFA树脂，更有竞争力的价格，完成高纯到超纯PFA的自主生产，逐步替代国际巨头的同类产品，保护国内市场份额，使国内高技术研发与突破不再受制于人。

五、发展建议

（1）尽管PFA未来应用广泛，需求增长空间大。但是，目前PFA的生产技术受到美国科慕、日本大金等公司严格垄断。目前我国PFA生产企业较少，生产工艺不成熟，产品多应用在中低端领域，高端PFA大部分依赖进口。未来，PFA行业应合理管控中低端应用产能扩产规模，鼓励加大高端PFA产品研发力度与规模产业化，早日摆脱进口依赖。

（2）高端PFA制造对设备材质、结构设计和内衬等方面要求高，部分关键设备依赖进口，建议国内相关装备生产厂商与PFA生产厂商进行联合开发，实现所需高端设备国产化。

（3）高端PFA生产厂商可以与下游使用厂商进行联合开发，通过调整工艺体系，解决客户不断发展的应用需求，提供符合客户预期的解决方案，助力下游产业制造商实现弯道超车。

（4）从技术演进角度来看，PFA生产工艺多样，可以应对不同的使用场景。企业在发展过程中，可以继续探索新工艺、新体系，加大基础研究，在提升自身竞争力的同时，也能推动我国PFA产品继续向前发展。

（5）PFA与其他大宗材料相比价格昂贵。企业在未来的发展过程中，应该重视对原料端的利用与协同，提高原料助剂的回收利用率，降低生产成本。

第三十三节　聚偏氟乙烯

山东华夏神舟新材料有限公司　李玲

一、概述

聚偏二氟乙烯（PVDF）又称聚偏氟乙烯$-(CH_2CF_2)_n-$，是由1,1-二氟乙烯（VDF）单体经自由基聚合得到的线型高聚物，兼具含氟树脂和通用树脂的特性，是一种综合性能优良、用途广泛的热塑性工程塑料。聚偏氟乙烯外观为半透明或白色粉体或颗粒，分子链间排列紧密，有较强的氢键，结晶度30%~60%，密度为1.77~1.79g/cm^3，热变形温度112~145℃，长期使用温度40~150℃。PVDF具有优良的耐化学腐蚀性、耐高温色变性、耐氧化性、耐磨性、柔韧性，很高的拉伸强度和耐冲击性。

PVDF主要用于锂电池、涂料、注塑、水处理膜、太阳能背板膜等领域，根据卓创资讯统计显示，我国PVDF主要应用于锂电池领域，占比高达40%，涂料、注塑、水处理膜、太阳能背板领域占比分别为23%、18%、8%、8%。

在锂电池领域，因为具备良好的电化学稳定性、机械强度、孔隙率和透气性，PVDF主要作为正极黏结剂和隔膜。锂电池领域PVDF主要性能指标见表2.158。

表2.158 锂电池领域PVDF主要性能指标

检测项目		黏结剂指标	隔膜涂层指标	生产厂家	应用厂家
外观		白色均一粉末无异物	白色均一粉末无异物	阿科玛、索尔维、吴羽、巨化股份、三爱富、联创股份、浙江孚诺林、乳源东阳光、山东德宜新材料等	宁德时代（CATL）、比亚迪、中创新航（CALB）、国轩高科、LG新能源、蜂巢能源等电池制造商
7%胶液黏度（溶剂NMP）		≥1000	—		
熔点/℃		160.0～170.0	150.0～160.0		
相对密度		1.75～1.77	1.76～1.78		
水分		≤0.1%	≤0.1%		
粒径 $D_{50}/\mu m$		≤50.00	≤10.00		
特性黏数/(dL/g)		0.10～0.22	0.10～0.22		
杂质元素含量/($\mu g/g$)	Fe+Co+Ni+Cr+Zn+Cu	≤50.00	≤50.00		

在建筑涂料领域，PVDF涂料在户外使用时能保持长期的颜色稳定性和光泽度，主要性能指标见表2.159。

表2.159 建筑涂料用PVDF主要性能指标

检测项目	涂料指标	生产厂家	应用厂家
外观	白色均一粉末无异物	阿科玛、巨化股份、三爱富、联创股份、浙江孚诺林、乳源东阳光、山东德宜新材料等	阿克苏诺贝尔涂料、考普乐、PPG、苏州皇冠等涂料制造商
熔体流动速率/(g/10min)	0.5～2.0		
熔点/℃	156～165		
相对密度	1.75～1.77		
水分/%	≤0.1		
粒径 $D_{50}/\mu m$	≤10		
细度/μm	≤25		

在制品领域，PVDF主要用于制作管道、储罐等，主要性能指标见表2.160。

表2.160 注塑挤出级PVDF主要性能指标

检测项目	注塑级指标	生产厂家	应用厂家
外观	白色均一粉末/粒料无异物	阿科玛、索尔维、吴羽、巨化股份、三爱富、联创股份、浙江孚诺林、乳源东阳光、山东德宜新材料等	美国纯钧、德国爱博、宁波南元泵业、常州冠通、广东立昌、广州合意等器件制造商
熔体流动速率/(g/10min)	1～25		
熔点/℃	165～175		
相对密度	1.75～1.77		
拉伸强度/MPa	≥35		
拉伸断裂应变/%	≥25		
邵氏硬度	70～80		

在光伏领域，PVDF主要用作背板材料，主要性能指标见表2.161。

表 2.161 光伏背板级 PVDF 主要性能指标

检测项目	光伏指标	生产厂家	应用厂家
熔体流动速率/(g/10min)	8~22	阿科玛、索尔维、吴羽、巨化股份、三爱富、联创股份、浙江孚诺林、乳源东阳光、山东德宜新材料等	杭州福膜、回天科技、中天科技等
相对密度	1.77~1.79		
熔点/℃	165~175		
拉伸强度/MPa	≥25		
热分解温度/℃	≥380		
含水率/%	≤0.10		
20μm透明膜大晶点/(个/m²)	≤60		

在水处理领域，PVDF 主要作为超滤或反渗透膜使用，主要性能指标见表 2.162。

表 2.162 水处理膜级 PVDF 主要性能指标

检测项目	光伏指标	生产厂家	应用厂家
外观	白色均一粉末	阿科玛、索尔维、吴羽、三爱富、联创股份等	天津碧水源、水艺膜、求是膜和膜天膜等水处理膜客户
相对密度	1.77~1.79		
熔点/℃	156~165		
10%胶液黏度（溶剂 DMAc）	≥1000		
热分解温度/℃	≥380		
含水率/%	≤0.10		
特性黏数/(dL/g)	1.2~1.9		

在半导体领域，PVDF 主要作为流体传输管道，主要性能指标见表 2.163。

表 2.163 高纯半导体用 PVDF 主要性能指标

金属离子		限值/(μg/m²)	金属离子		限值/(μg/m²)	阴离子	限值/(μg/m²)
Al	铝	≤5	Li	锂	≤2	NH_4^+	≤100
Sb	锑	≤2	Mg	镁	≤2	Br^-	≤100
As	砷	≤2	Mn	锰	≤5	Cl^-	≤100
Ba	钡	≤15	Ni	镍	≤1	F^-	≤20000
B	硼	≤30	K	钾	≤10	NO_2^-	≤100
Cd	镉	≤2	Na	钠	≤10	NO_3^-	≤100
Ca	钙	≤10	Sr	锶	≤0.5	PO_4^{3-}	≤100
Cr	铬	≤1	Ti	钛	≤2	SO_4^{2-}	≤100
Cu	铜	≤10	Sn	锡	≤2	总有机碳	限值（μg/m²）
Fe	铁	≤5	V	钒	≤2	TOC	≤40000

二、市场供需

（一）世界供需及预测

法国阿科玛、美国索尔维、日本吴羽等国际 PVDF 制造商，持续在技术研发和产品创新方面保持领先地位。国内 PVDF 生产技术开发较晚，创新能力略显不足，但也在不断提升和优化。2023 年，我国 PVDF 产能为 14.6 万吨/年，目前国内 PVDF 企业分为三种：一是海外头部企业在国内的子公司，如常熟吴羽、常熟阿科玛、常熟索尔维，3 家供应国内锂电厂

90%需求，但其 R142b 需从国内企业购买；二是国内含氟制冷剂龙头，东岳集团（生产实体是华夏神舟）、中华蓝天、浙江巨化等，这些企业拥有 R142b-VDF-PVDF 一体化布局，PVDF 是公司众多氟材料产品之一，此前较少涉足锂电级 PVDF 生产，其锂电级 PVDF 产品性能与吴羽、阿科玛等公司仍存在差距；三是国内深耕 PVDF 的非上市企业，浙江孚诺林、乳源东阳光等，这类企业主营业务以氟塑料为主，体量相对较小。国外头部企业 PVDF 产能发展情况见表 2.164。

表 2.164　PVDF 生产企业

企业名称	产能/(万吨/年)	装置所在地	工艺来源
阿科玛	1.45	法国、中国、美国	自主研发
吴羽（常熟）氟材料	1.0	日本、中国	自主研发
索尔维	0.8	比利时、中国	自主研发
浙江巨化	3.5	中国	自主研发
中化蓝天	0.7	中国	自主研发
浙江孚诺林	2.8	中国	自主研发
乳源东阳光	1.0	中国	自主研发
三爱富	2.0	中国	自主研发
华夏神舟	2.5	中国	自主研发
联创股份	0.8	中国	自主研发

（1）阿科玛（Arkema）

常熟基地的新增产能在 2022 年底投产，其还宣布将法国工厂的 PVDF 产能提升了 50%。阿科玛公司宣布提升其美国卡尔弗特工厂的 Kynar®PVDF 产能约 20%。

（2）索尔维（Solvay）

索尔维计划将中国 Solef®PVDF 的产能提高一倍以上，以满足不断增长的锂电池市场需求。这一举措反映了索尔维对中国新能源市场增长的响应。

（3）吴羽

吴羽（常熟）氟材料有限公司成立于 2012 年 1 月。其中国生产基地落成后，全球 PVDF 总产能达到了 9000 吨/年。2021 年 7 月，其常熟新材料产业园开始建设第二工厂，总投资 20 亿元人民币，规划产能 15000 吨/年聚偏二氟乙烯、2000 吨/年偏二氟乙烯。

（二）国内供需及预测

1. 生产现状

据统计，2023 年中国 PVDF 需求量为 11.32 万吨，而 2023 年国内各家 PVDF 总产能已经达到 22.5 万吨/年，同比增长 70.45%，行业产能利用率为 39%，行业产能呈现阶段性过剩的局面。2023 年底和 2024 年，行业产量逐步释放，2024 年上半年行业月度开工负荷在 4～5 成，行业月产量普遍高于 2023 年平均水平。在市场整体需求偏弱的情况下，供需矛盾加剧，在常规锂电、涂料、水膜、太阳能背板等领域，供大于求的局面将会持续存在。国内头部企业 PVDF 产能发展情况如下。

（1）东岳集团（华夏神舟）

东岳集团子公司华夏神舟是国内较早介入锂电级 PVDF 领域的企业之一，主导产品为含氟新材料。公司拥有 2.5 万吨/年 PVDF 和 3.3 万吨/年 R142b 产能，具备 R152a-R142b-VDF-PVDF 全产业链，一体化优势明显。

（2）浙江巨化

公司拥有完整氟化工产业链，现已经建成产能大约为 3.5 万吨。

（3）三爱富

公司拥有 3 万吨 PVDF 产能，主要用于涂料、光伏背板等领域。

（4）联创股份

联创股份子公司山东华安新材料具有年产 8000 吨 PVDF 项目。

（5）浙江孚诺林

公司年产 2.5 万吨偏氟乙烯聚合物生产线及配套项目分 2 期建设，一期 12500 吨装置建成投产后预计产值超 30 亿元。

（6）乳源东阳光

乳源东阳光现有 0.5 万吨/年 PVDF 产能，未来还将建设 2 万吨/年 PVDF 与 4.5 万吨/年 R142b 项目。

2. 需求分析及预测

在国内，聚偏二氟乙烯（PVDF）的消费情况如下：涂料行业是 PVDF 消费的最大领域，占比约为 37%～50%，PVDF 因其出色的耐候性和化学稳定性，被广泛用于高端氟碳涂料，尤其是在建筑行业中；作为锂离子电池正极材料的黏结剂，PVDF 的消费占比为 18.8%～20%；PVDF 在光伏背板膜应用中消费占比为 10%～15%，它以优异的耐候性和对环境的适应性，成为保护光伏组件的关键材料之一；PVDF 还用于水处理膜（约 13%）、注塑（约 21%）以及其他一些需要耐化学腐蚀、耐高温的特殊应用中。

三、工艺技术

1. 乳液聚合工艺

1948 年，T. Ford 以水为介质，使用不同类型的自由基引发剂，将偏氟乙烯（VDF）单体在 $\geqslant 30$ MPa 和 20～250℃ 条件下聚合，首次制得 PVDF 树脂；此后，在较低的压力下，分别由乳液聚合、悬浮聚合、溶液聚合和辐射聚合法制得 PVDF 树脂。到目前为止，能够工业化生产的主要是乳液聚合和悬浮聚合这两种方法。

PVDF 的乳液聚合，并不是真正意义上的乳液聚合，应属溶液沉淀聚合，具体包括三步历程：VDF 单体溶解在水相中的传质过程；稀水溶液聚合；聚合产物微粒不溶于水，从水相中沉淀出来，在乳化剂作用下，形成稳定的乳液。

PVDF 乳液聚合工艺流程见图 2.98。聚合釜为 130L 不锈钢高压釜，转速为 88r/min。首先检查聚合体系的密封性能，然后对高压釜抽真空充氮以排氧，重复几次，直至聚合体系的氧含量达到要求；往聚合釜中加入去离子水和引发剂、乳化剂、缓冲剂等配方助剂后，通入 VDF 单体至聚合压力，加热至聚合温度，开始聚合反应；在聚合反应过程中，通过补加 VDF 单体来保持釜内压力在一恒定区间内；聚合反应结束后，将未反应的 VDF 单体回收利用；聚合乳液经凝聚、洗涤、分离、干燥、粉碎，得到 PVDF 产品。

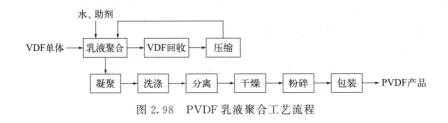

图 2.98 PVDF 乳液聚合工艺流程

2. 悬浮聚合工艺

在 VDF 悬浮聚合中，VDF 单体在搅拌和分散剂共同作用下，以液滴形式悬浮在分散介质去离子水中，使用油溶性引发剂，使该引发剂进入单体液滴、引发聚合反应，聚合产物 PVDF 树脂以固体粒子形式沉析出来。

PVDF 悬浮聚合体系主要由 VDF 单体、分散剂、油溶性引发剂、链转移剂和去离子水 5 种组分组成。PVDF 悬浮聚合通常在较低温度下进行，这就需要高活性的引发剂，二异丙基过氧化二碳酸酯（IPP）、二（2-乙基己基）过氧化二碳酸酯（EHP）等高活性的过氧化碳酸酯类化合物是工业上悬浮聚合制备 PVDF 最主要的引发剂。

以 USP3781265 为例，PVDF 悬浮聚合的工艺流程见图 2.99。在配有搅拌装置的不锈钢高压釜内，加入一定量的去离子水和分散剂，密闭反应釜，抽真空，充氮气置换氧气后，搅拌，升温至 50℃，充入 VDF 使釜压至 3.5MPa，加入引发剂和其他助剂，聚合反应开始；继续以一定速率加入单体和相应比例的引发剂及其他助剂，维持温度及压力；直到单体加完，压力降到 2.8MPa，停止搅拌，聚合反应结束；聚合产物进行离心、洗涤、干燥，得到 PVDF 树脂。

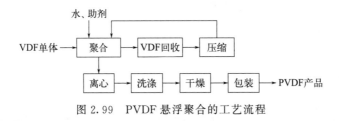

图 2.99 PVDF 悬浮聚合的工艺流程

3. 溶液聚合法

采用溶液聚合法制备 PVDF 树脂在高校、科研院所较多。溶液聚合主要原料为单体、含氟类有机溶剂和引发剂等。其聚合过程主要为在聚合釜内加入定量溶剂，抽真空，氮气置换，釜内微量氧合格后，加入单体和引发剂，加热到一定温度后开始反应，反应结束后溶液中的白色沉淀物即为 PVDF 树脂。与悬浮聚合相比，溶液聚合体系黏度较低，反应单体和引发剂等助剂混合均匀，传热效果好，反应温度容易控制，可消除凝胶效应。但是溶液聚合涉及溶剂的回收利用，增加设备成本，链自由基对溶剂有链转移作用使得到的树脂品质较低等问题，限制了其工业化应用发展。溶液聚合中采用的有机溶剂对环境污染较大，不适于大批量生产，多用于实验室研究。

4. 超临界二氧化碳聚合法

超临界聚合法则是近年来发展起来的制备 PVDF 树脂的一种新型工艺。超临界二氧化碳是 VDF 和过氧化物引发剂的良溶剂，可以替代传统的有机溶剂。超临界二氧化碳聚合法制备 PVDF 树脂的优点：二氧化碳是惰性气体，无链转移作用，安全性高；传质传热效果好；分离简单，得到的产物纯度高；使用超临界二氧化碳萃取技术容易去除残余引发剂、链转移等；环境友好。超临界二氧化碳聚合法制备 PVDF 树脂存在诸多优势，在工业化应用中具有较大潜力。

四、应用进展

（1）锂电行业

未来五年，PVDF 作为锂电池的最佳黏结剂将有望进一步提高使用量。预计 2025 年，中国锂电池黏结剂对 PVDF 的需求量将突破 10 万吨，对应市场规模可达 50 亿～100 亿元，年均增速预计在 10%，2027 年需求量将超 15 万吨。

预计未来中国锂电用 PVDF 市场国产化率将突破 80%，主要原因为：国产 PVDF 多为一体化产线，成本优势明显，而海外企业在华没有 R142b-PVDF 一体化，成本劣势明显；国产 PVDF 在各细分领域已经批量出货，渗透率提升到 80%。相比 2023 年底的价格，后市 PVDF 产品价格有望再降 8%～10%。另外，隔膜用 PVDF 国产化率有望超 60%。

（2）涂料行业

涂料行业对 PVDF 氟碳涂料的需求保持稳定增长，尤其是在高端建筑涂料中，因其具有超长耐候性、抗污性和美观性。但随着全球对环保意识的提升，PVDF 涂料行业也在向更环保、低 VOC（挥发性有机化合物）方向发展，开发更多符合环保标准的产品，以适应日益严格的环保法规和消费者对绿色产品的需求。

（3）光伏行业

随着太阳能光伏产业的快速发展，PVDF 膜在光伏背板膜中所占的份额不断提升，PVDF 已经成为最主要的光伏背板膜材料。据统计，全球光伏发电新增装机容量以每年 15% 左右的增速迅速增长，我国光伏产业发展将远远高于全球增速，对 PVDF 光伏膜需求也将快速增长。但光伏行业也面临着以下挑战：太阳能光伏电池行业对于产业政策扶持的依赖度高，因此太阳能背板用 PVDF 薄膜受政策影响较大；材料价格波动对于太阳能光伏背板用 PVDF 薄膜行业盈利能力造成影响；产品同质化严重，缺乏高附加值的产品，行业竞争加剧。

（4）膜行业

PVDF 膜具有良好的亲水性和疏水性，使其广泛适用于生物制药以及水和废水处理行业。同时，PVDF 膜也用于生物制药、工业、食品和饮料以及其他行业中，广泛的应用场景推动了 PVDF 膜市场规模的增长，2022 全球 PVDF 膜市场规模 8 亿美元，预计到 2027 年全球 PVDF 膜市场规模增长至 11.27 亿美元。

（5）半导体行业

无论是国家对其投入还是商业价值而言，半导体都是具有高赋值、高利润行业。作为全世界最大的半导体产品消费国，我国半导体市场前景十分广阔。据测算，我国 2025 年对半导体用高纯 PVDF 需求量将达到 15000 吨以上。同时考虑到高纯 PVDF 还可应用于高端医疗和高端饮用水领域，总需求量将超过 20000 吨，因此，超纯 PVDF 材料的先进生产工艺一定要实现突破。

五、发展建议

尽管 PVDF 未来应用广泛，需求增长空间大，不过，根据供需数据分析，从中短期维度来看，锂电用 PVDF 材料潜在的扩产产能规模已经接近 25 万吨/年，即使其中部分产能不会真正达产，但对于 2025 年仅不足 20 万吨/年的需求量来说，锂电用 PVDF 的产能也已经出现明显的过剩，短期内不应该继续投扩建锂电用 PVDF 产能。

从长期发展角度来看，PVDF 未来的产销规模将超 25 万吨，PVDF 作为小众含氟聚合物产品，本身应用领域窄、市场小，未来对于成本的控制会越来越极致。在 PVDF 聚合层出不穷的生产工艺中，最终影响成本的决定性因素仍然是萤石矿、各级原料和加工成本，以及工艺差异导致的成本差异。企业在发展过程中，应该重视对产业链的布局。

从产业链协同角度来看，PVDF 企业通过与上游企业进行合作生产，在物料运输成本、中间品的销售成本、材料的损耗、企业的管理，以及技术的协作优势上面，都更具竞争力，有助于 PVDF 材料的降本增效和技术进步，各企业应该重视。

从技术演进角度来看，随着技术进步和市场竞争加剧，市场对 PVDF 的性能要求不断提高，如更高的纯度、更好的加工性能等。这促使 PVDF 生产商加大研发投入，开发更多高端产品以满足特定行业需求，如半导体制造、医疗设备等，进一步拓宽了 PVDF 的销售领域。

过去几年中，PVDF 价格经历了从暴涨到逐步回归理性的过程。价格的剧烈波动促使一些制造商加快产能扩张，同时也引起了市场对于产能过剩的担忧。产能的增加和价格的波动对 PVDF 的销售策略、客户关系管理以及市场定位提出了新的挑战。

第三十四节　聚全氟乙丙烯

山东华夏神舟新材料有限公司　王汉利

一、概述

聚全氟乙丙烯（FEP）由四氟乙烯（TFE）与六氟丙烯（HFP）共聚得到，一般来说 HFP 所占的质量百分比较小，约为 16%～20%。其分子结构如图 2.100 所示，从分子结构可以看出它的主链和聚四氟乙烯（PTFE）一样，因此保留了 PTFE 的全部性能，能在 -80～200℃ 的温度范围内长期使用，其阻燃等级也可达到 UL94 标准中的 V-0 级。同时，FEP 还具有高度的电绝缘性、优异的化学稳定性、完全的不燃性、突出的表面不粘性，对于潮湿、干燥、强光的苛刻环境的适应性极高。具体性能表现如表 2.165 所示。

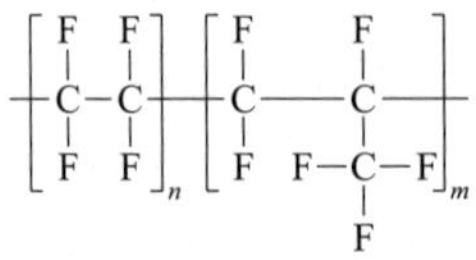

$$\left[\begin{array}{cc} F & F \\ | & | \\ -C-C- \\ | & | \\ F & F \end{array}\right]_n \left[\begin{array}{cc} F & F \\ | & | \\ -C-C- \\ | & | \\ F & F-C-F \\ & | \\ & F \end{array}\right]_m$$

图 2.100　聚全氟乙丙烯分子结构式

表 2.165　聚全氟乙丙烯的性能

性能	具体表现
化学稳定性	FEP对几乎所有化学品具有极高的抵抗性，包括强酸、碱、溶剂，适合严苛环境
耐候性	对紫外线、湿、热、氧化具有极高抵抗力，户外使用多年不褪色、龟裂，适合建筑、户外应用
电绝缘性	电绝缘性强，介电常数低，损耗因子小，高频稳定，适合电线电缆、电子通信
热性能	高温性能，熔点约250℃，短期可耐更高温，低温韧性好，宽使用温度范围
非粘性	表面不粘，摩擦系数低、耐磨，适合动部件、涂层
机械性	拉伸强度、耐磨、抗蠕变性中等，力学性能好，适合承重载

由于聚全氟乙丙烯具有一CF_3侧基，并且是热塑性树脂，因此可采用通用的热塑成型法进行加工。FEP主要的产品形式有粒料、粉料和水性分散液，可满足不同领域的加工和使用条件。聚全氟乙丙烯在电线电缆中的用途比较广泛，主要用于泵阀衬里、线缆绝缘层、薄壁管、波纹管、薄膜以及黏结剂等领域。目前附加值比较高的有网络线、极细同轴线、信号传输线、电子线、屏蔽线、发泡线缆等，主要用于通信电缆设备、信号传输线缆、电子线绝缘层。随着电子信息技术的快速发展，电子器件的精致化、微小化发展方向日趋明显，因此电子器件中使用的线缆要求更细、更薄，这也对线缆绝缘层材料的性能提出了更高的要求。聚全氟乙丙烯还可以用于腐蚀介质输送管材、食品介质输送管材的加工以及泵阀衬里等防腐涂层的应用。此外，近几年聚全氟乙丙烯膜应用也开始逐渐起步，目前已有用途包括电子元件离型膜、设备防护膜、四氟板材焊接膜等。具体应用如表2.166和图2.101所示。

表 2.166　聚全氟乙丙烯的具体应用领域

领域	具体应用
电线电缆	通信、航天、高压、耐热环境、耐化学品，电性能优
工业	化工容器、管、泵、阀件，耐化学品腐蚀、耐温
汽车	油、刹车、油管、耐温、耐油
医疗	植入物、兼容性、耐化学品、消毒
厨房	不粘锅具、烤盘、耐温、清洁

泵阀用FEP　　电线电缆用FEP　　膜用FEP

管材用FEP　　不粘涂层用FEP　　医用FEP

图 2.101　聚全氟乙丙烯树脂应用

国内外主要生产厂家为科慕（原杜邦）、日本大金（Dakin）、3M、东岳神舟、浙江巨化、金华永和（邵武永和）、上海三爱富、江苏梅兰、聊城氟尔以及江西理文等公司，由于FEP牌号的主要划分依据为产品熔体流动速率的大小，表2.167根据熔体流动速率范围给出了主要牌号的性能指标、生产厂家和使用厂家。

表 2.167　FEP 主要牌号的性能、生产和使用厂家

		低熔体流动速率牌号	中间熔体流动速率指牌号	高熔体流动速率牌号	浓缩液
性能指标	熔体流动速率/(g/10min)	0.8~5	5~12	16~40	0.8~10
	拉伸强度/MPa	26~28	22~25	17~21	—
	断裂伸长率/%	310~320	310~330	280~320	—
	熔点/℃	260±10			
生产厂家	国外	科慕（原杜邦）、日本大金（Dakin）、3M 等			
	国内	神舟、巨化、永和（金华和邵武）、上海三爱富、江苏梅兰、聊城氟尔、江西理文等			
应用领域		管材、套管、泵阀衬里	电线电缆绝缘、护套、膜	电线、电缆	喷涂、浸渍
应用厂家		日氟荣、神宇科技、江阴凯博、杭州欧进、浙江兆龙、美国 TT、印度安格纳、韩国朝阳、德国爱博			

二、市场供需

（一）世界供需与预测

1. 生产现状

2023 年国外聚全氟乙丙烯生产厂商产能约为 38900 吨，与 2018 年相比，产能未出现提升，主要生产厂家还是美国科慕公司、日本大金公司和 3M 公司。美国科慕公司和日本大金公司对于聚全氟乙丙烯开发较早，产能较大，工艺技术比较先进，把控着聚全氟乙丙烯树脂高端领域。近几年美国科慕公司对于含氟聚合物的推进发展相对较缓，产能无明显变化；大金公司在近五年未出现扩产情况，还是目前全球聚全氟乙丙烯产能最大的公司；3M 公司含氟聚合物发展势头较小，甚至一度停止了聚全氟乙丙烯树脂的生产，2017 年由于市场需求变化，又重新开始了生产，产能也由原来的 2000 吨/年扩产至 5000 吨/年，主要销售点为欧洲和美国。表 2.168 为目前国外聚全氟乙丙烯主要生产企业情况。

表 2.168　国外聚全氟乙丙烯主要生产企业

企业名称	产能/(吨/年)	装置所在地	工艺技术
美国科慕公司	15600	美国、日本、欧洲	乳液聚合
日本大金	18300	日本、美国、中国	乳液和悬浮聚合
3M 公司	5000	欧洲、美国	乳液聚合

2. 需求分析及预测

国外生产企业对于聚全氟乙丙烯的研发起步较早，工艺技术相对先进，产品品级较高，占据着高端应用领域的主要地位，高端应用领域的聚全氟乙丙烯树脂不但附加值高，而且需要量也比较高，需求量占比可以达到 60% 以上。据了解，科慕公司和大金公司之所以能一直保持在高端领域，无法被完全替代，除了质量优异外，其高的挤出加工速率和稳定的加工性能给予其下游客户强大的竞争力，其中，美国市场高熔体流动速率产品的加工速度普遍达到了 600m/min 以上，并且在 25000m 以上不会出现瑕疵，而如此高的挤出速率和稳定的加

工性能对于国产 FEP 树脂来讲，具有很大的挑战性。仅美国市场，预估市场需求量整体约为 6000~8000 吨/年，全球高速挤出级 FEP 树脂需求为 15000~18000 吨/年，且每年约有 20% 以上的增量。

国外品牌产品虽然质量较高，但价格也相对较为昂贵，国内生产企业在部分特殊线缆上进行使用，因此国外产品销售主要面向的是日本、美洲、欧洲等地区。

(二) 国内供需及预测

1. 生产现状

2023 年国内聚全氟乙丙烯树脂生产装置产能约为 40300 吨/年，相对于 2022 年增长 11.94%，相比于 2021 增长 66.53%，五年内产能提升 73.71%，产量约为 17100 吨，产能和产量均实现大幅度上涨。上涨的原因是 2021 年和 2022 年锂电用 PVDF 需求量激增，带动了同为氟聚合物的 FEP 用量的提升，国内生产厂家纷纷扩产，直接带动了 2021 年和 2022 年国内 FEP 产量的上涨。国内主要生产厂家为山东华夏神舟新材料有限公司、浙江巨化股份有限公司氟聚厂、金华（邵武）永和氟化工有限公司、上海三爱富新材料股份有限公司、聊城氟尔新材料科技有限公司、江苏梅兰化工股份有限公司、江西理文化工有限公司，其中山东华夏神舟、浙江巨化股份有限公司氟聚厂和聊城氟尔新材料科技有限公司年产量位于前三名。近几年聚全氟乙丙烯树脂应用量在逐渐提高，各生产企业开车率也保持在较高的水平。表 2.169 为国内聚全氟乙丙烯生产企业情况。

表 2.169　国内聚全氟乙丙烯生产企业

生产企业	产能/(吨/年)	装置所在地	工艺来源
山东华夏神舟新材料有限公司	13000	山东	乳液聚合
浙江巨化股份有限公司氟聚厂	7000	浙江	乳液聚合
聊城氟尔新材料科技有限公司	7000	山东	乳液聚合
金华（邵武）永和氟化工有限公司	5000	浙江	乳液聚合
上海三爱富新材料股份有限公司	4800	上海	乳液聚合
江苏梅兰化工股份有限公司	2000	江苏	乳液聚合
江西理文化工有限公司	1500	江西	乳液聚合

2. 需求分析及预测

近几年国产 FEP 树脂的质量不断提高，品种不断增多，在基础应用稳定的基础上，相关行业应用范围和领域也在不断拓展。国内聚全氟乙丙烯整体处于高端高性能物料缺货、中低端物料供大于求的状态，各生产企业都在不断创新，向高端应用领域开发新牌号、新产品。

泵阀、管道衬里应用比较稳定，主要为低熔体流动速率产品，短期内不会有明显增长。

管材、膜材应用方面，由于细管、食品介质输送管、油井套管以及精密波纹管等的开发，需求量不断提升，尤其是食品介质输送管、油井套管以及精密波纹管等对于部分性能指标有较强要求的应用，未来随着开发的程度不断加深，需求会有更大的提升。膜材料因其良好的透光性、疏水性、耐老化性能和电绝缘性等，在灯透明护罩、太阳能板、离型膜、大棚膜等方面的需求也在不断提升。

医疗器械方面，随着现代医疗器械的不断发展，基于 FEP 高分子材料的相关医疗器械产品是目前需求的一大方向，FEP 材料具有无毒、无致敏、无致癌等特点，可以广泛应用于医疗器械及组织填充材料等方面，同时具有可熔融加工性、可封口性和可热熔焊接性，主要应用于静脉留置针管、导管鞘、造影导管、泥鳅导丝以及人工血管等。

涂料应用方面，主要包括粉末以及乳液两个方向，而在两种应用中，乳液涂料占主要地位，主要用于做不粘锅、PI 薄膜涂覆、玻纤布浸渍等。由于聚全氟乙丙烯本身的无法溶解性，涂料应用加工多为喷涂。近几年随着国家对高铁、动车等行业的推进，也大力带动了 FEP 乳液在 PI 薄膜涂覆上的应用。另外，FEP 超细粉作为黏合剂和涂料添加剂，可以增强被改性材料的耐磨性、耐极限特性以及阻隔性，同时粉末更加便于运输和储存，客户对于 FEP 粉末的需求不断增加。

线缆应用方面仍然是聚全氟乙丙烯树脂的主要用途，主要用作线缆的绝缘层和护套。聚全氟乙丙烯作为线缆绝缘层和护套，除了电绝缘性优异以外，其优异的阻燃性能也使其应用更加广泛，美国法规已规定高楼大厦用线缆必须使用聚全氟乙丙烯线缆。随着人们安全意识的不断提高，高楼、新建建筑等用传统线缆不断被替代，相信未来普通家用线缆和空中架桥线缆也会不断被替代，对聚全氟乙丙烯的需求量增加会有很大的推动作用。

高端线缆用 FEP 树脂主要用于电子线、高频线、网络线、发泡线等，除了对加工速度有一定要求外，对于树脂个别性能要求十分苛刻。国内 FEP 树脂受限于技术和设备等因素，在该领域虽然有部分进展，但仅限于高端线缆内的部分低端加工应用，真正的高端仍然无法满足。随着全球科技的快速发展，包括国内对于航空航天、军工的日趋重视，电子通信行业的日益发达，高端含氟树脂将越来越多地走进国防、信息等行业。初步估计高端线缆用 FEP 树脂的需求量将达到 5000 吨/年，且每年增量将不低于 10%。

近几年，光伏产业发展迅猛，太阳能电池背板需求约 3.75 亿平方米。而且未来几年内，预计太阳能电池背板仍将以 20% 以上的速度增长，市场前景良好。太阳能电池背板是目前市场需求极大的一个产品，除了目前使用的 PVDF 产品以外，厂家也在利用 FEP 膜优异的透光性、自清洁性、耐候、耐老化性逐步替代太阳能板前玻璃防护材料。而且膜材料在离型膜、灯罩护套膜等方面的应用也在不断推广，初步预计该领域的需求大约在 2000 吨/年，且随着光伏产业的快速发展，膜材料方面的需求量增长将达到 15% 以上。

聚全氟乙丙烯树脂应用领域广泛，性能十分优异。随着高端线缆、膜用以及薄壁管材应用的进一步深入，聚全氟乙丙烯的需求量预计在 3～5 年内仍将以 10%～15% 的速度增长，对于高性能 FEP 短期内仍会保持供不应求的状态。

三、工艺技术

FEP 树脂发展较为迅速，生产技术逐步优化，形成了完善的聚合和后处理技术。目前聚全氟乙丙烯树脂聚合技术主要有三种，分别为乳液聚合、悬浮聚合和超临界聚合。而实现产业化的聚合生产技术主要为前两种。

乳液聚合采用无机引发剂引发聚合，聚合反应为高温中压反应，生产过程较为容易控制，安全性较高，生产效率较高，有利于产能的发挥。新型乳化剂和助剂使用方便，有利于提高乳液稳定性，减少环境影响，简化后处理过程，直接乳液聚合与功能化同时进行，减少中间步骤，提高效率和灵活性。另外，乳液聚合粒径均匀可控，产品性能一致性较好。乳液聚合工艺中由于采用无机引发剂,不但使得聚合产物的不稳定端基增多,也在产物中引入较多的金属离子,其在后续的处理中需通过多次水洗脱除,会产生较多的废水;此外不稳定端基还需要在后处理工艺中进行高温热处理或者封端处理,才能使得最终成品的质量得到保证。另外,聚合过程工艺复杂,乳液聚合条件需要精准控制,如pH、温度、速度、单体比,技术要求较高。

悬浮聚合采用有机引发剂引发聚合,聚合反应为低温低压反应,生产过程中不需要分散剂,安全性较高,生产可控性较高。该聚合方法生产的产品由于在聚合阶段实现了部分封端处理,因此聚合产物中不稳定端基产生量相对较少,后处理工艺中虽然还需要对剩余的不稳定端基进行高温热处理,但处理负荷得到大幅度降低,不稳定端基处理效果也得到了进一步提升。悬浮聚合易于监控反应进程,可进行快速调整,减少不良反应物形成,体系简单,无需复杂乳化剂,减少成本,简化步骤。另外悬浮聚合物粒径、形态可控,利于性能调整,如机械强度、密度、耐热性,产品纯度高,杂质少,助剂残留低,适合高要求应用领域。但悬浮聚合工艺反应速度偏慢,生产效率偏低,产能的发挥受限比较大。

超临界聚合为采用超临界二氧化碳为介质的连续聚合工艺,是目前聚全氟乙丙烯生产最先进的生产工艺,可以生产高纯聚合物,而且环境友好,操作简单。超临界聚合采用的反应介质为二氧化碳,无毒、不燃且价格便宜。采用超临界聚合工艺得到的聚合乳液,可以通过压力释放二氧化碳,来实现产物与二氧化碳的分离,耗能少,且分离彻底,因此产品的纯度非常高,且二氧化碳可以循环使用,不会产生温室效应,环保性非常好。但超临界聚合的反应压力15MPa,反应压力偏高,具有一定的安全隐患,因此对于生产设备和系统的要求也相对较高,这也是超临界聚合目前未能得到有效产业化推广的原因。

乳液聚合、悬浮聚合和超临界聚合生产工艺的差异如表2.170所示。

表2.170　不同聚全氟乙丙烯聚合工艺对比

聚合工艺	乳液聚合	悬浮聚合	超临界聚合
聚合机理	自由基聚合	自由基聚合	溶液聚合
引发剂	无机过硫酸盐	有机过氧化物	有机过氧化物
分散剂	全氟表面活性剂	无	无
聚合介质	水	水	二氧化碳(超临界状态)
生产连续性	间歇生产	间歇生产	连续生产
聚合条件	高温中压	低温低压	低温高压
系统自动化程度	半自动化	半自动化	—
系统密闭化程度	半密闭化	半密闭化	—
设备质量要求	一般	一般	较高
节能性	耗水、耗电较高	耗水、耗电较高	耗水、耗电较少
环保性	废水、少量废固	废水、少量废固	无废水、废固产生
安全性	较高	高	较低

随着技术的不断进步,聚全氟乙丙烯生产工艺也在不断完善,聚合生产以及后处理技术日趋完善和成熟。但国内生产技术水平,受限于发展时间、经验等各方面因素,与国外企业仍存在一定的差距,主要体现在:国内聚全氟乙丙烯生产技术精细化程度不足、生产一体化程度欠缺、生产用设备精度不足、生产过程控制能力还有待提高,如生产过程的参数控制、

后处理流程密闭性、生产设备使用效果、过程中间品在线监测能力等。相比于国内，国外企业对于技术研究较为透彻，生产工艺技术参数更加细化，生产过程可控能力高，生产设备对于流程的匹配性强，产品性能与流程控制统一性更好。

总之，国内企业聚全氟乙丙烯生产工艺技术还需进一步完善，国外企业的部分工序中的关键技术还需要国内企业更深入的摸索和学习，但随着氟材料应用的不断推广，国内生产工艺技术正在快速地提升改善，在不远的未来将会赶上甚至超过国外企业生产水平。

四、应用进展

聚全氟乙丙烯树脂主要应用为线缆方面，目前较为突出的应用为电子线、同轴线、高频线、信号线、网络线等。但伴随着聚全氟乙丙烯性能的不断开发，其他应用领域也在不断拓展。主要作为膜领域用树脂、耐高压线缆用树脂、高频信号传输线缆用树脂、高速挤出线缆用树脂、电子线用树脂、医疗领域用树脂。

（1）膜领域用树脂

聚全氟乙丙烯树脂膜具有耐老化性能优异、可熔融加工、透光性好、低摩擦系数、电绝缘性优异、耐高温等特点。譬如利用 FEP 优异的电绝缘性，来生产电子元件离型膜；利用 FEP 优异的透光性来作为大棚膜或者太阳能板前膜；利用 FEP 优异的力学性能以及低透水性等来作医药包装膜。太阳能板前膜的应用在太阳能行业需求量较大，医药包装膜则对密封性以及有害物质溶出等性能要求苛刻，这两个应用领域附加值较高，是膜应用开发的两个主要发展方向。

（2）耐高压线缆用树脂

聚全氟乙丙烯树脂本身就具有非常优异的耐电压特性，但在部分高端应用行业，如海底线缆、油田钻井等，对耐水、耐电压性能以及耐海水腐蚀等方面要求更为严格，部分线缆耐电压要求达到 30kV 以上，此类线缆是海底通信的主要应用领域，也适用于油田、钻井等深处作业。随着国家海洋资源的开发，对于该类线缆的需求比较大，是非常有价值的研究方向。

（3）高频信号传输线缆用树脂

信号传输线缆应用领域较宽，如电子通信、计算机、电视等方面，但国内的信号传输线缆的信号衰减是影响其应用的一个主要指标，该指标的优劣直接决定了其是否能在高端行业传输线缆上应用，如战斗机、航天器等，而且随着技术的进步，其要求也在逐步提高，介电性能要求达标条件已由原来的 1GHZ 提高到 10GHz 以上，目前国内线缆低频上可以满足要求，但高频应用满足率偏低，这一方面的线缆加工目前仍然主要依赖进口，高频线缆传输是未来实现国外品牌全面国产替代的主要发力点。

（4）高速挤出线缆用树脂

高速挤出线缆用树脂是应对现有的 FEP 树脂加工慢、加工效率低而开发的树脂，目前电线电缆的挤出加工发展正在向高性能、高速加工转变，但国内 FEP 树脂与国外进口树脂的挤出速度差异明显，仅为 200~300m/min，而国外挤出速度已最低可以达到 400m/min。高速挤出用树脂代表着一种效率和速度以及成本的降低，是下游客户所追求的，特别对于一些极细线、电子线，信号线甚至是网络线的加工客户，因此高速挤出线缆用树脂是聚全氟乙丙烯树脂未来的主要发展方向之一。

(5) 电子线用树脂

电子线用树脂主要应用于电子线绝缘层薄壁，对壁厚和电绝缘性能要求较高。目前电子线用线缆的加工壁厚正在变得越来越小，近几年电子线绝缘层壁厚已经由 0.075mm 降至 0.055mm，而这种降低趋势仍然在继续。目前，电子器件正在向精细化、精巧化方向发展，这使得器件内可用空间逐步压缩，内部线缆的空间也在逐步降低，但未来电子通信使用越来越广泛，电子线用树脂的需求也将不断提升，高性能电子线的开发也将在未来的发展中占据十分重要的地位。

(6) 医疗领域用树脂

聚全氟乙丙烯（FEP）具有聚四氟乙烯（PTFE）的所有特性，具有极低摩擦系数、优异的生物相容性，但与 PTFE 不同，FEP 可以通过常规的熔融加工方法注塑成型和挤出成棒材、管材等特殊型材，易于热熔焊接，成为人工血管、介入导丝、编织导管、球囊支架、导管鞘以及人工假体等高端植/介入类医疗器械领域不可或缺的材料。使用 FEP 材料的精密医疗导管种类繁多，主要有静脉留置针、导管鞘、医用热收缩管等。随着医疗科技的快速发展和应用领域的不断拓展，FEP 树脂的需求将越来越强劲。一方面目前国内原材料厂家的产品几乎很少应用到医疗器械方面，缺少原材料定向研究开发，缺少下游加工技术创新的联动和相关客户的应用评价，另一方面目前 FEP 医疗用器械基本依赖进口，高技术含量的 FEP 医疗制品完全依赖进口，严重威胁我国医疗企业生存安全，是制约我国企业发展的"卡脖子"问题。因此开发医疗领域用 FEP 树脂，实现医疗领域 FEP 完全国产化替代迫在眉睫。

五、发展建议

(1) 加快聚全氟乙丙烯技术创新

目前，部分聚全氟乙丙烯树脂牌号已实现国产化替代，但国内聚全氟乙丙烯树脂的生产水平和产品水平仍然与国外有较大差距。随着应用技术的不断拓展，要求聚全氟乙丙烯树脂生产企业加快创新；在品种性能，甚至是交叉领域中实现突破；打造出优势品种、突出性能或者在新兴领域能够引领发展，而不是单纯地进行追逐。

(2) 加强聚全氟乙丙烯树脂生产企业与下游客户的共同研发

FEP 树脂生产厂家目前只提供相关原料，而下游客户的发展方向或研发领域会直接关系到上游 FEP 树脂生产企业的原料是否能够满足要求。生产企业应与下游加工企业，尤其是下游高端的、创新性企业加强交流，实现原料与制品的同时研发，缩短周期，开发专供料，实现快速推广。

(3) 提高聚全氟乙丙烯树脂生产企业准入门槛

近几年，聚全氟乙丙烯树脂产能在飞速上涨，市场产品供应量迅速接近饱和，但在供应量饱和的同时，树脂质量却不能满足下游客户的需要，产品品级差异明显。主要原因在于新建聚全氟乙丙烯树脂生产厂家工艺技术、产品质量与客户不匹配，造成聚全氟乙丙烯树脂的价格竞争加剧，市场混乱，聚全氟乙丙烯树脂行业的良性发展遭到了破坏，因此需要制定一系列政策和法规，提高聚全氟乙丙烯树脂的准入门槛，保证聚全氟乙丙烯行业的可持续发展。

（4）加强聚全氟乙丙烯树脂生产企业产品品种细分，突出品牌产品价值

聚全氟乙丙烯树脂的应用已经由原来的粗放式变得精细化。原来一种牌号可加工多种树脂的情况正在减少，这一现象在高端线缆领域表现更加突出。高端线缆领域的应用更加体现于一种或几种指标，传统的种类分级已无法保证完全适用于下游客户。因此需要加强聚全氟乙丙烯树脂生产企业产品品种细分，突出品牌产品价值。

第三十五节　硅油

北京国化新材料技术研究院　张厚

一、概述

硅油是一类以 Si-O-Si 为主链、侧链带有有机基团的线型小分子有机硅聚合物，广泛用于纺织、日化、机械加工、化工、电子电气、医疗卫生等行业。通常硅油在室温下保持液体状态，随着分子量增大，黏度增高，因此黏度是硅油的一个重要物性指标。

目前，常见的商品硅油有甲基硅油、乙烯基硅油、甲基含氢硅油、嵌段硅油、氨基硅油、苯基硅油、甲基苯基硅油、聚醚改性硅油等。通常称可作为产品直接使用的硅油为一次制品，而以硅油为原料或助剂，加入增稠剂、表面活性剂、溶剂、填料及各种性能改进剂等，经过特定工艺配制成的复合物、乳液、溶液等制品，称为硅油二次加工品。通用硅油的特征及用途见表 2.171，改性硅油的特征及用途见表 2.172。

表 2.171　通用硅油的特征及用途

种类	特征	用途
甲基硅油	低表面张力、电绝缘性、耐热性	电绝缘材料、载热体、脱模剂、化妆品原料、光亮剂原料、消泡剂、纤维油剂等
甲基苯基硅油	耐热性、耐寒性、相容性	化妆品原料、载热体、聚合物添加剂
甲基含氢硅油	高反应活性	疏水剂、防水剂
羟基硅油	憎水防潮性、绝缘性、耐高低温性	作织物、纸张、皮革处理剂，合成各类聚硅氧烷的中间体
乙烯基硅油	耐热性、耐候性、电绝缘性、生物相容性	工业润滑剂、电绝缘剂、化妆品原料、液体硅橡胶、有机硅灌封料、硅凝胶等的主要原料

表 2.172　改性硅油的特征及用途

改性基的种类	特征	用途
聚醚基	水溶性、水分散性、表面活性	匀泡剂、塑料添加剂、防雾剂、纤维油剂、涂料添加剂、树脂改性剂、织物后整理剂、消泡剂、流平剂、化妆品原料等
长链烷基	润滑性、相容性、脱模性	润滑脂与油膏、脱模剂、涂料添加剂、化妆品添加剂、树脂改性等

续表

改性基的种类	特征	用途
羧烃基	相容性	塑料改性剂、化妆品原料、纤维处理剂、脱模剂、涂料添加剂、磁带润滑剂、聚合物改性添加剂等
羟烃基	相容性、防腐蚀性	塑料改性剂、涂料添加剂、纤维油剂
全氟烃基	润滑性、疏油性	润滑剂、消泡剂
氯苯基	润滑性	润滑剂
氨烃基	反应性、柔软性	柔软剂、光亮剂、化妆品原料
环氧烃基	反应性、光滑性、柔软性	织物平滑柔软剂、塑料改性剂
巯烃基	反应性	光亮剂、防锈剂、塑料改性剂
烯丙酰氧烃基	润滑性、脱模性	纤维油剂、塑料改性剂

不同种类硅油的制备，多以对应的有机硅单体或中间体及适当的链终止剂作为主要原料，经催化聚合得到不同聚合度的混合物，再经减压蒸馏脱除低沸物制得成品硅油。

二、市场供需

（一）世界供需及预测

国外硅油的生产和消费主要集中在西欧、美国和日本，广泛应用于日化、个人护理、机械加工、化工、电子电气等行业，主要用作日化助剂、高级润滑油、防震油、绝缘油、真空扩散泵油、脱模剂、消泡剂、抛光剂和隔离剂等。随着有机硅市场逐渐向亚太地区转移，欧美地区硅油产量降低，但随着经济恢复，消费量出现增长。2023年全球经济继续复苏，受多重因素冲击显著放缓，海外硅油消费增速下滑。2013—2028年全球主要国家和地区硅油消费情况及预测见表2.173。

表2.173　2013—2028年全球主要国家和地区硅油消费情况及预测　　单位：万吨

地区	2013年	2014年	2015年	2016年	2017年	2018年	2019年	2020年	2021年	2022年	2023年	2024年预测	2028年预测
美国	14.0	14.3	14.7	15.3	15.7	16.2	16.6	16.1	17.1	17.5	18.2	18.7	20.7
西欧	19.0	19.6	20.2	21.1	21.5	21.9	22.2	20.9	22.2	23	23.2	23.4	25.3
日本	5.1	6.5	5.7	6.6	6.2	6.0	6.3	6.0	6.4	6.6	6.9	7.1	8.1
中国	19.2	20.8	22.3	23.2	25.2	26.7	36.8	42.3	47.9	51.3	56.1	59.8	81.4
总计	57.3	61.2	62.9	66.2	68.6	70.8	81.9	87.3	93.6	98.4	104.3	108.9	135.4

注：数据来源于IHS/BCC/ACMI/SAGSI。

（1）美国

美国的硅油主要应用于个人护理、化妆品、医疗等领域。金融危机之后，美国硅油的消费需求有所恢复，消费量逐年增长。2023年美国政府放松了财政政策，GDP已经超过疫情前水平。消费、出口、政府支出和企业投资的增长提振了整体经济。2023年全年美国经济增长2.5%，硅油消费量估计为18.16万吨，同比增长3.5%，上涨1.0个百分点。其中医疗领域消费量增长明显，化妆品和个人护理市场相对成熟，随着美国制造业回流，工业领域消费增长明显。

(2) 西欧

2023年，欧洲经济复苏举步维艰。受内外因素综合拖累，欧洲经济不仅增长动能缺乏，还在2023年下半年显现出轻微的技术性衰退迹象。高通胀、外部需求疲软、持续货币政策紧缩是导致欧洲经济表现低迷的三大主要原因。在俄乌冲突的持续影响下，原本仅在能源和食品领域凸显的通胀压力，已蔓延至几乎所有社会消费板块。2023年，欧元区经济增速为0.5%，西欧硅油消费量为23.15万吨，同比增长0.7%。

(3) 日本

日本硅油主要用于变压器的介电油、润滑剂、导热油和液压油、建筑防水材料、消泡剂、颜料助剂、纺织助剂和纸张涂层等，日化和化妆品领域用量也相对较多。2023年日本经济实际增长1.9%，硅油产消费量也出现明显增长，消费量为6.87万吨，同比增长4.7%。

（二）国内供需及预测

(1) 中国供需情况

2021—2028年中国硅油的产能及产量变化见表2.174。2023年中国硅油总产能约106.81万吨/年，同比增长26.3%，开工率57.8%，产量达61.77万吨，同比增长5.8%。受国外经济增长放缓叠加货币政策收紧影响，2023年中国硅油净出口量为5.65万吨，同比减少20.4%。2023年中国硅油表观消费量约为56.12万吨，同比增长9.4%。部分领域受行业整体下行趋势影响，消费增速受到一定抑制，但因硅油价格下滑，部分应用选择硅油替代了其他高价产品。

表2.174　2021—2028年中国硅油供需概况

年份	2021年	2022年	2023年	2024年预测	2028年预测
产能/(万吨/年)	73.1	84.6	106.8	128.5	179.5
产量/万吨	52.6	58.4	61.8	65.5	90.8
表观消费量/万吨	47.9	51.3	56.1	59.8	81.4
缺口/万吨	-4.7	-7.1	-5.7	-5.7	-9.4
产能增长率/%	16.0	15.7	26.3	51.9	—
开工率/%	72.0	69.0	57.8	51.0	50.6

注：数据来源于IHS/BCC/ACMI/SAGSI。

(2) 主要生产企业

中国专业生产硅油的企业主要分布在下游用户集中的华东、华南地区，产能超过10000吨/年的企业就有20多家，具体见表2.175。不同类型硅油产品中，产能规模以甲基硅油为最大，其次是乙烯基硅油、含氢硅油、氨基硅油及嵌段硅油。2023年国内硅油产能最大的为陶氏化学、埃肯、东岳、合盛、新安、兴发（兴瑞、科林）等单体厂硅油体量也在不断提升，未来普通型号硅油产品将进一步向单体生产企业集中。

表2.175　2023年中国硅油主要生产企业

公司	产能/(万吨/年)	产品种类
陶氏有机硅（张家港）有限公司	10.70	甲基、含氢、乙烯基、氨基、有机官能团、功能性硅油等
埃肯有机硅有限公司	9.10	甲基、含氢、乙烯基、氨基、高沸、特种硅油等

续表

公司	产能/(万吨/年)	产品种类
山东东岳有机硅材料股份有限公司	8.00	甲基、含氢、乙烯基、高沸、环氧硅油等
湖北兴瑞硅材料有限公司（含科林）	6.80	甲基、乙烯基、羟基硅油等
浙江新安化工集团股份有限公司	5.08	甲基、含氢、乙烯基、苯基硅油等
瓦克化学（张家港）有限公司	5.00	甲基、含氢、乙烯基、羟基硅油等
合盛硅业有限公司	4.60	甲基、含氢、高沸等
黄山市强力化工有限公司	4.50	甲基、乙烯基、氨基硅油
浙江传化集团有限公司	3.80	氨基、嵌段、亲水硅油等
中天东方氟硅材料有限公司	3.80	端含氢、低含氢、端环氧、三元共聚、甲基、乙烯基硅油
宁波润禾高新材料科技股份有限公司	3.25	甲基、含氢、乙烯基、嵌段、环氧、长链烷基、苯基、烷基硅油等
扬州宏远新材料股份有限公司	2.50	甲基、含氢、乙烯基、氨基、羟基硅油等
杭州崇耀科技发展有限公司	2.45	聚醚、特种改性硅油
浙江科峰有机硅股份有限公司	2.22	含氢硅油、嵌段硅油
江西鸿利达实业有限公司	2.12	甲基、氨基、含氢、聚醚、长链烷基硅油等
江西品汉新材料有限公司	2.04	甲基、含氢、乙烯基、环氧、氨基、羟基、聚醚改性硅油等
恒业成有机硅有限公司	2.00	含氢、乙烯基硅油
佛山市南海区波尔有机硅有限公司	2.00	甲基、乙烯基硅油
江西融信科技硅业有限公司	1.70	羟基、聚醚、低含氢、改性硅油等
浙江溶力高新材料股份有限公司	1.62	甲基、乙烯基、羟基硅油
深圳市吉鹏硅氟材料有限公司（含四海）	1.40	甲基、乙烯基、羟基硅油等
云南众合硅基新材料有限公司	1.20	甲基、含氢、乙烯基、羟基硅油等
江西科睿新材料有限公司	1.13	三元嵌段、端氢、端环氧、甲基、高沸、羟基、乙烯基硅油等
广州天赐高新材料股份有限公司	1.00	甲基、苯基硅油等
其他	18.8	
总计	106.81	

注：数据来源于 ACMI/SAGSI。

（3）拟在建项目

随着全球经济的发展，有机硅下游产品如硅油和硅橡胶的市场需求日益增大，尤其是具有高附加值、高品位的有机硅深加工产品具有极大的市场空间和竞争优势。国家政策鼓励有机硅下游产品发展，如《中国有机硅行业"十四五"发展规划（2021—2025年）》指出，"十四五"期间重点发展苯基、超高分子量、长链烷基等特种硅油产品；加强超低挥发分、低离子含量、T型官能基、非对称聚硅氧烷等先进技术的开发；二甲基硅油、甲基含氢硅油、甲基苯基硅油、聚醚改性硅油、氨基硅油及其乳液等产品质量达到国际先进水平。据不完全统计，截至2024年2月，未来拟在建的硅油产能合计约130.72万吨/年，见表2.176。

表 2.176　2023 年中国硅油拟在建项目

公司名称	产能/(吨/年)	地址	投产时间及进展
江西海多化工有限公司	13300	江西永修	2023年底试生产
江西科睿新材料有限公司	11300	江西永修	2023年底试生产

续表

公司名称	产能/(吨/年)	地址	投产时间及进展
内蒙古圣和新材料有限公司	3800	内蒙古鄂尔多斯	2023年底试生产
唐山三友硅业有限责任公司	11400	河北唐山	2023年底试生产
宜昌泽美新材料有限公司	14000	湖北宜昌	预计2024年投产
福建纳福硅业有限公司	10000	福建三明	预计2024年投产
福建天翊有机硅新材料有限公司	8400	福建三明	预计2024年投产
福建睿宏硅材料科技有限公司	7000	福建三明	预计2024年投产
云南众合硅基新材料有限公司	21000	云南曲靖	预计2024年投产
文理（黄山）新材料科技有限公司	5000	安徽黄山	预计2024年投产
广西贵港伟正材料科技有限公司	500	广西贵港	预计2024年投产
广西协美化学品有限公司	12000	广西贵港	预计2024年投产
湖北正玖新材料科技有限公司	9500	湖北荆州	预计2024年投产
淄博润恒新材料有限公司	3000	山东淄博	预计2024年投产
广西众城新型材料有限公司	6000	广西梧州	预计2024年投产
山东东岳有机硅材料股份有限公司	35000	山东淄博	预计2024年投产
浙江新安化工集团股份有限公司	14750	浙江建德	预计2024年投产
江门佳迪新材料有限公司	300	广东江门	预计2024年投产
浙江润禾有机硅新材料有限公司	12000	浙江湖州	预计2024年投产
江西雁浔硅材料股份有限公司	2000	江西永修	预计2024年投产
黄山市强力化工有限公司	7570	安徽黄山	预计2024年投产
其他	1099421		在建或计划
合计	1307241		

注：数据来源于ACMI/SAGSI。

（4）需求分析预测

硅油下游消费领域十分广泛，主要包括纺织、日化、化工、机械、电子电气等行业。综合来看，2023年纺织、日化及化工行业消费占比占据前三位，分别是30.4%、22.5%、21.0%，其中纺织行业消费占比有所降低，机械行业、化工行业、电子电气行业消费占比均有所提高。2023年中国硅油消费结构见图2.102。

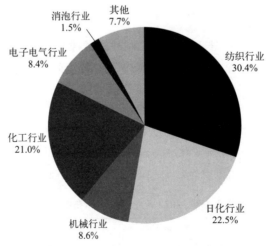

图2.102　2023年中国硅油消费结构

（数据来源于ACMI/SAGSI）

2023年3月欧洲化学品管理局（ECHA）公布了针对超过10000种全氟或多氟烷基类物质（PFASs）的REACH法规限制提案。2023年8月，欧盟委员会在其官方公报上发布法规（EU）2023/1608，对关于持久性有机污染物法规（EU）2019/1021（POPs法规）进行修订，正式将PFHxS和盐类及其相关物质列入欧盟POPs法规禁用物质清单。2024年1月，商务部、海关总署、生态环境部联合发布《禁止进口货物目录（第九批）》和《禁止出口货物目录（第八批）》，多种含氟物质禁止进出口。对于硅油以及整个有机硅行业来说，这可能是一个很好的契机。2024年，预计总需求量增长6.5%。未来随着科学技术的进步及硅油产业链的不断延伸，硅油在电子信息行业、新能源及节能环保等领域的消费量将不断增加，预计未来五年硅油年均消费增速在7.7%，到2028年硅油消费量预计达81.43万吨。2008—2028年中国硅油供需及预测见图2.103。

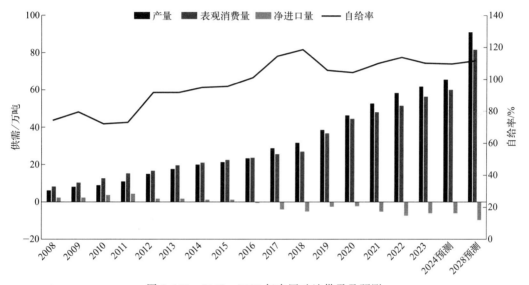

图2.103　2008—2023年中国硅油供需及预测

（数据来源于ACMI/SAGSI）

三、工艺技术

不同种类硅油的制备，多以对应的有机硅单体或中间体及适当的链终止剂作为主要原料，经催化聚合得到各种不同聚合度的混合物，再经减压蒸馏脱除低沸物制得成品硅油。下面简单介绍一下甲基硅油的生产工艺。

工业上普遍采用的生产方法是由低摩尔质量的二甲基环硅氧烷（D_4或DMC）与三甲基硅氧基封端的低摩尔质量二甲基聚硅氧烷（MDnM）经平衡化反应制取，反应原理如下：

$$\unicode{x2500}\!\unicode{x2500}[(CH_3)_2SiO\unicode{x2500}\!\unicode{x2500}]+(CH_3)_3SiOSi(CH_3)_3 \xrightarrow{ZnCl_2} (CH_3)_3SiO[(CH_3)_2SiO]_n Si(CH_3)_3$$

其它常用的方法还有：二甲基二氯硅烷与三甲基氯硅烷共水解、再进一步缩聚，二甲基二氯硅烷的水解物与六甲基二硅氧烷进行平衡化反应及由低摩尔质量的聚二甲基硅氧烷二醇与三甲基硅醇或低摩尔质量的MDnM进行缩合反应。

用酸性催化剂制备二甲基硅油：使用酸性催化剂催化平衡化反应制取二甲基硅油是生产中常用的方法，特别是生产黏度较低的硅油。常用的催化剂是硫酸、三氟甲基磺酸及固体酸性催化剂（酸性白土、强酸性阳离子交换树脂）等。主要原料（主链剂）可以是二甲基环硅氧烷（D_4 或 DMC）；也可以用二甲基二氯硅烷的水解物，后者原料成本较低。

用碱性催化剂制备二甲基硅油：用碱性催化剂催化平衡化反应制二甲基硅油也是生产中普遍使用的方法，尤其是生产黏度较高的硅油。常用的催化剂是 KOH 及暂时性催化剂 $(CH_3)_4NOH$ 或 $(n\text{-}C_4H_9)_4POH$。

硅油生产工艺与加工应用技术比较简单而且分散，固定投资少，投资回收快，产品应用范围涉及领域众多。国内本土企业的产品多集中在中低端，如甲基硅油，乙烯基硅油等。高档硅油如聚醚硅油、羟基硅油、嵌段硅油等改性硅油目前也在快速扩产，但国产产品种类相对单一，部分特殊型号产品还是依赖进口。国内企业难以生产高档硅油的主要原因在于：首先，单体品质难以达到要求，且国内难以生产提升硅油品质的一些特种单体，如甲基苯基单体等，虽目前有所突破，但与大批量生产还有段距离；其次，国内企业硅油生产工艺也与外资企业有较大差距，主要体现在分子量控制、杂质含量控制等方面；再次，国内企业研发投入较少，产品种类单一，多数生产通用品牌硅油乳液，外资企业种类丰富，针对不同应用领域有不同型号。

目前国内从事硅油生产的企业多数存在的问题是生产技术有待改进、内部管理和外部服务水平参差不齐、研发投入不足、下游市场开发力度不够、应对危机能力差等。

四、应用进展

（1）纺织行业

硅油具有表面张力低、憎水、抗剪切等特点，在纺织行业可作为织物的柔软剂、润滑剂、防水剂、整理剂等用于纤维、织物及染整各工序。2023 年，随着国家扩内需、促消费各项政策措施落地显效，居民多样化、个性化衣着消费需求加快释放，国风国潮产品及自主品牌市场认可度提升，我国纺织服装内需保持较好回暖势头。有机硅被公认为是性能优异的纺织印染助剂种类，而且是提高印染产品档次的关键。纺织行业目前使用改性硅油较多，主要有嵌段硅油、氨基硅油。据 SAGSI 估算，2023 年中国纺织行业的硅油消费量为 17.08 万吨，同比增长 5.3%，约占总需求量的 30.4%。

（2）日化行业

硅油在化妆品或个人护理产品中应用相当广泛，洗涤剂、家居护理、洗发产品、护肤品、彩妆产品中都会不同程度地使用硅油。有机硅洗涤剂具有非常低的界面张力，十分强的润湿、乳化和增溶能力，能够很好地渗透到固体表面和织物毛细孔中，有效地分散污物，使洗涤效果比传统的洗涤剂要好很多。在个人护理领域，硅油常作为柔顺剂添加到洗护发产品中，作为增稠剂和润肤剂添加到护肤品中，作为表面调理剂、润肤剂、扩散剂、防水剂等添加到彩妆产品中。2023 年中国日化行业硅油消费量约 12.60 万吨，同比增加 9.3%，约占硅油总消费量的 22.5%。从国内市场来看，随着中国城镇化进程的持续加快、国民素质的提高、人口结构变化和消费理念的转变，加之消费群体年轻化等叠加效应，为化妆品行业的发展创造了良好的市场环境和增长空间。

（3）机械行业

硅油在机械行业主要作为压铸用离型剂和润滑剂、机械加工过程中的脱模剂和切削液、汽车的刹车油、离合器的工作油、仪表、缓冲阻尼器等防震、阻尼用油，压缩机工作油，扩散泵真空油等。2023年中国机械行业硅油消费量约为4.83万吨，同比增长14.4%，约占硅油总消费量的8.6%。预计2024年中国机械行业硅油消费量约为5.28万吨，同比增长9.4%。

（4）化工行业

硅油在化工行业的应用主要有两大途径：一类是通过物理性质来实现，主要品种是甲基硅油、苯基硅油、长链烷基硅油等；另一类则通过化学性质来实现，主要是含有活性基团的乙烯基硅油、含氢硅油、氨基硅油、羟基硅油等。乙烯基硅油由于在主链或两端引入了乙烯基团，可发生一系列加成反应，在加成型液体硅橡胶、有机硅凝胶、混炼胶的改性剂、塑料添加剂、补强材料等领域具有广泛的应用；含氢硅油通常作为加成型液体硅橡胶的交联剂使用；氨基硅油可用于制备高分子材料，如加工硅橡胶；羟基硅油可作为硅橡胶生产的结构控制剂及合成其它产品的扩链剂使用。

此外，聚醚改性硅油作为泡沫稳定剂，使发泡体系能发得起泡、稳得住泡，使所发泡沫的泡孔细密均匀、闭孔率高。加入硅油可减小表面张力，利于均匀微泡和稳定泡孔，减少气体扩散；较快地使物料黏度增加，有助于减缓泡孔快速变薄并泡；增加泡孔膜壁和泡孔经络的强度；减少杂质混入，避免泡孔局部表面张力降低引起塌泡及空洞。

2023年我国石化行业经济运行总体呈现低位回升、稳中有进态势，为国家能源安全和经济社会发展提供了坚实保障。化工行业迅速发展，大力带动了硅油的消费。直接下游需求方面，2023年中国液体硅橡胶产量平稳增长，带动硅油消费，未来几年，硅橡胶扩产规模较大，硅油消费领域也将保持增长。2023年化工行业硅油消费量约为11.76万吨，同比增长12.6%。

（5）电子电气行业

硅油在电子电气领域有着广泛的应用。硅油可用于电子元器件的密封和保护，能够保护元器件不受潮湿、氧化和腐蚀等因素的影响，提高元器件的使用寿命。硅油的高热导率使其成为一种非常理想的导热介质，可广泛应用于高功率LED设备中；通过填充硅油，可以将设备内的热量迅速传递到外部，从而降低设备的工作温度，提高设备的寿命和稳定性。硅油具有优异的流变性和挥发性，可以在材料表面形成一层薄膜，从而有效防止尘土和其他杂质的堆积，因此，硅油可以广泛应用于电子设备的防尘涂层中，如平板电视、手机等设备的防尘处理。硅油是很好的电绝缘材料，硅油变压器油是应用最早和最成熟的高燃点变压器油；与其他油封变压器相比，用硅油填充的变压器体积可以缩小，而功率增大，运行寿命长，电绝缘性好，无毒、无污染。据SAGSI统计估算，2023年中国电子电气行业硅油使用量约为4.70万吨，同比增加13.2%。随着特高压行业发展，变压器替换需求预计有所增加，同时，其他电子电气产品也将保持增长，预计该行业2024年硅油消费量约为5.09万吨，同比增长8.4%。

（6）消泡行业

有机硅消泡剂的应用非常广泛，在水处理、化工、造纸、涂料、食品、纺织等众多工业部门中，有机硅消泡剂已成为生产过程中不可或缺的一种助剂。它的主要功能是除去工艺介质液面上的泡沫，从而改善过滤、洗涤、萃取、蒸馏、蒸发、脱水、干燥等工艺流程的分离、气化和排液效果，确保各类物料盛装和处理容器的容量得到充分利用。据SAGSI估算，2023年消泡剂领域消耗硅油约0.83万吨，同比增长10.7%，预计2024年消费量约0.90万吨，同比增长8.7%。

（7）其他行业

硅油产品在其他行业也有广泛应用。如建筑材料经硅油处理后，可提高其耐风蚀性及憎水性，在灰浆中掺入0.1%～0.15%或含固量更高的硅油乳液，即可改善灰浆的流动性，石棉、水泥、石膏板等也可使用硅油处理。由于硅油纸具有耐高温、防潮、防油的特性，一般用于食品包装；硅油还能用于农药喷雾助剂，有利于减少喷雾量，保护环境，促进药液快速吸收（耐雨水冲刷），增加药液喷雾的覆盖面。

在医药领域最早用硅油做表面处理，将含有硅油的溶液或乳浊液喷洒到洁净、干燥的物体表面，在玻璃瓶和橡胶塞表面沉积一层硅油薄膜，用于注射器、注射针筒的内部润滑，降低启动阻力和动态滑动摩擦力。利用硅油的消泡性，可制成治腹胀的消胀片和治肺水肿的气雾剂，还可以在腹部手术中作为防止肠粘连的防粘剂，在胃镜检查中作为胃液消泡剂。此外在药膏中加入硅油，可提高药物对皮肤的渗透能力，提高药效。以硅油为基础油的某些膏药剂对烫伤、皮炎、褥疮等都有很好的疗效。利用硅油的抗凝血作用，可用其处理贮血器表面，延长血样贮存时间等。近年来，随着老龄化程度的逐渐提高以及人们保健意识的不断增强，医药行业市场需求持续增长。

硅油产品还可用作橡胶和塑料制品加工的脱模剂，尤其是在加工精度要求较高的橡塑制品领域的应用比较广泛。利用硅油产品突出的物理性质，制得的制品表面洁净、光亮度高、纹理清晰。

硅油还可以作为数据中心液冷冷却液。AI、算力、大数据、5G等的快速发展，带来高热密度和巨额耗能问题，对冷却效率的要求提高，为液冷和有机硅冷却液的发展提供了空间。冷却液是液冷技术的关键材料，算力和液冷渗透率提升，也将带动冷却液的需求。碳氟类冷却液成本高，且存在环保政策的不确定性，或将逐步退出欧洲市场；合成油成本最低但存在兼容性问题。相较之下，有机硅各方面性能较为平衡，具备更高的"可塑性"，渗透率有望逐步提升。根据相关机构的推算，增量需求叠加对传统市场的替代，到2025年浸没式液冷市场规模将达526.1亿元，浸没式液冷数据中心占比将从2019年的18%左右提升至2025年的40%左右，将是未来主流散热技术。硅油在冷却液领域的应用具有良好的发展前景。

五、发展建议

目前，国内硅油企业仍存在技术水平偏低、产品同质化严重等问题。常规硅油产品的产能过剩，高端产品技术不够成熟。我们的生产技术还有待改进，内部管理和外部服务水平也需要进一步提高。要摒弃以量取胜的思想，在特定硅油产品领域深耕，提高产品的质量和附加值。企业要加大研发投入，保持竞争力和活力，凭借专业化和差异化获得更高的利润。此外，随着D_4、D_5、D_6的应用受限，高品质、高纯度的低黏度甚至超低黏度的甲基硅油在日化领域仍具有很好的发展前景。再者就是硅油乳液，中国本土的生产商主要是中小型企业，多为中低端产品，要求较高的个人护理领域应用的产品生产厂家较少，主要还是来源于陶氏、瓦克、埃肯、KCC、迈图以及信越。许多企业具有发展个人护理领域用有机硅乳液的潜力。随着中国个人护理市场的发展，这也是一个很好的发展方向。

第三十六节 硅树脂

北京国化新材料技术研究院　张厚

一、概述

硅树脂是以 Si-O 键为分子主链，并具有高支化度的有机硅聚合物。因 Si-O 键比普通有机高聚物中的 C-C 键的键能大，并且 Si、O 原子的电负性差异大，因此 Si-O 键的极性大，可对所连接的烃基起到屏蔽作用，且 Si 原子上连接的羟基受热氧化后，生成的是更加稳定的 Si-O-Si 键，可防止主链的断裂降解，并生成稳定的保护层，因此具有优异的抗氧化性和耐热耐候性能。此外，高支化度的特点决定了硅树脂比常规的线型硅氧烷材料更接近于无机 SiO_2 结构，使其带有一定的无机材料特性。

硅树脂性能主要取决于 R/Si（R=Me，Ph）的比值与苯基含量 [Ph/(Me+Ph)]，见表 2.177 和表 2.178。一般规律是，R/Si 的值越小，所得到的硅树脂越能在较低温度下固化，所得的漆膜较硬；R/Si 的值越大，所得到的硅树脂要使它固化就需要在较高的高温下长时间烘烤，所得的漆膜硬度差，但热弹性要比前者好得多。一般 R/Si 值在 1.0～1.6 之间。有机

表 2.177　R/Si 比对硅树脂性能的影响及各类硅树脂产品适宜的 R/Si 比值范围

性能和产品	R/Si 比值								
	1.0	1.1	1.2	1.3	1.4	1.5	1.6	1.7	1.8
性能									
干燥性	快 ←								→ 慢
硬度	硬 ←								→ 软
柔软性	差 ←								→ 良
热失重	少 ←								→ 多
热开裂性	差 ←			→ 良					→ 稍差
产品									
层压板用		—————————————							
云母粘接用		———————————————							
线圈浸渍用						—————————			
漆布用						———————			

注：数据来源于 ACMI/SAGSI。

表 2.178　苯基含量对硅树脂性能的影响

性能	苯基含量/%					
	0	20	40	60	80	100
缩合速度	快 ←					→ 慢
薄膜硬度		硬 ←			→ 软	
固化性能	热固性 ←					→ 热塑性
耐热性			← 优良 →			

注：数据来源于 ACMI/SAGSI。

基团中苯基含量对硅树脂性能也有很大影响。苯基含量越低，生成的漆膜越软，缩合越快；苯基含量越高，生成的漆膜越硬，越具有热塑性。一般苯基含量在20%~60%，漆膜的抗弯曲性和耐热性最好。

硅树脂按照硅氧链上硅原子取代基的不同大致可以分为三类：单取代基硅树脂、混合取代基硅树脂以及改性有机硅树脂。单取代基硅树脂主要包括聚烷基有机硅树脂和聚芳基有机硅树脂，主要产品包括甲基硅树脂、乙烯基硅树脂和苯基硅树脂。混合取代基硅树脂主要是指聚烷基芳基有机硅树脂，主要产品包括聚甲基苯基硅树脂和聚乙基苯基硅树脂。改性有机硅树脂是引入其他树脂将有机硅树脂改性，主要产品包括环氧改性有机硅树脂、聚酯改性有机硅树脂、聚氨酯改性有机硅树脂和酚醛改性有机硅树脂等。

硅树脂种类、优缺点及应用见表2.179。

表2.179 硅树脂种类、优缺点及应用

分类	反应机理	优点	缺点	应用
缩合型	$\equiv SiOH + HOSi \equiv \xrightarrow{-H_2O} \equiv Si-O-Si \equiv$ $\equiv SiOH + ROSi \equiv \xrightarrow{-ROH} \equiv Si-O-Si \equiv$ $\equiv SiOH + HSi \equiv \xrightarrow{-H_2} \equiv Si-O-Si \equiv$	耐热性好，强度大，粘接性好，成本低	发泡，控制官能团数量较难	涂料，线圈浸渍，层压板，憎水剂，黏合剂
过氧化物固化	$\equiv SiCH=CH_2 + CH_2Si \equiv \longrightarrow \equiv Si(CH_2)_2Si \equiv$ $\equiv SiCH_3 + CH_2Si \equiv \xrightarrow{-H_2} \equiv Si(CH_2)_2Si \equiv$	无溶剂，低温固化，贮存寿命长	空气妨碍表面固化	线圈浸渍，黏合剂，层压板
加成反应型	$\equiv SiCH=CH_2 + HSi \equiv \xrightarrow{Pt} \equiv Si(CH_2)_2Si \equiv$	不发泡，固化形变小	催化剂易中毒	套管，线圈浸渍，层压板
光引发交联型	加成、聚合、开环或复合型	迅速固化，无溶剂	粘接性较差	电子元器件和精密仪器的封装

注：数据来源于ACMI/SAGSI。

二、市场供需

（一）世界供需及预测

随着经济的发展和有机硅应用领域的不断扩大，全球有机硅市场增速一直高于经济增长速度。据SAGSI统计，2023年全球主要硅树脂消费地区美国、西欧、日本、中国分别消费硅树脂约2.01万吨、2.35万吨、1.43万吨、4.51万吨，分别同比增长3.6%、0.4%、2.9%、18.6%。2023年全球主要地区硅树脂消费总量为10.30万吨，同比增长8.7%。全球主要地区历年消费情况及预测如表2.180所示。

表2.180 2016—2023年世界硅树脂消费结构　　　　　　　　　　　　单位：万吨

年份	2016年	2017年	2018年	2019年	2020年	2021年	2022年	2023年
美国	1.65	1.69	1.75	1.81	1.80	1.90	1.94	2.01
西欧	2.09	2.14	2.20	2.26	2.20	2.28	2.34	2.35
日本	1.30	1.33	1.35	1.37	1.34	1.37	1.39	1.43
中国	1.75	1.91	2.10	2.32	2.83	3.30	3.80	4.51
总计	6.78	7.07	7.40	7.76	7.80	8.85	9.47	10.30

注：数据来源于ACMI/SAGSI。

(1) 美国

硅树脂在美国的主要应用领域包括防水剂、电子封装、涂料、压敏胶、玻纤涂覆、脱模剂、塑料添加剂等。金融危机之后，美国硅树脂的消费需求有所恢复，消费逐年增长，但随着美联储加息及财政刺激效应的逐步减退，2023年美国政府放松了财政政策，GDP已经超过疫情前水平。消费、出口、政府支出和企业投资的增长提振了整体经济。2023年全年美国经济增长2.5%。据统计，2023年美国硅树脂消费量为2.01万吨，同比增长3.6%。预计未来五年美国硅树脂消费量将维持稳定增长，2028年将达到2.43万吨，年均增长3.9%。

(2) 西欧

西欧硅树脂应用领域主要涉及建筑外墙用的防水剂、电子器件用清漆、耐高温涂料等。2023年，欧洲经济复苏举步维艰。受内外因素综合拖累，欧洲经济不仅增长动能缺乏，还在2023年下半年显现出轻微的技术性衰退迹象。高通胀、外部需求疲软、持续货币政策紧缩是导致欧洲经济表现低迷的三大主要原因。在乌克兰危机的持续影响下，原本仅在能源和食品领域凸显的通胀压力，已蔓延至几乎所有社会消费板块。俄乌战争给欧洲经济造成了巨大的负面冲击。能源价格上涨推动欧洲通胀上行，使当地经济活动萎缩程度逐渐加深，供应链瓶颈的温和缓解无法让欧元区经济摆脱能源短缺带来的困境，企业投资信心与居民消费信心都遭受了严重负面打击。2023年，欧元区经济增速为0.5%。据统计，2023年西欧硅树脂的消费量约2.35万吨，同比增长0.4%。预计2028年西欧硅树脂的需求量将达到2.58万吨，年均增长1.9%。

(3) 日本

日本硅树脂主要应用于电子行业。2023年以来日本经济明显复苏，正在走出长期通缩困境。日元大幅贬值下，汽车等传统支柱产品的价格竞争力得以提高。入境外国游客激增，带动服务消费增长。2023年日本经济实际增长1.9%。据统计，2023年日本硅树脂需求量约1.43万吨，同比增长2.9%。预计2028年日本硅树脂的需求量将达到1.54万吨，年均增长1.5%。

(二) 国内供需及预测

(1) 国内供需情况

国内硅树脂近年来发展态势良好，尤其是缩合型压敏胶用MQ硅树脂，如云母黏结剂基本可以做到国产替代。2023年，中国硅树脂产能约11.29万吨/年，产量约4.38万吨，分别同比增长9.5%和19.1%。近些年由于中国低端硅树脂市场的饱和以及气相白炭黑产业的迅猛发展，导致国内硅树脂企业的开工率受限，维持在30%~40%。2023年，中国经济稳定恢复，中国硅树脂产量也实现了较快增长，整体开工率约为38.8%，上升了3.1个百分点。2016—2023年中国硅树脂供应统计见表2.181。

表2.181 2016—2023年中国硅树脂供应统计

年份	2016年	2017年	2018年	2019年	2020年	2021年	2022年	2023年
产能/(万吨/年)	4.33	4.86	5.48	6.15	7.45	8.64	10.31	11.29
产量/万吨	1.51	1.69	1.9	2.13	2.65	3.15	3.68	4.38
开工率/%	34.9	34.8	34.7	34.6	35.6	36.5	35.7	38.8

注：数据来源于ACMI/SAGSI。

（2）主要生产企业

目前，硅树脂跨国公司主要包括陶氏、迈图、瓦克、信越等有机硅巨头。中国企业包括湖北隆盛四海、江西新嘉懿、晨飞科技、江苏三木等，其他多为中小型企业，集中在华东、华南与华中地区。2023年中国主要硅树脂生产企业见表2.182。

表2.182 2023年中国硅树脂主要生产企业

企业名称	产能/(吨/年)	备注
陶氏有机硅（张家港）有限公司	17000	有机硅树脂、有机硅树脂中间体
湖北隆胜四海新材料股份有限公司	13500	甲基硅树脂、甲基苯基硅树脂、MQ硅树脂（自用生产压敏胶）、聚酯改性有机硅树脂、醇酸改性有机硅树脂、丙烯酸改性有机硅树脂、乙烯基VMQ树脂、有机绝缘树脂、自干型硅树脂
江西新嘉懿新材料有限公司	10000	MQ硅树脂及少量甲基、甲基苯基、乙烯基硅树脂及树脂衍生物
四川晨飞科技有限公司	8000	加成型甲基MQ树脂，缩合型甲基MQ树脂、含氢硅树脂、LED封装树脂、油墨用有机硅树脂
惠州市安品新材料有限公司	6000	自用自产压敏胶
成都晨光博达新材料股份有限公司	5000	MQ硅树脂
江苏三木集团公司	5000	环氧改性有机硅树脂、甲基苯基硅树脂、聚酯改性有机硅树脂、醇酸改性有机硅树脂、丙烯酸改性有机硅树脂
江西贝特利新材料有限公司	3500	苯基含氢硅树脂、苯基乙烯基硅树脂、甲基乙烯基硅树脂；有机硅压敏胶
江西蓝星星火有机硅有限公司	3000	甲基硅树脂、苯基硅树脂；自用为主
常州市源恩合成材料有限公司	2500	甲基苯基硅树脂（耐高温涂料用）
常州市嘉诺有机硅有限公司	2000	纯有机硅树脂、丙烯酸改性有机硅树脂、环氧改性有机硅树脂、聚酯改性有机硅树脂、不粘锅专用硅树脂、排气管专用硅树脂、绝缘漆专用硅树脂
江西大凯新材料有限公司	2000	甲基硅树脂
江西硅博化工有限公司	2000	高沸硅树脂
迈颂（山东）新材料有限公司	2000	MQ有机硅树脂、甲基有机硅树脂、球形有机硅树脂、苯基有机硅树脂
兰州康鹏威耳化工有限公司	1700	MQ硅树脂，自用自产压敏胶
吉林东湖有机硅有限公司	1500	MQ硅树脂、甲基苯基硅树脂、甲基硅树脂
浙江宏创新材料有限公司	1500	苯基硅树脂、甲基硅树脂
九江宇仁新材料有限公司	1500	甲基硅树脂微粉
宿迁市同创化工科技股份有限公司	1440	甲基硅树脂和MQ硅树脂为主，少量苯基硅树脂
山东大易化工有限公司	1200	MQ硅树脂、丙烯酸改性苯基硅树脂、苯基硅树脂、环氧改性苯基硅树脂
唐山偶联硅业有限公司	1100	甲基硅树脂微粉
九江润禾合成材料有限公司	1000	甲基乙烯基MQ硅树脂
迈图高新材料（南通）有限公司	1000	甲基硅树脂、甲基苯基硅树脂、改性硅树脂
其他企业	19500	
合计	112940	

(3) 拟在建项目

近年中国硅树脂建设（拟在建）产能合计约13.43万吨/年，具体见表2.183。

表2.183　中国硅树脂建设（拟在建）项目

企业名称	产能/(吨/年)	进展
江西海多有机硅材料股份有限公司	2450	2023年底试生产
内蒙古圣和新材料有限公司	2900	建设完成
江西星泽美有机硅有限公司	5011	建设完成
江西鼎润科技股份有限公司	1500	建设完成
万华化学集团股份有限公司	10000	建设完成
山东东湖新材料有限公司	5500	设备调试中
山东耀文新材料有限公司	2991	设备调试中
广西协美化学品有限公司	2000	建设中
山东同创化工科技有限公司	6300	建设中
黄山市强力化工有限公司	600	建设中
山东东岳有机硅材料有限公司	5000	建设中
江西蓝星星火有机硅有限公司	3000	建设中
江西新嘉懿新材料有限公司	10000	建设中
广西贵港伟正材料科技有限责任公司	1200	建设中
新亚强硅化学股份有限公司	6000	建设中
其他	69816	计划
合计	134268	

(4) 需求分析

硅树脂在有机硅市场中份额较小，但在许多领域有着不可替代的地位。2023年中国硅树脂消费总量约4.51万吨，同比增长18.6%。硅树脂主要应用于涂料、胶黏剂、有机硅模塑料三大市场，其中涂料市场上硅树脂多以溶剂形态对外出售。2023年硅树脂在各领域消费占比见图2.104。

2023年，中国硅树脂市场增长明显，在一些新领域的应用逐渐形成一定规模。新增项目计划不断公布，将进一步加速中国硅树脂行业的发展。

目前，中国依然是硅树脂净进口国，2023年中国硅树脂进出口量增长明显，全年净进口硅树脂0.12万吨，同比增加5.2%，主要是因为国内需求持续恢复，消费增长较快，对高端硅树脂产品的需求增长较多。自给率从2022年的96.9%提高到2023年的97.3%。近年来，不少外资企业在中国新建硅树脂产能，迈图、赢创、陶氏、瓦克均在积极布局中国硅树脂市场，中国高端硅树脂产业会继续加快升级。同时，中国本土企业也在积极建设硅树脂项目，积极投入生产和应用技术方面的研发，行业自给率将逐步提高。未来净进口量有望进一步缩小，预计5~6年内中国将成为硅树脂净出口国。2016—2028年中国硅树脂供需平衡及预测见表2.184。

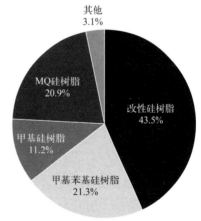

图2.104　2023年中国硅树脂消费结构
（数据来源于ACMI/SAGSI）

表 2.184　2016—2028 年中国硅树脂供需平衡状况及预测

年份	2016 年	2017 年	2018 年	2019 年	2020 年	2021 年	2022 年	2023 年	2024 年预测	2028 年预测
产量/万吨	1.51	1.69	1.90	2.13	2.65	3.15	3.68	4.38	5.12	7.90
净进口量/万吨	0.24	0.22	0.20	0.19	0.18	0.15	0.12	0.12	0.11	0.05
表观消费量/万吨	1.75	1.91	2.10	2.32	2.83	3.30	3.80	4.51	5.23	7.95
消费增长率/%	0.0%	9.1%	9.9%	10.5%	22.0%	16.6%	15.2%	18.6%	16.1%	12.0%
自给率/%	86.3%	88.5%	90.7%	91.8%	93.5%	95.4%	96.9%	97.3%	97.8%	99.3%

注：1. 表观消费量＝产量＋进口量－出口量。
　　2. 数据来源于 ACMI/SAGSI。

三、工艺技术

硅树脂一般通过不同种类的单体在有机溶剂中经水解、洗涤、缩合、过滤等工序制得。下面以甲基硅树脂和 MQ 硅树脂为例作简单介绍。

(1) 甲基硅树脂

甲基硅树脂通常是由各种氯硅烷（如甲基三氯硅烷、二甲基二氯硅烷）混合、共水解（或先烷氧基化、后水解）缩聚制得，如图 2.105 所示。

$$nR_{4-n}SiX_n + nH_2O \xrightarrow{\text{水解}} nR_{4-n}Si(OH)_n \xrightarrow[-H_2O]{\text{缩合}}$$

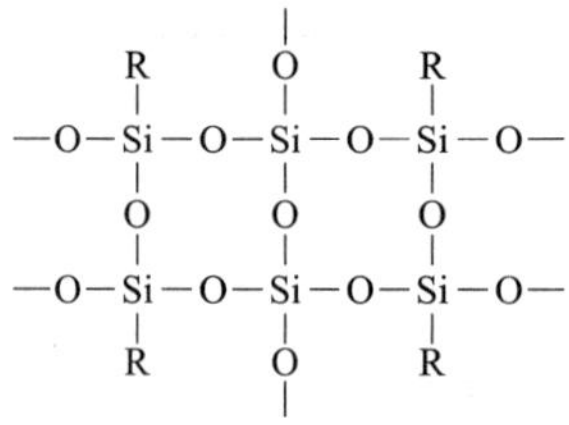

式中 R：CH_3-、C_2H_5-、$CH_2=CH-$、C_6H_5- 等
　　X：Cl、OCH_3、OC_2H_5、$OCOCH_3$ 等

图 2.105　甲基硅树脂的生产工艺

(2) MQ 硅树脂

MQ 硅树脂是由单官能度的硅氧单元（$R_3SiO_{1/2}$，M 单元）与四官能度的硅氧单元（$SiO_{4/2}$，Q 单元）水解缩合而成的一种结构比较特殊的双层紧密球状物，主要结构式为 $[R^1R^2R^3SiO_{1/2}]_x[SiO_{4/2}]_y$，如图 2.106 所示。其分子尺寸是通过调控 M/Q 的摩尔比来实现的，随着 M/Q 的增大，硅树脂的形态将由固态粉末向油状液体转变。MQ 硅树脂通常包括甲基 MQ 硅树脂、甲基乙烯基 MQ 硅树脂、甲基含氢 MQ 硅树脂和甲基乙烯基 MQ 硅树脂。MQ 硅树脂具有优异的耐热性、耐低温性、成膜性、柔韧性、抗水性和粘接性能，主要用作硅氧烷压敏胶的填料、增黏剂及加成型液体硅橡胶的补强填料。MQ 硅树脂的制备方法按 Q 链节的来源主要分为硅酸钠法和正硅酸乙酯法，M 链节来源主要为 $(Me_3Si)_2O$ 或者 Me_3SiCl，根据需要还可配入少量 $(ViMe_2Si)_2O$ 或 $(HMe_2Si)_2O$。

硅酸钠法：首先将硅酸钠水溶液酸化，然后进行酸催化缩合反应，再加入单官能团的 M 单元制得低 M/Q 产品等，封端，最后经过中和水洗，得到 MQ 硅树脂。此法的缺点是所

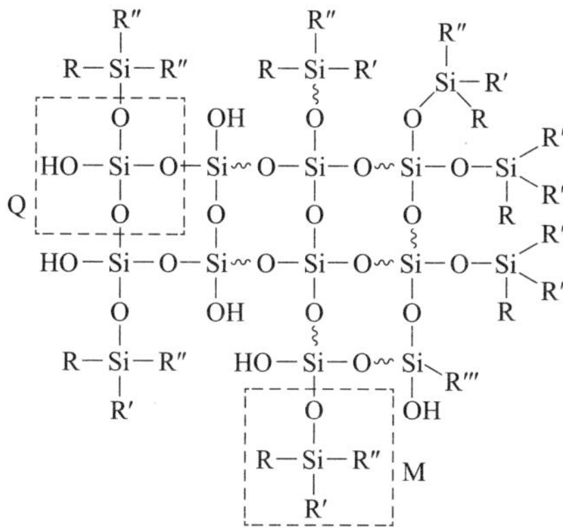

图 2.106　MQ 树脂结构

获得的 MQ 硅树脂的结构及 M/Q 值难以控制，摩尔质量分布较宽，易产生凝胶；但因其工艺简单、原料易得、成本较低，并易于制得低 M/Q 产品等，目前仍是制备 MQ 硅树脂的常用方法之一，如图 2.107 所示。

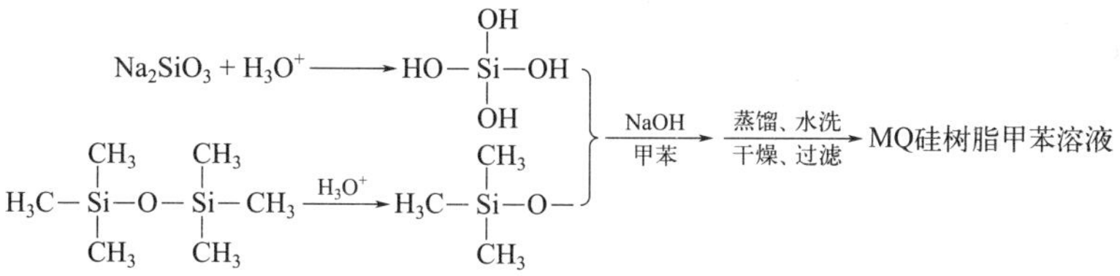

图 2.107　硅酸钠法 MQ 硅树脂合成工艺

正硅酸乙酯法：由硅酸酯在酸或碱催化剂作用下水解得到硅酸，再进一步缩合、加入单官能团有机硅单体（多为 MM 或三甲基氯硅烷等）封端而得，见图 2.108。此法所得产物性能良好，M/Q 易于控制，但是价格昂贵，后续工艺较繁杂，在一定程度上限制了其发展和应用。

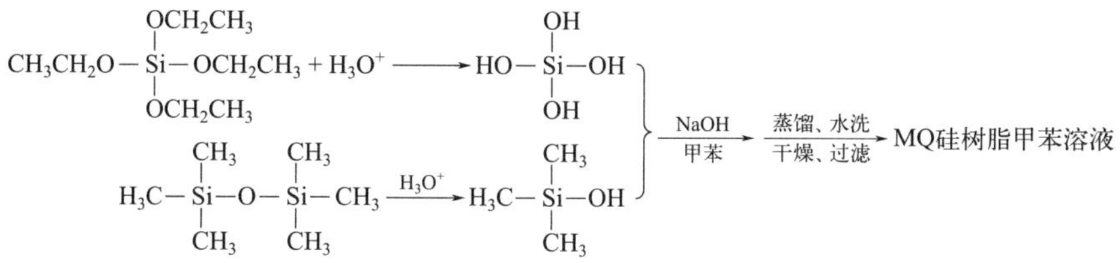

图 2.108　正硅酸乙酯法 MQ 硅树脂合成工艺

硅树脂生产与应用技术相对复杂，生产工序多，但与其他高端产品相比具有投资少、见效快、产品应用范围广等优点，因此中国也有不少中小企业进入硅树脂行业，但其产品多集中在低端，应用于高透明材料、耐高温、特殊应用的消泡剂、保护膜等高端产品的硅树脂仍需要从国外进口。中国高端产品发展缓慢的主要原因在于，涉足该领域的大型企事业单位较少，技术投入不足，部分关键原材料尚未实现高质量国产化，配套的应用服务不到位，体系不够完善，产品质量的稳定性不能保证，以及日益严格的环保安全要求限制了对本领域的新增投资。但国内硅树脂近年来发展态势良好，尤其是缩合型压敏胶用 MQ 硅树脂，基本可以做到国产替代。

四、应用进展

(1) 绝缘漆

有机硅树脂可作为绝缘漆（包括清漆、瓷漆、色漆、浸渍漆等）浸渍H级电机及变压器线圈，以及用来浸渍玻璃布、玻布丝及石棉布后制成电机套管、电器绝缘绕组等。用有机硅绝缘漆粘接云母可制得大面积云母片绝缘材料，用于高压电机。此外，硅树脂还可用作耐热、耐候的防腐涂料、金属保护涂料、建筑工程防水防潮涂料、脱模剂等。

粉末涂料作为一类绿色环保型涂料近年来在众多领域特别是金属涂装方面得到了广泛应用。粉末涂料常以环氧、聚酯、丙烯酸、聚氨酯等有机树脂作为基体，由于受基体树脂自身结构的影响和限制，这些常用粉末涂料在一些性能上存在着不足之处，导致了应用上的局限性。与通用树脂相比，有机硅树脂有着更为优良的耐热、耐寒、耐候、耐水性及电绝缘性能。粉末涂料中使用有机硅树脂，可以改进其耐热性及耐候性，但单纯使用有机硅树脂存在价格昂贵、对基材附着力差等问题。因此，常利用有机硅树脂改性其他树脂，将有机硅树脂和其他树脂的优点结合起来，弥补相互的不足，改善漆膜耐候、耐热等性能，得到性能优异的粉末涂料，这也是发展功能性粉末涂料的一条有效途径。有机硅树脂涂料根据应用场所可制备成耐热、耐候的防腐涂料、耐搔抓透明涂料、防粘脱模涂料、建筑防水涂料、电子元件保护涂层、耐辐射涂料等。

2023年中国绝缘漆用硅树脂约1.73万吨，同比增长18.5%。2023年3月欧洲化学品管理局（ECHA）公布了针对超过10000种全氟或多氟烷基类物质（PFASs）的REACH法规限制提案。2023年8月，欧盟委员会在其官方公报上发布法规（EU）2023/1608，对关于持久性有机污染物法规（EU）2019/1021（POPs法规）进行修订，正式将PFHxS和盐类及其相关物质列入欧盟POPs法规禁用物质清单。2024年1月，商务部、海关总署、生态环境部联合发布《禁止进口货物目录（第九批）》和《禁止出口货物目录（第八批）》，多种含氟物质禁止进出口。对于有机硅树脂以及整个有机硅行业来说，这可能是一个很好的契机。随着中国电子行业、涂料行业的稳定发展，该类硅树脂的需求量将保持10%~15%左右的增长速度，预计2028年中国对绝缘漆用硅树脂需求量达3.02万吨，年均增长11.8%。

(2) 硅树脂胶黏剂

硅树脂胶黏剂是以硅树脂或改性硅树脂为基础黏料，配以固化剂、无机填料、有机溶剂构成的一类胶黏剂。其突出特点是耐高低温和耐候性好，纯有机硅树脂固化后能长期在200℃工作而不破坏，短期工作温度可以达到800℃，甚至1000℃。它主要用于胶接金属与耐热非金属材料，如金属、塑料、橡胶、玻璃、陶瓷等材料，同时也广泛应用于宇宙航行、飞机和汽车制造、电子工业、建筑及医疗等领域。这类胶黏剂固化时要排出溶剂以及缩合反应产生的小分子挥发物，一般要加热加压固化。

云母板是由云母纸与高性能有机硅树脂经黏合、加温、压制而成的硬质或者软质板状绝缘材料，其中云母含量约90%，有机硅树脂含量约10%。云母板具有优良的绝缘性能和耐高温性能，广泛应用于家用电器、冶金、化工等行业。

此外，硅树脂优异的耐紫外线和耐老化、低应力的特性使其正在逐步取代传统的环氧树脂、聚碳酸酯等在LED封装领域的应用。

随着 5G 通信、新能源汽车等市场蓬勃发展，电子设备智能化越来越高，对散热管理提出越来越高的挑战。以 MQ 硅树脂为原料制成的导热凝胶，拉伸强度、撕裂强度和表面自黏性更优异。此外，MQ 硅树脂的下游压敏胶行业增长明显。近年来，我国压敏胶行业发展迅速，在压敏胶品种和产量上有了较大的提高。2023 年中国硅树脂胶黏剂需求量约 2.20 万吨，同比增长 20%。由于硅树脂胶黏剂在一些苛刻环境下无可替代，预计此类硅树脂近五年用量将保持高速增长，预计 2028 年需求量可达 3.88 万吨，年均增长 12.1%。

（3）有机硅模塑料及其他

有机硅模塑料是以有机硅材料作为基料或某种助剂的一种新型塑料，属于热固性塑料。与常用的热塑性塑料相比，有机硅模塑料并不含塑化剂等有害物质，其主要组成物料包括基础硅树脂、填料、颜料、固化剂等。根据其性能的不同，有机硅模塑料可分为有机硅层压塑料、有机硅模压塑料、有机硅泡沫塑料。有机硅模压塑料可用于封装小功率晶体管、集成电路、高频大功率晶体管等各种半导体器件。随着半导体行业的发展，有机硅树脂在模塑料中的应用将有较大提升。

除此之外，有机硅树脂是化妆品的重要添加剂，可以提高配方体系的憎水性和铺展性，显著加强定妆、持妆效果；有机硅树脂是耐高温和强碱的有机硅消泡剂的重要成分，越复杂的空间网络结构越能提升消泡剂的抑泡性能；有机硅树脂还可以用作石材防护剂、补强材料、增黏剂、精纺纯毛织物防缩整理、特种纸加工、脱模剂等。

2023 年，中国硅树脂模塑料及其他领域需求量约 0.58 万吨，同比增长 13.7%。预计 2028 年需求量可达 1.05 万吨，年均增长 12.6%。

五、发展建议

近年来，中国硅树脂下游需求一直保持增长趋势，在一些高端市场仍具有很大增长空间。2023 年，中国经济波浪式发展、曲折式前进。包括硅树脂在内的有机硅产品价格整体均呈下跌趋势，但产量及消费量均有明显上涨。

近几年，除了迈图和陶氏，瓦克和埃肯也正在或者计划在中国建立或增加硅树脂产能，高端硅树脂产能正在向中国转移；而中国本土企业也在积极建设硅树脂项目，加大生产和应用技术方面的研发投入。未来五年内，预计中国硅树脂行业的向下一体化程度有望不断提升。另外，随着环保趋严，无溶剂型硅树脂、水性有机硅树脂将是未来重点研发方向。中国硅树脂规模化发展已逐渐具备基础条件，发展空间广阔。

第三十七节　有机硅单体

北京国化新材料技术研究院　梁雅婷

一、概述

有机硅材料是同时具有有机和无机结构的高分子材料，其独特的优势来自于性能的优异性和产品形式的多样性。有机硅产业链主要分为：原料、单体/中间体、深加工产品等环节。单体/中间体生产环节是有机硅上游产业链的核心，有机硅单体的生产工艺复杂、流程长、技术壁垒较高，属于资本密集型与技术密集型产业；下游产品主要有硅橡胶（室温胶、高温胶和液体胶）、硅油、硅树脂、硅烷偶联剂等四大类别，具体产品多达10000多种，终端应用遍布经济建设和人民生活的各个领域。随着产业的发展，有机硅材料在用量上已超过一些合成橡胶及工程塑料，逐步具备大宗产品的周期性市场特征。与此同时，有机硅下游深加工产品凭借广泛、复杂、精密的高端应用技术，始终在合成材料体系金字塔顶端占据一席之地。

有机硅单体是制备有机硅聚合物的主要原料，也是有机硅工业最重要的基础原料。根据所带官能团的不同，有机硅单体可分为甲基氯硅烷、苯基氯硅烷、乙基氯硅烷等品种。目前，甲基氯硅烷的产量在有机硅单体总量的占比超过99%，甲基有机硅材料产业链无论从上游规模化生产和下游应用拓展来说均更为成熟；苯基氯硅烷制备的苯基聚硅氧烷产品相对于甲基聚硅氧烷材料，具有更好的耐高低温、耐候、耐辐射等性能，主要应用于LED封装、高端厨具、高端制造、航空航天、纺织与日化等领域，目前在中国有少量生产；乙基氯硅烷制备的乙基聚硅氧烷产品则具有更好的低温柔韧性和热稳定性，该路线的产业化发展相对滞后。由于苯基氯硅烷和乙基氯硅烷的产业规模相对甲基氯硅烷来说非常有限，后面将主要从甲基氯硅烷的角度介绍有机硅单体的产业情况。

二、市场供需

（一）世界供需及预测

据ACMI/SAGSI统计，2023年，全球有机硅单体产能770.5万吨/年，产量约620.2万吨，同比分别增长7.7%和7.2%，增量主要来自中国。未来随着中国企业扩产项目的实施，预计2028年有机硅单体总产能将达到1008.1万吨/年，产量约848.4万吨。世界主要有机硅单体生产商有合盛、陶氏、埃肯、瓦克、东岳、信越、新安、兴发、迈图和恒业成。2023年这10家公司有机硅单体产能占全球总产能的88.0%。

2023年全球有机硅单体消费量约620.2万吨，同比增加7.2%。其中硅油、硅橡胶、硅树脂消费分别占比38.3%、56.7%、4.5%。据ACMI/SAGSI预计，2024年全球有机硅单体需求量将达到653.9万吨，2028年的消费量将达到848.4万吨，2024—2028年需求年均增长率约6.5%。

2007—2028年世界有机硅单体（折合聚硅氧烷）生产状况及预测见图2.109。

（二）国内供需及预测

（1）中国供应情况

据ACMI/SAGSI统计，2023年中国有机硅单体产能、产量分别达到553.0万吨/年、448.9万吨，均占全球总量的70%以上，同比分别增长11.5%、8.8%。目前，中国有机硅上游行业正处于低谷调整期，但扩张潮仍未结束，尤其是2024年将有大量产能集中投产，未来新增的产能将主要来自现有龙头企业。2024—2028年，中国有机硅单体产能增长仍未停止，据ACMI/SAGSI对项目投产可能性及部分落后产能被淘汰的分析，到2028年，中国有机硅单体产能将增长至764.0万吨/年，年均增速为6.7%；产量预计增长至664.3万吨，年

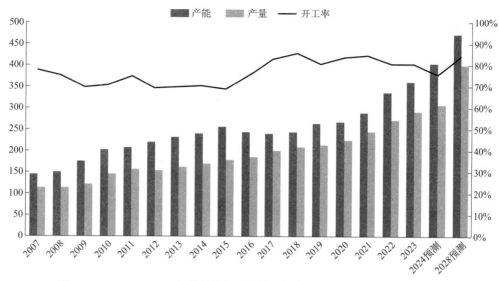

图 2.109　2007—2023 年世界有机硅单体（折合聚硅氧烷）生产状况及预测

（数据来源于 ACMI/SAGSI）

均增速为 8.2%。

近年中国有机硅单体供应及预测见表 2.185。

表 2.185　近年中国有机硅单体供应及预测

年份	2021 年	2022 年	2023 年	2024 年预测	2028 年预测
产能/(万吨/年)	406.0	496.0	553.0	664.0	764.0
产量/万吨	347.8	412.5	448.9	490.4	664.3
产能增长率/%	20.7	22.2	11.5	20.1	6.7
产量增长率/%	20.5	18.6	8.8	9.2	8.2
开工率/%	85.7	83.2	81.2	73.9	87.0

注：数据来源于 ACMI/SAGSI。

（2）主要生产企业

据 ACMI/SAGSI 统计，2023 年中国共有甲基有机硅单体生产企业 13 家，合计产能 553.0 万吨/年，同比增长 11.5%，产能增长主要来自合盛硅业鄯善三期项目和 3 家单体厂技改扩产的产能；产量 448.9 万吨，同比增长 8.8%。2023 年中国甲基有机硅单体企业产能统计见表 2.186。

表 2.186　2023 年中国甲基有机硅单体企业产能统计

公司	产能/(万吨/年)	公司	产能/(万吨/年)
合盛硅业	178.0	恒业成	25.0
东岳硅材	70.0	云能硅材	20.0
新安化工	54.0	恒星科技	20.0
埃肯有机硅	50.0	浙江中天	10.0
陶氏（张家港）	45.0	鲁西化工	10.0
湖北兴发	36.0	山东金岭	15.0
唐山三友	20.0	总计	553.0

注：数据来源于 ACMI/SAGSI。

(3) 拟在建项目

截至 2023 年底,公布的拟在建项目合计产能为 730 万吨/年,具体见表 2.187。其中,受市场等因素影响,不少是 2023 年延迟至 2024 年的项目。唐山三友、埃肯有机硅、湖北兴发、鲁西化工、浙江中天的扩产项目计划在 2024 年投产,合计有 116 万吨/年单体产能。除此以外,还有部分企业技改提产的项目有望在近期实施,同时考虑到部分落后产能的淘汰,预计 2024 年将净增约 111 万吨/年的单体产能。

表 2.187 中国有机硅单体拟在建项目

厂家	类别	产能/(万吨/年)	地点	投产时间
唐山三友	既有扩建	20	唐山南堡	2024 年试运行
埃肯有机硅	既有扩建	20	江西永修	2024 年试运行
湖北兴发	新建项目	20/20	湖北宜昌	一期 20 万吨/年单体预计 2024 年建成投产
	技改提产	4	湖北宜昌	2024 年初已提产
	新建项目	40	内蒙古乌海	预计 2025 年建成投产
鲁西化工	既有扩建	40/60	山东聊城	一期 40 万吨单体预计 2024 年建成投产
浙江中天	技改提产	2	浙江衢州	预计 2024 年投放
	既有扩建	20	浙江衢州	预计 2024 年建成投产
合盛硅业	既有扩建	80	鄯善四期	2023 年 9 月环评公示
	新建项目	40/40	昭通一期/二期	一期工业硅在建,有机硅待建
云南能投	技改提产	10	云南曲靖	提产能视情况推进
	既有扩建	20	云南曲靖	未开工,视行情而定
山东东岳	技改提产	10	山东淄博	2023 年已提产 10 万吨/年,后续提产能视情况推进
恒业成	新建项目	30	内蒙古乌海	2024 年 1 月备案,预计 2026 年建成投产
东方希望	新进入	20/20	甘肃兰州	一期预计 2025 年建成投产
陕煤集团	新进入	20	新疆新星	2023 年 5 月环评公示
新疆鸿瑞	新进入	20	新疆新星	2023 年 9 月二次环评公示
田东锦盛	新进入	20	广西田东	2023 年 8 月环评获批
新盛安硅业	新进入	20	新疆乌鲁木齐	2023 年 7 月环评获批
亚王能源	新进入	40	四川凉山	2022 年 9 月签约
华塑股份	新进入	20	安徽滁州	2022 年 4 月公告
乌拉特后旗力源	新进入	20	内蒙古巴彦淖尔	2022 年 3 月项目签约
内蒙古大全	新进入	20	内蒙古包头	2022 年 1 月备案
新特能源	新进入	40	新疆乌鲁木齐	2021 年 12 月环评拟报批公示
合计		730		

注:数据来源于 ACMI/SAGSI。

(4) 需求分析及预测

从应用领域来看,有机硅下游产品广泛应用于建筑、汽车、纺织、电子电气、电力等领域,行业需求与宏观经济关联密切,目前需求增速虽然有所放缓,但仍保持逐年增长。并且，一方面由于供应端的快速扩张，有机硅产品价格有所下滑，加速了其对石油基传统材料的替代；另一方面，有机硅产品由于具有一系列优异的性能，其高品质、高性能方面的发展也加速了其在各领域的应用拓展。据 ACMI/SAGSI 统计，2023 年中国有机硅单体消费量约 398.2 万吨，同比增长 12.0%。其中，HTV、LSR、RTV、硅油、硅树脂及其他产品的消费占比如图 2.110 所示，有机硅下游领域消费结构如图 2.111 所示。

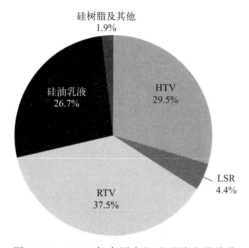

图 2.110　2023 年中国有机硅下游产品消费（折纯）结构

（数据来源于 ACMI/SAGSI）

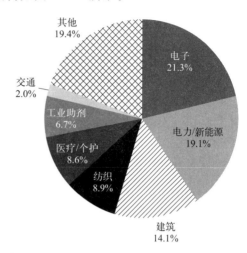

图 2.111　2023 年中国有机硅下游领域消费（折纯）结构

（数据来源于 ACMI/SAGSI）

从具体应用领域分析，建筑、纺织、个人护理、电子、家电行业是有机硅产品的传统应用领域，尽管这些行业已经过了高速发展期，但由于有机硅材料优异的性能优势，叠加性价比的提升，将促进其对传统石油基材料的替代，在今后相当长的一段时间内仍将是有机硅材料的主要应用领域；光伏、新能源等节能环保产业在碳中和的大背景下飞速发展，对有机硅材料的市场需求将保持高速增长；超高压和特高压电网建设、3D 打印、智能可穿戴设备及其他新兴领域将是有机硅材料未来的市场增长点和突破点之一，急需开展相关研发及应用推广工作；此外有机硅材料对国家重大工程具有不可代替性，主要为高可靠性、高稳定性、高性能的特种有机硅材料，虽然用量不大，但种类多、技术要求高，重要性非常突出，未来发展前景依旧乐观。

三、工艺技术

以甲基氯硅烷单体企业为例，其生产过程主要包括原料制备、单体合成、产物分离（精馏）、水解、中间体、基础聚合物等六个部分。

① 原料制备：主要指氯甲烷、硅粉生产，其工艺目标是降低能耗、物耗及废水、固废排放，为单体合成环节提供高品质原料。

② 单体合成：指在流化床中，在铜催化体系下，将氯甲烷与硅粉转化为甲基氯硅烷，其工艺目标是提高硅元素利用效率（即合成产物中二甲基二氯硅烷的比例，俗称选择性）和氯甲烷的一次反应效率（即单位硅粉固定时间内得到的产物数量），并尽可能降低副产物和

有害固体废物产量，降低能耗并回收反应热。

③ 产物分离：指通过精馏、相分离等技术手段对合成产物进行分离，工艺目标是得到纯净的二甲基二氯硅烷、一甲基三氯硅烷和三甲基一氯硅烷等产品，并去除对下游产品生产有害的关键杂质，充分回收合成环节带来的反应热，降低能耗，并对副产物初步回用。

④ 水解：指将纯净的二甲基二氯硅烷水解制备为粗硅氧烷，充分回收水解产生的氯化氢气体并将其净化送至氯甲烷环节回用，减少本环节废酸的产生量。

⑤ 中间体：指通过催化、中和、分离等技术手段，将粗硅烷转化为纯净的 DMC 或 D_4、D_5 等环体（也有工艺路线将其转化为线体），工艺目标是提高产物收率、质量，为下游产品的合成提供高品质原料，并减少废水排放。

⑥ 基础聚合物：指以中间体为原料，通过聚合、中和、脱低等工序得到通过标准化的基础聚合物，其工艺目标是精确控制原料和催化反应过程，提高产品收率并减少不必要的固废，获得下游高端产品开发所需的高品质、系列化原料。最基本的基础聚合物包括乙烯基、羟基或甲基封端的线型有机硅高分子，即俗称的 110 生胶、107 胶和二甲基硅油。

通常，将基础聚合物以上的环节称为有机硅上游，将基础聚合物之后的深加工环节称为下游。在下游环节，由基础聚合物出发通过十几种不同的工艺，可进一步制得十多个大类、上万种牌号的有机硅终端产品。

此外，上游工艺环节还需包括辅助性环节和公用工程，如三废处理、副产物综合利用、焚烧环节和安全设施等。

四、应用进展

（1）建筑及基建领域

建筑领域消耗的有机硅产品主要为室温硅橡胶，硅油及其二次加工产品等。室温硅橡胶主要作为建筑密封胶使用，通常分为玻璃幕墙用聚硅氧烷结构胶、聚硅氧烷耐候胶、中空玻璃密封胶。硅油及其二次加工产品也广泛应用于建筑行业，通常作为泡沫材料均泡剂、隔热材料疏水处理、乳胶配合消泡、沥青消泡、瓷砖疏水剂使用。

2023 年房地产行业持续在底部震荡。受市场下行、销售疲弱、房企资金承压、土地缩量等诸多因素影响，过去两年里，房地产市场在政策影响下"脉冲式"回暖，但整体仍未得到有效修复，销售规模仍在持续收缩。据 ACMI/SAGSI 统计，2023 年建筑领域消费有机硅单体 56.1 万吨，同比下滑 3.1%。

（2）纺织服装领域

纺织服装领域消耗的有机硅产品主要为硅油乳液，另有用于服装附件的硅橡胶等。硅油在纺织行业主要用作织物整理剂，起柔软作用。此外，为适应纺织品的高端需求，生产商也在不断开发能与各种功能添加剂如防水剂、阻燃剂、抗静电剂、固色剂等共同使用、手感好的硅油。2023 年，随着国家扩内需、促消费各项政策措施落地显效，居民多样化、个性化衣着消费需求加快释放，国风国潮产品及自主品牌市场认可度提升，我国纺织服装内需保持较好回暖势头。近年来，纺织行业生产过程中必不可少的、起着巩固纺织品印花和染色作用的印染助剂需求量增长较快，拉动了对硅油的消费增长。据 ACMI/SAGSI 统计，2023 年中国纺织服装行业消费有机硅单体约 35.4 万吨，同比增长 5.1%。

（3）电力/新能源领域

电力领域消耗的有机硅产品主要为高温硅橡胶，主要用于电缆、复合绝缘子及电缆附件，此外还用到少量室温硅橡胶、硅树脂和硅油。高温硅橡胶用作电线电缆，尤其适宜在高温和苛刻的环境中使用，其寿命远远高于普通电缆，缺点是机械强度弱，抗撕裂、耐磨性较差，因此高温硅橡胶在电线电缆的应用还没有最大限度地推广。鉴于整体优势大于劣势，未来高温硅橡胶在部分领域可以逐步取代合成橡胶。另一方面，与传统的瓷、玻璃绝缘子相比，高温硅橡胶绝缘子具有重量轻、强度高、耐污闪能力强、制造维护方便等优点，在高压输变电设备中的应用比例逐年增加，目前已占据绝缘子市场主流。

新能源领域消耗的有机硅产品主要为室温硅橡胶，主要用途为灌封和粘接，此外也有少量硅油，主要用途为导热及绝缘。有机硅在太阳能电池中主要用于粘接密封、耐热耐候有机硅涂料等，在风电领域主要用于直驱电机密封等，核电领域主要用于防辐射涂料等。

据 ACMI/SAGSI 统计，2023 年电力/新能源领域消耗有机硅单体 76.1 万吨，同比增长 23.8%。

（4）电子/家电领域

电子/家电领域消耗的有机硅产品主要为高温硅橡胶、室温硅橡胶和液体胶，主要用途为结构件、装饰件及电路灌封，此外硅油、硅树脂也有一定的应用，主要是绝缘、润滑及易刮擦部位的表面处理。

消费电子行业的发展带动了附件行业的发展，如可移动电子设备用护套、收纳、耳机、运动手环等外置设备，大量使用硅橡胶制成，但近年因为器件本身的体积缩小，设计逐渐简化，其增速有放缓迹象。有机硅材料在触摸屏行业的应用前景十分广阔，尤其是在屏幕保护、边框粘接、屏幕贴合、散热、蓝光阻隔等方面。随着科学技术的不断进步，有机硅材料有望在柔性液晶面板、曲面液晶面板和电子纸等新技术领域发挥更重要的作用。中国LED产业发展迅速，有机硅固晶胶、导热灌封胶、粘接密封胶等在 LED 芯片封装、驱动电源、显示屏、照明灯具等灌封方面的用量快速增长。据 ACMI/SAGSI 统计，2023 年电子/家电领域消耗有机硅单体约 84.8 万吨，同比增长 12.2%。

（5）医疗及个人护理领域

医疗及个人护理市场主要分为两部分，其中医用材料用途主要使用高温硅橡胶、液体胶和硅油。硅橡胶主要应用于医疗器械、母婴用品、美容整形等方面；硅油主要应用于肠镜、胃镜检查、眼科填充材料以及硅油乳膏等方面；在个人护理行业，则主要为硅油、乳液及直接添加使用的中间体。

液体胶具有良好的生物相容性，广泛用于人体植入和人体接触材料，在医疗器件领域逐步取代 PVC 和天然乳胶，如牙科印模、人工器官、美容假体、医用导管、医用器具护套等。随着经济水平的提高，健康需求不断增加，中国医疗器械市场将迎来巨大的发展机遇。个人护理行业应用最广的有机硅材料为硅油及其二次加工产品。硅油多用于众多个人护理产品，如洗发护发产品和各类化妆品等；也用于家庭护理产品，如家具上光、洗涤剂、杀虫剂、香水等。据 ACMI/SAGSI 统计，2023 年中国医疗及个人护理市场消耗有机硅单体约 35.4 万吨，同比增长约 10.2%。

（6）交通领域

交通方面，无论是高铁还是汽车都离不开硅橡胶、硅凝胶、硅树脂等有机硅材料。例如硅橡胶已广泛应用于汽车的各种零部件，如安全气囊涂层、动力传动密封件、垫圈、软管、挡风玻璃内衬、汽车发动机密封、点火线及线圈护套、汽车涡轮增压管冷却管、汽车元器件的密封和保护、高压电缆及线束密封等。有机硅在新能源汽车领域主要用于电池灌封保护，在太阳能电池领域主要用于粘接密封、耐热耐候有机硅涂料等，在风电领域主要用于直驱电机密封等，核电领域主要用作防辐射涂料等。凭借良好阻燃性，液体硅橡胶泡沫材料也可用于高铁车厢座椅。据 ACMI/SAGSI 统计，2023 年中国交通行业消耗有机硅单体约 8.0 万吨，同比增长约 14.9%。

（7）工业助剂领域

工业助剂领域主要是硅油在机械工业和化工行业的应用。硅油在机械工业主要作为压铸用离型剂和润滑剂，机械加工过程中的脱模剂和切削液，汽车的刹车油，离合器的工作油，仪表、缓冲阻尼器等防震、阻尼用油，压缩机工作油，扩散泵真空油等。硅油在化工行业的应用主要有两大途径，一类是通过物理性质来实现，主要品种是甲基硅油、苯基硅油、长链烷基硅油等；另一类则通过化学性质来实现，主要是含有活性基团的乙烯基硅油、含氢硅油、氨基硅油、羟基硅油等。据 ACMI/SAGSI 统计，2023 年中国工业助剂行业消耗有机硅单体约 26.7 万吨（扣除了用于生产液体硅橡胶的含氢硅油和乙烯基硅油的量），同比增长约 29.7%。

（8）其他领域

有机硅下游制品还广泛应用于农业、日用品、光纤预制棒、体育用品、表面活性剂、皮革材料等，但也还有许多新开发的领域，如智能可穿戴设备、3D 打印、5G、数据中心液冷冷却液等。据 ACMI/SAGSI 统计，其他行业 2023 年消耗有机硅单体 77.2 万吨，同比增长 12.8%。

五、发展建议

目前，由于同质化产能的过剩不断加速，中国有机硅产业升级迫在眉睫。我国有机硅单体企业的主流技术水平与国际一流水平相比，仍有一定提升空间。工艺技术的提升和调整实现的是对生产成本、产品质量、三废排放、安全生产等的优化，这也是在激烈的竞争格局下，决定企业未来前途命运的最重要的武器。

有机硅市场已经进入大规模产能更新阶段，一味地靠规模化和一体化来降低成本和扩大市场占有率已经无法完全应对现有的挑战；不少头部企业在新建先进产能或者技改提升现有产能，各企业在成本、质量、效益水平、产品链建设等方面的差距迅速扩大。落后产能将不断被先进产能或主动或被动地淘汰，从而实现有机硅产业的结构优化和供需再度平衡。

因此，有机硅企业一方面应充分吸收借鉴国外先进理念，结合企业实际制定最优路径推进有机硅上游生产工艺的更新迭代，降低生产成本，提高市场竞争力；另一方面，还应积极向下延伸产业链，丰富有机硅下游产品种类，突破高端应用技术壁垒，从整体上提升中国有机硅产业的竞争力和影响力。

第三十八节 功能性硅烷

江西宏柏新材料股份有限公司　宋建坤　朱鸿博

一、概述

功能性硅烷是主链为-Si-O-C-的小分子有机硅，即 OFS。功能性硅烷分子中同时含有两种不同化学性质基团，其分子结构式一般为 Y-R-Si（OR）$_3$，经典产物可用通式 YSiX$_3$ 表示。式中，Y 为非水解基团，X 为可水解基团。由于这一特殊结构，功能性硅烷在无机材料（如玻璃、金属或矿物）和有机材料（如有机聚合物、涂料或黏合剂）的界面起作用，偶联或结合两种截然不同材料。功能性硅烷可增强有机与无机化合物之间的亲和力，并可提高复合材料的性能，如强度、韧性、电性能、耐水性、耐腐蚀性。

功能性硅烷根据用途可分为硅烷偶联剂以及交联剂，其主要区别：高分子链段之间的化学键连接叫交联；不同材料之间的连接叫作偶联。硅烷偶联剂可以改善聚合物与无机物粘接强度，还可以在界面区域产生改性作用，把两种性质悬殊的材料连接在一起，因此广泛应用于橡胶、塑料、涂料和油墨、胶黏剂、铸造、玻璃纤维、填料、表面处理等行业。消费量比较大的硅烷偶联剂包括含硫硅烷、氨基硅烷、乙烯基硅烷、环氧硅烷等。硅烷交联剂通常用于线型分子间架桥，从而促进或调节分子链间共价键或离子键的形成，是单组分室温硫化硅橡胶的核心部分。相比于硅烷偶联剂，硅烷交联剂用量和产量较小。

据 SAGSI 统计，2023 年全球功能性硅烷消费量约 52.6 万吨，2023 年中国硅烷偶联剂的产量占比合计 76.2%，其中含硫硅烷、氨基硅烷、乙烯基硅烷、环氧硅烷、酰基硅烷的产量占比分别为 28.9%、10.8%、9.6%、9.0%、9.7%；硅烷交联剂的产量占比约 23.8%。

功能性硅烷用途主要由官能团品种及结构决定，主要应用领域包括橡胶加工、复合材料、塑料、黏合剂、涂料及表面处理等，具体见图 2.112。

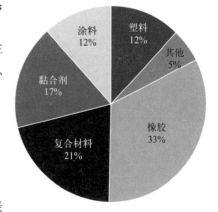

图 2.112　功能性硅烷应用

二、市场供需

（一）世界供需及预测

全球功能性硅烷市场规模已从 2015 年的 13.3 亿美元增至 2021 年的 22.7 亿美元，2015—2021 年年复合增长率为 9.32%。其中亚太地区硅烷需求强劲，是推动全球硅烷市场增长的主要因素。全球功能性硅烷产能和产量情况见表 2.188。

表 2.188　全球功能性硅烷产能和产量

年份	2011年	2012年	2013年	2014年	2015年	2016年	2017年	2018年	2019年	2020年	2021年	2022年	2023年
产能/(万吨/年)	38.8	41.6	43.9	46.7	50.5	54.1	57.2	59.6	62.1	69.8	76.5	87.1	89.1
产量/万吨	26.5	28.1	29.1	31.2	33.7	35.1	37.6	41.5	43.9	43.4	47.8	49.7	52.6

2011—2021年全球功能性硅烷行业开工率保持在65%~70%,见图2.113,但由于受疫情影响,导致线下开工活动受阻,2020年和2021年开工率有所下降,2022年整体开工率为57%,2023年整体开工率为59%。

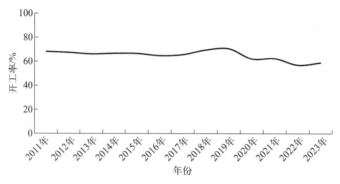

图 2.113　2011—2023年全球功能性硅烷开工率

(二) 国内供需及预测

中国功能性硅烷2002年产能为2.5万吨/年,2023年达到68.4万吨/年,年复合增长率为16.7%。中国为世界主要硅烷消费国和最大的功能性硅烷生产国,引领亚太地区硅烷市场的发展。中国功能性硅烷产能、产量全球占比见表2.189,中国功能性硅烷消费量及增速见表2.190。

表 2.189　中国功能性硅烷产能、产量及全球占比

年份	2011年	2012年	2013年	2014年	2015年	2016年	2017年	2018年	2019年	2020年	2021年	2022年	2023年
产能占比/%	48.5	52.2	54.4	57.2	60.4	64.9	66.0	67.8	69.1	70.3	72.9	76.1	76.8
产量占比/%	41.9	44.5	48.1	51.0	54.0	56.7	58.8	62.9	61.5	64.1	67.5	70.2	70.9

表 2.190　中国功能性硅烷消费量及增速

年份	2011年	2012年	2013年	2014年	2015年	2016年	2017年	2018年	2019年	2020年	2021年	2022年	2023年
消费量/万吨	8.45	9.16	10.04	10.85	12.61	13.80	15.36	17.10	18.76	19.98	21.89	22.99	25.0
增速/%	—	8.40	9.61	8.07	16.22	9.44	11.30	11.33	9.71	6.50	9.56	5.02	8.74

中国功能性硅烷行业近年来开工率见图2.114,2023年开工率为54.5%。

三、工艺技术

功能性硅烷属于有机硅精细化学品新材料,20世纪40年代由美国联合碳化物公司研发。中国功能性硅烷研究起步较晚,始于20世纪60年代初。改革开放后,随着对功能性硅烷研

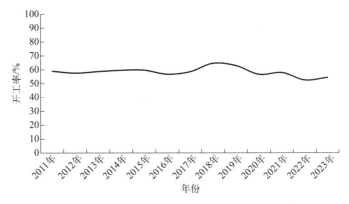

图 2.114　2011—2023 年中国功能性硅烷开工率

发的不断投入，技术水平不断提升，高端专业人才不断引进、汇集，校企合作模式趋于成熟。近年来我国功能性硅烷的技术研发与生产工艺水平迅速提高，已属世界先进水平。

功能性硅烷的生产工艺主要有两种：传统间接法工艺和直接法工艺。湖北武大有机硅新材料有限公司是国内最早开发并采用直接法生产工艺的企业。湖北新蓝天公司也建成了直接法中间体生产装置。

传统的间接法工艺是金属硅与氯化氢合成三氯氢硅，三氯氢硅与氯丙烯在催化剂的作用下转化为氯丙基三氯硅烷（俗称 γ_1），然后再与甲醇或乙醇反应生成氯丙基三甲（乙）氧基硅烷（俗称 γ_2），作为氨基、甲基丙烯酰氧基和含硫类硅烷偶联剂的中间体；三氯氢硅与乙炔反应则可制成乙烯基硅烷偶联剂的中间体——乙烯基三氯硅烷；三氯氢硅与甲醇反应则可获得环氧类硅烷偶联剂的中间体——三甲氧基硅烷。另外，乙烯基硅烷偶联剂还可以用氯乙烯法生产。因此，间接法的主要原料是金属硅，中间体包括三氯氢硅、氯丙基三甲（乙）氧基硅烷、乙烯基三氯硅烷和三甲氧基硅烷。其他辅助性原料包括甲醇、乙醇、电石、液氨、氯丙烯、盐酸、多硫化钠、氯乙烯、烯丙基甘油醚、乙二胺和甲基丙烯酸酯及盐等。间接法需引入氯，所以存在污染和设备腐蚀问题，生产流程比较长。

直接法生产工艺以硅粉、醇为原料，直接合成三烷氧基硅烷，再进一步接入所需官能团合成乙烯基、环氧基及甲基丙烯酰氧基硅烷等目标产品。其技术优势是：

① 缩短合成步骤，减少设备投入，大幅降低原料和生产成本；
② 没有氯的引入，减少污染和设备腐蚀；
③ 金属硅转化率提高，醇循环利用，资源利用率高；
④ 降低杂质含量（如有机杂质、金属杂质、氯等），产品质量提高。

但目前直接法仍仅限于生产三大类硅烷，而且副产物四烷氧基硅烷需处理，中间体稳定性有待提高，收率较低，产能产量有限，未来有待继续完善。

四、应用进展

功能性硅烷应用广泛，市场需求方兴未艾，亚太地区（尤其是大中华片区）需求强劲。因其无毒、无害、环境友好、耐高低温、生物相容性等优异特性，发展前景广阔。可以预见，随着新能源汽车、光伏、风电等行业的快速发展，功能性硅烷的品种和需求量将会快速增长。

(1) 含硫硅烷偶联剂

含硫硅烷是主要功能基团含硫元素的一类功能性硅烷的统称，可有效提高白炭黑填料与橡胶分子的结合能力，并促进橡胶硫化，常用于处理 SiO_2、炭黑等无机填料，在橡胶、硅橡胶等聚合物中起活化剂、偶联剂、交联剂、补强剂的作用；是一种具有反应性和可交联的硅烷偶联剂，在酸性或碱性条件下可水解，广泛应用于天然橡胶和合成橡胶，如丁苯橡胶、氯丁橡胶、丁腈橡胶、三元乙丙橡胶等；作为补强剂和交联促进剂可用于复合材料、涂层、油墨、胶水和密封材料等，还可用作树脂改性添加剂和酶固定剂；可作为硫黄硫化橡胶的补强剂，能显著提高胶料的性能尤其是耐磨耗性能，广泛用于胶辊、轮胎、电线电缆、鞋底等。

含硫硅烷主要用于与沉淀法白炭黑复配生产"绿色轮胎"，可降低轮胎的滚动阻力并提高轮胎的抗湿滑性能，从而使轮胎更加节能和安全，最常用的产品有 Si-69 和 Si-75。由于绿色轮胎能有效降低汽车的油耗和尾气排放，具备环境友好的特点，因此被广泛配套于新能源汽车。未来，随着国内绿色轮胎相关法规的逐步实施以及新能源汽车市场的快速发展，绿色轮胎的市场渗透率的提升将拉动含硫硅烷产销量进一步增长。

(2) 氨基硅烷偶联剂

氨基硅烷是玻璃纤维及碳纤维表面处理中最常用的一类硅烷偶联剂。氨基硅烷是一类通用型硅烷偶联剂，能与除聚酯树脂之外的几乎所有聚合物发生偶联作用，因此在表面处理领域应用广泛。由于游离氨基的存在，氨基硅烷具有较高的反应活性，成型后复合材料的挠曲强度与氨基的数量呈正相关关系。常见的氨基硅烷偶联剂有 γ-氨丙基三甲氧基硅烷、γ-氨丙基三乙氧基硅烷、γ-二乙烯三胺丙基甲基二甲氧基硅烷。

γ-氨丙基三甲氧基硅烷的氨基和甲氧基分别用来偶联有机高分子和无机填料，增强其黏结性，提高产品的机械、电气、耐水、抗老化等性能，应用于矿物填充的酚醛、聚酯、环氧、PBT、聚酰胺、聚碳酸酯等，能大幅度提高增强塑料的干湿态弯曲强度、压缩强度、剪切强度和湿态电气性能，并改善填料在聚合物中的润湿性和分散性。树脂砂铸造中，增强树脂硅砂的黏合性，提高型砂强度及抗湿性；玻纤棉和矿物棉生产中，将其加入酚醛黏结剂中，可提高防潮性及增加压缩回弹性；作为优异的黏结促进剂，可用于聚氨酯、环氧、腈类、酚醛胶黏剂和密封材料，改善颜料的分散性并提高对玻璃、铝、铁金属的黏合性；也适用于聚氨酯、环氧和丙烯酸乳胶涂料；用于氨基硅油及其乳液的合成。

γ-氨丙基三乙氧基硅烷（KH-550）是产量最大的氨基硅烷，也是玻璃纤维表面处理领域用量最大的硅烷偶联剂之一。KH-550 能通过水解与玻纤表面的硅羟基反应生成硅氧键，降低玻纤的表面张力；氨基官能团与树脂连接后生成较强的界面，可以使玻璃纤维与基体的黏结力大幅增强。此外，KH-550 还可以对碳纤维表面进行改性，增加纤维表面粗糙度，促进其与树脂基体的物理铆合。因此，氨基硅烷被大量用于风电叶片主体复合材料的制造。γ-氨丙基三乙氧基硅烷是一种优异的粘接促进剂，应用于丙烯酸涂料、粘接剂和密封剂；在玻璃纤维增强树脂基复合材料中应用，可大幅度提高干湿态下的弯曲强度、拉伸强度和层间剪切强度，并显著提高湿态电气性能；在干湿态情况下使用时，玻璃纤维增强的热塑性塑料、聚酰胺、聚酯和聚碳酸酯在浸水前和浸水后的弯曲强度和拉伸强度均有上升；加入酚醛树脂粘接剂中可提高防潮性及压缩后的回弹性；能大幅提高无机填料填充的酚醛树脂、聚酯树脂、环氧树脂、聚碳酸酯等的物理机械性能和电气性能，并改善填料在聚合物中的润湿性和分散性。

γ-二乙烯三胺丙基甲基二甲氧基硅烷是经二乙烯三胺改性的氨基硅烷偶联剂，其微乳液和乳液作为棉、麻、毛、丝和化纤织物柔软整理剂，可使织物具有柔软、滑爽、蓬松、富有弹性；并可与其他偶联剂复配使用，增加硅油的蓬松性，增加平滑剂的油滑性。

（3）乙烯基硅烷偶联剂

与通用型偶联剂的氨基硅烷不同，乙烯基硅烷仅适用于聚酯、聚烯烃等少数树脂体系，不饱和双键参与树脂材料的交联固化，用在玻璃纤维中可提高纤维单丝和聚酯等树脂的黏结力，适用于部分复合材料的表面处理。乙烯基硅烷也能满足大功率风电叶片以及高压管道对偶联剂抗疲劳、抗冲击、耐候的要求，在湿态下对复合材料性能的提升作用较氨基硅烷更为突出。除用于部分复合材料的表面处理，乙烯基硅烷还广泛应用于电线电缆、覆铜板、涂料、密封胶及胶黏剂等领域。电线电缆、耐热管材和薄膜多用乙丙橡胶（EPM）、三元乙丙橡胶（EPDM）和煅烧高岭土矿粉复合制备，乙烯基硅烷可提高 EPDM、交联聚烯烃的强度和电气性能。常用的乙烯基硅烷为乙烯基三乙氧基硅烷、乙烯基三甲氧基硅烷、乙烯基三（β-甲氧基乙氧基）硅烷。

（4）环氧硅烷偶联剂

环氧硅烷主要用于提高水性涂料、水性胶黏剂对基材的附着力和耐水性；适用的树脂包括丙烯酸乳液、丁苯乳液、聚氨酯水性分散体和水性环氧树脂等，能在水性树脂中贮存很长时间，较好地解决了普通硅烷偶联剂在水性体系下易自聚、贮存期短的缺点。环氧基硅烷可用于环氧类黏合剂和密封剂中，以改善黏合剂性能；用于玻纤增强环氧树脂、ABS、酚醛树脂、聚酰胺、PBT 等，以提高其物理性能，尤其是复合材料的强度、防水性、电气性、耐热性等性能。

环氧硅烷偶联剂的典型产品为 3-缩水甘油醚氧基丙基三甲氧基硅烷（KH-560），市场上还有少量含其他取代基的产品或双官能产品，如 3-(2,3-环氧丙氧)丙基三乙氧基硅烷、3-(2,3-环氧丙氧)丙基甲基二甲氧基硅烷。KH-560 主要用来改善有机材料和无机材料表面的粘接性能，它所适用的树脂包括环氧、酚醛、三聚氰胺、聚硫化物、聚氨酯等；可提高无机填料、底材和树脂的黏合力，从而提高复合材料的力学性能、电气性能，并且在湿态下有较高的保持率；作为无机填料表面处理剂，广泛应用于陶土、玻璃微珠、滑石粉、硅灰石、白炭黑、石英、铝粉、铁粉；适用于填充石英的环氧密封剂，填充砂粒的环氧混凝土修补材料或涂料及填充金属的环氧模具材料；还可改善双组分环氧密封剂的黏合力，改善丙烯酸胶乳、密封剂、环氧涂料的黏合力；增强基于环氧树脂的密封剂、封装材料和印制电路板的电气性能。

（5）酰氧基硅烷偶联剂

常见的酰氧基硅烷偶联剂有 3-甲基丙烯酰氧基丙基三甲氧基硅烷（KH-570）、γ-甲基丙烯酰氧基丙基三乙氧基硅烷（KH-571）和 γ-甲基丙烯酰氧基丙基甲基二甲氧基硅烷（KH-572）。

KH-570 主要用于不饱和聚酯复合材料中，可以提高复合材料力学性能、电气性能、透光性能，特别是能大幅度提高复合材料的湿态性能；用（含该偶联剂的）浸润剂处理玻纤，可提高玻纤增强复合材料的湿态强度和电气性能；电线电缆行业，用该偶联剂处理陶土填充过氧化物交联的 EPDM 体系，可改善消耗因子及电感容抗；与乙酸乙烯和丙烯酸或甲基丙烯酸单体共聚，广泛用于涂料、胶黏剂和密封剂中，提供优异的黏合力和耐久性。

KH-571 和 KH-572 用于玻璃纤维可有效提高玻纤与基体的粘接力，增强玻纤制品的力学性能；用作丙烯酸涂料的交联剂可提高丙烯酸涂料的耐候性，延长使用寿命，并且可增加交联密度，使涂膜硬度达到 5H（铅笔硬度）以上；可有效提高绝缘油憎水性，改善聚酯混凝土的力学性能等；用作油墨、涂料添加剂，可使油墨、涂膜具有优良的成膜硬度和光亮度；通过缩聚或共聚合成含甲基丙烯酰氧基硅油，利用甲基丙烯酰氧基自由基反应性可以与苯乙烯、丙烯酸、丙烯酸酯等共聚，赋予丙烯酸树脂、聚苯乙烯树脂耐热、光滑、耐候等特性；在光敏剂存在下，经紫外光照射能交联固化，已成为有机硅防粘隔离剂的主要品种之一；作为补强剂和交联促进剂广泛用于复合材料、涂层、油墨、胶水和密封材料等，还可用作树脂改性添加剂和酶固定剂。

（6）苯基硅烷偶联剂

主要的苯基硅烷产品有苯基三甲氧基硅烷、苯基三乙氧基硅烷、二苯基二甲氧基硅烷、二苯基二乙氧基硅烷、甲基苯基二甲氧基硅烷、甲基苯基二乙氧基硅烷。

苯基硅烷目前主要用来合成下游的苯基硅树脂，用量最大的是苯基三甲氧基硅烷；也有部分苯基硅油以苯基硅烷为原料生产，例如苯基三甲氧基硅烷与甲基硅氧烷发生水解缩聚反应可得到苯基硅油，所得到的苯基硅油能获得比二甲基硅油更好的耐高低温性能；苯基硅橡胶的生产也会用到苯基硅烷，例如甲基苯基二甲氧基硅烷常与乙烯基硅氧烷反应生成热稳定性更好、耐热老化和抗紫外线性更强、透明度和折射率更高的聚甲基苯基硅氧烷。苯基硅烷还可作为高性能助剂，如疏水剂、交联剂、分散剂、黏结剂、除水剂等。苯基三甲氧基硅烷常用于无机材料的表面疏水处理；甲基苯基二甲氧基硅烷也常被用来提升胶黏剂的黏结性能，并使其耐高温、耐辐射性能有所提升。但由于相较于传统的硅烷偶联剂，苯基硅烷价格高昂，目前这一领域应用很少。

（7）辛基硅烷偶联剂

辛基硅烷多指辛基三乙氧基硅烷，是以 1-辛烯和三氯氢硅进行硅氢加成，再醇解得到的。除辛基硅烷外，其他碳链长度的烷基硅烷可通过对应的 α-烯烃硅氢加成制得。

辛基硅烷应用最广泛是制备有机硅防水剂，有机硅防水剂是一种无污染、无刺激性的新型高效防水材料。喷涂（或涂刷）于建筑物表面后，可在其表面形成肉眼觉察不到的一层无色透明、抗紫外线的透气薄膜，当雨水吹打其上或遇潮湿空气时，水滴会自然流淌，阻止水分侵入，同时还可以将建筑物表面尘土冲刷干净，从而起到使内墙防潮、防霉，外墙洁净及防止风化等作用。

除此之外，辛基硅烷应还可用于处理无机材料（如玻璃、二氧化硅、Al_2O_3、高岭土、陶瓷、云母、SiC、滑石粉等），以改善无机材料与有机材料（如塑料、橡胶油料、粘接剂）的相容性，增强制品的力学性能；将其用作玻璃防雾剂，可保护空白玻璃及膜处理玻璃，保护带刻度和带金属框架的光学零件及精密仪器；用作文物保护剂，可防止酸蚀、冻融、风化对文物（特别是室外文物）的破坏；用作织物整理剂，能使棉、麻、毛和混纺织物丰满、滑爽、毛料感强，并能有效增强织物的疏水性；也可用于工程塑料改性、建筑物防水防蚀等。

（8）硅烷交联剂

硅烷交联剂主要用于室温硅橡胶（RTV）的合成。根据其在单组分室温硫化硅橡胶中缩合反应产物的不同，可以分为脱酸型、脱酮肟型和脱醇型三种硅烷交联剂。一般认为，酸性胶中交联剂的使用量约为10%，脱酮肟型一般为8%，脱醇型则在5%以下，但该比例与厂商配方有关。

脱酸型硅烷交联剂主要应用于硅橡胶、胶黏剂行业，可改善塑料、纤维、陶瓷、铝等与硅橡胶的黏合，提高硅橡胶与基材的粘接强度。脱酸型硅烷交联剂产品主要有甲基三乙酰氧基硅烷、乙基三乙酰氧基硅烷、丙基三乙酰氧基硅烷、苯基三乙酰氧基硅烷、二叔丁氧基二乙酰氧基硅烷。

脱醇型硅烷交联剂应用较为广泛，根据其分子结构和特性的不同，除了可以作为RTV单组分硅橡胶的交联剂和用于制备硅树脂外，还可用作表面处理剂，用以改善基材的耐候性、耐划性、防水性、耐腐蚀性等，应用于建筑、涂料、塑料、填料、铸铁等各个领域。脱醇型硅烷交联剂主要产品有正硅酸甲酯、正硅酸乙酯、甲基三甲氧基硅烷、甲基三乙氧基硅烷、聚甲基三乙氧基硅烷、丙基三甲氧基硅烷、丙基三乙氧基硅烷、辛基三甲氧基硅烷、十二烷基三甲氧基硅烷、1,2-双（三甲氧基硅基）乙烷。

脱酮肟型硅烷交联剂在应用领域方面与脱酸型硅烷交联剂相似，主要应用于硅橡胶、胶黏剂行业，改善硅橡胶与塑料、纤维、陶瓷、铝等基材的粘接强度。但其性质较脱酸型硅烷交联剂更为温和，大都具有较低的生理毒性，更适合于制备环境友好的、与人亲密接触的RTV硅橡胶。脱酮肟型硅烷交联剂主要产品有甲基三丁酮肟基硅烷、丙基三丁酮肟基硅烷、苯基三丁酮肟基硅烷、乙烯基三丁酮肟基硅烷、乙烯基三丙酮肟基硅烷、四丁酮肟基硅烷、四（甲基异丁酮肟基）硅烷、甲基三（甲基异丁酮肟基）硅烷。

五、发展建议

人才：该行业员工整体年龄偏大，对青年就业群体吸引力小。同时，员工整体文化素质偏低，大专以上学历所占比例超过30%的企业屈指可数，而且明显呈现"两头弱"的特点：硕士以上的高学历人才太少，一线员工中低学历者太多。

技术：与国外同行相比，国内各企业研发投入占比虽逐年提升，但研发投入的绝对费用还远远不够，各个厂家把扩展产能、降低生产成本作为主要的发展方向，忽略了客户端对产品的实际需求，导致大宗硅烷偶联剂出现严重的供大于求，国内企业不断内卷，产品利润不断降低，而一些利润高、小而美的特种产品一直掌控在国外企业手中。

管理水平：很多企业管理水平粗放，功能性硅烷行业产品大多涉及危化品，危化品生产在环保减排、节能降耗和安全管理方面目前监管要求越来越严，现在行业存在不少小厂，相关设施不齐全，隐患亟待改进。

国内功能性硅烷产业日新月异，发展态势总体上是良性的。但是，国内各大企业一窝蜂地上马新项目，功能性硅烷产能的扩充速度已超过市场容量和市场发育程度。这样，在不远的将来可能会导致激烈的价格竞争。相关企业应未雨绸缪，加大科研投入力度，设计合理的产品价值链，增加产品附加值，提高管理水平，方可立于不败之地。

总之，增加研发投入，提高技术管理水平，增强行业统筹规划和引导，规避行业风险，功能性硅烷行业总体前景可期。

第三十九节 新一代制冷剂

中国化工经济技术发展中心　张月
生态环境部对外合作中心　尚舒文

一、概述

1. 制冷剂分类

制冷剂又称冷媒、雪种、制冷工质，是制冷循环的工作介质，主要利用制冷剂的相变（如气-液相变）来传递热量，实现制冷效果。制冷剂需要具备良好的热力学性能、化学稳定性以及经济环保性，被广泛应用于冰箱、空调等领域。

制冷剂按组成分为单一制冷剂和混合制冷剂，前者按化学性质分为无机化合物和有机化合物，后者按混合物沸点分为共沸制冷剂和非共沸制冷剂。目前约有80多种制冷剂，制冷剂分类见图2.115。

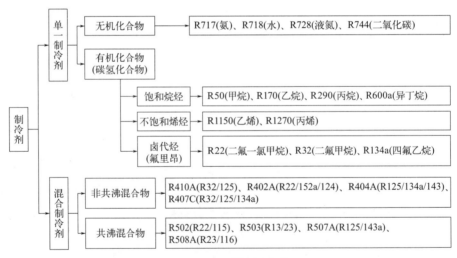

图2.115　制冷剂分类

制冷剂按照物质构成种类，可以分为含氟制冷剂和非氟类制冷剂。其中含氟制冷剂凭借其良好的安全性能和热力学性能占据了制冷剂市场的主导地位。

（1）含氟制冷剂

按照化合物构成以及含氟制冷剂对大气臭氧层的破坏水平（ODP）和造成温室效应的能力（GWP）不同，含氟制冷剂可划分为四代，详见表2.191。

第一代含氟制冷剂（CFCs）严重破坏臭氧层，已经基本淘汰，第二代含氟制冷剂（HCFCs）发达国家已经基本淘汰，发展中国家正在逐步减产。第三代含氟制冷剂（HFCs）不会破坏臭氧层，是现阶段全球市场中的主流产品，并且第二代和第三代含氟制冷剂的生产成本相差不大，可以很好切换；但其温室效应高，未来终将被淘汰。第四代含氟制冷剂（HFOs）无污染，不产生温室效应。虽然环境友好，但已推出的产品专利壁垒高、设备投资大，使用量较少，目前主要用于商业制冷市场。

表 2.191 含氟制冷剂

代系	产品分类	主要产品	ODP	GWP	上游原料	下游应用	特点及现状
第一代	氯氟烃类（CFCs）	R11、R12、R113	1.0	4000	氢氟酸、四氯化碳	已禁用，目前局部用于医药中间体	严重破坏臭氧层，2010年全球范围内已淘汰并禁产
第二代	氢氯氟烃类（HCFCs）	R22	0.055	1810	氢氟酸、三氯甲烷	制冷剂、PTFE等氟化工材料	长期来看严重破坏臭氧层，发达国家已基本完全淘汰，发展中国家进入减产阶段
		R141b	0.11	725	氢氟酸、二氯乙烷	制冷剂、发泡剂	
		R142b	0.065	2310	氢氟酸、乙炔、氯气	高温制冷剂、PVDF等氟化工材料	
第三代	氢氟烃（HFCs）	R32	0	675	氢氟酸、二氯甲烷	家用电器、医用冷库制冷剂	对臭氧层无影响，但温室效应远高于二氧化碳和第二代含氟制冷剂，目前发达国家处于淘汰初期，发展中国家已进入配额基准期
		R134a	0	1430	氢氟酸、三氯乙烯	汽车空调、家用电器、冷藏运输制冷剂	
		R125	0	3500	氢氟酸、四氯乙烯	混合工质、空调	
		R410a	0	2100	R32、R125	空调、中低温冷冻领域	
第四代	氢氟烯烃（HFOs）	R1234yf、R1233zd、R1234ze	0	较低	氢氟酸、五氯丙烷、三氟丙烯	制冷剂、灭火剂、传热介质、抛光剂	环境友好，制冷效果不及前代，专利壁垒高、设备投资大，发达国家正逐步推广使用

第四代含氟制冷剂代表产品有 R1234yf、R1233zd、R1234ze 等。其中 R1234yf 被誉为最有商业前景的第四代含氟制冷剂。

R1234yf：CAS 号 754-12-1，中文名称 2,3,3,3-四氟丙烯，沸点 -29.4℃，临界温度 94.8℃，ODP 值为 0，GWP 值为 4，大气停留时间为 11 天。R1234yf 是由美国霍尼韦尔和美国杜邦两家公司共同研发，是一种新的、用于汽车空调的制冷剂。

R1234ze：CAS 号 29118-24-9，中文名称 1,3,3,3-四氟丙烯，沸点 -19℃，临界温度 109.4℃，无毒、不燃，化学性能比较稳定，ODP 值为 0，GWP 值为 6，大气停留时间为 14 天。R1234ze 是由美国霍尼韦尔和美国杜邦共同研发的新型制冷剂，可直接替代 R134a，适合超市和商业建筑的风冷和水冷制冷机以及其他中温应用。

R1233zd：CAS 号 99728-16-2，中文名称反式-1-氯-3,3,3-三氟丙烯，无色透明液体，沸点 -19℃，临界温度 166.5℃，ODP 值为 0，GWP 值为 7，大气停留时间为 26 天。R1233zd 由美国霍尼韦尔开发，可替代 R134a、R123、R404a 等制冷剂，应用领域较广。

(2) 非氟类制冷剂

非氟类制冷剂由不含氟的化学物质作为制冷剂，主要有二氧化碳（R744）、异丁烷（R600a）、丙烷（R290）等。虽然作为制冷剂，其 ODP 值和 GWP 值都是非常低的，是非常环保的产品，但是在安全性及制冷性能上都存在一定的不足。主要非氟制冷剂见表 2.192。

表 2.192　主要非氟制冷剂

编号	化学名称	安全性	ODP	GWP	备注
R744	二氧化碳	A1	0	1	制冷效率低
R600a	异丁烷	A3	0	20	可燃性较高
R290	丙烷	A3	0	20	可燃性较高

2. 制冷剂削减时间表

发达国家正加速削减第三代含氟制冷剂。根据《关于消耗臭氧层物质的蒙特利尔议定书》及其基加利修正案，发达国家已在 2020 年停止使用和生产第二代含氟制冷剂，第三代含氟制冷剂也将在 2036 年削减 85%。

发展中国家正在加速削减第二代含氟制冷剂，将在 2030 年基本完成削减第二代含氟制冷剂。根据《关于消耗臭氧层物质的蒙特利尔议定书》及其基加利修正案，包括中国在内的一些发展中国家将在 2025 年累计消减第二代含氟制冷剂 67.5%，到 2030 年基本完全削减。对于第三代含氟制冷剂应在其 2020—2022 年使用量平均值基础上，2024 年冻结其消费和生产于基准值，2029 年削减基线年的 10%，2035 年削减 30%，2040 年削减 50%，2045 年削减 80%。

发达国家和发展中国家第二代和第三代含氟制冷剂削减时间表见图 2.116。

(a) 第二代制冷剂削减情况

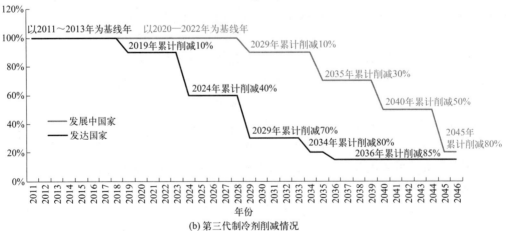

(b) 第三代制冷剂削减情况

图 2.116　第二代和第三代含氟制冷剂削减时间表

2030年我国将完成第二代含氟制冷剂的削减，退出的市场将由第三代和第四代含氟制冷剂等共同填补；2036年发达国家第三代含氟制冷剂也将完成削减，退出的市场将由第四代含氟制冷剂等新一代制冷剂填补；2045年以中国为代表的发展中国家也将完成第三代含氟制冷剂削减。因此第四代含氟制冷剂等新一代制冷剂是制冷剂工业发展的必然趋势。

二、市场供需

（一）世界供需及预测

1. 生产现状

目前全球第四代含氟制冷剂产能小于10万吨/年，产量约4万吨，主要生产企业有霍尼韦尔、科慕、阿科玛、日本旭硝子等国际领先氟化工企业。

第四代含氟制冷剂尚处于推广期，其核心专利技术都掌握在欧美等发达国家手中，并且形成了上下游非常完备的专利布局。

以科慕、霍尼韦尔为代表的海外制冷剂龙头企业在第四代含氟制冷剂的研发与生产等方面起步较早，依靠先发优势从第四代含氟制冷剂的工艺技术到下游应用技术，进行了完善的专利布局，形成了极高的专利壁垒，进而获得极具优势的商业竞争地位。

同业竞争者方面：以知识产权诉讼作为武器，可以限制其技术开发、产品生产以及销售；

下游客户方面：以知识产权诉讼作为武器，可以控制定价权，限制下游客户的采购渠道，从而获得超额利润。专利的竞争已经成为第四代含氟制冷剂主要的商业竞争手段。

依靠专利方面的优势，海外龙头企业率先建立起了较为完备的第四代含氟制冷剂产品体系。

（1）科慕：以R1234yf为核心的Opteon™（欧特昂™）制冷剂产品体系。科慕基于氢氟烯烃（HFOs）的Opteon™（欧特昂™）系列产品具有高性能和低GWP值，可用作空调和制冷系统的新选项或改造选项，在热管理、聚氨酯发泡剂和特种流体产品中具有多种应用，专为生产全新节能设备而开发，能够充分实现对R22、R134a等现阶段主流制冷剂的有效替代。

（2）霍尼韦尔：涵盖多品种的Solstice®系列制冷剂。霍尼韦尔依靠长期积累的制冷剂行业经验与强大的研发能力，已经建立了包括R1234yf、R1233zd、R1234ze在内较为完整的第四代含氟制冷剂产品体系，同时也拥有R448A、R455A、R454B、R515B在内的多品类混合制冷剂，将低GWP值和高能源效率结合，可以满足下游各种类型的三代制冷剂替代需求，是全球范围内顶尖第四代含氟制冷剂生产商之一。

2. 需求分析及预测

目前全球第四代含氟制冷剂需求量大约在4万吨，主要用于汽车空调领域，占比约60%～70%；按地区分，欧洲的需求量最大，占全球市场份额的50%以上。

R1234yf是目前最具商业前景的第四代含氟制冷剂。R1234yf几乎全部用于汽车空调领域。2023年全球R1234yf制冷剂市场销售额达69亿元，预计2030年将达到203亿元，2023—2030年R1234yf制冷剂市场销售额年均增长率达16.7%。

随着全球温室效应的加剧、经济的发展以及人口的增长，制冷剂的需求量将不断提升。

根据国际能源署（IEA）的估算，全球平均气温增长1℃，将引起全球制冷剂需求增长接近25%。因此未来全球对于制冷剂的需求将稳步增长。另一方面，到2050年，全球生产总值的平均增长水平约为3.1%，全球人口有望达到97亿，这都会在一定程度上拉动对于制冷剂的需求。随着环保法规的不断加强，传统第二代和第三代含氟制冷剂将被逐渐替代，市场需求转向环保型制冷剂，而第四代含氟制冷剂因其超强的环保性能使其成为市场上的热门选项。其次，第四代含氟制冷剂的性能表现也很优秀，具有更高的制冷效率和更低的能耗，更加适用于现代环保节能的需求，未来有望取代传统制冷剂成为行业的主流选择。

（二）国内供需及预测

1. 生产现状

国内制冷剂企业通常与国外制冷剂龙头企业以代工或合资的模式合作生产第四代含氟制冷剂。国外公司提供生产技术、催化剂等生产要素，但是销售渠道方面，基本把控在国际公司手中。

第四代含氟制冷剂专利分为生产专利和应用专利两类，国内制冷剂生产企业已经一定程度上突破了第四代含氟制冷剂的生产技术，但受限于应用专利壁垒，无法大规划生产和商业化推广。现阶段国内企业必须向海外巨头支付大额专利费用，为其做贴牌代工，多数利润被海外巨头占据。

2023年中国第四代含氟制冷剂产能约6.7万吨/年，其中外资及合资企业的产能达4.4万吨/年，占总产能的65%以上。2023年中国第四代含氟制冷剂主要生产企业见表2.193。

表2.193 2023年中国第四代含氟制冷剂主要生产企业

企业名称	产能/(万吨/年)	产品种类	工艺来源
巨化股份	0.8	R1234yf、R1234ze等4种	霍尼韦尔
三爱富中昊	0.6	R1234yf	科慕
阿科玛（常熟）	1	R1234yf	自有技术
中化蓝天	1	R1233zd	霍尼韦尔
山东奥帆	1	R1233zd	阿科玛
联创股份	0.5	R1234yf	自有技术
中欣氟材	1.0	R1233zd	江西埃克盛
	0.5	R1234ze	
浙江环新氟材料	0.3	R1234yf	自有技术
合计	6.7		

目前，国内已有多家企业布局第四代含氟制冷剂，且多采用自有技术，详见表2.194。但是商业化推广尚存一定的难度。国外企业的原始专利到期至少要持续到2023—2025年，相关使用专利将于2028年到期，因此我国在2028年之前很难形成第四代含氟制冷剂的有效规模化供应。

2. 需求分析及预测

中国是全球最大的制冷剂消费国。近年来，中国制冷剂表观消费量约50万吨，主要应用于空调、冰箱冰柜、汽车三大领域，其中空调是最大的应用领域，消费占比约80%，冰箱冰柜和汽车领域分别占比约10%。

表 2.194　中国第四代含氟制冷剂新建拟建项目

企业名称	产能/(万吨/年)	产品种类	工艺来源
三爱富中昊	0.12	R1234yf	科慕技术
	0.015	R1234ze	
科慕三爱富	0.46	XL20	科慕技术
	0.115	XL40	
	1.725	XL41	
联创股份	0.6	R1233zd	自有技术
	0.4	R1234ze	
包头永和	2.0	R1234yf	自有技术，目前暂停建设
	1.3	R1234ze	
	1.0	R1233zd	
永和股份	1.0	R1233zd	自有技术，与东营华泰化工合作
九江九宏新材料	2.0	R1234yf	梅兰集团子公司，自有技术
	0.5	R1234ze	
	0.5	R1233zd	
泉州宇极新材料	1.55	R1233zd	自有技术
	0.5	R1234yf	
合计	13.785		

目前，国内使用的制冷剂仍以第三代含氟制冷剂为主，第四代含氟制冷剂使用量仅 1000~2000 吨，主要应用于出口商品，如汽车、冰箱等。

第四代含氟制冷剂或第三代/第四代混配牌号的主要应用领域及潜在替换方案见表 2.195，如家用空调领域 R454B 可以用于替代现有的 R410a，其组成成分为第三代 R32 和第四代 R1234yf；而在汽车空调领域，甚至无需混配，R1234yf 即可直接用于替换 R134a。部分混配品种或单一工质第四代在替代第三代现有产品时，无需更换原有设备，或仅需对原有设备进行微小改造。在 R1234yf 等产品大量生产后，维修市场也将是第四代含氟制冷剂可以直接参与的市场，这将使得第四代渗透市场的速度加快。

表 2.195　第四代含氟制冷剂或混配牌号主要应用领域

应用领域	第四代制冷剂	现有主流制冷剂
家用及轻商空调	R454B（R32+R1234yf）	R410a（R32+R125）
工商业制冷	R448a（R32+R125+R134a+R1234yf+R1234ze）	R22/R134a
	R449a（R32+R125+R134a+R1234yf）	R404（R125+R134a+R143a）
运输冷冻	R1234yf	R134a
	R1234ze	R404（R125+R134a+R143a）
中央冷水机组	R513a（R134a+R1234yf）	R134a
	R515b（R227ze+R1234ze）/R1233zd	R410a（R32+R125）
汽车、客车及轨道交通空调	R513a（R134a+R1234yf）	R134a/R22
	R1234yf	R407c（R32+R125+R134a）
超低温空调	R469a（R744+R125+R32）	R508b（R32+R116）
	R472a（R744+R134a+R32）	
热泵烯烃	R513a（R134a+R1234yf）	R134a/R22/R245fa
	R515b（R227ze+R1234ze）/R1233zd	

三、工艺技术

1. R1234yf 生产工艺

目前主流的 R1234yf 生产工艺有加成消去法、脱氟化氢法、氟氯交换法、高温裂解法等。

（1）加成消去法

以六氟丙烯（HFP）为原料，通过氢气催化加成反应生成六氟丙烷，再经消去反应生成五氟丙烯（R1225ye）；R1225ye 与氢气催化加成生成五氟丙烷，再经消去反应最终生成四氟丙烯（R1234yf）。六氟丙烯到五氟丙烯的转化率为 98.2%，五氟丙烯到四氟丙烯的转化率为 97.1%，总转化率为 95.2%。

三爱富中昊以六氟丙烯为原料采用科慕的加成消去法实现商业化生产 R1234yf。

（2）脱氟化氢法

1,1,2,3-四氯丙烯（TCP）液相合成五氟丙烷（R245eb），五氟丙烷（R245eb）再脱 HF 生成四氟丙烯（R1234yf）。

原料 TCP 的制备方法是以 1,1,1,3,3-五氯丙烷为原料，包括 3 个步骤：①1,1,1,3,3-五氯丙烷（HCC-240）脱氯化氢得到 1,3,3,3-四氯-1-丙烯；②1,3,3,3-四氯-1-丙烯异构化反应得到 2,3,3,3-四氯-1-丙烯；③2,3,3,3-四氯-1-丙烯异构化反应得到 1,1,2,3-四氯丙烯。将步骤③得到的产物经精馏等单元操作后即得到纯度 99.5% 的产品 1,1,2,3-四氯丙烯。

（3）氟氯交换法

无水氟化氢与特定含氯化合物加热为气相，在氟化催化剂作用下反应生成 2-氯-3,3,3-三氟丙烯（R1233xf）；以及加热的同时在氟化催化剂的存在下使 2-氯-3,3,3-三氟丙烯与无水氟化氢在气相中进行反应，产生 2,3,3,3-四氟丙烯（R1234yf）。

浙江环新氟材料拥有自主研发的以 2-氯-3,3,3-三氟丙烯（R1233xf）为原料的氟氯交换法生产 R1234yf 的技术。

（4）高温裂解法

以一氯甲烷与四氟乙烯（TFE）为原料高温裂解制得四氟丙烯（R1234yf）；以六氟丙烷（R236ea）与五氟丙烷（R245eb）的混合物为原料制得四氟丙烯（R1234yf）。

2. R1233zd 生产工艺

R1233zd 的生产工艺有 R240fa（1,1,2,3,3-五氯丙烷）氟化法；以 R240fa 为原料，联合生产 R245fa（1,1,1,3,3-五氟丙烷）、R1233zd 和 R1234ze；R243fa 脱氯化氢法。以 R240fa 为原料生产 R1233zd 的公开文献报道最多，技术也最成熟，也是最经济、最有竞争力的生产方法。

（1）R240fa 氟化法

R240fa 氟化法为 R240fa 与氢氟酸反应得到 R1233zd，是当前被认为最好的合成路线。R240fa 氟化法分为气相氟化法和液相氟化法。

气相氟化法的优点是可以连续生产、产率高、对环境造成的污染小，所以在工业上大多采用的是气相氟化法，但是在低温时 R1233zd 的收率低，在高温时催化剂表面结炭严重，催化剂容易失活，副产品也多。

液相氟化常用的催化剂是$SbCl_5$，但工业上应用时产生的废物很多，对环境有严重的污染，并且对设备也有很严重的腐蚀。

(2) 联合生产 R245fa、R1233zd 和 R1234ze

根据霍尼韦尔公司专利报道，联合生产 R245fa、R1233zd 和 R1234ze 的方法分为 3 步：

① 在气相氟化催化或者在液相无催化剂或者液相催化剂的情况下，通过调节反应的温度、压力及进料速率和氟化氢与 R240fa 的量完成对 R1233zd 的最高选择性；

② 氟化氢与 R1233zd 在催化剂（$SbCl_5$）的作用下，于温度 20~50℃、压力 0~0.7MPa 下，在液相反应器中以选择性及较高转化率生产 R245fa；

③ R245fa 在液相中与烧碱溶液接触或者在气相中与催化剂进行脱氟化氢反应生产 R1234ze。该反应第一步产物的选择性较高但产生的废液少，后两步反应温度低、压力也较低，反应易于控制，但是后两步反应为液相，对设备腐蚀比较大，产生的废液也较多。

(3) R243fa 脱氯化氢法

以 R243fa 为原料脱氯化氢生产 R1233zd 的方法是指在高温气相情况下或无机碱中脱氯化氢从而获得 R1233zd。

四、应用进展

1. 应用前景

(1) 空调领域：高成本限制其应用

空调制冷剂是最大的制冷剂需求市场，仅中国每年需求量达 40 万吨。目前商业化的空调制冷剂主要为 R22、R410a、R32 和 R290，其中 R32 使用量最大。R22 属于第二代含氟制冷剂，正在逐步削减使用量。R410a 是混合工质，维修保养时必须完全排空，面临的环境影响更大，因此其使用量受到较大限制。

R32 属于第三代含氟制冷剂，其缺点是工作压力比 R410a 更大，且本身易燃，具有一定的爆炸危险。而且 R32 的 GWP 依然较高，目前欧洲对于新一代制冷剂的 GWP 要求是不得高于 150，因此从 2025 年起 R32 可能在很多欧盟新空调设备中被禁用。

目前从理论上看，有希望替代 R32 的制冷剂包括第四代含氟制冷剂 R1234yf 和 R290（丙烷）。但二者目前都无法大规模应用。

R1234yf 未能大规模应用的原因在于其使用量较常规空调制冷剂大，并且单价过高。目前 R1234yf 国内市场价格在 20 万~40 万元/吨，而 R32 国内价格仅 2 万元/吨，其价格相差悬殊。

R290 具备较低的标准沸点（-42.5℃），被认为是下一代空调最合适的环保制冷剂。但是目前最大的问题在于其本身易燃，爆炸风险高。虽然各大空调厂家尝试推出过 R290 的空调，但是未能被市场所接受。

因此短期来看，空调制冷剂市场尚无完美的解决方案。

(2) 冰箱领域：制冷剂效果不及非氟产品

冰箱对于制冷剂的需求在于两方面：系统制冷以及保温发泡剂。系统制冷方面，目前冰箱已经几乎全部采用非氟类制冷剂 R600（异丁烷）。

(3) 汽车领域：第四代含氟制冷剂与非氟制冷剂共同竞争

汽车领域目前常用的制冷剂是第三代含氟制冷剂 R134a。

目前，替代 R134a 的方案有两个，即 R1234yf 和 R744（二氧化碳）。从对比结果来看，二者各有优劣。R1234yf 的优势，主要在于制冷性能优越，但是低温下的制热性能差强人意。R744 的特点正好相反，制冷性能较差但是低温制热性能较好。因此目前新能源车的制冷剂技术路线尚未有定论。

目前，美国、中国的新能源车企，包括特斯拉、蔚来等企业，主推的是 R1234yf；而德国车企，包括奔驰、大众等，主推 R744 方案。

2. 面临的挑战

（1）极高的专利壁垒

第四代含氟制冷剂专利分为生产专利和应用专利两类。不同于生产专利，应用专利主要阐述制冷剂在各个细分领域的使用情况，由于这种专利被上诉和撤销都需要很长的时间，且海外龙头企业还不断在原始专利的基础上进行延续申请，使得申请专利撤销的流程更加繁琐，海外龙头企业由此获得了持久的专利保护期。

第四代含氟制冷剂相关专利数目远超二代、三代。据初步统计关于 R1234yf 的专利，霍尼韦尔从 2002 年开始注册申请，已经在全球共计申请了 2826 件专利，其中有效专利数量依然达到 1618 件。

R1234ze 应用专利将于 2024 年底或 2025 年初到期，R1234yf 应用专利将于 2025 年下半年到 2026 年上半年到期，R1233cd 将于 2026 年底或 2027 年初到期。但科慕、霍尼韦尔进行了非常庞大的专利布局，所以即使部分专利到期我国企业也不能直接使用第四代含氟制冷剂。

（2）非氟制冷剂的竞争

在各种类型的非氟制冷剂中，使用最为广泛的四种商用化产品分别为 R600a（异丁烷）、R290（丙烷）、R744（CO_2）、R717（NH_3）。若仅以工作压力对制冷剂进行划分，非氟制冷剂 GWP 极低，是具有潜力的替代产品，如 R600a 等与 R134a 的工作压力相近，用来替代时无需对制冷系统进行大幅改造。但事实上，非氟制冷剂多存在安全性问题，如 R600a、R290 高度可燃，而 R717 低可燃的同时又具有毒性，均存在较大的安全隐患，当前使用场景仍较为局限。

非氟制冷剂在家用空调领域的应用多处在起步期，尚未真正形成替代威胁，其中 R290 相对更有应用前景。

① R290（丙烷）：最具前景的制冷剂 R290 的 ODP 为零，GWP 仅为 3，不破坏臭氧层，且温室效应小；作为一种天然工质，容易获得，可由天然气精制、石油裂解得到，成本较低；具有优异的热物理性能，尤其是在高温工况下，具有非常出色的制冷表现，单位容积制冷量较大，可减少压缩机充液量，工作时热量排放低，可延长压缩机使用寿命；R290 的物理性质接近第二代含氟制冷剂 R22，兼容性好，可以直接采用 R22 生产线，在家用空调领域可考虑采用 R22 系统而无需改装原机和生产线、采用与 R22 相同的润滑油、节流阀、管子和密封材料等，因此 R290 可以对 R22 形成替代，在空调市场中发展潜力大。但 R290 在 ASHRAE 分类标准中，属于 A3 类易燃制冷剂，此前受限于对 A3 类制冷剂充注限额要求而应用局限。2019 年 5 月，国际电工委员会（IEC）宣布批准将 A3 制冷剂的充注限值从 150g 增加到了 500g，进一步拓宽了 R290 的应用范围，国内也有相关政策积极推进 R290 替代技术的研究，中国家用电器协会牵头制定了 QB/T 4835—2015《使用可燃性制冷剂房间空调器安装、维修和运输技术要求》、QB/T 4976—2016《使用可燃性制冷剂房间空调器产

品运输的特殊要求》、QB/T 4975—2016《使用可燃性制冷剂生产家用和类似用途房间空调器安全技术规范》3 个行业标准,规范、引导行业有序发展,推动 R290 制冷剂产品市场化。

近年来,房间空调器产业链上下游生产企业积极投入 R290 制冷剂产品市场化。2011 年珠海格力建立了全球首条碳氢制冷剂 R290 分体式空调示范生产线。上海海立 R290 制冷剂家用主力 1~1.5HP 变频压缩机已开发完成,产品成熟可靠并已实现量产。西安庆安积极拓展 R290 制冷剂压缩机开发、生产以及市场开拓,规划 2024 年 R290 制冷剂压缩机产销超过 50 万台。

② R600a(异丁烷):充注量受限,应用主要局限在冰箱等小型制冷设备 R600a 毒性很低,但属于易燃易爆气体,同属于 A3 类易燃制冷剂,在空气中含量达到一定浓度后有明火爆炸风险,也是液化气的主要成分之一,一般只能用在全封闭式小型制冷电器中,常作为冰箱制冷剂得到使用。且 R600a 对系统的真空度要求较高,仅在充注量小于 50g 时发生爆炸的概率为 0,故 R600a 在冰箱中的充注量相对较少,一般仅有数十克,远少于家用空调中几百克的充注量。也正是由于充注量受限,鲜有其用在家用空调领域的相关研究。

③ R744(CO_2):对空调压缩机要求高,综合使用成本高昂 CO_2 不可燃,且无毒无腐蚀性,价格低廉,加之其优良的流动传热特性、单位容积制冷能力强,使得这种能够显著减小压缩机尺寸的制冷剂非常适用于空间限制大的场景。因此,业内最早尝试将 R744 用于汽车空调,但由于 R744 和主流的汽车冷媒 R134a 运行压力相差 5~10 倍,容积制冷量也是 R134a 的 8 倍,实际使用时必须重新设计汽车空调系统,提高系统耐压性,零部件的加工成本大幅提升,限制了其在汽车空调领域的推广。在家用空调领域,R744 同样面临类似的成本问题。由于 CO_2 的临界温度接近环境温度,高于 31.1℃无法冷凝,必须进行临界循环,需要更换更承压的仪器仪表和压缩机等设备零部件,目前其应用仍多见于食品和建筑制冷领域,在家用空调领域的应用可谓长路漫漫。

④ R717(NH_3):具有毒性、腐蚀性,安全问题凸显,且需重新设计部件 氨是最早的传统制冷剂之一,其当前应用以商用超市冷链为主。在家用空调器中的使用壁垒一则在于氨的毒性,必须要解决泄漏和燃爆问题;二则在于氨不溶于普通润滑油,低温下易与油分离,且对铜和合金材料有腐蚀性,实际使用时也要开发新的压缩机、膨胀阀、换热器等部件,并且需要研制新型合成润滑油,故 R717 目前多见于大中型冷库、化工制冷系统,在民用空调领域的发展面临较大阻力。

(3)PFAS 限制政策的不确定性影响

自 2009 年以来,全氟辛基磺酸及其衍生物(PFOS)已被列入《关于持久性有机污染物斯德哥尔摩公约》附件 B 管控名单,除了可接受用途之外,限制其使用。

2023 年 1 月 13 日欧盟五国(丹麦、德国、荷兰、挪威和瑞典)向欧洲化学品管理局(ECHA)提交了在欧洲境内全面限制 PFAS(超过 1 万种物质)生产、投放、使用的提案。2024 年风险评估科学委员会(RAC)和社会经济分析科学委员会(SEAC)将分批评估拟议的限制要求以及咨询意见。

从结构上看,主要的第四代含氟制冷剂(包括 R1234yf、R1233zd、R1234ze 等)不在 PFAS 限制提案内。但其降解后的中间体却在欧洲 PFAS 限制提案内。这些主要中间体包括三氟乙醛(CF_3CHO)、三氟乙酰氟(CF_3COF)和三氟甲醇(CF_3OH)等。目前主要的三种第四代含氟制冷剂(R1234yf、R1233zd、R1234ze)由于降解过程中都会产生三氟乙醛

（CF₃CHO），因此很可能会受到PFAS限制提案的影响。因此，需要持续关注PFAS限制提案的审批进程。其在欧洲的具体审批过程，会对全球起到引领示范的作用。

（4）第三代含氟制冷剂的竞争

价格适中，安全性良好但有温室效应的第三代含氟制冷剂仍是当前冷媒的过渡方案，虽然最终仍会根据削减路线表逐渐退出市场，但在第四代含氟制冷剂专利和成本问题解决前，相当一段时间内仍将是市场主流选择。尤其是我国按照发展中国家标准进行削减，要到2045年才基本完成。

（5）第五代含氟制冷剂的竞争

湖北瑞能华辉能源管理有限公司研制出第五代新型制冷剂R518，高效节能，拥有零ODP值和极低的GWP值，适用所有传统冷媒制冷设备，是传统制冷剂极佳的替代品。但由于制冷剂本身的高成本、相关联专利及产品成本高，目前处于开发阶段。

湖北绿冷高科控股集团有限公司研制出第五代纳米技术制冷剂，其$ODP \leqslant 0$、$GWP \leqslant 90$。绿冷高科专门研究了一款节能环保型空气源热泵，适合寒冷地区，甚至在极寒地区（室外-45℃）也能供热且有良好的供热效果。

五、发展建议

在全球范围内，第一代含氟制冷剂已经被淘汰，第二代含氟制冷剂处于淘汰末期，第三代含氟制冷剂正在淘汰过程中，未来以第四代含氟制冷剂为代表的新一代制冷剂市场空间巨大。但现阶段，全球范围内第四代含氟制冷剂市场规模较小，主要集中在欧美等发达国家。我国受限于极高的专利壁垒，很难形成第四代含氟制冷剂的规模化供应。同时我国第三代含氟制冷剂具有很强的成本优势和相对较长的淘汰期，在相当长一段时间内仍将是市场主流制冷剂的选择。从专利、成本、安全等方面来看，第四代含氟制冷剂的国产化生产和使用任重道远。

第四十节　水处理膜

中国膜工业协会　郑根江

一、概述

水处理膜是当代公认最先进的水处理技术之一，也是化工新材料的重要组成部分，它广泛应用于海水/苦咸水淡化、工业用水处理、纯水超纯水制备、工业废水资源化、市政污水再生回用、市政自来水提标改造以及石油、化工、医药、生物等工业领域的物质分离、浓缩和提纯。在水处理技术领域具有不可替代的作用，已成为国家水资源安全保障、环境污染治理、节能减排、民生保障和传统产业技术升级等领域的共性技术之一，也是支撑众多行业发展的战略性新材料，在我国社会经济发展中发挥着越来越重要的作用。

经过多年的发展，已初步形成了具有我国特色的膜产业链，主要由上、中、下游三个板块组成,上游产业主要包括基础原材料、膜与膜元件等;中游产业主要包括膜设备、系统集成、专用配套设备等;下游产业主要包括膜系统运行与维护等。

二、市场供需

(一) 世界供需及预测

2022年,全球膜产业总产值超1300亿美元,年均增长在12%以上,其中水处理膜占65%(反渗透膜占28%左右,超滤膜、MBR膜占21%,微滤膜、纳滤膜、电渗析膜共占21%),其他膜占35%。

水处理膜生产主要集中在美国、日本、欧洲等发达国家和地区。亚洲、欧洲、中东和南美洲是水处理膜最大的消费地区。国外主要厂商分布如下.

微滤膜主要生产企业有美国杜邦公司、法国苏伊士公司、日本东丽公司、美国3M公司、德国碧然德公司、日本旭化成公司、美国康丽根公司、阿法拉伐公司、美国科氏公司、美国颇尔公司等。

超滤膜主要生产企业有美国科氏公司、日本旭化成公司、法国苏伊士公司、美国懿华公司、德国滢格公司、美国杜邦公司、日本东丽公司、德国Membrana公司、美国滨特尔公司、日本三菱公司等。

膜生物反应器主要生产企业有美国滨特尔公司、法国苏伊士公司、德国西门子公司、日本旭化成公司、日本三菱公司、日本东丽公司、日本久保田公司、美国科氏公司、美国懿华公司、新加坡美能公司等。

纳滤膜主要生产企业有美国杜邦公司、美国科氏公司、日本东丽公司、日东电工公司、法国苏伊士公司、美国SnowPure公司、美国坦福公司、韩国熊津化学公司、德国赫尔纳公司、美国颇尔公司等。

反渗透膜主要生产企业有美国杜邦公司、日本东丽公司、日东电工公司、法国苏伊士公司、美国科氏公司、韩国熊津化学公司、LG化工公司、德国西门子公司、美国滨特尔公司、德国朗盛公司等。

电渗析膜主要生产企业有法国苏伊士公司、德国西门子公司、美国懿华公司、美国SnowPure公司、日本旭硝子公司、日本阿斯通公司、德国Fumatech公司、法国Eurodia Industrie Sa公司、捷克MEGA a.s.公司、AGC Engineering公司等。

根据市场预测,至2026年,微滤膜市场总值可达299亿美元,超滤膜240亿美元,纳滤膜105亿美元,反渗透膜1170亿美元,电渗析膜37亿美元。

(二) 国内供需及预测

1. 总体情况

(1) 生产现状

截至2021年底,我国从事水处理膜企业约1800家,涉及膜制品、膜设备、膜工程、膜运维和膜配套设备等产业板块,其中膜生产企业近420家,膜设备制造企业310多家,膜工程及运维等企业1070多家。膜产品总产能达2.8亿平方米/年,主要集中在珠三角、长三角和京津地区。图 2.117 为膜企业区域分布图。

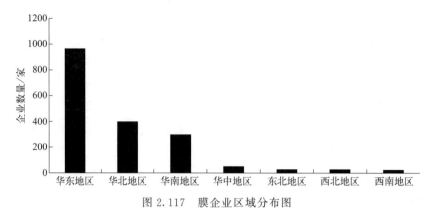

图 2.117　膜企业区域分布图

(2) 市场规模

近几年，水处理膜产业稳步增长。截至 2023 年底，国内水处理膜工业总产值约 2132 亿元，年增长率 5.6％，水处理膜产值占膜工业总产值的 51.4％以上。水处理膜各产业板块的产值构成见表 2.196。

表 2.196　2023 年水处理膜工业总产值及构成

产业板块	2022 年产值/亿元	2023 年产值/亿元	增长率/％
膜制品	386	410	6.4
膜设备	595	637	7.2
膜工程	697	705	1.1
膜运维	340	380	11.8
合计	2018	2132	5.6

2023 年，水处理膜与膜设备销售额达 1062 亿元，年增长率 9.1％，其构成见表 2.197。

表 2.197　2023 年水处理膜制品销售情况

名称	2022 年销售额/亿元	2023 年销售额/亿元	增长率/％
微滤膜	76	95	25.0
纳滤膜	13	16	23.1
超滤膜	96	101	5.2
反渗透膜	88	92	4.5
膜生物反应器	65	70	7.6
陶瓷膜	23	25	8.7
电渗析膜	22	26	18.2
家用净水设备	415	447	7.7
一体化设备	175	190	8.6
合计	973	1062	9.1

2023 年水处理膜工程额达 705 亿元，其构成见表 2.198。

表 2.198　2023 年水处理膜工程产值

名称	2022 年产值/亿元	2023 年产值/亿元	增长率/％
工业用水处理工程	140	150	7.0

续表

名称	2022年产值/亿元	2023年产值/亿元	增长率/%
工业废水处理工程	235	225	-4.3
市政污水处理工程	195	200	2.0
市政给水处理工程	117	122	4.3
海水淡化工程	10	8	-20
合计	697	705	1.1

2. 各类水处理膜发展情况

(1) 微滤膜

① 主要产品及重要生产商　近年来，国内微滤膜发展速度非常快，目前形成商品生产的微滤膜有纤维素酯等近百种，主要用于医药除菌、过滤、纯水、医用水处理等领域。目前，从事微滤膜生产的规模性企业约100多家，总产能超亿平方米。

② 市场消费量及市场预测　目前微滤膜的国内市场年消费量约7000万平方米，其中国产膜约70%，进口膜约30%，近几年，电子工业用超纯水、电泳漆回收、制药、酶制剂等领域的应用迅速增长。

国产微滤膜在性能上能满足要求，而且与国外产品相比具有价格优势。随着我国微电子和生物医药等战略性新兴产业的发展，微滤膜将进入快速发展阶段，预计未来几年年增长率约15%以上。

(2) 超滤和MBR

① 主要产品及重要生产商　2023年我国生产超滤膜和MBR膜的企业有100多家，总产能约1.6亿平方米/年。主要生产PVDF、PVC、PP等中空纤维膜，产品结构有平板式、管式、中空等，主要生产商见表2.199。

表2.199　超滤和MBR国内主要生产商

主要生产商	主要产品	主要生产商	主要产品
天津膜天	UF、MBR	碧水源	UF、MBR
海南立升	UF	北京赛诺	UF、MBR
山东招金	UF、MBR	北京坎普尔	UF、MBR
浙江开创	UF、MBR		

② 市场消费情况　近年来，我国超滤膜行业保持较快增长，年均增长速度均在10%以上。2023年我国超滤膜市场消费量达1.3亿平方米，其中，国产超滤膜占85%以上。超滤膜和膜生物反应器市场销售额分别为101亿元和70亿元，共占整个水处理膜材料市场的40.2%，超滤膜和膜生物反应器工程销售额分别为205亿元和105亿元，分别占水处理膜工程的29.1%与14.9%。

③ 市场预测　我国的超滤膜技术比较成熟，部分产品已达到国际先进水平。已广泛应用于电力、钢铁、化工等工业废水处理领域。近几年，在中国，采用膜技术净化饮用水的项目逐渐增多，这些项目未来必将使超滤膜应用的市场份额排名首位。同时，电子工业的快速发展也带动了电子工业超纯水制备终端超滤膜需求的快速增长，预计到2025年，我国的超滤膜市场规模将达到350亿元（含装备）。

(3) 反渗透膜和纳滤膜

① 主要产品及生产商　目前，国内从事反渗透膜和纳滤膜生产企业有 40 多家，产能约 1.8 亿平方米/年，占全球总产量的 35%，已成为全球反渗透膜产量最大的国家之一。主要生产商见表 2.200。

表 2.200　反渗透膜和纳滤膜主要产品及生产商

主要生产商	主要产品	主要生产商	主要产品
时代沃顿	RO 膜、NF 膜	山东招金	RO 膜、NF 膜
碧水源	RO 膜、NF 膜	嘉兴苏瑞	RO 膜、NF 膜
湖南澳维	RO 膜、NF 膜	福建华膜	RO 膜、NF 膜
沁森高科	RO 膜	广东唯赛勃	RO 膜
厦门三达	NF 膜	杭州水处理	RO 膜、NF 膜

② 市场消费情况　目前，反渗透膜销售量约 1.3 亿平方米，占全球反渗透膜消费量的 28%，其中，国产膜和进口膜分别占 60% 和 40%。国产膜主要用于家用净水器市场，部分用于工业用膜市场，进口膜主要用于工业用膜市场，部分为家用膜市场。但国产反渗透膜替代进口的速度在逐年提升。

③ 市场预测　未来几年，预测我国反渗透膜市场的需求增速约 8%，纳滤膜市场增速约 15%。市场主要来源于高盐工业废水资源化、市政自来水提标改造、农村饮用水处理、盐湖提锂和特种分离等。

(4) 陶瓷膜

① 主要产品及重要生产商　目前，国内从事陶瓷膜生产的企业近 20 家，总产能约 150 万平方米/年。主要有久吾高科、山东工陶院、浙江天健、江西精博陶瓷、山东泰禾环保、合肥世杰、厦门三达、上海科琅等。主要产品有管式、板式。

② 市场消费量　由于陶瓷膜优异的产品性能，中国已成为陶瓷膜的新兴市场，近年来发展迅速。目前我国陶瓷膜产品推广近 1200 个工程，产品出口到美国、德国、加拿大等 55 个国家。年销售额 25 亿元以上，并保持快速增长。

③ 发展趋势及市场预测　陶瓷膜未来的应用方向将集中在高难度污水处理、市政饮用水提质、矿井水处理、精细化工分离、烟气湿法处理、生物制品分离等领域。技术方面，陶瓷膜的趋势也将朝向高过滤精度、高装填面积、高性价比、低能耗方面发展。通过膜性能的进一步提升、工程设计的进一步创新、高端化应用领域的扩大，陶瓷膜将成为未来发展最快的膜产业之一。

(5) 电渗析膜和双极膜

① 主要产品及重要生产商　目前我国从事电渗析膜生产的企业近 20 多家，总产能约 70 万平方米/年，主要生产商见表 2.201。

表 2.201　国内电渗析膜主要生产商

主要生产商	主要产品	主要生产商	主要产品
山东天维	电渗析膜	北京廷润	电渗析膜、双极膜
杭州蓝然	电渗析膜、双极膜	杭州水处理中心	电渗析膜

② 市场消费量及市场预测　2023 年，我国电渗析膜和双极膜市场销售额约 23 亿元，形

成的电渗析膜工程等相关产业约60亿元,年增长速度约15%。随着电渗析膜技术和双极膜技术的不断进步,产业化水平的提升和传统工业工艺的改造,电渗析膜和双极膜市场在未来几年将保持高速增长,预计至2025年市场总销售额将超100亿元（含膜工程）。

三、应用进展

近年来,我国水处理膜产业化水平不断提升,产品覆盖面逐步扩大,产品应用日益广泛,市场渐趋成熟。

（1）海水淡化应用

截至2023年底,我国已建和在建日产百吨级以上海水淡化装置160座,总产水能力达235.7万立方米/天。其中,膜法海水淡化占65.4%,低温多效海水淡化占34.2%,其他海水淡化占0.4%。

我国海水淡化产能主要分布在我国沿海6个省市,见图2.118。

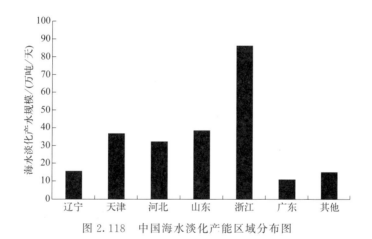

图 2.118　中国海水淡化产能区域分布图

目前,我国最大的海水淡化装置是浙石化舟山海水淡化装置,日产淡水58.5万立方米,其中膜法28万立方米,热法30.5万立方米,该装置也是全球最大的海水淡化装置之一。

（2）工业废水处理应用

采用超滤、MBR、纳滤、反渗透和电渗析等多种膜组合工艺,实现高盐废水资源化和工业废水零排放或微排放。目前,已建成规模型各类膜法废水处理工程600多个,年处理能力达75亿立方米。

（3）市政污水再生回用

采用超滤、MBR等膜技术,实现市政污水的再生回用。据不完全统计,国内已建成和在建的规模型市政污水再生回用工程达500多个,年处理能力75亿立方米,年回用再生水75亿立方米。

（4）市政自来水提标改造应用

随着我国饮用水标准的提高和人们生活质量的提高,膜技术在市政饮用水提标改造、分质供水等方面的需求大幅提升。据不完全统计,目前我国已建成规模型膜法自来水提标改造工程约300多个,年产水量约70亿立方米,其中超滤约55亿立方米,纳滤约15亿立方米。

(5) 家用净水器

2023年家用净水器出货量1973万台（其中末端设备1528万台，前置设备445万台），年销售额358亿元（其中末端设备291亿元，前置设备67亿元）。

四、发展建议

1. 存在的主要问题

目前，我国高性能膜材料领域已取得了长足进步，但仍面临一些困难及挑战。

（1）科技创新能力偏弱，可持续发展动力不足

一是原始创新不够，缺乏引领性和颠覆性技术，制约了膜技术的高水平发展。二是持续创新不够，一定程度上影响了膜材料产品性能的持续提升。三是产学研相结合的成果转化体系能力建设不够，转化环境较差，转化能力较弱，转化率不高。

（2）产业结构性矛盾突出，产业化水平仍偏低

一是企业规模小，膜生产企业平均产值不到1亿元，膜设备和工程服务企业平均产值不到2亿元，市场竞争力弱。二是部分中低端产品产能过剩，生产线达产率普遍不高，而部分高端产品仍需进口。三是产业集中度低，主业不突出，产业链发展不均衡，缺乏配套发展、错位发展和互补发展的集群、集聚发展环境，难以实现集约化发展。

（3）自律体系不健全，内卷现象较严重

一是缺乏行业政策和管理制度，行业指导作用和管理力度偏弱，难以建立行业自律体系；二是受国内市场需求减弱影响，内卷现象较严重，不利于行业健康发展；三是标准体系建设急需加强，目前，推荐性标准居多，强制性标准较少，贯标力度不够，进入门槛低。

2. 发展建议

我国膜技术领域进一步发展对策建议如下。

（1）加强科技创新，增强可持续发展原动能

建立国家、行业组织和企业的协同创新机制，加大科技投入，着力开展膜与膜材料等方面的研究，在膜材料的基础理论研究方面取得重大突破，攻克一批制约膜材料发展的"卡脖子"技术，取得一批具有颠覆性和引领性的膜材料技术。同时，面向国家重大需求，攻克一批高性能膜材料产业化关键技术，为我国膜产业的高质量发展提供技术支撑。

（2）加强规划引导，优化产业结构

加强政府引导，做好高性能膜材料产业发展功能规划，构建顶层发展框架，明确材料产业发展方向、发展重点和发展目标，同时，加大扶持力度，积极推动产业园区和产业基础建设，从规划层面和政策引导企业向产业园区、产业基地聚集，通过优化产业布局，培育一批错位发展和互补发展的产业集群，实现膜产业的良性循环。

（3）加强膜产业支持体系建设，健全膜产业市场系统

积极探索膜产业市场准入制度，逐步建立膜产业评价、工程施工能力评价和运维能力评估等资质认证制度；加强膜行业标准体系建设，强化标准的贯彻和监管。加强膜行业检验检测体系建设，协同市场监管部门对膜市场的监管，净化市场环境，规范市场秩序。

（4）加强国际合作，拓展国际发展空间

经过多年的发展，我国有一大批膜产品和工程技术已达到了国际先进水平，市场竞争力

较强,加强国际合作、开拓海外市场是我国膜产业高质量发展的重要途径之一。因此,一是要抓住机遇,深度融合"一带一路"倡议,借助政府间合作和国外项目建设,拓展国际市场。特别是发展中国家的膜市场,助力国产膜产品融入全球膜供应链。二是要加强国际间行业组织的合作,为企业搭建国际交流与合作平台,着力推广中国优秀膜企业和优势产品,扩大中国膜企业及膜产品在国际市场的影响力,支持企业向海外市场拓展。

第四十一节　锂电池隔膜

深圳市星源材质科技股份有限公司　张英强

一、概述

1. 锂电池隔膜的定义

锂离子电池材料由正极材料、负极材料、电解液、电池隔膜组成,见图 2.119。锂电池隔膜主要作用是在电解反应时将正负极分开,以防止它们直接接触导致短路,同时,隔膜具有微孔结构,为锂离子提供了必要的通道,使它们能够在正负极之间自由移动,实现电池的充放电循环。在锂电池的结构中,隔膜是关键的内层组件之一,占锂电材料总成本的 4% 左右。

锂电池隔膜具有大量微孔,能够保证电解质离子自由通过形成充放电回路,隔膜的性能决定了电池的界面结构、内阻等,直接影响电池的容量、循环以及安全性能等特性,性能优异的隔膜对提高电池的综合性能具有重要的作用。

2. 锂电池隔膜的特点

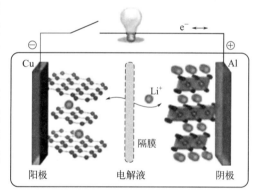

图 2.119　锂离子电池结构示意图

隔膜材料必须具备良好的绝缘性,对电解质的亲和性、耐温性和润湿性好,对电解液保液性好。隔膜可防止正负极接触短路或被毛刺、颗粒、锂枝晶等刺穿导致短路。隔膜拉伸、穿刺强度高,不易撕裂,并在高温下热收缩率低,不会因高温下热收缩较大导致电池短路等其他安全问题。

隔膜在过度充电或者温度升高的情况下能限制电流的升高,防止电池短路引起爆炸,通过闭孔功能阻隔电池中的电流传导,具有微孔自闭保护作用,对电池使用者和设备起到安全保护的作用。隔膜须有较高孔隙率而且微孔分布均匀。

下面以锂离子电池为例来说明隔膜的各项性能:
① 良好的化学稳定性,电解液为有机溶剂体系,隔膜材料不能与之发生化学反应或溶解。
② 较高的拉伸强度、穿刺强度以满足缠绕组装的要求。
③ 较高的孔隙率以增大电流密度,孔径分布均匀以避免电流密度不均匀造成局部过热。

④ 对电解液浸润性好，吸液率高，有利于提高离子电导率。

⑤ 具有较低的闭孔温度和较高的破膜温度，保证电池使用安全。

3. 主要产品种类及性能指标

（1）锂电池隔膜的种类

锂电池隔膜国产化之路历经 20 余年，其产品更新迭代，种类较多。按照生产工艺，可以分为干法隔膜和湿法隔膜；按照材料，可以分为聚烯烃类（PP 和 PE）隔膜、聚酰亚胺（PI）隔膜、纤维素隔膜等；按照结构，可以分为基膜类和涂覆膜类。其中，涂覆膜又可根据浆料配方及涂覆工艺的差别，进行更细化的分类，如陶瓷涂覆隔膜、水性涂胶隔膜、纳米纤维隔膜、油性涂覆隔膜等。除此以外，半固态/固态电解质膜等新型隔膜也在研究开发、小批量导入过程中。具体分类情况见图 2.120。

主要的隔膜材料产品有单层 PP、单层 PE、PP＋陶瓷涂覆、PE＋陶瓷涂覆、双层 PP/PE、双层 PP/PP 和三层 PP/PE/PP 等，其中前两类产品主要用于 3C 小电池领域，后几类产品主要用于动力及储能锂电池领域。

与此同时，其他一些新型隔膜材料产品也在不断涌现并开始实现应用，不过，因量少价高，主要还是用在动力锂电池制造领域。这些产品主要有涂层处理的聚酯膜（PET）、纤维素膜、聚酰亚胺膜（PI）、聚酰胺膜（PA）、氨纶或芳纶膜等。

这些隔膜的优点是耐高温，且具有低温输出、充电循环寿命长、机械强度适中的特点。总的来看，锂电池隔膜材料产品呈现出明显的多样化发展趋势。

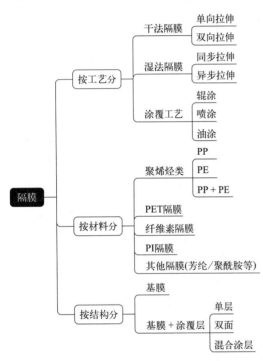

图 2.120 锂电池隔膜的种类

（2）锂电池隔膜的性能指标

锂电池隔膜的性能指标主要有厚度（含涂层厚度）、透气性、孔隙率、孔径分布、拉伸强度、穿刺强度、热收缩率、剥离强度、水分含量等，具体视产品种类和客户要求进行相关性能检测和监测。现有隔膜生产线都配备完善的在线测厚仪及在线瑕疵检测仪，使得隔膜的关键指标可实时追踪。

① 厚度　隔膜产品的厚度，用马尔测厚仪进行测试。

② 透气性　一定体积的气体，在一定压力条件下，通过 1 平方英寸面积的隔膜所需的时间。

③ 孔隙率　孔的体积与隔膜所占体积的比值，即单位膜的体积中孔的体积百分率。

④ 拉伸强度　采用拉伸试验机，将标准试样用夹具夹持住，以一定的速度拉伸，直到拉断时受到的最大拉伸应力即为拉伸强度。

⑤ 穿刺强度　穿刺针以一定的速度垂直刺过隔膜，记录穿刺针将隔膜刺破过程中的力随时间变化曲线，力曲线的顶点就是穿刺强度。

⑥ 热收缩率　在一定温度条件下，隔膜加热一定时间后，前后长度或宽度尺寸的变化率。

⑦ 剥离强度　采用拉伸试验机，将标准试样（含涂层隔膜）用3M胶带粘住涂层面，用夹具夹持样条，一端固定为涂覆膜，另一端为涂层，并以一定的速度进行剥离，通过测定施加的拉力计算涂层的剥离强度。

⑧ 水分含量　采用卡尔费休法测试涂覆隔膜产品中的水分含量。

⑨ 外观性能　隔膜产品的外观性能主要包括成品分切后的卷绕端面、外观瑕疵缺陷、弧形、膜面平整度等。

4. 主要生产厂家

锂电池隔膜行业历经十几年的磨炼和调整，目前已经形成相对稳定的梯队模型，也已实现国产化替代，生产厂家遍布全国各地，一些头部企业更是在生产基地和产品种类上，不断加快扩张步伐。锂电池隔膜主要生产厂家见表2.202。

表2.202　锂电池隔膜主要生产厂家

地点	企业名称	工艺	状态
深圳	星源材质	干法、湿法、涂覆	量产
上海	上海恩捷	湿法、涂覆、干法	量产
山东滕州	中材科技	湿法	量产
湖北	惠强新材	干法、涂覆	量产
河北	金力股份	湿法、涂覆	量产
深圳	中兴新材	干法	量产
江苏金坛	江苏厚生	湿法、涂覆	量产
江苏溧阳	北星新材	湿法	量产
深圳	博盛新材	干法	量产
河北沧州	沧州明珠	干法、湿法、涂覆	量产
江苏金坛	厚生	湿法、涂覆	量产

5. 主要应用厂家

隔膜下游应用主要分为动力电池、3C消费类电池、储能电池。下游企业海外客户有韩国LG、三星SDI、松下、Northvolt等；国内客户有宁德时代、比亚迪、中创新航、欣旺达、蜂巢能源、惠州亿纬、国轩高科、厦门海辰、江西赣锋、瑞浦兰钧、多氟多、正力新能源等。锂电池隔膜主要下游应用厂家见表2.203。

表2.203　锂电池隔膜主要下游应用厂家

分类	类别	下游应用厂家
动力电池	干法隔膜	比亚迪、欣旺达
	湿法隔膜	宁德时代、LG、松下、中创新航、欣旺达
消费电池	湿法隔膜	ATL、冠宇、三星SDI、欣旺达
储能电池	湿法隔膜	宁德时代、厦门海辰、中创新航

二、市场供需

1. 世界隔膜生产现状

根据高工产业研究院（GGII）、鑫椤咨询（ICCSINO）发布的《中国锂电池隔膜行业调研分析报告》数据显示，2021年全球隔膜出货量106.7亿平方米；2022年，全球隔膜出货量157亿平方米；2023年，全球隔膜出货量达195亿平方米。近三年全球隔膜出货量持续攀升，增长率有所减缓。中国隔膜出货量在全球占比稳定在80%左右，干湿法隔膜的占比略有上升。近五年锂电池隔膜出货量见图2.121。

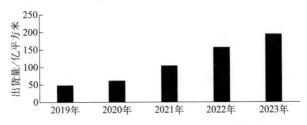

图2.121　近五年全球锂电池隔膜出货量

世界锂电池隔膜主要生产企业产能分布图见图2.122（数据来源于GGII、ICCSINO），从图中可见中国隔膜产出占比稳定在80%左右。

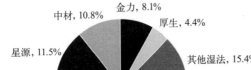

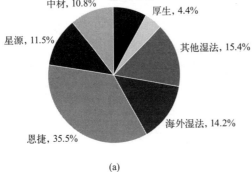
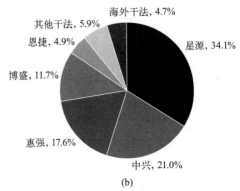

图2.122　全球锂电池隔膜主要生产企业市场份额（2024年一季度）

世界隔膜主要生产厂家见表2.204，目前海外隔膜生产厂家相对稳定，产能扩张计划不明确。

表2.204　世界主要隔膜生产企业及产能

企业名称	产能/(亿平方米/年)	产地	工艺
旭化成 Asahi Kasei	19	日本	湿法
		韩国	湿法
		美国	干法
		中国	湿法
东丽 Toray	14.1	日本	湿法
SKI	13.6	韩国	湿法
W-scope	6.1	韩国	湿法

2. 国内隔膜生产现状

根据高工产业研究院（GGII）、鑫椤咨询（ICCSINO）发布的《中国锂电池隔膜行业调研分析报告》数据显示，2022年，中国锂离子电池隔膜出货124亿平方米，占全球总量的79%，其中湿法隔膜出货量96亿平方米（占比77%），干法隔膜出货量28亿平方米（占比23%）。2023年，中国锂离子电池隔膜出货量168亿平方米，占全球总量的86%，其中湿法隔膜出货量达到123亿平方米（占比73%），干法隔膜出货量达到45亿平方米（占比27%）。近两年，国内隔膜出货量呈持续上升趋势，但增长率有所放缓。

国内主要隔膜生产企业及扩建计划见表2.205。

表2.205 国内主要隔膜生产企业及扩建计划

企业名称	产能/(亿平方米/年)	工艺来源	已有生产基地	拟扩建基地
上海恩捷	100.3	湿法、涂覆、干法	上海、珠海、无锡、苏州、云南、重庆、常州、荆门、厦门	匈牙利、美国
星源材质	60	干法、湿法、涂覆	深圳、合肥、常州、南通、佛山；瑞典	马来西亚 2027年达到160亿平方米
中材科技	39.4	湿法	山东、湖南、内蒙古、江西、南京、四川	布局海外基地 2025年底70亿平方米
河北金力	34.3	湿法、涂覆	河北、安徽、天津、湖北	2025年底85亿平方米
中兴新材	20	干法	深圳、湖北	—
惠强新材	18.8	干法、涂覆	湖北、河南、安徽	—
江苏厚生	10	湿法、涂覆	江苏、山西、重庆	—
沧州明珠	5	干法、湿法	河北沧州（干法）	沧州、安徽芜湖

3. 供需分析及预测

在全球新能源汽车需求爆发的背景下，隔膜市场空间广阔。2023年全球锂离子电池隔膜出货量已经突破195亿平方米，中国隔膜企业出货量的全球占比在2023年已经突破86%。未来两年全球隔膜新增有效供给主要为中国第一梯队企业贡献，供需紧张格局仍将延续。海外隔膜厂家，如旭化成、SK等产能扩张较为保守，增量有限。国内一线隔膜厂家，如星源、恩捷、中材建成产能加速爬坡释放，全年市场份额有望进一步提升。

在成本导向的磷酸铁锂储能电池等领域，干法隔膜仍具备一定优势。此外，在A00级车型、电动物流车、48V微混系统、电动网约车、电动叉车等细分领域以及部分磷酸铁锂电池应用场景对干法隔膜电池有一定需求，未来干法隔膜出货量仍有增长空间，但增速明显放缓，预计到2030年全球和中国干法隔膜出货量将分别达到81亿平方米和75亿平方米，见图2.123。

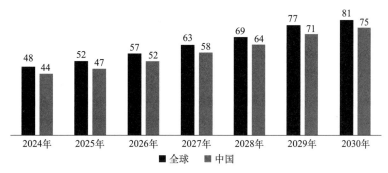

图2.123 2024—2030年全球和中国干法隔膜出货量预测（单位：亿平方米）

远期来看，湿法隔膜在孔隙率、拉伸强度、轻薄性等方面具有较大优势，随着湿法隔膜的成本和价格进一步下降，湿法隔膜的应用空间更加广阔，预计到2030将会上升至85%左右。预计到2030年全球和中国湿法隔膜出货量将分别达到459亿平方米和427亿平方米，见图2.124。

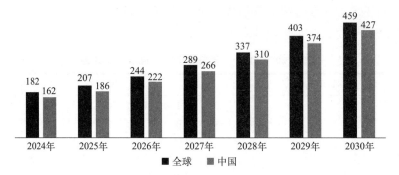

图2.124　2024—2030年全球和中国湿法隔膜出货量预测（单位：亿平方米）

隔膜性能的提升很大程度上依赖以涂覆材料为主的涂覆浆料配方的改善和涂覆工艺的提升，以勃姆石、氧化铝为主要涂覆材料的无机涂覆较以聚偏氟乙烯（PVDF）、芳纶为代表的有机涂覆和有机/无机混合涂覆技术更加成熟，无机涂覆隔膜的拉伸强度和热收缩率更好，下游客户已形成产业化应用。目前涂覆隔膜中95%以上为无机涂覆，无机涂覆材料已成为市场主流，其中勃姆石在无机涂覆材料应用中的占比逐渐提升。预计到2030年，全球及中国涂覆隔膜需求量将分别达到449亿平方米和418亿平方米，见图2.125。

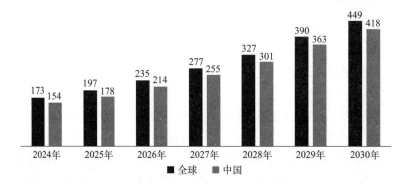

图2.125　2024—2030年全球和中国涂覆隔膜出货量预测（单位：亿平方米）

4. 全球竞争格局预测

（1）国内企业将进一步扩大海外市场份额

随着技术不断成熟，国内隔膜企业将凭借规模大、成本低的优势进一步扩大海外锂电池隔膜市场份额。星源材质在瑞典、马来西亚建厂，上海恩捷匈牙利基地也开始着手建设，两大龙头企业海外布局隔膜产能将大大提升海外市场竞争力。另一方面，随着宁德时代、比亚迪等国内动力电池龙头的全球布局，也将加速国内隔膜等配套产业海外布局。

（2）海外企业将推动成本下降

由于中国隔膜企业的快速崛起，海外传统隔膜巨头市场份额受到严重挤压，未来将以新一轮的技术迭代和扩大产能来推动其成本下降。一方面，海外隔膜企业在个别高端技术领域仍有一定优势，这些企业多数由日韩传统纤维、织造企业发展形成，他们可以凭借完整的研发体系、多种精细化工业务协同来再一次推动隔膜基材和工艺的迭代，重新占据一定的行业主动权；另一方面，SKI、名胜等日韩隔膜企业也积极布局在中国的产能，试图降低生产成本，同时夺回部分市场份额，但目前进展不达预期。

（3）膜结构格局预测

基膜以量取胜，市场集中度将有所提升。由于隔膜基膜同质化较强，规模化后成本下降明显，以原材料为例，基膜主要原材料为 PP 和 PE，当隔膜企业采购量大时，与上游大宗商品厂商的价格磋商能力将有所提升，产能较大的企业竞争优势将会更加突出，基膜的市场集中度将会进一步提升。

涂覆隔膜占比将逐年提高。涂覆隔膜产品以其优异的性能及根据终端需求不同具备更多的定制可能和联合研发可能，越发受到电池厂商的青睐，涂覆企业及隔膜头部企业均在加速布局涂覆产能。国内主要电池企业对涂覆隔膜的需求迅速增长，以璞泰来为首的涂覆企业开始扩大产能。未来，随着宁德时代、ATL 以及三星 SDI 等电池产业头部企业对涂覆隔膜需求的增长，湿法隔膜占比将有望超过 80%。

三、工艺技术

隔膜主要生产工艺有干法单拉、干法双拉、湿法双拉、涂覆工艺等，其主要技术进展和比较优势如下。

（1）干法单拉工艺

使用流动性好且分子量低的聚丙烯（PP）聚合物，利用硬弹性纤维的制造原理，先制备出高取向度、低结晶的聚烯烃铸片，低温拉伸形成银纹等微缺陷后，采用高温退火使缺陷拉开，获得孔径均一、单轴取向的微孔薄膜。

干法单向拉伸形成的微孔结构较为扁长，导致横向强度较差，但横向的结构使得隔膜几乎没有热收缩现象，因此提升了隔膜的安全性，此工艺可以生产单层 PP 隔膜。

（2）干法双拉工艺

干法双拉工艺的微孔成型原理与干法单拉工艺不同。干法双向拉伸采用的是晶型转换原理，在聚丙烯中加入具有 β 晶型成核剂，利用聚丙烯不同相态间密度的差异，在拉伸过程中发生晶型转变形成微孔，隔膜微孔尺寸和分布更均匀，但只能生产单层 PP 隔膜。

（3）湿法双拉工艺

利用热致相分离的原理，将增塑剂如石蜡油一类的物质与聚烯烃树脂混合熔融形成均匀的混合物，保温一定时间用溶剂将增塑剂从薄膜中萃取出来，从而制得相互贯通的亚微米尺寸的微滤膜材料。湿法工艺适用于生产较薄的单层薄膜，更加复杂的工艺使得产品厚度均匀、性能优异、力学性能更好。

与干法工艺相比，湿法工艺的投资成本较高，生产的隔膜有更高的孔隙率和透气性，而且厚度的控制性更强，能够生产更轻薄的隔膜，适合生产较薄的单层 PE 隔膜。

（4）涂覆工艺

涂覆膜是指在锂电池基膜上涂覆无机材料或有机材料得到的功能涂层隔膜，与基膜相比，涂覆膜的热学性能、吸液率等性能指标有提升，能更针对性地满足差异化、多样性的下游应用需求。涂覆产品按材料材质分，主要包括无机涂覆、有机涂覆和复合涂覆等。

涂覆是对隔膜进行改性处理，以满足不同电池产品的需求。传统隔膜的耐热性、吸液性等性能难以满足动力电池的应用需求。通过对基膜进行各种材料的涂覆，能从耐热性、抗穿刺强度等多方面提高电池性能。

不同生产工艺涂覆隔膜性能对比见表2.206。

表2.206 不同生产工艺涂覆隔膜性能对比

隔膜种类		涂覆材料	性能特点
涂覆膜	无机涂覆	氧化铝	提高隔膜耐热性与抗穿刺能力，提升安全性
		勃姆石	水分相对更低，同等厚度涂层重量更轻
	有机涂覆	PVDF	提升隔膜黏结性，提升电池硬度和循环寿命
		芳纶	提升隔膜浸润性、阻燃，降低材料重量，提升电池能量密度、充放电性能
		PMMA	提升隔膜黏结性、保液能力强、与电极界面结合牢固
	复合涂覆	陶瓷+PVDF	结合各类材料优质性能，多样化组合应对各类需求
		陶瓷+芳纶	

（5）不同生产工艺性能优劣分析

不同生产工艺隔膜性能对比见表2.207。

表2.207 不同生产工艺隔膜性能对比

工艺名称	干法		湿法	涂覆
	干法单拉	干法双拉		
工艺原理	晶片分离	晶型转换	热致相分离	水涂、喷涂、油涂
主要产品	单层或多层PP、PE隔膜	单层PP隔膜	单层PE隔膜	PP/PE膜+涂层
优点	微孔尺寸分布均匀，导通性好	双向拉伸强度高；短路率低	微孔尺寸分布均匀；孔隙率高；厚度薄；双向拉伸强度高	安全性高，热收缩率低
缺点	孔隙率较难控制、横向拉伸强度低	孔径不均匀、稳定性差	热稳定性差、热收缩率大、闭孔温度低	水分含量较高
制造成本	低	低	高	高
代表企业	星源材质、Celgard、	中科科技	星源材质、上海恩捷、旭化成、韩国SK	星源材质、上海恩捷、璞泰来

在国内隔膜龙头企业的共同努力下，中国隔膜技术水平近年来迅速提升，锂电池隔膜已经全部实现国产替代。

星源材质与四川大学联合完成的"基于聚烯烃凝聚态结构调控制备高性能锂离子电池隔膜"技术，荣获2023年度国家科学技术进步奖一等奖。此奖项也反映了国家对国产隔膜技术进步的肯定。

四、应用进展

（1）小型锂离子电池

目前干法隔膜主要应用于磷酸铁锂传统消费类电池。传统消费电子呈现疲软态势，新兴消费市场增长不佳。2022年及2023年以来，传统3C消费类电子对锂电池需求下滑明显，出货量创历年来新低。

(2) 动力锂离子电池

新能源汽车已成为全球汽车产业绿色发展、低碳转型的重要方向，同时是锂离子电池最主要的应用场景。根据乘联会公开数据显示，2023年全球新能源汽车销量超过千万辆，达到1465.3万辆，同比增长35.4%，带动全球动力锂电池出货量约900GWh。其中中国新能源汽车销量949.5万辆，同比增长37.93%。在相关技术和龙头企业的带动下，未来新能源汽车市场将继续保持高速增长，为锂电池产业发展带来巨大的市场空间。预计到2030年全球动力电池出货量将达到2851.8GWh，相比2023年具有3倍的增长空间，其中中国锂电池需求量有望达到1110GWh。

(3) 储能电池

储能市场迎来高景气度，锂电池需求增长迅速，2023年，整体储能需求持续上行，全球和中国储能领域锂电池出货量分别为220GWh和99GWh。受益于全球碳中和的战略部署、储能项目成本的下行，叠加光储项目和户用储能的迫切需求，全球储能电池市场将继续保持高速发展，预计到2026年，全球和中国储能锂电池需求将分别超过411GWh和180GWh，成为锂电池行业新的增长极。

(4) 产品开发

涂覆隔膜与普通聚烯烃隔膜相比，具备热稳定性高、热收缩低、与电解液浸润性高的优点，能够提高电池的安全性。涂覆隔膜是利用黏结剂在聚烯烃基膜上涂布PVDF等胶黏剂或陶瓷氧化铝，该技术主要应用在湿法工艺上，近年来干法隔膜也部分使用涂覆方式来提升性能。由于涂覆材料的耐温性能较高，在高温下起支撑作用，能够防止隔膜整体热失控，耐温可达到180℃。在130℃温度下，不加涂覆的PE隔膜热收缩率在10%以上，隔膜的热收缩会致使正负极材料出现接触而导致电池短路，而进行涂覆加工之后的隔膜收缩率小于2%，且涂覆材料还大大提高了隔膜的抗穿刺能力，进一步提高了电池的安全性。此外，无机颗粒能够与电解液保持更高的浸润性，进而降低电池的内阻，并提高电池的放电功率。

以氧化铝和勃姆石为主要涂覆材料的无机涂覆较之以PVDF、芳纶为代表的有机涂覆和有机/无机混合涂覆技术更加成熟，无机涂覆隔膜的可拉伸强度和热收缩率更好，下游客户已经形成产业化应用，是目前主流的涂覆方式。

氧化铝、勃姆石等无机涂覆隔膜，主要应用于消费电池和动力电池领域，陶瓷/PVDF混合涂覆，应用于消费电池；PVDF/芳纶涂覆，应用于消费电池和动力电池。

五、发展建议

目前锂电池隔膜行业的发展趋势，主要集中在以下几个方面。

(1) 产品轻薄化

锂电池隔膜是随着锂电池需求变化而不断发展的。对于数码类锂电池，在安全性保障前提下，隔膜厚度越薄越好，以便在狭小体积中容纳更多的电极材料。对于新能源汽车、电动自行车、电动工具、储能电站等动力类电池，更注重安全性能，要求在保障使用年限长、能承受高倍率和高功率充放电前提下，隔膜厚度趋于轻薄化。因此，无论是数码类锂电池还是动力类锂电池，在保障安全性能基础上，轻薄化已成为趋势。

(2) 新兴基材

目前，聚丙烯（PP）、聚乙烯（PE）等聚烯烃材料及添加剂是锂电池隔膜的主要基体材料，但无论PP、PE还是其他热塑性高分子材料，在接近熔点时均会因熔化而收缩变形，导致电池正负极接触而短路，存在电池燃烧或爆炸危险，为锂电池安全性带来隐患。为提高隔膜安全性，在涂覆隔膜基础上，以聚酰亚胺（PI）、聚对苯二甲酸乙二醇酯（PET）、间位芳纶（PMIA）、聚偏氟乙烯（PVDF）、聚对亚苯基苯并二唑（PBO）等合成材料制备无纺布新型隔膜基材成为目前基体材料研发的重要方向。这些新型基材隔膜的耐热性能大多显著好于聚烯烃类隔膜，并且其类似编织的结构使隔膜的抗穿刺性优异，可有效避免因针刺造成的短路现象，提高保液率，将为解决大功率动力电池的安全性提供可行的解决方案。另外，在现有基体材料体系的基础上，通过加入氧化铝、氧化锆等复合材料，或者通过高分子复合改性开发耐高温树脂作为制作隔膜的基体材料，已成为国内动力锂电池隔膜基体材料的重要发展方向。

(3) 固态电池技术

固态电池用固态电解质代替隔膜材料，但产业之路尚远。固态电池采用不可燃的固态电解质替换了可燃的有机液态电解质，大幅提升了电池系统的安全性，同时能够更好地适配高能量正负极并减轻系统重量，实现能量密度同步提升。在各类新型电池体系中，固态电池是距离产业化最近的下一代技术，未来发展空间可观。但就目前而言，固态电池产业化尚遥远，制备工艺复杂、技术不够成熟，成本依然高昂。

目前，全固态电池技术尚不成熟，产业化应用多为半固态电池，其成本约为锂离子电池的2~3倍。2023年，固液混合态电池开始批量装车，全年装机容量约798MWh，主要企业有赣锋锂电、辉能科技和卫蓝新能源等，到2030年将实现固态电池的商业化应用，固态电池（包括全固态和半固态）的出货量将达到614.1GWh，在整体锂电池中的渗透率预计在15%左右。

第四十二节　电子特气

安徽亚格盛电子新材料股份有限公司　俞冬雷
中巨芯科技股份有限公司　张学良

一、概述

电子特气，即电子特种气体，是电子工业不可或缺的基础和支撑性材料之一，广泛应用于太阳能电池片、半导体发光二极管（LED）、液晶面板、光纤、IC、半导体分立器件、线路板生产的薄膜、光刻、刻蚀、掺杂、气相沉积、扩散等工艺，在关键制程上起到非常重要的作用。电子气体纯度每提高一个数量级，都会极大地推动半导体器件性能的飞跃。一般而言，半导体器件对电子特气的纯度要求达到5~6N（其中N指纯度百分比中9的个数），同时还要求将金属元素净化到10^{-9}级至10^{-12}级。纯度每提升一个N，粒子、金属杂质含量每降低一个数量级，都将带来工艺复杂度的显著提升。若电子特气的纯度或净度不达标，轻则导致下游产品质量不过关，重则扩散污染整条产品线，造成产品全部报废。

半导体工业中应用的电子特气有110多种，常用的有30种左右，可以分为刻蚀/清洗用气体、离子注入气体、气相沉积用气体、掺杂气体、清洗用气体等。其中，应用于气相沉积工艺的电子特气是半导体前驱体的一种，是薄膜沉积工艺的主要原材料。在薄膜、光刻、互连、掺杂等半导体制造过程中，前驱体主要应用于气相沉积，包括化学气相沉积（CVD）和原子气相沉积（ALD），以形成符合半导体制造要求的各类薄膜层。此外，前驱体也可用于半导体外延生长、刻蚀、离子注入掺杂和清洗等，是半导体制造的核心材料之一。

电子特气的按用途分类以及按应用领域分类分别见表2.208和表2.209。

表2.208 电子特气按用途分类

按用途分类		主要气体	作用
离子注入掺杂气		AsH_3、PH_3、SeH_2、GeH_4、H_2S、$AsCl_3$、AsF_3、AsF_5、PF_5、BF_3、BCl_3、B_2H_6、SbH_3、PCl_3	掺杂形成P型和N型半导体
外延晶体生长气		SiH_4、SiH_2Cl_2、$SiHCl_3$、$SiCl_4$	晶体生长
刻蚀气	气相刻蚀气	Cl_2、HCl、HF、HBr	刻蚀、提高各向异性和选择性
	等离子刻蚀气	CH_3F、CH_2F_2、CHF_3、CF_4、C_2H_6、$C_3H_2F_6$、C_3F_8、C_4F_6、C_4F_8、NF_3、SF_6、CO、BCl_3	
	反应性喷镀气	O_2	
光刻气		F_2、He、Cl_2、Ne、Kr	光刻
化学气相沉积（CVD）气		TEOS、Si_2H_6、3MS、TSA、SiH_4、SiH_2Cl_2、$SiCl_4$、NH_3、NO、WF_6、N_2O	形成CVD薄膜
原子层沉积（ALD）气		BDEAS、DIPAS、BTBAS、$TiCl_4$	形成ALD薄膜
稀释气（平衡气）		N_2、Ar、He、H_2、CO_2、O_2	提供惰性环境氛围

表2.209 电子特气按照应用领域分类

应用领域	具体应用	代表性气体
集成电路	主要用于集成电路中的成膜、光刻、刻蚀、清洗、离子注入等工艺	3MS、Si_2H_6、BDEAS、TSA、TEOS、NH_3、He、WF_6、C_2F_6、$TiCl_4$、NF_3、SiH_4、PH_3、Si_2Cl_6、B_2H_6、BCl_3、SiF_4、SF_6、$HfCl_4$、WCl_6
显示面板	主要用于显示面板领域的成膜、清洗工艺	NF_3、SiH_4、NH_3、N_2O、O_2/Ar、H_2/Ne
照明	主要用于LED照明领域的外延技术	AsH_3、PH_3、BCl_3、NH_3
光伏电池	主要用于光伏领域的沉积、扩散、刻蚀工艺	NF_3、SiH_4、NH_3、H_2、CF_4

二、市场供需

1. 市场需求情况

在集成电路以及相关下游行业需求增长的带动下，全球电子特种气体市场规模呈现逐年稳步增长态势。依据TECHCET数据，2023年全球电子特气市场规模为51亿美元，2023—2025年复合增速8%。2023年中国电子特气市场规模为249亿元，2023—2025年将维持13%左右的较快增长，中国市场增长率显著高于全球电子特气增长率，将成为全球电子特气主要的增长地区。从国内来看，电子特种气体应用于集成电路行业的需求占市场总需求的42%，应用于显示面板行业的需求占市场总需求的37%。从全球来看，电子特气应用于集成电路行业的需求占市场总需求的71%，应用于显示面板行业的需求占市场总需求的

18%。根据 IC Insights 数据，中国集成电路用电子特气规模从 2021 年的 85 亿元增长至 2025 年的 134 亿元，四年复合增长率为 12%。

近年来，随着中国晶圆厂不断扩产，国产电子特气渗透率加速提升。这主要是由于国际贸易摩擦不断加剧，我国半导体产业自主可控势在必行。我国显示面板产能占全球约六成，根据 Forst & Sullivan 资料显示，2020 年至 2024 年中国显示面板市场规模复合增长率为 6.34%，行业持续稳定发展带动了电子特气市场的持续扩大。另外，光伏行业快速发展也将驱动电子特气需求不断增长。

2. 市场供给情况

全球电子气体行业整体呈现垄断格局，林德、液化空气、日本酸素和空气化工四大国际巨头总计占据 90% 以上的市场份额，国际大型电子气体企业一般同时从事大宗电子气体业务和电子特种气体业务，他们在客户建厂的同时为其匹配建设气站和供气设施，借助其较强的技术服务能力和品牌影响力为客户提供整体解决方案，具有很强的市场竞争力，为后进入者设置了技术壁垒和专利壁垒。全球其他知名电子特气企业还有 SK Materials、关东电化、昭和电工等，这些企业在总体规模上与林德、液化空气、日本酸素和空气化工四大国际巨头存在差距，但在电子特气部分细分产品领域具备较强竞争力。

国内电子特气产业起步较晚，市场由四大国际巨头为首的海外企业垄断。近年来，受国家产业政策支持以及下游集成电路、新型显示等先进制造业发展的推动，我国电子特气企业通过不断提升研发投入，实现了产品、技术上的突破，完成了部分产品国产替代，部分产品的指标参数已达到国际先进水平。8/12 英寸晶圆刻蚀用的 NF_3、CO、CH_2F_2、CF_4、C_4F_8、CH_3F，沉积用的 WF_6、CO、N_2O，离子注入用锗烷混气，清洗用 NF_3 均已实现产业化并批量供应。8 英寸晶圆冷却用的氦气、氖气、氙气，刻蚀用的 C_4F_6、HBr，沉积用的 C_3H_6，离子注入用的乙硼烷混气、磷烷混气；12 英寸晶圆冷却用的氦气、氖气、氙气，刻蚀用的 HBr、CH_3F，沉积用的 C_3H_6、$OMCTS$、$4MS$、$TEOS$、TMS，离子注入用的乙硼烷混气、磷烷混气也已实现产业化，批量导入进展顺利。12 英寸晶圆刻蚀/清洗用的 ClF_3、六氟丙烷、四氯化硅，成膜气体用的三氯氢硅、二氯二氢硅目前处于中试阶段。

但总体来看，国内电子特气企业技术力量仍比较薄弱，产品国产化率不足 20%，单家企业全球市场份额占比较低。企业呈现以下特点：一是整体收入规模较小，较国际巨头差距较大；二是多数企业除经营电子特气外，还生产关联性较强的工业气体、航空材料、半导体材料、化工材料等，处于多元化经营；三是国内厂商主打气体产品并不重叠，呈现多点开花、错位竞争的格局。

国内外电子特气供应企业见表 2.210。

3. 国内电子特气行业面临的挑战

（1）缺少基础研究和关键工艺突破

国内企业往往注重单一产品的研制，主要采用传统的合成、纯化技术，缺乏对先进的低温精馏、分子蒸馏、催化转化、高效精密过滤等技术的系统研究，缺少系统集成方面的研发基础投入。大部分企业以个别产品规模化生产为目标，技术多来源于韩国、日本，缺乏持续的自主研发创新能力，不能为高端产品研制和使用提供支撑。部分技术成熟度、生产工艺自动化和智能化水平较低，产品质量一致性、稳定性、可靠性较差。产品组成相对单薄，没有

表 2.210　国内外电子特气供应企业

地区	企业名称		主要业务
国外	韩国 SK Materials		隶属于 SK 集团，是韩国三大企业集团之一，以能源化工、半导体、营销服务为三大主力产业，SK Materials 是全球三氟化氮、六氟化钨主要供应商
	日本关东电化		主营业务为基础化学品、精密化学品以及铁业务，特种气体主要产品有六氟化硫、四氟化碳、三氟甲烷、六氟乙烷、三氟化氮等氟化气体，电池材料主要产品为六氟磷酸锂、氟化锂等
	德国林德		主要产品包括氧气、氮气、氩气、稀有气体、碳氧化物、氦气、氢气等
	法国液化空气		业务遍布全球，主要为冶金、化工、能源等行业供应氧气、氮气、氩气、氢气、一氧化氮等产品，为汽车、制造业、食品、医药、科技等行业提供工业气体、制气设备、安全装置等
	日本酸素		在亚洲、欧洲、北美等地设有 30 多家子公司，主营业务覆盖钢铁、化工、电子、汽车、建筑、造船、食品和医药等多个领域，可提供现场制备气体和储存气体相关设备业务
	美国空气化工		主营业务为销售和服务空分气体、特种气体、气体设备等。主要产品为大宗气体与稀有气体。2016 年 10 月，空气化工将服务于半导体制程行业的化合物特种气体业务剥离
	日本昭和电工		主营业务涉及石油、化学、无机、铝金属、电子信息等多个领域；产品包括高纯四氟甲烷、三氟甲烷、二氟甲烷、六氟乙烷、三氯化硼、氯、溴化氢、六氟化硫、氨等
国内	上市企业	中船特气	主营业务为电子特种气体及三氟甲磺酸系列产品的研发、生产和销售；主要产品包括高纯三氟化氮、高纯六氟化钨、高纯氯化氢、高纯氟化氢、高纯四氟化硅、高纯氙气、高纯六氟丁二烯、高纯八氟环丁烷、高纯电子混合气等电子特种气体，以及三氟甲磺酸、三氟甲磺酸酐、双（三氟甲磺酰）亚胺锂等含氟新材料
		华特气体	主营业务以特种气体的研发、生产及销售为主；主要产品包括高纯六氟乙烷、高纯四氟化碳、高纯二氧化碳、高纯一氧化碳、高纯氨、高纯一氧化氮等
		金宏气体	主营业务特种气体、大宗气体和天然气；主要特种气体产品包括超纯氨、氢气、氧化亚氮、氮气、混合气、医用气体、碳氟气体等
		南大光电	主营业务为先进前驱体材料、电子特气、光刻胶及配套材料等三大关键半导体材料的研发、生产和销售。在电子特气领域，产品主要包括氢类和含氟电子特气
		雅克科技	主营业务包括电子材料、液化天然气保温板材和阻燃剂等，电子材料包括半导体前驱体材料/旋涂绝缘介质（SOD）、电子特气、半导体材料输送系统（LDS）、光刻胶和硅微粉等产品
	未上市企业	亚格盛	主营业务为先进前驱体材料及电子特气，在电子特气领域，产品主要包括电子级硅烷、乙硅烷、二氯硅烷等
		绿菱气体	产品主要包括电子级氧化亚氮、六氟化硫、六氟乙烷、四氟化碳和八氟环丁烷等
		科利德	主要电子特气：高纯三氯化硼、超纯氨、高纯氧化亚氮；高纯电子混合气：乙硼烷混合气、硅烷混合气、磷烷混合气等

形成规模化和系列化产品的供应能力，关键原料不能满足需求。服务能力较差，难以为下游用户提供整体解决方案和综合服务。

（2）缺少分析测试技术和配套保障链条

缺乏系统的分析测试技术研究，缺少材料应用工艺开发与验证公共平台，不能满足产品质量提升对分析仪器设备、检验方法提出的更高要求。产品检验标准、规范缺失，无法满足产品研制及批量稳定生产。部分关键设备受国外供应商限制，高纯电子气相关的部分阀门、管件、包装物国产化能力不足,产品品质难以保障。

(3) 缺少专业技术人才

电子气体行业对熟练的专业技术人才需求量很大,但是国内企业普遍缺乏全面了解化学品和电子产业的共性人才,相关高校、研究院所也普遍缺乏与电子气体行业相匹配的专业学科培养方向,导致人才培养、引进跟不上行业发展速度。

(4) 缺少领军企业

国内企业小而散、缺乏领军型企业的格局制约了我国电子气体行业整体竞争力,国内企业一般为区域性企业,产品种类不够丰富,一些关键气体由于用量不大,不能形成规模效益,难以引起企业投资兴趣。企业缺乏气体产品质量控制、安全管理等方面的经验,售后服务也与国外公司存在较大差距。

(5) 认证周期较长

当集成电路、显示面板、光伏能源、光纤光缆等高端领域客户对气体供应商进行选择时,一般会有厂商审核、多轮产品认证等严格审核流程;光伏能源、光纤光缆领域的审核认证周期通常为 0.5~1 年,显示面板通常为 1~2 年,集成电路长达 2~3 年。为保障气体供应稳定,客户在与气体供应商建立合作关系后不会轻易更换,且供应商会定期接收反馈以满足下游对于气体的定制化需求,以强化客户黏性。因此,行业潜在进入者需面对长认证周期与强客户黏性形成的认证壁垒。

三、工艺技术

电子特气行业具有较高的技术壁垒,其在生产过程中涉及合成、纯化、混合气配制、充装、分析检测、气瓶处理等多项工艺技术,每一步均有严格的技术参数要求和质量控制措施以及操作诀窍。

1. 合成技术

电子特气合成方法主要有电解法、化学法和电解-化学法。

(1) 电解法

目前,国内利用电解法进行大规模生产的电子气体主要有三氟化氮、氯气、氟气等。三氟化氮是用量最大的含氟电子气体,主要用于等离子蚀刻,随着电子及光伏产业的快速发展,市场需求增长迅速。目前,日本、韩国及中国工业化生产三氟化氮的流程是在特制镍基电解槽中对熔融的 $NH_3F \cdot HF$ 电解质进行电解,并在阳极上生成三氟化氮。一般在电解时控制电解质的熔盐比 (M_{HF}/M_{NH_3}) 为 1.5~3,电解槽压力为 -0.01~0.01MPa,电解槽温度为 90~150℃。

超纯氯气是半导体、光纤生产的重要原料,作为重要的等离子刻蚀剂和脱羟基气体,分别用于制造大规模集成电路和光纤。工业上生产氯气一般采用电解食盐水法,工业氯气经过吸附、精馏等纯化工艺即可制得电子级氯气。

高纯度氟气在半导体工业、光纤通信、激光技术等领域有着重要的应用。工业上使用隔膜电解槽或无隔膜电解槽,控制电解过程中的温度、压力、电流密度等参数,通过冷凝器、吸收塔等装置,收集电解过程中产生的氟气,再经过吸附、洗涤、冷凝等手段去除其中的杂质和气体成分,以获得高纯度的氟气。

电解法具有工艺简单、反应稳定、产品纯度高等优点，由于该法为一步反应，因此无需使用和储存有毒、腐蚀性强的中间原料。但由于电解反应阴极会产生氢气，因此电解法存在易爆的缺点，此外阳极板溶解会造成电解槽中电解质沉渣累积的问题。

(2) 化学法

目前利用化学法进行工业化生产的电子气体主要有甲硅烷、乙硅烷、六氟化钨、二氯硅烷、三氟甲烷、磷烷等。

高纯甲硅烷是半导体制造领域的"源"性气体，广泛用于制造各种半导体材料，其生产工艺最初来源于美国 UCC 公司开发的氯硅法。该方法以三氯氢硅为原料，在催化剂作用下经过歧化反应制取甲硅烷，反应得到的副产物四氯化硅可循环利用。电子级乙硅烷主要用于集成电路 20nm 以下先进制程，其生产工艺主要有两种，分别为甲硅烷裂解法和硅镁合金法（小松法），海外目前以甲硅烷裂解法为主，国内以全椒亚格泰为代表的生产企业则采用硅镁合金法。六氟化钨是金属钨化学气相沉积工艺的原材料，其制备过程是金属钨粉和氟化剂直接反应后得到六氟化钨。电子级二氯硅烷通常作为半导体硅外延片和先进制程中 CVD 成膜工艺所需要的硅源气体。工业上生产二氯硅烷主要有两种方法，三氯氢硅歧化法和甲硅烷氯化法。三氯氢硅歧化法技术成熟、易产业化，是目前国内二氯硅烷生产的主要工艺。三氟甲烷由氯仿与氟化氢在氯氟化锑催化作用下制得，或由一氯二氟甲烷歧化反应制得。磷烷是高端芯片技术、LED 规模化生产技术、TFT-LCD 平板显示技术等领域的关键原材料，可由原料 Zn_3P_2 与稀硫酸反应直接制得。

化学法的优点是能耗低，设备投资小，但是反应副产物多，转化率低，一般需要使用重金属催化剂等，增加了后续精制纯化的难度。

(3) 电解-化学法

电解-化学法是利用电解制备出氟气，利用氟气的高氧化性，与各类物质反应，制备电子气原料的方法。目前，国内利用电解-化学法进行大规模生产的电子气体主要有六氟化硫、四氟化碳及新型三氟化氯等。

高纯六氟化硫是一种良好的电子刻蚀气，广泛用于微电子技术领域。六氟化硫的生产工艺过程主要包括电解、合成、洗涤、干燥、精馏等环节，主要原料有氟化氢钾、氟化氢、硫黄等。电解槽中放入氟化氢钾，在熔融状态下电解，阳极和阴极分别产生氟气和氢气，其中氟气进入六氟化硫反应器中，与硫黄反应生成六氟化硫粗气，氢气则被收集处理。为保证电解的连续进行，需向电解槽中通入氟化氢，补充消耗的电解质。六氟化硫粗气经水洗、碱洗、干燥、精制后得到电子级六氟化硫。

四氟化碳在微电子领域主要用作蚀刻气和清洁气。目前，国内四氟化碳的生产工艺主要是氟碳直接化合法。其生产过程通常是先电解制氟，然后将制得的氟气通入装有碳粉的卧式固定床反应器中，使氟气与碳直接反应而生成四氟化碳粗气，粗气再经水洗、碱洗、干燥、吸附精馏等制得电子级四氟化碳。为了稳定氟碳反应过程，日本采用不同的卤素氟化物做抑爆剂，如三氟化溴、五氟化碘等，也可以通入引燃气（如二氟甲烷）或固体引燃剂，使氟气与碳安全、稳定、高效地进行反应，合成四氟化碳粗气。

随着电子行业的发展，三氟化氯已经成为了一种用于清洗 CVD 室及其管道的重要的电子气体。工业上先将电解产生的含氟混合气进行一次冷凝、二次冷凝、碱金属吸附和过滤后，得到纯化后的氟气，再将纯化后的氟气与高纯氯气加入含有催化剂的反应器中，反应得到三氟化氯粗品,最后将三氟化氯粗品经过液化、汽化、吸附和精馏,得到高纯度的三氟化氯。

2. 纯化技术

电子特气通常对纯度要求高,部分品种的纯度要求 6N 甚至更高。因此,纯化技术是电子特气的关键制备技术。随着集成电路制程越来越小、产品制造尺寸越来越大,产品成品率和缺陷控制愈发严格,整个电子工业界对气源纯度的要求越来越高。这要求不断提升电子气体纯化技术以满足市场的要求。常见的气体纯化技术主要有吸附法、精馏法、吸收法、膜分离法等。

(1) 吸附法

日本昭和电工发明了用于吸附纯化八氟丙烷、八氟环丁烷等全氟烷烃的吸附剂,该吸附剂能有效吸附分离八氟丙烷中的七氟丙烷、六氟丙烯、一氯五氟乙烷等杂质,可以将杂质含量降低至 1×10^{-6} 以下。武峰发明的高纯砷烷的合成方法,以分子筛和金属合金为吸附剂,经过两级吸附可以制得 5N、6N 级的高纯砷烷。Krouse S. A. 等的研究表明:采用 5A 分子筛作为吸附剂可以有效脱除六氟丁二烯中的水、醇、氟化氢及其他氟氢类杂质,还可明显减少使用三氧化二铝作吸附剂时产生的热量,从而可以避免这些热量对六氟丁二烯造成的分子重排,间接减少了六氟-2-丁炔的生成。鲍宗必等使用微孔碳材料与包括含氟电子特气的混合气接触,进行吸附分离。使用的微孔碳材料结构和性能稳定,对六氟化硫以及四氟化碳具有较高的吸附量,并且多次反复吸附-再生后,吸附性能仍然保持原有效果。李东升等采用碱处理改性和/或酸处理改性的多孔碳对电子特气原料气中的电子特气(磷烷砷烷)进行吸附,使得电子特气和杂质气体分离。

(2) 精馏法

精馏法是进行气体纯化最主要的手段,电子工业用气 95% 以上都依靠精馏法进行提纯。精馏法分离操作简单,即将某些气体的混合气冷冻液化,依靠两种气体或多种气体之间的相对挥发度的不同,通过温度或压力变化进行蒸馏,适用于气体混合气中的某些不凝气,如氮气、氢气、氧气等压缩气体的脱除。例如韩瑞雄等报道的高纯三氟化硼的制备技术研究中采用低温精馏的方法对三氟化硼进行提纯。权恒道等发明的一氟甲烷的纯化方法,通过两次精馏可以将一氟甲烷中的氯化氢分离除去。

(3) 吸收法

吸收法是利用吸收剂吸收混合气体中的一种或几种气体的过程。电子气体精制过程中部分杂质可以利用特定的吸收剂进行吸收,如水洗或碱洗除去其中的氯化氢和氟化氢等酸性气体。津田武英等发明了二氟甲烷的制造方法,将二氟甲烷和氟化氢经蒸馏后的共沸混合物与硫酸接触,共沸混合物中的氟化氢被硫酸除去。中船重工 718 所发明了一氟甲烷的纯化方法,采用乙醇钠-无水乙醇溶液对一氟甲烷粗气进行吸收处理,能够有效吸收一氟甲烷粗气中的酸性杂质并降低含水量,再通过精馏等纯化过程可制得电子级一氟甲烷。温晓明等公开了用于分离不纯原料气的组分的溶剂吸收方法,该方法涉及气体纯化的两个阶段,包括硫化氢、二氧化碳和其他硫化合物的酸性气体在两个阶段中通过与物理溶剂接触而同时从原料气中移除。

(4) 膜分离法

日本大金发明了使用气体分离膜除去碳酰氟中二氧化碳的相关技术,通过采用聚酰亚胺中空纤维膜的技术手段对碳酰氟进行精制纯化,可以获得用于半导体刻蚀的高纯碳酰氟。贺高红等也发明了一种膜法分离二氟一氯甲烷和三氟甲烷混合气的方法,即将制冷剂 R22 生产过程中经冷凝后未能分离的二氟一氯甲烷和三氟甲烷混合气在环境温度、一定压力下引入至少一个气体膜分离组件,所使用的气体分离膜是由高分子材料制作的溶解-解析膜,由橡胶态高分子涂层与玻璃态高分子支撑层复合而成。

(5) 其他分离方法

目前,除上述方法,国内外电子特气企业也在研究新的精制提纯技术,如离心法、吸气剂法、催化净化法、冷冻法、化学转化法及超声法等。比如 Belyantsev 开发了一种砷烷的超纯离心分离技术,先除去重杂质,然后再除去分子量小于砷烷的轻杂质。高嵩等研发的 CTC503 型吸气剂可以深度脱除电子特气氢、氩气中的氧气、二氧化碳和水。昊华气体有限公司开发了一种将四氟化碳中微量三氟化氮去除的工艺,使活性金属与四氟化碳中的三氟化氮发生氟化反应,生成金属氟化物和氮气,从而有效去除四氟化碳中的微量三氟化氮。全椒亚格泰电子新材料科技有限公司创制了新型高阶硅镁合金制备装置,解决了合金制备过程中梯度升温、恒温阶段的温控精度不足的难题,极大地提高了合金中高阶硅镁合金的生成比例;同时开发了恒温气化、梯次吸附和多级精馏相结合的高效纯化新工艺,提高了乙硅烷粗品中微量氨气、水分、痕量砷、磷、硼烷等杂质的去除率以及硅烷的回收率,得到了半导体级别的乙硅烷。

国内在 4N、5N 级别的电子气体精制领域尚能满足要求,但是当气体纯度要求达到 7N、9N 时,传统纯化方法难以满足,因此开发新的气体纯化技术,如吸气剂法、催化净化法,对未来我国电子气体产业的发展具有重要意义。

3. 气体混配

通过气体混配技术生产的混合气体是一种高度均匀的、稳定的,且组分浓度值高度准确的气体产品。混合气体配制方法常规分为五种,分别为重量法、压力比法、质量流量比法、静态容量法和渗透管法。随着产品组分的增加和配比精度的上升,常要求气体供应商能够对多种 ppm 乃至 ppb 级浓度的气体组分进行精细操作,其配制过程难度与复杂程度也显著增大。特别是对于光刻气体而言,混合气体的精度控制更加重要。

4. 气体充装

传统的高压气瓶储运方式虽然气体储运密度足够高,但由于气瓶本身为高压状态,一旦发生意外释放或泄漏,将导致剧毒、易燃、易爆的危险气体散逸,可使附近工作人员瞬间遭受严重伤害甚至死亡,所以对于那些具有高毒性或危险性的气体,高压气瓶已不再是合宜的储存及运送方式,负压气瓶技术已经逐步取而代之并成为行业标准。负压气瓶技术使用具有纳米级孔洞的基材吸附气体分子,使钢瓶压力降至低于大气压,从而减少危险气体泄漏风险。

5. 检测

原料气在入场前必须进行高精度杂质气成分分析,才能制定精准的提纯工艺流程。特气出厂前必须要进行组分分析、水分分析、金属离子分析和颗粒度分析四项检测,达标后才可外销。

6. 气瓶处理

电子特气属于危险化学品,因此需要使用专业储运设备和严格的储运管理。一般维护工作包括钢瓶余气处理系统、置换阀门、表面清洗、研磨、抛光、钝化、装阀检漏和真空干燥几部分，目前国内对钢瓶设备材料及耐腐蚀、耐吸附等工艺技术缺乏系统研究，需要企业长期探索与经验积累。

四、应用进展

电子特种气体在光刻、刻蚀、掺杂、气相沉积、扩散等多个集成电路制造环节具有重要作用，尤其在半导体薄膜沉积环节发挥着不可取代的作用，是形成薄膜的主要原材料。

集成电路行业，通常应用在成膜、清洗、刻蚀、掺杂等制造环节中，需要的电子气体纯度高、种类多。

在 LCD 行业中，电子特气主要应用于成膜和干刻工艺，经过多次成膜工艺分别在基板上沉积 SiN_x 非金属膜以及栅极、源极、漏极和 ITO 等金属膜。显示面板行业，在掺杂和刻蚀工序中，主要以硅烷等硅族气体、磷化氢等掺杂气体和六氟化硫等刻蚀气体为主。在薄膜工序中，通过化学气相沉积法在玻璃基板上沉积二氧化硅等薄膜，使用的特种气体主要为三氟化氮、硅烷、磷化氢、氨气等。在干法刻蚀工艺中，通常采用 SF_6、HCl、Cl_2 等气体。在 LED 照明中，电子特气主要应用于 LED 外延片和芯片的制作过程。

电子特气同样在太阳能晶体硅电池片和薄膜太阳能电池片的生产过程中扮演着重要角色。电子特气在太阳能晶体硅电池片的扩散、刻蚀、沉积等多项工序中发挥重要作用，比如扩散工艺用到 $POCl_3$ 和 O_2，减反射层等离子体增强化学气相沉积（PECVD）工艺用到 SiH_4、NH_3，刻蚀工艺用到 CF_4。薄膜太阳能电池则在沉积透明导电膜工序中用到二乙基锌（DEZn）、B_2H_6，在非晶/微晶硅沉积工序中用到硅烷等。

电子特气未来的五大发展趋势分别为品类扩充、高端突破、专业分工明确、尾气回收扩大、气体企业整合提速。对于当前半导体上游供应链，国产替代已成为业界共识，未来国产化率将显著提高。电子气体的发展对于环保方面也有新的挑战，低 GWP（全球变暖潜能值）电子气体将越来越受到重视，作为目前大体量电子气体 SF_6、NF_3、CF_4 的替代物，CHF_3、C_3F_6、C_2HF_5、C_3F_6O 等将受到广泛关注。新型刻蚀工艺中，COS 将逐步推广，新型清洗/蚀刻气体如二氟甲烷（CH_2F_2）、八氟环丁烷（C_4F_8）、六氟丁二烯（C_4F_6）等也会被大量使用，气相沉积用气体、离子注入用气体等技术含量较高的产品也迫切需要突破生产瓶颈，以满足我国先进制程全面展开的要求。

综合来看，国内电子气体的规模化生产能力有待提升，产品技术水平和品质稳定性及对制造业的技术支持和服务能力尚有待大批量市场应用的考验。另外，针对先进技术节点的产品开发能力仍显薄弱，虽然部分产品已经完成了国产化替代，但在高端产品领域还需继续努力。

五、发展建议

1. 存在的问题

（1）缺少基础研究和关键工艺突破

国内企业往往注重单一产品的研制，主要采用传统的合成、纯化技术，缺乏对先进的低温精馏、分子蒸馏、催化转化、高效精密过滤等技术的系统研究，缺少系统集成方面的研发基础投入。大部分企业以个别产品规模化生产为目标，技术多来源于韩国、日本，缺乏持续的自主研发创新能力，缺乏关键共性技术、工程化产业化关键技术研发及突破，不能为高端产品研制和使用提供支撑。部分技术成熟度、生产工艺自动化和智能化水平较低，产品质量一致性、稳定性、可靠性较差。产品组成相对单薄，没有形成规模化和系列化产品的供应能力，关键原料不能满足需求。服务能力较差，难以为下游用户提供整体解决方案。

（2）分析测试技术和配套保障链条缺乏

缺乏系统的分析测试技术研究，缺少材料应用工艺开发与验证公共平台，不能满足产品质量提升对分析仪器设备、检验方法提出的更高要求。产品检验标准、规范缺失，无法满足产品研制及批量稳定生产。部分关键设备受国外供应商限制，高纯电子气相关的部分阀门、管件、包装物国产化能力不足，产品品质难以保障。

（3）人才缺乏的问题明显

电子气体行业对熟练的专业技术人才需求量很大，但是国内企业普遍缺乏全面了解化学品和电子产业的共性人才，相关高校、研究院所也普遍缺乏与电子气体行业相匹配的专业学科培养方向，导致人才培养、引进跟不上行业发展速度。

（4）领军型企业的缺乏

国内企业小而散、缺乏领军型企业的格局制约了我国电子气体行业整体竞争力，国内企业一般为区域性企业，产品种类不够丰富，一些关键气体由于用量不大，不能形成规模效益，难以引起企业投资兴趣。企业缺乏气体产品质量控制、安全管理等方面的经验，售后服务也与国外公司存在较大差距。

（5）资金投入巨大

工业气体行业生产设施要求较大规模的固定资产投入，同时为了保证产品质量的稳定性，需要采用大量精密监测和控制设备。行业内企业在扩大业务规模的过程中，往往通过兼并收购的方式横向布局，需要较强的资本实力。气体供应商需要有专业的运输设备和特种运输车辆，还需要对运输的全过程等进行跟踪监测和严格控制，由此带来的运输及监控设备投入也比较大。

（6）认证周期较长

集成电路、显示面板、光伏能源、光纤光缆等高端领域客户对气体供应商进行选择时，一般会有厂商审核、多轮产品认证等严格审核流程；光伏能源、光纤光缆领域的审核认证周期通常为0.5～1年，显示面板通常为1～2年，集成电路领域的审核认证周期长达2～3年。另一方面，在集成电路领域，不同电子特气之间的相互替代性较弱。为保障气体供应稳定，客户在与气体供应商建立合作关系后不会轻易更换，且供应商会定期接收反馈以满足下游对于气体的定制化需求，以强化客户黏性。因此，行业潜在进入者需面对长认证周期与强客户黏性形成的认证壁垒。

（7）资质认证严格

工业气体属于危险化学品，在其生产、储存、运输、销售等环节均需通过严格的资质认证，并取得《安全生产许可证》《危险化学品经营许可证》《道路运输经营许可证》《移动式压力容器充装许可证》等多项资质。资质审核过程严格，不仅需对企业的生产环境、工艺、设备等进行多次现场评估，还要求生产人员、管理人员均需通过相应测试并取得个人资质，资质获取成为工业气体行业生产经营的前置程序。除此以外，部分特定用途的特种气体还需要另外经过专项严格审核才可取得相应用途的产品经营资质。

2. 措施建议

一是加大政策和资金扶持、引导力度。针对"卡脖子"电子气体产品建立专项工程，通过政策支持和资金投入快速实现产品开发，重点是对 C_4F_6、C_5F_8、CH_2F_2、HBr 等开展合成、纯化工艺的集中攻关；对于同位素富集型气体的需求开展同位素的分离提纯技术攻关，并支持产业化；对于特种离子注入气体如砷烷、磷烷等开展专用包装容器及供应装置的开发和产业化。引导和鼓励国内企业提升气体分析关键设备、配套精密零配件、包装物制造技术水平，对电子气体企业的发展壮大形成有力支撑。鼓励国内半导体集成电路企业对国产电子气体进行考核应用评价并配合推进国产化替代进程。

二是搭建高纯、超高纯电子气体的验证检测平台，对分析检测的设备和工艺方法进行整体提升，并且通过检测平台与下游用户的深度绑定加速国产电子气体的应用检验流程。

三是充分发挥和借助社会资本，塑造中国电子气体行业的领军型企业。构建产学研用协同创新体系，突破电子气体共性关键技术、工程化产业化关键技术等瓶颈。整合相关产品，丰富产品类型，形成规模效应。

四是拓宽市场应用领域。电子特气的应用领域十分广泛，但当前的主要市场还集中在半导体、LCD 和光电器件等领域。未来，随着新兴领域如新能源汽车、5G 通信等的发展，电子特气的市场需求将进一步扩大。企业应该密切关注市场动态和技术发展趋势，积极拓展市场应用领域。

五是关注环保和可持续发展。随着环保意识的不断提高和可持续发展理念的深入人心，电子特气行业也需要关注环保和可持续发展问题。企业应该加强环保意识，采用环保的生产工艺和材料，减少污染物排放。同时，也要注重资源的节约和循环利用，推动电子特气行业的可持续发展。

第四十三节　湿电子化学品

北京化学试剂研究所　杨长青　董艺萌　于朴凡　刘若峰　王百慧

中巨芯科技股份有限公司　贺辉龙

一、湿电子化学品分类

湿电子化学品，又称超净高纯试剂或工艺化学品，主要是指专为电子产品配套的、符合高纯试剂要求的化学试剂。其中，高纯试剂是指主体成分纯度大于 99.99%，杂质离子和微粒数符合严格要求的化学试剂。湿电子化学品主要用于晶圆、面板、硅片电池制造加工过程中的清洗、光刻、显影、蚀刻、去胶等制作过程。

（1）按照成分和应用分类

按照组成成分和应用工艺不同，湿电子化学品分为通用湿电子化学品和功能湿电子化学品两大类。通用湿电子化学品一般为单组分、单功能，是被大量使用的超净高纯试剂，常用于湿法工艺中的清洗、显影等工序，主要包括酸类（硫酸、磷酸、氢氟酸、盐酸、硝酸等）、碱类（氨水、氢氧化钠、氢氧化钾等）、有机溶剂类（甲醇、乙醇、异丙醇、丙酮、乙酸乙酯等）及其他类（双氧水等）产品。功能湿电子化学品指通过复配手段达到特殊功能、满足制造中特殊工艺需求的复配类化学品，即在单一的超净高纯试剂（或多种超净高纯试剂配合）基础上，加入水、有机溶剂、螯合剂、表面活性剂等中的一种或多种化合物，混合而成的化学品，例如清洗剂、显影液、剥离液、蚀刻液、稀释液、再生剂等。具体分类见表2.211。

表2.211 湿电子化学品按照成分和应用的分类

类别	种类		具体产品
通用湿电子化学品	酸类		氢氟酸、硫酸、盐酸、硝酸、乙酸、磷酸等
	碱类		氨水、氢氧化钠、氢氧化钾、氟化铵、四甲基氢氧化铵等
	有机溶剂	醇类	甲醇、乙醇、异丙醇等
		酮类	丙酮、丁酮、甲基异丁基酮、N-甲基吡咯烷酮等
		酯类	乙酸乙酯、乙酸丁酯、乙酸异戊酯、丙二醇单甲醚乙酸酯等
		醚类	丙二醇单甲醚等
		烃类	甲苯、二甲苯、环己烷等
		卤代烃类	三氯乙烯、三氯乙烷、氯甲烷、四氯化碳等
	其他		双氧水
功能湿电子化学品	蚀刻液		金属蚀刻液、BOE蚀刻液、ITO蚀刻液等
	清洗液		铜抛光后清洗液、铝刻蚀后清洗液、铜刻蚀后清洗液等
	光刻胶配套试剂	稀释液	丙二醇单甲醚、乳酸乙酯等
		显影液	正/负胶显影液
		剥离液	正/负胶剥离液、剥离清洗液等

（2）按照应用领域分类

湿电子化学品目前广泛应用在半导体、显示面板、太阳能电池等多个领域。按下游产品应用的工艺环节分，主要有平板显示制造工艺的应用、集成电路制造工艺的应用及太阳能电池板制造工艺的应用，具体见表2.212。

表2.212 湿电子化学品按照应用领域分类

应用领域	具体应用	光刻胶类型
平板显示制造工艺	主要用于平板显示制造工艺环节的薄膜制程清洗、光刻、显影、蚀刻等工艺环节	平板显示制造过程中湿电子化学品用量最大，而且技术水平要求高，盈利能力较强
半导体制造工艺	主要用于半导体集成电路前端的晶圆制造及后端的封装测试	半导体制造用湿电子化学品用量虽小，但技术水平要求最高，盈利能力也最强
太阳能电池板制造工艺	主要用于清洗制碱、扩散P-N结、清洗、蚀刻等过程	光伏太阳能领域对湿电子化学品的技术水平要求相对较低，盈利能力一般

常用湿电子化学品及用途如表2.213所示。

表2.213 常用湿电子化学品及用途

名称	符号	用途
氢氟酸	HF	刻蚀SiO_2以及清洗石英器皿
盐酸	HCl	湿法清洗化学品组成2号清洗液SC-2，用于去除重金属元素

续表

名称	符号	用途
硫酸	H_2SO_4	组成 Piranha 溶液,去除颗粒、有机物、金属
氢氧化铵	NH_4OH	湿法清洗化学品组成1号清洗液 SC-1,用于去除颗粒
过氧化氢	H_2O_2	湿法清洗化学品组成1号清洗液 SC-1,用于去除颗粒
氢氟酸	HF/H_2O	DHF 用于去除自然氧化层,不能去铜
异丙醇	C_3H_8O	通用清洗剂/干燥剂,但在电子束曝光光刻中作为光刻胶显影剂
三氯乙烯	C_2HCl_3	用于硅片和一般用途清洗剂
甲苯	C_7H_8	去油清洗剂
丙酮	CH_3COCH_3	通用清洗剂
二甲苯	C_8H_{10}	强清洗剂,也用于边胶清洗
无水乙醇	C_2H_6O	清洗剂,有替代异丙醇的倾向
40%氟化铵	NH_4F	酸性清洗剂、蚀刻剂,可与氢氟酸配套使用
甲醇	CH_3OH	清洗剂、去油剂、干燥剂
环戊酮	C_5H_8O	清洗用溶剂、显影剂
乙酸丁酯	$C_6H_{12}O_2$	清洗剂
丁酮	C_4H_8O	清洗剂、去油剂
正胶边胶清洗剂	乙酸丁酯:丙二醇单甲醚 1:1;丙二醇单甲醚:二氧戊环 1:2	清除硅片边缘及背面的光刻胶
混酸	多种配方、配比	主要组成:硝酸、硫酸、氢氟酸、冰醋酸等
N-甲基吡咯烷酮	C_5H_9NO	正胶剥离液
硅酸四乙酯(TEOS)	$Si(OC_2H_5)_4$	化学气相沉积(CVD)工艺中的二氧化硅源
六甲基二硅烷(HMDS)	$(CH_3)_3SiSi(CH_3)_3$	化学气相沉积(CVD)工艺中的硅源,涂胶前硅片表面前处理,增强表面附着力
三氯氧磷	$POCl_3$	离子注入或掺杂(DI)工艺中的磷源
五氯化磷	PCl_5	离子注入或掺杂(DI)工艺中的磷源
三溴化硼	BBr_3	离子注入或掺杂(DI)工艺中的硼源
三氯乙烯	C_2HCl_3	清洗硅片去除不完全交联的光刻胶
四甲基氢氧化铵(TMAH)	$C_4H_{13}NO$	正胶显影剂
草酸	$H_2C_2O_4$	5%高纯草酸溶液用作 LCD 生产的清洗剂
硼酸三甲酯	$B(OCH_3)_3$	离子注入或掺杂(DI)工艺中的硼源
硼酸三丙酯	$B(OC_3H_7)_3$	离子注入或掺杂(DI)工艺中的硼源
五氯化锑	$SbCl_5$	离子注入或掺杂(DI)工艺中的锑源

二、湿电子化学品标准

(1) 国际标准

目前,湿电子化学品在国际上公认的标准分为美国试剂标准、欧洲试剂标准、日本试剂标准和俄罗斯试剂标准四类。其中美国试剂标准以 SEMI 为基础,欧洲标准以德国伊默克标准为基础(例如 MOS 标准),日本标准则以日本关东化学和光纯药工业的湿电子化学品为基础,俄罗斯标准则以 RCA 公司的标准为基础。随着世界经济一体化,集成电路在全球的快速发展,也使得这些标准的指标逐步接近。目前,国内外的湿电子化学品通常执行 SEMI

国际标准（见表 2.214），SEMI 指标主要包括单项金属离子、单项阴离子以及颗粒数等，另外根据每个产品的特点以及用途的不同还会增加相应的技术指标。

表 2.214 湿电子化学品 SEMI 国际标准等级

SEMI 标准	C1（Grade1）	C7（Grade2）	C8（Grade3）	C12（Grade4）	Grade5
金属杂质/ppt	$\leq 10^6$	$\leq 10^4$	$\leq 10^3$	$\leq 10^2$	≤ 10
控制粒径/μm	≥ 1	≥ 0.5	≥ 0.5	≤ 0.2	—
颗粒/(个/mL)	≤ 25	≤ 25	≤ 5	—	—
适应 IC 线宽/μm	≥ 1.2	0.8~1.2	0.2~0.6	0.09~0.2	<0.09
适用 IC 集成度		1M、4M	16M、64M、256M	1G、4G、16G	64G

（2）国内标准

国内湿电子化学品也有自己的等级标准，20 世纪 90 年代，北京化学试剂研究所作为当时国内最大的湿电子化学品研发机构，提出了一套 BV 系列标准（见表 2.215），此标准至今仍对国内湿电子化学品标准有着不小的影响。

表 2.215 国内湿电子化学品 BV 系列标准

品级	控制粒径/μm	尘埃粒子数/(个/mL)	金属杂质/ppb	适应 IC 线宽/μm
低尘埃	5~10	—	—	$\geq 5C$
MOS 级	≥ 5	≤ 25	≤ 100	≥ 3
BV-Ⅰ	≥ 2	≤ 25	50	≥ 2
BV-Ⅱ	≥ 2	≤ 25	20~30	≥ 1.2
BV-Ⅲ	≥ 0.5	≤ 25	≤ 10	0.8~1.2
BV-Ⅳ	≥ 0.5	≤ 20	≤ 1	0.2~0.6
	≥ 0.2	≤ 200		
BV-Ⅴ	≥ 0.2	≤ 100	≤ 0.1	0.09~0.2

我国还有部分企业采用的湿电子化学品标准，按照纯度划分为三个等级，见表 2.216。

表 2.216 国内划分的三个等级标准

等级	控制粒径/μm	金属杂质/ppb	适用工艺
EL	<1	<100	中小规模集成电路及电子元件加工工艺
UP	<0.5	<10	1μm 集成电路和 TFT-LCD 制造工艺
UP-S	<0.2	<1	0.35~0.8μm 集成电路
UP-SS	0.2，0.1	<0.1	0.09~0.2μm

国内与国际标准的对应关系见表 2.217。

表 2.217 国内外标准的关系表

SEMI 标准	BV 系列标准	对应国内等级
C1（Grade1）	—	EL 级
C7（Grade2）	BV-Ⅲ	UP 级
C8（Grade3）	BV-Ⅳ	UP-S 级
C12（Grade4）	BV-Ⅴ	UP-SS 级
Grade5	—	—

三、国内市场供需

2019年,《瓦森纳协议》国家将协议的管制范围扩大,增加了可转为军用的半导体基板制造技术以及军用级网络软件。这一举措意味着以美国为首的国家开始重点打压我国芯片行业最薄弱的半导体制造环节。基于此,我国出台了相关扶持政策,见表2.218。

表2.218 国内对湿电子化学的政策扶持

时间	相关政策
2022年1月	工信部《重点新材料首批次应用示范指导目录(2021年版)》将半导体级硫酸等湿电子化学品列入其中
2022年3月	工信部《关于"十四五"推动石化化工行业高质量发展的指导意见》实施"三品"行动,提升化工产品供给质量。围绕新一代信息技术、生物技术、新能源、高端装备等战略性新兴产业,增加有机氟硅、聚氨酯、聚酰胺等材料品种规格,加快发展高端聚烯烃、湿电子化学品、工业特种气体、高性能橡塑材料、高性能纤维、生物基材料、专用润滑油脂等产品
2023年1月	《工业和信息化部等六部门关于推动能源电子产业发展的指导意见》把握数字经济发展趋势和规律,加快推动新一代信息技术与新能源融合发展,积极培育新产品、新业态、新模式。推动基础元器件、基础材料、基础工艺等领域重点突破,锻造产业长板,补齐基础短板,提升产业链、供应链抗风险能力

湿电子化学品生产有较高的门槛。湿电子化学品生产涉及的分离纯化、分析检测、混配及包装运输技术等核心工艺,需要企业在工艺流程、生产设备、环境控制、包装技术等方面都要达到很高水平。同时,功能性湿电子化学品的配方只能通过不断地调配、试制及测试才能完成,需要企业有丰富的经验。随着国内企业对研发越来越重视,湿电子化学品研发能力有了长足进步,部分生产、检测、提纯和容器处理技术已经达到国际先进水平,全球话语权稳步提高。江化微、中巨芯、晶瑞电材等部分先进湿电子化学品企业已实现部分产品国产替代。国内湿电子化学品投产情况见表2.219。

表2.219 国内湿电子化学品投产情况

投资企业	产品名称	产能/(吨/年)	投产年度
兴发集团	IC级硫酸	70000	2022年
	电子级双氧水	10000	2022年
晶瑞电材	半导体级高纯硫酸(二期)	60000	2023年
江化微	半导体级硫酸	25000	2022年
	半导体级氨水	5000	2022年
	半导体级盐酸	3000	2022年
	循环再生试剂(正胶剥离液)	25000	2022年
石大胜华	高纯双氧水	5000	2022年
	高纯氨水	5000	2022年
	高纯氟化氨	5000	2022年
	光刻胶辅材	20000	2022年
	高纯氢氟酸	5000	2024年(预计)
	乙醇胺	5000	2024年(预计)
	二乙二醇丁醚	5000	2024年(预计)

续表

投资企业	产品名称	产能/(吨/年)	投产年度
中巨芯	电子级硫酸（一期）	40000	2023 年
	电子级氨水（一期）	12500	2023 年
	电子级硫酸（二期）	40000	2025 年（预计）
	电子级氨水（二期）	12500	2025 年（预计）
	电子级氢氟酸	30000	2025 年（预计）
	电子级硝酸	30000	2025 年（预计）
	电子级双氧水	20000	2025 年（预计）
	电子级异丙醇	10000	2025 年（预计）
	电子级混酸	1000	2025 年（预计）
江苏达诺尔	超纯电子化学品（双氧水、超纯氨水、超纯异丙酮）	135000	2022 年
上海新阳	芯片铜互连超高纯硫酸铜电镀液及晶体	6500	2022 年
	芯片超纯清洗液系列	8500	2022 年
安集科技	特殊工艺用刻蚀液	8000	—
	新型配方工艺化学品	400	—

1. 生产现状

目前，国内从事湿电子化学品研究生产的企业有江阴润玛、苏州晶瑞、杭州格林达、上海新阳、光华科技、西陇科学、凯圣氟化学、多氟多、晶瑞股份、江阴江化微、鑫林科技（台）等 40 多家。各企业优势产品相对单一，拳头产品有限，缺少在多个品种均拥有较高市场占有率的龙头企业，特别是在集成电路先进制程产品上与境外企业相比尚有较大差距。

半导体用高端湿电子化学品主要由欧美、日本厂商把控，如巴斯夫、霍尼韦尔、三菱化学、住友化学等。国内 G4、G5 级的湿电子化学品基本依赖进口，仅有少部分龙头企业能够生产。国内企业能够达到国际标准并且有一定生产量的只有三十余家，其中仅有少数企业掌握部分 G5 级以上标准产品的生产技术。国内企业只能先满足低端湿电子化学品应用领域（太阳能电池、分立器件等）。

2. 需求分析及预测

近年来，我国电子湿化学品企业技术不断提升，在 8 英寸晶圆制造方面已基本实现大批量供货，在 12 英寸晶圆制造方面的应用也在稳步推进。未来几年晶圆厂扩产计划以 8 英寸和 12 英寸为主，尤以 12 英寸居多。根据中芯国际公司公告，2024 年 12 英寸、8 英寸晶圆月产能将分别达到 273 万片、187 万片，合计占比达 61%。根据产业信息网数据，12 英寸晶圆所消耗的湿电子化学品，是 8 英寸晶圆的 4.6 倍，6 英寸晶圆的 7.9 倍，预计 2024 年半导体用湿电子化学品需求量将达到 113 万吨。2020—2025 年中国湿电子化学品市场规模见图 2.126。

在整个集成电路的产业链中，晶圆生产的增加会带动湿电子化学品需求量的增加。加上终端产品持续优化升级，对湿电子化学品的需求量也持续增长。从湿电子化学品在国内各行业的需求量预测表（表 2.220）可知，半导体行业对湿电子化学品的需求量在持续增加。其中，显示面板行业的湿电子化学品用量最大，湿电子化学品在该领域主要用于各种显示屏，比如电视、平板、手机等电子产品。

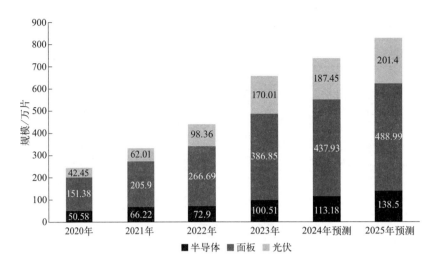

图 2.126　中国湿电子化学品市场规模

表 2.220　国内湿电子化学品在各行业的需求量及预测　　单位：万吨

项目		2020 年	2021 年	2022 年	2023 年	2024 年预测	2025 年预测
半导体行业	双氧水	13.46	18.10	19.66	28.09	32.13	40.20
	硫酸	15.86	20.68	22.76	31.42	35.40	43.36
	显影液	5.47	7.00	7.76	10.49	11.70	14.13
	氨水	4.00	5.27	5.77	8.07	9.14	11.28
	蚀刻液	2.15	3.02	3.21	4.80	5.60	7.21
	氢氟酸	2.86	3.70	4.08	5.59	6.27	7.63
	硝酸	1.56	2.23	2.36	3.60	4.23	5.48
	盐酸	0.26	0.35	0.38	0.55	0.64	0.81
	异丙醇	2.22	2.49	2.93	3.35	3.42	3.56
	剥离液	1.39	1.55	1.83	2.09	2.14	2.23
	缓冲蚀刻液	1.06	1.18	1.39	1.59	1.63	1.69
	磷酸	0.57	0.64	0.76	0.86	0.88	0.92
	合计	50.85	66.22	72.90	100.51	113.18	138.50
	增速		30.23%	10.07%	37.89%	12.60%	22.38%
太阳能光伏行业	氢氟酸		3.80	6.03	10.43	11.50	12.35
	氢氧化钾	24.09	35.18	55.81	96.46	106.35	114.26
	盐酸	1.93	2.82	4.47	7.73	8.53	9.16
	双氧水	8.00	11.68	18.53	32.04	35.32	37.95
	硫酸	0.30	0.44	0.69	1.20	1.32	1.42
	合计	42.45	62.01	98.36	170.01	187.45	201.40
	增速		46.07%	58.63%	72.84%	10.26%	7.44%
显示面板行业	剥离液	15.86	21.07	25.58	30.44	35.06	37.75
	铝蚀刻液	9.85	12.56	14.25	15.14	15.36	15.50
	铜蚀刻液	8.87	11.77	14.16	15.87	16.98	18.04
	银蚀刻液	3.20	4.90	7.35	12.20	18.21	21.17
	CF 显影液	4.69	6.10	7.13	7.78	8.11	8.41
	TMAH 显影液	4.21	5.47	6.39	6.98	7.28	7.55

续表

项目		2020年	2021年	2022年	2023年	2024年预测	2025年预测
显示面板行业	显影液	3.10	4.75	7.12	11.81	17.64	20.51
	Thinner	1.84	2.41	2.86	3.23	3.53	3.72
	ITO蚀刻液	3.82	4.96	5.80	6.33	6.60	6.84
	乙酸	0.73	0.95	1.11	1.22	1.27	1.31
	BOE蚀刻液	1.06	1.58	2.29	3.63	5.28	6.10
	硝酸	0.51	0.67	0.78	0.85	0.89	0.92
	清洗液	0.22	0.28	0.34	0.39	0.44	0.47
	NMP	0.12	0.18	0.27	0.45	0.68	0.79
	合计	58.07	77.66	95.44	116.33	137.31	149.09
	增速		33.73%	22.88%	21.89%	18.04%	8.58%
合计		151.38	205.90	266.69	386.85	437.93	488.99
增速			36.02%	29.53%	45.05%	13.20%	11.66%

四、工艺技术

1. 污染物控制技术

超净高纯试剂中的碱金属杂质（Na、Ca等）会溶进IC存储器电池的氧化膜中，导致耐绝缘电压下降。重金属杂质（Cu、Fe、Cr、Ag等）会附着在硅晶片表面，使P-N结耐电压降低。因此，用户对超净高纯试剂中的金属杂质和颗粒含量要求各不相同。高纯度化学试剂制造过程在洁净室进行，但人为干预会导致晶圆的各种环境污染。污染物根据其存在形式分为四类：颗粒物、有机物、金属污染物和氧化物。

（1）颗粒物

在芯片制造领域，颗粒可能对生产过程产生巨大影响，因此对其控制和管理必须精确且严格。颗粒包括灰尘、液滴、病菌等，它们会黏附在硅表面，影响后续工艺的几何特征和电性能的发展。颗粒与表面之间的附着力以范德华力为主，因此去除颗粒的主要方法是用物理或化学方式将颗粒底切（undercut）逐渐去除。由于颗粒与硅表面的接触面积减少，最终被去除。

（2）有机物

人体皮肤油脂、洁净室空气、机械油、有机硅真空油脂、光刻胶、清洗溶剂和其它有机污染物都可以在IC工艺中找到。每种污染物以不同的方式影响工艺，但主要是通过产生有机层来阻止清洗溶液到达晶圆表面。因此，去除有机物通常是清洗的第一步。

（3）金属污染物

金属杂质可以影响半导体的电导率，导致性能降低或者失效。金属杂质也可以通过扩散或者电迁移的方式在芯片中迅速扩散，因此控制金属杂质含量是半导体制造的重要任务。为了去除金属污染，必须采取适当的清洗步骤。

（4）氧化物

由于过氧化氢具有很强的氧化能力，用APM和HPM溶液清洗后，会在硅表面形成化学氧化层。一旦晶圆被清洗，表面氧化物必须被清除，以保证栅极氧化物的质量。CVD在工艺中产生的氧化物，如氮化硅和氧化硅也应在清洗中被选择性去除。

污染物来源及其去除方式见表 2.221。

表 2.221　污染物来源及其去除方式

主要污染物	污染物类型	污染物来源	去除方法	常用清洗剂
颗粒	聚合物、光致抗蚀剂和蚀刻杂质	空气、操作人员、设备、化学试剂和工艺气体	湿法刻蚀、超声清洗	NH_4OH、H_2O_2、HF、H_2SO_4
有机物	皮肤油脂、机械油、硅树脂、真空脂、光致抗蚀剂、清洗溶剂	空气、操作人员、空气中有机蒸气、存储容器、光刻胶的残留物	强氧化法	H_2O_2、H_2SO_4、H_2O
金属污染物	铁、铜、镍、铬	化学试剂、离子注入、设备反应、离子刻蚀机	金属氧化变成可溶性离子	H_2O_2、HF、H_2SO_4、HCl、H_2O
自然氧化层	原生氧化层、化学氧化层	车间水分、空气、双氧水	酸洗	HF、H_2O

2. 清洗技术

(1) RCA 清洗

半导体生产中标准湿法清洗工艺称为 RCA 清洗工艺，RCA 清洗有两组不同的化学溶液：1 号标准清洗液（SC-1）和 2 号标准清洗液（SC-2）。

1 号标准清洗液（SC-1）是 $NH_4OH/H_2O_2/H_2O$（氢氧化铵/过氧化氢/去离子水）按 1∶1∶5 到 1∶2∶7（体积比）混配，使用温度 65~85℃，时间为 10~20min。SC-1 清洗液是碱性溶液，主要通过氧化颗粒和静电排斥来起作用；过氧化氢氧化并分解颗粒，氢氧化铵的氢氧根使颗粒和硅片表面都带上相同的负电荷，从而使颗粒被从硅片表面排斥并进入溶液，同时氢氧根也会对硅片表面产生轻微的刻蚀。由于过氧化氢具有分解的特性，SC-1 清洗液会频繁地更换。

2 号标准清洗液（SC-2）是 $HCl/H_2O_2/H_2O$（盐酸/过氧化氢/去离子水）按 1∶1∶6 到 1∶2∶8 混配（体积比），使用温度 65~85℃，时间 10~20min。SC-2 是酸性溶液，SC-2 清洗工艺用于去除硅片表面的金属。为了去除金属和某些有机物的沾污，必须使用高氧化能力和酸性的溶液。

RCA 清洗的改进：一是降低清洗温度，最低到 45℃；二是降低化学品的使用量。改进的 SC-1 的化学配比是 $NH_4OH/H_2O_2/H_2O$ 为 1∶4∶50。

(2) Piranha 清洗和 Caros 清洗

Piranha 清洗液是一种强效清洗液，在许多工艺步骤中使用，有时会在 SC-1、SC-2 清洗步骤之前。最常见的配比是 H_2SO_4/H_2O_2 为 7∶3，使用温度 125℃，时间 19~20min。Caros 酸是 Piranha 的变种，$H_2SO_4/H_2O_2/H_2O$ 比例为 380∶17∶1。清洗的最后步骤一般都是把硅片浸泡在一定浓度的 HF（氢氟酸）中，浓度可能为 4.9%，也有的是把硅片暴露在 HF 和 H_2O 的喷雾中，这样可以去除硅片表面的自然氧化层，用去离子水清洗后，再用 IPA（异丙醇）蒸汽进行干燥。

3. 污染物检测技术

(1) 颗粒的分析检测技术

随着 IC 制作技术的不断发展，对超净高纯试剂中的颗粒要求越来越严格，所需控制的粒径越来越小。颗粒测试技术从早期的显微镜法、库尔特法、光阻挡法发展到目前的激光光散射法。

(2) 金属杂质分析测试技术

目前常用的痕量元素的分析测量方法有：发射光谱法、原子吸收分光光度法、火焰发射光谱法、石墨炉原子吸收光谱、等离子发射光谱（ICP）、电感耦合等离子体-质谱（ICP-MS）法等。

(3) 非金属杂质分析测试系统

非金属杂质的分析测试系统主要是指阴离子的测试，最为常用的方法是离子色谱法。离子色谱法是根据离子交换的原理，由于被测阴离子水合离子半径和所带电荷不同，在阴离子交换树脂上造成分配系数不同，使阴离子在分离柱上得到分离，然后经过抑制柱去除洗脱液的导电性，采用电导检测器测定 Cl^-、NO_3^-、SO_4^{2-}、PO_4^{3-} 等离子。

4. 生产工艺技术

高纯试剂有两大特点：①高纯度，金属离子含量要求在 ppm～ppt 级；②超洁净度，0.1～0.2μm 的颗粒不得高于规定个数。因此湿电子化学品的制备难度很大，除了需要专用设备外还需要超净生产环境和高纯水，同时要具备专用分析仪器和高素质分析人员。

纯化工艺是对化学品进行有效分离和富集，以得到合格产品的过程，其关键是针对不同产品的不同特性采取对应的分离和富集技术。目前，国内外制备湿电子化学品常用的分离和富集技术（提纯技术）主要有精馏、蒸馏、亚沸蒸馏、减压蒸馏、低温蒸馏、膜技术、气体吸收、化学处理、分子筛吸附、离子交换等技术。

(1) 过氧化氢纯化工艺

电子级过氧化氢是一种十分重要的高纯试剂，主要用作半导体硅晶片清洗剂、蚀刻剂和光刻胶去除剂，还可用于电镀液无机杂质的去除，电子行业中铜、铜合金和镓、锗的处理，以及太阳能硅晶片的蚀刻和清洗。超净高纯过氧化氢对纯度的要求非常苛刻，其精制方法有减压蒸馏法、离子交换法和膜分离法等。工业过氧化氢的制备方法包括电解法和烷基蒽醌法。蒽醌法是工业中生产过氧化氢的最主要方法，但其有机杂质含量比较高。电子级过氧化氢的提纯方法见表 2.222。

表 2.222　电子级过氧化氢的提纯方法

技术名称	原理及步骤	工艺特点
减压蒸馏法	在减压条件下对工业原料过氧化氢进行汽化、冷凝从而达到提纯的过程。工业级过氧化氢经过酸度调整进入减压蒸馏塔内进行汽化蒸馏，得到净化产品	过氧化氢减压蒸馏法安全系数比较低，由于减压的因素会使塔板效率降低，产品很难达到 SEMI 标准 C8（G3）级
离子交换法	过氧化氢溶液中的阴阳离子与离子交换树脂上相应的离子发生交换，被固定在离子交换树脂上，是一种特殊的吸附过程，从而达到提纯的目的。过氧化氢的离子交换提纯一般需要配合其他工艺方法，因为溶液中还有许多杂质不是以离子状态存在的，同时一些高价态的金属离子会形成巨大的阴离子聚合物，吸附到树脂表面而使离子交换树脂失去交换能力，因此一般在离子交换处理前会结合吸附分离、微孔过滤等技术处理，在交换后会结合减压精馏、反渗透等技术处理	需要结合其他生产工艺一起使用。不过，过氧化氢离子交换法产品的质量标准很高，能达到 SEMI 标准 C12（G4）级甚至 G5 级

(2) 电子级异丙醇制备工艺

电子级异丙醇主要应用于电子清洗剂行业，如 PCB 线路清洗、电子元器件清洗、硅片抛光、太阳能电池片及光学精密仪器清洗。我国现已能够进行 MOS 级、G2 级、G3 级、G4 级异丙醇的生产。电子级异丙醇制备方法见表 2.223。

表 2.223 电子级异丙醇制备方法

技术名称	原理及步骤	工艺特点
精馏法	气液两相在塔内互相接触，反复进行部分汽化、部分冷凝，使混合液中各组分有效分离，从而达到提纯的目的	精馏法可以用工业级异丙醇比较轻松地制备出符合 SEMI 标准的 C8 级异丙醇，只是需要对原料中的水分和游离酸进行预处理
离子交换法	工业异丙醇溶液中的阴阳离子与离子交换树脂上相应的离子发生交换，被固定在离子交换树脂上，是一种特殊的吸附过程，从而达到提纯的目的。异丙醇的离子交换提纯一般需要配合其他工艺方法，因为溶液中还有许多杂质不是以离子状态存在的，同时一些高价态的金属离子会形成巨大的阴离子聚合物，吸附到树脂表面致使离子交换树脂失去交换能力，因此一般在离子交换处理前会结合吸附分离除水、微孔过滤等技术处理，在交换后会结合精馏、反渗透等技术处理	工业级异丙醇经过分子筛吸附、离子交换树脂吸附、精馏、微滤等工序可以制备出符合 SEMI 标准的 C12 级异丙醇

五、发展建议

湿电子化学品企业的核心竞争力主要体现在四个层面，即技术实力、客户储备、品类布局、向上一体化能力。

(1) 持续研发投入，提升技术实力

湿电子化学品生产涉及的核心工艺需要生产企业在工艺流程、生产设备、生产的环境控制、包装技术等方面都达到很高的技术水平。另一方面，功能性湿电子化学品的配方只能通过不断地调配、试制及测试才能完成，需要企业有丰富经验。湿电子化学品"卡脖子"主要原因在于：由小量研发走向大量生产存在较大的工艺难度，在量产工艺、量产设备等技术上，还需要国内厂商进一步加大投入，攻克关键工艺难题，尽快突破一系列工程化关键技术，这都需要企业持续的研发投入。

(2) 丰富产品种类，把握品类布局

下游客户对湿电子化学品的需求相对分散，且湿电子化学品的种类较多，在集成电路生产过程中一道工艺往往需要多种试剂配合使用，但是国内品种不如国外丰富，由于技术封锁，湿电子化学品国产化替代迫在眉睫。国内湿电子化学品企业必须做好国产化替代，提升综合竞争实力，为客户提供工艺所需的全套产品，助力国家信息自主化发展。

(3) 观测市场风向，增加客户储备

湿电子化学品占下游客户生产成本占比相对较低（以集成电路芯片/N 型 HJT 电池为例，湿电子化学品仅占其生产成本 4% 或 3%），但对产品性能有较大影响，因此客户对湿电子化学品的产品质量及技术指标的一致性要求较高，验证周期相对较长。湿电子化学品企业应当采用闭环交易、循环回收的商业模式，进一步提升客户黏性，并积累较大的先发优势。

(4) 扩大自身产业，向上一体化

我国的半导体关键原辅材料，如光刻材料用树脂、单体、添加剂等也大量依赖进口，考虑到上游原料厂家的品种多样性会影响湿电子化学品企业的产品布局，建议湿电子化学品企业通过向上一体化战略，完善上游原材料布局，进一步提升产品的盈利能力和生产经营稳定性。

第四十四节 光刻胶

北京化工大学 聂俊

一、概述

光刻胶又称光致抗蚀剂，是光刻工艺过程的核心感光材料，在特定光源的照射下曝光区域材料溶解速率发生变化，利用该特性通过显影工艺溶解掉易溶于显影液的部分，即可将掩模版上的图形转移到基片上。按照化学反应机理，光刻胶可分为正性和负性两大类：光照后曝光区材料溶解速率增加，易溶于显影液，从而使转移图形与掩模版图形一致，为正性光刻胶；光照后曝光区材料溶解速率降低，使转移图形与掩模版图形相反，为负性光刻胶。光刻胶的配方组成复杂，主要有树脂、增感剂（光引发剂/光增感剂/光致产酸剂）、溶剂和其他助剂。根据用途不同、曝光光源不同、制造工艺不同，光刻胶的成膜特性、光学特性、溶解性、耐蚀刻性以及机械特性等也有所不同。

根据瑞利公式，光刻胶的分辨率与曝光光源的波长成正比，通过改变曝光光源、缩小曝光波长有效地实现了分辨率的提升，如：紫外宽谱光刻胶、G线光刻胶（436nm）、I线光刻胶（365nm）、KrF光刻胶（248nm）、ArF光刻胶（193nm）和EUV光刻胶（13.5nm）。此外，通过提升折射率、多重曝光技术、分辨率增强技术等也可以有效地提升光刻胶的分辨率水平，如：浸没式ArF（ArFi）、离轴照明（OAI）、相移掩模（PSM）、邻近效应矫正（OPC）等。

按下游应用场景，光刻胶可分为PCB光刻胶、面板光刻胶、半导体光刻胶。PCB光刻胶主要用于将电路图像转移到衬底板上，包括干膜光刻胶、湿膜光刻胶和光成像阻焊油墨，PCB光刻胶及其原料的本土化率较高。显示面板光刻胶主要用于制造显示面板的微细图形，包括TFT-LCD光刻胶、彩色光刻胶和黑色光刻胶及触摸屏光刻胶等，其中TFT-LCD和触摸屏光刻胶目前已有较高的国产化率，彩色光刻胶和黑色光刻胶国产化率低。半导体光刻胶主要用于半导体领域加工微细电子线路图形，通过芯片工艺线宽的缩小，实现芯片上晶体管数量的增加，从而提升处理器的功能和速度，半导体光刻胶特别是集成电路（IC）用光刻胶是目前最具潜力的光刻胶品种。

从全球集成电路产业发展来看，KrF和ArF光刻胶在市场中占比最大，EUV光刻胶市场容量增长也比较明显。近些年全球半导体光刻胶的细分市场情况如图2.127所示。

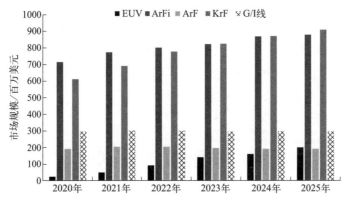

图 2.127 半导体光刻胶细分市场

二、主要生产企业

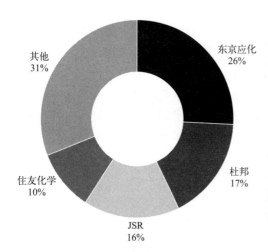

图 2.128 全球光刻胶企业市场占比

国际上主要的光刻胶企业包括杜邦（陶氏化学）、东京应化（TOK）、JSR、信越化学、住友化学等。东京应化（TOK）是世界光刻胶的龙头，1997 年开发出 KrF 光刻胶，2001 年推出 ArF 光刻胶，2018 年推出 EUV 光刻胶，是目前世界上少数有能力提供全种类光刻胶的企业，2022 年在半导体光刻胶市场占比为 26.1%，居世界首位，其中 EUV、KrF、G/I 线、ArF 光刻胶的市场占比分别为 38%、36.6%、22.8% 和 16.2%。

全球光刻胶行业市场份额见图 2.128。光刻胶主要生产厂家型号及应用厂家见表 2.224。

表 2.224 光刻胶的主要生产厂家型号及应用厂家

光刻胶	厂家及型号	应用厂家
ArF	AZ：AX 系列 Dow：Epic 系列 FujiFilm：GAR 系列 JSR：ARX 系列	台积电、三星、海力士、英特尔、美光、意法、中芯国际、联发、华虹、长江存储、合肥长鑫等
KrF	AZ：DX，EXP 系列 Dow：UV 系列 FujiFilm：GKR 系列 JSR：M，V，NDS 系列	台积电、英特尔、三星、海力士、美光、联发、友达、中芯国际、华虹、紫光、长江存储、合肥长鑫等
I 线	AZ：HiR，MiR，N 系列 Dow：MCPR FujiFilm：SC，HNR，HR，IC	台积电、三星、友达、海力士、中芯国际、华虹、紫光、积塔、长江存储、合肥长鑫等

续表

光刻胶	厂家及型号	应用厂家
G 线	AZ：系列产品 Dow：系列产品 FujiFilm：HPR，OCG，FHI 系列	台积电、三星、海力士、中芯国际、华虹、杨杰、士兰微、长江存储、合肥长鑫等
EB/X 射线	FujiFilm：FEP，FEN，PMMA 系列 Kayaku：PMMA 系列	台积电、三星、海力士、中芯国际等

三、市场供需

（一）世界供需及预测

1. 生产现状

SEMI（国际半导体产业协会）最新数据显示，2023 年全球半导体材料市场销售额从 2022 年创下的 727 亿美元的市场纪录下降 8.2%，至 667 亿美元，晶圆制造材料销售额下降 7% 至 415 亿美元，封装材料销售额下降 10.1% 至 252 亿美元。据 SEMI 统计，2023 年全球光刻胶市场规模达 23.51 亿美元，较 2022 年同期下降 10.95%。从光刻胶种类上来看：G/I 线光刻胶较 2022 年同期下降 3.57%、KrF 光刻胶下降 11.1%、ArF 光刻胶下降 14.77%、EUV 光刻胶下降 1%。

2. 需求分析及预测

全球半导体行业在经历了 2022 年底到 2023 年的下行之后，在 2023 年四季度迎来了回暖。随着高性能运算（HPC）芯片出货增加，以及存储芯片价格持续好转，2024 年一季度和二季度销售额都超过 20%。SEMI 和 WSTS 预测，随着下游需求的增加，全球光刻胶用量将持续增长，如图 2.129 所示。

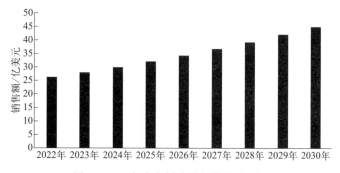

图 2.129 全球光刻胶增长趋势及预测

（二）国内供需及预测

1. 生产现状

我国半导体光刻胶产业发展起步晚、底子薄、体量小，全国仅有约 40 亿元的市场规模，国内仅对 G 线和 I 线光刻胶形成自主可控产业化能力；KrF 光刻胶仍处于产业化爬坡阶段，自给率在10％左右，部分逻辑工艺和先进存储工艺用产品有待迭代升级；ArF干法和浸没式光刻胶还处于产品开发、工程化和产业化技术突破阶段；EUV光刻胶只开展了实验室前期探索。KrF和ArF光刻胶可以覆盖250nm以下制程，满足绝大部分逻辑、存储、射频等芯片行业的应用需求，是集成电路光刻胶国产化攻关的重点方向。比光刻胶起步更晚的是光刻胶的原材料，目前我国尚未建立光刻胶原材料生态系统，关键原材料合成、纯化技术等产业链条缺失，无法为国内光刻胶企业提供高品质、多品种的原材料。

光刻胶本身是一种配方型的经验学科，因此原料、配方生产、光刻工艺三个环节都存在较高技术壁垒。我国光刻胶原材料比如感光剂、树脂等被外资企业垄断，自给能力不足。全球光刻胶用树脂主要由住友化学、美国陶氏等海外大厂垄断，中国光刻胶用树脂超90％依赖进口。光刻胶用树脂单体市场也由三井化学、三菱化学等日本厂商所主导，是中国光刻胶实现国产替代的核心壁垒之一。在光引发剂领域，国际市场基本形成了以巴斯夫、意大利Lamberti、IGM Resins等大型跨国企业为主的寡头局面。近年来，光引发剂产业链逐步向中国转移，国产光引发剂的工艺技术水平迅速提高，国内主要企业包括久日新材、扬帆新材、强力新材、固润科技等、北京英力（已被IGM Resins收购）等。

我国第一个光刻胶是20世纪80年代初由佛山实验化工厂（现在的广东三求光固材料股份有限公司）生产的。苏州瑞红电子化学品公司也是历史悠久的半导体光刻胶企业，2001开发了TFT大屏幕液晶显示器用光刻胶和配套试剂，为我国第一条TFT生产线——吉林彩晶配套。北京科华也于2009年首先推出了G/I线光刻胶，2014年又推出了我国首支KrF光刻胶，至此中国光刻胶产业开始被国际认可。成立于2014年的江苏博砚电子科技股份有限公司在国内首先实现黑色矩阵光刻胶的国产化，目前在国内黑胶市场占比超过45％。国内光刻胶企业如表2.225和表2.226所示。

表2.225 国内光刻胶企业情况

光刻胶类型	应用领域	国产化进程	代表企业
G线	6英寸	全面替代	北京科华、苏州瑞红、容大感光等
I线	6/8/12英寸	大部分替代	北京科华、苏州瑞红、容大感光、星泰克、苏州艾森、苏州理硕等
KrF	8/12英寸	少量替代	北京科华、苏州瑞红、厦门恒坤、湖北鼎龙、苏州艾森、欣奕华、苏州润邦、珠海基石等
ArF/ArFi	8/12英寸	验证阶段	南大光电、上海新阳、艾深斯、徐州博康、雅克科技、苏州润邦、珠海基石等
EUV	12英寸	研发阶段	中科院化学所、大连理工大学等

表2.226 国内主要光刻胶生产企业

企业名称	产能/(吨/年)	装置所在地	工艺来源
彤程新材	1000（ArF/KrF/I线）	上海化工区	自主研发
晶瑞电材	2405（半导体及显示）	湖北潜江	自主研发
博康化学	1100（半导体）	江苏徐州	自主研发
艾森股份	600（半导体）	江苏苏州	自主研发
上海新阳	513（ArF/KrF/I线）	上海化工区	自主研发
星泰克	120（半导体）	山东青岛	自主研发
容大感光	1050（半导体及显示）	广东珠海	自主研发

续表

企业名称	产能/(吨/年)	装置所在地	工艺来源
飞凯材料	5000（半导体及显示）	安徽安庆	自主研发
恒坤股份	600（半导体）	福建漳州	自主研发
南大光电	25（ArF）	浙江宁波	自主研发
鼎龙股份	500（ArF、KrF）	湖北潜江	自主研发
国科天翼	17（超高精细）	山东滨州	自主研发
艾深斯	100（ArF）	上海松江	自主研发
苏州理硕	12（半导体）	江苏苏州	自主研发
珠海基石	7（半导体）	广东珠海	自主研发
雅克科技	半导体	江苏宜兴	韩国引进

2023年，中国晶圆产能合计达658.72万片/月，同比增长13.8%。其中12英寸产能占比达56.9%，主要应用的光刻胶为ArF和KrF，8英寸和6英寸及以下晶圆产能占比分别为24.4%和18.6%，主要应用的光刻胶为G/I线和KrF胶。2023年，中国半导体光刻胶市场规模5.42亿美元，较2022年同期下降8.6%，其中G/I线光刻胶占比17.71%，市场规模较2022年同期下降6.8%；KrF光刻胶占比37.08%，市场规模较2022年同期下降16.6%；ArF光刻胶占比44.28%，是2023年国内唯一增长的光刻胶种类，市场规模较2022年同期增长0.42%。ArF光刻胶市场的增长以及比重的增加，从侧面体现了中国集成电路市场先进工艺的比重增大。

2. 需求分析及预测

统计局最新公布的数据显示，2024年3月中国芯片产量实现28.4%增长，产量达到了362亿颗，创下了历史新高，增长主要得益于新能源汽车和智能手机产量的持续增加。预计2024年中国将新增18座晶圆厂，晶圆产能将从760万片增加至860万片。另外，工信部发布的信息也显示我国电子信息制造业生产稳步增长，出口持续回升，效益继续改善，投资保持较高增速。展望未来，在人工智能技术带动及周期复苏的大趋势下，半导体光刻胶市场将持续增长，如图2.130所示。

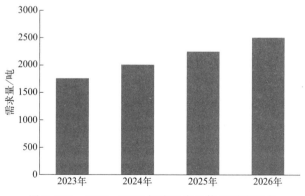

图2.130　2023—2026年我国半导体光刻胶需求

由于看好未来发展空间，国内光刻胶企业也在纷纷建设产能，如彤程新材的年产1.1万吨半导体、平板显示用光刻胶及2万吨相关配套试剂项目已部分建设完成。晶瑞电材披露，公司控股子公司苏州瑞红通过定向发行的方式，引入战略投资者中国石化集团资本有限公司，用于先进制程工艺半导体光刻胶及配套试剂业务的研发、采购、生产和销售及相关投资。博康化学 2023 年完成超 6 亿元融资，新资金将助力徐州博康加快推进在光刻胶全产业链自主创新技术的持续研发和产能布局。艾森股份挂牌上市共募集资金约 6.18 亿元，将用于年产 12000 吨半导体专用材料项目、集成电路材料测试中心项目等。上海新阳、飞凯材料、南大光电、鼎龙股份等企业也纷纷加码光刻胶的研发与生产。

四、工艺技术

光刻胶生产过程虽然只是物理混合，不涉及化学反应，但一方面光刻胶生产过程中的颗粒控制（含气泡）、金属杂质控制、均一性控制等工程化技术门槛较高，另一方面光刻胶的零容错特性，对其生产过程提出了极高的品控要求，特别是对批次稳定性要求极其严苛。这也是我国光刻胶企业都实现了产品的小批量供货，但是实现规模化供货的却很少的主要原因。

在生产设备方面，由于光刻胶对纯度、阴阳离子、颗粒杂质、水分等的要求非常高，生产环境、生产设备会带来各种杂质，因而需要严格控制。一般来说，光刻胶企业通常选用内衬 PTFE 材质的配胶釜，且所有与光刻胶相接触的部件都需要零析出，且没有杂质引入，包括配胶釜内的所有连接件，法兰、接口等。目前，能够将 PTFE 涂层均匀、严密地涂在配胶釜内部的技术国内尚不能够完成，仍需依赖进口。

在产线设计以及生产参数方面，国内企业仍需开展很多方面的基础性和理论性研究，比如：光刻胶的各组分在配胶釜内如何实现均一的混合，高分子在搅拌过程中如何减少剪切断链；搅拌方式、搅拌速度、釜内温度等因素对光刻胶性能会产生的影响；采取何种过滤通路可以提升光刻胶生产效率；采用何种管道设计能够避免液体湍流和气泡的产生；采取何种中间控制手段能够保障光刻胶的批次稳定性等。因此，光刻胶的生产过程虽然是物理混配，但技术门槛较高，中国企业还需要长时间的经验积累和持续改进。

五、应用进展

随着摩尔定律发展，芯片工艺不断向更小的节点发展，传统的深紫外（DUV）光刻技术已经遇到了物理极限，无法满足更高分辨率和更低成本的要求。因此，极紫外（EUV）光刻技术应运而生，它使用 13.5nm 波长的光线，可以实现更精细的图案化，并减少多重曝光的次数。EUV 光刻胶是 7nm 及以下先进制程芯片加工过程中的核心原材料。与其它光刻胶相比，EUV 光刻胶有以下特点。

高吸收率：由于 EUV 光线在空气中会被吸收，因此需要在真空环境下进行曝光。同时，为了提高曝光效率和减少剂量，EUV 光刻胶需要具有高吸收率，即能够吸收更多的入射光子；

高灵敏度：由于 EUV 光源功率有限，每个晶圆上打到的光子数量较少，因此 EUV 光刻胶需要具有高灵敏度，即能够在较低剂量下发生足够的化学反应；

高分辨率：为了实现更小的特征尺寸和更密集的图案布局，EUV 光刻胶需要具有高分辨率，即能够保持清晰和平滑的线边缘。

高稳定性：由于 EUV 光刻过程涉及多种化学物质和物理条件，因此 EUV 光刻胶需要具有高稳定性，即能够抵抗各种干扰和变化。

随着半导体节点向更小的规模发展，保持分辨率、灵敏度和图形保真度变得更加复杂和具有挑战性。

光刻胶可用于离子注入、栅极和配线工艺图案等多个方面。随着技术的进步，EUV 的灵敏度进一步提高，缺陷率进一步降低，通过旋涂、堆叠技术可以进一步提高精度，如图 2.131 所示。

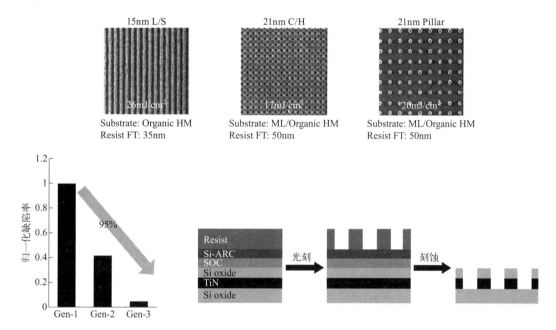

图 2.131　EUV 的灵敏度、缺陷率及旋涂、堆叠技术

六、发展建议

光刻胶在我国的发展时间并不长，目前国产化率不高，尤其是高端 IC 光刻胶如 EUV、ArF 光刻胶基本依赖进口。主要原因是相关基础研究少，配套产业链不完整，并且相关研究投入大，验证周期长，品种迭代快，单个品种用量小，因而愿意投入的企业少。

针对这些问题，为推进光刻胶的健康发展，提出以下几点建议。

（1）光刻胶国产化是一项系统工程，需要从国家层面上进行顶层设计，统一指挥，发挥集体力量，上下游联动。

（2）光刻胶配方国产化已经开始，但光刻胶原料的国产化程度远远不够，需要从全产业链进行布局。

（3）加强基础研究，包括材料、设备、工艺、软件等多方位的基础研究，重点是下一代光刻技术所需光刻胶的基础研发。

（4）光刻胶需要极大的投入，建议国家在政策、资金等方面进行长期支持。

第四十五节 环氧树脂

中国石油和化学工业联合会环氧树脂及应用专业委员会　谢　勇　段　冲　田利锋
安徽新远科技股份有限公司　程振朔

一、概述

环氧树脂是指分子中含有两个或两个以上环氧基团的一类化合物，可与胺、酸酐、酚醛树脂、咪唑等固化剂配合形成三维网状固化物。环氧树脂具有优异的粘接、耐腐蚀、电气绝缘等性能，在电子电工、工业防腐、航空航天、船舶制造、土木工程及其他许多工业领域中发挥着重要的作用，已成为各工业领域中不可缺少的基础材料。

按分子结构，环氧树脂大体可分为五大类：缩水甘油醚类、缩水甘油酯类、缩水甘油胺类、线型脂肪族类及脂环族类。目前用量最大的环氧树脂品种是缩水甘油醚类，以双酚A型为主。

我国环氧树脂根据国家标准《塑料 环氧树脂 第1部分：命名》（GB/T 1630.1—2008）以树脂的环氧当量进行分类，市场上应用广泛牌号有E54、E51、E44、E39、E20和E12等，其中E54、E51、E44和E39是基础液体环氧树脂，主要应用于地坪涂料、风电叶片、纤维上浆剂、胶黏剂、电工绝缘材料等领域；E12和E20是基础固体环氧树脂，主要应用于粉末涂料、重防腐涂料、油墨等领域。此外，还有溴化环氧（450A80、400A60等）、苯酚酚醛环氧（638）、邻甲酚酚醛环氧（701）、双酚F环氧（170）等牌号。

二、市场供需

（一）全球供需及预测

1. 生产现状

2023年，全球环氧树脂总产能约为658.1万吨/年，产量约为396.6万吨，分别同比增长4.4%和3.0%。从生产装置分布区域看，中国（含中国台湾）总产能399.0万吨/年，约占全球总产能的60.6%，是全球最大的环氧树脂生产国，其次是韩国的75.9万吨/年，约占全球总产能的11.5%，产能区域分布情况如图2.132所示。

全球环氧树脂主要生产企业有国都化工、Olin、中国中化、南亚塑胶、江苏三木、长春化工、西湖化学（原瀚森化工）、锦湖化学、建滔化工、宏昌电子、湖南石化、亨斯迈等，以上企业合计产能约占全球总产能的63%，主要企业产能情况如表2.227所示。

由于下游消费恢复不及预期，2023年Olin先后关停韩国Gumi 4万吨/年和巴西Guaruja 3.3万吨/年的生产装置。据北京国化新材料技术研究院（以下简称ACMI）统计，2023年全球净增环氧树脂产能24.7万吨/年，且新增产能全部来自中国。未来几年，土耳其Akkim

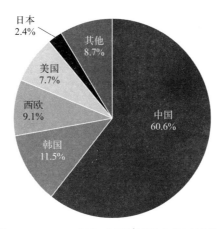

图 2.132　2023 年全球环氧树脂产能区域分布

表 2.227　2023 年全球环氧树脂主要企业产能情况

公司名称	装置地点	产能/(万吨/年)
国都化工	韩国、中国、印度	63.0
Olin	美国、德国、意大利、韩国、巴西	53.5
中国中化	中国	51.0
南亚塑胶	中国	46.3
江苏三木	中国	46.0
长春化工	中国	45.0
Westlake Chemical（西湖化学）	美国、荷兰、德国、西班牙	31.7
锦湖化学	韩国	19.7
建滔化工	中国	18.0
宏昌电子	中国	15.5
中石化湖南石化	中国	14.0
亨斯迈	美国、瑞士	12.5
其他		241.9
全球合计		658.1

Kimya 计划新建 10 万吨/年装置，该项目计划 2024 年投产，中国的在建和拟建环氧树脂项目总产能约 393.5 万吨/年，是全球新增产能的主力军。

2. 需求分析及预测

2023 年，全球环氧树脂消费量达到 396.6 万吨，消费区域主要分布在亚洲、欧洲及美洲地区。其中，中国（含中国台湾）消费量约 236 万吨，约占全球消费量的 59.5%，是全球最大消费国，其次是西欧、美国、韩国和中东地区，分别占总消费量的 9.3%、5.3%、4.5% 和 4.0%。2023 年，全球环氧树脂消费区域情况如图 2.133 所示。

（二）国内供需及预测

1. 生产现状

2023 年，中国环氧树脂总产能约 355.5 万吨/年，同比增长 9.9%，产量约为 226.3 万吨，同比增长 8.8%，行业平均开工率为 63.7%。2023 年中国环氧树脂主要生产企业产能情况如表 2.228 所示。

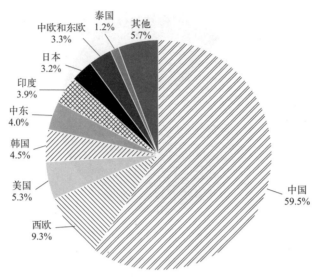

图 2.133 2023 年全球环氧树脂消费区域分布

表 2.228 2023 年中国环氧树脂主要生产企业产能情况

生产企业	装置地点	产能/(万吨/年)
江苏三木集团有限公司	江苏宜兴/广东江门/山东滨州/河南焦作	46.0
长春化工有限公司	江苏常熟/辽宁盘锦	25.0
南亚电子材料（昆山）有限公司	江苏昆山	24.8
建滔化工集团有限公司	江苏江阴/广东广州	18.0
江苏瑞恒新材料科技有限公司	江苏连云港	18.0
江苏扬农锦湖化工有限公司	江苏扬州	17.0
南通星辰合成材料有限公司	江苏南通	16.0
宏昌电子材料股份有限公司	广东珠海	15.5
国都化工（昆山）有限公司	江苏昆山	15.0
中国石化湖南石油化工有限公司	湖南岳阳	14.0
浙江吴中化工有限公司/上海元邦树脂制造有限公司	浙江平湖/上海	13.0
浙江豪邦化工有限公司	浙江衢州	12.0
福建环洋新材料有限公司	福州福清	10.0
浙江志合新材料科技有限公司	浙江衢州	10.0
其他		101.2
总计		355.5

相比过去两年新建产能集中释放，2023 年国内环氧树脂新建项目建设速度和投产进度明显放缓，产能增速从 2022 年的 29.9% 下滑至 9.9%，但预计未来 2～3 年行业仍将保持较高产能增速。截至 2023 年底，中国环氧树脂在建和拟建项目总产能约 393.5 万吨/年，其中现有企业进一步扩增规模的约占 39%；采用上下游一体化发展模式的有青岛海湾、广西华谊、东营易锐增、浙江荣盛等企业，约占 52%。中国环氧树脂在建和拟建项目进展情况如表 2.229 所示。

2. 需求分析及预测

2023 年，中国环氧树脂消费总量约为 225.0 万吨，同比增长 3.4%，其中涂料领域消费

表 2.229　2024 年中国环氧树脂在建和拟建项目进展情况

建设单位	装置地点	产能/(万吨/年)	项目进展情况
山东明厚德新能源科技有限公司	山东滨州	5.0	2024 年 1 月投产（二次加工产品）
铜陵善纬新材料科技有限公司	安徽铜陵	21.0	2024 年 2 月投产 7.5 万吨
河南三木表层材料工业园有限公司	河南焦作	10.0	2024 年 3 月投产
安徽美佳新材料股份有限公司	安徽芜湖	15.0	在建，预计 2024 年投产 5 万吨
宏昌电子材料股份有限公司	广东珠海	22.0	在建，预计 2024 年投产 14 万吨
大连齐化新材料有限公司	辽宁大连	8.6	在建，预计 2024 年投产 0.6 万吨
江西同宇新材料有限公司	江西景德镇	6.0	在建，预计 2024 年投产
辽宁四友新材料有限公司	辽宁鞍山	2.0	在建，预计 2024 年投产
淄博永流精细化工有限公司	山东淄博	2.0	在建，预计 2024 年投产
烟台东化新材料有限公司	山东烟台	1.4	在建，预计 2024 年投产 0.8 万吨
国都化工（宁波）有限公司	浙江宁波	18.0	在建，预计 2025 年投产
中国石化湖南石油化工有限公司	湖南岳阳	17.0	在建，预计 2025 年投产
浙江弘利电子材料有限公司	浙江丽水	16.2	在建，预计 2025 年投产
青岛海湾集团有限公司	山东青岛	15.0	在建，预计 2025 年投产
东营易锐增新材料科技有限公司	山东东营	20.0	在建，预计 2026 年投产
广西华谊新材料有限公司	广西钦州	30.0	环评
江苏瑞祥化工有限公司	江苏扬州	13.0	环评
山东三木化工有限公司	山东滨州	5.0	环评
龙岩卓越合成树脂有限公司	福建龙岩	5.0	环评
南通星辰合成材料有限公司	江苏南通	2.5	环评
山东万盛新材料有限公司	山东潍坊	2.1	环评
山东海王化工股份有限公司	山东潍坊	1.6	环评
南通玖富新材料有限公司	江苏南通	1.6	环评
榆林久扬高科新材料有限公司	陕西榆林	50.0	规划
荣盛新材料（台州）有限公司	浙江台州	50.0	规划
河南平煤神马东大化学有限公司	河南开封	40.0	规划
淄博飞源化工有限公司（二期）	山东淄博	7.5	规划
东营市赫邦化工有限公司（二期）	山东东营	6.0	规划
总计		393.5	

量约 93.8 万吨，占总消费量的 41.7%，电子电工领域消费量约 66.8 万吨，占总消费量 29.7%，复合材料消费量约 43.0 万吨，占总消费量 19.1%，胶黏剂消费量约 21.4 万吨，占总消费量 9.5%。据 ACMI 预计，2024 年中国环氧树脂总消费量约 239 万吨，到 2028 年总消费量将达到 304 万吨，2024—2028 年年均消费增长率约 6.2%。2023—2028 年中国环氧树脂消费结构及预测如表 2.230 所示。

表 2.230　2023—2028 年中国环氧树脂消费结构及预测　　　　　单位：万吨

应用	2023 年	2024 年预测	2028 年预测
涂料	93.8	98.7	120.7
电子电工	66.8	71.1	91.6
复合材料	43.0	46.5	63.8
胶黏剂	21.4	22.6	27.9
总消费量	225.0	238.9	304.0

（1）涂料

2023年，我国涂料领域消费环氧树脂量约为93.8万吨。得益于新能源汽车工业和造船业的高景气度，2023年中国汽车涂料和船舶涂料领域对环氧树脂的消费量保持11%以上增长，预计2024年这两个领域环氧树脂的消费量仍将继续保持高增速。但2023年国内金属集装箱行业整体供过于求的情况较严重，集装箱产量大幅下滑，导致该领域环氧树脂消费量大幅下降。此外，受房地产投资下滑影响，地坪领域环氧树脂消费量同比下降7.5%，预计2024年集装箱涂料和地坪涂料环氧树脂消费量下滑趋势将有所放缓，但情况仍不容乐观。其他领域如一般工业涂料、工业重防腐涂料、罐涂料等，整体保持平稳发展态势。

涂料细分领域的环氧树脂消费占比如图2.134所示。

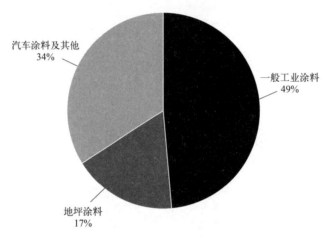

图2.134　2023年涂料细分领域环氧树脂消费占比

（2）电子电工

2023年，我国电子电工领域的环氧树脂消费量约为66.8万吨。其中覆铜板行业保持低速增长，2023年中国大陆覆铜板产量约79497万平方米，同比增长4.9%；集成电路产业保持快速增长态势，2023年产量约为3514.4亿块，同比增长8.4%，带动了电子封装领域环氧模塑料的快速增长；2023年中国大陆地区LED封装产值预计782亿元，同比增0.5%，Mini-LED背光市场渗透加速、车用LED器件国产化替代加快，带动了LED封装用环氧树脂逆势增长。预计2024年环氧模塑料和车用LED将继续保持高速增长。电工绝缘材料领域，2023年全国电网工程建设投资额达5275亿元，同比增长5.4%，受下游电工装备需求的拉动，中/高压开关绝缘件、变压器/互感器、复合层压制品、绝缘子等电工绝缘材料保持稳定增长。

电子电工主要细分领域环氧树脂消费占比如图2.135所示。

（3）复合材料

2023年，我国复合材料领域环氧树脂的消费量约为43.0万吨。其中2023年全国风电新增装机容量75.9GW，同比增长102%，在风电领域需求刺激下，环氧树脂消费量也大幅增长，预计2024年风电领域仍将继续保持高增速。2023年我国玻璃纤维纱总产量约723万吨，同比增长5.2%，环氧树脂作为纤维上浆剂的主要原料，需求也保持较高增速，预计2024年该领域将继续保持稳定增长。环氧乙烯基树脂在强酸强碱、强氧化性介质、酸性超高温气体等强腐蚀工况下具有不可替代优势，2023年我国乙烯基树脂消费量约13万吨，保

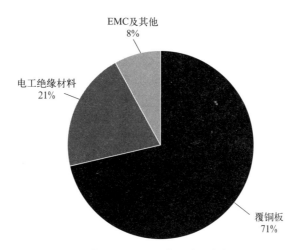

图 2.135　2023 年电子电工细分领域环氧树脂消费占比

持稳定增长，预计 2024 该领域对环氧树脂需求将保持稳定增长。

（4）胶黏剂

2023 年，我国胶黏剂领域的环氧树脂消费量约为 21.4 万吨。美缝剂是近年来兴起的一种新型装饰性的胶黏剂，受到广大消费者的青睐。但受商品房销售下滑和家装市场低迷的影响，2023 年美缝剂领域环氧树脂的需求受到抑制，预计未来美缝剂市场有可能被环氧彩砂等新产品替代。相比传统燃油车，新能源汽车使用更多的胶黏剂，新能源汽车动力电池组装单车用胶量（PACK 密封、结构导热、结构黏结、BMS 防护、电芯粘接、电池灌封、壳体粘接等）将达到约 5~6kg。未来随着新能源汽车渗透率提升，动力电池将推动胶黏剂需求高速增长。此外，石材胶、建筑结构胶、电子灌封胶、饰品胶和相框胶等领域对环氧树脂也有较大需求，未来将保持稳定增长。

三、发展建议

自 1958 年上海树脂厂、无锡树脂厂等企业开启了我国环氧树脂工业化生产之路以来，我国环氧树脂行业经历了从无到有、从小到大、从弱到强的发展历程。历经六十六年的蓬勃发展，我国已成为全球最大的环氧树脂生产国和消费国。国产环氧树脂无论是在生产技术、能耗水平还是装置规模化、一体化发展方面均取得巨大进步，为全球环氧树脂行业快速发展做出巨大贡献。

我国虽已跻身世界环氧树脂大国，但行业仍面临"大而不强、快而不优"等问题，以及基础产品同质化、特种环氧自给不足、配套应用能力较低等薄弱环节。建议全行业加大资源循环利用力度，加快提质增效升级；完善标准体系服务能力，创建国际性检测评价平台；持续优化产业结构，加快培育新质生产力；强化协会引导职能，保障行业健康有序发展。具体建议如下。

（1）资源循环利用，行业提质增效

环氧树脂行业应加强资源循环综合利用，实行固体废物处理备案制，鼓励行业内及上下游的副产物如环氧树脂副产甘油和老化树脂，双酚 A 副产焦油等资源的无害化循环利用，减少或杜绝填埋和焚烧，避免二次污染、重复污染和资源浪费，从而降低产品生产成本，提高性价比。

（2）完善标准体系能力，创建检测评价平台

围绕行业转型升级和市场应用的需要，推动环氧树脂行业标准体系建设，对早期标准进行修订，对新兴领域和新的市场应用尽快制定标准。同时，对国内需要、国际通行的标准尽快引进和转化，按照不同层次需要，形成较为全面、科学、适度超前的标准化体系。同时，集中行业资源，逐步建立具有国际先进水平的环氧树脂行业公共检测平台，特别是要适应高端应用领域检测要求，增强专业性、先进性、独立性和可靠性，形成国际影响力。

（3）优化产业结构，培育新质生产力

调整优化产业结构，加快转变发展方式，促进行业由偏重数量的增长向更加注重质的提升转变。通过建立政策性准入制度及行业信用体系等措施，引导新增产能高标准建设并有序投放，现有产能效能提升，落后产能加快退出，先进产能加速投产，持续优化行业产业结构，提升行业核心竞争力，加快培育新质生产力。

（4）强化行业引导，保障有序发展

行业协会是行业上下游和国内外行业联系的纽带，是企业与政府沟通的桥梁，建议进一步强化行业协会的影响力，充分发挥协会的平台作用，积极引导行业有序投资、优势互补、良性竞争。通过协会推动"产研用"深度融合，培养高水平复合型专业人才，推动信息渠道畅通，积极反馈行业合理诉求，争取国家相关政策支持。

第四十六节　聚己内酯

湖南聚仁新材料股份公司　杨华仁　高伟　尹华清

一、概述

（1）聚己内酯（PCL）

聚己内酯（PCL）又称聚 ε-己内酯，熔点为 58～62℃，是一种重要的人工合成脂肪族酯材料。PCL 分子链的重复单元有 5 个非极性亚甲基（—CH_2—）和 1 个极性酯基（COO—），其特有的分子结构赋予它诸多特殊性能，其中包括：

① 较快的结晶速率和较高的结晶度；

② 较低的玻璃化转变温度和熔点，比普通聚酯高近 100℃的热分解温度（约 350℃）；

③ 室温呈橡胶态，断裂伸长率较聚乳酸（PLA）高上百倍；

④ 较好的流变性、黏弹性，良好的柔韧性与加工性能；

⑤ 突出的抗紫外线辐射、耐磨损、抗老化性能，较 PLA 更长的降解半衰期；

⑥ 优异的生物相容性和生物分解性、无毒无害，通过欧盟和 FDA（美国食品药品监督管理局）认证可植入人体使用；

⑦ 较强的疏水性和优良的药物通过性等。

PCL 具有如此丰富的特殊性能，使其迅速成为新材料开发的研究热点。

聚己内酯目前主要用于制备放疗定位膜、人体植入材料、骨科低温热塑板等医疗器械领域以及生物可降解塑料制品领域等。

（2）ε-己内酯（己内酯单体，聚己内酯最核心原材料）

ε-己内酯是由 5 个亚甲基（—CH_2—）和 1 个酯基（—COO—）构成的七元环状内酯，分子式为 $C_6H_{10}O_2$，物理形态为无色液体。ε-己内酯具有独特的环状结构，拥有良好的易加工性和化学相容性，是一种用于提高树脂材料性能的中间体。

ε-己内酯可与丙交酯等内酯单体共聚制备性能优良的生物可降解材料，亦可与聚酯、丙烯酸或环氧树脂或丙交酯进行共聚改性，应用于分散剂、光敏树脂等。

（3）聚己内酯多元醇

以小分子多元醇引发 ε-己内酯开环聚合制备的 PCL 多元醇，是市场需求量最大的 PCL 产品。目前，全球有一半以上的 ε-己内酯单体被用于生产 PCL 多元醇，其主要用途是与多异氰酸酯反应合成各类高性能的 PCL 型聚氨酯产品。考虑到聚氨酯合成过程中反应体系的传质、传热以及反应活性等因素，PCL 多元醇的分子量一般相对较低（$500 \leqslant M_n \leqslant 8000$）。

与聚醚多元醇和普通聚酯多元醇相比，PCL 多元醇具有反应活性高、黏度低、分子量分布窄、酸值和含水量低等特点。基于这些特质，PCL 多元醇与多异氰酸酯反应制备聚氨酯材料的反应过程可控性更好、工艺稳定性更高，制得的聚氨酯产品性能更加优异。通常情况下，PCL 型聚氨酯产品在低温柔顺性、老化耐候性、光稳定性、耐水解性以及抗撕裂性能等诸多方面表现突出。因而在高档家私、合成皮革、汽车内饰、高铁漆装以及高端运动器材生产等众多领域得到广泛应用。不仅如此，基于特殊牌号 PCL 多元醇制备的聚氨酯胶黏剂、密封件、弹性体等制品，在耐冲击、耐磨损、耐高低温、抗腐蚀、抗辐射老化等方面性能卓越，因此在航空航天、深海探测、战略武器装备制造等特殊领域有着重要应用。

二、市场供需

（一）世界供需及预测

1. 己内酯（聚己内酯）产业发展概况

作为 PCL 合成的基本原料，ε-己内酯的稳定供应对于 PCL 相关产业的健康发展至关重要。然而，由于 ε-己内酯的合成过程存在控制安全风险、提高产品收率以及稳定产品质量等众多技术难题，其规模化生产工艺的开发难度很大。

20 世纪 60 年代末以来，美国、欧洲、日本等多家化工巨头相继研发出 ε-己内酯生产技术，先后建成 4 个主要的 ε-己内酯生产基地——美国塔夫脱（Taft）工厂、英国沃灵顿（Warrington）工厂、日本大竹（Otake）和美国弗波特（Freeport）工厂。仅英国沃灵顿工厂配套了聚己内酯生产装置。

西方发达国家的少数几家公司掌控着从 ε-己内酯单体到 PCL 聚酯乃至 PCL 多元醇的生产与销售，使得我国市场上 ε-己内酯相关产品价格居高不下，严重制约着相关产业的发展进程。

截至 2023 年 8 月，我国仅湖南聚仁新材料股份公司实现 ε-己内酯规模化稳定生产，且拥有全球最大己内酯单体生产产能。国内所需 ε-己内酯单体品质完全满足国内需求。随着供应稳定性增强，成本逐步降低，PCL 应用领域不断拓展，国内市场对于 ε-己内酯的需求日益增加，ε-己内酯规模化、高标准、高应用化开发技术难题的紧迫性也日益凸显。

2. 己内酯（聚己内酯）相关生产企业

（1）Taft 工厂（UCC 公司）

1967 年，美国联合碳化物公司（UCC）基于 Baeyer-Villiger 氧化反应理论，成功开发出过氧酸氧化环己酮制备 ε-己内酯的工艺路线，进而开始在路易斯安那州新奥尔良东南的密西西比河畔着手 Taft 工厂建设。1969 年，UCC 公司的 ε-己内酯生产装置建成投产，成为世界上第一家 ε-己内酯规模化生产企业。

Taft 工厂建成之初，生产的 ε-己内酯的主要用途是通过氨解制备己内酰胺，为生产尼龙 6 提供原料；少部分 ε-己内酯通过开环聚合制备 PCL 多元醇（注册商标 TONE@），随着己内酰胺合成技术的发展，己内酯合成路线被环己酮的贝克曼重排法替代。1972 年，Taft 工厂的氨解生产线停运，继续保留 ε-己内酯生产，专门用于 PCL 相关产品制备。

2001 年，美国陶氏化学全面并购 UCC 公司业务，Taft 工厂随之转入陶氏化学旗下。陶氏化学沿用 TONE@ 商标，成为当时全球最大的 ε-己内酯生产商。直至 2008 年，陶氏化学宣布基于产品成本与市场情况等因素考量，决定退出 ε-己内酯领域，不再重启相关生产线。世界第 1 条规模化的 ε-己内酯生产线的退出，在很长一段时间内给己内酯相关产业的发展造成了重大影响。

（2）Warrington 工厂（美国英杰维特）

1975 年，比利时索尔维（Solvay）公司在英国利物浦与曼彻斯特之间的 Warrington 西南郊区建立了 ε-己内酯生产线。作为欧洲最大的过氧化氢生产商，Solvay 公司具有原料来源优势，采用浓度超过 70％ 的过氧化氢氧化冰乙酸获得过氧乙酸，再以过氧乙酸水溶液氧化环己酮得到高纯度的 ε-己内酯，副产物乙酸循环使用。2003 年公开的专利显示，索尔维公司开发了新的催化氧化体系，以介孔二氧化硅负载三氟化锑催化剂与环己酮混合，70℃下加入一定浓度的双氧水，实现了 ε-己内酯的简便合成。该工艺的优点是路线简单、安全风险较低，不足之处为催化剂寿命偏短。2006 年，拥有员工 65 人的 Warrington 工厂，产能达到 1.5 万吨/年，年销售收入超过 6000 万欧元。

2008 年，特种化学产品集团柏斯托（Perstorp）以 2.85 亿美元全面收购索尔维旗下的 Warrington 工厂及其 ε-己内酯、PCL（注册商标：CAPA@）业务。2011 年，Perstorp 完成 ε-己内酯生产线的扩能改造，实现产能翻番，达到 3 万吨/年，一举成为新的己内酯产品全球领导者。2018 年 5 月，CAPA@ 产品全球经理 Joel Neale 宣布：基于原有 ε-己内酯生产装置，再次扩建第 2 条生产线，产能再次增长，达到约 4 万吨/年。2018 年 12 月 10 日，Perstorp 发布公告：同意以约 5.9 亿欧元的价格向美国英杰维特（Ingevity）公司出售包括 Warrington 工厂在内的己内酯业务。该交易于 2019 年 2 月完成。

沃灵顿工厂配套己内酯单体装置，建有一套年产 1 万吨/年的聚己内酯生产装置。

（3）Otake 工厂（日本大赛璐）

20 世纪 80 年代，日本大赛璐（DAICEL）株式会社在广岛县南部的大竹市建成亚洲最大的 ε-己内酯生产线，年产能超 1 万吨。DAICEL 采用过氧乙酸作为氧化剂、乙酸乙酯作为溶剂，通过流动式反应器氧化环己酮制备 ε-己内酯；反应后的混合物料通过多塔精馏分离乙酸、乙酸乙酯和 ε-己内酯产品。该路线反应效率高、氧化效果好，只是工序较多、能耗偏高，对于安全控制技术的要求也高。

日本工厂因其生产工艺的特殊性（副产再利用），无法大规模量产适合市场需求的聚己内酯 PCL 产品，因此无配套聚己内酯生产装置。

（4）Freeport 工厂（BASF 美国）

2001 年，巴斯夫（BASF）公司在美国得克萨斯州的 Freeport 建成 ε-己内酯生产基地。Freeport 工厂的 ε-己内酯生产规模相对较小，经过一次扩建后，2008 年产能增加至 2000 吨/年；而且该工厂生产的 ε-己内酯以自用为主，面向市场销售的单体量很少。文献资料中关于 Freeport 工厂 ε-己内酯生产线的报道较少，外界对其工艺路线的了解也不多。2012 年，BASF 公开的专利报道，利用富氧氧化环己烷制备环己酮与环己醇过程中，副产一定量的己二酸、6-羟基己酸、环己二醇等副产物，将其中的 6-羟基己酸加热环化后可得到 ε-己内酯。结合 BASF 公司的环己酮产能，以及其产品目录中同时存在己二酸、环己醇、环己二醇等产品的情况推测，Freeport 工厂有可能采用的是 6-羟基己酸环化路线合成 ε-己内酯。

因其装置规模较小，且定位为联产装置，下游行业应用集中在聚氨酯领域，因此无配套聚己内酯装置。

3. 国外己内酯（聚己内酯）相关产能情况

目前，国外 ε-己内酯生产企业主要有德国的巴斯夫、日本的大赛璐和美国的英杰维特（Ingevity）3 家。美国的英杰维特的 ε-己内酯最早为英国索尔维（Solvay）所有，后被瑞典帕斯托集团（Perstorp）收购，2018 年，帕斯托的 ε-己内酯业务又被美国英杰维特所收购，其生产能力在 4 万吨/年，具体见表 2.231。

表 2.231　国外己内酯（聚己内酯）主要厂商产能情况

企业	聚己内酯现有产能/(万吨/年)	己内酯单体现有产能/(万吨/年)
Ingevity（英杰维特）	1	4
巴斯夫	0	0.5
大赛璐	0	1

（二）国内供需及预测

目前国内己内酯（聚己内酯）产能情况见表 2.232，聚己内酯产能情况见表 2.233。

表 2.232　国内己内酯（聚己内酯）产能情况

企业/研究机构	拟建产能/(吨/年)	拟建情况
湖南聚仁新材	50000	已投产
湖北旺江	50000	环评已批复，技术不详
安徽卓润新型环保材料	39000	筹建
巴陵石化	10000	筹建
山东吉鲁	1000	在建
河南中原大化	2000	筹建
安徽红太阳	5000	筹建

表 2.233　国内聚己内酯产能情况

企业/研究机构	聚己内酯产能/(吨/年)	原料来源
湖南聚仁新材	5000（已投产）+5000（已规划）	自己生产
湖北旺江	10000	环评已批复，自己生产，技术不详
易生新材	5000	外购
云南民族大学	1000（已投产）	外购
巴陵石化	3000	外购
惠州康迈	1000（规划中）	外购

湖南聚仁新材料股份公司是目前国内唯一一家己内酯-聚己内酯全产业链发展企业。从原料端开始解决聚己内酯供应问题。

三、工艺技术

我国对 ε-己内酯的产业化研究始于 20 世纪 70 年代，几乎与日本同步。然而，由于西方国家的技术封锁，我国的 ε-己内酯工业化生产之路步履维艰。即便如此，仍有多家研究机构和企业（中国科学技术大学、中科院长春应用化学研究所、国防科技大学、巴陵石化、四川大学、武汉理工大学、黎明研究院、湖南聚仁新材、安徽红太阳等）迎难而上，相继开展相关研究开发工作。在众多研究机构中，进入中试阶段的包括：20 世纪 70 年代，南通醋酸厂建成的年产 50 吨/年 ε-己内酯单体的中试装置，尽管该装置在开车后不久即因为反应失控被迫终止试验，但是作为国内建设的首条 ε-己内酯中试线，为后续研究者提供了宝贵的经验。2009 年 10 月，巴陵石化环己酮事业部采用双氧水-丙酸路线建成年产 200 吨/年 ε-己内酯中试装置，在经历不良事件考验后，完成了长周期的稳定试验。基于中试积累的实验数据、巴陵石化与上海石油化工研究院合作，完成年产 1 万吨 ε-己内酯成套技术工艺包的开发和编制。中科院长春应用化学研究所经过 10 余年的探索研究，自主研发出独特的催化体系，实现了环己酮向 ε-己内酯的安全、高效转化。经过上千次的小试实验，积累了充足的实验数据、摸索出合理的工艺流程，并建立可靠有效的安全防爆措施；2012 年，长春应用化学研究所建成 100 吨/年 ε-己内酯中试线，并顺利完成中试实验研究。2014 年，南京红太阳新材料有限公司基于自主研发的工艺技术，建成 500 吨/年中试生产装置，完成中试实验。2016 年，湖南聚仁新材料股份公司投产 2000 吨/年 ε-己内酯单体生产装置，并开发出相应的 PCL 生产工艺，成为国内首家量产己内酯的企业，2018 年通过一系列技术改造，产能逐步提升至 5000 吨/年。2021 年投产 3000 吨/年 PCL 高分子材料的聚合生产线。2023 年 8 月，湖南聚仁新材全球单套规模最大 50000 吨/年装置试生产成功，技术指标达国际先进水平，同期投产全球第一套 5000 吨/年的全自动化连续 PCL 生产线，成为产能最大的己内酯供应商。公司目前拥有完全自主知识产权 ε-己内酯成套专利技术，已授权发明专利 22 项，实用新型专利 6 项，1 项 PCT 国际专利。

四、应用进展

聚己内酯具有优异的生物降解性能，具有独特的海水降解性，可实现工业堆肥降解、家庭堆肥降解、人体组织降解以及海水降解等；其次玻璃化转变温度低（－60℃），软化点低（58～60℃），具有非常优异的相容性（塑料相容、人体组织相容）、可塑性、形状记忆性，并具备高黏度特性，根据其不同的特性，可在不同的行业中进行应用。

（1）全生物降解材料

聚己内酯是公认的石油基完全生物可降解材料。相较于 PLA 和 PBAT 等目前产量较高的生物可降解材料，聚己内酯具有独一无二的海水可降解性以及相对综合的性能。可降解材料性能对比见表 2.234。

表 2.234　可降解材料性能对比

项目		生物基可生物降解材料		部分生物基可生物降解材料	石油基可生物降解材料	
		PLA	PHA	PBS	PBAT	PCL
材料性能	海水降解性	差	好	差	差	好
	成膜性能	差	较好	较好	良好	良好
	硬度	高	低	较低	低	高
	力学性能	较高	高	高	高	高
	耐水解性能	低	高	高	高	较高
	透明度	高	较高	较低	低	较高
	生物相容性	好	好	一般	差	好
	柔韧性	差	良好	良好	良好	好

人类社会在经历了"以塑料代替金属、木材"的阶段后，随着"白色污染"问题日益严峻，各国政府陆续出台"限塑禁塑"相关政策，为生物可降解塑料行业发展奠定了基础，开启了"以可降解材料代替不可降解塑料"的发展阶段。2020 年 1 月，国家发改委、生态环境部出台《关于进一步加强塑料污染治理的意见》，将 2020 年底、2022 年底和 2025 年设置为三大关键时间节点，对部分不可降解塑料制品有序禁止和限制，在细分行业内明确了对塑料污染治理工作，标志着我国生物可降解塑料在细分行业领域的快速渗透和发展。

2020 年至 2023 年，我国塑料制品月均产量为 600 万～800 万吨，年产量约 8000 万吨，其中日用塑料制品占比约 5%～10%，可降解塑料渗透率不足 1%。根据《关于进一步加强塑料污染治理的意见》，2025 年我国塑料袋、编织袋、胶带、一次性餐盒和农地膜将主要由可降解材料进行替代，上述制品主要应用于快递、外卖餐饮和农地膜等领域。

① 快递市场规模　2019 年至 2023 年，我国规模以上快递业务量从 2019 年的 635.23 亿件增长至 2023 年的 1320.7 亿件，同比增长 19.4%，行业业务量不断刷新纪录。据介绍，2024 年行业仍将继续保持稳步上升态势，为国民经济发展作出贡献。2024 年，我国快递行业业务规模预计将达到 1715 亿件。

根据国家邮政局统计，2018 年全国快递业共消耗编织袋约 53 亿条、塑料袋约 245 亿个、胶带约 430 亿米。以一件塑料袋 20g、一条编织袋 100g 和 1m² 胶带 45g（BOPP）的标准，并结合 2018 年全国快递业务量 507 亿件的数据综合计算得出，平均一亿件快递对应了 966 吨塑料袋、836 吨编织袋和 160 吨塑料胶带。

② 外卖市场规模　我国餐饮外卖行业近年来快速发展，对应的塑料餐具消耗量也逐年增长。环保组织"自然大学"2017 年的一份调研中证实，在外卖平台上每一单平均至少会产生 3.25 个塑料盒或塑料杯。餐饮外卖订单量近两年增速逐渐放缓，经过计算，2019 年全

国餐饮外卖订单量约为128亿单，相比2018年增长了18%。以该增速作为年增长率，计算得出2025年餐饮外卖订单量约为345亿单。

市面上的一次性塑料餐盒单重在20～60g之间，取中间值40g，一次性汤勺单重约7g，则每单外卖对应的塑料餐具约137g。可降解塑料替代量有望达到47万吨。《关于进一步加强塑料污染治理的意见》提出到2025年底，地级以上城市餐饮外卖领域不可降解一次性塑料餐具消耗强度下降30%。假设每单外卖塑料餐具消耗维持60.2g/单，在乐观估计下2022年和2025年总量上可降解塑料的替代实现15%和30%，释放可降解塑料需求18万吨和47万吨。

③ 农地膜市场规模 农用薄膜是我国农业发展中必不可少的生产资料，能有效提升地面温度、防止水分蒸发、土壤板结、养分流失，使农作物克服低温干旱、生育期短等不良自然条件。传统农膜材料主要是聚乙烯，传统农膜长期大量使用和缺乏有效的回收处理导致"白色污染"问题逐年加剧。农用领域"白色污染"不仅体现在土壤污染，更体现在植物和作物污染，导致农产品产量逐年降低。连续使用农膜2年以上的小麦田，每公顷残留农膜碎片103.5kg，小麦减产约9%，连续使用5年的小麦田，每公顷残留农膜碎片达375kg，小麦减产26%。解决"白色污染"问题，改善环境和提高农产量成为近年来农业领域面临的核心问题之一。

国家统计局的数据显示，2018年，全国农用薄膜使用量246.5万吨，其中地膜使用量140.4万吨，覆盖面积2.66亿亩。预计2025年，我国农地膜使用量将达到200万吨左右。若未来可降解塑料地膜能实现100%替代，则农用薄膜领域对应的市场体量将超过200万吨。

(2) 医疗器械领域

聚己内酯是公认的石油基生物降解材料，同时拥有低熔点可塑性、记忆功能和生物相容性，在肿瘤放疗定位膜、冠脉支架、骨科植入耗材、药物释放载体、骨相连软组织缝合线、人体面部填充剂等医疗器械及辅材领域有着广泛的应用场景。我国"十四五"规划纲要提出重点发展全降解血管支架等高值医疗器械，未来可降解塑料在医疗领域的应用有望进一步扩大。

① 放疗定位 近年来，全球放疗定位行业保持稳定、较快发展，市场规模不断扩大。根据QYResearch相关研究报告，从放疗定位产品需求量进行测算，2021年全球放疗定位产品市场规模为2.77亿美元。在全球人口老龄化、癌症发病率提升以及放射治疗不断普及等因素影响下，全球放疗定位市场规模将长期保持稳定增长趋势，预计2028年增长至5.73亿美元，较2021年增长一倍以上，年均复合增长率达10.93%。

根据QYResearch相关研究报告，从放疗定位产品需求量进行测算，2021年中国放疗定位产品市场规模为0.83亿美元。近年来，中国推出一系列政策支持国内放疗行业发展，随着未来国内放疗设备采购数量的大幅增加，放疗普及率的逐步提升，将带动放疗定位产品使用量的快速增长，预计2028年增长至2.42亿美元，较2021年增长约两倍，年均复合增长率达16.52%。

根据拟上市公司科莱瑞迪公开信息披露显示，随着放疗技术的发展，精准放疗对放疗定位膜的稳定性、强度等提出了更好的要求。传统的放疗定位膜由于材料本身性能限制，强度受到影响，且由于收缩率过大，产品稳定性不足，往往影响整个放疗疗程。因此，改进基础材料性能以提升放疗定位膜的稳定性、可操作性成为了放疗定位膜产品重要的技术发展趋势。

聚己内酯是一种高分子材料，具有良好的低熔点可塑性和记忆功能，能够解决传统定位膜材料稳定差、强度不足的问题，同时，对于定位膜塑型具有良好的时间可控性，聚己内酯能够有效替代传统放疗定位膜材料。市场需求将随着肿瘤定位膜市场规模的扩大而增长。

② 冠脉支架　冠脉支架是通过传统的球囊扩张导管，把支架植入血管狭窄区，是经皮冠状动脉介入治疗（PCI）中常用的医疗器械，具有疏通动脉血管的作用。因创伤小、效果好，PCI成为目前治疗心血管狭窄的主要手段之一。

聚己内酯具有良好的生物相容性、强度和生物可降解性，能够有效替代永久性金属支架。全降解药物支架以可降解聚合物为支架主体材料，可在体内逐渐降解吸收（数月至数年），支架材料在体内降解吸收后，血管壁内无异物留置，有助于恢复血管的舒缩功能，降低后续再发病变介入治疗的障碍。

我国"十四五"规划纲要提出重点发展全降解血管支架等高值医疗器械。随着可降解支架产品的研发和市场投入，聚己内酯作为可降解支架的原材料，市场需求将随着可降解支架替代传统金属支架的增加而增长。

③ 骨科康复　骨科康复低温热塑材料是一种新型医用材料，采用聚己内酯材料制成，经过软化、裁剪后即可配合魔术贴等辅助材料制作成固定支具，主要用于身体各关节、骨骼、软组织的损伤、烧伤、整形的肢体固定。低温热塑材料制成的支具与传统石膏绷带相比优势明显。传统石膏存在固化时间长、透气性差、笨重等缺点，且由于石膏X射线通透性差，因此在医生拍摄X光片判断患者康复情况时，需要拆除石膏，如果康复效果不佳，还需要二次包扎。低温热塑支具则兼具重量轻、透气性能好、防水性好、强度高、操作简便等诸多特点，且X射线通透性良好，患者可以在不拆除支具的情况下拍摄X光片，临床操作便捷。

(3) 医美、人体组织3D打印方面

聚己内酯因具备非常优异的生物降解性、人体组织相容性，并且能够在人体内完全降解为二氧化碳和水，具有安全、可控、相容等优势，因此在人体体内植入、医美、3D打印骨骼器官等方面具有非常广泛的应用。医美中的主要用途是使皮肤变得水润，光亮而得名的少女针，少女针由聚己内酯微球（PCL）和羧甲基纤维素（CMC）制成，具有"填充＋修复"双重功效。聚己内酯是一种生物相容性良好的可降解医用材料，由于其较长的降解时间经常被用于药物的长效缓释剂型；而羧甲基纤维素是一种水溶性纤维素醚，广泛应用于食品、化工等领域。其作用原理为先通过羧甲基纤维素（CMC）进行快速填充，然后聚己内酯微球（PCL）会重启注射部位皮下的胶原新生，重塑胶原支架，产生自然、安全、持久的效果。

(4) 胶黏剂领域

① 汽车用环保胶黏剂　聚己内酯型新能源结构胶、聚己内酯型PUR胶、聚己内酯型水性汽车胶等以聚己内酯为主体结构的汽车胶黏剂，具备独特的高强度、优异的附着力、安全环保、双85测试性能稳定，是目前汽车相关用胶最优选择之一。

② 木工用环保胶黏剂　聚己内酯作为生物可降解、环保安全的新材料，能大幅增加PUR木工胶的黏度，大幅度提高胶的初黏力，提升产品的稳定性，是不可或缺的增黏树脂之一。并且聚己内酯相容性佳、环保、附着力佳，有助于木工胶行业向环保、高品质方向发展。

五、发展建议

经过科研人员半个多世纪的不懈努力，PCL 及其相关材料的研究与应用取得了长足的进步。相关国家已经建立了完善的 ε-己内酯单体与 PCL 生产工艺体系，开发出品类丰富、应用广泛的 PCL 系列产品，其应用范围几乎涵盖了人类生产生活能够涉及的所有领域，包括生物医药、组织工程、航空航天、兵器工业、轨道交通、汽车船舶、食品包装以及服饰加工等。然而由于长期缺少供应稳定、价格合理的单体原料，导致我国在 PCL 相关的科学研究、产品开发，乃至于市场认知度、接受度等方面严重滞后。

近五年来，国内 ε-己内酯产业化开发研究取得了较大进步，先后有多家单位已经建成或正在筹建年产 1000 吨级以上 ε-己内酯开发项目。虽然这些项目的逐步实施让我们有理由相信，中国实现自主生产己内酯的时代即将到来；但是考虑到继承了 UCC 全套 ε-己内酯生产工艺和 40 余年的运营经验的陶氏化学，在特定时期、特殊因素影响下仍然被迫退出市场，这其中蕴含的风险警示不容忽视。我们要对 ε-己内酯项目的开发难度保持清醒的认识，不应急功近利、操之过急，务必保持谨慎扎实的科学态度，摸索前进、稳扎稳打，避免盲目扩产，以防发生安全事故、前功尽弃。

技术研发方面，PCL 相关研究的努力方向包括：

① 开发新型、高效的 ε-己内酯合成催化体系，降低安全风险、提高生产效率、节能降耗、控制成本。

② 充分利用实时监测、数据远传、自动控制等现代化技术手段，建立己内酯自动化生产工艺与设备体系，尽量避免人员误操作或长时间暴露于危险工段带来的安全隐患。

③ 针对当前我国缺少自主品牌高品质 PCL 多元醇以及热塑性 PCL 树脂产品的现状，集中力量开发窄分子量分布的 PCL 多元醇（不同引发剂、官能度及分子量等）系列产品以及性能稳定、分子量可控的热塑性 PCL 树脂等。

④ 大力研发 PCL 型聚氨酯弹性体、胶黏剂、涂料、纤维等产品。

政策导向方面，针对"ε-己内酯产业化开发""终端下游应用开发与传导"这一难度大、周期长的行业难题，相关职能部门应该开展以下工作：

① 鼓励科研人员勇于尝试、谨慎研究。

② 组织成立 ε-己内酯行业协会，引导来自不同研究机构、从事相关研究的科研人员打破藩篱、加强合作。

③ 组织研究机构与生产企业合作编制 ε-己内酯、热塑性 PCL 以及 PCL 多元醇相关的行业标准乃至国家标准，规范引领行业的健康发展。

研究机构与生产企业之间应努力消除隔阂、认清形势，我们真正的对手不是国内同行，而是西方国家的化工巨头，它们更加乐见我们互相芥蒂、各自为战、多走弯路，以维持其垄断地位和高额利润。面对如此高难度的研发项目和强大的竞争对手，国内同行之间只有加强人才、技术与资金整合，互相借鉴、取长补短，才能早日实现突破、满足国内市场需求、保障 PCL 及其下游行业健康发展的同时，更多深入国际市场，参与国际竞争。

第四十七节　气凝胶

中国化工经济技术发展中心　张建辉

一、概述

气凝胶又称气溶胶、干凝胶，是将凝胶中的大部分溶剂去除之后获得的一种纳米级多孔固态网状结构材料，其内部网络结构充满气体，外表呈固体状，具有纳米微孔和多孔结构，是世界上密度最小的固体之一。因轻若薄雾、颜色泛蓝，又被称为"蓝烟""冻结的烟"。

气凝胶的网络结构一般是由相互交联的聚合链连接而成。在极高的孔隙率下，气凝胶在热学、光学、电学、力学、声学等领域具有许多突出的性能，如密度低、热导率低、孔隙率高、比表面积高、介电常数低等。气凝胶具有较大的应用价值，被称为"改变世界的神奇材料"。气凝胶特性见表2.235。

表2.235　气凝胶特性

指标	特性
密度	90%以上的体积是空气，具有较宽的压缩模量变化范围，密度可调节，最低至0.12mg/cm^3
热导率	热导率可低至0.016W/(m·K)，常温常压下掺碳气凝胶的热导率可低至0.013W/(m·K)，是热导率最低的固体材料
孔隙率	孔隙率高达99.9%，比表面积高达1200m^2/g，吸附能力强
孔径	小孔径，孔径一般在50nm左右，最小的孔径可小于1nm
介电常数	低介电常数，可低于1.003，高介电强度，可降低集成电路的漏电电流，降低导线之间的电容效应，降低集成电路发热
折射率	低折射率，可低至1.007，接近空气折射率（1.0）且折射率可调范围大（1.007~1.24），透光性好
声阻抗	声阻抗为106kg/(m^2·s)，低于空气声阻抗，纵向声传播速率极低，声阻抗随密度变化范围大，是一种理想的声阻抗耦合材料
介电损耗角正切	具有极低的损耗角正切，其损耗角正切值小于10^{-4}，因此，透波性非常好
杨氏模量	杨氏模量（抗形变能力）小于10^{6}N/m^2，比相应非孔性玻璃态材料低4个数量级

气凝胶种类较多，通常按成分不同进行分类，可分为单组分气凝胶和多组分气凝胶。单组分气凝胶包括氧化物（如 SiO_2、Al_2O_3、ZrO_2、TiO_2 等）气凝胶、碳化物（如 SiC、TiC、MoC 等）气凝胶、氟化物气凝胶、氮化物气凝胶、石墨烯气凝胶、聚合物基有机气凝胶、生物质基有机气凝胶和硫化物气凝胶等。多组分气凝胶又称复合气凝胶，是指由两种及以上单组分气凝胶构成或者由纤维等增强体与气凝胶基体相结合的气凝胶复合材料。如预氧丝气凝胶毡、Al_2O_3/SiO_2 气凝胶、玻纤增强 SiO_2 气凝胶等。SiO_2 气凝胶是目前研究最多、技术和商业化应用最成熟的一种气凝胶。

气凝胶存在脆性高、强度低、韧性差等缺点，需要通过添加颗粒、纤维等增强体提高强度和韧性。气凝胶产品形态主要有气凝胶毡（垫）、气凝胶粉末、气凝胶颗粒、气凝胶板、气凝胶布、气凝胶纸、气凝胶异形件、气凝胶涂料等。气凝胶毡（垫）是用量最大、用途最广泛的气凝胶产品。

气凝胶可应用于石油化工、航天、国防军工、建筑、交通运输、热力管道等多个领域。气凝胶应用领域见表 2.236。

表 2.236 气凝胶应用领域

应用领域	具体应用
石油化工	用于石油开采、管道保温、装置设备保温等，可作为蒸馏塔、储罐、泵、阀门、天然气和 LNG 液化气管道、深海管道的外保温材料；用于高效化学合成（如高效催化剂、吸附剂、萃取剂等）、开发高性能化妆品（如防晒霜、隔离霜等），牙膏、洗面奶的摩擦剂和触变剂等
热力管道	用于热电厂等行业的设备和热力管道高效隔热、深冷绝热
建筑	用于节能门窗、玻璃幕墙以及采光顶等；装配式建筑的高性能隔热保温防火装饰一体化墙体构件；高性能建筑钢结构防火涂料、高性能建筑功能涂料等
交通运输	用于锂离子动力电池组，热电池保温筒等，起到隔热、抗震等作用；用于汽车防火隔热保温降噪层，大容量电池组防火防水保温盒，危险化学品运输车、液化天然气运输船等特种运输工具的保温防火层，高铁和地铁车体保温隔热降噪防火层；交通运输工具的透明与非透明围护结构的高效隔热保温、减振降噪、被动式防撞和防护部件，汽车尾气高效过滤装置等
国防军工	用于飞机、舰船/艇、坦克、导弹、军用帐篷等的外层材料，具有隐形功能，屏蔽自身电子信号实现反侦察；用于提高海军舰艇的动力装置热、声环境控制和舰艇隐身、舰艇的抗爆损伤性能等以及实现轻量化；用于提高军用飞机智能蒙皮、机身抗爆损、发动机热防护和重装空投设备着陆防护等性能以及实现轻量化；用于提高坦克、装甲战车等装备的热防护、防爆、隐身以及单兵防护装备性能并减重；提高火箭、导弹等推进剂的安全防护水平等；用于核工业中的伦科夫核辐射介质检测和核装置的热、辐射的防护等
航天	用于空间站、探测器、运载火箭、航天飞机等，作为绝热保温材料；用于高速粒子捕获材料等
环保	工业废气和工业污水的无公害治理等
新能源	用于高效太阳能集热装置的透明保温材料、高效热电转化装置的隔热材料以及储氢材料等
生物医药	用于开发新型药物载体、药物缓释剂、止血剂等
电子产品	用于超大集成电路的绝缘材料、高敏感传感器材料、高精度探测器材料、低折射率光学材料及器件、声耦合器件、微电子介电材料以及高清显示屏幕减反射涂层材料等
家用电器	用于家用电器高效节能保温材料，空气净化器、净水器的高效过滤、吸附材料等
户外用品	用于超轻高效防寒服、野外帐篷

二、市场供需

（一）世界供需及预测

1. 生产现状

2023 年世界气凝胶总产能约 62.5 万立方米/年，产量约 32 万立方米。世界气凝胶生产企业主要有广东埃力生、阿斯彭公司、中化学华陆新材料、巩义市泛锐熠辉、卡博特公司等，生产装置主要分布在中国、美国、法国、德国等。中国是世界上最大的气凝胶生产国，产能约占世界气凝胶总产能的 71.6%。世界主要气凝胶生产企业见表 2.237。

从产品种类看，2023 年，全球气凝胶以 SiO_2 气凝胶为主，占气凝胶总消费量的 80% 以上，其他种类为碳气凝胶等。从产品形态看，2023 年全球气凝胶以气凝胶毡（垫）为主。

表 2.237 世界主要气凝胶生产企业

企业名称	产能/（万立方米/年）	装置所在地	工艺来源
广东埃力生科技股份有限公司	7	中国	国防科技大学
阿斯彭公司	5.6	美国	
中化学华陆新材料有限公司	5	中国	贵州航天乌江机电设备有限责任公司
巩义市泛锐熠辉复合材料有限公司	5	中国	
卡博特公司	4	法国、德国	德国 Hoechst 公司
其他	35.9		
合计	62.5		

目前世界上拟在建的气凝胶项目主要集中在中国，国外已公布的拟在建气凝胶项目主要为阿斯彭公司和 JIOS 气凝胶公司分别在美国和新加坡的扩建项目。预计到 2028 年世界气凝胶产能将达到约 142 万立方米/年，产量约 63 万立方米。

2. 需求分析及预测

2023 年世界气凝胶消费量约 32 万立方米。世界气凝胶主要消费地区为美国、欧洲、中国、韩国等。石油化工领域仍然是世界气凝胶最大的消费领域，占比在 50% 以上，其次是热力管道、建筑和交通运输领域。

预计未来随着世界"双碳"政策实施深入，石油化工、建筑等行业对节能降碳的要求越来越高，设备、管道的保温隔热对气凝胶的需求量也将快速增加。同时，新能源汽车产销量的快速增长也将带动气凝胶消费量的增长。预计未来世界气凝胶消费量保持 14.5% 左右的年均增速，到 2028 年将达到 63 万立方米。届时，气凝胶在石油化工领域消费占比将有所下降，在交通运输和建筑领域的消费占比将有所增加。

（二）国内供需及预测

1. 生产现状

近年来，国内新能源汽车高速发展，以及石油化工、热力管道等领域加快推进节能降碳，对气凝胶需求量快速增长，国内气凝胶产业发展较快。2023 年我国气凝胶总产能达到 44.6 万立方米/年，产量约 17 万立方米。我国气凝胶产品主要是 SiO_2 气凝胶毡（垫），其他种类和形态的气凝胶产品较少。

我国气凝胶企业有数十家，产能较为分散，主要分布在广东、重庆、河南、河北、浙江等省市。我国主要的气凝胶生产企业有广东埃力生、中化学华陆新材料、巩义市泛锐熠辉、中科润资科技、深圳中凝科技等。2023 年国内主要气凝胶生产企业见表 2.238。

表 2.238 2023 年国内主要气凝胶生产企业

企业名称	产能/（万立方米/年）	装置所在地	工艺来源
广东埃力生科技股份有限公司	7	广东清远	国防科技大学
中化学华陆新材料有限公司	5	重庆	贵州航天乌江机电设备有限责任公司
巩义市泛锐熠辉复合材料有限公司	5	河南巩义	
中科润资科技股份有限公司	4.5	重庆	
深圳中凝科技有限公司	4.3[①]	山西阳泉/湖北仙桃	同济大学等

续表

企业名称	产能/(万立方米/年)	装置所在地	工艺来源
北京建工新型建材有限责任公司气凝胶分公司	3.2	河北廊坊	清华大学
浙江岩谷科技有限公司	2.5	浙江义乌	
贵州航天乌江机电设备有限责任公司	2	贵州遵义	中国航天科工第三研究院
河北金纳科技有限公司	2	河北承德	
航天规划设计集团有限公司	1.8	河南民权/山西阳泉	中国航天科工第三研究院
能点（江苏）纳米新材料有限公司	1.3	江苏泰兴	
纳诺科技有限公司	1	浙江绍兴	清华大学/同济大学
爱彼爱和新材料有限公司	1	河北沧州/河南许昌	同济大学等
弘大科技（北京）有限公司	1	河南许昌	北京大学
安徽弘徽科技有限公司	1	安徽合肥	厦门大学
其他	2		
合计	44.6		

① 深圳中凝科技有限公司气凝胶毡产能2.5万立方米/年，气凝胶粉体产能1100吨/年，根据该公司产品说明书，气凝胶粉体堆密度按60kg/m³计，折合约1.8万立方米/年，气凝胶毡和气凝胶粉体合计产能4.3万立方米/年。

目前，我国仍有多个气凝胶拟在建项目，其中在建项目（含2024年已投产项目）产能约30.4万立方米/年，拟建项目产能约84.6万立方米/年。若拟建项目中有50%建成投产，预计到2028年我国气凝胶将新增产能72.7万立方米/年，总产能将达到117.3万立方米/年，产量约45万立方米。国内气凝胶拟在建项目见表2.239。

表2.239 国内气凝胶拟在建项目

企业名称	产能/(万立方米/年)	装置所在地	项目状态
江苏汉信天诚新材料有限公司	6	江苏盐城	2024年已投产
江西晨光新材料股份有限公司	1	江西九江	2024年已投产
湖北兴瑞硅材料有限公司	0.5	湖北宜昌	2024年已投产
江西宏柏新材料股份有限公司	1	江西景德镇	在建，预计2024年投产
纳诺科技有限公司	3.6	浙江绍兴	在建，预计2024年投产
爱彼爱和新材料有限公司	2.5	河北沧州	在建，预计2024年投产
安徽弘徽科技有限公司	2	安徽合肥	在建，预计2024年投产
巩义市泛锐熠辉复合材料有限公司	6	河南巩义	在建，预计2025年投产
安徽晨光新材料股份有限公司	2.5	安徽铜陵	在建，预计2025年投产
宁夏晨光新材料有限公司	5	宁夏中卫	在建，预计2025年投产
江苏泛亚微透科技股份有限公司	0.3	上海	在建，预计2026年投产
江西晨光新材料股份有限公司	25	江西九江	拟建
中化学华陆新材料有限公司	25	重庆	拟建
广东埃力生科技股份有限公司	20	广东英德	拟建
能点（江苏）纳米新材料有限公司	3.7	江苏泰兴	拟建
陕西盟创纳米新型材料有限责任公司	3	陕西榆林	拟建
凌玮新材料技术研究（广州）有限公司	2.5	广东广州	拟建

续表

企业名称	产能/(万方米/年)	装置所在地	项目状态
江苏珈云新材料有限公司	2.4	江苏宿迁	拟建
其他	3		
合计	115		

我国气凝胶进出口量较少，2023年我国气凝胶净出口量约0.8万立方米。未来，随着我国气凝胶拟在建项目陆续投产，预计气凝胶净出口量将不断增长。

2. 需求分析及预测

2023年我国气凝胶消费量约16.2万立方米，最大消费领域是石油化工领域，为8.4万立方米，约占总消费量的52%；其次是热力管道领域，气凝胶消费量约2.8万立方米，占总消费量的17%。2023年我国气凝胶消费结构见图2.136。

在"双碳"背景下，我国石油化工、建筑、交通运输等行业都在大力推进节能降耗改造，为气凝胶行业的发展带来重大机遇。未来，气凝胶凭借优异的性能有望在石油化工、热力管道、建筑等领域逐步取代岩棉等传统隔热保温材料。

随着新能源汽车对动力电池密度和功率要求不断提高，其安全性也面临更大挑战。传统阻燃泡棉等材料越来越难以满足动力电池安全要求，未来气凝胶在新能源汽车中将成为主流的防火隔热材料。

因此，预计未来我国气凝胶消费量将保持高速增长。到2028年我国气凝胶消费量将达到约40万立方米。石油化工仍是气凝胶最大应用领域，但消费占比将下降到约45%；交通运输是气凝胶消费增速最快的领域。

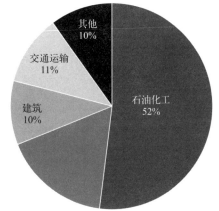

图2.136　2023年我国气凝胶消费结构

三、工艺技术

气凝胶的制备工艺包括溶胶-凝胶、老化、改性和干燥等工序。一般由前驱体通过溶胶-凝胶工艺获得所需纳米孔洞和相应凝胶骨架，经过老化、改性，干燥后将湿凝胶中的液体置换成气体，得到气凝胶。气凝胶制备工艺流程见图2.137。

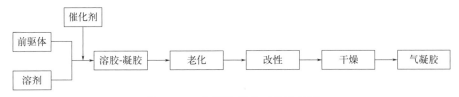

图2.137　气凝胶制备工艺流程图

以技术最为成熟、市场应用最大的SiO_2气凝胶为例，其前驱体主要为正（聚）硅酸甲酯、正（聚）硅酸乙酯等有机硅源和四氯氢硅、水玻璃等无机硅源。

（1）溶胶-凝胶

溶胶-凝胶过程指前驱体溶胶聚集缩合形成凝胶的过程。通过硅源物质的水解和缩聚获得具有三维网络结构的 SiO_2 气凝胶，反应生成以≡Si-O-Si≡为主体的聚合物，再经过老化，形成具有网络结构的凝胶。在凝胶形成的过程中，部分水解的有机硅发生缩聚反应，缩聚的硅氧链上未水解的基团可继续水解。通过调节反应溶液的酸碱度，控制水解-缩聚过程中水解反应和缩聚反应的相对速率，可得到凝胶结构。在酸性条件下（pH＝2.0～5.0），水解速率较快，有利于成核反应形成较多的核；在碱性条件下，有利于核的长大及交联，易形成致密的胶体颗粒。强碱性或高温条件下 SiO_2 的溶解度增大，使最终的凝胶结构形成胶粒聚集体。

（2）老化

由于起初形成的湿凝胶三维强度不够而容易破碎坍塌，需要在原始溶胶的醇/水混合物中经过一段时间的老化。凝胶老化是不均匀凝胶粒子的溶解和再次缩聚的过程，增加凝胶粒子间的连接，同时获得更大的团聚粒子，达到增强气凝胶骨架的效果。

（3）改性

气凝胶材料存在强度低、脆性高等缺点，为此，需要对气凝胶材料进行改性，满足不同应用场景对气凝胶性能的要求。目前气凝胶材料改性最常用的方法是掺杂，即加入掺杂剂或者增强、增韧材料，制备复合气凝胶材料。

复合气凝胶材料的制备方法通常有两种：一种是在凝胶过程前加入掺杂材料；另一种是先制备气凝胶颗粒或粉末，再加入掺杂材料和黏结剂，经模压或注塑成型制成二次成型的复合体。常用的掺杂材料有预氧丝、玻璃纤维、岩棉、陶瓷纤维、硅酸铝纤维等，掺杂材料种类的选择主要依据气凝胶复合材料的应用目的而定。

（4）干燥

干燥是气凝胶制作的关键步骤。湿凝胶在干燥过程中需要承受高达 100～200MPa 的干燥应力，该应力会导致凝胶结构持续收缩和开裂，使结构塌陷。干燥工艺有超临界干燥技术、常压干燥技术、亚临界干燥技术以及真空冷冻干燥技术等，其中工业化的干燥工艺路线有超临界干燥技术和常压干燥技术。

超临界干燥技术是通过对压力和温度的控制，使湿凝胶中的溶剂在干燥过程中达到其本身的临界点，完成液相至气相的超临界转变，处于超临界状态的溶剂无明显表面张力，从而可以实现湿凝胶在干燥过程中保持完好骨架结构。根据干燥介质的不同分为 CO_2 超临界干燥、乙醇超临界干燥等。超临界干燥技术是最早实现批量制备气凝胶的技术，该技术发展成熟，产品纯度高，为国内外大部分气凝胶企业应用。但是这一技术对设备系统依赖度高，设备投入高，生产成本高。

常压干燥技术是利用低表面张力的干燥介质和相关改性剂来置换湿凝胶中的溶剂，从而可以在常压下直接干燥获得性能优异的气凝胶材料。该技术能够减少干燥时产生的毛细管作用力，避免在去除溶剂时凝胶结构发生破坏，避免凝胶孔洞表面的硅羟基相互结合并提高弹性。湿凝胶在常压干燥前需要进行长时间的溶剂置换处理。常压干燥设备投入、能耗成本相对较低，设备简单，但对配方设计和流程组合优化要求较高。

超临界干燥技术和常压干燥技术对比见表 2.240。

表 2.240　超临界干燥技术和常压干燥技术对比

参数	维度	超临界干燥技术	常压干燥技术
设备投入	核心设备	高压釜	常规常压设备
	设备压力	7~20MPa	无需高压条件
	设备系统	较复杂	较简单
	设备成本	运行维护成本较高	设备投入成本较低
生产成本	硅源	有机硅源	有机硅源、无机硅源皆可以
	设备折旧	折旧高	折旧低
	能耗	高	低
技术成熟度	SiO_2 气凝胶	成熟	成熟
	非 SiO_2 气凝胶	成熟	不够成熟
技术门槛		低，对设备系统依赖度高	高，对配方设计和流程组合优化要求高
产品质量		高	低
代表企业		纳诺科技、广东埃力生、航天乌江、厦门纳美特、中化学华陆新材料等	纳诺科技、深圳中凝科技等
技术来源		清华大学、航天三院、厦门大学等	同济大学等

从上表可看出，超临界干燥技术和常压干燥技术各具优势，但从长远发展来看，常压干燥技术在制造低成本气凝胶领域具有广阔前景。

四、应用进展

气凝胶早期主要应用在国防军工、航天领域，随后逐步扩展至石油化工、热力管道、建筑、交通运输等领域。

（1）国防军工

在国防军工领域，美国 MKV-22 鱼鹰倾转旋翼机的机舱壁隔热系统和红外系统的防护均使用了气凝胶。英国"美洲豹"战斗机改型的驾驶舱隔热层中也使用了 SiO_2 气凝胶材料。东风-17 导弹以气凝胶材料作为外衣，使导弹在 8~10 马赫飞行时不被空气摩擦所产生的高温给破坏，而且气凝胶材料良好的透波性不会阻挡东风-17 内部的制导装置。印度海军"INSArihant"战略导弹核潜艇的腔体采用气凝胶进行保温隔热。美国核潜艇和蒸汽动力导弹驱逐舰的核反应堆隔热系统应用 NASAAmes 研究中心研制的硅酸铝纤维增强的 SiO_2 气凝胶隔热瓦。

（2）航天领域

航天领域对气凝胶的应用较早。俄罗斯"和平"号空间站、美国"火星探路者"探测器和"火星漫步者"探测车、中国的"祝融号"火星车使用气凝胶保护外太空严酷低温环境下内部电子设备的安全，降低热辐射，还作为电子恒温箱的隔热保温材料。我国"长征"系列运载火箭、"神舟"系列航天飞船、"天舟"系列飞船使用气凝胶作为火箭发动机燃气系统、隔离气瓶和氧涡轮隔热层，隔绝发动机产生的热能，对发动机燃气管路周边的电子元器件进行防护。"星辰号"飞船收集彗星尘埃时使用了气凝胶做的采集"手套"。宇航服的夹层也用气凝胶来隔热。气凝胶在航天领域的应用见图 2.138。

（3）石油化工

目前全球大型石化企业如埃克森美孚、壳牌、雪佛龙、中石化、中石油等公司均大量采

图2.138 气凝胶在航天领域的应用

用气凝胶作为保温材料。例如，中石化胜利油田生产的气凝胶隔热管已在孤岛、滨南等采油厂用作输油管道保温材料。中石油吉林石化化肥厂采用气凝胶作为中压蒸汽管道保温材料。中石油玉门炼化总厂水电厂流量房至炼厂焦化装置段的1.0MPa主蒸汽线、焦化装置加热炉出口至焦炭塔进料口之间转油线及阀门的保温采取了纳米气凝胶＋铝箔纤维布＋高铝硅酸铝毯＋铝箔纤维布＋铝皮的"三明治"结构。气凝胶在石油化工领域的应用见图2.139。

图2.139 气凝胶在石油化工领域的应用

（4）热力管道

气凝胶在热力管道领域主要是用于城市热力管道、企业热力管道等，作为隔热材料。例如河北金纳气凝胶复合玻璃棉应用于盘锦辽滨汇洲热力项目冬季热源应急备用管道隔热材料。江苏田湾核电站至连云港石化产业基地的热力管道保温采用纳米气凝胶＋硅酸钙＋聚氨酯的复合保温结构形式。气凝胶在热力管道领域的应用见图2.140。

（5）建筑领域

近年来，国家制定多项政策措施推进建筑节能，气凝胶在建筑领域的应用试点示范越来越多，气凝胶可用于建筑的墙体、屋顶、地板、玻璃等保温隔热，并兼顾防火、隔声等功能。例如大华集团投资开发的上海宝山区大场镇联东村等"城中村"改造区域Q1-09地块

图 2.140　气凝胶在热力管道领域的应用

项目采用气凝胶建设超低能耗建筑，建筑面积达 83036.83m^2，是上海首个气凝胶复合铝板保温装饰一体板试点项目。重庆广阳岛大河文明馆采用气凝胶毡作为建筑内保温材料，打造近零能耗建筑项目。湖南宁乡高新区管委会综合楼穹顶全部采用采光气凝胶玻璃。

（6）交通运输

宁德时代、弗迪电池等锂离子电池企业以及吉利汽车、上汽集团、小米汽车、比亚迪等汽车生产企业已经使用气凝胶替代 PU、PI 泡棉、玻璃纤维棉等传统的隔热材料用于锂离子电池电芯之间、电池模组、PACK、电池箱的上盖等部位，用作防火隔热材料，延缓或者阻止热失控电芯向电池其他系统传热。例如，吉利汽车旗下的极氪007车型搭载的金砖电池包含192片电芯，电芯之间填充了190片气凝胶材料。通用汽车在其锐歌车型搭载的锂电池电芯之间填充了180片气凝胶材料，最高有效隔热面积达到 11.188m^2。小米 SU7 汽车搭载的麒麟电芯之间填充了165片气凝胶材料，最高可抵抗 1000℃ 高温。小米 SU7 汽车电池电芯之间填充的气凝胶见图 2.141。气凝胶在锂电池中的应用见图 2.142。

图 2.141　小米 SU7 汽车电池电芯之间填充的气凝胶

未来，随着国家对设备、建筑等领域的节能、安全要求越来越高，气凝胶凭借优异的隔热性能、轻薄、阻燃、使用寿命长等优点，在石油化工、热力管道、建筑、交通运输领域的用量将不断增加，并有望逐步替代岩棉等传统隔热材料，成为主要的隔热材料。此外，气凝胶还不断向高效透明隔热玻璃、电极载体材料、催化材料、传感材料、纳米灭菌材料、医用材料等新兴领域拓展。

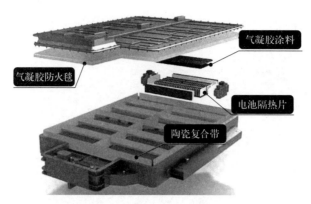

图 2.142 气凝胶在锂电池中的应用

五、发展建议

1. 存在问题

（1）技术水平有待进一步提高

我国气凝胶干燥技术以超临界干燥技术为主，该技术存在设备投资大、设备系统复杂、运行和维护成本较高等缺点，导致气凝胶生产成本高，一定程度上限制了下游应用领域的拓展。此外，我国气凝胶还面临与国外同类生产企业技术专利纠纷，限制了我国气凝胶产品出口。

（2）产品同质化严重，市场竞争逐渐加剧

目前，我国气凝胶产品以 SiO_2 气凝胶毡为主，拟在建项目主要集中在锂电池用预氧丝气凝胶垫，其他高端的气凝胶涂料、气凝胶膜等产品产能较少。随着拟在建项目在未来 3 年内集中投产，我国气凝胶市场竞争将进一步加剧。

（3）产业集约化程度不够，仅少数企业布局上游原料

目前国内气凝胶生产企业主要是通过外购前驱体生产 SiO_2 气凝胶，仅有江西晨光新材等少数企业布局了前驱体硅酸酯生产到终端气凝胶毡的产业链。产业链上下游企业相对分散，导致原材料和产品运输成本高，副产品循环利用率低，气凝胶产品成本进一步下降受到制约。

2. 措施建议

（1）气凝胶生产企业联合国内科研院所合作开发常压干燥等干燥技术，进一步优化气凝胶生产工艺条件，降低生产成本。开发具有完全自主知识产权的气凝胶生产技术和设备。

（2）气凝胶企业联合气凝胶下游应用企业加强应用研究，开发新的气凝胶种类和形态，为不同行业、不同应用场合开发针对性产品牌号，提高产品附加值，拓展下游应用场景，增强市场竞争力。

（3）气凝胶企业积极向上游原材料生产布局，或优先考虑在原材料企业周边建设，实现原材料隔墙供应，副产品循环利用。

第四十八节 金属-有机骨架材料

北京化工大学 刘大欢 薛波

金属-有机骨架（也被称为多孔配位聚合物，MOF）是一种新型晶态多孔材料，通常是由次级结构单元（SBU）与有机配体通过配位键自组装而形成的。SBU 是指含有金属阳离子的金属节点，这些节点可以直接与有机配体配位。与传统的无机材料不同，MOF 可以通过选择构筑单元和集成功能位点来精确设计其组成、结构和孔道环境，具有高度的可设计性和可修饰性。自从 1995 年被 Yaghi 首次报道后，MOF 因其结构的多样性、性能的独特性和功能的可定制性，在气体吸附分离、催化和生物医学等领域引起了广泛的关注。

然而，MOF 的绿色规模化制备成为了限制其实际应用的重要因素。仅在过去的 10 年里，人们才开始致力于开发新的合成方法和探索 MOF 的规模化制备。将 MOF 的合成从实验室的克级水平提高到中试生产的公斤级再到工业规模化制备的吨级水平，是一个十分具有挑战性的任务，需要考虑经济可行性、原材料成本以及环境和安全等问题。例如，金属硝酸盐在加热时可能会分解产生氧气和有害物质，但现在仍普遍用于实验室中合成 MOF。然而，当涉及 MOF 的规模化制备时，就需考虑溶剂毒性、试剂安全性、原料的可再生性和能耗等诸多问题。此外，时空产率、合成的可持续性以及最终产品的性能也是 MOF 大规模生产之前需要考虑的关键参数。MOF 通常以粉末微晶的形式存在，在实际应用中存在传热传质效率差和难以回收再生等问题，不利于其工业化应用。因此，必须考虑 MOF 的成型过程，使其与工业应用兼容。本节主要对近年来 MOF 的规模化制备、成型以及应用等方面进行简要介绍。

一、MOF 材料规模化制备现状

近年来，研究人员使用不同的合成技术，在实验室规模（克级）合成了大量在各个领域有重要应用前景的 MOF。在此基础上，开发了能够进行 MOF 中试生产（公斤级）的优化方案，这充分证明了 MOF 大规模工业生产（吨级）的可行性。然而，MOF 的大规模生产和实际应用受到经济效益的限制，目前只有少数国际公司能够实现 MOF 的商业化生产，例如 BASF（德国）、Framergy（美国）、MOF apps（挪威）、Promethean Particles（英国）。因此，MOF 的规模化生产应首先考虑绿色和具有成本效益的生产过程。例如，使用廉价、可再生和无毒害的金属盐和配体；不使用溶剂或使用绿色溶剂；使用能耗低的合成方法；使用低温低压等安全的制备方法。

然而，采用传统的溶剂热法合成 MOF 通常会涉及剧毒、腐蚀和高能耗的条件，这些条件往往不适合在中试或者工业规模上操作。例如，MIL-100 合成过程中需要加入氢氟酸作为调节剂，MIL-101（Cr）的合成需要 200～220 ℃的高温。而 Seo 等报道了通过在 200 L 金属合金反应器（Hastalloy C-276）中优化反应条件，不需要氢氟酸就可以进行 MIL-100

(Fe)大规模生产的方法,并获得了每批15.6kg的产品。BASF公司采用硫酸铝作为金属源,在环境压力下成功实现了Al-Fum吨级的规模化制备,并且具有$3000kg \cdot m^{-3} \cdot d^{-1}$的超高时空产率。Dreischarf等选用生物相容性好的葡萄糖合成2,5-呋喃二羧酸(H_2FDC)作为配体,而H_2FDC通常被认为是对苯二甲酸(H_2BDC)的一种可再生替代品,采用水作为溶剂,通过微波辅助加热的方式得到了具有高比表面积的Zr基MOF(CAU-28)。此外,为了提高MOF生产工艺的经济效益,研究人员着重开发了可连续生产MOF的工艺。Zhang等将UiO-66的金属盐和有机配体的溶液混合后,使其流过保持在一定温度的微流反应器中,实现了UiO-66的连续化制备。而ZIF-8按照类似方法制备,时空产率达到创纪录的$210000kg \cdot m^{-3} \cdot d^{-1}$。机械化学法因为除了洗涤活化MOF外并不涉及使用其它溶剂的特点而成为MOF绿色规模化制备最有前途的方法之一。例如,Crawford等使用双螺杆挤压机制备了HKUST-1、ZIF-8和Al-Fum,分别达到了$144000kg/(m^3 \cdot d)$、$144000kg/(m^3 \cdot d)$和$27000kg/(m^3 \cdot d)$的超高时空产率。尽管MOF的规模化制备已经取得了极大的研究进展,但目前能够进行千克规模生产的MOF仍只有极少数。2021年,Shimizu及其同事提出了一种十分具有工业应用价值的MOF(CALF-20),CALF-20是一种微孔材料,由锌离子、三氮唑和草酸根自组装得到,具有优异的CO_2捕获能力、耐用性和稳定性。目前该MOF已被BASF公司采用,并将这种MOF由实验室规模扩大到了吨级的工业规模,用于捕获燃煤电厂烟气中的CO_2。

MOF合成方法时间轴见图2.143。

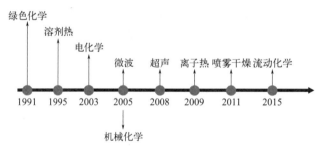

图2.143 MOF合成方法时间轴

二、MOF材料绿色规模化制备

MOFs通常是在溶剂热间歇反应中制备的,其中金属盐和有机配体在高温高压下溶解在有机溶剂中,然后通过配位自组装得到MOF晶体。在大多数情况下,溶剂热法都需要使用有毒溶剂,比如N,N-二甲基甲酰胺(DMF)、甲醇、乙醇和乙腈等,这会对人类健康和自然环境造成严重的危害。因此,在发展MOF规模化制备的技术中必须考虑到绿色化学的原则,例如使用无毒害作用的原料和溶剂以及开发可持续和更节能的替代技术合成MOF。

(1)金属源

在实现MOF绿色规模化制备的过程中需要考虑各个方面的因素,比如原料价格、环境影响、安全性以及反应物的毒性。迄今为止,不同的金属源已经被用于MOF的合成,其中金属硝酸盐或氯化物由于在常用溶剂(水和乙醇)中的高反应性和溶解性而被广泛使用。然而,金属硝酸盐具有高度氧化性,在高温生产过程中会产生氧气,有潜在的爆炸风险;金属氯化物具有高度腐蚀性，反应设备需要耐腐蚀，这极大增加了生产成本。因此从经济可行和环境友好的角度出发，用更安全的乙酸盐、碳酸盐和硫酸盐代替硝酸盐和氯化物是势在必行的。MIL-100（Fe）常采用氯化铁或者硝酸铁合成，而 Zhuang 等使用更清洁、更安全的硫酸铁作为替代品合成 MIL-100，避免了原料可能对设备造成的腐蚀。而为了降低 MIL-100 合成成本，使其在工业化制备过程中更具有经济效益，Zhao 等采用不锈钢酸洗废水作为金属源，不锈钢酸洗废水中含有大量的 Fe^{3+}、Cr^{3+} 和 Ni^{2+}（图 2.144）。在合成过程中，Ni^{2+} 不参与配位并被逐渐分离，而 Fe^{3+} 和 Cr^{3+} 参与反应并与均苯三甲酸（H_3BTC）形成具有良好结晶度和孔隙率的双金属 MOF。该工作证明了工业废水合成 MOF 的可能性，为降低 MOF 合成成本提供了一种新的思路。总而言之，金属盐的选择对 MOF 规模化生产的安全性、毒性和成本具有十分重要的意义。因此，在考虑到材料的大规模合成和工业化时，必须评估金属盐的影响，而现有的研究表明铝、钙、铁、镁、锌、锆、钛是更绿色和安全的金属。

图 2.144　不锈钢酸洗废水合成 MIL-100

（2）有机配体

MOF 的生产成本很大程度上取决于所需金属盐和配体的成本。由于大多数金属盐或氧化物已经实现工业化生产，因此目前 MOF 的生产成本主要取决于配体。而为了实现 MOF 的规模化制备，应尽量使用廉价、无毒且容易购买的配体。迄今为止，对苯二甲酸、均苯三甲酸和富马酸是最常用于合成 MOF 的三种市售配体。例如，用均苯三甲酸合成的铁基 MOF（MIL-100）由于其在各种领域中都表现出良好的性能而具有很高的商业价值；广泛使用的铝基 MOF（MIL-53）使用对苯二甲酸合成；Al-Fum 由富马酸合成，因为其成本低、对环境影响小和生产处理安全，已经进行吨级的规模化生产。除了常见的市售配体，研究人员还尝试将某些废弃物和生物质作为配体合成 MOF。例如废弃物聚对苯二甲酸乙二醇酯（PET）难以生物降解，并且会对环境造成极大危害，因此研究人员尝试将 PET 作为对苯二甲酸的替代品，成功合成了 UiO-66（Zr）、MIL-101（Cr）和 MIL-53（Al、Cr）。而生物分子，包括氨基酸、肽、环糊精和糖类，作为有机配体具有良好的可再生性和生物相容性，并且可以减少对化石能源的依赖和降低对环境的影响。2010 年，Yaghi 及其团队将 γ-环糊精作为配体并与 KOH 在水中混合，通过甲醇的蒸汽扩散得到了尺寸为 $200\sim400\mu m$ 的环糊精 MOF。而 Wang 等采用天冬氨酸作为配体合成了 Zr 基 MOF（MIP-202），该 MOF 在各种条件下（酸、碱和沸水）都表现出了良好的稳定性，并且可绿色规模化制备，时空产率可达 $7000kg/(m^3 \cdot d)$。即使目前这些有机配体的大规模生产尚未以有竞争力的价格实现，但这也是未来制备可持续和廉价 MOF 的一条十分有前景的路线。

(3) 溶剂

溶剂热法是合成 MOF 最常用和最有效的方法,溶剂除了作为反应介质,还可以参与 MOF 的自组装过程,例如极性质子溶剂(甲醇、乙醇和水)可以作为结构导向剂与金属离子配位。因此,溶剂的选择对 MOF 的性能和结构具有重要的影响。传统的溶剂热法合成 MOF 常使用有机溶剂,比如 DMF、二甲基亚砜(DMSO)和甲醇。然而,这些溶剂本身或者加热时会产生大量的有毒有害物质,造成严重的安全隐患和环境污染,从而成为限制 MOF 绿色规模化生产的主要因素之一。

为了避免溶剂的安全问题并消除环境危害,用无毒、不易燃、环境和经济上可行的绿色溶剂替代有机溶剂至关重要,而且绿色溶剂的使用可以为化学反应创造一个更安全的环境,也更有利于其规模化和商业化。目前,已经报道了几种可作为替代品的绿色溶剂,比如水和离子液体。例如,BASF 公司为了避免在 Al-Fum 的大规模制备过程中使用 DMF,用硫酸铝代替硝酸铝并用水作为溶剂,通过优化反应过程,使 Al-Fum 的产率超过 90%,并且时空产率达到 $3600kg/(m^3 \cdot d)$。考虑到对人类健康和环境的影响、成本和经济效益等因素,用更环保的绿色溶剂替代有机溶剂是 MOF 大规模生产的先决条件。

(4) 合成路线

目前已发展出多种 MOF 的合成路线,但是这些方法只是在实验室规模具有很好的应用前景,其高能耗、经济效益以及工艺都极大限制了它们在大规模生产过程中的应用。下面主要介绍可用于 MOF 绿色规模化制备的合成路线,并讨论这些路线在时空产率、成本和环境影响等方面的优缺点。

电化学路线:与传统的溶剂热法相比,电化学合成法的优势在于可在常温常压下反应并且反应时间短,而 MOF 的电化学合成可以分为阳极溶解和阴极沉积两种方法。在阳极溶解法中,通过阳极金属连续溶解释放的金属离子作为合成 MOF 所需的金属源,然后与溶液中的有机配体反应形成 MOF。该方法使用金属电极代替合成 MOF 所需的金属盐,从而避免了硝酸盐等腐蚀性阴离子的形成。BASF 公司在 2005 年首次申请了使用阳极溶解法电化学合成 MOF 的专利。该方法将铜板浸泡在含有均苯三甲酸和电解质的溶液中(图 2.145),作为电极的铜板被用作铜离子源,当施加一定的电压时,铜电极释放铜离子到溶液中并与在溶液中

图 2.145 铜板为原料电化学合成 MOF

的配体发生反应,得到晶体尺寸在 0.5~5μm 的 Cu-MOF。在阴极沉积法中,含有金属离子和有机配体的溶液与阴极接触,通过改变阴极表面附近的 pH 实现 MOF 的沉积。2011 年,Dinca 及其团队首次采用阴极沉积法合成 MOF。该方法采用溶解于 DMF 中的硝酸锌作为金属源,四丁基六氟磷酸铵作为电解液,通过电化学产生的羟基阴离子使配体去质子化,仅用 15min 就可以在阴极得到沉积的 MOF-5 晶体。然而,阴极沉积法仍然需要使用有机溶剂,这极大限制了其规模化制备。

微波辅助合成:微波加热是基于电磁波能与任何具有移动电荷的材料发生相互作用产生热量,如溶剂中的极性分子或者固体中的导电离子。与溶剂热法从外部加热的方式相反,在微波合成中,电磁波可以直接与反应物相互作用,在内部产生更有效和更均匀的加热,从而使反应时间大大减少。而对于 MOF 的规模化制备,较短的反应时间显然更具有应用潜力。许多研究团队已经证明微波可作为 MOF 规模化制备的加热源,使合成时间从几小时减少到几分钟,并且不影响反应产率和产品质量。Chio 等通过微波辅助合成 MOF-5,并且研究了微波功率、照射时间和温度对 MOF-5 结晶度和形貌的影响。研究结果表明微波法合成 MOF-5 晶体仅需 30min,而传统溶剂热法需要 24h,这极大减少了反应时间。然而,微波加热受限于电磁波对吸收介质的穿透深度,即当电磁波无法穿透反应混合物时,热量无法有效传递到整个反应混合物中。在这种情况下,微波加热就失去了快速和均匀加热的优势,从而成为阻碍 MOF 大规模制备的不利因素。而因为连续流动工艺采用的管式反应器直径较小,有利于辐射的深层穿透,因此研究人员尝试将微波加热与流动化学相结合制备 MOF。例如,Taddei 及其同事报道了一种在微波辐射下使用连续流动技术大量合成 MOF 的高效方法(图 2.146)。该方法成功合成了 UiO-66、MIL-53(Al)和 HKUST-1,说明具有很好的普适性,而且 MOF 的收率和时空产率极高,其中 HKUST-1 时空产率可高达 64800kg/(m³·d)。

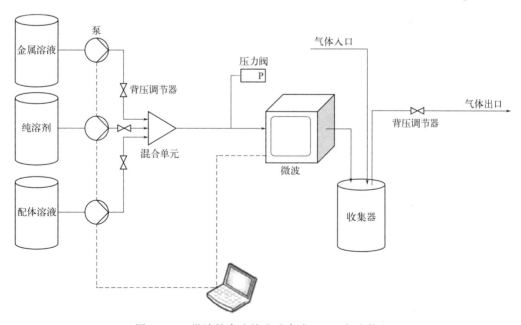

图 2.146 微波结合连续流动合成 MOF 实验装置

机械化学法:这种方法是在没有任何溶剂或仅使用少量溶剂的情况下通过研磨固体反应物得到产物。与基于溶剂的反应不同,在固体中金属离子受到约束,它们的释放只能以可控的方式进行。而释放出来的金属离子会与邻近的有机配体反应并生成 MOF。这种合成方法将使传统溶剂热法的溶剂和反应器被研钵或自动球磨机取代,是生产 MOF 最环保的方法,有利于 MOF 的绿色规模化生产。机械化学法合成 MOF 可分为球磨法、挤压法和加压法。球磨法是一种常用的合成 MOF 的方法,Leng 等在不使用任何溶剂的情况下,将对苯二甲酸和铬盐在室温下研磨 4h,得到了比表面积高达 $3517m^2/g$ 的 MIL-101(Cr),并且具有良好的催化活性。该方法具有合成工艺简单、安全环保和成本低等优点,但是存在产量小、设备停机时间长和产品清洗困难等缺点。挤压法是一种有效的连续生产 MOF 的方法,并且几乎不需要溶剂。Crawford 等在双螺杆挤压机中连续合成了三种具有代表性的 MOF,分别是 ZIF-8、HKUST-1 和 Al-Fum(图 2.147),时空产率分别为 $144000kg/(m^3 \cdot d)$、$144000kg/(m^3 \cdot d)$ 和 $27000kg/(m^3 \cdot d)$。在制备过程中,将金属盐和配体充分混合,然后以一定的进料速度通过挤压机,从而实现 MOF 的连续化制备。加压法是制备 MOF 的另一种机械化学方法,Pasta 等在室温下将压力增加到 0.31GPa 并持续约 2min,无需使用任何溶剂就成功制备了 ZIF-8。这种静态高压合成方法可以快速合成 MOF,并且不会有类似其它机械化学法的磨损损失。此外,该技术简化了合成过程,减少了废物的产生,有助于推动 MOF 在工业生产中的发展。

图 2.147 双螺杆挤压机装置

超重力法:超重力技术是在旋转填充床中实现高效分子混合、传质和化学反应过程的一种新的过程强化方法。在超重力场中,显著增强的微观混合和传质过程有利于实现快速成核,从而得到尺寸均匀和分散良好的纳微颗粒。因此,北京化工大学的刘大欢和王洁欣教授首次将这种超重力技术应用于 MOF 的合成,并提出了一种基于超重力技术的 MOF 通用合成策略,实现了 MOF 的大规模连续制备(图 2.148)。由于超重力场中分子混合和传质的极大增强,使 MOF 的粒径显著减小,得到了六种典型的超小 MOF 材料(尺寸小于 5nm)。此外,该策略还实现了超小 MOF 材料的连续宏量制备,HKUST-1 的时空产率可达 $33000kg/(m^3 \cdot d)$。该报道展现了超重力技术在 MOF 合成领域的应用前景,并为 MOF 的连续规模化制备提供了一种新的方案。

流动化学法:这种方法使化学反应能够在连续流动中进行,具有传质传热效率高、合成速度快和可连续化生产等优点。因此,流动化学是最适合进行规模化生产的合成方法,一些研究人员已经开始用流动化学法连续合成 MOF。而目前根据所需反应器类型,流动化学法合成 MOF 主要分为三种,分别是微流控反应器、活塞流反应器和连续搅拌釜反应器。2011 年,Ameloot 及其同事首次展示了微流体可以用于 MOF 的合成。他们构建了一个微流控反应

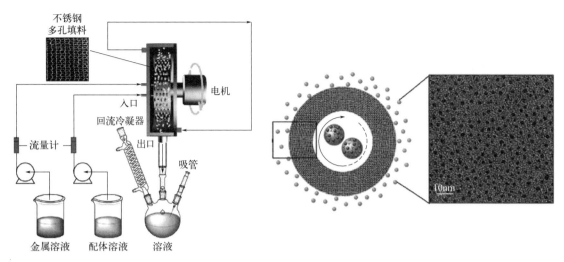

图 2.148　超重力法合成 MOF 示意图

器,并将含有金属盐和配体的溶液注入不互溶的载流体中,在反应发生的地方会自发形成液体,而不互溶的载流体可被用作控制 HKUST-1 形成的模板,导致形成具有均匀壁厚的结晶 MOF 膜。

而对于活塞流反应器,Walton 及其团队在 2012 年首次报道了用该反应器进行 HKUST-1 和 CPO-27(Ni)合成的工作 [图 2.149(a)]。该反应器采用逆流设计,MOF 前驱体溶液与经过预热的水流在中间混合,混合瞬间产生的高温和高压可以加速 MOF 晶体的生长。三年后,Munn 等用该反应器进行了 ZIF-8 的规模化制备,时空产率可达 $11625 kg/(m^3 \cdot d)$。此外,他们在反应中添加氢氧化铵或者三甲胺来调控 ZIF-8 晶体的大小和形貌,使 ZIF-8 的比表面积高达 $1800 m^2/g$。但是该方法合成 MOF 需要高温和高压,增加了整个工艺的成本,从而限制了其在工业规模化中的应用。而在连续搅拌釜反应器中,金属盐和配体溶液注入反应器中并不断搅拌得到产物 [图 2.149(b)]。Schoenecker 及其同事在 2013 年首次报道了通过连续搅拌釜反应器制备 MOF 的工作,他们以 DMF 作为溶剂通过常规加热的方式合成了氨基官能化的 UiO-66。在合成过程中,首先将 MOF 前驱体溶液注入预混罐,然后在一定时间内将原料液引入连续搅拌釜反应器中反应,获得具有良好结晶度的产物,但比表面积

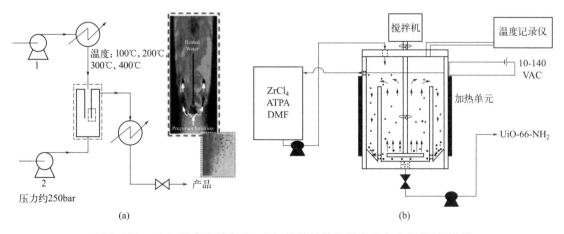

图 2.149　(a)活塞流反应器;(b)连续搅拌釜反应器合成 MOF 示意图

和产率低于已报道的数值。总而言之,与传统的合成路线相比,连续流动法合成MOF具有不可忽视的优点,比如反应时间短、能耗低和可连续化生产。然而,该方法难以控制MOF的晶体尺寸或者获得单一相的MOF,因此需要更进一步的研究,使其能够在工业规模制备中应用。

三、MOF材料成型工艺

除了合成过程之外,成型是实现MOF工业化应用的另一个关键步骤,一种有效的成型方法可以加快MOF的工业化进程。目前的成型方法主要包括挤出、滚动造粒、喷雾干燥、凝胶和涂层等。

(1)挤出和滚动造粒

挤出是最有效的成型方法之一,通过这种方法可以制备具有各种形状的颗粒。Majano等采用高岭土作为黏合剂,与Cu-BTC粉末混合,通过小型螺杆挤出机得到尺寸为毫米级别的颗粒。而成型后Cu-BTC的比表面积仅为$900m^2/g$,这主要是因为高岭石堵塞了Cu-BTC的孔道。为了防止堵塞材料孔道,应该选择合适的黏合剂,而具有丰富极性官能团和良好机械强度的聚合物是一种十分良好的选择。Zheng等使用聚乙烯醇缩丁醛酯(PVB)作为黏合剂,将SIFSIX-2-Cu-I、GEFSIX-2-Cu-I、SIFSIX-3-Ni、TIFSIX-2-Cu-I粉末成型为球形颗粒(图2.150),并且实现了MOF的超高负载(95%)。当负载量为90%时,成型前后SIFSIX-3-Ni的比表面积分别为$360m^2/g$和$297m^2/g$,说明PVB不会明显堵塞MOF孔道。

图2.150 SIFSIX-3-Ni的不同形态

滚动造粒是向MOF粉末中加入适当比例的黏合剂溶液并将其混合均匀,然后通过造粒机将其轧制成球形颗粒,也是一种十分有效的MOF成型方法。例如,Kim等以硅溶胶为黏合剂,通过滚动造粒法制备了公斤级的MIL-100(Fe)微球,并且成型后的比表面积和气体吸附性能没有明显改变。将这种MIL-100(Fe)微球用在SF_6/N_2的分离中,发现其对SF_6的吸附量为$1.658mmol/g$,选择性因子为24.4,并在1bar(1bar=0.1MPa)和298 K下具有高解吸效率。对MIL-100(Fe)微球进行多次吸附/解吸循环实验,结果表现出良好的可重复使用性,说明其具有一定实际应用的价值。然而,这种方法制备的球形颗粒往往不均匀,需要通过进一步筛分或调控造粒机的轧制条件来解决。

(2) 喷雾干燥

喷雾干燥作为一种低成本、连续、快速和可扩展的成型方法，在 MOF 成型中得到了广泛的研究。这种方法是在雾化器的作用下，将 MOF 悬浮液或胶体喷射成微小的液滴，当喷射的样品与热空气接触时，大部分溶剂被去除从而获得粉末状或颗粒状固体。Tanaka 等通过喷雾干燥方法成功制备了具有中空结构的 ZIF-8。在雾化器的帮助下，乙酸锌和 2-甲基咪唑水溶液中的水被蒸发，得到了 ZIF-8 的无定形相。然后将 ZIF-8 的无定形样品分散在极性有机溶剂中，并诱导无定形到晶体的转变，得到具有中空结构的 ZIF-8 样品。与传统的 ZIF-8 粉末样品相比，具有中空结构的 ZIF-8 在吸附容量和吸附速率方面表现出更好的性能。喷雾干燥这种大规模快速生产产品的成型方法在 MOF 的工业化制备中具有十分良好的应用前景。

(3) 凝胶技术

MOF 纳米颗粒首先均匀地分散在介质中形成稳定的溶胶，然后加入添加剂得到具有三维网络结构的 MOF 凝胶。在溶胶-凝胶技术中，选择合适的单体将 MOF 颗粒固定成最终成形的产品是十分重要的。而纤维素以低密度、低成本、无毒和高韧性常被用来制备凝胶材料。例如，Zhu 等以纤维素为单体，与 ZIF-8、UiO-66 和 MIL-100（Fe）形成了杂化气凝胶（图 2.151）。该方法首先将 MOF 颗粒与醛基改性的纤维素在水中混合形成稳定的胶体悬浮液，然后将胶体悬浮液加入羧甲基纤维素的水溶液中，使纤维素中的醛基和羧甲基纤维素的酰肼基之间发生反应生成腙键从而形成气凝胶。MOF 颗粒通过物理负载和范德华相互作用被锚定在交联的纤维素网络骨架中，而且纤维素不会堵塞 MOF 的孔道或使 MOF 结构受到破坏。因此，凝胶法是一种良好的 MOF 成型方法，但是该方法成型过程复杂、能耗高，会极大增加成本。

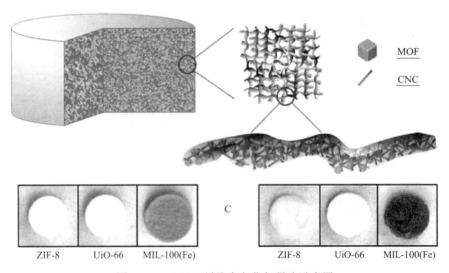

图 2.151　MOF-纤维素杂化气凝胶示意图

(4) 涂层技术

另一种重要的成型方法是制备 MOF 涂层。2009 年，Liu 等首次通过原位生长技术在多孔氧化铝基底上合成了连续且均匀的 MOF-5 涂层，并将其用于气体分离。这种光滑致密的 MOF 涂层形成了一个气体阻挡层，可以有效实现气体的分离，但是这种 MOF 涂层的尺寸取决于基底的尺寸,不利于大规模生产。Jeremias 及其团队提出了改进的涂层技术,首先将基底材料浸入 MOF 的前驱体溶液中,然后将基底表面加热到 MOF 结晶所需温度,得到具有多孔性和高机械稳定性的 MOF 涂层。该方法以中空纤维作为基底材料,并在中空纤维表面生长 MOF-74 涂层,复合后涂层材料具有与粉末相当的 CO_2 吸附能力(2mmol/g)。Wei 等通过引入共溶剂的方法使 ZIF-8 能够在多种基材(尼龙膜、三聚氰胺海绵、面罩过滤层、织物、金属不锈钢网和陶瓷颗粒)上原位生长,形成均匀、连续的涂层。MOF 成型是将其应用在工业中的先决条件,而 MOF 涂层材料是应用最为广泛的成型方法之一,在实际应用中具有巨大的研究价值。

四、MOF 材料应用

MOF 材料由于热稳定性高、酸碱催化活性强、易功能化修饰和孔道结构可调控等特点,已被广泛应用于各个领域。而下面主要对近期 MOF 在气体吸附分离、催化、生物医用材料等领域的综述进行了总结概括。

(1) 气体吸附分离

低碳烃(CH_4/N_2,C_2H_2/C_2H_4,C_2H_6/C_2H_4 和 C_2H_2/CO_2)分子由于物理化学性质相似,因此其混合物的分离成为化工行业的痛点问题之一。然而传统的分离方法(精馏分离)存在能耗高和效率低的缺点,而通过基于物理吸附的分离方法可将能耗显著降低,因此被认为是实现低能量分离的最佳方法之一。作为一种新兴的多孔材料,MOF 在低碳烃分离和纯化领域展现出巨大的应用潜力。Li 等对近年来 MOF 在 C_2 气体(C_2H_2/C_2H_4,C_2H_6/C_2H_4 和 C_2H_2/CO_2)分离领域的研究进展进行了综述,并探讨了 MOF 结构与分离机理之间的关系。此外,Li 等还总结了目前 C_2 气体吸附分离过程中的关键问题,例如 C_2H_2/C_2H_4 的分离缺少同时具备高吸附量和高选择性的 MOF 材料,分离 C_2H_6/C_2H_4 的 MOF 材料存在选择性低的问题,而 C_2H_2/CO_2 的分离缺少对 CO_2 优先吸附的 MOF。对于 CH_4/N_2 的分离,Seda Keskin 课题组通过高通量筛选和分子模拟探究了 5034 种不同 MOF 和离子液体/MOF 材料的 CH_4/N_2 分离性能,并从中筛选出了性能最佳的吸附剂。通过密度泛函理论(DFT)研究了气体分子、离子液体和 MOF 之间的相互作用,发现气体分子与 MOF 之间的相互作用强于它们与离子液体之间的相互作用。因此当离子液体负载到 MOF 载体中时会占据原 MOF 对气体的吸附位点,从而减少对 CH_4 和 N_2 的吸收,但是会提高对 CH_4/N_2 的选择性。

CO_2 排放是造成全球气候变暖的主要原因之一。我国每年碳排放总量约 10Gt,且近期内以化石能源为主的结构形式难以发生根本变化。为实现我国提出的"碳达峰、碳中和"目标,开展用于大规模 CO_2 捕集的技术研究,大幅度降低捕集成本,已成为当务之急。而在各种固体吸附剂中,MOF 材料作为一种新型吸附剂,已广泛应用于 CO_2 捕集领域。Omar K. Farha 课题组对能直接从大气中捕获 CO_2(DAC)的 MOF 进行了综述,并对其稳定性、捕获机理、吸附-解吸性能和规模化制备进行了探讨。在 MOF 应用于 DAC 的早期,一般通过物理吸附捕获 CO_2,导致 CO_2 吸附量不高。近年来,研究人员对 MOF 孔道结构、孔径大小和表面化学特性进行调控,使其也能通过化学吸附捕获 CO_2,例如烷基胺修饰的 Mg-MOF-74 及其衍生物可在 DAC 条件下表现出超高的 CO_2 吸附量。除了化学吸附,具有特殊孔道结构的

MOF 也可通过物理吸附直接捕获空气中的 CO_2，例如由无机阴离子 SiF_6^{2-} 构建的 SIFSIX-Ni 和 SIFSIX-Cu 在 DAC 条件下表现出较高的 CO_2 吸附能力。基于应用于 DAC 领域 MOF 的研究现状，Omar K. Farha 等提出了目前 MOF 在 DAC 领域实际应用中所遇到的问题，比如缺乏对 MOF 吸附剂在实际条件下（存在水和氧气）再生和循环性能的研究。除了对 MOF 进行结构调控，还可以将其与对 CO_2 具有高亲和性的材料（例如离子液体）复合从而提升其 CO_2 捕获能力。Li 等对离子液体/MOF 复合材料及其在吸附分离领域的应用进行了综述。在不同的 MOF 中引入不同的离子液体，可实现其功能的特异性设计，从而提升吸附分离性能。例如，在 MOF 中引入对 CO_2 具有高亲和力的离子液体，可以选择性地从气体混合物中吸附 CO_2 分子，从而显著提升 MOF 净化烟气（CO_2/N_2）和天然气（CO_2/CH_4）的能力。因为离子液体/MOF 在气体吸附分离领域展现出了巨大的应用前景，因此 Li 等结合离子液体/MOF 的研究现状对其发展方向提出了一些指导性的建议。例如，着重探索可商业化应用的离子液体/MOF 复合材料和以理论计算为指导筛选出最佳的离子液体和 MOF 组合。

水是生命之源，然而由于干旱、人口增长和水污染，全球超过一半的人口面临着用水问题。因此淡水的获得十分重要，而大气中存在大量的水且无处不在，适用于各个地区和国家，因此目前从大气中捕集水的技术受到越来越多的关注。最近，MOF 已成功用作吸附剂从空气中集水，使大气集水即使在沙漠环境下也是可行的。Yaghi 及其团队报道了能够从空气中提取水的 MOF 以及利用这种 MOF 设计空气水收集器的研究进展。该综述列举了在空气集水领域有应用潜力的 MOF 材料，比如可应用于低湿度取水的 MOF-801、MIL-160 和 CAU-10，可应用于较高湿度下吸水的 Cr-soc-MOF-1 和 UiO-66。此外，Yaghi 等指出良好的 MOF 吸附剂应该具有阶梯式的吸附等温线，因为阶梯式的水吸附等温线可通过较小的压力或者温度变化实现最大的水吸附或者解吸。明确所需的 MOF 水吸附剂后，就需设计吸附剂辅助的水收集器。水收集器的基本原理为通过降低 MOF 周围环境中水的相对蒸气压，将水释放出来。而基于 MOF 吸附剂的水收集器可分为单循环水收集器和多循环水收集器，这两种收集器都取得了显著的成效。

（2）催化

目前全球能源需求和消费呈爆炸式增长，导致燃料短缺和环境污染。开发清洁、安全、可持续的储能和转换技术已成为当代绿色化工的一个焦点。在各种储能和转化技术中，光催化和电催化是将太阳能和电能转化为易于储存和运输的化学能的主要方法。太阳能存量丰富且绿色无污染，通过光诱导的水分解过程可以实现太阳能到燃料的转化，因此太阳能的储存和转换是开发绿色能源的主要方向。在众多光催化材料中，MOF 因为高度发达的多孔结构和功能的可调性而引起广泛关注。因此 Luo 等对 MOF 材料在光催化 CO_2 还原和分解水领域的应用进行了综述，并提出了其反应机理。MOF 材料可作为光催化剂是由于其能够在可见光照射时吸收并诱导产生光生电子，然后通过主客体相互作用将电子转移至吸附在 MOF 孔道中的反应物中。因此针对 MOF 光催化剂的反应机理，提升 MOF 光催化性能的策略主要可分为两种，一种是增强光捕获能力的带隙工程，另一种是促进光生电荷的分离与迁移。而基于这两种策略可衍生出多种提升光催化活性的手段，例如掺杂金属粒子、引入光敏剂和构建异质结等。然而，光催化过程要受到太阳光照射的限制，而电催化是一种有力的替代方案，因为它只要有足够的电压就可以确保目标反应的发生。而催化剂的存在可以降低目标反应的过电位，使反应在所需的电流密度下进行。MOF 材料因其本身独特的性质可以将催化活性位点引入 MOF 孔道中，从而构建具有优异催化性能的电极材料。瓦伦西亚理工大学的 Hermenegildo García 教授对目前 MOF 作为电催化剂的研究情况进行了综述。该综述阐述了 MOF 组成和结构、孔隙率、比表面积、活性位点设计等及其在电催化领域的应用。此外，Hermenegildo García 教授指出了 MOF 作为电催化剂存在的问题，比如导电性弱和稳定性差，并提出可通过发展导电性 MOF、二维 MOF 和调控 MOF 粒径和形貌的方式解决。

（3）生物医用材料

多孔材料与生物医用材料密切相关，因为多孔材料可用作吸附剂用于清除毒素和过量药物，是医疗植入物和组织支架的必要条件。而在各种多孔材料中，MOF 因为具有孔隙率高、结构和成分多样化等特点而在生物医用材料领域引起了广泛关注。Wang 等综述了 MOF 在生物医用材料领域的应用，并探讨了其在解毒、药物传递、气体输送系统和生物活性平台等特定生物医学应用中的适用性。随着对 MOF 作为纳米药物平台内在机制的理解，使其更进一步得到了临床前开发，并应用在癌症和炎症等疾病中。然而，迄今为止，仅有一个 MOF 成功地跨越了从实验室到临床的鸿沟，进入了早期临床试验。因为新治疗平台的开发是一项极其缓慢和昂贵的研究，考虑到经济效益，大量工作人员可能更倾向于研究那些未满足社会需求并产生可观经济效益的材料（例如脂质体、水凝胶和聚合物等）。因此 Wang 等指出要使 MOF 在生物医学领域具有更广阔的应用前景，就应从 MOF 本身独特的性质出发去治疗目前医疗手段无法解决的疾病。例如，MOF 用于解毒的高吸附能力，有效装载和输送药物的能力和内在的金属治疗活性等。

五、发展建议

MOF 材料走向工业化应用仍然任重道远，幸运的是，MOF 材料已逐步从实验室走向规模化制备并应用到环境和能源等各个领域。目前 MOF 工业化应用的主要目标就是研发工艺简单、成本低廉和绿色无污染的规模化制备路线并使其性能能够满足工业应用的需求。MOF 大规模商业生产与实验室合成不同，首先就需要考虑安全与成本问题，比如原料（金属盐与有机配位）是否有毒有害、溶剂是否易燃易爆、合成是否能够连续化规模化、是否具有经济效益等，因此必须基于绿色化学的原则进行 MOF 的规模化制备。而绿色化学的原则主要包括使用生物相容好的原材料、使用安全性好的反应介质（如水）、降低能耗和可连续化生产。而机械化学法（无需使用溶剂或仅需很少量的溶剂）和连续流动法（可增强传质传热易于连续化生产）因为其独特的性质从而在 MOF 规模化制备中具有很好的应用前景。除了绿色化学的原则，MOF 的规模化制备还需考虑成本的问题，例如工艺成本、能耗成本和原料成本，只有具有经济效益才能真正实现 MOF 的商业化。

MOF 作为一种新型多孔材料，在气体吸附分离、催化和生物医用材料等领域具有十分良好的应用前景。然而要真正实现 MOF 的工业化应用，除了要使 MOF 能够大规模商业化生产，还需要 MOF 的性能能够满足实际应用的需求。而 MOF 材料具有很好的可设计性和可修饰性，因此应从不同的应用需求出发，以基于分子水平的设计为手段，以能够实际工业化应用为目标，通过配体结构的设计、拓扑结构的调控和孔道环境的修饰去提升 MOF 的性能，以推进 MOF 在化工、生物和医药等各个领域的发展。

第四十九节 碳纳米管

清华大学 朱振兴 魏飞

一、概述

以碳-碳 sp^2 杂化的石墨烯、碳纳米管及部分石墨炔等，由于其 π-π 强电子关联体系，使得其电子的能量-动量散射关系是线性的，根据爱因斯坦质能方程，其电子、空穴的有效质量为零，电子与空穴的运动速度符合 Maxwell 方程中在 sp^2 介质下的光速，即真空光速的 1/300。这样，电子和空穴的运动方程不能用薛定谔方程来描述，而是用狄拉克方程来描述，其迁移率可以同时达到惊人的 $100000cm^2/(V·s)$。因其有宏观量子现象，故也叫作狄拉克碳材料或量子材料。此类材料有微米级的电子与声子自由程，比常规材料高三个数量级，会带来化学、力学、电学、声学以及光学等多方面的优异性能。在过去的三十年中，零维的富勒烯、一维的碳纳米管、二维的石墨烯和石墨炔材料是纳米科技研究中的热点。其中一维的碳纳米管由于其超大的长径比及表面无悬键的 sp^2 杂化的狄拉克材料特点，带来了优异的力学、电学性质，因而引起了极度关注和研究兴趣。

碳纳米管可以看作是由二维石墨烯沿一定方向卷曲而成，不同层数的石墨烯旋转会得到不同壁数的碳纳米管，不同的旋转轴方向使得形成的碳纳米管具有不同旋光性和手性参数。碳纳米管的手性结构决定其电子结构，对于一根结构完美的手性碳纳米管，手性指数 (n,m) 可唯一确定其结构，并决定其光学、电学、化学和磁学性质。

碳纳米管所具有的独特狄拉克双锥电子结构使其费米面附近的电子态主要为扩展态。由于没有表面悬挂键，表面和纳米碳结构的缺陷对扩展态的散射几乎不太影响电子在这些材料中的传输，室温下电子和空穴在碳纳米管中电子迁移率高达 $100000cm^2/(V·s)$，比目前最好的硅基晶体管迁移率高出 2 个数量级。在小偏压情况下，电子能量不足以激发碳纳米管中的光学声子，但与碳纳米管中的声学声子相互作用又很弱，其平均自由程可长达数微米，使得载流子在典型的几百纳米长的碳纳米管器件中呈现完美的弹道输运性质。此外，由于纳米碳结构没有金属中那种可以导致原子运动的低能位错或缺陷，因而可以承受超过 $10^9 A/cm^2$ 的电流，远远超过集成电路中铜线所能承受的 $10^6 A/cm^2$ 的上限。同时半导体性碳纳米管属于直接带隙半导体，所有能带间跃迁不需要声子辅助，是很好的红外发光材料。理论分析表明，基于碳纳米结构的电子器件可以有非常好的高频响应。对于弹道输运的晶体管其工作频率有望超过 THz，性能优于所有已知的半导体材料。

此外，理论计算及实验结果表明，碳纳米管还具有优异的力学、热学和光学性能。例如，在力学性能方面，碳纳米管杨氏模量达到 1TPa，拉伸强度高达 100GPa，超过目前 T1000 碳纤维拉伸强度的 10 倍以上；在热学性能方面，单壁碳纳米管热导率高达 6600W/(m·K)，比目前室温下最好的导热材料金刚石高出 3 倍以上，在硅基芯片散热和热管理方面展现极大优势。结合其优异的光学性能，基于单壁碳纳米管做成的柔性薄膜晶体管导电性和透明度与传统的氧化铟锡（ITO）相当，但在红外波段具有更高的透明度，有望替代 ITO 在显示、触摸屏、LEDs 实现规模应用。进一步地，结合其一维量子特性和场致电子发射性能，由碳纳米管构筑的冷阴极 X 射线管具有功耗低、光子效率高、易于集成等优点，微焦及分布式成像设备已实现商业化，将开启 X 射线成像低辐射、高精度、快速成像新时代。

碳纳米管的完美结构与极致性能受到很多关注，人们对于碳纳米管的关注点逐步从基础研究向大规模应用过渡。比如，目前已取得规模化进展的当属新能源和复合材料领域，利用碳纳米管材料高长径比的结构特点，以极小的添加比例（如质量分数 0.01%）即可在材料中形成渗流网络，现已广泛应用于汽车部件、电磁屏蔽、运动器械、锂离子电池、超级电容器中。

目前全球碳纳米管的生产企业主要集中在中国、俄罗斯和韩国，各大公司主要型号的碳纳米管产品类型见表 2.241。

表 2.241　各大公司主要型号的碳纳米管产品类型

企业名称	牌号	直径/nm	长度/μm	纯度/%
天奈科技	FT9000	10～25	10	≥99.9
	FT7000	7～11	5～20	≥99.9
	FT6000	7～11	50～250	≥98.5
	FT2000	2～4	≥500	≥80
青岛昊鑫	HX-N2	8～15	10～20	≥98
三顺纳米	CNTs40	30～50	5～12	≥99.2
	HCNTs10	10～20	5～12	≥99.5
	CNTs10	10～20	5～12	≥97.5
	GCNTs5	5～10	≥15	≥99.2
	CNTs20	20～30	5～12	≥98.7
德方纳米	CNT-F1	7～12	5～10	≥99.99
	CNT-N1	50～100	5～10	≥99.98
无锡东恒	DH-S1	30～60	10～20	≥97.5
深圳纳米港	L-MWNT-4060	40～60	5～15	>97
	L-MWNT-60100	60～100	5～15	>97
	L-MWNT-2040	20～40	5～15	>97
	S-MWNT-1020	10～20	<2	>97
	S-MWNT-2040	20～40	<2	>97
	S-MWNT-4060	40～60	<2	>97
	NTP8012	<2	>5	>90
	NTP8022	<2	>5	>90
	NTP9012	1.5～2.0	>15	>90
	NTP9112	1.5～2.3	>15	>95
	Aligned MWNT	10～30	>2	>97
	L-MWNT-1020	10～20	5～15	>97
	MWNT-10	7～15	5～15	>97
OCSiAl	TUBALL™	1.2～2.0	>5	≥80
LG Chem	BT	—	—	—
CABOT	ENERMAX	—	—	—
Nanocyl	NC7000	—	—	—

二、市场供需

在全球范围内,碳纳米管材料的核心厂商包括 OCSiAl、江苏天奈科技股份公司、LG Chem、卡博特高性能材料(深圳)有限公司、青岛昊鑫新能源科技有限公司等,前五大厂商占有全球超过70%的份额。亚太地区是全球最大的市场,占有超过50%的市场份额,之后是北美洲和欧洲,分别各自占有15%左右。就碳纳米管类型而言,多壁碳纳米管的市场份额约为60%。在应用领域,锂电池的市场份额达到73%以上。表2.242为世界主要碳纳米管生产企业的产能、装置所在地及工艺来源情况。

表2.242 世界主要碳纳米管生产企业

企业名称	产能/(万吨/年)	装置所在地	工艺来源
天奈科技	5.00	江苏	清华大学,自研
CABOT	1.50	深圳	三顺纳米
青岛昊鑫	1.78	青岛	自研
OCSiAl	0.31	塞尔维亚	OCSiAl在卢森堡的运营研发中心
LG Chem	0.60	韩国首尔	
Nanocyl	0.046	比利时	自研

在新增产能方面,OCSiAl公司位于欧洲塞尔维亚设计产能3000吨的单壁碳纳米管水性分散液工厂即将完工。LG化学(LG Chem)将在韩国首尔建造第四座碳纳米管工厂,以满足快速增长的电动汽车电池市场。

在碳纳米管需求方面,预计全球碳纳米管需求量将以每年40%的速度呈现爆发性增长,将从2023年的5000吨增长到2024年的2万吨。

在中国范围内,碳纳米管的产量和需求量均呈现稳步增长趋势。2021年中国碳纳米管的产量为1412.6吨,同比增长32.5%,需求量为2570.9吨,同比增长36.4%。2022年中国碳纳米管的产量达到1798.1吨,同比增长27.3%,需求量达到3092.8吨,同比增长20.3%。2023年中国碳纳米管的产量达到2285.7吨,同比增长27.1%,需求量达到3718.6吨,同比增长20.2%。截至2023年底,碳纳米管行业在中国市场的规模已经攀升至数十亿元人民币。

三、工艺技术

制备碳纳米管的方法主要包括电弧放电法、激光烧蚀法和化学气相沉积法。其中化学气相沉积法具有反应条件温和、参数容易控制、利于大规模生产的优势,目前在碳纳米管的结构调控及宏量制备方面都具有广泛的应用。

根据反应过程中催化剂的相态,用化学气相沉积法制备碳纳米管的生长机理可分为"气-固-固"和"气-液-固"模式。按照"气-液-固"生长机理,金属催化剂颗粒在高温下呈现熔融状态,碳源气体分子在高温下分解后产生的单个碳原子在金属表面溶解,进入金属颗粒内部,当碳源分子达到过饱和状态后便析出并自组装成碳纳米管。对于液相催化剂,当碳纳米管边缘在高流动性催化剂界面形成一对碳原子位错时,不会产生额外的能量消耗。因此,液相催化剂几乎不会对任何手性碳纳米管种子产生热力学倾向性。尽管如此，液相催化剂在反应过程中由于奥斯特瓦尔德熟化作用而不断发生碰撞和聚并，加速了催化剂颗粒间的竞争，使得较多催化剂丧失活性，从而筛选出具有高催化活性的催化剂并被充分利用，这使得动力学控制过程成为决定碳纳米管结构选择性的关键因素，有利于生长宏观长度、结构完美的碳纳米管。

除了按催化剂相态外，根据基底、催化剂和碳纳米管的相对位置，可将碳纳米管生长分为顶端生长模式和底端生长模式。顶端生长模式是指在碳纳米管的生长过程中，其催化剂颗粒一直保持在碳纳米管的顶端，在气流的引导下带动新生产的碳纳米管不断向前生长，这种生长模式多适用于制备超长水平阵列碳纳米管；底端生长模式则认为在碳纳米管的生长过程中催化剂颗粒保持在基底上不动，新生成的碳纳米管位于整个碳纳米管的底端，这种生长模式多适用于制备垂直阵列碳纳米管和高密度水平阵列碳纳米管。此外，碳纳米管在基底上以何种模式生长，与基底的种类和实际采用的生长条件有很大关系。研究发现，在石英和蓝宝石等带有晶格导向作用的基底上碳纳米管容易按照底端模式生长，而在硅片基底上则一般容易按顶端模式生长。与底端生长模式相比，顶端生长模式的催化剂在反应气流中自由漂浮，因此与基底的结合作用更弱，更容易实现宏观长度和原子级完美结构。下面将分别介绍水平阵列和垂直阵列碳纳米管的结构控制与宏量制备。

(1) 水平阵列碳纳米管

水平阵列超长碳纳米管是指管与管之间距离较大、平行排列于平整基板表面、长度可以达到毫米甚至厘米以上的一种碳纳米管类型。其具有较小的管径和较少的管壁数，遵循自由生长的机理，可以摆脱相互之间的干扰，容易达到毫米甚至厘米以上长度，并且具有相对完美的结构，更容易体现出碳纳米管理论上优异的电学性能，尤其是高纯度半导体性碳纳米管在晶体管、环式振荡器等领域具有重要应用前景。

获得结构和性能一致的高纯度半导体性碳纳米管的方法主要有原位制备法和后处理分离法。后处理分离法可分为两类：一是依据金属性和半导体性碳纳米管表面性质的差异，使其在特定表面活性剂中有不同的溶解度和表面吸附性；二是依据金属性和半导体性碳纳米管电流传输能力的差异，使金属性碳纳米管在强电流下率先被烧蚀。目前，后处理分离法可以获得高纯度金属性、半导体性甚至单手性碳纳米管，但容易改变碳纳米管的表面性质或电子带隙结构，降低碳纳米管的迁移率并影响跨导、亚阈值斜率等器件性能。因此，研究者们一直致力于探索原位制备高纯度半导体性碳纳米管的方法。这些方法可分为四类：①"氧化刻蚀法"，即在生长过程中加入甲醇、水等刻蚀性气体，其热解产生的OH自由基会选择性刻蚀电离能较低的金属性碳纳米管；②"催化剂模板法"，即设计结构稳定的催化剂分子作为模板，如带有氧空位的金属氧化物、具有碳帽结构的有机前驱体、部分碳包覆的金属颗粒、高熔点合金、金属碳化物等，通过界面匹配原理降低半导体性碳纳米管的生长能耗；③"外场诱导法"，即在生长过程中同步加入紫外光、反转电场等，抑制金属性碳纳米管在催化剂表面成核；④"动力学调控法"，即通过调控碳纳米管制备过程的催化剂组分、生长温度、时间等，提高半导体性碳纳米管的生长速率。

针对超长碳纳米管的可控制备，清华大学团队提出"分子进化组装"新制备机制。该机制指出，碳纳米管的生长过程是以管口的碳原子序列为模板进行的自催化螺旋组装，即生成的碳纳米管同时也会作为催化剂，进一步催化后续碳纳米管的生长。在这一过程中，碳纳米管的管口发挥着自催化剂与形成手性的模板作用，对稳定的碳纳米管螺旋生长起到了重要作用。在分子进化组装机制指导下，该团队相继制备出长度达 100mm、550mm 和 650mm 的全同手性超长碳纳米管，这意味着碳原子对以管口为模板进行了百亿次连续稳定的螺旋式迭代组装，其所形成的宏观体展现了超强超韧的功能特性，接近完美碳纳米管晶体所能达到的理论极限水平。不同管径的碳纳米管种子具有不同的手性和电子带隙结构，将对模板的活性产生不同程度的修饰和调控作用，从而使得模板在实现碳纳米管伸长生长过程中带有不同的动力学生长速率。从液相催化剂生长出的水平阵列超长碳纳米管具有随机的带隙及手性分布，在碳原子迭代组装百万次以上后出现手性、结构选择性、分子共进化等一系列分子进化的特征。类似于达尔文自然选择机制，最终获得的水平阵列超长碳纳米管会表现出集群效应，在原子组装数十亿代后可得到纯度高达 99.9999% 的结构完美的半导体性双壁碳纳米管阵列。这种双壁碳纳米管有一层管壁的边缘结构接近扶手椅形，在碳原子对沿管口边缘组装时具有较低的热力学形成能，另一层管壁的边缘具有最高的位错排布密度，在高速伸长生长过程中具有显著动力学优势。两层管壁在原子迭代组装过程中互相影响，使得双方的优势手性结构得以共同演化、协同生长。这种非生命体的分子进化生长机制不仅可以自下而上地实现完美结构、特定功能材料的结构精准调控，也为未来新型手性材料的设计与合成提供了全新的方法。

针对水平阵列超长碳纳米管的宏量制备，清华大学团队开发了两段式双层化学气相沉积反应器。其中，反应器下层空间为预热区，可延长原料气的加热和恒温时间，提高温度场稳定性。同时，在预热区增设孔板式分布器构件以实现气体均匀分布，强化了气流场均匀性。上层空间为大面积平整生长区，用以沉积催化剂颗粒并承载大面积生长基底。整个反应器具有较小的当量直径和截面高度，生长区的气流边界层厚度远远大于反应器截面高度，可以保证在较低的反应气速下原料气处于平稳层流状态。预热区形成的层流边界层直接在流道中心汇合，由分布器出口到生长区超长的流经路程使得流动有足够的时间充分发展，最终形成稳定的层流，更加有利于水平阵列超长碳纳米管的稳定生长。利用该反应器，在原位调控原料气含水量、氢烷比、气速、基底位置及管壁积碳量等关键参数后，成功实现了在 20 余片 30mm×20mm 的硅基底以及 7 片连续 4 英寸硅晶圆表面制备水平阵列超长碳纳米管，每一片均可保持品质较高的形貌特征。

(2) 垂直阵列碳纳米管

在垂直阵列碳纳米管中，碳纳米管之间以垂直于基板的方向近似相互平行排列，碳纳米管长度与阵列高度相当，长径比高且纠缠程度较低。这种具有定向结构的碳纳米管宏观体同时体现出碳纳米管 c 轴的优异性能及其定向排列所带来的有序结构的优势，具有广阔的应用前景。垂直阵列碳纳米管的制备方法包括模板辅助化学气相沉积法、热化学气相沉积法和浮游化学气相沉积法。其中，在浮游法制备碳纳米管的过程中，催化剂前驱体（有机金属化合物，金属盐等）裂解、原位形成催化剂颗粒并实现碳纳米管阵列的生长。该方法避免了复杂的催化剂预制备过程，简化了碳纳米管阵列的制备流程，在降低了制备成本的同时，该过程对基板、催化剂、碳源的较大选择范围也更有利于实现碳纳米管的宏量可控制备，并极大程度上丰富了碳纳米管阵列的结构调变空间。例如通过对气相产物进行收集可获得碳纳米管膜、在浮游化学气相沉积过程中添加噻吩等添加剂可获得单壁碳纳米管管束、利用碳纳米管在气相生成的特点，采用二氯苯为碳源可获得碳纳米管海绵等众多结构。

清华大学团队深入分析了垂直阵列超长碳纳米管的生长机理，证明了碳纳米管之间的自发组装过程满足协同生长模型。催化剂颗粒在平整基板上形成，碳源在催化剂颗粒表面裂解，形成碳纳米管。生长获得的碳纳米管仍然停留在催化剂表面，如同森林中的树木一样，其生长点在根部。在生长初期，碳纳米管可以沿各个方向生长。无序的碳纳米管相互缠绕生长，在平整的基板上形成拓扑的网络结构。随着反应的进行，虽然新的碳纳米管仍然在基板的表面生长，但是生长方向受到先前生长的碳纳米管的空间位阻——其在水平方向遇到的阻力显著大于垂直方向受到的阻力。这样后续生长的碳纳米管顶着初始生长的碳纳米管，在其缝隙中取向生长。由于其受到初始管的压力，后续生长的碳纳米管不与顶部相连，呈现弯曲的形态；而初始生长的碳纳米管受到弯曲碳纳米管的推力，产生平直的碳纳米管。这种平直碳纳米管和弯曲碳纳米管之间的相互作用，使得碳纳米管之间实现了协同生长，两种类型碳纳米管的持续协同与共同演化形成了规整有序的阵列结构。

上述无序-有序的转变可以使用描述液晶结构形成的Onsager virial理论进一步解释。碳纳米管可以近似看作棒状结构，这种棒状的结构存在两个显著的相区：无序结构和有序组装，主要由棒状材料所张成的空间角决定。这种转变可通过d/vL所表达的空间角数值来判断，其中d为直径，v为体积分数，L为长度。当$d/vL<3.3$时，无序的结构更为稳定；$d/vL>4.8$时，有序的组装是稳定相；处于二者之间则为分相结构。当碳纳米管处于生长初期，碳纳米管比较短，d/vL值较小，所以无序的堆积更为稳定。随着L的增大，根据Onsager virial理论预测，这种转变在碳纳米管长度大于10 μm后应该显现，而实验观测值约为160 μm。这种差别主要体现在碳纳米管长度过长后并不与Onsager virial理论的假设一致。如果这种转变没有实现，则其仍保持缠绕的结构，形成无规缠绕的聚团状碳纳米管结构；如果只是小区域内（如基板诱导的几个微米的小区域）的转变，则容易形成小的碳纳米管绳；只有大区域内实现这种转变，才能诱导整个阵列的协同生长。这种热力学诱导的熵驱动效应导致了多种碳纳米管团聚结构的形成。

针对垂直阵列碳纳米管的宏量制备，清华大学团队提出了一套基于蛭石催化剂的制备工艺，以蛭石这种可大量获得的天然矿石作为催化剂载体，利用液相浸渍的离子交换过程向蛭石层间负载铁/钼活性组分，从而实现了催化剂的批量制备，避免了电子束蒸镀等复杂且不易进行批量放大的物理催化剂制备方式。其次，在碳纳米管生长以及聚团结构形成的过程中，蛭石中的平面片层结构为碳纳米管之间组装形成碳纳米管阵列提供了良好的基板，碳纳米管可在蛭石催化剂的平面片层之间插层生长，形成无机片层、碳纳米管阵列交叠的结构，从而实现了碳纳米管阵列的制备。第三，针对固定床反应器在碳纳米管及碳纳米管阵列制备过程中空间利用率低、过程不可连续的困难，利用流化床反应体系，采用粒度合适的催化剂颗粒，使其在整个生长过程中保持良好的流化行为。利用流化床反应器中高传质、高传热的特点，实现了垂直阵列碳纳米管在蛭石催化剂上的批量制备。

在垂直阵列碳纳米管宏量制备过程方面，碳源在催化剂表面裂解生成碳纳米管时，高温下催化剂易积碳或烧结失活。低温下催化剂活性低导致碳源转化率低。催化剂表面碳纳米管的生长倍率高（是催化剂质量的70~120倍），但密度低（50~200 kg/m^3），导致反应器内固相体积增大上千倍，使气体原料与催化剂的接触状态变差，转化不充分。对此，该团队开发了两段变温流化床技术，催化剂在上段（高温区）高效裂解碳源，接近失活时靠重力作用回落到下段（低温区）。级间温度差使碳析出形成碳纳米管，催化剂活性得到恢复。通过控制催化剂在上下段（高低温区）间循环运动，将其在 850 ℃下的寿命由数秒提高至几十小时，解决了低温下碳源转化率低而高温下催化剂易失活的矛盾。同时首次发明了多段逆流流化床技术，在碳纳米管体积急剧增大情况下，使残留气体始终与新鲜、高活性的催化剂接触，提高了气体转化率。工程上可将多个单独的变温多段流化床连接，既实现一个反应器中不同段内变温控制催化剂活性，又在总体上实现多个反应器之间气固两相的多段逆流接触操作，显著提高了催化剂的利用率与碳纳米管的纯度。

四、应用进展

高长径比的碳纳米管具有优异的力学和电学性能。研究表明，碳纳米管的力学性能和电导率与其长径比均呈指数关系，强度 $\propto$（长径比）$^{0.9}$，电导率 $\propto$（长径比）$^{0.8}$。然而，随着碳纳米管逐渐变长，制备出的碳纳米管之间存在比较强的范德华力，很容易缠绕在一起或者团聚成束，在实际应用过程中，团聚形态往往会破坏单根碳纳米管所表现出的优异力学、电学特性，限制了深入研究碳纳米管的性能与应用。碳纳米管易于团聚的原因在于，碳纳米管高长径比的轴向几何形状为碳纳米管的团聚提供了大面积的接触，其石墨烯层的 π 电子高极化率造成碳纳米管间强大的范德华吸引力，每微米碳纳米管间范德华结合能高达 500eV，使得碳纳米管易于团聚纠缠在一起。特别是对于超长碳纳米管，无论是原位生长抑或是后期分散过程，当碳纳米管的长度超过百微米时都会产生自发的团聚现象，引起系统的熵剧烈增大。同时单壁碳纳米管相比于多壁碳纳米管团聚现象更为严重。一方面单壁碳纳米管倾向于聚集成由数百根单壁碳纳米管组成的碳纳米管管束，另一方面单壁碳纳米管管径更小，更容易彼此缠绕，因此更加难以分离。此外，通过一些物理或化学手段将碳纳米管分散后，由于碳纳米管间易于团聚的特点，在分散后碳纳米管仍会重新团聚在一起。目前，多种分散方法综合协同使用是常采用的碳纳米管分散工艺，如强酸氧化加超声波处理、超声波处理的同时添加表面活性剂、砂磨的同时添加表面活性剂等。多种方法综合使用一方面提高了分散效率，另一方面提高了分散程度和稳定性。目前，单分散碳纳米管已在众多领域展现了广阔的应用前景。

（1）导电浆料

碳纳米管能够成功进入商业化，正是借助导电浆料的发展。随着 3C 消费电子产品的需求增加和电动汽车的普及，现有的正极材料如层状钴酸锂、锰酸锂、镍钴锰酸锂等本身的导电性差，已经不能满足市场需求。碳纳米管凭借良好的导电性及独特的管状结构，通过与正极材料形成线性连接可大幅改善正极材料电导率。此外，碳纳米管的加入，还可以提高锂电池极片的粘接强度、减少黏结剂的使用量、提高锂电池的循环寿命、提高电池极片散热能力等。目前，千吨级碳纳米管宏量制备及万吨级碳纳米管导电浆料技术已由清华大学团队转让给江苏天奈科技有限公司。

不仅如此，经国内多家机构调研和测算，一致认为在未来五年，全球碳纳米管导电浆料需求量将保持 40.8% 的年复合增长速度。在动力锂电领域，预计到 2025 年碳纳米管导电浆料渗透率将达到 80%。而推动碳纳米管导电浆料在该领域快速渗透的关键技术可能在于固态电池和硅基负极的发展。由于固态电池内部比液态电池导电性更差，需要添加更多的碳纳米管导电浆料，来提高其内部的导电性。以后，随着固态电池的产业化，会利好碳纳米管导电浆料产业。另一方面，未来随着高容量硅基负极的逐步产业化导入，碳纳米管在负极领域的应用有望进一步获得突破。硅基负极的导电性比天然石墨和人造石墨等石墨类负极更差，需要添加高性能导电浆料来提升其导电性。目前碳纳米管在硅基负极领域体现出良好性能，随着未来硅碳负极的进一步产业化推广，将成为碳纳米管在锂电领域的进一步增长点：①提高硅基负极的结构稳定性，外力情况下结构不易破坏，进而抑制负极充放电过程中膨胀/收缩对材料的损伤；②优异的导电性，弥补硅基负极导电性差的不足；③极大比表面积，可缓解硅基负极在锂离子脱嵌过程中硅材料结构的坍塌。随着锂电池高镍正极、硅基负极和固态电池等新技术应用规模扩大，碳纳米管的使用量会进一步大量增长。总体来看，根据以上技术迭代趋势推算，预计至2025年全球动力锂电池领域碳纳米管需求量将达到约14156吨，近五年复合年均增长率将达到54%。

（2）冷阴极X射线管

X射线是一种高能射线，其穿透性极强，但物质对其吸收程度却各不相同，凭借这一特性，X射线被广泛应用在癌症治疗、医疗影像、安检、工业无损检测等领域。X射线源通常以热阴极技术为主，但热阴极X射线源存在启动慢、功耗大、无效辐射剂量多等问题。碳纳米管是一种典型的一维量子材料，与传统金属、高分子材料相比，碳纳米管的电、热、力学性能优异，已逐渐成为场发射电子源中最常用的纳米材料。碳纳米管X射线源创新点在于碳纳米管场发射冷阴极取代热阴极，这赋予了碳纳米管X射线源低功耗、光子效率高、可控发射、易于集成等诸多优势。

碳纳米管优异的场致电子发射性能在开发冷阴极X射线管方面展现出显著优势。研究表明，通过控制电子发射方式和提高碳纳米管阴极发射电流的密度和稳定性可显著提升X射线源的时空分辨能力，且能大幅降低射线管的尺寸和功耗，在高端生物医疗、无损检测和科学研究等领域具有巨大潜在应用价值。伴随着各行业对X射线成像技术需求的提升，预期碳纳米管冷阴极X射线管将在以下三个方向迎来发展机遇：

① 微米或亚微米分辨能力分辨成像。碳纳米管纳米结构决定其可被看作理想的点状电子源，且结合场致电子发射高亮度特性和方向集中的优势，有望采用相对简单的聚焦结构实现更佳分辨能力，同时显著降低X射线管的成本和体积。

② 高速脉冲X射线管。现有的实验结果表明，场致电子发射的响应时间可以达到飞秒量级，但由于电子束打靶时间展宽，对应X射线发射时间有望控制在纳秒量级。这为超快X射线的产生提供了一种新思路，可对生命体内的生理过程实现动态成像和针对超快物化反应过程进行分析等。

③ 分布式X射线管。目前静态CT被认为是第六代系统的主流技术方向，而分布式X射线管作为重要的光源部件，对响应速度和集成度方面都提出新的要求。

碳纳米管X射线源属于新型高端X射线源，其有望为低剂量CT设备、X影像设备等带来技术和结构上的突破，其特点是纳米级点光源，可以很快的速度进行开关，是十分理想的快速X光CT的光源。我国碳纳米管X射线源被国外企业长期垄断格局已被打破，清华大学、电子科技大学、中科院深圳先进院、同方威视、新鸿电子、昊志影像等机构和企业做出了重要贡献。广州昊志影像源于电子科技大学，致力于碳纳米管冷阴极X射线成像技术研发及应用。2022年3月，广州昊志影像举办新品发布会，展示5款工作电压分别为90kV、110kV、130kV、150kV和165kV的碳纳米管冷阴极微焦点X射线源，标志着我国成功实现了在该领域的完全自主可控。新鸿电子是一家源于清华大学和同方威视的X射线成像技术应用高科技企业，2021年该公司"基于碳纳米管冷阴极的多焦点分布式X射线源关键技术研究及产品化"通过专家技术认证，整体达到"国际领先"水平。2022年，该公司的"碳纳米管冷阴极分布式X射线源"项目斩获世界顶级发明展日内瓦国际发明展金奖。目前，采用新鸿电子分布式X射线源的静态CT智能安检系统已通过中国民航和欧盟ECAC最高标准认证，并在海关查验现场投入使用。通过团队的持续努力和技术攻关，新鸿电子实现了世界上第一款分布式X射线管从研发、试制、小批量生产到量产，业已成为世界领先的碳纳米冷阴极分布式X射线源技术生产商，也是目前世界上唯一一家能够大规模生产这类X射线管的企业。随着研究深入、技术进步，碳纳米管X射线源应用有望向医疗、工业、安防等领域扩展，X射线成像也逐步进入低辐射、高精度新时代。

总结而言，中国在纳米碳材料的研究中有雄厚的基础和独特的优势，在碳纳米管的精细结构控制、性能调控以及宏量制备方面做出了一系列原创性和引领性工作，处于国际领先地位，已经开发出了多种高效的碳纳米管生长技术、纯化技术、排布组装技术等，实现了多种单一手性碳纳米管可控制备，以及晶圆阵列超长碳纳米管及薄膜的可控组装，制备出了世界最优性能的碳纳米管电子器件，并建成了世界上最大的碳纳米管生产线，实现了全球首个碳纳米管触摸屏的产业化。在产业化及应用研究方面，我国是碳纳米管的生产与研究大国，在碳纳米管的宏量生产与新能源、电子信息等应用领域均有代表性产品走在世界前列，每年发表的学术论文及专利也在世界的前两位。碳纳米管产业在国内和国外是同一时期起步的，不存在国外先发优势，提前积累几十年到上百年。国内碳纳米管产业，历经了从20多年前的只能实验室合成，价格50～200美元/克，到目前可以百吨级生产，一吨的价格人民币十万到几十万，其成本下降了近四个数量级，成功进入工业品市场，是为数不多的本土自主知识产权的新材料产业。

五、发展建议

温室气体排放引起的气候变化业已成为当下全球重大环境问题之一，并且引起了全世界的广泛关注。而控制碳的过量排放是缓解温室效应、保护生态环境的一种有效途径。在"双碳"背景下，随着我国炼油产业朝着一体化、规模化、集群化方向发展，将工业能源回收并用来生产高附加值产品，如碳纳米管、碳纳米管复合结构等纳米碳材料，是未来炼化行业的重要发展方向，有助于带动整个行业的提质增效和转型升级。以我国为代表的一些亚洲国家在炼厂气催化转化制备碳纳米管方面取得了显著成效，但在高纯度阵列碳纳米管的可控制备方面仍面临关键性的技术瓶颈与挑战。

从世界范围内来看，生产碳纳米管的公司成规模的不多，碳纳米管粉体生产规模超过千吨级的公司极少，还谈不上靠生产规模形成优势，资本壁垒还不是很高。从全世界公开报道的信息，韩国LG公司，2020年宣布了1700吨/年的多壁碳纳米管生产线计划，是少有的千吨级产能的公司之一。以中国来说，碳纳米管生产技术的开发大体经过从第一代到第六代的发展过程。碳纳米管商品化的形态有薄膜、连续长纤维、粉体等多种形态，其中能百吨级以上工业化生产的只有碳纳米管粉体产品。国内目前较先进的碳纳米管百吨级宏量生产技术是第四代碳纳米管技术，碳纳米管比表面积为$250 \sim 350 m^2/g$，堆密度为$0.01 \sim 0.02 g/mL$，平均管径8nm左右，壁数平均6～8层左右。然而，低维碳纳米材料存在易团聚、难分散、可加工性差、金属杂质难纯化等问题，这些难题长期制约了碳纳米材料的规模应用及宏观高性能体现。锂离子电池用导电浆料及复合材料是目前碳纳米管规模化应用的成功典范，高纯度阵列碳纳米管的宏量制备有望进一步提升产品质量并实现产业升级，未来的发展重点将聚焦在纳米碳的分散和特性匹配规律、纳米碳基网络和系统技术，进而有效提高活性材料的利用效率，推动碳纳米材料在动力电源、柔性储能、电子器件领域的应用。

另一方面，基于高纯度阵列碳纳米管构筑的碳纳米管纤维有望成为结构减重领域的下一代关键材料，与密度达到 $2.7g/cm^3$ 左右的铝合金相比，由于碳纳米管纤维增强复合材料具有密度低（约 $1.5g/cm^3$）、强度高等特点，使飞行器的复合材料结构部件重量可以大幅减少约30%。重量的减轻和强度的提高意味着战斗能力的提升、航程增加或者运输能力提高。国防军工和航空航天等核心领域对于结构减重的重大需求，使高强高韧碳纳米管纤维有望成为下一代关键战略材料。面对美国、日本等国家对我国高性能纤维技术和产品的封锁，以及我国高性能碳纤维制备技术的长期被动局面，自研以碳纳米管纤维为代表的新一代高性能纤维材料，实现在高性能碳基纤维材料领域的弯道超车，有望推动其在高强纤维、复合材料、导电导热材料、电磁屏蔽材料和光电储能材料方面的应用发展，有利于我国在航空航天、国防军工、能源环境、现代工业和柔性电子领域占领技术和产业高地，并可带动上下游产业，形成新的产业群和产业链。

随着国内碳纳米管行业持续发展和沉淀30多年，早已靠市场拼搏走出产业探索期，后续将持续发力。完善的结构控制制备技术将成为碳纳米管基础研究和产业化应用中至关重要的一环。其中，理想的碳纳米管制备之路是将碳纳米管精细结构控制与宏量制备相结合，在降低碳纳米管生产成本的同时，提高其纯度，并建立碳纳米管产品标准。碳纳米管真正成为未来不可替代的材料还有很长的路要走，该领域仍然存在很多重要机遇。高纯度阵列碳纳米管在芯片、生物医疗、太阳能光伏电池、药物输送、无损检测、新能源、复合材料等会有更广阔的应用潜力，会持续突破更多的大市场，成为一个千亿级市值的产业。

第五十节　硅碳负极

西安理工大学　李喜飞

一、概述

在"碳达峰、碳中和"的战略背景下，我国电池能源产值规模迅速增长，新能源汽车的产销规模已跃居世界首位，但受限于锂离子电池（LIBs）较低的能量密度，"里程焦虑"已成为电动汽车（EV）产业化发展的首要问题。根据国家发布的《促进汽车动力电池产业发展行动方案》，计划到2025年，新体系动力电池单体能量密度达到 500Wh/kg。基于石墨负极与磷酸铁锂（$LiFePO_4$）/三元正极的全电池分别提供170Wh/kg和300Wh/kg的能量密度，已无法满足EV/HEV快速增长的需求，迫切需要开发具有超高能量和功率密度的LIBs。图2.152为负极比容量和电池能量密度的对应关系（正极比容量相同：180mAh/g）。

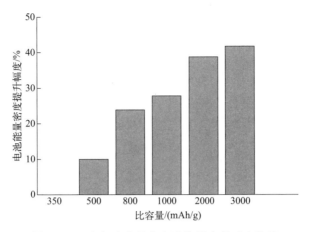

图 2.152　负极比容量和电池能量密度对应关系

硅负极材料的理论比容量高达 4200mAh/g（约为石墨 10 倍），能有效提高电池的能量密度，且具有嵌锂电位低（<0.5V，vs. Li/Li$^+$）、储量丰富、绿色环保等优势，成为商业化 LIBs 负极重要候选材料之一。然而，硅基材料在实际应用中很大程度上受到导电性差、循环稳定性弱和首次循环库仑效率低的限制。目前，硅碳复合（硅碳负极）是产业化进展最快的硅基负极改性方法，尽管掺硅量大都在 10% 以下，但仍可明显提升全电池能量密度（290~330Wh/kg）。因此，硅碳负极的应用将大幅度提升锂离子电池能量密度上限。表 2.243 为商业化负极材料的性能指标对比。

表 2.243　商业化负极材料性能指标对比

指标	天然石墨负极	人造石墨负极	硅碳负极	硅氧负极
理论比容量/(mAh/g)	372	372	Si：4200	SiO：1800
实际比容量/(mAh/g)	340~370	310~360	硅碳：800~4200	硅氧：400~800
首次库仑效率/%	普通：92 高端：95	普通：90 常规：93 高端：95	75~90	65~75
循环寿命/次	>1000	>2000	500~800	>1000
倍率性能	一般	一般	较好	较好
安全性	较好	较好	较差	较差
成本	最低	较低	较高	较高
技术成熟度	比较成熟	比较成熟	不够成熟	不够成熟
优点	成本低 工艺成熟	成本低 工艺成熟 循环寿命好	容量高 倍率性能好 工艺相对成熟 （硅基范围比较）	膨胀率相对较低 循环性能 倍率性能好 （硅基范围比较）
缺点	容量较低	容量较低	膨胀率较高 工艺复杂 循环性能差	首次库仑效率低，需预锂化 工艺复杂 生产成本高

从性能指标上来看，相比于商业化石墨负极，硅碳负极材料在成本、循环寿命及技术成熟度等方面还存在差距，但少量硅与石墨共混就可显著提升比容量，能量密度优势明显，可

发掘潜力巨大，在新能源汽车动力电池及促进其产业化方面有绝对优势，预计将硅和石墨复合或制备更高能量密度的硅碳负极将会占据主要市场。硅氧负极材料为硅基负极另一个产业化进展较快方向，特别是近年来各大厂商对其首次库仑效率进行提升，部分已进入产业化应用；但受制于制备工艺复杂及生产成本高，大规模应用会受到限制。近年来，随着硅碳负极材料技术不断进步，市场迎来快速增长，出货量不断增加。表 2.244 为 2017—2023 年中国硅碳负极材料的出货量及增速。

表 2.244　2017—2023 年中国硅碳负极材料的出货量及增速

年份	出货量/万吨	增速/%
2017 年	0.15	—
2018 年	0.249	66
2019 年	0.5	101
2020 年	0.60	20
2021 年	1.1	83
2022 年	1.5	36
2023 年	1.8	20

基于特斯拉 4680 电池的量产及大圆柱电池的推广应用，全球硅碳负极材料迎来爆发式增长，2022 年全球硅基负极材料市场规模达到 32 亿元，2023 年全球市场规模达到 167 亿元以上。展望中国市场，企业对硅基负极材料的研发速度加快。2022 年中国硅基负极复合后的出货量为 1.5 万吨，市场规模约为 10 亿元，2023 年中国硅基负极复合后的出货量为 1.8 万吨，预测 2025 年出货量有望超 6 万吨。然而，国内现有硅基负极材料产能不足 2 万吨/年，未来规划产能超 26.2 万吨/年，其中硅碳负极占比超过 65%，硅氧负极占比在 35% 左右。短期来看，产业化进展较快的硅氧负极已占据一定市场，但从长期研发及商业化应用角度来看，硅碳负极在成本、工艺及能量密度方面更具优势，将占据主要市场。目前，主要的核心厂商包括贝特瑞、杉杉股份、璞泰来、胜华新材及硅宝科技等。鉴于硅碳负极核心技术及产业化的局限性，各企业应提前做好战略布局，加快核心技术的研发速度，预计硅碳负极的竞争赛道将愈发激烈。

从发展趋势看，中国锂离子电池行业已进入快速成长期，在新能源汽车、消费电子等终端市场中，客户对续航时间、续航里程和轻量化提出更高要求，带动锂电池负极材料需求高速增长，高能量密度电池成为行业趋势。硅碳负极材料由于具有提升电池比容量的绝对优势，成为各大企业的研发热点，未来市场空间广阔。回顾硅碳负极材料的发展，2021 年以前，受制于产品售价较高及配套产业链不成熟等原因，产业化进展不如预期，近两年，随着特斯拉、宁德时代等企业开始量产硅碳负极的动力电池产品，尤其是特斯拉 4680 大圆柱电池的量产，2022 年硅基负极市场迎来爆发式增长，预计全球硅基负极材料 2025 年市场空间将达 297.5 亿元，众多企业涌入硅碳负极产业化领域。目前，硅碳负极材料仍处于商业化应用初期，市场需求旺盛。预计随着技术革新，硅碳负极材料渗透率将不断提升。

从消费结构看，硅碳负极材料是为了提升电池能量密度而开发的一种新型电极材料，被广泛用于汽车电池、无人机电池、工业电池、航空电池和商业电池等领域，由于其具有高安全性、高保真性、高经济性，成为重要的候选负极材料之一。其中新能源汽车用电池的市场份额占比最大，紧随其后的是无人机电池、消费用电池、储能电池及工业电池等，市场份额相对较小。造成消费结构差异的主要原因：

① 高能量密度在动力电池中的优先级较高；

② 相比于传统的石墨负极电池，硅碳负极电池技术成熟度较低，大规模应用仍存在阻碍；

③ 行业集中度较高，受成本、工艺及安全性等因素影响。

预计随着各大厂商的积极布局，硅碳负极材料将从成本、技术、能量密度、安全性及工艺等方面得到综合提升，除动力电池外的其他消费也会逐步增加。

从生产企业看，硅碳负极的行业集中度较高，只有少量企业在早期进行了布局，重点企业包括贝特瑞、杉杉股份、璞泰来、凯金能源、中科星城、胜华新材料和天目先导等。其中，真正实现硅碳负极量产及批量供货的企业只有贝特瑞、杉杉股份，其余企业都处于研发、中试及小规模应用阶段。图2.153为硅碳负极材料（硅基）企业的参与情况。

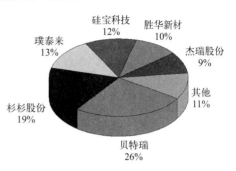

图 2.153　硅碳负极材料（硅基）企业参与情况

目前，国内负极材料及电池龙头企业如比亚迪、宁德时代、国轩高科、力神、比克、万向等都处于布局、中试或研发阶段。尽管硅碳负极电池实际应用较少，但根据企业发布的规划，电池的能量密度已得到巨大提升（350Wh/kg），未来产业化步伐仍需加速。表2.245为国内企业硅碳负极材料的布局情况。

表 2.245　国内企业硅碳负极材料的布局情况

公司名称	硅碳负极材料的产业化布局情况
贝特瑞	硅碳负极材料均已批量出货；拥有3000吨/年硅基负极产能，产品已供应松下；硅基负极材料已突破至第三代产品，比容量提升至1500mAh/g，更高比容量的第四代硅碳产品正在开发
杉杉股份	硅碳负极材料的比容量>500mAh/g，正在加快硅碳产品研发；硅碳负极的研发始于2009年，2017年实现放量并供货；计划宁波鄞州建设4万吨/年锂电池硅基负极一体化项目，总投资金额约50亿元，强化公司硅基负极技术和产品的领先性
璞泰来	与中科院物理所合作量产硅基负极材料；硅碳试验车间于2019年投入使用，已完成第二代产品研发，产品已送至下游客户进行测试和认证；在溧阳已建成硅基负极材料中试线
胜华新材	包括普通型SiO_x-C负极和高首效SiO_x-C负极，产品已送至下游客户进行测试；1000吨/年硅基负极材料生产设施已安装完毕并通过竣工验收，进入试生产阶段；子公司胜华能源规划2万吨/年硅基负极产能
硅宝科技	2016年与中国科学院共同开发硅基负极材料，2019年建成50吨/年硅碳负极中试生产线，项目通过四川省经济和信息化厅成果鉴定，鉴定结论为国际先进水平
翔丰华	硅碳负极材料产品处于中试阶段，已具备产业化条件
天目先导	开发出新一代新型硅碳负极产品，比容量、首效、膨胀、循环等性能与当前产品相比均有显著提升；改性产品有望在2024年实现万吨级规模化生产

除了中游硅碳负极材料的研发，各大企业也在积极应用硅碳负极。特斯拉将硅碳负极应用于Model 3相关电池，并计划在4680电芯中大规模应用硅碳负极材料，该方向强有力地驱动了产业链的更新迭代，同时也促进了其商业化进展，未来硅碳负极的高能量密度优势将更加突出，在高端电动车中的应用优势明显。松下、亿纬锂能和LG等电池厂商均在4680圆柱电池上进行了产能规划，其量产有望带来硅碳负极进一步渗透。宁德时代、力神电池、

国轩高科等动力电池厂商规划的高容量电池发展方向中,硅碳负极电池占据了极大比重,极大加快了各大企业的研发步伐。经过几年的不断发展,2023年硅碳负极材料的产量不断增加,涌入企业的市场前景良好,产业结构由国内企业、外资企业和私人资本组成。预计未来进一步提升硅碳负极的生产效率,其产量将呈现"爆炸性"增长,市场份额也会逐步增加。表2.246为硅碳负极的产业化应用情况。

表2.246 硅碳负极材料的产业化应用情况

公司名称	硅碳负极材料产业化布局情况
宁德时代	2016年,启动以高镍材料为正极,硅碳复合材料为负极的动力电池研发项目;采用"掺硅补锂"技术提升硅含量,最大续航里程超过1000km
力神电池	2018年,开发出高比能量高镍系正极材料,同时研制性能良好的硅碳负极,基于该体系开发出的电芯单体能量密度达303Wh/kg
国轩高科	高镍三元电芯,负极采用硅碳材料,能量密度可达300Wh/kg
比克动力	研发重点集中于硅基材料,开发高镍搭配硅碳体系的圆柱电池
松下	2017年已批量应用于动力电池,供应特斯拉
特斯拉	采用碳包覆氧化亚硅的技术方案,在人造石墨中加入10%的硅制备硅碳复合材料并将其应用到量产车型Model 3
广汽集团	2021年宣布海绵硅负极电池技术(纳米复合硅技术)将应用在AIONLX车型上,电芯能量密度提高到280Wh/kg左右,续航里程达1000km
蔚来	使用"无机预锂化硅碳负极技术",同时使用半固态电解质,单体能量密度达350Wh/kg
华为	公开"硅碳复合材料及其制备方法和锂离子电池"发明专利,包括内核和包覆在内核表面的碳层
小米	2021年3月,小米11 Ultra首发超级快充硅氧负极电池,新能源汽车的电池技术应用于手机,通过在负极增加纳米硅材料,带来10倍于石墨的理论比容量

二、市场供需

1. 生产现状

硅碳负极材料作为新一代高比容量负极材料,潜在的市场空间广阔,众多企业正积极布局和研发,硅碳负极技术呈现"百花齐放"状态,各企业的硅碳负极技术均有所进展。贝特瑞是中国最早量产硅碳负极材料的厂商,拥有3000吨/年的产能,产品已供应给核心客户,可用于生产动力电池与消费电池。目前,贝特瑞的产品主要供货给松下、三星SDI、LG化学、宁德时代、比亚迪、国轩高科、力神及亿纬锂能等主要锂电池企业。杉杉股份、翔丰华、璞泰来的硅碳负极均处于中试阶段,已具备产业化条件。

随着特斯拉、宁德时代等企业相继量产并使用硅碳负极的高能量密度动力电池产品,硅碳负极材料需求急剧增加,预计2025年全球硅基负极需求量有望达到20万吨,硅碳负极材料成为行业布局的热点。除贝特瑞、杉杉股份等企业外,璞泰来、翔丰华、硅宝科技及中科电气等都已实现小批量供货并积极规划硅碳负极材料发展。硅宝科技在2019年已建成50吨/年硅碳负极中试生产线,通过数家电池厂商测评并实现小批量供货。中科电气在长沙、铜仁、贵安、曲靖等地都进行了规划,该项目投产后硅碳负极材料的合计产能达到25.7万吨/年,预计2025年合计产能50万吨/年。表2.247为各企业硅基负极材料的产能。

表 2.247　各企业硅碳负极材料的产能

公司名称	产能	生产基地
贝特瑞	硅氧/硅碳 已有 0.6 吨/年，在建 4 万吨/年	深圳、江苏、四川、天津、云南
杉杉股份	硅氧/硅碳 已有 20 吨/年（硅氧）；在建 4 万吨	长沙、上海、宁波、宁德、东莞
璞泰来	硅氧/硅碳 中试阶段	上海、成都、溧阳
胜华新材	硅碳 已有 0.1 万吨/年，在建 5 万吨/年	北京、青岛、泉州、武汉、眉山
翔丰华	硅碳 中试阶段，具备产业化基本条件	福建、四川
硅宝科技	硅碳 已有 50 吨/年，在建 1 万吨/年	成都、吉林、眉山
天目先导	硅氧/硅碳 已有 8000 吨/年，在建 15 吨/年	江苏溧阳、河南许昌、四川成都
杰瑞股份	硅氧/硅碳 在建 2 万吨/年（中试阶段）	甘肃天水
中科电气	硅基负极 已建设中试生产线并向客户进行送样测试	湖南长沙、贵州铜仁
国轩高科	硅碳 已有 5000 吨/年	安徽合肥、南京、青岛
金硅科技	硅碳 10 万吨/年以上的硅碳负极（计划于 2025 年实现全面达产）	湖南益阳
Group 14	硅碳 已有 120 吨/年，在建 1.2 万吨	华盛顿

2. 市场供需及预测

随着互联网、物联网和智能制造的发展，对高能量密度、高性能、高安全性动力电池需求不断提高，硅碳复合负极材料的使用率逐年增长，特别是在锂离子电池领域得到了广泛应用。目前，动力电池是锂离子电池硅碳负极材料行业的第一大终端市场，消费类电池及储能电池需求也在逐年增长，结合我国对动力电池能量密度提出的要求，至 2026 年，我国硅碳负极材料市场需求或达 50 万吨。

（1）新能源车市场需求

随着全球能源危机和环境污染问题日益突出，发展低碳环保的新能源汽车已经成为广泛共识，新能源汽车产业已经成为锂电池硅碳负极材料行业的第一大终端市场。此外，在"双碳"背景下，国内能源发展方向明确，在各领域的行业实施方案翔实，新能源汽车政策健全，为电池行业的发展提供了坚实的保障。根据国务院发布的《新能源汽车产业发展规划（2021—2035 年）》，2025 年国内新能源汽车新车销售量将达到汽车新车销售总量的 20% 左右（2022 年已提前完成）；2035 年，纯电动汽车成为新销售车辆的主流，公共领域用车全面电动化。与燃油车相比，新能源汽车的能源补充成本更低并享有政策和补贴，吸引了越来越多的消费者从燃油车转向新能源汽车。近年来，新能源汽车市场渗透率持续提升，从 2017

年的 2.7％增长至 2020 年的 5.4％，2021 年中国新能源汽车市场占有率达到 13.4％，2022 年达 27.6％，2023 年为 31.6％，预测到 2025 年新能源汽车的渗透率将达到 50％。图 2.154 为 2017—2025 年中国新能源汽车市场渗透率及预测情况。

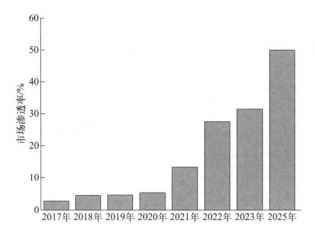

图 2.154　2017—2025 年新能源汽车市场渗透率及预测情况

据统计，2021 年以来，中国新能源汽车的产量急剧增加，2022 年新能源车产量达 700 万辆，销量 688 万辆，连续 3 年居世界首位，全国新能源汽车保有量已达约 1310 万辆。2023 年新能源汽车产销累积完成 958.7 万辆和 949.5 万辆，同比增加 35.8％和 37.9％。因此，中国作为世界上最大的新能源汽车生产国和消费市场，新能源汽车已成为汽车产业未来的发展方向，预测在 2025 年中国新能源汽车产量将达到 1500 万辆。图 2.155 为 2017—2025 年中国新能源汽车产量及预测情况。

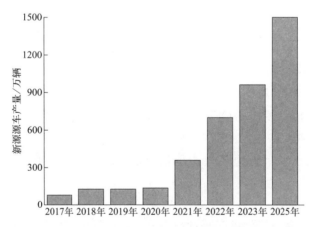

图 2.155　2017—2025 年中国新能源汽车产量及预测情况

新能源汽车的发展离不开高能量密度电池的开发，众多主流电池厂商都在不断探究能量密度高峰、挑战快充速度方面进行布局，高镍正极搭配硅碳负极方案对提升电池整体能量密度至关重要。此外，特斯拉 4680 电池也极大刺激了相关电池厂商在主辅材方面的研发，促使电池向高能量密度、高倍率的方向加速升级。从适配程度、能量密度角度而言，"高镍＋高硅"将是最适合搭配 4680 电池的方案。因此，高镍三元的研发也是带动硅碳负极发展的一个重要信号。目前，三元 8 系已经大规模应用，9 系电池也已经在路上，松下、LG 新能源、三星 SDI、SKI 等日韩电池巨头,都已经宣布即将量产,甚至已经量产镍含量 90% 的新型电池产品,这意味着高镍动力电池即将进入 9 系时代。此外,国内头部三元前驱体企业和正极材料企业都在积极研发 Ni90/NCMA 前驱体和正极材料,具备高能量密度优势的三元材料在新能源车的动力和续航能力方面扮演着重要角色,硅碳负极材料也将随之进一步发展。图 2.156 为 2017—2025 年中国三元正极材料出货量及预测情况。

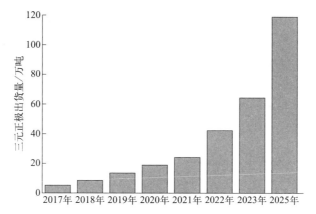

图 2.156　2017—2025 中国三元正极材料出货量及预测情况

新能源汽车的快速发展,为高能量硅碳负极材料带来了春天。尽管 2021 年以来,硅负极材料参与车企明显增加,但在动力电池领域真正实际使用硅碳负极的企业仍比较少,特斯拉在人造石墨中加入 10% 的硅,将负极容量提升至 550mAh/g,蔚来发布预锂化硅碳负极的半固态电池,配套蔚来 ET7,续航里程达 1000km。从全球动力电池的需求以及圆柱动力电池的需求,预测 2025 年硅碳负极的需求有望达到 20 万吨/年。表 2.248 为 2025 年中国不同电池中硅碳负极的需求量预测情况。

表 2.248　2025 年中国不同电池中硅碳负极需求量预测情况

电池形状	2025 年需求/GWh	硅碳负极渗透率/%	硅碳负极电池需求/GWh	单 GWh 硅碳负极需求/(吨/GWh)	硅碳负极需求/万吨
消费类电池	174	50	87	750	7
圆柱动力电池	171	35	60	750	4
方形动力电池	581	20	116	750	9
合计	—	—	263	—	20

(2) 消费市场需求

随着我国经济的快速发展以及居民消费能力的持续提升,消费类电子产品的普及程度越来越高,近年来,我国 3C 数码类、电动工具类和小动力类产品需求量不断扩大,锂离子电池的容量也在不断提升,如手机电池容量从最初的 1000mAh 发展到现在的 4000mAh 以上。此外,在可穿戴设备、电子烟、无人机、服务机器人、电动工具等新兴市场快速增长背景下,消费型锂电池需求呈较快增长态势,预计随着 5G 技术的进一步普及、应用场景的持续拓展,未来锂电池在消费相关领域将释放更大的市场空间,带来更多发展机遇。图 2.157 为 2017—2025 年中国消费型锂电池产量及预测情况。

笔记本电脑是目前计算机市场上最热门的产品,经过多年发展,市场规模已经进入稳定发展阶段。由于厂商的不断增加,"品牌效应"导致市场竞争更加激烈。同时,笔记本电脑

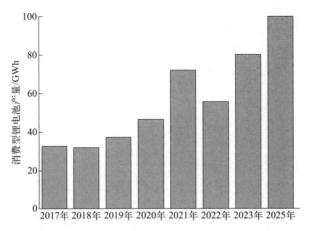

图 2.157　2017—2025 年中国消费型锂电池产量及预测情况

厂商针对市场的多元化，陆续推出游戏本、轻薄本、工作站等强化特定优势的差异化产品，新型笔记本电脑也会搭载 5G 技术，从而获得更迅速、更流畅的信息处理，提高用户体验，确保市场继续增长。2020 年以来，受疫情影响，远程居家办公与在线教育的需求不断增大，带动国内外笔记本电脑市场快速增长。2020 年全球笔记本电脑出货量突破 2 亿台，同比增长 28.6%，中国市场出货 2960 万台，同比增长 8.0%，尽管疫情结束后，笔记本电脑的出货量略有下降，但仍高于疫情前的水平，预计随着市场的稳定化及科技水平的提高，笔记本电脑的应用将保持平稳上升状态。图 2.158 为全球笔记本电脑出货量增长统计及预测情况。

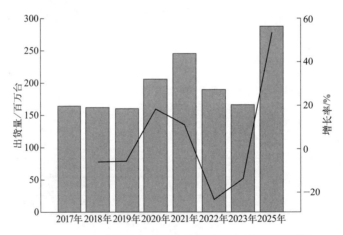

图 2.158　全球笔记本电脑出货量增长统计及预测情况

硅碳负极在笔记本领域的发展可以有效提高电池的能量密度，从而延长设备的使用时间，荣耀自研的"青海湖技术"在业内首次商用了硅碳负极电池技术，能够大幅提升电池容量，提高电池的耐用性，使电池能量密度提升了 12.8%，配合低电压聚合技术，低电压电池容量提升 240%。

智能手机和可穿戴设备的发展也为高能量密度电池的研发带来了新的机遇，如小米的澎湃电池采用了新一代的硅碳负极技术，做到了更高容量、更大密度、更小体积，电池容量提升了 10%，实现了长续航。同时作为互联网和物联网深度融合重要体现的可穿戴设备，需求量也在随着居民收入水平的提高而不断增加。据 IDC 统计，2022 年全球可穿戴设备的年出货量为 4.9 亿台，相比 2021 年下降了 7.7 个百分点，但令人鼓舞的是，2023 年第三季度全球可穿戴产品的出货量突破 1.5 亿台。表 2.249 为全球可穿戴设备品类出货量及市场份额预测。

表 2.249　全球可穿戴设备品类出货量及市场份额预测

电池形状	2023 年出货量/亿台	2023 年市场份额/%	2027 年出货量/亿台	2027 年市场份额/%
耳机	3.13	62.1	3.906	62.1
智能手表	1.573	31.2	2.062	32.8
手环	0.321	6.4	0.301	4.8

随着城市化进程加速，电动自行车作为重要的绿色环保短途交通工具，已渗透到个人出行、即时配送、共享出行等诸多领域，电动车市场呈现出快速增长的态势。电动车在小动力电池应用方面，正逐步用锂电池替代原有的铅酸蓄电池，是除新能源汽车外重要的动力锂电池需求市场。2022 年全球电动两轮车出货量 6450 万辆，同比增长 7.78%，2023 年全球电动两轮车出货量 6740 万辆，预估在 2025 年达到 11000 万辆。图 2.159 为全球电动两轮车出货量及预测情况。

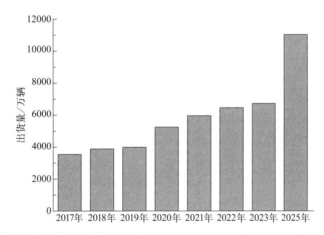

图 2.159　2017—2025 年全球电动两轮车出货量及预测情况

总之，在消费电池方面，尽管传统 3C 类产品以及智能手机增速放缓，但主流终端手机对内置电池和软包聚合物电池的应用促使对高性能负极材料的需求增加，硅碳负极的应用将再次提升该领域内产品的竞争力。此外，可穿戴设备以及无人机等新兴产业对锂电池的需求增大，硅碳负极材料的需求也将呈上升趋势。

（3）储能市场需求

自"十四五"以来，国家在一系列重大发展战略和规划中，出台了一系列相关政策为储能产业大发展蓄势，均明确提出加快发展高效储能技术的研发及应用。2021 年，国家出台的储能产业政策明确指出，至 2025 年，国内新型储能（除抽水蓄能外的储能系统）装机总规模达 30GW 以上，到 2030 年，实现新型储能全面市场化发展的主要目标。2022 年国家发展改革委、国家能源局印发《"十四五"新型储能发展实施方案》，提出 2025 年步入规模化发展阶段，2030 年实现全面市场化的发展目标。储能电池作为储能系统的核心环节，市场容量将有望持续快速扩大。同时，在全球能源危机爆发、"双碳"目标推进以及对绿电需求增长的背景下，全球范围内储能需求会大幅增长。目前，国内储能领域锂电池替代铅酸电池趋势日益明显，锂离子储能电池已成为市场的主流技术，技术占比达66%。而且，随着我国能源转型步伐的加快，锂离子储能电池累计装机容量占电化学储能电池总装机容量比重高达92%。据统计，2021年，全球市场装机规模达209.4GW，同比增长9.58%；中国市场装机规模达46.1GW，同比增长29.49%，占全球市场的22.02%。2022年，中国电化学储能累计装机容量达11GW，同比增长99.64%，2023年约为12.9GW。图2.160为中国电化学储能市场累计装机规模及分布情况。

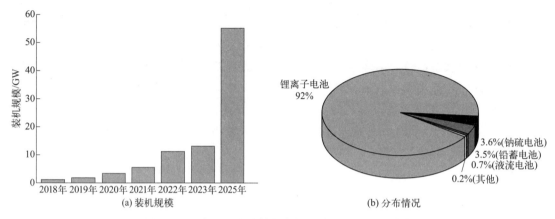

图2.160　中国电化学储能市场累计装机规模及分布

"新能源+储能"是应对电力系统陈旧、电能供不应求、电网调峰问题日益严峻等的关键方法。电化学储能系统凭借安装方便灵活、响应速度快、可控性好等特点，可显著提高风、光等可再生能源的电网消纳能力。近年来，在风电、光伏装机容量持续增长与5G基站建设加快的背景下，储能锂电池需求快速增长。自2021年后，全球化石能源价格上涨，受中国政策、电力与通信储能市场推动，储能型锂电池需求增长速度加快，2022年国内储能电池出货量达到100GWh，2023年达到225GWh，预测2025年将达到324GWh。图2.161为2017—2025年中国储能型锂电池产量及预测情况。

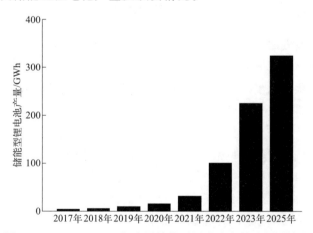

图2.161　2017—2025年中国储能型锂电池产量及预测情况

储能市场受政策影响，新型储能预计将于2025年步入规模化发展阶段，市场处于快速增长时期，锂离子电池作为电化学储能主流技术路线，随成本降低和性能的进一步提升，将迎来快速发展期。面对储能电站对锂离子电池能量密度的更高要求，硅碳负极材料的高能量密度恰好对解决这种需求提出了可能的解决方案。随着储能市场的发展，硅碳负极材料极有可能迎来进一步的"爆发"。

（4）其他领域需求展望

硅碳负极材料在电动汽车、智能手机、笔记本电脑和储能系统中的应用已进行了详细介绍，受益于高能量密度，硅碳负极还可用于电动工具领域，包括建筑道路、住房装修、木工加工、金属加工、园艺和船舶制造等国民经济领域，预计随着工艺技术的进一步提升，硅碳负极电池的能量密度及循环性能将得到平衡，综合电化学性能进一步提升。此外，航空航天、船舶舰艇等领域用动力电池也对锂离子电池提出了更高的能量密度和功率密度的要求。因此，作为现阶段在能量密度方面最具开发潜力的负极材料，随着各个领域在高比容量、轻量化方面需求的增加，硅碳负极的开发和应用前景将得到进一步提升。

（5）硅碳负极材料需求量预测

从整体来看，硅碳电池的产业化正处于起步阶段，主要集中于新能源汽车动力电池中的应用，鉴于其高能量密度，在笔记本电脑、无人机和航空航天等领域都具有极大的应用潜力。随着硅基负极出货量在新能源车动力电池、消费领域和储能领域的快速增长，预计2025年全球硅碳负极材料的需求量将达到31.3万吨，2026年达到50万吨。目前硅碳负极材料在动力电池中的应用占比超过80%，若全球未来硅碳负极应用结构预计为动力电池、消费型电池、储能型电池、其他的各自占比6:2:1:1，则2026年动力电池领域需求量30万吨、消费型电池领域需求量10万吨、储能型电池领域需求量5万吨、其他领域需求量5万吨。图2.162为全球硅碳负极材料需求量及预测情况。

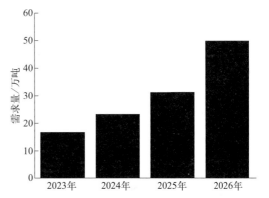

图2.162 全球硅碳负极材料需求量及预测情况

三、工艺技术

硅碳负极材料是指纳米/微米硅与碳材料复合，利用碳材料良好的循环稳定性和优异的导电性，提升硅负极材料的电化学性能，根据硅的分布方式，分为包覆型、嵌入型和接触型。目前，各企业常见的工业化制备主要为少量硅和石墨的混合或利用碳包覆提升其电化学性能。根据硅基负极材料研发的方法和进展，硅碳负极材料的制备工艺可分为机械球磨法、化学气相沉积法、高温裂解法和喷雾干燥法等。

（1）机械球磨法

机械球磨法在硅碳负极的制备过程中较先应用，在各大厂商开发中并未形成标准方法，主要过程是将硅和碳材料（石墨）放入研磨罐中，利用高温、高能作用使材料细化、尺寸减小，实现硅和碳材料的复合。通常，简单、低成本的产业化方法是将少量纳米硅（含量<10%）和石墨机械球磨获得硅碳负极材料，该方法可将纳米硅嵌入或均匀分散在石墨基体上以提升循环性能，然而，随着硅含量的增多，电化学性能会急剧恶化。因此，在硅和石墨球磨过程中再次引入碳源，配合后续的高温热解法实现碳材料的均匀分布，硅碳复合材料的电化学性

能会得到进一步提升。具体工艺如下：

① 准备硅和石墨的混合物，硅和石墨的比例可按照实际情况调整，在此过程中也可以加入不同种类的碳源；

② 将硅和石墨的混合物放入球墨罐中，加入适量的球磨介质，根据实际情况考虑是否进行真空或气氛处理；

③ 球磨，根据实际需求设置球磨时间和球磨速度；

④ 球磨结束后可结合高温热解法实现碳包覆。

需要注意的是，机械球磨过程涉及优化多个参数（包括球磨时间、球磨转速、球料比和球磨珠的尺寸等）才能获得综合性能优异的硅碳复合材料。然而，硅碳材料球磨时不可避免地会引入杂质，且两种物质在机械力的作用下混合，会出现部分团聚现象，影响硅碳负极材料的循环寿命和稳定性。因此，采用机械球磨制备出纯度较高且分散均匀的硅碳复合材料仍面临进一步的挑战。再者，机械球磨法一般会联合高温热解法进行制备，这也是制约其产业化应用的一个关键因素。

球磨法制备硅碳负极材料的优点在于制备过程简单、成本低廉、可以大规模生产等。同时，球磨过程中硅和碳的微观结构也会发生改变，两者复合有利于解决硅材料的固有缺陷，提升其循环性能。由于硅碳负极的产业化涉及各大厂商技术的保密，根据现有的市场资料，贝特瑞、合肥国轩高科、溧阳紫宸等公司都利用机械球磨法在硅碳负极材料的研发方面取得了一定进展。

（2）化学气相沉积法

化学气相沉积是一种利用气体或蒸汽在另一组分界面上反应生成高纯度固体沉积物的方法，该方法具有反应过程易控制、制备工艺简单和薄膜均匀且结合力强等优点，在硅碳负极材料产业化研发方面极具潜力。产业化硅碳负极材料大多利用单质硅/硅化合物为硅源，碳/有机物为碳源，将其中一种组分作为基体，另一种组分均匀沉积在基材表面制备硅碳复合材料。如将含碳元素的气体（甲烷、乙醇、苯等）引入反应室，在高温条件下，有机气体分解为碳源，并沉积在硅表面，实现碳包覆硅。此外，由于该方法的化学作用，硅和碳材料之间连接紧密、结合力强、沉积层均匀稳定、不易出现团聚现象，则制备的硅碳复合材料具有优良的循环稳定性和更高的首次库仑效率。然而，值得注意的是，化学气相沉积中包含的硅源和碳源等组分可能有毒，并且反应过程复杂并伴随着一定的污染风险，不利于环保，限制了其大规模实际应用。目前，市面上应用该方法的公司有杉杉、锂宸等，鉴于化学气相沉积的成本与纳米硅之间有较好的平衡，各大厂商对其关注度逐渐上升。

（3）喷雾干燥法

喷雾干燥法是可以一步将溶液生产出成品，同时也可应用于物料干燥的一种方法，主要原理是将原料分散为液滴，利用热气体将物料迅速干燥为类球状固体物质，有利于简单合成和工业化生产。喷雾干燥法在制备高性能硅碳复合负极方面具有一定的优势，主流制备方法有两种：

① 构造包覆结构，将硅分散于水/酒精溶液中，加入可溶解性碳源，利用喷雾干燥技术制备硅碳复合材料前驱体，结合高温热解法实现碳包覆硅。

② 将硅和石墨材料分散于水/酒精溶液中，加入具有黏结性的碳源，利用喷雾干燥技术制备硅碳复合材料前驱体，后结合高温热解法制备硅碳复合负极材料，在硅和石墨之间引入

的缓冲碳层,具有良好的循环性能。硅碳材料喷雾干燥过程所需时间较短,大幅提升了工作效率,且一次进料量大,工业化应用潜力巨大。但在硅碳负极材料制备过程中,纳米硅趋向于团聚,因此纳米硅在水/酒精中的分散性对循环性能的提升非常重要。目前,贝特瑞采用砂磨加喷雾干燥的方法已可实现硅碳负极的量产。

(4)高温热解法

高温热解法是目前制备硅/碳复合材料最常用的方法,只需要将硅和复合的碳源混合后置于惰性气氛下高温裂解,即可制备硅碳复合材料。通过热解有机物得到的无定形碳能更好地缓解硅在充放电过程中的体积变化,可有效改善硅材料在电化学反应中的循环性能。硅碳负极材料的制备方法一般都会结合高温热解法,该方法工艺简单、容易操作且易重复,有利于实现碳材料的均匀分布,产业化应用潜力巨大。应当注意的是,硅碳负极材料的高温热解过程需在保护气氛下进行,且要根据碳源严格控制加热温度及保温时间。目前,各大企业的硅碳负极制备都会涉及高温热解法的应用。

(5)不同工艺对比

硅碳负极材料不同制备工艺对比见表 2.250。

表 2.250 硅碳负极材料不同制备工艺对比

方法	优点	缺点
机械球磨法	制备过程简单、成本较低、粒度较小且分布均匀,工艺简单,适合工业化生产	产品团聚现象严重,需要严格控制研磨时间
化学气相沉积	循环稳定性好,首次充放电效率高,对设备要求简单,适合工业化生产	总比容量相对较低,成本较高
喷雾干燥法	生产过程简单,操作便利,全自动化控制,产量大	投资费用较高,热效率比较低
高温热解法	工艺简单,易产业化,能较好地缓冲充放电过程中的体积变化	碳的分散性能较差,碳层分布不均匀,易发生团聚

四、应用进展

受国家政策及技术更新的推动,硅碳负极材料逐渐成为新能源电池行业的主力军,新能源汽车领域是最大的应用市场。得益于高能量密度,硅碳负极材料在笔记本电脑、智能手机、可穿戴产品及储能领域也具有广泛的应用潜力。此外,硅碳负极材料还可用于航空航天、船舶制造及电动工具领域。

从新能源汽车领域来看,硅碳负极材料已正式用于动力电池,在商业化软包电池中,正极材料为 NCM811 的情况下,使用比容量为 450mAh/g/550mAh/g/800mAh/g 的硅碳负极材料,全电池能量密度可自 280Wh/kg 提升至 295Wh/kg /310Wh/kg /330Wh/kg,显著提升了新能源汽车的续航里程。2018 年,力神电池团队基于硅碳负极材料开发高能量密度电池,近期宣布将推出 4695 大圆柱电池,能量密度高达 280Wh/kg,能够满足 1000km 汽车续航。2020 年,特斯拉发布 4680 电池(硅基负极),随后将硅碳负极材料用于 Model 3 车型中,极大提高了电池的单体能量密度,硅碳负极成为了锂电池高密度高续航发展的趋势和方向。极氪汽车采用宁德时代的麒麟电池(硅基负极),能量密度可达 255Wh/kg,宁德时代开发的高镍三元正极和硅碳负极电池的能量密度已经达到 304Wh/kg。从电池体系来看，宁德时代、比亚迪、国轩高科、力神电池及比克动力等电池企业都在加快硅碳负极电池的开发。从材料角度来看，贝特瑞凭借早期完备的制备工艺已实现产业化应用，杉杉股份、江西紫宸等具备了小量试产能力，受益于巨大的市场规模，其余各大企业都在积极推进硅碳负极材料的研发。因此，硅碳负极材料在研发、生产及应用等方面形成了较为全面的体系，预计随着正极材料容量的提升、新能源动力电池的发展，其应用将进一步增加。尽管硅碳负极材料在动力电池方面还未进行大规模应用，但从中国动力电池的出货量仍可体现出高能量硅碳负极材料未来的应用潜力，截至 2023 年，中国动力电池的出货量达到 630GWh，图 2.163 为 2017—2023 年中国动力电池的出货量。

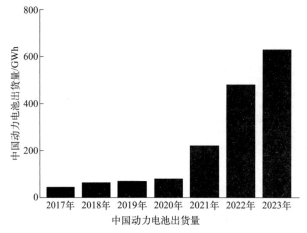

图 2.163　2017—2023 年中国动力电池的出货量

随着智能手机、笔记本电脑和可穿戴设备等领域需求量不断增长，对锂离子电池的能量密度提出了更高的要求，高容量硅碳负极迎来了广阔的市场。2019 年，小米在概念机 MIX Alpha 上采用硅碳负极电池，电池容量达到 4050mAh，近期发布的小米 MIX Fold 3 在新一代硅碳负极电池的加持下，容量提升了 10%，续航能力得到进一步提升。荣耀自研的"青海湖技术"商用了硅碳负极电池技术，电池能量密度提升了 12.8%，低电压电池容量提升达 240%，已商用于 Magic5 Pro 机型上并实现了 5450mAh 的容量。据荣耀报道，该机型的预售成绩远超预期，预售 12h 的销量，打破了一年内所有安卓机的销量和销售额记录，这无疑是硅碳负极材料发展的又一标志。此外，人们对笔记本电脑、可穿戴设备和电动车的需求增加，也会带动硅碳负极材料的商业化进程。

在储能领域，受益于政策及未来发展规划，可再生能源加速建设，使其商业化更加迫切。锂离子电池在储能领域具有重要占比，据统计，2022 年储能电池（锂离子电池）出货量 130GWh，同比增长 306.25%，作为主要研发趋势的硅碳负极材料需求量也将呈上升趋势。

五、发展建议

锂离子电池的快速发展带动了硅碳负极材料需求高速增长，其应用大多向高能量密度、大倍率充放电、循环性能及安全性等方面发展，开发出具有优异电化学性能的硅碳负极材料依旧是各大厂商关注的重点。硅材料的本征固有问题是阻碍硅碳复合材料产业化的障碍，只有少量企业掌握关键技术，行业整体仍处于初创期。据统计，硅碳负极材料的销售在 2023 年才真正开始，随着高能量密度电池需求的进一步加大，需求量将进一步增加，预测到 2025 年硅碳负极的全球市场需求量将达到数十亿美元。因此，未来硅碳负极将在整体负极材料中占据极大比重。根据硅碳负极研发现状，掌握核心技术、提升综合电化学性能依旧是重中之重。其次，成本、技术先进性和工艺成熟度也是商业化进程中应重点考虑的因素。最后，企业应加快硅碳负极在锂离子电池领域的布局，重视与上游和下游企业的合作。

各大企业的硅碳负极材料制备工艺虽不相同，但总体目标都是为了实现能量密度和循环寿命的统一。除本征硅碳负极材料的研发之外，黏结剂、电解液和导电剂也是影响硅碳负极电化学性能的关键因素。因此，硅碳负极材料需求增长有望带动配套材料的市场扩大，企业应在上游材料（纳米硅粉、石墨）、黏结剂、导电剂（单壁碳纳米管）及电解液等方面积极研发和布局。

从技术和产业化程度来看，硅碳负极材料的商业化应用处于上升期，各企业还未形成完备体系，尽管在政策及需求量的带动下，市场效应刺激了大量企业纷纷入局，但掌握产业化核心技术的还较少。硅碳负极材料的综合电化学性能与制备工艺、电解液、黏结剂关系密切，量产难度较高，在研发和应用方面存在着较高的技术壁垒。此外，性能较好的硅碳负极材料需要纳米尺度的硅颗粒，实际生产设备及投入成本也是制约其产业化应用的重要因素，只有当成本能与商用石墨相竞争时，才能真正实现硅碳负极材料商业化规模扩大。综上，硅碳负极材料发展和应用的关键是开发更简单、更可靠、成本更低的制备方法，同时需要材料企业、电池企业和应用企业共同努力，协同提高硅碳负极基电池的比容量和安全性。

第三章

应用篇

第一节　化工新材料在航空航天领域的应用

一、概述

飞行器结构的设计有非常严格的要求，在保证处于各种环境条件下具有足够的刚度和强度，保持飞行器安全的前提下，还必须重量轻以使有效载荷最大化。一架飞机应用的材料达到数千种，除涉及不同的金属结构材料外，还涉及特种非金属材料和树脂基复合材料等大量化工新材料。飞行器受其使用条件和环境的制约，对选择的材料要求严格。对结构材料而言，最关键的要求是轻质高强和高温耐腐蚀；对功能材料而言，最关键的要求是优异的功能特性、高可靠性、高耐久性和长寿命。

下面主要介绍航空航天领域对密封材料、特种橡胶材料、胶黏剂、透明塑料以及树脂基复合材料等化工新材料的应用需求、应用现状、存在问题和发展重点等。

二、特种密封胶

航空密封胶以解决飞机的防腐，防气体、液体渗入或渗漏为主要目的，而军用航空密封胶也越来越多用于发挥导电、导热、电磁屏蔽、雷达吸波、减振等功能性作用。密封胶与密封技术正逐渐在飞机制造过程扮演越来越重要的角色，密封失效而产生的腐蚀会降低飞机结构的刚度、强度以及使用寿命，增加维修费用，甚至会危及飞机使用的安全性与可靠性。

世界航空密封胶材料体系主要有欧美体系和苏俄体系，随着俄罗斯航空工业的日渐衰弱，目前已完全走向了欧美体系，以满足欧美的相关适航标准要求，如：俄罗斯的最新一代支线客机 SSJ-100 和干线客机 MS-21、我国的支线客机 ARJ21 和干线客机 C919 均参照或部分采用了欧美密封胶材料体系（即 AMS 密封胶材料体系和美国军用标准 MIL 密封胶材料体系）。按生胶类别，航空密封胶主要分聚硫密封胶和有机硅密封胶两大类。聚硫密封胶具有优异的耐燃油性能、粘接性能，但耐高温性能较差，主要用于对温度要求不高的油箱区域；有机硅密封胶具有优异的耐高低温性能和耐候性能，但耐燃油性能差，主要用于飞机座舱、电气系统、发动机及辅助动力装置等区域。

（一）应用需求

航空密封胶依据使用环境和发挥的主要作用可以大致分为 7 个区域（图 3.1）：增压区域、燃油区域、机身外区域、振动区域、易发生腐蚀区域、防火墙区域、电气区域。

① 增压区域：飞机的增压舱通过密封维持舱内压力，防止气体泄漏；

② 燃油区域：在飞机燃油箱中，主要靠安装密封紧固件使金属面紧密配合，同时施涂密封胶来密封的，在整体结构油箱中所使用的密封剂必须能够承受各种温度、压力和结构施加的载荷；

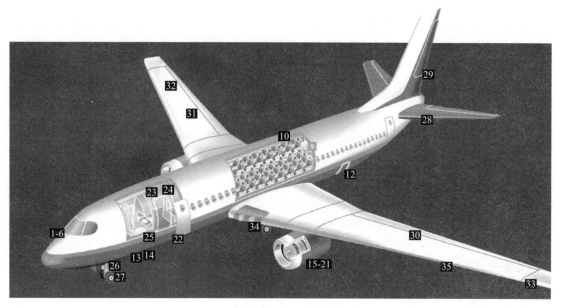

图 3.1　航空密封胶在飞机上的使用区域

③ 机身外区域：密封胶用在飞机外侧表面可以防止水或其它流体进入内部，并可形成平滑的气动表面。这样的密封也会在整流区及接近盖板处形成良好的气动平滑表面。密封剂要填充在盖板及飞机整流表面的缺口处；

④ 振动区域：防止由于振动而造成特定零件损伤；

⑤ 易发生腐蚀区域：防止腐蚀介质对飞机结构件造成腐蚀，防止腐蚀性液体或气体渗入结构内部；

⑥ 防火墙区域：发动机区域防火墙处的密封可以阻止或延缓火势蔓延，降低火险等级；

⑦ 电气区域：用来保护电子电气设备。

（二）应用现状

1. 航空聚硫密封胶的发展现状

聚硫密封胶是以液体聚硫橡胶为基材，可在室温条件下通过化学交联，硫化成为具有良好粘接性的弹性密封材料。聚硫密封胶对燃料、燃料蒸汽、水汽、非极性液体介质以及大气环境有良好的耐受能力；对铝合金、结构钢、钛合金、有机涂料、玻璃等多种材料表面有可靠的粘接性能。因此，聚硫密封胶广泛用于飞机整体油箱、座舱、风挡和机身机翼结构的密封，并占据航空密封胶主体地位，一架大型运输机的聚硫密封胶用量达 1.0 吨以上。

（1）国外航空聚硫密封胶的发展现状

欧美航空工业强国的航空聚硫密封胶已经形成了品种丰富、功能完整、规格齐全的材料体系，其航空聚硫密封胶主要分为五大类：通用型、低密度型、高强度型、无铬缓蚀型和低黏附力型。

① 通用型聚硫密封胶　该类密封胶满足 AMS 3276E 规范要求，其特点是综合性能优异，兼具优良的耐油、耐高低温性能、工艺性能、力学性能和粘接性能等。长期使用温度为 $-54\sim121$℃，短期可以在 182℃使用。主要用于飞机整体油箱、燃油舱以及机身气动表面密

封、贴合面密封、湿装配、罩封、密封连接以及非结构粘接。代表产品为 PR1422、PR1750（美国 PPG）；AC-350、AC-360 ［美国 AC Tech（3M）］；MC-238、MC-630（德国 Chemetall）。

② 低密度型聚硫密封胶　该类密封胶满足 AMS 3281E 规范要求，其特点是低密度，密度指标比其它类别的聚硫密封胶下调了 18%～27%，同时也具备优良的耐油、耐高温、粘接等综合性能。长期使用温度为 -54～121℃，短期可以在 182℃ 使用，是一种综合性能非常优异的密封材料。作为飞机整体油箱和机体密封胶材料，可有效降低飞机重量，目前应用最为广泛。代表产品有 PR1776M、PR1782、PR2007（美国 PPG）；AC-370 ［美国 AC Tech（3M）］；MC-780（德国 Chemetall）。

③ 无铬缓蚀型聚硫密封胶　该类密封胶满足 AMS 3265D 规范要求，其特点是突出了无铬阻蚀性能，即不添加铬酸盐和重铬酸盐，也可保证铝合金-钛合金双金属、铝合金-包铝铝合金双金属以及铝合金-环氧复合材料配合件在盐雾环境中不腐蚀，是一种防腐蚀效果良好的环境友好型密封材料。长期使用温度为 -54～121℃，短期可以在 182℃ 使用。主要用于飞机机身气动结构、压力舱的两种金属之间的密封装配或金属与复合材料的连接件的密封装配。代表产品为 P/S870、PR1432、PR1775（美国 PPG）；AC-730 ［美国 AC Tech（3M）］。

④ 高强度型聚硫密封胶　该类密封胶满足 AMS 3269C 规范要求，其特点是高强度，具备优良的长期耐油性能，长期使用温度为 -54～121℃，短期可以在 182℃ 使用，适合用在对密封胶强度有较高要求的飞机整体油箱、燃油舱和气密舱的结构和贴合面部位。代表产品为 PR1770、PR1422、P/S890（美国 PPG）；AC-236、AC-240 ［美国 AC Tech（3M）］；WS-8020（英国 Royal）。

⑤ 低黏附力型聚硫密封胶　该类密封胶满足 AMS 3284B 规范要求，其特点是低黏附力，与铝合金、钛合金、不锈钢等材料的剥离强度小于 0.7kN/m，长期使用温度为 -54～121℃，短期可以在 182℃ 使用；适合用在飞机易拆卸部位的密封。代表产品为 CS3330（美国 Flamemaster）；PR1773（美国 PPG）；WS-8010（英国 Royal）。

(2) 国内航空聚硫密封胶的发展现状

国内航空聚硫密封胶的研制起始于 20 世纪 50 年代，早期的聚硫密封胶多，追求高力学性能而对工艺性能关注较少。80 年代后，我国开始逐渐参照欧美材料体系将工艺性能列入聚硫密封胶的重要考核指标，构建了国内航空聚硫密封胶体系的框架；到 21 世纪初，国内航空聚硫密封胶在液体改性聚硫橡胶的改性技术、低密度技术、无铬缓蚀技术、低黏附力技术等众多技术领域取得突破，为国内航空聚硫密封胶的发展奠定了良好的基础。

国内航空聚硫密封胶体系可分为三代，目前正处于新老更替阶段。

第一代，以 XM15、XM22 和 XM28 等为代表的国内第一代航空聚硫密封胶，它们的突出特点是力学性能优异，但工艺性能较差，多为三组分、四组分，而且密封胶的组分无明显色差，长期使用温度 -55～110℃，短期最高 130℃。一般作为通用型航空密封胶使用，处于淘汰过程中，部分牌号如 XM22 和 XM28 等还在沿用。

第二代，在改性聚硫橡胶的基础上，参照俄罗斯聚硫密封胶相关材料体系，发展起来的 HM10X 系列双组分聚硫密封剂，长期使用温度 -55～120℃，短期最高 150℃，但密封胶整体黏度仍较大，适于刮涂施工，如需刷涂施工时，需要用溶剂稀释。

第三代，以改性液体聚硫橡胶为基体，参照欧美 AMS 相关材料标准，开发出的多种功能型 HM11X 系列聚硫密封剂，包括低密度型、高黏附力型、无铬缓蚀型、低黏附力型等，长期使用温度-55~120℃，短期180℃，涵盖A、B、C三类，是目前国内最新型的航空聚硫密封胶产品，性能可达到美国AMS标准要求，该类聚硫密封胶已在我国新一代机型得到应用，并正在逐步以干线客机C919为依托完成相关适航认证。

国内航空聚硫密封胶的行业规范有HB5483—1991《飞机整体油箱及燃油舱用聚硫密封剂通用规范》和HB7752—2023《航空用室温硫化聚硫密封剂规范》。

2. 航空有机硅密封胶的发展现状

有机硅密封胶以液体硅橡胶为基体，由于液体硅橡胶以硅氧硅-Si-O-Si-为主链，有较高的键能（441kJ/mol）和柔顺性，使得有机硅密封胶具有优异的耐高低温、耐氧、耐光和天候老化等性能，在航空工业占有重要的地位，获得了广泛的应用。在民用飞机中，有机硅密封胶主要被用作密封、绝缘、防腐蚀等一般功能材料；在军用飞机中，有机硅密封胶越来越多被用作减振、导电、导磁、吸波、防火等特殊功能材料。

（1）国外航空有机硅密封胶的发展现状

欧美航空工业强国的有机硅密封胶已经形成了品种丰富、功能完整、规格齐全的材料体系。从波音公司的Ufile（化工品）手册和空客公司的CML（消耗材料清单）可以获得较为完整的欧美民用飞机用有机硅密封胶牌号或其遵循的相应标准体系，但对于国外特种功能有机硅密封胶在军用飞机上的应用由于保密原因，无法通过相关文献或报道获得。因此，下面将主要介绍欧美民用飞机用有机硅密封胶及标准体系。

欧美民用飞机用有机硅密封材料分为单组分有机硅密封胶、通用双组分有机硅密封胶、绝缘双组分有机硅密封胶、功能有机硅密封胶。

① 单组分有机硅密封胶　单组分室温固化缩合型有机硅密封胶分为一般用途、高强度和耐高温，从工艺性能上分为触变性和自流平，共有6种规格的单组分室温固化缩合型有机硅密封胶。美国迈图公司（原GE公司）和美国道康宁公司均有满足以上性能的系列产品。

② 通用双组分有机硅密封胶　通用双组分密封胶主要按黏度和硬度范围划分为AMS3368、AMS3358、AMS3359、AMS3361，黏度分别是4~7Pa·s、8~18Pa·s、20~40Pa·s、15~40Pa·s；可满足现场不同工况使用。通用双组分密封胶主要用于飞机的防腐蚀密封。美国迈图公司（原GE公司）和美国道康宁公司均有满足以上标准的产品系列。

③ 绝缘双组分有机硅密封胶　AMS3373规定在宽硬度范围（邵尔A 35~55）的绝缘密封硅橡胶的黏度分为两类：低黏度密封胶，50~200Pa·s；中等黏度密封胶，200~800Pa·s。绝缘双组分有机硅密封胶主要用于电子电气的绝缘密封。美国迈图公司（原GE公司）和美国道康宁公司均有满足以上标准的产品系列。

④ 功能有机硅密封胶　国外功能有机硅密封胶有导电有机硅密封胶、防火有机硅密封胶、导热有机硅密封胶、吸雷达波有机硅密封胶、耐燃油有机硅密封胶、有机硅泡沫密封胶等。国外研制的功能有机硅密封胶的品种齐全、规格繁多。如在导电有机密封胶方面，美国TECKNIT公司和MMS-EC公司的导电有机硅密封胶有镀银玻璃、镀镍石墨、镀银铝粉、镀银铜粉、镀银镍粉、镀镍铝粉和银粉等系列牌号；在防火密封胶方面，美国KTA公司的FASTBLOCK系列防火有机硅密封胶，涵盖单组分和双组分、缩合型和加成型固化、高密度和低密度的系列化产品；这些功能有机硅密封胶均在国外的军用飞机得到应用，但其在飞机上的具体应用无法通过公开的文献或报道获得。

(2) 国内航空有机硅密封胶的发展现状

根据在航空工业上的用途可分为单组分有机硅密封胶、通用双组分有机硅密封胶、耐高温（抗密闭降解）有机硅密封胶、功能有机硅密封胶。国内航空有机硅密封胶的规范有：GJB 8609—2015《室温硫化单组分有机硅密封剂规范》和 HB 20077—2011《航空用氟硅类密封剂规范》，但上述行业标准已远不能覆盖国内航空有机硅密封胶材料，我国航空有机硅密封胶的国内规范体系仍未建立，与西方发达国家有较大的差距。

① 单组分有机硅密封胶　GJB 8609—2015 规定了 GD803、GD808、GD818、GD862 和 HM304 共 53 个牌号的单组分有机硅密封胶，这 5 个牌号的密封胶在我国各型飞机上得到广泛应用，此外，GD931、GD406 等单组分有机硅密封胶在飞机上也有较多的应用，但以上单组分有机硅密封胶的耐高温性能不足，不能满足飞机发动机高温部位的使用需求，如新研发的 HM396 具备更高耐温性能，HM387 具备优异的耐润滑油性能，HM816 具备优异的耐燃油性能。

② 通用双组分有机硅密封胶　通用双组分有机硅密封胶广泛用于飞机电子电气设备和飞机机身的密封、防腐蚀，在空气中工作温度为 $-60\sim250$℃。目前广泛应用的牌号有 HM305、HM307、HM321 和 HM325B 等双组分缩合型有机硅密封胶，这些密封胶通过 NJD-6 或 NJD-9 配套粘接底涂，对钢、钛合金和铝合金等金属材料、锌黄底漆、聚氨酯面漆和陶瓷材料等具有良好的粘接性能。其中，HM321 高强度双组分缩合型有机硅密封胶的拉伸强度达 6.0MPa 以上，拉断伸长率达 450% 以上。

③ 耐高温（抗密闭降解）有机硅密封胶　飞机发动机与后机身的高温区及其环控系统需要耐温达 300℃，使用的耐高温有机硅密封剂有 HM301、HM306 和 XY-602S。其中，HM306 双组分有机硅密封剂和 XY-602S 胶黏剂的耐温达到 350℃，并具有优异的抗密闭降解性能，无需粘接底涂，即可对金属材料有良好的粘接性能。

④ 功能有机硅密封胶　国内飞机应用的功能有机硅密封胶有导电有机硅密封胶、防火有机硅密封胶、导热有机硅密封胶、吸雷达波有机硅密封胶、耐燃油有机硅密封胶、有机硅泡沫密封胶等。目前广泛应用的 HM315A 双组分缩合型导电有机硅密封胶，其体积电阻率均小于 $0.005\Omega\cdot cm$，在宽频范围内具有优异的电磁屏蔽性能。应用的阻燃防火有机硅密封胶主要有 HM317 防火阻燃有机硅密封胶和 HM320 低密度防火隔热有机硅密封胶。其中，HM317 防火阻燃有机硅密封胶工作温度为 $-55\sim204$℃，阻燃性能达到 FV-0 级，3.2mm 厚的密封胶经过 $1050\sim1150$℃ 火焰燃烧 15min，火焰不会穿透。我国的 HM804 双组分氟硅密封胶的使用温度范围 $-55\sim230$℃，具有较好的耐降解和优良的电绝缘性能，被广泛应用于飞机燃油系统中工作的电气元件灌封、用于粘接氟硅橡胶制品和飞机整体油箱特殊高温部位密封，它是目前航空工业中应用最广、用量最大、技术成熟度最高的氟硅密封胶牌号。

（三）存在问题

我国研制和生产的航空密封胶基本满足了国内不同阶段航空工业的需求，航空密封胶尤其是航空聚硫密封胶已经建立起较为完整的材料体系，航空有机硅密封胶也正在进行材料体系建设，部分航空聚硫密封胶和有机硅密封胶品种可满足欧美标准和民航领域的适航要求。但总体上，与欧美航空工业强国相比，密封胶材料体系的完整性还有一定的差距，航空密封胶的原材料、生产、包装、检验及现场施工工艺等整个生产和应用的全过程管理与控制也离满足民航领域的适航要求有差距。

(四) 发展重点

未来我国的航空密封胶需要从两个方面取得突破和发展，一方面，建立起满足民用飞机适航认证要求的航空密封胶材料体系，以满足我国民用 ARJ21 支线客机、C919 和 C929 干线客机等对航空密封胶需求；另一方面，发展高温密封、吸雷达波、低密度、防火、导电、减振等高性能密封胶，以满足我国军用飞机的特殊要求。

三、特种胶黏剂

胶黏剂的应用在人类生活中已有悠久的历史。20 世纪 80 年代以来，胶黏剂已经在工业、农业、交通、医学和国防等领域得到了广泛的应用。但是，随着社会的发展和科学技术的进步，人们对胶黏剂的品种和性能等方面提出了更高的要求。特别是在某些特殊环境下，对被粘接的对象和粘接效果具有特殊的要求，因此必须使用一些具有特殊功能的胶黏剂，即特种胶黏剂。

目前，在航空航天领域应用的特种胶黏剂主要包括以下几种：耐高温胶黏剂；耐超低温胶黏剂；密封胶黏剂；真空胶黏剂；点焊胶黏剂；导电、导磁、导热胶黏剂等。

(1) 耐高温胶黏剂是指能在 200～500℃ 或更高温度下使用，仍不失原有粘接性能的一类胶黏剂。这类胶黏剂主要是含硅、硼的聚合物，含芳杂环耐高温聚合物及无机胶黏剂，如聚酰亚胺胶黏剂、聚苯并咪唑胶黏剂、聚苯并噻唑胶黏剂、聚芳砜类胶黏剂、聚苯硫醚类胶黏剂和硅酸盐型无机胶黏剂等。

(2) 耐超低温胶黏剂是指能在超低温（例如液氢－269℃，液氮－196℃，液氧－180℃）环境下使用，并有足够强度的一种胶黏剂。其通常以聚氨酯、环氧树脂改性聚氨酯、聚氨酯及尼龙改性的环氧树脂等为主体配制而成。

(3) 密封胶黏剂是一种密封材料，其主要作用是密封而不是粘接。严格说来，它并不是一种胶黏剂，因此它的粘接强度一般不高，使用时往往需要与机械坚固相配合，但它的填缝性以及对介质的耐受性往往较好。密封胶黏剂主要是由合成橡胶、树脂、填料、助剂和溶剂（或不含溶剂）等组成的一种黏稠状液体，将其涂覆于接合面处，可填补凹凸不平的表面，经一定时间干燥后能形成连续的黏弹性薄膜，从而起到耐压和密封等作用。

(4) 真空胶黏剂是指用于真空系统中各种不同部件的连接和密封的一类胶黏剂。它既具有良好的粘接强度，又具有很好的真空密封性和耐压作用。目前，常用的真空胶黏剂是以环氧树脂为基体的胶黏剂。

(5) 点焊胶黏剂兼具粘接和点焊双重特点，具有良好的综合性能。其中，粘接可保证密封性、防止腐蚀、减小应力集中、承受载荷、提高结构强度和工作耐久性。点焊胶黏剂主要是由环氧树脂、改性剂和辅助材料等配制而成。

(6) 导电、导磁、导热胶黏剂是指具有一定的导电/导磁/导热性能和良好的粘接性能，即兼具导电/导磁/导热和粘接双重性能的胶黏剂。这类胶黏剂主要是通过添加导电填料（如金属粉末、石墨粉、乙炔炭黑等）或磁性填料（如羰基铁）或导热填料（如金属粉、氧化物粉末等）赋予胶黏剂相应的性能。

（一）应用需求

运载火箭、导弹、卫星和现代各种飞机，以及航天、航空飞行器，均在不断寻求提高结构效率的措施，以进一步改进和提高它们的性能和经济效益。采用性能优异的先进结构材料和先进的制造工艺技术，是提高结构效率的主要措施之一。而胶黏剂及相应的粘接技术是其中的一个重要分支，并已形成持续增长的工业化产业，以满足航天、航空等领域中日益提高的各种使用要求。特别是在航空航天飞行器的很多部位，需要满足特殊环境下的粘接与密封，急需各种各样的特种胶黏剂以满足其需求。

超音速机型在飞行过程中，主翼前缘和发动机罩壳前缘的温度可达 200~250℃。特别是，高速歼击机在高空中作超音速飞行时，机翼前缘温度甚至可以达到 260~316℃。因此，在这类飞机的高温部位需要耐高温胶黏剂进行粘接和密封。

飞机的座舱、机窗、油箱等许多部位都需要密封胶黏剂进行密封，以防止内部气体或液体泄漏、外部灰尘或水分等侵入、机械振动、冲击损伤或达到隔音隔热等作用。不同的密封部位对密封胶黏剂有不同的要求。比如，在整体油箱上应用的密封胶黏剂需要具有良好的耐燃油性、对金属表面有较高的粘接强度、无腐蚀性以及优良的机械性和施工性等；机窗所使用的密封胶黏剂不仅要求具有良好的耐候性、对有机玻璃的良好粘接性和无腐蚀性，而且在用作复合风挡的中间层时，不会因为有机玻璃和无机玻璃热膨胀系数的不同而引起脱层剥落。外露系统的结合部位上的密封胶黏剂则需要具有良好的耐候性、耐水性、对金属表面足够的粘接强度以及与机身材料具有较接近的热膨胀系数和硬度。

飞机的蜂窝夹层结构件需要使用特种胶黏剂将蒙皮和蜂窝芯粘接在一起。根据蒙皮和蜂窝芯所使用的材料不同、生产工艺的要求，选择具有不同性能的特种胶黏剂进行粘接。

在飞机制造业，已广泛采用粘接点焊工艺制造结构件。比如苏联的安-24、雅克-40 及许多国产飞机的机身、尾翼钣金件、加强翼肋舱门、舱盖、起落架护盖、电子设备框架、机壳等都是全部或部分采用了粘接点焊结构。因此，需要采用大量的点焊胶黏剂进行粘接，同时根据实际应用场合对其提出了各种各样的要求。比如，胶黏剂应有一定的流动性，固化后的胶层有较好的耐酸、耐碱性能等。

随着电子设备尤其是军事电子设备向小型化、轻量化、多功能、高性能发展，电子元器件的连接方式已由原来的焊、铆等工艺逐渐被粘接所代替，因此需要各种各样的特种胶黏剂以满足实际的应用要求。比如电器及电子设备在装配过程中需接通电路处，可以使用导电胶黏剂，以粘代焊，更精确地连接各种不同材料，同时还能避免焊接时高温所带来的不良影响。

除此以外，飞机中各真空部件同样需要真空胶黏剂进行粘接。真空胶黏剂不仅需要在真空条件下具有良好的密封和粘接效果，而且根据实际用途具备其它的性能特点，如较高的耐热性、耐老化等。

用于火箭、导弹和卫星等航天器上的粘接材料，除需要满足一般工业用胶黏剂的性能要求外，还需要满足它们处于发射状态、在轨道上运行及重返大气层等所经历的各种特殊环境要求。根据胶黏剂使用部位不同，要求各异。

导弹弹头再入大气层时的环境特点是经受瞬时高焓高热流和高驻点压力。根据导弹射程不同，其弹头再入速度达十几至几十马赫数，驻点温度达数千摄氏度。要求所用胶黏剂具有超高温下的耐烧蚀特性。而当卫星和载人飞船等航天器再入大气层时，其再入环境特点是高焓、低热流、低驻点压力和长时间，用于相应部位的胶黏剂必须具有优越的耐烧蚀和绝热特性。

卫星、飞船及其它航天器在轨道上运行，其环境交变温度的范围达几百摄氏度。例如，在地球同步轨道上运行的航天器，其环境交变温度为 $-157 \sim 120℃$。用于有关部位的胶黏剂不仅需具有适应严酷的交变温度特性，还必须具有耐高能粒子及电磁波辐射特性，并且在高真空环境下没有或极少有挥发物及可凝性挥发物释放出来（例如挥发分<1%，可凝性挥发分<0.1%），以免污染航天器上的高精度光学仪器和有关部位。

复合固体火箭推进剂是用胶黏剂将氧化剂和金属燃料等固体颗粒粘接在一起。其中，胶黏剂用量约占10%~20%。这部分胶黏剂除了具备将氧化剂和金属粘接在一起成为整体，保持一定几何形状，并提供一定力学性能以承受火箭在装配、运输、贮存、点火、燃烧及飞行期间的巨大应力和应变外，同时还作为产生气体和能量的燃料。因此，复合固体火箭推进剂中所用胶黏剂黏度应较低（通常为几帕·秒至几十帕·秒），以便充分浸润氧化剂和金属颗粒，并与它们有良好的化学相容性，能组成致密的推进剂药柱；固化时反应速度适当，不产生挥发物，放热量小，固化收缩轻微；与固体火箭发动机壳体内部的绝热层紧紧相粘；还能提高易燃性和成气性。

在火箭、导弹和卫星等的粘接点焊结构件中，主要是采用先点焊后灌胶工艺。因此，要求所用的胶黏剂固化温度低于80℃，最好为室温，而使用的温度在 $-45 \sim 200℃$。

除此以外，用于液氮、液氧发动机系统的胶黏剂，必须具有耐超低温（$-183 \sim 253℃$）的优良特性。用于舰地导弹的胶黏剂必须具有长期耐海水和盐雾侵蚀能力；用于陀螺稳定平台系统的胶黏剂必须具有在真空条件下耐氟氯油的特性。

（二）应用现状

与焊、钉、铆、镙、嵌接等连接方式相比，胶接具有诸多优点：胶接结构具有密封、减振、防止裂纹扩展的功能，能避免机械连接的应力集中，提高结构强度，改善结构的抗疲劳性能，提高结构的破损安全性能，改善结构表面的气动特性。夹层结构、复合材料等其它不同材料之间的粘接，能大幅度提高结构完整性和结构刚性，减轻结构重量，降低制造成本。因此，许多国家都把胶接技术作为飞机制造的新工艺，并在航空领域进行广泛的应用。航空飞行器上有许多部位需要特殊条件下的粘接与密封，需要大量在特殊场合、满足特殊需要的特种胶黏剂。可以说，在现代飞机上几乎没有不采用粘接工艺的。

1943年英国德·哈维兰（De Havilland）在"大黄蜂"飞机金属结构上第一次采用胶接连接，标志着现代胶黏剂材料在航空上应用的开始。20世纪70年代开始，美国组织实施了PABST（主承力胶接结构技术）计划，建立了先进胶接体系概念。从80年代开始，国外的飞机胶接结构件制造技术迎来突飞猛进的发展，取得了长足的进步，胶接体系的耐久性大幅度改善，胶接工艺日益成熟，胶接件的安全性、可靠性及耐久性大幅度提高。因此，国外飞机公司生产的系列飞机上，大量采用了粘接结构。全世界采用粘接结构的飞机有100多种。B-58重型超音速轰炸机中，粘接板达到$380m^2$，占全机总面积的85%，其中，蜂窝夹层结构占90%。每架飞机用胶量超过400kg，可取代约50万件铆钉。每架波音747喷气客机用胶膜$2500m^2$，密封胶450kg。三叉戟飞机的粘接面积占总连接面积的67%。同时，国外已建立起较为完整的环氧树脂胶黏剂体系,主要的胶黏剂生产厂家及其产品有 Cytec 公司(FM 系列和 Metlbond 系列)、Hexcel 公司（Redux 系列）、Henkel 公司（EA 系列）、Click Bond 公司（CB 系列）、3M 公司（EC 系列）等。

我国航空用胶黏剂与胶接技术的研究和应用始于 20 世纪 50 年代末,是在以军用飞机为研究和应用背景的基础上发展起来的。70 年代初期以前胶黏剂制造工艺基本都是仿制原苏联的技术。70 年代以后,经过吸取国外技术与自主研发的交替发展阶段,形成了板-板胶、板-芯胶、芯条胶、底胶、发泡胶、修补胶、厌氧胶、功能性胶黏剂以及胶带等多品种胶黏剂系列,不少胶黏剂品种已经达到了国际先进水平。目前,国内航空用胶黏剂的研发和生产单位主要有北京航空材料研究院（SY 系列胶黏剂）、黑龙江石油化学研究院（J 系列）。

20 世纪 70 年代,自行研制了高温固化的环氧-丁腈型的自力-2 胶,并在直升机旋翼后段的胶接、运输机的机身壁板的胶接中得到应用。其中,运输机上自力-2 胶所粘接机翼整体油箱比金属铆接的单机减重 30kg,使用性能良好,维护简便。在 20 世纪 80 年代,又研制了高温固化的改性环氧树脂胶黏剂 SY-14 等,在歼击机和歼轰机上得到应用,主要应用于飞机上的金属-金属胶接、金属蒙皮与蜂窝芯的胶接,包括飞机的副翼、襟翼、方向舵和升降舵等。比如,歼轰机的襟、副翼蜂窝结构采用了 SY-14C/SY-D4 高温固化胶黏剂体系。在 90 年代的直升机国产化的过程中,成功研制了与国外 Metlbond 1113 胶膜相当的中温固化胶膜 SY-24C、J-95 以及相配套的抑制腐蚀底胶 SY-D9、J-96 和发泡胶 SY-P9、J-97,使我国中温固化胶黏剂达到了新水平。SY-24C 中温固化胶黏剂,不仅应用于直升机上金属的板-板、板-芯的胶接、旋翼上不锈钢前缘包铁、各种金属镶嵌件与复合材料的胶接,而且还应用于运输机上复合材料面板和 Nomex 纸蜂窝芯夹层结构的共固化胶接。2000 年以来,成功研制出中温固化胶膜 SY-24M、J-272 以及相配套的抑制腐蚀底胶 SY-D12、J-274,高温固化胶膜 SY-14M、J-271 以及相配套的抑制腐蚀底胶 J-117,发泡胶 J-273、J-275、SY-P11A,常温双组分环氧胶 SY-47、SY-48,使我国胶黏剂的水平又上了一个新台阶,在大型运输机中得到广泛应用。21 世纪 20 年代以来,北京航空材料研究院研制出了室温固化高强高韧环氧树脂胶黏剂（SY-58）、室温固化耐高温环氧树脂胶黏剂（SY-201）、低中温（60～93℃）固化高强高韧耐高温胶黏剂（SY-94）,低中温（60～93℃）固化耐高温胶黏剂（SY-95）和中温固化耐高温环氧树脂胶膜（SY-59）。SY-58 胶黏剂的常温剪切强度和常温浮辊剥离强度分别可以达到 42MPa 和 14 kN/m,与国外的 EA9309.3NA 胶黏剂性能相当;SY-201 胶黏剂的常温、80℃、100℃和 120℃的剪切强度分别可以达到 40MPa、25MPa、20MPa 和 10MPa,可与中温固化环氧树脂胶膜的性能相媲美。这两种胶黏剂已开始在直升机上得到应用。SY-94 胶黏剂的常温、80℃、120℃、180℃和 204℃剪切强度分别可以达到 38MPa、27MPa、24MPa、22MPa 和 13MPa,常温浮辊剥离强度可以达到 10.8 kN/m,具有高强、高韧和耐高温（204℃）的特点。SY-95 胶黏剂的常温、80℃、120℃、180℃和 232℃剪切强度分别可以达到 32MPa、27MPa、23MPa、19MPa 和 11MPa,常温浮辊剥离强度可以达到 6.4kN/m,具有优异的耐高温（232℃）性,可与国外的 EA 9394/C2 胶黏剂的性能相媲美。SY-59 胶膜的常温和 150℃的剪切强度分别可以达到 39MPa 和 18MPa,浮辊剥离强度为 8.8 kN/m,可与国外的 FM300-2 胶膜的性能相媲美。

根据火箭、导弹和卫星等航天器发射和重返大气层时的高温环境要求,采用不同类型的高温胶黏剂进行粘接。比如,航天飞机陶瓷防热瓦间隙密封用的是编织铝硼硅酸盐布和硅橡胶胶黏剂。这类胶黏剂中添加有高热反射填料四硼化硅和硼硅酸盐玻璃粉。航天飞机的防热毡可以使用 RTV-560 室温固化有机硅胶黏剂进行粘接。飞船再入烧蚀防热所用的蜂窝夹层承载结构，可以使用酚醛-环氧胶黏剂进行粘接，如 J-30、SY-14 等牌号。抗激光导弹壳体的绝热层和烧蚀防热层之间可以使用耐 300℃ 的石墨胶黏剂进行粘接。导弹、火箭发动机绝热层可以使用酚醛-丁腈等胶黏剂进行粘接。导弹中高温复合材料和陶瓷的粘接，运载飞行器中蜂窝夹层结构的粘接可以使用最耐高温的有机胶黏剂——聚酰亚胺胶黏剂。

根据飞船、卫星、空间站等航天飞行器在轨道运行时所处的环境特点，胶黏剂多采用环氧胶黏剂、酚醛-环氧胶黏剂、酚醛-丁腈胶黏剂、聚氨酯胶黏剂等，这些胶黏剂在高真空环境下极少有挥发物及可凝性挥发物释放出来。目前多采用 J-47、J-30、J-78 等胶黏剂。而太空外表面材料用胶黏剂多为有机硅胶黏剂和丙烯酸酯胶黏剂，这些胶黏剂具有良好的耐电子、质子、紫外辐照和耐冷热交变性能。比如，南大的 703、704、705、GN511、GN512、GN521、RTV-107 等有机硅胶黏剂用于卫星太阳能电池板的粘接。

火箭、导弹和航天飞行器上使用大量的密封胶黏剂进行粘接和密封。根据所使用的环境不同，选择不同的密封胶黏剂。低温密封时，使用环氧胶黏剂、有机硅胶黏剂和聚氨酯胶黏剂；高温密封时，使用环氧胶黏剂、有机硅胶黏剂；耐辐射时，使用有机硅胶黏剂；耐压密封时，使用环氧胶黏剂、聚氨酯胶黏剂。例如，耐压密封火箭、导弹中有些部位要求在 -40~200℃、一定压力下有密封性能，在另一工作条件下又能及时拆开或用爆炸法脱卸掉，可以使用 W-95 环氧胶黏剂进行灌注密封。经过灌注密封后的零、组、部件，经过振动、冲击及压力载荷等作用后，胶缝无开裂或泄漏现象，并能按要求顺利脱卸。

复合固体火箭推进剂所用的胶黏剂最早为聚硫胶黏剂，例如，以 98%（摩尔分数）二氯乙基缩醛、2%（摩尔分数）二氯丙酮与多硫化钠反应而成的聚硫化物。其力学性能和粘接性能良好，工艺简单，但是含硫量多，提供的能量不理想，且固化温度高，使用上受到限制。因此，在 20 世纪 60 年代，研制出端羧基丁二烯进行代替，以其作为胶黏剂的推进剂力学性能明显提高。而后为满足大型固体火箭、火箭发动机的推进要求，又研制成功了端羟基胶黏剂，如端羟基酯、端羟基醚、端羟基醚三醇聚氯酯等。目前多使用丁羟（HTPB）聚氨酯作为胶黏剂。该胶黏剂在能量、力学和贮存性能等方面具有优良的综合性能，已成为当今固体推进剂的主流。

除此以外，在火箭、导弹和卫星等的粘接结构中，多使用 GH-522 型有机硅凝胶作为点焊胶黏剂。在运载火箭中，将黑龙江石油化学研究院研制的 DW 系列低温胶黏剂用于燃料箱的密封及火箭"共底"的制造；将 J-27-2、J-124 等环氧胶黏剂用于火箭伺服系统电子元器件的灌封、金属与非金属的粘接；将 J-163 耐高温胶黏剂用于伺服电机的粘接。

（三）发展重点

随着社会的不断发展和科学技术的不断进步，胶黏剂的应用领域不断扩大，特种胶黏剂因其特殊的性能/功能可以满足各种不同的使用要求，在生产技术、产品品种和产品性能/功能等方面都得到迅速发展，其发展重点主要体现在以下几个方面。

（1）耐高温胶黏剂

目前，在航空航天领域，应用比较多的耐高温胶黏剂为改性环氧树脂胶黏剂、改性酚醛树脂胶黏剂、改性双马树脂胶黏剂和有机硅胶黏剂。这些胶黏剂大多是在 250℃ 以下长时间使用，而且由于自身化学键的限制，很难承受更高的温度。随着航空航天等领域的迅猛发展，很多部位都急需耐高温胶黏剂，如长期耐 300～400℃，短时耐 500～600℃ 的胶黏剂。

聚酰亚胺胶黏剂具有良好的耐热性、耐老化性、化学稳定性和耐原子辐射性等，在航空航天等领域得到应用。但也存在熔点太高、不溶于大多数有机溶剂、加工流动性不佳等缺点，限制了其应用范围。研制各种各样的聚酰亚胺胶黏剂是未来耐高温胶黏剂的一个发展趋势。主要的研究重点包括：实现关键单体国产化、批量化和高质量稳定性，以大幅度降低聚酰亚胺胶黏剂的原料成本；提高聚酰亚胺胶黏剂的成型工艺，降低制造成本；提高聚酰亚胺胶黏剂的使用温度，以满足航空航天等领域的要求。

（2）低温固化高温使用胶黏剂

一方面，电子设备中的电子元器件不能承受高温，因此要求胶接工艺，尤其是固化温度不能太高，而在使用时局部温度较高。另一方面，在航空航天领域中，某些部件对尺寸精度和尺寸稳定性有很高的要求，固化温度过高会影响部件的正常工作。因此，迫切需要低温固化高温使用的胶黏剂，这是未来特种胶黏剂的发展趋势之一，比如，研制在常温下固化，在中温（100～150℃）、高温（150～180℃）甚至更高温度下长期使用的胶黏剂。

（3）功能型特种胶黏剂

航天、航空飞行器结构的功能化是提高其使用性能的有效途径，也是降低其重量、提高效率的根本措施。功能型特种胶黏剂是其重要的保证，也是特种胶黏剂的一个发展趋势。通过寻找新型填料，加强填料添加的理论分析和实际应用研究，研制出在保持结构连接所需的机械强度外，兼具更加优异功能（如阻尼振动、导电导热、隐身、形状记忆等）的特种胶黏剂，扩大特种胶黏剂的应用范围。例如，可以将石墨烯和其它填料共同加入胶黏剂中，研究石墨烯的加入对胶黏剂性能方面（如导电、导热、工艺性能等）的影响。

（4）环保型抑制腐蚀底胶

目前，国内外越来越重视环保，而大部分应用的抑制腐蚀底胶主要以酮类作为溶剂，以可溶性铬酸盐作为抑制腐蚀剂制备而成。其中，酮类溶剂属于易燃易爆的危险化学品，且挥发后污染环境；铬酸盐大多是致癌物。因此，建议开展环保型抑制腐蚀底胶的研制和应用研究，以替代酮类溶剂和可溶性铬酸盐制备的抑制腐蚀底胶，解决底胶面临的环保问题。

四、特种橡胶材料

特种橡胶材料在飞机中发挥着不可替代的作用，随着飞机以及发动机性能的提升，橡胶密封材料的服役工况日趋恶劣，这对橡胶密封材料的耐温、耐介质等性能提出了更高的要求。据国外相关部门统计，飞机系统中因密封失效造成的故障占整机故障的 40%，可见，橡胶密封材料优劣是影响飞机疲劳寿命、使用寿命、经济修理和安全性的一个关键因素。

伴随着航空工业的发展，在国内外典型的三代战斗机上（F-15、F-16、SU-27 和 J-10 等），特种橡胶（硅橡胶、氟硅橡胶、氟醚橡胶等）以其优异的耐热性、耐天候老化性、电绝缘性和化学稳定性等，大量取代通用橡胶（天然橡胶、丁苯橡胶、氯丁橡胶、乙丙橡胶等），广泛用于制造在空气、臭氧、燃油、滑油和电场中工作的橡胶零件、胶板、胶管和型材，大幅简化了飞机用橡胶材料的品种与牌号，显著提升了飞机的使用寿命和可靠性。

（一）应用需求

特种橡胶材料在飞机的功能可划分为：油密、气密、水密等流体密封功能；隔振、吸振等减振降噪功能；导热、隔热、绝热等热功能；导电、导磁、吸波等电磁屏蔽与隐身功能；阻燃、防火等安全防护功能等。特种橡胶材料广泛用于飞机与发动机的密封件、软油箱、减振器、黏弹阻尼器及航空轮胎等。当前，国外先进战斗机服役寿命5000飞行小时以上，运输机50000飞行小时以上，日历寿命20年至30年，可见，飞机所用特种橡胶材料具有综合技术性能要求全、疲劳性能要求苛刻和可靠性要求高的特点。

（二）应用现状

特种橡胶材料直接关系着飞机的作战性能和使用寿命，同时也直接反映了飞机的发展现状和先进程度。随着新一代飞机的研制与服役，性能差与寿命短的天然橡胶、丁苯橡胶、丁腈橡胶及部分耐低温性能差的氟橡胶等老一代橡胶材料逐步被淘汰，形成了以有机硅橡胶、有机氟橡胶为主的新一代高性能特种橡胶材料体系，下面将对这些有机硅橡胶及有机氟橡胶的应用进行介绍。

1. 有机硅橡胶的应用现状

有机硅橡胶主要有硅橡胶及氟硅橡胶。有机硅橡胶是典型的半无机半有机高分子材料，它兼具无机高分子和有机高分子材料的特点，因而具有独特的耐高低温、耐氧、耐光和气候老化等性能，在航空工业占有重要的地位，获得了广泛的应用。

（1）国外有机硅橡胶的应用现状

① 通用高性能硅橡胶　通用高性能硅橡胶主要是指高抗撕硅橡胶、耐超低温硅橡胶和氟硅橡胶等。世界著名有机硅密封剂公司，如美国 Dowcorning 公司、美国迈图公司、德国 Warker 公司、日本信越公司均研制和应用了系列高抗撕硅橡胶、耐超低温硅橡胶和氟硅橡胶，其中，美国 Dowcorning 公司和美国迈图公司均有可满足欧美 AMS 或美军标 MIL 材料规范的通用硅橡胶材料体系，大量应用于波音或空客飞机。

② 阻尼减振硅橡胶　阻尼减振橡胶是利用橡胶的阻尼特性提高防振和减振效果的一类材料，可有效避免电子器件失效和仪器仪表失灵，大幅增加机械零部件寿命，从而提高飞机装备的精度与可靠性。航空领域常将硅橡胶作为阻尼材料的首选，尤其是在大应力、大应变而产生高热量的情况下。美国 LORD 公司最早开展阻尼硅橡胶研究，一方面不断地提升阻尼硅橡胶的阻尼系数，拓宽阻尼硅橡胶的工作范围，另一方面将阻尼硅橡胶大量应用于航空减振器，其阻尼硅橡胶产品硬度范围30~70（邵尔A），损耗因子0.1~0.6，使用寿命长达10~20年。

③ 导电硅橡胶　为了避免电子设备的相互电磁干扰，具有优异导电性能、耐高低温性能的导电硅橡胶已经广泛应用于电子系统和仪器设备的密封。其以银粉或镀银材料为导电填料，最高使用温度达125℃，甚至160℃。美国 TECKNIT 公司和 EMERSON 公司系列导电硅橡胶有镀银玻璃、镀镍石墨、镀银铝粉、镀银铜粉、镀银镍粉、镀镍铝粉和银粉等系列牌号，这些导电硅橡胶均在军用飞机得到应用。

（2）国内有机硅橡胶的应用现状

① 通用高性能硅橡胶　当前在飞机上大量应用的通用高性能硅橡胶有61XX系列硅橡胶、

G1XX 系列硅橡胶、SE6XXX 系列硅橡胶、PS 系列硅橡胶和 FS 系列硅橡胶。SE6XXX 系列硅橡胶为甲基乙烯基硅橡胶,其中 SE6450 和 SE6465 在空气中的工作温度为 $-50 \sim 200℃$,适于制造形状复杂的高抗撕硅橡胶零件,如加压氧气面罩主体和加压氧气面罩供氧波纹管等。PS 系列硅橡胶为甲基苯基硅橡胶,具有更优异的耐高低温性能,工作温度为 $-70 \sim 250℃$,适于制造氧气面罩呼吸气活门膜片、空气系统的密封和电绝缘零件。FS 系列硅橡胶为氟硅橡胶,具有优异的耐燃油或润滑油性能,其中 FS6265、FS4270 和 FS6165 硅橡胶适于制造飞机发动机高温区空气、燃油、液压系统密封件和电绝缘零件,FS6161 硅橡胶适于制造液压、电气管路的紧箍件,FS6145 硅橡胶适于注射成型航空连接器。

② 阻尼硅橡胶　近年来,阻尼硅橡胶在国内航空减振器得到广泛应用,其中,采用 SE20 系列硅橡胶制造的 JZH 航空仪表用硅橡胶减振器,性能指标满足标准要求,可直接升级原天然橡胶减振器;与原天然橡胶减振器相比,减振效率提高 50%,使用寿命 10 年以上。采用 SE20 系列硅橡胶制造的 JZQ 惯导平台用硅橡胶减振器,谐振点放大倍数小于 5,在使用温度($-40 \sim 70℃$)范围内,减振器谐振频率变化小于 30Hz,减振器使用寿命可达 10 年或 1000 飞行小时以上。采用 SE20 系列硅橡胶制造的 JZB 大载荷航空减振器,单件减振器载荷 $14.5 \sim 75$kg,功能振动加速度为 $9.7g$,耐久振动加速度为 $11.7g$,减振效率达到 80% 以上。以上三个系列的减振器已在战斗机、运输机和直升机的多个型号中获得广泛应用。

③ 导电硅橡胶　新一代飞机对抗电磁干扰和隐身的需求,使得导电硅橡胶已经广泛应用于电子系统和仪器设备的密封,国内已经研制和应用了系列导电硅橡胶,见表 3.1,其中 EC 系列为导电苯基硅橡胶,EF 系列为导电氟硅橡胶。

表 3.1　国内高导电硅橡胶性能

牌号	EC6165	EC6265	EC6365	EC6465	EF6165	EF6265	EF6365	EF6465
导电填料	银粉	镀银铝粉	镀银镍粉	镀银铜粉	银粉	镀银铝粉	镀银镍粉	镀银铜粉
邵尔 A 硬度	65	68	66	65	66	68	65	65
体积电阻率/$\Omega \cdot cm$	0.002	0.008	0.008	0.008	0.003	0.009	0.008	0.008
密度/(g/cm^3)	4.3	1.9	4.5	3.9	4.3	1.9	4.6	3.9
拉伸强度/MPa	2.1	1.8	1.9	2.3	2.4	1.9	2.1	2.4
扯断伸长率/%	130	120	130	140	130	130	140	120
压缩永久变形(100℃×70h)/%	24	24	23	22	22	24	24	22

2. 有机氟橡胶

有机氟橡胶主要有氟橡胶、氟醚橡胶和全氟醚橡胶。有机氟橡胶是在主链和侧链碳原子上连接氟原子的高分子弹性体,具有其他橡胶不可比拟的优异性能,如较好的耐油和化学药品腐蚀性能、良好的物理性能、耐候性能、电绝缘性能和抗辐射性能。有机氟橡胶本身就是为了满足航空、航天等军事用途而开发的高性能橡胶材料,现已成为现代工业尤其是高技术领域不可缺少的重要材料。

(1) 国外有机氟橡胶的应用现状

① 通用氟橡胶　20 世纪 50 年代初期,美国、苏联就开始含氟弹性体的开发。最早投入工业化生产的是美国杜邦和 3M 公司的 Viton A 和 Kel-F 型弹性体。经过半个世纪的研制,

含氟弹性体在耐热、耐介质、低温性和工艺性能方面取得了飞速进展，并形成系列化产品。氟橡胶主要包括氟橡胶-23、氟橡胶-26、氟橡胶-246。氟橡胶-23 商品牌号有 Kel-F 5500、Kel-F3700（美国），СКФ-32-11、СКФ-32-12（俄罗斯）；氟橡胶-26 代表牌号有 Viton A、Viton A-HV、Viton A-35、Viton E-60C（美国），СКФ-26（俄罗斯）；氟橡胶-246 主要牌号有 Viton B、Viton B-50、Viton B-910（美国）。

② 氟醚橡胶 作为耐油性能最好的橡胶材料，氟橡胶使用温度范围只能达到 -40~250℃，不能用于更低温度的系统；为了解决这一问题，从 20 世纪 80 年代起，各国相继开展了改善氟醚橡胶低温性能的研究，在保留氟橡胶耐油、耐高温性能的基础上通过引进含醚链节改善了低温性能，这类材料以美国杜邦公司 Viton 系列，意大利索尔维公司 PL 系列，俄罗斯 Вииск 合成橡胶研究院 СКФ 系列及日本大金公司的氟醚橡胶为代表，如表 3.2 所示。

表 3.2 国外氟醚橡胶的品种及生产厂家

公司名称	产品名称
美国杜邦公司	Viton GLT-200S、Viton GLT-600S
意大利索尔维公司	PL、VPL 系列
俄罗斯 Вииск 合成橡胶研究院	СКФ-260、СКФ-260ВРТ
日本大金公司	LT 302

国外除在 C-17、F-22 等军机上大量使用氟醚橡胶外，在波音、空客等大型客机的介质系统及挑战者号、哥伦比亚号等航天飞机伺服机构等部位也广泛应用氟醚橡胶。

(2) 国内有机氟橡胶的应用现状

① 通用氟橡胶 氟橡胶广泛于飞机的油路和气路密封，FX-2、FX-4、FX-5 和 FX-6 氟橡胶的长期工作温度为 -20~250℃，短期可达 300℃，适于制造在空气、石油基滑油、燃油、液压油、硅酸酯和双酯类合成滑油中工作的活动或固定密封件；FX-10 氟橡胶的工作温度为 -40~250℃，适于制造石油基润滑油中工作的旋转轴唇形密封件，该密封件除具有优异的耐介质性能外，还具有摩擦系数低和导热性好的优点；FX-16 的长期工作温度 -40~200℃，适于制造在石油基滑油中工作的高速旋转轴密封皮碗，转速 18m/s；FX-17 氟橡胶的长期工作温度为 -20~200℃，适于制造空气燃油、滑油、液压系统密封件。

② 氟醚橡胶 国内氟醚橡胶的研究起步较晚，但随着新一代发动机的研制，系列氟醚橡胶已经得到成功应用，且应用范围不断扩大，FM-1D 和 FM-2D 氟醚橡胶的工作温度为 -55~200℃，液压油、燃油中 -55℃下使用时最高工作压力为 21MPa，应用于飞行器方向舵液压系统、助力器液压系统及航天火箭惯导系统；FM-15 氟醚橡胶的工作温度为 -40~250℃，纯橡胶制品可在 275℃下短期工作，滑油系统中作为固定密封件使用时最低工作温度可达 -40℃以下，用于制造发动机滑油、燃油、液压油系统和空气系统中工作的固定或活动密封橡胶件；FM-20 氟醚橡胶的工作温度为 -50~200℃，用于制造在空气、石油基润滑油、燃油、液压油、硅酸酯和双酯类滑油中工作的密封件，还可用于制造耐低温和耐液体的其它橡胶件，应用于战斗机、大型运输机燃油和液压油系统，工作温度为 -50~200℃，短期工作温度可达到 250℃。

（三）存在问题

当前，我国的特种橡胶基本能满足各型飞机的相关需求，但与西方发达国家相比仍有一定差距；特种氟醚类橡胶及单体技术成熟度较低；特种结构硅橡胶生胶的品种类别少，关键原材料单体欠缺，已有的一些特种硅橡胶品种技术成熟度低，处于实验室或小批量试制阶段。

（四）发展重点

（1）高度重视特种橡胶单体和生胶的工程化研究，重点建设苯基单体、氟醚橡胶特种单体的工程化生产体系，通过多品种小批量条件建设和关键单体原材料自主化保障条件建设，提高科研攻关能力、工程化保障能力和自主创新能力。

（2）对于应用背景明确、问题突出的关键特种橡胶采取上下游联合攻关，缩短研制和考核周期，尽快改变部分高性能关键产品长期受制于人的局面。

（3）以特种橡胶材料应用单位和民口核心配套单位为主体，形成制备、加工、仿真、验证、应用为一体的军民融合的协同攻关与综合保障体系。

五、透明高聚物材料

透明高聚物材料主要包括聚甲基丙烯酸甲酯（PMMA，也称有机玻璃，俗称亚克力）、聚碳酸酯（PC）、聚氨酯弹性体（PUE）、聚对苯二甲酸乙二醇酯（PET）、聚乙烯醇缩丁醛（PVB）、聚苯乙烯（PS）、聚氯乙烯（PVC）等。在航空领域主要用于航空器风挡、座舱盖、驾驶舱门、观察窗、灯罩、飞行员/航天员面罩以及仪表盘等部位，是一种重要的结构/功能材料。

（一）应用需求

座舱透明件是航空器上关键的结构功能件，在歼击机等战斗机上与飞机前机身结构一起构成气密座舱，为飞行员提供了封闭的生存空间，保护飞行员不受气流吹袭和外来物的撞击，同时也为飞行员提供了地面进出座舱和应急弹射的离机救生通道。在运输机和直升机等航空器上不仅保护飞行员及其他乘员免受外界环境影响，而且赋予透明件多功能化，可在多种工作环境下为驾驶员和乘员提供清晰的视野。

航空领域对于透明材料及其透明件的应用需求是结合其服役使用需求提出的。根据透明高聚物材料的实际应用部件和结构、功能特点，除了较为苛刻的物理机械性能要求以外，还应包括工艺性能、结构性能、功能考核与耐环境性能。工艺性能包括可成型性、可加工性、可连接性、可胶接性等；结构性能主要包括气密与抗压性能、限制/极限增压载荷、增压疲劳性能以及抗冲击性能等；功能考核根据具体服役需求主要包括光学性能、救生、隐身、电磁屏蔽、防雾除冰等要求；耐环境性能主要包括耐热、耐寒、耐湿热、抗应力-溶剂银纹、耐紫外老化、海洋环境等。

基于航空座舱盖透明件对结构性、功能性、工艺性与耐环境性等的苛刻要求，对于透明高聚物材料的性能有更高的要求。在军工主干透明材料系列化研究过程中，提出了透明高聚物材料的六大性能指标体系，包括基础性能（光学、物理和力学性能）、质量性能、环境性能、工艺性能、使用性能和考核评价。光学性能作为透明高聚物材料特有的物理性能，航空领域对其透光度、雾度和相应制件的光学畸变、角偏差及其他外观缺陷控制要求十分严格；根据飞机的气动加热温度，对透明聚合物材料还提出了热变形温度、软化温度等热性能指标；同时为了方便结构设计，对其泊松比、比热容、热导率、线膨胀系数等物理性能也提出了要求。力学性能方面，相比于民用和常规的透明聚合物材料，航空领域要求更高，尤其在弯曲强度、冲击强度、应力-溶剂银纹、断裂韧度、疲劳性能等方面。质量性能方面，航空领域提出了透明高聚物材料需要具备很好的光学、外观和厚度尺寸一致性等要求。

在透明高聚物研制、应用评价和考核鉴定等过程中，主要通过人工气候老化、大气环境老化，根据需要增加海洋环境老化来评价其环境性能。一般要求透明高聚物材料的使用寿命在 10 年以上。歼击机座舱盖透明件服役过程中需要承受气动加热和高空低温飞行载荷过程，要求透明高聚物材料具有较高的热变形温度和较好的高低温力学性能。

（二）应用现状

目前在航空航天领域应用最为广泛的透明高聚物材料主要包括有机玻璃、聚碳酸酯、聚氨酯弹性体、PET。聚氨酯弹性体目前多以胶片或粒料的形式，作为复合结构透明件的中间层使用，通过热压或者注射复合工艺实现与两侧结构材料的复合成型，起到粘接两侧结构材料并分散层间应力的作用，同时在制件受到外物撞击时起到缓冲和吸收能量的作用。PET 目前以膜片的形式使用，主要用于直升机等风挡透明件的防飞溅层，起到防止无机玻璃破碎飞溅、保护飞行员安全的作用；在歼击机透明件外表面镀膜修复等方面也有部分应用。

有机玻璃、聚碳酸酯主要作为航空结构透明材料应用，可以单独使用，也可以与其他透明材料经聚氨酯弹性体中间层粘接成多层结构以提高其抗鸟撞性能。单层使用的透明件如三代机整体式圆弧风挡和水泡式舱盖[图 3.2（a）]，典型的飞机包括 F-15、Su-27 系列、阵风以及我国 J-10 系列、J-11 系列等；部分第四代歼击机的风挡/座舱一体化结构透明件也采用有单层结构透明材料[图 3.2（b）]，典型的飞机为美国 F-22。随着新型战机尤其是舰载战斗机高抗鸟撞性能、穿盖救生功能以及减重等要求，多层复合结构透明件也得到了广泛关注。该结构既保留了定向有机玻璃良好的力学性能和耐环境性能等优点，又能够有效提高风挡区的抗冲击性能，对于提升透明件综合性能并实现减重有重要意义。大曲率有机-有机复合结构风挡/座舱盖透明件已经在美国 F-18、F-16 等飞机上得到了应用，图 3.3 和图 3.4 为美国 F-16 与 F-18 舰载机的复合透明件结构示意图。

(a) 三代机　　　　　　　　　　　　　(b) 四代机

图 3.2　典型单层结构透明件

航空有机玻璃主要分为浇铸有机玻璃和定向拉伸有机玻璃。浇铸有机玻璃在常温下对缺口和应力集中比较敏感，表现出典型的脆性材料特性，抗冲击性能和抗裂纹扩展性能较差。定向有机玻璃是将浇铸有机玻璃加热至其玻璃化转变温度以上，经双轴拉伸冷却定型后制成。定向有机玻璃的室温抗应力-溶剂银纹性、冲击强度以及断裂韧性比浇铸有机玻璃显著提高，是飞机座舱透明件最重要的透明材料之一。歼击机、教练机等多采用单层航空有机玻璃制造座舱透明件。航空有机玻璃目前基本均以板材形式应用。板材在加热软化状态下，通过冷弯、吹塑、真空辅助等工艺方法获得所需形状，可制造出满足设计要求的透明件。

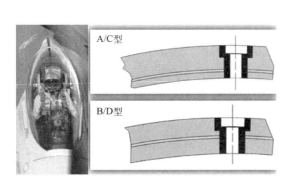

图 3.3 美国 F-16 飞机风挡结构示意图

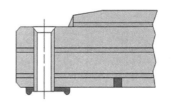

图 3.4 美国 F-18 飞机风挡结构示意图

我国从 20 世纪 50 年代开始研制航空浇铸有机玻璃，60 年代开始研制定向有机玻璃，其中，定向度 60% 左右的 YB-DM-3 有机玻璃研究较成功，获得广泛应用。从 20 世纪 80 年代开始转向欧美第三代战斗机广泛使用的高性能微交联定向有机玻璃的研制，于 90 年代末成功研制出定向度 70% 左右的 YB-DM-10 有机玻璃，其板材的耐久性良好，力学性能优异，材料性能与国外同类产品相当，是目前国内主力战机、大型运输机、大型客机等透明件广泛应用的航空有机玻璃。同时，国内针对座舱盖透明件边缘软连接的技术要求，开展了定向度 50% 左右的 YB-DM-11 有机玻璃板材研制，该板材具有良好的光学性能和力学性能，尤其层间剪切强度较高，适用于边缘胶接连接，在我国第三代歼击机 J-11 系列飞机上获得成功应用。此外，YB-M-3（或 YB-3）由于价格较低、成型工艺简单，在某些要求较低的透明件领域仍在使用。

除浇铸有机玻璃和定向有机玻璃外，聚碳酸酯（PC）具有很好的光学性能（2mm 厚板材的透光率可达 90% 以上），较高的比刚度、比强度（密度为 1.2kg/m^3，准静态下的杨氏模量为 2.3GPa、拉伸强度大于 65MPa），冲击强度是有机玻璃的 5 倍以上，冲击韧性是所有透明材料中最高的，且其热变形温度可达 130℃ 以上，在高马赫数飞机透明件上具有良好的应用前景，但耐环境性能和耐磨性不如有机玻璃。飞机透明件用聚碳酸酯板材是美国在 20 世纪 70 年代初期开始研制的新型航空透明材料，制订有 MIL-P-83310《透明聚碳酸酯板材》军用规范。目前美国 F-22 战斗机应用了最大的单片聚碳酸酯板材制造透明件，其他现役飞机中使用聚碳酸酯材料的有 F-16、F/A-18 及 B-1B 等。

聚碳酸酯目前主要以板材成型和直接注射成型两种方法获得所需外形。在国内，由于聚碳酸酯透明件的光学性能、耐环境性能和耐磨性等问题，在航空关键结构透明件（如风挡、座舱盖）领域经过了大量的技术攻关和试验验证工作，在材料应用过程中做了大量的优化提升工作，目前已基本具备了装机试飞条件。

（三）存在问题

我国航空用透明高聚物材料存在的主要问题如下。

航空有机玻璃方面，部分中等尺寸规格的定型板材与国外同类板材性能相当，但是超大尺寸和厚度规格的定向有机玻璃（如尺寸不小于 3000×4000mm，厚度不小于 22mm）板材，由于设备能力和关键技术限制，性能和质量一致性等方面与使用要求仍存在差距。另外，在其他定向度和特定性能的有机玻璃研发和应用方面技术储备不够。

聚碳酸酯材料方面，在航空领域虽然部分非结构承载零件已经应用聚碳酸酯板材成型制件或者直接注射成型制件，但是在航空关键件（如风挡、座舱盖等）方面，在国产化项目的支持下已经基本实现了注射成型直接获得制件的工艺技术，也配合设计主机完成了大部分的地面考核试验，但是装机考核应用的数据积累尚不具备，在实际应用过程中可能出现的问题和解决途径还无足够的工程经验。在通过板材成型获得所需聚碳酸酯透明件技术方面，目前国内大尺寸光学级聚碳酸酯板材挤出成型关键技术尚未得到解决，只能研制出较小尺寸的光学级聚碳酸酯板材，可在装甲车辆和坦克上作为防弹窗玻璃的防护层使用。

作为中间层或防护层使用的聚氨酯弹性体胶片和 PET 膜片材料，基本打通了原材料合成/制备与后续的挤出成型工艺技术，但是材料质量一致性和微小缺陷控制仍不及进口材料稳定。另外，材料的应用评价和装机考核还不够，亟需积累工程应用数据，提高材料的技术成熟度。

（四）发展重点

航空透明高聚物材料的发展是为了满足航空器的技术发展要求。对于高马赫数飞机用关键结构透明件，气动加热引起制件升温问题变得严重，对透明高聚物材料的耐温性要求提高。风洞试验表明，当飞机的飞行速度从 1.6 马赫提高到 2.5 马赫时，由于气动加热效应，飞机风挡部位的表面温度将从 93℃ 提高到 200℃。这已经远远超过了上述有机玻璃（PMMA）和聚碳酸酯（PC）材料的耐温性能。因此，对于高马赫数飞机用关键结构透明件，兼具无机玻璃高耐温、耐老化特点和聚合物材料质轻、抗裂纹扩展性能好、易成型加工等特点的高聚物光学材料将会是开发的重点之一。

另外，对于低空飞行和作战航空器，对风挡部分的抗鸟撞性能甚至抗弹击要求也已经提出了相应的要求。因此，复杂外形有机-有机复合结构、有机-无机复合结构透明材料的匹配、光学设计、制造技术与应用研究将是重点方向之一。而在观察窗/舷窗等非作战需求领域，具有更加稳定的疲劳寿命、更好的环境可靠性的透明高聚物材料和结构将是重点需求方向。

同时，先进航空器由于自身的服役功能需求，也对透明件提出了功能性要求，如雷达隐身、电加温、电磁屏蔽、红外隐身、耐磨、防雾等的一种甚至几种，功能薄膜成为透明件的重要组成部分。近年来，我国在低电阻、高透光度、长寿命功能薄膜和外表面隐身薄膜方面做了大量研究工作，已实现多种先进薄膜的工程化应用，但是，还有部分功能仍存在技术瓶颈，未完全实现，将是未来重点关注的方向之一。

总之，随着透明高聚物材料及透明件的设计、制造、评价测试等技术的提高和趋于完善,通过高性能透明材料研究、新结构设计、制造工艺改进以及表面功能化技术提升,实现透明件轻量化、结构与功能一体化、高环境适应性、高服役可靠性等更高的目标,是未来航空器用透明材料的总体发展趋势。

六、树脂基复合材料

树脂基复合材料具有性能可设计、复合效应、多功能兼容、材料与构件同步制造等特点,同时具有高比强度和比刚度、疲劳性能好、耐腐蚀、可整体成型等优点。

按照树脂基体可分为热固性和热塑性树脂基复合材料两大类。常见的热固性树脂基体包括环氧树脂、双马树脂、氰酸酯树脂和聚酰亚胺树脂等;热塑性树脂基体包括聚苯硫醚,聚醚酰亚胺、聚醚醚酮和聚醚酮酮等,增强材料包括碳纤维、玻璃纤维、芳纶纤维及其织物等。

(一) 应用需求

(1) 对减重的需求

用树脂基复合材料制造航空航天结构件比传统材料减重20%~30%,使用和维护成本比传统材料低15%~25%。航空航天产品在追求轻质和减重方面可以说是"克克计较",飞行器减重1kg会对经济效益与飞行速度产生极大影响。例如,对航天飞机来说,每减重1kg,获得的经济效益将近10万美元。此外,航空航天、武器装备主次承力结构部件采用复合材料,可以有效减轻弹体结构重量、增加射程和有效载荷。航空发动机风扇段重量约占发动机总重量的30%~35%,风扇叶片每减重1kg,风扇机匣和传动系统也相应各减少1kg,同时发动机结构和飞机的机翼/机身结构也分别减重0.5kg,这种由于风扇叶片减重带来的叠加效应对飞机的减重非常重要。降低风扇叶片重量可明显降低发动机重量,提高发动机推重比,采用高强高模高韧树脂基复合材料制备风扇叶片是航空发动机的重要发展方向。

(2) 对高强高模高韧的需求

鉴于航空航天结构要求更高的减重效率,对树脂基复合材料的性能也提出了更高的要求。目前飞行器的主承力结构采用T800级高强中模碳纤维增强复合材料,未来飞行器将要求使用性能更高的碳纤维复合材料,如T1100、M40X等高强高模型碳纤维。在此基础上进一步提高复合材料韧性,发展和应用复合材料结构整体成型技术,使复合材料的减重效率进一步得到提高。

(3) 对耐温性能的需求

由于超高速飞行器、航空发动机的服役环境温度较高,需要使用耐高温的树脂基复合材料。如随着航空发动机性能的提升,压气机的压比也不断提高,高推重比航空发动机的高压压气机进口温度将达到350℃,因此其冷端部件的温度将达到350℃以上,要求应用长期使用温度达到350℃以上的耐高温聚酰亚胺复合材料。聚酰亚胺树脂基复合材料以其优异的耐温性能,成为超高速飞行器、高推重比航空发动机中应用范围较广的一类树脂基复合材料。聚酰亚胺树脂基复合材料耐温性能的提升,成为扩大高性能树脂基复合材料使用范围的关键点。

(4) 对低成本的需求

先进树脂基复合材料大量应用的主要障碍之一是成本过高。应进一步发展和应用复合材料制造过程模拟与优化技术，RTM、VARI、RFI 等低成本成型技术，复合材料低能固化技术，实现先进树脂基复合材料构件的低成本制造，提高复合材料的应用范围与效能。提高复合材料利用率和生产效率，也是降低复合材料构件制造成本的重要技术途径。积极研制复合材料自动化设备，开展自动铺放技术等自动化、数字化制造技术研究，实现大型复合材料构件自动化、数字化制造，可提高大型复合材料构件制造效率和质量一致性。

(5) 对结构功能一体化的需求

通过不同功能材料的复合，可以制得导电复合材料、电磁波吸收或透过复合材料、阻尼吸声复合材料等，以实现防雷击、防除冰、隐身、透波等航空航天复合材料结构中重要的安全功能。如军用航空发动机雷达隐身对耐 300℃ 以上的结构隐身一体化复合材料具有迫切需求。采用低温复合材料气瓶和贮箱，提高气瓶的贮气量、降低贮箱重量，提高火箭运载能力，需要开发满足液氢/液氧环境使用的低温树脂基复合材料。针对重型运载火箭更大的推力和发射过程更强的热流冲击，对可重复使用复合材料的热防护技术提出了迫切需求。

(二) 应用现状

1. 国外应用现状

(1) 环氧树脂基复合材料

国外从事高性能环氧树脂基复合材料生产的公司主要有 Hexcel、Cytec、日本东丽等，其开发的预浸料或者液态成型树脂所制备的碳纤维复合材料可作为航空、航天、军工等领域的主结构材料。环氧树脂基复合材料经历了第一代标准韧性、第二代高韧性、第三代超高韧性树脂基体的发展过程。以预浸料复合材料为例，第一代韧性环氧复合材料（中等韧性）的 CAI（冲击后压缩强度）大约在 170~250MPa（如 IM7/318、IM7/977-3 等复合材料）；第二代韧性环氧树脂基复合材料（高韧性）的 CAI 大约在 250~315MPa（如 T800H/R6376、IM7/8552、IM7/977-2 等复合材料）；而第三代韧性环氧树脂基复合材料（超高韧性）的 CAI 已经达到 315MPa 以上（如 3900-2/T800、IM7/8551-7、IM7/977-1、IM7/M91 复合材料等）。

除了预浸料/热压罐工艺制造复合材料外，低成本液体成型环氧树脂基复合材料在航空结构中也得到深入研究，形成了系统的液态成型环氧树脂基复合材料技术体系。国外液态成型高性能环氧树脂基复合材料的研制单位主要为 3M 公司、Cytec 公司、Hexcel 公司等。开发比较早的 RTM 树脂是 3M 公司的 PR500 树脂，已经应用于 F-22 和 F-35 四代战斗机，并在 PW4084 和 PW4168 商用发动机出口导流叶片中得到应用。Cytec 公司的 PR520 环氧树脂基体采用核/壳结构聚合物增韧，树脂基体具有优异的韧性，较好的注射工艺，碳纤维织物的 CAI 达到 400MPa，PR520 能够在 100℃ 下长时间使用，已应用于 LEAP 发动机 3D 机织风扇叶片的制造。

(2) 双马树脂基复合材料

目前，国外已经开发出众多牌号的共聚改性双马树脂。5250 系列树脂是美国 Cytec 公司的商业化产品，基于二氰酸酯和环氧共聚改性的 BMI 树脂，其复合材料具有优良的耐湿热、耐高温和抗冲击性能，被用于第四代战斗机 F-22，其用量占 F-22 重量的 23.5%，应用部位包括机身、管道、骨架、机翼蒙皮和尾翼等。X-37B 空天飞行器机身蒙皮、梁等耐高温部件使用了 IM7/5250-4 双马树脂基复合材料，并成功通过两次飞行试验，验证了双马树脂基复合材料体系不仅能够满足结构强度的要求，还能在近地轨道环境、再入大气层气动加热的高温环境实现其功能。X-33 空天飞行器机翼面板蒙皮和箱间段也采用了 IM7/5250-4 双马树脂基复合材料。美国 Cytec 公司开发的 5260 树脂是高韧性双马树脂，其复合材料 CAI 值为 300MPa，湿态最高使用温度 177℃，短期干态使用温度可达 232℃。Cytec 公司最新开发的 5270 双马树脂是一种耐热性与工作温度均高于以往双马树脂的品种，其玻纤复合材料结构件在 226℃，经 8000h 使用效果良好，抗损伤能力、力学性能、热稳定性与普通的双马树脂相当，高温性能与热氧老化性能接近 PMR-15 聚酰亚胺树脂体系。Hexcel 研制的 F650 双马树脂在潮湿环境中长时间工作温度可达 204℃，短时间使用温度可达 430℃。

(3) 聚酰亚胺树脂基复合材料

聚酰亚胺树脂及其复合材料由于优异的耐热性能，经过近四十多年的发展，使用温度等级逐步提升，已经由第一代的耐 280℃ 提升到第三代的耐 426℃。近年来发展起来的一种提高聚酰亚胺复合材料耐高温性能的方法，是在聚酰亚胺主链中引入含硅、硼等无机元素的热致分解结构，分解后的主链可能发生再交联反应，引起树脂材料高温黏弹行为的改变。在小企业技术转移计划（STTR）的支持下，国外发展了耐温 450℃ 的有机-无机杂化聚酰亚胺复合材料树脂基体 $P^2SI^®900HT$。

(4) 热塑性复合材料

国外对于高性能热塑性树脂预浸料的研究起步较早，目前预浸料制备及装备技术主要掌握在美国、德国、荷兰、日本等发达国家手中，其中 CF/PEEK 预浸料主要供应商有 TenCate、Fiberforge、Victrex、Celanese 和东邦特耐克丝等。国外高性能热塑性预浸料树脂含量控制精度可以达到 ±5% 以内，厚度控制精度可以达到 ±0.02mm，孔隙率低至 5% 以下，设备对纤维的损伤较小，预浸料无毛丝、断丝，最大程度地确保了复合材料的力学性能。国外高性能热塑性复合材料最早在战斗机结构中得到应用，如美国 F-22 战斗机的各类舱门中。随之，在民用航空领域高性能热塑性复合材料也取得了显著的应用效果。近几年，热塑性复合材料在航空发动机上也展现了广阔的应用空间。如欧洲阵风战斗机的发动机通道即采用热塑性复合材料壁板。且在商用航空发动机吊挂、进气道降噪声衬等部位已大量使用热塑性复合材料并将自动铺放原位成型工艺成功用于结构制造。进入 20 世纪以来，热塑性复合材料及原位成型技术在欧洲的航天领域实现了跨越式发展。AST 公司在 2014 年制备了 ϕ304mm 的热塑性复合材料壳体样机，德国的慕尼黑工业大学、MT 宇航公司、Augsburg 大学联合研制了热塑性复合材料火箭发动机壳体、裙和连接区。

2. 国内应用现状

(1) 环氧树脂基复合材料

多年来，北京航空材料研究院、航空工业复材和航天材料及工艺研究所（703 所）等单位基于多官能环氧树脂体系开发了高性能的树脂配方和预浸料产品，并且成功应用到多个军机、直升机、航空发动机、导弹、运载火箭、卫星型号。

G827/5224 碳纤维/环氧树脂基复合材料适于制造直升机函道、垂尾及其它承力构件，可在 120℃ 湿热环境长期使用，力学性能良好。5228A 具有优良的力学性能和工艺性能，采用热熔技术制备相应预浸料，适应自动化工艺，其中 5228A 制备的高韧性复合材料，CAI 值可达 280MPa，在国产大型运输机的副翼、襟翼等运动翼面、平尾等主承力结构得到广泛应用。AC531 是针对国产 T800 级碳纤维应用开发的高韧、高温固化环氧树脂体系，具有优良的综合性能，适应自动丝束铺放和自动铺带等自动化工艺，与国产碳纤维匹配良好，CAI

值达到330MPa（6.67J/mm）以上。

国内液态成型材料体系突破了低黏度化等技术难题，并研发了与各树脂体系匹配的定型剂材料，建立了相应的材料和工艺标准，扩大了碳纤维复合材料的应用范围。

(2) 双马树脂基复合材料

国内针对航空航天型号对耐高温树脂基复合材料的应用需求，于20世纪80年代即开始双马树脂配方体系及其复合材料的研制工作。目前双马树脂配方研制主要集中在中国航发北京航空材料研究院（原621所）、中航工业北京航空制造工程研究所（625所）和航天材料及工艺研究所（703所）。

为适应歼击机对复合材料树脂基体的严苛要求，科研人员开发了QY8911双马树脂，该体系具有良好的综合性能，可在150℃环境中长时间使用。为满足RTM成型复合材料结构件的需求，开发了QY8911-Ⅳ树脂体系。后续开发的QY9511双马树脂体系，主要用于歼击机主承力构件，其碳纤维复合材料成型工艺简单，固化温度185℃，后处理温度200℃，可在-55~177℃湿态环境中工作，该树脂体系具有良好的工艺性，特别是抗冲击损伤能力十分优异，适于航空用复杂型面大面积结构的成型。QY8911系列和QY9511、QY9512采用热压罐、纤维缠绕、模压、RTM等成型技术，已成功制造出数量众多的飞机用重要构件，在多种军用飞机和验证平台上得到应用。

为了满足航天结构材料对耐高温的需求，科研人员相继开发了GW-300、803两种双马树脂体系。GW-300是第一代航天用耐高温双马树脂体系，其高温性能良好，解决了环氧树脂耐温等级低的难题，并在某型号仪器舱上实现了应用。后续开发了第二代耐高温双马树脂803，该双马树脂体系工艺性良好，适用于热熔预浸料工艺，解决了双马树脂体系热熔法预浸料制备与室温铺覆性差的难题。803树脂基复合材料最高成型温度为210℃时，230℃高温下强度保持率可达60%以上，是一种固化温度低、耐热等级高的结构复合材料体系。目前该树脂体系已应用在多个型号中。近几年，针对航天型号承力结构的复杂性和成型工艺要求，对803耐高温双马树脂进行了工艺性和耐热性升级，升级后的802耐高温双马树脂能够实现流动可控，即不需要选择加压时机和窗口，采用该树脂制备的不同结构形式的产品可实现同时进热压罐固化，制备的产品不但内部质量良好，而且降低了制造成本。升级后的双马树脂已应用在多个导弹武器型号产品研制中，正处于不同设计工况下的考核验证阶段。此外，针对复合材料成型低成本化和多样化的需求，航天材料及工艺研究所还研发了相应的双马树脂体系，并在型号上进行验证。

(3) 聚酰亚胺树脂基复合材料

国内的聚酰亚胺树脂及其复合材料的发展与国外发展趋势类似，目前已基本涵盖第一、二、三代聚酰亚胺复合材料体系，主要包括降冰片烯（NA）封端和苯乙炔苯酐（PEPA）封端两类体系，涉及液态成型工艺和热压成型工艺。

国内相关单位研制的第一代耐320℃聚酰亚胺树脂基复合材料，树脂基体材料性能与PMR-15相当，并已成功应用于某高速飞行器天线罩、航空发动机外函、航空发动机调节片等。与第一代聚酰亚胺复合材料产品相比，第二代耐370℃聚酰亚胺及其复合材料具有更高的耐热性能和热氧化稳定性能，综合性能达到了美国NASA研制的PMR Ⅱ-50的技术水平，而且不但具有优异的耐热性同时兼具良好的成型工艺性，满足模压或者热压罐成型工艺要求，目前已成功应用于探月三期天线螺旋支撑介质管、某高速飞行器天线罩等产品，并通过飞行试验验证，同时也开展了其在新型发动机外函方面的应用研究。在第三代耐高温聚酰亚胺树脂及其复合材料的研究方面，国内有关单位合作开展了深入系统的研究工作，取得了可喜的进展。采用非对称平面结构的二酐和刚性二胺等多种单体复配开发了耐420℃高温的聚酰亚胺树脂基体及其复合材料，采用热压罐工艺成功制备了某战术导弹进气道延长段构件的研制。第四代耐高温聚酰亚胺树脂耐温高达450℃。该类材料T_g高达483℃，达到了国外第四代树脂的技术水平，采用热模压成型工艺制备的复合材料，在450℃下弯曲强度达到931MPa，层间剪切强度大于42MPa，表现出优异的耐高温性能，已成功应用于某高速飞行器复合材料仪器安装板、温控罩及折叠舵构件的研制。

(4) 热塑性复合材料

近几年，国内相关科研单位先后开展了高性能热塑性预浸料装备的研究。北京航空材料研究院与东华大学合作，采用自研的低黏度改性 PAEK 树脂基体，通过具有自主知识产权的热熔预浸设备，利用口模挤出热熔复合工艺，实现了幅宽100mm的连续纤维预浸料的批量制备。虽然北京航空材料研究院制备的聚芳醚酮预浸料表现出良好的性能，但所制备的预浸料预浸效果与国外预浸料相比还有一定差距，树脂含量控制、幅宽控制以及展纱控制还需要进一步改善，特别对于原位成型工艺，预浸料质量还需进一步提升。

国内开展热塑性预浸料研制的单位还包括中科院宁波材料所、江苏君华等单位，但上述单位研制的热塑预浸料主要为 PPS、PA 等低熔点树脂，使用的碳纤维也多为进口 T700 级或 T800 级碳纤维，对适用于原位成型的聚芳醚酮预浸料研究较少，技术成熟度也较低。

(三) 存在问题

(1) 碳纤维及其复合材料与发达国家存在代差，传统碳纤维制备工艺占主导，新技术、新工艺欠缺，成本较高。碳纤维及其复合材料与发达国家存在代差，超高强中模 T1100、高强高模 M60J 级以上、第三代高强高模高延伸率碳纤维尚在攻关。第二代 T800 碳纤维尚未规模化应用，需要提升应用水平。代表创新水平的新技术、新工艺欠缺，传统工艺占主导地位，工艺技术路线趋同，技术来源单一。近年来提出的凝胶干喷湿纺技术尚在概念验证阶段，没有实现工艺突破。碳纤维比玻璃纤维成本高出一个数量级，碳纤维在风电领域的应用占比很高，主要用于较长的风电叶片。但是相对于玻璃纤维而言，比例还很低，风电领域大规模替代玻璃纤维的难度大。百元目标价的碳纤维技术为下游所渴望，低碳绿色技术、复材循环利用技术尚在实验室阶段，有待工业化验证。技术标准不完善。在"双碳"目标下，碳纤维产业的碳排放评估规划技术是当务之急。

(2) 树脂基复合材料制造工艺装备落后，自动化程度低，大规模工业化生产成套工艺与装备研发能力不足，复合材料设计与应用水平不高，已成为阻碍国内高性能复合材料产业进步的重要原因。国内复合材料结构件设计总体上仍以"替代设计"为主，尚未采用先进科学方法自主设计、分析、试验与验证，造成复合材料的发展缺乏系统和科学的指导和牵引，应用比较局限。根据国外的实际应用统计，主承力结构使用 T300 级碳纤维复合材料的减重效率可达到25%左右，而国内的减重效率多数不到20%。国内高性能复合材料预浸料热熔法制造技术和热压罐成型技术比较成熟，通过和自动裁剪、激光辅助铺贴技术相结合，提升了热压罐成型技术水平。液体成型、缠绕成型和自动铺放近年来也取得了较大突破，应用范围逐步扩大，但总体来看，自动化成型工艺的应用比例不足20%，与国外水平存在明显的差距。工艺落后使复合材料性能离散大、成品率低、成本高，已成为制约高性能复合材料发展的突出问题。由于受到国外的技术封锁，国内在复合材料关键制造装备研发方面经过多年的发展，其基础依然薄弱。虽然国产复合材料自动铺丝/铺带设备、缠绕设备、复合材料预制体成型设备，以及与设备配套的CAD/CAM软件等已经实现了商业化应用，但受限于装备成本、专业技术人员缺失，国内复合材料自动化成型装备的应用比例依然较低，自动铺丝/铺带装备等依然局限于航空和航天等高端领域，民用复合材料成型过程中依然人工干预多，复杂形状构件的自动化制造较难实现。与国外先进成型装备相比，在装备的成型精度与可靠性方面仍有明显提升空间。在纤维复合材料增材制造装备方面与国际先进水平整体差距较小，但与设备配套路径规划软件的效率与功能仍需进一步优化。国内高性能树脂基复合材料应用水平与发达国家仍然存在差距。例如，国外研制的B787、A350等大型客机复合材料用量达到了50%以上，国内研制的ARJ 21支线客机复合材料用量不足2%，C919客机复合材料用量仅为10%左右。但国内外的差距正在减小，如C929客机主体结构使用的复合材料将占50%以上。尽管国内碳纤维复合材料产业已经形成一定规模，但由于高性能碳纤维复合材料在大型客机等民用领域尚未形成规模，高端复合材料产业尚未形成。

（3）结构功能复合材料原材料基础薄弱，缺乏顶层设计和跨学科结合，尚未形成结构功能复合材料技术体系。结构功能复合材料用增强材料、树脂基体、功能填料等原材料研究单位分散，低水平同质化竞争严重，性能无法满足低频段、全向隐身、透波、低密度防隔热、防弹等结构功能一体化复合材料研制的需求。新型超材料、频率选择、石墨烯等新技术、新材料在结构吸波和透波领域应用取得一定进展，但离实际工程应用要求仍然存在距离。虽然国内相关单位在结构/吸透波复合材料、结构/防热复合材料研究领域取得了明显进展，部分结构功能复合材料性能达到或优于国外同类材料先进水平，支撑了武器装备的研发和生产。但总体而言，结构功能复合材料发展缺乏系统顶层设计，各单位之间缺乏协同融合，资源整合不够，技术不能共享，低水平重复和重要领域空缺共存，跨学科综合设计能力不足，结构功能复合材料尚未形成通用化、系列化、标准化的材料体系，缺少支撑未来技术发展的高性能产品，与需求有较大差距。

（四）发展重点

（1）立足原材料自主保障问题，保障航空航天复合材料的产业链安全。航空航天复合材料原材料已基本实现自主可控，但仍有部分原材料存在自主保障问题。纤维方面：高模量碳纤维M55J和M60J，高等级氧化铝、碳化硅纤维等目前仍主要依赖进口；T1100级碳纤维尚处于研制阶段，T800级碳纤维还需要提升应用水平。树脂方面：针对第三代耐高温聚酰亚胺复合材料、高性能双马复合材料、高韧性环氧复合材料等主干材料的应用、材料体系数据、研发领域与国外仍具有较大差距。部分树脂体系的改性添加组分，部分耐高温的成型辅助材料（如高温密封胶等）等仍依赖进口。需要高度关注原材料的自主保障，保证航空航天复合材料的产业链安全。

（2）加强复合材料关键工艺装备研发，重点发展树脂基复合材料自动化制造技术，提升航空航天领域复合材料的产效和成本控制能力。航空航天复合材料主要以预浸料/热压罐工艺为主。虽然自动裁剪和激光辅助定位等技术得到应用，但铺贴预浸料仍以手工为主，自动化/数字化技术应用程度不高，难以满足航空航天装备复合材料构件"多品种、变批量、定制化"的新要求,批生产效率低,制造成本高。需要重点发展树脂基复合材料自动化制造技术,提升复合材料构件的产效和成本控制能力。

在诸多复合材料工艺装备中,自动铺放设备,尤其是铺丝设备,技术难度是最大的,美国至今不允许自动铺丝机对我国出口。目前,国产热固性复合材料自动铺放设备基本能满足国内的需求,但在铺放速度、铺放精度等关键指标以及成型过程中的配套功能如刀片寿命检测、铺放轨迹引导等方面与国外还有很大差距,需要加大研制投入和攻关力度。

在热塑性复合材料铺丝/缠绕装备方面,为了尽快缩短与国外在热塑性原位成型装备研制与工艺控制方面的差距,迫切需要针对热塑性缠绕头设计、热塑性多丝束铺丝头设计、热塑性丝束张力控制、激光原位加热温度控制以及成型过程中构件的形性控制等热塑性复合材料铺丝/缠绕装备与工艺中的核心内容加大研究力度,加快热塑性复合材料铺丝/缠绕装备的工程化应用进程。

(3) 强化设计与材料工艺一体化融合,促进复合材料应用,扩大复合材料在航空航天装备的应用比例。航空航天复合材料高端市场尚未形成,其重要原因是复合材料设计/材料/工艺等环节相对独立,技术"孤岛"现象明显,不能充分发挥复合材料结构和功能优势。需要强化设计与材料工艺一体化融合,发挥设计牵引作用,扩大复合材料在航空航天装备的应用比例,促进航空航天复合材料高端市场的形成。

第二节　化工新材料在医疗器械领域的应用

石油和化学工业规划院　张丽

一、医用高分子材料应用市场及前景

根据我国行业划分,医药行业划分为医疗服务、医疗器械、医药商业、原料药、化学制药、生物制药和中药等七个子行业。其中使用化工高分子材料的主要领域是医疗器械。医疗器械是指直接或者间接用于人体的仪器、设备、器具、体外诊断试剂及校准物、材料以及其他类似或者相关的物品。按照医疗器械的具体用途,可将医疗器械分为高值医用耗材、低值医用耗材、医疗设备、IVD(体外诊断)四大类,见图3.5。

目前我国医疗器械行业处在高质量发展阶段。2000年前,我国医疗器械产业在20世纪50~60年代的改造调整背景下有较大发展,经历了从无到有的过程。在2000—2015年期间,我国医改政策导致卫生机构需进行器材和设备的更换以及补充,刺激了中低端产品和技术的快速增长。但高值医疗器械市场被进口产品占领。2015年后,我国医疗器械创新政策频出,头部企业积极布局,创新医疗器械如雨后春笋般涌出。

我国医疗器械市场需求持续上升并不断创新。根据中商产业研究院发布的《2022—2027年中国医疗器械市场需求预测及发展趋势前瞻报告》显示,中国医疗器械市场规模由2019年的6235亿元增长至2023年的10358亿元;同时预测,2024年我国医疗器械市场规模将达到11300亿元。从细分市场结构来看,高值医用耗材、低值医用耗材、医疗设备、IVD

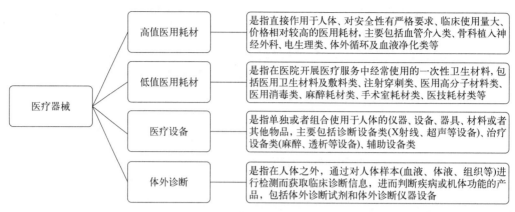

图 3.5 医疗器械四大分类

(体外诊断) 市场规模分别占 16%、13%、63%、13%，可见我国医疗器械行业中游细分产品的市场规模的最大比重。我国医疗器械市场规模见图 3.6。

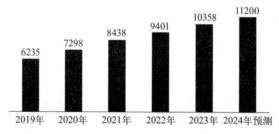

图 3.6 我国医疗器械市场规模（单位：亿元）

我国医疗器械行业整体国产替代水平较低。总体来看，我国医疗器械行业整体国产替代发展相对较弱，尤其在高值医用耗材领域，是医疗器械领域国产替代"洼地"。近年我国出台了相关政策以加速国产化替代，特别是江苏省等个别省份更是禁止进口产品在公立机构中进行招标。我国医疗器械行业国产化情况见表 3.3。

表 3.3 我国医疗器械行业国产化情况

产品种类	产品类型	供给情况	国产化评价
高值医用耗材	骨科植入	强生、史赛克、美敦力为主的外资品牌位于第一梯队	★★
	血管介入	以美敦力、雅培、波士顿科学、索林为代表的国际企业位于第一梯队	★★☆
	神经外科	德国蛇牌、史赛克、美敦力等国际企业主导	★
	眼科	爱尔康、强生、博士伦等企业为主	★☆
	口腔	强生、史赛克、3M 等国际企业为主	★
	血液净化	山东威高、费森尤斯、尼普洛、贝朗等企业	★★
	电生理与起搏器	强生、雅培、美敦力等市场份额超 80%	★
	非血管介入	南京微创、有研亿金等国内企业和波士顿科学、库克医疗等国际企业	★★
低值医用耗材	医用卫生材料、敷料类等 7 种类型	国内企业数量多，但以小型企业为主，国产品牌主要有威高、双鸽、康莱德、蓝帆医疗、三鑫医疗、江西洪达等，国产替代水平相对较高	★★★★☆

续表

产品种类	产品类型	供给情况	国产化评价
医疗设备	医用医疗设备	迈瑞、联影、东软等国内企业	★★★★
	家用医疗设备	鱼跃医疗、三诺生物、九安医疗等国内企业	★★★☆
IVD（体外诊断）	体外诊断仪器和体外诊断试剂两大部分	罗氏、雅培、丹纳赫、西门子占据较大的市场份额	★★★
整体			★★☆

注：资料来源于前瞻产业研究院。

我国医疗器械行业市场提升空间巨大。随着我国人口老龄化加速、各种疾病患病率上升以及居民健康意识的逐渐提高，中国的医疗支出持续呈现稳步增长。我国进口替代比例大幅提升，尤其是大型医疗影像设备、心脏支架等高值耗材。其次，国家投入持续加大，对医疗器械的资金支持呈倍数增长。此外，医疗器械的流通渠道和价格将进一步规范，去除销售渠道中的不必要环节，从而使医疗器械产业发展形成良性循环，进而提升医疗器械的质量需求。总体来看，我国医疗器械产业链已经比较完善，经过多年的积累和沉淀，已经具备了快速发展的基础和助力，我国医疗器械创新进入了黄金期。根据有关预测，未来五年我国医疗器械市场年均增长率约15%。

二、医用高分子材料分类及现状

（一）医用高分子材料性能及主要品种

医用化学品及材料按用途的不同可分医用耗材（非器械类）、植入材料、包装材料、输液及储存材料等；按照材料的性质不同，可分为金属医用材料、高分子医用材料、陶瓷医用材料、复合材料等，具体见图3.7。

医用高分子材料主要是与人体直接进行接触，这对其生物特性要求极为严格。临床治疗中，医用高分子材料将直接与人体血液、皮肤或者体液相互接触，另外在治疗过程中还可能需要长时间或者短期内将医用高分子材料制成的器械植入患者体内，该材料必须具备力学性能稳定、化学惰性好、物理性能稳定、生物相容性佳等特殊性能，且不会过分昂贵，材料容易获取。

由于高分子材料具有成本低、容易加工、质轻坚韧等特点，在医疗器械中获得大量应用。目前，常见的高分子材料包括聚氯乙烯（PVC）、聚乙烯（PE）、聚丙烯（PP）、聚苯乙烯（PS）、ABS树脂、聚碳酸酯（PC）、氟塑料、热塑性弹性体（TPE）等。国内也涌现出一批医用高分子材料供应商，其中代表性企业有中国石化、浙江信汇、台橡实业、宜兴丹森、威海帕斯砜等。

目前我国在医用高分子材料生产方面具有实力的企业仍然不多，虽然PVC、PP等基本实现国产，但是PE、PC、ABS树脂、聚苯硫醚等医用级材料仍依赖进口，未来一段时间内仍然会是制约我国医用塑料产业发展的因素。高端医用高分子材料是我国化工新材料行业补短板的重要内容和方向。

化工新材料中高性能树脂、高性能合成橡胶、高性能纤维及功能性膜材料等产品可作为原材料用于医疗卫生产业，以生产高值医用耗材（含植入材料）、包装材料、输液及储存材

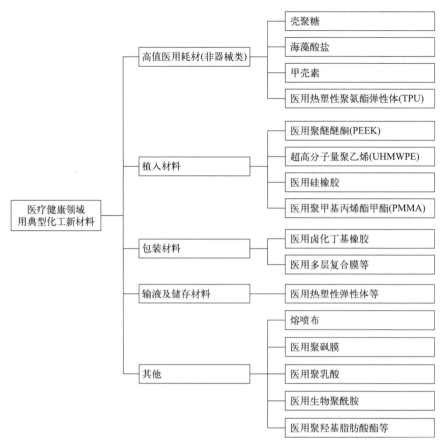

图 3.7 医疗器械领域所用的典型化工材料

料等，重点发展的产品包括用于植入材料、新型瓶塞、血袋等的高性能树脂；用于输液导管、介入导管的高性能合成橡胶；用于透析膜等高值医疗设备的功能性膜材料及用于手术缝合、植入材料的高性能纤维等。

总体来看，我国医疗卫生领域所需化工新材料缺口较大，医用级超高分子量聚乙烯（UHMWPE）、聚砜、聚乳酸、硅橡胶、卤化丁基橡胶（HIIR）等产品的对外依存度达到50%及以上。

（二）我国医用高分子材料发展现状

我国医用高分子材料的发展现状表现出几个显著的特点和趋势。

（1）市场规模快速增长

随着人口老龄化和医疗技术的不断发展，对医用高分子材料的需求不断增加。中国医用高分子材料行业市场规模近年来呈现快速增长的趋势。预计未来几年，随着相关技术革新、政策支持以及医疗消费的增加，市场规模将以较高的年复合增长率持续增长。

（2）应用领域广泛

医用高分子材料在医疗领域的应用十分广泛，涵盖了医用耗材、医疗器械、生物医学工程等多个方面。例如，一次性医用高分子制品如注射器、输液器、导管等，在医疗过程中发挥着重要作用。同时，医用高分子材料在人工关节、植入物、修复组织工程材料等领域也有广泛应用。

(3) 技术水平不断提高

我国医用高分子材料在技术水平上不断提高，已经具备了一定的自主研发和创新能力。一些企业已经开始涉足高端医用高分子材料的研发和生产，如生物可降解材料、智能响应材料等。这些新材料具有更好的生物相容性、更低的免疫原性和更高的性能，能够满足医疗领域对高性能材料的需求。

(4) 产业链不断完善

我国医用高分子材料产业的产业链正在不断完善。上游原材料供应商、中游材料制造商和下游医疗器械生产商等各个环节的企业数量不断增加，形成了较为完整的产业链。同时，随着技术的进步和市场的扩大，产业链的各个环节之间的联系也日益紧密，形成了良好的协同发展态势。

(5) 国家政策大力支持

为加快我国生物医用材料研制生产及应用进程，推进生物医用材料上下游协同创新攻关，更好支撑医疗器械产业高质量发展，工业和信息化部、国家药品监督管理局于2023年9月公布了生物医用材料创新任务揭榜挂帅（第一批）入围揭榜单位名单。名单主要聚焦高分子材料、金属材料、无机非金属材料三大重点方向，其中，高分子材料涉及聚氨酯、聚L-丙交酯-己内酯、医用聚醚醚酮、医用聚乳酸衍生物、医用聚对二氧环己酮、超细聚乙烯纤维屏蔽材料、聚四氟乙烯、膨体聚四氟乙烯、医用植入级硅橡胶、医用聚砜、医用聚醚砜、超高分子量聚乙烯、环烯烃聚合物、聚乙醇酸、聚4-甲基-1-戊烯、乙交酯-己内酯共聚物、聚碳酸酯、聚芳醚砜酮、聚羟脂肪酸酯、水凝胶、聚全氟乙丙烯树脂、淀粉样蛋白聚集体等21个品种，每个品种都由三家单位组成联合体。相信这一举措将推动我国生物医用材料的创新发展。

(三) 我国医用高分子材料面临的问题和不足

我国医用高分子材料产业面临的问题主要包括以下几个方面。

(1) 生产水平低下与依赖进口

由于我国在医用高分子材料行业的起步相对较晚，目前整体的生产水平较低。这导致大多数生产原材料和加工设备主要依赖进口，增加了成本和供应链的不确定性。同时，行业的生产周期长、投入资金多，也提高了行业的进入壁垒。

(2) 认证及进口替代面临挑战

国产医用高分子材料在进口替代过程中，认证方面面临的主要问题包括严格的国际医疗器械认证标准、繁琐的认证流程以及高昂的认证费用。这些标准往往要求材料具备高度的生物相容性、稳定性和安全性，而认证流程则可能涉及多轮测试、评估和审核。此外，认证费用也是企业需要考虑的重要因素，高昂的费用可能增加企业的经济负担。

(3) 研发和创新不足

尽管我国医用高分子材料市场规模在快速增长，但与发达国家相比，我们在研发和创新方面仍有较大差距。缺乏核心技术和自主知识产权，使得我们在高端产品市场上缺乏竞争力。

(4) 国际贸易摩擦的影响

近年来，国际贸易摩擦，特别是中美贸易摩擦，对我国医用高分子材料行业的进出口带来了不确定性。例如，美国对塑料及其制品等从中国进口的一系列产品加征关税，这在一定程度上影响了医用高分子材料行业的进出口。

医用高分子材料在应用过程中也存在一些问题，主要包括以下几个方面。

(1) 功能局限性

虽然生物医用高分子材料已经取得了一些进展，但在功能上仍然存在局限性。例如，一些材料在植入人体后可能会出现功能减退或失效的情况，如血管支架植入后可能出现再度狭窄的问题，人工关节的有效期相对较短等。这主要是因为人体对植入材料的排异反应以及材料本身的生物相容性、降解性等问题。

(2) 免疫性问题

医用高分子材料在植入人体后，可能会引起免疫反应，导致炎症、肿胀等不良反应。这主要是材料表面的微生物污染、残留的有毒物质或材料本身的免疫原性等因素所致。

(3) 有效时间不长

一些医用高分子材料在植入人体后，其有效时间可能并不长，需要频繁更换或进行二次手术。这不仅增加了患者的痛苦和经济负担，还可能对患者的身体造成额外的损伤。

(4) 载体应用问题

在抗肿瘤药物中，高分子物质作为载体的应用还存在一些问题。例如，载体的选择需要保证运载药物的释放速度合适，以及对药物功能发挥的缓释作用。此外，载体单次运载药物的量是有限的，要减少载体在体内的循环过程、降低副作用效果，就需要尽量提升载体的运载量。同时，载体物质的表面性质需要改进，其靶向性能不强，易被机体内网状细胞吞噬，达不到预期效果。

(5) 研发成本高昂

医用高分子材料的研发需要投入大量的资金和时间，包括材料设计、合成、性能测试、临床试验等多个环节。这导致一些先进的医用高分子材料难以在短时间内实现商业化应用。

针对以上问题，未来的发展方向可以包括：提高材料的生物相容性和降解性，减少人体对植入材料的排异反应；改进材料的表面性质，提高其靶向性能和免疫性能；开发新型的高分子载体，提高药物的运载量和缓释效果；加强医用高分子材料的临床前和临床研究，提高其安全性和有效性；加大对医用高分子材料研发的投入，推动其商业化应用进程。

三、主要医用高分子材料发展现状分析

(一) 超高分子量聚乙烯

1. 市场概况

超高分子量聚乙烯（简称 UHMWPE）是分子量在 150 万以上的线型聚乙烯产品，是一种具有优异综合性能的热塑性工程塑料，可通过加工形成各类板材、管材、纤维、薄膜等制品，主要应用于军事如防弹衣、防弹头盔、防弹装甲、防割手套以及航空航天、航海装备、轨道交通、医用以及锂电池隔膜等高端领域。

全球 UHMWPE 市场主要由美国 Celanese、巴西 Braskem、荷兰 DSM 和日本三井化学等国外企业所占据。国内对 UHMWPE 的研究起步较晚，目前整体仍呈现中低端产能富余、

高端产能紧缺的状态。

2. 医用领域应用

在医用领域，UHMWPE 具有良好的生物相容性、耐磨损性、抗疲劳性和耐久性，可广泛用于关节材料、组织支架、牙托材料、医用移植物和整形缝合、医用手套等高值耗材领域（图 3.8）。

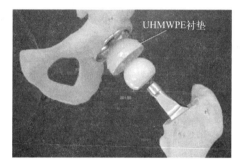

图 3.8　UHMWPE 在医疗领域的部分应用

人工关节是医用级 UHMWPE 最大的应用产品，目前我国人工髋关节和膝关节植入量每年已超过 90 万例，随着国内人口老龄化程度的加深与人们生活水平的提高，人工关节的需求量将逐年递增。

人工关节材料中的衬垫 90% 以上都使用医用级 UHMWPE，其在人工关节中的作用类似于关节软骨，承载着较大的摩擦负荷和冲压，因此，UHMWPE 的耐磨性和抗氧化性是影响人工关节使用寿命的重要因素之一。我国从 1990 年起逐渐在人工关节的生产中使用医用级 UHMWPE，但国产 UHMWPE 分子量较低，同时国内成型加工工艺以及关节制造工艺等较落后，导致人工关节临床使用寿命短于国外进口产品。

UHMWPE 的耐磨性与分子量成正比，分子量越高，其耐磨性越好。一般来说，医用级 UHMWPE 是分子量大于 3×10^6、黏数≥2000mL/g 或拉伸强度≥0.2MPa 的粉体。目前我国医用级 UHMWPE 的消费量约 4500 吨，其中 75% 为进口产品，国内供应也主要为外资企业。本土企业方面，2020 年 7 月，中玺新材料成功生产出分子量为 5×10^6 的 UHMWPE 产品，可为下游人工关节生产企业提供原料供应。

UHMWPE 人工关节可采用柱塞挤出和模压成型两种方式制备基材，然后改性、机加工后得到人工膝关节、髋关节等制品。模压成型的 UHMWPE 具有各向同性的晶体取向，是目前制造人工关节的主流。目前，我国人工关节国产化率约 35.3%。其中，髋关节国产化率约为 53.9%，膝关节则不足 30%。2021 年 6 月 21 日，国家组织高值医用耗材联合采购平台官网发布了《国家组织人工关节集中带量采购公告（第 1 号）》，代表着国家组织人工关节集中带量采购正式开启。随着国产人工关节生产技术的不断迭代，国产厂商骨科关节产品已经逐步具有竞争力，带量采购将有望加速国产化。

2023 年 11 月，工业和信息化部、国家药品监督管理局公布生物医用材料创新任务揭榜挂帅（第一批）入围揭榜单位名单，"超高分子量聚乙烯"共有三家入围揭榜单位，其中之一是上海化工研究院有限公司为牵头单位的"超高分子量聚乙烯医用材料的国产化开发及应用"项目。据悉，该项目完成后，将实现百吨级医用 UHMWPE 树脂生产，制成的人工关节、手术缝合线、多孔聚乙烯面部植入体产品价格相比进口产品下降70%，带动上下游产值超过10亿元。项目的实施可以完善国产医疗器械产业链布局，打破进口垄断，提升我国医用材料及制品的战略安全，降低医疗成本，减轻患者负担，满足国家医疗器械领域的战略需求。

未来，我国UHMWPE企业应加强科研投入，更加注重医用级UHMWPE粉体的研发和生产，通过下游企业的验证并保证稳定供应，为进一步降低国产人工关节成本提供支撑。人工关节生产企业需进一步加强对医用级UHMWPE的改性研究，以进一步提高其耐磨性和抗氧化性，延长人工关节使用寿命。

（二）聚醚醚酮

1. 市场概况

聚醚醚酮（简称PEEK）是聚芳醚酮类聚合物的最主要品种，其分子链中含有大量的苯环，具有优良的物理和化学性质、力学和热学性能，在电子电气、航空航天、汽车、能源及其他工业、医疗等多个领域已经得到应用。

全球聚醚醚酮的生产主要集中在英国、印度、中国，消费则集中在欧洲、北美地区。目前全球PEEK产能约1.3万吨/年。市场高度垄断，威格斯、索尔维两家公司占有九成以上的市场份额，此外，日本住友等也有少量生产；杜邦、巴斯夫也生产类似的高性能聚合物，如聚醚酮酮，但还没有实现工业化生产。

我国已经初步实现了聚醚醚酮的工业化，吉大赢创高性能聚合物有限公司、吉林省中研高分子材料股份有限公司两家分别建成千吨级装置。国内部分产品已达到国际水平，但从实验室到工业化的过程中存在诸多难点，国内应用量还很有限，产业有待加快发展。2023年，我国聚醚醚酮产能4944吨/年，产量1650吨，消费量约2000吨，对外依存度23%。随着国内产能增长、产品质量升级、PEEK纤维等后加工技术进步，PEEK在汽车零部件、电子信息、通用机械以及医疗器械领域的消费潜力很大。

2. 医用领域应用

在医疗器械领域，聚醚醚酮树脂可适宜循环高压灭菌，这一特性使它可以应用于对灭菌要求高、可反复使用的医疗领域，如手术和牙科设备。聚醚醚酮在热水、蒸汽、溶剂和化学试剂条件下可表现出较高的机械强度、良好的抗应力性能和水解稳定性，可用于制造需高温灭菌的医疗器械。聚醚醚酮在医疗领域中的应用如下。

（1）人工关节

聚醚醚酮作为人工关节材料非常适合，因为它具有优异的生物相容性和生物降解性。人工关节是一种重要的医疗器械，能有效地帮助那些关节受损的患者。大多数人工关节制造商已开始使用PEEK作为主要的材料制造人工关节，这是由于它的耐热性、生物相容性和高强度。

（2）口腔领域

PEEK在牙齿和口腔领域得到了广泛应用。在口腔修复中，PEEK可以作为牙冠和牙桥的材料（图3.9），取代传统的金属或陶瓷材料。因为PEEK是一种生物降解材料，因此可以降低所引发的过敏和不适反应，提高治疗的成功率。

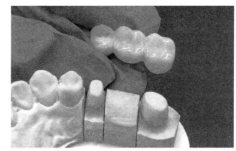

人工关节　　　　　　　　　　　　　牙冠和牙桥

图3.9　聚醚醚酮在医疗领域的部分应用

(3) 生物可降解支架

PEEK可以制成生物可降解支架。这种生物材料可以在人体内慢慢降解，减少二次手术的风险。PEEK制成的支架具有很好的生物相容性、耐化学腐蚀性和生物降解性，能够有效地替代金属和其他材料，成为一种非常有前景的医疗材料。

(三) 聚砜系列

1. 市场概况

聚砜产品包括双酚A聚砜（PSU）、聚芳砜（PAS）和聚醚砜（PES）等，目前以双酚A型聚砜为主。双酚A型聚砜以及聚醚砜，由于有好的热稳定性和尺寸稳定性，耐水解、耐辐射、耐燃等，应用较为广泛。聚芳砜的刚性和耐热性很好，而聚芳醚的柔性非常好。聚芳砜（PAS）和聚醚砜（PES）耐热性更好，在高温下仍保持优良力学性能。

聚砜广泛应用在医疗器械、机械工业、交通运输、电子电气等领域。注塑方面，可作为注塑级工程塑料或合金，被做成制件应用于消费电子、交通、医疗等领域。制膜方面，主要集中在生物医药、燃料电池、水处理领域，比较典型的有血液透析膜、电池碱性膜、RO膜等。

聚砜材料在国际市场上供不应求，国外生产聚砜的企业主要有美国联合碳化合物、Amoco聚合物、索尔维、ICI、俄罗斯谢符钦克工厂、BASF以及住友等公司。2022年全球聚砜实际产能约8万吨/年，索尔维和巴斯夫两家企业产能合计5.6万吨/年，占全球总产能的70%。

2023年我国聚砜树脂产能约2.84万吨/年，主要生产企业包括广东优巨新材、山东浩然特塑、上海帕斯砜、长春吉大特塑等。国内聚砜树脂产品种类较为齐全，包括PSU、PES、PPSU等。近年来国内企业经过持续的研究已经能够实现聚砜树脂的量产，但是在产品品质方面，目前还处于中低端位置，高端产品严重依赖进口。

2023年，国内聚砜消费量达到1.5万吨，其中PSU消费量约占50%。聚砜的主要应用领域包括医疗器械、日用/食品、交通、电子电气、工业水处理等，各领域消费占比分别约为33%、23%、16%、15%和8%。

我国聚砜市场需求量稳步上升，聚砜材料供应将由进口向国产替代转变。未来聚砜材料消费增速较快的是航空航天、新能源汽车和医疗器械领域。

2. 医用领域应用

在医疗卫生领域，因为聚砜透明性和耐热水、蒸汽、乙醇性及卫生性等特点，可用于制作防毒面具、接触眼镜片的消毒器、内视镜零件、人工心脏瓣膜、人工假牙等；聚醚砜可制成人工呼吸器、血压检查管、牙科用反射镜支架、注射器等。聚砜和聚醚砜还可制成超过滤膜和反渗透膜等。聚砜在医疗领域的部分应用见图3.10。

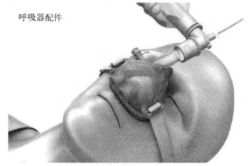

图 3.10 聚砜在医疗领域的部分应用

医用聚砜为聚砜细分产品，占据其市场近三成份额。医用聚砜行业技术壁垒较高，在行业发展初期，我国需求高度依赖进口。德国巴斯夫、德国恩欣格、比利时索尔维等为我国医用聚砜主要供应商。近年来，受益于国家政策支持以及市场需求日益旺盛，我国医用聚砜技术成熟度有所提升，其市场国产化进程不断加快。

（四）聚甲基丙烯酸甲酯

1. 市场概况

聚甲基丙烯酸甲酯（简称PMMA）俗称有机玻璃，是具有无定形结构的高透明热塑性材料，其透光率达92%，产品通常分为模塑料、浇铸型和挤出型板材，被广泛应用于建筑、广告、交通、医学、工业、照明等领域。

PMMA生产有多种原料路线和方法，全球产能集中于法国Total、英国Lucite、德国赢创德固赛等几家大型跨国公司，另外日本的三菱丽阳、住友、旭化成、可乐丽，中国台湾省的奇美公司也占有重要地位。2023年世界PMMA产能达到342.7万吨/年，需求量为274.4万吨。

国内PMMA生产企业主要有镇江奇美、南通丽阳、德国赢创、苏州双象、万华化学、璐彩特国际、黑龙江龙新、惠菱化成、上海泾奇、宁波伸春和可乐丽张家港等。模塑料生产企业主要有镇江奇美化工有限公司、苏州双象光学材料有限公司、万华化学集团股份有限公司、三菱化学公司（南通、上海、惠州）、赢创特种化学（上海）有限公司等；还有一些亚克力板（浇铸法）生产企业，如宁波伸春化工有限公司、汤臣（江苏）材料科技股份有限公司、可乐丽亚克力（张家港）有限公司等。

供需上看，国内产品低端供应过剩，高端供应不足，需求还依赖于进口满足，主要进口高质量的光学级和抗冲级PMMA。

2. 医用领域应用

目前国内PMMA约5万吨用于医疗卫生领域。医用PMMA具有良好的生物相容性、耐生物老化性，且易于塑形，至今仍是临床上颅骨成形术的首选材料。它被用来作为颅骨修补材料、胸腔充填材料、人工关节骨黏固剂以及义齿、牙托等。它是目前塑料中透光性能最好的一种,因此还可制作眼科用人工晶状体、各种病理标本及人工器官外壳等。还可制作婴儿保温箱,手术、医疗仪器及用具等。

(五) 硅橡胶

1. 市场概况

硅橡胶是指主链由硅和氧原子交替构成,硅原子上通常连有两个有机基团的橡胶,普通的硅橡胶主要由含甲基和少量乙烯基的硅氧链节组成。硅橡胶按硫化机理可分为热硫化型(也叫高温硫化硅胶,HTV)和室温硫化型(RTV)两大类,按商品形态不同又分为混炼硅橡胶与液体硅橡胶两大类。硅橡胶品种多、形态多,生产厂家一般拥有数十个乃至上百个品种牌号,产品广泛应用于民用和军品生产的众多领域,在某些方面发挥着不可替代的作用。

国外硅橡胶生产企业有美国通用电气、美国瓦克、美国道康宁、日本信越等。我国硅橡胶生产企业有合盛硅业、东爵有机硅、新安化工、埃肯有机硅、山东东岳等。

2. 医用领域应用

用于医疗卫生领域的硅橡胶主要为液体硅橡胶,液体硅橡胶是一种无毒、耐热、高复原性的柔性热固性透明材料,其流变行为主要表现为低黏度、快速固化、剪切变稀以及较高的热膨胀系数。液体硅橡胶具有良好的生物相容性,在现代医学中发挥了重要作用,广泛应用于人体植入材料和人体接触材料,并逐渐替代医用级PVC和天然乳胶。

新安化工、埃肯星火有机硅等国内有机硅行业龙头企业目前已可生产医疗级硅橡胶产品。目前,国产医疗级硅橡胶用于附加值相对低的医用导管、口腔印模材料、医用面具、医用手套等产品,心脏起搏器、人体软组织填充材料等附加值较高的医用耗材仍依赖进口。国内硅橡胶生产企业应进一步加强技术投入,提高医疗级硅橡胶产品品质,逐步替代进口高端产品。

硅橡胶在医疗领域的部分应用见图3.11。

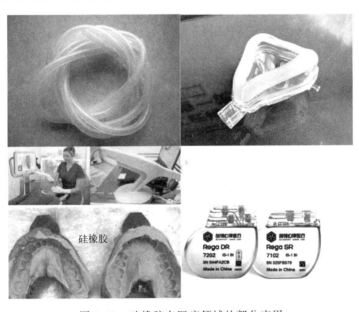

图3.11 硅橡胶在医疗领域的部分应用

(六) 卤化丁基橡胶

1. 市场概况

卤化丁基橡胶(简称 HIIR)可分为氯化丁基橡胶、溴化丁基橡胶,是溶于脂肪烃(如己烷)中的普通丁基橡胶与氯、溴发生卤化反应的产物。相比其他合成橡胶,卤化丁基橡胶拥有更好的气密性,主要用于内衬密封层、医用瓶塞、防腐衬里等领域,并不断替代普通丁基橡胶。

国外卤化丁基橡胶的生产企业主要为美国 ExxonMobil 公司、荷兰 Arlanxeo 和俄罗斯 NKNK,这三家企业占据了一半以上的卤化丁基橡胶市场份额。2024 年 1 月,俄罗斯西布尔(Sibur)公布已在旗下子公司——尼日涅卡缅斯克石化公司(NKNK)把卤化丁基橡胶的年产能从 15 万吨提高至了 20 万吨,进一步巩固了其在全球卤化丁基橡胶市场的领先地位。

我国在 2010 年前后开始了卤化丁基橡胶技术的研发和装置的建设工作。卤化丁基橡胶产业聚集度高,国内生产企业只有北京燕山石化、浙江信汇、山东京博和宁波台塑四家。丁基橡胶下游主要消费领域有轮胎、医药瓶塞及其他,占比分别为 85%、8% 和 7%。

2. 医用领域应用

在医疗卫生领域,医用级卤化丁基橡胶是医药瓶塞和密封材料的主要选择。医药用瓶塞是直接与药品相接触的密封包装用特殊橡胶制品,其性能和质量直接影响药品的有效性、安全性、质量稳定性及使用方便性。由于天然胶塞的生物安全性缺陷、易与药品发生相互反应以及气密性较差等特性,对于公众安全用药产生很大威胁,自 2005 年起,国家市场监督管理总局规定用丁基胶塞代替天然橡胶胶塞。卤化丁基橡胶不但透气率低,而且还有优良的耐氧化、耐酸碱、耐热和耐化学破坏的性能。使用卤化丁基橡胶瓶塞,除制药厂可简化分装工艺,改用开口铝盖,取消封蜡和降低成本外,还可方便注射使用。常规胶塞的原材料以卤化丁基橡胶为主,国内市场占比达到 90%。注射用卤化丁基橡胶医用瓶塞见图 3.12。

图 3.12 注射用卤化丁基橡胶医用瓶塞

2020 年以后,随着新冠疫情的暴发及持续,新冠疫苗对医用瓶塞需求持续增大,卤化丁基橡胶在医用胶塞领域的消费量达到 4 万~5 万吨。药用胶塞主要原材料为卤化丁基橡胶,辅料包括高阻隔性膜材料、煅烧高岭土、氧化镁、钛白粉等。其中,卤化丁基橡胶和高阻隔性膜材料的成本大约占到药用胶塞材料成本的 50%~60%。目前,国内的丁基橡胶产品质量大多难以达到生产药用胶塞所需原材料的标准,因此,药用胶塞生产企业为保证产品质量,一般会采购进口卤化丁基橡胶。

近年来,随着我国健康体制的改善,医药包装无序、落后的局面将发生根本转变,加上产业下游制药领域的快速发展,为行业的发展提供了强劲动力。未来,我国卤化丁基橡胶生产企业应与下游医药企业展开合作,推动下游医药瓶塞生产企业对国产卤化丁基橡胶进行试用及评价,尽早进入医药领域市场。

（七）热塑性聚氨酯弹性体

1. 市场概况

热塑性聚氨酯弹性体（简称 TPU）是一类加热可以塑化、溶剂可以溶解的弹性体，具有高强度、高韧性、耐磨、耐油以及对油、化学品、紫外线的抵抗性等优异的综合性能，其主要终端市场包括建筑、汽车、鞋材、线缆、医疗、管道、电子等。

国外 TPU 生产企业有德国科思创（拜耳）、德国巴斯夫、美国路博润、美国亨斯迈等。我国 TPU 主要生产企业有烟台万华、浙江华峰、美瑞新材等内资企业及部分外资企业（巴斯夫、路博润、科思创等），其中，烟台万华和浙江华峰两家企业的 TPU 产能占国内总产能的 35% 左右。

TPU 产品种类丰富，且可根据下游需求调节产品性质，因此 TPU 的下游应用非常丰富。TPU 鞋材是 TPU 在发展初期的最主要下游应用，终端产品包括滑雪靴、登山靴等。近年来随着 TPU 应用范围的扩大，TPU 的市场应用从鞋类等低端市场行业拓展到了医药、航空、环保等高端市场行业。制鞋业仍是我国 TPU 行业最主要应用，但所占比例已经有所降低，占比约 39%，薄膜、管材中应用 TPU 的比例也逐渐增加，两者市场份额分别为 9% 和 14%。

2. 医用领域应用

TPU 之所以能应用于生物医学领域，与它所具备的优异性能是分不开的。TPU 具有优良的抗凝血性能；毒性试验结果符合医用要求；临床应用中生物相容性好，无致畸变作用，无过敏反应；优良的韧性和弹性，加工性能好，加工方式多样；优异的耐磨性能、软触感、耐湿气性、耐多种化学药品性能；能采用通常的方法灭菌，暴露在 X 射线下性能不变。目前在医疗卫生上，特别是在制造植入人体的各种医疗用品上，TPU 有着广泛的用途，应用领域包括人工心脏瓣膜、人工肺、骨黏合剂、人工皮肤与烧伤敷料、心脏起搏器导线、缝线、各种夹板、导液管、人工血管、气管、插管、齿科材料、计划生育用品等。受到新冠疫情的持续影响，TPU 薄膜在防护服上的应用也将持续增长。TPU 在医疗领域的部分应用见图 3.13。

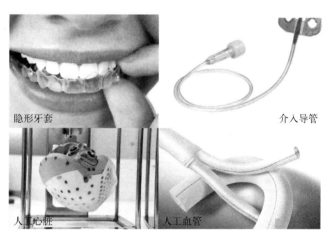

图 3.13　TPU 在医疗领域的部分应用

目前我国 TPU 在医疗卫生领域的消费量约 3 万～3.5 万吨，产品基本被一些跨国公司主导。国外企业包括德国科思创（拜耳）、巴斯夫，美国路博润、亨斯迈等都在增加新产品的研发力度，具有高附加值的热塑性聚氨酯弹性体产品不断被开发并投入市场。国内企业中，烟台万华、美瑞新材的部分 TPU 产品可用于医疗卫生领域。

（八）聚乳酸

1. 市场概况

聚乳酸（简称 PLA）是一种新型的生物基及可再生生物降解材料，使用可再生的植物资源（如玉米、木薯等）所提出的淀粉原料制成。淀粉原料经糖化得到葡萄糖，再由葡萄糖及一定的菌种发酵制成高纯度的乳酸，再通过化学合成方法合成一定分子量的聚乳酸。其具有良好的生物可降解性，是公认的环境友好材料。

聚乳酸具有良好的生物降解性、生物相容性、热稳定性、抗溶剂性和易加工性等优点，可用作包装材料、纤维和非织造物等，主要用于服装（内衣、外衣）、产业（建筑、农业、林业、造纸）和医疗卫生等领域。

美国 NatureWorks 是投产产能最大的聚乳酸生产商。NatureWorks 在 2001 年建设了世界最大的聚乳酸生产工厂，是目前全球聚乳酸年产量唯一达到 15 万吨的企业，其产能占全球的 30% 左右。NatureWorks 还筹划在东南亚建 7 万吨的分厂，原料主要是玉米淀粉。

2023 年国内聚乳酸产能 56 万吨/年，产量仅 13 万吨。目前国内主要生产企业包括吉林中粮、海正生物、金丹科技、安徽丰源集团、广东金发科技等公司，较多产能仍处于在建或拟建中。近两年在政策的推动下，PLA 产能正处于快速扩张期，据不完全统计，目前在建或规划产能达到 200 万吨。

目前国内聚乳酸消费量十多万吨，主要用于生产生物降解塑料袋、一次性餐具等生活用品，占比超 66%；其次是医疗及个人护理，占比 28%。

2. 医用领域应用

医疗用品是聚乳酸最早开展应用的领域。聚乳酸的相容性与可降解性良好，对人体有高度安全性并可被组织吸收，加之其优良的物理机械性能，可制作一次性输液工具、免拆型手术缝合线、药物缓解包装剂、人造骨折内固定材料、组织修复材料、人造皮肤等。例如，高分子量的聚乳酸有非常高的力学性能，可用于替代不锈钢，作为新型的骨科内固定材料如骨钉、骨板等。作为非织造布的纤维材料，聚乳酸纤维具有良好的手感、悬垂性及回弹性，优良的卷曲性及卷曲稳定性，可控制缩率。由静电纺丝技术制备得到的聚乳酸防粘连膜，克服了常规工艺制备的聚乳酸脆度高、柔韧性差的缺点，具有纤维直径小，空隙大，比表面积大，组织细胞易吸附、浸润和生产等优点。

（九）聚羟基脂肪酸酯

1. 市场概况

聚羟基脂肪酸酯（简称 PHA 或 PHAs）是由 100～30000 个相同或不同羟基脂肪酸单体聚合的高分子材料，属于聚酯类。PHA 是在微生物体内发酵而成的，而且许多微生物都可以合成 PHA，到今天为止已经发现了超过 150 种 PHA 单体，已产业化的有四代产品，但实际得到规模化生产的只有几种。较常见的品种有二元共聚物 3-羟基丁酸（3HB）和 4-羟基丁酸（4HB）的共聚酯 P3HB4HB、3HB 和 3-羟基己酸（HHx）的共聚酯 PHBHHx 等。

由于 PHA 拥有与传统塑料相似的理化性能，并且具有良好的生物可降解性和生物相容性，这些特性使 PHA 从 20 世纪 70 年代开始获得越来越多的关注，作为传统石油塑料的代替品和优秀的医用植入材料而受到深入的研究。越来越多的 PHA 应用场景正在被开发出来，除了主要的环保包装材料、农膜、医用植入材料市场外，在药品、化妆品、器具类材料、塑料添加剂、动物饲料、废水处理等市场的应用前景也非常广阔。目前摆在 PHA 应用面前最大的困难就是成本高，因此目前 PHA 多用于医药及化妆品领域。

聚羟基脂肪酸酯生产和应用方面的主要技术专利仍掌握在美国、欧洲、日本等发达国家和地区中，但我国在这方面的研究取得了长足的进展，在生产方面掌握了一些具有自主知识产权的菌种和后期工艺，特别是近两年在组织工程研究方面有较好的研究成果，这些都为国内产业化打下了良好的基础。

目前国外 PHA 产能约 2 万吨/年，产量约 0.5 万吨，生产企业主要有日本 Kaneka 公司、巴西 Biocycle 公司和德国 Biomers 公司等。2023 年我国 PHA 已建成产能仅有 1.8 万吨/年，生产厂家少，现有产能的装置利用率也极低，大部分 PHA 应用仍处于研发阶段，尚未成熟的技术及其高昂的成本是限制 PHA 推广的主要原因。

PHA 在可生物降解的包装材料、组织工程材料、缓释材料、电学材料以及医疗材料方面有广阔的应用前景。目前摆在 PHA 应用面前最大的困难就是成本高，因此目前 PHA 多用于医药及化妆品领域。

2. 医用领域应用

医疗级聚羟基脂肪酸酯有优异的生物相容性，降解过程中可以维持力学性能，而且其降解产物可以促进细胞快速生长，在组织修复和可吸收医疗器械中大有可为。可用于骨科、牙科、外科等领域的研究，具体产品有疝补片、手术缝线、血管夹、软骨、神经导管、人工食道、血管支架等。

（十）聚对二氧环己酮

1. 市场概况

聚对二氧环己酮（简称 PDS）主要是由乙二醇、金属钠、氯乙酸等反应后，制成对二氧杂环己酮单体，然后以有机金属化合物如二乙基锌或乙酰丙酮锆为催化剂，用纯度 99% 以上的对二氧杂环己酮开环聚合成高分子聚合物，外观为乳白色颗粒或粉末状，无毒性。聚对二氧环己酮具有生物相容性优、可生物降解以及生物可吸收性，且强度高、韧性好，可采用注塑成型、静电纺丝工艺加工成型，可以应用在医疗、美容、包装等领域。

全球范围内，美国强生公司是聚对二氧环己酮主要生产商，其产品主要是植入性医疗器械。现阶段全球聚对二氧环己酮产量少、价格高，应用范围较窄，一次性塑料制品市场尚未开发，整体市场规模小，未来发展空间大。

我国聚对二氧环己酮行业还处于产品开发、示范应用阶段，未实现规模化生产，医疗、医美领域需求主要依靠进口。在国家政策的推动下，我国聚对二氧环己酮产业化发展速度有望加快，未来将实现规模化生产。目前国内有武汉克米克等少数企业可以小规模生产，产品有工业级、医药级。

2. 医用领域应用

医疗、医美领域是当前聚对二氧环己酮的主要市场。

在医疗领域，聚对二氧环己酮由于优良的强度、韧性以及生物相容性、生物降解性，可制造植入性医疗器械，例如骨修复材料、骨固定材料、手术缝合线，其降解产物可随代谢排出人体外，安全性高。聚对二氧环己酮也可用来生产止血钳等手术器械，以及止血膏、医用黏合剂等产品。

在医美领域，聚对二氧环己酮可生产悬吊线、提眉线、隆鼻线、埋置线、魔术线等产品，植入面部下巴、八字纹、脸颊等位置，可提拉肌肤、紧致皮肤，达到面部提升效果。除面部外，聚对二氧环己酮也可以植入颈部、胸部、上臂、腹部、臀部等，达到塑形效果。

四、发展建议

医用高分子材料作为医疗领域的重要组成部分，其发展前景十分广阔。首先，随着医疗技术的不断进步和人口老龄化趋势的加剧，对医用高分子材料的需求将持续增长。特别是在人工器官、组织工程、药物缓释系统等领域，医用高分子材料发挥着不可替代的作用。其次，随着材料科学的深入研究，医用高分子材料的性能将得到进一步提升。例如，可生物降解高分子材料的研究将使得植入人体的材料在完成任务后能够自然降解，减少对人体的二次伤害。此外，政策层面的支持也将为医用高分子材料的发展提供有力保障。国家对于生物医药及高性能医疗器械领域的投入不断增加，将促进医用高分子材料行业的快速发展。

我国医用高分子材料行业在市场规模、应用领域、技术水平、产业链等方面都取得了显著进展，但仍需面对一些挑战和问题：整体生产水平低下，严重依赖进口，研发和创新不足。目前我国在医用高分子材料生产方面具有实力的企业不多，高端医用级材料仍依赖进口，未来一段时间内仍然会是制约我国医用塑料产业发展的因素。高端医用高分子材料也成为我国化工新材料行业补短板的重要内容和方向。

针对我国医用高分子材料的发展，提出一些建议：

（1）加大研发投入

国家和企业应共同加大对医用高分子材料研发的投入，鼓励科研机构和企业进行深入的基础研究和应用研究。设立专项基金，用于支持高风险、高回报的创新型研究项目。

（2）促进产学研用深度融合

加强高校、科研机构、企业和医疗机构之间的合作，建立产学研用一体化平台，促进技术成果的转化和应用。鼓励企业参与高校和科研机构的科研项目，共同开发具有市场前景的医用高分子材料。并加强医用高分子材料相关专业的人才培养和引进，培养一批具备跨学科知识和创新能力的高水平人才。

（3）强化标准和监管

制定和完善医用高分子材料的标准和规范，确保产品质量和安全。加强市场监管，打击假冒伪劣产品，维护市场秩序。

（4）推动技术创新和产业升级

鼓励企业采用新技术、新工艺和新材料，提高医用高分子材料的性能和质量。推动产业向高端化、智能化、绿色化方向发展，提升整体竞争力。积极参与国际医用高分子材料领域的交流与合作，引进国外先进技术和经验。

（5）关注生物相容性和生物安全性

深入研究医用高分子材料的生物相容性和生物安全性，确保材料在人体内的安全性和长期稳定性。加强对医用高分子材料在生物体内行为的研究，为临床应用提供科学依据。

（6）推动应用领域的拓展

鼓励医用高分子材料在更多领域的应用，如组织工程、药物缓释系统、人工器官等。加强跨学科合作，推动医用高分子材料在医疗、生物、化学等领域的交叉应用。

第三节　化工新材料在体育装备领域的应用

石油和化学工业规划院　闫泽

体育产业是具有持续发展潜力的产业，对经济社会发展具有重要带动作用，受到世界各国的广泛关注。美国、欧盟、日本的体育产业在全球范围内处于领先地位。其中，美国形成了以四大职业体育联盟和民众健身为核心支柱的产业体系，其体育产业产值持续保持在全球首位。欧盟成员国体育产业占总产值的平均水平达到3%左右的高比重。日本的体育产业作为输出型产业已保持了数十年，是其十大支柱产业之一。

我国体育产业萌芽于20世纪80年代，1990年北京亚运会的成功举办等标志性事件，推动我国体育产业发展步入正轨，随后经历了30余年的蓬勃发展期。根据国家体育总局核算数据，2022年我国体育产业总规模达到3.3万亿元，体育产业增加值达到1.3万亿元，其中体育服务业、体育用品及相关产品制造业、体育场地设施建设三大组成部分对行业增加值的贡献率分别为69.5%、28.1%和2.4%。我国体育产业发展历程的几个重要时间节点如图3.14所示。

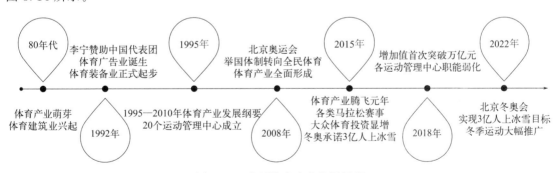

图 3.14　我国体育产业发展历程

2014年国发46号文《关于加快发展体育产业促进体育消费的若干意见》中提出促进大众体育消费，使我国体育产业由举国体制转向全民体育又迈进一步，体育产业市场化规模得到进一步拓展。2015年，北京申办冬奥会时承诺实现"3亿人上冰雪"。2016年，国家体育总局、国家发展改革委、教育部联合出台了《冰雪运动发展规划（2016—2025年）》，其中将推动冬季运动大众化列为重点发展方向，旨在进一步推动我国体育产业消费升级。2021年，国家体育总局发布《"十四五"体育发展规划》，我国体育产业进入强基阶段，全民健身与国家体育发展的双线并进要求显著，面向大众的体育设施、体育装备获得进一步推广。2022年，北京冬奥会的成功举办为我国体育产业打开了新的发展局面，大众参与冰雪运动的激增，为体育装备产业提供了强劲发展动力。2023年，国家体育总局印发《国家体育产业基地管理办法》，进一步通过打造集聚效应、规模效应、区域辐射效应，引领体育产业示范发展，助力体育强国建设。2024年以来，随着F1上海站、国际田联钻石联赛分站赛等国际赛事在我国重启，我国体育产业的发展动力再度体现出了良好态势。2010年以来我国体育产业增加值与增速见表3.4。

表3.4 2010年以来我国体育产业增加值与增速

年份	产业增加值/亿元	年均增长率/%	备注
2010	2220	5.7	
2011	2740	23.4	
2012	3136	14.5	
2013	3563	13.6	
2014	4041	13.4	
2015	5494	36.0	
2016	6475	17.9	
2017	7517	16.1	
2018	10078	34.1	首次突破万亿大关
2019	11248	11.6	
2020	10735	−4.6	
2021	12245	14.1	
2022	13092	6.9	

注：数据来源国家体育总局；2023年数据预计在2024年底发布。

体育产业是我国重要的幸福产业、朝阳产业、绿色产业，具有较强的综合性特征。按照国际分类方式，体育产业分为体育服务业、体育广告业、体育建筑业、体育装备业、体育旅游业、体育博彩业六大板块。此概念中的体育装备业与我国体育用品及相关产品制造业的统计口径基本一致，是支撑体育产业发展的根基，也是体育产业消费的重要方面。2022年，我国体育产业总增加值为13092亿元，其中体育用品及相关产品制造贡献增加值3686亿元，占总增加值的约28.2%，是体育产业子门类中占比最高的门类，也是未来体育产业发展的主要驱动力。

我国体育产业已进入净出口阶段，近10年体育产品出口额均位列全球首位，但出口质量与进口质量相比存在较大差别。我国出口主要体现在体育建筑业、体育装备业、体育广告业，其他几方面较为薄弱。重点关注的体育装备业方面，我国形成的自主品牌相对较少，跻身国际顶级的品牌则更少，这对我国体育全产业链的影响很大，自主品牌的提升是未来发展的核心要求。因此，对体育产业全产业链高水平自主化的要求越来越高，化工新材料作为用途广、发展快的一类材料，在体育产业发展过程中所起到的重要原材料保障作用也日益凸显。

我国产业发展要求加快形成新质生产力，体育装备制造作为化工新材料的重要应用下游，其消费升级态势明显。化工新材料作为一类高度功能化的材料，已成为体育装备中的重要用材，能够覆盖几乎全部运动项目，特别是冬季运动装备对化工新材料的使用比例更高。经过数十年的发展，体育装备对化工新材料的需求种类更多、性能要求更高，复合材料、改性工程塑料、高性能纤维、高性能弹性体在体育装备业中均扮演着重要的角色。下面介绍体育装备业中所用的化工新材料（含专用化学品），体育建筑业中的多数建材、内饰材料与建筑行业具有通用性，暂不涵盖。

一、化工新材料在体育装备领域的应用情况

化工新材料在体育装备领域的应用主要体现出以下三大特征：其一，能使体育装备的性能优化、功能更强，有助于提升运动者的运动成绩；其二，能有效保护运动者，降低伤病出现的概率；其三，能使体育装备与运动者身体部位的契合度更高，使运动者在运动过程中获得更舒适的体验。根据上述特性，将化工新材料划分为性能提升类、安全保护类和舒适兼容类，并分别选取典型项目中的典型装备进行化工新材料应用的分析和介绍。

（一）性能提升类

化工新材料的使用有助于体育装备的性能提升，主要体现在材料的功能化、轻质化、稳定化，同时提升运动装备的使用性能、安全性能及使用寿命。从不同体育运动的特点出发，冬季项目对装备的依赖程度比夏季项目更多，因此众多的性能提升体现在冬季项目装备领域。下面将列举几个典型的运动项目来分析化工新材料在性能提升方面的重大作用。

（1）羽毛球装备

以用材更替为标志，羽毛球拍经历了 4 个发展时期，分别为木拍、金属拍、钛合金拍和碳材料拍（碳拍）阶段，现阶段大众体育市场上碳拍已占主导，另有少量钛合金拍。最晚出现的碳拍球拍框架为中空结构，外框架主要使用碳纤维增强树脂、碳纳米管增强树脂或多层石墨烯增强树脂，树脂类型主要为双酚 A 型环氧树脂等热固性树脂品种，碳纤维为 T200 至 T300 级（东丽碳纤维在全球羽毛球拍生产领域用量最多，暂以东丽碳纤维等级进行表述），框架内填充发泡聚烯烃材料，这样可使球拍框架实现轻质化的同时增强其弹性和韧性。拍杆和拍柄与框架使用的材料类似。把胶则用到聚氨酯弹性体（TPU）以及乙烯-乙酸乙烯树脂（EVA），实现弹性增强，并提高球拍与手的附着力。现阶段羽毛球拍使用的化工新材料如图 3.15 所示。

拍线的用材已经从最原始的羊肠线过渡到单丝线（尼龙纤维）和复丝线阶段（尼龙纤维、芳纶纤维或尼龙、芳纶混纺纤维等），绑线的磅数也从原始阶段的 16 磅左右升至 28～30 磅的水平。磅数提升对穿线孔的要求也有所提升，聚酯材料、聚氨酯材料已成为主要的穿线孔用材，能够提升穿线孔的弹性，并在击球时增加拍线和穿线孔之间的缓冲能力，从而达到减少拍线磨损、提高拍线寿命的效果。羽毛球拍发展历程及性能改善见表 3.5。

根据上述材料的使用情况，对 4 个阶段的羽毛球拍的弹性、轻质化、舒适度、击球速度、控球能力和耐久度进行了对比分析，如图 3.16 所示。其中，大量使用化工新材料的碳拍在弹性、轻质化、舒适度、击球速度和控球能力上均体现出最优性能。

目前，我国已成为世界最大的羽毛球拍消费国。同时我国羽毛球拍产量逐年增长，2023 年，我国生产羽毛球拍近 380 万支（含代工量），消耗碳纤维增强树脂材料约 1240 吨，其中折算

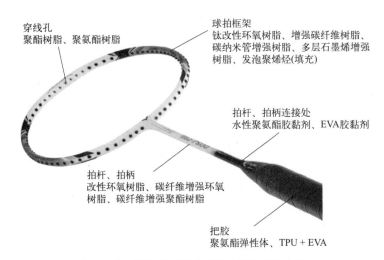

图 3.15 现阶段羽毛球拍用化工新材料情况

表 3.5 羽毛球拍发展历程及性能改善

拍型	重量	拍线磅数上限/磅
木拍	约 280g	20
金属拍	220~300g	20~22
钛合金拍	3u~120g	26~28
碳拍	2~5u	28 及以上

注:"u"为羽毛球拍重量单位,用以表示比 100g 更轻的重量,1u 表示比 100g 轻 5g,即 1u 总重为 95g,2u 为 90g、3u 为 85g,依此类推。

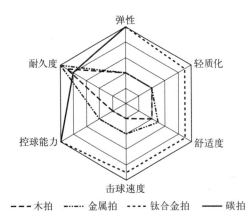

图 3.16 化工新材料对羽毛球拍的性能改善情况

碳纤维消耗约 510 吨。随着我国大众体育的进一步发展,我国的羽毛球拍销量仍会呈现稳步增长,从而带动碳纤维复合材料市场的扩增。

与羽毛球装备类似的球拍运动项目还有网球、软式网球、壁球、板球、回力球等。

(2) 田径装备

化工新材料在田径装备中的应用已发展了数十年,其中典型的撑杆跳高和标枪在应用化工新材料后,成绩出现了大幅度提升。其中,撑杆跳高用杆已由最初的木杆、竹竿逐步发展至现在的玻纤增强复合材料杆,玻纤增强复合材料的应用大幅提升了杆的弹性,弹性的增强促进了运动员技术动作的变革，也催生了更高水平的运动成绩。标枪用材在经历了木、竹、铝合金、PVC后进入碳材料阶段，碳纤维增强复合材料制成的标枪具有优异的飞行稳定性，并能使产出的同批次标枪的重心几乎不发生偏移，充分保障标枪生产的批次稳定性。撑杆跳高和标枪的男子世界纪录变化如图 3.17 所示。

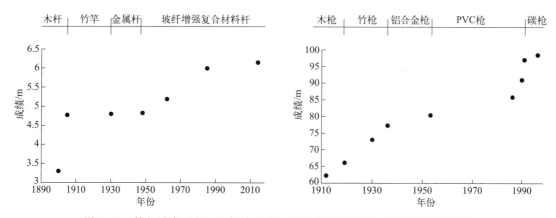

图 3.17　撑杆跳高（左）和标枪（右）男子世界纪录变化与材料应用的关系

其他田径项目中鞋服装备和护具占比较高，我国田径装备所需的化工新材料国产化程度相对较高。2023 年，我国用于田径装备（含高端混纺纤维田径服、各类跑鞋、跳鞋）生产的各类化工新材料用量约 5100 吨，材料自给率约 92%。近五年，我国年均举办各类马拉松赛事超过千场，我国长期从事体育健身的人数也在稳步增长，促进了我国大众体育消费，运动服（鞋）类的消费增长是重要动力。我国人口基数大，随着全民健身意识的提升，参与跑步等田径类健身项目的人数持续增加，该领域体育产品消费量的上涨仍有巨大潜力。未来，大众消费的进一步升级将带动高端运动服（鞋）产品领域的消费增长，此种趋势也将为化工新材料的发展带来稳定的需求增长。

（3）自行车装备

除田径项目外，自行车项目也已成为我国全民健身中的重要组成部分，成为我国民众青睐的运动项目之一。下面所述自行车主要指体育运动用公路自行车、山地自行车及部分小轮车（如 BMX 小轮车），不涉及日常通勤用自行车。

自行车用材的发展经历了 3 个阶段，分别是 20 世纪前的木制自行车阶段（主要用材包括竹、桃木、羚羊皮等）、20 世纪大部分时期的钢材料自行车阶段、20 世纪末以来的轻质化自行车阶段。进入自行车轻质化阶段后，化工新材料开始大量用于运动自行车的生产。自行车轻质化的进程也是轻质材料与性能之间矛盾化解的过程，钛合金、碳纤维的引入逐步改善了轻质化自行车的性能问题，打开了自行车使用化工新材料的新局面。

在当今自行车职业运动领域，碳纤维自行车的使用比例极高，碳纤维自行车也基本代表了自行车的顶级水平，宝马（BMW）、达西（Dassi）等国外公司均批量化生产碳纤维自行车，重点面向的对象是职业车队和车手，也有部分产品开始进入大众消费市场。

当前化工新材料在自行车领域的最新应用成果主要集中在碳纤维增强复合材料、超高分子量聚乙烯（UHMWPE）纤维、石墨烯等材料门类。

碳纤维增强复合材料主要用于自行车主体车架，以碳纤维增强环氧树脂复合材料为主体。为保证自行车车架连接处的支撑强度，连接处采用碳纤维增强聚苯硫醚（PPS）复合材料，形成高强度的自行车车架结构。目前碳纤维增强 PPS 复合材料的注塑技术已在中国台湾地区成功实现，这为自行车采用全碳纤维增强 PPS 复合材料车架提供了技术基础。但全碳纤维增强 PPS 复合材料车架的重量较碳纤维增强环氧树脂复合材料支架略重，因此自行车车架对于性能和自重的平衡依然是研究的焦点问题。

超高分子量聚乙烯纤维能够改善自行车的抗冲击性能和吸震性能，主要以复合材料形式用于自行车轮毂、辐条及刹车线。目前世界范围内超高分子量聚乙烯纤维在自行车领域用量最大的是荷兰帝斯曼公司的产品，产品牌号为 Dyneema®，其拉伸强度是钢的 15 倍，材料成型后的抗冲击性能可使自行车轮毂适应多变的外部环境，能够有效提升山地自行车、公路自行车及小轮车的使用寿命。

近两年，石墨烯开始进入自行车领域，2020 年英国自行车生产商达西公司首次将石墨烯增强复合材料用于自行车车架的生产。石墨烯车架比碳纤维车架强度更高，其拉伸强度和弹性模量分别达到 125GPa 和 1.1TPa，是目前自行车领域强度最大的材料。同时，其重量更轻，未上漆车架自重可控制在 500g 以内，整体性能大幅提升。但目前石墨烯车架还需得到进一步的验证，在职业自行车领域的应用还未推广，距离民众自行车运动的距离则更远。硼硅烯是近期出现的有望在自行车领域应用的新材料，被视为石墨烯的升级版，其强度和柔韧性更强，未来工业化生产后在自行车领域具备应用潜力。

化工新材料在自行车领域的应用主要集中于职业运动应用的层面，而与大众体育仍有较远距离。由于高价格因素，此类自行车在大众中推广的进程较慢，导致化工新材料在自行车领域的总需求量未出现明显增长。2023 年，我国用于自行车生产的化工新材料用量保持在千吨级水平，未来随着碳纤维复合材料价格的下降，以及国产自行车认可度的进一步提升，该需求量有望进一步增长。

（4）滑雪装备

滑雪是冬季运动中的基础大项，主要使用的装备为各类滑雪板、雪杖及护具。滑雪板是滑雪运动最关注材料的部分，通常情况下，滑雪板为多层结构，其中三层结构居多，分为基底、内芯、顶面，侧面则以部分增强材料做固定和支撑。

内芯是核心，根据应用等级和场景的不同，其材料也有所区别。碳纤维增强复合材料、超高分子量聚乙烯、玻纤增强复合材料、芳纶蜂窝材料、聚甲基丙烯酰亚胺（PMI）泡沫、复合聚氨酯泡沫、木塑复合材料等均有使用案例，其中大众滑雪接触的雪板内芯以木塑复合材料、聚氨酯泡沫、玻纤增强复合材料为主。

对于职业滑雪领域，由于不同项目对滑雪板性能要求的差异，除了雪板形状尺寸的不同，其所使用的内芯材料也有所差异。例如，越野滑雪对运动员的耐力考验突出，雪板要求质轻且韧性强，内芯使用 PMI 泡沫居多；高山滑雪、跳台滑雪速度快，雪板与雪面之间的冲击力和剪切力强，其内芯常使用抗冲击能力更强的芳纶蜂窝材料、UHMWPE、碳纤维增强复合材料等；自由式滑雪空中技巧、坡面障碍、大跳台等子项的旋转和拐弯频率高，其雪板内芯常同时使用 PMI 泡沫和纤维增强复合材料。

滑雪板内芯以外的部分中，基底常采用聚酯材料，职业雪板也有采用 PC-ABS、PMMA 作为基底的雪板。顶面常为聚酯材料。侧面的增强材料最早使用的是以钢为主的金属材料，现在大多数大众雪板也依然以钢为主，职业雪板则多以纤维增强复合材料作为侧面增强材料。

除滑雪板外，滑雪运动中需要的头盔、护目镜、雪服、手套、雪靴、雪杖也都对化工新材料有需求。同时，滑雪场地也有一些常被忽略的化工新材料应用，例如，北京冬奥会平行大回转、U型池赛场两侧为了挡风避免横风影响运动员成绩并避免运动员受伤，设置了隔挡，该隔挡主要使用聚偏氟乙烯（PVDF）薄膜材料。

我国是全球滑雪装备重要的生产国，全球约85%的雪服（含手套）、40%的滑雪板、30%的头盔及目镜均由我国生产（含代工）。北京冬奥周期我国新建了数量众多的滑雪场，也已成功吸引了更多的国内体育爱好者走上雪场，大众对滑雪装备的需求增长成为化工新材料市场扩增的新动力。

不过，值得注意的是，大众体育使用的众多滑雪装备对化工新材料的需求层级相对较低，对高端化工新材料、特种复合材料发展的带动作用较为有限。在此过程中，行业的规范化发展逐步成为该领域高质量发展的核心关注点。

（5）冰球装备

冬季运动装备用材对化工新材料的依赖性很高，冰球装备是具有很强代表性的运动项目。由于冰球运动的运动员平均运动速度快，且身体对抗多，各类装备均需具备较强的抗冲击性，并需具备较强的韧性和缓冲性能。具体使用材料情况如下。

贴身护具：护肩、护肘、护膝内衬主要应用发泡聚烯烃、发泡聚氨酯等材料，外皮则由聚对苯二甲酸丙二醇酯（PTT）纤维、氨纶纤维或聚氨酯材料制成，从而达到增强韧性和增大缓冲的双重作用，PTT纤维或氨纶纤维则利于提升透气性能和速干性能。

头盔：头盔壳体主要由聚碳酸酯合金（PC合金）制成，内填充发泡聚烯烃、发泡聚氨酯等材料。头盔护目镜绝大多数主体由聚甲基丙烯酸甲酯（PMMA）制成，PMMA护目镜具有透光性好且不易产生雾气的特点。除此之外，目前在北美冰球职业联赛中已出现由PMMA与间苯二亚甲基二异氰酸酯（XDI）基聚氨酯光学材料制成的多层护目镜产品。

球杆：冰球杆由4层材料制成，其中最内层为环氧复合发泡材料，主要作用是减弱球杆与球撞击时的震动。第二层为低密度聚酰亚胺（PI），目前也有使用聚醚酰亚胺等共聚品种，该层的主要作用是对最内层的支撑，而低密度聚酰亚胺有助于提高球杆整体的韧性，提高球杆的整体性，特别是增强球杆与杆头连接部位的整体性，大幅降低断杆的风险。第三层为碳纤维层，碳纤维层主要增强球杆的整体弹性。第四层为碳纤维增强环氧树脂，形成整体球杆的外壳。

球门及板墙：冰球运动鼓励运动员肢体冲撞，运动员与球门和板墙出现高速撞击的频率很高。因此球门和板墙需要在具备足够抗冲击能力的同时，具有保护运动员不受伤的作用。其中，球门材料已由最初的金属材料改为现在普遍使用的硬质聚氨酯材料，板墙的材料则以PMMA和PC/ABS为主，保持足够的抗冲击能力。职业联赛及大型赛事的冰球板墙下部常需具备广告宣传作用，因此在PC/ABS外层常包裹聚偏氟乙烯（PVDF）膜材料，易于色彩喷涂作业和更换。

冰球装备应用化工新材料的情况如图3.18所示。

冰球装备使用的化工新材料种类较多，我国能够完全自主化生产的主要是头盔和各类护具，职业冰球杆国产化程度低，以进口产品为主。2022年北京冬奥会上，中国男子、女子冰球队所使用的装备以国外厂商（品牌）提供为主，一方面是国产产品的性能尚存差距，另一方面进口产品在冰球领域的品牌效应已很稳固，消费端在看重质量的同时受品牌效应的影响显著。这种现象的主要成因主要存在于两个方面，一是材料生产水平存在较大差距，例如

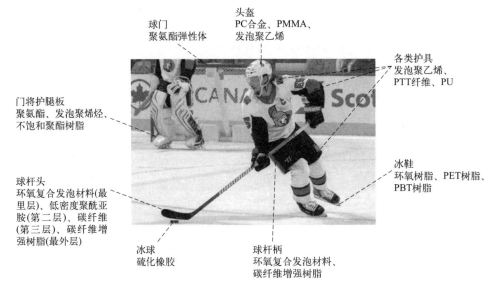

图 3.18 化工新材料在冰球运动装备中的应用情况

部分纤维增强复合材料品种的生产技术未实现国产化，二是最终的材料成型技术也与国际先进水平存在差距，例如复合材料成型过程中的成型布、导流网等辅助材料未实现国产化，对复合材料成型影响较大。

冰球是我国《"十四五"体育发展规划》的重点发展项目，对装备发展提出了更高要求，PC 合金、聚酰亚胺基复合材料、高性能环氧树脂基复合材料等材料的技术研发和应用研究迫在眉睫。

冰球属于个人护具较多的运动项目，化工新材料的应用比例也较高。此外，棒球、橄榄球、板球、班迪球等项目的装备也属于化工新材料应用较丰富的项目。

(6) 雪车雪橇装备

雪车雪橇是冬季运动的重要大项，主要指雪车、钢架雪车、雪橇三个项目，雪车雪橇项目在我国推行较晚，目前鲜有业余选手从事该项目。虽然该项目进入门槛高，基本没有大众市场，但该项目装备所需化工新材料的高端化程度高，对材料性能的高要求可与航空航天领域对标，是化工新材料在体育装备领域中较难攻关的领域。

以雪车为例，车体的性能水平直接影响其比赛成绩，而车体的性能水平与车体制造所用材料直接相关。2000 年以来，雪车进入碳纤维复合材料时代，由德国宝马公司设计制造的雪车、雪橇已帮助德国雪车雪橇队在近 7 届冬奥会中牢固确立了优势地位。德国宝马公司是全球最大的雪车制造商，其生产的初代雪车主体材料为碳纤维增强树脂基复合材料，随后随着对运动成绩的追求，复合材料的应用品种也在逐步更新，聚酰亚胺（PI）、双马来酰亚胺（BMI）及其他新型聚酰亚胺共聚树脂已成为宝马雪车用材主要的树脂基体。平昌冬奥会和北京冬奥会上德国队使用的宝马公司生产的雪车均为碳纤维增强 BMI 复合材料。

自 2017 年起，国家体育总局与航天科技集团相关研究所合作攻关雪车制造技术，设计并生产适合雪车使用的 T800 级碳纤维增强环氧树脂复合材料，并于 2021 年成功制造出我国第一架雪车，打破了无国产雪车的历史。此后通过对材料的接枝改性，进一步生产出第二代国产雪车，并帮助中国队完成了北京冬奥会的比赛。

雪车雪橇项目所用的复合材料属于化工新材料金字塔顶端的材料，今后将长期属于职业运动领域，大众与之接触的可能性较低，因此未来的年均需求量与我国是否生产新的雪车有关，相关的材料供应方也将继续以当前成熟的供方为主。

(7) 其他装备

除上述应用案例外，化工新材料在其他众多体育装备的应用中也体现出性能提升，例如在网球、高尔夫、垂钓、登山、帆船、帆板、赛艇、皮划艇、射箭、棒垒球等领域化工新材料的应用频率也很高。

同时，残疾人体育运动受到社会关注趋强，其所涉及的装备众多，为了实现更高的性能，对轻质、高韧性存在普遍要求。同时，残疾人体育运动的职业化程度不高，其用量也逐渐成为不可忽视的一环。残疾人运动装备中，高性能的纤维复合材料、高度符合人体功能学要求的3D打印材料等是需求较为迫切的领域。

其他典型案例如表3.6所示。

表3.6　其他体育装备用化工新材料情况

项目	应用的化工新材料	应用部位	生产、应用现状
游泳	特种氨纶、特种尼龙、复合纤维等	高科技泳衣	国际泳联已禁用，不再推广
帆船、帆板	改性聚烯烃、PMI、双马来酰亚胺(BMI)、水性聚氨酯涂料	帆船船体、桅杆	职业选手使用，主要依靠进口
赛艇	PC/ABS、木塑复合材料、玻纤增强复合材料、碳纤维增强复合材料	船体、桨、鞋服	国产化率逐年升高
皮划艇、激流回旋	碳纤维增强复合材料、特种橡胶、芳纶蜂窝材料、氨纶	桨、船体、服装、头盔	国产化率逐年升高
射箭	碳纤维增强复合材料、玻纤增强复合材料、复合尼龙纤维、聚氨酯弹性体等	弓、弓弦、箭支、护臂、护肩	国产化水平较高，进口产品占据职业领域
高尔夫	碳纤维缠绕钛合金复合材料、碳纤维增塑材料、碳基复合材料、硅橡胶、乙烯-甲基丙烯酸共聚物	球杆、杆头、杆柄、球体、球壳	高端市场主要依靠进口
垂钓	玻纤增强复合材料、碳基复合材料、PA66纤维、UHMWPE纤维	钓竿、钓线	职业领域依靠进口，大众领域自给率较高
棒球、垒球	碳纤维增塑合金、PC/ABS等	球棒、头盔等	主要依赖进口，国产产品市场份额低
残疾人运动装备	玻纤增强复合材料、BMI、3D打印材料	运动假肢、对抗性轮椅	大众普及率低，主要依靠进口

纵观上述体育项目装备的相关用材，纤维增强复合材料是应用范围最广的一类化工新材料产品。虽然众多领域都用到纤维增强复合材料，但根据不同装备性能要求的差异，纤维的种类与树脂基体的种类存在较大差异，其复合材料的复合形态及工艺也存在差异。体育装备领域的化工新材料产业形成全方位发展的难度很大，因此我国在该领域的发展应以特色化为主要原则。

(二) 安全保护类

化工新材料在体育装备中体现的第二大功能为安全保护，化工新材料在体育装备中的大量使用已经将运动事故率大幅降低，有效保护了运动员和普通运动参与者的安全。化工新材料在众多高速竞技项目装备中的应用是体现其性能提升的关键环节，例如赛车、雪车雪橇、高山速降等项目中的保护措施，多数依托化工新材料的性能体现。

(1) F1 赛车安全防护方案

赛车项目的主要特点是速度快、危险性大，其中 F1 赛车的平均速度最快。F1 赛车是最早应用化工新材料的体育装备之一，F1 赛车的防护方案也是各类赛车中最先进的，如图 3.19 所示。

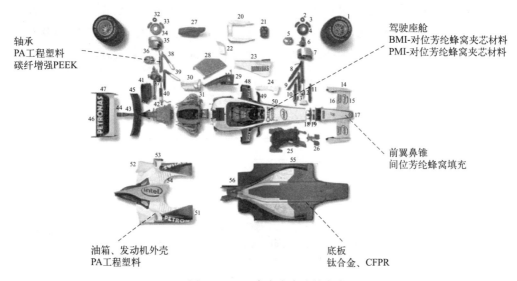

图 3.19 F1 赛车安全防护方案

驾驶座舱位于整个车体的核心部位，为保持座舱在强烈撞击后的完整性，其外壳材料使用 PMI-对位芳纶蜂窝夹芯材料甚至是 BMI-对位芳纶蜂窝夹芯材料，这类材料的最大特点是抗冲击性强，能在极端条件下保持座舱的完整性。座舱前端的前翼鼻锥则主要应用了间位芳纶蜂窝材料，这部分是在发生撞击后以损毁的方式增加缓冲、快速降低动能，因而这部分需要选择强度低于对位芳纶的间位芳纶蜂窝。F1 赛车的轴承主要利用了尼龙（PA）工程塑料和碳纤维增强聚醚醚酮（PEEK），碳纤维增强 PEEK 在飞机起落架上应用较多，用在 F1 赛车轴承上也是为了增加其强度和韧性，PA 工程塑料则为齿轮的主要用材，一方面可以减轻重量，另一方面则减少润滑油的用量。油箱和发动机外壳使用了 PA 工程塑料，有轻质、阻燃的作用，避免了赛车撞击后的大面积起火问题。

我国在赛车领域相关装备的化工新材料发展较为薄弱，上述 F1 赛车所涉及的化工新材料品种国内基本无生产，同时也没有在 F1 赛车上的消费。受到汽车工业发展水平影响，我国没有相关赛车（场地赛车及拉力赛车）的生产线，自然也没有相关化工新材料的消费。由于赛车制造领域的进入门槛较高，预计我国近期进入该领域的概率不大，相关应用的化工新材料发展机会也将较为有限。但部分材料在多领域均有使用，例如 BMI 材料不仅在赛车领域有应用，在前述雪车领域也有应用。

(2) 头盔

头盔是体育装备中用量最大的装备之一，其主要用途是保证运动者的头部安全，绝大多数情况是减轻与外界撞击造成的头部损伤程度。在多数运动中，头盔在达到安全保护作用的同时需要兼顾其他功能的实现，因此不同项目的头盔应用的化工新材料种类也有一定差异。

雪上项目、雪车雪橇、冰球等冬季项目的头盔护目镜需要具备不易粘冰雪、不易产生雾气的特点，因而其护目镜部分需要使用 PMMA 或 PMMA 与 XDI 基聚氨酯光学材料形成的多层材料。而赛车、佩剑项目头盔都需要防止强冲击给运动者面部带来的危险，因而需要使用抗冲击强度更高的 PC。场地自行车、速滑等项目的头盔要求尽最大可能利用空气动力学条件，因此需要材料表面具备足够的光滑性，因而头盔表面材料使用 PC/ABS 较多。

我国是全球生产各类运动头盔最多的国家，绝大多数运动头盔我国都能生产。2023 年，我国生产各类运动头盔约 460 万件，消耗各类化工新材料约 4390 吨。随着我国冬季运动的普及，以及大众体育规范化程度的加深，运动头盔的市场规模将持续快速增长。

（三）舒适兼容类

化工新材料在体育装备中体现出的舒适兼容性特点是面向大众体育，重点体现在各类运动鞋服方面。由于鞋服是直接接触运动者身体部位的装备，因此材料与运动者身体的契合程度是决定鞋服是否舒适的重点。事实上，除鞋服之外的其他运动装备也与舒适性有直接关联，例如球拍与手的切合程度、雪橇与运动员身体流线型的契合程度等也是舒适兼容的重要方面。

鞋类方面以足球鞋为例，图 3.20 中分析了日常大众常见的足球鞋。其中 PA 塑料已广泛用于鞋钉（业余足球不采用金属鞋钉），PTT 纤维、特种 PA 纤维、PU 线已广泛用于鞋面，使鞋面具备舒适透气和保型等特点，聚氨酯弹性体的引入也提升了整个足球鞋的缓冲性能，提升脚与地面、球接触时的舒适程度。

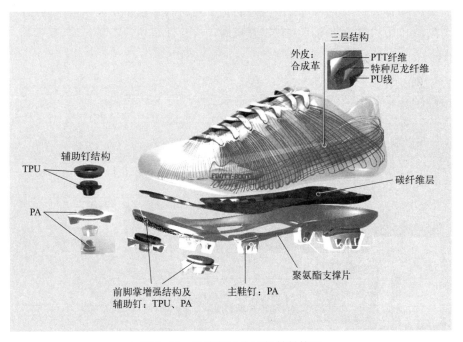

图 3.20 足球鞋用化工新材料情况

服装方面的舒适主要体现在两个方面，一是与运动者身体流线型的契合度，二是服装材料导致运动者皮肤触觉的舒适度。第一个因素中，通常需要运动服材料具有较好的回弹性和可塑性，对运动者身体有一定包裹性，使运动时受到的阻力更小，因而高比例地使用氨纶纤维及其复合纤维。第二个因素中,通常需要运动服具有速干、除菌等功能,例如近年推出的超细中空聚酯纤维材料,其用于生产速干运动服,提升了运动者皮肤与衣服接触时的舒适度。此外,银离子改性超细中空聚酯纤维(聚酯种类为 PET 或 PTT)有杀菌作用,实现了对人体保护的作用,使运动者的舒适程度进一步提升。

二、化工新材料在体育装备领域的市场预测

世界范围内化工新材料在体育装备产业中的应用已经经历了数十年的发展,形成了一定的产业协同体系,越来越多的化工新材料品种被应用于体育装备中,且越来越多高端应用领域的化工新材料在体育装备中逐步推广应用。体育领域作为对性能十分苛求的领域,其发展对化工新材料领域的研发推动力量也不可小觑。

由于用于体育装备制造的化工新材料都具有附加值高的特点,化工新材料在体育装备中的应用最早都是体现在职业体育中,随着技术的成熟和装备价格的下降,逐步推广至大众体育装备。体育装备用化工新材料可以划分为如图 3.21 所示的金字塔结构,位于底层的材料是大众体育中普及的化工新材料,位于中间部分是正在大众体育装备中推广的。由于价格因素,金字塔顶端则是距离大众体育较远,只用于高端职业体育装备生产。未来,化工新材料在体育装备上的应用将呈现出金字塔"下沉"的特点,处于金字塔中间的材料将会逐步向金字塔底移动,而金字塔顶的部分材料也有向中间层移动的可能。虽然金字塔"下沉"将会是一个较长的过程,但受到政策、市场、技术等因素的影响,总体趋势不会改变。根据上述特点预测,短期内体育装备市场中成长性较好的化工新材料是集中在金字塔中间层的材料,而金字塔顶的材料市场规模短期内不会有较大拓展,成长性短期内不易显现。

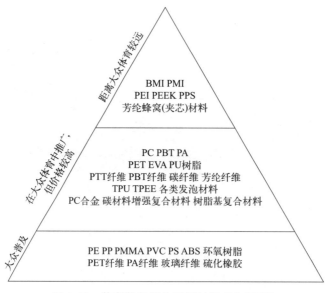

图 3.21 体育装备用化工新材料"金字塔"

目前,处于金字塔底部的材料已经大量用于体育装备生产制造,位于金字塔中部的材料有一部分处于应用推广阶段,而处于金字塔顶的材料我国产能很小甚至尚不能生产,这些高端材料的进口产品也集中用于国防军工等重大领域,在职业体育中的应用正在逐步显现。

2023 年，我国在体育装备生产领域共消费各类化工新材料约 86 万吨（包含鞋服），市场规模约 2530 亿元，体育装备在化工新材料消费下游中的重要性正在逐步显现。与此同时，体育装备对化工新材料的性能要求更迭速度很快，这种对材料升级需求所带来的发展动力也驱动着化工新材料对新品种、改性品种、复合材料牌号的研发工作。世界范围内，化工新材料与体育装备的复合研发体系已经形成，这也将是我国化工新材料领域高端化发展的必经之路。

未来，随着我国化工新材料行业水平的提升和化工新材料服役性能的提升，金字塔顶的材料将逐步用于国产化体育装备的生产。未来，我国化工新材料在体育装备产业中的应用具备良好的成长性，预计 2025 年需求量接近 100 万吨，年均复合增长率接近 7.8%。发泡聚烯烃、PC、PMMA、环氧树脂等已经成熟应用的材料用量将持续良好增长，BMI、PMI、PEEK 等高端产品也将逐步用于体育装备的生产，材料的应用结构也将进一步优化，带动化工新材料行业的消费升级。我国主要化工新材料在体育装备产业中的应用现状及用量预测如表 3.7 所示。

表 3.7 我国体育装备产业用化工新材料主要品种应用现状及预测

材料种类		主要应用	2023 年用量/万吨	2025 年需求预测/万吨	2023—2025 年年均增长率/%	2030 年需求预测/万吨	2026—2030 年年均增长率/%
发泡聚烯烃		护具填充物、球拍框架填充物、头盔填充物等	16800	20000	9.1	29000	7.7
PC 及 PC 合金		头盔外壳、护目镜、射击用气枪、滑雪板、护腿板外壳、冰球场地护墙、场边护板、赛车框架、体操吊环等	49000	55000	5.9	75000	6.4
PMMA		护目镜、头盔护目镜等	17600	20000	6.6	26000	5.4
环氧树脂		场地地坪、碳纤维增强料、聚酰亚胺增强料、体操器械、跳水跳板等	111000	123000	5.3	150000	4.0
碳纤维	T300 及以下	羽/网球拍框架及杆、高尔夫球杆、鱼竿、冰球杆、曲棍球杆、棒球棒、射箭曲弓等	12300	13000	2.8	15000	2.9
	T500	帆船/帆板船体及桅杆、赛艇船体、赛车底盘等	530	600	6.4	800	5.9
	T800 及以上	雪车主结构、赛车用复材等	0.1	0.1	—	0.2	14.9
特种聚酯纤维		田径服、泳衣、射击服、击剑服、足球鞋等	29000	35000	9.9	50000	7.4
不饱和聚酯树脂		棒球棒、台球、赛艇（皮艇）船桨、标枪、撑杆跳高杆	32300	33000	1.1	35000	1.2

续表

材料种类		主要应用	2023年用量/万吨	2025年需求预测/万吨	2023—2025年年均增长率/%	2030年需求预测/万吨	2026—2030年年均增长率/%
聚氨酯/聚脲		护具填充、各种装备外饰涂层	90000	100000	5.4	130000	5.4
TPU		皮划艇船体、冲浪板、球门、护具填充、球拍（柄）手胶、手套、球鞋	16000	18000	6.1	25000	6.8
硅橡胶/特种硅树脂		手持装备连接件、功能地坪、球门、防护板墙等	8000	10000	11.8	15000	8.4
EVA胶黏剂		不同种化工新材料的黏合	5600	6600	8.6	10000	8.7
PA工程塑料		赛车功能结构件、射击用气枪内衬、足球/橄榄球鞋钉及鞋底等	23000	25000	4.3	30000	3.7
特种PA纤维		羽/网球拍线、球鞋鞋面夹层、田径服、泳衣等	14000	15000	3.5	18000	3.7
玻璃纤维		墙板、棒球棒、撑杆跳高杆、马术障碍等	3600	4200	8.0	6000	7.4
芳纶	纤维	羽/网球拍线、攀岩绳索、棒球手套等	460	530	7.3	800	8.6
	蜂窝	赛车、钢架雪车防撞结构、极限滑雪板等	0.01	2	—	8	32.0
PMI		赛车及雪车核心结构件	0	8	—	15	13.4
PEI		赛车及雪车等竞速项目流线型结构件	0	5	—	12	19.1
PEEK		赛车轴承	0	10	—	20	14.9
PPS		雪车/雪橇支承件、自行车车架	0.6	80	—	220	22.4
BMI		赛车及雪车核心结构件	0.01	6	—	15	20.1

根据上述预测情况，化工新材料在我国体育装备产业中的应用主要归结为两类。一类是市场规模增长较快的材料，这类主要为位于金字塔中部的产品，我国具备部分关键原料的生产能力，也具备部分复合材料牌号的生产能力，随着国内消费量的提升和我国材料供给能力的提高，未来将保持较高增速，如PC、PMMA、玻纤等材料。另一类是一些产品应用从无到有的材料，随着我国体育产业的发展水平逐步提高，职业体育对进口材料的依赖需缓解，否则对运动成绩的持久保持不利。在此情形下，部分高端装备的国产化生产能力正在逐步形成，部分金字塔顶端的新材料，如PMI、PEI、PEEK、BMI等的消费量已经出现，这些新材料产品的国产化要求也日益显现。

从进出口金额情况来看，我国体育装备业已长期保持净出口态势。但我国体育装备制造业起步较晚，在国际体育产业价值链中仍处于中低端状态，较为集中的体现是我国体育产品出口的类别主要集中在生产技术水平不高，材料要求门槛较低的领域。

我国体育用品出口最大的领域仍然集中在运动鞋服，以及一些基本配套用品，例如，栏架、接力棒、标枪等。我国体育用品制造业的自主创新能力较弱，长期以来以代工、贴牌和加工贸易的粗放型发展为主，贸易结构存在明显失衡，核心生产要素（如研发、设计人才）比较匮乏，这在很大程度上制约了我国体育制造业出口产品质量的提高。中国体育产品出口市场竞争激烈，许多企业试图通过降低产品成本来获得价格竞争优势，然而追求低成本往往是以使用劣质原材料或放松生产过程中的质量管控来实现的，导致无法保证产品的质量。同时，供应链不稳定、供应商质量不可靠等问题也会影响出口产品的质量。

三、化工新材料在体育装备领域的发展瓶颈

由于我国体育装备业起步晚，形成品牌效应的生产企业数量少，对化工新材料的使用深度也较为有限，由此导致我国体育装备用化工新材料的发展相比发达经济体显现出明显滞后的状态。对进口产品的依赖进一步导致我国化工新材料在体育装备方面的应用和推广依然面临巨大的竞争压力，主要体现在以下几个方面。

首先，化工新材料产业受体育装备业的认可度存在欠缺。我国销售的体育装备中进口品牌占比较大，虽然很多产品由我国生产，但技术指标和材料使用要求由品牌商设定，多数国外厂商与材料供应商有长期合作关系，因此即便在我国生产也大量使用进口材料，这使得我国自产的化工新材料使用受限。例如，羽毛球拍的10大品牌中，我国全自主品牌只有两家，销售份额不到5%，其材料也部分进口自日本企业。冰雪运动装备方面，除了滑雪板、冰鞋和头盔我国自主化程度较高之外，其他装备几乎全部是进口产品主导市场。这种局面的形成主要是两方面原因，一方面是我国高端运动装备的自给能力有限，另一方面是消费侧更青睐进口品牌或生产商与国外材料供应商形成了紧密的供货关系。上述产业链脱节的情况，导致了我国化工新材料在体育装备领域的市场占有率增长缓慢，也导致了我国化工新材料产业一直难以将体育装备业作为重要的消费下游，化工新材料行业与体育装备业之间尚未形成有效的协同与联系。

其次，产品价格对消费结构的影响明显。化工新材料的使用在提升体育装备水平的同时也提高了体育装备的价格，这使得大众消费结构依然处于低端状态，使用化工新材料较多的装备消费量依然很小。2023年，我国体育装备消费结构中，鞋服占到约60%，球拍等外置装备仅占到25%，而鞋服中使用的化工新材料多数为普通牌号产品，高端牌号的化工新材料主要用于外置装备和智能装备中，高端装备的消费量少，消费结构总体偏低，不利于在体育装备上推广和应用化工新材料。

再次，我国化工新材料总体发展的功能化、定制化水平存在较大差距，这也阻碍着其在体育产业中的应用。我国化工新材料行业总体处于较为基础的发展阶段，随着体育装备业对材料定制化需求的日益丰富，功能化、多牌号的研发生产要求日趋提升。我国化工新材料在化学改性、复合材料生产等技术较为落后，小批量的特种牌号产品很难快速上市，因而在生产体育装备产品时自主材料生产企业很难实现持续研发并长期适应产品的快速更迭，很难满足相关的原料保障要求。另外，我国体育装备用化工新材料没有形成有效的研发体系，众多

材料的服役性能不理想，很难在装备上实现应用。因此，体育装备用化工新材料的研发应进一步立足于应用，构建应用研究与材料创新一体化的高效研发体系，逐步打造操作灵活的弹性生产装置，以适应多牌号的定制化产品需求。

在上述问题影响下，我国一直未能形成化工新材料生产企业与体育装备生产企业的直供模式。该模式在发达经济体中已较为常见，如表 3.8 所示，世界知名的大型跨国化工企业与世界级体育装备生产企业均有成熟的供应体系。在这种供应关系形成的同时，一体化的研发体系也随之形成，例如，宝马、雷诺等汽车生产商均将赛车业务独立出来，并在赛车用化工新材料方面与赢创、科思创、三菱化学等跨国化工企业形成研发、生产合作，这种直供模式的形成使化工新材料生产企业受市场波动影响小。我国化工新材料生产企业也应寻求这种供应模式，在这种模式下我国自主生产的化工新材料才能占据稳定的市场份额，并在此基础上实现新产品研发及应用推广。

表 3.8　知名跨国化工企业与体育装备企业的直供模式

生产企业	直供的体育装备企业	产品	牌号举例
三菱化学	川崎（Kawasaki）、维克多（Victor）、尤尼克斯（Yonex）	CFRP	PyrofilTM
科思创	阿迪达斯（Addidas）、宝马赛车（BMW Motorsport）	TPU PC	Desmodur® Makrolon®
赢创	宝马索伯（BMW Sauber）	BMI	Compimide®
杜邦	雷诺体育（Renault Sport）、威尔森（Wilson）、宝马索伯（BMW Sauber）	芳纶蜂窝	Kevlar®
帝斯曼	宝马（BMW）、达西（Dassi）	UHMWPE	Dyneema®

四、化工新材料在体育装备领域的发展机遇

虽然我国化工新材料在体育产业中的发展将继续面临多种困难，但发展机遇并存。发展机遇主要包括以下几个方面。

其一，我国举办大型赛事将激发全社会对体育的关注，推动体育产业的发展，体育装备业的市场空间将被扩大。参照周边国家经验可以粗略判断体育装备用化工新材料的发展周期，例如，1998 年日本长野冬奥会后的几年内，日本兴起了一批体育装备生产企业，这些企业从那时起开始与三菱化学、旭化成等化工生产企业形成合作研发模式，日本的体育装备用化工新材料在 21 世纪初达到与美国技术实力相当的水平，这种格局一直保持到现在。我国已成功举办 2022 年冬奥会，在这个奥运周期，我国体育装备用化工新材料迎来了一个新的发展热潮。杭州亚运会、众多国际体育单项赛的举办进一步强化了体育产业的发展动力，进而为体育装备用化工新材料的需求释放提供了持续发展动力。

其二，"十五五"期间我国化工行业发展的主题是发展新质生产力，化工新材料是化工行业与国民经济其他领域形成衔接的重要窗口，其在相关领域的应用将成为其协同耦合发展的核心动力。体育装备领域对化工新材料的应用范围广，从常规产品到高端产品均有应用。例如大众体育中使用的化工新材料主要集中在我国自给率较高的领域，而职业竞技体育使用的化工新材料涉及高端产品较多，部分可与航空航天装备类比，这类产品进口依赖严重。因此，未来化工新材料在体育装备领域的发展仍存在巨大的提升空间，特别是在特种复合材

料、牌号多元化等方面。

其三，我国大众体育参与程度正处于持续提升的阶段，体育装备的消费具备增长空间。例如，我国马拉松热潮等现象带来的全民健身人数的增多，智能运动装备的市场份额已逐步扩大，智能运动装备的逐步普及使化工新材料的应用结构开始发生变化，这种消费结构的改善和升级将有可能为体育装备用化工新材料提供新的增长极。

其四，竞技体育对部分材料的限制将可能导致装备价格下降，从而推动高端装备逐步面向大众。例如，为追求运动员净能力的展现，高科技泳衣早在2008年北京奥运会前被国际泳联禁用，相关泳衣材料的研发也已停止。此后，高科技泳衣系列的降档产品开始逐步面向大众，进入市场竞争中，价格逐步降低，现在已基本进入大众消费。

其五，我国化工新材料行业发展水平的提升将为体育装备领域的应用带来更多的发展可能。以往我国化工新材料的创新点在航空航天、轨道交通、节能环保、电子信息、医疗大健康等国民经济所必须的发展领域，而随着我国化工新材料行业发展水平的高端化，我国将逐步具备发展和推广体育装备领域的能力。

其六，通过我国近些年体育产业的快速推进，大众体育发展已经进入新的历史阶段，亲身融入大众体育中的人越来越多，致使各行各业对体育产业的关注度空前提升，大众对体育产业重要性的认知也愈发清晰。在此背景下，化工新材料生产企业、研发机构、行业人才对体育装备领域应用的关注度逐步提高，这将为化工新材料在体育装备领域中的应用带来重要的政策、人才、技术、资金支持。

五、化工新材料在体育装备领域的发展建议

综合上述分析和研究，我国化工新材料在体育装备领域的发展具有广阔的发展潜力，在"十四五"时期乃至更长远的时期内，体育装备领域的应用都将是化工新材料产业发展的主攻方向之一。体育装备领域对化工新材料的要求很高，部分材料与航空航天等高端应用领域处于类似的水平线上。未来，化工新材料在体育装备领域的应用水平可能成为衡量我国化工新材料产业发展水平的一项参考指标。在此条件下，今后我国化工新材料在体育装备领域的发展应注重以下四大关系，并解决其中可能存在的发展矛盾。

（1）研发与应用

研发与应用的关系实际上是我国化工新材料产业长期以来存在的发展问题，体育装备领域也同样具备此方面问题。我国化工新材料普遍体现出的问题是服役性能较差、产品牌号少、定制化服务适应能力弱等，这些问题在体育装备上也同样存在，这使得我国化工新材料与国际领先供货商相比很难具备竞争力。为解决这个问题，应借助国家大力支持体育产业发展的重要契机，建立体育产业与化工新材料产业的协同发展体系，促进体育装备产业与化工新材料产业协同发展机制的形成，从新材料的应用角度出发，以提升材料的服役性能为初衷，提高定制化服务水平，开展应用研究和市场推广，并逐步降低材料生产成本，控制产品价格，提升我国化工新材料在体育装备领域的自给能力。

（2）品牌与竞争

品牌与竞争的关系是我国作为化工新材料的后发者必然要面临的问题。由于美国、欧洲、日本等发达经济体介入体育装备行业早，并通过其生产商的长期扩张，已经形成了众多

具备国际影响力的品牌,而这些生产商所用化工新材料的供应商也大多形成固定合作关系,这种关系已覆盖了绝大多数的体育项目,且多数国内消费者对进口装备的认可度很高。在这种发展背景下,我国化工新材料企业进入市场竞争的难度极大。但我国生产商也并非不具备发展条件,如何与现有具有品牌效应的体育装备制造商形成有效合作,并逐步将国产化工新材料应用并推介至市场中,是解决品牌与竞争关系的一种途径。

(3)局部与整体

由于体育装备应用领域是化工新材料下游消费的子领域,因此需要理顺并利用整体与局部的发展关系。体育装备领域的发展具备产品高速更替的客观特点,而我国"从无到有"开创自成体系的一套材料研发体系的进程必然很慢,发展专门为体育装备领域提供材料解决方案的企业也不具备科学性。因此,结合我国现有化工新材料研发体系,延伸出体育装备领域用材的研发分支是较为可行的发展路径。这样可以局部既依托于整体,又正向反馈至整体,对提升化工新材料产业的整体发展效率有积极意义。

(4)职业与大众

体育装备领域特有的一大特点是职业体育与大众体育的巨大差异,从前述化工新材料在体育装备应用领域的金字塔分布可见,职业体育与大众体育对装备及材料的需求存在客观差异。职业体育装备对化工新材料的需求高端,但市场规模很小,而大众体育装备对化工新材料的需求相对普通,但市场规模较大。与此同时,我国化工新材料产业对大众体育装备用材的供应能力较强,而对高端的职业体育装备用材十分薄弱,因此这种高端严重短缺的局面需要有所缓解。在高端领域研发投入大而市场规模小的发展矛盾下,提升高端产品的需求量,对研发动力的提升有积极作用,由此可见推动高端产品的大众化具有现实意义。

第四节　化工新材料在新能源领域的应用

中国化工经济技术发展中心　杨瑞影　程丽鸿

一、概述

在全球碳达峰、碳中和目标的约束下,能源转型正在成为世界主要国家的共识,新能源也正在成为越来越多国家的国家战略。新能源汽车、锂电、光伏、风电、储能、氢能等新能源产业将受到前所未有的重视,获得良好的发展机遇。党的十八大以来,我国新型能源体系加快构建,能源保障基础不断夯实,新能源产业实现了跨越式发展,装机规模连续多年稳居世界第一,技术水平全球领先,产业竞争力显著增强,为全球能源转型提供了新方案。我国《可再生能源发展"十四五"规划》指出,到"十四五"末,可再生能源发电装机占我国电力总装机容量的比例将超过50%。

截至2023年底,全国可再生能源发电总装机容量达15.16亿千瓦,占全国发电总装机容量的51.9%,历史性超过火电装机容量,成为电力装机的主体,提前两年完成"十四五"规划目标。其中,风电、光伏发电合计装机容量突破10亿千瓦,在全国发电总装机容量中的比重达到34%。

2023年我国可再生能源发展呈现了以下新特点：一是大规模发展，全年可再生能源装机规模占全国发电总装机容量的比重超过50%，可再生能源发电量约占全社会用电量的1/3；二是高比例发展，2023年可再生能源新增装机超3亿千瓦，占全部新增装机的85%；三是市场化消纳占比进一步提升，2023年新能源市场化交易电量6845亿千瓦时，占新能源总发电量的47.3%；四是高质量发展，既大规模开发，也高水平消纳，风电和光伏利用率继续维持97.3%和98%的高水平，进一步保障了电力稳定可靠供应。

新能源产业上游主要包括太阳能、光伏、水能和风能等新能源及可再生能源发电设备、组件及零部件制造商；中游作为整条产业链的重要环节，主要包含光伏发电、风电、氢能和水电等；下游主要包括新能源汽车、加氢站、充电桩和输变电等公共及个人应用领域。

新能源产业的强劲发展带动了我国化工新材料产业的快速发展。本文将对新能源汽车锂电、光伏、风电、氢能四大重点新能源领域所用的化工新材料进行梳理。

二、关键材料

（一）锂电池材料

锂电池是一类依靠锂离子在正极与负极之间移动来达到充放电目的的一种可充电电池，主要由正极、负极、电解液、隔膜四个部分组成。根据正极材料不同，锂电池可分为钴酸锂、锰酸锂、磷酸铁锂和三元电池等。根据应用领域不同，锂电池分为动力锂电池、储能锂电池和消费锂电池。其中，动力锂电池主要应用于新能源汽车领域；储能锂电池主要应用于电力领域；消费电池主要应用于笔记本电脑、智能手机、移动电源等传统领域。从应用端占比来看，动力电池占锂电池总出货量的72.0%以上，已成为锂离子电池行业的主导力量；其次是储能锂电池，占比达18.6%，第三是消费锂电池，占比达9.4%。

在全球双碳目标、能源安全等影响因素的共同驱动下，新能源汽车成为全球汽车产业转型发展的主要方向和促进世界经济持续增长的重要引擎，全球新能源汽车销量及渗透率进入快速提升阶段。2023年全球新能源汽车销量1465.3万辆。预计2025年，全球新能源汽车销售量将达2100万辆，2023—2025年年均增长率为19.7%。

我国新能源汽车已进入快速增长期。2023年，我国新能源汽车销量为949.5万辆，占全球新能源汽车销量的64.8%，连续9年保持全球第一；占我国汽车新车总销量的31.6%，提前三年完成《新能源汽车产业发展规划（2021—2035年）》中2025年规划目标。国内外新能源汽车产业的迅猛发展，激发动力电池市场的强劲需求。锂电池是目前最成熟的新能源汽车用动力电池，未来发展潜力巨大。

从全球锂电池出货量情况来看，根据EVTank数据显示，2023年全球锂电池行业出货量达到1202.6GWh。预计全球锂电池出货量在2025年和2030年将分别达到1926.0GWh和5004.3GWh。2023年我国锂电池出货量达到887.4GWh，占全球锂电池总出货量的73.8%，出货量占比继续提升；宁德时代、比亚迪等已成为全球动力电池的主力供应商，全球十大动力锂电池厂商排名中，中国占据了6席，其中宁德时代连续六年位列全球第一。

随着新能源汽车产业及储能产业的快速发展，动力锂电池及储能锂电池出货量持续走高，我国锂电池材料行业迎来了前所未有的战略机遇期。

1. 正极材料

正极材料是锂电池电化学性能的决定性因素，对电池的能量密度及安全性能起主导作用，且正极材料占锂电池材料成本的比例达 30%～40%。目前，已商业化的锂电池正极材料主要有镍钴锰酸锂（NCM）/镍钴铝酸锂（NCA）三元正极材料、磷酸铁锂（LFP）、钴酸锂（LCO）、锰酸锂（LMO）四种，其中磷酸铁锂正极和三元正极是两种主流产品。根据 EVTank 数据，2023 年我国锂电池正极材料出货结构中，磷酸铁锂正极材料出货量为 163.8 万吨，占正极材料出货量的 66.2%，较 2022 年进一步提升；三元材料出货量 66.4 万吨，占正极材料出货量的 26.8%，市场份额进一步被磷酸铁锂替代，占比逐步走低。

目前，中国是全球正极材料主要产能集中地，占比约 60%，头部集中化趋势显现。2023 年，我国磷酸铁锂正极材料出货量前十的企业包括湖南裕能、德方纳米、万润能源、龙蟠科技、融通高科、友山科技、国轩高科、金堂时代、安达科技和江西升华；三元正极材料出货量前十的企业包括容百科技、天津巴莫、当升科技、长远锂科、南通瑞翔、贝特瑞、广东邦普、厦钨新能源、贵州振华和宜宾锂宝。

(1) 磷酸铁锂

磷酸铁锂是锂电池四大正极材料之一，相对于其他三大正极材料来说，磷酸铁锂具有成本低、循环寿命长、安全性好等优势，但是能量密度相对较低。国内外实现磷酸铁锂量产的合成方法主要是高温固相法，该法是以碳酸锂、氢氧化锂等为锂源，以草酸亚铁、乙二酸亚铁、氧化铁和磷酸铁等为铁源，磷酸根主要来源于磷酸二氢铵等。

磷酸铁锂电池下游市场空间广阔，主要用于新能源汽车动力电池、储能、5G 基站、船舶等领域。受磷酸铁锂下游需求旺盛拉动，我国磷酸铁锂进入扩产热潮。湖南裕能、邦盛集团、富临精工、中核钛白等企业纷纷布局磷酸铁锂产能建设。

(2) 三元正极材料

三元正极材料是一种新型正极材料，通常由镍、钴、锰或镍、钴、铝组成，目前主流的三元正极材料为镍钴铝酸锂（NCA）及镍钴锰酸锂（NCM）。NCA/NCM 三元正极材料兼具高能量密度、高续航里程等优势。近几年随着消费补贴的逐步退出，磷酸铁锂逐步挤占了三元正极材料的市场份额，三元正极材料虽然总出货量增速较快，但在正极材料中的占比不断下降。

三元正极材料前驱体是生产三元正极材料最核心的上游产品，通过将前驱体与不同的锂盐高温混合烧结制成三元正极材料。根据镍、钴、锰（铝）摩尔比不同，三元前驱体可细分为 NCM811、NCM622 型、NCM523 等型号。近年来随着三元正极材料的出货量不断提升，三元前驱体市场需求也不断增长。未来，在新能源车持续向高能量密度、高续航里程发展背景下，高镍三元正极材料被众多车企作为实现高续航里程场景的商业化方案，市场占有率逐年提升，出货量呈现稳定增长趋势，NCM622、NCM811 等高镍三元材料处于蓝海市场。

(3) 其他正极材料

① 磷酸铁钠　磷酸铁钠与磷酸铁锂类似，有磷铁钠石和橄榄石两种晶型。磷铁钠石结构热力学比较稳定，但电化学活性较差；橄榄石结构具有较好的电化学性能，但只能通过化学或电化学先脱锂再嵌钠的方式制备。目前，磷酸铁钠还处于前期研发阶段。

② 磷酸锰铁锂　磷酸锰铁锂为"磷酸铁锂的升级版"，是一种新型的锂电池正极材料，具有高能量密度、长寿命、安全性好等优点，已成为新一代绿色能源储存装置的重要组成部

分。磷酸锰铁锂兼具磷酸铁锂、磷酸锰锂的优点，具有良好的发展机遇。但是，磷酸锰铁锂从技术层面可能存在难点，例如铁锂是半导体，而锰铁锂是绝缘体，锰铁锂的颗粒很小导致加工技术路线很难，具备很高的技术壁垒。

③ 硫酸镁铁锂　硫酸镁铁锂作为一种正极材料，目前还处于前期研发阶段。

2. 负极材料

负极材料可分为碳基负极材料和非碳基负极材料，其中碳基负极材料包括石墨、碳纳米管、石墨烯、碳纤维等，石墨又可分为人造石墨、天然石墨、中间相碳微球等；非碳基负极材料包括硅碳复合材料、钛酸锂、锡类合金负极等。

碳基负极材料具有高比容量、低电化学电势、良好的循环性能、低成本、在空气中稳定等优点，是目前市场上最成熟的锂电池负极材料，尤其是人造石墨和天然石墨，是当下甚至更长时间内锂电池负极材料的主流，2023年石墨类负极材料市场占有率在95%以上。人造石墨主要用于大容量车用动力电池和倍率电池以及中高端电子产品锂电池，是主流的碳基负极材料；天然石墨主要用于小型锂电池和一般用途的电子产品锂电池；中间相碳微球和硬碳材料均已小批量工业化应用，但还存在比能量低、安全性能差、成本高、技术不成熟的缺点。

非碳基负极材料仍不成熟，大多数还处于研发阶段，目前最有可能率先取得突破的是硅基负极材料。这是因为石墨理论比容量为372mAh/g，目前部分厂家产品可达365mAh/g，接近极限值；而硅基负极材料理论比容量在4200mAh/g左右，远高于石墨负极材料，是极具应用潜力的新型负极材料。但由于技术成熟度以及与负极其他材料的匹配问题，目前尚未大规模应用。

我国负极材料企业的竞争格局相对稳定，主要企业有璞泰来、贝特瑞、江西紫宸、杉杉股份、凯金新能源、翔丰华、尚太、中科星城等，其中贝特瑞和杉杉股份分别以22.7%和16.8%的市场份额排名第一和第二。国外的韩国浦项化学和日本日立化成也是重要企业。

(1) 碳基负极材料

天然石墨负极材料的上游原料为天然石墨矿石，人造石墨负极材料的上游原料是针状焦、石油焦、沥青焦等。碳系负极材料成本中，原材料与石墨化加工环节占比超过85%，是负极产品成本控制的两个关键环节。目前，随着全球竞争加剧，愈来愈多的负极材料企业通过产业链纵向一体化布局，把控关键生产环节与核心原材料，实现降本增效。贝特瑞、杉杉股份、璞泰来等龙头企业通过外部收购、建设一体化基地项目等方式实现石墨化自供，同时石墨化加工企业也向前布局进入负极材料制造体系。此外，也有龙头企业通过获得矿山开采权、参股等方式实现针状焦原材料的自供。一体化布局已经成为负极材料企业构筑核心竞争力的重要一环。

(2) 非碳基负极材料

① 硅基负极材料　硅基负极材料又分硅碳负极、硅氧碳负极等不同类型，因其极高的理论容量，被认为是下一代高能量密度锂电池负极材料的主要研究方向。目前，硅碳负极材料仍处于产业早期。2021年以来特斯拉和宁德时代等企业已陆续推出了使用硅碳负极材料的高能量密度动力电池，部分负极企业也开始投资建设硅碳负极产线，这进一步催生了硅基负极材料的需求爆发。

贝特瑞是国内最早量产硅碳负极材料的企业，目前拥有0.3万吨/年产能；此外，正在建设4万吨/年硅基负极材料项目，首期1.5万吨/年将在2024年陆续建成投产；贝特瑞量产产品中覆盖硅碳负极、硅氧碳负极两个品种，产品主要供给日本松下。硅宝科技 1000 吨/年硅碳负极材料中试生产线已于 2023 年建成投产，同时规划中的 1 万吨/年项目将于 2024 年投产 0.3 万吨/年。此外，杉杉股份、翔丰华、璞泰来、石大胜华等均在布局硅碳负极材料项目。

② 金属锂负极材料　全固态电池负极材料目前主要集中在金属锂负极材料、碳族负极材料和氧化物负极材料三大类，其中金属锂负极材料因其高容量和低电位的优点成为全固态锂电池最主要的负极材料之一，采用金属锂做负极材料，有望提升 40%～50% 的能量密度。

日本、韩国在固态电池开发领域处于技术领先地位，主要布局企业及研究院所有丰田、日立、三星、LG 化学等；欧美多家企业正在发展固态电池核心技术，如美国 SEEO Inc.、Quantum Scape 等公司，英国 DySon，德国 Bosch、BMW 等公司以及法国 BatScap、Bolloré 等公司。国内聚焦开发固态电池的企业主要包括北京卫蓝、浙江赣锋、清陶新能源、中国台湾辉能、宁德时代、比亚迪等。

③ 钛酸锂负极材料　具有尖晶石型结构的钛酸锂是新型负极材料之一。与石墨负极材料相比，钛酸锂具有更高的嵌锂电位、更好的热力学稳定性、更高的安全性、优异的低温性能及快速充电能力。钛酸锂虽然具有上述诸多优点，但是自 1989 年首次被用作负极材料以来仍未获得所预期的快速产业化，主要原因有两点：一是钛酸锂材料本征的绝缘属性极大限制了其在大电流充放电条件下的倍率性能；二是钛酸锂在充放电循环和存储过程中存在"胀气"现象，即电池内部不断产生气体，特别是在高温条件下，胀气更为严重。

目前，钛酸锂负极已经进入产业化前期阶段，小批量用于高功率动力电池的生产（比容量 160mAh/g），用于电动消防车等领域。主要生产企业有安徽天康集团、众和股份、贝特瑞等，目前在建项目有台州闪能、云南港烽、科达铂锐等。

④ 锡基负极材料　锡基负极材料因理论容量高、安全性好、价格便宜和自然资源丰富等优点，被认为是一种很有前景的高性能负极材料，主要包括锡金属、锡基合金、锡基氧化物以及锡/碳复合材料等。锡基合金材料是钠电负极研究的热点之一，SnCoC 是锡合金负极材料中商业化较成功的一类材料，能有效抑制充放电过程中电极材料的体积变化，提高循环寿命。2011 年，SONY 公司宣布将锡系非晶化材料用作容量为 3.5Ah 的 18650 圆柱电池负极材料。SnO_2 因具有较高的理论比容量（781mAh/g）而备受关注，然而其在应用过程中也存在首次不可逆容量大，嵌锂时会存在较大的体积效应，循环过程中容易团聚等问题。

随着钠离子电池关注度的不断升温，相信在多重利好的加持下，未来会有更多锡基负极材料研究成果出现。

3. 电解液

电解液是锂离子电池的关键原材料之一，是锂离子电池的"血液"，在电池正负极之间起到传导锂离子的作用，对锂电池的能量密度、比容量、工作温度范围、循环寿命、安全性能等均有重要影响。电解液一般由电解质锂盐、有机溶剂、各类添加剂等材料按一定比例配制而成，其中有机溶剂占电解液的质量分数可达 80%～90%。电解液成本约占动力电池总成本的 10%～15%。

目前，全球电解液产业是中国、日本、韩国三分天下的格局，占据了 95% 的市场份额，拥有日本宇部兴产、三菱化学，韩国旭成化学，中国新宙邦、国泰华荣、天赐材料、天津金牛电源材料等龙头企业。我国电解液产业起步晚，借助消费市场与制造成本优势，发展势头强劲，形成比较成熟的产业链，呈现头部企业集中、中小企业众多的特点，并已进入三星、

LG 等海外锂电池龙头企业供应链，但是在部分功能添加剂的设计和生产方面还需进口。

(1) 电解液溶剂

目前市场上常用的电解液溶剂有碳酸酯类、羧酸酯类、醚类等，其中碳酸酯类是主体溶剂，约占溶剂总量的 85%。碳酸酯类主要产品包括碳酸乙烯酯（EC）、碳酸丙烯酯（PC）、碳酸二甲酯（DMC）、碳酸二乙酯（DEC）和碳酸甲乙酯（EMC）等，其中 DMC 和 EC 使用范围较广，占比可达 30%~40%；DEC 和 EMC 占比在 10%~15%；PC 因黏度较高等原因使用比例在 10% 以下。一般情况下，单一溶剂难以满足锂电池需求，通常采用多种溶剂混合使用。

电解液溶剂在使用前必须严格控制质量，如要求纯度在 99.9% 以上，水分含量必须达到 10×10^{-6} 以下。我国电解液溶剂的主要生产企业有石大胜华、东营海科、奥克化学、辽宁港隆、中科宏业、鲁恒升、浙石化、中盐安徽红四方、北京格瑞华阳、铜陵金泰化工、苏州华源、唐山朝阳化工等。

(2) 电解液添加剂

锂电池电解液添加剂种类众多，目前在商业应用的有 20 多个品种，但总体使用量较低，在电解液中质量占比 5%~10%，成本占比约 20%。常用的电解液添加剂主要有碳酸亚乙烯酯（VC）、氟代碳酸乙烯酯（FEC）、1,3-丙磺酸内酯（1,3-PS）以及双草酸硼酸锂（LiBOB）等，其中碳酸亚乙烯酯、氟代碳酸乙烯酯是最常用的添加剂，二者合计占电解液添加剂市场份额的 2/3。1,3-丙磺酸内酯以及双草酸硼酸锂等添加剂对电池性能的改善作用逐渐明显，整体出货量逐年增加。

全球添加剂的产量主要集中在中国。从出货量来看，日韩企业的市场份额为 14% 左右，中国企业的市场份额为 86%。国外电解液添加剂的主要企业包括日本三菱、宇部、三井、和光纯药、中央硝子、韩国天宝等，但是基本只生产除 VC、FEC 和 PS 等常规添加剂之外的新型添加剂。我国添加剂主要企业包括江苏华盛、淮安瀚康（新宙邦）、苏州华一、永太科技、天赐材料等，各企业都在加速布局，目前都披露了扩产计划。

① 氟代碳酸乙烯酯　电子级氟代碳酸乙烯酯（简称 FEC）是一种高倍率动力锂电池用电解液添加剂，能在负极形成结构紧密、性能更好的固体电解界面膜（SEI 膜），在提升锂离子电池的续航能力、使用寿命与安全性方面具有重要作用。我国是全球主要的电子级 FEC 生产国，产品不仅供应国内锂电池电解液生产企业，还大量出口至韩国、日本等国家，行业竞争力相对较强；主要生产企业有江苏华盛锂电、新宙邦、苏州华一、荣成青木、浙江天硕氟硅新材料等。

② 碳酸亚乙烯酯　碳酸亚乙烯酯（VC）作为锂电池电解液中重要的添加剂，能够在锂电池初次充放电中在负极表面发生电化学反应形成 SEI 膜，有效抑制溶剂分子嵌入和锂电池的胀气现象，提高电池寿命，为目前锂电池电解液市场中较为主流的添加剂，市场份额在 36% 左右。VC 在三元电池电解液中的添加比例为 1%~2%，在磷酸铁锂电池电解液中的添加比例一般为 3%~5%。国内 VC 生产企业主要有江苏华盛、永太科技、苏州华一、浙江天硕氟硅新材料、荣成青木、江苏瀚康、山东永浩等。

(3) 电解质锂盐

电解质锂盐是配制电解液关键的一环。锂电池发展至今，已出现过六氟磷酸锂（$LiPF_6$）、双氟磺酸亚胺锂（LiFSI）、双（三氟甲基磺酰）亚胺锂（LiTFSI）、四氟硼酸锂（$LiBF_4$）、高氯酸锂（LiClO$_4$）、六氟砷酸锂（LiAsF$_6$）、二草酸硼酸锂、二甲酸硼酸锂等多种电解质锂盐。电解质锂盐在电解液中质量占比为10%~15%，成本占比约45%。2023年我国电解质锂盐出货量占全球总量的81%。全球出货量排名前三的企业主要为天赐材料、多氟多、天际股份，均为我国企业，三家企业合计市场份额达到62.7%。

① 六氟磷酸锂（LiPF$_6$） LiPF$_6$ 具有较好的离子电导率和电化学稳定性，成本相对较低，同时在一些特定电解液中能够形成对集流体和石墨负极均有保护作用的电解质界面而被广泛应用，目前占据主导地位，是当前最主流的电解质锂盐。

根据EVTank数据，LiPF$_6$ 的平均价格由2022年最高峰的接近60万元/吨下降到2023年底的7万元/吨左右，供需反转是导致LiPF$_6$ 价格下跌的主要原因。近年来，包括多氟多、天赐材料、永太科技、天际股份等在内的相关企业纷纷加码产能。随着下游新能源行业逐步由过去的爆发式增长转变为平稳增长，LiPF$_6$ 价格将逐步告别暴涨暴跌，进入平稳发展的新阶段。

② 双氟磺酸亚胺锂（LiFSI） LiFSI等新型电解质锂盐与LiPF$_6$ 相比，在热稳定性能、电导率、循环寿命、低温性能等有更优异的表现，可以显著弥补LiPF$_6$ 的缺点，并能够很好地契合三元正极高镍化的趋势，已开始应用于电解液中。由于其工艺复杂、良品率低，导致其成本高昂，目前市场上LiFSI的价格远高于LiPF$_6$，因此当前一般将LiFSI作为辅助锂盐与LiPF$_6$ 混合使用，以提升电池容量及电池的电化学性能。

随着生产工艺的不断改进和六氟磷酸锂的价格飙升，LiFSI的性价比开始凸显，需求量不断上升，进而导致全球LiFSI产能不断扩张，大部分产能扩张来自中国。日本触媒，韩国天宝，中国康鹏科技、新宙邦、永太科技、天赐材料、多氟多、三美股份等企业均在扩能。

③ 双（三氟甲基磺酰）亚胺锂（LiTFSI） LiTFSI具有优异的高温稳定性和化学稳定性，分解温度高达370℃，遇水也不会产生HF，作为添加剂使用也能明显降低电解液的高温分解风险。LiTFSI对于磷酸铁锂以及三元材料体系均可发挥较好的作用，对提高电池安全性能具有良好作用，可适应电池超薄化、多样化发展要求。LiTFSI在一次高端锂电池中，从高低温性能、安全性能及容量方面，都大大超越传统的高氯酸锂电池，未来有在高端一次锂电池领域中发挥重要作用的潜质。目前，我国LiTFSI主要生产企业包括中船重工718所、江苏国泰超威新材料有限公司、衢州市九洲化工有限公司等。

④ 四氟硼酸锂（LiBF$_4$） 纯度≥99.9%的LiBF$_4$ 可用作一次或者二次锂电池电解质锂盐，可提高锂电池耐高低温性、循环寿命与使用安全性，扩宽其工作温度范围；LiBF$_4$ 还可以与γ-丁内酯按照一定比例混合使用，进一步提高电解液性能。我国LiBF$_4$ 生产企业主要有苏州佛赛新材料有限公司、多氟多新材料股份有限公司、上海中锂实业有限公司等。

4. 锂电池隔膜

隔膜是锂电池关键内层组件之一，主要作用是使电池的正、负极分隔开来，防止两极接触而短路，同时具有能使电解质离子通过的功能。根据工艺不同，锂电池隔膜分为干法和湿法两种工艺；其中干法又分为单向拉伸和双向拉伸两种工艺。为了增加隔膜的耐热性、机械强度等，后来又出现了涂覆隔膜和多层复合隔膜等其他种类。目前每GWh锂电出货量对应隔膜用量1500万平方米。根据EVTank数据，2023年我国锂电池隔膜出货结构中，湿法隔膜出货量占国内隔膜出货总量的73.1%，干法隔膜出货量占国内隔膜出货总量的26.9%。

目前，世界上最好的锂电池隔膜材料来自旭化成、东燃化学两家日本公司。我国在干法隔膜领域的市场占有率已超过美国、韩国和日本，湿法隔膜进入大幅扩张期。上海恩捷、苏州捷力新能源材料、河北金力等企业已形成特色的产业化发展模式，基本可满足国内动力电池公司对电池隔膜的需求，但生产隔膜的原料和核心装备目前仍依赖进口。目前全球主要隔膜设备企业仅有4家，分别是日本制钢所、日本东芝、德国布鲁克纳、法国伊索普。

（1）湿法隔膜

湿法隔膜孔径小，微孔分布均匀，闭孔温度低，厚度更薄，在同等条件下具有更高的双向拉伸强度和穿刺强度，能够满足中高端新能源汽车长续航的应用需求，是综合性能最好的隔膜，在隔膜高端市场中占据重要地位。加之湿法隔膜可配合涂覆同时使用，整体效果更佳，因此经过陶瓷等涂覆的湿法隔膜正在越来越多地被应用于动力电池市场。但是，湿法隔膜生产设备与工艺复杂、成本高于干法隔膜。

湿法隔膜主要产品是超高分子量聚乙烯薄膜。从全行业来看，锂电池隔膜新增产能以湿法隔膜为主，湿法隔膜在锂电池隔膜材料中的占比将进一步提升，隔膜厚度将由 $9\mu m$ 逐步向 $7\mu m$、$5\mu m$ 转变；下游对隔膜性能要求提升，新型涂覆技术产业化有望加速。

目前国内锂电池湿法隔膜所需的超高分子量聚乙烯高端料主要依赖进口，市场成长空间与进口替代空间大。全球超高分子量聚乙烯生产企业主要有德国塞拉尼斯泰科纳工程塑料公司、美国泰科纳工程塑料公司、美国蒙特尔公司、巴西Braskem公司、日本三井化学等。

（2）干法隔膜

相对于湿法工艺来说，干法隔膜的孔径分布和孔隙率较难控制，另外在同等条件下隔膜的机械强度、穿刺强度也相对较低，但由于干法隔膜成本相对较低，国内动力和储能电池一度多采用干法隔膜。随着国内湿法隔膜工艺的进步和成本的降低，湿法隔膜逐步挤占干法隔膜市场，高端数码产品等便携式电池也主要采用湿法隔膜。目前，干法隔膜主要应用于储能和小型动力电池。

当前干法隔膜主要有单层PP、单层PE、PP＋陶瓷涂覆、PE＋陶瓷涂覆、双层PP/PE、双层PP/PP和三层PP/PE/PP等，主要以三层共挤干法膜为主流产品，近期新增产能以三层共挤产品为主。从应用领域看，单层PP、单层PE产品主要用于消费电池领域，后几类产品主要用于动力和储能电池领域。

此外，新型隔膜产品不断出现，如涂覆聚酯膜（PET）、纤维素膜、聚酰亚胺膜（PI）、聚酰胺膜（PA）、氨纶或芳纶膜等材料。

5. 锂电池其他材料

锂电池其他材料包括铝塑复合包装膜、铜箔、正极浆料用助剂、负极浆料粘接剂、封边胶及胶带等。

（1）铝塑复合包装膜

铝塑复合膜（简称铝塑膜）是锂电池正极专用封装材料，常用于软包电池和刀片电池中，起到保护内部电极、隔绝外界环境的作用。在软包锂电池中，铝塑膜占总材料成本的 $10\%\sim 20\%$，仅次于正极材料和隔膜。铝塑膜由内向外分别为热封层、铝箔层、尼龙层，各层相互之间黏合而成。其中，热封层一般由流延聚丙烯薄膜等组成，主要防止电解液泄漏腐蚀铝箔，且耐穿刺。铝箔层主要由金属铝或铝铁合金构成，其主要是通过与氧气形成氧化膜，阻止水汽深入电芯内，同时也是铝塑膜冲深形变的主要结构。

（2）铜箔

铜箔在锂电池中既充当负极活性材料的载体，又作为负极电子收集和传导的集流体。锂电池铜箔一般为双面光铜箔，根据厚度不同锂电池铜箔可分为薄铜箔（12～18μm）、超薄铜箔（6～12μm）和极薄铜箔（6μm 及以下）。由于新能源汽车对能量密度的要求较高，动力电池倾向于采用超薄及极薄铜箔。尽管锂电池铜箔在锂电池成本占比在 5%～10%，但对电池综合性能具有重要影响。

锂电池铜箔的轻薄化是大势所趋。从目前的锂电池铜箔出货结构来看，仍以 6μm 铜箔为主，而 6μm 以上的锂电池铜箔的应用比例进一步压缩。EVTank 数据显示，2023 年上半年，小于 6μm 的超薄铜箔出货量占比已达 8.5%，主要产品为 4.5μm 锂电池铜箔，龙头铜箔企业正在开发并与下游电池厂验证 3.5μm 的锂电池铜箔。

（3）正极浆料用助剂

锂电池用导电浆料是由导电剂、黏结剂和有机溶剂组成。

常用的正极浆料导电剂主要有炭黑、导电石墨、碳纳米管、碳纤维、石墨烯等。在碳纳米管等新型导电剂出现前，炭黑类、导电石墨类等传统导电剂在锂电池中已经应用多年，技术已经相当成熟，目前仍占全国锂电池导电剂总量的 90% 以上。碳纳米管、石墨烯等新型导电剂以国产为主，添加比例可降低至 0.5%～1.0%。由于碳纳米管导电剂（含其复合导电剂）能显著提升电池性能，是目前导电剂市场中增长最为强劲的部分。

正极浆料黏结剂目前主要是聚偏氟乙烯（PVDF）黏结剂。PVDF 黏结剂具有优异的耐老化性、低介电损耗，以及在电极溶剂中的耐溶胀性，是正极浆料胶黏剂的绝对主流品种。PVDF 黏结剂一般选用 PVDF 均聚物改性，以解决降低结晶度、提高黏结性、适当的分子量和对电解液的溶胀性等问题。聚合物改性的方法、共聚单体的选取、设备参数的设定等都需要复杂的研发、测试，难度较大，仅少数企业具备生产能力，该领域具备较高技术壁垒和较长时间客户验证过程。目前 1GWh 的三元电池消耗 40 吨 PVDF 黏结剂，1GWh 的磷酸铁锂电池消耗 65 吨 PVDF 黏结剂。

正极浆料用的有机溶剂以 N-甲基吡咯烷酮（NMP）为主。在锂电池制造过程中，NMP 既用于溶解 PVDF 正极黏结剂，又可用作锂电池碳纳米管导电浆料的扩散液。每 GWh 锂电池需要 1500～1700 吨 NMP，约占锂电池成本 3%～5%。锂电池应用工艺特性决定了锂电行业 NMP 来源分为合成 NMP 和回收 NMP。NMP 回收率普遍高于 80%，在锂电池领域的损失率较小，绝大部分可实现回收再利用，国内大型 NMP 生产企业都在加大回收提纯 NMP 的生产规模。

（4）负极浆料黏结剂

按照分散介质不同，负极浆料黏结剂可分为水性黏结剂和油性黏结剂。聚偏氟乙烯（PVDF）是锂电池中最常用的油性黏结剂，主要用于电池正极，在负极中也有使用；丁苯胶乳（SBR）是应用最为广泛的水性黏结剂，主要用于电池负极；其他负极黏结剂还有羧甲基纤维素钠（CMC）、聚丙烯酸（PAA）、聚酰亚胺（PI）等。

目前，SBR 黏结剂在锂电池负极黏结剂市场占比高达 98%。SBR 黏结剂的固含量一般为 49%～51%，用量通常占负极材料的 1.5%～3%。从应用端来看，SBR 黏结剂仅适合于碳基负极材料，而不适用于硅基负极材料。有研究表明，羧基含量更高的 PAA 比 CMC 更适用于硅基负极材料。

（5）封边胶及胶带（终止胶带）

锂电池终止胶带是采用聚丙烯为基材，在其上涂覆耐锂电池电解液专用丙烯酸胶水，专门用于锂离子电芯及其他部位的绝缘固定保护。终止胶带多年来一直都依赖进口，主要来自寺岗、日东、3M、TESA等企业，近几年国产胶带的技术质量水平有大幅提高，但暂未发现相关市场数据。

（二）光伏材料

光伏发电已成为全球新增发电量的主体，在能源消费向绿色低碳转型过程中发挥关键作用，全球范围内光伏发电正在加速替代传统能源。从2016年开始，光伏成为全球新增装机容量最大的电源；从2017年开始，光伏新增装机规模超过包括化石能源发电、水电和核电的总装机规模。截至2023年底，全球累计光伏装机容量达1.6TW；其中我国累计光伏装机容量达608.9GW，占比为38.1%。2023年，全球新增光伏装机容量激增87%，至447GW，其中我国新增装机容量253GW，占全球新增总量的57%，领跑全球市场；紧随其后的是美国、巴西、德国和印度。根据国家发改委能源所预测，到2025年我国累计光伏总装机规模将达到730GW左右。

光伏电池按照材料分为晶硅电池和薄膜电池。晶硅电池进一步分为单晶硅和多晶硅；薄膜电池包括碲化镉（CdTe）、铜铟硒（CIS）、铜铟镓硒（CIGS）、砷化镓（GaAs）、铜锌锡硫（CZTS）等多种。薄膜电池巅峰时期占据30%市场份额，目前市场份额被晶硅电池挤压严重，占比不足5%。

光伏电池产业上游主要为晶体硅原料、硅棒/硅锭/硅片，中游为光伏电池、光伏组件，下游为光伏发电系统。光伏电池产业上游一般建在电力价格低廉的地区；下游宜建在阳光资源充足的地方。近年来光伏产业的飞速发展，带动该领域化工新材料的迅猛发展。

1. 单晶硅/多晶硅硅片基材

光伏硅片是生产光伏电池片的核心原材料，主要指硅料经过清洗、拉棒、切片等生产环节后形成的高纯片状硅。光伏硅片的品质直接影响光伏电池的转化效率，其成本的高低将影响下游光伏电池、光伏组件产品的竞争力。根据晶体结构不同，光伏硅片可分为单晶硅片与多晶硅片；2023年中国单晶硅片市场占有率达98%左右，多晶硅片仅2.0%左右，预期未来多晶硅片市场占有率将继续下降，仅在部分细分市场保持应用。

（1）多晶硅

多晶硅是以工业硅为原料，经过化学或物理方法提纯后硅纯度达到99.9999%以上的高纯硅材料。从外观形态分，多晶硅分为块状硅与颗粒硅；按纯度可分为冶金级（工业硅）、太阳能级和电子级。近年来，随着光伏产业进入"平价上网"时代，国内新增光伏装机容量不断突破新高，对应的硅料需求也在连年增加，多晶硅产能迅猛增长。用电成本在多晶硅生产成本中占据较大比重，导致我国多晶硅企业涌向低电价区域，如新疆、四川和内蒙古等地。我国多晶硅主要企业有保利协鑫、永祥股份、能特能源、新疆大全、东方希望、亚洲硅业等。

（2）单晶硅

近年来单晶光伏电池对多晶光伏电池的替代趋势明显加速。目前我国已成为全球最大的单晶硅片生产国，单晶硅片产能占全球的98%。目前单晶硅片量产厚度在 $170\sim180\mu m$，阳光能源和部分企业已具备单晶 $140\mu m$ 的切割技术，在阳光能源和日本夏普合作的N型晶棒业务中，N型硅片实际厚度可以做到 $100\sim120\mu m$。未来单晶硅硅片的发展方向主要是降低成本（大尺寸、薄片化），同时单晶硅产品结构也会继续向增加N型单晶硅片比例方向发展。

我国单晶硅行业的上市公司主要有隆基股份、中环、晶科、广东高景、弘元新材料等。

2. 生产晶硅电池片用的材料

（1）切割液

在光伏硅片切割过程中需要三大耗材：切割液、碳化硅及钢线，起到最重要作用的是碳化硅刃料，而切割液的作用也不容忽视。硅片切割液用量随着光伏行业以及中国硅片加工行业的发展而增长，硅片技术发展趋势是大尺寸与薄片化，需要硅片切割液随之配合变化。国内硅片切割液主要企业有奥克化学、盘锦广淇、连云港佳宇、青州清泽、辽宁科隆等。

（2）光刻胶

光刻胶在光伏电池的制造中主要用于制作电极、导电层、吸光层等，以提高光伏电池效率。目前全球的光刻胶生产企业主要集中在日本与美国，在最为尖端的 ArF 干法光刻胶、ArF 浸没式光刻胶和 EUV 光刻胶产品领域，日本与美国企业拥有绝对的垄断地位，而中国在这些尖端半导体光刻胶产品上虽有一定的技术储备和产品验证，但是在量产层面基本处于空白。

（3）湿电子化学品

光伏电池主要工艺步骤包括清洗制绒、磷扩散制备 P-N 结、硅片清洗、边缘刻蚀以避免短路、沉积反射膜、丝网印刷制备电极等。其中，制绒是通过化学腐蚀方法将光滑的硅片表面腐蚀成凸凹不平的结构，以减少光反射造成的光损失，制绒工艺用的湿电子化学品用量占到光伏电池湿电子化学品总消耗量的 60%～70%。

光伏电池生产过程氢氟酸、氢氧化钾、硝酸、双氧水用量最大。多晶硅采用硝酸、氢氟酸等混合酸液作为腐蚀剂，采用高纯氢氧化钾，氢氟酸+盐酸混合液进行清洗。单晶硅制绒工艺一般采用氢氧化钾等碱性溶液作为腐蚀剂，配合盐酸、氢氟酸进行清洗。近年来单晶硅片占比提升较快，光伏电池领域氢氧化钾、双氧水需求将明显增加。

全球湿电子化学品研究生产主要集中在美国、德国、日本、韩国、中国台湾等地区，主要企业有德国巴斯夫，美国亚什兰化学、Arch 化学，日本关东化学、三菱化学，韩国东友精细化工等。国内湿电子化学品规模以上企业有 30 多家，主要企业有江化微、晶瑞、上海新阳、巨化、光华科技、新宙邦、兴发集团、多氟多等，但在经营规模、产品类别、战略重点等方面与国际企业存在一定的差异。

（4）特种气体

电子特气消费结构中，光伏行业消费占比在 15% 左右。晶体硅电池片生产中的扩散工艺用到 $POCl_3$ 和 O_2，减反射层 PECVD 工艺用到 SiH_4、NH_3，刻蚀工艺用到 CF_4。全球电子特气市场的企业销售占比上，美国空气化工、法国液空、日本大阳日酸、德国林德集团等占据全球市场 91% 的份额，市场高度集中，呈现寡头垄断的格局。国内电子气体供应商有金宏气体、华特气体、中船重工等。

（5）光伏银浆

光伏银浆是光伏电池片制备的核心辅材之一，在电池片的成本占比接近 10%，仅次于硅片。光伏银浆由高纯度银粉、玻璃粉、环氧树脂/乙基纤维素/松油醇等组成。按照银浆在电池片的位置不同，光伏银浆可分为正面银浆和背面银浆，目前正面银浆是主导产品；按照银浆烧结形成在基板导电的温度不同，光伏银浆又可分为高温银浆和低温银浆，目前高温银浆是主流产品，银粉在原材料占比超过 95%。随着光伏电池技术迭代，N 型电池将逐渐替代现有 P 型电池，N 型 TOPCon 电池正面、背面均采用正面银浆，正面银浆尤其是专供 HJT 光伏电池片的低温银浆使用量将进一步提升。

国内光伏银浆已基本实现自给自足，但光伏银浆原料——高纯银粉、低温银浆高度依赖进口，近 90% 的进口光伏银粉来自日本 DOWA 公司。国内光伏银粉生产企业主要有苏州思美特、山东建邦、宁波晶鑫电子材料等。

3. 光伏组件加工用材料

通常情况下，光伏组件的结构为：边框-光伏玻璃-密封材料-硅晶片-密封材料-背板材料-接线盒等。

（1）密封材料（光伏胶膜）

常用的光伏胶膜有乙烯-乙酸乙烯树脂（EVA）胶膜（包括透明 EVA 胶膜和白色 EVA 胶膜）、聚烯烃弹性体（POE）胶膜、共挤型 POE（EPE）胶膜三种，厚度在 $500\sim700\mu m$ 之间。

EVA 光伏胶膜凭借其黏着力、耐久性、光学特性、成本等方面的优势一直是光伏组件中应用最广泛的封装材料，目前 EVA 光伏胶膜约占光伏胶膜市场的 65% 左右。EVA 树脂占 EVA 胶膜总成本的 89%，光伏胶膜用 EVA 树脂 VA 含量一般要求在 28%～33%。

与 EVA 胶膜相比，POE 胶膜具有更高的水汽阻隔率、耐候性能和更强的抗 PID 性能，可以有效降低 PID 效应，主要用于单晶 PERC（发射极和背面钝化电池）双面、N 型电池组件的封装。最近几年单晶硅电池组件市场占有率不断提高，POE 胶膜的渗透率也在不断提升。

目前，我国光伏胶膜生产商已成为全球光伏胶膜市场的主导力量。除国外企业日本普利司通公司产能为 0.8 亿平方米/年外，其余生产商基本为我国企业。其中，福斯特公司是全球最大的光伏胶膜生产企业，市场占有率达到 40% 以上，排名第一；排名第二、第三的公司分别为斯威克公司和海优威公司，市场占有率分别约为 14% 和 12%。

（2）背板膜

商用晶硅光伏电池组件的使用寿命要求为 25 年，通常光伏组件由玻璃-密封材料-电池片-密封材料-背板的结构封装而成，背板位于光伏组件最外层，是光伏组件的关键保护材料，而最外层材料背板膜则是决定背板使用寿命的关键因素。

目前市场上背板膜主要分为有机高分子类和无机物类，有机高分子类包括双面含氟、单面含氟和不含氟三类；无机物类主要为玻璃。按照生产工艺来分，背板膜主要分为复合型、涂覆型和共挤型。复合型背板膜多为用 PVF 或 PVDF 树脂加工生产的氟膜，通过胶黏剂与 PET 基膜黏结复合而成，是目前光伏电池背板产品的主要生产方式，以 TPT/TPE/TPF、KPK/KPF/KPE 结构最为常见。涂覆型背板膜主要以 FEVE 氟树脂制备成的氟碳涂料为原料，采用涂覆工艺涂布到 PET 基膜表面后再经高温固化制备而成。涂覆/复合型背板膜空气面多为用 PVF 或 PVDF 树脂加工生产的氟膜，以 TPC/KPC 结构最为常见，是目前光伏电池背板产品的主要生产方式。

① PET 基膜　全球背板 PET 基膜的龙头企业是日本东丽、帝人-杜邦、韩国 SKC、三菱化学；国内主流背板 PET 基膜企业是东材科技和裕兴股份。随着 BOPET 新企业的不断加入，产业集中度逐步降低。国产化 PET 基膜具有明显的价格优势，国内光伏电池背膜用 PET 基膜已基本实现进口替代。PET 基膜主流供应商如双星彩塑、裕兴薄膜等企业进行扩产，加之新进供应商的增加，导致 PET 基膜价格下跌。目前制膜设备仍然掌握在国外企业手中。

② 复合型背板用氟膜　随着国内企业 PVDF 膜的配方和制造工艺的不断提高，国产 PVDF 膜品质已达到国外同等水平，甚至在某些性能上优于国外企业，光伏背板用氟膜被国外垄断的局面被打破。目前国内外主流的背板厂使用国产 PVDF 膜为主，国外 PVDF 膜公司 SKC、DENKA 等逐渐退出中国市场，只有少量的下游电站指定订单使用进口 PVDF 膜。目前国产光伏用 PVDF 膜主要生产企业有杭州福膜新材料、苏州中来光伏新材、浙江歌瑞新材料、湖北回天新材料、嘉兴高正新材料等。

③ 涂覆型背板用氟碳涂料　目前应用于光伏电池背板膜的氟碳涂料主要由日本旭硝子、日本大金、法国阿科玛等开发生产的 FEVE（四氟乙烯或三氟氯乙烯与乙烯基醚共聚物）、PVDF 等为主体树脂制备而成。

④ 背板用胶黏剂　光伏电池背板中的胶黏剂主要用于背板中氟膜与 PET 基膜、PET 基膜与聚烯烃类薄膜的黏结。光伏组件在户外长期使用过程中受湿度和温度双重因素的综合影响，易发生胶黏剂水解等损害，最终导致氟膜与 PET 基膜的层间剥离，难以满足光伏电池组件长期使用的可靠性要求。光伏硅胶是光伏行业常用的背板胶黏剂，分单组分胶和双组分胶；单组分胶通常用于铝边框与层压板的粘接、接线盒与层压板的粘接，双组分胶在光伏组件中一般用于接线盒的灌封。

近几年国内企业才突破道康宁和乐泰等的技术封锁，目前仅有北京天山、回天新材、硅宝科技、集泰股份、杭州之江等少数公司具备量产能力。目前国内背板用胶黏剂主要由国内供应，其中回天新材的胶黏剂占国内市场份额的 40%。

（三）风能产业用化工材料

全球风电累计装机规模稳步增长。根据全球风能理事会（GWEC）发布的《全球风能报告 2024》数据，截至 2023 年底，全球累计风电装机容量突破 1TW 里程碑，达到 1021GW。2023 年，全球新增风电装机容量达 117GW，较 2022 年同比增长 50%，是有史以来最好的一年；增长高度集中在中国、美国、巴西和德国等国家，其中中国贡献 75GW，占比高达 65%。为了实现 COP28 和把全球升温幅度控制在 1.5℃ 以内的目标，风电行业需要将年新增装机容量从 2023 年的 117GW 提高到至少 320GW。根据 GWEC 预测，到 2030 年，全球累计风电装机容量将达到 3500GW。

2023 年我国累计风电装机容量 441.3GW，其中，陆上风电 400GW、海上风电 37.3GW，分别占全国总风电装机容量的 90.6% 和 8.4%。我国风电并网装机容量已连续 13 年位居全球第一。风能业界的《风能北京宣言》指出，2025 年之前要保证我国风电年均新增装机容量在 50GW 以上，2025 年后我国风电年均新增装机容量应不低于 60GW，到 2030 年总装机容量至少达到 800GW，到 2060 年至少达到 3000GW。

技术发展继续推动风电成本降低。风机大型化是风电产业降本核心手段。根据 GE《2025 中国风电度电成本》，扫风面积增加一倍，可以提高一倍的发电量，使度电成本下降 30%。国内风电叶片主要生产企业有中材科技、时代新材、埃朗科技、中国复材等。整机商有金风科技、远景科技、明阳智能、运达风电、中国中车、东方电气、中国海装、三一重能等。

1. 风电叶片材料

风电成本结构中，叶片成本占 15%～20%，其中材料成本占叶片成本的 70%。风电叶片材料主要包括树脂基体、增强材料、芯材、黏结剂、涂层等。树脂基体主要是环氧树脂，少数企业使用不饱和聚酯树脂、乙烯基树脂和聚氨酯等；结构胶也是环氧树脂类为主；增强材料主要有玻璃纤维和碳纤维；芯材主要是巴沙轻木和交联PVC泡沫（巴沙轻木为主，交联PVC泡沫为辅）。

从叶片直径来看，2013—2015年，105m、110m、111m叶片替代93m叶片，成为行业主流；2016—2017年，115m、121m叶片是绝对主力叶型；到2018年，121m叶片占领了大部分市场，131m叶片也开始批量生产；目前新增装机的平均直径已超过120m。

(1) 基体树脂

风电叶片用基体树脂和胶黏剂具有较高的客户壁垒和认证要求，能够进入该领域的企业较少，该细分领域一度被国外企业长期垄断。经过多年发展，国内企业基本上已能提供符合风电叶片性能要求的产品。风电叶片所用环氧树脂国外供应商主要有欧林（OLIN）、瀚森（HEXION）、亨斯迈等，瀚森和欧林占据主导地位；国内主要有道生天合、上纬新材、惠柏新材料。以1.5MW的风电机组为例，每个机组需要3个叶片，每片叶片需要0.35t环氧结构胶和2t环氧基体树脂。

传统的环氧树脂材料在风电叶片上的大规模应用已超过30年，随着低风速风电开发的兴起，风电叶片越做越长，环氧树脂材料叶片在价格、工艺等方面的瓶颈已经显现，有企业尝试推广不饱和聚酯、乙烯基树脂、聚氨酯、丙烯酸树脂等作为环氧树脂的替代品，但目前无法动摇环氧树脂作为基体树脂的统治地位（目前99%市场占有率）。

不饱和聚酯已成功商业化应用于风电叶片，但在国内比较少见。丹麦艾尔姆（LM）风电公司是其主要的应用企业，一直使用玻纤和不饱和聚酯生产叶片。LM是GE旗下公司，在中国建有数个风电叶片工厂。除了丹麦LM和日本三菱，其他拥有聚酯叶片生产技术的企业在市场上较少见。

聚氨酯叶片在多数性能上会略好于环氧树脂叶片，但在成本上与环氧树脂相比差别不大，不能称之为颠覆性的革新。聚氨酯的缺点较为明显，它对湿气敏感，在叶片生产过程中对水分的控制要求严格，甚至对厂房都有湿度要求，这对南方企业提出了技术挑战，而巴沙木本身也含有一定水分（巴沙木目前还是不可全部替换的材料）。聚氨酯叶片的试验长度目前在60m左右，尚不如环氧树脂。

乙烯基树脂具有与环氧树脂相媲美的力学性能，抗疲劳、刚度等各项性能指标完全满足要求；乙烯基树脂相比环氧树脂成本优势明显，无需进行后固化等处理，大大提高了模具使用效率，可以在不改变原环氧树脂成型结构设计的基础上，直接替换环氧树脂。尽管乙烯基树脂在叶片领域有很大优势，但目前其应用开发还处于初级阶段，真正大范围的商业化生产尚需时日。

(2) 玻璃纤维及硅烷偶联剂

玻璃纤维是一种性能优异的无机非金属材料，绝缘性好、耐热性强、抗腐蚀性好、机械强度高，但缺点是性脆，耐磨性较差。在风电叶片中，玻纤是主要的风电叶片增强材料，主要用于制造风电叶片与机舱罩部分。全球玻纤主要企业有美国欧文斯科宁、日本电器硝子公司（NEG）、美国佳斯迈威（JM）等。中国前三大玻纤企业为中国巨石、泰山玻纤、重庆国际。

风电行业给玻璃纤维带来巨大发展机遇，根据中国玻璃纤维协会统计数据，风电领域用玻璃纤维占玻璃纤维总产能的20%～25%。玻璃纤维的拉伸模量是影响叶片变形的关键因素之一，因此其模量的增加对叶片刚度的提升意义重大。

玻纤应用于风电等领域多数情况下还涉及另一类化学品，即硅烷偶联剂。硅烷偶联剂能加强玻璃纤维和基体树脂的结合程度，玻璃纤维中硅烷偶联剂含量为0.2%时材料表面的自由能和力学性能均达到最优效果。

(3) 碳纤维

碳纤维是主要的风电叶片增强材料，与玻璃纤维相比，碳纤维的比模量和比强度均大幅增加，其模量比玻璃纤维高3~8倍，密度约小30%。随着风电叶片尺寸的增加，其重量也越来越大，全玻璃纤维叶片无法满足机组大型化和轻量化要求，碳纤维将成为实现超大型叶片轻质高强要求的理想材料。随着大尺寸风电叶片和机舱比例增加，碳纤维的应用空间不断增加。

美国、日本和中国是全球碳纤维生产大国，三者碳纤维合计产能占全球的60%。领先企业集中在日本和美国，主要有日本东丽、东邦、西格丽集团、三菱丽阳等。近年来随着中国碳纤维技术的发展，中国企业产能也有所上升，主要企业有中复神鹰、江苏恒神、光威复材等。

碳纤维有诸多分类标准，通常按照原丝类型、力学性能、丝束大小这三种维度进行分类。按丝束大小，碳纤维可分为大丝束碳纤维和小丝束碳纤维。前者主要应用于一般工业，后者主要应用于国防军工、航空航天、体育等领域，属于碳纤维中的高端品种。

在全球小丝束碳纤维市场竞争中，日本企业占据了优势地位。日本东丽、东邦和三菱三家占据全球小丝束碳纤维市场份额的50%左右，大丝束碳纤维的领域中，美国赫氏为全球主要供应商，占据60%左右的全球市场份额。

(4) 聚醚胺

在风电叶片中，聚醚胺（PEA）主要作为环氧树脂体系的固化剂使用，其可改善环氧树脂的耐酸碱性、耐水性和电性能。美国亨斯曼、德国巴斯夫的聚醚胺固化剂市场占有率较高，合计产能占比为70%。近年中国企业市场占有率也在逐渐提升，主要生产企业包括山东正大、扬州晨化、无锡阿科力、烟台民生、万华化学、皇马科技等。

(5) 结构胶

风电叶片用环氧结构胶作为叶片五大主材之一，其性能的优劣将直接决定叶片的质量。单个叶片结构胶用量为350kg左右。

风电结构胶属于结构胶的高端类型，需要通过德国劳氏船级社（GL）认证方可应用于风电叶片制造之中，行业进入壁垒高，市场集中度较高。大多数供应叶片基体树脂的厂家也提供结构胶。在中国市场上，风电用结构胶市场供应商包括美国瀚森、陶氏化学等外企，以及康达新材、上海惠柏新材料等本土企业。其中，康达新材是国内风电用结构胶龙头企业，市场占比60%~70%。

(6) 泡沫芯材

风电叶片所需的夹层材料主要是巴沙轻木和结构泡沫材料，在风电叶片制造中，可只使用巴沙结构，也可将泡沫材料和巴沙木搭配使用（在叶片结构承载力较小的叶尖至叶中区域，采用泡沫材料替换巴沙木）。全球近95%的优质巴沙木都来源于厄瓜多尔，在风电产业快速发展的背景下，单一地区的轻木产量难以满足全球风电产业需要，促使泡沫材料对巴沙木的替代需求快速提升。

目前，风电结构泡沫材料主要有PVC泡沫和PET泡沫，其中PVC泡沫由于行业应用比较成熟，是目前使用量最大的结构泡沫材料。此外，聚苯乙烯（PS）、丙烯腈-苯乙烯（SAN）、聚甲基丙烯酰胺（PMI）、聚氨酯（PU）等泡沫也有少量使用或尝试使用。

硬质交联PVC泡沫是由PVC树脂和热固性的交联网络组成，强度高、阻燃隔热性能好、水汽透过率低，但制作工艺复杂，成本较高。80%～85%的硬质交联PVC泡沫应用于风电叶片，其他应用领域有轨道交通、船舶舰艇、航空航天及建筑节能等行业。

2. 风电涂料

风电涂料包括塔筒防护涂料、叶片涂料、风电机组防护涂料（海上风电所需量相对较大）、其他配套部件防护涂料等。风电设备要至少使用20年，由于风电场气候恶劣，必须用涂层保护。风电叶片使用最多的涂料是聚氨酯涂料，其他涂料还有丙烯酸树脂涂料、环氧树脂涂料以及一些功能性树脂涂料如氟树脂和有机硅树脂涂料。塔筒主要是钢结构件，容易发生腐蚀，目前主要使用环氧富锌底漆。FEVE氟碳涂料可提升风电机组的免维护周期。一般的聚氨酯配套涂层的保护寿命不超过8年，低于风电机组使用寿命，期间需要3次以上的重涂和维修工作，而氟碳涂料的保护年限可达20年，在风电机组的正常使用寿命期间，至多进行一次维修即可满足使用要求。

全球风电涂料的核心企业包括丹麦Hempel、荷兰Akzo Nobel和美国PPG等，三大厂商约占60%的份额。我国风电涂料主要由国外涂料品牌供应。在塔架涂料方面，Hempel、JOTUN、Akzo Nobel、PPG的市场占有率最高；在叶片涂料中，德国Mankiewicz、美国PPG、德国巴斯夫和Bergolin等企业占有优势。国内企业近年才开始步入这个领域，西北永新、湘江涂料、海隆涂料、麦加芯彩、渝三峡、飞鹿股份、无锡福斯特等企业正在开发此业务，但年产量较少。

（四）氢能材料

氢能是交通运输、工业生产和建筑等领域实现大规模深度脱碳的重要支撑，也是推动化石能源清洁高效利用和支撑新能源大规模发展的理想互联媒介，正逐步成为全球能源转型发展的重要载体之一。2022年以来，我国已将氢能定为现代能源体系的重要组成部分和战略性新兴产业、未来产业的重点发展方向。根据《节能与新能源汽车技术路线图2.0》，到2035年我国要实现氢燃料电池汽车保有量100万辆的目标，氢能汽车产业产值有望突破万亿元大关。截至2023年底，我国已累计推广氢能汽车7760辆，成为氢能汽车运营最多的国家。

氢燃料电池重卡作为燃料电池汽车应用的重要方向，已成为氢燃料电池未来主要的应用场景和商业化应用的突破口。2023年以来，我国多家氢能重卡企业投入运营，主要有氢蓝时代公司、未势能源公司、荣程集团公司、威驰腾公司、氢沄新能源公司等。

燃料电池技术是燃料电池汽车发展的关键驱动因素之一。目前，燃料电池主要有碱性燃料电池、磷酸燃料电池、固体氧化物燃料电池、熔融碳酸盐燃料电池和质子交换膜燃料电池。其中，质子交换膜燃料电池由于其工作温度低、启动快、比功率高等优点，非常适合应用于交通和固定式电源领域，逐步成为现阶段国内外主流应用技术。

1. 制氢用材料

目前氢气的制取主要有三种较为成熟的技术路线：一是以煤炭、天然气为代表的化石能源重整制氢。二是以焦炉煤气、氯碱尾气、丙烷脱氢为代表的工业副产气制氢。三是电解水制氢。电解水制氢技术被视为未来最有潜力的制氢技术，主要有碱性水电解槽（ALK）、质子交换膜水电解槽（PEM）、固体氧化物水电解槽（SOEC）和阴离子交换膜电解槽（AEM）等；其中，碱性电解技术已实现大规模工业应用，占电解水制氢的绝大部分比例。

电解槽的关键材料有膜、催化剂等。PEM电解槽主要部件由内到外依次是质子交换膜、阴阳极催化层、阴阳极气体扩散层、阴阳极端板等，其中扩散层、催化层与质子交换膜组成膜电极；目前为止最理想且高效的催化剂主要是Pt基纳米材料，但高昂的成本大大限制了其实际应用，一些具有优异电催化析氢性能的非贵金属基催化剂研发也逐渐提上日程，包括金属磷化物、硫化物、硼化物等，但是性能等方面仍需要克服大量的挑战。AEM电解槽隔膜主要由石棉组成，阴极、阳极主要由金属合金组成，如Ni-Mo合金等，而催化剂材料可以使用过渡金属催化剂（如CeO_2-La_2O），不需要铂，目前处于发展的早期阶段。SOEC电解槽电极采用非贵金属催化剂，阴极材料选用多孔金属陶瓷Ni/YSZ，阳极材料选用钙钛矿氧化物，电解质采用YSZ氧离子导体，具有全陶瓷材料结构，但目前SOEC制氢技术仍处于示范阶段（小于1MW）。

质子交换膜根据含氟情况进行分类，主要包括全氟磺酸膜、部分氟化聚合物质子交换膜、复合质子交换膜和非氟化聚合物质子交换膜，其中全氟磺酸膜是当前商业化最成功的质子交换膜。质子交换膜长期被美国和日本企业垄断，如科慕Nafion膜、陶氏XUS-B204膜、旭硝子Flemion膜、旭化成Aciplex-S膜等。科慕Nafion系列膜是目前电解制氢选用最多的质子交换膜。国内质子交换膜生产企业主要有东岳集团、苏州科润、国家电投氢能公司3家企业。

"双碳"目标指引下，以能源央国企及新能源上市公司为代表，加速布局风能直接制氢，光伏制氢，风、光、氢、储一体化等多个可再生能源电解水制氢（"绿氢"）项目。根据GGII《中国电解水制氢项目数据库》统计，截至2023年8月，国内在建及规划绿氢项目数量超过120个，制氢装机总规模超过21GW。

2. 储运氢用材料

（1）储氢材料及容器

储氢技术按存储原理分为物理储氢和化学储氢。物理储氢主要有液化储氢、高压储氢、低温压缩储氢等；化学储氢有金属氢化物储氢、活性炭吸附储氢、碳纤维和碳纳米管储氢、有机液氢化物储氢、无机物储氢等。目前较为成熟及前景较好的储氢技术共有4种：高压气态储氢、低温液态储氢、固态合金储氢和有机液态储氢。

高压储氢材料主要是特种钢和铝合金及碳纤维材料。储氢罐主要由压力部件金属套筒、聚合物或金属衬板、碳纤维增强层、防冲击外罩和底座组成。国际主流技术以铝合金/塑料作为氢瓶内胆用于保温，外层用3cm左右厚度的碳纤维进行包覆，提升氢瓶的强度并尽可能减轻整体重量。新型复合高压氢气瓶内胆为合金，外绕高强度碳纤维。

液氢储存罐罐体分为内外两层，储罐内胆一般采用铝合金、不锈钢等材料制成，通过支撑物置于外层壳体中心，盛装温度为20K的液氢，支撑物由玻璃纤维带制成，具有良好的绝热性。内外夹层中间填充多层镀铝涤纶薄膜，减少热辐射，薄膜之间放上绝热纸增加热阻，吸附低温下的残余气体。

能够吸收并释放氢的合金被称为储氢合金，稀土类化合物、钛系化合物、镁系化合物以及钒、铌、锆等金属合金等都是合适的金属储氢材料。固态储氢尚不成熟，但合金的电化学储氢已产业化多年，主要用于镍氢电池的生产。

在较低压力和相对高的温度下，某些有机物液体可做氢载体，达到储存和输送氢的目的，被称为有机液态储氢。常用的有机物氢载体主要有苯、甲苯（TOL）、甲基环己烷（MCH）、萘，其中苯、甲苯和萘的性能指标较好（萘最高）。用此种方式氢气储运不需要耐压容器和低温设备，需要释放时可通过催化剂进行脱氢反应以产生氢。

高压气态储氢容器要求具有高安全性、轻量化和高储氢密度。从35MPa向70MPa、从Ⅲ型瓶向Ⅳ型瓶、从常温向低温和从小容积向大容积，是未来车载储氢系统的发展方向。国内中材科技、中集安瑞科、京城股份、亚普股份、科泰克都在布局Ⅳ型瓶项目。

目前20MPa的Ⅰ型瓶在国内有广泛的工业应用，并与45MPa钢制氢瓶、98MPa钢带缠绕式压力容器组合应用于加氢站中。而Ⅲ型、Ⅳ型车载应用已非常广泛，国外多是70MPa的碳纤维缠绕Ⅳ型瓶，国内由于高强度碳纤维工艺尚不成熟，Ⅳ型储氢瓶的大规模商用化尚待时日，目前主要是35MPa碳纤维缠绕Ⅲ瓶。

（2）运氢用材料

运氢方式与储氢方式密切相关，多数材料已在上一节提及。此外，管道输氢作为一种运输方式，所需材料主要为抗氢合金。抗氢合金主要包括奥氏体不锈钢、低合金钢（低碳钢中添加Cr、Mo、V等）、沉淀强化奥氏体合金、铝合金，此外还有纯铜、铍青铜、纯钛、钛钼合金、钨钼合金等。

3. 加氢站用材料

加氢站主要涉及各种设备，如氢气压缩机、氢气加注机、阀门等，关键材料为抗氢合金。目前国内氢能示范区的氢气压缩机、加注机等设备大比例依赖进口。从技术难度上看，储氢罐和压缩机难度较大，加注机和阀门难度较小，国内企业富瑞特装、厚普股份、上海舜华等生产的氢气加注机可用于加氢站，捷太格特公司为丰田Mirai燃料电池系统开发了氢罐阀门和减压阀。

4. 氢燃料电池用材料

目前燃料电池技术路线主要有碱性燃料电池（AFC）、磷酸燃料电池（PAFC）、固体氧化物燃料电池（SOFC）、熔融碳酸盐燃料电池（MCFC）和质子交换膜燃料电池（质子交换膜）等。逐步成为车用燃料电池主流的是质子交换膜燃料电池，重要部件有膜电极、双极板、密封件、端板和集流板等。膜电极一般有5层结构，主要涉及质子交换膜和催化剂；双极板（流场板）材质主要是石墨、金属或复合材料。专用密封胶也是燃料电池的关键材料之一，常见的有硅橡胶、聚异丁烯等。

（1）催化剂

目前已工业化的催化剂主要为铂催化剂，只有日本和英国能够量产铂合金催化剂，形成寡头垄断格局。铂催化剂成本较高，开发低铂或非铂的高活性、高稳定性的氧还原反应（ORR）催化剂一直是质子交换膜燃料电池的研究重点。目前研究比较多的催化剂包括金属镍及合金、其他贵金属及贵金属氧化物、钙钛矿型氧化物、尖晶石型氧化物等。目前，催化剂占燃料电池成本的20%～30%。

在催化剂方面目前车用燃料电池催化剂的国外供应商主要有英国Johnson Matthey、日本TKK、德国BASF、美国3M等。国内催化剂相关企业主要有济平新能源、贵研铂业、中自科技、格林美等。

国内燃料电池催化剂尚处于研究开发阶段，主要有两类机构：一类是企业，如贵研铂业主营汽车尾气铂催化剂，已和上海汽车集团共同研发燃料电池催化剂；另一类是研究院所，如中国科学院大连化学物理研究所制备的Pd@Pt/C核壳催化剂，其氧还原活性与稳定性表现优异。目前，铂合金催化剂是ORR催化剂的研究热点之一。

(2) 质子交换膜

根据氟含量不同，质子交换膜可分为全氟磺酸质子交换膜、部分氟化聚合物质子交换膜、非氟聚合物质子交换膜、复合质子交换膜等。质子交换膜成本约占燃料电池电池堆的10%～20%。根据美国橡树岭国家实验室数据，质子交换膜单位功率膜用量在$0.1 \sim 0.22 m^2/kW$。

全球生产全氟磺酸质子交换膜的企业主要集中在美国、加拿大、日本、比利时等，其中美国戈尔公司在全球质子交换膜供应领域中处于领先地位，主要研发和制造者有科慕、3M、戈尔、旭化成、索尔维、山东东岳等。科慕、索尔维、旭化成三家占据了全球树脂90%以上的产能，国内对全氟磺酸树脂进口依存度高达99%。山东东岳化工有限公司在质子交换膜研发和产业化方面进展较快，形成了完善的氟硅材料产业链。浙江汉丞已掌握超高分子量聚四氟乙烯树脂、含氟质子交换树脂、双向拉伸薄膜及涂膜等质子交换膜全产业链的关键技术，并已开始质子交换树脂和膜的大规模生产。

(3) 双极板

氢燃料电池中的双极板(BPs)又称流场板，是电池堆的骨架，与膜电极层叠装配，起到分隔反应气体、除热、排出化学反应产物(水)的作用，需满足电导率高、导热性和气体致密性好、机械和耐腐蚀性能优良等要求。基于当前生产技术水平，BPs占整个氢燃料电池电池堆近60%的重量、约16%的成本。根据基体材料种类的不同，BPs可分为石墨BPs、金属BPs、复合材料BPs。国内双极板企业主要有国鸿氢能、上海治臻、上海弘竣、浙江华熔、明天氢能等。

石墨BPs具有优异的导电性和抗腐蚀能力，技术最为成熟，是BPs商业应用最为广泛的碳质材料，但机械强度差，厚度难以缩小，在紧凑型、抗冲击场景下的应用较为困难。

金属BPs更具性能和成本优势，主流的金属BPs厚度不大于0.2mm，体积和重量明显减少，电池堆功率密度显著增加，兼具延展性良好、导电和导热特性优、断裂韧性高等特点；当前主流的氢燃料电池汽车公司都采用金属BPs产品。金属BPs缺点是耐腐蚀性较差，在酸性环境中金属易溶解，浸出的离子可能会毒化膜电极组件；随着金属离子溶解度的增加，欧姆电阻增加，氢燃料电池输出功率降低。为解决耐腐蚀问题，可在金属BPs表面涂覆耐腐蚀的涂层材料，如贵金属、金属化合物、碳类膜等。

复合材料BPs由耐腐蚀的热固性树脂、热塑性树脂、导电填料组成，导电填料颗粒可细分为金属基复合材料、碳基复合材料等。

(4) 气体扩散层碳纸

在电池堆中空气与氢气通入到阴、阳极上的催化剂层还需要穿越气体扩散层(GDL)。GDL是燃料电池的水管理"中心"，厚度、表面预处理会影响传热和传质阻力，是整个氢燃料电池系统浓差极化、欧姆极化的主要源头之一。通常以减小GDL厚度的方式来降低浓差极化、欧姆极化，然而这也可能导致GDL机械强度不足，因此亲疏水性合理、表面平整、孔隙率均匀且高强度的 GDL 材料是氢燃料电池关键技术。

碳纤维布、非织造布、炭黑纸及碳纤维纸可作为 GDL 基体材料，GDL 成本通常占燃料电池电池堆总成本的 5% 左右。全球范围内 GDL 碳纸、碳布的供应呈现寡头垄断局面，能成规模供应碳纸、碳布材料的企业仅有日本东丽、帝人、三菱化学，德国 SGL、Freudenberg 等，其中日本东丽早在 1971 年开始进行碳纤维产品生产，是全球碳纤维的最大供应商。国内知名的气体扩散层企业主要有台湾碳能、通用氢能、江苏氢电、上海河森电气等。目前，国内 GDL 基材生产能力和成本控制能力仍具有较大劣势，GDL 在大电流密度下水气通畅传质的技术问题尚未圆满解决，同时生产成本居高不下。

三、主要问题

近年来，我国新能源产业发展迅速，规模不断扩大，行业发展前景广阔，但在统筹规划、能源消纳、技术创新、设备回收等方面面临突出问题和挑战。

一是外部环境严峻复杂。美欧等国家和地区通过技术、标准、政策等手段谋求新能源发展主导权，对我国新能源企业频频出手，设置贸易壁垒。我们必须加强形势研判，促进国际国内市场融合发展，维护良好的外部发展环境。

二是产业存在无序化竞争，产能过剩风险值得警惕。近年来，中央政府发布了一系列推动新能源产业发展的政策文件与指导意见，引导地方政府和企业大规模投资新能源产业，一系列相关新项目纷纷落地，一时间出现了"一哄而上、混乱发展"的局面。一旦市场出现波动、国际经济形势恶化而导致其出口受限时，就容易出现产能过剩问题。

三是产业链发展布局不协调，制约上中下游企业协同发展。以光伏产业链为例，其上游主要是硅料、硅片等原材料制造业，中游为光伏电池制造业，下游则是光伏组件制造业，并延伸至光伏发电系统，最终对接光伏电站开发商。随着光伏产业的快速发展，硅片等原材料需求持续增长，导致其价格居高不下，上游相关企业利润丰厚。处于产业链中游的光伏电池企业也相继提价，给下游企业带来了较大压力，不利于产业上下游协同发展，影响新能源产业发展乃至绿色低碳发展。

四是新能源电力利用率不高。近年来，我国新能源装机容量快速增长，但并网比例较低，新能源电力利用率不高。新能源具有间歇性、随机性、波动性等特点，比如光伏发电受制于昼夜变化及天气变化，风力发电受制于风力大小，均需要火电等进行调节。然而，火电机组作为调峰电源成本较高且效率较低，同时灵活性改造不足，调峰能力有限，无法为新能源发展服务。随着新能源产业迅速发展，并网规模将逐步增大，新能源消纳形势日益严峻。

五是自主创新能力需进一步提升。核心技术研发缺乏动力，产品关键部件高度依赖国外进口。例如，光伏装备制造业中的电池生产设备、风电装备制造业兆瓦级以上风机的核心配件均需要从国外进口，制约了新能源产业的自主发展。优秀科技人才匮乏，新能源产业自主创新能力偏弱。我国的人才培养以高等教育为主要渠道，但全国开设"新能源科学与工程"专业的高等院校不多，培养的人才数量无法满足新能源行业的实际需求，新能源基础研发缺乏高素质科技人才。

六是风光设备回收利用产业化水平低。预计到 2025 年，我国将面对第一批大规模退役风光设备，累计规模将超过 1.2GW；到 2030 年，退役风光设备规模将达 10GW 左右。大规模设备退役将产生大量的固定废物，若不能及时处理这些固体废弃物，将不利于产业可持续发展。然而，受到风光资源条件的影响，我国的装机地区及资产所有者分布较为分散，风光固废回收系统尚不成熟，回收产业仍处于起步阶段，目前我国尚未形成风光设备回收的规模性产业。

四、发展建议

面对上述诸多问题，必须从战略高度出发，由国家层面制定战略规划和实施方案，各地各部门积极贯彻、密切配合，共同推动新能源产业高质量发展。

一是加强顶层设计，统筹区域协同发展。锚定碳达峰碳中和目标任务，加强规划引领，完善发展政策；完善行业发展标准、技术规范、认证体系，推进产品绿色认证；统筹中央规划目标与地方经济发展之间的关系，逐步解决新能源产业无序竞争及由此引发的阶段性产能过剩风险问题。

二是加强产业链协同，增强竞争优势。以光伏产业链为例，下游组件企业可以向上游拓展，打通硅片到电池组件环节，上游硅料企业也可以提前布局下游组件环节。此外，在专注自身核心环节的同时，企业之间还应加强新能源产业链上下游联动建设，尤其要打通信息渠道，完善上下游合作机制，全力保障产业链的畅通稳定。

三是大力发展储能产业，完善电力系统。与火电调峰相比，抽水蓄能启动迅速、效率高，可成为重要的储能方式。但由于抽水蓄能电站建设周期长，开发布局应统筹电力系统需求及区域间的资源配置，推动新能源与抽水蓄能一体化发展。同时，进一步挖掘调峰火电机组设备的灵活性，加强对火电机组的灵活性改造，提高电力系统调峰能力，全方位解决弃风弃光和新能源电力消纳问题，保障电网稳定运行。

四是加强人才培养，增强自主创新能力。我国光伏、风电产业已具备国际竞争优势，但要持续保持领先地位，必须进一步强化科技创新，加强重点方向研发投入，加快形成新质生产力，提升国产化设备的可靠性、经济性和先进性。

五是积极应对风光设备退役潮，提升设备循环利用价值。制定针对废弃风电机组、光伏组件所产生固体废物的处置标准、评价准则及跨区域处置办法。研发更为高效、环保的新能源设备回收再利用技术及工艺，构建从制造到使用、再到回收再利用的全生命周期产业链，实现风光设备组件的高效回收与利用。

六是扎实推进新能源基础设施建设。继续推动风电光伏发电体系快速发展，抓紧建设新型智能化电力系统，加强充电基础设施建设。推动大型风电光伏基地建设，加快特高压柔性直流输电技术创新应用，提高电网对清洁能源的接纳、配置和调控能力。

七是持续深化能源体制机制改革。依法推进能源治理，健全完善能源市场体系。建立全国统一电力市场体系，完善电力中长期、现货、辅助服务交易机制，推动新能源发电稳妥有序进入市场。

八是全方位加强能源国际合作。以共建"一带一路"为引领，拓展能源多元合作新局面，积极参与全球能源治理，加强标准体系国际衔接互认。推动更多绿色能源合作项目落地，加强与周边国家电力互联互通，构建能源绿色低碳转型共赢新模式。

第五节　化工新材料在汽车领域的应用

中国化工经济技术发展中心　王俊环　程丽鸿

一、概述

汽车制造是一门综合性工业，经济规模大，涉及范围广，对国民经济具有很强的带动作用，能够反映一个国家的综合工业水平。对于大多数工业国家而言，汽车产业通常是国家制造业整体水平和科技创新能力的象征。

中国汽车工业历经数十年的探索与发展，取得了令人瞩目的成就。从技术引进到自主创新、从国内市场到全球出口，中国汽车工业已经站在了世界舞台的前列。2000年我国累计生产汽车206.91万辆，2010年汽车产量为1826.47万辆，2020年达到2522.5万辆，到2023年，我国汽车产销量分别达到3016.1万辆和3009.4万辆，从2000年到2023年这23年里，我国汽车产量年均复合增长率达到12.4%，超过同期我国GDP的增长水平。

我国汽车工业在产量上高速增长的同时，汽车能源结构也在发生着深刻的变化，新能源汽车正以不可阻挡的趋势走向市场，2023年我国新能源汽车产销分别完成958.7万辆和949.5万辆，同比增长35.8%和37.9%，市场占有率达到31.6%。2023年我国新能源汽车出口量达到120.3万辆，占全年汽车出口量的24.5%。

材料是汽车的基础，汽车技术的发展在很大程度上取决于汽车材料的发展。人们对汽车安全性能、舒适性能以及环保性能等要求不断提高，也对汽车材料提出了更高的要求，各种新材料的不断出现推动汽车工业快速向前发展。车用材料在逐步变化：钢铁材料的用量逐渐下降，作为汽车轻量化的主体材料的塑料、橡胶、复合材料等化工新材料用量日趋增大。新能源汽车异军突起，动力电池用材料快速迭代，也推动了汽车用化工新材料的进一步发展。

图3.22是当前各种汽车材料所占比例（重量比）。综合来看，塑料已经占整车重量的11%，橡胶及弹性体占比达到7%，复合材料、涂料、黏合剂等化工材料的占比也在逐步提高。

二、关键材料

（一）塑料

塑料是汽车用化工材料最大的一类，主要以改性塑料应用在汽车零部件上。目前国内每辆普通轿车约使用塑料140~180kg，主要使用品种为改性聚丙烯（PP）、改性尼龙（PA）、改性ABS、改性聚乙烯（PE）等，具体占比见图3.23。预计到2030年，我国汽车领域对改性塑料的需求将从2023年的440万吨增长至620万吨左右，年均复合增长率为5%。能够维持这一增长率的主要原因：一是汽车生产的自然增长；二是汽车轻量化趋势带来的改性塑料在汽车应用中的渗透率不断提高。

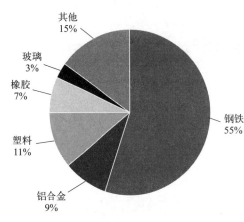 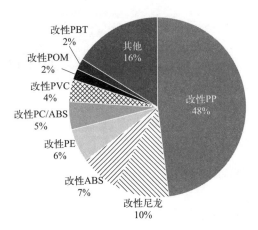

图 3.22　各种汽车材料所占比例　　　　图 3.23　当前国内汽车用改性塑料占比情况

（1）PP

PP 密度较低，是目前塑料中最轻的品种之一。此外 PP 更易回收，在国内外均有成规模的回收产业链，这点相较于其他工程塑料来说是极大的优势。因此 PP 是汽车用塑料占比最大的品种，约占车用塑料总量的 48%。2023 年我国用于汽车领域的改性 PP 达到 210 万吨以上。

保险杠承担着吸收和缓和外界冲击力的作用，保障驾驶员的自身安全，是汽车的重要组成部分。在进行保险杠加工时，常选取 PP 或改性 PP 作为保险杠的材质。PP 保险杠采用注塑和吹塑成型，注塑成型生产效率较高，零部件刚性好。吹塑成型保险杠刚性好，弯曲强度高，外观质量也比较好。

汽车挡泥板的主要作用是防止行车过程中泥土溅到车身、拉杆上。改性 PP 材料可以用于挡泥板的制造。PP 挡泥板的成型工艺与挡泥板的结构和尺寸有很大关系。从工艺角度看，目前汽车挡泥板的成型工艺主要包括冲压、折弯、焊接、注塑、滚塑等。

仪表板是一个集装饰性、功能性、舒适性、安全性为一体的核心零部件。由于 PP 优良的刚性和出色的韧性，通过挤出和注塑成型制作的 PP 仪表板（图 3.24）可以保证使用过程中不出现变形，也可以增加气囊有限爆破的难度，保证驾乘人员的安全。

图 3.24　汽车仪表板

汽车发动机的冷却风扇叶片是保证汽车发动机使用寿命的关键构件，风扇叶片的重量直接影响发动机的冷却效果和工作噪声的大小。聚丙烯风扇叶片具有重量轻、噪声低、寿命长等优点，因此 PP 塑料成为汽车发动机风扇叶片的首选材料。

电池包是新能源汽车的核心能量源，为整车提供驱动电能。电池包壳体作为电池模块的承载体，对电池模块的安全运行和防护工作起着至关重要的作用。以 PP 为基体树脂添加无卤膨胀型阻燃剂可以有效提高电池包上盖的阻燃性，避免由于电池包工作时间过长导致的自燃现象发生。

改性 PP 在充电桩上也有很大的应用空间。改性 PP 制造的新能源汽车充电桩壳体能够更好地保持充电桩在充电过程中的稳定性，有效减少因撞击导致充电桩损坏的情况，提高充电桩的稳定效果。

除了保险杠、挡泥板、仪表板及风扇叶片等大型汽车零部件外，前端模块、换挡器座底、底护板、天窗排水槽、发动机罩盖、排挡盒底座、后视镜支架、车门内板、座椅护板、门护板、柱护板、包裹架护板、后护板、油箱、散热器水室、油门踏板、卡车保险杠支架等小型零部件也普遍使用 PP。

未来，随着汽车轻量化需求越来越广泛，汽车零部件对 PP 材料的使用性能也提出了更高的要求，低密度、薄壁化、微发泡、高强度、低气味是目前车用 PP 材料的主要发展方向。

（2）PA

PA 是一种优异的工程塑料，其化学性能十分稳定，具有优良的耐润滑油和汽油性能，在汽车行业中的渗透率不断提高。目前 PA 材料在汽车发动机系统、电气系统、底盘系统中都有大量应用，具体见表 3.9。PA6 和 PA66 是汽车用 PA 材料的主要品种，约占各类 PA 材料总用量的 90% 以上。PA11 和 PA12 具有良好的柔韧性、耐腐蚀性、耐油性和尺寸稳定性，在燃油管、燃料盖、制动管等部件中也获得了广泛应用。在一些高温应用的场景，如燃油系统，PA6T、PA9T 等耐高温 PA 材料也有一定的应用。

表 3.9 尼龙在汽车中的应用

系统	部件	材质
发动机	机油集滤器	PA6+GF
	发动机罩盖	PA6+GF，PA66+GF
	进排水口管件	PA6+GF，PA66+GF，PA46+GF
	气缸头盖	PA66+GF
	进气歧管	PA6+GF
	涡轮增压器与中冷器之间的进气管路	PA66+GF
燃油供给系统	燃料盖	PA6，PA66，PA11，PA12
	燃油管	PA11，PA12，PA1010，PA1012，PA612，PA1212
	快速接头	PA12
	燃油导轨	PA66+GF
	活性炭罐	PA6+GF，PA66+GF
	燃料喷射器	PA66+GF，PA6T，PA9T，PA46
汽车电气系统	配电装置（插接器、电线固定器等）	PA66，PA6，PA6T
	传感器外壳	PA6+GF，PA66+GF
	开关外壳	PA66
	安全气囊支架	PA6+GF
	发动机外壳	PA6T+GF
	发动机齿轮	PA66+GF
底盘系统	变速控制杆罩	PA6+GF，PA66+GF
	正时链条导轨	PA66，PA6

(3) ABS

ABS 是一种常用的热塑性工程塑料,是丙烯腈、丁二烯、苯乙烯三元共聚物。在汽车中,ABS 树脂主要用在内饰件、外饰件领域,例如仪表板、车轮罩、散热器格栅、空调器、手柄、内装饰板、方向盘、隔音板、门锁、通风管等,具体见表 3.10。

表 3.10 ABS 在汽车中的应用

系统	部件	材质
外饰件	后视镜	耐热 ABS,PC/ABS,ASA
	立柱饰板	PC/ABS,ASA
	行李支架	PC/ABS,PC/ASA
	尾翼	PC/ABS
	尾灯	耐热 ABS,PC/ABS,免喷涂 ASA
	门把手	PC/ABS
	轮毂盖	PC/ABS
内饰件	组合开关	耐热 ABS
	仪表盘	ABS,PC/ABS
	仪表板	PC/ABS
	空调格栅	PC/ABS
	手套箱	耐热 ABS

(4) 其他种类塑料

通过改性,聚乙烯、聚对苯二甲酸丁二醇酯(PBT)、聚甲醛(POM)、聚氯乙烯(PVC)、聚碳酸酯(PC)、聚甲基丙烯酸甲酯(PMMA)、聚双环戊二烯(PDCPD)等树脂也在汽车中有一定的应用。

PE 由于其良好的力学性能、化学稳定性和成本优势,成为了汽车内饰材料中的重要组成部分。PE 内饰制品主要包括门板、座椅、仪表板等,其中 PE 门板具有良好的耐磨性和防刮性能,使其成为比较流行的内饰材料之一。另外,PE 密封件具有优良的密封性和耐温性,可适用于不同的汽车部件,例如 PE 可以用于燃油箱、汽车通风管、导流板、各类容器等。

PBT 是一种半结晶型热塑性塑料,拥有良好的刚性、强度、耐热性、尺寸稳定性及耐化学性。经过改性处理,PBT 能够满足特定的性能需求,因此出现了多种类型的 PBT,例如阻燃 PBT、玻纤增强阻燃 PBT、玻纤增强 PBT 以及 PBT 共混合金等。改性 PBT 被广泛应用于汽车雨刮器支架、大灯灯饰圈、传动器齿轮盒、挡风玻璃挡顶柱以及发动机外壳等关键部件。

POM 是一种没有侧链,高密度,高结晶性的线型聚合物,具有优异的综合性能。POM 表面光滑,有光泽,硬而致密,淡黄或白色,可在-40~100℃温度范围内长期使用,且具有良好的耐油、耐过氧化物性能。POM 的拉伸强度高,吸水性小,尺寸稳定,有光泽,这些性能都比尼龙要好。由于 POM 及其改性产品的性能优势,非常适合制造汽车泵、汽化器、输油管、动力阀、节轴承、发动机齿轮、曲柄、把手、仪表板、汽车窗升降机装置、电开关、安全带扣、轴套、齿轮、滑块等部件,可以广泛替代铜、锌等金属。

PVC 具有良好的耐磨性、耐候性和耐化学腐蚀性,能够满足汽车在不同环境下的使用要求,提高汽车零部件的使用寿命和安全性。PVC 材料在汽车行业常见应用包括:汽车内饰件,如座椅和座椅面料、车门饰板、仪表板、方向盘套、中控台面板、车顶屏蔽板、地板覆盖物等；导向管道，如油管、冷却液管、空调系统、电气线束；防护罩和护套，主要用于保护电线、水管、机械部件等，提高其耐久性和安全性。

PC 是综合性能优良的热塑性工程塑料，具有较高的冲击强度和良好的透明性，在汽车领域，PC 主要应用于汽车照明系统、内外饰以及智能化中控系统。通过改性或与其他工程塑料共混形成合金，PC 可用于制造汽车后三角窗、后风挡玻璃窗、层叠式天窗和全景天窗、仪表盘、门板饰条、内门拉手、开关控制台、外后视镜、行李支架、汽车车灯、保险杠、充电桩外壳、电池保护壳等。

PMMA 的优点是透明性、光泽度和设计灵活性，因此在汽车内饰中有一些应用，如仪表盘和中控台面板、显示屏覆盖、空调出风口罩、灯罩、照明按钮、按键和控制面板、饰条和装饰件、饰面板等，高透明性和高光泽性赋予了 PMMA 零部件独特的审美，有助于提升汽车内饰的档次。

PDCPD 呈三维网状交联结构，是一种"环境友好"且非常新型的工程塑料。PDCPD 主要采用反应注射成型制成各种制件，如汽车保险杠、缓冲板、仪表板、挡泥板等。现有数据显示，PDCPD 可代替金属或玻璃钢而应用于车辆壳体及其他部件，其优点是重量轻，转运、组装更省力，并且可降低生产线上工人的劳动强度、降低车辆燃油消耗及提高车辆载荷量；投资小，生产周期短；车辆壳体可实现外观自由设计，使其更加多样化、个性化；壳体喷漆前几乎不经过任何处理就可达到 A 级表面粗糙度；着色性、电镀性及抗老化性优异。国内三一重工、比亚迪、一汽集团、二汽集团等车型外观覆盖件上已经开始使用 PDCPD。

（二）橡胶及弹性体

橡胶也是汽车制造中最常使用的材料。在汽车零部件的制造中，橡胶主要用于胶管和密封件的生产（轮胎是一个单独产业，本文不涉及轮胎产业）。

（1）胶管

① 燃油胶管　汽车燃油胶管包括燃油输送胶管和发动机供油胶管，传统的燃油胶管使用内胶层-增强层-外胶层的结构，胶层与胶层之间采用缠绕或编织工艺加入纤维增强层。燃油胶管的最高使用温度可达到 130℃。为降低燃油渗透率和进一步改进耐热性，内胶层大多采用复合结构，用氟橡胶（FKM）、氯醇橡胶（ECO）或丙烯酸酯橡胶（ACM）代替丁腈橡胶（NBR），即由 FKM 与 ECO 或 ACM 通过挤出成型。由于 FKM 价格昂贵，因此 FKM 层比较薄（0.2～0.7mm）。增强层由玻璃纤维、聚酯纤维、芳纶纤维或尼龙纤维编织或缠绕而成。外胶层使用 ECO、ACM 或氯磺化聚乙烯橡胶（CSM）取代氯丁橡胶（CR）。此外，内胶层中也有使用 PA，如德国大陆公司生产的燃油胶管，在内层丁腈橡胶上包覆 PA6 薄膜，可使胶管燃油渗透率达到 $0.004 mL/cm^2 \cdot 24h$ 以下。

② 冷却系统胶管　汽车冷却系统胶管连接引擎和散热器，通过冷却液传递热量。目前我国汽车主要使用 R134a 作为制冷剂，其空调系统胶管通常采用尼龙作为阻隔层材料，外胶层橡胶选用三元乙丙橡胶（EPDM），而中间增强层材料选用聚酯纤维或聚乙烯醇缩醛（维纶）纤维，也少量使用芳纶纤维。

二氧化碳或将是下一代汽车空调系统制冷剂的一个选择。二氧化碳是环保性优异的制冷剂，但作为空调系统制冷剂需要在超临界条件下使用，从而对胶管提出了更高的耐温、耐压和耐渗透要求,因此通常选用对位芳纶纤维作为增强层材料。

③ 涡轮增压胶管　目前我国小排量涡轮增压发动机的应用已经比较普遍。通常涡轮增压胶管可分为高温段胶管和通过中冷器后的低温段胶管。高温段胶管的使用温度通常可达到210℃,另外,耐油性、抗燃油性、层与层之间的黏合性能、加工性能等都是对涡轮增压胶管有特殊要求。因此涡轮增压胶管通常采用硅橡胶(SR)作为中间层,乙烯-丙烯酸酯橡胶(AEM)作为外层胶,氟硅橡胶(FSR)、乙烯基甲基氟硅橡胶(FVMQ)、FKM 等作为内层胶,芳纶纤维作为增强纤维材料。

④ 制动胶管　制动胶管也叫刹车管、刹车软管、刹车油管,是汽车制动系统中非常重要的零部件,对产品的质量和稳定性要求非常高。制动胶管外胶层的橡胶通常采用 EPDM,增强层材料多采用维纶纤维或芳纶纤维,内胶层所用材料一般为丁苯橡胶(SBR)。当前由于免保养轿车的出现、制动流体工作环境温度的提高和高沸点制动流体的使用,三元乙丙橡胶或 EPDM/丁基橡胶(IIR)有取代 SBR 的趋势。

⑤ 动力转向胶管　汽车的动力转向胶管分为液压转向胶管和电子转向胶管。传统的液压转向胶管接触的介质是矿物油,要求其耐高温性能好、不泄漏,最高使用温度可达 150℃。汽车动力转向管内层一般采用 NBR,外层采用 CR,其结构为 NBR 内胶/编织线/NBR 中胶/编织线/CR 外胶;也有 NBR 内胶/编织线/CR 外胶结构。内胶层 NBR 由于含有丙烯腈而具有极性,除具有耐油性外,还具有耐老化、透气率低的特点。外层材料一般采用耐热性、耐臭氧性能良好的 CR,也可采用 CSM 替代 CR,降低材料成本。

(2) 密封条

汽车密封条具有填补车身组成部件间的各种间歇、缝隙的作用,具有减震、防水、防尘、隔音、装饰等功用。目前汽车密封条材料主要有以下几种:EPDM、PVC 和热塑性弹性体材料(TPE/TPV)。当前大多数车型使用的发动机罩密封条、车门密封条、车身密封条、玻璃导槽密封条、尾门密封条等都采用 EPDM。另外也有部分车型的玻璃导槽密封条使用热塑性弹性体材料,一些低端车型的内外水切、顶盖橡塑条使用 PVC 材料。

(三) 树脂基复合材料

复合材料是指由两种或两种以上物理化学性质不同的物质组合而成的多相固体材料。复合材料包括增强相和基体相两个部分,树脂基复合材料即是指基体相为树脂的复合材料。当前在汽车上应用较多的复合材料是碳纤维复合材料和长玻纤增强聚丙烯复合材料。

(1) 碳纤维复合材料

碳纤维复合材料具有密度低、耐高温的优势,其密度小于大多数耐高温材料,且在高温环境中能维持自身良好的拉伸强度与弹性模量。碳纤维复合材料还具有较好的断裂韧性与抗疲劳性,在汽车零部件领域潜力很大。2023 年全国用于汽车领域的碳纤维已经达到 2450 吨。

① 汽车车身　碳纤维复合材料制造的车身与底盘能够有效降低汽车的整车重量,同时汽车车身与底盘的拉伸强度为同类钢结构的 7~8 倍,极大提升了汽车车身的安全性与抗冲击性能。汽车轻量化后,整车的重心会下移,车辆的可操纵性及稳定性会大幅度提升,车辆的节能、加速、制动性能等也会随之提高。

当前一些轿跑车型已经开始使用碳纤维复合材料车身,例如仰望 U9 打造出的"超级碳舱"碳纤维安全车身架构,其中外车身采用民用最高等级 T700 碳纤维材质。广汽昊铂 SSR

采用100％碳纤维全覆盖车身，在方向盘、前内饰板等部位也大量采用了碳纤维材料。

② 保险杠　碳纤维复合材料一体化成型技术可以满足汽车保险杠的造型，并且赋予汽车外观良好的审美体验。相比于普通碳钢，碳纤维复合材料保险杠具有较高的能量吸收率，在发生碰撞时能够减少事故对行人和乘员的伤害。2020年雪佛兰生产了全球首款弧形拉挤碳纤维保险杠，2021年宝马M3汽车保险杠也采用了碳纤维复合材料，在保证强度的同时，显著减轻了重量。

③ 汽车轮毂　轮毂是汽车的关键部件之一，需要承受汽车自身的重量以及载重，直接影响汽车的安全性。碳纤维复合材料轮毂可最大限度地减轻轮毂的重量，同时可减小车轮转动过程中存在的惯性，有利于提高汽车启动、停止以及转向的速度。2024年4月国内上市的路虎揽胜运动版SVEDITION ONE为了进一步降低簧下重量，用户可以选择23英寸的碳纤维轮毂。相比合金材料，分体式五辐轮毂每个减重接近9kg，整体减重35.6kg，在重量减轻的同时可以保证轮毂的刚度。

④ 汽车内外饰　碳纤维复合材料具有良好的吸收性能，当汽车遭遇撞击时，可吸收汽车承受的巨大冲击能，并减少汽车因撞击产生的碎片，有利于提高汽车的缓冲减震效果以及安全性能。采用碳纤维复合材料作为汽车内外饰材料有助于实现汽车的轻量化。另外碳纤维复合材料的加工工艺较为简单，可简化汽车零部件的制作流程，降低汽车在维修与装配过程中的生产成本。目前碳纤维内外装饰件的应用主要是定位较高的豪华车型，如宝马、奔驰、奥迪、兰博基尼、雷克萨斯、领克、比亚迪、长城等汽车制造商均在其不同车型上广泛采用碳纤维内外装饰件，主要包括车门内护板、方向盘、中控台、进气格栅、车灯装饰框、导流板、侧裙、尾翼等。

⑤ 汽车进气系统　采用碳纤维复合材料作为汽车进气系统的原材料可有效提高汽车的进气效率，并减轻进气系统的重量与整车重量。碳纤维复合材料可塑性较强，可结合用户的使用需求，将汽车零部件加工成多种复杂的形状，包括一些金属材料难以加工成的曲面形状，有利于实现车身的一体式整体结构，简化工艺流程。

⑥ 传动轴　碳纤维复合材料具有各向异性的特点，通过碳纤维铺层设计，可承受很大的扭矩，因此可以应用在汽车传动轴上。2006年日本东丽公司生产的碳纤维复合材料传动轴已被三菱帕杰罗、日产FAIRLADY Z、马自达X-8、阿斯顿马丁DB9等车型采用。宝马M4、丰田86、兰博基尼第6元素概念车也采用了碳纤维传动轴，重量大幅度减轻。

(2) LFT

LFT是指由长的、连续的玻璃纤维，经过特殊工艺被树脂充分浸润后、再切成特定尺寸的玻纤增强胶粒或由树脂浸润包覆的长玻璃纤维长条直接模压或注塑成型后的材料。LFT材料中玻纤的长度一般在3mm以上，其应用开发目标是用作半结构和结构材料。以聚丙烯PP为基体的LFT复合材料具有轻质高强的优点，易于制造和实现成本优化，作为新兴的高性能工程塑料的应用范围越来越广，目前已是汽车轻量化首选的聚合物基复合材料。LFT-PP通过玻璃纤维的增强，其性能达到了工程塑料的要求，并且由于其低成本优势，也获得了快速的发展，其应用领域包括前端框架、车身门板模块、仪表盘骨架、冷却风扇及框架、蓄电池托架等。

最近几年国内LFT市场增长较快，2018年国内LFT市场规模约为12亿元，到2023年达到17.1亿元，年均复合增长率达到7.3％。随着汽车工业轻量化需求的进一步提高，预计到

2030年我国用于汽车领域的LFT将达到28亿元，2023年至2030年年均复合增长率为7.4%。

(3) 其他复合材料

片状模塑料（SMC）在汽车上的应用分为通用型、结构型、功能型三类，其中通用型主要利用片材强度高、重量轻的特性，适用于车身的普通钢材及铝合金替代；结构型在通用型的基础上进一步加强了自身强度，可用于车身结构件；功能型则强化自身耐高温、防腐蚀、韧性等特性，可用于发动机机壳等高温部件。例如通用型SMC片材在汽车的内装饰板、仪表盘、车灯、车门内把手、转向杆、引擎盖、顶盖、后备箱周边、地板等均有应用；结构型SMC片材强度、刚度高，可用于车身框架，如汽车车身、底盘、保险杠、车门、车篷顶盖、阻流板、翼子板、座椅骨架等；功能型SMC片材加强了耐高温、防腐蚀、韧性等特性，可用于制造汽车发动机罩、齿轮箱壳体、齿轮箱罩、导风罩、水箱、风扇盖板、排水管接口、天然气气瓶等。

在新能源汽车领域，电动汽车的核心部件是动力电池堆，电池堆壳体的轻量化是增加电动汽车续航最主要也是最高效的措施。电池堆壳体是目前纤维增强复合材料在汽车中应用最广泛的部件。电池堆壳体由最初的钢或铝合金向各类复合材料转换，LFT、SMC、PCM（预浸料模压成型）、高压树脂传递模塑成型工艺（HP-RTM）等复合材料因各自优点在不同的新能源车型上均有使用。例如采用万华、科思创等聚氨酯（PU）的HP-RTM电池箱上盖，整个壳体平均厚度1.5mm左右，并可通过UL94 V-0及耐外部火烧试验，集合了减重、高性能、低价格、缩短成型周期等特点，具有良好的发展前景。

三、主要问题

(1) 汽车轻量化标准不完善

在过去的二十年里，我国相继出台了大量汽车相关标准，极大地推动了我国汽车产业的快速发展。2020年6月中国汽车工程学会修订完成了《乘用车白车身轻量化设计与评价方法》，提升了我国企业车身轻量化设计和评价的水平。但是我国关于汽车轻量化的标准仍然很不完善，特别是在汽车零部件领域，从材料到工艺仍然缺乏相关的标准，致使我国汽车用新材料、新部件的推广无法可依，困难重重。

(2) 产业链上下游一体化建设不够

我国汽车零部件行业整体依然存在"低、散、弱"的问题。与国际零部件企业相比，我国汽车零部件企业业务单一、规模有限，自主研发能力薄弱，质量管控水平不足，企业开发、测试、制造、在线检测等基础装备都存在差距。受限于零部件企业规模的制约，难以大规模投入资金研发，也难以串联起上游材料企业和下游整车企业，造成我国汽车产业链上下游存在一定程度的脱节，一些核心零部件仍然受制于人。当然在新能源汽车方面，国内部分零部件企业处于行业内领先地位。

(3) 汽车消费观念有待改变

在我国的汽车消费观念中，消费者普遍认为汽车轻是偷工减料造成的，塑料是廉价低品质的代名词，金属零部件、胡桃木等才是高品质的象征。同时某些车企的简配行为也污名化了汽车轻量化技术。为了抢占市场，一些车型进行简配或采用低质材料替代优质材料来降低成本，从而导致消费者对轻量化技术不信任。

四、发展建议

(1) 制定规范的汽车行业标准和汽车轻量化技术规范

产业发展标准先行,我国汽车产业要更进一步发展,必须要制定规范的汽车行业标准和汽车轻量化技术规范。要对标国际标准,推动国家标准的研发,推动地方标准、团体标准升级。为了防止个别企业通过简配轻量化,要把汽车轻量化零配件及材料和产品的安全性的检验检测及标准作为发展的重点。同时,加强降油耗、减排放等政策驱动作用,推动更多车企执行更高水平的轻量化标准。

(2) 整合行业资源,加强产业链上下游企业合作

整合科研院所、材料企业和整车企业等科研资源,攻关一批短板瓶颈、关键共性技术和工艺。鼓励由汽车主机厂牵头发起,与化工新材料等企业开展战略合作,开展车型和零部件开发合作、共建集中采购平台、共建零部件制造基地等。

(3) 加大宣传工作,引导消费者改变认知

从传统认知来看,消费者普遍认为整车重量和动力水平与汽车档次直接成正比,车越重档次越高。在人们的普遍审美里,高分子材料是低端材料,镁铝合金、钛合金、胡桃木等材料属于高端材料。因此,必须加大宣传力度,创造适合我国国情的汽车消费文化,积极引导汽车轻量化、小排量的消费理念,营造良好的汽车消费文化,达成节能减排共识,推动我国汽车产业健康可持续发展。

第六节 化工新材料在 5G/6G 通信领域的应用

石油和化学工业规划院 李岩 乔冰

一、概述

2019 年是全球第五代(5G)通信技术商用元年,开启了移动互联网的新阶段。五年来,中国 5G 网络建设遵循"适度超前"原则,有效支撑了 5G 应用规模化和数字经济创新发展。截至 2023 年,我国 5G 网络建设累计投资超过 7300 亿元,5G 基站总数达 337.7 万个,同比 2022 年增长 46%,占全球基站数超 60%,每万人拥有基站数达到 26.6 个。5G 移动电话用户达 8.05 亿户,占移动电话用户的 46.6%,是全球平均水平的 2.5 倍。5G 融合应用广度和深度不断拓展,已融入 97 个国民经济大类中的 71 个,覆盖七成大类行业,5G 应用在工业、矿业、电力、港口等行业深入推广,应用案例数超 9.4 万个,5G 行业虚拟专网超 2.9 万个。

当前我国已建成全球规模最大、技术领先的 5G 网络,迎来 5G 规模化应用关键期。2024 年,中国移动、中兴通讯、华为等企业发布多项 5G-Advanced(5G-A)创新成果,并公布了 5G-A 商用计划。5G-A 是 5G 的演进和增强,也被称为 5.5G,相较于 5G,其具备更高速率、更大连接、更低时延等特点,是目前 5G 向 6G 技术过渡阶段的移动通信技术。在

5G、5G-A 网络持续演进的同时，全球 6G 达成基本共识，标准研究进程进一步加速。2023年 6 月，国际电信联盟（ITU）完成了 6G 纲领性的文件《IMT 面向 2030 及未来发展的框架和总体目标建议书》，确定了六大应用场景和 15 项能力指标体系，标志着全球对于 6G 技术达成基本共识。6G 无线技术以无线 AI 技术、超大规模天线技术、太赫兹通信、智能反射面（RIS）、通信感知一体化等为重点方向。目前业界预期 6G 技术将在 2030 年左右开始商用。

从 5G 产业链通信硬件涉及的化工材料来看，主要有元器件材料、基站天线材料、电子终端材料等。下面重点对 PCB 基板材料、基站天线材料、半导体材料、射频滤波器材料、电磁屏蔽/导热材料等关键材料进行分析。未来随着 5G-A、6G 技术的发展，数据传输带宽及容量呈几何级数增加，对各类相关材料的性能也提出了新的需求或更高的要求。

二、关键材料

（一）PCB 基板材料

在 5G 通信领域 PCB 主要用于通信基站设施、通信网的配套设备、数据中心设备、测试及测量设备以及消费电子、车联网等终端应用领域。覆铜板（CCL）是实现 PCB 信号传输、绝缘和支撑的主要基材，以有机基体树脂、玻璃纤维布等增强材料和铜箔为主要原材料。覆铜板的研究热点主要集中于低介电常数/低介电损耗、低热膨胀系数（CTE）、高热导率的开发等方向，要求铜箔、玻璃布、树脂、填料等供应链上下游与其配套。介电常数（D_k）和介电损耗因子（D_f）是表征材料的介电性能的指标。D_k 是衡量材料存储电性能能力的指标，D_k 越低，信号在介质中传送速率越快、能力越强；D_f 是衡量介电材料能量耗损大小的指标，D_f 越低，则信号在介质中传送的完整性越好。

覆铜板电性能等级及基材树脂类别如表 3.11 所示。5G 高频高速工况下通常要求 CCL 树脂材料的介电损耗因子 D_f 要小于 0.005、D_k 在 2.8～3.2 之间。高频高速覆铜板用树脂可选择的材料包括聚四氟乙烯（PTFE）、碳氢树脂、改性聚苯醚、特种环氧树脂＋苯并噁嗪树脂、改性双马来酰亚胺、苯并噁嗪树脂、聚苊烯树脂、液晶聚合物（LCP）、改性聚酰亚胺（MPI）等。根据机械刚性分类，覆铜板可分为刚性覆铜板和挠性覆铜板两大类。刚性覆铜板以传统的环氧玻纤布基板（FR-4）为主，2022 年全球 FR-4 覆铜板销售额占总销售额的约 60％，是目前 PCB 制造中应用最广的产品，主要应用于消费电子产品主板以及基站等通信设备。5G 领域对于高频高速工况下的 D_k 和 D_f 有更高的要求，传统 FR-4 环氧树脂体系已不能满足要求，目前主流高频 CCL 产品主要使用 PTFE 及碳氢树脂材料。挠性覆铜板主要用于需要重复挠曲或结构复杂的零部件的连接基材。目前挠性覆铜板基材以聚酰亚胺为主，

表 3.11 覆铜板电性能等级及基材树脂

传输损耗等级	D_f	树脂类别
高频/超低损耗	＜0.002	PTFE，改性聚苯醚，碳氢树脂，BMI，LCP
极低损耗	0.002～0.005	
低损耗	0.005～0.008	改性聚苯醚，CE，BMI，苯并噁嗪树脂，碳氢树脂
中损耗	0.008～0.01	特种环氧树脂，苯并噁嗪树脂，BMI，苯乙烯马来酸酐共聚物（SMA）
常规损耗	＞0.01	环氧树脂等

但是常规 PI 基材的介电常数和损耗因子较大、吸潮性较大、可靠性较差，导致高频传输损耗严重、结构特性较差，因此 MPI、LCP 等成为 5G 时代高频高速挠性板的主要选择。

1. 聚四氟乙烯（PTFE）

PTFE 树脂介电性能优异、耐高温，热稳定性良好，其 D_k 为 2.1（10GHz），且在 10GHz 内 D_k 不随频率和温度变化，D_f 在 10^{-4} 水平，在高频高速工况下的介电损耗满足 5G 通信要求，是目前行业内最主要、最为商业化的高频电路基板的核心树脂材料。

自 1960 年美国杜邦公司首次将 PTFE 树脂用于制造低介电常数、耐热的印制电路板以来，国外针对 PTFE 基覆铜板的研发和生产已有超 60 年的历史。全球 PTFE 覆铜板由美国 Rogers、泰康利（Taconic）、伊索拉（Marioisola）和日本的松下电工、中兴化成等企业占据。PTFE 覆铜板生产工艺一般为玻纤布浸渍 PTFE 乳液，经干燥、烧结等处理后，在玻纤布表面形成连续分布的 PTFE 膜，通常需要多次浸渍才能达到 PTFE 的质量分数和膜厚度要求，之后成品粘接片经自动收卷机收卷。将粘接片和 PTFE 材料经分切、叠置后与铜箔压合获得覆铜板产品。因 PTFE 的线膨胀系数大、热导率低、力学性能差、熔融温度和结晶度较高、成型困难等缺点，需要进行增强改性。一般采用玻璃纤维、陶瓷粉末或金属增强的 PTFE 提高复合材料的冷流性、线膨胀系数、耐磨性及导热性，提高加工可靠性，降低制造成本。比如，美国 Rogers 公司的层压板产品主要以 PTFE 基材和碳氢化合物陶瓷基材为主，包括 PTFE 树脂玻纤布增强类、PTFE 树脂填充陶瓷类、PTFE 陶瓷玻纤布类、碳氢化合物/陶瓷/玻纤布等。国外覆铜板用 PTFE 供应商包括美国科慕、日本大金、旭硝子等，国内覆铜板用 PTFE 供应商主要包括山东东岳高分子、巨化股份、中昊晨光等。

PTFE 属于热塑性树脂，难以实现多层化，因此在目前毫米波频段电路的天线层多层基板制造中，采用热固性树脂基板材料替代原 PTFE 基板材料也成为业内关注的重点。比如，日本覆铜板龙头企业松下电器 2021 年推出了适用于车载毫米波雷达和 5G 无线通信基站的无卤素超低传输损耗多层基板材料，采用热固性树脂组成的半固化片通过叠层生产工艺对天线层进行成型及多层化，提升了高频基板的设计自由度，降低了材料成本和加工成本。

2. 碳氢树脂

碳氢树脂（PCH 树脂）是指聚烯烃均聚物或共聚物，聚合单体包括丁二烯、苯乙烯、二乙烯基苯、异戊二烯等，碳氢树脂分子结构中不含任何极性基团，仅由碳和氢两种元素构成。PCH 树脂由于具有非常低的极性和交联密度，因此具有非常好的低介电、低损耗和低吸水性，同时还具有优异的加工性能，可作为高频高速覆铜板的基体树脂之一。

目前可用于高频覆铜板的 PCH 树脂产品包括 1,2-聚丁二烯体系、丁苯共聚物、聚苯乙烯/二乙烯基苯共聚体系、聚丁苯（SB、SBS）共聚体系、SI 和 SIS 共聚体系、三元乙丙共聚体系、聚苯醚/丁苯共聚体系、聚苯醚/马来酰亚胺/丁苯共聚体系、碳氢树脂/环氧树脂/聚苯醚体系、环烯烃（COC、DCPD）共聚体系、聚二乙烯基苯（PDVB）等。双键改性聚苯醚与马来酰亚胺（单、双、多官能）和碳氢树脂的组合物是目前高频高速覆铜板树脂的主流及较为成熟的技术路线。此外，日铁化学材料株式会社近年来开发了多官能团乙烯基芳香族共聚物，已成功应用在部分覆铜板企业的高速覆铜板新品上，所制高速 CCL 的介电性能达到业界更高水平。

PCH 树脂市场主要被法国 Cray Valley，美国 Kraton，日本曹达、旭化成、DIC、信越化学、宝理塑料子公司 TOPAS、三井化学等占据，见表 3.12。法国 Cray Valley 隶属于道达尔集团，其碳氢树脂种类、牌号较多，包括丁二烯均聚物（低乙烯基含量、高乙烯基含量）、苯乙烯-丁二烯共聚物等。美国 Kraton 在高频电子电路基材用碳氢树脂领域也开发了多款产品，如丁二烯-苯乙烯共聚物、苯乙烯-异戊二烯共聚物等。

表 3.12 国外企业碳氢树脂典型产品

企业	类型	牌号	数均分子量 M_n	组成	黏度/mPa·s	T_g/℃
Cray Valley	丁二烯均聚物	Ricon 130	2500	1,2-乙烯基含量 25%	800（25℃）	−86
	丁二烯均聚物	Ricon 131	5500	1,2-乙烯基含量 28%	3250（25℃）	−84
	丁二烯均聚物（高乙烯基丁二烯粉末状分散体）	Ricon 150	4200	1,2-乙烯基含量 72%	40000（25℃）	−40
	丁二烯均聚物（高乙烯基丁二烯粉末状分散体）	Ricon 153	6700	1,2-乙烯基含量 85%	65500（45℃）	−22
	丁二烯均聚物（高乙烯基丁二烯粉末状分散体）	Ricon 154	9000	1,2-乙烯基含量 87%	235000（45℃）	−15
	丁二烯均聚物	Ricon 157	2400	1,2-乙烯基含量 72%	6500（25℃）	−51
	苯乙烯-丁二烯共聚物	Ricon 100	2800	1,2-乙烯基含量 70% 苯乙烯含量 20%	40000（45℃）	−22
	低乙烯基丁二烯-苯乙烯共聚物	Ricon 181	5200	1,2-乙烯基含量 25% 苯乙烯含量 22%	18000（25℃）	−65
Kraton	苯乙烯-异戊二烯-苯乙烯共聚物（SIS）	D1111	—	苯乙烯/橡胶质量比：22/78	1100（甲苯溶剂，25℃）	—
	苯乙烯-丁二烯-苯乙烯共聚物（SBS）	D1118	—	苯乙烯/橡胶质量比：33/67	630（甲苯溶剂，25℃）	—
日本曹达	丁二烯均聚物	B-1000	1200	1,2-乙烯基含量 85%	10（45℃）	−44
	丁二烯均聚物	B-2000	2100	1,2-乙烯基含量 88%	65（45℃）	−29
	丁二烯均聚物	B-3000	3200	1,2-乙烯基含量 90%	210（45℃）	−21

我国对高频高速覆铜板用碳氢树脂的研究、生产起步较晚，国内企业在科研创新及产业化应用上仍与国外存在较大差距。国内四川东材科技自主研发了碳氢树脂、马来酰亚胺树脂等电子级树脂材料，但尚未实现大规模量产和应用。2023 年中石化茂名石化 5000 吨/年高性能液体橡胶装置成功产出合格产品——高频覆铜板用液体橡胶，并顺利向国内某覆铜板行业龙头企业交付。世名科技已完成电子级碳氢树脂产品实验室阶段的开发，正在积极推进年产 500 吨电子级碳氢树脂等项目建设，该项目采用阴离子聚合工艺，目前处于设备安装和调试阶段。圣泉集团针对高频高速用碳氢树脂进行研发，并启动了 2000 吨/年碳氢树脂项目。

3. 聚苯醚

聚苯醚，简称 PPO 或 PPE，是一种综合性能优良的热塑性工程塑料，具有良好的机械特性与优异的介电性能，而且还具有 CTE 低、吸水率低、尺寸稳定性好等优点，是具有超高频应用潜力的 CCL 基体树脂。然而将聚苯醚直接用于铜箔基板中存在以下缺点：分子量较大，在常温下溶解性较差，熔融黏度高，难于加工成型；耐溶剂性差，在印刷电路板制作过程的溶剂清洗的环境中易造成导线附着不牢或脱落；熔点（T_m）与玻璃转化转变温度

（T_g）接近，难以承受印制电路板制程中 250℃ 以上焊锡操作。因此，聚苯醚经过热固性改质才能符合印制电路板的使用要求。目前聚苯醚的改性主要包括通过分子设计引入活性基团制备自身可热固化的 PPE，与环氧树脂、CE 树脂、双马来酰亚胺树脂制备复合体系，以及引入无机微纳米颗粒进行无机/有机复合等方式。

全球 PPE 生产非常集中，沙特基础工业（SABIC，2007 年收购 GE 塑料业务）、日本旭化成垄断全球近 80% 的市场份额。国外高频高速 CCL 用的 PPE 的主要供应商有 SABIC、三菱瓦斯、旭化成、日立化成等。SABIC 公司在低分子量的聚苯醚的分子结构中引入环氧基、乙烯基、烯丙基等活性基团，合成了热固性树脂，并适用于覆铜板制造。其 NORYL^{TM}SA90 是双羟基官能团低聚物聚苯醚，NORYL^{TM}SA9000 是双官能甲基丙烯酸酯封端的聚苯醚低聚物，见表 3.13。三菱瓦斯开发了乙烯苄基聚苯醚树脂，具有低介电常数和低介电损耗的特性，适用于超低损耗覆铜板。旭化成正在开发半导体基板用低介电改性 PPE 材料，计划 2025—2026 年实现目标。

表 3.13 SABIC 聚苯醚典型产品

牌号	NORYL^{TM}SA90	NORYL^{TM}SA9000
T_g/℃	140	160
M_n	1600	2300
特性黏数/(dL/g)	0.09	0.09
酚端基含量/$\times 10^{-6}$	21500	−300
溶解度（甲苯，21℃）/%	50	50
溶解度（甲乙酮，21℃）/%	50	50
黏度（50%甲苯，25℃）/mPa·s	298	298
黏度（50%甲乙酮，25℃）/mPa·s	160	160
介电常数（1MHz）	2.54	2.54
介电损耗因子（1MHz）	0.0007	0.0007

国内研发企业主要包括圣泉集团、广东同宇新材料、宏昌电子、东材科技、山东星顺、三力新材、陕西硕博电子等。圣泉集团 2023 年实现了 5G/6G 通信 PCB 板用聚苯醚量产，并通过终端客户认证。广东同宇新材料自主研发羟基化聚苯醚树脂以及官能化改性聚苯醚树脂，已获得客户小批量验证认可，目前处于中试验证阶段。宏昌电子使用自行研发的 PPO 材料制造的高频高速板获得英特尔公司认证。东材科技"年产 5200 吨高频高速印制电路板用特种树脂材料产业化项目"包含年产 1000 吨低介电热固性聚苯醚树脂生产线，但因市场环境变化等因素影响暂缓建设。

4. 挠性电路板基材

随着电子产品持续向轻薄化、多功能化、便捷移动等方向发展，挠性电路板（FPC）的使用率越来越高，2023 年全球挠性电路板产值约占不同线路板总产值的 17.5%。未来随着 5G 智能手机演进、可穿戴设备和智能消费电子等产品的发展，低损耗的柔性材料和多层 FPC 的需求将不断增长。目前 5G 领域高速高频 FPC 基材主要采用改性聚酰亚胺（MPI）和液晶聚合物（LCP）。此外，PFA（可熔性聚四氟乙烯）膜、聚苯硫醚（PPS）薄膜、聚醚醚酮（PEEK）薄膜、聚对苯二甲酸1,4-环己烷二甲醇酯（PCT）薄膜、聚萘二甲酸乙二醇酯（PEN）薄膜、热固性聚醚（TPE）等材料也具有良好的性能，具备应用于 5G 通信用天线基板等材料的发展潜力。

(1) 聚酰亚胺

聚酰亚胺薄膜具有优良的耐高低温性、电气绝缘性、黏结性、耐辐射性、耐介质性,适宜用作柔性印制电路板基材。但 PI 介电常数（D_k 为 3.4,1MHz）和介电损耗因子（D_f 为 0.02,1MHz）相对较大,且吸潮性较大、疏水性也相对较差。因此导致了高频传输损耗严重、介电性能的稳定性较差等问题,无法适应当前的高频高速趋势。在信号传输频率不断提升过程中,MPI 材料成为现阶段的主流基材。目前,5G 高频用 PI 材料的改性方法主要包括引入低极性基团（含氟型与非氟型）、引入微纳孔结构、与 PTFE 等氟树脂叠层复合等。其中,含氟型 PI 主要是基于商业化含氟二酐（如 6FDA、TFDA 等）或含氟二胺（如 BDAF 等）单体的 PI 材料,但是氟的引入会导致 CTE 增加、与铜箔的黏结性降低等问题,因此近年来非氟型 PI 低介电薄膜材料的开发也受到广泛关注,如引入芳酯结构、脂肪或酯环单体、硅氧烷结构单元等。目前国外 MPI 生产企业包括杜邦、雅龙、宇部兴产、钟渊化学、AGC、中兴化成、日铁化学、太阳油墨、SKC、东丽等,国内在低介电 PI 薄膜的基础与应用研究领域尚处于起步阶段,国内研发企业包括瑞华泰、国风新材、中天科技等。瑞华泰 PI 薄膜在研项目涉及柔性线路板、柔性 OLED 显示、高功率器件导热和散热等领域共十多项,多数处于中试或小试阶段。国风新材目前已批量生产的 PI 薄膜产品主要为 FCCL 用聚酰亚胺黄色基膜、遮蔽用聚酰亚胺黑膜和聚酰亚胺碳基膜产品,热塑性聚酰亚胺（TPI）复合膜产品、柔性衬底聚酰亚胺浆料产品、光敏聚酰亚胺（PSPI）光刻胶产品处于在研阶段。

(2) 液晶聚合物

液晶聚合物（LCP）薄膜具有突出的低介电常数、低介电损耗、低吸湿、高流动性、耐热性、耐化学性、高阻气性等特性,是非常理想的 5G 高频高速电路板基材。与聚酰亚胺相比,LCP 除了 D_f 更低外,吸湿率也极低,因此其介电稳定性高、基板具有良好的高可靠性。LCP 可广泛应用于 5G 手机天线、5G 基站柔性发射单元、可穿戴设备等终端产品的高频 FPC 制造。

LCP 天线产业链核心为膜级树脂及薄膜成型。一方面,LCP 树脂的合成难度高,且对杂质、分子量分布有严格要求,对生产设备也有很高的要求。另一方面,成膜工艺难度高。树脂生产企业和薄膜企业的供应链封闭导致新进入者很难买到膜级树脂。目前,日本宝理-可乐丽（吹膜）-松下电工组合,宝理-村田（双拉）组合是市场上最成功的组合。此外,膜的制备参数及热处理和涂覆工艺,也是核心要素。在高端 LCP 树脂领域,国外主要供应商包括日本宝理、住友化学、塞拉尼斯等;在 5G 高频用 LCP 薄膜领域,国外主要供应商包括日本村田制作所、可乐丽、Chiyoda Integre、日本电化等。国内企业方面,宁波聚嘉 5G 用 LCP 薄膜已实现批量化生产,其 LCP 薄膜产能约 140 万平方米/年。普利特具有 300 万平方米 LCP 薄膜生产能力,处于小批量试产阶段,已收到中国、日本、韩国客户的批量化订单。金发科技在稳步推进 LCP 薄膜在柔性覆铜板领域的应用验证。此外,LCP 模组/毫米波天线生产企业信维通信构建了从 LCP 薄膜到模组的一站式解决方案,自主研发的 LCP 薄膜、LCP、高频 FCCL 已通过美国 UL 认证。

总体来看,5G 通信发展在初始阶段（满足 10～15GHz 的信号传输要求）将以 sub-6GHz 为主要频段,该频段 MPI 与 LCP 性能相差不大,均具备较好的传输效果,且 LCP 目前面临成本高、良率低、供应不足的问题,从成本考虑,MPI 相对 LCP 更具优势,故在中高频段，MPI 和 LCP 材料将同时作为 5G 天线的材料选择。然而伴随更高频率的毫米波段逐步应用于大场景，MPI 与 LCP 的损耗有明显差距，且 MPI 在多层软板制造中工艺难度较大，通常在 4 层以上软板中 LCP 应用优势更明显。随着 5.5G 逐步推进，更高频率的信号传输要求以及生产成本降低将促使 LCP 材料加快替代进程，未来 LCP 材料的渗透率则有望逐步提升。

5. 其他高性能树脂

双马来酰亚胺（BMI）属于聚酰亚胺树脂体系，是以马来酰亚胺（又名顺丁烯二酰亚胺）基团为活性端基的多官能团化合物。BMI 树脂由于优异的透波性、耐热性、尺寸稳定性以及介电性能，在多种高性能覆铜板配方中得到了应用。高性能覆铜板常用的双马来酰亚胺有二苯甲烷型双马和双酚 A 二苯醚型双马以及烷基二苯甲烷型双马等类型。

双马来酰亚胺三嗪（BT）树脂具高的耐热性、较低热膨胀系数、低吸水率、较低的介电常数及介电损耗等性能，主要应用于 IC 封装基板材料领域。在高端高频高速信号传输的封装载板应用领域，可通过聚苯醚、碳氢树脂等的改性获得更低介电常数的 BT 树脂。

苯并噁嗪树脂是一种特殊酚醛树脂，由酸类、胺类和甲醛通过 Mannich 反应制得杂环结构的单体，经过后续的受热开环交联，得到高交联度网状结构的苯并噁嗪树脂。苯并噁嗪树脂在固化过程中无小分子物质释放，具有良好的阻燃性、耐高温性和力学性能。特别地，苯并噁嗪树脂在宽频谱范围内具有稳定的低介电性能，不过目前苯并噁嗪树脂的介电常数和介电损耗尚不能达到 5G 通信对基体树脂的要求，仍然需要对其进行改性研究，改性方法包括引入氟原子、大体积烷烃基团、可聚合官能团改性、与其他低介电树脂共聚改性、有机-无机杂化改性等。

（二）基站天线材料

1. 天线振子材料

天线振子为天线上的关键元器件之一，具有导向和放大电磁波的作用。天线振子加工工艺主要分为钣金振子、PCB 贴片振子、塑料振子等。传统钣金、PCB 贴片振子具有造价高、重量大、体积大等缺点，不便于安装，5G 技术下天线振子数量将成倍增长，小型化、轻量化成为必然趋势，因此塑料天线振子成为 5G 基站天线振子的主流方案。5G 毫米波段的电磁波衰减性大，因此要求天线振子材料具有低介电损耗；此外，5G 基站天线系统架构以 AAU 形态为主，无铅回流焊（SMT）工艺是 AUU 的制造工艺，要求天线振子材料耐温超过 260℃。

目前 5G 塑料天线振子主要有两种解决方案，其一为激光直接成型技术（LDS 工艺），其二为选择性电镀。前者主要是利用激光技术在特殊塑料件上直接三维打印电路。LDS 工艺需要对镀层表面进行激光镭雕处理，成本提高，适用于小型电子器件，目前在手机天线和智能终端天线中应用较为广泛。LDS 工艺生产的塑料振子已经导入量产，其中采用了部分 LDS-LCP 材料。2022 年 SABIC 推出了支持 LDS 工艺 PPS 树脂的玻璃纤维增强改性材料 LNP™ THERMOCOMP™ OFC08V（D_k 为 4.0，D_f 为 0.004，1.1GHz），可以用于 5G 基站的天线振子和其他电气/电子应用。选择性电镀工艺相对稳定，性能、加工效率高，良品率高，适合较大型设备，如宏基站天线等。该工艺目前常用的材料为 PPS 或 LCP。例如，

SABIC推出了THERMOCOMP™ OFC08和THERMOCOMP™ OFC08XXP两种型号的PPS材料。与LCP相比，PPS价格较低，市场份额占比较高，但其介电损耗相对较高，未来新的应用场景及越来越严苛的使用环境对PPS材料的介电性能有更高的要求，因此对PPS进行低介电改性成为研发的重点。LCP价格较高，但介电损耗低、物理化学性能优良，更适用于高频通信，因此未来也有望成为基站天线振子的主流路线。此外，耐高温尼龙、PPO等也可作为天线振子的选择材料之一。目前国内外5G基站天线塑料振子材料生产企业主要包括塞拉尼斯、SABIC、日本DIC、帝斯曼、金发科技、苏州纳磐、中广核俊尔、中材科技、山东赛恩吉等。

2. 天线罩材料

目前5G天线罩可选择的材料较多，包括玻纤增强聚丙烯（PP/GF）、聚丙烯微发泡材料、ASA（苯乙烯/丙烯腈/丙烯酸酯共聚物）、聚碳酸酯（PC）、PPE、聚双环戊二烯（PDCPD）、环烯烃共聚物（COC）、ABS等。比如，SABIC的NORYL树脂（改性PPE）目前已成功应用于包括毫米波雷达天线罩、全频GPS天线、微波天线反射罩等在内的多个5G通信领域；科思创采用Makrolon®户外低温抗冲材料（PC）作为5G毫米波小基站天线罩外壳；宝理开发有TOPAS® COC材料，满足5G基站天线罩材料的要求；金发科技开发了适用于AAU天线罩的长玻纤增强聚烯烃（LFTPP）材料和阻燃、高透波、高耐候的PC材料；中石化以镇海炼化E02ES为基体树脂，开发了模压聚丙烯发泡材料（MPP），已经推广于5G基站天线罩的应用中；万华化学开发了改性硅共聚聚碳酸酯、改性PP等5G天线罩专用改性材料等。

3. 移相器材料

移相器是相控阵列天线的关键元器件之一，移相器中的介质板材料要求具有优良的电气性能、极低的介电损耗以及良好的尺寸稳定性，目前介质板主要应用材料包括聚苯醚、聚醚酰亚胺（PEI）、聚碳酸酯等。聚苯醚通常需要改性调整介电常数，以满足移相器使用要求。国内外主要供应企业包括SABIC、埃万特、南通星辰、广东伟的新材、金发科技、中英科技、会通股份等。SABIC开发的PEI、PPO、PC材料系列可用于移相器，PEI材料包括玻纤改性材料和未改性树脂材料，PPO基材料D_k可调（2.55～6.3），D_f低至0.0008，PC基材料D_k为8.0，D_f为0.01。埃万特开发了可定制介电常数（2.6.0～9.0）的Edgetek™系列（PPE）产品，满足特定的天线设计要求。中英科技热塑性聚苯醚树脂体系采用纳米陶瓷材料填充，D_k介于2.40～10.50，D_f低至0.001。会通股份PPO合金D_k介于3.3～6.0，D_f≤0.004。

（三）半导体材料

目前5G通信用半导体材料主要包括GaAs、GaN、SiC、氧化锌和氮化铝（AlN）等化合物半导体材料以及锗、硅和锡等元素半导体材料。其中，化合物半导体凭借击穿电场高、热导率高、电子饱和速率高、抗辐射能力强等优越性能在5G通信领域发挥着巨大的作用。相较于前两代半导体材料，第三代化合物半导体材料禁带宽度更宽，临界击穿电压更高，也有更大的饱和电子速率和更小的介电常数，能够承受更高的工作电压，适合更高频率，可实现更高的功率密度，同时耐高温、抗辐射等性能突出，已开始替代第二代半导体材料向高温、高频、大功率电子器件材料发展。特别的，在微波射频和功率器件两个领域，第三代半导体材料在高能效、低功耗、高极端性能和耐恶劣环境等方面具有不可替代性优势，5G 时代新基建的需求牵引将为第三代半导体材料带来新一轮发展机遇。

在射频器件方面，第二代半导体材料 GaAs 是当前射频领域中应用最成熟的化合物半导体之一。GaAs 具备禁带宽度大、电子迁移率高的特性，是当前光电子行业应用最广泛的材料。GaAs 适合中低功率器件，例如手机射频材料等，在 5G 宏基站射频器件领域，第三代半导体材料更具优势。与 GaAs 相比，GaN 射频器件具有更高的功率密度，可以提供更大的带宽、更高的放大器增益；GaN 具有更高的能效，有助于降低基站能耗和运行成本；GaN 射频器件作为 5G 基站射频功率放大器（PA）的核心器件，有助于解决基站通信系统面临的巨大能耗瓶颈。此外，在毫米波雷达领域，GaN 毫米波雷达具有体积小，重量轻，分辨率高，穿透烟、雾、灰尘能力强，传输距离远等特点，可作为自动驾驶汽车的远程探测器。6G 移动通信将频率提高到太赫兹，太赫兹波指频率位于 $0.1 \sim 10$ THz 范围的电磁波，具有超大带宽的频段资源可供利用，支持超高的通信速率。GaN 太赫兹器件具有更大的电子有效质量、更高的纵向声子能量、更快的子带间电子散射、更大的负阻区电流峰谷比和更高的二维电子气密度等，在太赫兹领域中具有优势。

GaN 单晶衬底由于生长尺寸受限，通常在异质衬底（蓝宝石、SiC 和 Si）上生长外延片。GaN 的外延工艺技术主要包括分子束外延法、MOCVD（金属有机化合物化学气相沉积）、氢化物气相外延法等。GaN 产业链国外企业在技术实力以及产能上保持领先优势。GaN 材料国外主要生产企业为日本住友、三菱化学、丰田合成、Kyma、信越化学等。国内 GaN 衬底生产商包括苏州纳维、东莞中镓、上海镓特等，外延片生产企业包括苏州晶湛、苏州能华、华功半导体、三安光电等。

在功率器件方面，Si 基功率器件是目前的主流器件。传统 Si 功率电子器件具有转换效率较低，且具有高传导损耗、低开关频率等局限性。SiC、GaN 功率电子器件与 Si 相比，具有更高工作电压、高功率密度、高工作频率、低通态电阻、极低反向漏电流和耐高温、耐辐照等特性，可满足 5G 通信技术新基建领域的新需求。GaN 与 SiC 在功率范围上的应用不同，GaN 功率器件主要应用于如消费电子等中低压、高频的电力管控领域，SiC 功率器件主要应用于高压、大功率的电力管控领域。当前，5G 宏基站所使用的功率放大器主要包含 LDMOS-Si（硅基横向扩散金属氧化物半导体）与 GaN-SiC（碳化硅基氮化镓）两种类型。5G 高频段功率放大器将转向 GaN-SiC 材料，中低频段则混用 LDMOS-Si 与 GaN-SiC 材料。

SiC 衬底是制造碳化硅器件最基础的材料，也是价值链条核心环节，占下游器件总成本的约 47%。SiC 衬底根据电阻率可分为导电型和半绝缘型，其中，通过在导电型衬底上生长同质 SiC 外延可制成功率器件，主要应用于新能源汽车、轨道交通以及大功率输电变电等领域，在半绝缘型衬底生长 GaN 外延可制成射频器件，主要应用于信息通信、无线电探测等领域。国外 SiC 材料主要生产企业包括美国 Wolfspeed、Coherent、安森美，日本罗姆、东芝，德国英飞凌公司等，全球产业链呈现美日欧三足鼎立产业格局。其中，Wolfspeed 是全球 SiC 全产业链龙头，SiC 晶片供应量位居世界第一，2021 年全球导电型 SiC 衬底市场份额达到约 49%。国内 SiC 领域已经形成从装备、材料、器件到应用的完整产业链，衬底材料已实现由 4 英寸向 6 英寸 SiC 衬底的转变，并已经开发出 8 英寸 SiC 衬底，实现小批量供货。国内从事 SiC 衬底研发生产的企业约 30 家，主要包括山东天岳、天科合达、湖南三安、超芯星、山西烁科、河北同光、中电科等。山东天岳连续 4 年在全球半绝缘型 SiC 衬底市场占有率位居前三，2023年山东天岳超越Coherent成为全球导电型SiC衬底材料市场占有率第二的企业。

（四）射频滤波器材料

射频滤波器是当前5G通信建设所需的核心器件，主要应用于移动端和基站端两大场景，移动端手机滤波器主要包括声学滤波器、低温共烧陶瓷（LTCC）滤波器、IPD滤波器等，其中涉及的主要化工材料为压电晶体、压电陶瓷、压电薄膜等压电材料。对于基站端，4G时代基站RRU主要采用传统金属腔体滤波器；5G通信由于宏基站对滤波器小型化、轻量化、低成本的要求，介质波导滤波器成为5G通信领域成熟的技术解决方案之一。

1. 压电材料

射频滤波器用压电材料包括铌酸锂（$LiNbO_3$）、钽酸锂（$LiTaO_3$）、LGS（$La_3Ga_5SiO_{14}$）、锆钛酸铅（PZT）、氮化铝（AlN）等。目前射频滤波器用压电材料的主要技术被日本企业掌控，主要企业如信越化学、住友金属矿山、京瓷、TDK等。国内能够生产供射频滤波器用的压电材料的厂商主要有中国电科26所、浙江天通、上海召业、德清华莹等。但是总体来看，国内企业在产品质量和产量、技术工艺水平等方面还是与国外企业存在较大差距，在部分特殊应用环境领域的材料仍需进口。

2. 陶瓷材料

微波介质陶瓷材料具有介电常数高、谐振频率温度系数小、介电损耗低、良好的温度稳定性等特点，在微波通信系统的滤波器、天线、耦合器等组件中得到广泛应用。基站用介质滤波器和手机用LTCC滤波器均需用到陶瓷粉体，其主要原材料包括金属氧化物（TiO_2、Al_2O_3、$BaCO_3$、$SrCO_3$、$CaCO_3$、MgO等）、稀土材料（Sm_2O_3、La_2O_3、Nd_2O_3）等。5G基站介质滤波器使用的陶瓷材料主要是$BaO-TiO_2$系材料、钙钛矿体系、$(Zr,Sn)TiO_4$体系、钨青铜体系等；LTCC滤波器陶瓷体系包括$Al_2O_3-B_2O_3-SiO_2$、$PbO-Al_2O_3-SiO_2$、$Nd_2O_5-TiO_2-SiO_2$体系等。陶瓷材料的技术壁垒主要包括粉体配方、制作工艺以及滤波器的调试等。国内陶瓷粉体供应较充足，但与国际先进水准相比还有不足，高端陶瓷粉体目前难以全部实现国产替代。

3. 工程塑料

工程塑料可用于射频滤波器相关部件，如PEI、PFA、PTFE、PPE等用于滤波器的调节螺丝、固定螺丝、飞杆底座、介质绝缘子等。此外，出于减重降本的目的，工程塑料经过电镀制作滤波器腔体也成为可能的选择。金属腔体滤波器一般采用铝、铜等贵重金属制作，塑料腔体相比于金属腔体重量轻，成本低，但塑料滤波器面临着腔体轻微形变就会影响波形的瓶颈，还没有突破，因此还没有实际应用案例。针对滤波器腔体目前开发的材料包括PEI、PPS、PET等。比如SABIC的ULTEM™ PEI树脂材料具有接近于铝合金的线性热膨胀系数且在较宽泛的温度保持稳定，具有良好的电镀性能，可用于腔体滤波器外壳，其开发的ULTEM™ 3473树脂适用于表面贴装技术（SMT），有助于将金属腔体滤波器的重量减轻高达40%。DSM替代金属滤波器的树脂包括Xytron™ PPS和Arnite® PET材料，DSM也在配合一些厂家在做相关研究验证。

(五) 电磁屏蔽/导热材料

1. 电磁屏蔽材料

电磁屏蔽材料形式多样,主要包括金属屏蔽器件、导电塑料器件、导电硅胶器件、导电布衬垫器件、吸波器件等。传统金属屏蔽材料在高低电磁场及静电场中都具有良好的电磁屏蔽效果,但高密度、难加工、高腐蚀敏感性限制了它们在高度集成的现代信息设备中的应用。导电塑料器件主要采用导电填料(如金属材料、碳材料、本征导电聚合物等)与塑料基材(如聚碳酸酯、ABS、聚酰亚胺、聚醚醚酮等)填充复合而成,具有重量轻、机械柔韧性高、耐腐蚀性好、加工成本低等优点。导电布是以纤维布(一般常用聚酯纤维布)为基材,经过前处理后施以电镀金属镀层,是一种具有金属特性的导电纤维材料。导电布衬垫是一种用于导电屏蔽作用的衬垫材料,通常采用聚氨酯或热塑性橡胶材料作为内层,外层采用化学沉积、金属物理转移、电镀金属到纤维层或采用包覆金属化织物,广泛用于各种电子产品的EMI屏蔽材料/EMC防治。吸波器件采用硅胶、氯丁橡胶等材料为基材,纳米材料、平面六角铁氧体、非晶磁性纤维、颗粒膜等吸收微波、电磁波性能好而反射与散射较小的材料作为吸收介质。导电涂料是采用含铜、银等复合微粒作为导电颗粒,具有良好导电性能的涂料。导电橡胶是在橡胶基质中添加一种或多种导电填料而使其具有导电性。导电填料由聚硅氧烷、氟化聚硅氧烷、EPDM或者碳氟化物-硅氟化物等黏合剂及纯银、镀银铜、镀银铝、镀银镍、镀银玻璃、镀银铅或炭颗粒等组成。导电屏蔽胶带是带高导电背胶的金属箔或导电布,其导电背胶和导电基材组成完整的导电体。

电磁屏蔽材料用导电填料中,碳材料主要包括炭黑、石墨、碳纤维、碳纳米管、石墨烯、MXene等,具有质轻、电导率高、物理化学性能好等优点,有利于制备超薄、轻量化的电磁屏蔽材料。其中,MXene是一类新型的具有二维层结构的金属碳化物、氮化物或碳氮化物材料,其一般化学式为 $M_{n+1}X_nT_x$,M为过渡金属,如钛、钒、铌、钼、钪、钇、锆、铪、钽、铬、钨等,X为碳和/或氮,Tx为表面修饰基团,如—OH、=O、=S、—F、—Cl、—Br、—Se、—NH等。MXene兼具高电导率、低密度、高柔性等特点,在太赫兹电磁屏蔽与吸收方面表现出色,在太赫兹波段各种电子和光电领域具有巨大应用潜力。本征型导电高分子材料具有树脂相容性好和耐腐蚀等特性,可有效避免由于填料引入而导致复合材料力学性能劣化的问题。目前,作为填料的导电高分子填料主要包括聚苯胺、聚吡咯、聚乙炔、聚噻吩及其衍生物等。聚苯胺是一种典型的本征导电聚合物,因其简单的合成、可调谐的电导率、低密度、低成本、优越的环境及热稳定性能而被用作电磁屏蔽材料。聚吡咯具有电导率高、易掺杂、耐腐蚀、稳定性好等优点,作为导电的电磁屏蔽填料被广泛研究。

2. 导热材料

随着5G设备集成功能增加、复杂化、功率增大,对电子设备的热管理提出了更高的要求,对材料的热导率和耐热稳定性等要求日渐提高。以芯片导热界面材料为例,以往4G基站设备普遍使用 $3W/(m \cdot K)$、$5W/(m \cdot K)$ 的导热垫片,而5G基站设备普遍使用 $7W/(m \cdot K)$ 甚至更高热导率的产品。导热材料主要分为导热膏、片状导热间隙填充材料、液态导热间隙填充材料、相变化导热界面材料、导热凝胶和石墨膜等。为增强散热效果,多种散热组件构成的散热模组逐步取代单一散热材料成为市场主流。从散热性能来看,石墨材料是性能最好的材料，水平热导率可达传统导热材料铝、铜的 4 倍以上，可实现快速高效的热量传递。其中石墨烯导热膜与人工石墨散热膜在散热方案中的原理和用途类似，石墨烯导热膜具有热导率高、重量轻、柔韧性好、厚度可定制等特点，其综合性能相比人工石墨散热膜具有明显的优势。目前在导热散热领域中，被广泛研究的石墨烯散热材料包括石墨烯导热膜、石墨烯导热高分子复合材料、石墨烯基金属复合材料、石墨烯散热涂层等。5G 通信时代，石墨膜材料在器件特性、产品形式、生产工艺等方面不断升级，应用场景也将不断创新。

导热材料与电磁屏蔽材料已形成成熟的产业，并广泛应用于解决电子设备的散热以及电磁波吸收等领域。但是随着 5G 技术的发展，电子设备功率和集成度更高，兼具双功能特性的导热吸波材料成为研究的热点，美国 Laird、中电 33 所、东莞维美德、深圳金菱通达等国内外电磁屏蔽材料企业通过自主开发导热吸波功能粉体、复配功能粉体等方式生产各类型的导热吸波材料产品，但总体来看，其性能仍需进一步提高，未来的研究发展方向包括研发新体系的导热吸波功能粉体、开发多功能化（疏水性、抗振动性、抗辐射性、高温稳定性和耐久性）的导热材料以适应苛刻环境中的电磁波吸收需求、利用新型材料设计方法制备新型智能导热吸波材料等。

目前电磁屏蔽/导热材料已经形成了较为稳定的市场竞争格局，主要被国外企业垄断。电磁屏蔽及导热材料的龙头企业包括美国 Chomerics 公司、3M 公司、英国 Laird 公司，瑞典 Nolato 公司等，国内企业包括达瑞电子、恒铭达、飞荣达、隆扬电子、方邦电子等。在产品性能上，国外企业长期垄断了中高端电磁屏蔽产品市场，国内企业较为分散，行业集中度较低，产品性能相对较差，一般用于中低端产品。导热材料的龙头企业主要为美国的 Chomerics 公司、Bergquist 公司、GrafTech 公司，英国的 Laird 公司和日本的松下、Kaneka 公司。国内生产企业包括碳元科技、中石科技、飞荣达、富烯科技、思泉新材、墨睿科技等，已逐渐具备自主研发和生产中高端产品的能力，中端市场竞争较为激烈。人工合成石墨散热膜、人工合成石墨散热片的主要原材料为聚酰亚胺（PI 膜），高性能 PI 膜生产厂商主要集中于美国、日本、韩国等发达国家，国内供应商包括时代华鑫、瑞华泰、达迈科技等，部分实现国产替代。石墨烯导热膜尚处在产业化初期，其主要市场和供应商集中在国内，目前具备石墨烯导热膜量产能力的企业较少，国内企业主要包括富烯科技、深瑞墨烯、墨睿科技等。

三、主要问题

总体来看，我国化工新材料产品仍处于产业价值链端的中低端水平，中高端产品比例相对较低，现有产品技术含量、附加值低，与发达国家相比差距较大。在 5G 通信技术对材料性能提出更高要求的情况下，国内 5G 领域化工新材料产业存在的短板问题更加突出。

从 5G 产业链涉及的新材料类型来看，主要包括工程塑料及特种工程塑料、高性能橡胶、特种树脂等高分子材料以及半导体材料、陶瓷材料、无机非金属材料等。随着通信技术向高频波段发展，对材料的综合性能也提出更高要求，传统的单一材料已经难以满足需求，具有更好的介电性能、力学性能和加工性能的复合材料成为研究的热点之一。我国新材料产业虽然已经建立起比较完备的化工原料－合成－加工改性－制品应用上下游产业体系，但部分领域原始创新、基础理论、技术支撑能力不足，国内企业在 5G 通信等新兴领域产业布局相对欠缺，高端产品供给不足。目前我国 5G 用化工新材料依然处于弱势地位，关键材料面临技术封锁，比如国内企业在高频高速覆铜板用碳氢树脂、聚苯醚等高性能树脂的科研创新及产业化应用上仍与国外存在较大差距，低介电 PI 与 LCP 薄膜的基础与应用研究尚处于起步阶段，高端电磁屏蔽材料和导热材料以及相关原材料的核心技术由国外企业掌握，我国在第三代半导体衬底、外延材料整体技术水平存在一定差距，国产材料和器件难以进入应用供应链，制造技术未完全成熟。

此外，国内化工新材料企业的发展模式也有待改进。国外化工新材料企业属于引领型、导入型的发展模式，在产品开发初期便积极与 5G 产业链下游用户一起合作，以终端市场需求为导向进行产品设计。除了材料产品本身，国外化工新材料企业往往还可以提供包括材料注塑加工、零部件设计等应用服务和辅助产品在内的一体化完整解决方案。目前国内大部分新材料企业仍处于以产品为导向的跟随型发展模式，产业链上下合作不够密切，产品的研发生产与应用脱节，也缺少成型加工、零部件设计等方面的相关能力，综合竞争力较弱。以高频高速覆铜板的开发为例，需要充分发挥树脂聚合生产企业、覆铜板生产制造企业以及高校、研究院所在理论和研发方面的优势和特色，从树脂单体、聚合工艺、填料制备与表面改性技术到覆铜板加工生产全方位进行创新突破和系统研究。

四、发展建议

5G 具有支撑经济社会高质量发展的关键基础设施"一业带百业"的重要作用，是增强经济活力、推动经济实现量质齐升的重要驱动力。5G-A 加速演进，开启 5G-A 商用元年。5G 的建设与发展离不开关键材料的支持，把握 5G 技术为新材料带来的全新发展机遇，早日实现材料自主可控，将有利于巩固 5G 全产业链的核心竞争力。建议加快攻克关键领域技术壁垒，针对 5G 新材料产业链、供应链发展中存在的短板问题，扎实推进稳链、补链、强链工作；联合新材料生产企业与应用企业，加速新材料技术迭代，满足 5G 基站、5G 终端器件持续提升性能的需求。在产业政策层面，建议加快和完善有利于推动 5G 新材料产业技术进步的相关政策体系，加大政策支持力度，鼓励原始创新、自主创新，提高企业自主研发的积极性。

随着 5G 无线网络商业化的加速推进，对 6G 无线网络的前瞻性研究亦随之加强。全球 6G 技术布局加速，我国 6G 关键技术研究取得阶段性成果。新兴技术如太赫兹通信、智能超表面（RIS）、超大规模 MIMO、可移动天线、无蜂窝网络（Cell-free）等的引入，对变革性与颠覆性技术的探索以及对相关材料的品种和性能提出了新的需求。例如，面对未来高频毫米波及太赫兹波工作频段，PCB 需要具备更低损耗、更低延迟、更精准的阻抗控制能力，尤其对于基板的一致性提出了更高的要求。智能超表面是信息超材料的应用技术之一，二极管、变容管、三极管、MEMS、液晶、石墨烯、铁电材料、相变材料等都被引入超表面研究。无蜂窝大规模 MIMO（cell-free massive MIMO）技术可能对具备良好的电性能、良好的吸湿耐老化性以及易加工、低成本的柔性材料提出相关需求。建议及时关注跟踪产业动向和技术需求，加强自主创新能力和技术研发储备，提早布局，占据行业先机。

附 录

附录1 专委会副主任单位

1. 中化国际（控股）股份有限公司

中化国际（控股）股份有限公司是在中间体及新材料、聚合物添加剂等领域具有核心竞争力的国际化经营大型国有控股上市公司（股票代码：600500.SH），客户遍及全球100多个国家和地区。自2000年在上海证券交易所挂牌上市以来，中化国际以良好业绩回报股东和社会，公司连续多年被《财富》杂志评为中国上市公司100强，曾荣获"中国上市公司治理百强""中国最佳董事会""中国最受尊敬的上市公司"等诸多荣誉。中化国际以"精细化学绿色生活"为愿景，持续聚焦以化工新材料为核心的精细化工主业，以产业链思维和一体化产业布局进行战略转型，打造技术领先、具有核心竞争力的新材料产业集群，致力于成为世界级的材料科学平台。

2. 梁彬新材料技术有限公司简介

重庆梁彬新材料技术有限公司是国内专业的硅酸酯研发制造商。公司硅酸酯系列产品性能优异，是生产气凝胶、特种重防腐涂料、高端树脂的基础原材料，广泛应用于航空航天、军工装备制造、精密元器件、电子化学品、新能源汽车、建筑节能等诸多领域。公司核心团队陪伴国内光伏及气凝胶产业发展10余年，共同见证光伏及气凝胶在国内生产到壮大的整个历程，积累了多晶硅副产物的资源化利用、气凝胶专用硅源研制开发、醇回收等多项专利技术，现有6000吨/年硅酸酯产能，规划3.6万吨/年硅酸酯项目已立项，预计2024年投产。

3. 中钢集团鞍山热能研究院有限公司

中钢集团鞍山热能研究院有限公司始建于1953年，原冶金工业部直属院所。专业与产业方向为有机功能材料、炭功能材料以及能源与热能工程等，包括树脂材料（氰基树脂等）、锂电负极材料、新型炭素材料、碳纤维、有机光学与光电子材料以及工业节能等。拥有炼焦技术国家工程研究中心、煤焦油系新型材料制备技术国家地方联合工程研究中心等四个国家级和9个省级工程科技创新平台，是国家知识产权示范企业，主办《冶金能源》等核心刊物。

4. 重庆聚狮新材料科技有限公司

重庆聚狮新材料科技有限公司位于重庆长寿经济技术开发区化北路2号。公司投资建设的聚苯硫醚（PPS）是公认的六大特种工程塑料和八大宇航材料之一，是国家大力支持发展的一种新型材料。由于其具有优良的绝缘性、机械加工性、阻燃性、尺寸稳定性，以及具备耐温、耐磨、耐蚀、密度小等特性，被广泛应用于环保产业、汽车工业、纺织行业、电子电气工业、国防军工以及化工、建材工业。通过多年的PPS生产经验积累，公司合成的高性能PPS在国内处于领先水平，可根据需要提供不同牌号的PPS纯树脂或粒料，一期1万吨装置于2017年10月正式投产，已全面实现聚苯硫醚树脂规模化批量生产，二期2万吨规划中。

5. 上海宇昂水性新材料科技股份有限公司

上海宇昂成立于2005年，是以水溶性高分子PVP新材料为特色，集研发、生产、销售为一体的企业。企业拥有全球视野和行业话语权，细分领域已逐步打破欧美巨头垄断。企业荣获国家高新技术企业、国家/上海创新基金、石化联合会知名商标、上海市专利工作试点、上海市院士专家工作站、国家重点新产品、上海市科技小巨人（培育）企业、上海市"专精特新"企业、上海著名商标等荣誉，已牵头编写学术专著一部，二项国标及三项团标，有四十余项国家发明专利和七项 PCT 国际专利。

公司主营产品包括新型药用辅料 PVP 系列、原料药 PVPI、水性分散材料、水处理膜材料、新能源碳纳米管分散材料等，行销上百个国家与地区，YUKING 品牌已经在国内外形成了广泛的影响力。

6. 中国蓝星（集团）股份有限公司

中国蓝星（集团）股份有限公司（简称中国蓝星，英文缩写 BLUESTAR）是中国化工集团有限公司旗下的公司，是一家以材料科学、生命科学、环境科学为主导业务的先进化工材料和特种化学品公司。在全球拥有 58 家工厂、45 家科研机构、4 家海外企业、3 家上市公司，是中国重要的化工企业之一。蓝星公司在化工先进材料领域拥有多个领先产品、技术和装置，纵贯产业上下游。

蓝星公司通过一系列并购及整合，形成了从金属硅到下游有机硅特种产品应用的完整硅产业链，拥有丰富的有机硅下游产品技术，具有很强的市场竞争力；蓝星公司拥有大型 PVC 糊树脂生产装置、PPE 工程塑料生产装置以及多种环氧树脂生产装置；蓝星公司的基础化工生产基地是化工材料的配套原料和重要补充。

7. 泰和新材集团股份有限公司

泰和新材集团股份有限公司专业从事高性能纤维的研发与生产，业务横跨高性能纤维材料、智能穿戴、绿色制造、复合材料等多个产业领域，于 2008 年在深交所上市。泰和新材始终致力于人类生态环境的改善、生命健康的保护、生活质量的提升，从纺织服装到医疗保健，从航空航天到安全防护，从信息通信到环境保护，实现着高科技新材料对世界绿色可持续发展的价值畅想。

8. 中化蓝天集团有限公司

中化蓝天集团有限公司是中国中化控股有限责任公司成员企业，拥有完整的科研体系、稳定的产业运营经验和研产销一体化运营机制，业务涵盖氟碳化学品、含氟精细化学品、氟聚合物、锂电化学品、无机氟等，生产的产品超过 50 种，广泛应用于汽车、家电、新能源等 20 多个领域，为全球 50 多个国家和地区提供氟化学产品和解决方案。遵循"科学至上"的价值理念，中化蓝天以科技创新为魂，旗下浙江省化工研究院是国家消耗臭氧层物质替代品工程技术研究中心和含氟温室气体替代及控制处理国家重点实验室的依托单位，独立开发了 40 余个 ODS 替代品种，并在新能源、新材料、新环保等领域拥有大量自主知识产权。

9. 新疆蓝山屯河科技股份有限公司

新疆蓝山屯河科技股份有限公司，是新疆投资发展（集团）有限责任公司控股的混合所有制企业。2008 年 2 月成立，2011 年 7 月改制为股份有限公司，总股本 49447 万股。公司以精细化工和高端化工新材料一体化产业链为主业，自成立以来不断筑牢产业链硬件基础，建成"BDO-PBS 系列生物降解材料/PBT/PTMEG/TPEE"上下游一体化产业链，产品线涵盖精细化工基础原料、生物降解材料、化工新材料以及新型节能环保建材等。公司规划于十四五末建成"奇台精细化工产业园"和"昌吉生物新材料科技产业园"两个产业集群，搭建国内同类最完整的产业链,以石油及煤炭、石灰石等优势资源为源头,通过高新技术平台转化和资源成本化运作,定位生态环保型中高端应用领域产品方向,努力实现"成为国内化工新材料领先企业"的目标。

10. 浙江新和成新材有限公司

新材料业务是浙江新和成股份有限公司重点发展的战略项目,现有特种树脂及应用开发的产业化项目。

特种树脂产业化项目主体是生产高性能特种工程塑料,如聚苯硫醚(PPS)、高温尼龙(PPA),生产的PPS攻克了"卡脖子"技术,打破美国、日本垄断的市场格局,荣获"浙江省技术发明一等奖",产品具有耐高温、耐腐蚀、阻燃等诸多优异性能,重点用于环保行业、航空航天、汽车、电子电气、机械等领域。

11. 山东滨化滨阳燃化有限公司

山东滨化滨阳燃化有限公司2006年落户阳信经济开发区,注册资本金6亿元,占地面积1700余亩,现有员工800余人。公司深耕石油化工行业十余年,成功培育了石油化工上下游产业链,并不断向精细化工、新能源、新材料行业延伸,目前主要产品有针状焦、聚苯硫醚、MTBE、异辛烷、硫酸等。自成立以来,公司累计实现营业收入1500多亿元,累计上缴税金48亿元,总资产46亿元,逐渐成长为当地工业经济的骨干企业、化工行业的引擎企业、财政收入的支柱企业。滨阳公司先后获得"全国模范职工之家""富民兴劳动奖状""山东省诚信企业""山东省劳动关系和谐企业""滨州市最具爱心企业""新时代模范职工之家""滨州市全员创新企业"等荣誉称号。

12. 江苏扬农化工集团有限公司

江苏扬农化工集团有限公司(以下简称扬农集团)始建于1958年,是中国中化控股责任公司材料科学板块的重要产业平台。总部设在江苏省扬州市,建有扬州仪征、宁夏中卫、连云港徐圩三大一体化生产基地。扬农集团是国家重点高新技术企业、中国石油和化学工业规模效益双百强企业,主要产品包括生物基环氧树脂、芳纶特种纤维、高端尼龙、电子化学品、吡啶杂环农药系列产品、芳香烃氯化硝化加氢系列产品等,广泛应用于汽车、航空航天、电子电气(5G、集成电路)、农药医药、涂料、染料等领域。扬农集团拥有完善的自主创新体系,建立了从小试、中试到产业化的全流程开发平台和产学研合作创新、研产销联合攻关机制,建有国家企业技术中心、全国示范院士专家工作站、国家级博士后科研工作站和化工研究院、工程技术中心、CNAS认证检测中心等创新平台。

13. 内蒙古东源科技集团有限公司

内蒙古东源科技集团有限公司是国家高新技术企业,是内蒙古自治区重点高科技化工新材料、新能源企业。新材料产业已形成年产38万吨1,4-丁二醇(BDO)、10万吨γ-丁内酯、20万吨可降解聚酯及其降解制品、2×350MW低热值煤自备电厂。公司发挥现有的资源优势、产业优势,依靠科技创新,进军光伏、绿电+绿氢能产业。

"十四五"期间,公司将以BDO为核心延伸新材料产业链条,实现产业链条间的低附加值原料向高附加值产品的转化,"由料变材,材成器"的循环产业模式。同时,为实现"碳达峰、碳中和"的目标,建设"绿电+绿氢"一体化项目,使氢能产业能够对地区环境起到系统性的改善,加强推动"氢"密合作项目,打造氢能"制、储、运、加、用"全产业链的商业模式,实现"电源、电网、负荷、储能"多能互补的清洁能源发展模式,助推地区经济高质量发展。

14. 河南能源集团有限公司

河南能源集团有限公司（简称河南能源）是经河南省委、省政府批准组建的大型能源集团。产业涉及能源、化工新材料、现代物贸、金融服务、智能制造等,主要分布在河南14个省辖市,以及新疆、贵州等省（区）和澳大利亚。拥有煤炭资源储量318亿吨,产能近1亿吨/年,品种以无烟高炉喷吹煤、炼焦精煤为主；化工产品产能近1000万吨,产品主要涉及甲醇、乙二醇等以及化工新材料碳纤维、聚甲醛、1,4-丁二醇、PET、PBT等18个种类。位居2020年世界企业500强第486位,2021年中国企业500强第139位、中国煤炭企业50强第10位、中国石油和化工企业500强第20位。截至2021年底,河南能源资产总额2555亿元,全年完成商品煤产量6572万吨,营业收入1103亿元,实现盈利32亿元,上缴税费101亿元。2022年1—6月,完成商品煤产量3466万吨,完成营业收入596亿元,实现利润总额30亿元,经济效益创历史最好水平。

15. 联泓新材料科技股份有限公司

联泓新材料科技股份有限公司是一家新材料产品和解决方案供应商,于2020年12月8日在深圳证券交易所挂牌上市,股票简称"联泓新科",股票代码"003022"。公司专注于先进高分子材料和特种精细材料的生产、研发与销售,是高新技术企业、国家级绿色工厂,产品主要包括EVA、PP、EO及EOD等,广泛应用于光伏、线缆、鞋材、塑料、日化、纺织、建筑、路桥、皮革、涂料、农化、金属加工等领域,多个产品在细分市场份额领先。同时,公司持续聚焦新材料方向,坚持创新驱动发展战略,坚持绿色、低碳、共享发展理念,关注国家需要和市场紧缺的高端新材料"卡脖子"领域,重点在新能源材料（如光伏材料、新能源电池材料等）、生物材料（如生物可降解材料、生物质材料等）、细分品类的特种材料（如特种精细材料、特种工程塑料等）等领域,进行高端化、差异化、精细化布局,建设新材料平台型企业。

16. 浙江龙盛集团股份有限公司

浙江龙盛成立于1970年,目前已成为集制造业、房地产、金融投资等核心产业的综合性跨国企业集团。2010年,龙盛通过启动债转股控股德司达全球公司,开始掌控染料行业的话语权。在全球的主要染料市场,浙江龙盛拥有超过30个销售实体,服务于7000家客户,约占全球近21%的市场份额,化工产业主营"龙盛牌"染料、助剂、化工中间体等三大门类360多个品种,其中分散染料年产12万吨以上,系全球最大的分散染料生产和出口基地,产品畅销全国,远销世界五大洲60多个国家及地区。1999—2005年公司染料产量、销售收入、实现利税、出口创汇等指标均在国内同行业中排名第一,其中分散染料的产量连续七年居世界第一。

17. 华润化学材料科技股份有限公司

华润化学材料科技股份有限公司是华润集团下属的专业化生产、销售非纤维级聚酯切片一级利润中心。公司下设常州、珠海二大生产基地,整体年生产聚酯能力达到210万吨。公司积极开拓国内外市场,拥有包括可口可乐、依云、农夫山泉、康师傅等在内的国内外优质客户。所生产的"华蕾"牌瓶级聚酯切片色值好,灰分、乙醛含量低,产品加工范围宽,成品率高,在饮用水、热罐装饮料、碳酸饮料、食用油、酒类包装、医用采血管、膜、片材等领域得到广泛应用。公司积极培育rPET再生项目,顺应循环经济趋势,为行业率先垂范,引领行业发展。

18. 金石投资有限公司

金石投资有限公司是中信证券股份有限公司（证券代码600030）的专业直接投资机构。中信证券经中国证监会批准作为券商直接股权投资业务试点后，于2007年10月成立了金石投资有限公司。金石投资的注册资本为人民币46亿元。其总经理在担任金石投资CEO之前，曾担任美国国泰财富投资基金、世界银行集团国际金融公司（IFC）和中国证券市场研究设计中心（联办）等机构的高级投资管理职务，曾担任多家已投资项目公司的董事，具有丰富的投资和管理经验。获有英国伦敦大学硕士学位。拥有累计16年的企业运营和管理经验，其中6年直接股权投资经验。曾任清华科技创业投资公司总经理，主持过股权投资项目多项，取得了出色的投资收益。在此之前有十年从事企业运营和管理的经验，包括电子分销和制造业务，曾出任一香港上市公司的CEO，参与组织过国内最早的MBO。加入金石投资前曾担任北京中润伟业投资公司总经理。在此之前，曾在中国-比利时直接股权投资基金筹备组、海富产业投资基金管理有限公司、海通证券投资银行总部和国家计划委员会市场司工作。有丰富的政府事务及投融资管理经验。

19. 新疆美克化工股份有限公司

新疆美克化工股份有限公司是新疆中泰（集团）有限责任公司控股子公司。自2005年开工奠基以来，通过一、二、三、四期建设，已建成年产37万吨1,4-丁二醇（以下简称BDO），五期10万吨/年BDO装置计划2023年7月30建成投产。美克化工是目前国内最大、全球第三的BDO供应商，凭借丰富的资源、混合经济的模式、规模化的生产和科技研发创新，不断深耕BDO产业，是BDO产品的服务商和供应商。先后荣获中华全国总工会"工人先锋号"，"高新技术企业"，新疆维吾尔自治区"产学研联合开发示范基地"、"国家级绿色工厂"，"科技创新先进单位"等荣誉。

20. 永荣控股集团

永荣控股集团是一家以绿色能源化工新材料为主业的大型产业集团。下辖尼龙、芳烯、新材料、新能源材料、港口服务、能源化工销售和金融服务等业务板块，拥有全资和控股企业数十家，在职员工近万人。集团先后荣获国家高新技术企业、国家技术创新示范企业、国家企业技术中心、两化融合国家试点单位、工信部制造业单项冠军等荣誉。2023年集团年产值827亿元，荣膺中国企业500强第295位、中国石油和化工民营企业百强榜单第37位、福建省制造业民营企业100强第5位。始终坚持走"科技创新 实业报国"的发展之路，主动融入国家发展大局，向"绿"而行、向"新"而生，布局天然气、乙烯、丙烯、丁二烯、PA6五条产业链，已构建成莆田产业园计划投资870亿元从"苯-己内酰胺-尼龙切片"铸链强链、福州区域产业计划投资150亿元从"尼龙切片-尼龙长纤维"延链补链、南充基地计划投资330亿元以"碳1新材料"为主的一体化产业布局；同时，创新实现了可再生能源工业化装置、从废弃纤维到再生切片到再生纤维的全产业绿色智造技术，并大力推行"己内酰胺-己二胺"实现尼龙6与尼龙66"双龙驱动"发展模式，攻克解决多项"卡脖子"难题；尼龙长纤维出口覆盖超全球58个国家和地区，占国内出口总量的30%以上，连续五年蝉联中国尼龙民用长丝产量排名第一，为高质量发展再立新功再添新彩。

饮水当思源、永荣公益基金会累计为社会公益事业捐款超亿元。

21. 济宁新材料产业园区

济宁新材料产业园区成立于2009年5月，位于山东省济宁市金乡县，规划面积30平方公里，是山东省发展高端新材料产业的综合型龙头园区。园区按照"五个一体化"开发建设理念，围绕打造"高端材料、国际一流、千亿产业、生态循环经济示范区"目标，重点发展化工新材料、生物新材料、煤基新材料、高端精细化学品四大产业集群。目前入驻企业71家，总投资额超过860亿元，相继被国家和省政府命名为"中国化工新材料（济宁）产业基地"、"中国新型煤基化工（济宁）产业基地"、"国家绿色工业园区"、"山东省石墨烯产业化示范基地"，连续11年被评为"中国化工园区20强"，是全国化工园区标准化建设8大示范区之一、全国12大智慧园区试点示范区，跻身国内一流化工园区行列。

22. 上海安诺芳胺化学品有限公司

安诺化学是浙江龙盛集团股份有限公司与香港万津集团公司共同出资组建的合资公司，属浙江龙盛集团。主要致力于芳香胺类中间体的开发，生产和贸易，是国内最大的间苯二胺生产商；生产基地（浙江安诺芳胺化学品有限公司）位于浙江杭州湾精细化工园区，市场平台（上海安诺芳胺化学品有限公司）位于上海浦东。作为一家专业化工公司，安诺化学采用国际先进的工艺和装备，生产系统实现了连续化、自动化（全部采用DCS控制）和安全清洁化；在有机中间体方面形成了以硝化、加氢、分离等为核心技术的产品群。同时依托现有生产基础和研发能力，公司和国外知名化工企业开展了定制化学品的开发。

23. 中化学科学技术研究有限公司

中化学科学技术研究有限公司（以下简称"科研院"）是中国化学工程集团（股份）有限公司的全资子公司，于2019年6月在北京市注册成立。公司致力于打造最具成长性和竞争力的国际化中央研究院，是提供兼具经济性与创新性技术解决方案的集团直属科研机构和集团技术创新核心机构。科研院高端人才聚集，是一家智力密集、人才密集、资本密集的科技型国有企业，对于集团公司转型升级、发展主业、带动实业、提升核心竞争力具有重要意义。

科研院致力打造"1总＋多院＋N平台"的经营格局。科研院总院下设技术管理部、研发管理部、技术合作部、综合办公室等部门，在北京市房山区设有研发基地，在日本东京、天津、武汉、桂林设有分院，正在筹建欧洲分院、中试基地、催化剂生产基地。

24. 中国石油天然气股份有限公司石油化工研究院

中国石油天然气股份有限公司石油化工研究院，是中石油唯一直属炼化科研机构。主要从事炼油、石油化工工艺和催化剂研发，合成树脂和合成橡胶等新产品开发，炼化节能环保技术开发、炼化产品标准化和质量检测、炼化知识产权研究、炼化科技信息研究、炼化科技人才培训等。院内设有博士点1个，博士后科研工作站2个，硕士点5个，已建成重质油加工、清洁燃料、合成树脂、原油评价4个重点实验室以及催化裂化催化剂及制备工艺、加氢催化剂与制备工艺、聚烯烃催化剂与工艺工程、合成橡胶试验等5个中试基地。

25. 宜兴丹森科技有限公司

宜兴丹森科技有限公司主要从事高吸水性树脂（SAP）的研发、生产和销售，产品主要用于纸尿裤、卫生巾、宠物垫、护理垫、溢乳垫等日用卫生用品领域。目前丹森科技为全球约80个国家和地区的客户提供种类繁多的产品及服务，是国内专业的SAP生产商，是其全球竞争力的 SAP 制造商之一，2014 年获得"江苏省名牌产品"和"国家重点新产品"称号，2018 年通过 AEO 海关高级认证。公司具备研发能力，具有自主的研发团队并长期与大型企业和科研机构保持紧密合作。公司生产的主要原料由丙烯酸生产商新加坡上市公司"裕廊化工"提供，为 SAP 产品不断提供海内外市场的需求。

26. 台塑工业（宁波）有限公司

台塑工业（宁波）有限公司为台湾塑料工业股份有限公司海外转投资子公司，成立于 2002 年，于 2017 年合并吸收台塑丙烯酸酯（宁波）有限公司、台塑聚乙烯（宁波）有限公司、台塑聚丙烯（宁波）有限公司及台塑吸水树脂（宁波）有限公司等四家公司。2017 年起每年产值均破百亿元，2021 年纳税总额 8.1 亿元。公司经营范围：聚氯乙烯树脂（PVC）、改性高强度聚丙烯树脂（PP）、吸水树脂（SAP）、乙烯-乙酸乙烯共聚物（EVA）、酯化级丙烯酸（EAA）、聚合级丙烯酸（HPAA）、丙烯酸甲酯（MA）、丙烯正丁酯（BA）、丙烯酸乙酯（EA）、丙烯酸异辛酯（EHA）等产品生产；丙烯、氢气生产项目筹建；石油制品、化学产品的批发；精细化工、助剂新产品、新技术开发、生产；自有厂房及设备出租，集团内污水处理及再生利用；自营和代理各类商品和技术的进出口业务。

27. 内蒙古鄂尔多斯电力冶金集团股份有限公司

内蒙古鄂尔多斯电力冶金集团股份有限公司成立于 2003 年 4 月，是内蒙古鄂尔多斯投资控股集团按照"高起点、高科技、高效益、高产业链、高附加值、高度节能环保"的新型工业化要求打造的清洁循环经济产业园区。集团坐落在京包银经济带的棋盘井镇，占地 28 平方公里，下辖煤、电、冶金、化工及园区综合服务、供水、物流等产业，成员企业 54 家，员工超过 20000 人。集团以科学发展为主题，以科技进步和技术创新为支撑，以精益管理和本质安全为保障，致力于打造世界级清洁循环经济产业基地，建设国际化和谐高效幸福企业。截至 2015 年底，集团总资产突破 350 亿元，累计纳税超过 100 亿元；原煤产能 550 万吨/年，洗煤能力 550 万吨/年；电力总装机容量 308 万千瓦；硅铁、硅锰、特种合金等铁合金产品年产销 200 万吨以上；年产电石 130 万吨，PVC 40 万吨，烧碱 30 万吨，水泥 100 万吨，兰炭 60 万吨，石灰石 200 万吨，尿素 210 万吨，合成氨 120 万吨。铁合金产品远销美国、欧洲、日本、韩国等国家和地区；其中，硅铁合金产销量居世界第一，被誉为"世界硅都"；集团已成为内蒙古自治区推进"大基地、大集群、大项目、大循环"建设的成功案例，被认定为首批"高新技术企业""资源节约型、环境友好型试点企业"，自治区级"循环经济示范企业"，"创新方法应用试点企业"，是自治区重点培育和发展的大型企业。

28. 五恒化学有限公司

五恒化学有限公司成立于 2021 年 06 月 08 日，位于宁夏宁东能源化工基地化工新材料园区启德路北侧、启源路东侧。经营范围包括危险化学品生产（依法须经批准的项目，经相关部门批准后方可开展经营活动）；基础化学原料制造（不含危险化学品等许可类化学品的制造）；化工产品生产（不含许可类化工产品）；合成材料制造（不含危险化学品）；专用化学产品制造（不含危险化学品）；生物基材料制造；石灰和石膏制造；非金属矿物制品制造；新型催化材料及助剂销售；信息咨询服务（不含许可类信息咨询服务）；工程和技术研究和试验发展；工程管理服务；技术服务、技术开发、技术咨询、技术交流、技术转让、技术推广；生物基材料技术研发；生物基材料聚合技术研发；碳减排、碳转化、碳捕捉、碳封存技术研发；资源再生利用技术研发；资源循环利用服务技术咨询；固体废物治理（除许可业务外，可自主依法经营法律法规非禁止或限制的项目）。五恒化学有限公司对外投资6家公司。

29. 内蒙古三维新材料有限公司

内蒙古三维新材料有限公司（以下简称"内蒙三维"）是三维控股集团股份有限公司（以下简称"三维股份"）推进多元化布局，进军精细化工领域的实施平台。内蒙古三维在乌海低碳产园区投资建设BDO及可降解塑料一体化项目，项目依托三维股份的资本优势、技术优势和人才优势，充分利用乌海经济开发区的区位优势和资源优势，努力打造"煤化工、功能性高分子先进材料、电子级新材料"一体化产业链，形成产业互补、良性互动、协调发展的产业格局。项目预计总投资130亿元，总占地面积160公顷，合2400亩，其中一期为127.7公顷，合1915.5亩；二期为32.3公顷，合484.5亩，总规划建设规模及内容为90万吨/年1,4-丁二醇（BDO）、60万吨/年可降解塑料PBAT、30万吨/年高端聚醚材料PTMEG、180万吨/年甲醛装置、10万吨/年电子级精细化工产品γ-丁内酯（GBL）和5万吨/年N-甲基吡咯烷酮（NMP），配套120万吨/年乙炔原料（电石）联合装置。项目具有低能耗、高效率、低碳清洁的特点，待项目全部投产后，有望成为规模、品质、能耗、效益均领先的行业标杆。

30. 密友集团有限公司

密友集团有限公司成立于1985年，经过多年的发展，现已拥有总资产2.5亿元人民币，其中固定资产9500万元，总注册资本5290万元。密友集团有限公司下属公司：昆山密友机械密封有限公司、昆山密友粉碎设备有限公司、昆山密友纳米科技有限公司、广西融安密友矿粉有限公司、连云港东海高科硅微粉有限公司、昆山美欣置业有限公司等，已成为国家特种超细粉体工程技术研究中心产业化试验基地；国家现代化中药超细粉碎产业化示范项目基地；国家非金属矿深加工工程技术研究中心研究试验基地；国家制药机械中心站制药超细粉碎试验基地；国内最大的釜用机械密封及化工机械密封生产基地。多年来，企业投入巨资进行粉碎机、分级机及各种机械密封的研制设计。并引进了英国马尔文激光粒度检测仪、美国瓦里安原子光谱吸收仪、德国新帕泰克在线检测智能系统，拥有先进的数控加工设备（5套数控加工中心、2套数控立车、6台数控车床），硬件设施达到一流水平，机械加工设备齐全。作为江苏省高新技术企业，尤其注重技术开发，并有研发实力强的技术开发依托合作单位：德国克劳斯特尔大学、德国新帕泰克公司、德国应用安全与劳动医学研究中心、航空609研究所、东北大学、南京工业大学、南京理工大学、江苏工业学院等，并聘用二位中科院院士为技术顾问。

31. 益丰新材料股份有限公司

公司成立于2011年，是一家从事有机硫化学品和光学新材料的高科技企业。公司先后获得国家高新技术企业、国家专精特新"小巨人"企业、国家制造业单项冠军企业、国家绿色工厂、国家企业技术中心等荣誉称号。自成立以来，公司深入贯彻循环经济、绿色发展的高质量发展理念，坚持走自主创新发展之路，建立益丰研究所、睿丰技术中心两大研发平台，承担重大科技创新工程等省级项目10余项，授权专利150余项，发明专利140余项；科技鉴定成果36项，达到国际先进及以上水平17项。公司主导制定的两项硫脲国际标准。公司自主研发的聚硫醇系列产品，解决"卡脖子"技术难题，打破了中国镜片原材料长期依赖进口的被动局面，实现从"硫化氢→有机硫化学品→光学新材料"的全产业链绿色创新发展之路。

32. 宁东企业和企业家联合会

宁东企业和企业家联合会（以下简称"宁东企联"）成立于2021年12月，是由宁东能源化工基地8家主要骨干企业自愿发起，宁东能源化工基地社会事务局主管，经银川市审批服务管理局核准注册。宁东企联现拥有124家会员单位，涵盖了化工、新材料、生物医药、电力、有色金属、公用工程、装备制造等规上企业；内设部门2个，为综合管理部、企业服务部；专业委员会2个，为宁东企业和企业家联合会危险化学品安全委员会、宁东企业和企业家联合会技术专家委员会。宁东企业和企业家联合会坚持以习近平新时代中国特色社会主义思想为指引，按照宁东能源化工基地党工委、管委会的工作部署和重点工作，以服务企业、企业家为宗旨，着重围绕企业和企业家的需求，探索工作模式，创新服务举措，客观反映企业家的呼声和诉求，依法依规维护企业和企业家合法权益，积极搭建政府与企业和企业家之间的桥梁纽带，切实当好"政府的助手""企业的帮手"，努力为企业发展创造更好的环境，为宁东能源化工基地高质量发展做出新的贡献。

33. 皖维高新材料股份有限公司

皖维高新材料股份有限公司（简称"皖维高新"）。2006年4月完成股权分置改革，实现股票全流通。

皖维高新的主业是化工、特种纤维、建材产品生产，现具有年产25万吨聚乙烯醇（PVA）、1.5万吨高强高模PVA纤维、300万吨环保水泥及熟料、6万吨差别化聚酯切片、1.5万吨聚醋酸乙烯乳液（白乳胶）、热电联产年自发电量4.5亿千瓦时的生产能力。PVA、高强高模纤维产能均居国内同行业之首。

公司已发展成为中国最大的聚乙烯醇生产企业、高强高模聚乙烯醇纤维出口基地和安徽省最大的化工化纤建材联合企业。公司拥有化工、化纤、建材等三大系列三十多种新材料产品。公司产品行销全国二十多个省、市、自治区，部分产品出口欧美。曾先后被评为"中国工业企业技术开发实力百强""全国化纤工业50强"。

34. 华陆工程科技有限责任公司

华陆工程科技有限责任公司（简称华陆公司）前身系成立于1965年的化学工业部第六设计院，是国务院国资委直属的中国化学工程集团（股份）有限公司的重点骨干企业。作为"科改示范企业"及中国化学混合所有制改革试点单位，华陆公司2021年成功引入战略投资方万华化学集团股份有限公司，形成中国化学、万华化学和员工持股平台的三元股权结构，顺利完成混合所有制改革，企业发展呈现崭新面貌、迸发全新活力。经过近六十年的发展，华陆公司现已成为集技术研发、工程设计与总承包、投融资、特色实业等业务于一体的科技型国际工程公司，是国家高新技术企业和国家企业技术中心，具有工程全过程总承包能力，拥有工程设计综合甲级资质和工程咨询、工程监理等甲级资质、施工总承包壹级资质，设立有全国化工化学工程中心站、博士后科研工作站，为中国科技核心期刊《化学工程》的主管主办单位。公司充分发挥自主研发技术工程化优势，始终致力于将最先进适用的科技成果转化为能够为客户创造最大价值的优质工程，在技术创新、工程转化、数字化交付等方面处于行业领先水平，业务遍及全国以及南亚、中亚、中东、非洲等国家和地区，先后承担大中型工程总承包项目及工程设计项目2900余项，积淀了雄厚的技术开发实力和丰富的工程建设经验。累计自主开发新工艺、新技术100多项，开发化工新产品200多种，拥有专有技术和专利技术300余项。多次受到中共中央、国务院、中央军委通令嘉奖，先后荣获国家科技进步奖特等奖2项，国家科技进步奖一等奖3项、二等奖4项及其他国家和省部级奖励350余项，荣获"全国五一劳动奖状""陕西省五一劳动奖状""广东省五一劳动奖状"等荣誉，企业改革发展成果得到了社会各界的高度认可。

35. 江苏索普（集团）有限公司

江苏索普（集团）有限公司，简称"索普集团"，位于中国历史文化名城镇江东郊江苏索普化工基地，地处长江和京杭大运河交汇处。始建于1958年，前身为镇江化工厂，集团拥有国家级博士后科研工作站、江苏省煤制乙醇工程技术研究中心、江苏省企业技术中心；是《工业用冰乙酸》《工业用乙醇》《工业冰醋酸单位产品能源消耗限额》《工业用甲醇》《次氯酸钙（漂粉精）》国家标准，以及《发泡剂ADC》行业标准的制定单位之一。索普集团现拥有煤化工、精细化工、基础化工三条产业链。一是以醋酸为核心的煤化工产业链。1992年，自主开发了低压羰基合成醋酸技术，建设国家"921"醋酸工程。目前拥有120万吨/年醋酸产能，同时配套有30万吨/年醋酸乙酯生产能力。二是以ADC发泡剂为核心的精细化工产业链，拥有4万吨/年ADC发泡剂生产能力。三是以硫酸为核心的基础化工产业链，拥有110万吨硫黄制酸的综合生产能力。索普集团旗下涵盖制造业、服务业等发展板块，其中，江苏索普化工股份有限公司为上市公司，股票代码：600746；江苏索普工程有限公司拥有石油化工工程施工总承包一级资质，建筑工程施工总承包、消防设施工程专业承包、防水防腐保温工程专业承包、建筑装修装饰工程专业承包、建筑机电安装工程专业承包二级资质；江苏索普赛瑞装备制造有限公司具有A级锅炉设计、制造、维修、改造、安装；压力容器A2级制造；ASME S/U资质，拥有美国机械工程师学会S和U钢印产品设计、制造、安装等技术建造产品认证，是2022年度江苏省专精特新中小企业；江苏索普工程科技有限公司具有化工石化医药行业（化工工程、石油及化工产品储运）专业乙级设计资质。

36. 湖北兴发化工集团股份有限公司

湖北兴发化工集团股份有限公司成立于1994年，坐落于汉明妃王昭君故里——湖北省宜昌市兴山县境内，是一家以磷化工系列产品和精细化工产品的开发、生产和销售为主业的上市公司。公司于1999年在上海证券交易所上市，股票代码："600141"，截至2023年末，总资产445.61亿元，员工14000余人，位列2023年《财富》中国上市公司500强415位。通过二十多年的发展，公司已成为中国最大的精细磷酸盐生产企业之一。公司始终坚持生态优先、绿色发展，加快产业转型升级，先后开发出食品级、牙膏级、医药级、电子级、电镀级、工业级、饲料级等各类产品9个门类26个系列674个品种，是全国精细磷产品门类最全、品种最多的企业之一。公司持续推进磷化工资源和企业的重组整合，在国内率先建立起"矿电化"运行模式，实现了磷矿全部自给，电力自给率达50%以上。近年来公司大力实施"走出去"发展战略，先后在湖北保康、南漳、神农架、猇亭、宜都、远安以及重庆、江苏、新疆、贵州、河南、内蒙古、印度尼西亚建立生产基地；在美国、巴西、德国、阿根廷、越南、中国香港等设立区域营销平台。同时依靠自主技术创新，加快实施精细化工为核心的多元化战略，全面提高资源和能源自给率，推进磷化工、硅化工、硫化工、氟化工、盐化工融合发展，形成了"资源能源为基础、精细化工为主导、关联产业相配套"的产业链竞争优势。

37. 天津利安隆新材料股份有限公司

利安隆是全球优秀的高分子材料抗老化助剂产品和技术供应商，主要产品有抗氧化剂、光稳定剂和整体解决方案产品 U-pack。公司是国家高新技术企业，并于 2017 年登陆 A 股上市，股票代码：300596。公司坚守为客户创造价值的使命，专注于高分子材料抗老化技术领域，加强技术创新和全球网络布局，为全球高分子材料技术进步提供推动力。公司目标是发展成为全球高分子材料客户青睐的抗老化助剂产品和技术供应商。借助于公司成功上市的基础，公司将进一步加强技术研发，加快在国内外抗老化助剂产品的产能布局，并通过并购、合作等多种金融业态不断地为客户及行业提供更多的创新产品及应用技术解决方案。公司现有 6 个生产基地：天津汉沽基地、宁夏中卫基地、浙江常山基地、河北衡水基地、广东珠海基地、内蒙古赤峰基地。公司已经实现包括 GAO、SAO、UVA、HALS、U-pack 在内的全部高分子材料抗老化助剂产品的产能配套，并将根据市场开拓进展及客户需求，在全球范围内规划新的产能布局。

38. 河南神马芳纶技术开发有限公司

河南神马芳纶技术开发有限公司成立于 2021 年 12 月 23 日，位于河南省平顶山市叶县龚店镇平顶山尼龙新材料产业聚集区。经营范围包括高性能纤维及复合材料制造；高性能纤维及复合材料销售；新材料技术研发；新材料技术推广服务；技术服务、技术开发、技术咨询、技术交流、技术转让、技术推广。

39. 中国寰球工程有限公司北京分公司

中国寰球工程有限公司北京分公司（以下简称北京公司）隶属于中国寰球工程有限公司，北京公司以技术为先导，以设计为龙头，集咨询、研发、设计采购、施工管理、开车指导等多功能于一体，是具有工程总承包综合能力的国际工程公司。六十多年来，北京公司先后完成了 2000 多项跨行业的国内外大中型项目的咨询、设计和总承包建设任务，在国际规模的大型乙烯、大型炼油、大型 LNG、大型化肥、大型煤化工和大型聚丙烯等 15 大类装置上具备总承包能力并拥有丰富业绩。业务遍及全国 30 个省、市、自治区，以及东南亚、西欧、美洲、中东的近 30 个国家和地区，是国内同行中国际化程度较高、项目运营国家较多的企业，也是独立率先进入美国、沙特阿拉伯、新加坡、加拿大、意大利等炼化工程建设高端市场的国际工程公司。

40. 河北鑫海控股集团有限公司

河北鑫海控股集团有限公司成立于 2017 年 08 月 30 日，位于河北省沧州市渤海新区。多年来，鑫海控股集团大力推进"数字赋能、创新强企"战略，大力推进数智化升级、绿色化转型，形成了从石油加工到化工新材料、产销物流完整的产业链条，全力打造沧州渤海新区绿色化工产业集群，成为区域经济发展的排头兵。河北鑫海控股集团化工新材料基地项目投资 254 亿元，位于港城产业园区石化产业聚集区，主要产品为芳烃、烯烃、丁辛醇、环氧丙烷、聚异丁烯、MTBE 产品等高端化工新材料。一期项目预计 2026 年投产，全部项目投产后，公司销售额可达 2000 亿元，税收 300 亿元，为延伸产业链条，实现炼化一体化和"油头化尾"转型升级，加快发展新质生产力蓄势赋能。鑫海公司拟实施"化工新材料基地项目"，分两期实施，一期主要建设中油转化装置、轻烃回收装置、轻油预处理装置、芳烃转化装置、轻烃芳构化装置、芳烃抽提装置、甲苯歧化装置、气体分馏装置、丙丁烷脱氢装置、MTBE 装置以及 PSA 装置、硫酸、硫黄回收装置，一期建成后主要年产苯 53.99 万吨、混合二甲苯 101.41 万吨、MTBE 32.73 万吨（一二期建成后为 66.93 万吨）等。二期主要建设浆态床渣油加氢装置、中油转化装置、芳烃转化装置、芳烃抽提装置、甲苯歧化装置、

PSA装置、POX装置、双氧水装置、环氧丙烷装置、丁辛醇装置和硫酸装置。

41. 长寿经济技术开发区管理委员会

长寿经开区是2010年经国务院批准设立的国家级经济技术开发区，含市级长寿高新区，管理服务面积119.15平方公里，累计开发面积达50平方公里，入驻企业953家，其中：世界500强企业29家、跨国公司69家、上市公司64家。2023年实现规上工业产值1562亿元，固定资产投资237.3亿元，实际使用外资1082万美元，工业投资181.7亿元，外贸进出口额100亿元。商务部国家级经开区综合发展水平考核列第36位，居西部第3，重庆第1。

42. 富海集团新能源控股有限公司

富海控股深耕能源化工领域，下设东营华联石油化工厂有限公司和东营联合石化有限责任公司两大生产基地，原油一次加工能力达1000万吨/年，为国内外10000余家客户提供高品质汽柴油和化工品。拥有自建、加盟、合作油气站700余座，运营危化品运输车辆2000余台，年运输能力2000万吨。当前，围绕"聚焦主业、创新驱动、竞合共生、品牌高端"的发展思路，布局"海上一片、沿海一线、内陆一网"的渤海湾大湾区战略，打通芳烃烯烃产业链，大力发展化工新材料。现拥有年产200万吨对二甲苯、250万吨精对苯二甲酸，在建150万吨/年聚酯包装材料项目，打通"炼油—芳烃—聚酯"链条。富海控股积极推动创新驱动战略，搭建从基础研究、工程化开发到产品应用研发于一体的科创体系。富海研究院在东营和上海同时建有研发基地，专注于完全生物降解塑料、特种工程塑料、差异化聚酯、功能性聚合物、特种纤维与薄膜等前沿领域科技，在有机合成、高分子聚合、聚合物改性等方面展开技术攻关，全力搭建"基础化工原料—关键单体—高性能聚合物—终端应用开发"产研结合价值链条。整合优势资源，科技创新驱动。富海控股将坚定走炼化一体化道路，与国内外合作伙伴携手并进，努力成为能源化工领域价值链顶端的整合者、高附加值的创造者，打造专业化、集约化、高端化的千亿级能源化工产业集团。

43. 福州江阴港城经济区管理委员会

福州江阴港城经济区于2017年8月由福州市江阴工业集中区、福建自贸试验区福州片区保税港区整合而成，为省级开发区，是福建省石化发展规划"两基地一专区"的化工新材料专区。园区位于福州市南端的福清江阴半岛，规划面积225.2平方公里，发展定位为：依托港区，发展临港石化、海洋产业、装备制造、国际航运物流、整车及零配件进出口贸易、大宗商品集散分拨、保税仓储物流展示和融资租赁等现代服务业、打造配套完善的现代化港口城市。

44. 江苏高科技氟化学工业园管理委员会

江苏常熟新材料产业园（江苏高科技氟化学工业园）于1999年9月筹建，2001年7月经省人民政府批准设立江苏高科技化学工业园。2006年12月，因氟材料产业特色突出被中国石油和化学工业协会冠名为"中国氟化学工业园"。2008年7月，常熟市批准增挂"江苏常熟新材料产业园"，实行两块牌子、一套班子的运行模式。2013年，园区与苏州生物纳米园合作共建苏州常熟生物医药产业园，规划面积1平方公里。目前园区拥有企业77家，其中规模以上企业63家，已建成亚洲最大的氟材料生产及进出口基地。园区因其专业性、特色性在业内享有较高知名度，是全省首批认定的合规化工园区，同时也是安全风险D类（较低风险）园区。作为苏南首个国家级"绿色化工园区"，连续十一年（2013—2023）在中国石油和化学工业联合会对全国化工园区的综合测评中入围前20强。先后荣获"江苏省首批科技产业园"、"江苏省博士后创新实践基地"、全国"智慧化工园区试点示范单位"、全省首家"省级节水型工业园区"、"江苏省新能源材料产业基地"、"电子氟材料特色产业集群"、"国家环境健康管理试点"等荣誉称号。园区依据国家产业政策,紧贴既有特色,重点发展氟材料、生物医药等新兴产业和主导产业,着力打造国内一流"新材料产业特色发展集聚区"。2023全年实现工业总产值269.5亿元、工业开票销售收入278.9亿元,实现财政总收入20.4亿元,其中一般公共预算收入9.8亿元,完成工业投资14.1亿元,到账外资4029万美元。园区高度重视科技创新,深入开展产学研合作,着力推进科技创新载体和平台建设,是国家火炬计划常熟高分子新材料产业基地,并牵头成立了江苏省氟材料产业技术创新战略联盟。目前园区拥有省级企业技术中心7个、省级工程技术研究中心10个、苏州市级工程技术研究中心23个、市级工程技术中心10个、省企业研究生工作站4个。

45. 浙江省天正设计工程有限公司

浙江省天正设计工程有限公司(以下简称"天正设计")前身为成立于1958年的浙江省石油化工设计院,2002年整体改制,是一家以技术为核心的工程设计咨询和工程总承包业务并举的科技型企业。天正设计现有员工600多人,专业技术人员占95%以上,其中正高级工程师/高级工程师240余人,国家各类注册工程师400余人次。设有工艺、管道、设备、土建、仪电、数智化、公用工程、工程管理、工程采购、工程造价、施工管理等十七个专业。天正设计具有化工石化医药行业甲级、轻纺行业(食品发酵烟草工程)甲级、建筑行业(建筑工程)甲级、商物粮行业工程设计乙级、市政行业(排水工程、城镇燃气工程、热力工程、环境卫生工程)乙级、环境工程(水污染防治工程)工程设计乙级、轻纺行业(化纤工程)乙级、化工、石化、医药工程咨询甲级资信、建筑工程咨询乙级资信等多项工程设计、工程咨询资信及工程总承包资质。A1、A2、A3级压力容器设计资质;GA2、GB、GC、GCD类压力管道设计资质。公司业务涉及化工、石化、医药、储运、物流、轻工、燃气、环境工程、工业和民用建筑等多个行业,覆盖全国31个省份以及美国、德国、法国、日本等18个国家。成立六十多年来,天正设计在国内化工、石化、医药、物流储运等业务领域具有明显的专业优势和市场地位,业务模式也从工程设计延伸到工程建设全过程服务,在稳步发展设计咨询业务的同时,积极开展工程总承包和项目管理业务,拓展技术集成和工厂运行服务,努力打造成为工程产品全生命周期的服务商。

附录2 20家国际化工企业

1. 巴斯夫股份公司(BASF)是一家德国化工企业。巴斯夫集团在欧洲、亚洲、南北美洲的41个国家拥有超过160家全资子公司或者合资公司。总部位于莱茵河畔的路德维希港,是世界上工厂面积最大的化学产品基地。2023年,不计特殊项目的息税、折旧、摊销前收益为77亿欧元,较2022年减少31亿欧元。息税、折旧、摊销前收益为72亿欧元,同比减少了36亿欧元。净收益增加了8.52亿欧元,达2.25亿欧元,2022年净收益为负6.27亿欧元。

2. 陶氏是一家多元的化学公司,运用科学、技术以及"人元素"的力量不断改进。2010年,陶氏年销售额为537亿美元,在全球拥有约50000名员工,在35个国家运营188个生产基地，产品达5000多种。陶氏为全球160个国家和地区的客户提供种类繁多的产品及服务，并将可持续发展的原则贯彻于化学和创新，为各消费市场提供更加优质的产品，包括纯水、食品、药品、涂料、包装，以及个人护理产品、建筑、家居和汽车等众多领域。2023年全年的净销售额为446亿美元，2022年为569亿美元，下降21.6%；2023年GAAP净收入为6.6亿美元，2022年为46亿美元；2023年经营性息税前利润（EBIT）为28亿美元，2022年为66亿美元；2023年经营活动（即持续经营）所产生的现金为52亿美元，2022年为75亿美元。

3. 沙特基础工业公司（SABIC）是全球领先的多元化化工企业之一。总部位于沙特利雅得。SABIC的制造工厂遍布全球，包括美洲、欧洲、中东和亚太地区，产品涵盖化学品、通用以及高性能塑料、农业营养素和钢铁。SABIC帮助客户在建筑、医疗设备、包装、农业营养素、电子及电器、运输和清洁能源等关键终端市场发掘新的机会。公司2023年销售总额达1415.4亿里亚尔（合377.4亿美元），较2022年下降23%。2023年持续经营业务净利润3.5亿美元，2022年净利润为42.1亿美元。

4. 英力士（INEOS）是全球领先的石化公司之一，总部位于瑞士，致力于生产和销售石油化学品、特殊化学品和石油制品，其业务网络遍布全球。2023年营收148.85亿欧元（约160亿美元），2022年为209.27亿欧元；2023年营业利润为7.07亿欧元，2022年为20.01亿欧元；2023年利润3.09亿欧元，2022年为20亿欧元。

5. LG化学成立于1947年，总部位于韩国首尔。LG化学是LG集团子公司，事业涵盖石油化学、尖端材料和生命科学三大领域，在亚洲、美洲、欧洲等地拥有40余家生产基地及分支机构。员工总数约18800名。2023年销售额为55.2498万亿韩元，同比增长8.4%；营业利润为2.5292万亿韩元，同比减少15.1%。其中，2023年第四季度销售额为13.1348万亿韩元，同比减少3.8%；营业利润为2474亿韩元，同比增长18.2%。不包括LG新能源，LG化学，2023年的销售额约为26.6万亿韩元，2024年的销售目标为27.8万亿韩元，同比增长5%。

6. 利安德巴赛尔工业公司（LyondellBasell）是世界上最大的聚合物、石化产品和燃油公司之一。是全球聚烯烃技术、生产和市场的领导者；是环氧丙烷及其衍生物的先驱；燃油及其精炼产品，包括生物燃料的重要生产商。通过研发，利安德巴赛尔公司开发了创新型的材料和技术，带来特殊顾客价值和产品，为全世界人民提高了生活质量。2023年第四季度销售营收99.29亿美元，2022年同期为102.06亿美元；季度净利润1.85亿美元，2022年同期为7.47亿美元。2023年销售营收411.07亿美元，2022年为504.51亿美元。2023年净利润21.21亿美元，2022年为38.89亿美元。

7. 林德（Linde）是全球领先的工业气体和工程公司之一，是工业气体、工艺与特种气体的全球领先供应商。2021年销售额为310亿美元（260亿欧元）。其所触及的终端市场涵盖众多行业，包括化工与精炼、食品与饮料、电子、医疗健康、制造业以及初级金属等。而林德所生产的工业气体则应用于各种领域——从医院用氧到用于电子行业的高纯及特种气体，再到用于清洁能源的氢气等。2023年全年销售额329亿美元，同比下降2%；运营利润80亿美元，调整后运营利润91亿美元，同比增加15%；运营利润率24.4%，每股收益12.59美元。

8. 美国美盛公司（The Mosaic Company）由两家成功且享有盛誉的行业领导者—美国

嘉吉公司作物营养部和美国 IMC 于 2004 年 10 月共同组建而成，是世界最大的磷肥生产商和销售商，第二大化肥生产商。财富 500 强中唯一的一家化肥企业，销售遍布五大洲，在 17 个国家建有工厂。全年化肥产量 2700 多万吨，其中磷肥 1200 多万吨。拥有世界一流的采矿和化肥加工设施，生产出最高品质的化肥和动物饲料添加剂等产品。2023 年营收 9.81 亿元，净利润-1.11 亿元，同比增长 85.38%。

9. 三菱化学公司是一家综合公司，由三菱化成公司和三菱油化有限公司于 1994 年 10 月 1 日合并而成。三菱化学的销售额在日本化学行业中居于首位。三菱化学公司是日本最大的化学公司。该公司通过其三个主要部门提供其广泛产品：功能材料和塑料产品（包括信息及电子产品、专业化学制品、制药）、石油化工、碳及农业产品。截至 2023 年 12 月 31 日的财年前九个月业绩，当期营收 32451 亿日元（约 208 亿美元），2022 年同期 34062 亿日元；当期营业利润 2125 亿日元，2022 年同期 486 亿日元；当期归属母公司所有者的净利润 1039 亿日元，2022 年同期 170 亿日元。

10. 壳牌，1907 年，荷兰皇家壳牌石油公司决定将壳牌运输贸易公司与荷兰皇家公司合并，成立荷兰皇家壳牌集团。1908 年到 1913 年，荷兰皇家壳牌石油公司进入快速扩张时期，业务遍及整个欧洲和亚洲许多地区。第一次世界大战期间，壳牌公司成为英国军队的主要燃料供应商。1919 年，为阿尔科克和布朗首次跨大西洋飞行提供燃料。1929 年，成立壳牌化工公司。20 世纪 60 年代，开始加强其在中东的业务。1964 年，参与首批液化天然气（LNG）海上运输。1993 年，壳牌在马来西亚民都鲁开设世界上第一家商业化 GTL 工厂。2005 年，将公司结构统一到荷兰皇家壳牌有限公司旗下。2024 年 8 月 1 日，荷兰皇家壳牌石油公司公布第二季度财务业绩，调整后收益为 62.93 亿美元。

11. 科思创股份公司（Covestro）是全球最大的聚合物生产商之一，前身为德国拜耳（Bayer）材料科技，2015 年 9 月从拜耳公司分立，并于同年 10 月 6 日在法兰克福证交所挂牌上市，成为一家独立上市的公司。2023 年销售额 143.77 亿欧元（约 154 亿美元），比 2022 年的 179.68 亿欧元下降了 20%。EBITDA 利润为 10.8 亿欧元，比 2022 年的 16.17 亿欧元下降了 33.2%。2023 年净亏损 1.98 亿欧元，2022 年净亏损 2.72 亿欧元。

12. Braskem SA 前身为 Copene Petroquimica do Nordeste SA，于 2002 年更名为现名。公司现有大股东为巴西国家石油公司（Petrobras）和 Odebrecht 集团。作为美洲最大的热塑性树脂生产商和美国最大的聚丙烯生产商，Braskem 除了乙烯、丙烯、丁二烯、苯、甲苯、氯、苏打和溶剂等基本化学原料外，生产重点还有聚乙烯（PE）、聚丙烯（PP）和聚氯乙烯（PVC）树脂。2023 年利润 249.95 亿美元。

13. 法国液化空气集团成立于 1902 年，是世界上最大的工业气体和医疗气体以及相关服务的供应商之一，向众多的行业提供氧气、氮气、氢气和其它气体及相关服务。2023 年营收总额为 276.08 亿欧元，同比增长 3.7%。2023 年气体和服务营收总计 263.6 亿欧元，同比增长 4.2%。

14. 信越化学工业株式会社（Shin-Etsu Chemical）自行研制的聚氯乙烯、有机硅、纤维素衍生物等原材料已成功在美国、日本、荷兰、韩国、新加坡、中国（含中国台湾）等建立了全球范围的生产和销售网络。截至 2023 年 12 月 31 日的财年前九个月业绩，当期营收 18234 亿日元（约 117 亿美元），2022 年同期 21632 亿日元；当期营业利润 5595 亿日元，2022 年同期 8082 亿日元；当期归属母公司所有者的净利润 4065 亿日元，2022 年同期 5785 亿日元。

15.乐天化学株式会社（Lotte Chemical）成立于 1976 年 3 月 16 日。乐天化学第四季度销售额 49080 亿韩元，2022 年同期为 54960 亿韩元；季度营业亏损 3010 亿韩元，2022 年同期营业亏损 4000 亿韩元；季度净亏损 4160 亿韩元，2022 年同期净亏损 940 亿韩元。2023 年销售额 199490 亿韩元（约 145 亿美元），2022 年为 222760 亿韩元。2023 年营业亏损 3330 亿韩元，2022 年营业亏损 7630 亿韩元。2023 年净亏损 3010 亿韩元，2022 年净亏损 280 亿韩元。

16.东丽（TORAY）株式会社成立于 1926 年，总部位于日本东京。东丽是世界著名的以有机合成、高分子化学、生物化学为核心技术的高科技跨国企业，是世界上最早从事反渗透膜技术开发的企业之一，早在 20 世纪 60 年代就开始了膜技术的研究，从原材料的选用、制膜技术的开发以及膜元件构造的设计等，为这一技术在超纯水、海水淡化等水处理领域的应用发展做出了卓越的贡献。现在东丽已经成为世界上少数的能同时提供醋酸纤维膜和聚酰胺复合膜的厂家；同时东丽公司也是世界上唯一一家具有 RO、NF、UF、MF、纤维滤布系列膜技术研发与向市场提供全系列商业化膜产品的厂家。截至 2023 年 12 月 31 日的财年前九个月业绩，当期营收 18294 亿日元（约 117 亿美元），2022 年同期 19018 亿日元；当期营业利润 714 亿日元，2022 年同期 987 亿日元；当期归属母公司所有者的净利润 457 亿日元，2022 年同期 746 亿日元。

17.三井化学公司是根据 1996 年达成的协议，于 1997 年 10 月 1 日由日本三井石油化学工业公司和三井东压化学公司合并成立的。三井化学公司按其合并的销售额计算，是日本第二大综合性化工公司，在世界大石化公司中列第 16 位。公司主要从事基本石化原料、合纤原料、基础化学品、合成树脂、化学品、功能性产品、精细化学品、许可证等业务。截至 2023 年 12 月 31 日的财年前九个月业绩，当期营收 12745 亿日元（约 81.8 亿美元），2022 年同期 14289 亿日元；当期营业利润 600 亿日元，2022 年同期 1070 亿日元；当期归属母公司所有者的净利润 373 亿日元，2022 年同期 649 亿日元。

18.赢创工业集团（Evonik Industries AG）是一家全球领先的特种化工企业。赢创的业务专注于全球发展大趋势，即健康、营养、资源效率和全球化。2023 年第四季度销售额 36.04 亿欧元（约 38.64 亿美元），2022 年同期 43.4 亿欧元；季度 EBIT 利润为 3000 万欧元，2022 年同期亏损 2.6 亿欧元；季度归属公司股东净亏损 1.46 亿欧元，2022 年同期净亏损 2.84 亿欧元。2023 年销售额 152.67 亿欧元（约 164 亿美元），2022 年 184.88 亿欧元。2023 年 EBIT 亏损 2.43 亿欧元，2022 年利润 9.42 亿欧元。2023 年归属公司股东净亏损 4.65 亿欧元，2022 年净利润 5.4 亿欧元。

19.德国汉高公司，1876 年成立于亚琛，由汉高家族（The Henkel family）弗里兹·汉高创立，旗下拥有施华蔻（schwarzkopf）、丝蕴（syoss）、乐泰（loctite）、泰罗松（teroson）、百特（pritt）、百得（pattex）等著名品牌，1878 年公司迁往杜塞尔多夫。汉高公司的业务重点在于应用化学，经 140 多年发展，汉高从 80 个工人企业扩展成为世界性的集团公司，2023 财年销售额为 215 亿欧元，调整后营业利润为 26 亿欧元，2023 年 EBIT 利润 20.11 亿欧元，2022 年同期为 18.1 亿欧元。2023 年黏合剂技术业务销售额 107.9 亿欧元（约 116 亿美元），EBIT 利润 14.23 亿欧元。2023 年消费品牌业务销售额 105.65 亿欧元，EBIT 利润 7.53 亿欧元。

20.拜耳集团（BAYER）是德国制药和农用化学制品公司。知名的《财富》世界 500 强企业之一。业务范围包括医药、农业。拜耳集团拥有约 103824 名员工。2023 年第四季度销售额 118.62 亿欧元，2022 年同期为 120 亿欧元；季度净利润 13.37 亿欧元，2022 年同期为 6.11 亿欧元。按业务划分，作物科学部门销售额 56.3 亿欧元（约 60.38 亿美元），EBIT 利润 9.75 亿欧元；制药部门销售额 45.79 亿欧元，EBIT 利润 9.35 亿欧元；消费者健康部门销售额 15.78 亿欧元，EBIT 利润 4.24 亿欧元。2023 年销售额 476.37 亿欧元，2022 年为 507.39 亿欧元；2023 年归属公司股东净亏损 29.41 亿欧元，2022 年净利润 41.5 亿欧元。

附录 3　2023 年度创新产品

1. 高性能聚丁烯-1——中石化（北京）化工研究院有限公司

聚丁烯-1 具有优异的抗蠕变性能和耐环境应力开裂性，适合于作热水管。该技术基于自有催化剂技术、均相本体法烯烃聚合技术、聚合物深度脱挥技术等开发而成。2021 年 8 月，镇海炼化采用该技术建成一套 3000 吨/年工业示范装置，2022 年 2 月打通全流程并实现长周期运行，并开发出均聚和无规共聚共 9 个产品牌号，可用于吸塑、冷链托盘等领域。在此基础上开发了 5 万吨/年聚丁烯-1 工艺包。

2. V2 级阻燃聚丙烯树脂——中石化（北京）化工研究院有限公司

V2 级阻燃聚丙烯树脂是一款阻燃功能化的产品，不同于行业现有的生产方式，该产品通过中石化（北京）化工研究院自主开发的在线添加阻燃改性技术生产，解决了低添加量阻燃剂分散效果不佳，原料改性加工性能衰减等多个难题，最大程度地保留树脂的基础性能，具有较高的阻燃效率和明显的成本优势。该产品符合欧盟 RoHs, REACH 标准，已在华南地区批量生产，主要应用于电子电气、汽车零部件、建筑材料等领域，赋予制品较好的防火安全性能，深受下游客户的青睐。

3. 高强聚丙烯长丝土工布专用树脂——中石化（北京）化工研究院有限公司

高强聚丙烯长丝土工布树脂是由北化院联合济南炼化、化工销售华北分公司联合开发的一类高强聚丙烯纤维树脂产品，具有高的断裂应力和高的断裂伸长率，目前被成功应用于聚丙烯长丝针刺纺粘土工布的生产。树脂可纺性优异，产品强度高，目前聚丙烯长丝针刺纺粘土工布在高铁、高速公路、机场、隧道、堤坝及海绵城市等领域被广泛应用，具有加筋、防护和反滤等作用，能有效保护地基，加强其稳定性和耐开裂性，还可以有效防止水土流失。欧美发达国家发展很快，中国严重落后，2016 年前聚丙烯长丝土工布全部依赖进口，目前已有进口生产线，生产原料依然依赖进口，北化院联合开发的专用树脂填补了国内树脂原料的空白，推动了国内土木工程的高质量发展。

4. 茂金属聚丙烯催化剂——中石化（北京）化工研究院有限公司

中石化（北京）化工研究院有限公司开发的 SMC-PL 系列茂金属聚丙烯催化剂具有粒径分布窄、形态好、杂质耐受性好的特点，生产的聚丙烯细粉含量低，可以有效避免反应釜结块或管线堵塞，对现有生产工艺的适应性好，无需对现有装置进行大的改造即可应用。该催化剂已取得多项发明专利授权和中国石化专有技术认定，适用于连续釜式、环管等聚丙烯生产工艺，已在扬子石化、中原石化、青岛石化等石化企业成功应用，开发多个茂金属聚丙烯产品，在无纺布、汽车内饰等领域成功应用。

5. 四元共聚聚乙烯薄膜专用料——中石化股份天津分公司

四元共聚聚乙烯薄膜专用料采用适用于气固流化态和湍管流中反应的多相催化剂技术，在气相单反应器内，通过多相催化剂技术，与多样化的聚合环境相匹配，得到结构特点不同的聚乙烯分子链、结晶、凝聚形态，实现高强度、高透明、易加工的线型低密度聚乙烯（LLDPE）复合材料的制备；采用"介科学"原理调控流化床聚合反应器内颗粒、气泡、液滴的运动分散状态，形成多样化的聚合环境，同时保证流化床反应器的连续稳定运行。开发适用于气液法流化床乙烯/辛烯-1共聚技术。

6. TPVA-OBP阻隔应用材料——中石化（上海）石油化工研究院有限公司

TPVA-OBP是一种可以热塑加工的全新树脂，具有优异的加工性、氧气阻隔性、油类和有机溶剂阻隔性以及优异的力学性能。可以满足流延、吹膜、多层共挤、吹塑、吸塑和注塑等加工工艺的应用。经过分子结构、改性配方体系和生产设备等方面的创新，TPVA-OBP具有较高的性价比、生产过程低碳环保。自面世以来，主要围绕阻隔薄膜包装领域开展产品推广，除了在阻隔包装膜领域进行推广外，TPVA-OBP树脂还在化妆品软管和中空吹塑制备包装瓶以及流延加吸塑工艺制备包装容器方面得到加工应用性验证，下游企业对TPVA-OBP的可加工性给予肯定，为应用领域拓展提供了技术基础。

7. 机械手加强臂用碳纤维拉挤板环氧树脂——中石化湖南石油化工有限公司

机械手加强臂用碳纤维拉挤板环氧树脂制备的板材，工艺性良好，表面光泽，无明显起粉。用于机械臂碳纤维拉挤板的环氧树脂，黏度适中，活性与工艺匹配性好，生产的产品性能满足要求。

环氧树脂基碳纤维复合材料具有自重轻、强度大、蠕变小、耐疲劳性优异等性能，能实现机械臂的轻量化，而本体轻量化后的机器人可大幅提高运动的机动性和工作效率，进而改善操作速度和动作准确度，同时减轻运动惯性，提高机器人的本质安全性，是国内首创技术。

8. 官能化溶聚丁苯橡胶SSBR72612F——中国石油天然气股份有限公司独山子石化分公司

SSBR72612F为星型官能化溶聚丁苯橡胶产品，具有优异的拉伸强度、耐磨性能、动态力学性能和低的滞后损失，是高性能半钢子午线轮胎和全钢载重子午线轮胎胎面的理想原料。该产品成功应用于下游轮胎企业，形成双B级轮胎在轮胎厂家中的应用示范，为我国汽车行业低碳环保做出贡献，全面支撑国内轮胎企业的产业升级及国产轮胎的质量提升。以此为基础，中国石油将对标新一代官能化溶聚丁苯橡胶发展趋势和方向，继续开展官能化SSBR自主技术研发，尽快实现我国官能化溶聚丁苯橡胶由并跑向领跑的跨越，引领国内合成橡胶及轮胎产业链的全面升级。

9. 高回弹性特种丁腈橡胶NBR3306G——中国石油天然气股份有限公司兰州石化分公司

中国石油兰州石化公司作为国内最大的丁腈橡胶生产企业，通过"产、销、研、管、用"平台带动上下游发展，先后研发了高中低腈、高回弹、新型耐热、羧基等系列丁腈橡胶材料，满足国内工程机械胶管用丁腈橡胶材料发展的需求，高回弹性特种丁腈橡胶已形成NBR3304G、NBR3305G、NBR3306G等系列产品，NBR3306G性能与阿朗新科Krynac3370、南帝3365

等同类产品相当,达到国际同类先进水平,具有良好的物理机械性能,尤其是耐油、耐热性能和回弹性优异,在台州椒江凯源橡胶、江苏科强新材料、无锡诺邦橡塑等重点客户得到了广泛应用。

10. 甲基异戊基酮(MIAK)——安徽圣奥化学科技有限公司

甲基异戊基酮(简称 MIAK)是一种重要的精细化工中间体,具有良好的溶剂属性,以及低密度、低挥发速度、易生物降解等特性,在涂料、数字印刷油墨、电子化学品、工艺溶剂等领域有着重要应用。同时,也是橡胶防老剂的合成原料。通过三年的研发,突破了新型催化剂研制、反应工艺流程优化、过程技术强化和复杂组分分离提纯四大技术壁垒,顺利攻克了 MIAK 关键合成技术,该技术拥有完全自主知识产权,并经上海化工科学技术情报研究所查新,达到国际领先水平。该产品的成功研发,不仅可保障高端橡胶防老剂关键原料的稳定供应,也为国内轮胎行业在 6PPD 替代进程中取得更多话语权,对于补齐我国化工新材料产业链、供应链短板具有重要意义。

11. 高性能锂离子电池纳米涂层复合隔膜——江苏星源新材料科技有限公司

高性能锂离子电池纳米涂层复合隔膜,属于纳米纤维 SU 系列涂覆产品,是具有自主知识产权的超薄、超高耐热涂层技术。该产品在三星 SDI、LG、Northvolt、宁德时代、比亚迪、国轩高科、中创新航、亿纬锂能、欣旺达等国内外头部锂电池生产企业得到应用,超轻薄、高耐热纳米涂层复合隔膜在产品一致性、热收缩性能等方面达到国际先进水平,推动锂电池向高能量密度、轻量化、高安全方向发展,逐步替代进口产品,提高市场占有率,促进我国锂离子电池及隔膜产业的快速健康发展,为推动新能源汽车产业链式发展和国家双碳战略贡献力量。

12. 动力锂离子电池用聚偏氟乙烯树脂——山东华夏神舟新材料有限公司

山东华夏神舟的锂电级 PVDF-202 牌号与国外产品相比,在前期的涂料和切片卷绕过程中,同等固含量的情况下,黏度变化更小,凝胶时间更长,黏附性强,不掉粉,耐弯折性强。拥有更长的循环性能和倍率性能,在长期电解液浸泡中更耐腐蚀。与上下游客户紧密合作,打破国外垄断,实现了动力锂电池 PVDF 高端产品的国产化替代。

13. 聚硫醇——益丰新材料股份有限公司

聚硫醇是具有二元及以上巯基官能团的化合物,具有含硫的柔性链段以及较高的折射率,在增加树脂的韧性以及降低厚度方面具有很高的应用价值,通过与其他化合物反应生成性能优越的新材料,生产 1.60 或 1.67 高折射率光学树脂镜片、新型环氧固化剂、UV 胶黏剂、UV 涂料、UV 油墨、量子点膜等。

益丰新材经过多年研发与积累,突破了定向巯基化和色度控制等关键技术,在国内率先实现了聚硫醇的稳定供应,打破了国外垄断,产品品质可与国外产品相媲美。

14. 半导体级氢氧化钾——华融化学(成都)有限公司

半导体级氢氧化钾:主要应用于半导体硅片蚀刻和化学机械抛光浆料的生产,目前主要依赖韩国、日本的进口。半导体级氢氧化钾要求钠含量低于 100ppm、其它金属低于 10ppb,韩国、日本生产的半导体级氢氧化钾钠含量约 30ppm。华融化学通过两年的技术攻关,利用自有的纯化专利技术最低可将氢氧化钾中的钠含量控制在 5ppm 以下、其它金属低于 10ppb,产品质量完全可以达到或超过进口标准。目前公司半导体级氢氧化钾已在国内多家大硅片厂和抛光浆料厂成功导入和批量供货。

15. 双氟磺酰亚胺锂（液体）——上海如鲲新材料股份有限公司

自主研发了一种高效、绿色、节能的催化、氟化反应工艺技术和路线，制备了双氟磺酰亚胺产品，作为锂化工序的原料；选用具有多孔、含矿物质元素，且可循环利用的高效固体催化剂，元素与催化剂内部的孔结构共同形成活性位点，促使分子极化而提高了反应效率和氟化效率。锂化工艺反应条件温和、操作简单、安全高效。该产品将成为高镍时代电解液企业的核心竞争力，以满足相关电解液行业以及锂电池行业的需求，推动新能源的普及。

16. 高选择性金属钨去除液——湖北兴福电子材料股份有限公司

高选择性金属钨去除液主要用于3D NAND闪存芯片中字线金属钨的可控蚀刻，该工艺对蚀刻速率与蚀刻均匀性要求很高，通过研究金属钨、氮化钛和氧化铝的蚀刻机理创新了金属钨蚀刻速率原子层级控制技术、金属钨与氮化钛和氧化铝膜层蚀刻选择比调控技术以及高选择性金属钨蚀刻液稳定生产控制技术。成功开发出了高选择性金属钨去除液并实现了批量应用。

17. 2,2,4,4-四甲基-1,3-环丁二醇（CBDO）——苏州亚科科技股份有限公司

2,2,4,4-四甲基-1,3-环丁二醇（简称CBDO）是一种重要的聚酯合成原料，以CBDO为原料合成的共聚酯具有熔体黏度高、玻璃化转变温度高、易于加工等特点，因此广泛应用于制造不含双酚A、易于加工成膜、片材的聚酯材料，也可作为抑菌剂，应用于水基涂料、个人护理、医用和家用护理等领域。

CBDO产品的成功开发突破了国外技术壁垒，亚科股份围绕该产品布局专利8件，产品技术指标达到国际先进水平，为下游高耐热聚酯材料开发奠定了坚实的基础。

18. YK系列纳米级液体分散染料用高性能分散剂——上海宇昂水性新材料科技股份有限公司

YK系列纳米级液体分散染料用高性能分散剂是基于高分子量的水性高分子材料，不含APEO，环保安全，具有较好的分散性及稳定性，添加量小，为传统分散剂的$1/5\sim1/3$，能防止染料析出、絮凝及结块，防止渗色，渗透性好，提高印染性能及染浆存储稳定性。

19. 间二异丙烯基苯——江苏常青树新材料科技股份有限公司

间二异丙烯基苯是一种新型不饱和单体，该产品主要用于特种橡胶制备、特种胶黏剂合成、多种高分子材料改性、不饱和树脂组分以及特种水溶性涂料重要组分四甲基间苯二亚甲基二异氰酸酯的合成等。作为单体组分，它是工业领域重要的交联剂，在制备高性能超分子聚合物方面表现优异，在胶黏强度、韧性、弹性和耐热方面优势突出，该产品的成功研发有效连接和疏通了我国高性能特种分子聚合物产业链的"断点"和"堵点"，对我国高性能特种高分子聚合物的研发有深远影响。

20. DFS-901氟素离型剂——山东东岳研究院有限公司

DFS-901氟素离型剂可以实现低剥离力与高残接，能达到国外竞品的水平。DFS-901的剥离力可以达到2.4gf（$1gf=9.8\times10^{-3}N$），优于竞品的2.56gf；老化后的剥离力升为3.7gf，优于竞品的6.5gf；残接可达94.21%，竞品的残接为96.20%；老化后残接为85.37%，优的老化残接为88.69%，与竞品的性能基本持平。